U0798035

中国红十字

年鉴

2010/2011

上海市红十字会

2011 年 12 月 2 日，上海市红十字会召开大会，纪念市红十字会成立 100 周年。复旦大学附属中山医院、闵行区中心医院、静安区中心医院经评审被批准为冠名红十字医疗机构，全市红十字冠名医疗机构总数达到 75 所。对全市 264 所达标学校开展复审工作，32 所学校成功申报红十字工作达标学校。新增五所学校成功申报全国红十字模范校，总数达到 11 所。启用“上海市红十字志愿服务信息管理系统”。2011 年，参加少儿住院互助基金达 205 万人。每人每学年最高支付标准提高为 20 万元；新增罕见病特殊药物支付标准，每人每学年最高 10 万元。基金全年共为九万余人次患儿支付医疗费用 1.31 亿余元。政府委托管理的居民医保（少儿学生住院）共为 8.4 万余人次患儿支付医疗费用 1.39 亿余元。全年共为全市 171 户受灾家庭发放 101.7 万元的灾害救助款。向兄弟省市及其他国家（地区）的灾区提供灾害援助 2 418 万元，救灾物资 314.01 万元。完成宁夏原州区炭山乡沪启博爱南坪小学的援建项目。全年红十字运动基本知识培训达 8 000 多人次，传播人数逾 24 万。红十字会门户网站综合浏览量近 50 万人次。完成 11 部专题宣传片拍摄，全年 12 个月轮流在广场大屏幕、公交和楼宇移动电视播放。对五所高校的 2.1 万余名军训学生进行

了现场初级急救普及培训。自2011年起将每年的中秋节设为“重建家庭联系日”。9月1日起，“上海市红十字会捐赠系统”计算机软件正式投入使用。

2011年12月30日，上海市红十字会在浦东新区启动每年一度的上海红十字系统“千万人帮万家”帮困慰问系列活动物。向全市2.7万人次（户）困难人群发放了1 582万元的帮困款物。此外，据不完全统计，贫困家庭青少年先天性心脏病项目、高校红十字助医助学项目等其他帮困救助项目共计发放救助款物一千余万元。

3月1日是上海市遗体捐献纪念日，上海市红十字会在上海福寿园以“奉献——生命之歌”为主题举行遗体捐献纪念日活动。全年遗体（角膜）捐献登记1 698人，累计31 327人；实现捐献472人，累计6 090人。

5月6日，上海市红十字会成立一百周年系列活动之一“中华文化与红十字运动——暨纪念五八世界红十字日”论坛在上海嘉定举行，旨在共同探讨红十字运动与中华文化传承的结合点，推动红十字事业的进一步发展。

红十字“救”在身边——上海市红十字会2011年“世界急救日”主题活动9月10日在上海市红十字备灾救灾中心举行。已组建市级红十字救援队二支，区（县）救护队17支，街、镇级救护队221支，部分居（村）委会、小区、楼组也组建了救护小组，并进行整建制的培训及实战演练。

上海市红十字会超额完成2011年市政府实事“为5 000名社区重度失智困难老人配送护理用品项目”，共为6 000余位失智老人发放护理品5.88万份，价值938万元，提供志愿服务60 867人次，为家属护工进行老年介护培训4 226人次。

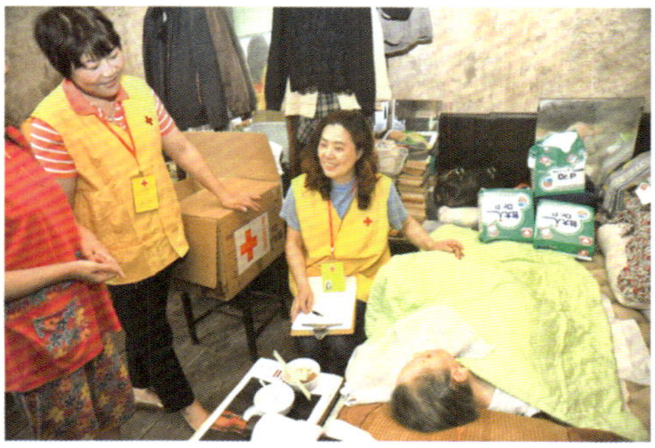

内蒙古自治区红十字会

2010年，内蒙古自治区人民政府下发了《关于进一步加强红十字会基层组织建设工作的通知》，12月，自治区党委宣传部和自治区红十字会联合下发了《关于进一步加强全区红十字事业宣传工作的通知》等政策性文件。全年募集款物2.6亿元（其中为区内募集款物1.6亿元，为青海玉树地震、甘肃舟曲泥石流、西南旱灾募集款物近亿元），较上年增加1.4亿元；投入1.14亿元开展了区内救灾救助工作，受益群众达58.47万人（次），分别比上年增加了6 041万元和11.62万人（次）；自身建设得到进一步加强，基层组织建设向纵深发展，全区专职干部增加到708人，兼职人员310人，红十字会基层组织达到5 825个、会员147.04万人、团体会员单位7 115家、红十字志愿工作者28 446人；全年培训红十字急救员11.93万人，开展救护防病知识普及性培训25.42万人次，造血干细胞入库数据3 587份，实现捐献四例。

2010年4月，内蒙古自治区红十字会开展为玉树地震灾区募捐活动，自治区红十字会会长宝音德力格尔接受内蒙古山路煤炭有限责任公司捐款。

2010年10月，内蒙古自治区红十字会向舟曲泥石流灾区捐赠御寒物资。

2010年1月，自治区红十字会会长宝音德力格尔在锡林郭勒盟红十字会会长其其格的陪同下在正镶白旗慰问受灾牧民。

2010年1月，内蒙古自治区红十字会会长宝音德力格尔在“博爱一日捐，温暖千万家”送温暖活动中，向巴彦淖尔市及所属旗县区转交捐赠的救灾物资。

2010年9月，内蒙古自治区红十字会“博爱一日捐，助你上大学暨红十字进校园”活动为呼和浩特市14所高校的790名家庭困难学生发放79万元救助金。

内蒙古自治区红十字会举行2010年接受捐赠款物收支情况新闻通报会。

内蒙古自治区红十字会副会长桂忠慰问赤峰市造血干细胞捐献者、中国造血干细胞捐献者资料库内蒙古分库爱心大使王海峰。

内蒙古自治区红十字会向兴安盟遭受雪灾地区紧急调运40万元救灾物资。

2010年，内蒙古自治区红十字会举办红十字进校园活动救护知识培训班。

南京市红十字会

2011年，南京全市13个区、县红十字会全部理顺管理体制，列入群团序列。各级红十字会加强对冠名医疗机构、红十字基层组织、社区红十字会（站）以及红会工作者、会员、志愿者的规范管理。全年新增卫生救护师资90人，持证救护员9 450人，群众性救护防病知识普及达17.5万人次。全年实现人体器官捐献五例，捐献器官13个，眼角膜八片。先后为云南、日本地震灾区，甘肃、新疆等地以及本市高淳、溧水旱灾地区和南京地区弱势群体提供救助，拨发救灾、救助款物13 519.77万元。

南京市红十字会举办“五八”世界红十字日公益晚会。

南京市红十字会开展博爱校园行活动，救助困难儿童家庭。

南京市红十字会副会长刘霞与绿地洲际酒店员工在中秋节慰问老人。

南京市红十字会实现造血干细胞捐献20例。

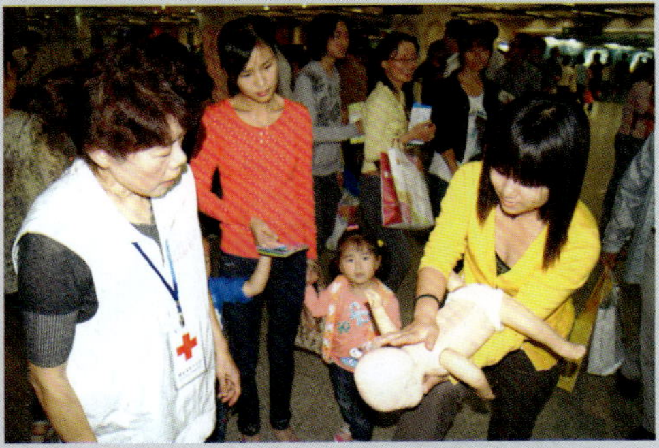

南京市红十字会在地铁及火车站举办世界急救日宣教活动 。

石家庄市红十字会

2010年，石家庄全市有10个县（市）区理顺红十字会管理体制。市红十字会全年累计募集款物1 131万元。组建成立“石家庄市学校红十字工作委员会”，成立石家庄市中小学生校外科学实践活动基地。全年发展红十字青少年会员286名。“石家庄市红十字无偿献血志愿服务大队”发展注册志愿者560名。全年无偿献血人数达12.54万人次，献血量超过44吨。成立第二支“红十字健康医疗咨询志愿服务大队”，发展志愿者700余名。争取中国红十字基金会20万元资金，为平山县下槐镇援建了第二座“红十字博爱卫生院”。与市中医院合作，共同募集资金100万元开展救助贫困脉管病患者项目。从募捐款中筹措54万元和争取上级支持的28万元物资，分别对全市24个县（市）区2 000户贫困家庭进行慰问。对全市16个县（市）区59名大病特困家庭给予1 000元至4 000元医疗救助，对市直11个医疗单位中数千名无主病人实施了医疗补助。筹资10万元，救助了200名黄埔同学会贫困老会员。

石家庄市民踊跃为灾区捐款。

石家庄市红十字会实施“老牛生命学堂——自救互救进校园教育计划”，市40中师生接受培训。

石家庄市理顺县级红十字会管理体制暨2011年“红十字博爱送万家活动”仪式启动。

石家庄市红十字会救助物资启运并及时发放到灾民手中。

石家庄市无偿献血志愿服务大队成立。

昆山市红十字会

2011年，昆山市红十字会新增基层组织四个，发展红十字会会员5 000多名。韩资企业浦项（苏州）汽车配件制造有限公司浦项红十字志愿服务队成为昆山市首家外资企业红十字志愿者队伍。《昆山红十字运动发展史》一书出版发行。全年共筹集捐款378.17万元，接收捐赠物资价值103.9万元。全市有33 398人次参加无偿献血，共计捐献血液10吨，全市临床用血100%来自自愿无偿献血。全市有993人参与造血干细胞血样采集，有12人成功捐献了造血干细胞。华藏寺33名僧人也报名加入中华骨髓库。全年有39名遗体捐献志愿者进行登记，其中成功捐献遗体一名。角膜捐献登记六人，成功捐献眼角膜一例（二枚）。中国红十字会南方片区红十字会工作座谈会在昆山召开，市红十字会获得中国红十字会总会报刊宣传先进集体特等奖。由11位造血干细胞捐献志愿者组成的“生命相髓”爱心团队获得“第二届感动昆山道德模范人物”称号。昆山市造血干细胞捐献志愿者团队荣获“苏州市优秀青年志愿服务组织”及“昆山市十佳志愿者团队”。

昆山市红十字青少年文艺汇演现场。

昆山市红十字会举行“五八”世界红十字日广场宣传活动。

昆山红十字会与爱心学校学生共庆“六一”。

昆山市红十字会举办书法作品拍卖会救助白血病患者。

昆山市红十字会举行应急救援志愿者防灾减灾演习。

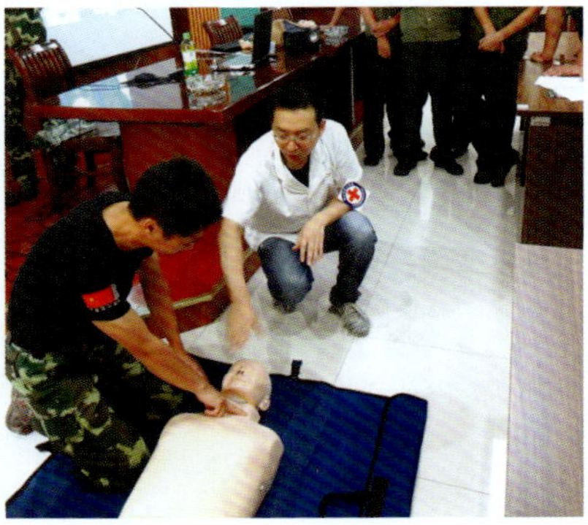

消防战士在昆山市红十字会学习急救技术。

延边大学红十字会

延边大学红十字会自 1986 年 5 月建立以来，坚持“办会育人”的工作方针，大力弘扬红十字精神，积极扎实地开展富有特色的工作与活动。重视红十字运动知识的传播及理论、文化建设，新生红十字知识学习竞赛已成为品牌，本会内刊《红十字会简讯》编印质量不断提高，《中国红十字报》多次刊载该校的报道和工作研究稿件。志愿服务活动开展活跃，卓有成效地实施了中国红十字会总会、吉林省红十字会的项目活动。坚持开展大学生健康防病急救培训等活动，每年举办独具风格的预防艾滋病同伴教育培训班。积极参与和开展募捐救灾活动，把患病及贫困大学生的救助工作当做大事来抓。大力推进无偿献血，指导、鼓励、支持学生参加无偿献血行动，广大学生已成为本地一支无偿献血的生力军。延边大学红十字会先后被中国红十字会总会、吉林省和延边州红十字会授予先进集体荣誉称号。

延边大学红十字会贫困学生救助仪式启动。

延边大学红十字会“关爱农村留守儿童”项目团队在新化村开展助民活动。

延边大学红十字会召开工作理论研讨会。

延边大学红十字会班子主要成员研究校红十字会工作。

延边大学红十字会召开无偿献血表彰座谈会。

延边大学红十字会举办预防艾滋病同伴教育培训班。

编委会人员名单

名誉主任 华建敏

主　　任 赵白鸽　王　伟

副 主 任 郭长江　郝林娜　王海京　王汝鹏

常务委员 高崇华　王　平　查慧勤　王世涛　张　明　白　藟　吴苾雯
洪俊岭　李兰颂　马润海　郑建新　田更志　冯晋生　桂　忠
刘琳娜　苗秀荣　鞠海洋　马　强　潘宗白　王冬梅　王　强
黄毅敏　方　娅　曹怀杰　何传军　贺方红　曾凡国　冯　玲
方南亭　周　瑾　周清梅　赵万华　罗治雄　段　鸿　杨国庆
张宝安　李玉堂　孙　林　刘　静　马　龙　王建国　韩树荣
林胡秀霞　黄如楷

主　　编 郭长江

副 主 编 吴苾雯

执行主编 李兰颂

编辑部人员名单

主　　任 傅　虹

副 主 任 冯志国

责任编辑 吕　莺

特约撰稿 王　辉　傅　刚　查秀英　刘选国　王万里　宋　强　刘慧君
侯晓俊　胡志行　杨海云　姚玉海　朱晓平　陈　萍　严晓明
张孚传　曹芦松　郑　颖　肖　琦　王永君　陆贺民　鲍　毅
刘赛华　胡卓加　黄吉宁　吴敬波　徐　帆　马艳华　吴佳权
刘清国　王安永　刘雪峰　刘雁平　宁英锁　张　岩　关曼怡
苏祖恩

编辑说明

一、中国红十字会总会决定编辑出版《中国红十字年鉴》以来，每年都发出《关于编辑出版〈中国红十字年鉴〉的通知》，各级红十字会积极配合《中国红十字年鉴》选题、组稿、撰写、编辑、出版、发行工作，谨此表示衷心谢意。

二、为保持年鉴的系统性和延续性，《中国红十字年鉴·2010/2011卷》其主要词条和篇目仍为近年来党和国家领导人关于红十字会工作的指示、讲话、题词、文章，国家法律和国家有关部门法规以及文件，中国红十字会2010/2011年的文献汇编、成果展示及大事记，尤其包括中国红十字会第九次全国会员代表大会的文件等，对促进红十字事业的发展具有重要意义和作用。

三、中国红十字年鉴编委会由中国红十字会领导、中国红十字会总会机关各部门及直属单位主要负责人、省级（含港澳）红十字会常务副会长或专职副会长、行业红十字会负责人组成。中国红十字年鉴编委会负责领导、组织协调和审稿工作。中国红十字年鉴编辑部设在中国红十字会总会报刊社，年鉴编辑部负责本年鉴的组稿、编辑、出版、发行工作。各省级（自治区、直辖市、生产建设兵团、铁路系统、特别行政区）红十字会指定专门人员担当撰稿任务。

四、中国红十字年鉴编辑部的编辑出版工作流程为：供稿单位或个人署名提供纸介质和电子版的原稿后，经年鉴编辑部登记初审并作稿笺，保存原稿，精编至二校后进入复审，划分章节，呈现版式，统筹页码，再做三校和大样。这时的大样，由年鉴编辑部确定章节和认定版式后复核送审，除了其中纯技术性原因年鉴编辑部予以增删和修改以外，供稿单位或个人对署名文稿的内容文责自负。年鉴编辑部将以上总目录和文稿提交编委会整体认定并终审，批准出版发行。

五、《中国红十字年鉴·2010/2011卷》分为卷一卷二，共包括七大篇章，卷一为《文献篇》《纪事篇》《总会篇》《研究篇》《人名篇》；卷二为《分会篇》《资讯篇》。其中，《总会篇》和《分会篇》中涉及年度工作所收主要词条与篇目的时间要求，一般起始于 2010 年 1 月 1 日，截止于 2011 年 1 月底。

六、《中国红十字年鉴·2010/2011 卷》的《总会篇》和《分会篇》保留并修订总会各直属单位，各省、自治区、直辖市、生产建设兵团、铁路系统、特别行政区红十字会的篇目和词条，其中，“历史沿革”“组织机构”“大型项目”“主要特色”“历届代表大会”等词条作为历史回顾，一般截止于 2004 年或 2005 年。此后有关内容，年鉴均已列入总会各直属单位，各省、自治区、直辖市、生产建设兵团、铁路系统、特别行政区红十字会的“年度工作”栏。

七、《中国红十字年鉴·2010/2011 卷》涉及面广，年度工作词条时间跨度为一整年，编者的历史知识和专业水平有限，缺点和错误在所难免，欢迎各界读者和专家批评指正。对编辑工作中的意见和建议请按如下办法联系——

单位/部门：中国红十字年鉴编辑部

联 系 人：李兰颂　傅　虹　冯志国

电话/传真：010—65249584

地　　址：北京市东城区干面胡同 43 号 004 室

邮政编码：100010

电子信箱：zhnj2004@163.com

目　　录

卷　一

一　文　献　篇

法律、法规

年度主要文件

二　纪　事　篇

大　事　记

工作会议

三 总 会 篇

四 研 究 篇

工 作 研 究

经　验　借　鉴

五　人　名　篇

中国红十字会历届领导人

人　物　志

全国红十字会系统先进集体和先进工作者

人 名 录

卷 二

六 分 会 篇

省、自治区、直辖市红十字会

生产建设兵团红十字会

铁路红十字会

特别行政区红十字会

七 资 讯 篇

公共词条与篇目

中国红十字会总会及省、自治区、直辖市、铁路、生产建设兵团、特别行政区分会联络方式

卷　一

一

文献篇

法律、法规

中华人民共和国红十字会法

（1993年10月31日第八届全国人民代表大会常委会第四次会议通过1993年10月31日中华人民共和国主席令第14号公布自公布之日起施行）

第一章 总 则

第一条 为了保护人的生命和健康，发扬人道主义精神，促进和平进步事业，保障红十字会依法履行职责，制定本法。

第二条 中国红十字会是中华人民共和国统一的红十字组织，是从事人道主义工作的社会救助团体。

第三条 中华人民共和国公民，不分民族、种族、性别、职业、宗教信仰、教育程度，承认中国红十字会章程并缴纳会费的，可以自愿参加红十字会。

第四条 中国红十字会遵守宪法和法律，遵循国际红十字和红新月运动确立的基本原则，依照中国参加的日内瓦公约及其附加议定书和中国红十字会章程，独立自主地开展二作。

第五条 人民政府对红十字会给予支持和资助，保障红十字会依法履行职责，并对其活动进行监督；红十字会协助人民政府开展与其职责有关的活动。

第六条 中国红十字会根据独立、平等、互相尊重的原则，发展同各国红十字会和红新月会的友好合作关系。

第七条 中国红十字会使用白底红十字标志。

第二章 组 织

第八条 县级以上按行政区域建立地方各级红十字会，根据实际工作需要配备专职工作人员。

全国性行业根据需要可以建立行业红十字会。

全国建立中国红十字会总会。

第九条 各级红十字会理事会由会员代表大会民主选举产生。理事会民主选举产生会长和副会长。

各级红十字会会员代表大会闭会期间，由理事会执行会员代表大会的决议。

理事会向会员代表大会负责并报告工作，接受其监督。

上级红十字会指导下级红十字会工作。

第十条 中国红十字会总会设名誉会长和名誉副会长。名誉会长和名誉副会长由中国红十字会总会理事会聘请。

第十一条 中国红十字会总会具有社会

团体法人资格；地方各级红十字会、行业红十字会依法取得社会团体法人资格。

第三章　职　责

第十二条　红十字会履行下列职责：

（一）开展救灾的准备工作；在自然灾害和突发事件中，对伤病人员和其他受害者进行救助；

（二）普及卫生救护和防病知识，进行初级卫生救护培训，组织群众参加现场救护；参与输血献血工作，推动无偿献血；开展其他人道主义服务活动；

（三）开展红十字青少年活动；

（四）参加国际人道主义救援工作；

（五）宣传国际红十字和红新月运动的基本原则和日内瓦公约及其附加议定书；

（六）依照国际红十字和红新月运动的基本原则，完成人民政府委托事宜；

（七）依照日内瓦公约及其附加议定书的有关规定开展工作。

第十三条　红十字会有权处分其接受的救助物资；在处分捐赠款物时，应当尊重捐赠者的意愿。

第十四条　在自然灾害和突发事件中，执行救助任务并标有红十字标志的人员、物资和交通工具有优先通行的权利。

第十五条　任何组织和个人不得拒绝、阻碍红十字会工作人员依法履行职责。

在自然灾害和突发事件中，以暴力、威胁方法阻碍红十字会工作人员依法履行职责的，比照刑法第一百五十七条的规定追究刑事责任；阻碍红十字会工作人员依法履行职责未使用暴力、威胁方法的，比照治安管理处罚条例第十九条的规定处罚。

第四章　标　志

第十六条　红十字标志具有保护作用和标明作用。

红十字标志的保护使用，是标示在武装冲突中必须受到尊重和保护的人员和设备。其使用办法，依照日内瓦公约及其附加议定书的有关规定执行。

红十字标志的标明使用，是标示与红十字活动有关的人或者物。其使用办法，由国务院规定。

第十七条　因宗教信仰使用红新月标志的，其使用办法适用红十字标志的使用规定。

第十八条　军队使用红十字标志，依照日内瓦公约及其附加议定书的有关规定执行。

第十九条　禁止滥用红十字标志。

对于滥用红十字标志的，红十字会有权要求其停止使用；拒绝停止使用的，红十字会可以提请人民政府按照有关法律、法规的规定予以处理。

第五章　经费与财产

第二十条　红十字会经费的主要来源：

（一）红十字会会员缴纳的会费；

（二）接受国内外组织和个人捐赠的款物；

（三）动产和不动产的收入；

（四）人民政府的拨款。

第二十一条 国家对红十字会兴办的与其宗旨相符的社会福利事业给予扶持。

第二十二条 红十字会为开展救助工作，可以进行募捐活动。

第二十三条 红十字会接受用于救助和公益事业的捐赠物资，按照国家有关规定享受减税、免税的优惠待遇。

第二十四条 红十字会建立经费审查监督制度。

红十字会的经费使用应当与其宗旨相一致。

红十字会对接受的境外捐赠款物，应当建立专项审查监督制度。

红十字会经费的来源和使用情况每年向红十字会理事会报告。

第二十五条 红十字会的经费使用情况依照国家有关法律、法规的规定，接受人民政府的检查监督。

第二十六条 任何组织和个人不得侵占和挪用红十字会的经费和财产。

第六章 附 则

第二十七条 本法所称“国际红十字和红新月运动确立的基本原则”，是指1986年10月日内瓦国际红十字大会第二十五次会议通过的“国际红十字和红新月运动章程”中确立的人道性、公正性、中立性、独立性、志愿服务、统一性和普遍性七项基本原则。

本法所称“日内瓦公约”，是指中国加入的于1949年8月12日缔结的日内瓦四公约，即：《改善战地武装部队伤者病者境遇之日内瓦公约》、《改善海上武装部队伤者病者及遇船难者境遇之日内瓦公约》、《关于战俘待遇之日内瓦公约》和《关于战时保护平民之日内瓦公约》。

本法所称日内瓦公约“附加议定书”，是指中国加入的于1977年6月8日缔结的《1949年8月12日日内瓦四公约关于保护国际性武装冲突受难者的附加议定书》和《1949年8月12日日内瓦四公约关于保护非国际性武装冲突受难者的附加议定书》。

第二十八条 本法自公布之日起施行。

中华人民共和国
红十字标志使用办法

（1996年1月29日中华人民共和国国务院、中华人民共和国中央军事委会员令第194号发布自发布之日起施行）

第一章 总 则

第一条 为了维护红十字标志的严肃性，正确使用红十字标志，依照红十字会法的有关规定，制定本办法。

第二条 红十字标志是白底红十字。

第三条 红十字标志是国际人道主义保护标志，是武装力量医疗机构的特定标志，是红十字会的专用标志。

除本办法规定的外，禁止任何组织或者个人使用红十字标志。

第四条 红十字标志具有保护作用和标明作用，二者不得混淆使用。

第五条 地方各级人民政府依照本办法对本行政区域内红十字标志的使用实施监督

管理。

地方各级红十字会应当协助本级人民政府对红十字标志的使用实施监督管理。

第二章　红十字标志的保护性使用

第六条　红十字标志的保护性使用，是指在武装冲突中，冲突各方对依照本办法的规定佩带红十字标志的人员和标有红十字标志的处所及其物品、医务运输工具，必须予以保护和尊重。

第七条　红十字作为保护性标志使用时，不得在标志上添加任何内容。

红十字作为保护性标志使用时，用在旗帜上的，红十字不得触及旗帜的边缘；用在臂章上的，红十字应当置于臂章的中间部位；用在建筑物上的，红十字应当置于建筑物顶部的明显部位。

红十字作为保护性标志使用时，应当在尽可能远的地方或者不同的方向得以辨认；在夜间或者能见度低时，应当以灯光照明或者用发光物装饰。

第八条　在武装冲突中，下列人员可以使用保护性红十字标志：

（一）武装力量医疗机构的医务人员和工作人员；

（二）红十字会的工作人员和医务人员；

（三）经国务院或者中央军事委员会批准的国际红十字组织和外国红十字组织的工作人员和医务人员；

（四）军用的和民用的医务运输工具上的医务人员和工作人员；

（五）经国务院或者中央军事委员会批准的国内外的志愿救助团体人员和民用医疗机构的医务人员。

第九条　在武装冲突中，下列机构或者组织及其处所、物品、医务运输工具可以使用保护性红十字标志：

（一）武装力量的医疗机构；

（二）参加救助活动的红十字会；

（三）经国务院或者中央军事委员会批准的国内外的志愿救助团体和医疗机构；

（四）经国务院或者中央军事委员会批准的国际组织。

第十条　使用保护性红十字标志的人员，必须随身携带由国务院或者中央军事委员会授权的部门签发的身份证明。

第十一条　武装力量医疗机构的人员、处所及其物品、医务运输工具，和平时期可以使用保护性红十字标志作为标记。

第三章　红十字标志的标明性使用

标明性使用第十二条红十字标志的标明性使用，是指对与红十字活动有关的人或者物的标示。

第十三条　红十字作为标明性标志使用时，在红十字下方必须伴以红十字会的名称或者名称缩写，并不得将红十字置于建筑物顶部。

红十字会的工作人员、会员和其他有关人员履行职责时，应当佩带标有红十字的小尺寸臂章；不履行职责时，可以佩带标有红十字的小尺寸胸针或者胸章。

第十四条　下列人员可以使用标明性红

十字标志：

（一）红十字会工作人员；

（二）红十字会会员；

（三）红十字青少年会员。

第十五条 下列场所可以使用标明性红十字标志：

（一）红十字会使用的建筑物；

（二）红十字会所属的医疗机构；

（三）红十字会开展符合其宗旨的活动场所。

第十六条 下列物品、运输工具可以使用标明性红十字标志：

（一）红十字会的徽章、奖章、证章；

（二）红十字会的印刷品、宣传品；

（三）红十字会的救灾、救护物资及运输工具。

第十七条 在本办法规定的范围以外需要使用标明性红十字标志的，由红十字会总会批准。

第四章 红十字标志的禁止使用

第十八条 红十字标志不得用于：

（一）商标或者商业性广告；

（二）非红十字会或者非武装力量的医疗机构；

（三）药店、兽医站；

（四）商品的包装；

（五）公司的标志；

（六）工程设计、产品设计；

（七）本办法规定可以使用红十字标志以外的其他情形。

第五章 罚 则

第十九条 对违反本办法的规定，有下列情形之一的，红十字会有权予以劝阻，并要求其停止使用；拒绝停止使用的，红十字会可以提请人民政府责令停止使用：

（一）红十字会的工作人员、会员、红十字青少年会员以外的人员使用标明性红十字标志的；

（二）非红十字会使用的建筑物及其他场所使用标明性红十字标志的；

（三）非红十字会的医疗机构使用标明性红十字标志的；

（四）不属于红十字会的物品、运输工具等使用标明性红十字标志的；

（五）有违反本办法规定使用红十字标志的其他情形的。

第二十条 违反本办法第十八条的规定，擅自使用红十字标志的，由县级以上人民政府责令停止使用，没收非法所得，并处1万元以下的罚款。

第二十一条 阻碍红十字会工作人员依法履行职责的，依法给予治安管理处罚或者追究刑事责任。

第二十二条 武装力量中的组织和人员有违反本办法规定行为的，由军队有关部门处理。

第六章 附 则

第二十三条 本办法有关红十字标志保护性使用的规定未尽事宜，依照日内瓦公约及其附加议定书的有关规定执行。

前款日内瓦公约及其附加议定书是指《中华人民共和国红十字会法》第二十七条规定的公约和议定书。

第二十四条 本办法自发布之日起施行。

中华人民共和国公务员法

（2005 年 4 月 27 日第十届全国人民代表大会常务委员会第十五次会议通过）

目　录

第一章　总　　则

第一条 为了规范公务员的管理，保障公务员的合法权益，加强对公务员的监督，建设高素质的公务员队伍，促进勤政廉政，提高工作效能，根据宪法，制定本法。

第二条 本法所称公务员，是指依法履行公职、纳入国家行政编制、由国家财政负担工资福利的工作人员。

第三条 公务员的义务、权利和管理，适用本法。

法律对公务员中的领导成员的产生、任免、监督以及法官、检察官等的义务、权利和管理另有规定的，从其规定。

第四条 公务员制度坚持以马克思列宁主义、毛泽东思想、邓小平理论和“三个代表”重要思想为指导，贯彻社会主义初级阶段的基本路线，贯彻中国共产党的干部路线和方针，坚持党管干部原则。

第五条 公务员的管理，坚持公开、平等、竞争、择优的原则，依照法定的权限、条件、标准和程序进行。

第六条 公务员的管理，坚持监督约束与激励保障并重的原则。

第七条 公务员的任用，坚持任人唯贤、德才兼备的原则，注重工作实绩。

第八条 国家对公务员实行分类管理，提高管理效能和科学化水平。

第九条 公务员依法履行职务的行为，受法律保护。

第十条 中央公务员主管部门负责全国公务员的综合管理工作。县级以上地方各级公务员主管部门负责本辖区内公务员的综合管理工作。上级公务员主管部门指导下级公务员主管部门的公务员管理工作。各级公务员主管部门指导同级各机关的公务员管理工作。

第二章　公务员的条件、义务与权利

第十一条　公务员应当具备下列条件：

（一）具有中华人民共和国国籍；

（二）年满十八周岁；

（三）拥护中华人民共和国宪法；

（四）具有良好的品行；

（五）具有正常履行职责的身体条件；

（六）具有符合职位要求的文化程度和工作能力；

（七）法律规定的其他条件。

第十二条　公务员应当履行下列义务：

（一）模范遵守宪法和法律；

（二）按照规定的权限和程序认真履行职责，努力提高工作效率；

（三）全心全意为人民服务，接受人民监督；

（四）维护国家的安全、荣誉和利益；

（五）忠于职守，勤勉尽责，服从和执行上级依法作出的决定和命令；

（六）保守国家秘密和工作秘密；

（七）遵守纪律，恪守职业道德，模范遵守社会公德；

（八）清正廉洁，公道正派；

（九）法律规定的其他义务。

第十三条　公务员享有下列权利：

（一）获得履行职责应当具有的工作条件；

（二）非因法定事由、非经法定程序，不被免职、降职、辞退或者处分；

（三）获得工资报酬，享受福利、保险待遇；

（四）参加培训；

（五）对机关工作和领导人员提出批评和建议；

（六）提出申诉和控告；

（七）申请辞职；

（八）法律规定的其他权利。

第三章　职务与级别

第十四条　国家实行公务员职位分类制度。

公务员职位类别按照公务员职位的性质、特点和管理需要，划分为综合管理类、专业技术类和行政执法类等类别。国务院根据本法，对于具有职位特殊性，需要单独管理的，可以增设其他职位类别。各职位类别的适用范围由国家另行规定。

第十五条　国家根据公务员职位类别设置公务员职务序列。

第十六条　公务员职务分为领导职务和非领导职务。

领导职务层次分为：国家级正职、国家级副职、省部级正职、省部级副职、厅局级正职、厅局级副职、县处级正职、县处级副职、乡科级正职、乡科级副职。

非领导职务层次在厅局级以下设置。

第十七条　综合管理类的领导职务根据宪法、有关法律、职务层次和机构规格设置确定。

综合管理类的非领导职务分为：巡视

员、副巡视员、调研员、副调研员、主任科员、副主任科员、科员、办事员。

综合管理类以外其他职位类别公务员的职务序列，根据本法由国家另行规定。

第十八条 各机关依照确定的职能、规格、编制限额、职数以及结构比例，设置本机关公务员的具体职位，并确定各职位的工作职责和任职资格条件。

第十九条 公务员的职务应当对应相应的级别。公务员职务与级别的对应关系，由国务院规定。

公务员的职务与级别是确定公务员工资及其他待遇的依据。

公务员的级别根据所任职务及其德才表现、工作实绩和资历确定。公务员在同一职务上，可以按照国家规定晋升级别。

第二十条 国家根据人民警察以及海关、驻外外交机构公务员的工作特点，设置与其职务相对应的衔级。

第四章 录 用

第二十一条 录用担任主任科员以下及其他相当职务层次的非领导职务公务员，采取公开考试、严格考察、平等竞争、择优录取的办法。

民族自治地方依照前款规定录用公务员时，依照法律和有关规定对少数民族报考者予以适当照顾。

第二十二条 中央机关及其直属机构公务员的录用，由中央公务员主管部门负责组织。地方各级机关公务员的录用，由省级公务员主管部门负责组织，必要时省级公务员主管部门可以授权设区的市级公务员主管部门组织。

第二十三条 报考公务员，除应当具备本法第十一条规定的条件外，还应当具备省级以上公务员主管部门规定的拟任职位所要求的资格条件。

第二十四条 下列人员不得录用为公务员：

（一）曾因犯罪受过刑事处罚的；

（二）曾被开除公职的；

（三）有法律规定不得录用为公务员的其他情形的。

第二十五条 录用公务员，必须在规定的编制限额内，并有相应的职位空缺。

第二十六条 录用公务员，应当发布招考公告。招考公告应当载明招考的职位、名额、报考资格条件、报考需要提交的申请材料以及其他报考须知事项。

招录机关应当采取措施，便利公民报考。

第二十七条 招录机关根据报考资格条件对报考申请进行审查。报考者提交的申请材料应当真实、准确。

第二十八条 公务员录用考试采取笔试和面试的方式进行，考试内容根据公务员应当具备的基本能力和不同职位类别分别设置。

第二十九条 招录机关根据考试成绩确定考察人选，并对其进行报考资格复审、考察和体检。

体检的项目和标准根据职位要求确定。具体办法由中央公务员主管部门会同国务院卫生行政部门规定。

第三十条 招录机关根据考试成绩、考察情况和体检结果，提出拟录用人员名单，并予以公示。

公示期满，中央一级招录机关将拟录用人员名单报中央公务员主管部门备案；地方各级招录机关将拟录用人员名单报省级或者设区的市级公务员主管部门审批。

第三十一条 录用特殊职位的公务员，经省级以上公务员主管部门批准，可以简化程序或者采用其他测评办法。

第三十二条 新录用的公务员试用期为一年。试用期满合格的，予以任职；不合格的，取消录用。

第五章 考 核

第三十三条 对公务员的考核，按照管理权限，全面考核公务员的德、能、勤、绩、廉，重点考核工作实绩。

第三十四条 公务员的考核分为平时考核和定期考核。定期考核以平时考核为基础。

第三十五条 对非领导成员公务员的定期考核采取年度考核的方式，先由个人按照职位职责和有关要求进行总结，主管领导在听取群众意见后，提出考核等次建议，由本机关负责人或者授权的考核委员会确定考核等次。

对领导成员的定期考核，由主管机关按照有关规定办理。

第三十六条 定期考核的结果分为优秀、称职、基本称职和不称职四个等次。

定期考核的结果应当以书面形式通知公务员本人。

第三十七条 定期考核的结果作为调整公务员职务、级别、工资以及公务员奖励、培训、辞退的依据。

第六章 职务任免

第三十八条 公务员职务实行选任制和委任制。

领导成员职务按照国家规定实行任期制。

第三十九条 选任制公务员在选举结果生效时即任当选职务；任期届满不再连任，或者任期内辞职、被罢免、被撤职的，其所任职务即终止。

第四十条 委任制公务员遇有试用期满考核合格、职务发生变化、不再担任公务员职务以及其他情形需要任免职务的，应当按照管理权限和规定的程序任免其职务。

第四十一条 公务员任职必须在规定的编制限额和职数内进行，并有相应的职位空缺。

第四十二条 公务员因工作需要在机关外兼职，应当经有关机关批准，并不得领取兼职报酬。

第七章 职务升降

第四十三条 公务员晋升职务，应当具备拟任职务所要求的思想政治素质、工作能力、文化程度和任职经历等方面的条件和资格。

公务员晋升职务，应当逐级晋升。特别优秀的或者工作特殊需要的，可以按照规定破格或者越一级晋升职务。

第四十四条 公务员晋升领导职务，按照下列程序办理：

（一）民主推荐，确定考察对象；

（二）组织考察，研究提出任职建议方案，并根据需要在一定范围内进行酝酿；

（三）按照管理权限讨论决定；

（四）按照规定履行任职手续。

公务员晋升非领导职务，参照前款规定的程序办理。

第四十五条 机关内设机构厅局级正职以下领导职务出现空缺时，可以在本机关或者本系统内通过竞争上岗的方式，产生任职人选。

厅局级正职以下领导职务或者副调研员以上及其他相当职务层次的非领导职务出现空缺，可以面向社会公开选拔，产生任职人选。

确定初任法官、初任检察官的任职人选，可以面向社会，从通过国家统一司法考试取得资格的人员中公开选拔。

第四十六条 公务员晋升领导职务的，应当按照有关规定实行任职前公示制度和任职试用期制度。

第四十七条 公务员在定期考核中被确定为不称职的，按照规定程序降低一个职务层次任职。

第八章 奖 励

第四十八条 对工作表现突出，有显著成绩和贡献，或者有其他突出事迹的公务员或者公务员集体，给予奖励。奖励坚持精神奖励与物质奖励相结合、以精神奖励为主的原则。

公务员集体的奖励适用于按照编制序列设置的机构或者为完成专项任务组成的工作集体。

第四十九条 公务员或者公务员集体有下列情形之一的，给予奖励：

（一）忠于职守，积极工作，成绩显著的；

（二）遵守纪律，廉洁奉公，作风正派，办事公道，模范作用突出的；

（三）在工作中有发明创造或者提出合理化建议，取得显著经济效益或者社会效益的；

（四）为增进民族团结、维护社会稳定做出突出贡献的；

（五）爱护公共财产，节约国家资财有突出成绩的；

（六）防止或者消除事故有功，使国家和人民群众利益免受或者减少损失的；

（七）在抢险、救灾等特定环境中奋不顾身，做出贡献的；

（八）同违法违纪行为作斗争有功绩的；

（九）在对外交往中为国家争得荣誉和利益的；

（十）有其他突出功绩的。

第五十条 奖励分为：嘉奖、记三等功、记二等功、记一等功、授予荣誉称号。

对受奖励的公务员或者公务员集体予以表彰，并给予一次性奖金或者其他待遇。

第五十一条 给予公务员或者公务员集体奖励，按照规定的权限和程序决定或者审批。

第五十二条 公务员或者公务员集体有下列情形之一的，撤销奖励：

（一）弄虚作假，骗取奖励的；

（二）申报奖励时隐瞒严重错误或者严重违反规定程序的；

（三）有法律、法规规定应当撤销奖励的其他情形的。

第九章 惩 戒

第五十三条 公务员必须遵守纪律，不得有下列行为：

（一）散布有损国家声誉的言论，组织或者参加旨在反对国家的集会、游行、示威等活动；

（二）组织或者参加非法组织，组织或者参加罢工；

（三）玩忽职守，贻误工作；

（四）拒绝执行上级依法作出的决定和命令；

（五）压制批评，打击报复；

（六）弄虚作假，误导、欺骗领导和公众；

（七）贪污、行贿、受贿，利用职务之便为自己或者他人谋取私利；

（八）违反财经纪律，浪费国家资财；

（九）滥用职权，侵害公民、法人或者其他组织的合法权益；

（十）泄露国家秘密或者工作秘密；

（十一）在对外交往中损害国家荣誉和利益；

（十二）参与或者支持色情、吸毒、赌博、迷信等活动；

（十三）违反职业道德、社会公德；

（十四）从事或者参与营利性活动，在企业或者其他营利性组织中兼任职务；

（十五）旷工或者因公外出、请假期满无正当理由逾期不归；

（十六）违反纪律的其他行为。

第五十四条 公务员执行公务时，认为上级的决定或者命令有错误的，可以向上级提出改正或者撤销该决定或者命令的意见；上级不改变该决定或者命令，或者要求立即执行的，公务员应当执行该决定或者命令，执行的后果由上级负责，公务员不承担责任；但是，公务员执行明显违法的决定或者命令的，应当依法承担相应的责任。

第五十五条 公务员因违法违纪应当承担纪律责任的，依照本法给予处分；违纪行为情节轻微，经批评教育后改正的，可以免予处分。

第五十六条 处分分为：警告、记过、记大过、降级、撤职、开除。

第五十七条 对公务员的处分，应当事实清楚、证据确凿、定性准确、处理恰当、程序合法、手续完备。

公务员违纪的，应当由处分决定机关决定对公务员违纪的情况进行调查，并将调查认定的事实及拟给予处分的依据告知公务员本人。公务员有权进行陈述和申辩。

处分决定机关认为对公务员应当给予处分的，应当在规定的期限内，按照管理权限和规定的程序作出处分决定。处分决定应当以书面形式通知公务员本人。

第五十八条 公务员在受处分期间不得晋升职务和级别，其中受记过、记大过、降级、撤职处分的，不得晋升工资档次。

受处分的期间为：警告，六个月；记过，十二个月；记大过，十八个月；降级、撤职，二十四个月。

受撤职处分的，按照规定降低级别。

第五十九条 公务员受开除以外的处分，在受处分期间有悔改表现，并且没有再发生违纪行为的，处分期满后，由处分决定机关解除处分并以书面形式通知本人。

解除处分后，晋升工资档次、级别和职务不再受原处分的影响。但是，解除降级、撤职处分的，不视为恢复原级别、原职务。

第十章　培　训

第六十条　机关根据公务员工作职责的要求和提高公务员素质的需要，对公务员进行分级分类培训。

国家建立专门的公务员培训机构。机关根据需要也可以委托其他培训机构承担公务员培训任务。

第六十一条　机关对新录用人员应当在试用期内进行初任培训；对晋升领导职务的公务员应当在任职前或者任职后一年内进行任职培训；对从事专项工作的公务员应当进行专门业务培训；对全体公务员应当进行更新知识、提高工作能力的在职培训，其中对担任专业技术职务的公务员，应当按照专业技术人员继续教育的要求，进行专业技术培训。

国家有计划地加强对后备领导人员的培训。

第六十二条　公务员的培训实行登记管理。

公务员参加培训的时间由公务员主管部门按照本法第六十一条规定的培训要求予以确定。

公务员培训情况、学习成绩作为公务员考核的内容和任职、晋升的依据之一。

第十一章　交流与回避

第六十三条　国家实行公务员交流制度。

公务员可以在公务员队伍内部交流，也可以与国有企业事业单位、人民团体和群众团体中从事公务的人员交流。

交流的方式包括调任、转任和挂职锻炼。

第六十四条　国有企业事业单位、人民团体和群众团体中从事公务的人员可以调入机关担任领导职务或者副调研员以上及其他相当职务层次的非领导职务。调任人选应当具备本法第十一条规定的条件和拟任职位所要求的资格条件，并不得有本法第二十四条规定的情形。调任机关应当根据上述规定，对调任人选进行严格考察，并按照管理权限审批，必要时可以对调任人选进行考试。

第六十五条　公务员在不同职位之间转任应当具备拟任职位所要求的资格条件，在规定的编制限额和职数内进行。

对省部级正职以下的领导成员应当有计划、有重点地实行跨地区、跨部门转任。

对担任机关内设机构领导职务和工作性质特殊的非领导职务的公务员，应当有计划地在本机关内转任。

第六十六条　根据培养锻炼公务员的需要，可以选派公务员到下级机关或者上级机关、其他地区机关以及国有企业事业单位挂职锻炼。

公务员在挂职锻炼期间，不改变与原机关的人事关系。

第六十七条 公务员应当服从机关的交流决定。

公务员本人申请交流的，按照管理权限审批。

第六十八条 公务员之间有夫妻关系、直系血亲关系、三代以内旁系血亲关系以及近姻亲关系的，不得在同一机关担任双方直接隶属于同一领导人员的职务或者有直接上下级领导关系的职务，也不得在其中一方担任领导职务的机关从事组织、人事、纪检、监察、审计和财务工作。

因地域或者工作性质特殊，需要变通执行任职回避的，由省级以上公务员主管部门规定。

第六十九条 公务员担任乡级机关、县级机关及其有关部门主要领导职务的，应当实行地域回避，法律另有规定的除外。

第七十条 公务员执行公务时，有下列情形之一的，应当回避：

（一）涉及本人利害关系的；

（二）涉及与本人有本法第六十八条第一款所列亲属关系人员的利害关系的；

（三）其他可能影响公正执行公务的。

第七十一条 公务员有应当回避情形的，本人应当申请回避；利害关系人有权申请公务员回避。其他人员可以向机关提供公务员需要回避的情况。

机关根据公务员本人或者利害关系人的申请，经审查后作出是否回避的决定，也可以不经申请直接作出回避决定。

第七十二条 法律对公务员回避另有规定的，从其规定。

第十二章 工资福利保险

第七十三条 公务员实行国家统一的职务与级别相结合的工资制度。

公务员工资制度贯彻按劳分配的原则，体现工作职责、工作能力、工作实绩、资历等因素，保持不同职务、级别之间的合理工资差距。

国家建立公务员工资的正常增长机制。

第七十四条 公务员工资包括基本工资、津贴、补贴和奖金。

公务员按照国家规定享受地区附加津贴、艰苦边远地区津贴、岗位津贴等津贴。

公务员按照国家规定享受住房、医疗等补贴、补助。

公务员在定期考核中被确定为优秀、称职的，按照国家规定享受年终奖金。

公务员工资应当按时足额发放。

第七十五条 公务员的工资水平应当与国民经济发展相协调、与社会进步相适应。

国家实行工资调查制度，定期进行公务员和企业相当人员工资水平的调查比较，并将工资调查比较结果作为调整公务员工资水平的依据。

第七十六条 公务员按照国家规定享受福利待遇。国家根据经济社会发展水平提高公务员的福利待遇。

公务员实行国家规定的工时制度，按照国家规定享受休假。公务员在法定工作日之外加班的，应当给予相应的补休。

第七十七条 国家建立公务员保险制度，保障公务员在退休、患病、工伤、生育、失业等情况下获得帮助和补偿。

公务员因公致残的，享受国家规定的伤残待遇。公务员因公牺牲、因公死亡或者病故的，其亲属享受国家规定的抚恤和优待。

第七十八条 任何机关不得违反国家规定自行更改公务员工资、福利、保险政策，擅自提高或者降低公务员的工资、福利、保险待遇。任何机关不得扣减或者拖欠公务员的工资。

第七十九条 公务员工资、福利、保险、退休金以及录用、培训、奖励、辞退等所需经费，应当列入财政预算，予以保障。

第十三章 辞职辞退

第八十条 公务员辞去公职，应当向任免机关提出书面申请。任免机关应当自接到申请之日起三十日内予以审批，其中对领导成员辞去公职的申请，应当自接到申请之日起九十日内予以审批。

第八十一条 公务员有下列情形之一的，不得辞去公职：

（一）未满国家规定的最低服务年限的；

（二）在涉及国家秘密等特殊职位任职或者离开上述职位不满国家规定的脱密期限的；

（三）重要公务尚未处理完毕，且须由本人继续处理的；

（四）正在接受审计、纪律审查，或者涉嫌犯罪，司法程序尚未终结的；

（五）法律、行政法规规定的其他不得辞去公职的情形。

第八十二条 担任领导职务的公务员，因工作变动依照法律规定需要辞去现任职务的，应当履行辞职手续。

担任领导职务的公务员，因个人或者其他原因，可以自愿提出辞去领导职务。

领导成员因工作严重失误、失职造成重大损失或者恶劣社会影响的，或者对重大事故负有领导责任的，应当引咎辞去领导职务。

领导成员应当引咎辞职或者因其他原因不再适合担任现任领导职务，本人不提出辞职的，应当责令其辞去领导职务。

第八十三条 公务员有下列情形之一的，予以辞退：

（一）在年度考核中，连续两年被确定为不称职的；

（二）不胜任现职工作，又不接受其他安排的；

（三）因所在机关调整、撤销、合并或者缩减编制员额需要调整工作，本人拒绝合理安排的；

（四）不履行公务员义务，不遵守公务员纪律，经教育仍无转变，不适合继续在机关工作，又不宜给予开除处分的；

（五）旷工或者因公外出、请假期满无正当理由逾期不归连续超过十五天，或者一年内累计超过三十天的。

第八十四条 对有下列情形之一的公务员，不得辞退：

（一）因公致残，被确认丧失或者部分丧失工作能力的；

（二）患病或者负伤，在规定的医疗期内的；

（三）女性公务员在孕期、产假、哺乳期内的；

（四）法律、行政法规规定的其他不得辞退的情形。

第八十五条 辞退公务员，按照管理权限决定。辞退决定应当以书面形式通知被辞退的公务员。

被辞退的公务员，可以领取辞退费或者根据国家有关规定享受失业保险。

第八十六条 公务员辞职或者被辞退，离职前应当办理公务交接手续，必要时按照规定接受审计。

第十四章 退 休

第八十七条 公务员达到国家规定的退休年龄或者完全丧失工作能力的，应当退休。

第八十八条 公务员符合下列条件之一的，本人自愿提出申请，经任免机关批准，可以提前退休：

（一）工作年限满三十年的；

（二）距国家规定的退休年龄不足五年，且工作年限满二十年的；

（三）符合国家规定的可以提前退休的其他情形的。

第八十九条 公务员退休后，享受国家规定的退休金和其他待遇，国家为其生活和健康提供必要的服务和帮助，鼓励发挥个人专长，参与社会发展。

第十五章 申诉控告

第九十条 公务员对涉及本人的下列人事处理不服的，可以自知道该人事处理之日起三十日内向原处理机关申请复核；对复核结果不服的，可以自接到复核决定之日起十五日内，按照规定向同级公务员主管部门或者作出该人事处理的机关的上一级机关提出申诉；也可以不经复核，自知道该人事处理之日起三十日内直接提出申诉：

（一）处分；

（二）辞退或者取消录用；

（三）降职；

（四）定期考核定为不称职；

（五）免职；

（六）申请辞职、提前退休未予批准；

（七）未按规定确定或者扣减工资、福利、保险待遇；

（八）法律、法规规定可以申诉的其他情形。

对省级以下机关作出的申诉处理决定不服的，可以向作出处理决定的上一级机关提出再申诉。

行政机关公务员对处分不服向行政监察机关申诉的，按照《中华人民共和国行政监察法》的规定办理。

第九十一条 原处理机关应当自接到复核申请书后的三十日内作出复核决定。受理公务员申诉的机关应当自受理之日起六十日内作出处理决定；案情复杂的，可以适当延长，但是延长时间不得超过三十日。

复核、申诉期间不停止人事处理的执行。

第九十二条 公务员申诉的受理机关审查认定人事处理有错误的，原处理机关应当及时予以纠正。

第九十三条 公务员认为机关及其领导人员侵犯其合法权益的，可以依法向上级机关或者有关的专门机关提出控告。受理控告的机关应当按照规定及时处理。

第九十四条 公务员提出申诉、控告，不得捏造事实，诬告、陷害他人。

第十六章　职位聘任

第九十五条　机关根据工作需要，经省级以上公务员主管部门批准，可以对专业性较强的职位和辅助性职位实行聘任制。

前款所列职位涉及国家秘密的，不实行聘任制。

第九十六条　机关聘任公务员可以参照公务员考试录用的程序进行公开招聘，也可以从符合条件的人员中直接选聘。

机关聘任公务员应当在规定的编制限额和工资经费限额内进行。

第九十七条　机关聘任公务员，应当按照平等自愿、协商一致的原则，签订书面的聘任合同，确定机关与所聘公务员双方的权利、义务。聘任合同经双方协商一致可以变更或者解除。

聘任合同的签订、变更或者解除，应当报同级公务员主管部门备案。

第九十八条　聘任合同应当具备合同期限，职位及其职责要求，工资、福利、保险待遇，违约责任等条款。

聘任合同期限为一年至五年。聘任合同可以约定试用期，试用期为一个月至六个月。

聘任制公务员按照国家规定实行协议工资制，具体办法由中央公务员主管部门规定。

第九十九条　机关依据本法和聘任合同对所聘公务员进行管理。

第一百条　国家建立人事争议仲裁制度。

人事争议仲裁应当根据合法、公正、及时处理的原则，依法维护争议双方的合法权益。

人事争议仲裁委员会根据需要设立。人事争议仲裁委员会由公务员主管部门的代表、聘用机关的代表、聘任制公务员的代表以及法律专家组成。

聘任制公务员与所在机关之间因履行聘任合同发生争议的，可以自争议发生之日起六十日内向人事争议仲裁委员会申请仲裁。当事人对仲裁裁决不服的，可以自接到仲裁裁决书之日起十五日内向人民法院提起诉讼。仲裁裁决生效后，一方当事人不履行的，另一方当事人可以申请人民法院执行。

第十七章　法律责任

第一百零一条　对有下列违反本法规定情形的，由县级以上领导机关或者公务员主管部门按照管理权限，区别不同情况，分别予以责令纠正或者宣布无效；对负有责任的领导人员和直接责任人员，根据情节轻重，给予批评教育或者处分；构成犯罪的，依法追究刑事责任：

（一）不按编制限额、职数或者任职资格条件进行公务员录用、调任、转任、聘任和晋升的；

（二）不按规定条件进行公务员奖惩、回避和办理退休的；

（三）不按规定程序进行公务员录用、调任、转任、聘任、晋升、竞争上岗、公开选拔以及考核、奖惩的；

（四）违反国家规定，更改公务员工资、福利、保险待遇标准的；

（五）在录用、竞争上岗、公开选拔中发生泄露试题、违反考场纪律以及其他严重影响公开、公正的；

（六）不按规定受理和处理公务员申诉、控告的；

（七）违反本法规定的其他情形的。

第一百零二条　公务员辞去公职或者退休的，原系领导成员的公务员在离职三年内，其他公务员在离职两年内，不得到与原工作业务直接相关的企业或者其他营利性组织任职，不得从事与原工作业务直接相关的营利性活动。

公务员辞去公职或者退休后有违反前款规定行为的，由其原所在机关的同级公务员主管部门责令限期改正；逾期不改正的，由县级以上工商行政管理部门没收该人员从业期间的违法所得，责令接收单位将该人员予以清退，并根据情节轻重，对接收单位处以被处罚人员违法所得一倍以上五倍以下的罚款。

第一百零三条　机关因错误的具体人事处理对公务员造成名誉损害的，应当赔礼道歉、恢复名誉、消除影响；造成经济损失的，应当依法给予赔偿。

第一百零四条　公务员主管部门的工作人员，违反本法规定，滥用职权、玩忽职守、徇私舞弊，构成犯罪的，依法追究刑事责任；尚不构成犯罪的，给予处分。

第十八章　附　则

第一百零五条　本法所称领导成员，是指机关的领导人员，不包括机关内设机构担任领导职务的人员。

第一百零六条　法律、法规授权的具有公共事务管理职能的事业单位中除工勤人员以外的工作人员，经批准参照本法进行管理。

第一百零七条　本法自2006年1月1日起施行。全国人民代表大会常务委员会1957年10月23日批准、国务院1957年10月26日公布的《国务院关于国家行政机关工作人员的奖惩暂行规定》、1993年8月14日国务院公布的《国家公务员暂行条例》同时废止。

中华人民共和国献血法

（1997年12月29日第八届全国人民代表大会常务委员会第二十九次会议通过　1997年12月29日中华人民共和国主席令第93号公布自1998年10月1日起施行）

第一条　为保证医疗临床用血需要和安全，保障献血者和用血者身体健康，发扬人道主义精神，促进社会主义物质文明和精神文明建设，制定本法。

第二条　国家实行无偿献血制度。

国家提倡18周岁至55周岁的健康公民自愿献血。

第三条　地方各级人民政府领导本行政区域内的献血工作，统一规划并负责组织、协调有关部门共同做好献血工作。

第四条　县级以上各级人民政府卫生行政部门监督管理献血工作。

各级红十字会依法参与、推动献血工作。

第五条　各级人民政府采取措施广泛宣

传献血的意义，普及献血的科学知识，开展预防和控制经血液途径传播的疾病的教育。

新闻媒介应当开展献血的社会公益性宣传。

第六条 国家机关、军队、社会团体、企业事业组织、居民委员会、村民委员会，应当动员和组织本单位或者本居住区的适龄公民参加献血。

现役军人献血的动员和组织办法，由中国人民解放军卫生主管部门制定。

对献血者，发给国务院卫生行政部门制作的无偿献血证书，有关单位可以给予适当补贴。

第七条 国家鼓励国家工作人员、现役军人和高等学校在校学生率先献血，为树立社会新风尚作表率。

第八条 血站是采集、提供临床用血的机构，是不以营利为目的的公益性组织。设立血站向公民采集血液，必须经国务院卫生行政部 1 刁或者省、自治区、直辖市人民政府卫生行政部门批准。血站应当为献血者提供各种安全、卫生、便利的条件。血站的设立条件和管理办法由国务院卫生行政部门制定。

第九条 血站对献血者必须免费进行必要的健康检查；身体状况不符合献血条件的，血站应当向其说明情况，不得采集血液。献血者的身体健康条件由国务院卫生行政部门规定。

血站对献血者每次采集血液量一般为 200 毫升，最多不得超过 400 毫升，两次采集间隔期不少于 6 个月。

严格禁止血站违反前款规定对献血者超量、频繁采集血液。

第十条 血站采集血液必须严格遵守有关操作规程和制度，采血必须由具有采血资格的医务人员进行，一次性采血器材用后必须销毁，确保献血者的身体健康。

血站应当根据国务院卫生行政部门制定的标准，保证血液质量。

血站对采集的血液必须进行检测；未经检测或者检测不合格的血液，不得向医疗机构提供。

第十一条 无偿献血的血液必须用于临床，不得买卖。血站、医疗机构不得将无偿献血的血液出售给单采血浆站或者血液制品生产单位。

第十二条 临床用血的包装、储存、运输，必须符合国家规定的卫生标准和要求。

第十三条 医疗机构对临床用血必须进行核查，不得将不符合国家规定标准的血液用于临床。

第十四条 公民临床用血时只交付用于血液的采集、储存、分离、检验等费用；具体收费标准由国务院卫生行政部门会同国务院价格主管部门制定。

无偿献血者临床需要用血时，免交前款规定的费用；无偿献血者的配偶和直系亲属临床需要用血时，可以按照省、自治区、直辖市人民政府的规定免交或者减交前款规定的费用。

第十五条 为保障公民临床急救用血的需要，国家提倡并指导择期手术的患者自身储血，动员家庭、亲友、所在单位以及社会互助献血。

为保证应急用血，医疗机构可以临时采集血液，但应当依照本法规定，确保采血用血安全。

第十六条 医疗机构临床用血应当制定用血计划，遵循合理、科学的原则，不得浪费和滥用血液。

医疗机构应当积极推行按血液成份针对医疗实际需要输血，具体管理办法由国务院卫生行政部门制定。

国家鼓励临床用血新技术的研究和推广。

第十七条 各级人民政府和红十字会对积极参加献血和在献血工作中做出显著成绩的单位和个人，给予奖励。

第十八条 有下列行为之一的，由县级以上地方人民政府卫生行政部门予以取缔，没收违法所得，可以并处10万元以下的罚款；构成犯罪的，依法追究刑事责任：

（一）非法采集血液的；

（二）血站、医疗机构出售无偿献血的血液的；

（三）非法组织他人出卖血液的。

第十九条 血站违反有关操作规程和制度采集血液，由县级以上地方人民政府卫生行政部门责令改正；给献血者健康造成损害的，应当依法赔偿，对直接负责的主管人员和其他直接责任人员，依法给予行政处分；构成犯罪的，依法追究刑事责任。

第二十条 临床用血的包装、储存、运输，不符合国家规定的卫生标准和要求的，由县级以上地方人民政府卫生行政部门责令改正，给予警告，可以并处1万元以下的罚款。

第二十一条 血站违反本法的规定，向医疗机构提供不符合国家规定标准的血液的，由县级以上人民政府卫生行政部门责令改正；情节严重，造成经血液途径传播的疾病传播或者有传播严重危险的，限期整顿，对直接负责的主管人员和其他直接责任人员，依法给予行政处分；构成犯罪的，依法追究刑事责任。

第二十二条 医疗机构的医务人员违反本法规定，将不符合国家规定标准的血液用于患者的，由县级以上地方人民政府卫生行政部门责令改正；给患者健康造成损害的，应当依法赔偿，对直接负责的主管人员和其他直接责任人员，依法给予行政处分；构成犯罪的，依法追究刑事责任。

第二十三条 卫生行政部门及其工作人员在献血、用血的监督管理工作中，玩忽职守，造成严重后果，构成犯罪的，依法追究刑事责任；尚不构成犯罪的，依法给予行政处分。

第二十四条 本法自1998年10月1日起施行。

中华人民共和国
公益事业捐赠法

（1999年6月28日第九届全国人民代表大会常务委员会第十次会议通过）

目 录

第一章 总 则

第一条 为了鼓励捐赠，规范捐赠和受赠行为，保护捐赠人、受赠人和受益人的合法权益，促进公益事业的发展，制定本法。

第二条 自然人、法人或者其他组织自愿无偿向依法成立的公益性社会团体和公益性非营利的事业单位捐赠财产，用于公益事业的，适用本法。

第三条 本法所称公益事业是指非营利的下列事项：

（一）救助灾害、救济贫困、扶助残疾人等困难的社会群体和个人的活动；

（二）教育、科学、文化、卫生、体育事业；

（三）环境保护、社会公共设施建设；

（四）促进社会发展和进步的其他社会公共和福利事业。

第四条 捐赠应当是自愿和无偿的，禁止强行摊派或者变相摊派，不得以捐赠为名从事营利活动。

第五条 捐赠财产的使用应当尊重捐赠人的意愿，符合公益目的，不得将捐赠财产挪作他用。

严格禁止血站违反前款规定对献血者超量、频繁采集血液。

第六条 捐赠应当遵守法律、法规，不得违背社会公德，不得损害公共利益和其他公民的合法权益。

第七条 公益性社会团体受赠的财产及其增值为社会公共财产，受国家法律保护，任何单位和个人不得侵占、挪用和损毁。

第八条 国家鼓励公益事业的发展，对公益性社会团体和公益性非营利的事业单位给予扶持和优待。

国家鼓励自然人、法人或者其他组织对公益事业进行捐赠。

对公益事业捐赠有突出贡献的自然人、法人或者其他组织，由人民政府或者有关部门予以表彰。对捐赠人进行公开表彰，应当事先征求捐赠人的意见。

第二章 捐赠和受赠

第九条 自然人、法人或者其他组织可以选择符合其捐赠意愿的公益性社会团体和公益性非营利的事业单位进行捐赠。捐赠的财产应当是其有权处分的合法财产。

第十条 公益性社会团体和公益性非营利的事业单位可以依照本法接受捐赠。

本法所称公益性社会团体是指依法成立的，以发展公益事业为宗旨的基金会、慈善组织等社会团体。

本法所称公益性非营利的事业单位是指依法成立的，从事公益事业的不以营利为目的的教育机构、科学研究机构、医疗卫生机构、社会公共文化机构、社会公共体育机构和社会福利机构等。

第十一条 在发生自然灾害时或者境外捐赠人要求县级以上人民政府及其部门作为受赠人时，县级以上人民政府及其部门可以接受捐赠，并依照本法的有关规定对捐赠财产进行管理。

县级以上人民政府及其部门可以将受赠财产转交公益性社会团体或者公益性非营利的事业单位；也可以按照捐赠人的意愿分发或者兴办公益事业，但是不得以本机关为受益对象。

第十二条　捐赠人可以与受赠人就捐赠财产的种类、质量、数量和用途等内容订立捐赠协议。捐赠人有权决定捐赠的数量、用途和方式。

捐赠人应当依法履行捐赠协议，按照捐赠协议约定的期限和方式将捐赠财产转移给受赠人。

第十三条　捐赠人捐赠财产兴建公益事业工程项月，应当与受赠人订立捐赠协议，对工程项目的资金、建设、管理和使用作出约定。

捐赠的公益事业工程项目由受赠单位按照国家有关规定办理项目审批手续，并组织施工或者由受赠人和捐赠人共同组织施工。工程质量应当符合国家质量标准。

捐赠的公益事业工程项目竣工后，受赠单位应当将工程建设、建设资金的使用和工程质量验收情况向捐赠人通报。

第十四条　捐赠人对于捐赠的公益事业工程项目可以留名纪念；捐赠人单独捐赠的工程项目或者主要由捐赠人出资兴建的工程项目，可以由捐赠人提出工程项目的名称，报县级以上人民政府批准。

第十五条　境外捐赠人捐赠的财产；由受赠人按照国家有关规定办理入境手续；捐赠实行许可证管理的物品，由受赠人按照国家有关规定办理许可证申领手续，海关凭许可证验放、监管。

华侨向境内捐赠的，县级以上人民政府侨务部门可以协助办理有关入境手续，为捐赠人实施捐赠项目提供帮助。

第三章　捐赠财产的使用和管理

第十六条　受赠人接受捐赠后，应当向捐赠人出具合法、有效的收据，将受赠财产登记造册，妥善保管。

第十七条　公益性社会团体应当将受赠财产用于资助符合其宗旨的活动和事业。对于接受的救助灾害的捐赠财产，应当及时用于救助活动。基金会每年用于资助公益事业的资金数额，不得低于国家规定的比例。

公益性社会团体应当严格遵守国家的有关规定，按照合法、安全、有效的原则，积极实现捐赠财产的保值增值。

公益性非营利的事业单位应当将受赠财产用于发展本单位的公益事业，不得挪作他用。

对于不易储存、运输和超过实际需要的受赠财产，受赠人可以变卖，所取得的全部收入，应当用于捐赠目的。

第十八条　受赠人与捐赠人订立了捐赠协议的，应当按照协议约定的用途使用捐赠财产，不得擅自改变捐赠财产的用途。如果确需改变用途的，应当征得捐赠人的同意。

第十九条　受赠人应当依照国家有关规定，建立健全财务会计制度和受赠财产的使用制度，加强对受赠财产的管理。

第二十条　受赠人每年度应当向政府有关部门报告受赠财产的使用、管理情况，接受监督。必要时，政府有关部门可以对其财务进行审计。

海关对减免关税的捐赠物品依法实施监督和管理。

县级以上人民政府侨务部门可以参与对华侨向境内捐赠财产使用与管理的监督。

第二十一条 捐赠人有权向受赠人查询捐赠财产的使用、管理情况，并提出意见和建议。对于捐赠人的查询，受赠人应当如实答复。

第二十二条 受赠人应当公开接受捐赠的情况和受赠财产的使用、管理情况，接受社会监督。

第二十三条 公益性社会团体应当厉行节约，降低管理成本；工作人员的工资和办公费用从利息等收入中按照国家规定的标准开支。

第四章 优惠措施

第二十四条 公司和其他企业依照本法的规定捐赠财产用于公益事业，依照法律、行政法规的规定享受企业所得税方面的优惠。

第二十五条 自然人和个体工商户依照本法的规定捐赠财产用于公益事业，依照法律、行政法规的规定享受个人所得税方面的优惠。

第二十六条 境外向公益性社会团体和公益性非营利的事业单位捐赠的用于公益事业的物资，依照法律、行政法规的规定减征或者免征进口关税和进口环节、的增值税。

第二十七条 对于捐赠的工程项目，当地人民政府应当给予支持和优惠。

第五章 法律责任

第二十八条 受赠人未征得捐赠人的许可，擅自改变捐赠财产的性质、用途的，由县级以上人民政府有关部门责令改正，给予警告。拒不改正的，经征求捐赠人的意见，由县级以上人民政府将捐赠财产交由与其宗旨相同或者相似的公益性社会团体或者公益性非营利的事业单位管理。

第二十九条 挪用、侵占或者贪污捐赠款物的，由县级以上人民政府有关部门责令退还所用、所得款物，并处以罚款；对直接责任人员，由所在单位依照有关规定予以处理；构成犯罪的，依法追究刑事责任。

依照前款追回、追缴的捐赠款物，应当用于原捐赠目的和用途。

第三十条 在捐赠活动中，有下列行为之一的，依照法律、法规的有关规定予以处罚；构成犯罪的，依法追究刑事责任：

（一）逃汇、骗购外汇的；

（二）偷税、逃税的；

（三）进行走私活动的；

（四）未经海关许可并且未补缴应缴税额，擅自将减税、免税进口的捐赠物资在境内销售、转让或者移作他用的。

第三十一条 受赠单位的工作人员，滥用职权，玩忽职守，徇私舞弊，致使捐赠财产造成重大损失的，由所在单位依照有关规定予以处理；构成犯罪的，依法追究刑事责任。

第六章 附 则

第三十二条 本法自1999年9月1日起施行。

破坏性地震应急条例

（1995年2月11日中华人民共和国国务院令第172号公布自1995年4月1日起施行）

目 录

第一章 总 则

第一条 为了加强对破坏性地震应急活动的管理，减轻地震灾害损失，保障国家财产和公民人身、财产安全，维护社会秩序，制定本条例。

第二条 在中华人民共和国境内从事破坏性地震应急活动，必须遵守本条例。

第三条 地震应急工作实行政府领导、统一管理和分级、分部门负责的原则。

第四条 各级人民政府应当加强地震应急的宣传、教育工作，提高社会防震减灾意识。

第五条 任何组织和个人都有参加地震应急活动的义务。

中国人民解放军和中国人民武装警察部队是地震应急工作的重要力量。

第二章 应急机构

第六条 国务院防震减灾工作主管部门指导和监督全国地震应急工作。国务院有关部门按照各自的职责，具体负责本部门的地震应急工作。

第七条 造成特大损失的严重破坏性地震发生后，国务院设立抗震救灾指挥部，国务院防震减灾工作主管部门为其办事机构；国务院有关部门设立本部门的地震应急机构。

第八条 县级以上地方人民政府防震减灾工作主管部门指导和监督本行政区域内的地震应急工作。

破坏性地震发生后，有关县级以上地方人民政府应当设立抗震救灾指挥部，对本行政区域内的地震应急工作实行集中领导，其办事机构设在本级人民政府防震减灾工作主管部门或者本级人民政府指定的其他部门；国务院另有规定的，从其规定。

第三章 应急预案

第九条 国家的破坏性地震应急预案，由国务院防震减灾工作主管部门会同国务院有关部门制定，报国务院批准。

第十条 国务院有关部门应当根据国家的破坏性地震应急预案，制定本部门的破坏性地震应急预案，并报国务院防震减灾工作主管部门备案。

第十一条 根据地震灾害预测，可能发生破坏性地震地区的县级以上地方人民政府防震减灾工作主管部门应当会同同级有关部门以及有关单位，参照国家的破坏性地震应急预案，制定本行政区域内的破坏性地震应急预案，报本级人民政府批准；省、自治区和人口在100万以上的城市的破坏性地震应急预案，还应当报国务院防震减灾工作主管部门备案。

第十二条 部门和地方制定破坏性地震应急预案，应当从本部门或者本地区的实际情况出发，做到切实可行。

第十三条 破坏性地震应急预案应当包括下列主要内容：

（一）应急机构的组成和职责；

（二）应急通信保障；

（三）抢险救援的人员、资金、物资准备；

（四）灾害评估准备；

（五）应急行动方案。

第十四条 制定破坏性地震应急预案的部门和地方，应当根据震情的变化以及实施中发现的问题，及时对其制定的破坏性地震应急预案进行修订、补充；涉及重大事项调整的，应当报经原批准机关同意。

第四章 临震应急

第十五条 地震临震预报，由省、自治区、直辖市人民政府依照国务院有关发布地震预报的规定统一发布，其他任何组织或者个人不得发布地震预报。

任何组织或者个人都不得传播有关地震的谣言。发生地震谣传时，防震减灾工作主管部门应当协助人民政府迅速予以平息和澄清。

第十六条 破坏性地震临震预报发布后，有关省、自治区、直辖市人民政府可以宣布预报区进入临震应急期，并指明临震应急期的起止时间。

临震应急期一般为10日；必要时，可以延长10日。

第十七条 在临震应急期，有关地方人民政府应当根据震情，统一部署破坏性地震应急预案的实施工作，并对临震应急活动中发生的争议采取紧急处理措施。

第十八条 在临震应急期，各级防震减灾工作主管部门应当协助本级人民政府对实施破坏性地震应急预案工作进行检查。

第十九条 在临震应急期，有关地方人民政府应当根据实际情况，向预报区的居民以及其他人员提出避震撤离的劝告；情况紧急时，应当有组织地进行避震疏散。

第二十条 在临震应急期，有关地方人民政府有权在本行政区域内紧急调用物资、设备、人员和占用场地，任何组织或者个人都不得阻拦；调用物资、设备或者占用场地的，事后应当及时归还或者给予补偿。

第二十一条 在临震应急期，有关部门应当对生命线工程和次生灾害源采取紧急防护措施。

第五章　震后应急

第二十二条　破坏性地震发生后，有关的省、自治区、直辖市人民政府应当宣布灾区进入震后应急期，并指明震后应急期的起止时间。

震后应急期一般为 10 日；必要时，可以延长 20 日。

第二十三条　破坏性地震发生后，抗震救灾指挥部应当及时组织实施破坏性地震应急预案，及时将震情、灾情及其发展趋势等信息报告上一级人民政府。

第二十四条　防震减灾工作主管部门应当加强现场地震监测预报工作，并及时会同有关部门评估地震灾害损失；灾情调查结果，应当及时报告本级人民政府抗震救灾指挥部和上一级防震减灾工作主管部门。

第二十五条　交通、铁路、民航等部门应当尽快恢复被损毁的道路、铁路、水港、空港和有关设施，并优先保证抢险救援人员、物资的运输和灾民的疏散。其他部门有交通运输工具的，应当无条件服从抗震救灾指挥部的征用或者调用。

第二十六条　通信部门应当尽快恢复被破坏的通信设施，保证抗震救灾通信畅通。其他部门有通信设施的，应当优先为破坏性地震应急工作服务。

第二十七条　供水、供电部门应当尽快恢复被破坏的供水、供电设施，保证灾区用水、用电。

第二十八条　卫生部门应当立即组织急救队伍，利用各种医疗设施或者建立临时治疗点，抢救伤员，及时检查、监测灾区的饮用水源、食品等，采取有效措施防止和控制传染病的暴发流行，并向受灾人员提供精神、心理卫生方面的帮助。医药部门应当及时提供救灾所需药品。其他部门应当配合卫生、医药部门，做好卫生防疫以及伤亡人员的抢救、处理工作。

第二十九条　民政部门应当迅速设置避难场所和救济物资供应点，提供救济物品等，保障灾民的基本生活，做好灾民的转移和安置工作。其他部门应当支持、配合民政部门妥善安置灾民。

第三十条　公安部门应当加强灾区的治安管理和安全保卫工作，预防和制止各种破坏活动，维护社会治安，保证抢险救灾工作顺利进行，尽快恢复社会秩序。

第三十一条　石油、化工、水利、电力、建设等部门和单位以及危险品生产、储运等单位，应当按照各自的职责，对可能发生或者已经发生次生灾害的地点和设施采取紧急处置措施，并加强监视、控制，防止灾害扩展。

公安消防机构应当严密监视灾区火灾的发生；出现火灾时，应当组织力量抢救人员和物资，并采取有效防范措施，防止火势扩大、蔓延。

第三十二条　广播电台、电视台等新闻单位应当根据抗震救灾指挥部提供的情况，按照规定及时向公众发布震情、灾情等有关信息，并做好宣传、报道工作。

第三十三条　抗震救灾指挥部可以请求非灾区的人民政府接受并妥善安置灾民和提供其他救援。

第三十四条　破坏性地震发生后，国内非灾区提供的紧急救援，由抗震救灾指挥部负责接受和安排；国际社会提供的紧急救援，由国务院民政部门负责接受和安排；国外红十字会和国际社会通过中国红十字会提供的紧急救援，由中国红十字会负责接受和安排。

第三十五条 因严重破坏性地震应急的需要，可以在灾区实行特别管制措施。省、自治区、直辖市行政区域内的特别管制措施，由省、自治区、直辖市人民政府决定；跨省、自治区、直辖市的特别管制措施，由有关省、自治区、直辖市人民政府共同决定或者由国务院决定；中断干线交通或者封锁国境的特别管制措施，由国务院决定。

特别管制措施的解除，由原决定机关宣布。

第六章 奖励和处罚

第三十六条 在破坏性地震应急活动中有下列事迹之一的，由其所在单位、上级机关或者防震减灾工作主管部门给予表彰或者奖励：

（一）出色完成破坏性地震应急任务的；

（二）保护国家、集体和公民的财产或者抢救人员有功的；

（三）及时排除险情，防止灾害扩大，成绩显著的；

（四）对地震应急工作提出重大建议，实施效果显著的；

（五）因震情、灾情测报准确和信息传递及时而减轻灾害损失的；

（六）及时供应用于应急救灾的物资和工具或者节约经费开支，成绩显著的；

（七）有其他特殊贡献的。

第三十七条 有下列行为之一的，对负有直接责任的主管人员和其他直接责任人员依法给予行政处分；属于违反治安管理行为的，依照治安管理处罚条例的规定给予处罚；构成犯罪的，依法追究刑事责任：

（一）不按照本条例规定制定破坏性地震应急预案的；

（二）不按照破坏性地震应急预案的规定和抗震救灾指挥部的要求实施破坏性地震应急预案的；

（三）违抗抗震救灾指挥部命令，拒不承担地震应急任务的；

（四）阻挠抗震救灾指挥部紧急调用物资、人员或者占用场地的；

（五）贪污、挪用、盗窃地震应急工作经费或者物资的；

（六）有特定责任的国家工作人员在临震应急期或者震后应急期不坚守岗位，不及时掌握震情、灾情，临阵脱逃或者玩忽职守的；

（七）在临震应急期或者震后应急期哄抢国家、集体或者公民的财产的；

（八）阻碍抗震救灾人员执行职务或者进行破坏活动的；

（九）不按照规定和实际情况报告灾情的；

（十）散布谣言，扰乱社会秩序，影响破坏性地震应急工作的；

（十一）有对破坏性地震应急工作造成危害的其他行为的。

第七章 附 则

第三十八条 本条例下列用语的含义：

（一）“地震应急”，是指为了减轻地震灾害而采取的不同于正常工作程序的紧急防灾和抢险行动；

（二）“破坏性地震”，是指造成一定数量的人员伤亡和经济损失的地震事件；

（三）“严重破坏性地震”，是指造成严重的人员伤亡和经济损失，使灾区丧失或者部分丧失自我恢复能力，需要国家采取对抗行动的地震事件；

（四）“生命线工程”，是指对社会生活、生产有重大影响的交通、通信、供水、排水、供电、供气、输油等工程系统；

（五）“次生灾害源”，是指因地震而可能引发水灾、火灾、爆炸等灾害的易燃易爆物品、有毒物质贮存设施、水坝、堤岸等。

第三十九条　本条例自1995年4月1日起施行。

社会团体登记管理条例

（1998年10月25日国务院令第250号发布）

第一章　总　则

第一条　为了保障公民的结社自由，维护社会团体的合法权益，加强对社会团体的登记管理，促进社会主义物质文明、精神文明建设，制定本条例。

第二条　本条例所称社会团体，是指中国公民自愿组成，为实现会员共同意愿，按照其章程开展活动的非营利性社会组织。

国家机关以外的组织可以作为单位会员加入社会团体。

第三条　成立社会团体，应当经其业务主管单位审查同意，并依照本条例的规定进行登记。社会团体应当具备法人条件。

下列团体不属于本条例规定登记的范围：

（一）参加中国人民政治协商会议的人民团体；

（二）由国务院机构编制管理机关核定，并经国务院批准免于登记的团体；

（三）机关、团体、企业事业单位内部经本单位批准成立、在本单位内部活动的团体。

第四条　社会团体必须遵守宪法、法律、法规和国家政策，不得反对宪法确定的基本原则，不得危害国家的统一、安全和民族的团结，不得损害国家利益、社会公共利益以及其他组织和公民的合法权益，不得违背社会道德风尚。

社会团体不得从事营利性经营活动。第五条国家保护社会团体依照法律、法规及其章程开展活动，任何组织和个人不得非法干涉。

第六条　国务院民政部门和县级以上地方各级人民政府民政部门是本级人民政府的社会团体登记管理机关（以下简称登记管理机关）。

国务院有关部门和县级以上地方各级人民政府有关部门、国务院或者县级以上地方各级人民政府授权的组织，是有关行业、学科或者业务范围内社会团体的业务主管单位（以下简称业务主管单位）。

法律、行政法规对社会团体的监督管理另有规定的，依照有关法律、行政法规的规定执行。

第二章 管 辖

第七条 全国性的社会团体，由国务院的登记管理机关负责登记管理；地方性的社会团体，由所在地人民政府的登记管理机关负责登记管理；跨行政区域的社会团体，由所跨行政区域的共同上一级人民政府的登记管理机关负责登记管理。

第八条 登记管理机关、业务主管单位与其管辖的社会团体的住所不在一地的，可以委托社会团体住所地的登记管理机关、业务主管单位负责委托范围内的监督管理工作。

第三章 成立登记

第九条 申请成立社会团体，应当经其业务主管单位审查同意，由发起人向登记管理机关申请筹备。

第十条 成立社会团体，应当具备下列条件：

（一）有50个以上的个人会员或者30个以上的单位会员；个人会员、单位会员混合组成的，会员总数不得少于50个；

（二）有规范的名称和相应的组织机构；

（三）有固定的住所；

（四）有与其业务活动相适应的专职工作人员；

（五）有合法的资产和经费来源，全国性的社会团体有10万元以上活动资金，地方性的社会团体和跨行政区域的社会团体有3万元以上活动资金；

（六）有独立承担民事责任的能力。社会团体的名称应当符合法律、法规的规定，不得违背社会道德风尚。社会团体的名称应当与其业务范围、成员分布、活动地域相一致，准确反映其特征。全国性的社会团体的名称冠以“中国”、“全国”、“中华”等字样的，应当按照国家有关规定经过批准，地方性的社会团体的名称不得冠以“中国”、“全国”、“中华”等字样。

第十一条 申请筹备成立社会团体，发起人应当向登记管理机关提交下列文件：

（一）筹备申请书；

（二）业务主管单位的批准文件；

（三）验资报告、场所使用权证明；

（四）发起人和拟任负责人的基本情况、身份证明；

（五）章程草案。

第十二条 登记管理机关应当自收到本条例第十一条所列全部有效文件之日起60日内，作出批准或者不批准筹备的决定；不批准的，应当向发起人说明理由。

第十三条 有下列情形之一的，登记管理机关不予批准筹备：

（一）有根据证明申请筹备的社会团体的宗旨、业务范围不符合本条例第四条的规定的；

（二）在同一行政区域内已有业务范围相同或者相似的社会团体，没有必要成立的；

（三）发起人、拟任负责人正在或者曾经受到剥夺政治权利的刑事处罚，或者不具有完全民事行为能力的；

（四）在申请筹备时弄虚作假的；

（五）有法律、行政法规禁止的其他情

形的。

第十四条　筹备成立的社会团体，应当自登记管理机关批准筹备之日起6个月内召开会员大会或者会员代表大会，通过章程，产生执行机构、负责人和法定代表人，并向登记管理机关申请成立登记。筹备期间不得开展筹备以外的活动。

社会团体的法定代表人，不得同时担任其他社会团体的法定代表人。

第十五条　社会团体的章程应当包括下列事项：

（一）名称、住所；

（二）宗旨、业务范围和活动地域；

（三）会员资格及其权利、义务；

（四）民主的组织管理制度，执行机构的产生程序；

（五）负责人的条件和产生、罢免的程序；

（六）资产管理和使用的原则；

（七）章程的修改程序；

（八）终止程序和终止后资产的处理；

（九）应当由章程规定的其他事项。

第十六条　登记管理机关应当自收到完成筹备工作的社会团体的登记申请书及有关文件之日起30日内完成审查工作。对没有本条例第十三条所列情形，且筹备工作符合要求、章程内容完备的社会团体，准予登记，发给《社会团体法人登记证书》。登记事项包括：

（一）名称；

（二）住所；

（三）宗旨、业务范围和活动地域；

（四）法定代表人；

（五）活动资金；

（六）业务主管单位。对不予登记的，应当将不予登记的决定通知申请人。

第十七条　依照法律规定，自批准成立之日起即具有法人资格的社会团体，应当自批准成立之日起60日内向登记管理机关备案。登记管理机关自收到备案文件之日起30日内发给《社会团体法人登记证书》。社会团体备案事项，除本条例第十六条所列事项外，还应当包括业务主管单位依法出具的批准文件。

第十八条　社会团体凭《社会团体法人登记证书》申请刻制印章，开立银行帐户。社会团体应当将印章式样和银行帐号报登记管理机关备案。

第十九条　社会团体成立后拟设立分支机构、代表机构的，应当经业务主管单位审查同意，向登记管理机关提交有关分支机构、代表机构的名称、业务范围、场所和主要负责人等情况的文件，申请登记。

社会团体的分支机构、代表机构是社会团体的组成部分，不具有法人资格，应当按照其所属于的社会团体的章程所规定的宗旨和业务范围，在该社会团体授权的范围内开展活动、发展会员。社会团体的分支机构不得再设立分支机构。社会团体不得设立地域性的分支机构。

第四章　变更登记、注销登记

第二十条　社会团体的登记事项、备案事项需要变更的，应当自业务主管单位审查同意之日起30日内，向登记管理机关申请变更登记、变更备案（以下统称变更登记）。社会团体修改章程，应当自业务主管单位审查同意之日起 30 日内，报登记管理机关核准。

第二十一条 社会团体有下列情形之一的，应当在业务主管单位审查同意后，向登记管理机关申请注销登记、注销备案（以下统称注销登记）：

（一）完成社会团体章程规定的宗旨的；

（二）自行解散的；

（三）分立、合并的；

（四）由于其他原因终止的。

第二十二条 社会团体在办理注销登记前，应当在业务主管单位及其他有关机关的指导下，成立清算组织，完成清算工作。清算期间，社会团体不得开展清算以外的活动。

第二十三条 社会团体应当自清算结束之日起 15 日内向登记管理机关办理注销登记。办理注销登记，应当提交法定代表人签署的注销登记申请书、业务主管单位的审查文件和清算报告书。登记管理机关准予注销登记的，发给注销证明文件，收缴该社会团体的登记证书、印章和财务凭证。

第二十四条 社会团体撤销其所属分支机构、代表机构的，经业务主管单位审查同意后，办理注销手续。社会团体注销的，其所属分支机构、代表机构同时注销。

第二十五条 社会团体处分注销后的剩余财产，按照国家有关规定办理。

第二十六条 社会团体成立、注销或者变更名称、住所、法定代表人，由登记管理机关予以公告。

第五章　监督管理

第二十七条 登记管理机关履行下列监督管理职责：

（一）负责社会团体的成立、变更、注销的登记或者备案；

（二）对社会团体实施年度检查；

（三）对社会团体违反本条例的问题进行监督检查，对社会团体违反本条例的行为给予行政处罚。

第二十八条 业务主管单位履行下列监督管理职责：

（一）负责社会团体筹备申请、成立登记、变更登记、注销登记前的审查；

（二）监督、指导社会团体遵守宪法、法律、法规和国家政策，依据其章程开展活动；

（三）负责社会团体年度检查的初审；

（四）协助登记管理机关和其他有关部门查处社会团体的违法行为；

（五）会同有关机关指导社会团体的清算事宜。

业务主管单位履行前款规定的职责，不得向社会团体收取费用。

第二十九条 社会团体的资产来源必须合法，任何单位和个人不得侵占、私分或者挪用社会团体的资产。

社会团体的经费，以及开展章程规定的活动按照国家有关规定所取得的合法收入，必须用于章程规定的业务活动，不得在会员中分配。

社会团体接受捐赠、资助，必须符合章程规定的宗旨和业务范围，必须根据与捐赠人、资助人约定的期限、方式和合法用途使用。社会团体应当向业务主管单位报告接受、使用捐赠、资助的有关情况，并应当将有关情况以适当方式向社会公布。

社会团体专职工作人员的工资和保险福利待遇，参照国家对事业单位的有关规定执行。

第三十条 社会团体必须执行国家规定的财务管理制度，接受财政部门的监督；资产来源属于国家拨款或者社会捐赠、资助的，还应当接受审计机关的监督。

社会团体在换届或者更换法定代表人之前，登记管理机关、业务主管单位应当组织对其进行财务审计。

第三十一条 社会团体应当于每年3月31日前向业务主管单位报送上一年度的工作报告，经业务主管单位初审同意后，于5月31日前报送登记管理机关，接受年度检查。工作报告的内容包括：本社会团体遵守法律法规和国家政策的情况、依照本条例履行登记手续的情况、按照章程开展活动的情况、人员和机构变动的情况以及财务管理的情况。

对于依照本条例第十七条的规定发给《社会团体法人登记证书》的社会团体，登记管理机关对其应当简化年度检查的内容。

第六章　罚　则

第三十二条 社会团体在申请登记时弄虚作假，骗取登记的，或者自取得《社会团体法人登记证书》之日起1年未开展活动的，由登记管理机关予以撤销登记。

第三十三条 社会团体有下列情形之一的，由登记管理机关给予警告，责令改正，可以限期停止活动，并可以责令撤换直接负责的主管人员；情节严重的，予以撤销登记；构成犯罪的，依法追究刑事责任：

（一）涂改、出租、出借《社会团体法人登记证书》，或者出租、出借社会团体印章的；

（二）超出章程规定的宗旨和业务范围进行活动的；

（三）拒不接受或者不按照规定接受监督检查的；

（四）不按照规定办理变更登记的；

（五）擅自设立分支机构、代表机构，或者对分支机构、代表机构疏于管理，造成严重后果的；

（六）从事营利性的经营活动的；

（七）侵占、私分、挪用社会团体资产或者所接受的捐赠、资助的；

（八）违反国家有关规定收取费用、筹集资金或者接受、使用捐赠、资助的。

前款规定的行为有违法经营额或者违法所得的，予以没收，可以并处违法经营额1倍以上3倍以下或者违法所得3倍以上5倍以下的罚款。

第三十四条 社会团体的活动违反其他法律、法规的，由有关国家机关依法处理；有关国家机关认为应当撤销登记的，由登记管理机关撤销登记。

第三十五条 未经批准，擅自开展社会团体筹备活动，或者未经登记，擅自以社会团体名义进行活动，以及被撤销登记的社会团体继续以社会团体名义进行活动的，由登记管理机关予以取缔，没收非法财产；构成犯罪的，依法追究刑事责任；尚不构成犯罪的，依法给予治安管理处罚。

第三十六条 社会团体被责令限期停止活动的，由登记管理机关封存《社会团体法人登记证书》、印章和财务凭证。社会团体被撤销登记的，由登记管理机关收缴《社会团体法人登记证书》和印章。

第三十七条 登记管理机关、业务主管单位的工作人员滥用职权、徇私舞弊、玩忽职守构成犯罪的，依法追究刑事责任；尚不构成犯罪的，依法给予行政处分。

第七章　附　则

第三十八条 《社会团体法人登记证书》的式样由国务院民政部门制定。

对社会团体进行年度检查不得收取费用。

第三十九条 本条例施行前已经成立的社会团体，应当自本条例施行之日起1年内依照本条例有关规定申请重新登记。

第四十条 本条例自发布之日起施行。1989年10月25日国务院发布的《社会团体登记管理条例》同时废止。

基金会管理条例

（2004年2月11日国务院第39次常务会议通过2004年3月8日中华人民共和国国务院令第400号公布自2004年6月1日起施行）

第一章　总　则

第一条 为了规范基金会的组织和活动，维护基金会、捐赠人和受益人的合法权益，促进社会力量参与公益事业，制定本条例。

第二条 本条例所称基金会，是指利用自然人、法人或者其他组织捐赠的财产，以从事公益事业为目的，按照本条例的规定成立的非营利性法人。

第三条 基金会分为面向公众募捐的基金会（以下简称公募基金会）和不得面向公众募捐的基金会（以下简称非公募基金会）。公募基金会按照募捐的地域范围，分为全国性公募基金会和地方性公募基金会。

第四条 基金会必须遵守宪法、法律、法规、规章和国家政策，不得危害国家安全、统一和民族团结，不得违背社会公德。

第五条 基金会依照章程从事公益活动，应当遵循公开、透明的原则。

第六条 国务院民政部门和省、自治区、直辖市人民政府民政部门是基金会的登记管理机关。

国务院民政部门负责下列基金会、基金会代表机构的登记管理工作：

（一）全国性公募基金会；

（二）拟由非内地居民担任法定代表人的基金会；

（三）原始基金超过2000万元，发起人向国务院民政部门提出设立申请的非公募基金会；

（四）境外基金会在中国内地设立的代表机构。

省、自治区、直辖市人民政府民政部门负责本行政区域内地方性公募基金会和不属于前款规定情况的非公募基金会的登记管理工作。

第七条 国务院有关部门或者国务院授

权的组织，是国务院民政部门登记的基金会、境外基金会代表机构的业务主管单位。

省、自治区、直辖市人民政府有关部门或者省、自治区、直辖市人民政府授权的组织，是省、自治区、直辖市人民政府民政部门登记的基金会的业务主管单位。

第二章　设立、变更和注销

第八条　设立基金会，应当具备下列条件：

（一）为特定的公益目的而设立；

（二）全国性公募基金会的原始基金不低于800万元人民币，地方性公募基金会的原始基金不低于400万元人民币，非公募基金会的原始基金不低于200万元人民币；原始基金必须为到账货币资金；

（三）有规范的名称、章程、组织机构以及与其开展活动相适应的专职工作人员；

（四）有固定的住所；

（五）能够独立承担民事责任。

第九条　申请设立基金会，申请人应当向登记管理机关提交下列文件：

（一）申请书；

（二）章程草案；

（三）验资证明和住所证明；

（四）理事名单、身份证明以及拟任理事长、副理事长、秘书长简历；

（五）业务主管单位同意设立的文件。

第十条　基金会章程必须明确基金会的公益性质，不得规定使特定自然人、法人或者其他组织受益的内容。

基金会章程应当载明下列事项：

（一）名称及住所；

（二）设立宗旨和公益活动的业务范围；

（三）原始基金数额；

（四）理事会的组成、职权和议事规则，理事的资格、产生程序和任期；

（五）法定代表人的职责；

（六）监事的职责、资格、产生程序和任期；

（七）财务会计报告的编制、审定制度；

（八）财产的管理、使用制度；

（九）基金会的终止条件、程序和终止后财产的处理。

第十一条　登记管理机关应当自收到本条例第九条所列全部有效文件之日起60日内，作出准予或者不予登记的决定。准予登记的，发给《基金会法人登记证书》；不予登记的，应当书面说明理由。

基金会设立登记的事项包括：名称、住所、类型、宗旨、公益活动的业务范围、原始基金数额和法定代表人。

第十二条　基金会拟设立分支机构、代表机构的，应当向原登记管理机关提出登记申请，并提交拟设机构的名称、住所和负责人等情况的文件。

登记管理机关应当自收到前款所列全部有效文件之日起60日内作出准予或者不予登记的决定。准予登记的，发给《基金会分支（代表）机构登记证书》；不予登记的，应当书面说明理由。

基金会分支机构、基金会代表机构设立登记的事项包括：名称、住所、公益活动的业务范围和负责人。

基金会分支机构、基金会代表机构依据基金会的授权开展活动，不具有法人资格。

第十三条 境外基金会在中国内地设立代表机构，应当经有关业务主管单位同意后，向登记管理机关提交下列文件：

（一）申请书；

（二）基金会在境外依法登记成立的证明和基金会章程；

（三）拟设代表机构负责人身份证明及简历；

（四）住所证明；

（五）业务主管单位同意在中国内地设立代表机构的文件。

登记管理机关应当自收到前款所列全部有效文件之日起 60 日内，作出准予或者不予登记的决定。准予登记的，发给《境外基金会代表机构登记证书》；不予登记的，应当书面说明理由。

境外基金会代表机构设立登记的事项包括：名称、住所、公益活动的业务范围和负责人。

境外基金会代表机构应当从事符合中国公益事业性质的公益活动。境外基金会对其在中国内地代表机构的民事行为，依照中国法律承担民事责任。

第十四条 基金会、境外基金会代表机构依照本条例登记后，应当依法办理税务登记。

基金会、境外基金会代表机构，凭登记证书依法申请组织机构代码、刻制印章、开立银行账户。

基金会、境外基金会代表机构应当将组织机构代码、印章式样、银行账号以及税务登记证件复印件报登记管理机关备案。

第十五条 基金会、基金会分支机构、基金会代表机构和境外基金会代表机构的登记事项需要变更的，应当向登记管理机关申请变更登记。

基金会修改章程，应当征得其业务主管单位的同意，并报登记管理机关核准。

第十六条 基金会、境外基金会代表机构有下列情形之一的，应当向登记管理机关申请注销登记：

（一）按照章程规定终止的；

（二）无法按照章程规定的宗旨继续从事公益活动的；

（三）由于其他原因终止的。

第十七条 基金会撤销其分支机构、代表机构的，应当向登记管理机关办理分支机构、代表机构的注销登记。

基金会注销的，其分支机构、代表机构同时注销。

第十八条 基金会在办理注销登记前，应当在登记管理机关、业务主管单位的指导下成立清算组织，完成清算工作。

基金会应当自清算结束之日起 15 日内向登记管理机关办理注销登记；在清算期间不得开展清算以外的活动。

第十九条 基金会、基金会分支机构、基金会代表机构以及境外基金会代表机构的设立、变更、注销登记，由登记管理机关向社会公告。

第三章 组织机构

第二十条 基金会设理事会，理事为 5 人至 25 人，理事任期由章程规定，但每届任期不得超过 5 年。理事任期届满，连选可以连任。

用私人财产设立的非公募基金会，相互间有近亲属关系的基金会理事，总数不得超过理事总人数的三分之一；其他基金会，具有近亲属关系的不得同时在理事会任职。

在基金会领取报酬的理事不得超过理事总人数的三分之一。

理事会设理事长、副理事长和秘书长，从理事中选举产生，理事长是基金会的法定代表人。

第二十一条 理事会是基金会的决策机构，依法行使章程规定的职权。

理事会每年至少召开2次会议。理事会会议须有三分之二以上理事出席方能召开；理事会决议须经出席理事过半数通过方为有效。

下列重要事项的决议，须经出席理事表决，三分之二以上通过方为有效：

（一）章程的修改；

（二）选举或者罢免理事长、副理事长、秘书长；

（三）章程规定的重大募捐、投资活动；

（四）基金会的分立、合并。

理事会会议应当制作会议记录，并由出席理事审阅、签名。

第二十二条 基金会设监事。监事任期与理事任期相同。理事、理事的近亲属和基金会财会人员不得兼任监事。

监事依照章程规定的程序检查基金会财务和会计资料，监督理事会遵守法律和章程的情况。

监事列席理事会会议，有权向理事会提出质询和建议，并应当向登记管理机关、业务主管单位以及税务、会计主管部门反映情况。

第二十三条 基金会理事长、副理事长和秘书长不得由现职国家工作人员兼任。基金会的法定代表人，不得同时担任其他组织的法定代表人。公募基金会和原始基金来自中国内地的非公募基金会的法定代表人，应当由内地居民担任。

因犯罪被判处管制、拘役或者有期徒刑，刑期执行完毕之日起未逾5年的，因犯罪被判处剥夺政治权利正在执行期间或者曾经被判处剥夺政治权利的，以及曾在因违法被撤销登记的基金会担任理事长、副理事长或者秘书长，且对该基金会的违法行为负有个人责任，自该基金会被撤销之日起未逾5年的，不得担任基金会的理事长、副理事长或者秘书长。

基金会理事遇有个人利益与基金会利益关联时，不得参与相关事宜的决策；基金会理事、监事及其近亲属不得与其所在的基金会有任何交易行为。

监事和未在基金会担任专职工作的理事不得从基金会获取报酬。

第二十四条 担任基金会理事长、副理事长或者秘书长的香港居民、澳门居民、台湾居民、外国人以及境外基金会代表机构的负责人，每年在中国内地居留时间不得少于3个月。

第四章 财产的管理和使用

第二十五条 基金会组织募捐、接受捐赠，应当符合章程规定的宗旨和公益活动的业务范围。境外基金会代表机构不得在中国境内组织募捐、接受捐赠。

公募基金会组织募捐，应当向社会公布募得资金后拟开展的公益活动和资金的详细使用计划。

第二十六条 基金会及其捐赠人、受益人依照法律、行政法规的规定享受税收优惠。

第二十七条 基金会的财产及其他收入受法律保护，任何单位和个人不得私分、侵占、挪用。

基金会应当根据章程规定的宗旨和公益活动的业务范围使用其财产；捐赠协议明确了具体使用方式的捐赠，根据捐赠协议的约定使用。

接受捐赠的物资无法用于符合其宗旨的用途时，基金会可以依法拍卖或者变卖，所得收入用于捐赠目的。

第二十八条 基金会应当按照合法、安全、有效的原则实现基金的保值、增值。

第二十九条 公募基金会每年用于从事章程规定的公益事业支出，不得低于上一年总收入的70%；非公募基金会每年用于从事章程规定的公益事业支出，不得低于上一年基金余额的8%。

基金会工作人员工资福利和行政办公支出不得超过当年总支出的10%。

第三十条 基金会开展公益资助项目，应当向社会公布所开展的公益资助项目种类以及申请、评审程序。

第三十一条 基金会可以与受助人签订协议，约定资助方式、资助数额以及资金用途和使用方式。

基金会有权对资助的使用情况进行监督。受助人未按协议约定使用资助或者有其他违反协议情形的，基金会有权解除资助协议。

第三十二条 基金会应当执行国家统一的会计制度，依法进行会计核算、建立健全内部会计监督制度。

第三十三条 基金会注销后的剩余财产应当按照章程的规定用于公益目的；无法按照章程规定处理的，由登记管理机关组织捐赠给与该基金会性质、宗旨相同的社会公益组织，并向社会公告。

第五章 监督管理

第三十四条 基金会登记管理机关履行下列监督管理职责：

（一）对基金会、境外基金会代表机构实施年度检查；

（二）对基金会、境外基金会代表机构依照本条例及其章程开展活动的情况进行日常监督管理；

（三）对基金会、境外基金会代表机构违反本条例的行为依法进行处罚。

第三十五条 基金会业务主管单位履行下列监督管理职责：

（一）指导、监督基金会、境外基金会代表机构依据法律和章程开展公益活动；

（二）负责基金会、境外基金会代表机构年度检查的初审；

（三）配合登记管理机关、其他执法部门查处基金会、境外基金会代表机构的违法行为。

第三十六条 基金会、境外基金会代表机构应当于每年3月31日前向登记管理机关报送上一年度工作报告，接受年度检查。年度工作报告在报送登记管理机关前应当经业务主管单位审查同意。

年度工作报告应当包括：财务会计报告、注册会计师审计报告，开展募捐、接受捐赠、提供资助等活动的情况以及人员和机构的变动情况等。

第三十七条 基金会应当接受税务、会计主管部门依法实施的税务监督和会计监督。

基金会在换届和更换法定代表人之前，应当进行财务审计。

第三十八条 基金会、境外基金会代表机构应当在通过登记管理机关的年度检查后，将年度工作报告在登记管理机关指定的媒体上公布，接受社会公众的查询、监督。

第三十九条 捐赠人有权向基金会查询捐赠财产的使用、管理情况，并提出意见和建议。对于捐赠人的查询，基金会应当及时如实答复。

基金会违反捐赠协议使用捐赠财产的，捐赠人有权要求基金会遵守捐赠协议或者向人民法院申请撤销捐赠行为、解除捐赠协议。

第六章 法律责任

第四十条 未经登记或者被撤销登记后以基金会、基金会分支机构、基金会代表机构或者境外基金会代表机构名义开展活动的，由登记管理机关予以取缔，没收非法财产并向社会公告。

第四十一条 基金会、基金会分支机构、基金会代表机构或者境外基金会代表机构有下列情形之一的，登记管理机关应当撤销登记：

（一）在申请登记时弄虚作假骗取登记的，或者自取得登记证书之日起 12 个月内未按章程规定开展活动的；

（二）符合注销条件，不按照本条例的规定办理注销登记仍继续开展活动的。

第四十二条 基金会、基金会分支机构、基金会代表机构或者境外基金会代表机构有下列情形之一的，由登记管理机关给予警告、责令停止活动；情节严重的，可以撤销登记：

（一）未按照章程规定的宗旨和公益活动的业务范围进行活动的；

（二）在填制会计凭证、登记会计账簿、编制财务会计报告中弄虚作假的；

（三）不按照规定办理变更登记的；

（四）未按照本条例的规定完成公益事业支出额度的；

（五）未按照本条例的规定接受年度检查，或者年度检查不合格的；

（六）不履行信息公布义务或者公布虚假信息的。

基金会、境外基金会代表机构有前款所列行为的，登记管理机关应当提请税务机关责令补交违法行为存续期间所享受的税收减免。

第四十三条 基金会理事会违反本条例和章程规定决策不当，致使基金会遭受财产损失的，参与决策的理事应当承担相应的赔偿责任。

基金会理事、监事以及专职工作人员私分、侵占、挪用基金会财产的，应当退还非法占用的财产；构成犯罪的，依法追究刑事责任。

第四十四条 基金会、境外基金会代表机构被责令停止活动的，由登记管理机关封存其登记证书、印章和财务凭证。

第四十五条 登记管理机关、业务主管单位工作人员滥用职权、玩忽职守、徇私舞弊，构成犯罪的，依法追究刑事责任；尚不构成犯罪的，依法给予行政处分或者纪律处分。

第七章　附　则

第四十六条　本条例所称境外基金会，是指在外国以及中华人民共和国香港特别行政区、澳门特别行政区和台湾地区合法成立的基金会。

第四十七条　基金会设立申请书、基金会年度工作报告的格式以及基金会章程范本，由国务院民政部门制订。

第四十八条　本条例自 2004 年 6 月 1 日起施行，1988 年 9 月 27 日国务院发布的《基金会管理办法》同时废止。

本条例施行前已经设立的基金会、境外基金会代表机构，应当自本条例施行之日起 6 个月内，按照本条例的规定申请换发登记证书。

中国红十字会章程

（2009 年 10 月 29 日中国红十字会第九次全国会员代表大会通过）

第一章　总　则

第一条　为发展中国特色红十字事业，依照《中华人民共和国红十字会法》，制定本章程。

第二条　中国红十字会是中华人民共和国统一的红十字组织，是从事人道主义工作的社会救助团体，是国际红十字运动的成员。

第三条　中国红十字会以发扬人道、博爱、奉献精神，保护人的生命和健康，促进人类和平进步事业为宗旨。

第四条　中国红十字会遵守国家宪法和法律，遵循国际红十字运动基本原则（人道、公正、中立、独立、志愿服务、统一、普遍），依照日内瓦公约及其附加议定书、《中华人民共和国红十字会法》和本章程，独立自主地开展工作。

第五条　中国红十字会根据独立、平等、互相尊重的原则参加国际红十字运动，发展同有关国际组织和各国红十字会或红新月会的友好合作关系。

第六条　中国红十字会总会（简称总会）具有社会团体法人资格，对外代表中国红十字会，对内指导全国红十字会的工作，会址设在北京。地方各级红十字会、行业红十字会依法取得社会团体法人资格，各级红十字会会址设在同级政府所在地。

地方各级红十字会和全国性行业红十字会是中国红十字会的分会。上级红十字会指导下级红十字会的工作，下级红十字会向上级红十字会报告重要事项。

第七条　县级以上〔含县级（下同）〕红十字会机关工作人员参照《中华人民共和国公务员法》管理。

第八条　各级红十字会依法开展与自己职责有关的活动，接受人民政府的支持、资助和监督。

第九条　县级以上红十字会对为红十字事业做出显著贡献的集体、红十字会工作人员、会员、志愿者、捐赠者以及社会各界人士给予表彰奖励；对为红十字事业做出重大贡献者，按有关规定授予荣誉称号。

第二章 职责与权利

第十条 红十字会在和平时期履行下列职责：

（一）宣传和执行《中华人民共和国红十字会法》和《中华人民共和国红十字标志使用办法》；

（二）开展备灾救灾工作。制定应急预案，建立应急救援队伍；储备救灾物资，建设和管理备灾救灾设施；在自然灾害和突发事件中，开展救护和救助工作；根据自然灾害和突发事件的具体情况，由总会向国内外发出呼吁，依法接受国内外组织和个人的捐赠；地方各级红十字会在辖区内发出呼吁，依法接受国内外组织和个人的捐赠；及时向灾区群众和受难者提供急需的人道援助，参与灾后重建。

（三）开展应急救护和防病知识的宣传、普及、培训；在机关、企事业单位、社区、农村、学校和易发生意外伤害的行业和人群中开展初级卫生救护培训，组织群众参加意外伤害和自然灾害的现场救护；提高应急条件下的应急救助能力和水平；

（四）建设和管理中国造血干细胞捐献者资料库；开展捐献造血干细胞的宣传动员、组织工作；

（五）开展无偿献血的宣传推动工作，与各级人民政府共同对先进单位和个人进行表彰奖励；

（六）开展社会救助及相关服务工作。对易受损人群进行救助，为困难群众提供服务；在社区、农村中建立红十字服务站，开展服务群众、宣传培训、募捐救助等活动；开展帮助寻找失散亲人、重建家庭联系等其他人道服务工作；

（七）依法开展和推动遗体、器官（组织）捐献工作；开展艾滋病预防控制宣传和教育、关心爱护艾滋病病毒感染者、患者及其他人道救助工作；

（八）开展有益于青少年身心健康的红十字青少年活动；

（九）开展红十字志愿服务活动；

（十）宣传国际人道法、红十字运动基本原则，总会承担中国国际人道法国家委员会秘书处的日常工作；

（十一）依法开展募捐活动；在公共场所设置红十字募捐箱并进行管理；依照法律法规自主处分募捐款物；

（十二）兴办符合红十字会宗旨的社会福利事业；

（十三）参加国际人道救援工作；开展与国际红十字组织和各国红十字会或红新月会及其他国际组织的交流与合作；

（十四）完成人民政府委托事宜。

第十一条 依据日内瓦公约及其附加议定书，红十字会在战时和武装冲突时期履行下列职责：

（一）组织红十字救护队，参与战场救护；

（二）在武装部队中依法协助开展传染病的防治工作；

（三）对战区平民进行救助；

（四）协助战俘、被监禁者及难民与家人取得联系，转交钱物，并为此建立必要的通信渠道；

（五）参与探视和见证交换战俘。

第十二条 执行人道主义救助任务的红

十字会工作人员，在战争和武装冲突中受日内瓦公约及其附加议定书的保护，在自然灾害和突发事件中受国家有关法律法规的保护。

第十三条 在自然灾害和突发事件中，佩戴红十字标志的人员和标有红十字标志的物资、交通工具优先通行。

第十四条 在自然灾害和突发事件中，为执行救助任务的需要，红十字会救援人员优先使用交通、通信等资源。

第十五条 红十字会兴办的社会福利事业按照国家有关规定，享受税收减免政策。

第十六条 红十字会接受的国（境）外组织和个人捐赠的救灾物资，享受国家有关减税、免税政策。有关部门优先安排运输和办理有关放行手续。

第十七条 红十字会开展活动和宣传工作，广播、电视、报刊、网络等新闻媒体应积极支持。

第三章 会 员

第十八条 中华人民共和国公民，不分民族、种族、性别、职业、宗教、信仰、教育程度，遵守《中华人民共和国红十字会法》，承认本章程，交纳会费的，可以申请加入红十字会。

第十九条 红十字会会员分为个人会员和团体会员。

公民以个人身份加入红十字会的为个人会员，在校学生加入红十字会的为红十字青少年会员；机关、企业事业单位及有关团体加入红十字会的为团体会员。

第二十条 个人入会由本人自愿申请，经所在地基层红十字组织批准，报县级以上红十字会备案，发给会员证，成为红十字会会员；对红十字事业做出较大贡献的单位和个人，县级以上红十字会可以直接吸收为会员。机关、企业事业单位及有关团体加入红十字会，须提出书面申请，由县级以上红十字会批准，发给证书和标牌，成为红十字会团体会员；团体会员单位应有专人负责红十字会工作。

第二十一条 对中国红十字事业做出贡献的中外人士，可由县级以上红十字会批准，授予同级红十字会荣誉会员称号。

第二十二条 会员的权利：

（一）参加红十字会的有关活动、会议及专业培训；

（二）有选举权、被选举权和表决权；

（三）对红十字会工作提出建议和批评；

（四）佩戴红十字标志；

（五）有退会的自由。

团体会员的权利由该单位法定代表人行使。

第二十三条 会员的义务：

（一）学习、宣传和贯彻《中华人民共和国红十字会法》、《中华人民共和国红十字标志使用办法》；传播国际人道法和红十字运动的基本知识；

（二）遵守《中国红十字会章程》；

（三）按期交纳会费；

（四）完成红十字会交办的任务；

（五）维护红十字会的合法权益。

第二十四条 会员退会，经原批准机关审核，收回会员证及标牌；个人会员退会的，需报原备案机关备案。

会员有下列情况之一视为自动退会：

（一）连续两年不参加红十字会活动；

（二）连续两年不交纳会费；

（三）团体会员法人撤销、合并、解散。

第四章　红十字志愿者

第二十五条　中外人士，不分职业、种族、宗教，遵守中国法律、法规，不计报酬，均可参加红十字志愿服务，经过申请，成为红十字志愿者。

第二十六条　红十字志愿者分为登记志愿者和注册志愿者。

第二十七条　县级以上红十字会为红十字志愿者注册审批机构；基层红十字志愿服务组织经县级以上红十字会授权，在其职责范围内开展志愿者登记、注册工作。

第二十八条　县级以上红十字会应积极发展红十字志愿者，建立不同专业、领域的志愿服务队伍，开展富有红十字特色的志愿服务活动。

第二十九条　红十字志愿者的权利

（一）获得红十字志愿服务的相关信息；

（二）获得红十字志愿服务必要的条件和保障；

（三）获得红十字志愿服务活动所需的教育和培训；

（四）对红十字志愿服务工作提出意见和建议；

（五）有退出红十字志愿服务组织的自由；

（六）相关法律法规及有关规定赋予的其它权利。

第三十条　红十字志愿者义务

（一）遵守中国的法律法规，志愿提供人道服务；

（二）遵循红十字运动宗旨，积极参与红十字志愿服务活动；

（三）履行志愿服务承诺，自觉维护志愿服务组织和志愿者的形象；

（四）保护在志愿服务活动过程中获悉的他人隐私及其它依法保护的信息，自觉维护服务对象的合法权益；

（五）正确使用红十字志愿者标识，妥善保管志愿者证；

（六）不得以志愿者身份从事营利或其它违背红十字会宗旨和社会公德的行为。

第三十一条　县级以上红十字会设立红十字志愿服务工作委员会，保持与其他部门志愿服务机构的联系，组织、指导红十字志愿者及志愿服务组织开展活动，维护红十字志愿者及其服务组织的合法权益，定期对红十字志愿服务工作进行考核、评估和表彰。

第五章　全国组织机构

第三十二条　全国会员代表大会

中国红十字会的最高权力机关是全国会员代表大会。全国会员代表大会每五年召开一次，由中国红十字会理事会召集，如遇特殊情况可提前或延期召开。

全国会员代表大会的代表由总会和地方红十字会推选的会员代表以及与有关部门协商产生的代表和特邀代表组成。代表比例由常务理事会根据会员人数和红十字事业发展需要决定。

全国会员代表大会的职权是：

（一）选举中国红十字会理事；

（二）修改《中国红十字会章程》；

（三）审议批准理事会的工作报告；

（四）审议批准理事会提交的工作规划；

（五）决定中国红十字会的重大事项。

第三十三条 中国红十字会设名誉会长、名誉副会长和名誉理事，根据工作需要，可以设顾问。名誉会长由理事会聘请国家主席担任。

第三十四条 理事会

理事会在全国会员代表大会闭会期间执行其决议。理事会任期五年，下一次全国会员代表大会召开时换届。理事构成及比例由常务理事会根据需要决定。

会员代表大会期间，理事会会议由大会主席团召集；闭会期间，理事会会议由常务理事会召集，每年召开一次。其职责是：

（一）聘请名誉会长、名誉副会长；

（二）选举常务理事；

（三）选举会长、常务副会长、副会长；

（四）根据会长提名，决定秘书长；

（五）增补、更换或罢免理事、常务理事；

（六）审查批准常务理事会的工作报告并向全国会员代表大会报告工作；

（七）制定发展红十字事业的大政方针、长远规划和年度工作计划；

（八）决定其他重大事项。

第三十五条 常务理事会

常务理事会对理事会负责并接受其监督。常务理事会由理事会选举产生的常务理事组成。常务理事会会议每年召开两次，由会长或常务副会长召集并主持。其职责是：

（一）依照《中华人民共和国红十字会法》和本章程的规定，向理事会推荐名誉副会长的人选；

（二）提出修改章程的议案；

（三）审议年度工作报告、计划；

（四）审议总会接受捐赠款物的使用情况；

（五）向理事会提出更换、增补及罢免理事、常务理事的议案；

（六）批准成立、撤销全国性行业红十字会；

（七）聘请名誉理事；

（八）决定其他重要事项。

第三十六条 执行委员会

执行委员会对常务理事会负责。执行委员会由驻总会的专职常务理事组成。常务副会长任执行委员会主任并担任中国红十字会总会法定代表人。执行委员会的职责是：

（一）执行会员代表大会、理事会和常务理事会的决议，主持总会日常工作；

（二）负责编制经费预算，审核年度经费财务决算；

（三）指导全国红十字会的工作；

（四）管理总会的动产和不动产；

（五）承担总会的民事、法律责任；

（六）负责对外交流与合作；

（七）聘请顾问；授予荣誉会员；

（八）批准成立专门委员会；

（九）完成理事会和常务理事会交办的其他事宜。

第六章 地方、行业和基层组织机构

第三十七条 地方红十字会

（一）各级地方红十字会的权力机关是同级会员代表大会。各级地方红十字会会员代表大会每五年召开一次，由同级红十字会理事会召集，如遇特殊情况可提前或延期召开，时间不得超过一年。

（二）各级地方红十字会建立理事会和常务理事会，任期五年。有3名以上（含3名）专职常务理事的红十字会，需设执行委员会，主持日常工作。

省、市（地）、县级红十字会名誉会长由同级理事会聘请当地主要领导担任。

（三）省、市（地）、县级红十字会会长一般应推选当地同级现职领导担任，其工作变动时应及时改选。

常务副会长、副会长和秘书长应保持相对稳定。常务副会长为本级红十字会机关法定代表人，主持日常工作。

（四）县级以上红十字会应根据工作需要配备专职工作人员，并具备能够独立自主开展工作的条件。

第三十八条 行业红十字会

全国性行业成立的红十字会为中国红十字会的行业红十字会，由中国红十字会常务理事会批准。其工作机构设置和人员配备，由行业红十字会常务理事会根据工作需要决定。

行业红十字会按照红十字运动基本原则，依照《中华人民共和国红十字会法》，遵循本章程，结合本行业特点开展工作。

第三十九条 基层组织

城市街道（社区）、农村乡镇（村、组）、企业和事业单位、学校、医疗机构和其他组织中建立的红十字会为基层组织。红十字会基层组织的主要职责是：宣传普及红十字知识，开展人道主义的救助活动，举办初级救护培训、群众性健康知识普及及其他符合红十字宗旨的活动。

第七章 特别行政区组织机构

第四十条 特别行政区红十字会为中国红十字会高度自治的地方分会。

第四十一条 特别行政区分会依照红十字运动基本原则，结合特别行政区实际独立自主地开展工作。

第四十二条 特别行政区分会可参照本章程，依据特别行政区法律法规制定组织规程或组织条例，并报总会备案。

第八章 经费和财产

第四十三条 红十字会经费的主要来源：

（一）红十字会会员交纳的会费；

（二）接受境内外组织和个人捐赠的款物；

（三）动产和不动产的收入；

（四）人民政府的拨款；

（五）其他合法收入。

第四十四条 各级红十字会建立经费审查监督制度；接受审计部门审计和相关部门监督。

对会费的使用和管理，按《中国红十字会会费管理办法》的规定执行。

对接受境内外组织和个人捐赠款物的使用和管理，按《中国红十字会募捐和接受捐赠工作管理办法》的规定执行。

第四十五条 红十字会的经费和财产受法律保护，任何组织和个人不得侵占和挪用。

第四十六条 中国红十字会总会是中国红十字基金会的业务主管单位。省级红十字会可依法建立基金会，地方红十字会可设立专项基金。

第九章 标志 会徽 会旗

第四十七条 中国红十字会使用白底红十字标志。其使用方法依照《中华人民共和国红十字标志使用办法》和《中国红十字会红十字标志标明性使用规定》的规定执行。

第四十八条 中国红十字会的会徽为金黄色橄榄枝环绕的白底红十字。

第四十九条 中国红十字会的会旗为白色旗帜正中央印制中国红十字会会徽。

第五十条 全国各级红十字会统一使用白底红十字标志和会徽、会旗。

红十字标志、红十字旗、中国红十字会会徽和会旗（样式附后）以及会员证、团体会员标牌、荣誉证书等需用红十字标志的，应按照中国红十字会的有关规定执行。

第十章 附 则

第五十一条 本章程所称“日内瓦公约”，是指中国加入的于1949年8月12日缔结的日内瓦四公约，即：《改善战地武装部队伤者病者境遇之日内瓦公约》、《改善海上武装部队伤者病者及遇船难者境遇之日内瓦公约》、《关于战俘待遇之日内瓦公约》和《关于战时保护平民之日内瓦公约》。

本章程所称日内瓦公约“附加协议书”，是指中国加入的于1977年6月8缔结的《1949年8月12日日内瓦四公约关于保护国际性武装冲突受难者的附加议定书》和《1949年8月12日日内瓦四公约关于保护非国际性武装冲突受难者的附加议定书》。

本章程所称国际人道法，是指在战争或武装冲突中，依据条例和惯例，以保护不直接参与军事行动（如平民百姓）或不再参加军事行动（如军队的伤、病员和俘虏）的人员为目的、规定各交战国或武装冲突各方之间交战行为的原则、规则和制度的总体，日内瓦公约及其附加议定书是其主要组成部分。

第五十二条 中国红十字会英文译名为：“Red Cross Society of China”。

第五十三条 地方和行业红十字会的名称为：在行政区域名称或行业名称后加“红十字会”；对外交往中的称谓为：在行政区域名称或行业名称前加“中国红十字会”，在行政区域名称或行业名称后加“分会”，英文译名为：“Red Cross Society of China ＊＊＊ Branch”。

第五十四条 基层组织的名称为：城市街道（社区）、农村乡镇（村、组）、企业和事业单位、学校、医疗机构和其他组织名称后加“红十字会”。

第五十五条 特别行政区红十字会的名称为：“中国＊＊特别行政区红十字会”[英文译名：The Red Cross of the ＊＊Special Administrative Region of the People's Republic of China] 简称:"**红十字会(中国红十字会分会)"[英文译名:**Red Cross Branch of the Red Cross Society of China)]。

第五十六条 本章程的修改权属中国红十字会全国会员代表大会,解释权属中国红十字会总会。

第五十七条 本章程自通过之日起生效,并报国务院备案。

附(略):

1. 中国红十字会会徽式样
2. 中国红十字会会旗式样
3. 白底红十字标志式样
4. 红十字旗式样

说明:1. 底:白色;2. 十字:正红色;3. 橄榄枝:金黄色。

中国红十字会会员管理办法

(2009年10月26日 中国红十字会第八届理事会第六次会议通过)

第一章 总 则

第一条 为加强红十字会会员管理,维护会员权利,充分发挥红十字会会员作用,根据《中华人民共和国红十字会法》、《中国红十字会章程》有关规定,制定本办法。

第二条 红十字会会员入会的基本条件,会员的基本权利、义务等,依据《中国红十字会章程》的相关规定执行。

第三条 红十字会会员发展和管理工作由会员所在地红十字会具体负责。

第二章 会员的权利和义务

第四条 中华人民共和国公民,不分民族、种族、性别、职业、宗教、信仰、教育程度,遵守《中华人民共和国红十字会法》、承认《中国红十字会章程》的,可以申请加入红十字会,经红十字会批准即为红十字会会员。

第五条 红十字会会员分为个人会员和团体会员。

公民以个人身份加入红十字会的为个人会员,机关、企业、事业单位、团体以及其他社会组织以单位身份加入红十字会的为团体会员。

会员按照履行义务和交纳会费的多少分为普通会员、特别会员、永久会员。

会员的权利:

(一)参加红十字会的有关活动、会议及专业培训;

(二)有选举权、被选举权和表决权;

(三)对红十字会工作提出建议和批评;

(四)佩戴红十字标志;

(五)有退会的自由。

团体会员的权利由该单位法定代表人行使。

第七条 会员的义务:

(一)学习、宣传和贯彻《中华人民共和国红十字会法》、《中华人民共和国红十字标志使用办法》;传播国际人道法和红十字运动的基本知识;

(二)遵守《中国红十字会章程》;

(三)按期交纳会费;

（四）完成红十字会交办的任务；

（五）维护红十字会的合法权益。

第三章　会员的入会程序

第八条　会员原则上实行属地管理，个人入会由所在地基层红十字会批准，单位入会由所在地县级以上（含县级，下同）红十字会批准。县级以上红十字会可直接批准申请人为本级红十字会会员。

申请加入红十字会的个人，可到所在地（乡镇、街道、企业、事业单位和学校）基层红十字会领取并填写《中国红十字会个人会员入会申请登记表》，附个人身份证复印件报所在地基层红十字会审批。

申请加入红十字会的学校、医院、机关、企业、事业、社会团体和其他社会组织等单位，可到单位所在地县级以上红十字会领取并填写《中国红十字会团体会员入会申请登记表》，附经过年检的企业法人营业执照或事业单位法人证书或社团法人登记证书副本的复印件（加盖本单位公章）等材料报单位所在地县级以上红十字会审批。

第九条　基层红十字会对个人的申请资料进行审查，确定接纳申请人为红十字会会员的，发给红十字会会员证和会员徽章，报县级以上红十字会备案。县级以上红十字会对机关、企业事业单位及有关团体的申请资料进行审查，确定接纳申请单位为红十字会团体会员的，发给红十字会团体会员证书和标牌。红十字会会员证和会员徽章由中国红十字会总会统一制作。团体会员证书和标牌由批准单位按中国红十字会总会统一样式制作。

第十条　对红十字事业做出突出贡献的中外人士（或单位），可以授予荣誉会员称号。荣誉会员由县级以上红十字会认定和批准，并授予同级红十字会荣誉会员称号，颁发中国红十字会统一制作的奖章（奖牌）和证书。

第四章　会员的会费交纳

第十一条　申请人（单位）自获得入会批准之日起，即获得红十字会会员资格，享有会员权利，履行会员义务，并按照《中国红十字会会费管理办法》，按期交纳会费。

第十二条　会费按年度进行交纳，入会时间不足1年的，按1年交纳。

个人普通会员的年度会费不低于10元；个人特别会员需一次性交纳会费1000元以上或连续交纳会费达10年，并能履行会员义务；个人永久会员需一次性交纳会费10000元以上或连续交纳会费达20年，并能履行会员义务。

团体普通会员年度会费不低于1000元；团体特别会员需一次性交纳会费10000元以上，并能履行会员义务；团体永久会员需一次性交纳会费100000元以上，并能履行会员义务。

第十三条　新入会的会员应在获得入会批准后的30个工作日内交纳当年会费。

第十四条　会员会费由批准加入的红十字会组织收缴，会员会费收缴应开具合法收据。会费的使用及管理按照《中国红十字会会费管理办法》执行。

第五章　会员的管理

第十五条　基层红十字会为红十字会个人会员登记管理机构，负责辖区内红十字会的会员发展、管理工作；县级以上红十字会具体负责所辖红十字会团体会员单位的管理工作。

第十六条　各级红十字会要按照管理科学化、制度化、规范化的要求，建立红十字会会员登记档案，实行科学、动态、规范管理。

第十七条　会员实行年度注册管理制度，每年交纳会费的同时进行注册；各级红十字会每年向上级红十字会报告红十字会员登记及管理情况。

第十八条　会员的转会

（一）会员的转会是指红十字会员从一个红十字会转入另一个红十字会；

（二）会员的转会应由转出红十字会出具转会证明，凭该证明在转入红十字会办理转入手续。转会后，交纳会费记录等信息由转入红十字会负责登记、统计；

（三）会员所在红十字会发生合并、分立的，会员应由新成立的红十字会给予登记注册。

第十九条　会员有退会的自由。

会员有下列情况之一可以视为自动退会：

（一）连续两年不交纳会费；

（二）团体会员法人撤销、合并、解散。

第二十条　会员退会，由其所在红十字会收回会员证（标牌），注销其会员资格，并备案。

第六章　会员的奖励

第二十一条　中国红十字会每五年开展一次优秀会员评选活动，对优秀会员进行表彰。省级以下（含省级）红十字会可根据实际情况，对优秀会员进行表彰。

第二十二条　对特别会员可授予红十字银质奖章（牌）；对永久会员可授予红十字金质奖章（牌）。

第二十三条　银质奖章（牌）由省级红十字会负责颁发，金质奖章（牌）由中国红十字会总会颁发。

红十字会员奖章（牌）由中国红十字会总会统一设计、制作。

第七章　附　则

第二十四条　本办法的修改、变更、解释权属于中国红十字会总会。

第二十五条　各级红十字会可根据本办法，结合本地实际，制定具体实施细则。

第二十六条　本办法自公布之日起施行。

年度主要文件

关于聘请彭珮云同志为中国红十字会特别顾问江亦曼、苏菊香同志为中国红十字会顾问的通知

（红总字〔2010〕1号
2009年12月30日）

各省、自治区、直辖市红十字会，新疆生产建设兵团红十字会、铁路、商业系统红十字会：

根据《中国红十字会章程》的相关规定，经中国红十字会第九届执行委员会研究决定，聘请彭珮云同志为中国红十字会特别顾问，聘请江亦曼、苏菊香同志为中国红十字会顾问，聘期五年。

特此通知。

关于支持成都备灾救灾中心仓库扩建的批复

（红总字〔2010〕2号
2010年1月8日）

四川省红十字会：

你会《关于扩建中国红十字会西南（成都）备灾救灾中心仓库的请示》（川红会发〔2009〕117号）收悉。经研究，批复如下：

一、总会决定援助1500万元，用于中国红十字会成都备灾救灾中心仓库库房建设。

二、你会要抓紧落实该仓库立项、规划、设计等前期工作。待前期工作完成后，总会与你会签署项目协议书，并根据协议进行拨款。

特此批复。

关于推荐2009年度“中华慈善奖”表彰对象的通知

（红总字〔2010〕3号
2010年1月22日）

各省、自治区、直辖市红十字会，新疆生产建设兵团红十字会，铁路、商业系统红十字会：

为积极推荐在红十字系统做出突出贡献的机构、个人和具有较强影响力的项目，总会今年继续参加由民政部组织的2009年度“中华慈善奖”评选表彰活动。本次评选表彰对象是2008年11月至2009年12月期间，在公益慈善领域做出突出贡献的个人、机构和项目。奖项设为“最具爱心慈善捐

赠个人”、“最具爱心慈善行为楷模”、“最具爱心内资企业”、“最具爱心外资企业”和“最具影响力慈善项目”五类。

请你会按照《民政部关于组织开展2009年度“中华慈善奖”评选表彰活动有关安排的通知》要求，于2010年2月21日前将有关证明材料及音像资料等寄送总会组织宣传部。推荐表格可在民政部网站或中国捐助网网站下载。

联系方式：（略）

附件：《民政部关于组织开展2009年度“中华慈善奖”评选表彰活动有关安排的通知》（略）

关于印发《中国红十字会国际和台港澳工作2010～2014年发展规划》和《中国红十字会总会关于地方红十字会与国际及台港澳地区开展交流合作的若干意见》的通知

（红总字〔2010〕6号
2010年2月22日）

各省、自治区、直辖市红十字会，新疆生产建设兵团红十字会：

现将《中国红十字会国际和台港澳工作2010～2014年发展规划》和《中国红十字会总会关于地方红十字会与国际及台港澳地区开展交流合作的若干意见》印发给你们，请遵照执行。

中国红十字会国际和台港澳工作2010～2014年发展规划

中国红十字会的国际和台港澳工作（简称“外事工作”）是我国民间外交工作的重要组成部分，是《中华人民共和国红十字会法》明确赋予我会的重要职责，是我会整体工作中不可或缺的组成部分。党中央和国务院一向重视和支持中国红十字会的民间外交工作，多年来，在中央政府和有关部门的直接领导下，我会外事工作在配合国家外交需要，完成政府委托的各项任务，促进我会与国际和台港澳地区的交往与合作，扩大我会的国际影响和作用，支持和服务国内工作发展需要等方面，取得了辉煌的成绩，受到国内外的广泛好评。实践证明，它已经成为我会各级组织推动国内工作，实践红十字会的宗旨，救助弱势群体的一个重要的渠道，在建设有中国特色的红十字事业中发挥了重要作用。

今后五年是中国红十字事业的重要发展机遇期，作为党和政府在人道事务领域的助手，我们要进一步增强历史责任感和时代紧迫感，深入贯彻落实科学发展观，以更加积极的姿态，抓住机遇，迎接挑战。为进一步加强对红十字会外事工作的领导和指导，统筹国际国内两个大局，提升科学管理的水平，总会执委会依据《中国红十字事业2010～2014年发展规划》以及红十字会与红新月会国际联合会《2020战略》，特制定本规划。

一、指导思想

今后五年，我会外事工作以毛泽东思想、邓小平理论和“三个代表”重要思想为指导，深入贯彻落实科学发展观，认真学习和落实中央外交方针政策，要按照“大国是关键、周边是首要、发展中国家是基础、多边是舞台”的外交总体布局，计划和安排外事工作；要遵循国际红十字与红新月运动基本原则，围绕《中国红十字事业2010～2014年发展规划》和国际联合会《2020战略》的总体目标、主要任务和重点工作，统筹处理好国内发展与对外开放的关系，统筹处理好国内和国际两个大局；要努力探索红十字民间外交工作的新思路、新途径和新方法；要以实事求是、务实创新的精神，抓住重要战略机遇期，进一步解放思想，开拓进取，转变作风，不断加强自身建设，为继续开创有中国特色的红十字事业，推进红十字人道外交工作做出贡献。

二、发展目标

（一）配合国家外交需要，开展有中国特色的“红十字民间外交”，积极参与多边和双边交流与合作，认真履行国际承诺，积极参与国际事务，提升和扩大我会在国际红十字运动中的影响和作用，进一步树立负责任大国红十字会的国际形象。

（二）围绕我会中心工作，积极争取和引进境外资金、先进理念和经验技术，促进境内外合作资源的有效整合，精心策划和实施国际合作项目，加强宏观管理和技术指导，为改善中国易受损群体的状况服务。

（三）依据“一国两制”和“基本法”精神，加强与香港和澳门特区红十字会的交流与合作。按照中央有关和平发展的对台政策，根据台海形势的变化，及时调整对台工作策略，发挥我会民间组织的特点和优势，推动两岸红十字会和民众的交流与合作，为促进祖国和平统一做出积极贡献。

（四）积极履行我会作为政府助手的职责，接受并执行政府委托和交办的人道事务工作；积极开展人道主义救助和对外宣传工作，在国际上树立良好的中国红十字会形象。

（五）更加务实和规范地指导、统筹、协调地方分会的外事工作，并为其提供优质的服务。

（六）加强外事干部队伍建设，努力提高外事工作人员的综合素质，努力建设一支政治素质高、外事工作能力强、熟悉红十字业务、有敬业精神、经得起考验的外事干部队伍。

三、工作原则

（一）必须坚持我会外事工作服从和服务于国家整体外交需要和战略部署，维护国家主权和根本利益。通过积极开展民间外交活动，扩大我国国际影响，提高我国国际地位。

（二）必须坚持用科学发展观指导外事工作，加强科学决策、科学运筹、科学管理的能力。统筹处理好国内和国际两个大局，树立国际眼光，善于从国际形势发展变化中把握发展机遇。

（三）必须坚持外事工作以服务国内中心工作为最终目的，以促进和改善易受损人群的生活状况为最高宗旨。积极开展国际合作项目，促进国际、国内项目资源有效整合，注重项目的可持续发展。

（四）按照中央的要求，在对外工作中继续坚持“韬光养晦，有所作为”的基本方针。一方面，要努力提升我会在国际事务上的实力和话语权，同时更须牢记我会是一个发展中大国红会的根本事实，注意趋利避害，不承担超出我国国情和我会能力的义务和职责。

四、主要任务

（一）继续加强双边和多边交流与合作

1. 积极参与有关国际红十字运动重大问题的讨论和决策，增强我国在国际事务中的话语权。2009～2013 年间我会根据国际联合会章程连任不得超过 2 届的规定，不再担任国际联合会领导委员会成员的职务。在此期间，我会将根据国内重点工作需要，参选领委会下属的“灾害管理”委员会这一咨询机构，并在其中发挥积极作用。动员多边和双边的渠道和资源，为争取在 2013 年第 19 届国际联合会大会上重新竞选领委会成员做好准备工作，力求万无一失。

2. 以开放的姿态，采取“请进来”和“走出去”的方式，进一步加强与两个红十字国际组织和重要国家红会的联系和交往，保持定期和经常性的高层对话会商的畅通。认真履行已经签署的双边协议，引导交流合作向更加务实互惠的方向发展。同时，注意对外交往的平衡和多渠道，特别注意加强与周边国家、发展中国家和未建交国家红会的交往与合作。

3. 认真举办好在华召开的重要国际会议和专题研讨会，如每年一次的东亚地区国家红会领导人会议、东亚地区国家红会合作会议以及 2010 年 9 月我会承办的捐款国红会合作论坛等国际和区域性会议。在条件成熟时，积极争取在华举办国际或区域会议。

4. 认真履行我会在国际大会上关于加强“重建家庭联系”和“国际人道法传播”工作的承诺，稳步推进国内宣传和相关工作，争取相关政府部门的支持，扩大受众群体，并和红十字国际委员会合作，定期开展相关培训和项目评估，在 2011 年国际大会上报告工作进展情况。

（二）大力推进国际合作，确保合作项目的资金投入和可持续发展

1. 全力以赴做好汶川地震灾后恢复重建工作中国际及境外支持的多边、双边援助项目。根据中央关于恢复重建工作三年计划二年完成的要求，我会必须在 2010 年底前基本完成四川等主要灾区的灾后恢复重建工作（执行期较长的生计项目和备灾、社区发展项目除外），包括国际和境外援建项目，并要求所有外援项目都要做到高质高效、公正透明，使捐款方和受益人都满意。

2. 根据国内工作发展需要，稳步推进境外资助和支持的合作项目，增强对地方分会项目管理的指导力度。根据项目进展情况和协议要求，逐步增加我会对国际项目的支持与投入，争取地方政府对国际项目的配套资金，保证项目能够长期持续发展。在推进这一工作的进程中，要注意偏重中西部和经济欠发达地区。

3. 针对目前争取外援日益困难的现实，以创新的思维，研究和改进合作方式，逐步从“以资金和物资需求为导向”转变为“以能力建设为导向”。既要争取资金，更要引进和学习国外先进的技术和理念，特别是那些对促进我会国内工作有借鉴意义的成功经验、政策、做法和模式，以更加积极主动的形象和姿态争取国际伙伴对我国内工作的支持。

4. 及时总结国际合作项目中的成功经验与模式，推动项目管理的成熟度，建立专业项目库，有计划地培养和打造一支国际项目的专业管理人才队伍。

（三）改进和加强对外宣传工作

1. 开发和利用多种渠道和手段，加强

对外宣传工作，整合会内资源，争取外界协助，主动融入国家的大外宣格局。要积极拓展对外宣传途径，创新对外宣传手段，在继续出版和使用报刊、书籍等传统平面介质宣传品的同时，重点开发和运用互联网和电子视听等现代化宣传手段。加强英文网页的内容建设和对外推介工作，扩大我会对外宣传的影响力和覆盖面。

2. 及时全面地宣传中国红十字事业的新成就，努力扩大对外宣传效果与影响。围绕“5·8博爱周”、“红十字博爱送万家”等品牌活动，多形式、多视角、多渠道地做好宣传工作。外宣工作要做到有的放矢，务实有效，使外方能够全面正确地了解我国和我会的真实情况，争取理解和支持，为营造于我有利的国际舆论环境做出积极贡献。

3. 配合我会新闻发言人机制，做好对外新闻发布工作。运用多种形式，发布权威信息，介绍和宣传我会人道工作，引导舆论，把握主动，不断提高驾驭复杂国际形势的能力。

（四）争取加强向发展中国家提供人道援助的规模和力度

1. 继续配合国家外交需要，向遭受灾害、战乱和其他紧急状态的发展中国家红会或政府提供以我会名义捐赠的紧急人道救助。利用“爱心企业联盟”等公益组织，适时号召和发动企业和民众为我会外援项目募集捐款和援助物资。

2. 争取多渠道筹集资金，在总会“红十字基金”下设立“国际援助基金”，并制定基金管理办法。利用基金利息和部分本金，配合国家外交需要和我会外事工作，力争五年内支持6–8个发展中国家红会开展的人道主义工作，彰显负责任大国红会的国际形象。

3. 利用国家商务部支持我会的年度“非紧急援外资金”（年额度为人民币650万元），每年申请资金向3–4个发展中国家红会提供其发展工作必须的物资和设备。

4. 继续申请和执行由商务部全额资助，总会训练中心具体负责在华筹办的发展中国家红会中高级管理人员国际培训班。争取五年内每年举办二个培训班，为加强发展中国家红会的能力建设做出应有的贡献。

5. 在开展和实施援外工作中，注意学习和积累管理经验，并尽可能以开展合作项目的参与式方式进行援外工作，让有限的援外资金发挥最大的影响和效益。与此同时，培养建立一支能够随时派出执行援外任务的工作人员队伍。

（五）做好国际人道法国家委员会的工作

按照国际人道法国家委员会章程，认真履行我会承担的这一政府间部级联席会议机制牵头人和秘书处的职责，定期组织好并召开全体会议和由各成员单位参加的工作组会议，切实发挥作用，组织和协调好有关国际人道法在我国的研究、执行和传播工作。加强我会与其他国家在该领域的国际交流与合作。

（六）认真办好2010年世博会红十字展馆及相关活动

我会受国际红十字运动的委托，在上海世博会期间设立独立“红十字与红新月馆”并举办“荣誉日”等红十字世博项目相关活动，并将邀请红十字国际组织和各国红会领导人参观访问。我会应围绕这些活动认真作好相关准备和组织工作。

（七）继续加强与香港和澳门特区红十

字会的交流与合作

1. 继续坚持尊重并维护特区红十字会根据“基本法”享有的高度的自治权和其他权利。鼓励和支持特区红十字会与内地分会建立和发展在互惠自愿基础上的交流与合作，同时强调由总会统一归口指导和管理，促进合作关系长期健康有序地发展。

2. 鼓励特区红十字会在遵守“统一”的基本原则下，发挥其优势，积极自主参与“非法定性”的多边和双边的国际活动，并为之提供便利。有效协调港澳红十字会与总会的国际活动，形成互补与合力。

（八）加强与台湾红十字组织和民众的交往与合作

1. 从2010年开始，用1～2年的时间，完成利用大陆民间捐款（约人民币二亿元）支持台湾2009年“88水灾”的救助工作。通过台湾红十字组织，参与灾后重建工作，将我会捐款重点放在支持台湾灾胞的民生项目和备灾能力建设项目上。

2. 落实两岸红十字组织签署的合作备忘录，通过两岸红十字领导人和工作人员互访、每年定期举办青少年夏令营、业务交流、灾害互助等形式，加强与台湾红十字组织的交流合作，并将交流延伸和深化到台湾的民众和年轻人中。

继续发挥我会的民间性特点和优势，接受政府委托处理涉及两岸的突发性事件和其他人道事务；继续参与“遣返”见证工作；探讨并在条件成熟时建立以福建省为龙头的“海西地区红十字联盟”，作为对台工作的基地和平台，为和平统一祖国做贡献。

（九）接受并执行政府委托和交办的人道事务工作

继续履行政府人道事务助手的职责，接受并执行政府委托和交办的人道事务工作，包括管理“花冈”和平基金；为日本孤儿和养父母发放生活费；照料个别前战俘和外侨的生活等工作。

（十）加强和规范对地方分会外事工作的指导、协调和服务

1. 总会联络部作为我会外事管理部门，负责归口管理我会，包括直属机构和各省市自治区红十字会的外事工作。根据中央政策和我会外事工作的实际情况，制定有关指导和规范地方分会进行对外交流活动的规范性文件，以保证外事工作的严肃性。

2. 积极鼓励、支持地方分会开展相关外事活动，并努力为之创造条件和提供便利与服务；鼓励和促成地方分会与国外红会分会建立和发展友好合作关系；按照中央有关规定，坚持以项目带动出国的原则组织地方分会人员出国境访问考察和学习借鉴国外的先进经验和理念，同时有计划有目的地安排国外代表团访问地方分会，深化交流合作的广度和深度，确保互惠互利。

3. 认真开展调研工作，每两年召开一次全系统的外事工作会议，传达中央政策，介绍国际形势，倾听地方意见，交流工作经验，分析研究外事工作取得的成绩和存在的问题，探讨解决问题的对策。

4. 做好《2020战略》等国际红十字运动重要战略、政策和指南性文件的翻译、研究和宣传推广工作。2010年编辑出版《国际红十字与红新月运动基本政策文件汇编》。

五、保障措施

（一）切实加强对外事工作的领导和管理。加强制度化建设，健全和完善外事工作的管理规章，建立科学的管理机制。严格执行外事法规和纪律，严格外事审批程序，提

高审批效率。

（二）加强对外事工作的集中统一领导和归口管理。对总会机关和地方分会的外事工作进行宏观指导并提供政策咨询等服务。统筹协调，提高外事管理水平。

（三）努力为地方分会开展对外交流创造条件和机会。注意发挥地方分会的优势和积极性，推动与国外红会建立友好合作关系，发展务实有效的国际合作项目，为促进地方社会经济发展和人道事业服务。

（四）确保对外事工作必要资金的投入，争取财政逐年增加外事费用预算，以保证外事工作的正常运转和发展。

（五）培养和吸收一批具有国际理念和创新思维的国际交流与合作的人才，加强对外事干部进行政策理论、外事业务等方面的培训，全面提高外事干部的综合素质。继续争取国际联合会和发达国家红会的支持，派遣外事干部到境外参加实地工作培训。造就一支具有坚定政治立场、掌握政策、精通专业的外事工作队伍。

（六）加强对国际红十字运动现状、特点和趋势的调查研究，掌握最新动态，为我会参与国际事务提供建议，当好参谋。

（七）在执委会的领导下，总会联络部依照本规划和工作实际，制定年度外事工作计划，并对本规划的执行情况定期进行总结和评估，提出调整和改进建议。

中国红十字会总会关于地方红十字会与国际及台港澳地区开展交流合作的若干意见

中国红十字会的国际和台港澳工作（简称“外事工作”）是我国民间外交工作的重要组成部分，是《中华人民共和国红十字会法》明确赋予我会的重要职责。多年来，在中央和各地方政府的领导和支持下，总会和各地分会密切配合，通力协作，在配合国家外交需要，促进我会与国际和台港澳地区的交往与合作，扩大我会国际影响，支持和服务国内工作发展需要等方面，取得了很大的成绩，受到国内外的广泛好评。实践证明，外事工作已经成为各级红十字会推动国内工作，实践红十字会的宗旨，救助困难群体的一个重要的渠道，在建设中国特色的红十字事业中发挥了重要作用。

当前，我国已进入全面建设小康社会，构建社会主义和谐社会的关键时期。作为党和政府在人道领域的助手，我会的外事工作也面临着前所未有的机遇和挑战。在新形势下，红十字会要深入贯彻落实科学发展观，统筹国内和国际两个大局，解放思想，开拓进取，总结经验，发挥优势，努力开创国际交流合作和台港澳工作的新局面。

我会的外事工作是一个整体，地方红十字会开展的对外交流与合作是我会外事工作的重要组成部分，总会支持并鼓励地方红十字会在总会的统一协调和地方政府主管部门的具体指导下，解放思想，开拓创新，积极地开展和参与多边和双边的对外交流与合作。为促进红十字事业的国际交流与合作，加强总会对地方红十字会外事工作的指导、协调和服务，规范管理程序，总会参照中共中央办公厅和国务院办公厅 2008 年颁发的 9 号文件和 2009 年颁发的 12 号文件（以下简称中办、国办〔9 号〕、〔12 号〕文件）有关加强因公出国（境）管理工作的精神，并结合我会外事工作的特点，提出以下若干意见，供地方红十字会参照执行。

一、关于与国际红十字组织和国家红十字会或红新月会开展的交流

各省、自治区、直辖市红十字会与红十字国际组织（包括“红十字会与红新月会国际联合会”和“红十字国际委员会”）和国家红十字会或红新月会（以下简称“国家红会”）的交流与合作应该在总会的统一协调和指导下有序地进行。根据国际惯例，须经总会同意并由总会联系征得对方同意后，省级红十字会方可直接与红十字国际组织和国家红会联系出访、来访及开展国际项目合作等事宜，并将开展活动或项目情况向总会联络部备案，总会积极做好相关协调与服务。

二、关于与台港澳红十字组织的交流

根据总会与香港、澳门特别行政区分会和台湾红十字组织达成的共识，内地省级红十字会与台港澳红十字组织的交流活动由总会统一协调。省级红十字会需要与台港澳红十字组织开展交流培训和互访事宜需报告总会，经同意备案后方可进行。

三、关于与境外非红十字组织的交流

省级红十字会在与境外非红十字组织的交流中，要注意并确保交流的内容和形式符合国际红十字运动的宗旨和原则，要严格遵守国家对外交流合作的原则及相关规定，在充分了解与之合作的境外非红十字组织的背景、宗旨、目的等基本情况的前提下，审慎选择和确定交往合作对象。

省级红十字会与境外非红十字组织开展交流合作，由省级红十字会直接向当地政府主管部门报告请示，并在他们的具体指导下开展工作。

有些国家红会不赞成其他国家红会与本国的非红十字会组织直接联系和建立合作关系，要求在征得其同意后方可联系与交往。遇到这种情况时，省级红十字会应及时向总会通报有关情况，必要时由总会出面向所在国红会做必要的沟通和协调。

四、关于（地）市、县级红十字会与国际红十字组织，国家红十字会或红新月会及台港澳红十字组织的交流

（地）市、县级红十字会与国际红十字组织，国家红十字会或红新月会及台港澳红十字组织的交流工作，需在当地政府主管部门的指导下，由省级红十字会负责指导和协调。

五、关于与国际红十字组织，国家红十字会或红新月会及台港澳红十字组织交流中应注意的事项

（一）交流工作的原则与重点

交流活动应建立在双方平等自愿，互惠互利的基础上，按照“大国是关键、周边是首要、发展中国家是基础、多边是舞台”的外交总体布局进行计划和实施。出国考察活动应结合工作需要，有明确的目的和切实的计划，避免过于集中在少数发达国家和热点地区。应重视和加强同发展中国家，特别是周边国家红十字会和红新月会的交往与合作。

省级红十字会组团出访应在获得总会和当地政府主管部门的批准后，通过国家批准的正常渠道实施。出访团组的人数、访问时间、出访的国家和地区以及出访人员每年出访的次数均应严格遵照中办、国办〔9号〕、〔12号〕文件的规定执行。出访前应按照规定进行出国前教育培训，出访中要严格按照出访计划进行，不得擅自更改路线和境外停留时间。出访结束应及时总结和撰写出访报告，并抄送总会和当地政府主管部门。

（二）地方分会的对外名称

根据《中国红十字会章程》、国际红十字与红新月运动“统一性”的原则及国际惯例，省级红十字会在对外交往中应一律使用“中国红十字会XX省（或自治区/市）分会”的名称（英文为：Red Cross Society of China，XX Branch）。

（三）与境外国家红会分会建立友好合作关系

总会支持地方红十字会与境外国家红会分会建立务实的友好合作关系。

地方红十字会希望与境外国家红会分会建立友好合作关系时，须首先获得双方国家红会总会的同意，然后地方红十字会再直接与境外国家红会分会进行联系，并将有关进展情况及时抄报总会。

（四）合作协议和备忘录

地方红十字会与境外国家红会及香港、澳门特别行政区红十字会和台湾红十字组织开展交流合作时所签署的协议书或备忘录，应明确规范合作的目的、方式、期限、资金预算、报告、审计和双方的责任和义务。协议一经签署，应严格遵守，不得擅自改变。如确需变更，应按协议规定及时与对方协商并征得同意，并将有关情况及时通报总会。

（五）在境外开展募捐活动

根据国际惯例，大多数国家和地区（包括台港澳地区）红会禁止别国红会在本国或地区境内（包括当地的华人社团）开展募捐活动。地方红十字会应尽量避免在境外开展募捐活动。如确有必要，应事先报告总会，由总会与对方联系并了解相关情况。

中国红十字会总会关于印发《中国红十字会总会2009年工作总结》和《中国红十字会总会2010年工作要点及责任分解》的通知

（红总字〔2010〕7号
2010年2月10日）

总会机关各部室、各直属单位：

现将《中国红十字会总会2009年工作总结》和《中国红十字会总会2010年工作要点及责任分解》印发给你们，请认真学习并贯彻落实。

中国红十字会总会2009年工作总结

2009年总会机关和直属单位以邓小平理论和“三个代表”重要思想为指导，深入贯彻落实科学发展观，紧紧围绕党和国家的中心工作，以成功召开中国红十字会第九次全国会员代表大会为契机，锐意进取，开拓创新，依法履行职责，各项工作取得了突出成绩。

一、认真开展深入学习实践科学发展观活动

根据中央的统一部署和要求，党组把深入学习实践科学发展观活动作为一项重要的政治任务来抓，精心组织，周密部署，狠抓落实，在学习调研、分析检查的基础上，从年初到3月初，重点作好整改落实阶段的工作。在多次征求意见、反复研究修改的基础上形成了学习实践活动整改落实方案。坚持在征求意见过程中边查找，边整改，能解决的问题及时解决，一时不具备解决条件的积极创造条件解决。如，及时转化解放思想大讨论的成果，对内设机构调整方案及时修改，对机关空缺领导职位实行竞争上岗。进一步做好学习实践活动整改落实的后续工作，适时组织开展“回头看”，采取有效督促检查措施，努力使学习实践活动取得实效。广大党员干部对总会学习实践活动普遍满意，认为学习实践活动取得预期成效。群众满意度测评结果显示，“满意”的占85.42%，“比较满意”的占14.58%，两项合计100%，没有“不满意”的。

二、圆满完成召开第九次全国会员代表大会工作

会议文件起草和编印工作。精心组织会议文件起草工作，先后就主要文件修改组织召开1次专家座谈会，4次地方红十字会座谈会。第八届理事会工作报告、《中国红十字事业2010～2014年发展规划》，获得与会代表一致通过。八届六次理事会审议通过《中国红十字会会员管理办法》、《中国红十字会募捐和接受捐赠工作管理办法》和《中国红十字会荣誉证章颁发办法》。全体大会审议通过《中国红十字会章程》（修正案）、《中国红十字会会费管理办法》的决议。还编印《中国红十字会法律法规汇编》、《中国红十字会领导讲话选编》、《中国红十字会政策文件汇编》、《不懈的追求—蓬勃发展的中国红十字事业》等相关文件材料。

成功召开大会，顺利完成换届。胡锦涛、温家宝、李长春、习近平、李克强等党和国家领导人出席在人民大会堂举行的开幕式并为红十字会系统先进集体和先进工作者颁奖。胡锦涛为第42届南丁格尔奖章获得者颁发奖章，国务院副总理回良玉代表党中央、国务院作了重要讲话。会议审议通过了第八届理事会工作报告、2010～2014年发展规划、中国红十字会章程修订案等。大会继续聘请胡锦涛同志为名誉会长，聘请韩启德、桑国卫、黄孟复、张榕明、李金华同志为名誉副会长。选举产生了第九届理事会、常务理事会和会领导。

会务协调与宣传工作。与中办、相关部委协调做好开幕式各项工作。拟定表彰全国红十字会系统先进集体和先进工作者实施方案，并在开幕式上与人力资源社会保障部联合表彰了全国红十字会系统31个先进集体和10名先进工作者。拟定并经八届六次理事会通过《中国红十字会荣誉证章颁发办法》，为4300多名长期在红十字会工作的同志颁发荣誉证章，配合中组部完成换届人事考核工作，报请中编办批复增加1名副会长领导职数。为营造宣传氛围，人民日报刊发评论员文章和专刊，中央电视台新闻联播等主流媒体刊发报道30600多条，红十字报也作了相应报道。

编纂设计中国红十字会2004～2009年成就展板，完成会议经费的申请和保障，做好会场、住宿、车辆、餐饮、印制会议证件、文件等会务工作，为确保“九大”顺利召开提供了优质有效服务。

三、做好主要业务工作

汶川地震灾后恢复重建工作。截至11月底，总会和通过总会协调的红十字会在四川、甘肃、陕西、重庆、宁夏、云南等灾区已确定灾后恢复重建项目资金近47.1亿元人民币，确定项目包括62274户民房、742所学校、893所卫生院、2573个卫生站及部分康复中心、敬老院、备灾仓库等。总会多次派出督导组赴汶川地震灾区进行检查督促，指导项目实施。召开中国红十字会汶川地震灾区灾后恢复重建工作会议。编印《汶川地震抗震救灾工作有关文件资料汇编》，进一步规范灾后恢复重建工作。

灾害救助工作。全年启动灾害应急预案34次，向29个省下拨救灾款物价值6997.05万元，为140万灾民提供了救助。

卫生救护工作。组织专家编写了安全救护系列图书，普及群众性救护知识和技能。《中国红十字救护培训管理办法》已初步形成。

遗体（器官、组织）捐献和无偿献血工作。各地红十字会登记捐献遗体累计为67776人，其中实现捐献意愿的8389人，登记捐献眼角膜累计为25126人，实现角膜捐献意愿906人。积极推动人体器官捐献工作，与卫生部联合召开全国人体器官捐献工作会议，召开人体器官捐献试点工作研讨会，初步形成试点工作方案。在2009年世界献血日成立中国红十字无偿献血志愿服务总队，与卫生部联合举办无偿献血志愿服务工作培训班及研讨会，与卫生部、总后卫生部修订了《无偿献血表彰办法》。

国际合作项目。与国际联合会、部分国家红十字会、国际组织、跨国企业等在艾滋病预防与关爱、社区备灾、建环保厕所、农村健康教育与促进等方面开展33个合作项目，项目资金达2340.3万元。首次把联合会“以社区为本的健康和急救项目（CBH-FA）”引进中国。

社区（农村）红十字服务工作。召开第三批全国社区红十字服务示范市（区）表彰会，与民政部联合命名表彰了43个全国社区红十字服务示范市（区）单位。在全国118个县开展参与新农合试点工作，投入资金1000余万元，受益人口达20余万人。召开中国红十字会参与新型农村合作医疗及医疗救助试点工作座谈会、农村社区红十字服务工作研讨会，积极推进新农合工作。

红十字博爱送万家活动。总会年初分别为河北等15个省区送去价值500万元的物资，有2.5万户贫困家庭受益。在国庆前夕分别为海南等省送去价值170万元的物资，使7500户贫困家庭受益。

红十字救助项目。爱心工程义诊共筛查患者5.8万多人，实施先心病手术2798例，减免费用883.97万元。与卫生部、中国残联在贵州开展麻风病、地氟病调研合作，取得良好效果。在内蒙和新疆为433名贫困白内障患者进行免费复明手术。国家项目办支持我会疟疾项目133.8万元。

艾滋病预防和关爱工作。以减少歧视、降低感染为目标，在全国20个省区市多个目标人群开展同伴教育、外展服务等工作，与18个部门和组织合作，完成11个项目，投入733万元资金。在世界艾滋病日，与铁道部联合组织开展全国省会城市火车站和旅客列车宣传活动。

南丁格尔奖章申报和颁奖工作。六名优秀护理工作者获得第42届南丁格尔奖章，在“九大”期间成功举办南丁格尔论坛。

“十一五”彩票公益金项目。全年共分配4000万元物资，包括粮食1800万元，棉衣240万元，夹克衫240万元、棉被480万元、棉帐篷280万元、单帐篷360万元、环境消毒剂200万元、饮用水消毒剂400万元。救护师资培训共完成救护师资118期，5446人次，其中包括六期水上救生师资培训班，255名水上救生师资。

四、加强筹资与财务管理工作

在世界金融危机形势下，年内接受捐赠接近七亿元。基金筹资方式趋于成熟，管理更加规范，筹款累计近2.4亿元。与美国印第安纳大学签署筹资理论研究等方面长期合作备忘录。编印《汶川地震灾后恢复重建捐赠项目名录》并对外公布。

向国务院申请到一亿元彩票公益金支持小天使基金。全年财政拨款比2008年增加3951.58万元。执行财政预算经费2.3亿元，完成2010年预算的编制工作，控制数比2009年预算增长4%。继续聘请社会中介机构开展对2008年彩票公益金项目、2009年计算机网络建设、氟砷麻项目等进行绩效考评和审计工作，同时接受国家审计署对汶川地震捐赠项目、全球基金疟疾项目、彩票公益金“十一五”项目、挪威项目、心灵阳光工程、李连杰壹基金等的审计，并将绩效考评和审计报告对外公布。接受中央单位“小金库”治理检查组检查，对发现的问题及时进行整改。适时开展彩票公益金“十二五”计划的立项申报工作。积极开展清理总会借贷款工作，收回北京众城广澳投资有限公司国债投资285万元，完成全部本金清收工作，完成其他405万元逾期借贷款的技术认定工作。

五、继续完善大宣传格局，传播人道法，进一步发展志愿服务工作

开展特色活动。今年“两会”期间，《中国新闻“两会”特刊》刊出我会专辑。围绕汶川特大地震纪念活动，策划和组织了“凝聚人道力量，重建美好家园”为主题的“2009红十字博爱周”系列活动、先后在北京、太原、四川和日内瓦国际联合会总部举办“人道力量”图片国内外巡展、首发“人道力量”画册、制作并在中央电视台和部分省市电视台播出了三集记录片《人道力量》、组织“四川依然美丽”公益广告活动、主办“第21届国际科学与和平周大会”，对汶川地震中给予我会大力支持的国际红十字组织及个人给予表彰。

与媒体合作开展宣传。与《环球慈善杂志》联合开展“中国爱心城市发现之旅”活动。与影视制作公司先后合作拍摄《妙濛的日子》和《哈利逊在中国》。组织推荐中华慈善奖和十大社会公益之星红十字系统候选人，我会志愿者陈光标等人物和品牌项目均获得20%以上的奖项。

组织第三届红十字公益广告宣传月活动，全国开通12114短信宣传平台，中央电视台等近百家媒体和广告公司为我会无偿刊发公益广告，广告捐赠价值3000多万元。全年人民日报专刊二次，中央电视台新闻联播16次播发我会新闻。据环球慈善杂志在2009年9月的调查，红十字会的社会知晓率已达80%。

传播人道法工作。成立中国红十字传播基金，努力探索解决制约宣传工作的瓶颈问题。起草制定《中国红十字会总会自然灾害等突发公共事件应急宣传暂行办法》，与报刊社共同举办新闻传播业务培训班暨应急宣传工作座谈会。召开人道法工作会议，讨论中国探索人道法2009~2011年发展规划。与红十字国际委员会签署了探索人道法项目的合作协议。

志愿服务工作。设计完成中国红十字志愿服务五星级徽章，进行注册志愿者争取保险的合作会谈。编辑出版《中国红十字志愿服务培训手册》。围绕建国 60 周年和上海世博会等大型活动，先后与中央文明办联合下发了《关于广泛开展“迎国庆讲文明树新风”红十字志愿服务活动的通知》。与中宣部、中央文明办等十部委联合下发了《关于广泛开展“迎世博讲文明树新风”志愿服务活动方案》，启动“红十字与世博同行”志愿服务活动。举办 2 次全国性红十字青少年夏令营和探索人道法夏令营。

六、积极开展对外合作交流工作

国际交流与合作。参与联合会《2020 战略》起草修订工作。在海南博鳌国际交流中心邀请联合会主办的东亚地区合作会议顺利举行，邀请东亚地区的日本、韩国、朝鲜、蒙古红十字会和 10 多个友好国际红十字会近 40 名代表参加会议。积极响应并参与纪念红十字运动诞生 150 周年活动，与红十字国际委员会联合在北京举办纪念《日内瓦公约》签署 60 周年的国际研讨会。举办第 2 期重建家庭联系地区培训班，将重建家庭联系能力建设培训覆盖全国，全年共处理 80 个查人转信请求，其中 64 件涉及台港澳地区，结案 27 件。

召开红十字外事工作会议，总结和部署外事工作。拓宽对外交流渠道，配合训练中心开展境外培训项目。配合国家外交工作，受商务部委托，承办第 4 期面向发展中国家红会的“国家红会能力建设研修班”，对蒙古、朝鲜红十字会援助总价值各 20 多万美元项目正在实施，与科特迪瓦红会的援助项目在沟通之中。全年共组织出国、境访问、参加国际会议和培训 36 批 241 人次，接待来自 27 个国家和地区的来访、参加在华国际会议和培训团组和个人共 69 批 772 人次。

国际人道法国家委员会秘书处工作。召集两次工作组会议，成功举办国家委员会第二次全体会议，与国际委员会合作对 1999 ~2008 年人道法传播工作进行评估并形成报告，与澳大利亚红十字会合作首次举办了“国际红十字与红新月运动基本知识培训班”，争取国际委员会资助支持甘肃省和江西省红十字会的人道法传播工作。

世博会红十字运动馆展馆工作。展馆展示方案已获世博局批准，接收了完成建设的馆舍，以招标方式确定了展馆展示工程服务供应商和展馆运营管理服务供应商。

港澳台工作。彭珮云会长访问台湾红十字组织，签署“海峡两岸红十字组织合作备忘录”，这是我会历史上首次会长赴台访问。在“莫拉克”台风救助中，共募集 1.8 亿元，已向台湾红十字组织紧急捐款 2185 万元。承办海峡两岸红十字青少年夏令营等三个夏令营活动。依据“金门协议”共参与遣返见证工作四批 235 人，遣返回台刑事犯和刑事嫌疑人 33 人。继续做好台湾红十字组织，香港、澳门特别行政区红十字会援助四川汶川地震灾后重建工作。

还组织日本劳工幸存者和家属 75 人赴日本参加“死难中国人遗骨挖掘 60 周年祭奠活动”。

七、自身建设不断加强，机关办公效率和服务质量进一步提高

积极争取支持。积极争取向国务院汇报工作，4 月 28 日，由国务院副总理回良玉主持，国家发改委、民政部、财政部、卫生部、国管局等负责同志参加了汇报会。会后形成会议纪要，就我会的五个具体问题提出了解决意见。

报请中编办同意成立总会备灾救灾中心并解决12个事业编制。做好全国人大代表、政协委员的建议和提案的接收、分发、督办工作，今年共接到代表建议九份，委员提案六份，分别涉及北京“999”紧急救援中心、募捐接受平台、备灾救灾中心建设等问题，已全部办理完毕。

机关党建工作。加强党的基层组织建设，根据内设机构调整的情况，及时完成党支部调整和支部委员会选举工作，全年新发展党员四名，预备党员转正六名。抓好党员领导干部的学习，重新修订党组会议制度和中心组学习制度，开始党员领导干部专题民主生活会。以庆祝新中国成立60周年为契机，通过组织参加“歌唱祖国”大型歌会、迎国庆知识竞赛、各党支部实践活动、参加国庆群众游行、与计生委联合举办主题活动、“世界艾滋病日”宣传等活动，不断推进机关文化建设和精神文明建设。

文秘、人事和老干部工作。全年共组织召开了18次执委会会议、12次会长办公会会议，登记文件5000多份，送阅文件约万余人次，完成2001~2005年度文书档案的数字化扫描，对总会近年的实物档案建立数据库，对录像带、录音带档案进行了数字化格式转换，建立总会办公系统资源库，为机关工作的高效运转提供了有利条件。认真做好人事管理工作，完成总会干部竞争上岗工作，在积极争取中编办批复总会调整内设机构的基础上，认真制定了部门职责和人员编制调整方案。组织丰富的学习和文体活动，主动热情地做好老干部服务保障工作。

八、服务大局，直属单位工作展现良好局面

2009年，各直属单位在完成自身工作任务的同时，服从服务于总会的工作大局，完成了年度工作任务。

机关服务中心制定和完灾害救助服务保障应急预案，在做好内部管理的同时，完成机关医疗费用报销、代缴费用、固定资产管理、政府采购公文印制、节能减排等各项工作。

报刊社积极发挥舆论宣传作用，全力做好重要活动、重大事件的报道，继续做好一报一刊和年鉴、年报的编辑出版工作，开设数字报和电子刊，实现由单一纸质媒体向多媒体运营的转变。

基金会全年共接受捐赠1.17亿元，资助支出3.57亿元。根据总会的总体规划，积极开展汶川地震灾后重建工作，进展顺利。成立社会监督委员会，召开专项基金管理工作会，项目信息管理系统投入使用。

管理中心新增入库数据17万人份，总库发展到111万多人份。全年为患者和移植医院提供检索服务4000多人次，移植336例。成功举办“中华骨髓库第二届年会”。

训练中心夯实发展基础，积极拓展业务渠道，整合社会资源，探索新的发展模式。全年总收入1050万元，同比增16%。完成国家彩票公益金40期共1840名救护师资培训任务，社会救护培训达9687人次，培训地方红十字会干部共七期1123人，组织国家外专局批准的三期共31人出国培训班，完成一期涉及亚洲和非洲15个国家的28名红会官员及政府官员的商务部援外培训班。承办总会博鳌国际交流中心筹备和启动运营工作。

援外物资供应站及时调整经营指导思想和经营方针，实现创收同比增长13%，完成总会外援物资接受转运和救灾物资应急设备的仓储任务，继续加强基础建设和队伍建设。

救灾备灾中心完成中心章程的制定、初拟三定方案、初步建立规章制度。为落实向国务院会议纪要精神，组成调查组赴陕西、广西、广东、江西四省就与国家物资储备局合作事宜进行了调研。

中国红十字会总会2010年工作要点及责任分解

2010年是实施“十一五”规划的最后一年，是第九届理事会的履新之年，也是落实《中国红十字事业2010～2014年发展规划》的开局之年。2010年总会工作总的要求是：以邓小平理论和“三个代表”重要思想为指导，深入贯彻落实科学发展观，围绕党和国家的中心工作，以落实中国红十字会第九次全国会员代表大会精神，加强能力建设为重点，开拓进取，奋发有为，发挥政府人道领域的助手作用，促进中国特色红十字事业又好又快发展。

一、抓好事业发展规划的落实

（一）研究制订《中国红十字事业2010～2014年发展规划》分解方案。及时总结经验、发现问题、研究对策，推动规划目标任务的落实。（组织宣传部牵头）

二、推动理顺管理体制

（二）研究制订《关于进一步推进地县级红十字会理顺管理体制工作的指导意见》。（组织宣传部负责）

（三）适时召开理顺管理体制工作研讨会。（组织宣传部牵头）

三、加强能力建设

（四）制订《中国红十字会2010～2014年干部培训工作规划》。（组织宣传部负责）

（五）成立全国红十字干部培训工作指导中心。（组织宣传部牵头）

（六）启动“市县会长轮训”项目。（组织宣传部牵头）

（七）积极开展红十字会干部国际交流与培训。（联络部、组织宣传部牵头）

（八）加强学习型机关建设，研究制订总会机关干部培训规划。（办公室、机关党委按职责分工负责）

四、加强组织建设

（九）召开全国红十字模范单位工作研讨会；制订全国红十字模范单位评选标准并启动评选活动。（组织宣传部负责）

（十）组织编写红十字会基层组织工作手册，指导和推动基层组织建设。（组织宣传部负责）

（十一）研究制订《全国性红十字社团管理办法》。发展行业红十字会，推动建立煤矿等行业红十字会。（组织宣传部负责）

五、推进志愿服务和青少年工作

（十二）制订《中国红十字志愿服务2010～2014年发展规划》、《中国红十字青少年工作2010～2014年发展规划》。（组织宣传部负责）

（十三）推广使用《中国红十字志愿服务培训教材》，编写《中国红十字青少年志愿者培训手册》。（组织宣传部负责）

（十四）开发红十字志愿服务管理信息系统。（组织宣传部、办公室按职责分工负责）

六、加强红十字理论研究

（十五）启动中国红十字理论研究会的筹备工作。（办公室牵头）

（十六）召开中国红十字会理论工作研讨会。（办公室牵头）

（十七）与有关研究机构合作，开展红十字会体制、工作机制，国外红十字会运作方式，我国公民社会中非营利组织的运作方式研究。（办公室牵头）

七、完善应急工作体系，做好救灾工作

（十八）完善《中国红十字会总会自然灾害等突发公共事件应急预案》，明确总会和各级红十字会应急反应流程，提高应急反应的时效性。（赈济救护部牵头）

（十九）抓好各级红十字会应急救援队伍建设。做好备灾救灾工作。（赈济救护部牵头）

（二十）完善红十字会备灾仓库网络体系。（赈济救护部牵头）

八、做好汶川地震灾后恢复重建工作

（二十一）继续做好汶川地震灾后重建项目和资金的落实工作。协调落实国际及境外援助项目。（赈济救护部、筹资与财务部、联络部按职责分工负责）

（二十二）汶川地震灾后恢复重建资金及时拨付到位。加强重建项目执行情况的监督和检查。（筹资与财务部、机关党委按职责分工负责）

（二十三）向社会公告总会接收的社会捐赠资金用于重建项目的情况。（筹资与财务部牵头）

九、推进人体器官捐献工作

（二十四）与卫生部联合发文，适时启动人体器官捐献试点工作。积极探索建立人体器官捐献的组织机构、工作机制、规章制度、技术标准、信息平台等。（赈济救护部负责）

（二十五）开展人体器官捐献相关法律、法规和科学知识的宣传普及。研究无偿捐献器官的相关补偿问题，做好器官捐献的舆论风险、工作风险等风险评估，制定风险应对预案。制定对外宣传工作预案。（赈济救护部、组织宣传部、联络部按职责分工负责）

十、做好救护培训工作

（二十六）成立全国红十字干部教育培训指导中心。（组织宣传部牵头）

（二十七）积极协调教育部在各级学校组织开展急救培训。（组织宣传部、赈济救护部牵头）

（二十八）将应急救护培训纳入突发事件应急体系。推动在煤矿等高风险行业中开展自救互救、逃生避险培训，提高从业人员的自救互救能力。与有关专业协会、团体开展合作，整合社会救护资源，打造红十字救护培训品牌。（赈济救护部牵头）

十一、做好参与上海世博会工作

（二十九）按时完成国际红十字与红新月馆建设，举办红十字与红新月运动展览，开展红十字荣誉日等红十字世博项目。（组织宣传部、联络部按职责分工负责）

（三十）组织开展“红十字与世博同行”等志愿服务活动。指导上海及与世博会相关城市红十字会，设立红十字志愿服务站，开展应急救援、社区服务、红十字青少年等志愿服务工作。（组织宣传部、联络部按职责分工负责）

（三十一）指导卫生救护培训等相关工作，提高上海市民自救互救技能。（赈济救护部、组织宣传部按职责分工负责）

十二、巩固发展大宣传格局

（三十二）建立总会新闻发言人制度，指导各级红十字会建立新闻发言人制度，开展新闻发言人培训。研究制订《中国红十字会总会突发事件应急宣传暂行规定》。（组织宣传部负责）

（三十三）继续开展“五八博爱周”、“公益广告宣传月”、“中国爱心城市发现之旅”新闻采风等红十字宣传活动。（组织宣传部牵头）

（三十四）加强红十字网站建设。（组织宣传部、办公室按职责分工负责）

十三、加大筹资力度，健全公开透明机制

（三十五）加强中国红十字会总会筹资工作委员会，开展筹资项目的研究论证、项目执行力评估等工作。（筹资与财务部负责）

（三十六）修订总会《公益项目推介手册》，创办《中国红十字会公益捐赠年报》。（筹资与财务部负责）

（三十七）推广短信捐款平台，定期对短信捐款进行统计、对账、分配，调动各级红十字会参与的积极性。（筹资与财务部负责）

（三十八）强化财务监管，对项目基金开展绩效考评和审计，向捐赠人和社会公布结果。（筹资与财务部负责）

（三十九）完成“十二五”彩票公益金立项工作。（筹资与财务部牵头）

十四、加强国际及与港澳台的交流合作

（四十）研究制订《中国红十字会国际和港澳台工作 2010～2014 年发展规划》。（联络部牵头）

（四十一）筹备召开东亚地区国家红十字会领导人会议和捐款国红会合作论坛；出席亚太地区红十字与红新月会议；做好会领导出访的相关工作。（联络部牵头）

（四十二）开展国际人道法国家委员会的各项工作。与国际委员会合作，开发并制作国际人道法传播资料。开展重建家庭联系项目活动。（联络部牵头）

（四十三）做好与香港、澳门特区红十字会的交流合作。加强与台湾红十字组织的交流，做好援助台湾“莫拉克”水灾的灾后重建工作。（联络部牵头）

（四十四）争取商务部提供的非紧急援助项目培训资金，有计划地培训非洲和发展中国家红会工作人员。（联络部牵头）

十五、进一步加强机关建设

（四十五）加强机关党的建设。加强各级领导班子思想政治建设，做好直属机关党委和纪委换届工作，继续开展文明单位、和谐机关创建活动，开展内容丰富、形式多样、富有成效的学习实践活动。发挥工青妇群团组织的作用。（机关党委牵头）

（四十六）加强机关制度建设。进一步建立健全机关各项管理制度，研究制定适应新情况、符合新要求的规章制度，抓好规章制度的贯彻落实。（办公室牵头，各部门按职责分工负责）

（四十七）提高公文办理质量和效率，保证流转顺畅清晰。各种会议、活动、培训注重实效，不出漏洞。（办公室牵头，各部门按职责分工负责）

（四十八）努力争取改善机关办公条件，进一步改善机关食堂伙食。（办公室牵头）

十六、加强直属单位建设

（四十九）作好机关房产、基建、物资设备等管理，积极争取解决办公用房困难，切实做好机关各项服务保障工作。（机关服务中心负责）

（五十）办好一报一刊，做好年鉴、年报和汶川地震抗震救灾志的编纂工作，进一步创新经营模式，扩大创收。（报刊社负责）

（五十一）基金会力争向社会筹资1.2亿元，重点开展红十字会天使计划、援建博爱卫生院（站）和博爱小学、培训乡村医生、救助重大疾病等工作，探索新的筹资和可持续发展模式。（红十字基金会负责）

（五十二）加强和完善造血干细胞捐献者资料库建设，力争年内实现20万人份资料入库的目标。（造血干细胞捐献者资料库管理中心负责）

（五十三）训练中心力争总收入1300万元，完成彩票公益金培训项目，做好红十字会系统内干部培训、社会应急救护培训，作好博鳌国际交流中心正常运营工作。（训练中心负责）

（五十四）从实际出发，转变经营模式，拓宽业务渠道，进一步提高经营水平和经济效益，争取启动综合楼项目建设，收入同比增长15%。（援外物资供应站负责）

（五十五）完成总会备灾仓库基建并投入使用，制定备灾救灾中心“三定”方案，配备工作人员，研究制定各项规章制度，研究确定经营管理思路和措施，保证工作正常运转。（备灾救灾中心负责）

关于印发《省级红十字会落实〈中国红十字事业2010～2014年发展规划〉任务分工》的通知

（红总字〔2010〕10号
2010年2月10日）

各省、自治区、直辖市红十字会，新疆生产建设兵团红十字会：

为认真贯彻中国红十字会第九次全国会员代表大会和2010年工作会议精神，把《中国红十字事业2010～2014年发展规划》（简称《规划》）提出的各项工作任务落到实处，经执委会批准，现将《省级红十字会落实〈中国红十字事业2010～2014年发展规划〉任务分工》分别印发给你们，请认真贯彻执行。

特此通知。

省级红十字会落实《中国红十字事业2010～2014年发展规划》任务分工

北京市红十字会

一、2010～2014年，在不发生特大灾害的情况下筹集价值人民币1亿元的救灾、救助款物。

二、到2014年9月底，经培训合格的红十字救护员人数达到50万人，占全市常住人口总数的3%；参加应急救护知识普及培训人数达到 320 万人，占全市常住人口总数的 18.9%。

三、到 2014 年 9 月底，红十字志愿者人数达到 20 万人，其中，注册志愿者人数达到 10 万人。

四、到 2014 年 9 月底，各级各类学校红十字会达到 2000 个，红十字青少年会员突破 55 万人。

五、到 2014 年 9 月底，建成五个市级备灾救灾中心（仓库），总建筑面积达到 2.2 万平方米。

六、到 2014 年 9 月底，建成 42 支市级红十字紧急救援队；建成四支市级和 18 支县级红十字灾后心理干预队伍。

七、2010～2014 年，投入 7000 万元资金，开展“红十字博爱送万家”活动，使超过 10 万户家庭受益。

八、到 2014 年 9 月底，中国造血干细胞捐献者资料库北京分库有效库容达到 12.47 万人份，新增 4.4 万人份高分辨数据。

九、2010～2014 年，救助 600 名贫困白血病患者和 350 名其他大病贫困患者。

以上是省级红十字会落实《规划》的主要量化指标任务，是在前期摸底统计的基础上，结合各地工作情况制定的。此外，《规划》提出的其他任务对各省级红十字会要求基本一致，请认真对照《规划》，贯彻落实，不再详述。

天津市红十字会

一、2010～2014 年，在不发生特大灾害的情况下筹集价值人民币一亿元的救灾、救助款物。

二、到 2014 年 9 月底，经培训合格的红十字救护员人数达到 39 万人，占全市常住人口总数的 3.9%；参加应急救护知识普及培训人数达到 290 万人，占全市常住人口总数的 29%。

三、到 2014 年 9 月底，红十字志愿者人数达到 16.55 万人，其中，注册志愿者人数达到 4000 人。

四、到 2014 年 9 月底，各级各类学校红十字会达到 1880 个，红十字青少年会员突破 41.6 万人。

五、到 2014 年 9 月底，完成一个市级备灾救灾中心（仓库）的扩建，建筑面积达到 2500 平方米；建成 19 个县级备灾救灾中心（仓库），总建筑面积达到 5400 平方米。

六、到 2014 年 9 月底，建成四支市级和 281 支县级红十字紧急救援队；建成一支市级和 114 支县级红十字灾后心理干预队伍。

七、2010～2014 年，投入 3000 万元资金，开展“红十字博爱送万家”活动，使超过 10 万户家庭受益。

八、到 2014 年 9 月底，中国造血干细胞捐献者资料库天津分库有效库容达到 6.11 万人份，新增 2.5 万人份高分辨数据。

九、2010～2014 年，援建 13 个博爱卫生院和 56 个博爱卫生站；救助 220 名贫困白血病患者、200 名贫困先天性心脏病患者 80 名贫困白内障患者和 3200 名其他大病贫困患者；培训 90 名乡村医生。

以上是省级红十字会落实《规划》的主要量化指标任务，是在前期摸底统计的基础上，结合各地工作情况制定的。此外，《规划》提出的其他任务对各省级红十字会要求基本一致，请认真对照《规划》，贯彻落实，不再详述。

河北省红十字会

一、到2014年9月底，理顺85个县级红十字会管理体制，县级理顺率达到49.7%。

二、2010～2014年，在不发生特大灾害的情况下筹集价值人民币1.5亿元的救灾、救助款物。

三、到2014年9月底，经培训合格的红十字救护员人数达到437.85万人，占全省常住人口总数的6%；参加应急救护知识普及培训人数达到1764万人，占全省常住人口总数的25%。

四、到2014年9月底，红十字志愿者人数达到15万人，其中，注册志愿者人数达到一万人。

五、到2014年9月底，各级各类学校红十字会达到1200个，红十字青少年会员突破15万人。

六、在实践中不断完善省级红十字会新闻发言人制度，在2014年前，实现所有地级红十字会建立新闻发言人制度。

七、到2014年9月底，建成一个省级、12个地级和10个县级备灾救灾中心（仓库）。

八、到2014年9月底，建成四支省级、42支地级和20支县级红十字紧急救援队；建成18支地级红十字灾后心理干预队伍。

九、2010～2014年，投入1800万元资金，开展“红十字博爱送万家”活动，使超过17万户家庭受益。

十、到2014年9月底，中国造血干细胞捐献者资料库河北分库有效库容达到12.84万人份，新增5.5万人份高分辨数据。

十一、2010～2014年，援建28个博爱卫生院和51个博爱卫生站；救助900名贫困白血病患者、1700名贫困先天性心脏病患者、100名贫困白内障患者和2700名其他大病贫困患者；培训410名乡村医生。

以上是省级红十字会落实《规划》的主要量化指标任务，是在前期摸底统计的基础上，结合各地工作情况制定的。此外，《规划》提出的其他任务对各省级红十字会要求基本一致，请认真对照《规划》，贯彻落实，不再详述。

山西省红十字会

一、到2014年9月底，理顺80个县级红十字会管理体制，县级理顺率达到67.23%。

二、2010～2014年，在不发生特大灾害的情况下筹集价值人民币0.75亿元的救灾、救助款物。

三、到2014年9月底，经培训合格的红十字救护员人数达到10.6万人，占全省常住人口总数的0.3%；参加应急救护知识普及培训人数达到64万人，占全省常住人口总数的1.8%。

四、到2014年9月底，红十字志愿者人数达到四万人，其中，注册志愿者人数达到1.5万人。

五、到2014年9月底，各级各类学校红十字会达到500个，红十字青少年会员突破35万人。

六、在实践中不断完善省级红十字会新闻发言人制度，在2014年前，实现所有地级红十字会建立新闻发言人制度。

七、到2014年9月底，建成建筑面积

1000 平方米的省级和 3000 平方米的地级备灾救灾中心（仓库）。

八、到 2014 年 9 月底，建成 10 支省级、11 支地级和 60 支县级红十字紧急救援队；建成一支省级、11 支地级红十字灾后心理干预队伍。

九、2010～2014 年，投入 1000 万元资金，开展“红十字博爱送万家”活动，使超过 6.6 万户家庭受益。

十、到 2014 年 9 月底，中国造血干细胞捐献者资料库山西分库有效库容达到 9.59 万人份，新增四万人份高分辨数据。

十一、2010～2014 年，救助 250 名贫困先天性心脏病患者、1500 名贫困白内障患者和 800 名其他大病贫困患者；培训 300 名乡村医生。

以上是省级红十字会落实《规划》的主要量化指标任务，是在前期摸底统计的基础上，结合各地工作情况制定的。此外，《规划》提出的其他任务对各省级红十字会要求基本一致，请认真对照《规划》，贯彻落实，不再详述。

内蒙古自治区红十字会

一、2010～2014 年，在不发生特大灾害的情况下筹集价值人民币五亿元的救灾、救助款物。

二、到 2014 年 9 月底，经培训合格的红十字救护员人数达到 41.63 万人，占全区常住人口总数的 1.8%；参加应急救护知识普及培训人数达到 129 万人，占全区常住人口总数的 5.3%。

三、到 2014 年 9 月底，红十字志愿者人数达到三万人，其中，注册志愿者人数达到一万人。

四、到 2014 年 9 月底，各级各类学校红十字会达到 2320 个，红十字青少年会员突破 123 万人。

五、在实践中不断完善区级红十字会新闻发言人制度，在 2014 年前，实现所有地级红十字会建立新闻发言人制度。

六、到 2014 年 9 月底，建成一个区级、九个地级和 81 个县级备灾救灾中心（仓库），总建筑面积达到 8800 平方米。

七、到 2014 年 9 月底，建成二支区级、24 支地级和 101 支县级红十字紧急救援队；建成 12 支地级红十字灾后心理干预队伍。

八、2010～2014 年，投入 5000 万元资金，开展“红十字博爱送万家”活动，使超过 25 万户家庭受益。

九、到 2014 年 9 月底，中国造血干细胞捐献者资料库内蒙古分库有效库容达到 3.17 万人份，新增 1.5 万人份高分辨数据。

十、2010～2014 年，援建二个博爱卫生院和 20 个博爱卫生站；救助 200 名贫困白血病患者、50 名贫困先天性心脏病患者、700 名贫困白内障患者和 500 名其他大病贫困患者。

以上是省级红十字会落实《规划》的主要量化指标任务，是在前期摸底统计的基础上，结合各地工作情况制定的。此外，《规划》提出的其他任务对各省级红十字会要求基本一致，请认真对照《规划》，贯彻落实，不再详述。

辽宁省红十字会

一、到 2014 年 9 月底，理顺 80 个县级红十字会管理体制，县级理顺率达到 80%。

二、2010～2014年，在不发生特大灾害的情况下筹集价值人民币0.45亿元的救灾、救助款物。

三、到2014年9月底，经培训合格的红十字救护员人数达到20万人，占全省常住人口总数的0.5%；参加应急救护知识普及培训人数达到80万人，占全省常住人口总数的2%。

四、到2014年9月底，红十字志愿者人数达到15万人，其中，注册志愿者人数达到七万人。

五、到2014年9月底，各级各类学校红十字会达到4000个，红十字青少年会员突破179万人。

六、在2010年内建立省级红十字会新闻发言人制度，在2014年前，实现所有地级红十字会建立新闻发言人制度。

七、到2014年9月底，建成一个省级、14个地级和20个县级备灾救灾中心（仓库），总建筑面积达到6800平方米。

八、到2014年9月底，建成三支省级、28支地级和50支县级红十字紧急救援队；建成一支省级、14支地级和20支县级红十字灾后心理干预队伍。

九、2010～2014年，投入4250万元资金，开展“红十字博爱送万家”活动，使超过17万户家庭受益。

十、到2014年9月底，中国造血干细胞捐献者资料库辽宁分库有效库容达到12.12万人份，新增4.5万人份高分辨数据。

十一、2010～2014年，援建八个博爱卫生院和六个博爱卫生站；救助750名贫困白血病患者、1700名贫困先天性心脏病患者、2500名贫困白内障患者和785名其他大病贫困患者；培训1000名乡村医生。

以上是省级红十字会落实《规划》的主要量化指标任务，是在前期摸底统计的基础上，结合各地工作情况制定的。此外，《规划》提出的其他任务对各省级红十字会要求基本一致，请认真对照《规划》，贯彻落实，不再详述。

吉林省红十字会

一、2010～2014年，在不发生特大灾害的情况下筹集价值人民币2.5亿元的救灾、救助款物。

二、到2014年9月底，经培训合格的红十字救护员人数达到35.2万人，占全省常住人口总数的1.3%；参加应急救护知识普及培训人数达到79万人，占全省常住人口总数的2.9%。

三、到2014年9月底，红十字志愿者人数达到10万人，其中，注册志愿者人数达到三万人。

四、到2014年9月底，各级各类学校红十字会达到6500个，红十字青少年会员突破70万人。

五、在实践中不断完善省级红十字会新闻发言人制度，在2014年前，实现所有地级红十字会建立新闻发言人制度。

六、到2014年9月底，建成一个省级、九个地级和40个县级备灾救灾中心（仓库），总建筑面积达到9700平方米。

七、到2014年9月底，建成二支省级、18支地级和30支县级红十字紧急救援队；建成一支省级、五支地级和10支县级红十字灾后心理干预队伍。

八、2010～2014年，投入1250万元资

金，开展“红十字博爱送万家”活动，使超过12.5万户家庭受益。

九、到2014年9月底，中国造血干细胞捐献者资料库吉林分库有效库容达到六万人份，新增2.5万人份高分辨数据。

十、2010~2014年，援建10个博爱卫生站；救助600名贫困白血病患者。

以上是省级红十字会落实《规划》的主要量化指标任务，是在前期摸底统计的基础上，结合各地工作情况制定的。此外，《规划》提出的其他任务对各省级红十字会要求基本一致，请认真对照《规划》，贯彻落实，不再详述。

黑龙江省红十字会

一、到2014年9月底，理顺85个县级红十字会管理体制，县级理顺率达到60.28%。

二、2010~2014年，在不发生特大灾害的情况下筹集价值人民币0.2亿元的救灾、救助款物。

三、到2014年9月底，经培训合格的红十字救护员人数达到44万人，占全省常住人口总数的1.2%；参加应急救护知识普及培训人数达到193万人，占全省常住人口总数的5.3%。

四、到2014年9月底，红十字志愿者人数达到六万人，其中，注册志愿者人数达到1.3万人。

五、到2014年9月底，各级各类学校红十字会达到930个，红十字青少年会员突破46.5万人。

六、在2010年内建立省级红十字会新闻发言人制度，在2014年前，实现所有地级红十字会建立新闻发言人制度。

七、到2014年9月底，建成一个省级、八个地级和21个县级备灾救灾中心（仓库），总建筑面积达到4150平方米。

八、到2014年9月底，建成一支省级、16支地级和65支县级红十字紧急救援队；建成一支省级、五支地级和18支县级红十字灾后心理干预队伍。

九、2010~2014年，投入1200万元资金，开展“红十字博爱送万家”活动，使超过4.7万户家庭受益。

十、到2014年9月底，中国造血干细胞捐献者资料库黑龙江分库有效库容达到8.14万人份，新增3.5万人份高分辨数据。

十一、2010~2014年，援建五个博爱卫生院和15个博爱卫生站；救助75名贫困白血病患者、160名贫困先天性心脏病患者、690名贫困白内障患者和600名其他大病贫困患者；培训95名乡村医生。

以上是省级红十字会落实《规划》的主要量化指标任务，是在前期摸底统计的基础上，结合各地工作情况制定的。此外，《规划》提出的其他任务对各省级红十字会要求基本一致，请认真对照《规划》，贯彻落实，不再详述。

上海市红十字会

一、到2014年9月底，理顺18个县级红十字会管理体制，县级理顺率达到100%。

二、2010~2014年，在不发生特大灾害的情况下筹集价值人民币0.25亿元的救灾、救助款物。

三、到2014年9月底，经培训合格的

红十字救护员人数达到36万人，占全市常住人口总数的2%；参加应急救护知识普及培训人数达到307万人，占全市常住人口总数的17%。

四、到2014年9月底，红十字志愿者人数达到15万人，其中，注册志愿者人数达到二万人。

五、到2014年9月底，各级各类学校红十字会达到1250个，红十字青少年会员突破56万人。

六、到2014年9月底，建成一个市级和18个县级备灾救灾中心（仓库）。

七、到2014年9月底，建成一支市级和18支县级红十字紧急救援队。

八、2010～2014年，投入4000万元资金，开展“红十字博爱送万家”活动，使超过八万户家庭受益。

九、到2014年9月底，中国造血干细胞捐献者资料库上海分库有效库容达到10万人份，新增四万人份高分辨数据。

十、2010～2014年，援建三个博爱卫生院、10个博爱卫生站。

以上是省级红十字会落实《规划》的主要量化指标任务，是在前期摸底统计的基础上，结合各地工作情况制定的。此外，《规划》提出的其他任务对各省级红十字会要求基本一致，请认真对照《规划》，贯彻落实，不再详述。

江苏省红十字会

一、到2014年9月底，理顺106个县级红十字会管理体制，县级理顺率达到100%。

二、2010～2014年，在不发生特大灾害的情况下筹集价值人民币四亿元的救灾、救助款物。

三、到2014年9月底，经培训合格的红十字救护员人数达到557万人，占全省常住人口总数的7.3%；参加应急救护知识普及培训人数达到944万人，占全省常住人口总数的12.42%。

四、到2014年9月底，红十字志愿者人数达到20万人，其中，注册志愿者人数达到10万人。

五、到2014年9月底，红十字青少年会员突破380万人。

六、在2010年内建立省级红十字会新闻发言人制度，在2014年前，实现所有地级红十字会建立新闻发言人制度。

七、到2014年9月底，建成一个省级、12个地级和58个县级备灾救灾中心（仓库），总建筑面积达到22900平方米。

八、到2014年9月底，建成五支省级、58支地级和189支县级红十字紧急救援队；建成二支省级、11支地级和24支县级红十字灾后心理干预队伍。

九、2010～2014年，投入9330万元资金，开展“红十字博爱送万家”活动，使超过65.6万户家庭受益。

十、到2014年9月底，中国造血干细胞捐献者资料库江苏分库有效库容达到10.78万人份，新增四万人份高分辨数据。

十一、2010～2014年，援建31个博爱卫生院和467个博爱卫生站；救助3500名贫困白血病患者、200名贫困先天性心脏病患者、3000名贫困白内障患者和15000名其他大病贫困患者；培训8000名乡村医生。

以上是省级红十字会落实《规划》的主要量化指标任务，是在前期摸底统计的基础上，结合各地工作情况制定的。此外，《规划》提出的其他任务对各省级红十字会要求基本一致，请认真对照《规划》，贯彻落实，不再详述。

浙江省红十字会

一、到2014年9月底，理顺11个地级红十字会管理体制，地级理顺率达到100%；理顺81个县级红十字会管理体制，县级理顺率达到90%。

二、2010～2014年，在不发生特大灾害的情况下筹集价值人民币4.2亿元的救灾、救助款物。

三、到2014年9月底，经培训合格的红十字救护员人数达到91万人，占全省常住人口总数的1.8%；参加应急救护知识普及培训人数达到382万人，占全省常住人口总数的7.6%。

四、到2014年9月底，红十字志愿者人数达到4.2万人，其中，注册志愿者人数达到1.5万人。

五、到2014年9月底，各级各类学校红十字会达到1500个，红十字青少年会员突破130万人。

六、在2010年内建立省级红十字会新闻发言人制度，在2014年前，实现所有地级红十字会建立新闻发言人制度。

七、到2014年9月底，建成一个省级、11个地级和40个县级备灾救灾中心（仓库），总建筑面积达到10000平方米。

八、到2014年9月底，建成一支省级、10支地级和33支县级红十字紧急救援队；建成一支省级、九支地级和26支县级红十字灾后心理干预队伍。

九、2010～2014年，投入4000万元资金，开展“红十字博爱送万家”活动，使超过5万户家庭受益。

十、到2014年9月底，中国造血干细胞捐献者资料库浙江分库有效库容达到五万人份，新增二万人份高分辨数据。

十一、2010～2014年，援建16个博爱卫生院和60个博爱卫生站；救助300名贫困白血病患者、300名贫困先天性心脏病患者、2000名贫困白内障患者和10万名其他大病贫困患者；培训800名乡村医生。

以上是省级红十字会落实《规划》的主要量化指标任务，是在前期摸底统计的基础上，结合各地工作情况制定的。此外，《规划》提出的其他任务对各省级红十字会要求基本一致，请认真对照《规划》，贯彻落实，不再详述。

安徽省红十字会

一、到2014年9月底，理顺17个地级红十字会管理体制，地级理顺率达到100%；理顺74个县级红十字会管理体制，县级理顺率达到70.48%。

二、2010～2014年，在不发生特大灾害的情况下筹集价值人民币1.25亿元的救灾、救助款物。

三、到2014年9月底，经培训合格的红十字救护员人数达到60万人，占全省常住人口总数的0.9%；参加应急救护知识普及培训人数达到198万人，占全省常住人口总数的3%。

四、到2014年9月底，红十字志愿者人数达到八万人，其中，注册志愿者人数达到0.5万人。

五、到2014年9月底，各级各类学校红十字会达到445个，红十字青少年会员突破30万人。

六、在2010年内建立省级红十字会新闻发言人制度，在2014年前，实现所有地级红十字会建立新闻发言人制度。

七、到2014年9月底，建成一个省级、五个地级和三个县级备灾救灾中心（仓库），总建筑面积达到1.5万平方米。

八、到2014年9月底，建成八支省级、17支地级和50支县级红十字紧急救援队；建成一支省级红十字灾后心理干预队伍。

九、2010～2014年，投入2500万元资金，开展“红十字博爱送万家”活动，使超过25万户家庭受益。

十、到2014年9月底，中国造血干细胞捐献者资料库安徽分库有效库容达到三万人份，新增1.5万人份高分辨数据。

十一、2010～2014年，援建15个博爱卫生院和30个博爱卫生站；救助200名贫困白血病患者、2000名贫困先天性心脏病患者、300名贫困白内障患者和40名其他大病贫困患者；培训70名乡村医生。

以上是省级红十字会落实《规划》的主要量化指标任务，是在前期摸底统计的基础上，结合各地工作情况制定的。此外，《规划》提出的其他任务对各省级红十字会要求基本一致，请认真对照《规划》，贯彻落实，不再详述。

福建省红十字会

一、到2014年9月底，理顺80个县级红十字会管理体制，县级理顺率达到95.24%。

二、2010～2014年，在不发生特大灾害的情况下筹集价值人民币一亿元的救灾、救助款物。

三、到2014年9月底，经培训合格的红十字救护员人数达到105万人，占全省常住人口总数的2.9%；参加应急救护知识普及培训人数达到217万人，占全省常住人口总数的6%。

四、到2014年9月底，红十字志愿者人数达到10万人，其中，注册志愿者人数达到1.5万人。

五、到2014年9月底，各级各类学校红十字会达到3000个，红十字青少年会员突破100万人。

六、在实践中不断完善省级红十字会新闻发言人制度，在2014年前，实现所有地级红十字会建立新闻发言人制度。

七、到2014年9月底，建成一个省级、九个地级和70个县级备灾救灾中心（仓库），总建筑面积达到2.6万平方米。

八、到2014年9月底，建成三支省级和九支地级红十字紧急救援队；建成一支省级和九支地级红十字灾后心理干预队伍。

九、2010～2014年，投入2500万元资金，开展“红十字博爱送万家”活动，使超过八万户家庭受益。

十、到2014年9月底，中国造血干细胞捐献者资料库福建分库有效库容达到6.57万人份，新增2.5万人份高分辨数据。

十一、2010～2014年，援建50个博爱卫生院和100个博爱卫生站；救助200名贫困白血病患者、500名贫困先天性心脏病患者、500名贫困白内障患者和500名其他大病贫困患者。

以上是省级红十字会落实《规划》的

主要量化指标任务，是在前期摸底统计的基础上，结合各地工作情况制定的。此外，《规划》提出的其他任务对各省级红十字会要求基本一致，请认真对照《规划》，贯彻落实，不再详述。

江西省红十字会

一、到 2014 年 9 月底，理顺 99 个县级红十字会管理体制，县级理顺率达到 100%。

二、2010~2014 年，在不发生特大灾害的情况下筹集价值人民币 0.5 亿元的救灾、救助款物。

三、到 2014 年 9 月底，经培训合格的红十字救护员人数达到 14 万人，占全省常住人口总数的 0.32%；参加应急救护知识普及培训人数达到 85 万人，占全省常住人口总数的 1.95%。

四、到 2014 年 9 月底，红十字志愿者人数达到 22 万人，其中，注册志愿者人数达到五万人。

五、到 2014 年 9 月底，各级各类学校红十字会达到 800 个，红十字青少年会员突破 45 万人。

六、在 2010 年内建立省级红十字会新闻发言人制度，在 2014 年前，实现所有地级红十字会建立新闻发言人制度。

七、到 2014 年 9 月底，建成一个省级和 11 个地级备灾救灾中心（仓库）。

八、2010~2014 年，投入 1200 万元资金，开展“红十字博爱送万家”活动，使超过八万户家庭受益。

九、到 2014 年 9 月底，中国造血干细胞捐献者资料库江西分库有效库容达到 3.5 万人份，新增 1.5 万人份高分辨数据。

十、2010~2014 年，援建 20 个博爱卫生院和 30 个博爱卫生站。

以上是省级红十字会落实《规划》的主要量化指标任务，是在前期摸底统计的基础上，结合各地工作情况制定的。此外，《规划》提出的其他任务对各省级红十字会要求基本一致，请认真对照《规划》，贯彻落实，不再详述。

山东省红十字会

一、到 2014 年 9 月底，理顺 112 个县级红十字会管理体制，县级理顺率达到 80%。

二、2010~2014 年，在不发生特大灾害的情况下筹集价值人民币 1.2 亿元的救灾、救助款物。

三、到 2014 年 9 月底，经培训合格的红十字救护员人数达到 291 万人，占全省常住人口总数的 3%；参加应急救护知识普及培训人数达到 973 万人，占全省常住人口总数的 10%。

四、到 2014 年 9 月底，红十字志愿者人数达到 100 万人，其中，注册志愿者人数达到 10 万人。

五、到 2014 年 9 月底，各级各类学校红十字会达到 1500 个，红十字青少年会员突破 120 万人。

六、在 2010 年内建立省级红十字会新闻发言人制度，在 2014 年前，实现所有地级红十字会建立新闻发言人制度。

七、到 2014 年 9 月底，建成一个省级、10 个地级和 28 个县级备灾救灾中心（仓库），总建筑面积达到 1.58 万平方米。

八、到2014年9月底，建成二支省级、17支地级和28支县级红十字紧急救援队；建成二支省级、17支地级和14支县级红十字灾后心理干预队伍。

九、2010～2014年，投入二亿元资金，开展“红十字博爱送万家”活动，使超过40万户家庭受益。

十、到2014年9月底，中国造血干细胞捐献者资料库山东分库有效库容达到11.72万人份，新增4.5万人份高分辨数据。

十一、2010～2014年，援建10个博爱卫生院和50个博爱卫生站；救助100名贫困白血病患者、250名贫困先天性心脏病患者、400名贫困白内障患者和5000名其他大病贫困患者；培训1000名乡村医生。

以上是省级红十字会落实《规划》的主要量化指标任务，是在前期摸底统计的基础上，结合各地工作情况制定的。此外，《规划》提出的其他任务对各省级红十字会要求基本一致，请认真对照《规划》，贯彻落实，不再详述。

河南省红十字会

一、到2014年9月底，理顺110个县级红十字会管理体制，县级理顺率达到69.62%。

二、2010～2014年，在不发生特大灾害的情况下筹集价值人民币二亿元的救灾、救助款物。

三、到2014年9月底，经培训合格的红十字救护员人数达到147万人，占全省常住人口总数的1.5%；参加应急救护知识普及培训人数达到2450万人，占全省常住人口总数的25%。

四、到2014年9月底，红十字志愿者人数达到25万人，其中，注册志愿者人数达到15万人。

五、到2014年9月底，各级各类学校红十字会达到2500个，红十字青少年会员突破65万人。

六、在2010年内建立省级红十字会新闻发言人制度，在2014年前，实现所有地级红十字会建立新闻发言人制度。

七、到2014年9月底，建成一个省级、五个地级和10个县级备灾救灾中心（仓库），总建筑面积达到2.2万平方米。

八、到2014年9月底，建成10支省级、100支地级和350支县级红十字紧急救援队；建成四支省级、32支地级和300支县级红十字灾后心理干预队伍。

九、2010～2014年，投入4770万元资金，开展“红十字博爱送万家”活动，使超过73.5万户家庭受益。

十、到2014年9月底，中国造血干细胞捐献者资料库河南分库有效库容达到10.74万人份，新增四万人份高分辨数据。

十一、2010～2014年，援建30个博爱卫生院和60个博爱卫生站；救助500名贫困白血病患者、3000名贫困先天性心脏病患者、二万名贫困白内障患者和1800名其他大病贫困患者；培训250名乡村医生。

以上是省级红十字会落实《规划》的主要量化指标任务，是在前期摸底统计的基础上，结合各地工作情况制定的。此外，《规划》提出的其他任务对各省级红十字会要求基本一致，请认真对照《规划》，贯彻落实，不再详述。

湖北省红十字会

一、到2014年9月底，理顺65个县级红十字会管理体制，县级理顺率达到64.36%。

二、2010～2014年，在不发生特大灾害的情况下筹集价值人民币0.03亿元的救灾、救助款物。

三、到2014年9月底，经培训合格的红十字救护员人数达到60万人，占全省常住人口总数的1%；参加应急救护知识普及培训人数达到100万人，占全省常住人口总数的1.7%。

四、到2014年9月底，红十字志愿者人数达到一万人，其中，注册志愿者人数达到0.5万人。

五、在2010年内建立省级红十字会新闻发言人制度，在2014年前，实现所有地级红十字会建立新闻发言人制度。

六、到2014年9月底，建成一个省级和11个地级备灾救灾中心（仓库），总建筑面积达到1.08万平方米。

七、到2014年9月底，建成一支省级、11支地级和10支县级红十字紧急救援队；建成二支省级红十字灾后心理干预队伍。

八、2010～2014年，投入4000万元资金，开展“红十字博爱送万家”活动，使超过20万户家庭受益。

九、到2014年9月底，中国造血干细胞捐献者资料库湖北分库有效库容达到5.59万人份，新增2.2万人份高分辨数据。

十、2010～2014年，援建10个博爱卫生院和20个博爱卫生站。

以上是省级红十字会落实《规划》的主要量化指标任务，是在前期摸底统计的基础上，结合各地工作情况制定的。此外，《规划》提出的其他任务对各省级红十字会要求基本一致，请认真对照《规划》，贯彻落实，不再详述。

湖南省红十字会

一、到2014年9月底，理顺122个县级红十字会管理体制，县级理顺率达到100%。

二、2010～2014年，在不发生特大灾害的情况下筹集价值人民币0.1亿元的救灾、救助款物。

三、到2014年9月底，经培训合格的红十字救护员人数达到103.5万人，占全省常住人口总数的1.5%；参加应急救护知识普及培训人数达到1000万人，占全省常住人口总数的14.5%。

四、到2014年9月底，红十字志愿者人数达到七万人，其中，注册志愿者人数达到三万人。

五、到2014年9月底，各级各类学校红十字会达到200个，红十字青少年会员突破161万人。

六、在2010年内建立省级红十字会新闻发言人制度，在2014年前，实现所有地级红十字会建立新闻发言人制度。

七、到2014年9月底，建成一个省级、15个地级和24个县级备灾救灾中心（仓库），总建筑面积达到1.72万平方米。

八、到2014年9月底，建成二支省级、14支地级和30支县级红十字紧急救援队；建成二支省级、14支地级和30支县级红十字灾后心理干预队伍。

九、2010～2014年，投入1800万元资

金，开展“红十字博爱送万家”活动，使超过12万户家庭受益。

十、到2014年9月底，中国造血干细胞捐献者资料库湖南分库有效库容达到10.58万人份，新增3.5万人份高分辨数据。

十一、2010~2014年，援建60个博爱卫生院和70个博爱卫生站；救助1000名贫困白血病患者和800名其他大病贫困患者。

以上是省级红十字会落实《规划》的主要量化指标任务，是在前期摸底统计的基础上，结合各地工作情况制定的。此外，《规划》提出的其他任务对各省级红十字会要求基本一致，请认真对照《规划》，贯彻落实，不再详述。

广东省红十字会

一、到2014年9月底，理顺96个县级红十字会管理体制，县级理顺率达到79.34%。

二、2010~2014年，在不发生特大灾害的情况下筹集价值人民币一亿元的救灾、救助款物。

三、到2014年9月底，经培训合格的红十字救护员人数达到120万人，占全省常住人口总数的1.5%；参加应急救护知识普及培训人数达到300万人，占全省常住人口总数的3.75%。

四、到2014年9月底，红十字志愿者人数达到7.5万人，全部为注册志愿者。

五、到2014年9月底，各级各类学校红十字会达到3000个，红十字青少年会员突破80万人。

六、在2010年内建立省级红十字会新闻发言人制度，在2014年前，实现所有地级红十字会建立新闻发言人制度。

七、到2014年9月底，建成一个省级、21个地级和30个县级备灾救灾中心（仓库），总建筑面积达到1.89万平方米。

八、到2014年9月底，建成二支省级、21支地级和20支县级红十字紧急救援队；建成一支省级、10支地级和三支县级红十字灾后心理干预队伍。

九、2010~2014年，投入9000万元资金，开展“红十字博爱送万家”活动，使超过30万户家庭受益。

十、到2014年9月底，中国造血干细胞捐献者资料库广东分库有效库容达到7.5万人份，新增三万人份高分辨数据。

十一、2010~2014年，援建100个博爱卫生院和20个博爱卫生站；救助200名贫困白血病患者、1000名贫困先天性心脏病患者、3000名贫困白内障患者和200名其他大病贫困患者。

以上是省级红十字会落实《规划》的主要量化指标任务，是在前期摸底统计的基础上，结合各地工作情况制定的。此外，《规划》提出的其他任务对各省级红十字会要求基本一致，请认真对照《规划》，贯彻落实，不再详述。

广西壮族自治区红十字会

一、到2014年9月底，理顺14个地级红十字会管理体制，地级理顺率达到100%；理顺58个县级红十字会管理体制，县级理顺率达到53.21%。

二、2010~2014年，在不发生特大灾害的情况下筹集价值人民币0.5亿元的救灾、救助款物。

三、到2014年9月底，经培训合格的红十字救护员人数达到152万人，占全区常住人口总数的2.7%；参加应急救护知识普及培训人数达到350万人，占全区常住人口总数的6.1%。

四、到2014年9月底，红十字志愿者人数达到3.56万人，其中，注册志愿者人数达到2.5万人。

五、到2014年9月底，各级各类学校红十字会达到1200个，红十字青少年会员突破24.6万人。

六、在2010年内建立区级红十字会新闻发言人制度，在2014年前，实现所有地级红十字会建立新闻发言人制度。

七、到2014年9月底，建成一个区级、14个地级和24个县级备灾救灾中心（仓库），总建筑面积达到1.825万平方米。

八、到2014年9月底，建成二支区级、50支地级和100支县级红十字紧急救援队；建成二支区级、14支地级和14支县级红十字灾后心理干预队伍。

九、2010～2014年，投入1000万元资金，开展“红十字博爱送万家”活动，使超过四万户家庭受益。

十、到2014年9月底，中国造血干细胞捐献者资料库广西分库有效库容达到5.26万人份，新增2.5万人份高分辨数据。

十一、2010～2014年，援建10个博爱卫生院和100个博爱卫生站；救助10名贫困白血病患者、1000名贫困先天性心脏病患者、100名贫困白内障患者和100名其他大病贫困患者；培训100名乡村医生。

以上是省级红十字会落实《规划》的主要量化指标任务，是在前期摸底统计的基础上，结合各地工作情况制定的。此外，《规划》提出的其他任务对各省级红十字会要求基本一致，请认真对照《规划》，贯彻落实，不再详述。

海南省红十字会

一、到2014年9月底，理顺二个地级红十字会管理体制，地级理顺率达到100%；理顺10个县级红十字会管理体制，县级理顺率达到66.67%。

二、2010～2014年，在不发生特大灾害的情况下筹集价值人民币0.1亿元的救灾、救助款物。

三、到2014年9月底，经培训合格的红十字救护员人数达到13万人，占全省常住人口总数的1.6%；参加应急救护知识普及培训人数达到13万人，占全省常住人口总数的1.6%。

四、到2014年9月底，红十字志愿者人数达到10万人，其中，注册志愿者人数达到一万人。

五、到2014年9月底，各级各类学校红十字会达到40个，红十字青少年会员突破12万人。

六、在2010年内建立省级红十字会新闻发言人制度，在2014年前，实现所有地级红十字会建立新闻发言人制度。

七、到2014年9月底，建成一个省级、一个地级和三个县级备灾救灾中心（仓库），总建筑面积达到3000平方米。

八、到2014年9月底，建成1支省级和二支地级红十字紧急救援队；建成一支省级红十字灾后心理干预队伍。

九、2010～2014年，投入50万元资金，开展“红十字博爱送万家”活动，使超过0.25万户家庭受益。

十、到2014年9月底，中国造血干细胞捐献者资料库海南分库有效库容达到4.05万人份，新增1.5万人份高分辨数据。

十一、2010～2014年，援建10个博爱卫生院和10个博爱卫生站；救助10名贫困白血病患者、150名贫困先天性心脏病患者和600名其他大病贫困患者。

以上是省级红十字会落实《规划》的主要量化指标任务，是在前期摸底统计的基础上，结合各地工作情况制定的。此外，《规划》提出的其他任务对各省级红十字会要求基本一致，请认真对照《规划》，贯彻落实，不再详述。

重庆市红十字会

一、到2014年9月底，理顺40个县级红十字会管理体制，县级理顺率达到100%。

二、2010～2014年，在不发生特大灾害的情况下筹集价值人民币一亿元的救灾、救助款物。

三、到2014年9月底，经培训合格的红十字救护员人数达到17万人，占全市常住人口总数的0.56%；参加应急救护知识普及培训人数达到303万人，占全省常住人口总数的9.78%。

四、到2014年9月底，红十字志愿者人数达到15万人，其中，注册志愿者人数达到三万人。

五、到2014年9月底，各级各类学校红十字会达到600个，红十字青少年会员突破70万人。

六、在2010年内建立市级红十字会新闻发言人制度。

七、到2014年9月底，建成20个县级备灾救灾中心（仓库），总建筑面积达到2300平方米。

八、到2014年9月底，建成4支市级和40支县级红十字紧急救援队。

九、2010～2014年，投入1000万元资金，开展“红十字博爱送万家”活动，使超过15万户家庭受益。

十、到2014年9月底，中国造血干细胞捐献者资料库重庆分库有效库容达到3.23万人份，新增一万人份高分辨数据。

十一、2010～2014年，援建37博爱卫生院和73个博爱卫生站；救助400名贫困白血病患者和500名其他大病贫困患者；培训70名乡村医生。

以上是省级红十字会落实《规划》的主要量化指标任务，是在前期摸底统计的基础上，结合各地工作情况制定的。此外，《规划》提出的其他任务对各省级红十字会要求基本一致，请认真对照《规划》，贯彻落实，不再详述。

四川省红十字会

一、到2014年9月底，理顺21个地级红十字会管理体制，地级理顺率达到100%；理顺145个县级红十字会管理体制，县级理顺率达到80%。

二、2010～2014年，在不发生特大灾害的情况下筹集价值人民币三亿元的救灾、救助款物。

三、到2014年9月底，经培训合格的红十字救护员人数达到130万人，占全省常住人口总数的 1.5%；参加应急救护知识普及培训人数达到 200 万人，占全省常住人口总数的 2.3%。

四、到 2014 年 9 月底，红十字志愿者人数达到 100 万人，其中，注册志愿者人数达到五万人。

五、到 2014 年 9 月底，各级各类学校红十字会达到 5000 个，红十字青少年会员突破 100 万人。

六、在实践中不断完善省级红十字会新闻发言人制度，在 2014 年前，实现所有地级红十字会建立新闻发言人制度。

七、到 2014 年 9 月底，建成一个省级、四个地级和备灾救灾中心（仓库），总建筑面积达到 2680 平方米。

八、到 2014 年 9 月底，建成三支省级和 10 支地级红十字紧急救援队；建成三支省级和三支地级红十字灾后心理干预队伍。

九、2010～2014 年，投入 3000 万元资金，开展“红十字博爱送万家”活动，使超过 30 万户家庭受益。

十、到 2014 年 9 月底，中国造血干细胞捐献者资料库四川分库有效库容达到 6.15 万人份，新增三万人份高分辨数据。

十一、2010～2014 年，援建 604 个博爱卫生院和 1831 个博爱卫生站；救助 10 名贫困白血病患者、500 名贫困先天性心脏病患者、500 名贫困白内障患者和 300 名其他大病贫困患者；培训 100 名乡村医生。

以上是省级红十字会落实《规划》的主要量化指标任务，是在前期摸底统计的基础上，结合各地工作情况制定的。此外，《规划》提出的其他任务对各省级红十字会要求基本一致，请认真对照《规划》，贯彻落实，不再详述。

贵州省红十字会

一、到 2014 年 9 月底，理顺 88 个县级红十字会管理体制，县级理顺率达到 100%。

二、2010～2014 年，在不发生特大灾害的情况下筹集价值人民币 0.8 亿元的救灾、救助款物。

三、到 2014 年 9 月底，经培训合格的红十字救护员人数达到 145 万人，占全省常住人口总数的 3.68%；参加应急救护知识普及培训人数达到 215 万人，占全省常住人口总数的 5.47%。

四、到 2014 年 9 月底，红十字志愿者人数达到八万人，其中，注册志愿者人数达到 2.5 万人。

五、到 2014 年 9 月底，各级各类学校红十字会达到 6000 个，红十字青少年会员突破 120 万人。

六、在 2010 年内建立省级红十字会新闻发言人制度，在 2014 年前，实现所有地级红十字会建立新闻发言人制度。

七、到 2014 年 9 月底，建成一个省级、四个地级和五个县级备灾救灾中心（仓库），总建筑面积达到 1.05 平方米。

八、到 2014 年 9 月底，建成八支省级、九支地级和 20 支县级红十字紧急救援队；建成三支省级、五支地级和二支县级红十字灾后心理干预队伍。

九、2010～2014 年，投入 3000 万元资金，开展“红十字博爱送万家”活动，使超过八万户家庭受益。

十、到 2014 年 9 月底，中国造血干细胞捐献者资料库贵州分库有效库容达到

3.57 万人份，新增 1.6 万人份高分辨数据。

十一、2010 ~ 2014 年，援建 15 个博爱卫生院和 30 个博爱卫生站；救助 10 名贫困白血病患者、五名贫困先天性心脏病患者、20 名贫困白内障患者和 200 名其他大病贫困患者；培训 350 名乡村医生。

以上是省级红十字会落实《规划》的主要量化指标任务，是在前期摸底统计的基础上，结合各地工作情况制定的。此外，《规划》提出的其他任务对各省级红十字会要求基本一致，请认真对照《规划》，贯彻落实，不再详述。

云南省红十字会

一、到 2014 年 9 月底，理顺 110 个县级红十字会管理体制，县级理顺率达到 85%。

二、2010 ~ 2014 年，在不发生特大灾害的情况下筹集价值人民币 0.5 亿元的救灾、救助款物。

三、到 2014 年 9 月底，经培训合格的红十字救护员人数达到 133 万人，占全省常住人口总数的 2.9%；参加应急救护知识普及培训人数达到 500 万人，占全省常住人口总数的 11%。

四、到 2014 年 9 月底，红十字志愿者人数达到 13 万人，其中，注册志愿者人数达到 2.8 万人。

五、到 2014 年 9 月底，各级各类学校红十字会达到 1000 个，红十字青少年会员突破 21 万人。

六、在 2010 年内建立省级红十字会新闻发言人制度，在 2014 年前，实现所有地级红十字会建立新闻发言人制度。

七、到 2014 年 9 月底，建成一个省级、16 个地级和 10 个县级备灾救灾中心（仓库），总建筑面积达到三万平方米。

八、到 2014 年 9 月底，建成一支省级、16 支地级和 20 支县级红十字紧急救援队；建成一支省级红十字灾后心理干预队伍。

九、2010 ~ 2014 年，投入 2000 万元资金，开展“红十字博爱送万家”活动，使超过 20 万户家庭受益。

十、到 2014 年 9 月底，中国造血干细胞捐献者资料库云南分库有效库容达到 4.35 万人份，新增二万人份高分辨数据。

十一、2010 ~ 2014 年，援建 50 个博爱卫生院和 100 个博爱卫生站；救助 40 名贫困白血病患者、200 名贫困先天性心脏病患者、300 名贫困白内障患者和 20 名其他大病贫困患者。

以上是省级红十字会落实《规划》的主要量化指标任务，是在前期摸底统计的基础上，结合各地工作情况制定的。此外，《规划》提出的其他任务对各省级红十字会要求基本一致，请认真对照《规划》，贯彻落实，不再详述。

西藏自治区红十字会

一、到 2014 年 9 月底，理顺三个地级红十字会管理体制，地级理顺率达到 42.86%。

二、2010 ~ 2014 年，在不发生特大灾害的情况下筹集价值人民币 125 万元的救灾、救助款物。

三、到 2014 年 9 月底，经培训合格的红十字救护员人数达到 1000 人，参加应急救护知识普及培训人数达到 3800 人。

四、到 2014 年 9 月底，红十字志愿者人数达到 2000 人，其中，注册志愿者人数达到 1000 人。

五、到 2014 年 9 月底，各级各类学校红十字会达到七个，红十字青少年会员突破 700 人。

六、在 2010 年内建立区级红十字会新闻发言人制度，在 2014 年前，实现所有地级红十字会建立新闻发言人制度。

七、到 2014 年 9 月底，建成一个区级备灾救灾中心（仓库），总建筑面积达到 3000平方米。

八、到 2014 年 9 月底，建成 1 支区级和六支地级红十字紧急救援队；建成一支区级和六支地级红十字灾后心理干预队伍。

九、2010～2014 年，投入 250 万元资金，开展“红十字博爱送万家”活动，使超过 6500 户家庭受益。

十、到 2014 年 9 月底，中国造血干细胞捐献者资料库西藏分库有效库容达到 1670 人份，新增 1000 人份高分辨数据。

十一、2010～2014 年，援建二个博爱卫生站；救助五名贫困白血病患者、二名贫困先天性心脏病患者、5000 名贫困白内障患者和 400 名其他大病贫困患者；培训 500 名乡村医生。

以上是省级红十字会落实《规划》的主要量化指标任务，是在前期摸底统计的基础上，结合各地工作情况制定的。此外，《规划》提出的其他任务对各省级红十字会要求基本一致，请认真对照《规划》，贯彻落实，不再详述。

陕西省红十字会

一、到 2014 年 9 月底，理顺 10 个地级红十字会管理体制，地级理顺率达到 100%；理顺 84 个县级红十字会管理体制，县级理顺率达到 79%。

二、2010～2014 年，在不发生特大灾害的情况下筹集价值人民币 0.3 亿元的救灾、救助款物。

三、到 2014 年 9 月底，经培训合格的红十字救护员人数达到 38 万人，占全省常住人口总数的 1%；参加应急救护知识普及培训人数达到 190 万人，占全省常住人口总数的 5%。

四、到 2014 年 9 月底，红十字志愿者人数达到 4.5 万人，其中，注册志愿者人数达到二万人。

五、到 2014 年 9 月底，各级各类学校红十字会达到 400 个，红十字青少年会员突破 17 万人。

六、在 2010 年内建立省级红十字会新闻发言人制度，在 2014 年前，实现所有地级红十字会建立新闻发言人制度。

七、到 2014 年 9 月底，建成一个省级、6 个地级和 20 个县级备灾救灾中心（仓库），总建筑面积达到 5.2 万平方米。

八、到 2014 年 9 月底，建成一支省级、10 支地级和 30 支县级红十字紧急救援队；建成一支省级、六支地级和 30 支县级红十字灾后心理干预队伍。

九、2010～2014 年，投入 1500 万元资金，开展“红十字博爱送万家”活动，使超过 7.5 万户家庭受益。

十、到 2014 年 9 月底，中国造血干细胞捐献者资料库陕西分库有效库容达到 11.14 万人份，新增 4.2 万人份高分辨数据。

十一、2010～2014 年，援建 55 个博爱卫生院和107个博爱卫生站；救助50名贫困白血病患者、200名贫困先天性心脏病患者、200名贫困白内障患者和100名其他大病贫困患者；培训600名乡村医生。

以上是省级红十字会落实《规划》的主要量化指标任务，是在前期摸底统计的基础上，结合各地工作情况制定的。此外，《规划》提出的其他任务对各省级红十字会要求基本一致，请认真对照《规划》，贯彻落实，不再详述。

甘肃省红十字会

一、到2014年9月底，理顺14个地级红十字会管理体制，地级理顺率达到100%；理顺70个县级红十字会管理体制，县级理顺率达到81.4%。

二、2010～2014年，在不发生特大灾害的情况下筹集价值人民币0.1亿元的救灾、救助款物。

三、到2014年9月底，经培训合格的红十字救护员人数达到15.8万人，占全省常住人口总数的0.5%；参加应急救护知识普及培训人数达到37.8万人，占全省常住人口总数的1.2%。

四、到2014年9月底，红十字志愿者人数达到一万人，其中，注册志愿者人数达到0.1万人。

五、到2014年9月底，各级各类学校红十字会达到50个，红十字青少年会员突破25万人。

六、在实践中完善省级红十字会新闻发言人制度，在2014年前，实现所有地级红十字会建立新闻发言人制度。

七、到2014年9月底，建成一个省级和五个地级备灾救灾中心（仓库），总建筑面积达到1.25万平方米。

八、到2014年9月底，建成二支省级、12支地级和15支县级红十字紧急救援队；建成一支省级、一支地级和一支县级红十字灾后心理干预队伍。

九、2010～2014年，投入1000万元资金，开展“红十字博爱送万家”活动，使超过五万户家庭受益。

十、到2014年9月底，中国造血干细胞捐献者资料库甘肃分库有效库容达到3.15万人份，新增1.5万人份高分辨数据。

十一、2010～2014年，援建二个博爱卫生院和30个博爱卫生站。

以上是省级红十字会落实《规划》的主要量化指标任务，是在前期摸底统计的基础上，结合各地工作情况制定的。此外，《规划》提出的其他任务对各省级红十字会要求基本一致，请认真对照《规划》，贯彻落实，不再详述。

青海省红十字会

一、到2014年9月底，理顺八个地级红十字会管理体制，地级理顺率达到100%；理顺五个县级红十字会管理体制，县级理顺率达到11.6%。

二、2010～2014年，在不发生特大灾害的情况下筹集价值人民币1200万元的救灾、救助款物。

三、到2014年9月底，经培训合格的红十字救护员人数达到四万人，占全省常住人口总数的0.73%；参加应急救护知识普及培训人数达到九万人，占全省常住人口总数的1.63%。

四、到2014年9月底，红十字志愿者人数达到1000人，其中，注册志愿者100人。

五、到2014年9月底，各级各类学校红十字会达到40个，红十字青少年会员突破五万人。

六、在2010年内建立省级红十字会新闻发言人制度，在2014年前，实现所有地级红十字会建立新闻发言人制度。

七、到2014年9月底，建成一个省级和一个地级备灾救灾中心（仓库），总建筑面积达到2300平方米。

八、到2014年9月底，建成四支省级、八支地级和10支县级红十字紧急救援队；建成一支省级和三支地级红十字灾后心理干预队伍。

九、2010～2014年，投入2000万元资金，开展“红十字博爱送万家”活动，使超过10万户家庭受益。

十、到2014年9月底，中国造血干细胞捐献者资料库青海分库有效库容达到一万人份，新增0.5万人份高分辨数据。

十一、2010～2014年，援建三个博爱卫生院和12个博爱卫生站；救助六名贫困白血病患者、300名贫困先天性心脏病患者、300名贫困白内障患者和600名其他大病贫困患者；培训50名乡村医生。

以上是省级红十字会落实《规划》的主要量化指标任务，是在前期摸底统计的基础上，结合各地工作情况制定的。此外，《规划》提出的其他任务对各省级红十字会要求基本一致，请认真对照《规划》，贯彻落实，不再详述。

宁夏回族自治区红十字会

一、到2014年9月底，理顺14个县级红十字会管理体制，县级理顺率达到70%。

二、2010～2014年，在不发生特大灾害的情况下筹集价值人民币500万元的救灾、救助款物。

三、到2014年9月底，经培训合格的红十字救护员人数达到1.58万人，占全区常住人口总数的0.25%；参加应急救护知识普及培训人数达到17.3万人，占全区常住人口总数的2.83%。

四、到2014年9月底，红十字志愿者人数达到5000人，其中，注册志愿者人数达到1000人。

五、到2014年9月底，各级各类学校红十字会达到30个，红十字青少年会员突破2万人。

六、在2010年内建立区级红十字会新闻发言人制度，在2014年前，实现所有地级红十字会建立新闻发言人制度。

七、到2014年9月底，建成一个区级和二个地级备灾救灾中心（仓库），总建筑面积达到5000平方米。

八、到2014年9月底，建成二支区级、五支地级和二支县级红十字紧急救援队；建成一支区红十字灾后心理干预队伍。

九、2010～2014年，投入750万元资金，开展“红十字博爱送万家”活动，使超过15万户家庭受益。

十、到2014年9月底，中国造血干细胞捐献者资料库宁夏分库有效库容达到1.83万人份，新增一万人份高分辨数据。

十一、2010～2014年，援建五个博爱卫生院和10个博爱卫生站；救助15名贫困白血病患者、10 名贫困先天性心脏病患者和 300 名其他大病贫困患者；培训 500 名乡村医生。

以上是省级红十字会落实《规划》的主要量化指标任务，是在前期摸底统计的基础上，结合各地工作情况制定的。此外，《规划》提出的其他任务对各省级红十字会要求基本一致，请认真对照《规划》，贯彻落实，不再详述。

新疆维吾尔自治区红十字会

一、到 2014 年 9 月底，理顺 94 个县级红十字会管理体制，县级理顺率达到 100%。

二、2010～2014 年，在不发生特大灾害的情况下筹集价值人民币 500 万元的救灾、救助款物。

三、到 2014 年 9 月底，经培训合格的红十字救护员人数达到 60 万人，占全区常住人口总数的 2.8%；参加应急救护知识普及培训人数达到 150 万人，占全区常住人口总数的 7.1%。

四、到 2014 年 9 月底，红十字志愿者人数达到三万人，其中，注册志愿者人数达到 5500 人。

五、到 2014 年 9 月底，各级各类学校红十字会达到 850 个，红十字青少年会员突破 20 万人。

六、在 2010 年内建立区级红十字会新闻发言人制度，在 2014 年前，实现所有地级红十字会建立新闻发言人制度。

七、到 2014 年 9 月底，建成一个区级、14 个地级和 36 个县级备灾救灾中心（仓库），总建筑面积达到 1.5 万平方米。

八、到 2014 年 9 月底，建成四支区级、30 支地级和 103 支县级红十字紧急救援队。

九、2010～2014 年，投入 600 万元资金，开展“红十字博爱送万家”活动，使超过三万户家庭受益。

十、到 2014 年 9 月底，中国造血干细胞捐献者资料库新疆分库有效库容达到 1.9 万人份，新增一万人份高分辨数据。

十一、2010～2014 年，援建 30 个博爱卫生院和 90 个博爱卫生站；救助 60 名贫困白血病患者、20 名贫困先天性心脏病患者和 1000 名其他大病贫困患者；培训 2500 名乡村医生。

以上是省级红十字会落实《规划》的主要量化指标任务，是在前期摸底统计的基础上，结合各地工作情况制定的。此外，《规划》提出的其他任务对各省级红十字会要求基本一致，请认真对照《规划》，贯彻落实，不再详述。

新疆生产建设兵团红十字会

一、到 2014 年 9 月底，理顺五个地级红十字会管理体制，地级理顺率达到 35.71%。

二、2010～2014 年，在不发生特大灾害的情况下筹集价值人民币 700 万元的救灾、救助款物。

三、到 2014 年 9 月底，经培训合格的红十字救护员人数达到 1.3 万人，占兵团常住人口总数的 0.5%；参加应急救护知识普及培训人数达到四万人，占兵团常住人口总数的 1.5%。

四、到 2014 年 9 月底，红十字志愿者人数达到六万人，其中，注册志愿者人数达到一万人。

五、到 2014 年 9 月底，各级各类学校红十字会达到 10 个，红十字青少年会员突破 2000 人。

六、在 2010 年内建立兵团红十字会新闻发言人制度，在 2014 年前，实现所有地级红十字会建立新闻发言人制度。

七、到 2014 年 9 月底，建成一个兵团级和三个地级备灾救灾中心（仓库），总建筑面积达到 3600 平方米。

八、到 2014 年 9 月底，建成三支兵团级和 12 支地级红十字紧急救援队；建成二支兵团级和三支地级红十字灾后心理干预队伍。

九、2010～2014 年，投入 250 万元资金，开展“红十字博爱送万家”活动，使超过 1.25 万户家庭受益。

十、2010～2014 年，援建 50 个博爱卫生站；救助二名贫困白血病患者和 30 名贫困先天性心脏病患者；培训 10 名乡村医生。

以上是省级红十字会落实《规划》的主要量化指标任务，是在前期摸底统计的基础上，结合各地工作情况制定的。此外，《规划》提出的其他任务对各省级红十字会要求基本一致，请认真对照《规划》，贯彻落实，不再详述。

中国红十字会总会关于建立治理“小金库”长效机制的报告

（红总字〔2010〕11 号
2010 年 2 月 24 日）

中央治理“小金库”工作组：

根据中央单位“小金库”治理整改落实布置会议精神，中国红十字会总会党组认真组织学习，要求机关各部门和直属单位在“小金库”专项治理工作中，要紧密结合实际，以建立预防和治理“小金库”的长效机制为抓手，认真组织自查，针对治理工作中发现的问题，制定整改措施并抓好落实，从以下几方面建立和完善防治“小金库”的长效机制。

一、加强警示教育，引导广大干部职工在思想上充分认识“小金库”的危害。通过典型案例，加强宣传，通过多方位的教育，警钟长鸣，增强遵纪守法意识，克服侥幸心理，自觉抵制“小金库”，为根治“小金库”创造良好氛围。切实提高干部职工的法制意识，做到学法、守法、用法，自觉维护法律尊严。

二、深化管理制度改革，从源头上预防和治理腐败。一是加强部门预算管理。细化预算编制，制定科学合理、切合实际的部门预算项目。经费要严格按照预算执行，一般不得调整预算，包括预算的内容、用途、范围、标准等。尤其是会议、培训班等要严格按照预算规定的年度执行，不得擅自推迟预算执行年度。二是加强项目经费拨付使用的痕迹化管理，包括会议资料（会议通知、日程安排等）、领导批示等原始资料的保存，使每一笔经费的使用有据可查。三是全面实施政府采购制度。凡是符合政府采购范围规定的支出项目都要实施政府采购，提高政府采购支出占应采购规模的比重，不断推动政府采购工作的制度化、规范化和法制化。四是加强国有资产的管理，对各部门、各单位取得的国有资产出租、出借和担保等取得的收入应当纳入单位预算，按照政府非税收入收缴管理规定上缴国库或财政专户，由财政部门统筹安排，实行收支两条线管理，防止国有资产收益流失。

三、加大查处力度，实施动态检查监控机制。治理“小金库”工作要常抓不懈，不断加大查处力度，使监督检查经常化、制度化，对存在违规苗头的单位和部门及时进行警示、查纠。在对违法违规单位进行处理的同时，还要对有关行为人及单位负责人进行处罚，直至追究行政责任，使其认识到事件的严重性。

四、建立健全举报制度。内部知情者举报是治理“小金库”的有效办法之一，所以应广泛发动群众，提高群众治理“小金库”的意识，建立随报随查的日常工作机制，打击可能出现的“小金库”现象。同时，认真执行举报工作保密制度，切实保护举报人的合法权益，对打击报复举报人的，依法依纪从严从重惩处。

我会将逐步建立和完善“小金库”治理长效机制，严肃财经纪律，加强法制教育，强化财务管理，确保各项资金合理使用，从源头上防治腐败，努力提高红十字会的公信度。

特此报告。

关于印发人体器官捐献试点工作方案的通知

（红总字〔2010〕13 号
2010 年 3 月 1 日）

天津市、辽宁省、上海市、江苏省、浙江省、福建省、江西省、山东省、湖北省、广东省红十字会、卫生厅（局）及各有关单位：

为建立我国人体器官捐献体系，促进人体器官移植健康发展，保障人民群众的健康权益，根据《人体器官移植条例》的有关规定，中国红十字会总会与卫生部决定共同开展人体器官捐献试点工作。现将《中国人体器官捐献试点工作方案》（见附件）印发你们，请结合本地区、本部门实际，制定实施细则，积极稳妥的推进人体器官捐献试点工作。为此，提出以下几点要求：

一、建立人体器官捐献工作组织机构和队伍。各试点地区相关部门之间要加强沟通，互相支持，按照试点方案要求组建人体捐献工作组织机构和队伍，要加强与公安、交通、司法、民政等部门合作和协调，获得各方面的支持，克服各种困难，努力把这项工作扎实推向前进。

二、做好人员培训工作。在试点启动的初期要对从事器官捐献的工作人员、志愿者队伍、协调员队伍进行培训，培训内容应当包括红十字人道精神、人文关怀、伦理学、心理学、人体器官捐献与移植专业知识等方面的内容。试点省（市）省级人体器官捐献专家组和协调员队伍须接受人体器官移植技术临床应用委员会（OTC）所建立的中国器官移植等待者登记管理系统和中国人体器官移植分配管理系统的操作培训，确保器官分配符合医学需要，遵循《人体器官移植条例》规定的公平、公正、公开的原则。

三、确保该项工作的启动经费和工作经费。积极落实人体器官捐献试点工作启动经费，多渠道筹集资金，适时建立人体器官捐献基金，保障人体器官捐献工作的顺利进行。

四、高度重视新闻宣传工作。各试点单

位要充分认识该项工作对外宣传的重要性、敏感性，准确把握舆论导向，统一制作宣传资料和宣传品，统一宣传口径；明确职责分工建立新闻发言人制度，定期对公众和媒体发布相关信息。

五、探索建立补偿救助机制和激励机制，确保捐献工作持续健康发展。在试点过程中与相关部门共同探索器官移植费用的合理构成，适时协调有关部门制定相关收费标准。探索建立对捐献者家属的补偿机制。对生活困难的捐献者家属要有一定的人道救助。对从事器官捐献工作成绩突出的单位和个人进行表彰奖励。

六、要在总的目标、原则一致的基础上，探索制定符合本地区实际的实施细则。该实施细则应当包括组织机构、人员组成、工作机制、具体流程、工作规范、队伍建设、监督机制等方面的内容。

各地应在 2010 年 3 月 15 日前将本地区《人体器官捐献试点工作实施细则》报中国红十字会总会赈济救护部和卫生部医疗服务监管司。

联系方式：（略）

附件：

中国人体器官捐献试点工作方案

为促进我国人体器官移植事业健康发展，更好地保护人的生命和健康，根据《人体器官移植条例》的有关规定，中国红十字会总会与卫生部就建立人体器官捐献工作体系，开展器官捐献工作达成共识，决定共同开展人体器官捐献试点工作。

本方案所称人体器官捐献，是指下列两种情况：①有完全民事行为能力的公民通过书面自愿申请器官捐献登记，并且没有撤销该登记，待其身故后进行的器官捐献；②公民生前未表示不同意捐献其人体器官，待其身故后，其配偶、成年子女、父母以书面形式共同表示同意的器官捐献。

一、试点目标

通过广泛社会宣传、教育和动员，普及器官移植知识，传播“人道、博爱、奉献”的红十字精神，宣传相关政策，提高全社会对人体器官捐献在救死扶伤、保护人的生命和健康方面重要性、科学性的认识，鼓励公民自愿捐献器官，树立崇尚科学、移风易俗、尊重生命、友爱奉献的新风尚。

通过试点，积累经验，探索建立人体器官捐献的组织机构、工作机制、规章制度、工作队伍、信息平台、保障措施和监督机制，逐步形成科学、公正、高效的人体器官捐献体系，促进我国人体器官移植事业健康发展，更好地保护人的生命和健康。

二、试点原则

（一）依法工作，规范有序。

严格按照《中华人民共和国红十字会法》、《人体器官移植条例》等法律、法规和规章要求，认真制定和执行人体器官捐献的技术标准、管理办法、工作流程等，使人体器官捐献工作有法可依、有章可循。

（二）密切协作，积极稳妥。

各级红十字会与卫生行政部门密切协作，本着先易后难、循序渐进的原则，通过试点，摸索出成功经验，有计划、有重点、有步骤地推进全国人体器官捐献体系建设。

（三）统一标准，科学管理。

中国红十字会总会与卫生部制定统一的捐献者登记表和人体器官移植等待者登记表，建立中国人体器官捐献者登记管理系统、中国人体器官移植等待者登记管理系统和中国人体器官分配管理系统，明确数据标准，规范信息采集、录入、分配管理等行为。

（四）加强监督，确保公平。

借鉴国际先进经验，考虑地域、病情、配型、申请时间、预期效果等因素，制定科学的器官分配原则，通过多种渠道，接受社会监督，卫生行政部门加强监管，保证器官使用的公平、公正、透明，保障人民群众的健康权益。

三、试点范围和进度

（一）试点范围。

中国红十字会总会与卫生部研究决定，首批在天津、辽宁、上海、江苏（南京）、浙江、福建（厦门）、江西、山东、湖北（武汉）、广东等10个省、市开展人体器官捐献试点工作。

（二）试点进度。

2010年3月前为试点准备阶段，3月初召开由相关部门和单位参加的人体器官捐献试点工作会议，正式启动试点工作。试点时间暂定一年，试点结束后，中国红十字会总会与卫生部将根据试点情况确定下一步工作安排。

四、组织机构及职责

中国人体器官捐献体系（China Organ Donation System，CODS）由国家和省（区、市）两级人体器官捐献组织机构构成（中国人体器官捐献体系组织结构图见附图1）。

（一）国家级人体器官捐献组织机构。

1. 中国人体器官捐献委员会（China Organ Donation Committee，CODC）。CODC为CODS的最高管理机构，由中国红十字会总会和卫生部共同组建，负责组织相关专家拟订中国人体器官捐献体系建设方案；拟订人体器官登记、获取、分配原则；负责监督、指导中国人体器官捐献办公室、人体器官移植技术临床应用委员会、中国人体器官获取组织以及省级人体器官捐献工作，建立人体器官捐献工作评估体系；对省级人体器官捐献委员会进行监督、指导。

2. 中国人体器官捐献办公室（China Organ Donation Office，CODO）。CODO设在中国红十字会总会赈济救护部，是CODC下设的日常工作机构，负责全国器官捐献宣传、动员；负责组织并管理人体器官捐献志愿者队伍和人体器官捐献协调员队伍；负责对从事人体器官捐献和移植的相关人员开展红十字运动基本知识、人文关怀、社会心理等方面的培训；负责建立和维护中国人体器官捐献者登记管理系统；对器官捐献进行见证；负责接收政府拨款与社会捐赠，建立并管理人体器官捐献基金；建立激励和救助机制，对困难捐献者家属实施救助；开展对器官捐献者的缅怀、纪念；对有突出贡献的单位和个人予以表彰；负责协调人体器官移植技术临床应用委员会和中国人体器官获取组织开展工作；对省级人体器官捐献办公室进行监督、指导。

3. 人体器官移植技术临床应用委员会（Organ Transplant Committee，OTC）。卫生部已成立人体器官移植技术临床应用委员会，负责组织相关专家拟订全国人体器官移植技术临床应用规范，对省级卫生行政部门上报的人体器官移植技术临床应用规划提出评议意见；负责为CODC、CODO、COPO提供技术咨询、政策建议和决策参考；负责对从事人体器官捐献和移植的相关人员开展法规、政策、技术等方面的培训；负责建立和维护中国人体器官移植等待者登记管理系统和中国人体器官分配管理系统；对省级人体器官捐献专家组进行监督、指导。

4. 中国人体器官获取组织（China Organ Procurement Organizations，COPO）。COPO接受CODC监督指导，负责全国器官获取；负责对人体器官获取专家开展技术方面的培训；对省级人体器官获取组织进行监督、指导。

（二）省级人体器官捐献组织机构。

1. 省级人体器官捐献委员会（Provincial Organ Donation Committee，PODC）为CODS的组成部分，负责省级人体器官捐献工作的管理，人员组成由省级红十字会和省级卫生行政管理部门共同确定并报CODC批准；负责监督指导省级人体器官捐献办公室、省级人体器官捐献专家组和省级人体器官获取组织的工作。

2. 省级人体器官捐献办公室（Provincial Organ Donation Office，PODO）。PODO设在省（区、市）红十字会，是PODC下设的日常工作机构。负责所在省的器官捐献宣传、动员；根据需要设立下级人体器官捐献组织机构；负责招募并管理辖区内人体器官捐献志愿者队伍和人体器官捐献协调员队伍；负责对辖区内从事人体器官移植的相关人员开展红十字运动基本知识、人文关怀、社会心理等方面的培训；负责向中国人体器官捐献者登记管理系统登记捐献者信息；对器官捐献进行见证；负责接收政府拨款与社会捐赠，建立并管理省级人体器官捐献基金；制定救助原则，对困难捐献者家属实施救助；开展对器官捐献者的缅怀、纪念；负责协调省级人体器官捐献专家组和省级人体器官获取组织开展工作；对有突出贡献的单位和个人予以表彰等。

PODO负责组建并管理人体器官捐献志愿者队伍，人体器官捐献志愿者由PODO在社会上招募并进行培训，协助PODO开展日常工作。

PODO在医院、急救等部门组建器官捐献协调员队伍，人体器官捐献协调员由PODO聘任、培训和管理。协调员由相关机构的专业人员担任，以红十字会志愿者身份出现，协调员资质要求由PODC制定，协调员数量由PODO根据需要在相关机构设置。协调员在所在机构开展工作，主要职责为：开展人体器官捐献宣传；发现潜在捐献者；组织协调登记。

3. 省级人体器官捐献专家组。专家组为PODC的下属机构，组成人员由PODC聘任，负责为PODC、PODO、POPO提供技术咨询、政策建议和决策参考；负责对从事人体器官捐献和移植的相关人员开展法规、政策、技术等方面的培训；按照人体器官分配管理系统自动生成的移植受者名单，指导、协调捐献器官的使用；对医院人体器官移植技术临床应用与伦理委员会进行监督、指导。

4. 省级人体器官获取组织（Provincial Organ Procurement Organizations，POPO）。POPO接受COPO、PODC以及所在地省级卫生行政部门的监督指导；负责组织人体器官获取专家对从事人体器官获取有关工作人员开展器官获取方面的技术培训；负责协调、指导、实施所在省的人体器官获取等工作。

五、工作流程

（一）器官捐献流程。

公民可以通过书面向PODO申请人体器官捐献登记，或者由人体器官捐献协调员在医疗机构中发现潜在捐献者，如果潜在人体器官捐献者或其配偶、成年子女、父母有捐献意愿，则由协调员帮助完成捐献手续，公证相关资料，并报送PODO，经PODO确认，将捐献者相关资料录入中国人体器官捐献者登记管理系统。

（二）器官获取流程。

当完成登记的捐献者在临床上达到待捐献状态时，由捐献者所在的医院进行医学检查，所在医院协调员将捐献者的相关信息报送PODO，由PODO通知POPO进行人体器官获取，POPO根据人体器官捐献标准进行判断，确保有效捐赠，最后按人体器官获取标准进行器官切取并保存。

（三）器官分配流程。

由省级人体器官专家组根据中国人体器官分配原则（分配原则将另行下发）对捐献器官进行分配。PODO要对器官捐献和移植的过程进行见证。

（四）遗体处理流程。

器官捐献者完成捐献后的遗体，由医院进行符合伦理原则的医学处理，恢复遗体原貌，对于有遗体捐献意愿的捐献者，由PODO联系遗体接收站接收，对于没有遗体捐献意愿的捐献者或不符合接收条件的捐献者，由PODO移交其家属并协助处理善后事宜。

（五）困难救助流程。

PODO根据PODC制定的救助原则，拟定救助方案和流程，报PODC审批同意后执行。

（六）缅怀纪念流程。

PODO应规划建立纪念碑、纪念林、纪念馆或纪念网站等，缅怀和纪念器官捐献者，并为捐献者家属提供缅怀亲人的场所。

（中国人体器官捐献工作流程图见附图2）

六、试点内容

（一）建立健全组织机构并配备人员。

各试点省、市红十字会和卫生行政部门应根据本试点方案所明确的相关职责，建立建全组织机构并配备相应的工作人员。各试点省（市）红十字会和卫生行政部门应建立PODC、PODO、专家组和POPO，明确分管领导。PODO应配备3名以上专、兼职工作人员负责日常工作，招募组建人体器官捐献志愿者队伍，逐步建立人体器官捐献协调员队伍。

（二）建立完善各类规章制度和技术标准。

按照人体器官捐献工作流程要求积极稳妥地开展工作，要制定完善各类规章制度、技术标准、救助标准，要及时总结经验，不断改进工作，探索建立科学合理的人体器官捐献的职责分工、工作流程、激励机制，促进人体器官捐献事业持续健康发展。

（三）积极开展宣传动员。

各试点省（市）红十字会、卫生行政部门、器官移植定点医院、新闻媒体以及相关部门要通过各种方式对器官捐献意义进行宣传，争取社会公众的理解、支持和关心，努力营造一个拯救生命、捐献光荣的社会氛围。同时，要针对医院、学校等特定场所和ICU住院病人、驾驶员等重点人群开展宣传，还要大力宣传捐献的程序和途径，使有捐献意愿者能方便地实现其捐献愿望。

七、保障措施

(一)统一思想认识，加强组织领导。

这项工作卫生行政部门从技术、行政、政策、法律上提供全面支持，红十字会做好具体工作，各试点省(市)红十字会、卫生行政部门、移植定点医院以及相关部门要高度重视人体器官捐献工作，要站在对国家、对人民、对事业负责的高度，尽快建立人体器官捐献组织机构，大力开展人体器官捐献的宣传，克服各种困难，努力把这项工作扎实推向前进。

(二)多渠道筹集人体器官捐献运行资金。

积极落实人体器官捐献试点工作启动经费，可以采取“政府投入一点，医院支持一点，社会募捐一点，受益者拿出一点”的方式，多渠道筹集资金，试点红十字会适时建立人体器官捐献基金，保障人体器官捐献工作的顺利进行。该基金将主要用于开展人体器官捐献的宣传动员、困难救助、缅怀纪念、表彰奖励、机构运行及信息平台建设维护等相关工作，确保人体器官捐献工作持续健康发展。

(三)建设人体器官捐献与分配信息平台。

中国人体器官捐献者登记管理系统和中国人体器官捐献网站的硬件、软件系统统一建在CODO，并由CODO负责日常维护。中国人体器官移植等待者登记管理系统和中国人体器官分配管理系统由OTC负责建立和管理。CODO和OTC均可授权所属省级机构负责本区域内该项工作的管理，并加强监督。

(四)建立人体器官捐献工作评估体系。

由CODC建立人体器官捐献工作评估体系，对试点工作中相关机构、人员及工作进行中期及终末评估，试点期满后进行工作总结。

(五)统一宣传口径，建立新闻发言人制度。

明确宣传纪律，制定宣传预案，统一宣传口径，准确把握舆论导向。建立新闻发言人制度，通过新闻媒体和各种方式，向社会公众广泛进行政策和法规的宣传，加强与媒体的沟通，最大限度地争取社会公众的理解和支持。

(六)周密计划，认真组织，精心实施。

各试点省市要制定本地的实施意见。制定一年试点工作计划，明确各阶段的主要工作任务和要求。

非试点省份和城市可参照本方案执行。

关于印发《中国红十字会2010~2014年干部教育培训规划》的通知

(红总字〔2010〕14号

2010年3月7日)

各省、自治区、直辖市红十字会，新疆生产建设兵团红十字会，铁路、商业系统红十字会：

现将《中国红十字会2010~2014年干部教育培训规划》印发给你们，请结合实际认真贯彻执行。

特此通知。

中国红十字会 2010～2014 年干部教育培训规划

当前，全党全国正致力于建设“学习型政党”和“学习型社会”，中国红十字会自第七、八两届理事会实施人才强会战略以来，始终坚持建设学习型红十字会。为继续深入实施人才强会战略，培养高素质的红十字会干部队伍，推动中国特色红十字事业在 2010～2014 年间实现新跨越，根据《中国红十字事业 2010～2014 年发展规划》和《干部教育培训工作条例（试行）》（中发〔2006〕3 号），结合红十字会系统干部教育培训工作实际，制定本规划。

一、指导思想

以邓小平理论和“三个代表”重要思想为指导，深入贯彻落实科学发展观，服从服务中国特色红十字事业大局，建设学习型红十字会，提升全会的服务意识、理论水平和工作能力，为实现 2010～2014 年发展规划目标提供思想政治保证、人才保证和智力支持。

二、总体目标

人才强会战略任务全面落实。中国红十字会成为科学理论武装、具有世界眼光、善于把握规律、富有创新精神的学习型红十字会。

——理论联系实际的学风进一步弘扬。广大干部的理想信念更加坚定，思想政治素质、学习能力、业务能力、实践能力、创新能力和社会活动能力明显提高，推动中国特色红十字事业科学发展的本领显著增强。

——基础建设不断夯实。以全国红十字会干部教育培训指导中心辐射带动各级红十字会干部教育培训基地的培训网络体系初步建立，培训资源得到优化整合，干部教育培训规模和质量、效益实现有机统一。

——制度建设不断加强。干部教育培训的科学化、制度化、规范化建设进一步推进。

——管理体制和运行机制更加健全。创新学习内容和培训方式，理论培训与实践锻炼相结合、境内培训与出国培训相结合、普及培训和重点培训相结合、分层分类逐级培训和领导干部跨级直训相结合的干部教育培训格局更加完善。

三、主要任务

（一）深入实施领导干部跨级直训

1. 举办省级红十字会会长专题研讨班。一方面，争取中共中央组织部的支持，五年内联合举办一期省级红十字会会长专题研讨班；另一方面，化整为零，结合全国性会议、区域调研、能力建设项目等工作，不定期举办部分省级红十字会会长参加的专题研讨班。五年内，争取每位省级红十字会会长至少参加一次专题研讨班。专题研讨班以马克思主义中国化最新成果和党的路线方针政策为指导，结合国际红十字与红新月运动的发展现状，立足国情、会情、省情，分析讨论中国特色红十字事业发展面临的机遇与挑战，总结事业发展的成功经验，探索解决制约事业发展的突出问题。

2. 举办省级红十字会驻会领导研修班。总会五年举办二期省级红十字会驻会领导研修班。一要加强马克思主义中国化最新成果和党的路线方针政策教育培训，增强党性修养、夯实理论基础、开阔世界眼光、培养战略思维；二要加强《中华人民共和国红十字会法》和国家相关法律法规的教育培训，实现依法建会、依法治会、依法兴会；三要加强理论研究，统一思想，明确思路，切实提高省级红十字会领导推动红十字事业科学发展的能力。

3. 实施地县两级红十字会会长、常务副会长轮训。总会定期举办地级红十字会会长、常务副会长培训班。五年内将地级红十字会会长和已理顺管理体制的地级红十字会常务副会长轮训一遍。总会鼓励各省级红十字会五年内将本行政区域内的县级红十字会会长和已理顺管理体制的县级红十字会常务副会长轮训一遍。会长培训班主要介绍全国红十字事业发展和国际红十字与红新月运动状况，讲授红十字运动基本知识，培训红十字会业务技能。常务副会长培训班着力提高常务副会长从事红十字会工作的专业化水平和宏观决策、驾驭全局、综合协调的能力。

4. 加强总会机关和直属单位领导干部培训。总会五年内将总会机关处以上干部、直属单位领导班子成员轮训一遍。强化为人民服务、为基层服务的意识，提高贯彻落实党和国家政策法规的能力，提高执行总会重大决策部署和履行岗位职责的能力。

（二）全面开展专职业务骨干分级分类培训

1. 逐级培训红十字会专职业务骨干。总会定期举办总会机关和省级红十字会专职业务骨干培训班，省、地两级红十字会也要分别逐级培训地、县级红十字会和基层红十字会的专职业务骨干。通过广泛开展各类业务知识培训和技能训练，增强各级红十字会干部的履职能力。根据不同层次、不同专业干部的特点和工作要求，有针对性地进行岗位需要的能力培训，加强以社会工作为重点的工作方法培训，开展与本职工作相关知识的培训。切实加强干部的任职培训，围绕红十字会具有较强专业性的工作和难点、热点工作，开展应急、救护、救助、志愿服务、项目管理、筹资、宣传、人道法传播、组织建设、外事交流等专题培训，增强干部履行岗位职责的本领，引导干部成为胜任本职工作的行家里手，进而推动各级红十字会全面发展，提高执行能力。

2. 委托专业教育机构开展专职干部高级培训。与国家行政学院等高等院校合作，结合红十字会的工作特点，联合举办红十字会干部高级培训。每年举办1期红十字专题论坛，邀请知名专家、教授讲课，分领域、分专业安排不同类别、不同层次的专职干部参加。通过对各级红十字会优秀专职干部进行高级培训，加强红十字会专职干部的理论武装，用现代科学文化知识和人类创造的优秀文明成果充实干部头脑，帮助广大干部拓宽知识面，完善知识结构，提高综合素质，提升管理水平。

（三）积极推动红十字会基层组织兼职干部的教育培训

充分利用各级红十字会培训机构、地方院校和远程教育等渠道，加大对红十字会基层组织兼职干部的教育培训力度。按照建设社会主义新农村的要求，加强农村红十字会基层组织兼职干部依法办事、服务群众、应急反应、执行项目等方面的培训。围绕促进社区事业协调发展的目标，加强城市红十字会基层组织兼职干部依法办事、做群众工作、开展志愿服务、发展社区红十字事业等方面的培训。根据机关、团体、企事业单位等不同环境中红十字会基层组织的特点，有针对性地开展符合红十字会基层组织兼职干部自身需求的培训。重点支持对红十字会基层组织的志愿服务管理人员的培训，普及“寓管理于服务之中”的理念，增强红十字会基层组织的志愿服务管理水平。

（四）积极开展干部教育培训工作的国际交流与合作

采取“请进来”与“走出去”相结合的方法，学习借鉴其他国家和地区红十字会（红新月会）的先进理念和管理经验，帮助广大红十字会干部开阔视野、转变观念、提高能力。认真落实以我为主、为我所用、更有成效的方针，坚持突出重点、从严掌握、择优安排的原则，进一步明确境外培训目标，切实增强境外培训的针对性和实效性。继续实施领导干部高端培训，争取5年内将未参加过高端培训的各省级红十字会常务副会长派往日内瓦培训。优先安排重要岗位、关键岗位和具有较大发展潜力的干部以及培训师资参加境外学习。培养并选派优秀年轻干部到国际组织工作或去其他国家红十字会（红新月会）参加短期培训。培养和建立起一支热爱祖国、懂得外事工作方针政策、具有较强的对外交往能力并掌握外事工作知识和技巧的专业化干部队伍。将境外培训与工作访问相结合，将引进培训与接待来访相结合，提高出访和接待来访工作的效益。要进一步规范境外培训工作程序，严格境外培训纪律，切实加强组织管理，控制培训规模，严禁借培训名义变相公费出境旅游等违纪行为。

四、保障措施

（一）建立工作机构，健全工作机制，加强组织领导

成立全国红十字会干部教育培训指导委员会，下设全国红十字会干部教育培训指导中心，负责本规划的组织实施。干部教育培训指导中心由总会组织宣传部牵头成立，总会机关各部门、各直属单位要根据本规划要求，结合各自的职责，制定相应的实施方案。总会机关各部门、各直属单位和各省级红十字会每年要向全国红十字会干部教育培训指导委员会报告实施本规划的工作情况。各级红十字会要高度重视，将干部教育培训工作纳入重要议事日程，制定本地区红十字会干部教育培训规划，结合当地党委、政府的干部教育培训情况，统一部署，统筹安排。各省级红十字会和有条件的地县两级红十字会，要建立红十字会干部教育培训基地。

（二）加大投入，强化管理，为干部教育培训提供经费保障

总会和地方各级红十字会，应根据财力情况，合理安排实施本规划所需经费。要争取各级政府将红十字会干部教育培训经费列入年度财政预算，保证红十字会干部教育培训工作的正常开展。加大干部教育培训基地建设项目的投入。完善相关制度，规范干部教育培训经费的使用和管理。总会干部教育培训经费归口全国红十字会干部教育培训指导中心统筹规划使用。各级红十字会要建立干部教育培训专项经费，确保重要培训项目的组织实施。

（三）加强基础建设，优化整合资源

要在全国红十字会干部教育培训指导中心统一部署下，进一步明确系统内外培训机构的功能定位，充分发挥中国红十字会总会组织宣传部、总会训练中心、总会报刊社、中国红十字（博鳌）国际交流中心和各省级红十字会教育培训机构在红十字会干部教育培训中的主渠道作用。鼓励有条件的干部教育培训机构加强国内外交流与合作。通过

规范管理，形成分工明确、优势互补、布局合理的干部教育培训平台。

加强师资课程教材建设。按照素质优良、规模适当、结构合理、专兼结合的原则，立足红十字会，利用社会优质资源，逐步建立有中国红十字会特色的干部教育培训师资库；以政治理论、政策法规、业务知识、文化素养和技能训练为基本框架，统一规划课程建设，开发一批富有特色的课程，建立课程库；全国红十字会干部教育培训指导中心要制定教育培训大纲，组织编写和审定全国红十字会干部教育培训教材，每年遴选和推荐若干种优秀干部教育培训教材进入教材库。师资、课程和教材库对全国各级红十字会开放，实现资源共享。

（四）统筹兼顾，促进干部教育培训工作全面协调发展

全国红十字会干部教育培训指导中心要根据不同地区红十字会的工作情况及特点，有针对性地提出干部教育培训指导意见和要求。加大对革命老区、民族地区、边疆地区和贫困地区的红十字会干部教育培训工作的支持力度，鼓励发达地区红十字会与欠发达地区红十字会开展干部教育培训合作，开展各类对口培训，推进不同地区的干部教育培训工作协调发展。要加强调查研究，坚持分类指导、示范先行的工作方法，及时掌握有关情况，总结推广经验。要通过广泛开展知识技能比武活动，以赛促训，不断改善教育培训效果。要注重红十字会干部教育培训的理论研究。

（五）加强统计监测，完善评估体系

要加强干部教育培训情况的统计工作，做好信息收集、整理、反馈和交流工作，分析干部教育培训现状，预测趋势。总会办公室负责本规划的统计监测工作，在中国红十字会年度统计报表中增设干部教育培训统计指标。全国红十字会干部教育培训指导中心负责指导各地区做好本规划的检查评估工作，一方面要对干部教育培训质量开展评估，另一方面也要对本规划实施情况开展阶段性评估，根据评估结果，提出提高教育培训质量的相应对策，或为修订规划提供依据。各级红十字会也要建立相应的监测评估制度，及时、准确、全面地反映本规划和各地区规划的实施情况。

中国红十字会总会关于印发《中国红十字会2010年工作要点》的通知

（红总字〔2010〕15号
2010年3月12日）

各省、自治区、直辖市红十字会，新疆生产建设兵团红十字会，铁路、商业系统红十字会：

现将《中国红十字会2010年工作要点》印发给你们，请认真学习并遵照执行。

中国红十字会2010年工作要点

2010年是贯彻落实《中国红十字事业2010～2014年发展规划》的开局之年，是九届理事会的履新之年，也是中国红十字会的能力建设之年，做好今年的工作对于实现中国红十字事业科学发展具有重要意义。2010年的整体工作思路是：按照《中国红十字事业2010～2014年发展规划》的要求，

认真实施以“红十字救援行动”、“红十字救护行动”、“红十字救助行动”、“红十字传播行动”、“红十字强会行动”、“红十字志愿服务行动”、“红十字民间外交行动”为重点任务的七大行动，抓住机遇，开拓进取，振奋精神，踏实工作，努力实现各项工作的全面协调可持续发展。

一、继续推进理顺管理体制工作。推进地市级红十字会理顺管理体制工作，因地制宜地推进县级红十字会理顺管理体制工作，适时召开理顺管理体制工作经验交流会。加强对已经理顺管理体制的地、县级红十字会的指导检查。

二、加强应急反应能力建设。重视发挥自然灾害应急预案的作用，开展应急演练，尚未制定应急预案的红十字会要抓紧制定。加强备灾救灾信息网络化建设，提高灾害救助效率和水平。加强应急救援队伍建设，提高应急反应能力。

三、做好汶川地震灾后重建工作。加强对灾后重建项目的监督检查。及时向捐款者反馈捐款使用情况，接受政府有关部门和社会的监督。全力做好国际及境外援助项目的汶川地震灾后恢复重建。确保所有外援项目高质高效、公正透明，账目清楚，对捐款方和受益人负责。

四、加强基层组织建设。适时召开“全国红十字模范单位”工作研讨会，研究制定相应评比标准和管理办法。加强基层组织建设，总结推广典型经验，扩大红十字会工作覆盖面。推动行业红十字会工作。

五、加强干部培训和会员管理。成立全国红十字干部培训工作指导中心，制定《中国红十字会干部培训工作规划》，开展对各级红十字会主要领导干部的相关培训。落实《中国红十字会会员管理办法》和《中国红十字会会费管理办法》，加强对红十字会会员的管理，做好会费收缴工作。

六、推进志愿服务工作。推动按专业、分领域组建红十字志愿服务队伍，加强对红十字志愿者的管理，努力做到标识、证件、服饰、培训教材和奖励标准的统一。组织开展“红十字与世博同行”等志愿服务活动，在上海及与世博相关的城市，开展以应急救援、社区服务、普及文明礼仪、维护公共环境等为主要内容的志愿服务活动。

七、加强青少年工作。制订《中国红十字青少年工作（2010～2014年）发展规划》。与教育部门合作开展红十字青少年生命健康教育项目，在青少年中广泛普及生命健康教育相关知识。建设红十字青少年活动基地，建设红十字青少年网站。

八、适时启动人体器官捐献工作。本着“定位准确、积极慎重”的原则，适时启动全国人体器官捐献试点工作。开展相关工作的调研，探索人体器官捐献的工作机制、规章制度、技术标准、工作队伍、信息平台、保障措施和监督机制。研究捐献补偿机制。做好舆论风险、工作风险等评估，制定相关应对预案。

九、积极开展自救互救培训。将应急救护培训纳入突发事件应急体系，加强对救护师资的管理，切实提高自救互救培训的质量。在各级各类学校中和煤矿、建筑等高风险行业中开展自救互救培训。整合社会资源，打造红十字自救互救培训品牌。

十、加强“中华骨髓库”建设及相关健康服务工作。力争2010年内实现20万人份资料入库的目标。做好卫生防病知识的宣传普及，继续开展宣传推动无偿献血和预防艾滋病工作。

十一、巩固大宣传格局，完善新闻发言人制度。继续开展“五八博爱周”、“公益广告宣传月”、“中国爱心城市发现之旅”新闻采风等红十字宣传活动，构建全方位、立体化的媒体报道网络及公益广告投放网络。完善新闻发布制度，探索符合红十字会特点的应急宣传机制。推动设立新闻发言人，开展相关培训。办好《中国红十字报》、博爱杂志和红十字会网站，做好红十字年鉴的编纂工作。

十二、探索长效筹资机制。鼓励省级红十字会通过成立基金会，设立基金和开展项目的方式，探索长效筹资机制。推广短信捐款平台，定期对短信捐款进行统计、对账、分配。完成“十二五”彩票公益金立项工作。加大对捐赠款物管理使用情况的监督，及时公布相关信息，提高透明度。

十三、加强红十字理论研究工作。成立中国红十字研究会（筹），适时召开中国红十字理论研讨会。联合相关机构开展中国特色红十字事业发展课题研究。加强红十字事业发展法律法规及制度建设，做好“五五”普法的总结验收。

十四、加强各级红十字会党建工作。以邓小平理论和“三个代表”重要思想为指导，深入贯彻落实科学发展观，加强思想政治建设，加强调查研究，建立学习型党组织，发挥各级基层党组织的战斗堡垒和党员的先锋模范作用。

十五、做好参与上海世博会的相关工作。建设好国际红十字与红新月馆，做好红十字与红新月运动展览，举办好荣誉日暨2010年博爱周启动仪式、人道力量国际高峰论坛、中日韩红十字公益晚会等世博项目。协助红十字国际委员会、红十字会与红新月会国际联合会参与相关活动。

十六、积极开展国际交流及港澳台交流。筹备好东亚地区国家红十字会领导人会议和捐款国红会合作论坛，出席亚太地区红十字与红新月会议，组织好出访团组和接待来访工作。继续争取商务部的资金支持，举办非洲和发展中国家红会工作人员培训班。继续加强与香港、澳门红十字会的交流。加强与台湾红十字组织和台湾民众的交流，做好援助台湾“88水灾”的灾后重建工作。

十七、做好国际人道法国家委员会秘书处工作。做好相关会议、培训等工作，鼓励各省级红十字会开展面向公众的红十字运动知识的传播活动。与国际委员会合作，开发并制作国际人道法传播资料。开展重建家庭联系项目活动。

关于认真做好中国红十字会参与服务2010年上海世博会工作的通知

（红总字〔2010〕16号
2010年3月12日）

各省、自治区、直辖市红十字会，新疆生产建设兵团红十字会，铁路和商业系统红十字会：

2010年上海世博会即将召开，参与世博、服务世博既是红十字会服务党和国家工作大局的具体举措，也是传播红十字与红新月运动知识、弘扬人道精神、推动红十字志愿服务工作发展的历史机遇。为了贯彻落实胡锦涛总书记关于办好上海世博会的“六个确保”指示精神，举全会之力，做好红十字会参与世博、服务世博的各项工作，现将有关要求通知如下：

一、高度重视，加强领导，确保红十字世博项目顺利开展

各级红十字会要充分认识参与世博、服务世博工作的重要意义，在前一段准备工作的基础上，进一步加强组织领导、强化督促检查，确保参与世博、服务世博的各项工作落到实处、取得实效。有世博任务的上海、江苏、浙江、广东等地红十字会，要做好世博园区内外红十字服务、世博志愿者和群众性的红十字急救培训、中山市“博爱和谐——城市让生活更美好”城市实践区展示等活动项目，同时配合总会开展好国际红十字与红新月馆“五八”博爱周、荣誉日活动等红十字世博项目。无世博任务的红十字会要根据总会有关“红十字世博项目”的安排，积极策划和开展以世博和红十字为主题的相关活动。

为加强中国红十字会参与服务上海世博会工作，总会成立中国红十字会世博项目领导小组，并下设红十字世博项目秘书处(见附件)。

二、精心组织，有效实施，做好红十字志愿服务工作

各地红十字会要认真组织开展“迎世博迎亚运讲文明树新风”志愿服务活动，紧紧围绕实现平安世博的目标，按照《“红十字与世博同行”志愿服务活动方案》的要求，在人员流动频繁的公共场所设立志愿服务站、设置红十字急救包、普及防灾避险、疏散安置、急救技能等方面知识，向遇到紧急情况的群众提供急救用品和救助服务。为举办一届“成功、精彩、难忘”的世博会多作贡献，展现广大红十字志愿者的时代风采，提升红十字志愿服务品牌形象，提高红十字志愿服务的知晓率和影响力。

三、强化宣传，推广典型，营造参与服务世博的良好氛围

各级红十字会要充分发挥红十字报刊及网站等载体的宣传阵地作用，借助电视、报纸、广播、杂志、网络和手机短信等各类媒体，开发制作知识性强、趣味性高、适应性广，具有鲜明红十字特点的参与服务世博的专题宣传品，多渠道、全方位开展宣传工作。总会将在中国红十字报、中国红十字会网站设置专栏和网页，加强对红十字会参与服务世博的宣传报道。各级红十字会要积极采取主题活动、知识宣讲、文艺演出等多种形式，使红十字与红新月运动和世博知识家喻户晓、让人道精神和世博理念深入人心。要广泛征集红十字志愿者参与服务世博的心得体会，大力宣传“红十字与世博同行”志愿服务活动中涌现出来的先进典型和先进事迹，充分展示红十字人投身世博的良好精神风貌，营造广大红十字干部、会员和志愿者人人参与世博、人人奉献世博的良好氛围。

四、全会联动，形成合力，认真完成参与世博的各项工作

各级红十字会要增强全局意识，切实加强与各级党委和政府、各相关部门和单位的协调配合。要围绕总会的统一部署，高标准、高质量、高效率做好红十字世博项目和各项参与服务世博的工作，充分体现红十字会参与世博、服务世博的整体效应。要加强时间节点管理，及时反映工作动态，体现阶段工作与整体成效的有效衔接。要真抓实干，互相支持，共同努力，确保中国红十字会参与服务世博工作取得积极成效，为举办一届“成功、精彩、难忘”的世博会做出应有的贡献。

请各省级红十字会将参与服务上海世博会的相关安排、活动项目及其执行情况及时报至中国红十字会红十字世博项目秘书处。

联系方式：（略）

附件：中国红十字会世博项目领导小组和秘书处成员名单

关于组团参观 2010 年上海世博会国际红十字与红新月馆相关事宜的通知

（红总字〔2010〕17 号
2010 年 3 月 12 日）

各省、自治区、直辖市红十字会，新疆生产建设兵团红十字会，铁路、商业系统红十字会：

2010 年上海世博会是一次探讨新世纪人类城市生活的精彩盛会，是世界各国人民和谐交流的一次难忘聚会。届时，红十字会与红新月会国际联合会将在世博园区内设立展馆，并向中外游客开放。世博期间，中国红十字会总会还将组织开展“五八”博爱周、荣誉日等红十字主题活动。

目前，在总会的指导下，作为本届世博会举办城市所在地的上海市红十字会，已经成立了服务世博领导小组，设立了办公室，正在全力以赴组织力量参与世博、服务世博，并积极准备欢迎和接待各级红十字会届时抵沪参观。

为做好各级红十字会组团参观 2010 年上海世博会的接待工作，确保完成各项世博任务，现将有关事宜通知如下：

一、总会和上海红十字会欢迎各省级红十字会以省、自治区、直辖市和行业为单位，统一组织红十字会工作者、会员、志愿者等组队参观 2010 年上海世博会国际红十字与红新月馆，或参加相关主题活动。

二、鉴于世博期间上海市红十字会接待能力有限，各地红十字会的一般性参观考察活动原则上应自行安排。

三、鉴于本次世博会无赠送门票，各省红十字会进入世博园区门票请自行解决。各省红十字会可登陆上海世博会官方网站（http://www.expo2010.cn/sbpw/index.htm）查询了解，并根据需要自行订购，也可自行通过世博指定旅行社、世博指定销售点订购，或在上海市红十字会网站（www.redcross-sha.org）上查询旅行社、餐饮、游览等相关信息。如需委托上海市红十字会订购的，请提前 3 周告知。

四、各省红十字会参观考察期间，如需与上海市红十字会或上海市有关区县红十字会、红十字医院等进行工作交流的，请提前 2 周与上海市红十字会协商；地、县级红十字会组团赴沪参观，如需顺访上海市红十字会的，原则上需事先通过所在省级红十字会纳入统一计划，由省级红十字会出面与上海市红十字会协商，以便做好相关接待、协调工作。

联系方式：（略）

特此通知。

关于支援旱灾地区红十字会开展救助工作的紧急通知

（红总字〔2010〕19号
2010年3月23日）

各省、自治区、直辖市红十字会，新疆生产建设兵团红十字会，铁路、商业系统红十字会：

2009年秋季以来，我国西南地区旱情持续加重，导致大面积人畜饮水困难，农作物减产，给群众生活、经济发展造成严重影响。中国红十字会总会一直高度关注旱情发展。近日，总会向云南灾区提供了紧急救灾款物，支持当地红十字会开展救助工作，社会各界也纷纷开始通过中国红十字会总会向受灾地区捐款。现就支援旱灾地区红十字会开展救助工作有关事宜通知如下。

一、鉴于目前西南五省旱灾严重，总会号召未受灾省（区、市）红十字会要大力发扬“一方有难、八方支援”的人道精神，加强与受灾地红十字会的沟通协调，了解灾情发展态势和灾区当前需求，研究制定有关帮扶措施，根据灾区需求积极向受灾省提供力所能及的援助。

二、各级红十字会在开展救助的同时，要结合工作实际加强新闻宣传工作，创造良好的舆论氛围，激发公众的捐赠热情，通过宣传推动筹资。

三、各级红十字会要及时将有关援助情况报送总会灾害管理处。

关于上海市红十字会在世博园区上海红十字医疗站使用红十字标志的请示的批复

（红总字〔2010〕22号
2010年4月13日）

上海市红十字会：

你会沪红发〔2010〕51号文收悉。你会与上海市卫生局共同管理的世博园区“上海红十字医疗站”的职能符合红十字会宗旨，根据《中华人民共和国红十字会法》、《中华人民共和国红十字标志使用办法》规定，在世博期间可以使用红十字标志。

特此批复。

关于开展“2010红十字博爱周”活动的通知

（红总字〔2010〕23号
2010年4月14日）

各省、自治区、直辖市红十字会，新疆生产建设兵团红十字会，铁路、商业系统红十字会：

为纪念第63个世界红十字日，展现红十字会参与世博、服务世博的精神风貌，凝聚更多的社会力量关心和支持红十字事业，总会决定于 2010 年“五八世界红十字日”期间，在全国范围内继续开展以“统一时间、统一主题、统一活动”为主要形式的红十字博爱周活动。希望各级红十字会以“博爱周”为契机，进一步创新宣传形式，提升宣传效果和红十字品牌形象，为构建“全方位、多层次、多种类、立体化”的全国红十字大宣传格局做出积极贡献。现将有关事宜通知如下：

一、活动时间

2010 年 5 月 8—15 日

二、活动主题

携手人道　参与世博

三、主要活动内容

（一）上海世博会国际红十字与红新月馆开馆

（二）纪念汶川特大地震二周年

（三）纪念 5 月 12 日“防灾减灾日”

（四）其他符合红十字会宗旨的救灾、救助、救护活动

四、其他事宜

（一）各省级红十字会根据总会安排，按照统一主题、上下联动、形成合力的要求，精心组织，周密部署，切实加强组织领导，确保“2010 红十字博爱周”在全国范围内产生较大影响，取得较好宣传效果。

（二）总会统一设计的“红十字与世博同行”公益广告光盘已发至各省级红十字会，请各省自行制作并争取当地媒体刊发。

（三）活动期间，请及时向总会通报有关情况。活动结束后，请认真总结，于 6 月 1 日前将“2010 红十字博爱周”活动举办情况汇总表、宣传筹资情况汇总表报送总会组织宣传部宣传处。总会将对开展“2010 红十字博爱周”活动组织得力、形式创新、效果突出、影响广泛的省级红十字会和相关单位予以表彰。

联系方式：（略）

关于印发《中国红十字会青海玉树地震呼吁》的通知

（红总字〔2010〕24 号
2010 年 4 月 14 日）

各省、自治区、直辖市红十字会，新疆生产建设兵团红十字会，铁路、商业系统红十字会：

2010 年 4 月 14 日 7 时 49 分，青海省玉树州玉树县发生 7.1 级地震。据统计，青海玉树地震已造成 400 人遇难，上万人受伤，大量房屋倒塌，估计灾情还要进一步发展。鉴于目前的灾情，总会当日通过媒体向社会发出呼吁，号召社会各界积极行动起来，发扬中华民族“一方有难，八方支援”的传统美德，积极捐款捐物，参与到灾害紧急救助工作中，为灾区群众奉献爱心，凝聚人道力量，帮助他们渡过难关。

为了紧急筹措救灾款物，做好救灾工作，现将《中国红十字会青海玉树地震呼吁》印发给你们。希望各地积极开展募捐活动，及时为灾区筹措救灾资金、急需的

食品及生活用品，按照《中国红十字会总会自然灾害等突发公共事件应急预案》及《中国红十字会灾害救助规则》的要求，大力弘扬人道、博爱、奉献的红十字精神，以高度的责任心和使命感，急灾民之所急，想灾民之所想，帮灾民之所需，确保救灾工作的顺利开展。

各省（区、市）级红十字会要安排专人每天收集情况，保证中午12时前将募捐、救助情况（附表）报总会赈济救护部。

携手人道，抗震救灾——中国红十字会青海玉树地震呼吁

据国家地震台网测定，2010年4月14日7时49分，青海省玉树州玉树县发生7.1级地震。据统计，青海玉树地震已造成400人遇难，上万人受伤，大量房屋倒塌，估计灾情还要进一步发展。

地震发生后中国红十字会总会根据灾情发展启动了一级应急响应，立即从宁夏备灾救灾中心紧急调拨了帐篷、棉衣、棉被等物资，用于当地红十字会开展救助工作，并组成救灾工作组当天赶赴灾区。中国红十字会“999”紧急救援队已紧急集合，即将赶赴灾区开展抗震救灾工作。目前灾区急需挖掘设备、帐蓬、生活物资、防寒物资等物资。根据目前灾区需求，中国红十字会呼吁社会各界积极行动起来，发扬中华民族“一方有难，八方支援”的传统美德，积极捐款捐物，参与到灾害紧急救助当中来，为灾区群众奉献爱心，携手人道，救助受到地震影响的群众。

总会同时要求各级红十字会立即行动起来，严格依照《中华人民共和国红十字会法》的有关规定，依法开展募捐，积极投入救灾工作。

有关灾情和红十字系统参与救灾情况，请登陆中国红十字会网站：www. redcross. org. cn 查询。

1. 银行捐款

开户单位：中国红十字会总会

人民币开户行：中国工商银行北京分行东四南支行

人民币账号：0200001009014413252

外币开户行：中信银行酒仙桥支行

外币账号：7112111482600000209

2. 通过邮局捐款

收款人：中国红十字会总会

地址：北京市东城区北新桥三条8号

邮政编码：100007

3. 网上捐款

登陆中国红十字会总会网站：http：//www. redcross. org. cn 点击进入“捐赠热线”栏目，按照提示操作即可。

4. 短信捐款

手机用户均可编辑短信1或2，发送至1069999301，即向“红十字救援行动”捐款1元钱或2元钱。

5. 短信咨询

手机用户发送“中国红十字会”到12114，即可了解中国红十字会总会地址、电话、捐赠账号及方式，并可留取您的意见和建议。

手机用户发送“××省红十字会”到

12114，即可了解全国各省（区、市）红十字会地址、电话、捐赠账号等。

注意：

1. 通过银行、邮局、网上捐款时请注明捐款人姓名、通信地址、捐款意向（如青海玉树地震救助），以便邮寄捐赠收据及感谢信。

2. 外汇必须进入外币开户行。

中国红十字会总会捐赠热线和查询电话：

捐赠热线：010－65139999

捐款到账查询电话：010－84025890转3151

中国红十字基金会有关信息如下：

1. 在线捐款

互联网用户可通过网上捐赠，网址为（http://www.crcf.org.cn/1030/juankuan.asp#ssss）向中国红十字基金会捐款，用户在提交信息后，系统将自动生成一个捐赠序列号，如：DCS001030122058，用户可通过此号查询捐款到账情况。

2. 银行汇款

户名：中国红十字基金会

开户银行：中国银行北京市分行

账号：800100921908091001

开户银行：中国工商银行北京东四南支行

账号：0200001019014483874

开户银行：中国建设银行北京朝内大街支行

账号：11001070300059000427

外币开户银行：中国银行

账号：800100086608091014

注意：银行汇款用户可自愿注册填写汇款人信息、自动产生捐赠序列号，方便用户进行到账查询，及接收邮寄收据。

3. 邮局汇款

邮局汇款至：中国红十字基金会

地址：北京市东城区东单北大街干面胡同53号

邮编：100010

注：邮局汇款用户可自愿注册填写汇款人信息、自动产生捐赠序列号，方便用户进行到账查询，及接收邮寄收据。此外，请务必在您的汇款单附言栏中标明您的捐赠序列号。

附件：1. 青海玉树地震救助情况统计报表（略）

2. 青海玉树地震援助兄弟红十字会情况统计表（略）

中国红十字会总会关于加强青海玉树地震捐赠款物管理的通知

（红总字〔2010〕26号
2010年4月17日）

各省、自治区、直辖市红十字会，新疆生产建设兵团红十字会：

青海玉树地震发生后，总会向国内发出紧急呼吁，得到社会各界的广泛响应。为切实加强捐赠款物的管理，提高抗震救灾资金的使用效益，现就接受青海玉树地震捐赠款物的管理通知如下：

一、切实加强捐赠款物的接收管理工作。各级分会应向社会公布接受捐赠账号，收到捐款后，必须向捐赠者开具合法有效的捐赠专用收据。出具捐赠物资收据时，捐赠者需提供表明物资数量、规格和价值等相关信息的捐赠函，并尽可能取得物价部门的认定。

二、各级分会依照《中华人民共和国红十字会法》管理和处置捐赠款物，同时接受政府主管部门和社会的监督。全国红十字会系统接受的捐赠款物依法通过青海省红十字会统筹后拨付使用。青海省红十字会负责统一接收全国红十字会系统用于恢复重建的定向捐款，重建项目纳入当地政府统一规划，捐赠款项由青海省红十字会集中管理和组织实施，任何组织和个人不得侵占、截留、挤占和调用。

三、各级分会接收的青海玉树地震捐款，可用于救助物资的采购、运输、分发，重建灾民永久性住房、学校、卫生院（站），志愿工作者招募，红十字救援队（含医疗队、救护服务队）等项支出。有明确捐赠意向的要按照捐赠者意愿定向使用。

四、严格救灾物资接收、采购、分配及使用的日常管理和监督。紧急阶段的物资采购，可按照“急事急办、特事特办”的原则，快速拨付资金，并及时完善采购审批文件。重建项目的物资采购，要严格执行《中华人民共和国政府采购法》，规范采购行为，提高采购资金的使用效益。

五、积极维护红十字会的公信力。青海省红十字会和各级分会要及时向社会公告接受捐赠的收支情况，方便捐赠者了解捐赠款物的到账和使用情况。对捐赠方要求提供单独财务报告或接受单独审计的项目资金应进行分账明细核算，妥善保存相关的救灾文件、合同及会计资料等，保证档案的真实、完整，接受社会监督，配合政府部门的专项审计工作。

六、省级红十字会应按照财政部、国家税务总局《关于通过公益性群众团体的公益性捐赠税前扣除有关问题的通知》要求，及时申报公益性捐赠税前扣除资格，方便捐赠者及时享受国家税收优惠政策。

各级分会接此通知后，要认真组织落实，规范捐赠款物管理，确保青海玉树地震捐赠款物全部用于抗震救灾工作。各级红十字基金会接受的青海玉树地震捐赠款物管理参照本通知执行。

特此通知。

中国红十字会总会关于加强青海玉树地震捐赠款物管理的补充通知

（红总字〔2010〕30号
2010年4月18日）

各省、自治区、直辖市红十字会，新疆生产建设兵团红十字会：

根据《民政部关于做好玉树“4·14”地震抗震救灾捐赠工作的通知》（民电〔2010〕49号）要求，现就总会《关于加强青海玉树地震捐赠款物管理的通知》

(红总字〔2010〕26 号）补充如下：

一、各级红十字会集中开展的募捐和接收捐赠活动原则上 5 月上旬结束。

二、地方各级红十字基金会已接收救灾捐赠的，要将所募捐款转交省级红十字会。

三、考虑到玉树县地处偏远，运输困难，暂不接收捐赠物资。已接收的捐赠物资，应及时运往灾区，并纳入统计。

四、各级红十字会所募资金要逐级汇缴到中国红十字会总会，总会将所募资金统筹用于灾区抗震救灾和恢复重建。青海省红十字会所募资金不需汇缴，但要向总会报送数据。

五、认真做好救灾捐赠款物的统计工作。此次对各级红十字会所募捐款的统计采取“以缴代统”方式，各级红十字会每 3 日将所募捐款逐级向上汇缴。省级红十字会每日 9 时前向总会报送捐款接收和使用最新情况。

特此通知。

中国红十字会总会关于举行“情系玉树　大爱无疆”抗震救灾大型公益募捐活动的通知

（红总字〔2010〕31 号
2010 年 4 月 18 日）

各省、自治区、直辖市红十字会，新疆生产建设兵团红十字会：

经中央批准，中央宣传部、民政部、国家广电总局、中国红十字会总会将联合主办“情系玉树大爱无疆”抗震救灾大型公益募捐活动特别节目，该节目将在 4 月 20 日晚 8 时在中央电视台现场直播。为便于红十字会系统组织开展募捐活动，现将中央电视台关于特别节目捐款的操作方案传给你们，请立即部署开展募捐活动。根据国家抗震救灾总指挥部关于地方各级红十字会募集和接收的青海玉树地震捐款全部逐级汇缴到总会的要求（见总会关于加强青海玉树地震捐赠款物管理的补充通知)，请将本省红十字会接收到的符合晚会方案条件的企业及个人名单和捐款金额（必须以到账数为准）务必于 4 月 19 日 15 时以前报总会筹资处。

特此通知。

中国红十字会总会关于做好 2010 年防灾减灾日有关工作的通知

（红总字〔2010〕32 号
2010 年 4 月 27 日）

各省、自治区、直辖市红十字会，新疆生产建设兵团红十字会，铁路、商业系统红十字会：

今年 5 月 12 日是我国第二个“防灾减灾日”，5 月 7 日至 13 日为防灾减灾宣传周。国家减灾委已对各省、自治区、直辖市人民政府及国家减灾委员会各成员单位下发通知，要求做好今年“防灾减灾日”

的各项工作，促进全社会防灾减灾意识和能力的提高。作为我国防灾减灾领域的重要组成部分，各级红十字会要充分发挥自身优势，结合各地工作实际，在防灾减灾宣传周期间积极组织开展各项活动。现将有关事项通知如下：

一、明确活动主题，提高思想认识

今年“防灾减灾日”的主题为“减灾从社区做起”。加强社区减灾工作，全面提高基层综合防灾减灾应急管理能力，防范各类灾害风险，是保障人民群众生命财产安全的现实需要，对于维护社会稳定，构建社会主义和谐社会具有重要意义。各级红十字会要以社区为平台有针对性地开展防灾减灾宣传教育活动，以增强社区综合减灾能力，最大程度地减轻灾害损失；要大力提倡减灾从身边做起，动员每个社区的每个家庭、每位成员积极参与防灾减灾和应急管理工作，增强防范和应对灾害风险的意识和技能。

二、组织开展内容丰富的防灾减灾宣传培训教育活动

防灾减灾宣传周期间，各地红十字会要广泛动员红十字系统的力量，集中开展防灾减灾宣传培训教育活动。充分发挥红十字会在救护培训及备灾救灾领域的专业特长，结合本地实际，通过各种形式广泛开展防灾减灾应急演练、宣传普及等活动。要注重做好针对在校学生、外来务工人员等群体的防灾减灾宣传教育工作，切实增强广大群众对各类突发事件的防范意识和自我保护能力。

三、积极参与“中国人保——全国防灾减灾知识大赛”

针对今年的“防灾减灾日”，国家减灾委员会组织有关成员单位，制定了中央层面的主要活动及分工方案。根据方案，民政部、教育部、共青团中央、中国红十字会总会将共同举办 2010 年“中国人保——全国防灾减灾知识大赛”（以下简称“大赛”，通知另行下发）。届时，各省（自治区、直辖市）红十字会要主动与组委会其他单位联系，积极参与到本次大赛的各项工作中，发挥自身优势，将自救互救、逃生避险等相关知识融入到大赛之中，并积极组织红十字会员和志愿者参与此次活动，切实把大赛工作落到实处。

四、要认真做好“防灾减灾日”活动总结

请各省级红十字会 5 月 15 日前将本省开展活动情况上报总会赈济救护部灾害管理处。

特此通知。

中国红十字会总会关于做好 2010 年自然灾害救助工作的通知

（红总字〔2010〕33 号
2010 年 5 月 4 日）

各省、自治区、直辖市红十字会，新疆生产建设兵团红十字会，铁路、商业系统红十字会：

根据国家减灾委员会办公室组织的 2010 年我国重大自然灾害趋势预测会商情

况，今年我国自然灾害以旱灾、洪涝、台风、地震、山体滑坡和泥石流为主，部分地区还可能遭受森林火灾、病虫害等灾害。为积极应对今年的自然灾害，充分发挥红十字会作为政府人道救助领域助手的作用，现就做好2010年自然灾害救助工作通知如下：

一、各地要认真落实《中国红十字会总会自然灾害等突发公共事件应急预案》、《中国红十字会灾害救助规则》以及本省（区、市）的应急预案。各省（区、市）红十字会的主要领导要亲自抓备灾救灾工作，周密部署，精心安排，做到认识到位、组织到位、措施到位，切实把备灾救灾工作落到实处。

二、各地要总结以往本级红十字会救灾工作的经验和教训，尽快修订本级红十字会的应急预案，突出应急预案的可操作性与时效性。要加强应急演练，建立一支高效的应急救援队伍。

三、加强灾情信息收集工作。各地要密切关注本地区灾情，特别要注意保持与当地政府部门（民政、防汛、气象等）的密切联系，及时了解当地灾害趋势，认真做好备灾工作，出现重大灾情时，应根据《中国红十字会灾害救助规则》及时报告总会。

四、加强救灾管理工作。

（一）受灾省份红十字会要及时组织灾情考察和救助，做到在第一时间到达灾区，及时将救灾物资发放到受灾群众手中。受灾严重的省份要实行24小时值班制度。要广泛动员社会资源，发挥会员和志愿工作者的作用，不断加大对受灾群众的救助力度。

（二）加强对备灾救灾中心（仓库）的管理，要尽快组织备灾救灾中心（仓库）对救灾物资进行一次全面的清点核查，确保物资完好，调拨快速高效。各地要结合本地实际储备一定数量的救灾物资。

（三）严格遵守灾害救助工作规则和纪律。要按照“快速、高效、公平、透明”的原则，做好救灾物资的发放工作，发放工作要经得起检查和审计。严禁擅自截留或挪用救灾款物，总会下拨的救灾物资必须及时足额发放到位，不得留存。

五、要切实做好救灾培训及救灾资料收集、档案整理和数据统计工作。

（一）继续加强对本省（区、市）救灾专职干部的培训工作，切实做好备灾救灾信息管理系统的推广应用。所有的报灾、救灾工作（重建、备灾项目除外）全部实行网络、传真双轨操作，总会将在收到网络、传真两份灾情报表后对灾情进行处理。

（二）与救灾相关的文件、报表应分类整理和存档；要全面掌握所辖各级红十字会在救灾工作中投入物资的价值、受益人数等各项数据，并及时将实施救助情况通过备灾救灾信息管理系统上报。

六、要加强对救灾工作的宣传。受灾省（区、市）红十字会应主动与相关媒体联系，提供有关信息，凸显红十字会在灾害救助工作中的作用，并带动全社会参与到红十字会的救灾工作中来。对于国家彩票公益金资助的救灾物资，在宣传时应着重予以强调或单独宣传，以更好地体现国家彩票公益金“取之于民，用之于民”的理念。

七、做好救灾工作的统筹协调。2010

年自然灾害频发，各地红十字会要统筹安排，切实加强赈济救灾业务部门力量，既要为即将到来的汛期洪涝灾害做好准备，又要保证对地震等其他灾害救助做出快速反应。

八、要加大救灾款物的募集力度。各级红十字会要发挥主观能动性，扩大筹资渠道，募集救灾款物，不断充实本级红十字会的救灾物资储备。总会提倡非受灾省（区、市）红十字会主动支援帮助受灾省份红十字会开展救灾工作，但未经总会许可，任何受灾省份不得擅自向其他省（区、市）红十字会特别是港澳红十字会、台湾红十字组织发出救助呼吁。

九、提高安全防护意识。在救灾工作中要加强对救灾车辆、设备的检修和维护，强化人员的安全意识，避免出现意外伤亡事故，确保参加救灾人员的人身安全。

关于贯彻落实中央部署开展对口支援新疆工作的通知

（红总字〔2010〕41 号
2010 年 6 月 1 日）

各省、自治区、直辖市红十字会，新疆生产建设兵团红十字会，铁路、商业系统红十字会：

今年 3 月，中央召开全国对口支援新疆工作会议，对进一步动员全国各地力量，组织开展新一轮对口支援新疆工作进行重要部署。为贯彻中央关于加强对口支援新疆工作的指示精神，促进新疆红十字事业发展，总会决定在全国红十字系统开展对口支援新疆工作。现将工作要求通知如下：

一、各地红十字会要坚决贯彻中央指示精神，深刻认识对口援疆工作的重大战略意义，把思想认识高度统一到中央的决策部署上来。要把做好对口援疆工作与发挥红十字会作用促进和谐社会建设紧密结合起来，与落实国家和所在省区市对口援疆工作重要部署紧密结合起来，与加强自身建设提高工作水平紧密结合起来。以强烈的责任感、使命感，切实把对口援疆工作抓紧抓好。

二、中央已确定承担对口援疆任务的 19 个省（直辖市）的红十字会，要紧密结合所在省（直辖市）政府对口援疆工作的统一部署，通过积极、主动和创造性的工作，争取将红十字会援助工作纳入政府对口援疆工作的整体计划并成为政府援疆项目。要争取政府在人才、技术、管理、资金等各个方面给予红十字会援疆工作以实事求是的帮助。

三、没有对口援疆任务的省、自治区、直辖市的红十字会，可结合本省区市经济社会发展的实际和特点，酌情争取政府及本地区社会各界力量对红十字会对口援疆工作的支持。因地制宜、量力而行地对援疆工作提供力所能及的支持和帮助。体现全国各地红十字会团结友爱、相互支持的兄弟情谊和良好氛围。

四、新疆维吾尔自治区红十字会、新疆生产建设兵团红十字会，要紧抓国家支持新疆发展和稳定、各地红十字会开展对口支援的重大机遇，进一步加强与各地红十字会的沟通与协调，科学分配、合理利用对口援助资源，努力加强自身能力建设。要尽最大努力，为促进新疆红十字事业的发展、圆满实现中央新时期新疆工作总体部署做出应有的贡献。

五、各地红十字会要及时将对口援疆工作的进展情况上报总会。

特此通知。

中国红十字会总会关于进一步加强汶川地震灾后恢复重建工作的通知

（红总字〔2010〕44号
2010年6月12日）

四川、甘肃、陕西、重庆、宁夏、云南省（区、市）红十字会：

2008年5月12日汶川特大地震发生两年来，灾区各级红十字会在政府的坚强领导下，全力投入灾后恢复重建工作，取得了令人瞩目的成绩。目前，灾后重建工作已进入关键时期，为继续做好这项工作，取得抗震救灾的最后胜利，现就进一步做好汶川地震灾后恢复重建工作提出如下要求：

一、进一步加快项目建设步伐。2010年是灾后重建的关键年，按照国家对汶川地震灾后重建工作“三年任务两年完成”的总体安排，总会要求，除个别需要调整和新确定的项目外，对于目前已确定的重建项目，2010年9月底前开工率必须达到100%，完工率必须达到85%以上，2010年底完工率要达到90%以上。各级红十字会要提高认识，加强协调，对于届时仍未开工的项目总会将考虑中止对其进行援助；对于已经开工但进度缓慢的项目要及时了解原因，尽快协调各方予以解决。

二、切实加强对工程质量的监督和管理。各地要组织专业人员对项目质量进行一次大检查，有条件的应进行全面普查。各项目地红十字会要进一步完善质量监控机制，建立并坚决实行质量监督报告制度，将责任落实到人，坚决避免出现任何质量问题，发现问题应及时整改。

三、切实做好完工民房验收工作。有条件的地区可以组织专业人员或专业机构进行验收。条件不具备的，可以当地政府验收为准，合格的由农户签字认可，村委会、镇政府、县重建办予以盖章确认，县政府出具验收合格的承诺报告，签字的原始材料存放于当地红十字会备查。

四、加强对项目标识的检查，切实按照援建协议和总会通知要求设立纪念碑（牌）和相关标识。红十字会援建的项目是传播人道精神的重要阵地，所有项目都应按照要求冠名、设立纪念碑（牌）和标识。各级红十字会要对所有援建项目的冠名、立碑、设立明显红十字标识等问题进行全面检查，并严格按照总会要求的统一式样办理。

五、认真做好项目尾款拨付工作。尾款拨付原则上分两次进行，即每个地方的每期项目分两次申请拨款，申请拨付尾款需提交项目竣工报告、项目工程验收报告和竣工图片二张（项目全景和标识或碑牌），民房、卫生站、村民活动室等项目的工程竣工验收报告可由当地政府相关部门出具；当地红十字会在向施工方拨付最终余款时应严格把关，务必在收到竣工验收报告、竣工图片、决算报告、审计报告后方可拨付。中国红十字基金会援助项目的尾款拨付仍按其原有规定执行。

六、加强对项目剩余资金使用的监督和管理。项目执行后剩余的资金必须全部用于本项目；剩余资金可用于采购卫生院的医疗设备和学校的教学设备；使用方案由省红十字会进行审批把关，报总会备案，采购工作必须按照国家有关政策执行，地市级红十字会对执行过程进行严格监督。

七、对调整项目严格把关。在项目调整上要本着能不调整的就不调整的原则严格把关，尽量减少项目调整数量。确实需要调整的，必须坚持以下原则：

（一）不改变项目功能性质；

（二）不改变项目预算；

（三）改变后的项目必须符合总会地震援建标准；

（四）调整范围原则上仅限于区县级范围内部。所有调整项目，均需当地政府出具项目调整原因和证明，并做出不会出现影响稳定、影响冠名等问题的承诺。

在符合上述原则的前提下，由地市级红十字会收集并提出调整方案，上报省级红十字会审核后汇总上报总会审批。在项目调整过程中，凡涉及到受益单位、地点和受益农户调整的项目，须经省红十字会实地考察把关。总会将把项目调整情况作为考核地市级红十字会能力的标准之一，并与下一步项目申报相结合。

八、进一步规范项目资料、档案管理。在做好质量和进度监管的同时，各级红十字会还应加强项目资料的收集和整理工作，做到资料齐全、手续完备、分类合理清晰，经得起任何检查和审计。与此同时要注意对图片、视频资料的收集和保存。

灾区各级红十字会要进一步提高对灾后重建工作的认识，切实完善管理手段，加强督导检查，加快项目建设进度，确保项目保质保量地如期完成，给受灾群众及捐赠者以满意的答复，切实维护红十字会的社会声誉。

特此通知。

关于将厦门市红十字会备灾救灾中心纳入中国红十字会备灾救灾体系建设的批复

（红总字〔2010〕59 号
2010 年 8 月 4 日）

厦门市红十字会：

你会《关于厦门市红十字会备灾救灾中心统一纳入总会备灾救灾体系建设的请示》（厦红［2010］43 号）收悉。经总会研究并商福建省红十字会，批复如下：

一、总会同意将你会的备灾救灾中心纳入中国红十字会备灾救灾体系建设，并存储总会部分救灾物资。

二、灾害发生时，你会备灾救灾中心要按照总会统一指挥和调度，重点做好海峡两岸的自然灾害和突发事件的救助工作。

特此批复。

关于通报表扬 2010 红十字博爱周活动先进集体的通知

（红总字〔2010〕63 号
2010 年 8 月 16 日）

各省、自治区、直辖市红十字会，新疆生产建设兵团红十字会，铁路、商业系统红十字会：

根据总会《关于开展“2010 红十字博爱周”活动的通知》（以下简称《通知》）精神，全国各省级红十字会认真策划、精心部署，在全国范围内开展了红十字“博爱周”活动。

2010 年“博爱周”活动继续呈现出内容丰富、紧扣主题、形式新颖、因地制宜等特点。通过各类活动及宣传报道弘扬了红十字精神，拓宽了筹资渠道，集中展示和提升了红十字的整体品牌形象。

为深化红十字大宣传格局，促进“博爱周”活动的普遍开展，综合各地开展情况，经总会研究决定，对以下先进集体给予通报表扬：

优秀组织奖：北京市红十字会、上海市红十字会、江苏省红十字会、浙江省红十字会、福建省红十字会、四川省红十字会、贵州省红十字会、云南省红十字会、陕西省红十字会、中国红十字会总会报刊社、中国红十字基金会、中国造血干细胞捐献者资料库管理中心。

创新奖：天津市红十字会、山西省红十字会、安徽省红十字会、湖南省红十字会、新疆维吾尔自治区红十字会。

组织奖：河北省红十字会、内蒙古自治区红十字会、辽宁省红十字会、吉林省红十字会、黑龙江省红十字会、江西省红十字会、山东省红十字会、河南省红十字会、湖北省红十字会、广东省红十字会、广西壮族自治区红十字会、海南省红十字会、重庆市红十字会、西藏自治区红十字会、甘肃省红十字会、青海省红十字会、宁夏回族自治区红十字会、新疆生产建设兵团红十字会、铁路系统红十字会。

特殊贡献奖：德高中国、北京中广祥和广告有限公司、《环球慈善》杂志社

希望受到表扬的先进集体认真总结经验，不断开拓进取，为深化全方位、多层次、立体化的红十字大宣传格局，打造红十字工作品牌，推动中国红十字事业的发展做出更大的贡献。

关于成立中国人体器官捐献工作委员会和中国人体器官捐献办公室的通知

（红总字〔2010〕70 号
2010 年 9 月 3 日）

各省、自治区、直辖市红十字会，卫生厅（局）：

为促进我国人体器官移植事业健康发展，更好地保护人的生命和健康，按照《人体器官移植条例》的有关规定，中国红十字会总会与卫生部于 2010 年 3 月 2 日共同开展人体器官捐献试点工作。根据《中国人体器官捐献试点工作方案》等文件的要求，经中国红十字会总会和卫生部协商，决定成立中国人体器官捐献工作委员会和中

国人体器官捐献办公室。

中国人体器官捐献工作委员会是中国人体器官捐献体系的最高管理机构，由中国红十字会总会和卫生部共同组建，主要职责是：审定中国人体器官捐献体系建设规划、方案及重大工作事项；监督、指导中国人体器官捐献办公室、中国人体器官捐献专家委员会、中国人体器官获取组织以及省级人体器官捐献工作；协调相关国家部委支持开展人体器官捐献工作。下设“中国人体器官捐献办公室”、“中国人体器官捐献专家委员会”（待成立）、“中国人体器官获取组织”（待成立）等。

中国人体器官捐献办公室是中国人体器官捐献工作委员会下设的日常工作机构，设在中国红十字会总会赈济救护部，主要负责全国人体器官捐献工作的宣传、动员；组织并管理人体器官捐献志愿者队伍和人体器官捐献协调员队伍；负责对从事人体器官捐献和移植的相关人员开展红十字运动基本知识、人文关怀、社会心理等方面的培训；负责建立和维护中国人体器官捐献者登记管理系统；对器官捐献进行见证；负责接收政府拨款与社会捐赠，建立并管理人体器官捐献基金；建立激励和救助机制，对困难捐献者家属实施救助；开展对器官捐献者的缅怀、纪念；对有突出贡献的单位和个人予以表彰；协调中国人体器官捐献专家委员会和中国人体器官获取组织开展工作；负责对省级人体器官捐献办公室进行监督、指导。试点期间，以中国人体器官捐献办公室名义印发的文件等，暂由中国红十字会总会赈济救护部代章。

中国人体器官捐献专家委员会、中国人体器官获取组织的组成名单及工作职责待成立后另行通知。

中国人体器官捐献办公室联系方式：（略）

附件：1. 中国人体器官捐献工作委员会人员名单（略）

2. 中国人体器官捐献办公室人员名单（略）

关于进一步加强市、县级红十字会组织建设的指导意见

（红总字〔2010〕72号
2010年9月13日）

各省、自治区、直辖市红十字会，新疆生产建设兵团红十字会：

加强市、县级红十字会的组织建设，是发展中国特色红十字事业的一项重要保障，对于红十字会更好地履行职责、做好党和政府在人道工作领域的助手、构建社会主义和谐社会都具有十分重要的意义。《中华人民共和国红十字会法》（以下简称红十字会法）明确规定：县级以上按行政区域建立地方各级红十字会，根据实际工作需要配备专职工作人员。

为构建组织健全、运转良好的红十字会，夯实红十字事业发展基础，依据红十字会法并结合中国红十字事业发展实际，现就进一步加强市、县级红十字会组织建设工作提出如下意见。

一、加强市、县级红十字会组织建设的指导思想、基本原则和目标任务

加强市、县级红十字会组织建设，要

在邓小平理论和“三个代表”重要思想指导下，全面贯彻落实科学发展观，以红十字会法为依据，以建立职责清晰、务实高效的红十字基层组织为核心，以理顺管理体制为任务，按照新形势下中国红十字事业发展的要求，不断完善市、县级红十字会组织体系，努力提升工作水平，为推动中国特色红十字事业不断向前发展提供组织保障。

加强市、县级红十字会组织建设，要以“积极推进、因地制宜、分类指导”为基本原则。以强烈的责任感和使命感，抓实组织建设各项基础性工作。实事求是，因地制宜，积极探索理顺市、县两级红十字会管理体制的新模式和新途径。紧密结合当地经济社会发展实际，根据不同地区的特点进行分类指导，扎实推进市、县两级红十字会的组织建设。

加强市、县级红十字会组织建设的目标是，落实《中国红十字会 2010 ~ 2014 年发展规划》（以下简称发展规划）制定的目标任务，理顺市、县级红十字会管理体制，加强各项管理，采取有力措施，努力建设运转良好的市、县级红十字会。

二、完成目标任务，积极推动基层红十字会建设

努力完成规划目标。要按照发展规划的目标要求和红十字会法、《中国红十字会章程》的规定，积极主动地配合当地机构编制部门做好市、县两级红十字会的“三定”工作，争取政府领导联系分管红十字会工作，使红十字会成为独立自主开展工作的社团法人。各省级红十字会要根据本省实际情况制定具体实施方案，加大指导和协调力度，确保市、县两级红十字会理顺管理体制工作取得实效。

不断加强组织内部建设。要加强党对红十字会各项工作的领导，有条件的市级红十字会要建立党组；充分发挥基层党组织的战斗堡垒作用和共产党员的先锋模范作用，提高凝聚力，增强战斗力。要建立健全各项规章制度，坚持以制度管财、管事、管人，依法开展工作；要明确岗位责任制及奖惩措施，细化职责、规范管理；要建立长效监督机制，自觉接受社会监督，增强工作透明度，不断提高红十字会的公信力。要加强组织文化建设，建设学习型组织，努力把红十字会建成充满生机与活力、密切联系群众、符合自身特点的社会团体。

大力加强队伍建设。要抓好领导班子和干部队伍建设。理顺管理体制的市、县级红十字会要根据实际情况设立执委会，配齐专职工作人员。要争取当地党委、组织部门选派优秀干部担任红十字会的负责人，把真正热爱红十字事业、德才兼备、会做群众工作的优秀干部选拔到红十字会工作岗位上来。要强化对领导干部、工作人员党的基本路线、方针、政策、理论的学习，努力培养和建设一支责任感强、理论素养和业务水平高、运用科学发展观指导工作实践能力强的红十字会队伍。

三、采取有效措施，推动理顺管理体制工作取得成效

大力开展宣传工作。要加强与宣传系统的沟通与联络，大力宣传红十字会法、红十字精神、宗旨和理念，大力宣传红十字系统的先进人物和事迹，大力宣传红十字事业在构建社会主义和谐社会中的地位和作用，为推动红十字会理顺管理体制创造舆论氛围，努力形成党政重视、社会关注、各部门支持红十字事业的良好局面。

加强沟通协调、争取各方支持。要积极争取党委、政府将红十字事业纳入当地经济社会发展整体规划中统筹安排；积极争取人大、政协开展执法检查和专题视察活动，对红十字事业发展提出建议和提案；积极争取政府及相关部门在经费、办公设施等方面给予支持，包括有独立办公地点、基本办公条件、必要工作用车、独立捐款账号等，为红十字会开展工作提供必要保证。

大力加强能力建设。要以建设具有强烈社会责任感、有效执行力、不竭创造力和较强公信力红十字会为目标，大力推进能力建设。要围绕党和政府的中心工作，依法开展红十字会各项工作；坚持“有为才有位”的工作思路，不断拓宽人道工作领域，做好党和政府的助手；善于创新，在做好传统工作的基础上，结合本地特点和优势，抓出红十字精品和品牌，既做好“规定动作”又做好“自选动作”；加强与其他组织的合作，取长补短、共同发展。用扎实的工作成果扩大红十字会的社会影响，赢得党和政府、社会各界对理顺管理体制工作和红十字事业的支持，更好地发挥红十字会在和谐社会建设中的作用。

加强市、县两级红十字会组织建设，理顺红十字会管理体制，是一项具有全局性、根本性和战略性的重要工作。各级红十字会要统一思想，提高认识，集中力量和资源，坚定不移地推进，为中国特色红十字事业蓬勃发展奠定坚实的组织基础。

关于印发《玉树地震抗震救灾捐赠资金管理使用实施细则》的通知

（红总字〔2010〕73号
2010年9月17日）

各省、自治区、直辖市红十字会，新疆生产建设兵团红十字会：

为贯彻落实民政部、发展改革委、监察部、财政部、审计署联合制定的《青海玉树地震抗震救灾捐赠资金管理使用实施办法》，规范中国红十字会投入玉树地震恢复重建项目资金的管理和使用，总会特制定了《青海玉树地震抗震救灾捐赠资金管理使用实施细则》（以下简称《实施细则》），现印发给你们，请严格遵照执行。

特此通知。

附件：1. 玉树地震抗震救灾捐赠资金管理使用实施细则

2. 玉树地震抗震救灾捐赠资金监管小组名单（略）

附件1：

中国红十字会玉树地震抗震救灾捐赠资金管理使用实施细则

为贯彻落实民政部、发展改革委、监察部、财政部、审计署联合制定的《青海玉树地震抗震救灾捐赠资金管理使用实施办法》，规范中国红十字会投入玉树地震恢复重建项目资金（以下简称项目资金）的管理和使用，根据《中华人民共和国公益事业捐赠法》、《中华人民共和国红十字会法》，并结合我会实际，特制定本实施细则。

一、项目资金的使用原则

（一）统一安排、集中使用。各级红十字会通过中国红十字会总会（以下简称总会）汇缴的捐赠资金，依据国家《玉树地震灾后恢复重建总体规划》，由总会会同受灾省统筹安排捐赠资金，认领重建项目。

（二）尊重意愿，专款专用。捐赠资金使用在符合红十字会宗旨的原则下，充分尊重和体现捐赠人的意愿，优先安排捐赠人定向的重建项目。对确实无法落实的定向捐赠资金，应征得捐赠人同意后再调整使用。

（三）专户管理、依法使用。用于玉树地震恢复重建的捐赠资金实行项目管理，专户（账）核算。受灾省红十字会依法接收和管理全国红十字会系统用于本省恢复重建的捐赠资金，任何组织和个人不得侵占、截留、挤占和调用。

（四）公开透明、加强监督。按照“谁接收、谁反馈”的要求，定期公告项目资金收支情况，接受政府主管部门、社会各界及捐赠人的监督检查，确保捐赠资金全部用于玉树地震恢复重建工作。

二、项目资金的使用范围

（一）项目资金集中安排在国家《玉树地震灾后恢复重建总体规划》中认定的灾区范围及中国红十字会总会与受灾省签署备忘录确定的援建项目，主要用于严重毁损的学校、医疗机构、农牧民住房、农牧区基础设施以及防灾减灾设施等重建项目。

（二）按照《中国红十字会特别重大灾害救助工作管理暂行规定》，玉树地震灾后恢复重建项目不按比例提取项目支持费。根据尽量节俭的原则，依照实际发生费用据实列支。包括聘用人员的工资、志愿者补助、通讯、差旅、评估检查督导、宣传表彰等方面的费用。

三、项目资金的运行方式

（一）受灾省红十字会单独设立“玉树地震恢复重建项目账户”（以下简称项目专户），使用总会财务集团管理信息系统核算，并负责账户管理，确保项目资金安全、合法、合规使用。

（二）总会根据与受灾省确定的援助项目资金使用计划，向省级红十字会一次性拨付全部项目资金，受灾省红十字会按照重建项目协议要求和工程进度分期拨付使用。

（三）受灾省红十字会要切实履行项目资金的监管责任。按照国家有关法律法规和项目协议书的规定，负责项目资金核拨、监督检查、资料收集、财务报告等工作，接受政府主管部门、总会和捐赠人的监督检查。重建项目调整、资金使用计划变更应书面报告总会批准后执行。

（四）项目专户产生的利息收入应纳入重建项目统一安排使用。受灾省红十字会用于协调管理全国红十字会援建项目发生的费用，按照尽量节俭的原则在项目专户中据实列支。受灾省执行援建项目时发生的费用，由受灾省统一制定解决政策。

（五）为做好捐赠资金募集、接收和信息反馈工作，全国各级红十字会可按照本级募集捐款总额1%的比例计算预留项目支持费，并严格按照规定的使用范围据实列支。项目支持费列支比例已超过本级募集捐款总额1%的，原则上不再预留；未预留项目支持费的，可以省级红十字会为单位向总会申请回拨。预留项目支持费结余，应在重建工作结束后汇缴总会。各级红十字会项目支持费的使用情况要向社会公告，接受社会监督。

四、项目资金的监督反馈

总会联合部分省级红十字会组成“青海玉树地震抗震救灾捐赠资金监管小组”，共同参与重建项目的监督检查工作。

（一）受灾省红十字会作为捐赠者代表参与本省重建项目全过程的监督检查，负责公示捐赠项目的执行情况，并定期向总会反馈信息。

（二）总会负责定期向社会公告重建项目进展情况和资金拨付进度，协同汇缴捐款的省级红十字会反馈定向资金的落实情况。

（三）各级红十字会要按照中央抗震救灾资金物资监督检查小组的统一部署，严格统一汇缴制度，加强捐赠资金管理使用的监管。主动配合纪检、监察、财政、审计等部门对资金管理使用情况的监督检查，对检查发现的问题要积极落实整改，对违法违纪问题要从严处理并追究领导责任。

本实施细则适用于总会、中国红十字基金会及全国各级红十字会。总会接收的玉树地震港、澳、台及境外捐赠按照有关协议执行，未签订协议的按本实施细则执行。

关于印发《中国红十字会参与玉树地震灾后恢复重建项目实施意见》的通知

（红总字〔2010〕75号
2010年9月17日）

青海省红十字会、四川省红十字会：

为进一步加强和规范红十字会参与玉树地震灾后恢复重建工作，总会根据国务院以及民政部、发改委、监察部、财政部和审计署等部委关于玉树地震灾后恢复重建有关文件的精神，结合我会实际，制定了《中国红十字会参与玉树地震灾后恢复重建项目实施意见》。现印发你们，请遵照执行。

中国红十字会参与玉树地震灾后恢复重建项目实施意见

为进一步加强和规范红十字会参与玉树地震灾后恢复重建工作（以下简称“玉树灾后重建”），根据《中华人民共和国红十字会法》、《中国红十字会章程》、《中国红十字会特别重大灾害救助工作管理暂行规定》，结合国务院以及民政部、发改委、监察部、财政部和审计署印发的有关文件的精神，结合我会参与玉树灾后重建遇到的实际情况，制定本实施意见。

一、基本原则

（一）做好助手，突出特色。红十字会要在玉树灾后重建中做好政府的助手。所开展的玉树灾后重建项目要符合红十字会的宗旨，突出组织特色，符合《中国红十字会总会关于援建玉树地震灾后恢复重建项目命名和设立纪念碑的意见》（见附件）的要求。

（二）遵循规划，依法参与。红十字会开展的玉树灾后重建项目应当选择在国务院编制的《玉树地震灾后恢复重建总体规划》中认定的灾区范围内的。受灾地区各级红十字会依照有关法律、法规的规定，在政府的统一规划及指导下，依法独立自主开展。

（三）突出重点，合理安排。根据国家

安排，红十字会支持的玉树灾后重建项目的重点是，支持受损医疗卫生设施、学校等公共服务设施恢复重建，以及农牧民住房、农牧区基础设施、防灾减灾设施等重建工作。

（四）公开透明，加强监督。按照“谁接收、谁反馈”的要求，受援省红十字会要定期公告灾后恢复重建项目的进展和资金收支情况，接受政府主管部门、社会各界及捐赠人的监督检查，确保捐赠资金全部用于玉树地震恢复重建工作。

二、项目选择及确立

（一）红十字会在选择玉树灾后重建项目时，应当充分尊重和体现捐赠人的意愿，集中安排在国家《玉树地震灾后恢复重建总体规划》中认定的灾区范围及中国红十字会总会与受灾省政府签署的备忘录所商定的援建项目，并纳入政府灾后恢复重建统一规划。

（二）中国红十字会总会根据最终确定的玉树灾后重建项目，与受援省人民政府签署重建项目合作备忘录，明确双方责任、权利和义务。受援省红十字会与受援州政府签署项目协议书，明确项目各方的责任、权利和义务。

三、项目进程的管理

（一）受援省红十字会应当成立玉树灾后重建项目领导机构，建立联系机制，整体负责玉树灾后重建项目的资金拨付，对工程进度、工程质量以及纪念标牌设立等工作进行监督检查及反馈，邀请捐赠方出席开（竣）工等相关仪式等。

（二）受援州成立由政府领导牵头，红十字会、民政、教育、卫生、建设、审计等相关部门组成的红十字会玉树灾后重建项目管理机构，负责红十字会援助项目的资金拨付、项目监督等工作。管理机构下设办公室，办公室可设在州红十字会。

（三）受援地政府要做好红十字会援建项目各类资料的搜集、整理工作，包括施工过程中的相关文件、资金拨付手续、音像图片资料等，设立完整的项目资料档案，以备审计。

（四）受援州政府要切实履行项目监管责任。按照国家有关法律法规和项目协议书的规定，对项目的规划设计、建设质量、工程监理以及资金使用等进行严格把关，并承担相应的责任。

（五）根据《中华人民共和国红十字会法》以及国家有关规定，并充分考虑和尊重捐赠方意愿，红十字会支持的玉树灾后重建项目资金应由红十字会独立运行。资金使用遵照《中国红十字会玉树地震抗震救灾资金管理使用实施细则》执行，受援州红十字会应设立玉树灾后重建项目专户，并由受援省红十字会根据项目的实际进度，分期、分批将援建资金拨付该账户，受援州红十字会根据协议分期拨付。

（六）红十字会支持的玉树灾后重建项目的施工现场、施工过程、竣工后等均应当在显要位置标明“中国红十字会援建项目”，并设立纪念碑牌。纪念碑牌的文字和设计应当严格遵守《中国红十字会援建玉树地震灾后恢复重建项目命名和红十字标志使用指导意见》（见附件）的要求。

受援地政府要督促承建企业落实如下工作：在施工现场显著位置公示中国红十字会援建项目的名称、工程规模、进度等信息；在项目实施过程中，及时向红十字会反馈项目进度等情况；在援建项目竣工后及时向红十字会提交《援建项目竣工报告》（含竣工照片、工程质量检验报告、工程决算报告和施工单位工程款收讫证明等）；根据红十字会及捐赠方的要求适时举行竣工揭牌仪式，邀请红十字会及捐赠方参与。

红十字会支持的玉树灾后重建项目完工后，应设立红十字宣传栏，成立红十字组织，定期开展红十字宣传、服务活动。

（七）中国红十字会总会及捐赠方将不定期赴项目实施地对援建项目进度、质量进行监督检查。受援地政府对红十字会及捐赠方就项目实施中提出的合理化意见和建议应予积极采纳和回应。

附件：

《中国红十字会援建玉树地震灾后恢复重建项目命名和红十字标志使用指导意见》

为规范中国红十字会援建玉树地震灾后恢复重建项目（以下统称“红十字会援建项目”）的命名和红十字标志标识使用事宜，根据《中华人民共和国公益事业捐赠法》、《中华人民共和国中国红十字会法》和《中华人民共和国红十字标志使用办法》，结合中国红十字会接受玉树地震灾后恢复重建捐款的实际情况，特制定本指导意见。

一、红十字会援建项目的资金来源于社会捐款。红十字会援建项目统一采用命名、设立纪念碑的方式来纪念和感谢捐赠人的爱心与贡献。

二、本指导意见的适用范围包括所有红十字会援建项目，包括医疗卫生设施、学校、农牧民住房、农牧区基础设施和防灾减灾设施等。

三、红十字会援建项目应当根据性质统一命名为“红十字博爱学校”、“红十字博爱医院”或“红十字博爱新村”。

四、红十字会援建项目应当在醒目的位置设立纪念碑对捐助者予以感谢和纪念。纪念碑可以单独树立、镶嵌在外墙或室内墙壁上。树立纪念碑时应当尊重捐赠者的意愿。

五、纪念碑应当由如下内容构成：

（一）纪念碑正面文字：“中国红十字会灾后重建纪念碑”；

（二）纪念碑的醒目位置应当统一使用中国红十字会会徽。

（三）纪念碑背面碑文：

公元2010年4月14日7时49分，青海省玉树藏族自治州玉树县发生7.1级地震，给人民生命财产带来巨大损失，举世为之震撼。

中国红十字会秉承人道主义宗旨，呼吁人道之力量，全力投入抗震救灾。社会各界纷纷慷慨解囊，帮助灾区人民重建家园。为铭记捐助者的人道义举，特立此碑，以昭后人。

（四）纪念碑背面碑文下方可以镌刻捐赠人的姓名或者单位名称对捐赠人表示感谢。但具体应当遵守如下规则：

1. 总会接受捐赠中，单位捐款人民币50万元以上（含）或个人捐款人民币10万元以上（含）的，可以在纪念碑上刻名纪念；

2. 各省红十字会和中国红十字基金会根据实际情况镌刻捐赠单位和个人名录；

3. 纪念碑上不体现任何捐赠人的捐赠金额；

4. 各省级红十字会、中国红十字基金会募集的资金原则上由总会分配对应在集中的地区和项目上。各省红十字会、中国红十字基金会按上述原则感谢捐赠人时，还应在捐赠人名前加“××（省市）红十字会募集人民币（捐赠总金额）万元援建”字样。

六、受援地区的各级红十字会要高度重视红十字会援建项目的命名与红十字标志使用，认真做好督导工作。中国红十字会总会将不定期赴项目实施地对相关工作进行监督检查。受援地政府、施工单位应当对红十字会提出的意见和建议应予积极采纳和尊重。

关于推荐中国红十字会青海玉树抗震救灾先进集体和个人的通知

（红总字〔2010〕78 号
2010 年 10 月 17 日）

各省、自治区、直辖市红十字会，新疆生产建设兵团红十字会，铁路、商业系统红十字会：

4 月 14 日青海玉树地震灾害发生后，在党中央、国务院的坚强领导下，中国红十字会以灾情为命令，全力实施红十字救援行动，涌现出许多模范典型。为激励先进，表彰各级红十字会、广大红十字会干部和红十字志愿者，经研究，总会决定对先进集体、个人和优秀志愿者予以表彰。现将有关事项通知如下：

一、表彰奖项

（一）青海玉树抗震救灾组织奖。授予在抗震救灾中工作突出的省级红十字会，由总会评选。

（二）青海玉树抗震救灾先进集体。授予在抗震救灾中贡献突出的地（市、州）、县（市、区）级红十字会。

（三）青海玉树抗震救灾先进个人。授予在抗震救灾中成绩突出的红十字会专职工作人员。

（四）青海玉树抗震救灾优秀志愿者。授予在抗震救灾中表现突出的红十字志愿者。

二、推荐名额

每个省（区、市）红十字会推荐青海玉树抗震救灾先进集体二名，其中地（市、州）级红十字会一名，县（市、区）级红十字会一名；推荐青海玉树抗震救灾先进个人三人；推荐青海玉树抗震救灾优秀志愿者三人。

已被推荐为中共中央、国务院和中央军委表彰的全国抗震救灾先进集体、个人不在此次推荐之列。

三、推荐要求

严格评选标准，确保评选质量。各省（区、市）红十字会要坚持公开、公平、公正的原则，面向基层，面向一线干部、志愿者，以抗震救灾中的政治表现、工作实绩和贡献大小作为衡量标准，严格按照推荐条件，层层选拔，推荐事迹感人、可歌可泣的先进典型。总会将按照“优中选优、突出重点”的原则进行评选。

四、推荐方法和上报时间

请各省（区、市）红十字会于 10 月 31 日前将推荐的先进集体、个人和优秀志愿者的基本情况和事迹及推荐意见报总会组织宣传部（包括电子版）。报送材料中主要事迹要求内容真实，事迹突出，文字简练。先进集体主要事迹材料 1000 字左右，先进个人和优秀志愿者主要事迹材料 800 字左右。

评选表彰先进集体和先进个人是一项政策性很强的工作，各省（区、市）红十字会接到通知后，要高度重视，精心组织，严格把关，立即认真开展本地区的推荐工作。

关于印发《中国红十字会总会自然灾害应急预案》（2010修订版）的通知

（红总字〔2010〕80号
2010年10月15日）

各省、自治区、直辖市红十字会，新疆生产建设兵团红十字会，铁路、商业系统红十字会：

《中国红十字会总会自然灾害等突发公共事件应急预案》于2005年9月编制完成并报国务院备案，在应对近年发生的南方低温雨雪冰冻灾害、汶川地震、玉树地震以及其他重大自然灾害中发挥了重要作用。同时，通过几年的实践，也发现该预案仍存在一些不足和有待完善之处。为此，总会在认真总结经验和广泛听取各方意见的基础上，对该预案进行了修订，同时将名称更改为《中国红十字会总会自然灾害应急预案》（以下简称预案），并于2010年7月报国务院备案。现将修订后的“预案”印发给你们，请认真组织学习，并按照以下要求做好本辖区或行业内的预案修订工作。

一、切实加强对应急预案修订工作的组织领导。要高度重视应急预案修订工作，及时安排部署本辖区或行业内的预案修订或编制工作，发挥预案在灾害应急中的作用。

二、全面提高应急预案的编制修订水平。要进一步加强学习，掌握预案编制的要求和特点，并结合当地和自身实际，在总结近年参与灾害救助经验教训的基础上，突出预案的针对性、操作性和实用性。同时要做好与总会预案的衔接。

三、加强预案演练和宣传教育。要进一步强化针对预案的演练，发现不足及时予以调整完善，不断提高预案执行能力。同时要注意抓好预案的宣传教育普及，提高应急预案的知晓率，在预案启动时，使相关人员都能积极主动地参与。

特此通知。

附件：中国红十字会总会自然灾害应急预案（2010修订版）（略）

关于将青岛市红十字会备灾救灾仓库纳入中国红十字会备灾救灾体系建设的批复

（红总字〔2010〕86号
2010年11月8日）

青岛市红十字会：

你会《关于将青岛市红十字会备灾救灾仓库纳入总会备灾救灾体系建设的请示》（青红字〔2010〕77号）收悉。经研究讨论，总会同意将你会备灾救灾仓库纳入中国红十字会备灾救灾体系建设。灾害发生时，你会备灾救灾仓库要按照总会统一指挥和调度，做好自然灾害等突发公共事件的救助工作。希望你会争取当地政府支持，尽快申报立项，加快备灾救灾仓库筹建。

特此批复。

关于确定玉树灾后恢复重建项目和设立纪念碑事宜的通知

（红总字〔2010〕88 号
2010 年 11 月 18 日）

各省、自治区、直辖市红十字会，新疆生产建设兵团红十字会：

根据中国红十字会总会与青海省政府签署的《玉树地震灾后恢复重建项目备忘录》和你会上报总会相关玉树捐款情况，本着相对集中的原则，总会确定了玉树地震灾后恢复重建项目（见附件）。有关要求通知如下。

各省级红十字会根据捐赠人的捐款情况并参考总会《关于印发＜中国红十字会参与玉树地震灾后恢复重建项目实施意见＞的通知》（红总字〔2010〕75 号）相关规定自行对应，并于 12 月 29 日之前将刻碑捐赠人名录报青海省红十字会并抄总会（请将抄报总会的名录以电子文档格式发到电子邮箱 rcsc503@163.com）。

有关设立纪念碑事宜由你会通过青海省红十字会与接受援建项目单位直接衔接。纪念碑上的碑名和正面格式须按照总会要求由青海省红十字会统一制作。

特此通知。

附件：中国红十字会各省级红十字会援助玉树地震灾后恢复重建项目对应表（略）

卫生部、中国红十字会总会、总后勤部卫生部关于表彰 2008～2009 年度无偿献血奉献奖金奖等奖项获奖者的决定

（卫医政发〔2010〕101 号
2010 年 12 月 10 日）

各省、自治区、直辖市卫生厅局、红十字会，新疆生产建设兵团卫生局、红十字会，各军区联勤部、各军兵种后勤部卫生部，总参三部后勤部，总参管理保障部、总政直工部、总装后勤部卫生局，军事科学院、国防大学、国防科技大学院（校）务部卫生部（处），总后直属单位卫生部门：

《中华人民共和国献血法》（以下简称《献血法》）实施以来，各级政府领导有力，有关部门大力配合，广大无偿献血者、志愿工作者和社会各界积极参与，我国的无偿献血事业取得了可喜的成绩。2008～2009 年二年间，各地涌现出了一批先进个人、单位、部队和省市。他们积极关心、支持无偿献血事业，尤其是在 2008 年南方雨雪冰冻、汶川特大地震等严重灾害医疗救治，以及北京奥运会、庆祝新中国成立 60 周年等重大活动血液保障工作中，表现出甘于奉献、乐于助人、赤诚博爱、无私无畏的崇高品德。

为表彰先进，树立无私奉献、互助互爱的先进榜样，进一步激励有关部门、社会团体与健康适龄的公民积极参与无偿献血这项利国利民的社会公益活动，根据《献血法》和《全国无偿献血表彰奖励办法》的规定，卫生部、中国红十字会总会、总后勤部卫生

部决定，对在无偿献血工作中作出突出成绩的艾满清等34333名同志授予“无偿献血奉献奖金奖”，艾启超等19580名同志授予“无偿献血奉献奖银奖”，艾京等58434名同志授予“无偿献血奉献奖铜奖”；刘娟花等616名同志授予“无偿捐献造血干细胞奉献奖”；北京市红十字血液中心等80个单位、邓亚萍等13名同志授予“无偿献血促进奖”；河北省等九个省和北京市东城区等240个市（区）授予“无偿献血先进省（市）奖”；黑龙江省军区等18个军队单位授予“无偿献血先进部队奖”。

卫生部、中国红十字会总会、总后勤部卫生部将对“无偿献血奉献奖金奖”、“无偿献血促进奖”、“无偿献血先进省（市）奖”、“无偿献血先进部队奖”的获奖者进行表彰。委托各省、自治区、直辖市对获得“无偿献血奉献奖银奖”、“无偿献血奉献奖铜奖”和“无偿捐献造血干细胞奉献奖”的获奖者予以表彰。

希望获奖的个人、单位和省市珍惜荣誉，继续努力，充分发挥示范和激励作用。我们号召社会各界向他们学习，齐心协力，再接再厉，为确保采供血和临床用血安全，营造互助友爱的社会文明进步之风，促进医疗卫生事业的全面、协调、可持续发展作出新的更大的贡献。

附件：

1. 无偿献血奉献奖金奖获奖名单

2. 无偿献血促进奖获奖名单

3. 无偿献血先进省（市）奖获奖名单

4. 无偿献血先进部队奖获奖名单（以上名单见“人名篇”）

5. 无偿献血奉献奖银奖获奖名单、无偿献血奉献奖铜奖获奖名单和无偿捐献造血干细胞奉献奖获奖名单（由各省、自治区、直辖市公布）

中国红十字会总会关于表彰青海玉树抗震救灾先进集体和先进个人的决定

（红总字〔2010〕102号）

2010年4月14日，青海玉树地震发生后，在党中央、国务院的坚强领导下，中国红十字会以灾情为命令，视时间如生命，按照《中华人民共和国红十字会法》赋予的职责，充分发扬“人道、博爱、奉献”的红十字精神，汇聚人道力量，全力实施救援行动。广大红十字会干部、会员和红十字志愿者迅速行动，扎实工作，不畏艰难、连续作战，积极投入到抗震救灾工作中，涌现出许多模范典型。

为表彰先进，经中国红十字会总会研究决定，授予青海省等八个省级红十字会“抗震救灾组织奖”；北京市房山区红十字会等65个红十字会和红十字救援队“抗震救灾先进集体”；孙硕鹏等55名同志“抗震救灾先进个人”，张勇等94名同志“抗震救灾优秀志愿者”，香港和澳门特别行政区红十字会“抗震救灾特别贡献奖”。

全国各级红十字会、广大红十字会干部、会员和志愿者，要学习他们心系灾区、无私奉献的牺牲精神，学习他们不畏艰险、顽强拼搏的优良品格，以更加扎实的作风、更加努力的工作，在构建社会主义和谐社会中做出更大的贡献。

附件：中国红十字会青海玉树抗震救灾

先进集体（个人）名单

二○一○年十二月二十四日

附件：

中国红十字会青海玉树抗震救灾先进集体（个人）名单

抗震救灾组织奖（8 个）

青海省 广东省 上海市 福建省 浙江省 北京市 天津市 宁夏回族自治区

抗震救灾先进集体（65 个）

北京市：房山区红十字会、

北京市红十字会紧急救援中心（999）

天津市：北辰区红十字会、河西区红十字会

河北省：邯郸市红十字会、迁安市红十字会

山西省：大同市红十字会、安泽县红十字会

内蒙古自治区：鄂尔多斯市红十字会、额济纳旗红十字会

辽宁省：大连市红十字会、皇姑区红十字会

吉林省：长春市红十字会、延吉市红十字会

黑龙江省：哈尔滨市红十字会、富锦市红十字会

上海市：浦东新区红十字会、

徐汇区虹梅街道红十字会

江苏省：南京市红十字会、昆山市红十字会

浙江省：杭州市红十字会、义乌市红十字会

安徽省：马鞍山市红十字会、怀远县红十字会

福建省：厦门市红十字会、晋江市红十字会

江西省：新余市红十字会、南昌县红十字会

山东省：青岛市红十字会、曲阜市红十字会

河南省：郑州市红十字会、金明区红十字会

湖北省：武汉市红十字会、夷陵区红十字会

湖南省：长沙市红十字会、慈利县红十字会

广东省：深圳市红十字会、台山市红十字会

广西壮族自治区：北海市红十字会、广西红十字紧急医疗救援队

海南省：海口市红十字会、定安县红十字会

重庆市：黔江区红十字会、武隆县红十字会

四川省：雅安市红十字会、双流县红十字会

贵州省：贵阳市红十字会、遵义市红十字会

云南省：德宏州红十字会、蒙自县红十字会

西藏自治区：阜康医院紧急救援队

陕西省：西安市红十字会、韩城县红十字会

甘肃省：平凉市红十字会、安定区红十字会

青海省：省红十字会备灾救灾中心、

玉树藏族自治州红十字会

宁夏回族自治区：银川市红十字会、石

嘴山市红十字会

新疆维吾尔自治区：昌吉回族自治州红十字会、沙依巴克区红十字会

新疆生产建设兵团：农八师石河子市红十字会、农六师五家渠市红十字会

北京市红十字蓝天救援队

中国红十字（湖南）供水应急分队

抗震救灾先进个人（55 名）

北京市：孙硕鹏、李立兵、王正华、刘秀华

天津市：王丽清

河北省：高继芳

山西省：段鸣爱

内蒙古自治区：张晓炜

辽宁省：苗静

吉林省：苗秀荣、于立敏

黑龙江省：曹晶

上海市：滕桂香、陈明、沃伟东

江苏省：严晓明、孟纬鸿、杨维珊

浙江省：赵雅飞、王佳、陈良龙

安徽省：陈玉琴

福建省：陆芳红、胡晓强、林敏惠

江西省：吴艳红

山东省：张多伟

河南省：王豫华

湖北省：程燕莉

湖南省：彭力夫、曹向东、谷宇、彭清明、宋波

广东省：陈海蓉、简海燕、罗慧颜

广西壮族自治区：蔡云旗、胡德宏、刘萍

海南省：李政

重庆市：李永龙

四川省：王旭初

贵州省：冉雪莲

云南省：李凌、施正春、李涛

陕西省：杨和平

甘肃省：宋廷武

青海省：尼玛、格扎

宁夏回族自治区：杨红英

新疆维吾尔自治区：赵庆贺

新疆生产建设兵团：武耀平

香港特别行政区：蔡穗升

抗震救灾优秀志愿者（94 名）

北京市：张勇、马刚、崔伟

天津市：张连星、王维娜、王燕青

河北省：张震、胡金泉、张海涛

山西省：李政、秦洋、王璇

内蒙古自治区：张文强、庞云、梁俊伟

辽宁省：赵连鹏、来丽娜、刘忠田

吉林省：王春艳、王耀辉

黑龙江省：施永、孙林云、王学发

上海市：马黎平、沈俊、朱悦青

江苏省：余雷、顾非、袁卫东

浙江省：倪雍厅、叶其明、吴春泉

安徽省：袁媛、徐斌、苏雪迎

福建省：张复星、曾丽、沈清华

江西省：许艳、杨义屏、朱玲玲

山东省：张兆全、曹积生、张循芳

河南省：陈雪、常静霞、陈福安

湖北省：金钰傅、杨国昌、乔华中

湖南省：贺文、黄魁、彭继军、倪仕红、朱勇

广东省：董斌、黎瑞冰、陆晖斐

广西壮族自治区：吕丽娜、张政、王美春

海南省：符海燕、林德厚、罗娟

重庆市：陈榜霞、胡泽生、李丛宇

四川省：王杰、赵克飞、古米蓝

贵州省：朱泽瑞、卓先顺、严培文

云南省：张伟、朱加厚、汤汉涛

陕西省：薛红茹、李萍、郭天刚

甘肃省：袁鹏举、王明、沈俊孝

青海省：马宝祥、张文郡、任延明

宁夏回族自治区：牛敏、陈亚林、海明月

新疆维吾尔自治区：艾海提托合孙、孟慧华、王双成

新疆生产建设兵团：焦永红、张文林、孙力军

抗震救灾特别贡献奖（2个）

香港特别行政区红十字会

澳门特别行政区红十字会

中国红十字会总会关于表彰参与服务上海世博会先进集体和先进个人的决定

（中红字〔2011〕1号）

在党中央、国务院的坚强领导下，在全国人民的大力支持下，中国2010年上海世博会获得圆满成功。中国红十字会发扬“人道、博爱、奉献”精神，围绕中心、服务大局，成功举办了上海世博会国际红十字与红新月馆，广泛开展了“红十字与世博同行”志愿活动。上海、苏州、宁波、中山等有世博任务的地方红十字会在普及应急救护知识和技能，设立红十字志愿服务站，为游客和社会提供及时救助等方面，以积极、热情、奉献的工作态度，做了大量卓有成效的工作，取得了可喜的成绩。中国红十字会参与服务上海世博会的各项工作，得到上海世博会组委会、红十字会与红新月会国际联合会、红十字国际委员会及社会各界的认可。2010年12月，中共中央、国务院授予中国红十字会红十字世博项目秘书处“上海世博会先进集体”的荣誉称号；授予上海市红十字会干部王子美“上海世博会先进个人”荣誉称号。

为激励先进，表彰在参与服务上海世博会工作中作出突出贡献的各级红十字会、相关单位的先进集体、先进个人和优秀志愿者，经中国红十字会总会研究决定，授予上海市红十字会等24个单位“红十字参与服务世博先进集体”荣誉称号；授予丁超英等30位同志“红十字参与服务世博先进个人”荣誉称号；授予钱国祥等33位同志“优秀红十字志愿者”称号；授予上海意像企业形象设计有限公司“上海世博会国际红十字与红新月馆最佳创意设计奖”；授予上海东浩国际商务有限公司“上海世博会国际红十字与红新月馆优秀商务服务奖”；授予上海国际会议展览有限公司“上海世博会国际红十字与红新月馆场馆运营奖”；授予浙江贝因美科工贸股份有限公司等六个企、事业单位“特别贡献奖”（名单附后）。

希望获得荣誉称号的先进集体和先进个人珍惜荣誉、再接再厉，把参与服务世博的精神财富继续传承下去，再谱人道事业新篇章。全国各级红十字会、广大红十字会专兼职干部、会员、志愿者，要学习先进集体和先进个人的优秀品质，发扬红十字会的优良传统，深入贯彻落实科学发展观，围绕中心、服务大局，开拓进取、扎实工作，为构建和谐社会、为人类和平与进步事业作出更大的贡献。

附件：中国红十字会参与服务上海世博会先进集体（个人）名单

二〇一一年一月四日

附件：

中国红十字会参与服务上海世博会先进集体（个人）名单

“红十字参与服务世博”先进集体（24个）

上海市：上海市红十字会、浦东新区红十字会、黄浦区红十字会、卢湾区红十字会、上海市红十字医院、上海市新华红十字医院、上海市红十字胸科医院、上海市红十字第三人民医院、上海市红十字医疗急救中心、中国红十字会华山医院

江苏省：苏州市红十字会、无锡市红十字会

浙江省：宁波市红十字会、杭州市红十字心理健康志愿服务队

安徽省：合肥市红十字会

广东省：中山市红十字会

陕西省：商洛市红十字会

总会系统：中国红十字世博爱基金、中国红十字世博温暖基金、组织宣传部、联络部、报刊社、物资供应站、网络中心

“红十字参与服务世博”先进个人（30名）

上海市：丁超英、尉荣生、王春玲、熊仿杰、李江英、周湘兰、滕桂香、崔月芳、殷洲、刘国华、冯运、邵建华

江苏省：吴佳、许萍

浙江省：叶卫兵、范振芬

安徽省：叶丽萍

广东省：殷昭举、简海燕

陕西省：李志刚

总会系统：张旭东、郑文熙、宋慧民、王盛华、张景春、邓鹂、张赢方、王艳、彭赛锋、洪诗平

优秀红十字志愿者（33名）

上海市：李瑾、钱国祥、袁星、李珺、沈文律、刘和芳、陆珍萍、吴跃英、夏欣、卢刚、黄萍、姚湘如、胡渊英、王之宙、胡天韵、赵清永、汤兆祥、刘贵朝、沈洁如、施帆、路琮玮、陈萍

江苏省：黄慧、张云燕、陈刚

浙江省：王道华、费素定、钱锡定

安徽省：傅强

广东省：程治雄、何少梅、梁靖淇、孙虹

上海世博会国际红十字与红新月馆最佳创意设计奖（1个）

上海意像企业形象设计有限公司

上海世博会国际红十字与红新月馆优秀商务服务奖（1个）

上海东浩国际商务有限公司

上海世博会国际红十字与红新月馆优秀场馆运营奖（1个）

上海国际会议展览有限公司

特殊贡献奖（6个）

浙江贝因美科工贸股份有限公司

海门市明天家用纺织品有限公司

浙江泰普森控股集团有限公司

中央电视台新闻中心社会新闻部社会事业组

北京地下铁道通成广告有限公司

北京七彩传媒广告有限

中国红十字会总会关于表彰红十字服务亚运工作先进集体和先进个人的决定

（红总字〔2010〕108号）

各省、自治区、直辖市红十字会，新疆生产

建设兵团红十字会，铁路、商业系统红十字会：

在党中央、国务院的坚强领导下，在全国各族人民的热情参与下，第 16 届亚洲运动会和亚洲残疾人运动会取得圆满成功。在筹备和服务亚运的过程中，中国红十字会发扬“人道、博爱、奉献”精神，围绕中心、服务大局，发挥了积极作用。广东省红十字会在总会的指导下，广泛动员，积极行动，带领各赛事城市红十字会全力以赴投入服务亚运会、亚残运会工作。开展了群众性救护知识普及和演练，招募红十字志愿者在赛场外服务站上岗服务，组织海峡两岸红十字水上救生志愿者联手服务亚运会帆船赛，宣传预防艾滋病知识，做好紧急情况下组织群众无偿献血的准备工作，参与亚运火炬传递等工作，实现了“红十字会服务亚运”的庄严承诺，宣传了红十字运动，弘扬了红十字精神，赢得了组委会和各国运动员、工作人员的好评。

为表彰在服务亚运工作中作出突出贡献、表现优异的集体和个人，激励群众广泛参与红十字志愿服务，提升红十字会参与大型活动的服务能力和水平，扩大红十字会的社会影响力，经总会研究决定，授予广东省红十字会等五个单位“中国红十字会服务亚运工作先进集体”称号；授予邵岩等五人“中国红十字会服务亚运工作先进个人”称号；授予高峰等 15 人“中国红十字会服务亚运工作优秀志愿者”称号。

希望获得荣誉称号的先进集体和个人珍惜荣誉、再接再厉，把参与亚运服务的精神财富传承下去，再谱人道事业新篇章。全国各级红十字会要向获得荣誉称号的先进集体和个人学习，发扬红十字会的优良传统，扎实工作、开拓进取，为构建和谐社会，为人类和平与进步事业作出更大的贡献。

附件：中国红十字会服务亚运工作先进集体和先进个人名单

二〇一〇年十二月二十九日

附件：

中国红十字会服务亚运工作先进集体和先进个人名单

一、中国红十字会服务亚运工作先进集体（5 个）

广东省红十字会

广州市红十字会

佛山市红十字会

东莞市红十字会

汕尾市红十字会

二、中国红十字会服务亚运工作先进个人（5 人）

邵　岩（广东省红十字会）

陈　红（女，广州市红十字会）

麦洁华（女，佛山市红十字会）

叶伟坤（东莞市红十字会）

许晓文（汕尾市红十字会）

三、中国红十字会服务亚运工作优秀志愿者（15 人）

范文博、高峰、黄红、朱凡特、刘俊岐、何燕雯、吴言东、冯锦怡、周学勤、李雪雅、罗海波、陈健濠、林粤东、刘美君、张晓冰

二

纪事篇

大　事　记

2010年大事记

1月

1月7—8日，副会长郝林娜出席艾滋病工作专家组会议并讲话。

1月8—11日，常务副会长王伟赴云南省考察调研红十字会工作，并出席中国红十字会和中国文联在云南省楚雄彝族自治州联合开展的“温暖送百姓、欢乐到基层”慰问活动。

1月12—13日，全国人大常委会副委员长、中国红十字会会长华建敏、常务副会长王伟、副会长郭长江、郝林娜，副会长兼秘书长王海京出席在深圳召开的中国红十字会2010年工作会议。会议期间，华建敏会长对深圳市红十字会工作进行调研。

1月13日，中国红十字会会长华建敏向海地红十字会发出慰问电。中国红十字会向海地提供100万美元的地震紧急援助。

1月14日，广州亚组委与中国红十字会在广州举行《合作备忘录》签字仪式。副会长郝林娜、广州亚组委副秘书长叶细权签署备忘录。

1月19日，副会长郭长江赴上海世博园区了解国际红十字与红新月馆施工进展情况，并出席该馆装修布展开工仪式。

1月21日，为响应红十字会与红新月会国际联合会为海地地震发出的紧急募捐呼吁，中国红十字会向红十字会与红新月会国际联合会捐款50万美元，用于海地地震灾区的救援及灾后重建。

1月22日，全国人大常委会副委员长、中国红十字会会长华建敏、全国政协副主席李金华在人民大会堂出席由《中国新闻周刊》和中国红十字基金会联合主办的第五届“中国·企业社会责任国际论坛”。

1月22日，全国人大常委会副委员长、中国红十字会会长华建敏、常务副会长王伟出席在北京嘉里中心由中国红十字会总会举办的“2010红十字之友联谊会”。

1月25—1月29日，副会长郭长江率队赴河北、四川参加“红十字博爱送万家”活动。

1月25—1月29日，副会长郝林娜率队赴重庆、贵州参加“红十字博爱送万家”活动。

1月25—1月29日，副会长王海京率队赴甘肃、陕西参加“红十字博爱送万家”活动。

1月27日，常务副会长王伟、副会长郝林娜会见红十字国际委员会行动部主任皮埃尔·克雷恩布尔。

1月28日，常务副会长王伟赴307医院慰问了正在进行造血干细胞捐献的志愿者李勇。

1月28日，中国红十字会会同卫生部、

中国残联、中国疾控中心麻风中心等单位联合赴山东省济南市开展 2010 年“世界防治麻风病日”慰问活动。

2 月

2 月 2 日，副会长郭长江出席首届中国社工年会，并作为获奖集体代表致辞。

2 月 2 日，常务副会长王伟，副会长郭长江、郝林娜，副会长兼秘书长王海京率中国红十字会总会各部门及直属单位领导赴北京市红十字会颐年护老院慰问。

2 月 3 日，副会长郝林娜在总会与国际委员会东亚地区代表处安东·卡门、马文德、布丽吉塔会谈 2010 年度工作。

2 月 7 日，副会长郭长江、中国红十字基金会常务副理事长兼秘书长王汝鹏出席由环球慈善杂志社在嘉泰国际大厦主办的“和谐服务工程说明会暨五峰科技发展有限公司成立仪式”。

2 月 25 日 12 时 56 分，云南省楚雄彝族自治州禄丰县、元谋县交界发生 5.1 级地震。中国红十字会总会 26 日紧急向灾区调拨价值 15 万余元的棉被 1000 床、棉衣 900 件、环境消毒剂 500 箱，用于当地开展抗震救灾工作。

2 月 26 日，2010 年上海世博会国际红十字与红新月馆战略合作伙伴授牌暨中国红十字世博爱基金启动仪式在北京人民大会堂举行。会长华建敏，常务副会长王伟，副会长郭长江，贝因美集团董事局主席谢宏等出席活动。

2 月 26 日，中国红十字基金会荣获民政部颁发的“全国先进社会组织”称号。副会长郭长江出席“全国先进社会组织表彰暨社会组织深入学习实践科学发展观活动总结大会”并作为获奖代表发言。

2 月，“中华骨髓库捐者逾百万”入选由《环球慈善》杂志策划组织的“2009 中国十大慈善新闻”。

3 月

3 月 2 日，全国人体器官捐献试点工作启动会在天津召开。总会和卫生部、各试点省、市红十字会及卫生厅（局）相关领导和部分移植医院专家共 120 余人参加了大会。会议由常务副会长王伟主持，副会长郝琳娜出席。

3 月 4 日 8 时 18 分，台湾高雄县、屏东县交界发生 6. 7 级地震。当日，常务副会长王伟致电台湾红十字组织陈长文会长表示慰问。

3 月 4—5 日，常务副会长王伟、副会长郝林娜在厦门出席东亚地区红十字领导人会议。

3 月 9 日，常务副会长王伟、副会长郝林娜在总会会见挪威红十字会秘书长一行四人。

3 月 11 日，副会长郝林娜会见台湾红十字组织副秘书长林秀芬一行，商谈“8·8”水灾重建备忘录事宜。

3 月 21—28 日，副会长郝林娜率队前往台湾，参加由台湾红十字组织主办的“921·512·88 灾后重建工作研讨会”，红十字组织签署了海峡两岸红十字组织共同参与“88”水灾灾后重建合作备忘录。

3 月 22—27 日，常务副会长王伟率团赴西班牙参加欧盟器官移植与捐献会议，并顺访西班牙红十字会总会及加泰罗尼亚分会。

3月23日，总会发出《关于支援旱灾地区红十字会开展救助工作的紧急通知》，号召未受灾省（区、市）红十字会积极向受灾省（区、市）提供援助。

3月24日，全国人大常委会副委员长、中国红十字会会长华建敏考察上海市红十字会工作和上海世博会国际红十字与红新月馆建设情况，副会长郭长江陪同。

3月27日，全国人大常委会副委员长、中国红十字会会长华建敏视察苏州大学红十字运动研究中心。

3月31日，常务副会长王伟会见来访的红十字会与红新月会国际联合会筹资与关系管理部部长西蒙·密西里。

4月

4月3日晚8时，中国红十字会参与主办的大型公益晚会《抗旱救灾我们在行动》在北京电视台演播大厅成功举办。全国人大常委会副委员长、中国红十字会会长华建敏，常务副会长王伟，副会长郭长江、郝林娜，副会长兼秘书长王海京等出席晚会。

4月6—15日，副会长王海京一行访问美国印第安纳大学和加拿大红十字会。

4月7日，顾问江亦曼、苏菊香一行赴汶川地震灾区阿坝州汶川县考察指导灾后重建工作。

4月8日，由民政部主办的“2009年度中华慈善奖”颁奖典礼召开并公布获奖名单，其中，浙江贝因美科工贸股份有限公司等近10%的获奖者由中国红十字会总会推荐产生。

4月13—14日，常务副会长王伟考察贵州省旱灾灾情，慰问灾区群众，并对当地红十字会工作进行调研。

4月14日7时49分，青海玉树发生7.1级地震。中国红十字会上午紧急启动二级救灾响应预案，并根据灾情发展于下午将响应等级提升至一级。副会长郝林娜带队的救灾工作组于当日紧急赶赴灾区。

4月14日，总会通过媒体向社会发布青海玉树地震灾区紧急救灾呼吁。

4月15日下午，中共中央政治局委员、国务院副总理、国务院抗震救灾总指挥部总指挥回良玉对在玉树州抗震救灾指挥部对接工作的中国红十字会赴青海玉树地震灾区救灾工作组说：“中国红十字会第一时间的行动我都看到了，你们是最快的，你们是好样的，你们是政府最得力的助手！”

4月19—21日，副会长郝林娜陪同美国红十字会捐赠企业代表团到四川地震灾区考察。

4月20日，中国红十字会总会召开中国共产党中国红十字会总会直属机关党员大会，选举产生新一届直属机关党委和直属机关纪委。

4月20日晚8时，由中宣部、民政部、国家广电总局、中国红十字会总会等单位联合主办的“情系玉树，大爱无疆”抗震救灾大型募捐晚会播出，引起了广泛的社会影响。

4月25日，常务副会长王伟抵达玉树灾区，视察灾区供水ERU情况。

4月26日，中共中央政治局常委、全国政协主席贾庆林在青海省西宁市第一人民医院看望了台湾红十字组织医疗救援队成员，常务副会长王伟参加活动。

4月26日，副会长郝林娜在京会见了红十字与红新月常设委员会主席马西莫·贝拉先生一行。

5 月

5 月 1 日，副会长郭长江出席 2010 年上海世博会国际红十字与红新月馆正式开馆仪式。

5 月 6 日，中国红十字会总会启动四级响应预案，紧急向重庆灾区调拨棉被 2000 床、棉衣2000 件（总价值19.97 万元）；向湖南灾区调拨棉被 2500 床、环境消毒剂 500 箱、饮水消毒剂 500 箱（总价值 33.65 万元），用于当地遭受暴雨袭击后造成的风雹、洪涝灾情救灾工作。

5 月 7 日，全国人大常委会副委员长、中国红十字会会长华建敏视察上海市红十字会工作，常务副会长王伟、副会长王海京、秘书长王汝鹏陪同。

5 月 7—14 日，顾问江亦曼、苏菊香一行分别赴四川、陕西两省考察汶川特大地震灾后重建项目情况。

5 月 8 日，“2010 年红十字博爱周”活动启动，全国各地红十字会根据当地实际，结合服务世博、全国“防灾减灾日”、支援玉树地震、西南干旱灾区等主题开展活动。

5 月 8 日，常务副会长王伟、副会长郭长江、郝林娜、王海京，秘书长王汝鹏在上海出席上海世博会国际红十字与红新月高峰论坛。

5 月 8 日，“2010 年上海世博会国际红十字与红新月馆荣誉日”游园活动在上海世博园举办。红十字会与红新月会国际联合会副主席、卡塔尔红新月会会长默罕默德·阿尔－麦迪，红十字国际委员会副主席克里斯蒂娜·贝利，中国红十字会常务副会长王伟、顾问江亦曼、副会长兼国际红十字与红新月馆展区总代表郭长江、副会长郝林娜和王海京，秘书长王汝鹏等出席并参观展馆。

5 月 8 日，“上海世博会国际红十字与红新月馆荣誉日暨 2010 红十字博爱周启动仪式”在上海世博园世博中心举行，副会长郭长江主持仪式。上海世博会中国政府副总代表刘菲，国际红十字与红新月馆代表团团长、红十字会与红新月会国际联合会副主席、卡塔尔红新月会会长默罕默德·阿尔－麦迪，红十字国际委员会副主席克里斯蒂娜·贝利，中国红十字会常务副会长王伟、顾问江亦曼、副会长郝林娜和王海京、秘书长王汝鹏等出席。

5 月 8 日，“人道力量——世界红十字日暨中日韩三国红十字公益晚会”在上海世博文化中心举办，国际红十字与红新月馆代表团团长、红十字会与红新月会国际联合会副主席、卡塔尔红新月会会长默罕默德·阿尔—麦迪，红十字国际委员会副主席克里斯蒂娜·贝利，中国红十字会常务副会长王伟、顾问江亦曼、副会长兼国际红十字与红新月馆展区总代表郭长江、副会长郝林娜和王海京、秘书长王汝鹏等人出席并观看了演出。

5 月 8 日，总会在全国范围内开展“国际红十字日爱心问候活动”，通过 12114 短信咨询平台向全国 20 万手机用户发送红十字日的爱心问候。

5 月 11 日，中国红十字会与联合德高（中国）大学视窗项目、《环球慈善》杂志社、北京大学红十字会在北京大学百年讲堂举办“守护生命与家园，我们在行动”防灾减灾日主题公益活动，副会长郭长江出席并讲话。

5 月 11 日，由中国红十字会总会与民政部、教育部、共青团中央主办的“中国人保——全国防灾减灾知识大赛”在北京启动，副会长王海京出席。

5 月 11 日，副会长郝林娜在总会会见红十字与红新月国际联合会亚太地区代表团团长亨利。

5 月 14 日，中国造血干细胞捐献者资料库管理中心（中华骨髓库）举行“爱心四叶草——白血病患者关爱行动暨爱心企业捐赠仪式”，呼吁社会各界从物质和精神方面给予白血病患者以关爱和帮助。常务副会长王伟为支持中华骨髓库建设的强生公司、金卫医疗集团有限公司、福兴达科技有限公司颁发了“中国红十字博爱奖章”。

5 月 17 日，副会长郝林娜一行在上海世博园欧盟比利时馆会见了比利时政府及比利时世博委员会代表团一行，双方就计划开展的世博系列慈善活动进行了会谈。

5 月 18—20 日，常务副会长王伟一行赴山西省长治市参加“扶贫救心——红十字在行动”太行老区行启动仪式并对当地红十字会工作进行调研。

5 月 24 日，常务副会长王伟一行到山东省青岛市调研红十字会工作。

5 月 24 日，中国红十字会“魔豆宝宝爱心工程”在湖北省武汉市启动，秘书长王汝鹏参加了启动仪式。

5 月 24—27 日，中国红十字会汶川地震灾后恢复重建项目工作座谈会在成都举办，副会长王海京出席。

6 月

6 月 4 日，秘书长王汝鹏代表中国红十字会接受中国再保险（集团）股份有限公司全体员工捐赠 1495127.10 元人民币，并向其颁发了“中国红十字博爱奖章”。

6 月 6 日，常务副会长王伟，副会长郭长江出席由北京城建集团和中国红十字基金会合作建设的北京曜阳国际老年公寓在密云县举行的落成典礼。

6 月 7—11 日，常务副会长王伟率团赴香港、澳门参加香港红十字会建会 60 周年和澳门红十字会建会 90 周年庆典活动。

6 月 8 日，中国红十字会与红十字国际委员会签署《中国红十字会与红十字国际委员会 2010 ~ 2012 年合作框架协议》，副会长郝林娜、红十字国际委员会东亚地区办事处主任梅拉出席签字仪式并签署协议。

6 月 9 日，全国人大常委会副委员长、中国红十字会会长华建敏调研北京市红十字会工作。

6 月 13 日，副会长郝林娜应邀赴沪参加了在世博园区举行的比利时国家馆日官方仪式，并在欧盟比利时馆内会见了比利时王储菲利浦王子和比利时世博事务委员会总代表戴明哲，商讨城市社区应急救护等项目合作。

6 月 13—22 日，副会长郭长江率团访问澳大利亚、新西兰红十字会。

6 月 14 日，总会与卫生部在上海世博园联合举办“世界献血者日”纪念活动，常务副会长王伟出席并讲话。

6 月 20 日，副会长郝琳娜在京会见德国红十字会秘书长克莱曼斯一行。

6 月 23 日，总会通过人民日报、新华社、中央电视台等媒体向全国发出为救助南方洪涝灾害地区募捐的紧急呼吁。

6 月 23—27 日，副会长王海京带队赴江西和湖南灾区考察灾情。

6 月 28—30 日，中国红十字会救护工作指导委员会会议在京举办，副会长王海京出席会议，

6 月 30 日，副会长郝林娜在训练中心参加国家红十字会与红新月会紧急救护研修班开班仪式。

7 月

7 月 1—8 日，常务副会长王伟、秘书长王汝鹏率团访问挪威和英国红十字会。

7 月 5—9 日，副会长郝林娜率团访问朝鲜红十字会。

7 月 7 日，中国红十字会向朝鲜红十字会援助物资交接仪式在平壤举行。副会长郝林娜、朝鲜红十字会常务副会长白勇虎、中国驻朝鲜大使刘洪才出席了仪式。

7 月 8 日，副会长王海京、LG 电子大中华区副总裁李时镛等出席 LG 集团向玉树地震灾区捐款 500 万元的捐赠仪式。

7 月 10 日，常务副会长王伟应邀在南非太阳城参加了红十字会与红新月会国际联合会与可口可乐系统的合作会谈。

7 月 10—14 日，副会长郝林娜率团访问蒙古红十字会。

7 月 17 日，“第四届中国移植运动会暨第三届中国器官捐献日”活动开幕式在天津医科大学体育馆隆重举行。全国人大常委会副委员长、中国红十字会会长华建敏，卫生部副部长黄洁夫，常务副会长王伟、副会长郝林娜、秘书长王汝鹏，世界移植运动会、中华医学会器官移植学分会、天津市政府有关领导出席开幕式。并参观考察了天津市第一中心医院器官移植中心，并与天津市委书记张高丽就器官捐献工作进行了座谈。

7 月 19 日，总会根据四川省红十字会和江西省红十字会上报的洪涝灾情和灾区需求，向四川和江西洪涝灾区调拨 2500 床棉被、950 个家庭包和 1300 箱环境消毒剂，用于支持当地红十字会开展救助工作。

7 月 20—23 日，总会与红十字国际联合会东亚代表处在北京联合举办社会心理支持工具包培训班暨灾害心理援助项目（PSP）启动会，副会长王海京出席开班仪式并讲话。

7 月 21—22 日，秘书长王汝鹏率队赴湖北水灾灾区考察。

7 月 28 日，中国红十字会与比利时世博事务委员会在北京签署开展城市社区应急救护等卫生健康项目的合作备忘录。常务副会长王伟会见比利时世博事务总代表戴明哲一行，副会长郝林娜与比利时世博事务总代表戴明哲共同签署了合作备忘录，并分别授权中国红十字会总会训练中心和欧中商务合作中心为该项目实施机构。

8 月

8 月 5—6 日，全国人大常委会副委员长、中国红十字会会长华建敏在内蒙古自治区调研红十字会工作。常务副会长王伟、秘书长王汝鹏参加调研，内蒙古自治区主席巴特尔、自治区副主席任亚平、区人大常委会副主任柳秀、区红十字会会长宝音德力格尔等陪同调研。

8 月 8 日，甘肃舟曲发生特大泥石流灾害，根据灾情需求，总会及时向灾区调拨物资。

8 月 11 日，总会发出了中国红十字会 2010 年甘肃舟曲泥石流灾害国内呼吁。

8月11日下午，以常务副会长王伟为首的中国红十字会救灾工作组抵达舟曲县城，考察泥石流灾情，了解灾区受灾情况和受灾群众的需求并举行了简单的捐赠仪式。

8月16日，由中国文联、中国红十字会、中国曲协主办，中国广播艺术团、民族文化宫、中国红十字基金会协办的“情系舟曲·大爱无疆——曲艺界赈灾义演”在北京民族宫大剧院举行。中央有关部门领导，中国文联副主席胡振民，常务副会长王伟，副会长郭长江、郝林娜观看演出。

8月24日，韩国驻华大使柳佑益携夫人及大使馆工作人员一行拜访中国红十字会。常务副会长王伟、副会长郝林娜等与其进行了会谈，并向柳佑益大使及夫人颁发了中国红十字会荣誉会员证书。

8月30日，中国国际人道法国家委员会第三次全体会议在北京召开，全国人大常委会副委员长、中国红十字会会长华建敏，常务副会长王伟，副会长郝林娜及外交部、司法部、教育部、国家文物局、中国人民解放军总参谋部、总政治部、军委法制局等相关成员单位代表出席了会议。全国人大常委会法工委主任李适时、国务院法制办副主任郜风涛作为特邀顾问出席会议。

8月30日—9月1日，首届全国红十字应急救护大赛在贵州省贵阳市举行。全国人大常委会副委员长、中国红十字会会长华建敏、常务副会长王伟、副会长郝琳娜、王海京、秘书长王汝鹏等领导同志观看比赛并为获奖代表队颁奖。

9月

9月1日，北川中学落成仪式暨开学典礼，副会长郭长江代表中国红十字会出席活动并讲话。

9月1—2日，总会在贵阳召开中国红十字会应急救护工作研讨会。全国人大常委会副委员长、中国红十字会会长华建敏、常务副会长王伟、副会长郝林娜、王海京、秘书长王汝鹏等领导同志出席会议。

9月6日，卫生部、中国红十字会总会联合在北京召开《人体器官移植条例》修订研讨会。副会长郝林娜、卫生部医疗服务监管司副司长周军出席会议并讲话。

9月7日，总会召开红十字救护工作标准化研讨会，副会长王海京出席会议并讲话。

9月9日，模拟地震灾害救援的群众性应急救护演练在北京市举行。全国人大常委会副委员长、中国红十字会会长华建敏，常务副会长王伟，北京市副市长、北京市红十字会会长丁向阳，中国地震局局长陈建民，副会长王海京等到场观摩指导。

9月9日，挪威外交部国务秘书英格丽德·菲斯卡率员访问中国红十字会，常务副会长王伟会见外宾一行。

9月9—15日，副会长郝林娜率代表团访问西班牙红十字会、红十字会与红新月会国际联合会、红十字国际委员会和瑞士红十字会。期间，郝林娜参加了国际联合会风险和灾害管理委员会会议。

9月11日，总会在上海世博园举办主题为“城市，让生活更美好；急救，让人人更安康”的2010世界急救日宣传活动。王海京副会长出席活动并讲话。

9月20日，中国红十字基金会三届一次理事会在北京召开。全国人大常委会副委员长、中国红十字会会长华建敏，中国红十字会常务副会长王伟，副会长王海京，秘书长王汝鹏出席会议。会议由中国红十字会副会长、中国红十字基金会理事长郭长江主持。

9 月 23 日，总会根据广东省红十字会上报的台风暴雨灾情及需求，启动四级应急响应，向灾区调拨 500 个家庭包、1000 顶双人蚊帐和 300 箱饮水消毒剂，用于当地的救灾工作。

10 月

10 月 10 日，常务副会长王伟、副会长郭长江，出席在钓鱼台国宾馆举办的“用梦想筑成我们新的长城”百年世博十年创想大型主题文化活动暨“未来邮局”启动仪式。

10 月 11—15 日，全国人大教科文卫委员会组织调研组赴福建进行《中华人民共和国红十字会法》（以下简称“红十字会法”）执法调研。调研组由全国人大教科文卫委员会副主任李志坚带队，全国人大教科文卫委员会委员兼国务院参事马力、全国人大教科文卫室巡视员陆应江等参加调研，中国红十字会秘书长王汝鹏等陪同。

10 月 13 日，常务副会长王伟会见巴基斯坦驻华大使马苏德·汗一行。副会长郝林娜参加会见。

10 月 21—22 日，中国红十字基金会“红十字天使计划”全国定点医院工作会议在云南昆明召开。副会长、中国红十字基金会理事长郭长江出席会议并讲话。

10 月 23 日，副会长郭长江出席在上海举办的红十字与红新月馆参观游客突破一百万庆祝仪式。

11 月

11 月 1 日，副会长郝林娜在总会会见来访的红十字与红新月博物馆馆长罗格·马佑。

11 月 1—4 日，全国人大教科文卫委员会组织调研组赴四川进行《中华人民共和国红十字会法》执法调研。调研组由全国人大教科文卫委员会副主任李志坚带队，全国人大教科文卫委员会委员兼国务院参事马力、全国人大教科文卫室巡视员陆应江等参加调研，秘书长王汝鹏等陪同调研。

11 月 4—7 日，常务副会长王伟一行赴江西省调研红十字会工作。

11 月 6 日，总会和北京市红十字会联合在北京交通大学举办无偿献血活动。来自首都 20 多所高校的 600 多名师生参加了无偿献血。副会长王海京出席活动并讲话。

11 月 8 日，中国旅游协会加入中国红十字会，成为总会团体会员。

11 月 8 日，全国人大常委会副委员长、中国红十字会会长华建敏、常务副会长王伟、副会长郭长江、副会长郝林娜、副会长王海京、秘书长王汝鹏出席在北京鑫海锦江大酒店上海厅举办的中国红十字会总会媒体座谈会。

11 月 10 日，副会长郝林娜出席“发展中国家红十字会能力建设研修班”开幕式并致词。

11 月 11 日，由总会和武警总医院共同举办的“扶贫救心——红十字在行动”2000 例发布会暨“中国扶贫救心介入诊疗基地”揭牌仪式在武警总医院举行。全国人大常委会副委员长、中国红十字会会长华建敏、武警总部后勤部戴肃军部长、武警总部后勤部卫生部时立强部长出席活动仪式，中国红十字会副会长王海京，武警总医院郑静晨院长、长治市红十字会代表、患者家属代表、红十字百分之一基金代表等出席会议并讲话。

11月11日，河北以岭药业股份有限公司捐赠连花清瘟胶囊等药品的仪式在北京人民大会堂举行。全国人大常委会副委员长、中国红十字会会长华建敏、中国红十字会副会长王海京，河北以岭药业集团公司总经理吴相君、董事郭双庚等出席。

11月11—14日，总会在福建召开筹资工作研讨会，常务副会长王伟和秘书长王汝鹏出席会议并讲话。

11月15日，常务副会长王伟致电国际联合会秘书长，沉痛哀悼国际联合会亚太地区办事处主任阿利斯戴尔·亨利逝世。

11月15—19日，总会在清华大学法学院举办公益事业法律高级培训班，全国副省级以上红十字会、总会部室、总会直属单位负责人及相关人员共计100余人参加了培训。常务副会长王伟、清华大学党委副书记韩景阳出席开班仪式并讲话。

11月16日，全国人大常委会副委员长、中国红十字会会长华建敏在上海考察红十字会关爱老人暨红十字基层组织能力建设工作。

11月22日，由香港仁爱堂主办的"关顾民困、共建和谐，慈善组织的角色和挑战——海峡两岸四地论坛"在香港会展中心举行。全国人大常委会副委员长、中国红十字会会长华建敏为论坛题词：仁爱在心，善行天下。香港特区政府政务司司长唐英年，中国红十字会副会长、中国红十字基金会理事长郭长江，香港红十字会主席杨铁樑、秘书长陈启明等应邀出席此次论坛。

11月29日，全国人大常委会副委员长、中国红十字会会长华建敏在北京听取了贵州省红十字会和长顺县开展"绿色家园行动"的情况汇报。

12月

12月1日，总会和国家体育总局联合举办的"遏制艾滋履行承诺"——举重冠军救助艾滋孤儿捐赠活动在人民大会堂举行。常务副会长王伟、红十字会与红新月会国际联合会东亚地区代表处主任范·马丁出席活动并发言。

12月2日，"运转良好的红十字会标准和全国红十字模范单位标准"征求意见座谈会在北京召开，常务副会长王伟、副会长郭长江、郝林娜出席，来自全国各省区市红十字会分管组织建设工作的领导同志参加了座谈会。

12月22—24日，全国政协副主席、中国红十字会名誉副会长李金华、副会长郭长江等一行赴香港参加"慈善中国和谐社会"高峰论坛活动。

12月23日，副会长郝林娜在总会会见了来访的韩国驻华大使夫人表明允一行七人。

12月28—29日，全国人大常委会副委员长、中国红十字会会长华建敏在福建省调研红十字会工作。副会长郭长江参与调研，福建省副省长、省红十字会会长陈桦，省人大常委会副主任庄先陪同调研。

工作会议

在中国红十字会 2010 年工作会议上的讲话

中国红十字会会长　华建敏

2010 年 1 月 12 日

新年伊始，我们就召开这次会议，部署全年的工作，这是红十字会多年来形成的良好传统。上午的会议开得很好，王伟同志代表第九届执行委员会对 2010 年工作做了部署，讲得很全面，很实在，这些工作安排已经总会党组研究同意，我都赞同。广东、北京、天津、内蒙古、上海、江苏、山东青岛、四川八个地方红十字会的交流发言也讲得很好，展现了各地工作的亮点，介绍了一些好的做法和经验，值得大家认真研究，结合各地实际予以推广。像这样在年度会议上安排地方交流经验的做法很好，有利于互相学习借鉴，做好今后的工作。从今年开始，以后每年的工作会议上，都要安排地方的同志讲讲一年来做好红十字会工作的新体会和新经验。

王伟同志的讲话对明年的重点工作，已经讲得很全面、很充分。我主要从大的方面谈谈我国红十字事业面临的形势和任务。“九大”以后，我先后到北京市、四川省调研，出席了四川省红十字会第七次会员代表大会。因其他公务到江苏、上海等地出差时也对当地红十字会工作做了一些调研。几个月下来，根据调研和工作中了解到的情况，对于如何看待红十字会面临的形势任务、如何更好更快地发展红十字事业，我有一些思考和想法，在这里与大家做个交流。

首先谈谈红十字会工作所处的大背景。刚刚过去的 2009 年是我国历史上十分重要的一年。最突出的特点是，由于受到国际金融危机的严重冲击，我国经济发展进入新世纪以来最为困难的一年。记得从 2008 年 9 月份开始，我到东部几个省考察企业，看了以后心情很沉重。很多企业反映，产品订单少了一半、价格掉了一半，企业经营困难，社会就业压力增大，实在令人忧虑。在党中央英明正确的领导下，全党全国各族人民坚定信心、团结一致、迎难而上、共克时艰，夺取了经济社会发展的新胜利。全世界也公认，在这么大的风浪面前，没有其他哪个国家能经受住考验，取得这么了不起的成绩。同时也要看到，我国经济社会发展的外部环境还有很大的不确定性，经济运行中依然存在一些突出矛盾和问题，要充分估计困难，重视存在问题，认真加以防范和解决。

2009 年也是红十字事业发展历程中十分重要的一年。各级红十字会在党和政府的正确领导下，在社会各界的大力支持下，锐意进取、开拓创新，依法履行职责，红十字事业的发展取得了新成就。特别是我们召开了第九次全国会员代表大会，这是一次解放恳想、共谋发展的大会，对今后五年中国红十字事业的发展具有重要意义。胡锦涛、温家宝、李长春、习近平、李克强等党和国家领导人出席了开幕式。回良玉副总理代表党中央、国务院在开幕式上作了讲话。他指出，实践证明，中国红十字会已经成为党和政府在人道工作领域的得力助手，成为构建社会主义和谐社会的重要力量，成为我国民间外交的重要渠道。今天与会的同志大多出席了“九大”，对上述情况都很熟悉，我在这里再次介绍，主要是想强调红十字会具有三大优势：一是党和政府的高度重视，这是政治优势；二是1993年颁布了《中华人民共和国红十字会法》，发展红十字事业有法可依，这是法制保障；三是国内外对红十字品牌的高度认同，这是无形资产。这些都是我们谋划和推进红十字事业可以借重的优势。“九大”召开后，全国各级红十字会的积极性空前高涨，工作更加主动，广大红十字工作者、会员和志愿者正在抓紧“九大”精神的贯彻落实，紧密围绕国家经济社会发展大局，努力在人道工作领域多做贡献。

2010年是我国实施“十一五”规划的最后一年，是应对金融危机的关键之年，也是全面贯彻党的十七大和十七届三中、四中全会精神，加快建设小康社会的重要一年。对于我国红十字事业而言，2010年是红十字会“九大”以后新一届理事会的履新之年，是落实“九大”精神和红十字事业五年发展规划的开局之年，也是在落实科学发展观和构建社会主义和谐社会的大局下，红十字会工作取得新进展、做出新贡献的关键一年。在这一年里，红十字会工作大事多、难事也多，机遇与挑战并存。汶川特大地震灾后恢复重建进入关键阶段，重建资金的使用要经得起各方面的检验；上海世博会上，国际红十字与红新月馆是首批开馆的场馆，筹备工作务必抓紧抓好；理顺市县两级红十字会的管理体制进入攻坚阶段，要力争取得新的较大进展；人体器官捐献试点工作敏感度高，涉及面广，非常复杂，态度要积极，操作要慎重，虑事要周全，事先必须做大量深入细致的准备工作。此外，还有很多方面的工作需要我们下更大力气才能完成任务。所以，2010年对于红十字会来说不是一个平常年景，务必要认清形势，做好攻坚克难的思想准备。

下面我就做好红十字会工作讲三点意见。

一、要全面认识和牢牢把握我国红十字事业发展的重要机遇期。

当今世界正处在大发展、大变革、大调整时期，当今中国正处在进一步发展的重要战略机遇期。同时，我国仍处于并将长期处于社会主义初级阶段的基本国情没有变，人民日益增长的物质文化需求同落后的社会生产之间的矛盾仍然是我国社会的主要矛盾。特别是，我国已进入改革发展的关键阶段，经济体制深刻变革，社会结构深刻变动，利益格局深刻调整，思想观念深刻变化。这种空前的社会变革，给我国发展进步带来巨大活力，也必然带来这样那样的矛盾和问题。要抓住机遇、应对挑战，把中国特色社会主义伟大事业推向前进，必须坚持以经济建设为中心，把构建社会主义和谐社会摆在更加突出的位置。在这样的大背景下，中国红十字事业迎来了大发展的重要机遇期，主要体现在以下六个方面。

第一，发展红十字事业是推进中国特色社会主义事业的必然要求。党的十六大以来，我们党对社会建设重要性的认识不断深化，明确了构建社会主义和谐社会在中国特色社会主义事业总体布局中的地位，做出一系列决策部署，统筹经济社会发展，推动和谐社会建设取得新的成效。红十字会从事的是社会建设领域的工作，中国特色的红十字事业是中国特色社会主义事业的组成部分，加快发展红十字事业是推进中国特色社会主义事业的必然要求。

第二，国家的经济发展为红十字事业奠定了雄厚的物质基础。经过改革开放 30 多年的快速发展，我国经济实力和综合国力显著增强，加快社会事业发展、改善民生具有雄厚的物质基础，发展红十字事业可以依托的各类资源潜力巨大。

第三，社会主义精神文明建设的不断深入为红十字事业提供了有力的精神支撑。从 1986 年中央提出“两个文明一起抓”到现在，社会主义精神文明建设成就巨大，进一步加快精神文明建设、提高全社会道德水平，越来越成为全国人民的热切愿望。红十字会作为社会主义精神文明建设大军中的重要力量，未来的发展空间广阔，前景光明，完全可以大有作为。

第四，发展红十字事业在我国具有深厚的土壤。中华民族具有扶危济困、敬老助残、救死扶伤、乐善好施的传统美德。上午马蔚华同志讲到，评价一个企业是不是好企业，主要看它能否提供优质的产品和服务；评价一个企业是不是伟大的企业，不仅要看它能否提供优质的产品和服务，还要看它是否履行社会责任，回报社会，促进社会发展，维护公平正义，增进人民福祉，这些话讲得很好。改革开放以来，我国企业的社会责任感逐步提高，企业回报社会、全社会关心困难群体的意愿日益增强。红十字事业的出发点和落脚点就是全心全意为人民服务，为最需要关爱、渴望得到帮助的群众服务，千方百计满足易受损害群体的人道需求，改善他们的境况。发展红十字事业在全社会必然拥有广泛的支持力量。

第五，行政管理体制改革的不断深化为红十字事业的发展提供了广阔的舞台。党的十六大以来，中央多次强调，和谐社会需要全社会共同建设，要转变政府职能，加快推进政事分开，支持社会组织参与社会管理和公共服务，这为红十字会充分利用自身优势、发挥积极作用提供了良好的外部环境。

第六，各级红十字会的能力建设不断加强。近些年来我国红十字事业得到长足发展，各级红十字会做好人道救助工作的能力和实力不断增强。特别难得的是，凝聚了一支肯奉献、能吃苦、讲团结的红十字干部队伍，为推进中国特色红十字事业的发展奠定了坚实的基础。回顾上午八个地方的发言，大家讲得都很好，讲得好是因为干得好。当然，没有发言的其他地方也有很多干得好的。从地方同志的发言中，我们可以感受到，正是因为有像他们这样一批热爱红十字事业的同志，无私奉献、艰苦创业，克服了重重困难，红十字事业才能蓬勃发展和不断壮大。我们既要学习和借鉴地方和基层的经验智慧，更要学习和发扬他们的奉献精神和执著的工作态度。

在看到以上六个方面有利条件的同时，也要看到，我国红十字事业的发展水平与国际发达国家相比差距不小，各地的发展水平很不平衡，一些影响红十字事业发展的矛盾和问题亟待解决。一是全社会包括我们干部队伍中的少数同志，对红十字事业在中国特色社会主义事业中的重要地位和特殊作用认识不足。很多人只是在受灾时才想到发挥红十字会的作用，平时则可有可无、无暇过问。要强化这样一种意识，红十字会是社会建设和社会服务的重要载体和有力抓手，要主动支持和推动红十字会各项工作。二是全国还有大多数的市县红十字会的管理体制有待理顺。三是红十字会自身的工作机制有待完善，怎样吸引人、培养人、用好人，怎样筹来钱、用好钱，都需要下大力气深入研究。四是很多地方特别是中西部地区和基层红十字会的工作条件十分艰苦，连日常工作的开展都受到制约。五是各级红十字会工作者、会员和志愿者的培训需要加强，特别要抓紧做好各级红十字会领导干部的培训，提高做好工作的本领。六是红十字会的工作与困难群众的期望还有很大距离。有为才能有位，必须加快拓展业务领域，创新服务方式，更好地满足广大群众在人道领域的需求。

总体而言，在新的历史时期发展红十字事业，社会有需求，群众有积极性，做好红十字工作面临的机遇比困难多。一方面，全社会都希望红十字会发挥更大的作用。汶川特大地震发生后，红十字会第一时间挺身而出，做了大量卓有成效的救灾救护工作，赢得全社会的肯定。目前我们面临的公共安全形势仍然十分严峻，人道需求有增无减，把红十字会的工作做好，是国家和人民的要求，是时代进步的需要。另一方面，做好红十字会工作具有广泛的群众基础和物质基础。全社会乐于助人、关爱困难群体的良好风尚正在形成，发展红十字事业可动员的资金潜力巨大，红十字会可扩展的业务空间广泛。我们一定要牢牢抓住我国红十字事业发展的重要发展机遇期，进一步增强责任感和紧迫感，以满腔的热情和坚强的毅力，不断开拓创新，把中国特色红十字事业不断推向前进，实现新的跨越。

二、要突出重点，大力加强红十字会的能力建设

近些年来，在各级党委、政府的领导和支持下，经过各级红十字会的艰苦奋斗和不懈努力，全国红十字系统的能力建设取得了积极进展，但各地发展很不平衡，有的地方还很薄弱。当前和今后一个时期，全面建设小康社会、构建社会主义和谐社会的新要求和人民群众的新期待，对红十字事业的发展提出了更高的要求。在这种形势下，要适应新要求，充分发挥红十字会的独特优势，满足人民群众日益增长的人道需求，当好政府人道领域的助手，关键是加强各级红十字会的能力建设。所以，总会提出将 2010 年定为红十字会“能力建设年”是很及时的，务求取得实效。能力建设涉及工作的方方面面，王伟同志已经讲的很具体了，我在这里重点强调以下五个方面：

一是提高围绕中心、服务大局的能力。不谋全局者，不足以谋一域。这里的“域”既指地域，也指领域。围绕中心、服务大局，是我们各级红十字会必须坚持的工作原则，是各级红十字会工作者的政治责任和基本要求。只有围绕中心、服务大局，红十字事业才能与时俱进，实现可持续发展。“登高才能望远”，对各级红十字会提出围绕中心、服务大局的要求，就是希望大家站位要高一些，要学会把握工作大局，找到工作的切入点和有力抓手。上午的八个地方的发言很好，好就好在各有特色，都能准确把握自身工作的定位，找到推动工作的切入点和抓手，取得良好的社会效益。

二是提高应急工作能力。应急工作关系人民群众生命健康和切身利益，做好应急工作是各级红十字会义不容辞的责任。当前我国公共安全形势仍然十分严峻。在全球变暖的大背景下，我国各类极端天气事件发生频率和强度将进一步加剧，各类自然灾害造成的影响和损失有所加重；影响安全生产和环境安全的诸多深层次矛盾尚未根本解决，事故灾难仍处于易发期；公共卫生事件发生的不确定性增大，群体性不明原因疾病时有发生，传染病传入和传播的概率增大并呈现国际化特点；我国正处于社会转型期，影响社会稳定的不和谐因素大量存在，各种矛盾、摩擦和冲突错综复杂，关联性、聚合性、敏感性不断增强，维护社会稳定的任务十分艰巨。参与突发事件处置，开展救灾、救助和救护，是红十字会的法定职责。面对严峻复杂的公共安全形势，我们必须继续大力加强各级红十字会特别是基层组织的应急工作能力建设。因为基层组织最靠近人民群众，突发公共事件发生后，第一时间接报的是基层组织，第一时间赶到现场展开救援行动的也是基层组织。要根据各地实际，抓住关键环节，提高应急能力。要加强自救互救知识的培训，提高广大红十字工作者、会员和志愿者的应急意识和技能；要注重从基础性工作着手，建立完善的应急工作体系，制订符合实际的应急预案，组建专业的应急队伍，健全相关的配套制度；要广泛开展与国内外有关组织和部门的交流与合作，注重学习国内其他组织和部门以及外国红十字会应急工作的先进经验，努力把应急工作做得更好。

三是提高学习能力。建设一支热爱红十字事业、乐于奉献、勇于开拓、精通业务、廉洁公正、会做群众工作的干部队伍，是中国特色红十字事业又好又快发展的基础。应该说，近几年随着红十字事业的发展，我们的干部队伍建设取得了很大成效，但也呈现出新人多、经验少、理论素养和理论储备不足等问题。这已经成为制约红十字事业向前发展的障碍。面对不断发展变化的国内外形势，我们只有不断提高服务能力和水平，才能真正担负起推动红十字事业又好又快发展的重任。做好红十字会的工作既是一项事业，也是一门学问，涉及经济、政治、文化、社会各个领域，主要涉及社会学的领域。要按照党的十七届四中全会的要求，将红十字会建设成为一个学习型团体，切实提高各级领导干部的学习能力和实践能力。每一位从事红十字事业的工作者都要认真学习贯彻科学发展观和构建社会主义和谐社会的理论，着力研究社会学，学习如何做好社会服务和社会管理。学习不是关起门来读书，应该是联系实际，研究如何做好红十字会的工作。既要立足中国国情，又要借鉴国际经验。各级红十字会要进一步加大干部教育培训力度，通过开展多种形式的教育培训，不断提高干部的政策理论水平和实际工作技能。这次会议将讨论“中国红十字会2010~2014年干部教育培训规划”，总会还将成立红十字干部培训指导中心，并将实施市、县级红十字会会长轮训和业务骨干分级分类培训。这是一个具有战略性的重大任务，一定要落实好。希望各级红十字会通过坚持不懈的努力，在提高学习能力方面做出实实在在的成绩。

四是提高调查研究能力。调查研究是我们的传家宝，对各级党政机关而言，是一个基本的领导制度和工作方法，我们红十字会也应该把加强调查研究作为基本的工作方法，红十字会的工作人员应该把调查研究作为一项基本功。在新的形势下，做好红十字会工作十分重要和有效的一个方法就是，深入群众、深入基层，开展调查研究，发现先进典型，归纳成功做法，汲取新鲜经验，并加以总结提高和发扬光大。各级红十字会应进一步提高对调查研究工作重要性的认识，努力提高调查研究的能力，把调查研究作为转变工作作风、密切联系群众、提高干部素质、更好履行职责的重要抓手。

五是提高理论研究能力。红十字运动从索尔弗利诺战役算起，至今已有150多年的历史，然而严格意义上的学术理论研究还很滞后。中国红十字会成立100多年来，致力于动员人道力量，改善最易受损害群体境况，为构建和谐社会做出了积极的贡献，创造了很多很好的实践经验。理论来源于实践，又可以能动地指导实践。我们要根据客观形势的变化，不断从国内外红十字事业的发展实践中吸取营养，不断丰富和发展红十字理论，使理论更好地指导我们的工作。关于理论研究和文化建设的内容，可以分三个方面展开：一是研究红十字会的工作机制。要进行中外对比，了解国外的红十字会尤其是发达国家红十字会的运作模式、人员资金的来源及管理、政府如何支持红十字会等。要与我国的体制、机制进行比较，立足本国实际，借鉴和吸收国外的先进理念和经验。二是以红十字会入手研究我国公民社会中，社会团体、非企业组织应该如何运作。三是研究中国特色红十字会的文化建设问题，要把国际红十字运动的宗旨与中国的优秀传统文化及中国特色社会主义核心价值观三者有机地结合起来。

三、要鼓励各地和基层解放思想、勇于探索，不断创新体制机制。

2003年与“非典”疫情的斗争给我们最大的启示就是，建设中国特色的社会主义事业必须坚持经济社会协调发展。长期以来，我国社会事业的发展相对滞后，社会管理体制和社会政策不够完善，这个问题长期得不到解决，势必会拖累经济发展。社会就像个大容器，所有的经济、政治、文化活动都必须在这个容器中进行。要抓好经济建设、文化建设、政治建设和生态建设，必须抓好社会建设。社会建设要搞好，政府必须转变职能：一是在抓好宏观调控、市场监管的同时，要进一步加强公共管理和公共服务，提供更多更好的公共产品和服务；二是深化社会领域的改革，充分调动全社会参加社会建设的积极性，加快培育各类社会组织，坚持推进政事分开，支持社会组织参与社会管理和公共服务。在这样一个大背景下，我们各级红十字会要努力适应新形势新任务的要求，进一步解放思想，锐意改革，不断创新体制机制，为加快推进社会建设做出积极贡献。

根据目前红十字会工作面临的主要矛盾和困难，各地要在以下三个方面加强探索：

第一，理顺红十字会管理体制。理顺体制的核心问题是解决人员问题。应该看到，红十字会的工作具有广泛的群众基础，愿意从事这项工作的人很多。在一些西方发达国家，从事社会服务业的人数占总就业人数的18%以上，而我国只有1%。大力发展包括红十字事业在内的社会服务业，既是社会发展的需要和人民群众的愿望，也是解决我国就业问题的重要渠道，关键是开拓思路，建立好的体制机制，有效利用我国的人力资源。目前，在中央严格控制行政事业编制总量的情况下，还像以往那样指望仅仅通过增加行政和事业编制来充实各级红十字会的工作力量，难度太大。要开动脑筋，学会几条腿走路。一是努力争取增加正式编制，主要用于解决核心问题，保证基本岗位的需要，一个县总要有一两个专职人员；二是其他部门的干部转到红十字会工作，可以争取同时将编制划转过来；三是根据岗位需要适当接收一些军队转业干部，按国家政策优先安排军队转业干部到红十字会系统工作；四是利用政府购买服务、设置公益岗位等方式增加工作人员，既可采取合同聘用的方式，也可招募志愿者（可酌情给一定补贴），即使将来红十字会的工作人员中多种身份并存也不要紧。各级红十字会可以按照上述思路，结合本地实际研究具体办法，通过努力，争取在较短时间内，按照红十字会法的要求，在市县一级建立起充满生机与活力、符合自身特点的组织机构和人员结构，切实履行法律赋予的各项职责。

第二，完善红十字会资金运作机制。良好的资金运作机制，核心在于解决怎样筹来钱和怎样用好钱两个问题。改革开放 30 多年了，国家的经济、财力有了较快增长，发展红十字事业应该说是具备雄厚的物质基础，各级红十字会可动员的资金潜力巨大。我国各类企业每年各种渠道捐赠款物占当年 GDP 的比重不到 0.8%，而世界平均水平是 2.6%。另一方面，随着社会建设的加强和改善民生工作力度的加大，公益事业的发展前景越来越广阔，全社会和困难群众希望红十字会做的事情越来越多。既有客观需求，又有资金保障，红十字会没有理由做不好工作，红十字事业没有理由不实现大发展，关键是要建立和完善良好的资金运作机制。一要建立和完善可持续的筹资机制。在争取政府财政支持的同时，要把重点放在公益捐赠来源上。提高红十字会的公信力和感召力，拓展筹资渠道，探索适合不同捐款者需要的捐款或者合作方式，发动社会化、专业化服务机构协助筹资，这些思路都很好，更重要的是完善和落实鼓励捐赠的政策体系。比如，慈善捐款所得税款扣除政策要进一步落实，资金的管理组织形式也要积极探索。国外非政府组织（NGO）中，有非营利机构（NPO），还有盈利不分配机构（NPD），后者可以办很多产业，获取利润，但不能把赚的钱分配给社会组织的管理者和工作者个人，只能用于社会公益事业的发展。这类组织的运作机制值得我们研究。二要建立和完善灵活高效的资金使用分配机制和公开透明的监督机制。现在全社会资助公益事业和困难群体的意愿很强烈，但捐赠行为从时间分布上看不够平衡。一次特大灾害就会调动群众的捐赠热情，捐上十几亿甚至几十亿元人民币。而一些小的灾害很少有人关注。再小的灾害，同样也有困难群众需要社会帮扶。这就产生了一个相对集中的捐款行为与满足不同时期不同地方困难群众帮扶需求的矛盾。要解决这一矛盾，必须创新思维，改革和完善资金分配机制。

第三，加强法制。红十字会法从颁布至今已有 17 年，对这部法律的执行情况作一次全面深入的检查，以推动法律的贯彻落实，确有必要。经与全国人大教科文卫委员会协商，我们准备专门开展一次红十字会法执法检查。为了确保执法检查取得实效，首先在今年安排执法调研，请各地认真准备和配合，使这次调研充分了解基层实际状况，准确把握存在的矛盾和问题，有针对性提出解决问题的思想。要通过执法调研和执法检查，进一步推进红十字会法的全面有效贯彻落实，把红十字事业提高到一个新水平。

历史经验证明，寻求改革良方，破解发展难题，智慧在基层，力量在基层。我们要鼓励各地和基层进一步解放思想，在改革体制、创新机制和完善法制三个方面大胆探索，不断创造新经验、新办法，推动红十字事业突破各类瓶颈制约，实现大发展、大跨越。

同志们，新的一年，我国红十字事业发展任务繁重而光荣，完成2010年工作任务，对于实现红十字事业的新跨越具有十分重要的意义。全国各级红十字会要深入贯彻落实科学发展观，改革创新，锐意进取，齐心协力，狠抓落实，开创新局面，取得新成就，为全面建设小康社会做出新的更大贡献！

在中国红十字会2010年工作会议上的讲话

中国红十字会常务副会长　王　伟

2010年1月12日

今天，我们齐聚深圳召开中国红十字会2010年工作会议，是为了进一步贯彻好中国红十字会第九次全国会员代表大会精神，落实《中国红十字事业2010～2014年发展规划》。去年召开的中央经济工作会议指出：要着力保障和改善民生，全力维护社会稳定，把改善民生、发展社会事业作为扩大内需、调整经济结构的重点，坚定不移加以推进。这为我们各级红十字会依法履行职责，发挥政府助手作用，更好的服务易受损害群体，提供了良好的大环境。今年是实施“十一五”规划的最后一年，是第九届理事会的履新之年，也是落实《中国红十字事业2010～2014年发展规划》的开局之年，这一年既要做好第八届理事会相关任务的收尾工作，又要为实现下一个五年规划打好基础。做好今年的工作，对于落实好五年发展规划，对于实现中国特色红十字事业新跨越具有非常重要的意义。今天下午，华建敏会长还要作重要讲话，下面我先就落实《中国红十字事业2010～2014年发展规划》和今年的重点工作讲几点意见。

一、突出工作重点，狠抓规划落实

规划中提出要着力增强突发事件应急能力，开展“红十字救援行动”；致力挽救生命，开展“红十字救护行动”；关注最易受损害群体，开展“红十字救助行动”；弘扬红十字精神，开展“红十字传播行动”；夯实事业基础，开展“红十字强会行动”；动员人道力量，开展“红十字志愿服务行动”；加强对外交往及台港澳工作，开展“红十字民间外交行动”，明确了未来五年的主要任务。

为抓好落实，总会起草了《中国红十字事业2010～2014年发展规划各省规划任务分解摸底统计表》并下发，各省已经反馈上来了，由于大家对规划的理解不尽相同，各地的实际情况也不一样，报上来的指标参差不齐，有的还是空白，有的比较保守。经过执委会认真研究，结合落实工作，决定对规划10项任务中的5项加以强调：

（一）大力推进地、县级红十字会理顺管理体制

在“九大”会议上，代表们纷纷表示下

一步的重点工作是理顺县级红十字会管理体制，不理顺，工作难以推动。所以，在“九大”前基本实现理顺全国地市级红十字会管理体制的基础上，未实现地市级完全理顺的10个省级红十字会要加大力度，力争到2011年底，实现全国95%地市级红十字会理顺管理体制。关于理顺县级红十字会管理体制，在“九大”前已经有4个省级红十字会已经实现100%理顺，有七个省级红十字会也在前一段的摸底统计中表示到“十大”前实现100%理顺，另有八个省级红十字会提出在“十大”前实现80%以上理顺，还有9个省级红十字会提出的目标是理顺60%以上。总体上看，能够实现《规划》提出的“多数县级红十字会理顺管理体制”，但同时要看到，理顺管理体制是一项基础性工作，我们不能仅满足于完成《规划》提出的任务，还应该争取超额完成任务，所以大家还要加把力，把理顺率在原来填报的基础上再努力提高一些。有的同志可能会说：“理顺管理体制，越到最后，往往越是困难。基数低的，上台阶容易；基数高的，再进步困难较大。”这有一定的道理，但还要看到，起点高的地方红十字会，有利条件也相应的多一些。一方面要巩固理顺成果，一方面还应该乘势而上，百尺竿头，更进一步。在这个前提下，希望各省级红十字会再认真研究，因地制宜地提出本地的目标。

应部分省的要求，总会起草了一个《关于推进地、县级红十字会理顺管理体制工作的指导意见》，这是一个指导性文件，希望通过明确各级红十字会的定位和基本任务来确定组织机构、办公资源等，为各省级红十字会推进理顺管理体制工作提供一点帮助。但是，各地的实际情况千差万别，这个文件是否合适，应该怎么去做，希望大家多提意见，对之进行完善。这是个讨论稿，也是总会想要加大力度推进理顺管理体制的一项措施。如要正式发文，还有一些工作要做，其中包括考虑中编办等部门的意见。今年8月份，我们要召开理顺管理体制研讨会，推动相关地区理顺管理体制工作。大家可以做些准备，以供交流经验，研讨问题。

（二）积极探索可持续的筹资工作机制

《中华人民共和国红十字会法》明确规定了我们的经费来源主要由会费、捐赠、动产和不动产收入、政府拨款等构成。从工作实际上看，主要来源可分为两块，一块来自社会，包括会费、国内外机构和个人的捐赠；一块来自政府，包括财政预算经费、彩票公益金等预算外项目经费。看前一段摸底统计的情况，虽然总数可以完成《规划》提出的筹资目标，但还存在一定的问题：一方面，各省的重视程度不一；另一方面，感觉到大多数省级红十字会制定的目标比较保守。建议大家解放思想，开拓创新，在社会筹资和争取政府支持方面多下功夫，重新论证，力争再上一个台阶。

筹资工作对于公益组织而言是一个基础性任务，对中国红十字会是如此，对世界上其他国家红十字会也是如此。中国红十字会与其他国家的红会相比，在筹资方面既有优势，也有暂存的局限性。在我国，红十字会的生存与发展有党和政府的支持，有基本的工作经费，还有一些事业发展的支持，比如彩票公益金项目，不像其他国家红会那样，完全靠自己养活自己。然而，在发达国家，公民社会发展比较成熟，政府是小政府，给公益组织留出的活动空间相对较大，只要公益组织能够被政府、公众、企业认可，工作做得好，就会得到较多支持，当然来自其他类似公益组织的竞争也相对激烈。

我们应该结合国情、省情、会情，对红十字会的筹资工作进行准确定位，要充分依靠党和政府的支持，加强能力建设，探索在中国特色社会主义框架下发展红十字事业的道路及筹资的渠道。我认为有几个问题必须引起重视：一是拓展服务社会、改善民生的工作领域。除了传统业务工作外，要积极开拓符合红十字会宗旨，对社会、对民生有益的新的工作领域，“有为才有位”，事情做好了，就能得到政府、企业、社会的认可。同样，红十字会的筹资也是为了做事，是为社会、为百姓做善事，从根本上说，要有做善事的能力、做善事的渠道。第二是打造红十字品牌。红十字是一块很好的金字招牌，在国内乃至世界上都享有很好的声誉。据第三方调查，红十字会在社会中有80%的知晓率，但是，我们必须承认，真正知道红十字会是干什么的，社会知晓率估计不会超过50%，这与我们这几年所做的工作形成较大反差，说明什么呢？说明我们的宣传滞后于工作。我们在做善事的同时，要注重宣传和壮大红十字品牌，这对于提高社会知晓率以及推动包括筹资在内的各项工作都有很大帮助。第三是提高社会公信力。有人说公信力是红十字会的生命线，我很同意，因为只有当红十字会具有良好的社会公信力的时候，人们才会相信我们，支持我们的事业。归纳起来就是：如果我们能在已有的阵地上继续巩固发展，并不断拓展新的工作领域，不断打造红十字品牌，大力提升红十字会的社会公信力，筹资还是很有潜力的。

（三）积极开展救护培训工作

自然灾害等突发事件发生后，在第一时间，即救援组织或救援人员到达现场之前，人民群众的自救互救能力对降低伤亡率发挥着至关重要的作用。各级红十字会都要从提高我国公民自救互救技能和保护人民生命健康的高度重视卫生救护培训工作。

在七届理事会期间十五部委联合发文深入开展救护培训工作的基础上，八届理事会期间总会又先后与公安部、交通部、铁道部、国家旅游局等联合印发了救护培训工作的相关文件，为我们开展这项工作创造了许多有利条件。特别是2003年国家彩票公益金开始资助红十字救护培训，2007年国家发改委又正式批复了救护培训收费问题，使救护培训逐步成为中国红十字会的重要工作领域之一。当然，我们还必须牢记，开展救护培训工作，公益性是一条重要原则，不能以营利为目的。目前看，各级红十字会也都是按照这一原则办的，针对在校学生等进行的培训都是免费的，对于企事业单位委托开展的培训，也是按照保本微利的原则进行收费的。今年是我们的“能力建设年”，救护培训作为我们的传统优势项目，作为《规划》提出的“红十字救护行动”的重要举措，也是能力建设的重点之一。我们要在总结交通运输、铁路、旅游等行业开展红十字救护培训的经验基础上，重点推动煤矿、建筑等高危行业的救护培训工作。希望大家提高认识，加强领导，规范培训的课程设置、教材编写和师资队伍建设，注重培训质量，严格考核发证，并积极与相关单位沟通，加强协作配合，把这项工作做实、做好。

（四）加强志愿服务和青少年工作

这项工作是《规划》提出的“七大行动”之一。“九大”对《章程》进行了修改，非常重要的一点，就是把“志愿者”

单独列为一章。2009 年国务院办公厅出台了《关于加强基层应急队伍建设的意见》(国办发〔2009〕59 号),明确提出了“发挥红十字会作用,建立红十字志愿者应急救援队伍,开展科普宣教和辅助救援工作”。国办的文件中还明确了“地方政府根据情况对志愿者队伍建设给予适当支持”、“加大基层应急队伍经费保障力度”等,为我们开展红十字应急救援志愿服务创造了更加有利的条件。继北京奥运会之后,今年的上海世博会、广州亚运会和明年的深圳世界大学生运动会将再次为我们的大型活动志愿服务工作提供难得机遇。我们应该在按专业分领域建立红十字志愿服务队、巩固发展志愿者队伍——尤其是注册志愿者队伍——的同时,围绕上海世博会等大型活动开展好“红十字与世博同行”等志愿服务活动,努力让红十字志愿服务在重大活动和突发公共事件中有更大作为。

今后五年,一是要按业务工作领域和社会服务领域组建志愿服务队伍。二是要注重提高注册志愿者的数量。要通过加强红十字志愿服务与红十字业务工作的结合,推动红十字志愿活动更加专业化,更具活力,提高红十字志愿服务层次,树立具有红十字特色的志愿服务品牌,提高红十字志愿服务在全国志愿服务体系中的影响力,让志愿服务成为推动红十字事业发展的主要动力。今年总会将编写《中国红十字会志愿服务培训手册》在全国推广,开展对注册红十字骨干志愿者和志愿服务组织管理者的能力培训。

各级红十字会要不断加强与各级教育部门的沟通与合作,把红十字青少年工作目标与未成年人思想道德教育目标相结合,从小在广大青少年中培养人道、博爱、奉献的红十字精神,使广大青少年服务社会、奉献社会。要积极与教育部门合作开展红十字青少年生命健康教育项目,在青少年中广泛普及生命健康教育相关知识,从小树立生命健康意识。继续与各级教育部门共同开展全国红十字模范单位评选表彰等活动,促进学校红十字会组织发展,扩大红十字会在青少年中的影响。总会将制定《全国红十字模范单位标准》,红十字模范校评选表彰也将包括在内。因此,总会将暂缓原定于今年开展的红十字模范校评选表彰工作,待《全国红十字模范单位标准》出台后开展。

(五)巩固发展红十字大宣传格局,进一步完善新闻发言人制度

近年来,全国各级红十字会以“五八博爱周”活动为中心开展了一系列统一时间、统一主题、上下联动的大型宣传活动,全方位、多层次、立体化的大宣传格局已初步建立。各级红十字会要通过新闻报道、投放公益广告、开发制作宣传品、举办大型宣传推广活动等多种宣传方式,利用电视、报纸、杂志、广播、网络、手机、地铁、公交、楼宇、户外等不同形态媒体资源的立体化组合,来实现红十字精神、理念、价值、文化及各项业务工作在全国范围内的全方位覆盖,不断巩固和发展我们红十字会大宣传的良好形势。同时,作为大宣传格局的重要组成部分,公开透明的信息发布机制,尤其是新闻发言人制度尚需在全系统内推动和完善。随着红十字会社会知名度和关注度的日益提高,建立新闻发言人制度有利于及时、统一地传达我会声音,扩大我会的影响。尤其是在突发事件发生时,有利于及时公布真实情况、制止流言传播、正确引导舆论。总

会和各省级红十字会完善新闻发言人制度是《规划》中明确提出的约束性指标。总会新闻发言人制度已经正式实行，确定由副会长兼秘书长王海京同志担任首席新闻发言人，各部室各直属单位负责人分别担任新闻发言人，并将在今年出台《突发事件应急宣传暂行规定》中加以明确。各省级红十字会也要在年内尽快建立发言人制度，已经有相关制度的，要在实践中不断完善。在汶川地震后的抗震救灾过程中，我会应对多次公关危机，实践证明，选好新闻发言人对于提高红十字会的舆论引导能力是非常重要的。鉴于县级红十字会的客观实际，我们暂不做统一的要求，但是市级红十字会也要抓紧建立新闻发言人制度，在2014年之前必须完成。李长春同志指出要“努力提高与媒体打交道的能力，切实做到善待媒体、善用媒体、善管媒体。”各级新闻发言人要提高与媒体打交道的能力，树立正确的舆论观，坦诚面对媒体，正视工作中存在的困难、问题和不足，自觉接受舆论和媒体的监督。

以上五项工作和摸底统计表中涉及的其他任务，各省要因地制宜，对照《规划》认真研究，重新填报摸底统计表，并在会后两周之内以正式文件的形式报总会。填报时，既要实事求是，也要持积极的态度，要前进，不要往后退，原则上不能留空白，有特殊情况要说明原因。《中国红十字事业2010～2014年发展规划》是“九大”审议通过的，符合我国、我会的实际，大家一定要有大局意识、采取认真负责的态度，脚踏实地、锐意进取，确保高质量地完成五年发展规划确定的目标任务。省级红十字会、地市级红十字会也要根据《中国红十字事业2010～2014年发展规划》，结合本地、本会实际，制定本地的五年发展规划，确定本地的指标任务。

二、关于2010年的具体工作

《中国红十字会2010年工作要点》已经发给大家，同时也印发了总会起草的几个文件草案，供大家讨论。下面我结合今年的重点工作和文件谈几点意见，前面结合《规划》提到的问题就不再重复了。

（一）大力加强能力建设

能力建设无疑是我们红十字会永恒的挑战，经过几届理事会的努力，各级红十字会的能力有了很大提高，但是发展仍然不平衡。今年在我们大力推进理顺管理体制工作的过程中，能力建设问题也会凸显出来。当各级红十字会机构、人员、办公条件都具备的时候，我们各级红十字会能干什么？怎么干？就是一个十分实际的问题。我们不能辜负党中央、国务院以及各级党委政府的期望和重托，要加强学习，努力探索，刻苦实践，巩固工作阵地，开拓新的领域，使红十字会真正成为党和政府在人道工作领域的得力助手，为构建社会主义和谐社会贡献力量。总会起草了《中国红十字会2010～2014年干部培训规划》，主要任务是深入实施领导干部跨级直训、全面开展专职业务骨干分级分类培训、积极推动基层红十字会兼职干部的教育培训、积极开展干部教育培训工作的国际交流合作。希望能够为大家提供一个学习、交流的平台，大家可以结合本单位实际，充分利用这个平台加强本地各级红十字会的能力建设，也可以提出意见和建议，使培训更具实际效果。

（二）着力完善应急工作体制

《中华人民共和国红十字会法》规定我们要履行备灾救灾、自救互救培训、组织群众参加现场救助的职责。经历了南方低温雨雪冰冻灾害、汶川大地震等重大灾害的应急救援工作，我们的应急工作得到党和政府以及社会各界的充分肯定，国务院已经把红十字会的应急工作纳入国家整体应急体系之中。我们在总结经验发扬成绩的同时，也要看到应急救援工作的不足，着力完善我们应急工作体制。

凡事预则立。总会去年在云南会议上进一步细化完善了“应急反应预案”，在此基础上，又以实际操作为重点，起草了一个简化版本。主要是强调信息传递的时效性，以及各相关方案的联动与衔接。其中也对省级红会与总会的信息沟通和省际之间互救互助联络提出了要求，请大家研究讨论，在修改完善的基础上，正式施行。各级红十字会要十分重视发挥应急预案的作用，并结合本地实际制定切实有效的本级红十字会应急响应流程，做好与总会流程的衔接，责任到人，同时要加强应急演练，充分发挥应急预案在我会应急救援工作中的作用。

要努力完善红十字备灾救灾中心（仓库）网络体系。截至目前，我们共建立了六个区域性、20多个省级、100多个地市级备灾救灾中心（仓库），总会的备灾救灾中心也正在紧张建设之中，并将于今年全部完工，这对于完善红十字备灾救灾仓库网络体系、充分发挥红十字会在应急救援工作中的作用至关重要。各省级、地市级红十字会要积极争取当地政府在这方面的投入，增强救灾能力。

要组建一支“招之能来、来之能战、战之能胜”的红十字应急救援队伍，发挥红十字会的作用，努力减少灾害带来的损失。总会、省级红十字会，有条件的地市级红十字会要着力加强应急救援队伍建设，完善应急救援装备、提高应急救援能力，加强应急救援演练。可以建立自己的应急救援队，也可以整合资源，依托社会力量，依靠志愿者组建合作型应急救援队。

（三）认真做好理论研究工作

红十字运动传入中国已经一百多年，中国红十字会已经成为全面建设小康社会、构建社会主义和谐社会的重要力量，我们正处在难得的发展机遇期，中国特色红十字事业的发展呼吁加强红十字理论研究。在一定程度上，与蓬勃发展的红十字事业相比，中国特色红十字理论研究显得有些滞后。列宁同志讲过：“没有革命的理论，就没有革命的实践。”理论来源于实践，又能指导实践。没有科学的理论指导，中国特色红十字事业的科学发展是不可想象的。过一会儿，将有八个省市红十字会的领导进行经验介绍，应该说大家在实践中总结出了不少好的做法和体会，但这些好的经验还需要进一步提炼，升华到理论的层面，使其具有普遍的指导意义和可行性，这需要大家的共同努力和支持。

为加强和推进红十字理论研究工作，总会今年要筹建成立中国红十字理论研究会。10月份，要召开中国红十字会理论工作研讨会，希望各省红十字会积极参与，届时在研讨会上进行交流沟通，共同促进红十字理论研究工作。

（四）加紧制定“全国红十字模范单位”等级标准

过去几年，总会联合民政部开展“全国红十字社区服务示范市（区）”的命名表彰活动，联合教育部开展“全国红十字模范校”的评比表彰，制定了相关评比标准和管理办法，有效推动了社区红十字工作、学校红十字工作的开展。2008 年，中央决定对党政机关、公检法及人民团体等单位开展的评比达标表彰活动进行清理，中央办公厅〔2008〕20 号文件和中央纪委〔2009〕1 号明确要求各有关单位对本部门或与其他部门联合开展的评比达标表彰项目进行清理，经过总会与相关部门协调沟通，将上述两个评比表彰项目合并为“全国红十字模范单位”，虽然表彰项目的数量减少了，但我们在系统内外开展评比达标表彰活动的空间还是很大的。

今年 10 月份，我们要召开“全国红十字模范单位”工作研讨会，目的是要以红十字示范市（区）、红十字模范校等评比标准为基础，制定全国红十字模范单位等级标准。初步考虑，这个标准既要有示范作用，又不能脱离实际，定得太高。既要考虑硬件指标，比如县级红十字会的理顺情况、筹资情况、志愿者管理、人道救助情况、社区服务、模范校情况等，也要考虑到软件指标，比如对于精神文明建设的贡献、在群众中的美誉度以及社会公信力等因素，在本次会议上，希望大家对于这个模范等级标准进行思考，提出意见和建议，我们将根据大家的意见和建议进行整理，为制定一个好的标准提供依据和参考。

（五）做好人体器官捐献试点工作

国务院颁布的《人体器官移植条例》规定：“各级红十字会依法参与人体器官捐献的宣传等工作。”卫生部办公厅委托总会：负责全国人体器官捐献的宣传动员、报名登记、捐献见证等工作，负责建立国家人体器官捐献志愿者资料数据库，负责指导各级红十字会开展人体器官捐献相关工作。执委会认为这是一项有利于保障人民群众生命健康，利国利民的工作，我们应以积极的态度，高质量地完成任务。总的原则是“定位准确、积极慎重”。

要积极探索建立人体器官捐献的组织机构、工作机制、规章制度、技术标准、工作队伍、信息平台、保障措施和监督机制。要研究捐献补偿机制，要做好风险评估，包括舆论风险、工作风险，对于这些风险要有应对预案。

鉴于人体器官捐献不仅在医学标准方面要求很高，且具有极高的政治敏感度，涉及多个政府部门。各相关省市红十字会，凡涉及此项工作的都要指定专门的对外发言人，一定要统一口径，严禁随意解释，发布消息。任何不负责任的相关言论，都要追究主要责任人的政治责任。当前，总会正在与卫生部等相关部门协调此项工作的试点问题，以求定位准确，稳步推进此项工作。

（六）继续做好汶川地震灾后重建工作

在全国各级红十字会特别是灾区红十字会的努力下，红十字会系统援助汶川地震灾区灾后恢复重建工作已取得阶段性成果，相当一部分重建项目已经完工，其余在建项目正在稳步推进。据不完全统计，截至 2009 年 11 月底，全国红十字系统在汶川地震受灾地区已经确定灾后重建项目资金 120 多亿元人民币，援建项目包括民房 9.5 万余户、学校 1000 多所、卫生院 1200 多个、卫生站及部分康复中心、福利院等近 3000 个。

但是从总会督导检查和各地报告的情况来看，灾后重建工作仍然存在一些不容忽视的问题：1. 部分由政府统筹使用的红十字接受的捐赠资金，不能及时准确地向捐赠者反馈资金使用情况和项目援建情况；2. 部分灾后重建项目进度较慢、有些工程质量不符合要求、有些资金拨付不及时；3. 部分地区对红十字会支持的灾后重建项目宣传力度不够。

中央经济工作会议提出要扎实推进汶川地震灾后恢复重建工作。今年，灾后恢复重建工作仍是我会工作的重中之重，不能有丝毫麻痹放松思想，各地要采取切实措施，不折不扣地把灾后重建工作做好。总会决定在今年春节前，把总会接收的社会捐赠资金用于重建项目的情况向社会公告，接受社会监督。各省红十字会接收社会捐款的使用情况，也要及时向捐赠人反馈，向社会公告。即使有困难，各省级红十字会也要认真分析情况，该由我们红十字会说明情况的，不推诿，该由政府说明情况的，要尽量做工作。对于在重建工作中存在的工程进度、工程质量等问题，希望项目实施地红十字会进一步加强对项目的督导检查，督促政府相关部门切实负起责任，及时发现问题、解决问题，真正把红十字会援建的项目建成民心工程、放心工程、廉政工程、样板工程。当然，要做好宣传。一会茶歇休息时，我们要播放一段甘肃红十字会的宣传短片，他们的宣传作得有些特色。

（七）做好参与上海世博会工作

红十字志愿服务参与北京奥运会和残奥会，展示了我们的风采，今年的上海世博会又是一次锻炼队伍、传播红十字精神的难得机会，我会“红十字世博项目”包括国际红十字与红新月馆、五八荣誉日活动和“红十字与世博同行”志愿服务活动等内容。自2006年国际联合会主席托罗复函上海世博局确认参展至今，我会已争取到世博局免费提供的500平方米的独立展馆以及30万美元的援助资金，完成了展馆展示方案，启动了布展及装饰装修工作，完成了包括主体登记、红十字网上世博会、红十字与世博组合标志申请、荣誉日等活动及场地的申请和确认等相关法定手续，成为中宣部、世博组委会等十部委牵头的全国“迎世博、讲文明、树新风”志愿服务行动组委会成员单位，协调世博局和上海文明委，争取到红十字会参与世博会园区内外10万志愿者的急救培训和相关服务工作，成立了总会红十字世博项目筹备领导小组，确定郭长江同志担任展区总代表兼馆长，全面启动红十字世博项目秘书处工作，承担红十字世博项目筹备领导小组的日常工作，负责项目实施的日常协调联络、宣传活动、志愿服务和项目筹资等工作。

目前，已经进入筹备冲刺和逐步实施阶段，任务主要有三个：1. 建设好国际红十字与红新月馆，做好布展和荣誉日活动等工作；2. 以参与上海世博会为契机，开展好“红十字与世博同行”志愿服务活动；3. 上海等有世博任务的地方红十会要利用举办地优势，积极做好卫生救护培训等相关工作。总会将为各省红十字会参观红十字与红新月馆等活动提供便利，在本次会上，上海市红十字会还要介绍参与上海世博会相关情况。

（八）加强国际及与港澳台的交流合作

为了落实红十字会与红新月会国际联合会《2020战略》，总会起草了《中国红十字会国际和台港澳工作2010～2014年发展规划》，目的是明确今后五年我会外事工作的目标和任务，欢迎大家提出相关建议。明天闭幕式后，郝林娜副会长还要专门召开一个座谈会征求意见，希望大家重视。

红十字会的外事工作必须遵循以下原

则：1. 配合国家整体外交方针。红十字会的外事工作是我国整个对外交往工作的组成部分，要密切配合国家的整体外交，发挥自身优势，积极加强与发展中国家、非洲国家红会的交流合作。2. 统筹国际国内两个大局，外事为内事服务。红十字会的对外交往不仅仅是增进了解和友谊，更重要的是要学习、借鉴其他国家的先进经验，促进国内各项工作的开展。

今年总会要认真举办好2010年在华召开的重要国际会议，如东亚地区国家红会领导人会议与合作会议以及捐款国红会合作论坛等。在年底前基本完成汶川地震灾后重建工作中国际及境外支持的多边、双边援助项目的同时，大力推进国际合作，引进境外资金和先进理念和技术，探索新的合作模式，提高执行合作项目的能力，确保合作项目可持续发展。争取商务部等部门支持，整合援外资源，开展国际援助。继续做好“中国国际人道法国家委员会”秘书处的工作。

进一步密切与香港、澳门红十字会之间的交流合作。根据台海局势和两岸关系的变化，配合中央对台政策，及时调整我会对台工作，加强与台湾红十字组织和民众的交往与合作，特别是开展对台湾“8.8”水灾和灾后重建的援助工作。

（九）努力加强红十字会的党建工作

中国特色红十字事业是中国特色社会主义事业的重要组成部分。自新中国成立以来，党的三代领导集体都对红十字事业的发展给予高度关注和支持，中国红十字事业的发展离不开党的领导，我们必须坚持党的领导，围绕党和国家的中心工作开展各项活动。坚持党的领导，就是要确保中国特色红十字事业沿着正确的政治方向前进，确保中国特色红十字事业始终符合中国国情。

各级红十字会要切实加强党建工作，建立学习型党组织，认真学习中国特色社会主义理论、认真学习社会主义核心价值体系、认真学习政治、经济、文化、社会等有利于红十字事业发展的知识。要加强思想政治建设，始终坚持密切联系群众、始终坚持求真务实、始终坚持艰苦奋斗、始终坚持批评与自我批评，始终坚持加强党性修养。要把红十字会建设成一个政治意识强、有战斗力、党和国家放心，在全国所有社团中最优秀的团体。

同志们！我相信，只要我们各级红十字会同心同德、开拓进取，发展规划所提出的目标任务就一定能够圆满完成，中国特色红十字事业新跨越就一定能够顺利实现。

九届二次理事会议暨理顺管理体制工作经验交流会

在中国红十字会第九届理事会第二次会议暨理顺管理体制工作经验交流会开幕式上的讲话

中国红十字会会长　华建敏

2011年1月19日

今天的南京飞雪迎春，我们聚集在这里共商中国红十字事业发展的大计。首先，我要向各位理事拜年，对过去一年各位的辛劳表示慰问，对大家取得的成绩表示热烈祝贺！参加这次会议的还有很多省（区、市）政府和中央、国务院相关部委的负责同志，我们对各位的到来表示最热烈的欢迎！借这个机会，也向各省（区、市）党委、政府，中央各部门以及社会各界对红十字事业的大力支持，表示衷心的感谢！香港、澳门的红十字会也参加我们这次会议，在此对你们的到来表示欢迎，对过去一年你们给予祖国内地救灾和其他人道救助事业的大力支持，表示衷心感谢！

刚才王伟同志代表常务理事会做了工作报告，讲得很全面，很实在，也很充分，我都同意。这次会议的主要任务是认真领会和深入贯彻十七届五中全会精神，总结2010年工作、部署2011年任务。这次会议又是在国家“十一五”规划与“十二五”规划交替接续的时刻召开的，这就要求我们抚今思昔、瞻念未来，认真思考以往一个时期红十字事业发展走过的道路，展望未来红十字事业的前景。

下面，我讲三点意见：一是围绕2010年红十字的主要工作谈一些感受；二是围绕当前红十字会面临的战略机遇期谈一些认识；三是对当前工作提一些希望。

一、奋发有为的开局之年

刚刚过去的2010年是红十字会九届理事会履职的开局之年，这一年很不平凡。我国在巩固和扩大应对国际金融危机所取得的成果、保持经济稳定增长方面取得了新的成就。这一年又是自然灾害频发的一年，根据民政部的统计，2010年可以进入近三十年来严重自然灾害频发多发年份的前三名。一年来，各级红十字会在党委、政府的领导下，解放思想、开拓创新，求真务实、奋发有为，在各个领域都取得了新成效，新进展。

红十字会“九大”以来，我和总会的几位负责同志先后考察了10个省（区、市）的红十字会工作，接触到很多红十字同仁，包括基层骨干、广大会员和志愿者，以及热心红十字公益事业的社会各界人士。总的感受有三点：第一，认真办实事。他们尽心尽力，干劲十足，工作做得有声有色。第二，热心做好事。他们精神状态很好，无论是上了年纪的老同志还是小青年，脸上的表情都很“阳光”，对红十字事业有强烈的责任感和自豪感，努力克服各种困难，拼搏进取。第三，创造性开展工作。无论规定动作还是自选动作都很有创意，有很多成功做法、新鲜经验，对我们总会的同志来说确实很受鼓舞、很受启发。

去年年初我们在深圳召开年度工作会议，根据红十字会法规定的七项职责，提出了2010年的七大行动。现在我把一年来在各地的见闻、各地的好经验、好做法做一点“通风报信”的工作，并把我的感受和思考与大家作个交流。分五个方面讲。

（一）扎实高效推进“三救”、“三献”，大力做好人道救助工作

“三救”，就是救灾、救助、救护，这是红十字会的首要职责。保卫人的生命，责任重于泰山。在重大灾难面前，我们各级红十字会做到了第一时间启动应急预案，第一时间到达前线施救，第一时间启动社会募捐。特别是去年4月14日青海玉树发生地震当天，总会和青海省红十字会以灾情为命令，视时间如生命，迅速行动。总会的郝林娜同志带领工作组，当晚赶到西宁和省红十字会的同志会合。他们很有能量、很有办法，千方百计搞到了机票，挤上了班机赶到灾区，迅速开展工作。北京的“999”和蓝天救援队、湖南的应急供水救援队、云南的大众卫生救援队等多支红十字队伍也

从四面八方迅速赶到了地震灾区。同志们一边忍受着强烈的高原反应，一面紧张地开展各项救援救助行动，在抗震救灾中发挥了独特作用：一是保障供水，使灾区人民能喝上干净水；二是解决如厕问题。这两个问题如果不及时处理好，往往会造成疫病流行。

回良玉同志在现场对红十字会予以高度评价。他说："你们第一时间的行动我都看到了，你们是最快的，你们是好样的，你们是政府最得力的助手"。民政部和卫生部等部门负责同志也表示，每次灾害袭来，红十字会的同志们总是第一时间到达灾区同大家并肩作战。在灾后恢复重建阶段，我们红十字会同样做了大量工作。总会投入23亿元人民币用于玉树地震的灾后重建，投入2.25亿元用于甘肃舟曲特大山洪泥石流的灾后重建，包括我们在四川投入的资金，总计投入100多亿元。所有这些都充分证明我们红十字会确实是一支作风过硬、无私奉献、英勇善战的队伍，确实是党和政府可以信任的得力助手，确实是广大人民群众可以依靠的人道力量。

"三献"，就是无偿献血、捐献造血干细胞、捐献遗体器官。如果说"三救"是在灾难面前捍卫人的生命，那么"三献"就是在病魔面前抢救人的生命，两者都体现了红十字会的宗旨：关爱人的生命。

献血工作，是红十字会多年来配合卫生部门开展的一项重要的人道救助项目。据有关材料统计，我国临床用血的99%来自自愿无偿献血。前段时间，部分城市一度出现用血紧张的新情况，主要原因是卫生事业快速发展，社保水平有很大的提高，用血量增加很快，但献血人口占总人口的比例并没有随之跟上，献血人口的构成还是以大学生、农民工等为主，新的人群没有跟上。另外也有工作不到位，舆论宣传不足等原因。我国献血人口占总人口的比例仅为0.84%，低于发展中国家1%的平均水平，更远低于美欧等发达国家4.5%的水平。在这方面，我们必须加大宣传动员工作的力度，并配合卫生部门统筹研究如何进一步加强管理，加强服务保障。

中华骨髓库，即造血干细胞捐献工作。红十字会开展这项工作已经十年了，全国有三十余个省级分库，到2010年的12月底入库的资料有128万份，已成为世界上第四大骨髓库，也是最大的华人骨髓库，实现捐献人数达2000人。中华骨髓库的建立，不仅为捐献者奉献大爱、拯救生命提供了平台，也使千百万个支离破碎的家庭获得新生，有力地促进了社会和谐，提高了红十字会在人们心目中的认知度和公信力，在国际上产生了良好影响。

遗体器官的捐献工作。2010年3月2日，红十字会总会和卫生部联合在全国11个省市启动试点。这项工作难度很大，但由于各地党委、政府高度重视、加强领导，各级红十字会和卫生部门共同努力，试点工作总体进展顺利，取得了初步成效。特别是湖北省红十字会通过湖北及中央媒体，着力报道捐献者魏霞的典型先进事迹，取得了很好的社会效果，吸引更多的人加入了遗体器官捐献志愿者的行列。

各级红十字会还大力开展了应急救护培训活动。红十字运动起源于战地救助，做好应急救护培训是红十字会的一项传统工作和法定职责，也是有效应对我国公共安全严峻形势的迫切要求。要争取到最宝贵的拯救生命的“黄金时间”，就必须大力开展群众性的应急救护培训。总会去年在贵州专门召开了救护培训工作会议，强调一要抓基层，二要抓重点行业，三要抓师资骨干，要力争在较短的时间内，使培训规模有较大的突破。我们去年在上海调查了解到，经过三年的努力，上海有 100 万人次接受了初级培训，已经培训了 10 万名红十字救护员、1000 名合格的师资人员，培训人数占常住人口的比例达到 5.5%。昨天，我们在南京了解到，南京将在 2014 年承办青奥会，计划用两年时间使全市 5% 的人口接受培训，培训的初级急救员要达到总人口的 1.5%。能做好这样已经很不容易了，但与发达国家培训人口占总人口的 70% 到 80% 相比，还有很大差距。我在国务院工作时，就一直呼吁要下大力气把这项工作做好，而做好这件事最根本、最有效的措施就是“从娃娃抓起”。要让应急救护培训进课堂，并使之制度化，学生毕业必须取得初级救护培训的合格证。要让每个学生掌握自救互救、逃生避险的技能。努力做到“教会一个学生，带动一个家庭”。前几年，深圳的小学一年级学生袁媛，就是通过学校的传授，学会了煤气中毒后的应急救护，挽救了父母的生命，拯救了一个家庭。大家都说是父母生了她，她又是父母的“再生父母”。所以把应急救护和逃生避险知识写进教材、进入课堂，意义非常重大。

“三救”、“三献”，包括应急救护培训，是我们红十字会的传统项目，也是我们的招牌项目，一定要高度重视，研究新情况，探索新举措，把这项工作做得更好。

（二）以城乡社区服务为枢纽，深入持久地做好人道援助工作

胡锦涛同志在红十字会“八大”的讲话中指出：红十字事业是造福人类的崇高事业，为社会主义物质文明、政治文明、精神文明的建设作出了重要贡献；要贯彻“三个代表”重要思想，按照科学发展观的要求，大力弘扬人道、博爱、奉献的精神，在协助政府人道主义援助和促进经济社会发展等方面发挥积极作用。他还明确指出，红十字会在全面建设小康社会、加快推进社会主义现代化进程中是可以大有作为的。我们要按照中央的要求，努力在促进经济社会发展方面发挥积极作用，肩负起这一重任。

做好人道援助工作，关键是选准项目、发挥优势，尤其要关心“三最”群体，即最易受损害、最困难和最需要帮助的群体，这是我们援助的重点对象。

一是开展好社区服务送温暖活动。这是红十字会的又一个传统项目、品牌项目，各地都做了大量工作，比如内蒙古的“博爱一日捐”活动、青岛的“微尘”行动等等，影响很大，很有创造性，应该坚持下去，越办越好。我到各地去考察，都要去看社区的人道援助项目。昨天考察了南京市建邺区水西门社区，有两项活动很有特色。一是向最困难群众发放购物票，每张票面 100 元，可以凭票到社区红十字会服务站、社区援助站，根据需要领取生活用品，这比我们向每家困难户发大米、面粉、白糖、食油更加灵活，更易符合群众的实际需要。二是红十字“好邻里”闲置物品援助站，通过募集社区居民和社会各界人士的闲置物品，向社区困难群体实施救助，既有效利用了闲置资源，又实实在在地帮助了有需要的人。昨天还考察南京市洪武北路小学，成立的时候号称中国唯一的红十字会小学。学生们组织了一场义卖活动，孩子们把家里不用的玩具、课本

拿来义卖，所得款项用来购买营养品、生活用品送给社区老人。学校通过组织这类活动教育学生从小懂得要孝敬老人、帮助老人，意义很大。

二是从各地的情况看，“三最”群体中要特别关注三类人：儿童、老人和大病患者。“扶孤爱幼”是我们民族的传统美德，患有先天性严重疾病的儿童，特别是孤儿，是最弱小、最需要关爱呵护的一个群体。全国现在有不少地方实施了少儿住院互助金制。比如，上海市红十字会会同教育、卫生部门联合创建了“儿童住院互助基金”，主要针对中小学生和婴幼儿群体实施帮助，通过社会互助共济来筹措资金。目前已经做到本市户籍居民城乡全覆盖，对非本市户籍居民，包括外来农民工子女、港澳台以及外国来沪工作者的子女，做到了基本全覆盖，较好地解决了少儿特别是外来务工者的孩子无钱看大病的社会问题，这些年来已经累计为100多万人次患病少儿支付了9亿多元医疗费用，挽救了很多孩子的生命。福建省政府决定每年拿出1亿元用于儿童的大病救助，四川省成都市在这方面也做得很好。

养老服务也是我们面临的一个突出问题。人口老龄化一方面是经济发展、社会进步的标志，另一方面也带来了很多社会问题。现在中国的人口平均寿命是73.4岁，全国60岁以上的老龄人口1.67亿，80岁以上的1899万，近69%的老人还要依靠子女和孙子女来赡养。由于老龄人口的快速增长，养老服务事业发展相对滞后，养老机构床位极为短缺，很多城市已经出现了养老服务机构一床难求的局面。单纯依靠政府无法满足全社会的养老需要，必须要走政府牵头，引导、动员全社会力量来办养老事业的路子。要加大对社会养老服务业的扶持，鼓励社会资源进入社会养老服务业，以居家养老和社区养老为主，以机构养老为补充。

各地的红十字会在这方面做了大量的探索，取得了很好的成效。现在上海共有31个老年护理院，有6000多张床位，主要是靠市、区两级的红十字会筹集资金和物资，有关部门如民政部门在政策上给予支持，按每个床位给予补贴。这些护理院和养老院主要收治的是老年痴呆症、中风后遗症、晚期肿瘤症、晚期糖尿病和帕金森综合症以及骨折的老年人，开展“介入护理”。所谓“介入护理”，就是介于医疗、诊治等高端护理与普通生活照料等低端护理之间的护理方式，强调要通过康复治疗、心灵抚慰等手段，帮助老人恢复功能。江西南昌组织志愿者和社工相结合，开展社区老年介入护理，做得也很好。各地老年护理院的工作之所以得到大家的认同、好评，主要是因为做了六件事：一是减免了护理费用，减少了开支。二是定期组织志愿者到护理院慰问，让老人得到心灵慰藉；三是扩大服务范围，组织力量为住在家里的老人提供上门服务；四是建立联系网络，家里无人看护的老人一旦有事，打个电话，护理人员就可以及时赶到，展开救助和救护。五是人文关怀和心理疏导。有些老人不爱跟家人说话，有别扭，由志愿者出面做心理疏导，帮助他与家人加强交流沟通、恢复和睦关系。六是临终关怀，给老人多一些安慰，让老人带着满意、感恩的心情离开人世。

这里除了儿童和老人以外，就是对生活困难的大病患者实施人道救助。总会的红十字会基金会办了一个“天使计划”活动，已经实施五年，做了大量的善事，归纳起来主要是三类：第一是援建乡村的博爱卫生院，第二是免费培训乡村医生，第三是对患有重大疾病的贫困儿童和农民提供医疗救助。五年来“天使计划”累计投入了10亿多的善款，在全国援建的博爱卫生院（站）达到2034所，培养了2086名乡村医生，同时为各种大病患者提供了31000人次的医疗资助，“天使计划”的直接和间接受益人口达1000多万。为实施“天使计划”，财政部给了1亿元彩票公益金，这1亿元带动的社会捐款达10个亿，杠杆作用显著。

这里，特别想提到贵州省红十字会开展的一个项目。他们组织了一个绿色家园行动，建立了“红十字绿色家园互助金”，底金由省红十字会提供，通过整合政府、红十字会及深圳、香港、澳门等地的社会资源，为老百姓办了许多实事。比如针对贵州困难的农业生产条件，他们因地制宜帮助农民搞了六个农产品开发项目，包括种三种植物、养三种动物。三种植物包括：第一是种核桃，栽种几年就可以产果；第二是种苹果，那里的自然环境能够产出好品质的苹果，不仅味道好，出果期也比其他地方早；第三是种烤烟，我们在那里看到烤烟长得又肥又壮。三种动物包括：第一是林下养鹅；第二是林下养土鸡；第三是养黄羊。贵州省红十字会的这个行动计划很受农民欢迎。我们在长顺县种获乡与村民座谈，感受到他们很高兴、很满意，座谈会上充满欢声笑语。我们就是要这样，充分发挥红十字人的智慧和能力，力所能及地帮助那些确实需要帮助的人。

以上所讲的人道援助工作，原则上都是各地红十字会的“自选动作”，是一批口碑很好的品牌项目，都取得了良好的社会效应，得到广泛的社会认同。我们一直说红十字会的职责就是要做老百姓最企盼的事情，只要我们时刻把困难群众的冷暖放在我们的心上，真正为老百姓办实事，我们红十字事业的社会基础就会越来越巩固，越来越得到项目受益者的拥护和捐款人的认同，就像胡锦涛同志所说的那样，红十字会在人道救助领域和人道援助领域是大有可为的。

（三）加强红十字会的青少年工作，开展志愿者服务行动，推动红十字会文化的传播，促进精神文明建设

全球25岁以下的人口占世界总人口的50%，其中14到25岁这个年龄段有12亿，中国占了2亿多，略低于印度，在世界上排第二。青少年的品格能力将决定国家下一代劳动者的素质和领导人的水平，他们又是下一代的父母，是民族的未来，民族的未来要靠他们来传承和担当。梁启超一百多年前就喊出了“少年强则中国强”。青少年充满阳光、最具活力，也进入了风险年龄段，比如中国现在的男青年吸烟的比例是14%，小姑娘吸烟的比例也达到6%，比过去有很大的提高；青少年中肥胖病的发生率10年提高了5个百分点；更使人不安的是有些青少年涉足黄、赌、毒，刑事犯罪低龄化，对这种现象必须高度关注，采取有力措施，扭转这个不良态势。

红十字工作要进校园，要让学校成为对青少年开展道德实践教育的重要基地。我2004年在国务院主持人口战略研究的时候，就提出一个命题，要投资于人，投资于青少年，投资于教育，特别要投资于道德教育。红十字会秉承的人道、博爱、奉献精神和中国优秀的传统文化以及社会主义核心价值观是包容一致的，传播红十字精神对于推动社

会主义精神文明建设、提高全社会的思想道德水平具有重要的意义。过去一年，各地的红十字会在探索和丰富红十字精神传播新路子方面，取得了不少的成功经验和成果。北京的中关村中学，南京的洪武北路小学，都是很好的典型。我们一定要继续把这项工作做实做好，让青少年健康成长。

积极开展红十字志愿服务行动，也是一项十分重要的工作。志愿者是红十字会开展人道援助各项工作的骨干力量。2008 年国务院办公厅《关于加强基层应急队伍建设的意见》明确要求，要充分发挥红十字会的作用，建立青年志愿者和红十字志愿者的应急救援队伍。在 2008 年的奥运会，2010 年的世博会和广州亚运会、亚残运会期间，我们的志愿者队伍得到了国内外人士的交口称赞。我曾经与北京市蓝天志愿者队伍有过近距离的接触，我一个一个问他们是做什么的，专长是什么，参加志愿服务的初衷是什么。交谈虽然很简单，但给我留下了很深的印象。他们中有白领，也有蓝领，有搞物业、做门卫的，也有搞计算机的，不同职业背景的人为了一个共同的目标走到一起，这就是人道救助。他们在汶川大地震、玉树大地震的救援行动中发挥了很大作用。

我们要不断扩大志愿者队伍。根据 2009 年的数据，全国红十字会员是 2642 万，但志愿者只有 192 万，相比之下，我们的志愿者队伍规模太小了，所以要千方百计吸纳有志于人道援助的群众参加到我们的志愿者队伍来，重点有两个人群：一头是青少年；一头是老年人、退休职工。50 多岁的女同志和 60 多岁的男同志，刚离开工作岗位，精力充沛，有爱心、有时间、有能力、有经验，要为他们提供奉献爱心的平台。要让年青人从小就有帮助他人、回报社会的实践机会，让老人到了晚年还有发挥余热、老有所为的机会。

我们还要为志愿者创造有利条件和发展环境。我们的志愿者都是志愿服务。对他们而言，初衷是自愿贡献自己的时间、精力和技能，不以任何方式来谋求名利、谋求回报。对我们红十字会而言，就应该考虑为志愿者提供在人道救助、救灾活动中的人身保险，还要给志愿者一定的评价和激励，为他们提供有利于自身发展的机会。我们有些保险公司就免费为志愿者提供人身保险。前几天我们在无锡考察时又了解到，有的中学生因为是红十字会的志愿者，考牛津大学的时候就可以同等条件下优先录取。还有一些外资企业在招收员工时就明确，有红十字志愿服务经历的优先录用。我们一定要形成这样的机制，凡是热心为公众服务，做出出色成绩的优秀红十字会员和志愿者，红十字会要积极为其提供发展机会，因为他们在志愿服务活动中显现出热爱民众、无私奉献的情怀和服务民众、处理复杂事件的能力。

（四）充分发挥民间外交渠道作用，促进国际交流合作

随着我国国际地位的提高，近些年来外交工作的重要性愈发显现。做好外交工作，一定要重视和发挥民间外交的作用，让官方外交和民间外交两个轮子一起转，创造一个有利于我国长期发展的和平环境。这方面我们过去做了不少工作，今后要继续加强国际交流合作，做好“请进来、走出去”的工作，积极引进境外的资金、管理和技术，同时大力支持发展中国家红十字事业的发展。不仅提供经济援助，也要加大人道领域的援助力度，包括派遣医疗队、救护队等等。在

这方面，红十字会是很好的渠道，要让中国红十字会在国际红十字运动中发挥出与我国国际地位相称的积极作用。

我们红十字会还担负着中国国际人道法国家委员会的相关工作。2009年的3月，我在上海市卢湾区职业教育中心主办的实验学校初中部考察红十字会工作，了解到这所学校把国际人道法的传播作为红十字青少年工作的一项内容，组织学生们讨论对国际人道法条款的理解。坦率的说，很多条款的内容我并不了解，初中的同学能掌握这些内容并展开辩论真不简单。我们还真得活到老、学到老啊。去年9月，我们召开了国际人道法国家委员会全体会议，大家讨论认为这是一项非常重要的工作，我想借此机会在这个问题上跟大家多说几句，因为国际人道法的实施也要靠各地的红十字会予以重视和支持。我国早在1956年就批准了四个日内瓦公约，是联合国安理会常任理事国中最早接受议定书的国家，而且我国已经兑现对联合国的承诺，向120多个发展中国家提供了经济援助，累计免除了49个重债穷国和最不发达国家的债务，我们还向发生地震、海啸等灾害的国家，积极捐赠物资，并派遣多支医疗队和救援队到当地实施人道救助。我们是安理会常任理事国中派出维和人员最多的国家之一，已经累计派出上万人次，在海地的地震中还有8名维和官兵付出了生命的代价。总之，中国在实现自身发展的同时，已经尽了最大的努力，为世界和平与发展的崇高事业作出了重要贡献。我们要树立一个观念就是，我们宣传和实施国际人道法不是宣传所谓的西方价值观念，实际上，国际人道法的根本宗旨就是对人的保护，这与科学发展观、“以人为本”理念的核心内涵，与中华民族救死扶伤的传统美德是完全一致的。做好国际人道法的普及和国际人道法在我国实施情况的宣传，一定意义上也是为了树立我们国家良好的国际形象，确保我国始终站在道德制高点上。做好这些工作，我们红十字会责无旁贷。

（五）理顺关系，加强自身建设

这是“七大行动”中的“强会行动”。前面讲到的“三救”和“三献”，本质上是一个关爱生命、抢救生命的“生命工程”；开展人道救援、社区服务，实际上是一个“民生工程”；搞好青少年工作和志愿者活动是一个道德实践、道德教育的“道德工程”；参与国际交往、推动国际人道法的传播和实施，是一个“民间的外交工程”。所有这些工程最重要的前提是搞好红十字会的自身建设，这是一个强身固本的“基础工程”。现在社会各界分析我们红十字会的优势，归纳起来有四条：第一，组织化程度高；第二，网络覆盖面广；第三，社会影响力大；第四，办事效率高。我觉得，这些既是对我们的肯定和勉励，也是我们进一步努力的方向。同时我们也看到，各地红十字会工作之所以能不断开创新局面、取得新成就，根本在于：一是有一批有善心、有爱心、有能力、有办法的热心人，当地红十字会的会长、常务副会长、副会长，都是一批有善心、有爱心、有能力、有办法的热心人参与我们的红十字事业，二是有一支勤勤恳恳、办事认真的干部队伍，大家都有强烈的责任感，严格管理，公开透明，作风严谨。没有这两条，红十字会的各项工作不可能推得动、做得好。过去一年，各级红十字会理顺体制的工作又有了很大进展，理顺管理体制的地市级红十字会比例从2009年的91%

上升到96%，县市级红十字会比例从43%上升到53%，这一成绩来之不易。我们到内蒙古自治区去考察，当地的党委、政府高度重视红十字会的组织建设，比较早就理顺了盟市、旗县区红十字会的管理体制，盟市级红十字会都是正处级、旗县区级红十字会都是正科级。还为红十字会多设一个领导职数，这样做既加强了红十字会的工作，又为大量的优秀干部提供了更多的任职渠道，充分体现了党委、政府对干部的关心，对人才的爱护。他们在理顺管理体制、形成组织网络的同时，特别强调红十字会要进农村、进社区、进企业、进学校、进机关，他们还坚持推进工作质量标准化和实施目标化管理。通过这些举措，各级红十字会的能力明显增强，各项工作实现了大步跨越。天津市红十字会很早就推行利用政府资金购买公益岗位，把高校毕业生组织到红十字事业中来，组织到为人民服务的社会事业中来，这是红十字会用人机制的一种创新，也是理顺红十字会管理体制的一种探索，很有启发性。我前不久到上海嘉定区调研，发现他们也有一个新做法，就是由区红十字会和街镇共同出资，通过给予一定经济补助择优选聘热心红十字工作的专职联络员，又在各街镇和相关职能部门中选聘工作经验丰富、熟悉区域情况的调研员为红十字指导员，形成了指导员、联络员和专兼职红十字工作人员为一体的街镇红十字干部队伍。上海浦东红十字会积极推行信息化管理，构建了一套科学、动态、准确的红十字网络，街镇、学校、团体会员单位都在网络上输入和更新各类信息数据、办理相关事项，有效带动了基层红十字会管理水平的提升。这说明，近些年来各地在抓组织建设、抓队伍建设方面确实下了功夫、取得了成效。

这里还要提到，安徽省红十字会的能力建设也很有特点，他们调动社会资金和师资力量办了一个红十字会中等卫生职校，为城乡基层医疗机构培养紧缺的医护人员，这个做法很有创意，体现了红十字会调动社会资源为社会服务的平台功能。省红十字会还通过争取政府和社会资金的支持，新办了一所医院，走出了一条拓展红十字会服务能力的新路子。

以上是我们在各地调研期间感受最深的五个方面。其实各地都有不少好的招数、好的经验，需要我们去调研、总结和推广。我深信，在我们国家，寻求改革良方，破解发展难题，力量在群众、智慧在地方、办法在基层。我们要坚持深入基层调查研究，充分汲取地方的成功做法和成熟经验，不断推动全国层面红十字会工作改革创新、加快发展。

二、中国红十字事业面临战略机遇期

进入2011年，意味着我国的改革开放事业经历过上世纪的80年代、90年代和新世纪的头十年，已经进入第四个十年，当前经济社会最大的特征可以用两句话来概括：

第一句话是，我们国家进入了中等收入国家行列。2010年我国GDP接近40万亿人民币，人均GDP超过4000美元。2009年，世界银行划了一个界限，凡是人均GDP低于935美元的，叫低收入国家，935美元到11455美元叫中收入国家，高于11455美元的就是高收入国家，中收入国家中还有区分，3705美元以下是中低收入国家，如果高于3705美元，叫中高收入国家，我们已经进入了中高收入国家行列，再经过若干年的努力，要进入高收入国家。

第二句话是，我们国家面临“中等收入陷阱”。所谓“中等收入陷阱”当时指的是拉美现象，是指一个国家进入经济高速发展阶段，但是收入分配差距越来越大，贫富悬殊，大部分居民购买力相对下降，经济增长缺乏内生动力，造成经济发展速度下降，同时社会不稳定因素增加，乃至失控。70年代一些拉丁美洲国家的经历是这种现象的典型表现。“中等收入陷阱”、“拉美现象”，过去十几年国际上说的很多。我国的发展到了人均GDP4000美元这个门槛，一方面体现了改革开放的伟大成就，人均GDP从改革开放初期的200多美元增长到了4000美元，增长20倍；另一反面，我们要高度警惕，防止陷入“中等收入陷阱”。凡是认识到问题、知道有陷井的，就会避开陷阱；凡是掉以轻心，感觉良好，认识不到风险的存在，就有可能掉入陷阱。

这个“陷阱”的本质是什么？其实就是经济发展与社会发展失衡。中央很早就认识到这个问题，党的十六大报告提出，到2020年要全面建成的小康认识，是惠及十几亿人口的更高水平的小康社会，是经济更加发展、民主更加健全、科教更加进步、文化更加繁荣、社会更加和谐、人民生活更加殷实的社会。这六个“更加”里面，第一条讲经济，经济更加发展；第二条讲政治，就是民主更加健全；第四条讲文化，文化更加繁荣。一条讲经济建设、一条讲政治建设、一条讲文化建设，其他三条讲的都是社会建设。所以我们全面建设小康社会，是“五项建设”即经济建设、政治建设、社会建设、文化建设、生态文明建设，齐头并进，协调发展，再加上一条即党的建设，为前面五项建设提供组织保证。但从这些年的实际情况看，大家讲到经济成就都是喜气洋洋，说到社会矛盾就忧心忡忡，社会矛盾确实是明显增多了，不用回避。经济社会发展不平衡、不协调、不可持续问题依然突出，是前进道路上必须下大力气去解决的问题。

中央关于整个经济社会发展态势说了“四个深刻”，就是经济体制深刻变革、社会结构深刻变动、利益格局深刻调整、思想观念深刻变化，分析得很深刻、很透彻。经济体制上，所有制改革、产业结构调整、地区生产力布局有了很大的变化。社会结构上，变化也非常大。第一，从计划经济时代的单位人变成了现在市场经济时代的社会人；第二，两亿多农民离开了土地，从农民变成了从事第二、三产业的工人、职员，一亿多农民离开了本地，到外地打工，这是世界上最大规模、速度最快的城市化。也有人说这只能算作“半城市化”，因为进城务工农民还没有全面享受市民待遇，要真正实现这一点，还要仔细审慎地研究和推进；第三，人口的家庭结构从正金字塔结构变成了“421”或者是“62”这样一种倒金字塔结构；第四，收入结构也在发生着重大变化，劳动报酬占初次分配的比重过低，基尼系数从改革开放初期的略大于0.2到现在的略小于0.5，城市居民与农村居民的收入比从80年代的1.86∶1上升为现在的3.31∶1，50%的农村人口只能分享10%的全社会财富。总的看，我们可以得出结论，社会结构的调整、优化、升级远远落后于经济结构的调整、优化、升级；社会体制改革滞后于经济体制改革；社会建设的步伐大大落后于经济建设的步伐。由于我们抓经济建设这手比较硬，抓社会建设这一手比较软，在经济方面我们投入比较多，在社会方面欠账比较多，所以现在经济一条腿长，社会一条腿短。这是走不快也走不远的。

近年来，党中央、国务院高度重视社会建设，中央领导同志多次就加快社会建设发表重要讲话。中央领导同志的讲话精神，我体会主要有这样几条：第一，务必要把社会建设放在突出的重要位置。为了超越中等收入陷阱，为了国家的长治久安，未来社会主义现代化建设的顺利推进，必须集中力量把滞后的社会建设抓上去，关键是统一思想，改变“以GDP挂帅”、“一俊遮百丑”的观念，真正落实科学发展观、转变发展方式，努力做到协调、统筹、可持续。在统筹经济社会发展、统筹城乡发展、统筹区域发展、统筹人与自然和谐发展、统筹国内发展和对外开放这“五个统筹”中，统筹经济社会发展是居于第一位的。这是2003年“非典”这场突如其来的灾难给我们的教训和启示。中央提出科学发展的战略思想和构建和谐社会的战略任务，是对治国理政和现代化建设客观规律认识的深化。

第二，要把保障和改善民生作为社会建设的核心任务。我们过去常说抓民生主要是三个层次，第一层次是就业、分配、社保，这是解决生计问题；第二层次是生产生活安全、环境安全和社会公共安全，这是解决安全问题；第三层次是卫生、教育、文化，这是解决人的全面发展问题。在这三个层次之外，还要加一个住房问题，在中国快速推进城市化的过程中，必须妥善解决好老百姓的住房问题。现在这些都是老百姓当前最关注的热点问题。

第三，推进社会建设必须要依靠全社会的力量，为此必须深化社会体制的改革。过去我们讲的较多的是社会管理体制改革，现在更应强调的是深化社会体制改革。这里用了社会体制这个概念，因为它比社会管理体制的内涵外延要大得多、包容面要广得多。深化社会体制改革，首先政府要全面履行职能，要挑起公共服务和社会管理的担子。温家宝同志在2009年说过，在我国社会事业领域，政府责任不到位和包揽过多同时并存，该管的没有管到位，该放的没有放下去，发挥市场机制、社会资本和民间组织的作用不够，调动各方面积极性的体制、机制还不健全，社会事业发展的活力不足，这不仅制约了社会发展的步伐，也制约了经济发展的步伐。改革开放30年取得了巨大成就，最基本的一条经验，就是调动最广大人民群众的积极性，这也是我们改革的宗旨。经济体制改革取得成功，最主要就是靠了这一条。改革开放初期，发端于1978年安徽凤阳小冈村的农村改革，是我们中国改革的起点，也是示范。农民土地联产承包经营责任制为什么能够成功？核心是一句话：土地承包经营所得，“交够国家的，留足集体的，剩下都是自己的”。这一句话就把农民积极性给调动起来了，确保了农村经济体制改革的成功。到了20世纪90年代，我们集中力量搞国企改革，搞金融改革；进入新世纪，集中搞行政管理体制改革。这些改革到现在还在继续深入进行。从今年起，改革开放进入第四个十年，已经到了必须集中力量搞社会体制改革的时候了。搞社会体制改革，着力点也要放在调动全社会一切可以调动的积极性上，共同推进社会建设。

我国的社会体制改革要放在大背景下来看待和分析。我们要努力营造一个有中国特色社会主义的现代国家制度，要有一个和社会主义市场经济体制相适应的现代企业制度，还要有一个符合中国国情的现代社会制度，这一点非常重要。举个例子，当年搞国企改革，为了减轻企业负担，实现三年脱困，就提出企业不要办社会。但如果企业不办社会，交给谁办？交给社会办，社会组织不发达，无人接手；交给地方政府办，地方政府财力不足，包不下来，这个问题到现在也没有完全解决好。所以，我们要坚持深化改革，在推动建立现代国家制度、现代企业制度的同时，更加着力构建现代社会制度，包括着力研究如何培养和管理社会组织，让他们在社会建设中发挥作用、有所作为。社会建设中有相当一部分内容，是我们红十字会等社会组织可以去做、可以做好的；社会体制改革重在充分调动社会组织的积极性。我们红十字会责无旁贷，各级红十字会一定要紧抓机遇、迎接挑战、发愤图强、大有作为。

在这样的形势下，红十字会要把加强理论研究摆在更加重要的位置。理论研究，一定要眼观四方，要有大势判断，要有全局观念。当前的大势是什么？全局是什么？核心是一句话，中国特色红十字事业的发展已经进入一个战略机遇期。红十字会能不能有一个大的发展，就看我们能不能抓住当前这一战略机遇期。为什么说我们面临一个战略机遇期？因为我国经过改革开放30年的高速发展，经济发展成就巨大，但社会事业发展却相对滞后，社会矛盾明显增多，社会建设面临严峻挑战。我一直认为，不要简单地把挑战视同不利因素，把机遇看成有利因素。挑战其实就是机遇，英语里面的一句谚语“challenge is chance”就是这个意思。你把挑战看成你的机遇，下决心克服困难，事业就有了大的发展；你把挑战看成一场逃避不了的灾难，畏缩不前，那肯定做不好工作。我们红十字会一定要勇于面对挑战，克服各种困难，不断开创新局面。

我们面临的困难和挑战不少，我们还有很多艰巨的工作要做。比较典型的，可以用三个数字来说明：一是我国全社会的捐款占GDP的比重还很低，即使在最高的年份2008年，全社会公益慈善捐款才1070亿元，占当年GDP的比例还不到0.4%，而美国在大灾之年最高能达到2.6%，平常年份在2.2%～2.3%，发展中国家平均在1%左右。二是开展人道救助、人道援助的各项工作都离不开社会工作者。我国社会工作者队伍占就业人口的比重在1%左右，而美国的数据是18%，差距还相当大（这也许与我国还没有建立相应统计口径和统计方法有关）。三是接受过是应急救护培训的人口占总人口的比例，我国总体上还不到5%，发达国家是70%～80%。可见，在这三个方面，我国与发达国家甚至是世界平均水平都有很大差距，差距大是挑战，也是机遇，说明我们有很大的发展空间。总之，加快推进包括红十字事业在内的各项社会建设，中央重视，社会需要，人民期待，红十字事业的发展确实到了一个战略机遇期。机不可失，时不再来，贻误战机是最大的失误。我们一定要充分领会中央关于加快社会建设和深化社会体制改革的一系列重要指示精神，充分认识和牢牢把握战略机遇期，真抓实干，加倍努力，推动红十字事业迈上一个新台阶。

三、对下步工作的几点希望

（一）要以制度建设为核心，深入推进能力建设

去年总会提出了要加强红十字会的能力

建设。能力建设是一项长期任务，要常抓不懈。为了常抓常新，可以每年突出一个重点，取得实效，积小胜为大胜。2011 年的能力建设就要围绕制度建设这个核心来推进。为什么要把制度建设作为当前能力建设的一个重点？我认为，首先是为了总结各地的先进经验、成功做法，由点到面在全国推广。每个地方、每个单位都有很多行之有效的经验和具体做法，收到好的实效，这是我们宝贵的财富。要用规范性的语言来概括和提炼，把各地的实践上升为制度，来指导和规范全国的规范，营造成果共创、成果共享的生动局面，不断提高各级红十字会的工作能力。其次，是为了不断深化对红十字会工作客观规律的认识。红十字事业是一项千秋万代的事业，任何事物都有它的客观规律，要推动红十字事业长期健康发展、也必须按客观规律办事。这就要求我们既要大胆实践、创造经验探索规律，又要靠制度建设去积累和传承实践经验，并把这些凝聚在制度中的群众创造的实践经验升华为中国特色红十字事业的理论，指导我们的实际工作。所以，我非常赞成将今年的能力建设重点放在制度建设上。

（二）要以破解红十字会发展的关键问题为重点，加强理论研究

红十字会“九大”以来，我们强调要开展调查研究和理论研究。一是总会领导开展的调研，我已经考察了 10 个省（区、市）的红十字会工作，其他同志也开展了大量调研，实地了解掌握的情况让我们受益匪浅。二是总会还组织了理论研究课题组到各地去作实地调研。三是请全国人大常委会教科文卫委员会组织开展了执法调研。三项调研取得的成果综合起来，为我们今年的理论研究打定了一个很好的基础。理论研究要有针对性，要有明确的目标，要努力回答实际问题。我们在实际工作面临的重大问题、焦点难点问题就是需要重点研究的重大理论问题：第一，红十字会未来发展的指导思想，包括红十字会的性质、地位、目标、任务、作用等等，要针对新形势新特点做出新的概括。第二，红十字会的职责，1993 年颁布的红十字会法规定了七项职责，随着时代的发展进步，红十字会的服务对象和服务内容都有了很大变化，有了新的更高的要求，应根据新形势新变化进一步界定我们的职责。界定职责要更明确、更具体，比如器官捐献、造血干细胞捐献等新的工作领域，还有很多红十字会的服务项目，包括我们所称的“规定动作”和“自选动作”，凡是经过检验、得到大家充分认可，能够固定下来的，都要在理论上讲明讲透，在职责中加以规范和明确，等等，即要把“规定动作”、“自选动作”阐述得更加明确。第三，关于人、财、物的管理，特别是资金运作制度。如何提高公信力，提高筹款能力？红十字会如何更好地做到一手抓项目、一手抓筹款？如何让全社会都高度认同、信任我们，放心让我们管理他们的捐款、实施公益项目？这些都需要深化研究。第四，对外交往，红十字会应该做什么？能做什么？应该放在什么位置？第五，加强领导。各级红十字会在争取各地党委、政府的领导和支持方面都有一些好的做法，有必要加以总结，归纳出一些规律性的认识，提出一些制度性的要求。以上所讲的内容，都是今年总会理论研究的重点，也请同志们回去认真思考。总之，理论研究要针对红十字会的未来发展，要破解我们面临的重大难题，而且一定要放在大力加

强社会建设的大背景下来考虑。

（三）要积极争取国家各部门和各地党委、政府对红十字会工作加强领导、加大支持

这方面我在各地看到了很多好的迹象，很受鼓舞。第一，在江苏调研期间，了解到有两个市要把红十字会工作写进政府工作报告，这在过去是很少见到的。第二，有些地方把红十字会的某些工作列入政府的实事项目和考核内容。第三，有些地方建立了政府定期听取红十字会工作汇报的制度。第四，各地普遍给红十字会增加了编制，包括行政编制和事业编制。第五，各地增加了对红十字会的财力支持。第六，不少地方建立了抓社会建设的专门机构，比如北京、上海、南京市都建立了社工委，并且把红十字会列为枢纽型的社会组织，把很多社会管理的功能交给了红十字会。还有很重要的一点，许多地方基层社区红十字会会长由当地社区党支部书记或管委会主任兼任，这种做法很好。红十字会的宗旨和我们党全心全意为人民服务的宗旨完全一致，基层红十字会的会长由基层党支部书记或社区管委会主任兼任，红十字会可以更好地依托基层社区的组织优势和资源优势，发挥独特作用。党的基层组织活动也有了充实的、得到群众拥护的内容，这是一举多得，要好好总结和推广发扬。

同志们，红十字事业是一项造福人类的崇高事业，在推进社会主义现代化、全面建设小康社会的伟大时代，做好红十字工作意义重大，使命光荣，让我们在党中央、国务院的领导下，继续大力发扬人道、博爱、奉献的红十字精神，为中国特色红十字事业的又好又快发展作出新的更大贡献！

（根据录音整理）

在中国红十字会第九届理事会第二次会议上的工作报告

中国红十字会常务副会长　王　伟

2011年1月19日

尊敬的华会长、各位理事、各位代表：

我受中国红十字会第九届常务理事会委托，向大会做工作报告，请予审议。

一、2010年工作回顾

2010年是中国红十字会第九届理事会的履新之年，是各级红十字会整理思路、谋划未来发展、加强能力建设的一年，也是自然灾害多发频发、重大活动集中举办的一年，可以概括为“灾害救助年”、“调查研究年”、“能力建设年”和“重大活动年”。在这一年中，中国红十字会第九届理事会认真学习实践科学发展观，贯彻落实党的十七大、十七届四中、五中全会精神，围绕中心、服务大局，带领全国各级红十字会团结一致、勤奋工作、开拓创新、锐意进取，圆满完成了各项工作任务，为未来几年实现红十字事业的更好更快发展奠定了坚实基础。这一年的主要工作是：

（一）救灾成绩显著，救护、救助工作取得新进展。2010年是各类自然灾害频发的一年，雪灾、洪涝、台风等常见灾害规模不减，西南旱灾、玉树地震、舟曲泥石流等罕见重大灾害接连发生，汶川地震灾后恢复重建工作也进入关键时期。灾害救助是红十字会的首要职责。第九届理事会开局伊始，就把备灾救灾工作放在了突出重要的位置。在总结汶川地震救援经验的基础上，修订完

善《中国红十字会总会自然灾害应急预案》，进一步强化并规范总会灾害应急反应机制和流程；印发《中国红十字会备灾救灾中心（物资库）规划建设管理办法》，总会备灾救灾中心也已正式落成并运转，使我国红十字会备灾基础建设进一步加强；作为国家抗震救灾领导小组成员，中国红十字会今年又成为玉树地震灾后恢复重建小组成员，更加有利于依法维护捐赠人利益、规范捐赠资金使用；通过向社会发呼吁、短信募捐、举办公益晚会等方式，各级红十字会开展重大自然灾害募捐工作取得显著成果；进一步加强统筹协调工作力度，面对繁重的救灾任务，形成了总会与各省红十字会上下联动、合力开展救灾工作的良好局面。

据统计，2010 年总会及基金会投入救灾资金 26 亿多元，其中向 27 个受灾严重省份下拨物资和资金近 190 批次，累计价值达 9200 多万元。其中，在西南五省旱灾救助中，总会及基金会募集了 2 亿多元的救助款物，创造了我会旱灾救助之最。在 2010 年的洪涝灾害救助中，总会对所有达到一级响应的受灾省份，在按正常救助标准给予救助的基础上，又从总会自身积累的资金中为每省追加了至少 100 万元的救助资金，救助力度前所未有。

玉树地震发生后，总会迅速派出工作组以及北京 999、湖南供水、云南大众卫生三支特色救援队参与救援活动，其中，供水应急队在灾区生产 800 多吨洁净饮用水，大众卫生应急队搭建了 100 个便捷、卫生的应急厕所，方便了群众的生活，突出了红十字会的特色。其他省份红十字会在第一时间主动派出救援队，积极开展救灾募捐，调拨物资，给予受灾地区有力支援。在灾后重建阶段，总会与青海省人民政府共同签署了《玉树地震灾后恢复重建项目备忘录》，将提供总额不低于 23 亿元人民币的项目资金，现已商定援建 29 所学校、33 所医疗机构和 2 个防灾减灾设施以及部分农牧民住房项目。国外捐款 4000 多万元均已确定用途。舟曲泥石流灾后恢复重建工作也在有序推进，总会已与甘肃省人民政府签署了《中国红十字会援助舟曲特大山洪泥石流灾后重建项目协议》，将提供 2.25 亿元资金，用于支持舟曲泥石流灾害损毁的 7 个卫生、2 个教育项目恢复重建。

为确保汶川地震恢复重建项目的圆满完成，总会及时召开会议并下发了《中国红十字会关于进一步加强汶川地震灾后恢复重建工作的通知》，使红十字会参与的恢复重建工作得以迅速改观。对四川省调整项目进行了严格审核，截至目前共调整项目 168 个，项目资金 1.38 亿元人民币。此外，制定了汶川地震余款使用方案，积极推进川、陕、甘地震灾区红十字会备灾中心项目和软件项目的落实工作。

2010 年红十字会的救灾工作成绩显著，得到党和政府的充分肯定。回良玉副总理在玉树灾区对红十字会救灾工作给予了高度评价。全国有 6 家单位、4 位个人分别被中共中央、国务院和中央军委评为玉树地震“全国抗震救灾英雄集体”、“全国抗震救灾模范”称号。总会荣获中国总会计师协会颁发的 2010 年度最具社会责任感奖。

在大力开展灾害救助的同时，各级红十字会以保障人民群众生命健康为已任，积极开展救护救助工作。

在救护工作方面，一是进一步加强标准化建设：调整红十字救护工作指导委员会，下发《关于进一步加强应急救护工作的意见》，开展红十字应急救护相关法律课题研究，逐步推动应急救护工作标准化建设；二是加强经验交流，培训工作取得实效；2010年8月，成功举办首届全国红十字应急救护大赛，全年各级红十字会共培训救护师资3.1万人，救护员317.3万人，普及救护防病知识1751万人次；三是培训工作深入行业、深入普通市民，如贵州、河北、重庆等红十字会与公安、交通部门密切合作对驾驶员开展救护培训，北京市、上海市红十字会在政府支持下向市民开展应急救护培训等等。

积极开展大病救助活动，“小天使基金”已累计救助贫困白血病患儿2640名，拨付资助款8117万元。“爱心工程”共义诊筛查先心病患者13169人，实施手术1775例。“扶贫救心—红十字在行动”完成先心病患者手术2000例。继续开展“红十字博爱送万家”活动，各级红十字会共筹集资金4000多万元，为20余万户贫困人群送去慰问物资和关怀。艾滋病预防与关爱工作也在稳步推进。

今年3月，接受卫生部委托在全国11个省市开展了人体器官捐献试点工作。明确了红十字会系统在宣传动员、报名登记、捐献见证、缅怀纪念、救助激励等方面的工作职责。试点工作开展以来，成立了“中国人体器官捐献工作委员会”和办公室等机构。积极推动建立国家人体器官捐献中心，争取国家“十二五”彩票公益金支持。11个试点省、市红十字会结合当地实际，创造性的开展试点工作，建立健全相关工作制度，工作流程，促进地方法规修改，保证试点工作平稳有序进行。截至2010年11月底，广东、天津、湖南、辽宁、浙江、湖北等地成功完成了28例器官捐献，捐献器官60多个。为今后推广这项工作奠定了良好的基础。造血干细胞捐献工作取得新进展，中华骨髓库总库容达到128万人份，2010年新入库14万人份，同时实现了当年捐献500例的突破进展。另外，针对部分省市出现临床用血供应紧张情况，总会与云南、北京、山东、广东、吉林、湖北等省市红十字会积极配合卫生主管部门开展了无偿献血宣传活动并取得良好效果。

同时，地方各级红十字会结合本地实际，积极开展救护、救助特色服务。如贵州省红十字会着力打造的“绿色家园行动”，浙江省红十字会的“村（居）红十字爱心互助金”等都是把红十字会工作延伸至农村的有益尝试。陕西省红十字会的老年志愿者服务队，江西省红十字会老年人介护服务，在社区养老服务方面创出了特色。青海省红十字会实施“贫困家庭先天性心脏病和疝气患儿”救助项目，已经成为青海省的爱民、惠民品牌。

我们还同部分国际组织、兄弟国家红十字会、跨国企业等20多个合作伙伴开展合作，在全国26个省市区开展了不同类型的发展项目29个，执行项目资金达3100多万元，项目涉及艾滋病预防与关爱、社区备灾减灾、农村健康教育与促进等。2010年还继续开展了全球基金疟疾项目、社区为本的急救与健康项目、心理援助项目等；还配合世界红十字日、世界艾滋病日、世界献血者日、世界急救日、国家防灾减灾日等开展了一系列相关活动。

（二）注重调查研究，谋划科学发展。为更好地谋划中国红十字事业未来五年的发展，在华建敏会长的率领下，九届理事会积极开展调查研究工作。

一是召开不同类型的专题座谈会，积极探索中国红十字事业未来发展。年初，由华建敏会长召集召开了中国红十字会名誉副会长座谈会，就制约事业发展的体制机制等问题进行了深入探讨，提出了许多有益建议。年中，华建敏会长召集驻会会领导在北戴河召开务虚会，就有关事业发展的“人”、“财”、“事”等方面的瓶颈问题进行探讨，大家解放思想、敞开思路，提出了许多对策。华建敏会长还带领执委会成员分别走访中编办、财政部、民政部、税务总局、审计署，就有关问题进行磋商。10月份，华建敏会长主持召开新闻宣传工作座谈会，介绍中国红十字会开展的各项工作，希望媒体与宣传主管部门进一步关注红十字事业的发展，更多的宣传报道红十字事业。此外，总会还召开了处级以上干部务虚会，明确发展目标、统一指导思想；举办了运转良好的省级红十字会标准座谈会、筹资工作研讨会等专项会议，对事业发展的具体问题进行研究。

二是开展实地调研，掌握大量的第一手资料。华建敏会长率部分执委会成员赴北京、天津、上海、内蒙古、四川、贵州、安徽、江西、江苏、福建等省区市开展调研。执委会成员就筹资、宣传、组织建设、器官捐献等工作出访了英国、挪威、澳大利亚、西班牙、瑞士、美国、蒙古等国红十字会，还对香港、澳门红十字会进行考察，学到了不同的做法和经验，开拓了发展思路。全国人大教科文卫委员会开展的《中华人民共和国红十字会法》执法调研，分别到福建省、四川省开展调研，调研成果对我们解决人、财、事等各方面的问题提供了可操作的解决方案和思路参考。此外，通过调研铁路和商业系统红十字会，初步探索了在各行各业建立红十字会的模式和开展工作的方式。还开展了会费收缴工作摸底调研，深入了解了会费收缴工作的现状和存在的问题。

三是为筹备好中国红十字研究会，分别与国家相关部委、高等院校、科研机构的专家举行了多次座谈，并召开了中国红十字研究会（筹）第一次专家委员会会议。还委托相关科研机构和院校开展“关于促进中国红十字事业发展若干问题研究”、“中国红十字事业2011～2015年研究规划”、“中国公益机构募捐渠道及募捐成本研究”、“省级红十字会评价指标体系建设”等课题。

（三）能力建设迈出重要一步。按照执委会的部署，2010年是各级红十字会大力加强能力建设的一年。我们从加强基层组织建设入手，在理顺管理体制、筹资能力建设、会员管理和干部培训等方面做了一系列努力，取得良好效果，促进了各级红十字会能力不断提高。

首先是，根据部分省级红十字会的要求，总会印发了《关于进一步加强市县级红十字会组织建设的指导意见》，红十字会理顺管理体制工作在七届、八届理事会奠定的良好基础上又取得很大进展。截至目前，省级红十字会已经全部理顺，地市级红十字会理顺率已经超过96%，县级红十字会理顺率已经超过53%，为红十字事业发展提供了坚实的组织保障。河北、甘肃、重庆、广东、江西、福建等6个省级红十字会和一批地市级红十字会顺利召开了会员代表大会，完成了换届工作，进一步增强了红十字会力量。招商银行股份有限公司等企业成立了红十字会，行业红十字会工作取得新进展。

二是队伍建设不断加强。成立了全国红十字会干部教育培训指导委员会，设立了培训指导中心，今年，总会投入近 45 万元，成功举办了 6 期地县级红十字会领导干部跨级直训，以及中国红十字会公益事业高级法律研修班、新闻发言人培训班等专职业务骨干培训，受到各级红十字会干部的好评，大家一致认为，这样的培训很有必要，能有效提高干部队伍的能力。总会还研究制定了红十字模范单位和运转良好的各级红十字会标准。通过积极创新用人机制，如天津市红十字会争取政府出资设立公益岗位加强队伍建设的措施等等，各级红十字会队伍力量不断增强。

三是红十字青少年工作焕发勃勃生机。成功举办全国红十字青少年夏令营。在天津、上海等地，“红十字知识进课堂”取得阶段性成果。青少年活动基地建设取得突破进展。选派优秀红十字青少年代表参加亚太地区青年峰会等国际会议，成功当选东亚地区红十字青少年委员会委员。

四是红十字志愿服务能力建设取得新进展。编辑出版《中国红十字志愿服务培训教材》，在全国统一使用红十字志愿者星级证章，省、地两级分会的志愿服务管理能力显著提高。全国红十字志愿服务管理信息系统开发完成，进入试运行。志愿者队伍稳步发展，目前已达 192 万人。红十字志愿者在青海玉树地震、甘肃舟曲泥石流等自然灾害救援和上海世博会、广州亚运会及亚残运会等大型活动中发挥了重要作用。

五是筹资能力不断增强，探索可持续的筹资工作机制取得新进展。2010 年，各级红十字会共筹集款物价值 77 亿元，其中为青海玉树地震筹资 23.2 亿元。制定《中国红十字会筹资工作指导意见》、《中国红十字会总会公益项目基金管理暂行办法》、《中国红十字会手机短信捐款管理暂行办法》等基本制度，积极推进项目筹资和手机筹款工作，其中仅手机短信捐款募集 1146 万元。争取财政部、国家税务总局下发《关于确认中国红十字会总会公益性捐赠税前扣除资格的通知》；通过发布青海玉树地震捐款公告、组织捐赠企业参加汶川地震重建项目相关仪式等方式，进一步加强与捐赠者的沟通与服务，提高公信力。在巩固与建设银行、招商银行合作关系的基础上，与中国工商银行建立战略合作关系。各级红十字会筹资成果显著，北京市“博爱在京城”、安徽省“博爱在江淮”、山东省“博爱在齐鲁”等募捐活动、内蒙古自治区、河北省、山西省的“博爱一日捐”、浙江省的项目库筹资等特色工作也取得良好效果。

另外，紧紧围绕能力建设年，我们在相关业务工作方面注重加强制度建设和标准化建设，制定出台《中国红十字会项目管理办法》、《关于进一步加强应急救护工作的意见》等一批指导性、规范性文件，召开紧急救援队标准化等相关会议，进一步增强了各级红十字会的专业业务能力。

（四）国内国外大型活动彰显红十字事业生机活力。2010 年是上海世博会、广州亚运会等国际盛会取得巨大成功之年，也是红十字会的大型活动频频举办之年。

中国红十字会筹建了上海世博会国际红十字与红新月馆，在世博园区内外开展包括十多个专题活动的“红十字世博项目”和“红十字与世博同行”志愿服务活动，并创造了多项纪录：国际红十字与红新月馆成为首个与世博局签约并交馆的国际组织馆，首个举办荣誉日的国际组织馆，并接待了包括红十字会与红新月会国际联合会主席、红十字国际委员会副主席等在内的参观游客超过107万人次。在园区内举办了“城市灾害救助”国际红十字高峰论坛，还举办了各类大型主题宣传活动，并为10万余名世博志愿者提供了急救培训。在园区内外设立了3000多个红十字服务站，仅园区内5个服务站就服务参观游客近18万人次。展馆被上海市文明办和上海世博局联合授予“世博文明场馆”荣誉称号。我会世博项目秘书处和展馆运营团队被上海市授予“工人先锋号”的荣誉称号。中国红十字会世博项目秘书处和上海市红十字会1名专职干部，分获党中央、国务院授予“上海世博会先进集体”和“上海世博会先进个人”荣誉称号。

积极参与亚运。与第16届亚组委签署合作备忘录，在志愿者培训、无偿献血动员、艾滋病预防宣传等方面为广州亚运会提供服务和保障。广东省红十字会在广州等4个亚运会赛事城市开展志愿者应急救护培训，承担了亚运赛场外志愿服务站点的医疗急救工作，并与台湾红十字组织组成水上安全救生志愿服务队，全程参加并完成了亚运会相关赛事的水上安全救生志愿服务工作，两岸红十字会第一次联手参与了重大赛事的保障工作。

今年在国际和港澳台交流方面开创了新局面。首次在华举办了“捐款国红十字会合作论坛”；配合国家东盟博览会和广西红十字会成立一百周年，举办了中国－东盟红十字论坛，收到了很好的效果；派团参加了亚太地区红十字与红新月大会等重大活动；举办了中国国际人道法国家委员会第三次全体会议、纪念《金门协议》签署二十周年海峡两岸红十字组织座谈会等专题会议。还派团参加了香港红十字会建会60周年、澳门红十字会建会90周年活动。积极配合国家外交工作，向20余个发展中国家红十字会提供了紧急和非紧急人道援助，为39个发展中国家红十字会的100多名学员举办了四期培训班；接待来访、参加在华国际会议和培训团组和个人共101批758人次；继续完成落实台湾“八八”水灾重建的援助工作。上述一系列活动，扩大了红十字会的影响，也为我国民间外交工作和对台工作做出了积极贡献。

2010年，在党和政府的亲切关怀下，在社会各界的大力支持下，各级红十字会圆满完成了九届理事会履新之年的各项重点工作。同时，我们也清醒地认识到，我国红十字事业总体上还存在着基础薄弱、发展不平衡等问题，需要我们进一步总结经验，解放思想，开拓进取，发扬成绩，纠正不足，再创佳绩。

二、红十字事业发展面临的新形势及对策

当前，我国的改革开放进入了新的阶段、和谐社会建设正在逐步推进。中国红十字事业面临着难得的发展机遇。

去年10月召开的党的十七届五中全会，进一步强调了社会建设，强调了维护社会发展的安全与稳定，特别是全会通过的《中共中央关于制定国民经济和社会发展第十二个五年规划的建议》提出要加快转变经济发展方式，要坚持兴利除害结合、防灾减灾并重、治标治本兼顾、政府社会协同，提高对自然灾害的综合防范和抵御能力。不久前，中编办专门召开会议征求包括红十字会在内的群众团体对新形势下群众团体的职能定位、作用发挥等方面的意见。《国务院办公厅转发发展改革委卫生部等部门关于进一步鼓励和引导社会资本举办医疗机构意见的通知》（国办发〔2010〕58 号）明确提出："鼓励红十字会、各类慈善机构、基金会等出资举办非营利性医疗机构，或与社会资本举办的非营利性医疗机构建立长期对口捐赠关系。"各种迹象表明，党和政府在加强社会建设、努力提供合格的社会公共产品方面的力度正在加大，同时要充分发挥包括红十字会在内的公益组织的作用。与此同时，正如华建敏同志指出，中国红十字会在三个方面拥有独特优势：一是政治上得到党中央、国务院高度重视，很多高级领导人担任中国红十字会的领导职务；二是法律上有红十字会法保障红十字会的权利和义务；三是国际国内高度认可红十字会的工作和贡献。此外，在组织上红十字会有覆盖全国的工作网络，具有其他社团不可比拟的执行（力）基础。这些都构成了红十字会在新形势下可以大有作为的历史机遇。

但同时，我们也清楚地认识到，我们前进道路中还面临着很多挑战。随着改革开放的不断深入，政府行政管理体制改革势在必行，国内公益领域的竞争已趋白热化，新的公益组织层出不穷，每天都有各种公益活动举办。虽然红十字会法对红十字会的职责、权利等有着明确规定，但在现实竞争中再也没有红十字会的专属领地，一切服务都要靠公信力和能力去获取，特别是在政府购买服务方面，公开竞标的全面展开只是时间问题。红十字事业发展的使命感、紧迫感甚至危机感已不再是遥远的理论问题。

面对新的机遇和挑战，全国各级红十字会要在以下三个方面下大功夫，敏锐抓住发展机遇，有效应对各种挑战。

第一，必须客观把握红十字会的工作定位。各级红十字会要把政府中心工作和弱势群体需求作为我们各项工作的出发点和落脚点。红十字会作为党和政府直接领导的群团组织，首先要围绕党和政府的中心工作，积极发挥助手和补充作用，找准定位，做出应有的贡献。另一方面，红十字会要始终关注社会中最困难的群体，帮助他们解决困难。困难群体的需要就是我们的工作方向，不仅要解决他们一时的困难，还要协助政府从制度、政策方面找出长远的出路。目前，在这两个方面，部分红十字会已经做出了成绩，在得到党和政府高度认可的同时，也为促进红十字事业发展奠定了各方面的良好基础。今后工作中，各级红十字会要坚持不懈地围绕这两方面的工作发挥自己应有的作用。只有这样，红十字事业才能真正成为党和人民需要的事业，才能健康可持续发展起来。

第二，必须着力提升红十字会的公信力。公信力，是使社会公众信任的能力，是公益慈善组织实现可持续发展的生命力所在。作为公益组织，中国红十字会只有不断加强公信力建设，才能更广泛地争取社会各界支持，更有效地推动红十字事业可持续发展。当前，我国公益事业发展呈现出新的特点，一是公益领域竞争日趋激烈，社会救助需求不断增多，各种组织募捐活动越来越多，筹资难度将会越来越大；二是伴随着社会建设的逐步深入，党和政府将越来越重视社会组织在全面建设小康社会、构建社会主义和谐社会进程中的积极作用，各级党委政府对公益组织的支持力度会越来越大；三是经过改革开放三十年的发展，我国经济社会快速发展，为公益事业发展创造了丰富的物质基础，社会公众及企业的社会责任感不断增强。在这种背景下，红十字会要积极争取党和政府、社会各界的支持，在激烈的公益领域竞争中走在前列，就必须着力加强公信力建设。

按照公信力“绩效”和“信息公开透明度”两个要素分析，目前中国红十字会的各项工作取得了显著成绩，得到了党和政府的充分肯定，相比其他公益组织，我们在“绩效”方面拥有很大优势。但在“信息公开透明度”方面，我们还有很大的提升空间。据中民慈善捐助信息中心发布的《2010 年度中国慈善透明报告》分析指出，中国只有 25% 的慈善组织信息透明度较高，这种分析是否客观有待考证，重要的是这些分析反映了中国红十字会目前面临着增强公信力建设的挑战，需要我们在进一步做好各项工作的同时，以加大信息公开透明度为重点，进一步加强中国红十字会的公信力建设。2011 年，全国各级红十字会要进一步加大工作力度，努力实现工作开展、组织状况、捐款使用等信息的公开透明，努力提高我们的社会公信力，促进事业的发展。

第三，必须把加强能力建设作为重点常抓不懈。无论是更好地发挥政府的助手作用，还是更好地服务弱势群体，都需要我们不断加强能力建设。2010 年，通过开展能力建设年，各级红十字会在干部培训、筹资、救灾救护救助等各项工作中不同程度地取得了成果，增强了实力，大家一致认为，能力建设不仅是中国红十字会的一项必要的长期工作，它还有着宽泛的内涵，其任何一个方面都是需要不断深化完善的工程，不可能一蹴而就，必须统筹规划、逐个攻坚。执委会经过反复研究，决定把“能力建设”作为中国红十字会的一项重点工作坚持下去，并提出将 2011 年的工作主题确定为“以制度建设为重点的能力建设年”，以加强制度建设为重点进一步提高各级红十字会的能力和水平。制度建设不仅是任何组织机构的基础建设，也是中国红十字会在新形势下，进一步完善体制机制建设的必然要求。它是确保各级红十字会秉承宗旨、增强战斗力、提升公信力、扩大影响力，完善监督体系和不断创新工作的基本保障，是红十字事业生存和发展的需要，也是在竞争日益激烈的公益领域不断成长壮大的必由之路。

三、2011 年重点工作及要求

2011 年是以制度建设为重点的能力建设年。年度重点工作包括制度建设、“三救”工作、组织建设、理论研究、筹资机制建设、宣传工作、对外交往等共 7 个方面的 14 项工作。2011 年的重点工作任务重、要求高、时间紧。下面，对做好 2011 年重点工作（已另附），我谈几点意见。

第一，准确把握着力点，圆满完成各项重点工作。14 项重点工作直接关系到红十字会 2011 年工作的整体运行质量。做好这些重点工作，着力点是“制度”、“品牌”和“影响力”。制度是实现红十字事业可持续发展的基础，各级红十字会要按照总会的部署，切实做好各项制度的梳理、修订和完善等工作，以坚实的制度建设为圆满完成全年工作提供有力保障。品牌是红十字会重要的“无形资产”，是我们工作特色的重要体现，大家要不断增强品牌意识，在救援队伍建设、公益服务项目等各个方面做出特色，努力打造红十字人道、博爱、奉献的品牌。影响力是我们争取社会各界支持促进红十字事业发展的重要能力，大家要紧密结合筹资、重大活动举办、宣传等重点工作，以提高公信力、提升红十字品牌为目标，大力扩大红十字会的社会影响力。在圆满完成各项重点工作的同时，促进红十字事业发展再上新台阶。

第二，要高度重视、认真规划、扎实推进。全面做好 2011 年各项重点工作意义重大。各级红十字会同志、特别是领导干部，要在思想上高度重视，按照总会的统一部署把各项重点任务抓紧抓好。各级红十字会要把做好重点工作与提高自身能力建设紧密结合起来，与促进红十字事业发展紧密结合起来，工作要由一把手亲自抓，要制定实施计划，对重点工作做出明确的完成时限。要明确任务分工，严格责任落实，并建立重点工作年终总结机制，切实把重点工作抓实抓好、抓出成效。要建立重点任务监督机制，一把手要主抓督促落实，认真把关，确保各项重点工作按计划扎实高效向前推进。同时，要处理好开展重点工作与日常工作的关系，统筹兼顾，协调推进。目前各省区市政府正在按照中央的统一部署，抓紧制定本地区的“十二五”规划。在此，希望各级红十字会积极向当地政府建言献策，争取把红十字事业列入当地的“十二五”规划中，有力促进红十字事业的发展。

第三，要实事求是、因地制宜开展重点工作。总会下发的 7 个方面 14 项 2011 年重点工作，是从全国的角度为各级红十字会提供一个参照指导。在实施过程中，各级红十字会同志要紧密结合当地党和政府的中心工作，按照本地区、本单位的实际情况，本着实事求是、因地制宜的原则，提出切实可行的工作任务和目标，即各省红十字会要结合本省实际提出具有可操作性的重点工作，并通过开展重点工作，树立品牌，提高公信力，扩大影响力。

最后，我做一点说明。今年，根据我国红十字事业的整体情况和部分红十字会要求，总会研究制定了运转良好红十字会标准的指导性文件，意在为省级、地市级和县级红十字会提供一个具有一定可操作性的规范模板，为大家开展红十字会工作提供依据和参考。有的同志提出，总会不必制定地、县级标准，该标准可由省级红十字会制定，这样的观点不无道理。但是总会为地、县级红十字会提供一个统一的指导性的参考标准，并不强制执行，对各省制定相关标准也是有益无害的，在这个意义上，欢迎大家对这三个标准提出建设性意见，使其更贴近实际。

各位理事、各位代表，展望 2011 年，我们深感目标艰巨、任重道远。新的一年中，全国各级红十字工作者，将以更加饱满的热情、更加科学的方法，更加有力的措施，积极推动各项工作的开展。我们相信，在各级党委、政府的正确领导下，在社会各界的大力支持下，我们一定能够圆满完成新一年的各项任务，为促进中国红十字事业更加蓬勃发展、为加快社会主义和谐社会建设，做出新的贡献。

在理顺管理体制工作经验交流会上的讲话

中国红十字会副会长　郭长江

2011 年 1 月 20 日

各位代表：

我们在这次理事会上专门召开理顺管理

体制工作经验交流会，主要目的就是总结近年来理顺管理体制工作的经验，分析理顺管理体制工作面临的新形势和新任务，继续推动这项工作深入开展。

下面，我代表执委会，结合理顺管理体制工作的进展情况，讲几点意见：

一、七届、八届理事会以来，理顺管理体制工作有了跨越性发展

从1999年中编办发文理顺总会管理体制之后，总会开始致力于推进各级红十字会的管理体制，特别是在七届和八届理事会的领导下，全面推动省、市、县三级红十字会理顺管理体制。彭珮云同志对理顺管理体制工作非常重视，多次发表重要讲话并亲自推动这项工作。华建敏同志担任会长以后也非常关心、关注这项工作，每次外出考察都积极推动这项工作的进展。七届、八届执委会为这项工作也付出了巨大的努力，多次给地方党政主要领导写信沟通情况，并通过开展调研、建立联系点等方式重点推动，召开理顺管理体制专题工作会议及时总结报道各地理顺管理体制工作的经验，沟通信息，加强指导，理顺管理体制工作取得了重大成绩。2009年“九大”之后，九届执委会也一直紧紧抓住这项工作不放松。

首先，各级红十字会理顺管理体制工作取得跨越性发展。截至2010年9月，全国334个地市级红十字会中已经有321个理顺了管理体制，理顺率达到96.1%；全国2860个县区级红十字会中有1528个理顺了管理体制，理顺率达到53.4%。理顺管理体制的地市级红十字会比2003年增长了3倍，理顺管理体制的县级红十字会比2003年增长了7.7倍，理顺管理体制工作有了跨越性发展。

其次，理顺管理体制为红十字会工作的开展创造了良好条件。红十字会理顺管理体制后，红十字会作为独立的部门，党委政府都有分管领导负责，红十字会可以直接得到党政领导的关心、支持，同时红十字会的工作环境获得极大改善，工作协调能力也大大提高，为争取相关部门的支持和配合提供了方便。

第三，通过推动理顺管理体制，积累了丰富的工作经验。几年来，各级红十字会积极发挥主观能动性，探索推动理顺管理体制的新方式和新方法，积累了很多好的经验和做法。例如北京、吉林等省争取人大、政协的执法检查，内蒙古自治区把红十字会工作列入党委、政府的议题定期讨论，河北、江苏等省争取编办发文，江西省以项目促进理顺，四川、青海等省以灾后重建为契机推动理顺管理体制。

应该说，经过多年的努力，红十字会理顺管理体制的意义被越来越多的党政领导所认识，推进理顺管理体制工作的进展也是比较理想的。但是，我们也要充分认识到理顺管理体制工作中存在的问题，这些问题主要表现在三个方面：

一是理顺管理体制工作发展不平衡。一方面是地区的不平衡，特别是县级理顺管理体制工作，有的省县级已经全部理顺，有的省理顺率仍然为零。另一方面是省市县红十字会理顺管理体制工作不平衡。省级目前已经全部理顺，市级理顺率也达到96%以上，而县级红十字会理顺管理体制在整体上还存在较大差距，还有很大的推进空间。

二是理顺管理体制工作落实不到位，“半理顺”现象较为突出。所谓“半理顺”，指的是编办已经下文，有编制、有机构，但是实际上许多工作尚未落实，不能独立自主地开展工作，我们姑且称之为“半理顺”。这一类的县具有理顺的基本条件，但是存在诸如专职领导未配备，编制人员不到位、编制被挤占，办公场所、设备等必要工作条件缺乏等情况，在很大程度上影响了红十字会开展工作和发挥政府人道领域助手的作用。

三是已经理顺管理体制的红十字会工作开展不理想。一方面，部分红十字会在理顺管理体制后缺乏工作积极性，不能有效开展工作，甚至不知道怎么开展工作。另一方面，一些已经理顺管理体制的红十字会仍然停留在传统的工作思路和工作方式上，被动地等、靠、要的工作作风没有改变，主动争取、创新工作精神不足，远远不能满足理顺后工作发展的需要。

之所以存在这些问题，我们认为主要原因是认识的问题。一是地方各级党政领导对于新形势下红十字会理顺管理体制工作的重要性和必要性尚有所认识不足，对红十字会在加强社会建设、构建社会主义和谐社会中发挥作用的认识还有不小的上升空间。二是红十字会自身工作人员的认识和动力不足，强调客观原因多，积极主动开展工作不够。理顺管理体制是事关红十字会自身发展的大事，只有红十字会干部主动工作，开拓创新，积极进取，才能取得切实成效。

二、要充分认识新形势下理顺管理体制工作的重要性和必要性

党的十七大以来，我们党坚持“以人为本”，提出要在经济发展的基础上，加快推进以改善民生为重点的社会建设。党的十七届五中全会更是从国情出发规划社会建设，将社会建设提到一个新的高度，提出“加强社会建设，建立健全基本公共服务体系，保障和改善民生”。在这样的大背景下，中国红十字事业迎来了大发展的重要机遇，也为理顺管理体制工作提供了难得的机遇。

理顺管理体制是加快社会建设和构建社会主义和谐社会的本质要求。社会建设以着力保障和改善民生为重点，红十字会从事的是社会建设领域的工作，它以保护人的生命和健康为宗旨，以改善最易受损害群体的境况为目标，在实践中解决人民群众最关心、最现实、最直接的问题，在与人民群众生活关系最为直接的医疗、教育、住房、养老、就业等方面，理顺管理体制的红十字会都可以大有作为。理顺红十字会的管理体制，就是为了进一步提高红十字会的社会工作能力，满足广大人民群众人道领域的巨大需求，更好地发挥红十字会作为政府人道领域工作助手的作用，发挥红十字会作为党和政府联系人民群众特别是困难群众的桥梁纽带作用，发挥红十字会在社会建设和构建社会主义和谐社会中的重要作用。

理顺管理体制是行政管理体制改革不断深化的必然要求。社会建设是一个庞大的系统工程。改善民生，加快社会建设，必须正确发挥政府和社会各方面的积极性，转变政府职能，加快推进政事分开，支持社会组织参与社会管理和公共服务，共同推进社会建设。当前，在社会发展领域，对社会组织的作用重视不够，政府责任不到位和包揽过多并存，没有充分发挥市场的作用、社会资源的作用和民间组织的作用。红十字会作为重要的、具有百年多历史的社会组织，理顺红十字会的管理体制，符合深化行政管理体制改革，转变政府职能的改革要求。也就是说，我们从自身的管理体制方面做好准备，才能抓住和应对政府职能转变带给我们的机遇和挑战。

理顺管理体制是红十字事业自身发展的迫切需要。红十字会作为党和政府人道领域的得力助手、构建社会主义和谐社会的重要力量、社会主义精神文明建设的生力军和开展民间外交的重要渠道，要发挥好广泛动员全社会力量奉献爱心、构建和谐社会以及广纳贤才、培养人才、让人才有所作为的平台作用，就必须有坚实的组织基础。红十字的力量来自于基层，来自于各级组织和成千上万的红十字会员、志愿者，而理顺各级红十字会的管理体制，恰恰是动员社会力量支持红十字事业，推动红十字事业发展的组织保证。从这个意义上来说，只有理顺管理体制，才能够保证红十字会在大灾时能够第一时间出现在第一线，在各类大型活动中有红十字的身影，在构建社会主义和谐社会中发挥积极的作用。

同志们，党中央关于构建和谐社会和加快社会建设的战略决策为红十字会各项工作的开展提供了有力的政策支持、舆论支持和社会支持，使红十字会有了更加广阔的发展空间和舞台，将会极大地促进理顺管理体制工作的深化和发展。我们要立足于红十字事业的发展，从和谐社会建设和政府转变职能后更好地发挥社会团体作用的角度，充分认识理顺管理体制工作的重要意义，继续深入推动理顺管理体制工作。

三、要采取有力措施，切实推进市县红十字会理顺管理体制

当前和今后一段时期，理顺管理体制工作的重点是要继续推动未理顺的市县级红十字会特别是县级红十字会理顺管理体制，完成“九大”通过的《中国红十字会2010～2014年发展规划》所确立的目标和任务。目前，全国已经有一半的县级红十字会理顺了管理体制或者编办已经下文正在理顺过程中。但是摆在我们面前的任务更加艰巨，因为已经理顺的都是红十字会基础较好的县，而尚未理顺的县级红十字会大多存在诸多困难，工作难度更大。各级红十字会对于理顺管理体制工作一定要有使命感和责任感，坚定信心，克服困难，采取有力措施，继续深入推进县级红十字会理顺管理体制工作，切实取得成效。

（一）加强省级红十字会的指导和协调力度。省级红十字会要根据各省实际情况制定具体实施方案，加大指导和协调力度，确保市、县两级红十字会理顺管理体制工作取得实效。要加强对已理顺的市、县红十字会专职工作人员的培训工作，通过培训帮助市县两级红十字会建立健全工作制度，使其在理顺体制后能够形成一个良好的运行机制，真正发挥应有的作用，做到理顺一个，巩固一个。要切实帮助市县级红十字会解决工作中遇到的困难。各省级红十字会对市县两级红十字会理顺管理体制工作有重大的责任。总会也会进一步加大指导力度，在干部培训、项目支持、评选先进等方面给予必要的倾斜。

（二）发挥市县级红十字会自身的主观能动性。常说“有为才能有位”，市县级红十字会要努力通过自身的工作让党政领导和职能部门认识到红十字会在当地经济和社会发展中的作用，要积极向党政领导和职能部门汇报工作，争取支持。特别是要做好与编制和卫生部门的沟通工作。

（三）分类指导，因地制宜，继续深入推进县级红十字会理顺管理体制工作。

对于人口大县和灾害多发县，要加快步伐。我国地域广阔，经济社会发展不平衡，县级红十字会理顺管理体制的工作难度更大。总会采取审慎务实的态度，提出首先要理顺人口大县和灾害多发县的红十字会管理体制，从这些年工作开展的情况来看，这个思路是正确的，只要省市红十字会领导重视，县级红十字会干部努力争取，这个目标是可以实现的。今后一段时期，我们要继续朝这个目标迈进，推动人口大县和灾害多发县理顺管理体制。

对于“半理顺”的县，要积极推动。从实际情况来看，半理顺的县基本上是具备理顺管理体制的条件，不存在编制的瓶颈，只是由于领导认识不到位，相关部门不够重视，红十字会干部缺乏独立工作的能力，才制约了理顺的进程。只要加大工作力度，切实推进，是可以实现完全理顺的。

对于那些人口较少、环境艰苦、经济条件差，暂时不具备理顺条件的县，要积极争取做到有专人、经费单列、由县委县政府领导分工联系，能够依照红十字会法和章程独立自主地开展工作。

（四）总结经验，树立典型，以示范带动理顺。对于已经理顺管理体制的市县红十字会，一方面要及时总结经验，总结出更加系统、符合实际、针对性强、便于操作的做法，积极推广，指导各地因地制宜，加快理顺管理体制的步伐。另一方面要在实际工作中对理顺管理体制的红十字会给予支持，增强其救灾救助实力，通过示范让尚未理顺管理体制的地区看到理顺管理体制对于红十字会开展工作和发展事业的推动作用，帮助他们转变观念，增强理顺体制的信心和决心。这次会上，我们安排了北京市红十字会等5个单位介绍他们在理顺管理体制工作和理顺体制后开展工作的一些经验和做法，希望能够给大家以启发和借鉴，进一步推动各地理顺管理体制工作。

（五）开拓创新，积极探索理顺管理体制工作的新模式和新途径。由于各地经济社会发展水平有较大差异，工作环境也各不相同，所以县级红十字会有很多特殊性，这就要求我们根据各地实际情况，紧密结合党和政府的中心工作、社会各界的人道需求，创新思路，因情施策，找准切入点，积极探索符合本地实际的理顺管理体制方式和方法，扎实推进理顺管理体制工作。

四、要加强能力建设，努力建设运转良好的各级红十字会

红十字会理顺管理体制以后做什么，怎么做，人手不够、资金不足的问题应该如何解决？要破解这些难题，就必须深入调研，理清思路，创新观念，寻找出路。根据我国红十字事业的整体情况和部分地方红十字会要求，总会研究制定了运转良好的红十字会标准的指导性文件，拿到理事会上征求大家的意见，主要目的就是为省级、地市级和县级红十字会提供一个具有一定可操作性的规范模板，为大家开展红十字会工作提供依据和参考。各级红十字会要以此为依据，加强自身能力建设，完善组织制度建设，切实提高红十字会的工作水平。下面，我就市县级红十字会理顺管理体制后如何加强能力建设，建设运转良好的红十字会提几点要求。

（一）要加强人员队伍建设，建立一支乐于奉献、勇于开拓、精通业务、善于做群众工作的队伍。一方面，理顺管理体制的红十字会要争取当地党委、组织部门选派优秀干部担任红十字会的负责人。另一方面，要强化对领导干部、工作人员的培训力度，努力培养和建设一支责任感强、理论素养和业务水平高、运用科学发展观指导工作实践能力强的红十字会队伍。总会去年启动了市县红十字会会长轮训项目，举办了6期市县级红十字会领导干部培训班，参训的同志普遍评价很高，尤其是刚刚参加红十字会工作不久的同志，认为培训很及时，很有帮助。总会今后会继续举办类似的培训班，同时也会积极支持各省加强培训工作，要按照《干部教育培训五年规划》的要求，在5年之内把理顺管理体制的市县级红十字会领导轮训一遍。

（二）要加强基层组织建设，夯实红十字事业发展基础。市县红十字会要加强对基层组织建设工作的宏观协调和督促检查，建立和完善基层组织建设相关的规章制度，针对红十字会基层组织的特点，有针对性地对基层组织骨干进行红十字运动基本知识和业务知识的培训，实现基层组织“五有”目标，做到“有热心红十字事业的带头人，有稳定的会员或志愿者队伍，有规范的管理制度，有稳固的服务平台，有红十字特色的活动”。红十字会基层组织要积极开展具有红十字特色的活动，大力弘扬人道、博爱、奉献的红十字精神，不断扩大和提高红十字会的社会影响力和吸引力，为红十字事业的可持续发展，奠定良好的社会基础。

（三）要加强志愿服务能力建设，建立社会化的工作机制。就我们目前的情况来看，市县级红十字会人员编制少的情况是客观存在的，短时期内不会像我们希望的那样有大的改变。那么，我们如何解决人力不足的问题？关键是各级红十字会要创新思路，积极探索多渠道的用人机制。例如可以在行政编制之外，通过设立编外机构、聘用专业人员和招用社工、志愿者等方式解决人手不够的问题。红十字事业要做大做强，真正践行“人道、博爱、奉献”的红十字精神，满足广大人民群众的人道需求，最根本和最有效的途径就是广泛动员全社会的力量，红十字事业绝不仅仅是红十字人自己的事业，而应该是向全社会开放的事业。加强志愿服务能力建设，通过发展长期固定志愿者，一方面可以解决我们人手不够的问题，另一方面又为志愿者提供了增长技能的平台，促进志愿者的自我发展，使其能够更好地服务社会。

（四）要加强筹资能力建设，探索可持续的筹资机制，为红十字事业发展提供经济基础和物质保障。当前，社会人道救助领域的需求巨大，困难群体对我们的期望非常迫切。我们要着眼大力提高各级红十字会的执行能力，创新筹资模式，整合多方资源，建立可持续的筹资渠道，为红十字事业持续发展提供可靠的物质保障。现在，从全国的整体情况来看，市县级红十字会的筹资能力还比较弱，但是我们不能低估市县级红十字会的作用。随着绝大部分市级红十字会和多数县级红十字会管理体制的理顺，各地经济的发展，市县级红十字会在筹资上完全可以有所作为。关键是要敢于创新，用活机制，探索出一条符合红十字会实际的筹资新路子，实现可持续发展。

（五）要加强执行能力建设，努力提高各级红十字会的资金运用能力和项目执行能力。各级红十字会要着眼于服务国家工作大局，满足人民群众迫切需要，找到工作的切入点和有力抓手。救灾、救助和救护，是红十字会人道主义领域最重要的工作职责。有灾害发生的时候要全力以赴救灾，没有灾的时候要主动关心困难群众，开展送温暖活动，促进社会和谐。在常态环境下，要进一步突出品牌意识，一方面要立足将现有的项目做大做强，进一步提升品牌影响力；另一方面要与时俱进，根据时代需求和社会的需要拓展新的工作领域，设计开发新的公益项目，培育新品牌。选准选好项目是前提，关键还在管好项目，提高项目执行能力，这也是各级红十字会加强能力建设的重点。要始终将项目管理水平的提高作为头等大事抓紧抓好。

（六）要加强制度创新，积极探索推动红十字事业持续快速发展的新途径。如果说理顺管理体制是中国特色红十字事业发展中的一次重大的制度变革，那么，在大多数红十字会已经实现管理体制理顺的后理顺时期，制度变革的需求不仅没有变小，反而更为巨大更为迫切了。在理顺管理体制之后，探索和创新红十字会有效工作的新模式，是各级红十字会共同面临的一项挑战，组织建设、资源开发、能力建设方面的制度创新与建设任务艰巨。各级红十字会要围绕“人、财、事”这三个问题深入开展调查研究，在吃透中国国情和借鉴国外经验的基础上，创新思维，勇于实践，探索建立有中国特色的、适应时代发展和社会需求的红十字会运作机制，使红十字会工作在新形势下取得更多的突破和更大的发展。

同志们，理顺红十字会管理体制，努力建设运转良好的各级红十字会，是一项具有全局性、根本性和战略性的重要工作。各级红十字会要统一思想，提高认识，集中力量和资源，采取有力措施，坚定不移地推进，为促进中国特色红十字事业蓬勃发展奠定坚实的组织基础。

关于中国红十字会第九届理事会第二次会议更换和增补理事、常务理事候选人情况的报告

中国红十字会副会长　郝林娜

2011年1月19日

根据《中国红十字会章程》规定，现将九届二次理事会需要更换和增补的理事、常务理事候选人的情况报告如下：

一、需要更换的理事、常务理事候选人

常务理事何亚非、陈小娅、王中信因工作调整，外交部推荐部长助理吴海龙，教育部推荐副部长郝平，国家审计署推荐社会保障审计司司长李建新为常务理事候选人。

理事张淑琴、毛三元、徐火周、杜克琳、格列、徐志彪、肖莺子、黄双全、孙瑞标因工作调整，河北省红十字会推荐田更志，湖北省红十字会推荐贺方红，广东省红十字会推荐冯玲、贡儿珍，云南省红十字会推荐段鸿，西藏自治区红十字会推荐扎西德吉，广西壮族自治区推荐吕洁，公安部推荐高任、国家税务总局推荐张捷为理事候选人。

二、需要增补的理事、常务理事候选人

根据工作需要，拟增补天狮集团董事长李金元、贝因美集团董事局主席谢宏、淘宝网总裁陆兆禧、凤凰卫视中文台台长王纪言、中央电视台一频道总监朱彤、中国计生协国内部部长吴光华、全国老龄办副主任阎青春为理事。

拟增补中国工商银行副行长罗熹、香港华懋基金会主席龚仁心为常务理事。

附件：

更换和增补理事、常务理事候选人简介

（以下按姓氏笔画排序）

王纪言 男 汉族 1949 年出生

凤凰卫视执行副总裁兼中文台台长。毕业于北京广播学院。历任电视系主任、学院副院长、研究生导师。参与创立凤凰卫视。现为北京电视艺术家协会理事，中国电视艺术家协会会员，中国广播电视学会理事兼电视研究会副主任、中国电视艺术委员会委员。

扎西德吉 女 藏族 1962 年出生

现任西藏自治区拉萨市卫生局局长、拉萨市食品药品监督管理局局长、拉萨市红十字会常务副会长。曾在土布江达县做医师工作，历任拉萨市药政科科长，拉萨市食品监督局副局长、局长。

田更志 男 汉族 1952 年出生

现任河北省红十字会党组书记、常务副会长。曾在河北省医学院医学系学习。历任河北医学院外科教研室教师、讲师、科长，河北省政府办公厅文教处干部、主任科员、副处长、调研员，省政府办公厅文化卫体处处长。

冯 玲 女 汉族 1969 年出生

现任广东省红十字会常务副会长。曾在广东省司法学校法律专业学习。历任中共广东蕉岭县组织部部长、县委副书记，梅州市妇女联合会主席、党组书记，省总工会女职工部部长。

朱 彤 男 汉族 1959 年出生

现任中央电视台副总编辑兼一频道总监。四川省戏曲学校中专毕业，中央戏剧学院表演系本科毕业，俄罗斯国立戏剧学院博士研究生毕业，获导演学博士学位。调入中央电视台后，历任《综艺大观》导演、《文化视点》制片人、文艺中心影视部副主任、台办公室副主任兼秘书处处长。

李金元 男 汉族 1958 年出生

毕业于天津大学成人教育学院工商管理专业、南开大学国际商学院 EMBA 经济师。先后在油田、塑料和饲料行业工作过 14 年，现任天津天狮集团有限公司任董事长兼总经理，创造性地提出了“六网互动”的营销模式。

李建新 女 汉族 1958 年出生

任审计署社会保障审计司司长。毕业于河北地质学院。曾在地质矿产部审计局工作，历任审计署驻地矿部审计局处长，审计署社会保障局、教育审计局任局长，审计署特派办任特派员。

吴光华 女 汉族 1954 年出生

现任中国计生协国内工作部部长。历任解放军第一医院干部，中国计生协宣传处副处长、项目综合处处长、项目部部长。

吴海龙 男 汉族 1955 年出生

现任外交部部长助理。毕业于北京外国语学院。历任外交部国际司三秘、二秘，常驻联合国代表团二秘、一秘，外交部国际司一秘、副处长，驻以色列大使馆参赞，外交部国际司副司长，外交部驻香港特派员公署副特派员，外交部国际司司长。

贡儿珍 女 汉族 1955 年出生

现任广州市红十字会会长。毕业于香港

浸会大学工商管理学院。历任广州市越秀区洪桥街党委副书记、办事处主任、区体改办主任，越秀区委常委、常务副区长，芳村区委副书记、副区长、区长，越秀区委书记、区人大常委会主任。广州市副市长。

吕 洁 女 汉族 1962 年出生

现任南宁市红十字会会长。在职研究生学历。历任南宁市政府办公厅第一秘书处副处长、处长，南宁市郊区党委常委、宣传部部长，南宁市委宣传部副部长，南宁市委副秘书长，市委、市政府接待办公室主任，南宁市委副秘书长，南宁市西乡塘区委书记。南宁市委常委、宣传部长、副市长。

陆兆禧 男 汉族 1969 年出生

现任阿里巴巴集团执行副总裁、淘宝网 CEO 兼总裁。广州大学管理系酒店管理专业、中欧国际工商学院毕业。历任广州文化假日酒店经理，广州俊业网络技术有限公司总经理，阿里巴巴广东大区经理，浙江支付宝网络科技有限公司总裁。

罗 熹 男 汉族 1960 年出生

现任中国工商银行股份有限公司副行长。毕业于中国人民银行研究生部，经济学硕士学位。历任中国农业银行海南省分行副行长，福建省分行副行长，中国农业银行资产保全部、资产风险监管部、国际业务部总经理兼香港农业银行国际财务有限公司董事长。

张 捷 男 汉族 1958 年出生

现任国家税务总局办公厅主任。历任西安市雁塔区税务局干部，西安市国税局雁塔分局局长，西安市国税局党组书记、局长，宁夏区国税局党组书记、局长。

郝 平 男 汉族 1959 年出生

现任教育部副部长、党组成员。北京大学历史专业学士。历任北京大学学生工作部副部长、北京大学外事处处长、校长助理、副校长、党委常委，北京外国语大学校长。

贺方红 男 汉族 1955 年出生

现任湖北省红十字会党组书记、常务副会长。中央党校大学学历。历任湖北省地矿局副局长，省地矿厅副厅长，地矿部湖北地质矿产勘查开发局常务副局长，省国土资源厅副厅长，省地质矿产勘查开发局副局长，省安全生产监督管理局副局长。

段 鸿 男 汉族 1956 年出生

现任云南省红十字会党组书记、常务副会长。历任红河州泸西县公社党委书记，县白水乡党委书记，县委书记；红河州委组织部常务副部长，州人事局党组书记、局长；丽江地委委员、组织部长，丽江市委副书记、纪委书记、政法委书记；云南省卫生厅副厅长。

高 任 男 汉族 1951 年出生

现任公安部治安管理局副局长。历任广州市公安局科长、副处长，公安部第一研究所副所长，全国核发第二代居民身份证工作领导小组副组长兼办公室主任。

龚仁心 男 汉族 1943 年出生

20 世纪 70 年代在内地从医，80 年代年在香港考取在港执业资格，之后在何文田太平道私人执业，随后在华懋集团旗下豪景花园商场执业。2007 年至今任华懋集团主席。

谢 宏 男 汉族 1965 年出生

毕业于浙江工商大学。贝因美创始人和现任集团总裁。现任浙江省优生优育协会副会长，浙江省预防医学会专业委员会委员，中国杭州婴童行业协会会长，浙江大学 MBA 导师，台湾婴童妇幼厂商联谊会名誉会长，浙江妇幼婴童产业商会会长，浙江省优生优育协会副会长。

阎青春　男　汉族1956年出生

现任全国老龄办副主任。毕业于吉林大学。历任总参装甲兵政治部干事，民政部人教司、社会福利司、社会福利和社会事务司副处长、处长、副司长。

中国红十字会总会2010年度财务收支情况报告

中国红十字会秘书长　王汝鹏

2011年1月19日

2010年，中国红十字会总会面对国内外重大灾害频发的情况，充分发挥政府人道救助领域助手的作用，广泛动员社会资源，积极开展募捐工作，取得显著成绩。总会全年实现财务收入32.57亿元、支出25.46亿元，财务收支保持历史最好水平。

单位：万元

财务收支	收入	支出
会员会费	23	23
接受捐赠	301204	227092
政府拨款/彩票公益金	21888	27500
动产不动产	2543	1
合　计	325658	254616

一、收入情况

2010年总会财务收入为32.57亿元。其中：

（一）会员会费收入2010年收缴会员会费23万元。

（二）接受捐赠收入

2010年接受国内外组织和个人的捐赠折合人民币30.12亿元，其中捐赠资金收入29.7亿元（包括总会12.36亿元、地方红十字会汇缴15.94亿元、基金会汇缴1.4亿元），捐赠物资及服务收入4200万元。捐赠收入占总收入的92%。

捐赠资金按项目分类显示：为青海玉树地震募集捐款23.16亿元（包括总会7.43亿元、地方红十字会汇缴14.33亿元、基金会1.4亿元）；为甘肃舟曲泥石流募集捐款4800万元；为西南旱灾募集捐款2900万元；为莫拉克台风募集捐款1.54亿元（包括总会200万元、地方红十字会汇缴1.52亿元）；为海地地震募集捐款2600万元（包括总会1700万元、地方红十字会汇缴900万元）；接受汶川地震捐款6500万元；接受红十字事业捐款6100万元；专项基金筹款一亿元；接受香港特别行政区红十字会捐款400万元；接受澳门特别行政区红十字会捐款2000万元；接受台湾红十字组织捐款5200万元；接受红十字国际委员会捐款100万元；接受红十字会与红新月会国际联合会捐款2100万元；接受其他项目捐款7300万元。

（三）政府拨款收入

2010年政府拨款收入2.19亿元，其中部门经费预算收入4600万元，总会本级彩票公益金项目预算收入1.73亿元，本年政府拨款收入占总收入的7%。

本年财政部批复总会彩票公益金项目预算1.73亿元，其中人道救助项目3600万元、救护师资培训项目540万元、中国造血干细胞资料库建设项目8132万元、贫困白血病儿童救助项目5000万元。

（四）动产和不动产及其他收入

2010年动产和不动产及其他收入2543万元，主要为银行利息收入。动产和不动产及其他收入占总收入的1%。

二、支出情况

2010年总会财务支出为25.46亿元。

（一）会员会费支出

2010年会员会费支出为23万元，用于制作荣誉证章和招聘志愿者费用。

（二）接受捐赠支出

2010年接受国内外组织和个人的捐赠支出折合人民币22.71亿元，其中捐赠资金支出22.3亿元，捐赠物资及服务支出4100万元，捐赠支出占总支出的89%。

捐赠资金支出按项目分类显示：用于救助青海玉树地震支出16.87亿元；西南旱灾支出1800万元；莫拉克台风支出4100万元；汶川地震支出2.7亿元；海地地震支出500万元；专项基金筹款支出8800万元；香港特别行政区红十字会捐赠项目支出500万元；澳门特别行政区红十字会捐赠项目支出600万元；台湾红十字组织捐赠项目支出5400万元；红十字国际委员会捐赠项目支出100万元；红十字会与红新月会国际联合会捐赠项目支出1100万元；其他捐赠项目支出4400万元。

2010年总会新增重大灾害重建项目资金19.99亿元。其中汶川地震捐款（含台湾红十字组织等）支出3.06亿元，继续在四川、甘肃、陕西、重庆、宁夏、云南等灾区建设民房、学校、卫生院、卫生站及部分集镇的饮水工程、备灾仓库及改水改厕项目等。青海玉树地震捐款支出16.53亿元，计划建设29所学校、28所卫生院及二个备灾减灾设施。另，总会于2010年10月拨付甘肃舟曲泥石流捐款4000万元，用于建设医院和学校（不属于本报告期）。

捐赠物资及服务支出4100万元，主要用于救助青海玉树地震、西南旱灾、水灾和世博会活动。

（三）政府拨款支出

截至2010年12月31日，当年接收政府拨款2.19亿元，上年结余8500万元，累计接收政府拨款3.04亿元。本年政府拨款支出为2.75亿元（包括本年支出2.16亿元，上年结余支出5900万元），其中部门经费预算执行数为6900万元，总会本级彩票公益金预算执行数为2.06亿元。政府拨款支出占总支出的11%。

2010年，总会部门经费预算执行数为6900万元，主要用于机关人员经费、行政运行及事业发展项目支出。

2010年，总会本级彩票公益金预算执行数为2.06亿元。

——用于人道救助项目支出4200万元，实施紧急人道救助物资采购3600万元，开展“红十字博爱送万家”活动500万元，项目配套支出100万元；

——用于救护师资培训项目支出3271万元，举办10期师资提高培训班支出100万元，培训师资420人次；举办46期师资复训班支出360万元，复训师资2143人次；用于采购教具设备2507万元，开展卫生救护演练50万元，制作教学宣传品101万元，卫生救护网络系统建设120万元，组织项目管理培训10万元及项目配套费23万元；

——用于中国造血干细胞资料库建设项目支出8132万元。完成HLA分型数据入库14.2万份，使库容量达到128万人份。为患者和移植医院提供检索服务3000余人次，480位志愿者为患者捐献了造血干细胞，向国（境）外提供造血干细胞20例。

——用于贫困白血病儿童救助项目支出

5000 万元。通过中国红十字基金会小天使基金救助了 1600 多名贫困白血病儿童。

（四）动产和不动产及其他收入支出

2010 年动产和不动产及其他收入支出为 1.3 万元，用于网上银行年费等财务费用。

三、项目审计情况

2010 年，总会配合国家审计署完成了青海玉树地震捐赠款物的审计工作。审计评价为：中国红十字会总会认真总结以往工作经验，及时要求各省、自治区、直辖市红十字会以及新疆生产建设兵团红十字会切实加强捐赠资金物资的管理，加快捐赠信息反馈工作，将捐赠资金物资逐级汇缴中国红十字会总会，救灾资金物资管理总体良好，审计未发现重大违法违规问题。

配合北京诚和会计师事务所完成了挪威红十字会减灾会议、中国全球基金第五轮疟疾项目的审计工作。挪威红十字会减灾会议项目审计结论为：总会基本上已按照工作计划实施并完成了项目任务。总会本级项目资金使用基本符合预算要求，财务开支真实、合法。财务账面实际发生数公允地反映了项目资金的使用情况。中国全球基金第五轮疟疾项目审计结论为：总会基本上已按照工作计划实施并完成了第九季度至第十三季度的项目任务。总会本级项目资金使用基本符合预算要求，财务开支真实、合法。财务账面实际发生数公允地反映了项目资金的使用情况。

根据财政部《中央级行政经费支出绩效考评管理办法》，总会委托北京宏元嘉华管理咨询有限责任公司对 2009 年度彩票公益金项目绩效考评。考评结果显示：中国红十字会 2009 年度彩票公益金项目定位准确、计划详细、管理较为有序、效果较为显著，基本实现了项目的阶段性目标，并促进了长期绩效目标的实现。项目的实施，具有较为显著的社会效益。

为提高红十字会的公信力，推进总会财务的公开透明，总会拟委托审计机构对上述报告进行审计，审计结果将对社会公布。为此，本期报告仅为总会本级 2010 年的财务收支情况，不含总会直属单位。总会直属单位的财务报告按照国家有关规定另行编报。

2010年上海世界博览会
国际红十字与红新月馆
贵宾致词

全国人大常务委员会副委员长、中国红十字会会长华建敏：

红十字事业是一项造福人类的崇高事业。中国红十字会自成立以来，坚持红十字运动的基本原则，发扬“人道、青爱、奉献”的红十字精神，秉承中华民族救死扶伤、扶危济困、敬老助残、行善积德的优良传统，致力于改善因难群体的生活境况，积极开展各项救灾、救护、救助活动。发展红十字事业是为了造福人民，红十字事业的发展也离不开人民，红十字人在把爱心和真情奉献给每一位最需要帮助的人的同时，就把阳光和温暖传播给全社会，期待您加入到红十字志愿者的队伍中来，与我们一起，共创和谐美好的未来！

红十字会与红新月会国际联合会主席近卫忠辉：

希望您通过参观展馆，大致了解各国红十字会与红新月会及其一亿的志愿者们在全世界各地所提供的服务，因为您同样可以帮助我们起缔造不凡。您无需是一名急救医师或一位救援专家，您只需心怀让世界更美好、更安全的愿望，并向社会上最需要帮助的伸出援手。如果您来自中国，您在此时此地就能申请成为中国红十字的志愿者。如果为自其他国家，在您回国后，请联系本国的国家红会。就在此刻，行动起来。

红十字国际委员会主席雅各布·克伦贝格尔：

红十字国际委员会是国际红十字与红新月运动的发起者，作为委员会主席，我感谢大家到本展馆参观。我很高兴各位能抽出时间去了解武装冲突、自然灾害和各种社会脆弱性会以怎么样的方式对人们的生活与尊严产生影响，同进也了解多闪这个世界性的运动奖如何加以庆对。当冲突或自然灾害十分引人瞩目的时候，我们的工作也会格外令人注意。然面，在世界各地，这些工作通常是在远离公众视线的脆弱社区开展的。而我们红十字与红新月运动的力量所在，就是能够活跃在所有这些地方。我希望您的此次经历能够使您更多地了解红十字与红新月运和我们肩并肩——携手为人道。

中国红十字会常务副会长王伟：

上海世博会国际红十字与红新月馆，是中国红十字会继服务北京奥运之后，参与并服务重大国际活的又一次重要举措。在这个建筑面积仅500平方米的展馆中，我们向观众集中展现了国际红十字与红新月运动的发展与成就，传播了世界各国人民在战乱、逢然灾害、疾病的侵扰下，仍然满怀希望、奋起抗争的坚强形象，展示了各国红十字会或红新月会在世界各地的人道救助行动，展览希望能把红十字志愿服务的精神永远留在观众的心中。

中国红十字会副会长、中国2010上海世博会国际红十字会与红新月馆展区总会代表、馆长郭长江：

世博会的一个世界性盛会，它为各国的文化展示与交融提供了一个广阔的平台。国际红十字与红新月馆是这场盛会中的一道独特风景，因为这是整个世博会唯一聚焦人文理念、传播人道精神和情怀、使参观者获得心灵触动的展馆，在展示物质文明的世博会上是“万绿丛中一点红”。中国红十字会通过主办国际红十字与红新月馆，向来自全世界的参观者展示了包括自身形象在内的国际红十字运动的形象，为广大红十字志愿者提供了展示的平台，也为“人道、博爱、奉献”的中国红十字精神的广泛传播提供了更为广阔的舞台。

中国红十字会2010年上海世博项目领导小组

组长：

王　伟　中国红十字会常务副会长

执行组长：

郭长江　中国红十字会副会长（中国红十字与红新月馆展区总代表、馆长）

副组长：

郝林娜　中国红十字会副会长

王海京　中国红十字会副会长兼秘书长

成员：

高崇华　中国红十字会总会办公室主任

王　平　中国红十字会总会赈济救部部长

查慧勤　中国红十字会总会筹资与财务部部长

王世涛　中国红十字会总会组织宣传部部长（红十字世博会项目秘书处秘书长）

王小华　中国红十字会总会联络部部长

张　峻　中国红十字会总会援外物资供应站站长

马　强　上海市红十字会常务副会长

单加海　江苏省红十字会专职副会长

王冬梅　浙江省红十字会常务副会长

徐火周　广东省红十字会常务副会长

红十字世博项目秘书处

秘书长：

王世涛　总会组织宣传部部长

执行副秘书长：

张旭东　索贝国际机构首席品牌执行官（中国红十字世博爱基金发起人兼秘书长）

副秘书长：

沈南冰　总会组织宣传部副部长

王晓燕　总会筹资与财务部机关财务处处长

夏洪艳　总会组织宣传部宣传处处长

裘海玲　总会联络部多边处处长（兼秘书处办公室主任）

副秘书长单位：

索贝国际投资（北京）有限公司

世博集团上海东浩国际商务有限公司

上海国际会议展览有限公司

上海意像企业形象设计有限公司

中国2010年上海世博会概述

主题：

城市让生活更美好

目标：

246个国家和国际组织参展，7308万人

次的参观者

时间：

2010年5月1日至2010年10月31日（共184天）

面积：

5.28平方公里，其中围栏区（收取门票）为3.28平方公里

会徽：

以中国汉字“世”字书法创意为形，“世”字图形寓意三人合臂相拥，状似美满幸福、相携同乐的家庭，也可抽象为“你、我、他”广义的人类，对美好和谐的生活追求，表达了世博会“理解、沟通、欢聚、合作”的理念，突显出中国红2010年上海世博会以人为本的积极追求。

吉祥物：

2010年上海世博会吉祥物海宝以汉字人作为核心创意，既反映了中国文化特色，又呼应了上海世博会会徽的设计理念。

创纪录：

1. 国际红十字与红新月馆参观人数为历届世博之最

2. 国际红十字与红新月馆成为首个与世博局签约的国际组织馆

3. 国际红十字与红新月馆成为世博园区首个交馆的国际组织馆

4. 国际红十字与红新月馆首个举办荣誉日的国际组织馆

5. 国际红十字与红新月馆成为首个在世博演艺中心举办国际慈善公益晚会的参展方国际红十字与红新月馆184天接待参观者10741880人。

红十字世博项目概述

主题：生命无价人道无界

目标：预计70万人次的参观者

时间：2010年5月1日至2010年10月31日（共184天）

展馆面积：总面积500平方米，实际布展面积324平方米

馆标与馆旗

红十字世博项目标志

馆章、文明观博纪念章

红手链

系列活动：

上海世博会国际红十字与红新月馆荣誉日暨2010红十字博爱周启动仪式

国际红十字与红新月高峰论坛

人道力量——中日韩三国红十字公益晚会

红十字与世博同行志愿服务活动

中国红十字世博爱未来行动启动仪式

“爱·传递”2010世界献血者日活动

中国红十字世博爱未来行动暑期夏令营

盛世博爱——红十字公益表演日

“城市，让生活更美好；急救，让人人更安康”世界急救日主题活动

“百年世博，十年创想”大型主题文化活动暨未来邮局启动仪式

创意与设计

2010上海世博会国际红十字与红新月馆的设计主题为，“生命无价，人道无界”。展馆由“入口等候区”、“黑色记忆”（时空长廊）、“人道之光”（环幕剧场）、“行动你我”（互动区域）、以及“出口”五个区域组成。入口造型为一个帐篷，作为战争与自然灾害中最常见的人道救援物资，帐篷营造了一种“在现场”、“在行动”的真实感，使观众在入馆之前，便已经被人道救援行动的力量所震撼。当观众在入口等假区排队进入时，工作人员会给每位参观者派发一条红手链。一方面，红手链作为一个悬念与伏笔，使观众产生好奇与联想。另一方面，红手链具有“边接人心”的寓意，它奖作为整个展馆的一个视觉符号。

黑色——触动

展馆的第一部分“黑色记忆”由一个狭长的“时空走廊”所组成，主色调为黑色，以营造一种在战争与灾难阴影下的压抑气氛。该版块采用了多媒体镜面，表现人类所遭遇的武装冲突与自然灾害所带来的人道灾难。这一切将深深触动您的心弦。

白色——感动

展馆的第二部分是“人道之光”。这一板块的色调，由黑色变成了白色，以体现人类在经历各种灾难的痛苦黑暗后，国际红十字与红新月运动所带来的人道光芒。在该版块，观众通过环形大屏幕，观看一部反映国际红十字与红新月运动人道救援行动主题的影片。您的心灵将受到深深的感动。

红色——行动

国际红十字与红新月运动需要你我每个人的行动，所以展馆的第三部分称为“行动你我”。在这里，观众能够主动参与，和国际红十字与红新月运动的志愿者一起组成硕大的志愿者墙。并可通过申请成为红十字志愿者，加入红十字事业中。

王世涛（中国红十字会总会组织宣传部部长、中国红十字会世博项目秘书处秘书长、中国2010年上海世博会国际红十字与红新月馆常务副馆长）：

国际红十字与红新月馆仅有324平方米

的使用面积，在246个展馆中是较小的。但是世博秘书处从策划开始就把“传播红十字精神，扩大红十字影响”确定为红十字世博项目追求的目标，“馆内传播核心理念，馆外开展红十字志愿服务”是项目策划和实施的关键。与历届红十字与红新月馆不同的是，我们这个馆是与社会互动的。有人形容我们是小馆加大馆，小馆是世博园内传；播红十字精神的展馆，大馆就是社会志愿服务活动这个馆。我们把功夫下在展馆与社会的互动上。一进门发的红手链，观众看完黑色记忆，人道之光的电影，来到志愿者墙，受到感动的人可以报名红十字志愿者，可以参加“红十字与世博同行”志愿服务活动。世博期间，我馆接待了游客107万多人，为历届红十字会参与世博之最；分布在上海等地的3000多个红十字服务站，完成了10多万名志愿者救护部训工作，仅园区内的五个红十字服务站就服务游客近18万人次。馆内外互动，打破了场馆的界限，是国际红十字与红新月馆取得成功的重要因素。

策划、设计、运营团队谈理念

马强（上海市红十字会常务副会长、中国2010年上海世博会国际红十字会与红新月懈副馆长）：

同样诞生在19世纪中叶的世博会和红十字运动，分别从不同侧面反映了人类两个文明的精华所在。上海市红十字会通过大量的服务世博、与世博同行活动，达到了广泛传播红十字精神、加快提升红十字会的社会影响力、锻炼各级红十字会组织和志愿服务者队伍、服务世博盛会的全面丰收。

张旭东（中国红十字会世博项目秘书处执行副秘书长、中国红十字会世博爱基金发起人兼秘书长、索贝国际机构首席品牌执行官）：

感恩伟大的时代，感激每一位无私帮助的朋友们。184天的日日夜夜，2010年上海世博会展示着人类文明之美，更传播着中华之美！作为国际红十字与红新月馆的一员，我们用责任和爱，抒写着红十字参与世博、服务世博的光辉历史，用“世博未来信”记载并传颂这一世界文明之约，用心灵守护并缔造我们共同的未来。让爱薪火相传，生生不息！

裘海玲（中国红十字会总会联络部多边处处长、中国红十字会世博项目秘书处副秘书长、中国2010年上海世博会国际红十字与红新月馆副馆长）：

红十字参与服务上海世博会，硕是累累。在前所未有的挑战和机遇面前，我们红十字人付了才智和艰辛，播撒了信心与希望。人道之光温暖了人心，世博之旅我们携手一同走过。

王盛华（上海国际会议展览有限公司总经理、中国2010年上海世博会国际红十辽与红新月馆运营主任）：

国际红十字与红新月馆在这次活动中将作为一个连接世界与您的桥梁，是唯一一个不仅让您参与世博盛会，并能与慈善同行的契机。我们将通过上百种实物媒介，将您优秀的企业文化以及先进的产品呈现在世界的大舞台上。让更多的企业在红十字精神的感召下与我们、与世博乃至于整个人类紧紧联接在一起，用爱心汇成红十字的海洋。一次千载难逢的契机，一场世界同乐的盛会。

郑文熙（上海东浩国际商务有限公司总

经理、红十字世博项目秘书处商务部主任）：

2010 年上海世博会是集世界之瞩目，中国之人气，科技之高端，生活之时尚的历史盛会。我能参、与其中并为国际红十字与红新月馆的展示和运营贡献微薄的力量，感到十分地荣幸和自豪。通过此次世博会红十字馆“生命无价，人道无界”的主题演示和超过百万观从的反应，我更体会到了人道精神的伟大和生命力；更增强了融入国际红十字运动和奉献个人爱心的意识决心。

宋慧民（上海意像企业形象设计有限公司总经理、中国 2010 年上海世博会国际红十字与红新月馆设计师）：

国际红十字与红新月运动是世界上最大的人道组织，任务是防止并减轻无论发生在何处的人类疾苦。借助世博会这个人类文明交汇的国际大舞台，我们采用从黑暗到希望到光明的设计理念，通地各种方式，呈现一个超越感动空间，体现“生命无价、人道无界”的主题，使参观者获得从触动到感动再到行动的心灵升华。让更多的人更加关注和支持人道救助事业，成为宣传文明、创建和谐社会的传播者和实践者。

郁百杨（影片导演、中国科学技术大学人文学院兼职教授、著名导演、美术指导）：

在影片中，我们精心剪辑大量资料影像，表现世界各地饱受战乱、自然灾害、疾病等困苦的人民不失信念、满怀希望的坚强形象，唤起参观者的同情与悲悯之心。再通过现场的画面，着重展现国际红十字与红新月运动在保护人类的生命与健康、维护人类的尊严、防止与减轻人类的苦难等方面所做出的不懈努力与杰出成就。让参观者有身临其境的现场感，增进人们对和平的珍视和对生命的尊重，把人道、博爱、奉献的红十字精神传递给每位观众。

安栋（影片作曲、上海音乐学院副教授、硕士生导师、音乐工程系副主任、中国当代著名作曲家、跨界音乐制作人）：

“经历战争与灾难的黑暗，我们更需要人道的光芒。”国际红十字会与红新月馆的音乐完全采用西方音乐语言，一开始是一个阿拉伯女声，把我们拉到常年战火纷飞的中东地区，红十字会的人道主义精神在那里焕发光芒……音乐里面因为有了哀伤、痛苦等情绪，所以更加打动人心，与参观者达成了心与心的沟通。

行 动

园区内——

红十字世博宣传活动：

5 月 8 日，中国红十字会在世博园区举行“上海世博会国际红十字与红新月馆荣誉日暨 2010 红十字博爱周启动仪式”、“国际红十字会与红新月高峰论坛”、“中日韩三国红十字公益晚会”等系列活动。

5 月 31 日，由中国红十字会总会、中国宋庆龄基金会、中国红十字世博爱基金共同主办、索贝国际机构独家承办的 2010 上海世博会“中国红十字世博爱未来行动”新闻发布会在上海世博园世博新闻发布厅举行。

6 月 1 日，由上海市红十字会组织 200 余名福利院儿童和 50 名白血病患儿所组成的参观团参观了国际红十字与红新月馆。

6 月 14 日，由中华人民共和国卫生、中国红十字会总会、中国人民解放军总后勤部卫生部、上海市人民政府、世界卫生组织、红十字会与红新月会国际联合会等机构共同主办、上海市卫生局、上海市红十字会承办的“爱·传递”2010世界献血者日庆祝活动在上海世博园区内的大洋洲广场隆重举行。

7月15日，由中国红十字会总会、中国宋庆龄基金会、贝因美集团、中国红十字世博爱基金主办，上海世博会事务协调局特别协办的“中国红十字世博爱未来行动”夏令营日特别活动在世博园正式开营。

8月9日，由中国红十字会总会主办，上海世博局、中国红十字世博温暖基金共同协办的“2010盛世博爱——红十字公益表演日”活动在世博园区大洋洲广场举行。

9月11日，由中国红十字会总会、中国红十字世博爱基金主办；红十字会与红新月会国际联合会、红十字国际委员会、上海世博会事务协调局、贝因美集团特别协办；上海市红十字会、索贝国际机构承办的“城市，让生活更美好；急救，让人人更安康”世界急救日主题活动在世博园区大洋洲广场举行。

10月10日，由中国红十字会总会、中国邮政、中国红十字会世博爱基金联合主办，上海世博会事务协调局特别协办，索贝国际机构承办的“百年世博，十年创想”大型主题文化活动暨未来邮局启动仪式在北京钓鱼台国宾馆隆重举行。

红十字医疗服务站：

在世博园区内设立了五个红十字服务站，共165名红十字医院医务人员和志愿者在世博期间为游客提供各种服务近18万人次，受到了广泛欢迎和好评，充分体现了“人道、博爱、奉献”的红十字精神。

中山市红十字会承办世博中山馆：

广东省中山市红十字会此次承办了世博会城市最佳实践区的场馆——中山馆，该馆以弘扬“博爱”精神为主线，积极推广红十字志愿服务活动。中山市红十字会结合展馆的举办，在全市范围内招募培训红十字世博志愿者，从的千名志愿者中选拔了30人组建成中山市红十字世博志愿服务队，在成功举办了中山馆的同时，有效提升了红十字会的社会形象。

园区外——

“红十字与世博同行”志愿服务活动：

“红十字与世博同行”志愿服务活动是全国“迎世博讲文明树新风”志愿服务活动重要内容之一。活动中，各地红十字会圆满完成了对包括园区工作人员、志愿者在内的10万余名世博志愿者的急救培训工作。设立在世博园区内的五个红十字服务站和分布在上海等有世博任务城市的3000多个红十字服务站也在世博期间为国内外游客提从了热情周到的志愿服务活动。据统计，仅世博园区内的五个红十字服务站就累计服务参观游客近18万人次。中内文明委专发简报，并邀请中国红十字会在“迎世博讲文明树新风”志愿服务活动交流会上介绍经验，肯定了“红十字与世博同行”志愿服务活动所取得的成绩。

贵宾接待与题词

世博秘书处在世博筹建和展览期间，先后接待了包括中央政治局委员、上海市委书记俞正声，全国人大常委会副委员长、中国红十字会会长华建敏，原全国人大常委会副委员长、中国红十字会原会长彭珮云，原全国人大常委会副委员长蒋正华，红十字会与红新月会国际联合会主席近卫忠辉，红十字国际委员会副主席克里斯蒂娜·贝利，联合国助理秘书长阿瓦尼·贝楠，阿拉伯联合酋长国公主拉媞法以及29个国家（地区）红十字会的领导等在内的国内外贵宾共102批，1873人次。

第九届全国人大常委会副委员长、中国红十字会原会长彭珮云题词：“弘扬红十字精神、为世界和平与发展做出贡献”。

第九届、第十届全国人大常委会副委员长蒋正华为展馆题词：“发展志愿者队伍，发扬关爱人类精神”。

贵宾留言

红十字会与红新月会国际联合会主席、日本红十字会会长近卫忠辉留言：“全体志愿者和工作人员为传播我们运动的使命奉献出所有的努力和服务，让众多来馆的参观者了解了我们为人道事业所作的不懈努力。我由衷地表示祝贺！”

红十字会与红新月会国际联合会秘书长比开利·格雷塔留言：“杰出的组织、我所看到的最优秀的红十字与红新月影片；最热情的接待，难以用语言表达我的感受和满足。我由此看好中国红十字会的发展。”

红十字国际委员会总干事伊夫·达高留言：“红十字与红新月馆传达了人道力量的核心。它将在今天、明天都影响着人们。祝贺你们出色的工作。顺致最良好的祝愿”。

红十字与红新月常设委员会主席马西莫·贝拉留言：“我为是这个大家庭的一份子而自豪！”

荷兰红十字会副会长玛格丽特公主留言：“携手为人道，创造业绩”。

联合国助理秘书长、上海世博会联合国馆总代表阿瓦尼·贝楠留言：“贵我两馆心愿相通，珍视人道与和平”。

瑞士日内瓦市市长马努埃尔·托纳尔留言：“红十字是日内瓦的荣耀．也是世界的荣耀。”

日内瓦国际红十字与红新月博物馆馆长罗格·马尤留言：“非常感谢你们生动而感人的展示，由衷祝愿展示取得圆满成功！”

阿拉伯联合酋长国拉媞法公主留言：“内容丰富。展示出我们共同从事的人道事业之精髓。”

韩国红十字会釜山分会会长金英焕留言：“博爱、人道”。

全国政协常委、上海市政协副主席、上海世博会执行委员会副主任周汉民留言：“伟大的志愿者精神让国际红十字精神熠熠生辉。”

台湾红十字组织副会长王清峰留言：“有灾难的地方就有红十字会，有红十字会的地方就有希望”。

媒体反响

共先后集中邀请媒体参与场馆及活动报道八次，累计约有200家媒体出席活动参与报道；安排馆长、副馆长及新闻发言人接受各类媒体采访十余次、专访七次；中央电视台、新华社、《人民日报》、中央人民广播电台、中国新闻社等众多媒体都对红十字馆和相关活动进行报道，百度搜索“国际红十字与红新月馆”内容的相关新闻约870篇。从报道效果来看，仅以中央电视台为例，共播报相关新闻报道41次。共播放宣传影片13968场，刊发《中国红十字世博项目简报》23期，发送各类宣传品一百多万份。通过展馆的运营，广泛地传播红十字原则与理想，树立运动的良好形象，为运动参与大型国际活动提供有益的经验。

展馆荣誉

世博会期间，中国红十字会参与服务世博的各项工作都取得突出的成绩，中国红十字会世博项目秘书处被党中央、国务院授予“上海世博会先进集体”的荣誉称号，上海市红十字会干部王子美被授予“上海世博会先进个人”的荣誉称号；国际红十字与红新月馆荣获上海市精神文明建设委员会办公室和中共上海世博会事务协调局委员会联合颁发的“世博文明场馆”荣誉称号，在世博会246个场馆中仅有35个场馆获取该荣誉；红十字世博项目秘书处和展馆运营团队被上海市总工会授予“工人先锋号”的荣誉称号。红十字馆副馆长裴海玲被授予“世博园区服务保障先进个人”荣誉称号。中国2010年上海世界博览会组织委员会和中国2010年上海世界博览会执行委员会还分别向中国红十字会总会世博项目秘书处、上海市红十字会、中国红十字世博爱基金、中国红十字温暖基金授予“中国2010年上海世界博览会荣誉纪念证书”和“荣誉纪念牌”。

党中央、国务院表彰的上海世博会先进集体和先进个人

中国红十字会世博项目秘书处被授予“上海世博会先进集体”荣誉称号，上海市红十字会干部王子美被授予“上海世博会先进个人”

上海市人民政府、上海世博会事务协调局等表彰的先进集体和先进个人

中国2010年上海世博会国际红十字与红新月馆被上海市精神文明建设委员会办公室和中共上海世博会事务协调局委员会联合授予的“世博文明场馆”荣誉称号，中国红十字会世博项目秘书处和国际红十字与红新月馆运营团队被上海市总工会授予“工人先锋号”的荣誉称号，上海市红十字会服务世博办公室被上海市人民政府授予“上海市世博工作优秀集体”，上海市红十字会办公室主任杨钧仪被上海人民政府授予“上海市世博工作优秀个人”，红十字馆副馆长袭海玲被授予“世博园区服务保障先进个人”荣誉称号。

中国红十字会总会嘉奖

王世涛　袭海玲　郭建阳　范　欣　周小杭　龙　奕

“红十字参与服务世博”先进集体

上海市：

上海市红十字会

浦东新区红十字会

卢湾区红十字会

黄浦区红十字会

中国红十字会华山医院

上海市红十字医院（上海市第一人民医院）

上海市新华红十字医院

上海市红十字胸科医院

上海市红十字第二人民医院

上海市红十字医疗急救中心

江苏省

苏州市红十字会

无锡市红十字会
浙江省
宁波市红十字会
杭州市红十字心理健康志愿服务队
安徽省
合肥市红十字会
广东省
中山市红十字会
陕西省
商洛市红十字会
总会系统
中国红十字世博爱基金
报刊社
中国红十字世博温暖基金
物资供应站
组织宣传部
网络中心
联络部
“红十字参与服务世搏” 先进个人
上海市
丁超英　尉荣生　王春玲　熊仿杰
李江英　周湘兰　滕桂香　崔月芳
殷　洲　刘国华　冯　运　邵建华
江苏省
吴　佳　许　萍
浙江省
叶卫兵　范振芬
安徽省
叶丽萍
广东省
殷昭举　简海燕
陕西省
李志刚
总会系统
张旭东　郑文熙　宋慧民　王盛华
邓　鹂　张景春　张赢方　王　艳
彭赛锋　洪诗平
优秀红十字志愿者
上海市
李　瑾　钱国祥　袁　星　李　珺
沈文律　刘和芳　陆珍萍　吴跃英
夏　欣　卢　刚　黄　萍　姚湘如
胡渊英　王之宙　胡天韵　赵清永
汤兆祥　刘贵朝　沈洁如　施　帆
路琼讳　陈　萍
江苏省
黄　慧　张云燕　陈　刚
浙江省
王道华　费素定　钱锡定
安徽省
傅　强
广东省
程治雄　何少梅　梁靖淇　孙　虹
特殊贡献奖
浙江贝因美科工贸股份有限公司
中央电视台新闻中心社会新闻部社会事业组
海门市明天家用纺织品有限公司
北京地下铁道通成广告有限公司
浙江泰普森控股集团有限公司
北京七彩通达广告有限责任公司
上海世博会国际红十字与红新月馆最佳创意设计奖
上海意像企业形象设计有限公司
上海世博会国际红十字与红新月馆优秀商务服务奖
上海东浩国际商务有限公司
上海世博会国际红十字与红新月馆优秀场馆运营奖
上海国际会议展览有限公司

大事记
（世博会专项 2005~2010）

2005 年 9 月 12—16 日，中国红十字会副会长郭长江率代表团一行 10 人赴日本考察爱知世博会国际红十字与红新月馆。

2006 年 9 月 29 日，红十字会与红新月会国际联合会主席托罗复函上海世博局，确认参展 2010 年上海世博会，并确定由中国红十字会承办国际红十字与红新月馆。

2006 年 11 月 15—16 日，中国红十字会副会长郭长江、总会事业发展部部长王世涛、红十字会与红新月会国际联合会东亚地区办事处主任亨利等赴上海参加上海世博会第一次参展方会议。

2007 年 3 月 19 日，中国红十字会致函上海世博局，申请免费展馆并确认“五八荣誉日”活动。

2007 年 5 月 15 日，上海世博局确认免费提供 500 平方米展馆。

2007 年 6 月 4 日，上海世博会协调局国际参展部部长徐波等到中国红十字会总会拜会中国红十字会副会长郭长江。

2007 年 8 月 7 日，上海市红十字血液中心向中国红十字会申请承办世博园区内“六一四世界献血者日”主题活动。

2007 年 10 月 30 日，中国红十字会向上海世博局递交主题陈述报告。

2007 年 11 月 9 日，中国红十字会任命副会长郭长江担任上海世博会国际红十字与红新月馆展区总代表。中国红十字会各项参展准备工作正式启动。

2007 年 11 月 15—16 日，中国红十字会副会长郭长江赴上海参加上海世博会第二次参展方会议。总会事业发展部部长王世涛、上海市红十字会常务副会长熊仿杰、总会联络部多边处处长裘海玲等一同参加会议。

2007 年 11 月 23 日，中国红十字会向财政部申请参加 2010 年上海世博会的三年项目预算。

2007 年 12 月 12 日，中国红十字会与上海世博集团东浩国际商务有限公司、上海国际会议展览有限公司签订合作联盟协议。

2008 年 1 月 24 日，中国红十字会副会长郭长江召集红十字世博项目工作组第一次工作会议，讨论参展工作计划方案，确定设计公司。

2008 年 1 月 31 日，参展工作计划方案获中国红十字会执委会批准。

2008 年 3 月 11 日，上海市红十字会上报该会拟参加上海世博会的项目。

2008 年 3 月 21 日，郭长江召集红十字世博项目工作组第二次会议。讨论并确定出具委托书、印章的使用范围、总会与合作方签订协议的范围等。

2008 年 5 月 28 日，郭长江与上海世博局局长洪浩签署参展合同以及援助协议。上海世博会中国政府总代表华君铎会签，副局长周汉民参加。上海市红十字会副会长孙大红、总会王世涛、裘海玲参加。经过积极争取，上海世博局在世博园区 B02－Z01 位置为国际红十字与红新月馆免费提供 500 平方米的独立场馆，以及 30 万美元的援助资金。

2008 年 7 月 9 日，郭长江签署参加网上世博会的确认表。当日发至上海世博局网上世博会项目组。

2008 年 7 月 14—19 日，郭长江暨上海世博会国际红十字与红新月馆展区总代表率红十字世博项目工作组，访问日本红十字会，双方就红十字参与世博会事宜进行交流，并商谈上海世博会期间举行中日韩三国公益晚会合作等。

2008年8月26日，郭长江与世博集团上海东浩商务有限公司、上海意像企业形象设计有限公司等签署合作协议。红十字世博项目秘书处正式成立。总会委托相关合作伙伴承担总会在沪与上海世博局日常联系的工作，并协助开展展馆设计、布展、运营、活动策划和筹资宣传等工作。

2008年10月25日，郭长江在中国红十字会总会听取上海意像企业形象设计有限公司关于国际红十字与红新月馆设计方案的汇报，并提出意见。

2008年10月27日—11月1日，红十字世博项目工作组和展馆设计团队赴日内瓦，前往国际委员会总部、国际联合会秘书处、日内瓦红十字博物馆收集展馆设计所需资料。

2008年11月13—14日，上海世博会第三次参展方会议在上海召开。中国红十字会总会王世涛、袭海玲、上海红十字会熊仿杰参加。

2008年12月23日，郭长江召集红十字世博项目工作汇报会。上海世博集团东浩国际商务有限公司、上海国际会议展览有限公司、上海意像企业形象设计有限公司和爱心企业联盟参加了会议。

2009年2月3日，中国红十字会向中央精神文明建设指导委员会提交将中国红十字会吸收为全国“迎世博、讲文明、树新风”志愿服务行动组委会成员单位的申请。

2009年3月16日，郭长江召集红十字世博项目工作会议，研究世博项目。

2009年3月18日，中国红十字会会长办公会研究国际红十字与红新月馆筹备方案、预算等。

2009年3月31日—4月3日，王世涛、袭海玲赴上海，就红十字志愿者参与上海世博会的事项，与上海世博局、上海精神文明办和上海市红十字会进行协商，并与上海市血液中心就“6·14世界献血者日”主题活动进行协商。

2009年4月10日，郭长江召集专题会议讨论红十字世博项目筹资等工作。

2009年5月25日，郭长江签署境外参展者主体登记表。

2009年5月26日，郭长江会见红十字国际委员会东亚地区代表处主任梅拉和国际委员会东亚办事处宣传部长马文德，介绍红十字世博项目。

2009年6月12日，郭长江会见红十字会与红新月会国际联合会东亚地区代表处主任卡尔，介绍红十字世博项目。

2009年6月23日，郭长江会见广东省和中山市红十字会领导，讨论中山市红十字会参与上海世博会最佳城市实践区展示活动。

2009年7月13日，郭长江召集红十字世博项目工作组会议讨论项目落实，包括招标等工作。

2009年7月22日，中国红十字会与中宣部、文明委、世博组委会等十部委联合下发了《关于开展“迎世博、讲文明、树新风”志愿服务行动的通知》，“红十字与世博同行”志愿服务活动被纳入其中。经中国红十字会与上海世博局和上海市精神文明委协调，由上海市红十字会承担上海世博会园区内外10万志愿者的急救培训工作。

2009年8月18日，《中国红十字报》

发表评论员文章“用志愿者的微笑迎接世博盛会”。

2009年8月26—28日，王世涛、袭海玲等赴上海参加上海世博局召开的设计方案沟通会。

2009年8月31日—9月2日，红十字会与红新月会国际联合会东亚地区代表处主任卡尔、宣传代表马庆龙和红十字国际委员会驻东亚办事处宣传代表马文德拜访上海世博局国际参展部。两位宣传代表还与展馆设计团队进行工作会谈。

2009年9月22日，2010年上海世博会国际红十字与红新月馆交馆暨“红十字与世博同行”志愿服务活动启动仪式在上海世博局举行，国际红十字与红新月馆成为上海世博会第一个交馆的国际组织馆。中国红十字会副会长、上海世博会国际红十字与红新月馆展区总代表郭长江，上海世博局副局长黄健之，上海市精神文明办副主任朱响应，上海市红十字会党组副书记熊仿杰和红十字国际委员会驻东亚办事处宣传代表马文德等出席仪式。中国红十字会总会组织宣传部部长、红十字世博项目秘书处秘书长王世涛主持仪式。

2009年10月10日，为规范2010年上海世博会国际红十字与红新月馆标志使用，加强相关标志的管理，中国红十字会总会根据《世界博览会标志保护条例》、《各国红会使用红十字或红新月标志规则》和相关法律、法规的规定，制定《2010年上海世博会国际红十字与红新月馆标志使用办法》。

2009年10月，根据上海世博局要求，红十字世博项目秘书处先后完成国际红十字与红新月馆相关法定手续。包括主体登记、网上世博会和馆徽以及世博组合标志的申请、荣誉日活动申请等，并获得上海世博局确认。

2009年11月4日，中国红十字会新一届执委会听取红十字世博项目的专题汇报，肯定前期的筹备工作，讨论研究进一步加强红十字世博项目的各项工作。

2009年11月25日，财政部同意中国红十字会按照国家有关规定，委托具有国家甲级资质的政府采购招标代理公司对展馆展示工程服务供应商和展馆运营管理服务供应商进行招标。

2009年11月27日，执委会决定世博项目领导机构组成。

2009年12月7日，中国红十字会与展馆展示工程服务供应商签约并开始展馆布展工程，与展馆运营管理服务供应商签约并开始运营前期工作。同日，郭长江召集会议商讨资金落实。

2009年12月7日，中国红十字会向总会机关及直属单位下发《关于做好“红十字世博项目”筹备工作的通知》。

2009年12月11日，王世涛与2010年上海世博会特许生产商海门市明天家用纺织品有限公司在京签署共同发起设立“中国红十字世博温暖基金”合作协议，该公司首捐350万元款物。

2009年12月25日，红十字世博项目秘书处办公室在上海设立，中国红十字会总会派袭海玲任驻沪办公室主任，以加强与上海世博局的联系，并推进项目的落实和实施。

2010年1月19日，在上海举行国际红十字与红新月馆装修布展开工仪式，郭长江、王世涛出席仪式。同日，对布展设计方案及影片脚本、原子镜面图片展示方案等进行初步审查，制定影片制作和图片展示制作进度表。

2010年1月27日，中国红十字世博温暖基金启动仪式登新闻发布会在人民大会堂举行。郭长江、王世涛，著名资深电视节目主持人杨澜，海门市明天家用纺织品有限公司董事长王灵杰等出席启动仪式。

2010年1月27日，郭长江与索贝国际投资（北京）有限公司集团在京签署共同发起设立“中国红十字世博爱基金”合作协议，贝因美集团捐款2000万元。

2010年2月20日，王世涛与浙江泰普森休闲用品有限公司在京签署合作协议，该公司向红十字世博项目捐款25万元，并捐赠展馆入口处帐篷。

2010年2月26日，2010年上海世博会国际红十字与红新月馆战略合作伙伴授牌暨中国红十字世博爱基金启动仪式在北京人民大会堂举行。华建敏、王伟、郭长江，贝因美集团董事局主席谢宏等社会各界嘉宾出席本次活动，并共同启动中国红十字世博爱基金。

2010年3月1日，执委会专题研究全面启动红十字世博项目并审查国际红十字与红新月馆布展影片和原子镜面展示方案，进行红十字世博项目任务分工，决定向全国红十字组织发出《关于认真做好中国红十字会参与服务2010年上海世博会工作的通知》，成立中国红十字会世博项目领导小组。组长：王伟，执行组长：郭长江（展区总代表），副组长：郝林娜、王海京，成员：高崇华、王平、查慧勤、王世涛、王小华、张峻、马强、单加海、徐火周、王冬梅。红十字世博项目秘书处秘书长：王世涛。

2010年3月4日，央宣传部、中央文明办、教育部、民政部、上海世博会组委会、广州亚运会组委会、全国总工会、共青团中央、全国妇联、中国红十字会总会、全国老龄办等11部委联合召开视讯会议，研究部署“迎世博迎亚运讲文明树新风”志愿服务活动。王海京、王世涛出席会议。

2010年3月5日，王世涛与无锡市外办主任蔡大钢一行四人商谈世博会后国际红十字与红新月馆移建无锡事项。

2010年3月12日，中国红十字会总会下发《关于认真做好中国红十字会参与服务2010年上海世博会工作的通知》和《关于组团参观2010年上海世博会国际红十字与红新月馆相关事宜的通知》。

2010年3月21日，上海市红十字会开始对园区使用的七万余名普通志愿者和园区内五个红十字医疗站的服务人员进行红十字急救培训。

2010年3月24日，华建敏在上海市人大副主任杨定华，中国红十字会副会长、国际红十字与红新月馆展区总代表郭长江，上海世博局局长洪浩，上海红十字会常务副会长马强，中国红十字会总会组织宣传部部长、红十字世博项目秘书长王世涛等陪同下视察了国际红十字与红新月馆装修布展情况，慰问展馆建设者。

2010年3月25日，宁波市红十字会成立红十字现场救护、红十字博爱志愿者等四支志愿服务队，配合上海世博会在宁波的举行。

2010年3月29日，执委会召开专题会议，讨论展馆内的宣传影片、宣传折页和宣传海报的有关内容。

2010 年 4 月 1 日，国际红十字与红新月馆世博会官网正式开通。

2010 年 4 月 6 日，王世涛等六名中国红十字会总会工作人员赴沪，开始在红十字世博项目秘书处驻沪办公室工作。

2010 年 4 月 9 日，红十字世博项目秘书处刊发了《中国红十字会世博项目简报(第 1 期)》，世博会期间共出 23 期简报。

2010 年 4 月 13—15 日，郭长江、王世涛、袭海玲向华建敏就红十字世博项目筹备情况做专题汇报。

2010 年 4 月 16 日，国际红十字与红新月馆施工方上海意像企业形象设计有限公司向运营方上海国际会议展览有限公司交馆。

2010 年 4 月 20 日，中国 2010 年上海世博会国际红十字与红新月馆成功进行试运营。

2010 年 4 月 20 日，红十字志愿者开始在世博园区内的红十字服务站为世博园区内的游客提供现场初级救护、健康咨询和便民服务。

2010 年 4 月 23 日，郭长江率红十字世博项目秘书处、展馆运营方和监理方对国际红十字与红新月馆进行正式验收。

2010 年 4 月 26 日，郭长江与马强商谈“五八荣誉日”活动安排。同日，郭长江拜会上海世博局礼宾部部长孙为民，商谈“五八荣誉日”贵宾接待等问题。

2010 年 4 月 27 日，郭长江会见来沪的国际委员会东亚地区代表处宣传代表马文德等一行，并安排其参观国际红十字与红新月馆。

2010 年 4 月 28 日，国际红十字与红新月馆举行“媒体开放日”活动，郭长江、王世涛出席活动，向前来参观采访的记者介绍场馆布展情况及荣誉日相关活动，并接受媒体采访。

2010 年 5 月 1 日，国际红十字与红新月馆正式开馆迎接参观者。郭长江向前来参观的前 10 位参观者赠送纪念品并合影留念，向前 100 位参观者赠送展馆纪念章。王世涛及秘书处全体人员，中国红十字会世博爱基金管委会主任张旭东、展馆设计施工方上海意象企业形象设计有限公司，以及负责展馆运营和服务的世博集团上海东浩国际商务有限公司、上海国际会议展览有限公司的相关人员参加开馆仪式。

2010 年 5 月 8 日，中国红十字会在世博园区举行“上海世博会国际红十字与红新月馆荣誉日暨 2010 红十字博爱周启动仪式”、“国际红十字与红新月高峰论坛”、“中日韩三国红十字公益晚会”等系列活动。国际红十字与红新月馆代表团团长、国际联合会副主席、卡塔尔红新月会会长默罕默德·阿尔麦迪、国际委员会副主席克里斯蒂娜·贝利、中国红十字会常务副会长王伟、顾问江亦曼、副会长兼国际红十字与红新月馆展区总代表郭长江、副会长郝林娜和王海京、秘书长王汝鹏、红十字会与红新月会国际联合会亚太地区主任阿里斯特尔·亨利、日本红十字会副会长大冢义治、韩国红十字会副会长金英子、贝因美集团董事局主席谢宏等一行 15 人出席，来自全国各省级红十字会的负责人陪同参观，并在上海世博园文化中心内与 5000 多名观众共同欣赏了世博会首场国际大型公益晚会。

2010 年 5 月 8 日，苏州市红十字会与苏州市文明办联合举行“红十字与世博同行置苏州志愿服务活动启动仪式”。

2010 年 5 月 17 日，郝林娜、王世涛、辛宝山、裴海玲等陪同比利时政府弗拉芒社会福利、公共卫生和家庭部长 Jo Vandeurzen 先生，比利时医院管理局局长 Leo de Bock 先生，比利时医疗技术创新中心主任 Johan Hellings 先生，比利时世博事务政府总代表 Leo Delcroix 先生等一行 13 人参观国际红十字与红新月馆。

2010 年 5 月 20 日，红十字世博项目秘书处办公室与中山市红十字会就中山馆开馆仪式暨博爱论坛活动召开工作讨论会。

2010 年 5 月 22 日，王世涛视察苏州红十字会世博志愿服务工作并慰问红十字志愿者。

2010 年 5 月 23 日，王世涛迎接国际红十字与红新月馆第 10 万名参观游客。

2010 年 5 月 23 日，由中山市红十字会承办的世博城市案例广东中山馆开馆仪式暨博爱论坛活动举办。广东省副省长、省红十字会会长雷子蓝，省政协副主席汤炳权，省政协副主席、省红十字会名誉副会长姚志彬，中国红十字会总会组织宣传部部长兼红十字世博项目秘书长王世涛以及广东省政府有关部门领导和中山市、上海世博局城市部、上海市虹口区等领导出席开馆仪式暨博爱论坛。广东省红十字会常务副会长徐火周，副会长华建、邵岩率广东省红十字代表团参加活动。

2010 年 6 月 31 日，由中国红十字会总会、中国宋庆龄基金会、中国红十字世博爱基金共同主办，上海世博会事务协调局、贝因美集团特别协办，《中国少年报》、《北京青年报》、《法制晚报》媒体协办，索贝国际机构独家承办，新浪独家网络合作的 2010 上海世博会“中国红十字世博爱未来行动“新闻发布会在上海世博园世博新闻发布厅举行。中国红十字会副会长、国际红十字与红新月馆展区总代表郭长江，总会组织宣传部部长、红十字世博项目秘书长王世涛，中国宋庆龄基金会对外联络部部长陈爱民，中国红十字会总会联络部多边处处长、国际红十字与红新月馆副馆长裘海玲，中国宋庆龄基金会宣传处处长王亚丽，中国红十字世博爱基金管委会副主任、贝因美集团总裁特别助理杨博鸿，红十字世博项目执行副秘书长兼中国红十字世博爱基金发起人张旭东，中国红十字世博未来发展行动参与方代表等出席了本次活动。

2010 年 6 月 1 日，由上海市红十字会组织的 200 余名福利院儿童和 50 名白血病患儿所组成的参观团参观了国际红十字与红新月馆。

2010 年 6 月 7—11 日，王世涛到浙江省考察调研“红十字与世博同行”志愿服务工作并慰问红十字志愿者。

2010 年 6 月 9 日，马强迎接国际红十字与红新月馆第 20 万名参观者。

2010 年 6 月 14 日，由卫生部、中国红十字会总会、解放军总后勤部卫生部、上海市人民政府、世界卫生组织、红十字会与红新月会国际联合会等机构共同主办，上海市卫生局、上海市红十字会承办的“爱传递”2010 世界献血者日庆祝活动在上海世博园区内的大洋洲广场隆重举行。卫生部部长陈竺、中国红十字会常务副会长王伟、解放军总后勤部卫生部副部长陈新年、上海市人民政府副秘书长翁铁慧、世界卫生组织西太区地区主任申英秀先生、红十字会与红新月会国际联合会东亚地区卫生代表高乐女士、中国红十字会总会组织宣传部部长、红十字世博项目秘书处秘书长王世涛、上海市红十字会常务副会长、国际红十字与红新月馆副馆长马强，上海市红十字会副会长李明磊以及上海市卫生局的各级领导出席本次庆祝活动。

2010年6月26日，台湾红十字组织副会长王清峰一行参观国际红十字与红新月馆。

2010年6月26日，张峻迎接国际红十字与红新月馆第30万参观者。

2010年7月4日，阿拉伯联合酋长国拉媞法公主参观国际红十字与红新月馆。

2010年7月15日，由中国红十字会总会、中国宋庆龄基金会、贝因美集团、中国红十字世博爱基金主办，上海世博会事务协调局特别协办的"中国红十字世博爱未来行动"夏令营日特别活动在世博园正式开营。王海京、谢宏、执行副秘书长兼中国红十字世博爱基金发起人张旭东出席活动启动仪式并致词。来自四川与青海的灾后重建地区和贫困家庭的儿童代表，从事儿童和青少年教育、医疗卫生事业的"育爱天使"代表，以及"少儿纱布画征集评选活动"第一期获奖小作者代表近百人参加本次夏令营日活动。

2010年7月15日，王海京迎接国际红十字与红新月馆第40万名参观者。

2010年7月20日，韩国红十字会釜山分会金英焕会长一行来馆。

2010年7月20日，中央文明委"迎世博讲文明树新风"志愿服务活动组委会办公室专发题为《突出特色，重在落实，"红十字与世博同行"志愿服务活动取得成效》的工作简报，对中国红十字会参与世博、服务世博的工作进行充分的肯定。

2010年7月29日，郭长江出席上海世博局召开的展区总代表座谈会。

2010年8月1日，郭长江、马强、张恩迪、王世涛、熊仿杰等一行到世博园区慰问红十字医疗站和国际红十字与红新月馆志愿者，并送上慰问信和慰问金。同日，国际红十字与红新月馆迎来第50万名参观游客，郭长江向这位参观者赠送纪念品并合影留念。

2010年8月2日，联合国秘书长助理、联合国馆总代表贝楠来国际红十字与红新月馆参观，王世涛、袭海玲陪同参观。

2010年8月5日，上海市市级机关工委常务副书记吴尧鑫一行来国际红十字与红新月馆，慰问红十字志愿者和工作人员，马强陪同。

2010年8月9日，由中国红十字会总会主办，上海世博局、中国红十字世博温暖基金协办的"2010盛世博爱——红十字公益表演日"活动在世博园区大洋洲广场举行。郭长江、王世涛等出席活动。

2010年8月11日，原全国人大委员会副委员长蒋正华参观国际红十字与红新月馆。

2010年8月15日，（全国哀悼日），国际红十字与红新月馆组织开展为甘肃舟曲特大泥石流灾区募捐活动，并设立留言板供参观者留言。上海东方卫视、上海电视台均发布新闻介绍国际红十字与红新月馆活动。

2010年8月17日，熊仿杰到馆迎接国际红十字与红新月馆第60万名参观者。

2010年8月25日，郭长江出席在上海世博会远大馆召开的海地灾后重建研讨会。海地馆、联合国馆、四川馆、上海世博局的相关人员参加研讨会。

2010年8月25日，联合国助理秘书

长、上海世博会联合国馆总代表问瓦尼·贝南代表联合国馆通过中国红十字会向甘肃舟曲特大泥石流灾区的人民捐款，中国红十字会副会长、国际红十字与红新月馆总代表兼馆长郭长江向贝楠表示感谢。

2010年8月25日，上海世博局世博轴部临时党委书记兼部长赵克平代表世博轴部捐款，支持中国红十字会在甘肃舟曲特大泥石流灾区开展的人道救援行动。郭长江代表中国红十字会接受善款，并向世博轴部致谢。

2010年8月26日，郭长江赴无锡，与无锡市副市长方伟就上海世博会后国际红十字与红新月馆移交无锡市的相关事项进行商谈。

2010年8月28日，原全国人大副委员长、原中国红十字会会长彭佩云参观国际红十字与红新月馆，郭长江陪同。

2010年9月2日，袭海玲迎接展馆第70万名参观者。

2010年9月9日，日内瓦红十字博物馆馆长罗格·马尤以及日内瓦市市长马努埃尔·托纳尔来国际红十字与红新月馆参观。

2010年9月11日，由中国红十字会总会、中国红十字世博爱基金主办，红十字会与红新月会国际联合会、红十字国际委员会、上海世博会事务协调局、贝因美集团特别协办，上海市红十字会、索贝国际机构承办的“城市，让生活更美好；急救，让人人更安康”世界急救日主题活动在世博园区大洋洲广场举行。王海京、李立东、张旭东、杨博鸿，国际联合会和国际委员会的代表、上海市红十字会及全国部分省市红十字会领导出席活动。荣获首届红十字应急救护大赛一、二等奖的天津、上海、北京代表队，红十字会志愿者代表、优秀救护员，上海市及各区（县）红十字会相关领导200余人参加主题活动。

2010年9月16日，红十字世博项目秘书处向上海世博局活动部赠送锦旗。

2010年9月23日，中国红十字会援外物资供应站站长、国际红十字与红新月馆副馆长洪俊岭迎接了展馆第80万名参观者。

2010年9月26日，红十字会与红新月会国际联合会主席近卫忠辉参观国际红十字与红新月馆，并与上海世博局局长助理戴建明会谈。

2010年9月27日，国际联合会常设委员会主席、国际联合会副主席、秘书长以及国际委员会总干事等参加苏州“捐款国论坛”的60多名各国红会领导人参观国际红十字与红新月馆。

2010年10月4日，中央政治局委员、上海市市委书记俞正声视察国际红十字与红新月馆。

2010年10月6日，马强迎接国际红十字与红新月馆第90万名参观者。

2010年10月7日，上海世博局局长洪浩视察国际红十字与红新月馆。

2010年10月10日，由中国红十字会总会、中国邮政、中国红十字会世博爱基金联合主办，上海世博会事务协调局特别协办，索贝国际机构承办的“百年世博，十年创想”大型主题文化活动暨未来邮局启动仪式在北京钓鱼台国宾馆举行。全国人大常委会副委员长、民革中央主席周铁农，中国红十字会常务副会长王伟，中国红十字会副会长、红十字会与红新月会国际联合会馆展区总代表郭长江，中国红十字会总会组织宣传部部长兼红十字世博项目秘书处秘书长王世涛，以及来自部队、高校、医务、文化艺术、企业、新闻媒体等领域的代表，和五大洲的小朋友200余人参加启动仪式。

2010年10月13日，袭海玲参加在世博园联合国馆举办的国际减灾日论坛活动。

2010年10月18日，全国政协常委、上海市政协副主席、上海世博会执行委员会副主任周汉民参观国际红十字与红新月馆，并慰问红十字志愿者以及工作人员。

2010年10月18日，国际委员会总部宣传部亚太处处长菲利普·斯托尔和东亚地区办事处宣传代表马文德到国际红十字与红新月馆进行工作访问。

2010年10月19日，袭海玲参加在世博园西班牙馆举办的“城市变形记：革新的社会倡议计划”圆桌论坛活动。

2010年10月23日，郭长江迎接国际红十字与红新月馆第100万名参观者。马强、张旭东等也到馆迎接。

2010年10月23日，国际红十字与红新月馆红十字世博秘书处及运营团队被授予“上海市工人先锋号”荣誉称号、袭海玲被授予“世博园区服务保障先进个人”荣誉称号。

2010年10月23日，郭长江出席东亚飞扬演唱会。

2010年10月30日，郭长江参加“上海世博未来信与2020年的文明之约”活动。

2010年10月31日，国际红十字与红新月馆举行闭馆仪式。郭长江、王世涛、马强、熊仿杰、袭海玲、张旭东等出席仪式，并向红十字志愿者代表颁发感谢状。截至10月31日22点30分，国际红十字与红新月馆共接待参观游客1074889人次，超过历届世博会红十字馆参观人数。

2010年11月2日，中国2010年上海世界博览会组织委员会和中国2010年上海世界博览会执行委员会分别向中国红十字会总会世博项目秘书处、上海市红十字会、中国红十字会世博爱基金、中国红十字温暖基金颁发“中国2010年上海世界博览会荣誉纪念证书”和“荣誉纪念牌”，以表彰和感谢上述各部门为举办成功、精彩、难忘的中国2010年上海世界博览会做出的积极贡献。

2010年12月27日，中国2010年上海世博会总结表彰大会在人民大会堂举行。中国红十字会世博项目秘书处被党中央、国务院授予“上海世博会先进集体“、上海市红十字会干部王子美被授予”上海世博会先进个人“荣誉称号。中国红十字会总会组织宣传部部长、红十字世博项目秘书处秘书长王世涛作为代表参加表彰大会。

三

总会篇

中国红十字会组织结构图

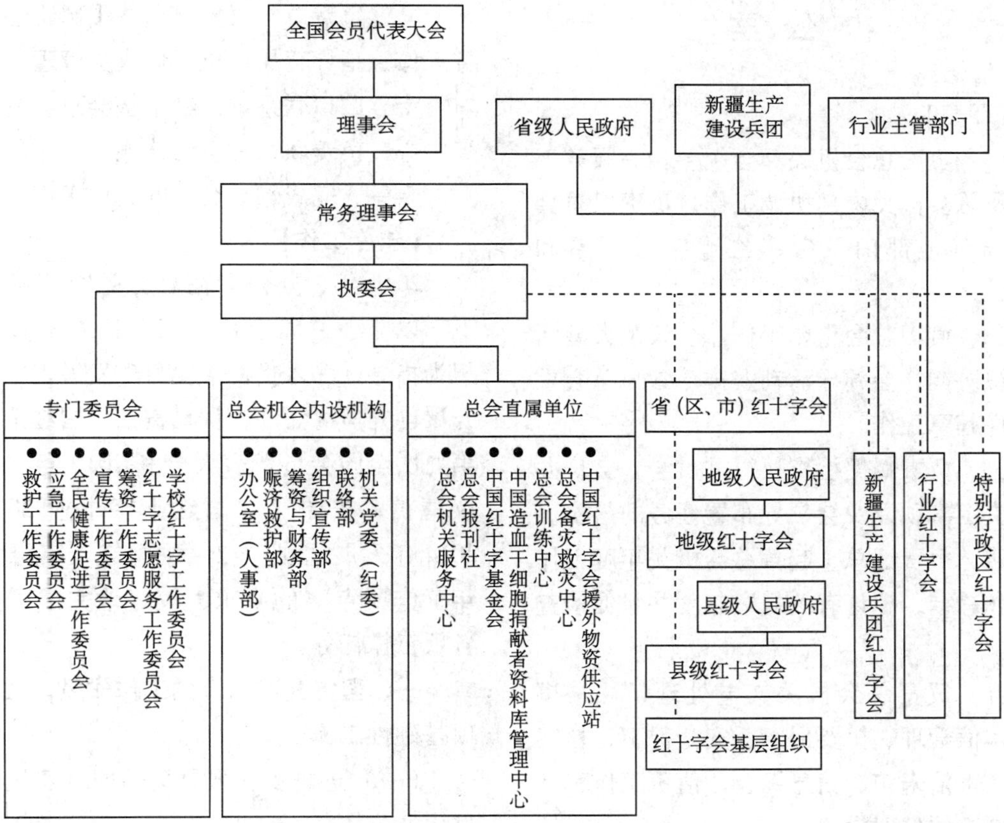

注：图中实线表示领导关系，虚线表示业务指导关系。

中国红十字会总会机关及直属单位

总会机关

办公室

【职责】

一、负责总会机关和会领导相关服务工作以及总会机关内部协调工作；负责以总会名义与其他部门及省级红十字会联系和沟通；

二、负责总会重要工作、会议及大型活动组织协调，会领导活动安排，参与总会重要文件起草工作。

三、负责督促检查执行委员会、会长办公会决定事项以及会领导布置任务的落实。

四、负责汇总、起草总会机关年度工作计划和总结，拟订有关规章制度并督促检查落实。

五、负责总会机关文电处理、秘书事务、印信管理、机要保密、安全保卫、档案管理、来信来访、信息综合、值班工作和计算机网络硬件建设。

六、负责总会机关人事工作，指导直属单位人事工作。负责总会机关干部教育培训工作；负责与人力资源社会保障部联合表彰红十字会系统先进集体和先进工作者的协调和组织实施工作；负责中国红十字会工作者荣誉证章颁发工作。

七、负责立法、普法工作和法律法规贯彻工作；负责维权事务和法律政策咨询。

八、负责红十字会理论研究工作；参与红十字会法规性文件起草和修订。

九、负责总会机关离退休干部管理和服务工作，指导直属单位退休人员管理工作。

十、归口联系中国红十字会总会机关服务中心；负责联系总会法律顾问工作。

十一、完成领导交办的其他工作。

【年度工作】

2010年，办公室在总会党组正确领导下，以邓小平理论和“三个代表”重要思想为指导，深入贯彻落实科学发展观，积极开展创先争优活动，认真贯彻中国红十字会第九次全国会员代表大会和2010年工作会议精神，按照《中国红十字事业2010～2014年发展规划》和《中国红十字会2010年工作要点》的要求，较好地完成了全年各项工作任务：

一、坚持扎实认真的工作作风，做好各项基础性工作

（一）进一步加强总会的网络建设和信息化办公体系

1. 组织建设管理软件正式上线，完成项目验收工作。

2. 委托总会机关服务中心完成了协同办公系统改造项目投标任务，年底完成项目开发任务。

3. 更换网上捐款第三方支付公司，国内银行卡手续费比原来降低了2‰，国际卡的手续费比原来降低了0.4%。截至2010

年12月21日，全年网上捐款达43565笔，捐款金额1510余万元。

4. 外部电子邮箱由原来的自建自管模式，改为租用模式，邮箱容量是原来最大邮箱容量100M的2000多倍，普通附件大小是原来30倍，超大附件是原来600倍。

5. 购置网络版杀毒软件和防黑客攻击的防火墙设备，加强网站安全技术防范，保障网站安全运行。

（二）认真严谨，做好机要保密及档案工作

在机要工作方面，截至10月中旬，登记收悉机要文（电）1000多份并及时送会领导传阅。同时完成了红机传真更换和中央文件清退工作。

在保密工作方面，4月完成涉密设备的更新、安装、设置，做好保密防护工作。5月份按照国家保密局要求，组织总会和直属单位保密知识竞赛和保密承诺书补签工作。6月份根据会领导职责分工，调整保密委员会及保密办成员，报国家保密局备案。7月份组织新保密法宣传活动。报国家保密局总会保密科学技术“十一五”发展规划总结验收报告。8月份报国家保密局“五五”保密法制宣传教育检查验收工作情况报告。根据国家保密局要求，完成总会机关网络保密检查工作并按照报送自查报告。现正在修订和制定总会保密管理办法及相关配套制度，完善保密管理制度。

在档案工作方面，首要的是推进档案数字化建设。完成2006～2007年67161页文书档案数字化扫描，2008年53151页文书档案的整理；2008～2009年7349页图书的数字化扫描；1986～2009年《中国红十字报》合订本共4487页的数字化扫描；完成37件实物档案按照存档工作。同时，2009年度文书档案的整理、归档工作也在逐步推进。

（三）强化服务意识、明确工作职责，保证协调保障工作高效及时

一是组织协调和会务工作。先后完成了华会长赴北京、四川、天津、江苏、上海、内蒙古、贵州等多地市红十字会调研，世博会国际红十字馆开馆仪式，省级红十字会主要领导干部法律培训班，红十字会统计和档案工作培训班等重大会议、活动的会务工作。协调组织执委会、办公会、专题会的前期准备工作。汇总、拟定并上报议题安排，通知并印发与会人员会议材料，协助完成会议纪要。在协调组织中，与总会各部门通力合作，努力谨慎办会，协助领导完善会议各项议程。

二是文秘工作。全年高效、准确运转内、外部文件上万件，依照总会文件公文处理办法严格谨慎办文，做到准确、及时。完成会领导周安排、月安排以及总会和直属单位的年度会议、活动培训安排。强化协调服务意识和督办力度，完善会领导的各项服务保障性工作。根据实际情况，重新修订总会值班管理办法。高效完成包括值班人员安排、登记、培训、值班工资的统计、节假日值班领导的听班、带班安排等工作。截至12月21日，全年编发党组会议纪要14期，驻会领导例会纪要28期，办公会会议纪要13期，执委会会议纪要五期，《简报》18期，《会内通报》17期。收发各地寄至总会的各类报刊、文件及群众来信。

二、规范人事管理制度，加强人才队伍建设

（一）机关制度建设

1. 根据中组部关于党政领导干部选拔

任用工作要求，制定了《中国红十字会总会进一步加强干部选拔任用监督工作的意见》、《中国红十字会总会进一步加强和规范直属单位干部选拔任用工作的通知》，拟定了关于《总会直属单位干部选拔任用检查工作实施办法》（征求意见稿）。

2. 根据中央关于《2010～2020 年干部教育培训改革纲要》精神，制定了《2010～2014 年机关干部教育培训规划》。

3. 根据全国人才工作会议精神和总会办公会要求，对原《总会机关聘用人员管理办法》进行了修订和完善。

4. 根据深化人事制度改革精神，对机关干部考核、竞争上岗、干部交流等制度进行研究和探讨。

（二）干部队伍建设

1. 年初，在完成 2009 年机关和直属单位年度考核基础上，评出 19 位优秀公务员和领导干部，并予以表彰和嘉奖。

2. 通过干部选拔任用程序，并理事会通过、报中组部批准，王汝鹏担任红十字会秘书长职务；党组批准洪俊岭为正局级待遇；刘选国为基金会秘书长，黑德昆为基金会副秘书长；王志为基金会党支部书记；刘静湖提任副局级；吕进福提任副部长级职级的测评考核工作。

3. 通过网上报名，对 300 余名研究生报考中国红十字会总会公务员进行审核，经过全国公务员考试及我会笔试和面试，有三位报考者优选，被中国红十字会总会录用。

4. 引进人才。选调具有实践经历、管理能力和管理特长人才调任中国红十字会总会三人（金宝杰、丁硕、苏猋）、接收了一名军队转业干部分配到报刊社。

5. 组织报名并选派扶贫干部王连庆到山西浑源县执行扶贫任务；邹庆波到安徽省红十字会挂职锻炼；赵振岗援疆工作期满考核，及时提出结束工作任务的请示。

6. 相继选送五名同志到红十字会国际委员会、红十字会与红新月会国际联合会、美国红十字会、英国红十字会工作学习，人事部门与派出人员签订了工作协议。

7. 组织机关及直属单位开展红十字专业培训，解读红十字会发展史、总会管理制度及公文写作知识，提高干部综合能力和素质。

（三）机构建设

1. 争取得到中编办批准，在办公室加挂人事部牌子的批文；向中编办申请成立人体器官捐献管理中心工作有进展。

2. 中编办、国务院军转办 11 月 19 日批准增加一名行政编制；国务院军转办来函对中国红十字会总会安置工作予以肯定，对人事部门工作人员工作表示感谢。

3. 对干细胞库、报刊社、机关服务中心、训练中心内设机构、干部职数进行了调整，确定备灾救灾中心“三定方案”。

4. 参与指导训练中心人事制度改革，参与指导干细胞库管理中心、基金会中层干部竞争上岗工作，指导并参与备灾救灾中心竞聘考核工作。

（四）表彰工作

积极推荐中国红十字基金会，并获得青海玉树抗震救灾中“全国抗震救灾英雄集体”称号。

（五）其他工作

积极争取解决了直属单位陈明仁、马小玲的遗留问题，调回机关；解决了刘萍夫妻及孩子户口难题。

三、稳步推进法律法规建设，深入开展理论研究

（一）承办了“两会”代表提案答复工作

答复了年初“两会”时参会代表向总会提出的五项提案。对提案提出的有益建议已注重在工作中落实，对条件尚不成熟、目前尚难实现的提议，也作出了说明。

（二）积极撰写会议文件，及时传达领导指示精神

先后起草了2010年工作会议主要文件，向名誉副会长汇报工作座谈会的会议文件并编辑、整理、下发了华建敏会长调研活动讲话稿、王伟常务副会长赴英国、挪威考察报告和北戴河会领导务虚会的会谈内容。

（三）积极筹备设立中国红十字研究会

根据会领导指示，拟筹备设立中国红十字研究会，研究会拟组建为在民政部注册登记的全国性社会团体。为了研究会的设立，前期已召开了一次筹备会和多次小型沙龙，探讨了与红十字事业发展相关的多个话题，为将来的红十字研究会积累了专家学者资源。在注册登记层面上，现在已备好多项登机所需的材料，待全部齐备后即向民政部门申请注册登记。

（四）深入开展理论研究工作

根据会领导指示，为深入研究红十字事业发展的方向、方法和步骤等重大问题，开展了多个与红十字组织相关的课题研究工作：

1. 与中国社会科学院社会学研究所合作的“中国红十字会2011～2015年研究规划”课题。该课题旨在了解全国各级红十字会发展所面临的主要问题，根据问题的情况提出解决问题的思路和步骤，并据此提出2011～2015年需要着力研究的重点课题，为今后研究工作的开展提供工作蓝图。目前，该课题已在深入开展中，面向全国省、市、县三级的调查问卷已发放，课题组成员先后赴陕西、辽宁、江苏等省进行了调研。

2. 由我国著名财经学者刘姝威教授任课题组组长，与中央财经大学中国企业研究中心合作的“中国公益机构募捐渠道及募捐成本研究”课题。该课题同时邀请总会筹资与财务部参与。该课题通过对红十字会系统的募捐情况展开定量分析和与国外的比较分析，提出科学合理的研究报告，促进募捐工作的发展。目前，该课题方案已确定，课题已进入研究阶段。

3. 由北京科技大学社会学系主任时立荣教授任组长，由总会组织宣传部有关处室与办公室联合开展的“我国省级红十字会评价指标体系建设”课题。该课题旨在解决“什么样的省级红十字会是模范的省级红十字会”的问题，通过调研和理论分析，构建出适合我国红十字会发展现状的评价指标体系，进而指导地方红十字会工作的开展。目前，课题组成员已赴安徽、江苏进行了调研。

（五）稳步推进法律法规建设工作

1.《中华人民共和国红十字会法》贯彻落实情况调研。

经过与全国人大教科文卫委员会的多次沟通，形成了科学可行的调研提纲，调研组已经完成了在福建省的调研，形成了调研报告。此举增进了科教文卫委员会对红十字会工作的了解，对红十字会工作的发展提供了基础。

2. 省级红十字会主要领导干部法律培训。

2010年，对省级红十字会的主要领导

干部进行了法律培训。经过委托中央国家机关政府采购中心通过公开竞争性谈判方式选拔，由清华大学法学院承办此次培训。本次培训的时间为 2010 年 11 月 14 日至 20 日，邀请以清华大学为主的国内一流高校教师授课，培训对象为副省级以上红十字会的常务副会长、副会长或政策法规部门负责人，总会机关各部（室）及各直属单位负责人也参加了此次培训。

3. 参与《人体器官移植条例》修订工作。

积极配合总会赈济救护部参与《人体器官移植条例》修订工作。于 2010 年 8 月到国务院法制办教科文卫法制司沟通了条例修订情况，邀请法制办为我会条例修订工作推荐专家。9 月份邀请法制办推荐的专家参加了卫生部与总会联合召开的研讨会。计划于近期启动相关课题研究工作。

4. 省级红十字会法规体系梳理。

随着年内海南省红十字会条例的出台，各省均制定了红十字会法规。为了全面了解各省法规的情况，明确各省法规条文的优势与不足，拟委托北京大学慈善、体育与法律研究中心对各省法规条文进行梳理，最终将形成分析报告及规范文本的建议模板。目前该课题已启动。

5. 翻译红十字标志使用文件。

委托北京赛迪翻译技术有限公司进行了《关于在业务活动、商业活动以及其他活动中使用标志问题的研究》（共 229 页）的翻译，为今后红十字标志在我国的使用提供了更为详细的管理办法。

（六）注重规范，加强合同管理

1. 制定总会合同管理办法。

为规范总会对外合同的立项、文本确定、签订、履行、档案和印章管理等方面工作，起草了《中国红十字会总会合同管理办法》草案，已经向总会各部（室）征求了意见，并根据各方意见进行了调整，编写了调整说明及《总会合同签订流程指南》，拟于近期再次征求总会各部（室）意见。

2. 收集整理合同档案。

为全面了解总会对外签订合同情况，加强对合同的监督管理，收集了总会机关各部（室）自 2009 年 11 月以来的合同文本。目前，已收到合同文本 111 个，已造册登记并进行了初步分析。

3. 起草基金协议范本。

根据会领导指示，起草总会基金项目的协议范本。目前，初稿经总会法律顾问审阅后进入修改阶段。

（七）参与上海援外物资供应站处理工作

参加上海援外物资供应站工作组的工作，从审计、法律等方面对现状进行了全面了解，采取有效手段，基本实现了供应站工作局面的正常化，为彻底理顺供应站的工作关系、发挥供应站的积极作用奠定了基础。

（八）推进博鳌红十字国际交流中心产权过户事宜

通过现场摸底、发函沟通等方式，促使博鳌红十字交流中心产权所有人积极向总会过户建筑物产权。在建立了良好的沟通机制、明确了过户程序的基础上，将后续事宜交总会筹资与财务部跟进。

（九）探索新的外包法律服务模式

与国内排名第一的北京金杜律师事务所已协商达成了对方向总会免费提供一定时长的专业法律服务的意向，具体的合作协议正在协商。此种模式的建立有助于进一步提高总会的法律业务水平，为总会工作向更高层次发展提供了保障。

四、细致周密做好老干部服务保障工作

（一）老干部政治待遇的落实得到进一步加强

把阅文制度、参加重大会议制度、政治理论学习制度、情况通报制度等落到实处，着力把政治理论学习放在首位。积极组织老干部参加政治学习并及时下发学习资料。通过有针对性的学习，使老干部对红十字会工作情况有了整体的了解，既鼓舞了人心，又增强了信心。同时，加强离退休干部党支部建设。认真组织老干部党员参加总会直属机关党委、纪委换届改选党员大会，并按照党委的统一部署组织老干部党员很好的完成了各项议程。

（二）积极开展看望慰问和送温暖活动

截至10月份，对老党员、老干部走访慰问70余人次。同时，加大养生保健工作力度。为（70岁以上的）老同志安装“安康通”一键通呼叫器、组织安排老干部健康检查，保障了老干部身心健康。坚持电话联系询问情况，通过走访慰问帮助解决实际问题。

（三）严格落实离退休干部生活待遇

及时为符合条件的离退休干部发放生活补贴、防暑降温费和生活保健用品，按时组织老干部进行健康体检，帮助老干部做好医药费报销等工作。帮助去世老干部家属料理善后事宜。

（四）积极开展文体活动

为活跃老同志生活，提高其生活质量，展示中国红十字会老同志的精神风貌，积极组织各类文体活动，让他们“走出来、动起来、乐起来”。通过这些活动中密切了老干部之间的关系，受到老同志的欢迎（高崇华）。

综 合 处

【职责】

一、负责机关内设机构和人员编制的管理工作

二、负责机关部门领导及以下人员的考核、录用、任免、调配、奖惩、培训、工资、福利、出国政审以及人事档案管理。负责离退休干部工资调整。

三、负责机关聘用人员劳动关系及工作补贴的审核工作。

四、承办总会援疆和扶贫干部的呈报、保险福利及待遇的审核工作。

五、负责承办与人力资源社会保障部联合评选表彰红十字会系统先进集体和先进工作者工作。负责承办中国红十字会工作者荣誉证章颁发工作。

六、承办直属单位领导班子及成员的考核，领导班子成员的任免、调动、工资审核、退休手续及档案保管。负责直属单位处级干部任免备案。

七、负责直属单位机构编制工作和工资总额审定。指导直属单位人事管理工作。

八、完成领导交办的其他工作。

人 事 处

【职责】

一、承办机关参照公务员管理工作。

二、承办机关内设机构设置和人员编制的具体事宜。

三、负责机关部门领导及以下人员的考核、录用、任免、调配、奖惩、培训、工资、福利、出国政审以及人事档案的事务

管理。

四、负责机关聘用人员（包括外聘、返聘和志愿者）的人事关系及工作补贴的审核工作。

五、承办总会援疆和扶贫干部的呈报以及援疆和扶贫干部在工作期间应享受的保险和福利待遇的审核工作。

六、承办直属单位机构编制工作，负责处级以上干部的考核、任免、调动、工资审核以及档案管理。指导直属单位人事工资政策及人事监督管理工作。

七、负责与人事部联系，承办联合评选表彰全国红十字系统先进集体和先进工作者的具体工作。

八、完成领导交办的其他工作。

政策法规处

【职责】

一、负责红十字会立法、普法和维权工作。对国家有关公益事业法律法规提出修改意见，开展法律政策咨询。

二、研究国家相关法律法规和方针政策对红十字事业发展的影响。

三、负责红十字会理论研究工作；研究国际红十字运动发展史，中国红十字会历史及发展方向；承担带有综合性、前瞻性、重大问题的课题研究。

四、参与全国会员代表大会、理事会和工作会议等重要会议主要文件的起草工作。

五、配合全国人大、政协等有关部门制定并实施红十字会执法检查考察（或调研）计划。

六、参与拟订红十字会法规和政策性文件。

七、协调和落实中国红十字理论研究会的工作。负责联系总会法律顾问有关事宜。

八、完成领导交办的其他工作。

财务与资产管理处

【职责】

1. 负责编制总会机关的预决算；按照财政部核定的预算，统筹安排、使用各项资金，保证总会机关正常运转的资金需要。

2. 负责总会捐赠资金、预算外资金和其他资金的管理工作。

3. 对总会国有资产进行会计核算的监督，对总会委托机关服务中心负责的国有资产管理工作进行指导的监督。

4. 定期编报财务报告，如实反映财务收支状况，分析财务活动，参与财务决策。

5. 对单位的财务活动进行控制、监督，防止国有资产流失。

6. 对直属单位的财务活动进行指导和监督。

7. 对总会核拨地方红十字会的专项资金的使用进行指导和监督，配合审计部门进行审计和检查。

8. 承办上级主管部门布置的任务。

9. 完成领导交办的其他工作。

离退休干部处

【职责】

一、贯彻落实党中央国务院有关离退休干部的方针、政策。

二、负责组织机关离退休干部的政治学习、传达文件、通报重要情况，参加相关会议；协助直属机关党委安排离退休干部党支部的活动，做好离退休干部政治思想工作。

三、定期走访、慰问机关离退休干部，了解情况并及时向上级反映离退休干部的意见和要求，合理解决离退休干部提出的实际问题。检查指导直属单位退休人员管理工作。

四、协同筹资与财务部机关财务处计划使用机关离退休干部经费。

五、组织机关离退休干部的健康休养，开展适合老年人特点的文体活动。

六、配合机关服务中心做好机关离退休干部的住房、用车、健康体检等工作。

七、做好机关离退休干部逝世后的缮后工作。

八、协助做好机关离退休干部医疗保障工作。

九、完成领导交办的其他工作。

赈济救护部

【职责】

一、指导全国红十字会系统开展备灾救灾、应急卫生救护、人道救助等工作，负责拟定完善相关政策、制度和发展战略、发展规划。

二、负责全国红十字会系统备灾救灾、应急卫生救护、人道救助等业务培训、考核评估、信息收集等工作。

三、负责拟订总会筹集款物开展的备灾救灾、应急卫生救护、人道救助等工作的具体计划，并指导实施、监督和检查。

四、统筹总会应急救援队伍、备灾救灾设施的建设和管理，负责针对突发公共事件的应急救助和救护工作。负责总会应急工作办公室的日常工作。

五、参与无偿献血、造血干细胞捐献、遗体（器官、组织）捐献的宣传推动及管理工作；协助政府开展艾滋病预防和控制工作；负责冠名红十字医疗机构的人道服务工作指导和相关管理。

六、组织推荐南丁格尔奖章获得者人选，并组织颁奖活动。

七、负责与国家有关部门或机构的业务沟通协调工作；会同总会联络部开展相关的国际交流与合作。

八、负责统筹、协调、指导和实施境内外资金支持的项目工作。

九、归口联系中国造血干细胞捐献者资料库管理中心、中国红十字会总会训练中心、援外物资供应站、备灾救灾中心。

十、完成领导交办的其他工作。

【年度工作】

2010年是各类自然灾害频发的一年，雪灾、洪涝、台风等常见灾害规模不减，西南旱灾、玉树地震、舟曲泥石流等罕见重大灾害接连发生，汶川地震灾后恢复重建工作也进入关键时期。

第九届理事会开局伊始把备灾救灾工作放在突出重要的位置。在总结汶川特大地震救援经验的基础上，修订完善了《中国红十字会总会自然灾害应急预案》，进一步强化并规范总会灾害应急反应机制和流程；印发了《中国红十字会备灾救灾中心（物资库）规划建设管理办法》，总会备灾救灾中心也已正式落成并运转，使我国红十字会备灾基础建设进一步加强；作为国家抗震救灾领导小组成员，中国红十字会2010年又成为玉树地震灾后恢复重建小组成员，更加有利于依法维护捐赠人利益、规范捐赠资金使用；通过向社会发呼吁、短信募捐、举办公益晚会等方式，各级红十字会开展重大自然灾害募捐工作取得显著成果；进一步加强统筹协调工作力度，面对繁重的救灾任务，形成总会与各省红十字会上下联动、合力开展救灾工作的良好局面。

2010年，中国红十字会总会（含中国红十字基金会）投入救灾资金26亿多元，其中向27个受灾严重省份下拨物资和资金近190批次，累计价值达9200多万元。其中，在西南五省旱灾救助中，总会及基金会募集了2亿多元的救助款物，创造了红十字会旱灾救助之最。在2010年的洪涝灾害救助中，总会对所有达到一级响应的受灾省份，在按正常救助标准给予救助的基础上，又从总会自身积累的资金中为每省追加了至少100万元的救助资金，救助力度前所未有。

玉树地震发生后，总会迅速派出工作组、北京999、湖南供水、云南大众卫生三支特色救援队参与救援活动。其中，供水应急队在灾区生产800多吨洁净饮用水，大众卫生应急队搭建100个便捷、卫生的应急厕所，方便群众的生活，突出红十字会的特色。其他省份红十字会在第一时间主动派出救援队，积极开展救灾募捐，调拨物资，给予受灾地区有力支援。在灾后重建阶段，总会与青海省人民政府共同签署《玉树地震灾后恢复重建项目备忘录》，决定提供总额不低于23亿元人民币的项目资金，现已商定援建29所学校、33所医疗机构和2个防灾减灾设施及部分农牧民住房项目。国外捐款4000多万元均已确定用途。

舟曲泥石流灾后恢复重建工作也在有序推进，总会已与甘肃省人民政府签署《中国红十字会援助舟曲特大山洪泥石流灾后重建项目协议》，提供2.25亿元资金，用于支持舟曲泥石流灾害损毁的七个卫生、二个教育项目恢复重建。

为确保汶川特大地震恢复重建项目的圆满完成，总会及时召开会议并下发了《中国红十字会关于进一步加强汶川地震灾后恢复重建工作的通知》，使红十字会参与的恢复重建工作得以迅速改观。对四川省调整项目进行严格审核，共调整项目168个，项目资金1.38亿元人民币。此外，制订了汶川特大地震余款使用方案，积极推进川、陕、甘特大地震灾区红十字会备灾中心项目和软件项目落实工作。

在大力开展灾害救助的同时，以保障人民群众生命健康为己任，积极开展了救护救助工作。

在救护工作方面，一是进一步加强标准化建设：调整红十字救护工作指导委员会，下发了《关于进一步加强应急救护工作的意见》，开展红十字应急救护相关法律课题研究，逐步推动应急救护工作标准化建设；二是加强经验交流，培训工作取得实效；2010年8月，成功举办了首届全国红十字应急救护大赛，全年各级红十字会共培训救护师资3.1万人，培训救护员317.3万人，普及救护防病知识1751万人次；三是培训工作深入行业、深入普通市民，如贵州、河北、重庆等红十字会与公安、交通部门密切合作对驾驶员开展救护培训，北京市、上海市红十字会在政府支持下向市民开展应急救护培训等。

积极开展大病救助活动，“小天使基金”已累计救助贫困白血病患儿2640名，拨付资助款8117万元。“爱心工程”共义诊筛查先心病患者13169人，实施手术1775例。“扶贫救心——红十字在行动”完成先心病患者手术2000例。继续开展“红十字博爱送万家”活动，各级红十字会共筹集资金4000多万元，为20余万户贫困人群送去慰问物资和关怀。艾滋病预防与关爱工作在稳步推进。

2010年3月，接受卫生部委托在全国11个省市开展了人体器官捐献试点工作。明确红十字会系统在宣传动员、报名登记、捐献见证、缅怀纪念、救助激励等方面的工作职责。试点工作开展以来，成立了“中国人体器官捐献工作委员会”和办公室等机构。积极推动建立国家人体器官捐献中心，争取国家“十二五”彩票公益金支持。11个试点省、市红十字会结合当地实际，创造性的开展试点工作，建立健全相关工作制度，工作流程，促进地方法规修改，保证试点工作平稳有序进行。截至2010年11月底，广东、天津、湖南、辽宁、浙江、湖北等地成功完成28例器官捐献，捐献器官60多个。为今后推广这项工作奠定了良好的基础。

造血干细胞捐献工作取得新进展，中华骨髓库总库容达到120万人份，2010年新入库14万人份，同时实现当年捐献500例的突破性进展。另外，针对部分省市出现临床用血供应紧张情况，总会与云南、北京、山东、广东、吉林、湖北等省市红十字会积极配合卫生主管部门开展无偿献血宣传活动并取得良好效果。

中国红十字会还同部分国际组织、兄弟国家红会、跨国企业等20多个合作伙伴开展合作，在全国26个省市区开展了不同类型的发展项目29个，执行项目资金达3100多万元，项目涉及艾滋病预防与关爱、社区备灾减灾、农村健康教育与促进等。2010年，还继续开展了全球基金疟疾项目、社区为本的急救与健康项目、心理援助项目等；还配合世界红十字日、世界艾滋病日、世界献血者日、世界急救日、国家防灾减灾日等开展一系列相关活动。

灾害管理处

【职责】

一、负责红十字会系统备灾救灾工作政策、规章、文件的研究、起草、修改工作，并指导贯彻实施。

二、负责红十字会系统应对自然灾害等重大突发公共事件应急反应能力建设；根据应急预案的要求，指导、协调各级分会开展针对自然灾害救助等重大公共事件的处置工作。

三、负责总会备灾救灾工作计划的拟订、实施、监督、管理。

四、负责拟订总会救灾物资的分配计划和海关罚没物资的协调管理。协助办理境外捐助物资进口的有关手续。配合接受对灾害救助相关工作的审计、检查和监督。

五、负责红十字会系统备灾救灾信息和网络的规划与管理。

六、按照分级负责的原则，负责红十字会救灾备灾人员的业务管理培训工作。

七、负责指导、协调备灾救灾中心的管理工作。

八、负责红十字会系统备灾救灾工作的考核、评审工作。

九、承担总会应急工作办公室的日常工作。

十、完成领导交办的其他工作。

健康服务处

【职责】

一、负责拟定全国红十字系统健康服务

工作相关政策、规章、制度等，并指导贯彻实施。

二、指导全国红十字系统在城乡社区开展卫生知识宣传普及、健康促进以及大病救助等人道服务工作。

三、负责总会健康服务项目的监督落实工作。

四、指导、推动全国红十字系统开展遗体、器官、组织捐献工作。

五、负责健康服务相关领域的干部培训及志愿者队伍建设和管理。

六、会同有关部门参加与本处工作职责相关的国际交流活动并实施相关合作项目。

七、协调和落实健康促进工作委员会相关工作。联系中国造血干细胞捐献者资料库管理中心。

八、完成领导交办的其他工作。

救护处

【职责】

一、负责研究、拟定红十字会系统卫生救护等方面工作的政策性文件，并指导实施。

二、对红十字会系统卫生救护等方面业务工作进行培训、考核、评审，负责收集整理有关信息。

三、普及卫生救护知识，推动和指导现场的、群众的、初级的卫生救护培训工作。在重大自然灾害和突发事件的救护救助活动中，组织、动员广大红十字会员、救护员和群众进行现场自救互救。

四、依法参与无偿献血事业的宣传与推动；和政府有关部门组织表彰活动。

五、按照红十字国际委员会的要求，遴选南丁格尔奖章候选人，并组织颁奖活动。

六、协助政府积极开展预防和控制艾滋病宣传教育工作。

七、负责红十字（会）医疗机构的审核、命名工作。

八、参与同人道主义相关的卫生、保健、救护项目，推动遗体（器官）捐献工作。

九、归口联系中国造血干细胞捐献者资料库和总会训练中心的有关业务工作。

十、完成领导交办的其他工作。

项目办公室

【职责】

一、负责统筹、协调、指导和实施总会开展的境外资金支持的多边和双边发展项目；

二、负责制定项目管理的相关政策和规章制度；

三、负责项目的协商与谈判，承担对外、对内的联系工作；

四、负责监督检查项目的执行情况，组织项目的评估工作、调查研究、经验总结与推广工作，开展项目管理的培训工作和交流活动；

五、参与项目的筹资工作，负责收集项目管理信息；

六、完成会领导交办的其他工作。

筹资与财务部

【职责】

一、负责拟订全国红十字会系统筹资战略、规章制度和总会筹资计划，指导地方各级红十字会的筹资工作。

二、负责总会筹资工作及国内捐赠项目的洽商、谈判、协议的签署及部分项目的实施。

三、配合联络部开展筹资业务国际交流与合作。

四、统筹管理总会机关各类资金和资产。负责总会日常财务与资产的会计核算和监督工作；对总会直属单位财务工作及总会核拨地方各级红十字会的款物使用进行指导和监督。

五、依据国家有关法律法规和财务规章制度及国际红十字运动的相关规则，对总会机关重大财务事项实行事前审核、事中检查、事后追踪问效。

六、负责拟订红十字事业经费和总会财务、资产管理制度，监督检查总会机关和直属单位执行有关法律法规和财务制度的情况。

七、归口联系中国红十字基金会。

八、完成领导交办的其他工作。

【年度工作】

2010年，筹资与财务部实现财务收入32.57亿元、支出25.17亿元，财务收支情况比2009年有较大幅度增长。全年接受捐款30.12亿元（含地方红会14.33亿元、基金会1.4亿元）。总会机关接受捐款14.39亿元，翻了一番。

一、重大自然灾害筹资和救助成绩突出

（一）重大自然灾害筹资数据

2010年各类自然灾害频发，筹财部积极应对，精心组织，在几次大的国内外自然灾害救助工作筹资成绩显著，全年共接收约30万笔捐款，累计接收金额为30.12亿元。其中，募集青海玉树地震捐赠款物23.56亿元（总会7.47亿元、地方红会14.33亿元、基金会1.4亿元），甘肃舟曲泥石流灾害捐款5 200万元，旱灾捐赠款物3 400万元，水灾捐款1 700万元，海地地震捐款3 100万元，智利地震捐款300万元。会计核算及时、准确，为救助工作提供了资金保证，保障了救灾工作的顺利进行。接受捐赠的项目资金均按照捐赠人意愿执行。

（二）重大自然灾害筹资活动

1. 西南旱灾筹款晚会。2010年4月3日，面对严峻的西南旱情，联合云南、北京等多家卫视联合发起了大型公益晚会《抗旱救灾，我们在行动》。该大型公益晚会由数十家媒体播出，并在多个网络媒体进行在线直播。

2. 玉树地震筹款晚会。青海玉树地震发生后，积极协调中宣部有关部门，4月20日与中宣部、民政部、国家广电总局联合主办的“情系玉树，大爱无疆”抗震救灾大型募捐活动，得到了党中央和国务院主要领导的重视和肯定。党和国家领导人李长春、回良玉、刘云山、华建敏出席了晚会。此次筹款晚会引起了广泛的社会影响，红十字会当晚筹集款物高达6.3亿元。

3. 舟曲泥石流灾害筹款晚会。针对甘肃舟曲泥石流灾害，与中国文联、中国曲艺家协会于8月16日共同主办了“情系舟曲 大爱无疆——曲艺界赈灾义演”，通过广大曲艺工作者，呼吁全国人民奉献爱心，通过晚会募集3000多万元款物。

（三）玉树地震捐款汇缴和对应工作

按照国家要求，顺利完成青海玉树地震捐款的汇缴工作。为保证捐赠资金能够安全、有效的投入到救助工作中，我们先后印发了《中国红十字会总会关于援建玉树地震灾后恢复重建项目命名和设立纪念碑的指导意见》、《关于加强青海玉树地震捐赠款物管理的通知》、《关于进一步加强青海玉树地震捐赠款物管理的通知》，制定了《玉树地震抗震救灾捐赠资金管理使用实施细则》等文件，指导全国红十字会系统开展灾害救助工作，规范指导地方红十字会重建工作。总结汶川地震印制捐赠项目名录的经验，对应青海玉树地震捐款，将捐款落实到具体项目，明确捐款去向，给捐款人和社会公众公开、透明的交代，提升中国红十字会公信力。

（四）派出玉树地震心理救援队

10 月，继汶川特大地震总会派出灾后心理救援队之后，中国红十字会心灵阳光工程与中国科学院心理研究所合作，共同组成“中国红十字会玉树心理救援慰问队”赴灾区展开心理救援工作，利用夏令营形式，为灾区青少年进行心理辅导。

二、加强筹资与财务能力建设

11 月，召开全国性的高端筹资工作研讨会，各省级红十字会、部分计划单列市红十字会主管筹资工作的领导出席会议，交流筹资经验，解决筹资中面临的问题，探讨如何建立可持续的筹资工作机制。会议还讨论《中国红十字会筹资工作指导意见》和《中国红十字会手机短信捐款暂行管理办法》，提出修改意见。

继续推动与美国印第安纳大学慈善研究中心在筹资理论研究、筹资技能培训、数据分析等方面的交流与合作。应邀访问了该中心，参加慈善研讨会，共同探讨筹资理论和行为，邀请该中心学者出席中国红十字会筹资工作研讨会，介绍美国非营利组织的筹资情况，为引进国外非营利组织在筹资方面的先进理念和模式创造条件。

随着红十字事业的发展，中国红十字会项目增多，资金流量加大，而且涉及全国 32 个省市自治区。为保证中国红十字会项目工作的有利开展，建立一支高素质的会计人员队伍，我们加大了对项目资金的管理力度。成功组织全系统财会人员培训班、总会 2010 年决算培训班、2011 年预算编报培训。筹财部按照新形势新要求，结合中国红十字会实际情况，采取具有针对性、及时性、有效性和可操作性的横向培训方式，在全国财务人员培训班上，筹财部突出省间交流为主的特点，培养学员的参与意识，让学员自己教育自己，总会加以指导的形式，使培训内容更加贴近实际。注重财务管理方面的经验交流，使大家认识到培训不仅是业务知识、专业能力的提高，更加注重对财务监管、控制、协调能力的培养，使分会充分了解总会财务的管理模式及要求，做好项目的管理工作，培训工作得到红十字国际联合会和地方分会的好评；在机关和事业单位的财政预决算培训中，我们注重财政政策和预决算编制与执行技术方面的知识培训，让大家掌握财政预决算相关知识，使中国红十字会财政预决算工作更加科学、规范、合理，为提高财政预决算工作质量打下了坚实的基础。

三、着力推动制度建设，建立和完善相关制度

加强对各级红十字会筹资工作的指导，总结筹资实践，开展理论研究，根据中国红十字会实际，起草了《中国红十字会筹资工作指导意见》，作为今后几年指导筹资工作的纲领性文件。为规范总会公益基金的设立、管理和资助，制定并印发了《中国红十字会总会公益项目基金管理暂行办法》。规范手机短信捐款方式的管理，制定了

《中国红十字会手机短信捐款暂行管理办法》。正在着手起草《中国红十字会总会物资捐赠管理办法》。

为适应社会进步环境，加强总会财务管理工作的科学性、规范性，提高工作效率，我们修改完善了《中国红十字会总会财务管理办法》、《中国红十字会总会财务报销规定》。财务制度的建设，无疑对中国红十字会的财务管理工作上水平、上台阶起到了强有力的保障作用。

四、积极开展“十二五”彩票公益金申报工作

2010年是彩票公益金“十一五”计划的终结之年。“十一五”期间国家彩票公益金的资助有力的推动了中国红十字会人道救助工作开展，取得了良好的社会效益。为客观公正地评价和考核彩票公益金项目实施绩效，促使中国红十字会规范彩票公益金项目管理，提高项目资金使用效率，圆满完成彩票公益金“十一五”项目目标及实现自身的可持续发展，根据财政部《中央级行政经费支出绩效考评管理办法》，完成总会2009年度彩票公益金项目绩效考评工作。考评结果显示，中国红十字会2009年度彩票公益金项目定位准确、计划详细、管理较为有序、效果较位显著，基本实现了项目的阶段性目标，并促进了长期绩效目标的实现。项目的实施，具有较为显著的社会效益。

根据党中央十二五规划建议中关于支持社会事业发展的要求，积极争取政府购买服务。在顺利完成彩票公益金“十一五”项目的基础上，筹财部完成彩票公益金项目“十二五”计划的立项工作，彩票公益金项目“十二五”计划预期比“十一五”期间有较大幅度增长，为争取政府在“十二五”期间安排资金支持红十字人道救助工作打下了坚实基础。

五、积极探索可持续的筹资工作机制

（一）手机短信募捐取得实效

充分利用手机短信捐款渠道，为地方红十字会搭建筹资平台，使红十字会系统在筹资工作上整合资源，形成合力，受到各地红十字会的一致好评。各地红十字会认为，这是总会在筹资方面为地方所做的一项重大工作，具有非常重要的意义，纷纷表示将在总会的指导下，全力以赴做好手机短信的宣传推广工作，充分发挥手机短信捐款平台的作用。筹财部加大手机短信捐款方式的宣传推广力度，统一设计制作了公益广告，通过公交广告、电台、电视媒体的宣传，扩大手机短信捐款的知晓率和参与度，并专门针对各省制作了宣传广告，发给各地使用。根据各省红十字会的意见，将10699993手机短信捐款号码的子号码分配到各省，调动各地宣传推广的积极性。截至11月，手机短信捐款方式2010年已募集捐款11 460 588元，捐款人次1 792 133人。

（二）专项基金筹资稳步推进

与著名互联网企业淘宝网合作，筹款1 000万元设立淘宝公益基金。与广西中恒集团合作，通过中恒博爱基金在未来五年再争取1.5亿元捐赠款物。总会专项基金筹款累计2.84亿元，比上一年增加4 400万。

（三）探索数据库筹款模式

积极引入、借鉴国外数据库筹款模式，与中国红十字基金会共同探索中国红十字会开展数据库筹款的方式，为进一步与专业机构合作，启动数据库筹款工作做好准备。

（四）探索与大型企业的合作模式

牵头与工商银行洽商建立战略合作伙伴关系事宜，探讨开展理财、专项基金等全方位合作。

（五）积极做好对捐赠人的服务工作

举办红十字之友联谊会以及与捐赠人的座谈会，听取捐赠人意见。畅通捐赠渠道，争取财政部、国家税务总局下发《关于确认中国红十字会总会公益性捐赠税前扣除资格的通知》，解决捐赠人的免税问题。继续推进汶川特大地震灾后重建反馈工作。协调、沟通、组织捐赠企业参加重建项目奠基、竣工仪式达七批次。

六、做好财务会计监督和审计工作

2010 年，配合审计署、社会审计机构、中央“小金库”治理办公室等完成六个项目审计和财政预算审计、检查工作。在日常工作中离不开外部审计的监督。总会把审计整改工作纳入“党员创先争优”活动的重要内容，增强财务人员的法制观念，提高依法履行职责的能力。在建立和强化财务管理的长效机制方面，建立了每年向理事会报告财务收支情况的制度，主动接受审计部门对重大募捐活动的审计，及时向社会公布捐赠款物的接收和使用情况。审计、检查工作为提高财务管理水平起到了积极的推动作用，以实际行动维护国家利益和红十字事业的良好声誉，为红十字事业的发展营造稳定健康的环境。

筹　资　处

【职责】

一、负责拟定红十字会系统筹资战略、规章制度和总会筹资计划，指导地方红十字会的筹资工作。

二、负责总会重要救助任务的筹资工作；负责策划及组织实施大型募捐活动，协同业务部门开展相关筹资活动。

三、负责建立国内合作筹资项目库，拟订国内筹资项目计划书。负责国内筹资及合作项目的洽商、谈判、合作协议的签署及部分项目的实施。会同相关部门收集、整理并向捐赠者反馈捐赠相关信息资料。

四、配合联络部开展与红十字国际组织、各国红十字会（红新月会）及台湾红十字组织、香港、澳门红十字会的筹资业务交流与培训。

五、协调和落实筹资工作委员会的相关工作。联系中国红十字基金会。

六、完成领导交办的其他工作。

机关财务处

【职责】

一、负责总会机关财务与资产管理工作。拟订总会机关财务、会计及国有资产管理的规章制度并组织实行，保障总会机关正常运转的资金需要。对总会直属单位的财务与资产管理工作进行指导和监督。

二、负责总会机关日常会计核算和财务监督工作，负责编制机关经费预算、决算和财务报告，配合财政、审计部门的审计、监督及检查工作。

三、负责总会固定资产和政府采购的财务管理工作，对总会委托机关服务中心负责的国有资产管理工作进行指导和监督。

四、承办上级主管部门布置的任务。

五、完成领导交办的其他工作。

事业财务处

【职责】

一、负责拟订红十字事业经费管理的规

章制度并组织实行。

二、负责总会会费收入、接受国内外捐赠、红十字基金及其他资金的会计核算、财务监督和财务报告工作，配合审计部门和机构的审计、监督及检查工作。

三、参与合作项目的财务管理，配合项目主管部门和单位开展项目工作。对总会核拨地方红十字会的专项资金管理使用进行财务培训、指导和监督。

四、汇总编制总会年度财务收支情况报告。

五、承办上级主管部门布置的任务

六、完成领导交办的其他工作。

组织宣传部

【职责】

一、负责中国红十字会组织建设。负责拟订组织建设相关政策、规定和工作规划、计划；推动理顺管理体制工作和红十字会基层组织建设工作；指导行业红十字会的组织发展；负责会员队伍建设和红十字会系统专兼职干部培训工作。

二、负责志愿者队伍建设和管理服务工作。指导并组织地方各级红十字会开展志愿者培训工作。

三、负责中国红十字青少年工作。发展青少年会员，在各级各类学校开展红十字青少年工作；组织开展青少年夏（冬）令营工作。

四、配合办公室做好评选表彰全国红十字系统先进集体和先进工作者的相关工作。

五、负责中国红十字会宣传工作。负责拟定中国红十字会宣传战略、规划和计划；指导地方各级红十字会宣传工作。

六、负责中国红十字会重大宣传活动、新闻报道、品牌推广工作；负责推动建立新闻发布制度；负责信息收集和分析工作。

七、负责与国家有关部门或机构的业务沟通协调工作；配合联络部开展对外宣传工作及相关的国际交流与合作；负责红十字运动基本知识和国际人道法的传播工作。

八、归口联系中国红十字会总会报刊社、网络信息中心。

九、完成领导交办的其他工作。

【年度工作】

2010年，组宣部以能力建设为重点，加强组织建设、应急宣传、志愿服务和青少年工作，参与服务世博会，较好地完成了年度各项工作任务。

一、以“红十字强会行动”为目标，着力夯实组织建设基础

（一）以印发《关于进一步加强市县级红十字会组织建设的指导意见》为契机，大力推进地县级红十字会理顺管理体制工作。此项工作是在与中编办多次沟通基础上实现的。目前，全国理顺率地级红十字会达到96.1%，县级红十字会理顺率达到53.4%。

（二）印发《中国红十字会2010～2014年干部培训规划》，整合资源，加强干部培训工作。成立了全国红十字会干部教育培训指导委员会，成功举办了二期地级红十字会常务副会长培训班和四期县级红十字会常务副会长培训班，为探索红十字干部培训有效形式做出了积极努力。

（三）统筹中国红十字会评选工作，制定了运转良好的红十字会和红十字模范单位标准，并召开了相应研讨会。

（四）建章立制，规范会员管理和探索

基层发展工作。制定并在全国推广使用个人和团体会员证、团体会员标牌、会员入会申请登记表、会员转会介绍信和会员编号规则，规范会员入转会程序和手续；加强会员管理和会费收缴工作，提高会员管理规范化水平；制定荣誉会员权利和义务规章并授予韩国驻华大使及夫人中国红十字会荣誉会员称号；成立了首家总会直属的招商银行红十字会。与建设银行合作会员龙卡发行达 90 万张，累积善款 209 万元，发卡量位居全国第一，超过了其他公益卡的总量。

（五）创新手段，加强理事服务联系工作。组织部分理事分别考察了上海和广西两地红十字会工作，有效地增进了理事对红十字会工作的了解、参与和支持力度。

（六）规范和指导地方红十字会召开会员代表大会，推动做好换届工作。下发文件，要求计划换届的省级红十字会报送换届计划，并明确了省级红十字会换届做到总会领导出席、地市级红十字会换届由总会发贺信的制度。目前，已有河北等五个省级红十字会完成了换届工作。调研铁路和商业系统红十字会，探讨行业红十字会的运行和管理模式；精心做好中国红十字会九届一次常务理事会和九届二次理事会会议筹备工作。

二、以“红十字传播行动”为主线，推动大宣传格局进一步发展

（一）围绕中国红十字会救灾等重点工作，加强应急宣传。召开了全国应急宣传研讨会，针对海地、智利、西南旱灾、南方水灾、玉树地震和舟曲泥石流等灾害，迅速整合会内外媒体资源，与相关部门以最快速度实现信息对接，保证中国红十字会救灾行动第一时间通过媒体发布。玉树地震发生后三小时内即通过媒体发布“紧急呼吁”。舟曲泥石流后组宣部向媒体主动发布了 62 则新闻信息。玉树地震后第三天，回良玉副总理在灾区向郝林娜副会长伸出大拇指说：“中国红十字会第一时间的行动我都在电视上看到了，你们是最快的，你们是好样的，你们是政府最得力的助手!”

（二）举办第五届“五八”博爱周活动，召开博爱周五年总结暨经验交流会，巩固发展大宣传格局。“五八”期间，统筹总会及全国各级红十字会组织与社会爱心力量，围绕“携手人道参与世博”的主题，在上海、北京两地成功举办了“2010 世界红十字日”系列活动，并指导各地“五八”博爱周活动的开展。一周中，总会共举办了 11 次大型宣传活动，各省级红十字会举办了 100 多项相关活动，组宣部与总会赈济部成功举办了“守护生命与家园，我们在行动”防灾减灾日主题活动。

（三）与媒体关系得到加强，爱心力量合作深化。一是召开了新闻宣传工作座谈会，邀请中宣部、国新办及人民日报、新华社、中央电视台等 11 家单位和主流媒体的领导与记者就加强红十字新闻宣传工作进行沟通与交流，引导媒体更好地报道红十字会工作，促进中国红十字会宣传工作的开展。据新华社记者反馈，1—9 月，该记者已发中国红十字会新闻 321 篇。二是充分发挥传播基金、世博爱基金、世博温暖基金和爱心企业联盟等作用，深化与《环球慈善》、美通社、德高中国和中基募捐箱等单位合作，在大型活动的开展及公益广告发布等方面开展全方位的合作，在一定程度上弥补了宣传经费不足问题。由中国红十字会支持的第二届冰雪嘉年华暨爱心亲子日活动取得成功。

（四）举办全国红十字新闻发言人培训

班，推动中国红十字会新闻发言人制度建设。经执委会研究并确定了总会的新闻发言人。目前，已有23个省级红十字会确定了新闻发言人，比上年增加了13个。

（五）以参与服务世博和舟曲泥石流救援为主题，开展了两次“公益广告宣传月”活动。北京、上海等地的地铁灯箱广告、公交站亭和车体广告上发布中国红十字会公益广告近3000块（辆），并在全国100多家报刊刊发了主题广告。

（六）积极参与中华慈善奖评选活动。统筹全国红十字组织参与中华慈善奖评选工作，贝因美等近10%获奖者由中国红十字会推荐。

（七）举办展览，开发宣传品，多种形式宣传平台得到运用。分别在香港和北京王府井举办了汶川地震和大爱丰碑——汶川红十字行动图片展，宣传中国红十字会在汶川地震救援和重建中的贡献，提升了中国红十字会的社会影响。2010年，还开发制作了一批新宣传品，包括：中国红十字会简介二万份，国际红十字运动知识画册5000册，公益广告光盘2000张，外宣手册2000册。

（八）履行好巴蜀力量基金秘书长职责。与总会筹财部共同推动巴蜀力量基金开展的“为爱而来——红十字巴蜀温暖行动”和“同一堂课”公益助学项目，为灾区和贫困地区的64所学校的六万多名师生颁发了奖学金，并送去优质的教育资源。

三、以“红十字志愿服务行动”为重点，大力加强志愿服务与青少年工作

（一）夯实基础，加强培训，提高红十字志愿服务能力。编辑出版了《中国红十字志愿服务培训教材》，在全国统一使用红十字志愿者星级证章，举办了全国省级和地市级红十字志愿服务能力建设培训班，以提高省、地两级红十字会对红十字志愿服务的管理能力；制定了《总会机关志愿者管理办法》，规范总会机关志愿者的管理。

（二）开展活动，拓展平台，扩大红十字青少年活动的影响。举办了第二届全国红十字青少年夏令营，与胜利油田胜利拓展训练学校签约合作建立了青少年活动基地，探索和打造红十字青少年长效活动平台；首次尝试以全国选拔形式推荐优秀红十字青少年代表参加亚太地区青年峰会，北师大李斯同学成功当选东亚地区红十字青少年委员会委员；考察了香港红十字青少年工作，学习、引进香港红十字青少年工作的先进理念和经验。

（三）深化探索人道法项目，红十字青少年活动进课堂。与红十字国际委员会合作的探索人道法项目在天津取得突破，探索人道法读本已经进入中学课程。推广天津、上海等地试点经验，增加河南省作为试点，积极推动红十字知识进课堂。

四、以传播红十字精神，扩大红十字影响为目的，红十字参与服务世博工作完美收官

（一）国际红十字与红新月馆成功运营184天，荣誉日等红十字世博系列活动影响广泛，创造多项记录。红十字馆成为首个与世博局签约、首个交馆、首个举办荣誉日活动的国际组织馆；共接待参观游客107多万人，为历届红十字会参与世博之最；园区内举办了“荣誉日暨2010红十字博爱周”启动仪式、人道力量——中日韩三国红十字公益晚会、世博爱未来特别节目、国际献血日特别节目、红十字公益表演日等大型主题宣传等活动11次；荣获了上海文明委和中共上海世博局委员会联合颁发的“世博文明场馆”荣誉称号，在世博会249个场馆中仅有35个场馆获此荣誉；红十字世博项目秘书处和展馆运营团队被上海市授予“工人先锋号”荣誉称号。

红十字会世博秘书处在世博筹建和展览过程中，先后接待了包括中共中央政治局委员俞正声，华建敏会长、彭珮云会长，原全国人大常委会副委员长蒋正华，国际联合会主席近卫忠煇，联合国助理秘书长阿瓦尼·贝楠，阿拉伯联合酋长国公主拉媞法等国内外贵宾共102批，1873人次；共播放宣传影片13968场；发送各类宣传品100多万份。世博宣传成绩斐然，300多家国内外媒体采访报道了“红十字世博项目”，仅中央电视台就播出新闻及专题36次。

经过与20多家企业的不懈沟通，中国红十字会红十字世博项目筹款取得成功，共募集和争取资金支持3000多万元，先后成立了世博爱基金和世博温暖基金，即解决了场馆的建设和运营费用，又支持举办了荣誉日等11项红十字世博活动。

（二）馆小影响大，世博园区内外广泛开展的“红十字与世博同行”志愿服务活动功不可没。红十字馆仅有324平方米的使用面积，在249个独立馆中是比较小的，但是秘书处从策划开始就把“馆内传播核心理念，馆外开展红十字志愿服务”作为红十字世博项目的关键来做。经过不懈争取，“红十字与世博同行”志愿服务活动被列为中宣部等十部委开展的“迎世博、讲文明、树新风”志愿服务行动的重要活动之一。上海、苏州、宁波、中山等有世博任务的城市红十字会设立了3000多个红十字服务站，完成了10万多名志愿者的救护培训工作。仅园区内的五个红十字服务站就服务游客近18万人次。中央文明委“迎世博、讲文明、树新风”志愿服务活动组委会印发工作简报，肯定了“红十字与世博同行”志愿服务活动的成绩。

五、研究制订《中国红十字事业2010～2014年发展规划》任务分解方案

为把中国红十字会未来五年发展规划提出的各项任务落到实处，根据会领导意见，年初组宣部对规划提出的主要量化指标进行了任务分解。在经过对两轮摸底统计报表的汇总分析，并与部分省市红十字会沟通，数易其稿后，于2月印发了《省级红十字会落实〈中国红十字事业2010～2014年发展规划〉任务分工》。（王世涛）

组织建设处

【职责】

一、负责拟订全国红十字组织建设规划、计划，研究和指导各级红十字会的组织建设，推动理顺管理体制工作。

二、推动红十字会基层组织和会员队伍建设。

三、负责红十字会专（兼）职干部培训工作。

四、负责全国会员代表大会、理事会、常务理事会和工作会议筹备的相关工作。

五、负责中国红十字会常务理事、理事及名誉理事、博爱大使的联系和服务工作。

六、配合办公室做好评选表彰全国红十字系统先进集体和先进工作者的相关工作。

七、负责指导、检查《中国红十字会会费管理办法》的执行情况。

八、完成领导交办的其他工作。

宣传处

【职责】

一、负责拟订全国红十字系统的宣传战略和年度宣传工作计划，指导地方以及行业红十字会的宣传工作。

二、负责中国红十字事业的宣传、品牌宣传和总会宣传品的开发制作。

三、负责推动红十字会新闻信息发布制度的建立、完善和实施。

四、负责总会中心工作和重大活动的宣传、报道，协同业务部门开展专项宣传活动。负责建立新闻资料档案。

五、配合联络部做好对外宣传工作。

六、协调和落实红十字宣传工作委员会的相关工作。联系中国红十字会总会报刊社、网络信息中心。

七、完成领导交办的其他工作。

青少年与志愿服务处

【职责】

一、负责拟订红十字青少年和志愿服务工作规划、计划；研究并指导各级红十字会红十字青少年、志愿服务工作的开展。

二、推动并指导学校红十字组织、红十字青少年会员队伍、红十字志愿者队伍的建设；定期对红十字青少年、红十字志愿服务工作绩效进行考核、评估和表彰。

三、统筹、协调红十字志愿服务工作，具体指导、协调、推动全国红十字青少年志愿服务总队队伍建设和相关工作开展。

四、组织全国各类学校开展有益于红十字青少年身心健康的活动；负责在青少年中传播红十字运动基本知识项目的推广工作；承办和协办国内、国际及海峡两岸红十字青少年夏（冬）令营；指导并组织各级红十字会开展志愿者培训，开展红十字志愿服务活动。

五、负责推广落实红十字国际组织、各国红十字会（红新月会）、台湾红十字组织、香港、澳门红十字会有关红十字青少年与志愿者的活动和项目；负责与国内外相关组织进行红十字青少年与志愿服务项目合作与交流。

六、协调和落实学校红十字工作委员会、红十字志愿服务工作委员会的工作。

七、完成领导交办的其他工作。

联　络　部

【职责】

一、负责与红十字国际组织（包括红十字国际委员会、红十字会与红新月会国际联合会）、各国红十字会（红新月会）以及其他国际组织的交流与合作；负责与台湾红十字组织、香港、澳门红十字会的交流与合作；参加国际红十字运动的法定会议和活动。

二、负责拟订总会外事工作相关规定和计划、总结；负责总会机关及直属单位的外事工作及台港澳事务，指导和协调省级红十字会的对外交流与合作。

三、配合总会机关相关业务部室，引进国（境）外援助和技术，开展交流与合作，协助落实相关工作。

四、具体执行外交部授予我会的外事审批权以及相关的管理工作。

五、协助政府开展民间外交和对外及台港澳地区的交往，执行政府指定或委派的人道主义工作，具体实施对外人道救援工作。

六、负责涉及国外和台港澳地区的查人转信工作。

七、负责中国国际人道法国家委员会秘书处工作。

八、负责外事工作调研和有关信息的搜集、分析及报告工作。

九、完成会领导交办的其他工作。

【年度工作】

2010 年，联络部在总会党组和执委会的领导下，遵照中央对外工作的总体方针，依照中国红十字会《中国红十字事业 2010～2014 年发展规划》，《中国红十字会国际和台港澳工作 2010～2014 发展规划》和联络部 2010 年工作计划，树立服务意识和全局观念，围绕总会中心任务开展工作；指导、支持各省、市、自治区分会的对外交往工作；配合国家外交需要，发挥红十字组织的民间外交作用，积极完成政府交办的其他重要工作；以务实创新的精神，继续深化开展中国红十字会与红十字国际组织、各国红会以及台港澳地区红十字组织和其他国际组织的交流合作工作。

联络部全年共组织出国、境访问，参加国际会议和培训 58 批 348 人次，（其中国际交流 45 批 134 人次；台港澳交流 13 批 214 人次）。接待来访、参加在华国际会议和培训团组及个人共 101 批 758 人次（其中多边、双边交流 86 批 549 人次 <不含商务部支持援外培训人数>；台港澳交流 15 批 209 人次）。

2010 年主要工作：

一、举办、参加国际及专题会议

（一）为做好上海世博参展和服务的相关工作，联络部专门抽调两人参加和负责红十字与红新月馆的筹备与运营工作。为配合“2010 红十字博爱周”活动，联络部与总会有关部门共同协作，在 5 月 8 日举办了上海世博红十字与红新月馆荣誉日活动，并在上海世博园世博中心举办了主题为“城市、灾害、救助”的“国际红十字与红新月高峰论坛”。当晚，在世博园文化中心举办了“人道力量——2010 世界红十字日暨中日韩三国红十字公益晚会”。“五八”活动期间，联络部共接待了包括国际联合会副主席、红十字国际委员会副主席在内的重要外宾共 37 人；此外，联络部还参与了 6 月 14 日在上海世博园内举行的“爱·传递”2010 世界献血者日庆祝活动。上述活动均取得了很好的社会影响和效益。

（二）总会与国际联合会合作，于 3 月 4—5 日在厦门市主办了东亚地区红十字会领导人会议及东亚地区红会合作会议，与东亚五国红会及红十字国际委员会、国际联合会代表团成员共同探讨了如何应对金融危机下的人道主义挑战。国际联合会主席、日本红十字会会长近卫忠辉出席了会议。中国红十字会常务副会长王伟在开幕式上致欢迎辞并作主旨发言。

（三）8 月 30 日，中国红十字会在北京举办了中国国际人道法国家委员会（以下称国家委员会）第三次全体会议。中国红十字会会长、国际人道法国家委员会主席华建敏出席会议并讲话。会议由中国红十字会常务副会长、国际人道法国家委员会常务副主席王伟主持，外交部、司法部、教育部、国家文物局、中国人民解放军总参谋部、总政治部、军委法制局等成员单位领导出席了会议。全国人大法工委和国务院法制办公室的主要领导作为特邀顾问出席了会议。联络部作为国际人道法国家委员会的秘书处还分别在6月和12月举办了两次国际人道法国家委员会工作组会议。

（四）应红十字与红新月捐款合作论坛协调小组的委托，中国红十字会于2010年9月在苏州承办了“捐款国红会合作论坛”。国际联合会主席近卫忠辉及秘书长比开利及近70名捐款国红会和红十字国际组织的主要领导人参加了会议。会后，中国红十字会邀请与会代表前往上海参观了世博会。华建敏会长在北京会见了近卫忠辉主席。

（五）为配合中国——东盟博览会和纪念广西自治区红十字会成立100周年，中国红十字会与广西壮族自治区政府、自治区红十字会联合于10月在南宁市举办了以“气候变化下的灾害风险管理”为主题的中国——东盟红十字论坛。来自印尼、老挝、泰国、越南、马来西亚和蒙古国红会的领导人和红十字国际组织的代表参加了论坛。

（六）以常务副会长王伟为团长的中国红十字会代表团于2010年10月参加了在约旦举行的亚太地区红十字与红新月大会。

二、出访来访工作

（一）重要出访团组

3月，常务副会长王伟率团参加了在西班牙马德里召开的欧洲器官捐献与移植会议，并顺访了西班牙红十字会。通过此次会议和访问，中国红十字会初步了解了欧盟在人体器官捐献与移植方面的现状和主要挑战，并了解了西班牙红十字会在国内开展相关工作的做法，为中国红十字会参与此项工作提供了宝贵的可借鉴的经验。

4月，副会长王海京带领的四人代表团出访美国和加拿大。通过此次交流访问，中国红十字会与美国印第安纳大学达成了初步的合作意向，并与加拿大红十字会在筹资领域进行了深入的探讨，对加强并拓展合作项目起到了积极的作用。

6月，常务副会长王伟率团赴港澳参加了香港红十字会成立60周年及澳门红十字会成立90周年庆典活动。

6月下旬，副会长郭长江率团访问了澳大利亚和新西兰，就加强中国红十字会与新澳两国红十字会在宣传筹资、备灾救灾、志愿服务等方面的能力建设进行了广泛的友好交流。

7月上旬，常务副会长王伟和秘书长王汝鹏率团访问了挪威和英国红十字会，就筹资、人力资源管理等方面工作进行了友好交流。

7月上旬，副会长郝林娜率团访问了朝鲜和蒙古红十字会，参加了中国红十字会捐赠的非紧急援助项目设备的交接仪式，并就进一步加强中国红十字会与朝鲜、蒙古红十字会的交流与合作，进行了磋商。

9月中旬，副会长郝林娜率团访问了西班牙和瑞士红十字会，参观了西班牙人体器官移植中心，并访问了国际联合会和红十字国际委员会总部，就加强合作事宜进行了友好交流。访问瑞士日内瓦期间，郝林娜作为国际联合会灾害和风险管理咨询委员会的成员，参加了该委员会的工作会议。

（二）接待重要来访团组

3月，挪威红十字会秘书长博格·布兰德一行四人代表团访华，与中国红十字会领导就进一步加强双方友好合作进行了实质性商谈。

4月，美国红十字会高级副会长戴维·麦兹率美国红十字会官员及主要企业捐款代表共12人赴四川进行了灾后重建项目考察。

此次考察向美方捐款人有效地展示了中国红十字会开展和协调的灾后重建项目，赢得了美国红十字会和捐款企业代表的高度赞赏。

9 月 16 日至 20 日，日本红十字代表团一行八人赴北京和云南访问，考察了中国红十字会在艾滋病预防与关爱方面开展的工作。此次访问是在两国红十字会新一轮 6 年交流协议下日本红十字会代表团首次来访，达到了预期效果，进一步巩固了两会业务交流机制。

10 月，接待朝鲜红十字会代表团访华，安排代表团在北京市和吉林省延边州考察访问。此次访问加深了两会在业务层面的沟通和了解，促进了两会传统友谊的发展。

三、台港澳工作

（一）纪念《金门协议》签署 20 周年

为纪念《金门协议》签署 20 周年，中国红十字会于 2010 年 9 月在厦门市举办了“纪念《金门协议》签署 20 周年：海峡两岸红十字组织座谈会”。两岸红十字组织的代表和当年曾参与《金门协议》会商的有关人员共 60 余人齐聚厦门，共同纪念《金门协议》签署 20 周年，国务院台办和福建省相关部门的领导也出席了座谈会。

（二）台湾莫拉克飓风项目

援助台湾莫拉克风灾重建工作，是中国红十字会 2010 年对台工作的重点。郝林娜副会长率中国红十字会考察团 3 月份赴台湾，并代表中国红十字会与台湾红十字组织签署了《“8.8”水灾灾后重建合作备忘录》。联络部积极与台湾红十字组织联络跟进。目前，部分重建项目已经落成，其余项目进展顺利。

（三）接待台湾红十字医疗队

2010 年 4 月，青海省玉树州发生重大地震灾害，中国红十字会接待了来自台湾的红十字医疗救援队赴西宁和格尔木为灾区民众开展医疗救援工作。全国政协主席贾庆林接见了台湾医疗队成员。这是继汶川地震之后，两岸红十字组织又一次在大陆开展的救助合作。

（四）出访台港澳团组及来访团组

出访台港澳团组：7 月，组织大陆 30 名中学生赴台参加了“海峡两岸红十字大学生夏令营”活动。

第四季度，郭长江副会长三次赴香港分别参加了由“大公报”、“仁爱堂”和“世界华商联合会”在港举办的活动并担任主礼嘉宾。

12 月，中国红十字会组团赴香港，参加了 2010 亚太地区红十字青少年领袖论坛活动。

此外，联络部 2010 年还积极与台湾红十字组织联系，协助黑龙江、湖南、山西、山东、安徽、海南和江苏省南京市七省分会人员赴台，与台湾红十字组织开展工作交流。

接待来访团组：1 月，台湾红十字组织副秘书长谢昭隆先生一行拜访中国红十字会，讨论汶川地震台湾援助项目的有关事宜。

4 月，台湾红十字组织副会长王清峰率领台湾分支会到大陆进行了工作交流。

6 月，澳门红十字会社区服务团来访中国红十字会，了解中国红十字会开展的相关业务工作。

8 月，中国红十字会在江西省南昌市举办了“海峡两岸红十字青少年夏令营”活动。邀请台湾 30 名大学生来大陆，与大陆的大学生进行了交流。

11 月 12—22 日，台湾红十字水上救生志愿服务队六人应广东省红十字会邀请，赴汕尾为亚运会帆船、帆板比赛提供水上救生志愿服务工作

12 月 18 日—22 日，澳门义务教学团（每团 24 人）分别前往山西省和黑龙江省，与两地的澳门博爱学校开展了义务教学交流活动。

（五）做好遣返见证工作

做好遣返见证是国台办委托中国红十字会进行的一项工作。2010 年，中国红十字会见证了二批遣返作业，接回 90 人，遣返回台八人。

四、利用外援，配合并服务中国红十字会中心工作

（一）国际和台港澳地区援助汶川地震灾后重建工作

2010 年，联络部继续负责汶川地震灾后重建中国际和台港澳援助项目的管理工作，并主持总会驻川重建办的工作。联络部三位部长和境外资金组组长相继常驻成都，负责灾后重建项目协调工作，特别是加强与国际联合会和捐助国红会及台港澳地区红十字组织的协调工作。联络部负责协调的境外资金多、双边合作项目达 700 余个，资金总额高达 21.91 亿元（其中经过总会下拨的捐款 4.92 亿元），涉及国际联合会、10 个国家红会和台港澳地区红十字组织。截至年底，已确定项目协议签署率为 100%，项目开工率约在 95% 左右，项目竣工率 80%。同时，随着项目逐渐进入尾声，境外资金项目组目前正积极与各援助方沟通，商讨项目余款的使用问题。

2010 年，境外资金项目组还多次接待了援助国红会（组织）项目督导考察团，包括加拿大红十字会、日本红十字会、卡塔尔红新月会和马来西亚圣约翰救伤队代表，共计 11 个团组，38 人次。

（二）青海玉树地震救助工作

青海玉树地震发生后，联络部积极协调各国红会向灾区提供援助。日本红十字会在震后派员前往灾区进行了考察，并捐款 2170.2 万元，援助二所学校和一所卫生院项目。同时，募集资金 800 余万元帮助中国红十字会开展送温暖项目、灾区红十字会能力建设项目和“999”应急通讯指挥车项目。韩国红十字会募集 110 余万元，开展灾区学校教学设备援助项目。另有美国、挪威、澳大利亚、新西兰等国红会和美国、法国驻华使馆及非洲驻华使团等境外援助资金 920 万元，用于援建杂多县昂赛乡寄宿小学。虽然此次重建工作的模式与以往不同，但经联络部多次向外方解释，国际援助均已落实。

五、国际合作项目

（一）传播国际人道法项目

中国红十字会与红十字国际委员会东亚地区代表处合作分别于 5 月、6 月和 9 月，在贵州、安徽和广西举办了三期区域性传播骨干培训班，并于 11 月举办了中国红十字会 2008 ~ 2010 年传播工作表彰会暨提高班，表彰了 10 个传播工作优秀的省级红十字会；此外，为促进省级红十字会传播工作的开展，解决传播工作经费紧张的问题，中国红十字会与红十字国际委员会协商，2010 年资助安徽省红十字会 5 万元开展传播工作。安徽省红十字会在全省六所重点高校以培训班、同伴教育等形式传播了人道主义精神和红十字运动基本知识，传播收益人数达到 5400 人。

（二）重建家庭联系项目

1月，中国红十字会在海南省举办了“第二期东亚地区重建家庭联系研讨会”。红十字国际委员会与国际联合会和东亚地区六个国家和地区红会的重建家庭联系项目官员共20多人参加了此次会议；此外，协助安排红十字国际委员会地区寻人代表分别考察了山东、广东红十字会，在了解分会重建家庭联系工作的基础上，进行了有针对性的指导。截至11月初，全年共处理查人转信咨询140余件，其中约100件涉及台港澳地区，其余为涉外案件，目前共结案82件。

（三）派遣外事干部赴境外实习

继续争取国际联合会和发达国家红会的支持，派遣外事干部到境外参加实地工作培训。宋晔和白莹二人已完成国外实习工作回国。

六、积极推动对外援助项目

在对外援助工作方面，联络部2010年完成了以下任务：

确保以中国红十字会名义提供的小额自然灾害紧急援助捐款通过我驻外使馆转交给受援国红会，联络部积极与外交部沟通并做好相关工作。全年接受援助的国家包括：阿尔巴尼亚、蒙古、马拉维、乌干达、玻利维亚、贝宁、泰国、印度尼西亚、朝鲜、越南、巴基斯坦、柬埔寨等。

发生地震后，及时收集并上报灾情及红十字国际组织和国家红会的紧急救援信息；根据会内部署，积极联络海地红会，通报中国红十字会援助意向并与相关部门协调转款事宜；协助会内各部门做好对外宣传工作。在紧急阶段过后，与会内相关部门积极联系商务部和民政部，保证了中国红十字会援助给海地的帐篷顺利抵达灾区。

在商务部的支持下，中国红十字会积极实施了面向发展中国家红会的非紧急对外援助项目，向蒙古国红十字会提供了印刷设备援助，向朝鲜红十字会提供了办公设备援助，每个国家红十字会的受援额为20万美元。

2010年，联络部协助总会训练中心承办了商务部委托的四期援外培训班。在课程设计、日程安排和外事接待等方面进行了有效的指导，保证了培训的质量和效果。共接待了来自约30个国家的100多名学员。

七、做好日孤中国养父母工作

日本遗留孤儿中国养父母的抚养费发放及花冈和平友好基金的代管，是外交部委托中国红十字会办理的工作。2010年8月，中国红十字会与花冈和平友好基金管理委员会合作，组织75人到日本参加了“死难中国人遗骨挖掘60周年祭奠活动”。

八、提高自身能力建设，加强外事规范管理，促进职能转变

2010年是能力建设年，加强和提升本部门工作人员的综合素质和工作能力至关重要。联络部2010年重点抓了以下三方面的工作：

（一）加强制度建设，规范管理

在制度建设上，为了进一步规范外事（台港澳）工作制度和程序，经总会执委会批准，联络部年初制定并印发了面向总会机关各部室和直属单位的《中国红十字会总会关于进一步加强因公出国（境）管理工作的规定》，以及面向全国红十字系统的《中国红十字会国际和台港澳工作2010～2014年发展规划》和《中国红十字会总会关于地方红十字会与国际及台港澳地区开展交流合作的若干意见》。这些文件的出台，为指导和规范红十字会的外事工作提供了明确的依据和制度保证。

在部内管理上，联络部倡导外事为内事服务的理念，加强服务型机关建设。在工作程序上规范化管理，精益求精，从出访手册、国际会议流程安排、外事接待准备等细节处着手，培养严谨细致的工作作风。要求部内每一名员工本着“外事无小事”的精神，切实做好本职工作。为此，联络部已经着手制定出国境审批、公文管理、保密工作、礼品管理等方面的规章制度及相关的规范流程。

认真做好出访团组的护照、签证的办理工作也是联络部的一项重要工作。2010 年，共办理办理护照 16 本，签证 113 个，出国 118 人次。台港澳通行证及签注 44 个，赴台港澳 260 人次（含地方分会自组团人数）。

（二）指导协调直属单位和地方红十字会的外事工作

联络部积极为地方分会开展对外交流创造条件和机会，注意发挥地方分会的优势和积极性，推动与国外红会建立友好合作关系，发展务实有效的国际合作项目。2010 年，联络部协助安排黑龙江、福建、新疆，山西、贵州、辽宁、宁夏红十字会的主要负责人参团出访。在联络部协调下，山东、浙江等省人员已成功访问红十字国际委员会、红十字会与红新月会国际联合会和芬兰红十字会。江西、福建、天津红十字会相关负责人随造血干细胞管理中心团赴巴西、阿根廷进行了访问。云南红十字会人员出访了俄罗斯和乌克兰，北京红十字会人员出访了土耳其、以色列、马来西亚。同时，根据相关外事规定和中国红十字会总体部署，联络部对部分分会不规范的出访要求予以了纠正。

（三）加强党支部建设

在党支部建设上，联络部积极发挥基层党支部的战斗堡垒作用，支部活动做到精心组织，周密安排，及时指导，加强督促，不断将基层党支部的学习活动引向深入。党支部邀请郝副会长给大家讲党课，号召大家加强党性修养，坚定理想信念，保持优良作风；组织学习《党员领导干部廉洁从政若干准则》，党员干部带头自查，从我做起，防微杜渐，杜绝违法违纪行为的发生；党支部还组织党员赴革命老区西柏坡进行爱国主义教育。根据联络部青年人多的特点，党支部通过多种方式发挥年轻人的主动性和创造力，营造积极向上团结进取的工作气氛。

（张明）

多边合作处

【职责】

一、开展对红十字国际组织的调研，掌握国际红十字运动的最新动态，提出有关意见和建议。

二、负责我会参加红十字运动、红十字国际组织有关会议及其他国际会议的准备工作。

三、开展国际人道法研究，负责国际红十字运动基本知识及人道法的传播工作。

四、负责协调总会（包括各业务部室和直属单位）、地方分会与红十字国际组织（包括总部及地区办事处）及其他相关国际组织的联系、交流与合作。负责我会与红十字国际组织的信件翻译、处理工作。负责我会与红十字国际组织人员交往时的接待与出访安排工作。

五、负责涉及国（境）外的查人转信工作；与红十字国际委员会合作，在发生灾害或紧急状态时协调开展重建家庭联系工作。

六、负责中国国际人道法国家委员会秘书处具体工作。

七、完成领导交办的其他工作。

双边合作处

【职责】

一、负责开展我会与各国红十字会（红新月会）及其它团体、组织的双边交流与合作。

二、负责我会与各国红十字会人员的交往，做好接待与出访的准备、联络和落实。

三、开展对各国红十字会（红新月会）及相关团体的调研工作。

四、负责实施我会对外援助工作。

五、负责指导、协调地方分会和总会直属单位与其他国家红十字会（红新月会）及相关组织开展双边交流与合作。协助总会机关相关业务部室开展对外业务交流活动。

六、负责外交部等政府部门交办的有关工作及代管外侨工作。

七、完成领导交办的其他工作。

台港澳事务处

【职责】

一、按照《中华人民共和国香港特别行政区基本法》、《中华人民共和国澳门特别行政区基本法》和红十字运动“统一性”原则以及国家的有关政策，负责红十字会工作范围内的台港澳事务。

二、负责总会、各省级分会与台湾红十字组织、香港、澳门红十字会及有关团体的联系、交流与合作。

三、负责统筹和协调地方分会的台港澳事务，并进行政策性指导。

四、承办总会赴台港澳的审批手续。

五、完成政府有关部门交办的任务。协助政府处理海峡两岸突发事件。联系见证海峡两岸遣返工作。

六、开展对台工作调研，提出相关意见和建议。

七、完成领导交办的其他工作。

直属机关党委

【职责】

直属机关党委在中央国家机关工委领导和总会党组指导下开展工作。其职责是：

一、宣传和执行党的路线、方针、政策，宣传和执行党中央、上级组织和本组织的决议，充分发挥党员的先锋模范作用，团结、组织党内外的干部和群众，努力完成本单位所担负的任务。

二、组织党员认真学习马克思列宁主义、毛泽东思想、邓小平理论和“三个代表”重要思想，学习科学发展观，学习党的路线、方针、政策和决议，学习党的基本知识，学习科学、文化、法律和业务知识。

三、对党员进行教育、管理、监督和服务，提高党员素质，增强党性，严格党的组织生活，开展批评和自我批评，维护和执行党的纪律，监督党员切实履行义务，保障党员的权利不受侵犯。加强和改进流动党员管理。

四、密切联系群众，经常了解群众对党员、党的工作的批评和意见，维护群众的正当权利和利益，做好群众的思想政治工作。

五、充分发挥党员和群众的积极性创造

性，发现、培养和推荐他们中间的优秀人才，鼓励和支持他们在改革开放和社会主义现代化建设中贡献自己的聪明才智。

六、对要求入党的积极分子进行教育和培养，做好经常性的发展党员工作。

七、领导总会机关纪委开展工作，全面履行“保护、惩处、监督、教育”职能，对党员进行监督，严格执行党的纪律，加强党风廉政建设。

八、监督党员干部和其他任何工作人员严格遵守国法政纪，严格遵守国家的财政经济法规和人事制度，不得侵占国家、集体和群众的利益。

九、教育党员和群众自觉抵制不良倾向，坚决同各种违法犯罪行为作斗争。

十、领导直属单位党的工作。代管机关监察审计室。

十一、领导机关和直属单位工会、共青团、妇委会工作，支持他们依照各自的章程独立负责地开展工作。领导机关和直属单位的统战工作。

十二、完成上级党组织和会领导交办的其他工作。

【年度工作】

2010年总会直属机关党委以加强党的执政能力建设和先进性建设为主线，以加强基层组织建设、增强党性修养和开展创先争优活动为重点，紧紧围绕总会中心工作，求真务实，锐意进取、开拓创新，为落实红十字事业发展规划和圆满完成各项工作提供了思想、政治、组织和作风保证。

一、以加强中国特色社会主义理论武装为主线，直属机关党的思想政治建设切实增强

加强中国特色社会主义理论武装，切实巩固深入学习实践科学发展观活动成果，是总会2010年直属机关党建工作的首要任务。一年来，直属机关党委以此为主线，坚持用以科学发展观为核心的中国特色社会主义理论体系武装头脑、指导实践、推动工作，直属机关党的思想政治建设进一步加强。

一是不断完善和创新理论武装工作格局。新一届总会党组成立后，进一步建立健全了总会党组中心组学习的长效机制。修改完善了《党组中心组学习制度》，逐步形成了以总会党组中心组为龙头、局处级干部为重点、青年干部积极参与、党支部抓好落实的学习教育工作格局，学习教育形式不断丰富，学习效果日益明显，党员干部的政治素质、业务能力、工作水平和工作效能不断提升。根据国家机关党工委要求，认真做好“两会”精神、全国机关党建工作会议精神的学习；2010年，总会机关党委组织了四场辅导报告会，并积极组织党员干部参加各种形式的形势报告会和专题讲座，进一步深化了党员干部对党的各项路线方针政策的认识，使党员干部的思想认识紧跟形势，与党中央保持高度一致；坚持解决思想问题与解决实际问题相结合的原则，积极探索完善关怀、帮扶党员的工作机制，元旦春节期间，认真开展了对生活困难党员和老党员的慰问工作。

二是深入开展中国共产党十七届五中全会精神的学习贯彻活动。党的十七届五中全会是在我国即将完成“十一五”规划，进入全面建设小康社会的关键时期召开的一次重要会议。会议审议通过了《中共中央关于制定国民经济和社会发展第十二个五年规划的建议》，为我国经济社会发展指明了方向。10月25日至27日总会机关党委组织召开了党组理论学习中心组（扩大）务虚会。会议主题是：集中学习贯彻党的十七届五中全会精神，落实中央决策部署，总结2010年以来的工作，深入分析当前形势，找准思想上、工作上和作风上的突出问题，研究部署2011的工作重点，统一思想，坚定信心，突出重点，攻坚克难，创先争优，为全面完成《中国红十字事业2010～2014年发展规划》提供有力的思想和组织保障。党组书记、常务副会长王伟出席会议并讲话，王伟在动员讲话中指出，2010年，总会紧紧围绕中心工作开展创先争优活动，成效明显，各项工作取得了可喜成绩。王伟指出，这次务虚会，与会同志结合学习十七届五中全会精神，站在红十字事业发展的高度敞开思想，广开言路，找问题，想办法，积极主动地帮总会党组谋划2011年的工作，是一次很好的深入研究工作的过程，是一次统一思想的过程，为我们进一步学习贯彻党的十七届五中全会精神，扎实推进创先争优活动打下了坚实的基础。

二、以“抓基层、打基础”为目标，总会直属机关基层组织建设取得成效

一年来，总会直属机关党委着眼基层，做好“抓基层打基础”工作，认真总结经验、查找不足、明确目标，进一步加强了直属机关基层党组织建设。

一是集中力量筹备召开了总会直属机关第四次党员大会。在中央国家机关工委的正确领导和总会党组的指导下，4月下旬，成功召开了总会直属机关第四次党员大会。会议总结了总会直属机关第三次党员大会以来直属机关党的工作，研究确定了今后一个时期总会直属机关党的建设的主要任务，选举产生了中共中国红十字会总会直属机关第四届委员会和纪律检查委员会。中央国家机关工委领导亲临指导，对总会进一步做好党建工作提出了明确要求。总会党组书记王伟出席大会并讲话，他对新形势下进一步加强和改进总会直属机关党建工作作出了指示，提出了明确的要求。会后，总会直属机关党委组织各单位党组织和全体党员认真学习会议精神，用会议精神指导总会直属机关的党建工作。这次会议对加强基层党组织建设，促进红十字事业和各项工作的开展，起到了积极的推动作用。

二是认真抓好基础党建工作。根据机构调整后总会直属机关各单位的具体情况，及时建立健全了基层党组织。调整改选党支部三个，继续做好党员发展工作，按照“坚持标准、保证质量、改善结构、慎重发展”的总体要求发展新党员。加强党员干部理论培训，选派四名处级以上党员干部到中央党校中央国家机关分校进行学习培训。

三是扎实细致地完成经常性党务管理工作。全年共计接转组织关系13人次。完成了总会及直属单位党员信息、妇女信息、统战人员信息数据统计库的建库工作。

四是毫不松懈地抓好稳定工作。坚持节假日值班和零报告制度，保证了总会机关安定和谐的氛围。

三、紧紧围绕中心工作，扎实有效开展创先争优活动

中央做出在党的基层组织和党员中深入开展创先争优活动的重要部署，是巩固和扩大学习实践科学发展观活动成果、推进党的建设新的伟大工程的重大举措。总会党组高度重视，将其作为推动总会“能力建设”的重要契机，充分借鉴、运用学习实践活动的成功经验和有效做法，将创先争优活动与建设学习型政党、学习型党组织相结合，不断丰富创先争优活动的内容、形式及载体，找准与业务工作的结合点和切入点，积极引导各级党组织和广大党员干部在推动科学发展、促进社会和谐、服务人民群众、加强基层组织中创先进、争优秀。

（一）高度重视、率先垂范

一是认真落实领导责任，强化指导推动。5月中旬，中央关于深入开展创先争优活动的意见下发后，总会党组立即召开会议，认真学习领会文件精神，研究部署创先争优活动。总会直属机关党委先后下发了《关于转发〈关于在中央国家机关基层党组织和党员中深入开展创先争优活动的实施意见〉的通知》、《关于印发〈中国红十字会总会深入开展创先争优活动的实施方案〉的通知》，《中国红十字会总会在基层党组织和党员中进行公开承诺工作方案的通知》等文件。确立了由党组书记、常务副会长王伟任组长，全体党组成员及会领导亲自参与指导，创先争优活动办公室负责具体实施的工作格局。6月4日，召开了总会机关党委委员、各党支部书记、组织委员参加的党委扩大会议。党组副书记、副会长、总会直属机关党委书记郭长江出席会议并作动员。活动推进过程中，总会党组多次听取机关党委的汇报，研究解决活动中遇到的问题，党组成员积极参加所在党支部的活动，并指导分管单位创先争优工作。

二是带头进行公开承诺，发挥示范作用。总会党组认为，创先争优活动中规定的公开承诺环节是深入开展创先争优活动的基础，也是推动党组织发挥战斗堡垒作用、广大党员发挥先锋模范作用的重要抓手。公开承诺只有立足本职岗位、发挥自身优势、回应群众关切，才能有针对性，才能见实效，才能成为推动工作、促使党员个人进步的动力。为此，总会党组书记王伟、副书记郭长江、党组其他成员及会领导结合工作带头进行公开承诺，并在总会内网及宣传栏发布，接受群众监督，发挥了领导示范作用。

三是身先士卒冲在一线，指挥抢险救灾。8月7日，甘肃省舟曲县发生特大山洪泥石流灾害后，总会党组紧急行动，迅速启动一级响应，全力以赴投入抢险救灾工作。11日，常务副会长王伟率中国红十字会救灾工作组抵达舟曲县城，查看受灾情况、慰问受伤群众，并向当地受灾群众发放了方便食品、饮用水等救灾物资。灾难面前，总会党组心系百姓、身先士卒，为广大干部职工树立了榜样，确保抢险救援工作的有力、有序和有效开展。

（二）把建设高素质队伍作为创先争优活动的核心任务

2010年是中国红十字会第九届理事会的履新之年，也是落实《中国红十字事业2010～2014年发展规划》的开局之年。总会党组通过加强培训、干部挂职、基层锻炼等形式，不断提高干部队伍素质。一是加强干部培训。根据中央关于新一轮大规模培训干部的实施意见，加强党员领导干部教育培训长效机制建设，研究制定了总会2011～2015培训规划。二是选派了两名同志赴安徽省红十字会和浑源县挂职锻炼。三是高度重视青年的培养教育，把艰苦的实践锻炼作为成长成才的途径。2010年5月1日至10月31日，为期184天的举世瞩目的中国2010年上海世界博览会取得了圆满成功。受红十字会与红新月会国际联合会委托，中国红十字会主办了上海世博会国际红十字与红新月馆。由各相关业务部门抽调出的5位工作人员组成了总会世博项目驻沪办公室，这是一支平均年龄38岁的年轻集体，其中党员四人，31岁以下的三人，他们在繁重的工作中，克服困难，与后方各相关部门密切配合，加班加点，保质保量地举办了各项重大活动，世博会期间，共接待参观游客1074889人次，创历届红十字会参与世博会之最，为举办一届成功、精彩、难忘的世博会做出了贡献。国际红十字与红新月馆荣获了上海市精神文明建设委员会办公室和中共上海世博会事务协调局委员会联合颁发的“世博文明场馆”荣誉称号（世博会249个场馆中仅有35个场馆获取该荣誉）；红十字世博项目秘书处和展馆运营团队被上海市授予“工人先锋号”荣誉称号。副馆长裘海玲被授予“世博园区服务保障先进个人”荣誉称号。中国2010年上海世博会组委会和中国2010年上海世博会执委会还分别向中国红十字会总会世博项目秘书处、上海市红十字会、中国红十字世博爱基金、中国红十字温暖基金授予“中国2010年上海世界博览会荣誉纪念证书”和“荣誉纪念牌”，以表彰和感谢上述各部门“为举办成功、精彩、难忘的中国2010年上海世界博览会做出的积极贡献。

（三）抓好典型，着力营造创先争优氛围

一是注重在创先争优活动中发现和培育系统内先进典型。在《中国红十字报》上广泛宣传辽宁红十字志愿者郭明义及马鞍山市红十字志愿者傅强的先进事迹，号召红十字系统的党员、干部学习他们积极参与公益活动、献身红十字事业的精神，在红十字系统掀起学习先进、争当先进的高潮，树立起红十字志愿工作者的良好形象。

二是及时总结宣传我会第一届中央国家机关青年五四奖章获得者：总会赈济救护部副部长李立东、中国造血干细胞捐献者资料库管理中心组教部负责人杜海英、中国红十字基金会副秘书长黑德昆等同志的先进事迹。号召总会及直属单位广大青年以身边的人为榜样，进一步增强历史责任感和使命感，抓住时机，勇于迎接挑战，勤奋学习、努力工作、艰苦奋斗、锐意进取，为实现红十字事业又好又快发展做出新的贡献。

三是为深入开展创先争优活动，并通过优秀影片感染和鼓舞广大党员干部，总会直属机关党委按照党中央和中央国家机关工委的部署，下发通知要求各党支部组织全体党员干部集体观看影片《第一书记》，使广大党员干部见贤思齐、学有目标。

四是注重总结经验，扩大宣传。在创先争优活动中，充分利用总会内网及宣传栏，刊发相关活动信息，并通过编发简报等形式刊载各单位活动进展情况，在全会营造学习先进、争当先进、赶超先进的良好氛围。

（四）选好载体，全面推进创先争优活动

一是为纪念中国共产党成立89周年，丰富党员干部教育形式和内容，总会举办了“迎七一歌咏比赛”，虽然6月份正值我会救灾工作十分繁忙的时期，但各党支部把这次活动作为创先争优活动的一个载体，认真组织，积极筹备，比赛紧张、激烈，充分展现出了总会党员干部的良好风貌及党支部的战斗力、凝聚力和创造力。

二是7月中下旬在党组副书记、副会长、总会直属机关党委书记郭长江及党组成员、副会长郝林娜的带领下，总会及直属单位110余名党员分批赴沂蒙老区开展了以“积极投身创先争优活动”为主题的实践活动。在沂蒙老区期间，参加活动的同志怀着敬仰之情，踏访革命先辈的奋斗足迹，先后瞻仰了华东革命烈士陵园、沂蒙精神展馆、银雀山汉墓竹简博物馆、临沂城市规划展和孟良崮战役遗址。大家一致认为，此次活动给广大党员干部留下了深刻印象，不仅让大家重温了那段永远铭记的革命岁月，深刻体会了伟大的沂蒙精神，而且也亲眼目睹了沂蒙人民在现代化建设时期所取得的伟大成就，是一次秉承革命优良传统，掀起“创先争优”活动高潮的重要活动。大家纷纷表示，要发扬革命传统，进一步坚定理想信念，以创先争优活动为契机，进一步增强党性修养，增强党支部的凝聚力、战斗力，切实推进学习型党组织创建活动，为红十字事业的发展贡献自己的力量。

（五）结合工作实际，细化具体措施，扎实推进创先争优活动，为保证中心任务的完成提供精神动力和组织保证

一是方向明确，措施到位。各党支部按照中央提出的“党组织争先进、党员干部作表率、人民群众得实惠”三句话总体要求、“推动科学发展、促进社会和谐、服务人民群众、加强基层组织”四个方面基本目标和“党组织创五个好、党员争做五带头”的主要内容，结合本部室本单位的实际，普遍成立了领导机构，研究制定了工作方案，明确了争创主题和活动载体，开展了党支部和党员公开承诺活动，扎实推进创先争优活动的健康开展。

二是围绕中心工作，设计活动主题。总会及直属单位各党支部紧紧围绕中心工作设计活动主题，结合本部门本单位实际明确争创目标，使基层党组织和广大党员明确目标、比学赶超，努力营造“党组织履行职责创先进，党员立足岗位争优秀”的良好氛围。中国造血干细胞捐献者资料库管理中心党支部确立了争创“工作业绩好、工作机制好”党支部的目标。总会新成立的备灾救灾中心党支部结合实际，提出了以“积极投身创先争优，创三高（高素质、高效率、高水平）”的活动主题。赈济救护部党支部为配合总会“能力建设年”的有关部署要求，结合本部门实际，提出了“党建与能力建设相结合，打造业务过硬的党支部”的主题。报刊社党支部提出了“寻找闪光点”的活动主题，通过召开座谈会和民主测评等形式，寻找党员的“闪光点”，加以宣传，营造学习先进、争当先进、赶超先进的良好风气。

三是结合工作实际，细化活动具体措施。总会及直属单位紧密结合业务工作，细化了创先争优活动的具体措施，使创先争优活动更有针对性和可操作性。中国造血干细胞捐献者资料库管理中心党支部把创先争优活动与加强业务能力建设紧密结合起来，通过召开财务工作培训班、建立《中华骨髓库常见基因分辨表》工作研讨会、2010年HLA数据导入工作会、2010年实现捐献500例的目标和涉外捐献工作动员会等工作，把创先争优活动落实到岗位工作实际中；基金会党支部把创先争优活动与建设学习型党组织结合起来，坚持运用已经形成的有效学习制度、学习载体，紧紧围绕本单位工作实际，通过举办知识讲座、开展征文活动等形式，不断提高党员干部的理论水平和业务能力，有效增强了党组织的群体智慧和创新能力，提升了党建工作的整体效能。

四是创新活动方式，精心设计载体。在创先争优活动中，总会及直属单位各党支部以创新精神，努力开创新的活动形式和载体，以创先争优活动带动基层党组织建设，组织开展各种形式的党组织活动，取得了良好成效。办公室党支部采取走出去的办法，深入基层，加强调研，推动本部门创先争优活动的开展。7 月 22—24 日，办公室党支部赴内蒙古自治区通辽市，开展了“创先争优”主题实践活动，党支部一行调研了通辽市红十字会、霍林郭勒市红十字会和霍林郭勒市珠斯花街道哲南社区红十字会的工作，并与地方同志一起座谈。通过调研，大家不仅开阔了思路，同时也切实体会到了基层党支部和党员在红十字事业中发挥的重要作用；联络部党支部和中国造血干细胞库管理中心党支部开展联合学习活动，成效显著。10 月 14 日，两个支部开展了主题联学活动。党组成员、副会长郝林娜做了题为《加强党性修养，坚定理想信念，保持优良作风专题培训班学习体会》的党课讲座。大家认为郝副会长的党课不仅让大家接受了一次革命传统教育，而且体现了总会领导对两个单位的关心和支持。这种主题联学的形式很好，有利于统一思想，增强了解，富有实效。11 月中旬，两个党支部又赴西柏坡共同开展了以“重温入党誓词，深入创先争优活动”为主题实践活动。按照工委的要求和总会党组的部署，6 月下旬以来，各党支部围绕纪念建党 89 周年纷纷赴河北等地开展重温入党誓言、参观爱国主义教育基地、书记讲党课、党建知识竞答等主题党日活动，进一步坚定了理想信念，激发了党组织和广大党员的积极性、创造性，以更加务实的态度积极地推进红十字事业的新发展。

四、以加强学习教育和落实党风廉政建设责任制为重点，总会直属机关作风建设和反腐倡廉建设不断推进

一年来，总会直属机关党委与纪委紧紧围绕加强党员党性修养、树立良好作风及落实党风廉政建设责任制工作，不断创新教育形式，讲求教育实效，深入开展主题教育和党风廉政教育，切实推进了总会直属机关作风和反腐倡廉建设。

一是加强警示教育，增强廉洁从政自律意识。为促进总会及直属单位广大党员干部自觉践行科学发展观，恪尽职守，勤政廉政，依法行政，不断推进总会党风廉政建设和反腐败工作，2010 年 9 月 17 日，在党组书记、常务副会长王伟带领下，总会及直属单位 50 余名党员干部参观了“法制与责任——全国检察机关惩治和预防渎职侵犯犯罪展览”。

二是中共中央修订颁布《中国共产党党员领导干部廉洁从政若干准则》后，及时下发了总会《关于学习贯彻落实〈中国共产党党员领导干部廉洁从政若干准则〉的通知》，对党员领导干部提出了规范性要求。

三是为进一步加强中国红十字会总会党风廉政建设，规范总会工作人员廉洁行为，根据中央办公厅、国务院办公厅、中纪委监察部的有关规定，结合总会实际，修订下发了《中国红十字会总会工作人员在公务活动中收受礼品登记和处理办法》。对各党支部党风廉政建设责任制落实情况进行了检查。

四是根据中央国家机关纪工委的要求，组织各党支部以“推进反腐倡廉建设科学化”为主题，开展理论研讨活动。

五、以开展丰富多彩的文化体育活动为重点，机关文化建设不断提升

一年来，总会直属机关党委注意发挥工青妇组织的桥梁纽带作用，鼓励和指导他们依照各自章程开展干部职工喜闻乐见、各具特色的活动，直属机关群团工作得到了扎实推进，进一步推动了和谐机关建设。总会机关工会组织职工筹备参加了为期近五个月的中央国家机关第三届职工运动会。完成了开幕式方队、做操比赛方队及各参赛项目选手的选拔、政审等工作。5 月 28 日，中央国家机关第三届职工运动会在国家奥林匹克体育中心体育场开幕。开幕式上，总会方队身着统一制服，在党组副书记、副会长、直属机关党委书记郭长江带领下精彩亮相，队员们精神饱满、步伐整齐，口号洪亮，展示了红十字会广大干部职工良好的精神风貌。入场式后，党组书记、常务副会长王伟参加了领导同志健步走活动。总会直属机关职工以朝气蓬勃的精神状态和良好的团队作风获得中央国家机关第三届职工运动会“最佳风貌奖”，广播体操比赛优秀奖；组织了每年一度的春节联欢会。联欢会节目精彩纷呈，台上台下互动，一次次把气氛推向高潮，营造了欢乐祥和的节日氛围；八一期间，给复转军人发放了电影票，为总会及直属单位干部职工代购了公园年票，与筹财部党支部联合举办了理财知识讲座，受到了广大职工的欢迎。机关团委坚持服务大局与服务青年相统一，加强青年思想政治建设、能力建设和团组织的自身建设。组织青年干部认真学习了党的十七届五中全会精神，为提高广大青年的环境保护意识和责任感，组织青年赴北京怀柔植树基地开展了主题为“播种绿色，播种希望”的植树活动。党组副书记、副会长、直属机关党委书记郭长江与大家一起挥锹铲土、提桶浇水，共同栽种树苗，用自己的行动为建设低碳生活奉献一份力量；注重加强基础建设，完成了团支部调整工作，促进组织建设的制度化和规范化。积极开展争先创优活动，有三人荣获第一届“中央国家机关青年五四奖章”称号。总会机关妇工委积极开展活动，不断提高工作水平。为纪念三八妇女节 100 周年，3 月 8 日，中国红十字会总会邀请外交部驻东盟大使薛捍勤作了主题为“妇女社会进步和成长”的报告会。总会机关、直属单位及北京市红十字会的女领导和女干部 80 多人参加会议；经推荐，总会有一个家庭荣获中央国家机关第七届全国五好文明家庭称号。各直属单位也结合各自实际组织职工开展了丰富多彩的活动，增强了集体的凝聚力。

（龚怡怡）

监察审计室

【职责】

监察审计室在总会领导的领导下开展工作，其职责是：

监察方面

一、负责总会机关行政监察工作，领导直属单位行政监察业务工作。

二、贯彻执行国家有关规定，监督检查总会机关工作人员、直属单位领导班子成员执行国家政策和法律、法规及总会党组颁发的决议和命令情况。

三、负责调查处理总会机关、直属单位工作人员违反国家政策、法律法规、政纪的行为，提出处理意见和处分建议。

四、受理总会机关、直属单位工作人员的申诉，受理个人或单位对总会机关、直属单位工作人员违纪行为的检举、控告；做好违纪、违法方面来信、来访的处理工作。

五、协助直属机关党委抓好反腐败和廉政建设工作。

六、完成上级交办的其他工作。

审计方面

一、依照国家法律、法规和政策以及总会规章制度，独立开展内部审计监督工作，对直属单位财务收支及相关经济活动进行内部审计监督；针对存在问题，提出改进管理、完善内部制度的建议和纠正、处理违反财经法规行为的意见。

二、经授权，对直属单位领导班子进行任期财务审计；对直属单位主要负责人进行经济责任审计和离任审计。

三、办理审计机关、上级内部审计机构交办的审计事项。

四、完成上级交办的其他工作。

总会直属单位

总会机关服务中心

【年度工作】

2010 年，机关服务中心在总会党组和执委会的领导下，在机关各部门的支持、配合下，紧紧围绕总会中心工作和年初制定的目标任务，切实加强领导，注重思想建设，倡导开拓创新，牢固树立服务观念，强化服务意识，认真履行了服务中心的各项职责，在中心全体干部、职工的团结协作下，较好地完成了全年的各项服务保障工作及总会交办的各项任务。现将 2010 年工作总结如下：

一、认真学习贯彻“九大”精神，加强自身队伍建设

中心新班子上任后，认真学习“九大”文件和发展规划，领会九大会议精神，结合中心实际，围绕总会中心工作，研究工作思路，制定工作计划，努力开拓服务中心工作新领域。在总会党组的领导下，坚持集体领导的原则，贯彻民主集中制，以身作则，精诚团结，清正廉明，兢兢业业，带领全体同志同心同德，同甘共苦，把服务中心建设成和谐团结的集体。并号召全体同志树立依法办事、服务大局、注重效益、服务为本的观念，认真学习业务知识，掌握业务技能，提高服务水平，努力实现“领导放心、群众满意”的工作目标。按照 2010 年工作计划，中心对职工进行多方位的业务、理论知识培训，提高队伍整体水平和干部职工综合素质

二、加强制度建设，规范管理工作

做好行政后勤管理工作，制度建设是根本。只有完善、健全行政后勤规章制度，用制度管人，按制度办事，才能为总会管好钱、管好资产、做好服务。一年来，中心领导班子坚持遇事集体商议，集体决策，形成会议纪要，印发各处室遵照执行。坚持例会制度，使各级干部充分了解中心每周工作任务，掌握工作重点和工作动态，对中心工作的规范化管理、提高工作效率起到了积极的指导和促进作用。坚持月报制度。将中心每个月的主要工作形成文字材料，报送分管会领导和印发各处室，一方面便于领导掌握我们的工作情况，使领导有的放矢地指导我们的工作，另方面起到各处室相互学习，取长补短，共同提高的作用。修订《机关服务

中心制度汇编（二）》。将原有和新定制度（制定中心援疆、扶贫干部待遇实施办法、差旅费管理办法、聘用人员暂行管理办法、值班制度等）进行了完善和修订，已印刷成册发到每个干部职工手中，使各项工作有章可循。

三、加强支部组织建设和党风廉政建设，增强中心队伍凝聚力

（一）定期组织党员学习党的路线、方针、政策和廉政建设规定。党风廉政建设工作是机关服务中心完成各项服务工作的主要保证。中心支部积极组织党员干部认真学习胡锦涛同志在中纪委第五次全体会议上的讲话、学习中纪委第五次全体会议公报及廉洁从政若干准则，并要求全体党员干部、工作人员增强廉洁自律意识，做到廉洁、勤政，提高党员干部政治素质和拒腐防变的能力。

（二）开展主题实践活动，增强党性观念。中心支部按照总会统一部署，组织以"积极创先争优，提高服务质量"为主题实践活动，并参观爱国主义教育示范基地——北京焦庄户地道战遗址纪念馆，接受传统教育，力争通过开展多种形式的活动，努力建设一支埋头苦干、扎实工作、求真务实、业务精良的高素质队伍，改进和提高我们的工作质量。

（三）加强组织建设，严格组织程序。中心支部注重培养年轻人以传帮带为主的工作方式，对符合条件的入党积极分子加以培养和教育，认真做好对入党积极分子的培养教育和考察、引导工作。并为他们成长创造良好的发展空间，在政治上高要求、工作上严要求。按照党组织"坚持标准，保证质量，改进结构，慎重发展"的原则，始终抓住培养质量这一关，为一名延期转正的预备党员确定了专门联系人，定期开展谈心和帮教工作，并在全面考察的基础上为其转为正式党员。

四、完成的主要工作

（一）人事劳资工作

1. 为规范聘用管理制度，加强对聘用人员的管理，建立了聘用人员档案，要求聘用人员如实填写登记表，中心按规定与聘用人员签订劳动合同书。

2. 为提高干部职工总体素质和业务水平，先后举办了"公文处理与写作"及"档案归档实操"等培训，通过邀请总会办公室综合处相关人员和中心负责档案管理的同志讲课，大家一致反映，培训内容清晰，案例分析明了，对于今后公文写作及档案整理归档等工作起到很好的指导作用。

3. 为中心符合职业技能资格晋升的职工报名，参加由中央国家机关工考委组织的后勤员工职业技能考试，一名职工通过考核，获取高级工资格证，并晋升一级岗位工资。

4. 按中编办和组织机构代码中心要求，完成中心法定代表人的变更和各项社会保险的基数核定工作以及社保登记证的变更登记及年检等工作。

5. 完成东方宏汇公司解聘人员经济补偿工作。依据《劳动合同法》相关条款，与解聘人进行了深入的沟通和了解，并做了大量细致的思想工作，同时针对解聘人员不同工作年限等实际情况，核算了经济补偿，将"解除聘用合同协议书"请总会政法处审核，顺利完成解聘人员经济补偿工作。

（二）制定规章制度

1. 为进一步做好服务中心援疆、扶贫工作，参照总会《关于援疆、扶贫干部有关待遇的实施办法》，结合服务中心实际制定了服务中心援疆、扶贫干部有关待遇的实施办法。

2. 制定《机关服务中心人员出差报销管理办法》，规范出差报销等管理工作。

3. 制定《机关服务中心职工探亲待遇及探亲路费报销的规定》。

4. 制定《中国红十字会总会机关服务中心干部、工人退休办法（草稿）》

5. 编辑完成《服务中心管理制度汇编（二）》，并印发给全体职工人手一册。

6. 按总会办公室要求，完成由服务中心拟订、编制、修订有关规章制度。

（三）完成各类报表的填报工作

1. 按照总会筹财部要求编报中心2009年度的财务收支表，并结合中心实际情况编写报表说明。说明内容：中心收支情况、资产情况、代管总会经费等情况，并与去年同期各项数字进行了对比分析。

2. 根据总会人事处的要求，完成向国家人力资源和社会保障部报送《事业单位工作人员统计报表》和《机关、事业单位工作人员工资统计报表》的工作。

3. 参加国管局后勤改革与综合管理司召开的“机关后勤服务统计报表工作会议”。会议内容，布置填写《中央国家机关各部门后勤服务统计报表》工作。我办公室和服务处已按要求进行相关数据的统计。

4. 按照国管局后勤改革与综合管理司通知要求，办公室与服务处根据报表中涉及的机构编制、经费来源、社保缴纳以及物业服务、车辆维护等相关后勤服务工作内容，填报了国家机关各部门后勤服务统计表，并上报国管局。

5. 完成市人社局关于国家机关、企事业单位2011年用人需求与减员情况调查表填报工作。

6. 完成2011年度国有资产配置计划表编报工作。按照国管局要求，经与筹财部多次沟通，对总会机关各部门及直属单位上报的国有资产年度配置计划表进行审核、汇总。

（四）文印工作

规范管理，细致服务，做好机关文件印制工作。今年文印工作量加大，文印室克服了人手紧张、设备老化等诸多困难，承担了大量会议材料、领导重要讲话、会内通报、简报及公文的印制、装订和寄发等工作。为确保质量，提高效率，我们制定了文印岗位职责和文印工作流程，圆满完成了全年的文印工作。截止11月份，印制各类公文和会议材料约380多份，文印纸张约12万张。向各地红会及有关单位寄发《会内通报》、《简报》及领导讲话等约3200件次。文印收入约11万元。

（五）医药费审核、医疗保健、计划生育、社保、医保等工作

1. 负责总会机关在职和离退休人员及干细胞库在职人员的医药费的审核，医药费审核工作量加大。

2. 为做好职工体检工作，积极联系体检中心，于4月21日和4月23日，分两批组织总会和服务中心在职及离退休人员近百人进行年度健康体检。

3. 为赴玉树灾区人员购买抗高原反应应急药品。

4. 参加东城区2010年计划生育工作会议，完成2010年计划生育目标管理责任书的签订。我会被评为2009年度“北新桥街道人口和计划生育工作先进集体”。

5. 配合东城区计生办宣传工作，与总

会工会联合举办“女性生殖健康进机关”知识讲座，受到女职工的欢迎。

6. 根据区计划生育委员会的要求，办理2010至2011年度计划生育目标管理责任书的签订及2010年会员会费的交纳工作。

7. 根据新年度工资的需要，配合东城区社保中心完成新程序更换及人员信息核准、年度工资核算等准备工作。

8. 完成中心人员医保卡领用、核对、发放工作和医药费的报审工作。

（六）财务工作

1. 协助海关审计我会国外及港澳捐赠物资落实情况，并按照规定认真提供审计资料，圆满完成了审计工作。

2. 完成2009年度所得税汇算清缴工作。由于2009年度所得税季度申报工作完成及时、税款足额缴纳，所以在汇算清缴申报中所得税为零申报。

3. 按照财政部、国管局以及总会筹财部的相关文件要求，完成了2009年的财务决算工作和2010的财务预算工作。

4. 完成公费医疗上报工作。公费医疗上报是将总会机关在职人员、离退休人员医药费逐一录入汇总后上报东城区公费医疗办公室审核；高干人员医药费逐一录入汇总后上报北京市医保中心审核。一年来高干人员医药费审核全部合格，未发生拒付费用，共收回医疗基金近50万元，弥补了机关医药费资金缺口。

5. 配合九州昊天会计师事务所，完成对陈明仁同志离任审计工作，并将审计报告报送总会领导。

6. 按照总会筹财部下发的“关于规范经营性收费的通知”精神，财务人员对中心收费情况进行了认真的自查，中心不存在乱收费问题，并将情况上报总会。

7. 为便于资金集中管理，根据总会筹财部的要求，中心办理了“售房款”及“公共维修基金”两个账户变更户名手续，并将总会委托中心代管和核算的两个账户与筹财部进行了交接。

8. 按照筹财部编制预算的有关要求，与中心各部门负责人共同研究房租预算及代管机关部分行政经费的预算编制工作，探讨今后机关向我中心核拨经费的相关问题。

9. 对东方宏汇公司账目进行梳理、核算，并根据收支情况编制损益表和资产负债表。为顺利完成网上报税工作，与公司财务人员共同进行网上操作，使公司财务人员掌握了相关技能。

10. 按照总会筹财部要求，机关班车费用和出租车费用报账工作由中心代管。由于票据很多，粘贴的票据不符合装订规定，要逐一粘贴整理，认真细致地完成机关交通费的报账工作。

（七）经费使用情况

1. 代管经费收支情况

（1）总会拨入机关部分经费总计247万元。支出总计171.4万元。

（2）2010年报销医药费84.8万元，比去年增长45%。

（3）报销出租车费17.2万元。

（4）报销班车费25.7万元。

2. 中心收支情况

（1）各项收入125.2万元。其中：

①事业收入69万元；

②车队收入31万元；

③其他收入25.2万元；

（2）各项支出348.5万元。其中：

①工资福利支出101.5万元；

②商品服务支出67.3万元；

③对个人和家庭的补助支出12.8万元；

④住房改革支出22.8万元；

⑤缴纳各项税金15.6万元；

⑥车队支出128.5万元。其中：资福利支出48.5万元；交通费支出80万元。

（八）房管工作

1. 完成为锡拉胡同3户居民办理住房过户手续相关工作。其中，为2户居民办理产权人变更手续；协助一户居民调查房屋居住情况并予以证明，所有关资料已复印留存。

2. 编报总会机关公务员2011年住房补贴预算，审核、汇总干细胞及备灾中心2011年住房补贴预算，并编写填报说明。

3. 向国管局申请职工住宅及根据我会职工住房情况，向国管局提出要房申请，并报送了《关于申请解决中国红十字会总会机关干部职工住宅的函》。

4. 清理我会职工违规出租经济适用房按照国家机关房改办《关于加强中央在京单位保障性住房管理有关问题的通知》（国管房改〔2010〕230号）和《关于中央国家机关违规出租保障性住房情况的通报》（国管房改〔2010〕241号）文件要求，印发通知，对居住在广泉、广源和新海苑小区的总会机关和机关服务中心职工出租经济适用房情况进行调查。

5. 报销职工住房供暖费和物业费为总会机关在职及离退休干部约130人报销供暖费及物业费，其中对于职工自购住房，经咨询中央国家机关房改办及部分部委，拟定了职工自购住房供暖费及物业费支付办法，达到了基本保证职工福利并合理控制资金的效果。

（九）资产管理工作

1. 固定资产核对

根据审计报告意见，总会库房存在多年堆放物品过多、分类不够明确的问题，我们先后分三批将总会办公楼库房的物品逐步搬运至干面胡同53号院库房，并造册登记、分类摆放。清点库房废旧固定资产、逐个办公室核对机关服务中心固定资产和总会机关固定资产，争取做到账实相符。

2. 2011年资产配制计划

按照国管局《关于编报2011年中央行政事业单位国有资产年度配置计划的通知》的要求，我处根据实际需求现状及财政部下达的2010年部门预算控制数，编写了国有资产年度配置计划汇总表。

总会机关各部门和直属单位共申报购置或调剂国有资产305件，按照国管局《中央国家机关办公设备和办公家具配置标准（试行）》和《中央国家机关公务用车编制和配备标准的规定》等文件的要求认真审核后，符合配置要求的国有资产共计126件，配置计划金额共计867900元

3. 2009年实物费用定额试点执行情况表

2009年财政部继续在我会进行基本支出实物费用定额试点工作。我处汇总填报了总会机关人员构成、房产管理、物业管理、水电费、取暖费、车辆等情况，核定我会实物费用总控制规模为76.84万元，实际支出166万余元，每项费用详细情况均向财政部做出了详细说明，并按时将执行情况表及执行情况分析报告上报财政部。

4. 国有资产管理信息系统软件培训及编报

按照财政部《关于印发行政事业单位

资产管理信息系统统计报表有关问题的通知》文件要求，总会本级及各直属单位均应安装该系统编报国有资产数据，但我会各直属单位一直未使用该系统，无法编报该统计报表。中心与该系统软件公司联系，对各直属单位负责资产管理的人员进行了资产管理信息系统软件培训。培训后，各直属单位将所编报系统报表的电子版由中心服务处审核汇总后，编报了2009年度资产管理信息系统统计报表并上报财政部。

5. 国有资产年度决算

按照国管局《关于编报2009年中央行政事业单位国有资产年度决算报告的通知》要求，将总会及各直属单位上报的年度决算报表进行审核汇总，认真编报了2009年国有资产年度决算报表，并顺利通过国管局决算会审。

（十）物业管理工作

1. 维修总会办公楼空调

总会办公楼中央空调因多年未做保养，出现室外机保温层损坏、漏氟、缺氟、压缩机老化等多种问题，导致空调不能正常运转多次出现故障，我们邀请专业空调维修公司对出现故障的空调进行彻底维修，保证机关办公室和餐厅正常制冷和供暖。

2. 维修总会办公楼电梯

总会办公楼东侧电梯出现故障，无法正常运行。经检测，故障原因为电梯控制柜内主电子板自然老化，造成数据丢失。我们紧急联系维修人员上门检修，并在电梯内安装了应急呼叫电话，在较短时间内完成了维修工作，保证了电梯正常使用。

3. 锡拉胡同13号院安装报箱

锡拉胡同13号家属院原报箱在“平改坡”时被拆除，现应该院居民要求，经实地考察和多家报价，为该家属院安装了新的报箱。

4. 为53号办公楼安装门禁及更换办公楼开水器

应基金会和干细胞的要求，为切实加强干面胡同53号办公楼安全管理，经与基金会、干细胞两家单位对干面胡同53号院办公楼安装门禁系统的有关问题多次商谈后，由干细胞、基金会、专家组成的评审小组对施工单位进行评定，并确定了施工单位和施工方案，2010年2月3日服务中心、干细胞管理中心、基金会、训练中心和施工单位相关人员一起，对门禁系统进行了最后验收和移交工作，同时在召开会议明确了门禁的日常维护、使用注意事项和各单位职责。

5. 干面胡同43号院配电箱维修、院内房屋装修及锅炉安装工程

干面胡同43号院原配电箱因年久腐蚀，从墙面跌落，造成总会报刊社及红十字扶贫开发服务中心无法正常办公。经联系配电设备公司及时维修，并更换了配电箱。保证了正常工作运转。

根据会领导对干面胡同43号院装修工作的批示意见，结合总会报刊社和红十字扶贫开发服务中心需求，我们负责干面胡同43号院装修及锅炉安装工程的施工监督、现场协调以及竣工验收等工作。经多次召集报刊社、扶贫中心以及两家施工单位沟通，9月按施工计划开始施工，工程进展顺利。我们定期赴施工点检查工程进度并要求施工单位务必保证进度和质量，以确保在供暖之前完成施工。

6. 总会办公院内车辆管理

为做好总会办公院内车辆管理工作，杜绝外部车辆停入办公院内的现象，按照会领

导的要求，我处布置国天物业做好对院内停放车辆的登机工作，并印发总会车证，对无证车辆禁止驶入，基本保证了机关人员车辆的正常停放。

7. 维修总会办公楼暖气设备

因总会办公楼暖气片质量等问题，每年供暖季均有大量暖气片漏水，造成多间办公室被淹，破坏办公室墙面、地面、吊顶并造成办公设备、办公家具、办公用品等损毁并产生安全隐患。在今年供暖来临之际，因连续出现暖气片漏水现象。在中心主任的布置下，安排国天物业购买暖气维修配件，以备出现故障时能够予以紧急维修，保证整个办公楼可以正常供暖。

8. 编制总会办公楼2011年维修计划

根据总会办公楼老化破损状况以及近几年的维修情况，从土建、设备、节能改造、消防安全等方面，编制并向国管局报送了总会办公楼2011年总会办公楼添置设施、设备及维修项目申报书及投资申报表，申请维修资金405万元。

（十一）车辆服务管理

认真做好车辆调度、使用和管理。由于机关事务性公务用车繁多，可供使用的车辆和人员有限，车队合理调度，充分保障了总会领导以及其它各部门的公务用车，无论是在休息日或节假日，只要工作需要，均能做到随叫随到，无条件出车，保证了各项工作的顺利开展和临时性任务的圆满完成。

在车队全体人员共同努力下，思想上高度重视行车安全，自觉遵守交通法规，截止10月保障机关公务用车4367趟次，安全行驶216975公里；加班249天，超时1616小时，工作日加班365次。较好地完成了会务接送、送温暖、外事活动、工作检查、调研、机要交换、采购、老干部活动等用车保障服务工作。同时强化安全行车，规范用车制度，定期检测车况，及时报修，确保车辆万无一失。

（十二）节能减排工作

1. 按照国管局节能办的最新要求（按月填写，按季报送），根据我会2010年1—3月份的人员、车辆、用水、用电、用油以及办公楼建筑面积等统计数据，填报完成了2010年第一季度总会办公楼的能耗统计表，并按时报送节能办。

2. 为了最大限度地节省资金开展节能减排工作，积极参与国管局房地司开展的财政补贴高效照明产品推广工作，并申报了高效节能灯具补贴需求。

3. 陪同国管局房地产管理司节能减排督查小组来总会督查节能工作，并要求按时填报完成督查表并上报国管局。同时，制定总会加强节能减排工作的措施与方案呈报会领导审批。

4. 以总会办公室的名义起草、印发《关于加强我会节能减排工作的通知》，向总会机关各部门及各直属单位提出节能减排工作要求并按国管局规定定时开关办公楼空调、关闭一部电梯。

5. 在6月12—18日节能宣传周期间，通过在大厅悬挂宣传横幅、楼道张贴宣传画、餐桌上粘贴不干胶等方式加强节能宣传，提高干部职工节能减排意识。

6. 针对国管局对我会节能减排督查工作的意见，制定专项整改措施，并按时将整改工作的落实情况函报国管局。

7. 根据国管局房地产管理司《关于开展中央国家机关节能型电开水器改造工作的通知》（国管办发〔2010〕26号）要求，

经与中标厂商沟通，制定总会电开水器改造计划。总会办公楼及干面胡同43、43号共计需要改造15台，目前已将改造计划报送国管局。

（十三）配合总会救灾工作

1. 围绕总会对青海玉树地震、甘肃舟曲泥石流、海南洪水等灾害救助工作，我们根据以往救灾工作的需要，主动并及时为相关部门准备了必要的办公用品、办公设备、办公家具、加装办公电话并布置办公场所。

2. 处理邮局救灾捐款。在青海玉树、甘肃舟曲及海南发生自然灾害以来，按照总会筹财部要求，中心负责处理邮局捐款单据等工作。截至11月10日，共处理邮局汇款纸质凭单3900笔，电子版汇款单据19128笔，并对每笔捐款按姓名、地址、捐款科目等内容逐项录入电脑，及时将邮局汇款转账至总会账户。另外，接收了大量通过邮局捐赠的包裹。

3. 增配救灾必备办公用品。围绕总会青海玉树地震抗震救灾工作，根据以往救灾工作的需要，主动及时为相关部门准备必要的办公用品、办公设备、办公家具、加装电话等设备，并布置办公、接收捐款等场所。

（十四）人防、消防、防汛工作

1. 为贯彻落实中央国家机关人防办关于开展新中国人民防空创立60周年庆祝活动的各项通知要求，进一步提高广大干部职工的国防意识和忧患意识，营造关心人防、热爱人防、支持人防的良好氛围，通过悬挂宣传横幅、张贴宣传海报及人防法、发放《防空防灾知识手册》以及组织参观新中国人民防空创立60周年建设成就展等多种方式开展宣传工作，营造了良好的学习宣传氛围，增强了全会干部职工的人防意识和认知程度。由于2009年我会认真落实中央国家机关人防办的各项工作要求，从管理机构、规章制度、硬件设施、人员培训等方面不断加强和完善，经人防办考评我会被评为2009年人防达标单位。

2. 2009年我会认真落实东城区防火安全委员会的各项工作要求，各项安全防火工作均落实到位，全年无火灾事故，我会被评为东城区2009年防火先进单位；梁少华、王连庆2名同志被评为先进个人。

3. 根据国家机关人防办《关于进一步做好2010年地下空间防汛工作的紧急通知》（国机人防〔2010〕66号）要求，夏季汛期来临之前，与国天物业共同对总会办公楼防汛设备及防汛物资进行了全面检查，并储备了必需的防汛物资，充分做好了防汛准备工作，并平安度过汛期。

（十五）物资招标及采购工作

1. 完成送温暖物资采购工作

根据政府采购中心公开招标结果，经过对“送温暖”物资中标六家企业公告后，于1月7日向中标企业发出了《合同签定通知书》。1月底前全部完成了“送温暖”物资的交货任务，保证了会领导赴各省参加“送温暖”物资发放启动仪式活动。

2. 完成日本政府援助项目的紧急采购工作

按照采购要求和规定，对本项目投标企业进行评审。确定供货商后，并迅速赴湖南、安徽，对供货商及物资生产情况进行了实地考察。此项目中，援助甘肃舟曲的7000箱食品包已于9月24日全部到货，保证了由总会及联合会、日本政府在舟曲举行的物资发放仪式按时举行。

3. 完成美国大使馆援助水灾项目的紧

急采购工作

中心组织赈济救护部、机关党委监察审计二部门派员参加的评审小组，对本项目采购物资进行了评审，确定了中标企业，并按合同要求迅速生产。供货商已全部完成供货任务。

4. 完成卫生救护培训网络管理系统项目招标公告工作

委托国管局政府采购中心对卫生救护培训网络管理系统进行评标，因不足三家投标而废标后，再次给政府采购中心发委托书，进行二次公告，并且商总会业务部室推荐投标企业，防止废标现象再次发生。

5. 完成办公软件升级项目招标采购合同修订工作

委托政府采购中心对办公软件升级项目采取竞争性谈判方式进行招标采购，经过多次与业务部室沟通、协商，完成修订合同工作。

6. 进行备灾救灾中心汽车采购项目确定供货厂商、合同签订等工作

根据备灾中心购买箱式货车和面包车的采购任务，按照政府采购相关规定，面包车通过政府采购中心采取协议供货的方式进行采购。

7. 完成紧急物资采购选定供货商工作

根据总会（美国大使馆捐助）救灾棉被采购工作要求，组成物资采购评审小组（由赈济救护部 2 人、机关党委 1 人组成），评选供货商。经过严格的评审，确定北京市绅宝针棉织品有限公司为中标供货商。

8. 修改 2010 年度彩票公益金救灾物资采购项目文件

根据 2009 年彩票公益金采购物资技术标准，经与业务部室和采购中心协商，对 2010 年彩票公益金救灾物资招标文件进行了认真的修改和确认，并将文件报政府采购中心。

9. 完成总会彩票公益金救灾物资采购项目招标采购工作

完成总会 2010 年度彩票公益金救灾物资采购项目评标工作，经评标委员为评定，北京市绅宝针棉织品有限公司、北京市同益化纤棉有限公司、平凉巨星集团制衣有限公司、汕头市奥山服饰有限公司、北京裕龙诺亚帐篷有限公司、浙江泰普森休闲用品有限公司六家中标供货商。中标确认函已报采购中心。

10. 完成总会备灾救灾中心汽车采购项目

按照合同规定，为备灾救灾中心采购的汽车已全部到货。我中心与备灾救灾中心人员对到货汽车进行了验收。待总会备灾救灾中心向我中心提交汽车验收单后即可支付供货商全部车款。后续车辆上保险、牌照等事宜，已分别跟供货商商定，即由备灾救灾中心提供相关文件，供货商代办保险、牌照等手续。

11. 完成消杀剂招标采购准备工作

将 2010 年彩票公益金环境消毒剂、饮水消毒剂采购项目消毒剂技术标准报赈济救护部确认，并根据赈济救护部提出的意见，与本行业技术专家及相关生产企业进行了多次咨询与沟通，并将咨询结果反馈赈济救护部。目前已将消毒剂标准报政府采购中心，同时完成了招标文件的整理与修改。

（十六）地震物资接收工作

根据总会要求，负责震灾物资接收工作。加班加点接听捐赠热线电话和处理解决接收捐赠物资等事宜，并及时为捐赠企业开

具捐赠药品证明、运送物资车辆路条等。

（十七）经营管理工作

1. 办理中华红康实业发展中心年检工作

根据总会党组关于由机关服务中心负责办理中华红康实业发展中心（以下简称红康中心）年检工作的要求，积极与红康中心沟通联系，并责成地方红会配合做好相关工作。

2. 东方宏汇公司整顿工作

按照中心办公会关于公司停业整顿的决议，4 月 22 日在分管主任带领下，办公室、财务、经营处等有关人员前往东方宏汇国际商务（北京）有限公司（以下简称公司）进行工作交接。整理、接收公司人事、财务、文书档案资料及公司行政、财务、业务印章和固定资产。

3. 红十字扶贫开发服务中心交接工作

根据总会党组关于机关服务中心接管红十字扶贫开发服务中心（以下简称红扶中心）的决定，接管了红扶中心的日常工作。4 月 16 日，总会办公室主任高崇华一行 5 人赴红扶中心，宣布白藟任红扶中心主任通知和人事、财务冻结等决定。按总会要求，委托京都天华会计师事务所有限公司对陈明仁同志在红扶中心在任职期间财务状况进行审计。

4. 办理捐赠药品免税入关手续

日本大冢制药工场向青海地震灾区捐赠氯化钠注射液 5000 袋，价值 261340 元人民币。为使该批药品顺利入关，协助其在华子公司—苏州大冢制药有限公司办理报关、提货、转运等手续。

5. 办理东方宏汇公司委托经营的相关工作

经中心领导办公会，专题研究东方宏汇公司委托经营管理等事宜。确定委托北京华夏贝斯特经济发展有限责任公司经营管理东方宏汇公司，并就如何与该公司进行合作等事宜进行了充分论证并形成《会议纪要》。完善委托经营管理合作协议的文本，明确双方的权利和义务。并请总会办公室法规处对合作协议进行把关。于 6 月 11 日与华夏贝斯特公司举行签约仪式，正式签署了《委托经营协议》，标志着东方宏汇公司正式重新开业。

6. 完成补办中华红康实业发展中心工商年检工作

根据总会责成我中心办理中华红康实业发展中心工商年检的要求，积极与相关部门沟通与协调，经过多方努力，目前补办年检工作已经顺利完成。已将补办年检情况向总会书面报告。

7. 完成北京中红会物业管理公司的注销工作

2005 年该公司营业执照被吊销后 5 年来，虽已停止经营活动，但一直未办注销手续。几次审计，均提出上述问题。为了落实审计整改意见，我们向北京市东城区行政服务中心登记注册科提交了公司注销材料，收到市工商行政管理局东城分局的注销通知书，注销备案成功。

8. 经办解非上诉机关服务中心申请劳动赔偿一案

6 月 30 日，机关服务中心收到北京市东城区劳动争议仲裁委员会发出的原东方宏汇公司经理解非对机关服务中心提出的劳动争议仲裁申请书。经过法务咨询，我方提供了事实证据，按照仲裁程序进行应辩。目前，等待仲裁结果。

9. 完成红十字扶贫开发服务中心的交接工作

根据总会党组关于机关服务中心接管红十字扶贫开发服务中心（以下简称红扶中心）的决定，接管了红扶中心的日常工作。

【历史沿革】

中国红十字会总会机关服务中心（对外称“机关服务局”）的前身是中国红十字会总会行政处。根据国家关于中央国家机关后勤体制改革的政策文件和总会机关机构改革方案，中心于1999年9月9日正式成立。几年来，在总会党组和执委会的正确领导和关怀下，在机关各部门的大力支持下，机关服务中心紧紧围绕总会党组中心工作任务，结合中心实际，加大改革力度，严格履行各项职能，较好地完成了总会机关的后勤保障工作。2004年，1月，开始筹备申报“红十字扶贫开发服务中心”注册工作。11月，经民政部批准成立了“红十字扶贫开发服务中心”。4月，2004年彩票公益金项目“送温暖”活动物资采购以公开招标方式进行。4月22日在中国招标投标网、中国政府采购网、《中国财经报》上发布了采购公告。5月，①配合总会完成了“中国红十字会建会100周年庆典”活动的后勤保障工作。②2004年彩票公益金项目救灾棉服、棉被采购以公开招标方式进行。5月27日在中国招标投标网、中国政府采购网、《中国财经报》上发布采购公告。③国务院机关事务管理局分配总会15套经济适用住房，这是房改后首次配售经济适用住房，服务中心组建了配售领导小组，将房源和相关政策等张榜，同时按照国管局住房配售要求制定了《新海苑、广泉小区经济适用住房配售办法》，整个配售过程坚持公开、公平、透明、合理的原则。6月，2004年彩票公益金项目救灾帐篷采购以公开招标方式进行。6月11日在中国招标投标网、中国政府采购网、《中国财经报》上发布了采购公告。7月，2004年彩票公益金项目救灾饮用水、环境消毒剂采购以公开招标方式进行。7月15日在中国招标投标网、中国政府采购网、《中国财经报》上发布了采购公告。8月，①根据中编办《关于印发〈中国红十字会总会机构改革方案〉的通知》、《国务院办公厅转发国务院机关事务管理局、中央机构编制委员会办公室关于深化国务院各部门机关后勤体制改革意见的通知》和总会《关于组建中国红十字会总会机关服务中心并启用印章的通知》等文件精神，经总会党组批准，机关服务中心主要职责、内设机构和人员编制方案得到确定。②2004年彩票公益金项目救灾粮食采购采用邀请式招标方式进行。10月，①顺利完成中国红十字会第八次全国代表大会的后勤保障工作。②对干面胡同43号院进行了房屋修缮及环境改造。11月，①2005年彩票公益金项目“送温暖”活动物资采购以公开招标方式进行。11月9日在中国招标投标网、中国政府采购网、《中国财经报》上发布了采购公告。②2004年彩票公益金救护师资项目的招贴画及宣传折页采用公开招标方式进行采购。11月25日在中国招标投标网、中国政府采购网、《中国财经报》上发布了采购公告。12月，中国造血干细胞捐献者资料库电脑网络系统技改（硬件部分）采购以公开招标方式进行。12月22日在中国招标投标网、中国政府采购网、《中国财经报》上发布了采购公告。

2005年，在“为印度洋海啸受灾国捐

款”活动中，紧急采购救援物资共计4067.43万元。《机关服务中心管理制度汇编》出台并实施。

2006年共完成5个项目，采购总额为12544501.52元。增加固定资产额度686957元。发放职工购房补贴1860497元。

【组织机构】

中国红十字会总会机关服务中心内设四个处级部门。

（一）办公室

负责机关服务中心工作的综合协调、会议组织、文电处理、秘书事务、安全、保密、档案管理等工作；负责机关服务中心人事（含退休人员）工作、财务和机关有关经费、总会机关住房公积金及住房补贴的管理；负责总会机关医疗保健、计划生育、爱国卫生、绿化、人民防空、献血等社会事务工作的管理。

（二）服务处

负责总会机关后勤服务和职工有关福利工作；负责总会机关车辆、通讯、办公用品、设备、设施及外事礼品和会议室等的管理工作；负责在京召开的全国会员代表大会等全国性会议的后勤保障工作；负责总会机关机要文件交换、信件投递、报刊收发工作；负责总会和直属单位基建项目的申请、立项工作；负责总会机关委托的房地产及其他固定资产的管理；负责总会机关和直属单位职工经济适用房的申报及管理工作；负责机关所属的房屋修缮等工作。

（三）经营处

负责救灾（备灾）物资采购招投标工作，履行《中国红十字会总会救灾物资采购管理办法》的职责；负责境内外捐赠物资的接收、转运和援外物资的采购、转运工作；负责兴办符合红十字会宗旨的经济实体；负责策划开发服务创收项目，管理所属经营创收单位等工作。

（四）文印室

负责机关各部室文件的打字、编排和印制；负责总会召开的全国性会议，举办的各类培训等文件及资料的印制；负责联系办理总会机关印刷品及出版物（除总会一报一刊）的印制。

中国红十字基金会

【年度工作】

2010年，探索战略转型是中国红十字基金会（以下简称红基会）的重大战略决策。在总会党组的关心与支持下，红基会调整了部门设置、人员配置和业务流程，顺利完成了理事会换届，调整了领导班子，实现了各项工作平稳交接，并取得了突破。这得益于总会党组和理事会的正确领导和大力支持，得益于红基会领导班子的精诚团结和通力协作，得益于基金会全体员工的共同努力。总体来看，机构整体面貌和各项工作焕然一新，呈现出勃勃生机，在继续保持稳定快速发展态势的同时，社会影响力和品牌知名度得到进一步提升。截至12月10日，2010年共实现收入5.59亿元，资助支出5.61亿元，救灾工作成就突出，项目实施进展顺利，项目监管工作全面展开，专项基金管理水平明显提高，宣传工作有力提升，能力建设工作成效显著。2010年2月，中国红基会被民政部评为“全国先进社会组织”，中国红十字基金会理事长郭长江作为全国基金会中唯一代表在表彰大会上作了典型发言。8月，中共中央、国务院、中央军委授予中国红基会“青海玉树全国抗震救灾英雄集体”荣誉称号。

（一）重组内设机构，调整业务流程

2010年初，中国红基会在用人机制和业务重组方面实行了重大改革。在用人机制上，实行全员竞聘、全员轮岗，优化人员配置，培养员工的综合质素，提升专业能力。在业务重组方面，对内设机构和部门职能进行调整，强调专业分工和部门协作，强化筹款和项目管理职能，将“海外联络部”改组为“筹资联络部”，专门负责直接筹款业务；设立“专项基金管理部”，通过联系、指导和管理各专项基金，实现资源优化，扩大筹款和资助规模；将“项目合作部”与“医疗救助部”合并为“项目管理部”，统一管理援建项目和大病救助项目。

（二）筹资工作保持良好增长势头，有效促进公益项目的开展

1. 筹资规模稳步增长，资金增值有所突破

2010年，红基会继续推动“红十字天使计划”和“博爱助学计划”两大公益品牌的筹款，顺利争取到国家彩票公益金对“小天使基金”继续进行服务采购，应对西南旱灾、玉树地震、舟曲泥石流等重大自然灾害，开展救灾款物的筹集工作。截至2010年12月10日，累计实现收入5.59亿元，其中捐赠资金收入4.69亿元，捐赠物资收入0.17亿元，政府补助收入0.5亿元，利息收入0.23亿元。“红十字天使计划”2010年共接受捐赠8818.16万元；“博爱助学计划”全年共接受捐赠4632.64万元。

2. 积极开展各项公益活动，社会效益进一步扩大

（1）稳步推进两大骨干公益项目

“红十字天使计划”2010年新立项援建博爱卫生院、站106所，培训乡村医生983名，培训盲人440名，共救助白血病、先心病、唇腭裂、失聪、肢残、重症肌无力等重症患者8126人，资助贫困肿瘤患者治疗6502人次，新增定点医院11家。“博爱助学计划”，新援建博爱学校11所，配赠红十字书库798套，培训乡村教师100名。2010年，“小天使基金”国家彩票公益金项目和“乡村医生培训计划”的进展成为两大亮点。

“小天使基金”国家彩票公益金项目的进展。2010年7月，“小天使基金”首期国家彩票公益金项目成功执行完毕，共有来自全国30个省（市、区）及新疆生产建设兵团的1615名贫困白血病患儿获得医疗资助。同时，红基会再次向财政部成功申请到彩票公益金5000万元，专项用于白血病患儿救助。

为总结经验，加强管理，优化模式，为第二期彩票公益金项目执行奠定坚实基础，红基会于8月24至25日召开了小天使基金彩票公益金项目总结暨培训会议，10月21日又在昆明召开了全国定点医院工作会议，进一步建立完善了大病救助网络体系。9月，2010年度二期彩票公益金项目资助评审会议在京召开，评审通过了2010年度彩票公益金5000万元的资助计划，同意对1600名贫困白血病患儿进行资助。截至12月10日，二期项目已累计拨资助款3992万元，1313名贫困患儿获得医疗救助。

“乡村医生培训计划”加快实施步伐。2010年，“乡村医生培训计划”作为红基会的传统品牌项目受到华建敏会长的关注。6月30日，中国红十字会会长华建敏出席了

“乡村医生培训计划”座谈会并发表讲话。总会领导、卫生部副部长刘谦、相关培训机构和捐方代表以及20多名来自全国18个省市区的乡村医生代表参加座谈。

为落实会议精神，红基会专门召开内部工作会议，讨论乡村医生培训工作的未来方向，加大了乡村医生培训筹款的力度，增加了办班数量，全年累计办班10期，为前三年的总和。为提高全社会对“乡村医生培训计划”的关注和支持，红基会与新华社中国图片社、爱国者数码科技有限公司共同主办了“爱国者·寻找最美乡村医生公益摄影活动”，吸引了贺延光、王文澜等11位国内知名摄影家参与，并得到了《人民日报》、《中国青年报》、新浪网等众多主流媒体的鼎力支持，优秀图片在北京时代美术馆成功展出，华建敏、王伟和郭长江等参观摄影展，并给予肯定评价。中央电视台新闻联播、晚间新闻播出了摄影展新闻，《人民日报》、《新京报》、《京华时报》刊登整版照片或图文。优秀摄影图片即将由红基会编辑成册出版。

（2）重大自然灾害筹款与救灾

2010年初，针对西南地区百年一遇的严重旱灾，红基会发起名为“春雨行动”的专项筹款活动，共筹集资金1.39亿元，已拨付至云南、贵州、广西等五个受灾省、区，用于向灾民发放大米、矿泉水、修建小型饮水工程等。

2010年4月，青海玉树地震发生以后，红基会积极筹集救灾款物，建议国资委发文动员中央企业通过“央企援助基金”捐款，累计募集救灾款物1.49亿元。根据总会统一部署，已确定用于援建玉树州第二高级中学，正在落实具体建设事宜。

积极为甘肃舟曲特大泥石流灾害灾区人民筹集救灾款物，已经筹集2430.15万元，将用于援建舟曲新区学校及博爱卫生院。

（3）汶川特大地震灾后重建工作进入收尾阶段

2010年新安排汶川特大地震灾后重建资助资金6535万元，新立项约33个，并加强汶川特大地震灾后重建项目的收尾工作，指导各地红十字会项目验收工作有序进行。根据总会统一部署，2010年安排2500万元，将与总会统筹安排重建项目。截至2010年12月10日，红基会累计为汶川特大地震灾区拨付款物7.73亿元，目前援建的项目中，已有超过80%的项目竣工。另外，《中国红十字基金会在抗震项目中的招标与监管》还入选了2010年的中国慈善蓝皮书。

（三）宣传工作改革创新，公益传播力度增强

2010年，红基会在宣传方面加大改革和创新力度，将品牌建设提升战略高度，主要表现在：

1. 维护和提升中国红基会品牌。进一步规范中国红基会视觉识别系统，加强红基会品牌维护工作；制作、更新一系列公益广告，扩充广告发布媒体合作平台，并增强宣传与筹款工作的紧密配合。

2. 媒体公关取得成效。建立起包括常态舆情日报、舆情分析周报、突发事件实时通报在内的三级舆情监控体制；加强应急机制建设，成功处理对章子怡捐款事件、玉米爱心基金赈灾款拨付事件，及时化解了舆论危机；与多家主流媒体建立合作关系。

3. 拓展文化传播平台。全面改版《中国红基会通讯》，提高报道范围的广度，增

加理论研究的深度，并扩大投送范围和影响力，获得总会和各界广泛好评；编辑出版《我们都是海边捡鱼的孩子——中国红基会印象》一书，制作和发布中国红基会的新版广告、宣传册和电视宣传片等；与《京华时报》联合创立全国第一份都市报公益类刊物《公益周刊》，该周刊致力于整合中国各方公益力量，传播先进公益理念，推动平民公益事业。

（四）顺利完成理事会换届，领导班子平稳交接

2010 年 9 月初，总会党组研究决定，选调辛宝山担任中国红基会负责人党支部书记，9月20 日，红基会三届一次理事会在北京召开。华建敏出席会议并发表重要讲话，会议选举产生了第三届理事会，选举产生新一届理事会理事长、副理事长、秘书长，表决通过了副秘书长、秘书长助理人选。

会后，领导班子进行了工作分工，各项工作实现了平稳交接，基金会的治理结构日趋完善。

（五）改善专项基金管理，拓宽救助领域

为加强对合作性专项基金的规范管理，按照“十有”的管理要求加强对专项基金的分类指导和服务，红基会专门组建专项基金管理部，完善档案管理、责任划分、项目总结、反馈捐方等工作，逐步理顺管理体制和工作模式。通过对专项基金进行梳理和研究，撤销了天使之爱基金、天使之源基金等缺乏后续资金或作用不明显的基金，新设了慈爱基金、成长天使基金、廖静文基金等六个基金。

（六）全面开展社会监督，提升红基会公信力

社会监督工作日趋走向正规化和日常化，监督巡视工作得以全面展开，深入中国红基会项目管理的各环节，并增强了监督工作的时效性。2010 年先后对救灾项目、医疗救助项目和助学项目等三大项目体系对进行了系统的督导和巡视，发布社会监督简报 20 期，不仅对项目质量起到了有效督导和促进作用，还为改善项目管理收集了宝贵资料。

（七）能力建设稳步推进

2010 年，红基会继续下大气力抓能力建设，相继组织开展七期员工能力建设系列讲座（累计 13 期），邀请非营利组织领域的专家学者、政府官员和实务人士作专题授课，支持员工参加有关公益项目管理和非营利组织管理等方面的培训学习和交流深造。

2010 年，红基会的信息管理系统正式投入使用，初步实现了项目的现代化、数字化、动态化管理，对于优化项目管理流程、加强信息沟通、提高工作效率起到了积极作用。

（八）老年公寓建设项目稳步推进

2010 年 6 月，事业发展中心所负责的北京密云曜阳老年公寓正式投入运营，这是继扬州曜阳国际老年公寓之后建成的第二个养老实体项目，再次为建设公益性服务与市场化运作相结合的“曜阳”品牌添砖加瓦，也标志着红基会在适应我国老龄化社会、探索新型养老模式、推动我国养老事业发展的路上又迈出了新的一步。

【历史沿革】

中国红十字基金会于 1996 年 12 月成立。简称：中国红基会。英文译名为“Chinese Red Cross Foundation”，英文缩写为：

CRCF。

该基金会属于公募基金会。面向公众募捐的地域范围是：国内外。其原始基金数额为人民币800万元，来源于企业和有关人士的捐赠。

2005年4月，启动实施了“天狮助学计划”，天津天狮集团捐款1000万元，其中500万元在西部20个省（区、市）援建20所天狮博爱小学，另500万元专项用于扶持少数民族地区的教育项目。6月，为帮助遭受特大洪灾的黑龙江省宁安市沙兰镇中心小学异地重建募集捐款120多万元。6月，中国红十字基金会首倡设立了我国第一个救助贫困白血病儿童的专项基金——“小天使基金”。7月，为帮助改善贫困地区农村的医疗卫生条件，中国红十字基金会启动推出了“红十字天使计划”大型公益项目。

2006年，中国红基会计接受海内外捐赠款物8605.24万元，累计资助支出5958.56万元。其中“红十字天使计划”资助支出2814.2万元，向新农合试点县转赠医疗物资1320.87万元，“博爱助学计划”资助支出3144.36万元，定向资助民族教育项目和职业技术教育项目2600多万元。

2007年，中国红基会累计接受海内外捐赠16483万元。全年资助支出9872万元。其中“红十字天使计划”资助支出8344万元，向医疗机构和新农合试点县转赠医疗设备、药品价值2900万元，“博爱助学计划”资助支出1528万元。2007年，中国红基会先后设立了资助健走活动的“行者基金”，资助失聪儿童的“天使回声基金”，资助盲人培训的“光明天使基金”，救助下肢残疾儿童的“奔跑天使基金”，资助城市农民工的“农民工援助基金”；设立了企业冠名的“合生元母婴救助基金”、“纳思达天使爱心基金”、“丁家宜爱心基金”、上汽通用五菱博爱基金、三全博爱助学基金、广州丰田助学基金、“肯德基餐饮健康基金”、“NPP公益创投基金”等，调动了社会参与公益事业的积极性。

2008年，中国红基会累计接受海内外捐款15.37亿元，其中，接受地震捐赠款物13.92亿元，“红十字天使计划”接受捐赠1.04亿元，“博爱助学计划”接受捐赠3695万元。2008年资助支出7.32亿元，其中“红十字天使计划”资助支出6270万元，“博爱助学计划”资助支出2658万元。中国红基会从地震捐款中安排资金2000万元，面向社会公开招标“5·12灾后重建项目”。邀请社会有关方面资深人士组成评审委员会，经过三批严格评审，15个民间公益组织申报的16个灾后重建项目中标，共资助1719万元。中国红基会被中国红十字会总会授予抗震救灾工作“最佳组织奖”，项目合作部和副秘书长刘选国被总会记三等功，胡星奇等十多位员工也被授予抗震救灾先进个人。以奥运为契机，联合奥体明星合作开展公益活动。2008年，又有杨童舒、孙悦、成龙、陈宝国、孙红雷、周杰伦、陈好、蒋勤勤、佟大为、陈红、哈辉、王宝强、赵琳、汤灿、吴京、刘飞儿、仲满、胡彦斌、弦子等一批文体明星加盟红基会的公益项目，成为“爱心天使”和推广大使，有的还担任专项基金的管理职务。

【组织机构】

该基金会的登记管理机关是民政部，业务主管单位是中国红十字会总会。中国红十字基金会第二届理事会由9名理事组成，他们是：王立忠、郭长江、汤声闻、江丹、王汝鹏、张峻、陈明仁、吴苾雯、龚怡怡。理事长王立忠，副理事长郭长江、汤声闻、江丹，秘书长王汝鹏，副秘书长张峻。

该基金会的内设机构有办公室、宣传部、项目合作部、财务部。

理事会是该基金会的决策机构。行使下列职权：制定和修改章程，决定机构的使命、战略和目标；选举和罢免理事长、副理事长、秘书长；决定重大业务活动计划，包括资金的募集、管理和使用计划；决定机构资产运作的原则、策略、途径和重大投资事项，对资产安全负责；审查机构年度财务报告；制定机构政策和重要管理制度；决定设立办事机构、分支机构、代表机构；决定由秘书长提名的副秘书长和各部门主要负责人的聘任；听取、审议秘书长工作报告，检查秘书长的工作，给予秘书长工作支持并评估其绩效；决定基金会的分立、合并或终止；决定其他重大事项。

理事会每年至少召开两次会议。理事会会议由理事长负责召集和主持。理事每届任期五年，任期届满，连选可以连任。

该基金会的理事长、法人代表为郭长江。

【大型项目】

该基金会于1996年12月成立以来，得到了党和政府的大力支持和社会各界的踊跃捐助，累计接受海内外捐赠6378.92万元，救助支出4057.9万元，其他支出995万元。先后组织开展了“97复明行动”、“顺顺千万元救助行动”、“预防贫血工程”、“捐建博爱医院”等医疗卫生领域的大型公益活动；资助拨款225万元，在扬州创建了“扬州世明双语学校”，在北京创建了“北京拔萃双语学校”；同时，还在扬州、杭州、北京、上海等地创建老年公寓、老年乐园、老年康复中心等老年性社会服务事业，产生了良好的社会影响。2005年4月，相继启动实施了“天狮助学计划”、“红十字天使计划”等大型公益项目。2006年，与京华时报社联合发起了“京华天使行动”，与中央电视台联合开展了“情系太行山，建设新农村”活动，携手李亚鹏、王菲成立了“嫣然天使基金”。

【主要特色】

中国红十字基金会的宗旨是：贯彻执行《中华人民共和国红十字会法》，弘扬人道、博爱、奉献的红十字精神，关注和保护人的生命和健康，为红十字事业筹集资金和物资，对最易受损害的人群进行人道主义救助。

基金会依据国家有关法律、法规，并根据《中华人民共和国红十字会法》和《中国红十字基金会章程》，开展公益活动，其业务范围包括：呼吁社会各界积极参与红十字救死扶伤、扶危济困、敬老助残、助人为乐等人道主义救助活动，为社会公益事业做贡献；开展与国际友好团体、个人及港、澳、台同胞和海外侨胞的友好往来和相互合作；根据需要，依法在有关国家和地区设立分支机构或代表机构，不断拓展海外业务和项目合作；弘扬中华民族爱老敬老的传统美德，通过各种有效形式，积极兴办老年福利事业，倡导社会新风，促进社会文明；积极促进和创办群众医疗救护事业，救死扶伤，改善易受损害人群的境况；支持和兴办具有红十字特色的教育事业，为贫困学生就学提供和创造机会；开展适合自身特点的其他社会救助活动；通过各种直接和间接形式，积极向社会募捐款物，增加基金来源；采取多种合法有效的方式，实现基金的保值增值。

（刘选国）

中国造血干细胞捐献者资料库管理中心

【年度工作】

2010年，中国造血干细胞捐献者资料库管理中心在总会党组的领导下，以科学发展观统领全局，在人员少、任务重、大事多、压力大的情况下，解放思想、更新观念，统筹布局、和谐发展，在抓好入库数量的同时，更加注重提高出库率（移植率），各项工作都有新进展。现将有关情况总结如下：

（一）扩容骨髓库，为海内外患者服务

1. 截至2010年12月底，超额完成入库13万人份数据计划，实际完成15.6万人份，库容总量达128万多人份（超额完成“十一五”计划任务20多万人份）；为临床提供检索配型服务6000多人次；由于总库、各分库、高分辨实验室、移植/采集医院群策群力、积极工作，全年提供造血干细胞517例（其中向境外提供12例），成为中华骨髓库发展史上捐献人数最多的一年。截至目前，共为临床捐献总数1978例，其中，向国（境）外提供79例。

2. 高分辨数据入库工作。2010年高分数据入库8.8万人份，加上华大公司低分转高分的九万多人份，累计高分数据为23万人份。为缩短再动员时间，提高工作效率，更好为患者和医院服务打下了基础。

（二）通过会议、培训等形式，加强管理与技术交流

1. 3月下旬，在山东召开“中华骨髓库2010年工作会议”。会议布置了2010年主要工作；有关专家从移植、采集、医学伦理、保险等方面进行了业务培训；表彰了2008～2009年度10个目标管理优秀分库和五个实验室。

2. 5月中旬，在湖北武汉召开“中华骨髓库移植技术交流会”。数位国内外专家、有关省分库、移植/采集医院的170多位代表参会。会上，进行了学术交流，表彰了移植数名列前十名的北京市道培医院、解放军307医院、北京人民医院等十家医院。

3. 8月下旬，在山西召开2010年HLA数据导入工作研讨会。与会代表积极参与讨论，并与试剂公司、网络公司代表就完善数据导入工作进行沟通。会议重申了HLA高分辨数据标准和2010年数据导入格式，为完成数据入库工作提供了技术保障。

4. 9月上旬，在云南举办“中华骨髓库财务工作培训班”。就分库彩票公益金使用管理，中华骨髓库为患者代收费结算管理，彩票公益金中华骨髓库建设项目“十二五”规划等情况进行讲解、培训。旨在加强分库财务管理和控制，规范国家彩票公益金使用及核算工作。

5. 9月中旬，在北京召开了有30多家采集（移植）医院参加的工作座谈会。与采集移植医院有效沟通，就不断提高骨髓库使用率达成共识。

6. 11月中旬，在广西南宁举办了第九期电脑网络培训班。至此，总库管理中心已培训电脑网络操作人员900多人（次）。这支队伍有力保障了骨髓库日常工作的顺利开展。

此外，完成了107家采集（移植）医院的重新认定、签约等工作。

（三）加强数据质量管理，提高库容使用率

1. 坚持“以供者为本，为患者服务”理念，强化为临床服务的意识，加强队伍培训。根据工作实际，进一步完善“中华骨髓库检索配型操作程序”，将全部工作程序完成时间从90天缩短到60天，加快了为临床服务进程。

2. 为提高有效库容率，3月，中心委托志愿服务总队进行了2009年入库志愿者的抽检工作。此项工作为发现宣传招募志愿捐献者存在问题、加强分库管理、建立健全规章制度、以及科学分配入库任务等工作提供了参考数据。为降低流失率、反悔率起到了积极作用。

（四）加强实验室、样品库管理

1. 加强样品库管理。为进一步规范样品库工作，发挥样品库作用，制订了“2010年样品库质控工作方案”，实施对样品库的质控工作，完善全员全程质量控制流程。截至2011年1月样品库累计库存血样114多万人份。

2. 加强高分实验室管理。9月在京召开了“2010～2011年高分辨分型实验室遴选评定会”。经过现场申报、专家评议，确定北京、苏州、深圳、上海、浙江、黑龙江、山西7家单位的组织配型实验室为“中华骨髓库2010～2011年高分辨分型实验室”。高分辨分型检测费用由原来3600元/例调为3100元/例，得到患者和移植医院的好评。

3. 11月10日，质量控制实验室完成了对全年新增入库数据2%的抽检工作，全年共计抽检样本3344份（其中低分数据246份，占7.3%；中分数据1527份，占45.7%；高分数据1570份，占47%），总体正确率为99.49%，平均错误率为0.51%；完成了“HLA分型质量控制标本鉴定”，28家实验室达标，二家实验室实验室错误率超标；六个中低分标准样品和二个高分标准样品的检测鉴定工作，29家实验室合格，一家出现错误。对超标将按有关规定予以处罚。

（五）完善“中国造血干细胞捐献者资料库管理信息系统”。为配合国际HLA命名规则的变化及今年入库数据开始试点的HLA－C位点、DQ位点的入库，对计算机入库数据格式、底层数据结构、检索申请格式、检索方法及导入程序等进行了改进和完善。开发并使用的“高分数据检索程序”，有效地缩短了工作流程，提高了工作效率，同时，电脑网络系统也在不断调整、优化供者服务工作流程。

（六）加强科研工作和专家委员会协调管理。

1. 在科研方面，一是开展口腔粘膜拭子采样方法评估。为了学习国外先进骨髓库做法，组织完成了400多人份口腔粘膜拭子的评估活动。经质控实验室质控，专家评估，实验结果良好。为中华骨髓库在“十二五”期间逐步推广口腔拭子采集样本，积累了经验。二是启动建立《中华骨髓库CWD表》工作。为促进中华骨髓库可持续发展，推动HLA分型技术进步，8月中旬在京召开了“建立中华骨髓库常见基因频率表（CWD表）座谈会”。会上，成立了协作组，正式启动建立《中华骨髓库CWD表》工作。三是截至2010年5月，我中心完成了自建库以来中国人新基因的汇总工作，共发现306个中国人新等位基因。

2. 充分发挥专家委员会作用。在遇有重大问题、重大决策时听取专家意见、建议。在科研课题的制定、检索程序的改进、质控工作的改进、HLA高分数据入库试点工作的开展、加入世界骨髓库、检索配型标准的制定等工作中专家们都发挥了积极作用。2011年，中心先后于2月5日、4月29日、6月23日和8月16日召开了四次专家工作组会议，形成了一些决议和方案。12月17日，在京召开了"中华骨髓库2010年专家委员会会议"。郝林娜、陆道培等出席会议。会议对涉及骨髓库发展的一些重大问题进行深入研讨，并取得共识。

（七）加强宣传工作。

1. 5月上旬，在京组织召开了"爱心四叶草——白血病患者关爱行动暨爱心企业捐赠仪式"。常务副会长王伟、苏菊香（顾问）、陆道培、杨扬（奥运冠军）等出席活动。此次活动旨在搭建一个平台，呼吁社会各界从物质和精神方面给予白血病患者关爱和帮助，同时为患者提供求医治疗、康复经验等各种亲情服务。

2. 5月下旬，启动了"福兴达杯——中华骨髓库海报动画大赛"活动。大赛以"捐献造血干细胞是对生命的尊重、对人道博爱精神的光大、对社会和世界和谐的贡献"为主题。此次活动最终评选23个作品分获各类奖项，有11个分库获得组织奖。

3. 10月24日，在江苏省苏州市举办"生命相随—两岸三地骨髓捐受者相见欢"活动。现场有12对骨髓捐受者以不同形式相见，活动感人至深。中央电视台《新闻联播》、《焦点访谈》、《共同关注》、凤凰卫视、慈济大爱电视台、江苏电视台、苏州电视台和人民网、中国日报网、新浪网等多家媒体进行报道。

4. 全年出版《中华骨髓库通讯》12期，设计制作了2010年台历和一批宣传橱窗、宣传海报、宣传单页、宣传手册及科普知识光盘等。

（八）加强对外交流。

中华骨髓库秉承建设一个福及全球华人的一流骨髓库的理念，加强与世界各国骨髓库的交流与合作，同时向世界展示中华骨髓库的成果。5月份和6月份，管理中心分别组团访问了巴西、阿根廷和英国骨髓库，并参加了第八届世界骨髓库大会。进行了业务交流，就相关技术与合作问题进行沟通，并达成共识。管理中心采取"请进来，走出去"的形式，拓宽视野，学习借鉴国外骨髓库好的技术、好的管理经验，运用到中华骨髓库的建设中来。

此外，总库管理中心正在做加入世界骨髓库工作，与国家遗传基因管理办公室进行了有效沟通。目前，已将申报材料报国家遗传基因管理办公室审批。

（九）其他工作

1. 财务工作。2010年资金收入总额为9148万元，其中：财政拨款8526.2万元，接收捐款585万元，其他收入36.8万元；资金支出总额为8773万元，其中：财政拨款8478万元，捐款支出249万元，其他支出46万元。目前我中心财务状况正常，资金运转良好。

2. 考评工作。6月至7月，管理中心接受了国家彩票公益金考评组对干细胞库项目2009年彩票公益金的绩效考评工作。最终考评结果为优秀。

3. 审计工作。管理中心对审计反映出的问题非常重视，针对"审计决定书"提出捐献服务补助费扩大范围支出、购置财务软件及设备费用、关于收取高分实验室“高分数据研究论证费”及挂账等问题，已按审计要求予以改正。

4. 人事工作。调整部门职责，配备中层干部。为了使业务工作更加顺畅，根据实际需要调整了部室工作职能，原供者服务部调整为医疗服务部，其工作重点是为患者和医院服务。原宣传教育部调整为组织教育部，增加了分库管理职能。2011 年，进行了管理中心中层干部竞争上岗工作，五人通过竞争走上了领导岗位。为稳定干部队伍，2010 年，根据工作需要和本人表现，续聘三名、新聘一名，解聘一名“派遣人员”。

5. 文秘工作。全年上收文 100 余件，下收文 12 件，内收文 200 余件，发文（函）60 件；整理主任办公会会议纪要七期；整理 2009 年档案 40 多卷；完成 2010 年 1—12 月大事记的收集整理工作。

经过民主测评、结合工作业绩和平时表现，崔莉、刘文瑰、柳静三人在 2010 年度考核中被确定为优秀等次。

【历史沿革】

中国造血干细胞捐献者资料库，简称“中华骨髓库”，前身是 1992 年经卫生部批准建立的“中国非血缘关系骨髓移植供者资料检索库”。2001 年，在政府有关部门的支持和指导下，中国红十字会总会重新启动了建设资料库的工作。2001 年 4 月 23 日，由中国红十字会等 20 多家单位参加的中国造血干细胞捐献者资料库工作委员会在北京成立并召开第一次会议。中国红十字会会长彭珮云任主任。2001 年 5 月，中国红十字会总会在人民大会堂举行情况通报会，宣布重新启动中国造血干细胞捐献者资料库工作。同年 12 月，中央机构编制委员会办公室批准成立中国造血干细胞捐献者资料库管理中心，统一管理和规范开展招募志愿者的宣传、组织、动员、HLA（白细胞抗原）分型等活动，为患者提供检索配型、造血干细胞采集以及移植治疗相关服务。

2003 年至 2005 年，中国造血干细胞捐献者资料库的建设得到了国家彩票公益金的支持。截至 2005 年 12 月底，全国建立了 30 个省级分库、25 个 HLA 定点组织配型实验室和 1 个质量控制实验室；可用于为患者检索服务的 HLA 分型资料 35.6 万多人份；与国内外 80 多家医院建立了业务联系，共提供检索服务 9000 多人次，3000 多位患者配型成功，380 多位志愿捐献者为患者捐献了造血干细胞。资料库已初步显现在临床使用上的意义。资料库的建设还产生了良好的国际影响，已为来自美国、加拿大、新加坡、英国、法国、德国、澳大利亚、挪威、日本等国家和台湾、香港、澳门地区的患者提供了检索查询服务 300 多人次，为美国、新加坡及香港、台湾地区的提供造血干细胞 9 例。

2007 年，中国造血干细胞捐献者资料库完成入库 14 万人份数据，使总库库容达到 72 万人份，实现造血干细胞捐献 240 例。2008 年，中国造血干细胞捐献者资料库完成入库 14 万人份数据，完成移植 270 例。

四川汶川大地震发生后，中心主任洪俊岭受总会指派，赴四川成都任总会前方抗震救灾指挥部总指挥。刘静湖、邹庆波、靳伟民、张雷和扬帆先后到灾区参与抗震救灾和灾后重建工作。

【组织机构】

（一）国家管理中心

按照卫生部和中国红十字会总会《关

于加强中国造血干细胞捐献者资料库及分库建设的通知》要求，建设和管理资料库；HLA分型资料数据管理；境内外检索查询和采集、捐献造血干细胞相关服务等。

（二）专家委员会

专家委员会由国内知名的HLA和造血干细胞移植及法律、社会伦理等专家组成。中国工程院院士陆道培任主任委员，下设HLA和造血干细胞移植专家工作组。在国家管理中心的领导下研究解决有关技术问题，对资料库的建设和发展提出技术指导意见。

（三）分库

到2005年12月底，中国造血干细胞捐献者资料库有30个省级分库。担负着宣传征集适龄健康公民报名加入资料库；组织采集志愿者血样；开展相关咨询服务；检索服务；志愿者再动员；组织开展采集造血干细胞相关服务等工作。

（四）HLA组织配型实验室

到2005年底，中国造血干细胞捐献者资料库有25个定点HLA组织配型实验室，主要进行志愿者的HLA检测和数据上传工作。

（五）高分辨实验室

负责中国造血干细胞捐献者资料库总库、省级分库提供造血干细胞前的HLA血样的高分辨工作。由国家管理中心与高分辨实验室签订合作协议，合作期限为一年，目前有北京、苏州、深圳三个高分实验室。

（六）质控实验室

质量控制实验室受国家管理中心和国家血液检定机构委托开展对各HLA组织配型实验室的标准样本鉴定和入库数据抽检。

（七）采集、移植医院

目前，经省级卫生行政部门批准，在国家管理中心备案的造血干细胞移植医院有80多家，按照卫生部颁发《非血缘造血干细胞移植技术管理规范》、《非血缘造血干细胞采集技术管理规范》和国家管理中心发布的《造血干细胞采集、移植医院技术服务标准》开展工作。

【大型项目】

中国造血干细胞捐献者资料库管理中心得到了国家彩票公益金1.78亿元人民币的支持（于2003至2005年使用）。国家彩票公益金成为中国造血干细胞捐献者资料库建设的主要资金来源。

2002年10月27日，中国红十字会总会与强生公司支持中国造血干细胞捐献者资料库建设的合作项目在人民大会堂举行签约仪式。全国人大常委会副委员长、中国红十字会会长彭珮云，美国强生公司董事长兼首席执行官威廉·韦尔登出席签字仪式并为该项目揭牌。双方签署合作协议书。该合作项目为期三年，三年合作中，强生公司将出资830万元人民币，用于组织、动员强生在华员工捐献造血干细胞并捐款支付该公司员工的检测费；捐款支付资料库15000人份50%的检测费；连续举办三届“强生杯捐献造血干细胞，拯救生命”好新闻作品评选活动。

2004年3月29日，在人民大会堂中国红十字会与中国平安保险公司举行捐赠保险仪式。为2003年1月1日至2006年12月31日期间，中国造血干细胞捐献者资料库中的所有造血干细胞捐献者，无偿提供为期一年的每人总保额35万元的意外伤害及重大疾病保险。中国红十字会会长彭珮云向中国平安保险（集团）股份有限公司颁发感谢状，向马明哲董事长颁发“中国造血干细胞捐献者资料库爱心大使”聘书。

2002 年，中国红十字会总会与民建中央签署合作项目，由民建企业界 11 家会员单位共同筹集资金成立“中华骨髓博爱基金项目”，用于中国造血干细胞捐献者资料库的建设。

为推动中国红十字事业的发展，充分调动一切社会积极力量，使更多的人关注、支持、参与中国造血干细胞捐献者资料库的建设，自 2000 年起，中国造血干细胞捐献者资料库就聘请国内外知名人士作为资料库的爱心大使。截至 2004 年底，李宁、姜昆、黄格选、康辉、顾俊、倪萍、廖昌永、周源源、温兆伦、马艳丽、孙楠、曾媛、林依轮、程前、李咏、马伊琍、扬阳等知名人士成为中国造血干细胞捐献者资料库及各省级分库的“爱心大使”。2006 年 9 月他们都身体力行地参与了中国造血干细胞捐献者资料库的宣传活动。

2003 年 9 月 9 日，中国造血干细胞捐献者资料库与中国电信合作开通了信息热线电话 16895999。为社会各界人士开辟了一条方便、快捷的服务渠道。

2005 年 1 月 31 日，首届“捐献骨髓拯救生命”优秀新闻作品颁奖会在京召开，引起强烈的社会反响，对造血干细胞知识的宣传普及起到了积极的推动作用。11 月，中国红十字会总会与强生公司签署补充捐款协议，2006 年继续出资 200 万元人民币，支持中国造血干细胞捐献者资料库建设项目。

2007 年，我国 31 个省份都建立起了中华骨髓库的分库，实现了全国建库的目标。

【主要特色】

中国造血干细胞捐献者资料库管理中心是隶属中国红十字会总会领导的独立的法人公益事业单位。依托省红十字会建立了 30 个省级分库，其业务工作由国家管理中心领导。此项目成为中国红十字会的品牌工程。

组织机构从国家管理中心到地方省级分库、专家委员会、实验室、移植医院、采集中心，层级分明，通力合作，网络遍及全国各地。

2003 年至 2005 年，中国造血干细胞捐献者资料库的建设得到了国家彩票公益金 1.78 亿元的支持。2006～2010 年国家彩票公益金继续出资 4 亿元，支持资料库的建设。中国造血干细胞捐献者资料库自建立以来就以服务全球华人、造福人类为己任，从无到有、从小到大，克服各种困难，迅速发展，填补了世界骨髓库缺少华人样本和配型的一大空白。为推动人类社会平等、和谐发展做出了重大贡献。

（查秀英）

总会训练中心
（中国红十字会宾馆）

【年度工作】

2010 年训练中心领导班子带领全体员工较好的完成了年初部署的各项工作。

一、主要运营指标进展情况

截止 2010 年 10 月底，训练中心共完成收入 1200 万元，预计全年可完成收入 1400 万元。全年实施规模培训的项目有 11 个，对 96 个单位组织实施了应急救护培训，培训学员 10092 人。其中：彩票公益金救护师资培训 30 期，培训学员 1340 人；面对社会开展的救护员培训 53 期，讲座 43 期，培训学员7812名；干部轮训六期，培训学员467人。基层红十字会干部培训二期，培训干部370名；援外培训班三期，培训27个国家的红十字会及政府官员103名。

宾馆效益与服务同比有提高。中国红十字会（博鳌）国际交流中心，接待各级政府工作人员、红十字会干部、外国友人、企业、学生及游客等共计1986人。圆满完成了“东亚地区重建家庭研讨会”、“红十字冠名医院与公益事业论坛”、“营养、运动和健康管理培训班”等会议接待工作；中红培训网与新浪、百度、搜狐等网站联合发布了“康力迪珍爱生命”、“五八”公益讲座、“中比红十字应急救护知识普及项目会谈”等宣传活动，对应急救护知识宣传发挥了窗口作用；中心进一步完善了考核制度，加大了经营考核力度，巩固了经营考核制度的成果，人事改革、劳资管理扎实向前推进，办公室财务、后勤保障有力，各项工作有序进行。

二、主要工作及经验

（一）巩固与开拓并举，精心打造“培训”品牌

1. 做好彩票公益金救护师资项目培训工作。

从“十五”到“十一五”，训练中心的救护师资培训完成了从起步到发展的历程，彩票公益金培训项目锻炼了训练中心的师资队伍，也提高了训练中心在救护师资教学方面的能力，使训练中心在全国救护师资教学的平台上赢得了较高的美誉度和知名度，中心的师资多次被邀请到地方做示范教学。为推动和提高红十字救护培训工作做出了贡献。

2010年，训练中心完成了“十一五”彩票公益金项目最后30期培训工作。为做好收尾工作，提高教学质量，中心加强了师资队伍管理。多次召开听课会，探讨科学的教学方法。一季度应美国“AHA”项目的邀请，中心派出二名教学骨干前往丹麦哥本哈根协助拍摄救护培训教学片，拍摄过程中对教学方式进行了广泛交流，开扩了视野，改进了教学方式。继续申报了《中华医学会继续教育学分》，此举既增强了培训的吸引力又保证了生源素质，全年培训学员中450名学员获得国家级医学继续教育学分。2010年，中心将学员评优工作调整为凡是全勤并考核合格的学员均给予奖励的方法，大大地调动了全体学员的学习热情。

2. 大力拓展应急救护培训

2010年，面向社会开展的应急救护培训工作有了很大的拓展。委培的单位涉及国家部委、事业单位、厂矿企业、大专院校，培训的内容由过去单一的心肺复苏、四大技术扩展为向应急救援、护理、健康宣传、艾滋病预防等多方向，培训的对象也从一般公众、特殊行业人群扩展到国家公务员以及弱势群体。从事应急救护培训工作专职人员由年初的10人增加到15人。训练中心在社会培训、公益培训的开展工作进入快速、多方位的发展进程。在中心全体员工的发奋努力下，一个生机勃勃、欣欣向荣的红十字培训蓝图正在勾画。

在过去的一年里，中心在积极探讨多元化管理模式方面进行一些探讨，继2009年成立“训练中心中海油分部”后，2010年又成立“训练中心南丁格尔分部”。拟在护理行业开展应急救护培训。

根据总会的要求，中心拟定应急救护指导中心筹备方案，明确指导中心未来定位；

起草了《救护员培训管理办法》、《师资管理办法》等相关管理办法；增加中华医学会继续教育学分的申请项目，获批五个继续教育项目。协助总会申报“应急救护师”国家职业资格的工作也在进行中。

为宣传救护培训理念，将培训市场拓展与广泛宣传紧密结合起来，中心利用“五八红十字周”和“世界急救日”等纪念日开展活动，先后在红十字周开展二期对社会公众的公益讲座，在清华大学开展一期针对老年人的健康讲座，并通过环球时报、新浪、搜狐等媒体进行了广泛报道，扩大了红十字应急救护培训的影响力。

为加强与社会各界的合作，借助社会资源共同发展人道公益的应急救护培训，中心主任利用各种社会关系积极与各界进行沟通，争取合作，并向全国人大提交在全国旅游行业和消防人员中开展应急救护培训的两个提案。在中心领导和同志们的共同努力下，训练中心先后与总后、武警部队、中援思德科技发展有限公司、中华文明夏令营等单位进行联系，取得了合作的共识，目前有十几个较大项目正在做前期工作。同时，与基金会合作进行的“乡村医生培训”已顺利完成 10 期。

3. 干部培训工作成效显著

训练中心作为总会的唯一培训组织实施单位，积极做好干部队伍的培训工作是我们的职责所在。为此，一年来，中心在传播红十字运动的新知识、新理念，加强与各国红十字会的交流等方面都做出了积极地努力，完成了总会交给的培训任务。

按照总会在《中国红十字会事业 2010~2014 年发展规划》中提出的“地县级会领导干部轮训项目”的前期各项准备工作和相关要求，中心立足实际，在课程设置上以满足各省市红十字会需要为宗旨，采取专家授课与学员研讨、学习与考察相结合的形式，普及性与专题性相结合的学习内容。在授课的方法上，采取介绍经验、工作交流、工作方法传授等，从多方面、多角度给学员们扩展思路，搭建平台。许多参加轮训的学员认为总会组织的这种培训非常有必要，内容贴近实际，形式比较新颖，培训学员满意度为 97%。学员表示在培训期间不仅收获了知识，开阔了眼界。对我们的精心组织与安排给予了充分的肯定，部分红十字会主动申请来中心参加培训。此外，中心在人员少，培训时间集中，要求标准高的情况下，先后在上海和吉林延吉市组织了二期基层干部培训班，均取得了较好的效果。干部轮训班培训对象是地（县）专职会长，基层干部培训班的培训对象是基层红十字会一般专职干部，两种班很好的满足了基层红十字会业务培训的各项要求。

另外，配合地方红十字会的能力建设，红十字会干部出国境培训工作稳步开展，为全国红十字会干部了解国际红十字运动打开了一扇门。目前此项工作正在有序进行。

4. 积极开展对外交流，做好援外培训工作

中国红十字援外培训班自 2007 年办班以来，会领导给予高度重视，现任主管会领导郝林娜在工作十分紧张的情况下，亲自参加开班（结业）式和授课。在领导的关心支持下，训练中心在教学组织、活动安排、生活照顾等方面精心设计，细致安排，培训工作得到了商务部、总会和参加培训的各国红十字会同仁的赞扬。逐渐形成了训练中心的品牌项目。为完成好援外培训任务，中心

在人力、物力上不断加大投入，培训内容也不断规范。2010 年办班数和学员数有了很大突破，已完成三期，正在筹备第四期。本年度四期援外班的举办，使中国红十字援外培训形象得到较大提升。无论在参训学员数量上，还是培训质量上，都取得了长足的进步，形成了一系列规范完整的操作流程。

此外，随着中心在国际领域的合作交流的扩展，中心第一次实施联合会的 CBHFA 项目，第一次与国际委员会合作完成了密集人群救护的“师资培训”，第一次与外国政府（意大利）合作完成了“西藏乡村医生培训项目”；第一次承接总会的艾滋病项目。随着这些“第一”的不断增加，我们相信中心的发展空间将更加开阔。

（二）不断提高服务质量，努力营造“红十字会之家”

2010 年，宾馆出租房间 1.1 万余间/天，出租率达到 65%，接待各种会议 405 次。其中承接会内培训任务 38 期，社会各单位会议 10 余期。在接待过程中，中心实行全程跟踪服务，使服务质量不断提高。

2010 年 4 月，中心收回宾馆餐厅的经营权后，高薪聘请厨师团队，注意合理搭配，健康饮食。在注重色、香、味的同时，增强创新，不断推出新菜品，努力改善和提高餐饮水平。困扰中心多年的职工餐问题彻底解决。到过中心餐厅的老朋友都盛赞中心餐厅发生的变化，大家觉得中心餐厅的饭菜香了，服务的笑脸多了，“自己家餐厅”的感觉回来了。

北新桥餐厅是中心为总会干部提供服务的一个重要窗口。在物价水平不断上涨的情况下，中心一方面增加补助金额，一方面通过变换花样，合理膳食搭配，杜绝原材料浪费等措施，保证了总会职工餐质量始终保持在一个较高的水平，并不断有所变化，得到总会就餐人员的普遍认可。中心将继续用优质的服务质量和细致周道的服务工作，为总会工作人员，为中心职工，为直属单位，为参训的会内干部营造了红十字之家的氛围。

（三）不断夯实基础，提高工作质量

1．完善各类制度，实施规范化管理

2010 年，以来为适应形势变化和发展的需要，在充分总结经验的基础上，中心先后完善了七项规章制度，包括志愿工作者的管理、车辆管理办法、接待部客房营销以及餐厅考核办法等，实行以来效果较好。按照总会要求，中心彻底清查彩票培训使用的教具，分类入账，妥善保管。对总会下发的专用基金实行预算、使用、决算全过程的管理和监督，严格落实了财务审批制度。

2．巩固运营考核成果，严格奖惩

为提高工作绩效，深化激励约束机制，继续贯彻按劳分配、多劳多得、通过出色的业绩提高自己收入的理念，中心对经营部门加大了考核力度。坚持每周例会听取工作汇报，每个工作阶段召开专门会议进行小结，总结经验、指出不足。把运营考核经常化、制度化。如对宾馆客房营销工作每季度下达考核指标，严格对照考核要求进行奖惩兑现。经过一系列的考核实施，各部门运营节奏加快了，效益明显提高。

3．实施全员培训，打造发展新布局

继 2009 年对中心发展定位，全员大讨论的基础上，2010 年中心明确了以“培训为主业”的发展方向。为适应中心发展的需要，提高人员素质、加强人员培训是十分必要的。为此中心克服了时间紧，人员少、工作多、压力大的困难，坚持做好员工培训，提升“内功”。一年来组织职工进行了红十字会法、红十字运动历史沿革、国际人道法、公文写作、国际救护培训、外事礼仪、项目筹资、项目管理、服务规程、客服礼仪、中心规章制度解读等涉及到十几个方面的培训。先后邀请了总会部门领导，邀请欧洲应急救护教育参考中心的协调官员讲授了国际先进的救护培训的标准和模式。为提高宣传摄影的质量，中心主任就“新闻摄影”方面的知识进行专题授课。此外中心还派出10名职工参加了国家及会内举办的财务、人事、档案管理、救护、应急救援、红十字能力建设等多种培训。通过培训，中心员工队伍的整体素质有了明显提高。工作人员的执行力得到了较大增强。

【历史沿革】

中国红十字会总会训练中心与中国红十字会宾馆为一个单位，两个牌子。于1986年由德国、日本等6个国家红十字会组织捐资建成，是以承担亚太地区红十字卫生救护培训任务，接待国际、国内卫生组织在京召开各项大型会议的工作为主、从事社会性的对外经营为辅的服务机构。

1993年，根据中央国家机关宾馆招待所分等定级标准，国务院机关事务管理局为中国红十字会宾馆颁发了一级宾馆招待所资格证。

2002年，国务院机关事务管理局和国家发展改革委员会对当年需要重新核定登记和首次定级的50家宾馆招待所进行了等级评定。经评定，中国红十字会宾馆再次被评为国家一级宾馆招待所。

1984年6月13日，在北京市东城区干面胡同53号举行了中国红十字会总会训练中心（宾馆）奠基典礼，参加仪式的各方面代表共有170余人，中国红十字会常务副会长谭云鹤指出，训练中心（宾馆）的建成，将对中国红十字会的工作和与各国红十字会组织之间的交流合作发挥积极的作用。

1986年9月15日，举行了中国红十字会总会训练中心（宾馆）的竣工典礼。国家领导人宋任穷、赵朴初，北京市副市长陈昊苏，红十字国际委员会主席德拉玛他及日本、联邦德国、瑞典、芬兰、美国红十字会的代表等应邀参加了竣工典礼。

1986年10月11日，中国红十字会总会训练中心（宾馆）接待了全国红十字会理事会代表。

1987年5月11日，中国红十字会主办的《国际人道主义法》讲习班在训练中心（宾馆）举办，全国政协副主席雷洁琼及外交部国际司、解放军总政治部的代表出席了开幕式。红十字国际委员会总务部主任莫里勇，国际委员会亚太办事处纽考姆，红十字会与红新月会国际联合会亚太部主任西瓦拉特南，美国红十字会副主席杰拉尔逊，美国红十字会外事委员会主席舒沃兹等出席。

1987年8月1日起，中国红十字会总会训练中心（宾馆）正式实行承包责任制。

1987年9月8日，受卫生部委托，中国红十字会总会训练中心（宾馆）承办世界卫生组织亚太地区学术交流会。

1992年起，中国红十字会总会训练中心成为自收自支单位。

1996年，中国红十字会总会训练中心接待了来访的泰国公主。

1996年，中国红十字会总会训练中心承办了省红十字会秘书长培训班。

1996年，中国红十字会总会训练中心接待了国际红十字夏令营营员。

1998年，中国红十字会总会训练中心承办了红十字会法颁布五周年庆典。

1998年，中国红十字会总会训练中心承办了抗洪赈灾表彰大会。

2001年7月，中国红十字会总会训练中心接待了参加第三十八届南丁格尔奖颁奖典礼的代表、日本花冈劳工会议代表、韩国访问团。

2001年8月，中国红十字会总会训练中心接待了香港会议代表。

2001年9月15日，中国红十字会总会训练中心（宾馆）举行了15周年店庆活动。

2003年，中国红十字会第七届理事会第四次会议在中国红十字会总会训练中心举行。

2003年，抗击“非典”献爱心——纪念“五八”世界红十字日，红十字行动新闻发布会在中国红十字会总会训练中心举行。

2003年，中国红十字会总会训练中心接待了参加第39届南丁格尔奖颁奖典礼的代表。

2004年2月10日，中国红十字会总会机关从中国红十字会总会训练中心（宾馆）搬迁至北新桥新址办公。

8月初，中国红十字会总会训练中心暂停营业，全面装修。

11月26日，在择优、竞争、双向选择的原则下，中国红十字会总会训练中心进行了机构改革，其中6名工人被聘任为科级干部，12名职工办理了内退手续。

12月底，中国红十字会总会训练中心装修完成。

2005年3月，根据总会文件精神，中国红十字会总会训练中心定为副局级单位。4—12月，训练中心举办3期救护师资提高班，36期师资培训班，共培训1236人。

2006年，训练中心为35个单位开展救护知识技能培训，受训1900余人。全年接待各类会议91个。

【组织机构】

（一）中心历届领导

阳照，男，1985年10月兼任中国红十字会总会训练中心主任（正处级）。

袁天义，男，1985年12月至1986年9月，兼任中国红十字会总会训练中心副主任；1986年9月，任中国红十字会总会训练中心主任（正处级）。

杨象乔，男，1986年7月任中国红十字会总会训练中心副主任（副处级）。

张瑾，男，1986年9月任中国红十字会总会训练中心副主任（副处级）。

陈明仁，男，1988年至1991年3月，2001年11月至2004年4月，任中国红十字会总会训练中心主任（正处级）。

王兴阶，男，1991年3月至2001年11月，任中国红十字会总会训练中心主任（正处级）。

赵铁，男，1991年任中国红十字会总会训练中心副主任（副处级）。

李艳，女，1993年3月任中国红十字会总会训练中心副主任（副处级）。

冯瑞珍，男，2001年3月21日任中国红十字会总会训练中心副主任（副处级）；2001年12月，担任中国红十字会总会训练中心副主任（主持工作，副处级）；2005年3月25日，任中国红十字会总会训练中心副主任兼宾馆经理（总会机关副部长级）。

杨会新，男，2005年3月25日任总会

训练中心主任（副司局级）。

唐晓音，女，2005 年 3 月 25 日任总会训练中心副主任（副司局级）。

陈明仁，男，2006 年 11 月 16 日兼任训练中心主任（副司局级）。

鲁京城，男，2006 年 11 月 16 日任训练中心副主任（正处级）。

（二）内部编制

1983 年 6 月 14 日，国家卫生部发文，同意成立中国红十字会总会训练中心，下设训练教学科、行政管理科，总编制 38 名。

1986 年 3 月 28 日，卫生部批准中国红十字会总会训练中心人员编制 60 名。

1988 年 3 月 9 日，中国红十字会总会训练中心组织机构内设 5 个科室，分别为：中心办公室、财务科、设备科、餐饮科、接待科。

1992 年 6 月 3 日，国家卫生部发文，根据中编办批复，批准中国红十字会总会训练中心事业编制 97 名。

2005 年 10 月 9 日，根据中国红十字会总会文件，总会训练中心内设 4 个处级部门，分别为：办公室、培训部、接待部、餐饮部。人员编制为 97 名。

【主要特色】

中国红十字会总会训练中心是隶属中国红十字会总会的独立法人公益事业单位，也是红十字会系统唯一的全国性培训基地。

救护培训：卫生救护是红十字运动的起源，宣传及普及卫生救护和防病知识，开展人道主义卫生救护活动，进行初级卫生救护培训及健康教育，组织群众参加现场救护，是红十字会的一项重要职责。作为唯一的全国性培训基地，训练中心积极将开展卫生救护培训同传播人道主义精神、发展和壮大红十字组织及职业培训、精神文明建设结合起来。通过举办救护培训，扩大红十字会的影响，提高红十字会的声誉。

近年来，训练中心开展了一系列培训工作，越来越多的群众在接受培训的同时了解了红十字会。经过不懈的努力，为红十字救护工作的普及奠定了良好的基础。

2005 年 4 月，中国红十字会总会向训练中心下达了“十五”计划 2004～2005 年彩票公益金救护培训项目指标。彩票公益金救护培训项目的执行，进一步推动了训练中心的工作，使培训质量有了明显的提高。

接待服务：经过装修改造的中国红十字会总会培训中心大楼，现有客房 66 套，其中：标准间 57 个、豪华套间 4 个、商务间 5 个，可同时接纳 120 人入住；大小会议室 3 个，多功能厅 1 个；餐厅内除大厅外，有豪华包间 1 个，中包间 3 个，可同时接待 120 人用餐。可承接国际、国内各种会议、培训，为总会及直属单位、各省分会提供服务，同时对外开放，接待中外来宾入住。

（王　辉）

中国红十字会援外物资供应站

【年度工作】

2010 年，中国红十字会援外物资供应站在总会党组的亲切关怀和领导下，在总会机关的大力支持、帮助下，面对各种困难对供应站经营所造成的不利影响，严格按照中共上海市委、市政府提出的“迎世博、保安全、促稳定”的总要求，全站干部职工团结一心，真抓实干，克服困难，拓展思路，深挖潜力，较好地完成了备灾救灾物资仓储与管理、调拨与发运任务，生产经营有序进行，全年经济收入突破500万元，较好地实现了全年工作目标。

（一）集中精力妥善处理历史遗留问题

1. 通过法律途径，终结了两起历史纠纷。一是彻底终结了红康公司与原职工李国康的劳动关系，避免了单位不必要的损失。二是终结了红康公司与红枫酒家的租赁纠纷，法院裁决我方胜诉，红枫酒家彻底腾退房屋。

2. 圆满解决供应站与金倡公司的合同纠纷问题。

3. 解决了供应站与马福昌在对七莘路备灾物资仓库的管理和使用上长期存在的纠纷。

4. 顺利完成五方公司股权转让的工商更改登记。在总会工作组的帮助指导下，成功办理了股权转让的所有手续，使总会在五方公司中所占的88%的股权得到法定。同时，在总会领导的高度重视下，产生了五方公司新的董事会和法定代表人。

5. 在总会工作组的指导下和有关专业机构的帮助下，对四个单位的账套进行了清理，已经形成对帐务处理的方案和意见。

由于历史原因，供应站及三个公司财务账目存在着诸多问题，已经严重影响我站进一步的建设和发展。在专业机构的大力帮助下，我站财务人员积极配合，对四个单位自成立以来的账目进行了彻底清查，经过近五个月的艰苦工作，整理出需要进行帐务处理的六个主要问题，并对这些问题提出了解决方案和建议。

（二）加强备灾物资仓库的建设，较好地配合了总会的抗灾救灾工作

1. 利用沪杭高速公路拓宽的契机，有效地改造了七莘路备灾物资仓库。七莘路仓库地处上海至杭州高速公路高架之下，为迎接2010年世博会，上海市从2009年下半年开始对沪杭高速公路进行拓宽改造。为此，供应站成立专门工作小组，一方面向有关职能部门宣传红十字会的性质、宗旨，另一方面积极主动与路政、路桥、交通管理部门衔接，最终把七莘路仓库改造工程纳入了公路部门对沪杭高速改造工程的范畴。通过改造，共增加仓库建筑面积800平方米。

2. 投入部分资金，进一步改善仓库管理的设施和条件。一是抓住沪杭高速公路拓宽改造机遇，投入20万元对七莘路备灾物资仓库排水、电路、通风、消防、防盗和照明系统进行了彻底改造，新建了办公室和门卫值班室。同时对现存的备灾救灾物资进行了维护，更换垫仓板和破损的包装箱，确保了总会备灾救灾物资没有发生损毁现象。

3. 配合总会完成了救灾物资的调拨任务。今年入夏后，我国中东部地区遭遇大范围的洪涝灾害。我站先后接到总会赈济部四次调拨令，先后向湖北、河南、江苏发送各种救灾物资共计四类7 950件，保证了救灾物资及时到达灾区，发挥了作用。

（三）建立和完善内部管理制度，促进了各项工作的规范化和制度化

1. 针对车辆使用及费用报销不规范的现象，修订了《车辆使用管理办法》，对车辆的使用、保养与维护、费用报销及驾驶员的管理进行了规范；

2. 确定了站长办公会议制度，讨论、研究和决策重大事项，真正形成了良好的民主议事氛围；

3. 规范各项请示报告程序、文电处理

程序；

4. 针对文件、资料和档案管理不规范现象，作出计划安排，着手对现有的文件资料进行建档立卷规范整理；

5. 对租赁合同进行进一步规范。在工作组的指导下，重新审核原有的《租赁合同》，对有关条款进行了修改和充实，力求少失误、不失误。同时，规定所有租赁客户在签定租赁合同时，必须签定《安全责任书》，与《租赁合同》一并生效。

（四）拓展思路，深挖潜力，冷静面对复杂形势，克服困难，较好地完成了生产经营工作目标

供应站经济收入主要来源于沪青平大院和桂林路商务楼的租赁业务。2010 年有以下两大因素，使经营活动面临严峻形势。一是 2010 年年初开始，随着虹桥国际机场新航站楼的启用，货运物流区域的调整，造成我沪青平大院的虹能物流公司于 3 月份退租，直接造成年租金 35 万元的流失。同时，其他几家物流公司也纷纷提出欲退租；二是大经济形势调整影响的延续，原沪青平大院的德皇商务贸易公司因业务压缩而退租，直接造成年租金 46 万元的损失。

面对以上严峻的经营形势，经营管理处及沪青平管理科一是积极想办法，通过各种媒体发布招租信息，动员各方力量帮助招租；二是拓展思路，顺应市场变化，收集承租户信息，主动联系，多替客户考虑，吸引客户；三是对欲退租的客户，积极做好沟通，提供热情周到的服务，用真诚感动客户，使客户产生依恋不舍的感情。通过这些努力，在较短的时间内，找到了新客户，留住了老客户，挽回了损失，保持出租率在 95% 以上，为全年经济收入突破 500 万元打下了坚实基础。

（五）积极配合总会做好了世博服务和保障工作

第一，为了确保按总会世博项目秘书处在世博期间正常开展工作，主要提供了三个方面的保障：

（1）日常工作保障。供应站为总会世博项目秘书处精心挑选了一名政治素质好、驾驶技术过硬的驾驶员，为保障秘书处正常开展工作做出了应有的贡献。

（2）财务保障。世博期间为确保总会世博项目秘书处各类项目的正常开支，供应站设立专帐，明确专人，规定了随叫随到，随到随报的工作机制，共审核报销运行保障费近 16 万元，未发生一起差错。

（3）仓储保障。七莘路仓库为世博红十字展馆仓储宣传品和赞助商服务用品达 10 类 1 800 余件（箱），仅各种宣传册（页）计 600 万份。仓库 24 小时有人值守，保证了宣传品和展馆物资及时领取发运。

第二，强化了世博期间安全保卫工作。供应站按照上海市政府的要求，针对自身工作特点，专门研究制定了供应站“迎世博、保安全”的有关制度，结合业务工作，与所有租赁客户签订了《安全责任书》，提出了安全工作要求，明确了安全责任和义务，确保了世博会期间无事故、无刑事案件的发生。

【历史沿革】

中国红十字会援外物资供应站，成立于 1991 年 7 月，是中国红十字会总会在上海成立的全国第一家赈灾仓库。其主要职能是：为人道主义救助提供援外物资供应服务，并承担援外物资的采购与供应、包装与保管、储运与发放以及相关救灾供应服务。

1985年以来，中国红十字会总会委托上海市红十字会向坦桑尼亚、埃塞俄比亚、罗马尼亚、安齐拉等40多个国家和地区筹集、发运了价值近1000万元人民币的药品、医疗器械、食品、棉毯等救灾物资。此外，还办理了国外、港、台地区向我国捐赠的约100万元人民币的大米、药品、医疗设备、救灾车等接收、储存、转运等工作。上海市红十字会在办理救灾物资任务时，得到了上海县城乡建设发展总公司的支持，为红十字会救灾物资的储备、包装、运输等提供了良好的工作条件，并在海关、商检、保险、报关等联系提供了方便，缩短了救灾物资的发运时间，圆满完成了援外物资的调运任务。

1990年，为适应不断增加的援外救灾和国内救灾任务的需要，使救灾物资工作管理进一步规范化，上海市红十字会向中国红十字会总会提出了建立救灾物资供应站的请示。请示提出：在原上海县城乡建设发展总公司的基础上，由中国红十字会总会、上海市红十字会、上海县城乡建设发展总公司联合在上海创建救灾物资供应站。总会在多次专题调查研究的基础上，于1991年3月23日下达了《关于成立救灾物资供应站的批复》，同意成立救灾物资供应站的请示。批复中明确："供应站名称定为中国红十字会援外物资供应站，该站为隶属于中国红十字会总会的事业单位，实行企业化管理，经济上实行独立核算、自负盈亏。"总会委托上海红十字会负责供应站的日常管理和财务监督，并指派总会国际联络部副部长何竞兼任该站副站长，以协调有关事宜。总会拨款5万元以资支持。供应站在筹建工作中得到了中国红十字会总会领导的支持。

中国红十字会援外物资供应站于1991年7月4日成立，在上海登记注册，组建了领导班子。总会任命原上海县城乡建设发展总公司总经理赵晨兼任站长及法人代表，并主持工作，上海市红十字会副秘书长潘鹤琴兼副站长，总会国际联络部副部长何竞兼任副站长。为此，时任中国红十字会秘书长韩长林、上海市卫生局局长王道民、上海市政府外事办副主任李舜善等20余个部门的领导参加了揭牌仪式，同时向新闻界宣布了中国红十字会第一个援外物资供应站在上海正式成立，从而掀开了援外任务的新篇章。

1992年1月，经总会同意供应站申请征用了上海闵行区沪青平路206弄8号（虹桥机场南大门口岸）10亩土地，总会先后投入资金580万元人民币。供应站按照"一业为主、多种经营"、"以站养站"的方针开展创业工作。

1997年12月，在供应站建设救灾仓库过程中由于缺少资金，主动同上海闵浩实业有限公司合作，联合成立了上海五方航运物资储运有限公司。闽浩公司投资500万元人民币，持有55%的股权，供应站以409万元的资产投入，持有45%的股权。

1997年11月，供应站建造完成了6036平方仓库、办公楼的基础设施建设（包括两栋四层框架式5096平方米的救灾备灾仓库），为红十字事业的发展奠定了基础。1992年8月，经总会批复，供应站在上海注册成立了"中国红康房地产公司"，后改名称为"红康实业总公司"并投资150万元人民币。

1993年2月，总会将赵晨正式调入供应站工作，改变了供应站三家联合模式。

1993年1月15日总会下达了《关于理顺中国红十字会援外物资供应站的管理关系

的通知》，供应站成为总会直属的事业单位；总会下达了《关于中国红十字会援外物资供应站人员编制的批复》；总会批复再次确定供应站是隶属于总会的事业单位，主要职权是接收、储运国内外的赈灾物资，并承办仓储、转运等任务。

2002 年清理整顿：由于供应站的成立是总会批准的，还须由国家机构编制审批，因此，无法作为事业法人单位进行注册登记。2002 年 9 月 10 日，总会以向中央机构编制委员会递交了《关于加强对援外物资供应站管理的情况报告》，申请补办供应站编制。

2002 年 8 月 21 日，中央机构编制委员会以《关于中国红十字会援外物资供应站机构编制的批复》，“经研究同意设立中国红十字会援外物资供应站，核定经费自理事业编制 15 名。”

2002 年 10 月，总会与上海闵浩实业有限公司签订了股权转让协议书，总会以 320 万元的资金收购了上海闵浩公司在五方公司 55% 的全部股份，五方公司成为总会的全资公司。

2002 年 12 月 30 日，总会党组下发《关于杨喜兰等三同志聘任的通知》，正式聘任事业发展部副部长杨喜兰兼任中国红十字会援外物资供应站站长和法人代表；王惠芳任中国红十字会援外物资供应站第一副站长；王伟任中国红十字会援外物资供应站副站长。

2003 年 8 月，供应站完成了国家事业单位法人注册登记工作，从而供应站正式列为事业法人单位，使供应站的发展逐步走上了规范化的轨道。

2003 年 11 月，供应站完成了与闵浩公司在五方公司的股权交割程序。

2005 年，供应站强化救灾物资管理，投入 18 万元改造、修整仓库，保证救灾物资完好和安全，可出租面积达 6000 平方米。全年营业收入达 260 万元。

2006 年，供应站抓好管理，使 300 多万元的备灾救灾物资保管完好。全年房产出租总收入 325 万元。

2007 年，供应站完成了年初制定的 350 万元的经济创收指标，全年租赁收入达 351 万元。

2008 年，供应站实现创收 422 万。

2007 年 8 月至 2010 年 8 月，总会党组任命张峻为援外物资供应站站长、党支部书记、法定代表人。（沪 站）

总会报刊社

【年度工作】

2010 年，既是完成中国红十字会五年规划的开局之年，也是各级红十字会的能力建设年。加之今年自然灾害频发，人道需求急剧增加，这一切都报刊宣传工作提出了新的挑战。

2010 年的主要工作：

一、围绕中心、突出重点，为中国红十字会各项工作的推进积极发挥宣传舆论作用

近几年来，中国红十字会既面临着前所未有的挑战，也面临着前所未有的发展机遇。从国际社会的大背景来看，局部战争和武装动乱从未消停；自然灾害、环境污染无时不威胁着人类的生存与发展。据世界银行统计，如果把贫困线定在每人每天 1 美元的标准，那么全世界还有 12 亿贫困人口，占全世界人口的 20%。而按照这一标准，中国的贫困人口还有 2300 多万，其贫困人口总数仅次于印度，列世界第二位。据联合国人居署的资料，全世界约有10亿人居住在质量差且过于拥挤的贫民窟；有4.5亿多人面临严重缺水。这一切都带来了前所未有的以几何级数增加的人道需求。

以国际和国内人道救助为己任的中国红十字会抓住发展机遇，在构建和谐社会的大舞台上开始扮演重要角色。作为中国红十字会唯一面向国内外的宣传舆论阵地，《中国红十字报》和《博爱》杂志理应做好宣传和动员民众的工作，理应为中国红十字会各项工作的推进鸣锣开道。

2010年，围绕总会的中心工作突出了四个报道重点：

一是全力以赴做好“九大”会议报道。去年10月，为了充分报道“九大”盛况和会议精神，报刊社成立了以报纸编辑部为主的报道组，确定了“及时、准确、隆重、热烈、振奋、鼓劲”的报道原则，制定了较为详细的报道计划，并将这些计划分解落实到每位编辑记者。为了及时报道大会盛况，增加报道量，报刊社将《中国红十字报》由周二刊临时改为日报，将原来的单面彩色印刷改为全彩印刷。会议期间共出报4期，总发稿量达到11万余字，较为圆满地完成了“九大”报道任务，既充分呈现了大会热烈隆重的盛况，也起到了“振奋精神、鼓足干劲”的宣传效果。

二是及时、充分地报道各级红十字会的救灾行动以及灾后重建工作。

近年来，我国自然灾害频发。先有2008年汶川大地震，后有西南地区旱灾、玉树地震、舟曲泥石流、还有今年几乎横扫大半个中国的水灾。灾难发生后，各级红十字会闻灾而动，积极募捐，支援灾区，很好地发挥了政府人道工作领域的助手作用。

去年下半年以来，《中国红十字报》对汶川灾后重建工作一直进行跟踪报道，通过对各级红十字会援建项目进度、工程质量、资金使用情况的报道，在提升红十字会社会公信力上造影响、造舆论。

今年上半年，云南、贵州等地发生严重旱灾，引起社会广泛关注，当地红十字会积极发挥作用，组织募捐援助灾区，社会各界也发起了向灾区送水活动。《中国红十字报》紧跟总会和地方红会的工作脚步，及时报道红十字会在灾区开展的援助工作。同时，还抓住文艺界冯晓刚、张国立、陈道民等演艺界人士呼吁通过红十字会向西南地区送水一事大做文章，吸引公众眼球，为提高红十字会影响力和知名度发挥宣传作用。

玉树地震突如其来。地震发生后报刊社闻灾而动。迅速约请第一时间赶到灾区的总会救灾工作组成员用手机短信的方式及时发回灾区的情况和总会救灾小组在灾区的工作，并为此专门开辟了“短信连线，直击灾区”专栏。这既反映了报刊社这支队伍的应急宣传能力，也创造了重大突发事件的一种新的报道方式。

为了充分报道各级红会支援灾区的情况。《中国红十字报》前后用6期报纸集中报道了各级红十字会支援灾区、参与抗震救灾，紧急救援阶段总会工作组在玉树等工作情况。对在第一时间赶赴灾区的中国红十字会蓝天救援队、999救援队、湖南供水队和云南卫生救援队、青海省红会的工作也进行了及时、详尽的报道。共发文（图）100余篇（幅），其中包括“玉树抗震救灾”专版5个。回良玉副总理对红会“树大拇指”的报道赢得广泛赞扬。

前不久，舟曲发生重大泥石流灾害，《中国红十字报》的报道工作及时跟上，到目前为止，已发稿及图片近100余篇（幅）。

三是以对基层红十字会加强能力建设的有益探索和富有启发性的经验的报道，推动红十字会能力建设。

红十字事业要获得大的发展，必须有一支素质高、能力强的工作队伍。在今年年初召开的中国红十字会第九届二次会议上，总会将2010年定为“能力建设年”，这也将是今后较长时期的工作重点之一。围绕这一重点工作，报刊社在年初即制定了报道计划，并在《中国红十字报》上开辟了“能力建设”、“能力建设纵横谈”等专栏。

“能力建设”专栏主要报道各级红十字会加强能力建设的新做法、新经验、新探索。如四川省内江市红十字会《三管齐下打造核心竞争力》、哈尔滨市红会《找到事业发展的源泉》、北京市西城区红会《以组织建设促能力发展》、华山医院《红十字医院能力提升之路》、上海浦东新区红十字会《内外兼修筑实力》等。

“能力建设纵横谈”为理论探讨性栏目。围绕为什么要加强能力建设？做好红会工作需要具备哪些能力？怎样搞好能力建设？《中国红十字报》先后刊发了20多篇观点新颖、见解独特的理论文章，如《红十字会急需加强的10种能力建设》、《红十字会“能力建设”的理论思考》、《进一步增强红十字人干事创业的内驱力》、《红十字能力提升路径》、《创新是红十字组织能力建设的动力与活力》等。为了更深入地探讨能力建设问题，我们还专门开辟了“能力建设理论”专版，对加强能力建设这个大的课题进行全方位、多角度的探讨。一些有思想、有见地的文章给正在积极开展能力建设的基层红十字组织和红十字同仁提供了新的思路、新的路径。

四是积极做好红十字会参与世博、服务世博的报道。

在中国举办世博会是国人百年的梦想。上海获得2010世博会举办权不但圆了中国人的梦想，而且也为中国红十字会提供了一个参与世博、服务世博的机会。

今年初，报刊社即将上海世博会列为2010年报道重点，并制定了贯穿整个世博会的报道计划。世博会开幕前，《中国红十字报》一版开辟了“与世博同行”专栏，对总会参与世博以及国际红十字与红新月馆的建设情况、布展情况进行跟踪报道；同时对上海市红十字会以及周边省市红十字会参与世博、服务世博的工作进行跟踪报道。这些报道不但为世博会开幕造势而且展示了红十字会的形象，扩大了红十字会的社会影响。

世博会开幕后，《中国红十字报》一方面跟踪报道国际红十字与红新月馆的活动；一方面多角度地展示上海市各级红十字会以及红十字志愿者服务世博的行动。为延伸报道范围、丰富报道内容，《中国红十字报》还开辟了“我与世博”栏目，专门刊登参与世博的红十字志愿者的日记和博客，透过这些志愿者的所见所闻所感，向读者呈现一个多彩的世博，一个触动心灵、留下难忘记忆的世博。

《中国红十字报》还在四版的国际版开设了“世博观馆”专栏，将一些有特色的，富有新知识、新理念的国家馆介绍给读者。

二、抓采编队伍能力建设，在提高报刊质量上下功夫

质量是报刊的生命力。《中国红十字报》和《博爱》杂志要想在竞争激烈的报刊市场站稳脚跟、谋求发展，必须以质量取胜。报刊社领导班子深知质量对于“一报一刊”的重要性，自始至终将提高报刊质量摆在促进报刊社事业发展的战略地位来认识，并在抓采编队伍能力建设上下功夫。因为只有这样才能办出高质量的报刊。

主要在两个方面下功夫。一是采取多种方式提高编辑记者的综合能力；一是通过办培训班的方式提高通讯员的采访写作能力。采取的方法是：

在组织战役性报道中培养编辑记者的综合分析能力。所谓战役性报道，就是媒体在特定时间、围绕特定主题，集中版面，有选择、有重点地突出报道某方面的事实，籍以形成舆论强势。比如去年10月，围绕“九大”召开这个大的主题组织的战役性报道。《中国红十字报》和《博爱》杂志的编辑记者几乎全员出动，每个人既写又编。在时间紧、任务重的情况下，引导记者在程序化的会议中，独具慧眼地发现好新闻；在一摞摞材料和代表的发言中寻踪索源，写出深度报道。通过这次大练兵，人人都得了锻炼。

在应急宣传中培养编辑记者的快速反应能力。2008年汶川地震发生后，报刊社一方面派记者迅速赶往地震灾区，深入灾区一线采访。一方面派出记者驻守总会捐赠点，现场采访。今年4月，青海玉树发生地震后，报刊社也马上派记者驻守总会捐赠现场采访，及时发回报道。

在组织深度报道中，提高编辑记者的思辨能力。《中国红十字报》曾先后推出了多组具有探索性、分析性或反思性的深度报道。每次都是先做出报道计划，然后将题目分给每个参与报道的记者，记者再围绕自己领到的题目采访和积累材料，并形成自己的思路，搭建起稿件的框架。这个过程既是一个思考的过程，也是一个去伪存真的过程。

要办好一报一刊，通讯员队伍是一支不可忽视的重要力量。从某种意义来说，它是决定《中国红十字报》和《博爱》杂志是否具有核心竞争力的关键。

今年5月，报刊社与红十字国际委员会东亚地区代表处在江西景德镇联合举办了新闻业务培训班，来自全国各级红十字会160多名宣传干部参加了这次培训。

三、增强《博爱》杂志的可读性，提高《博爱》杂志的品牌知名度

《博爱》杂志是一本面向社会各界的月刊。近几年来，报刊社一直在提高杂志的可读性上下功夫。要求编辑选用的稿件，要贴近读者，能给读者带来心灵的愉悦和思考。要选用那些写普通人真实生活、表达个人真实感受，及对生活有独特感悟的稿件。在社会转型的时代大变迁中，努力使这本亲近读者的杂志成为读者的“心灵鸡汤”，成为能引起读者感情共鸣的情感读本。在持之不懈的努力下，2005年以来，《博爱》杂志的发行量稳步上升，2010年又有了新的突破。去年9月以来，本刊发表的文章有多篇被《读者》、《读者俱乐部》、《特别关注》、《意林》、《意林·少年版》、《青年文摘》转载。

【历史沿革】

中国红十字会总会主管主办的《中国红十字报》、《博爱》期刊、《中国红十字会年报》、《中国红十字年鉴》，由中国红十字会总会报刊社编辑出版，报刊社属中国红十字会总会京内直属单位。

自改革开放中国红十字会恢复国内工作以来，《中国红十字》期刊（后改名《博爱》）复刊于1980年，《中国红十字报》创刊于1986年，熊世琦为总会宣传部部长兼总编辑。1988年8月26日，全国红十字报刊通讯发行工作座谈会在江西庐山召开。1990年8月9日至15日，《中国红十字报》、《中国红十字》期刊通讯员业务讲习班在湖南张家界举行。

1991年9月13日至15日，中国红十字报刊工作会议在辽宁沈阳召开，颁发了报刊工作先进集体、优秀特约记者、特约通讯员及好新闻奖。在此之前，刘峰、武星户等先后调入中国红十字会总会报刊社，接替熊世琦等人的报刊社领导工作。

1992年9月18日至21日，中国红十字报刊工作会议在广东广州召开，颁发了报刊工作先进集体、优秀特约记者、特约通讯员及好新闻奖。同年10月，中国红十字会总会以红办字（1992）第143号文件规定："报刊社具有独立法人地位，享有民事权利和承担民事义务，实行事业单位企业管理，自主经营，独立核算，自负盈亏。""报刊社实行社委会领导下的总编辑（兼社长）负责制和副社长、副总编辑的分工负责制。""报刊社享有劳动用工权和人事管理权，社内实行全员聘任制。"

1993年1月1日，经中国红十字会总会报刊社申办，中国红十字会总会报卫生部批准，中国红十字会总会报刊社由全额拨款事业单位改制为自收自支事业单位，1994年1月1日起，报刊社设立会计、出纳，财务独立核算。同时，中共中国红十字会总会党组聘任刘峰为社长兼总编辑（法定代表人），武星户为副总编辑。同年4月6日至9日，中国红十字报刊社第一届特约记者工作会议在浙江温州召开，颁发了报刊工作先进集体、优秀特约记者、特约通讯员及好新闻奖。与此同时，根据中发〔1993〕7号文件和中编委会议精神，中编办批复总会机构改革方案确定中国红十字会总会报刊社自收自支事业编制40名。按照党管干部的原则和总会规定，报刊社副处级以上干部由中共中国红十字会总会党组管理并聘用，其他人员由报刊社自行管理并聘用。

1994年4月6日至8日，中国红十字会总会报刊社第二届特约记者工作会议在广西召开。同年10月21日至25日，中国红十字报刊工作会议在四川召开，颁发了报刊工作先进集体、优秀特约记者、特约通讯员及好新闻奖。

1995年3月25日，中央机构编制委员会办公室以中编办字〔1995〕52号文件发出《关于印发〈中国红十字会总会机构改革方案〉的通知》中指出："《中国红十字会总会机构改革方案》经中央机构编制委员会办公室审核，并报国务院领导批准，现予印发。"《中国红十字会总会机构改革方案》在"事业单位和编制"中指出："中国红十字会总会报刊社自收自支事业编制40名。"同年10月6日至8日，中国红十字报刊工作会议在天津召开，颁发了报刊工作先进集体、优秀特约记者、特约通讯员及好新闻奖。

1996年7月1日，中共中国红十字会总会党组聘任武星户为代社长兼总编辑（法定代表人）。同年9月23日至27日，中国红十字会宣传论坛暨报刊工作会议在新疆召开，颁发了报刊工作先进集体、优秀特约记者、特约通讯员及好新闻奖。

1997年3月20日至23日，中国红十字会总会报刊社第三届特约记者工作会议在北京召开。同年9月27日至30日，中国红十字报刊工作会议在江西吉安召开，颁发了报刊工作先进集体、优秀特约记者、特约通讯员及好新闻奖。

1998年5月8日，中共中国红十字会总会党组以“红会党字［1999］第6号”文件通知：聘任李兰颂为副社长兼总编辑（法定代表人）。同年3月2日至5日，中国红十字会总会报刊社第四届特约记者工作会议在海南召开；10月8日至11日，中国红十字会宣传论坛暨报刊工作会议在山西召开，颁发了报刊工作先进集体、优秀特约记者、特约通讯员及好新闻奖。

1999年6月14日，中共中国红十字会总会党组以“红党字［1999］第003号”文件通知：聘任李兰颂为副社长兼总编辑（法定代表人），武星户为副总编辑。同年9月8日至10日，中国红十字会总会报刊工作会议在上海召开，颁发了报刊工作先进集体、优秀特约记者、特约通讯员及好新闻奖。

2000年以前，《中国红十字报》、《博爱》期刊由卫生部主管、总会主办；2000年起，经中国红十字会总会报刊社向国家新闻出版署申办，《中国红十字报》、《博爱》期刊由中国红十字会总会主管主办。

2000年9月21日至23日，中国红十字会总会报刊工作会议在浙江宁波召开，颁发了报刊工作先进集体、优秀特约记者、特约通讯员及好新闻奖。同年10月8日，中共中国红十字会总会党组批复中国红十字会总会报刊社《关于机构设置和岗位职责的试行方案》（另有9个配套文件）。其中，《关于机构设置和岗位职责的试行方案》的内容是：中国红十字会总会报刊社为正处级单位，下设科级业务部门1室4部：1. 办公室（人事、财务、文档、稿酬、通联、后勤），主任、副主任各1人（科级或中级），主管若干（副科级或中级），负责专项事务；2. 出版部（照排、审读、摄影、网络、值班、机动），主任、副主任各1人（主任编辑或副编审），主管若干（中级或副科级），负责专项事务；3. 报纸编辑部（采访、编辑、组稿、跟版、校对、清样），主任1人（主任编辑或副编审）；4. 期刊编辑部（采访、编辑、组稿、跟版、校对、清样），主任1人（副编审或主任编辑）；5. 经理部（发行、广告、印刷、纸张、设备、经营），主任、副主任各1人（科级或中级），主管若干（副科级或中级），负责专项事务。

2001年7月27日，中国红十字会总会报刊社经申办获得国家事业单位登记管理局颁发的“事证第110000000649号”《中华人民共和国事业单位法人证书》。其中，名称：中国红十字会总会报刊社；宗旨和业务范围：出版红十字报刊，宣传红十字工作《中国红十字报》出版《博爱》期刊出版广告业务新闻业务研究相关业务培训与印刷发行；住所：北京市东城区干面胡同43号；法定代表人：李兰颂；经费来源：事业收入；开办资金：人民币44万元（实为报刊社当年自有资金）；举办单位：中国红十字会总会。同年9月5日至7日，中国红十字会总会报刊工作会议在吉林召开，颁发了报刊工作先进集体、优秀特约记者、特约通讯员及好新闻奖。12月30日，中共中国红十字会总会党组以“红党字［2001］16号”文件通知：聘任唐晓音为社长（法定代表人），李兰颂为副社长兼总编辑，肖星为副社长，武星户为副总编辑。

2002年5月24日至26日，中国红十字会总会报刊社新闻业务培训班在云南保山腾冲举行。同年5月27日，中国红十字会总会报刊社出台了以职工全员聘任制为原则主体的系列管理办法，主要有《报刊社岗位职责及效益工资分配暂行办法》（内含《说明》、《办公室岗位职责及效益工资分配》、《报刊编辑出版岗位职责及效益工资分配》、《综合开发岗位职责及效益工资分配》部分）。9月24日至26日，中国红十字会总会报刊工作会议在广西桂林召开，颁发了报刊工作先进集体、优秀特约记者、特约通讯员及好新闻奖。当年起，由中国红十字会总会报刊社承办的总会项目“中国红十字会英文通讯”复刊出版。同年12月间，中国红十字会总会报刊社组织福建省、湖北省、成都市、苏州市红十字会以中国红十字会宣传工作者代表团名义访问日本、韩国。

2003年4月15日至18日、22日至25日中国红十字会总会报刊社先后举办了2期全国红十字青少年工作论坛，来自各地的代表大多为中小学校的校长和教师，代表们在论坛中交流了各自红十字青少年工作的经验和体会。8月19日至21日，中国红十字会总会报刊工作会议在内蒙古呼伦贝尔召开，颁发了报刊工作先进集体、优秀特约记者、特约通讯员及好新闻奖。同年12月间，中国红十字会总会报刊社组织福建省红十字会代表团访问法国、德国等国。年内，由中国红十字会总会报刊社承办的红十字会与红新月会国际联合会项目《红十字宣传指南》一书编辑出版（五洲传播出版社）。

2004年5月31日至6月4日，中国红十字会总会报刊社新闻业务培训班在北戴河举行。同年8月间，中国红十字会总会报刊社组织浙江省红十字会代表团访问澳大利亚、新西兰。9月21日至23日，中国红十字会总会报刊工作会议在贵州遵义召开，颁发了报刊工作先进集体、优秀特约通讯员及好新闻奖。在此前后，中国红十字会总会报刊社受红十字国际委员会委托组织翻译出版了《国际人道法问答》中文版；报刊社受红十字会与红新月会国际联合会委托组织翻译出版了《2004年度世界灾害报告》。

（一）《中国红十字报》：

《中国红十字报》创刊于1986年，现报头为赵朴初题写。

1986年10月5日，《中国红十字报》第1期即试刊号编辑出版，为4开4版月报，赵朴初、钱信忠、黄树则、谭云鹤题词祝贺。

1986年12月5日，由中共中央宣传部批准，《中国红十字报》第3期即创刊号编辑出版，为4开4版月报，向国内外公开发行。

1991年1月5日，即第56期起，《中国红十字报》扩为4开4版半月报。5月5日，即第64期起，《中国红十字报》扩为对开4版半月报。当年，中国中央人民广播电台黄金时段报摘节目多次摘播《中国红十字报》刊登的消息和通讯。

1992年1月3日，即第80期起，《中国红十字报》扩为对开4版周报，杨成武、陈丕显、马文瑞题词祝贺。

1992年11月27日，即第126期起，

《中国红十字报》首次试办“月末版”，至1993年下旬止。

1994年4月1日，即第194期，《中国红十字报》举办了《中华人民共和国红十字会法》知识竞赛活动，当期报纸（含试卷版）发行93.5万份，11月15，举行了颁奖仪式。

1997年度，中国红十字会总会报刊社举办了“达纳康杯”无偿献血知识竞赛，共销售有考卷的《中国红十字报》96万份，在北京人民大会堂召开的总结表彰大会上，全国政协副主席、中国红十字会会长钱正英向优胜奖和组织奖获得者颁奖。

1998年9月11日，即第422期起，《中国红十字报》每逢重大活动与纪念日均出版对开1版和4版的彩色报纸，至2002年1月止。第422期《中国红十字报》彩色报纸的启动资金为中央电视台文艺中心影视部部分编导、大连市广播电视局部分领导、中央电视台首播电视剧当年获奖的单位代表以及全体个人的捐款。

2000年3月24日是《中国红十字报》第500期出版日。3月26日是中国中央电视台《正大综艺》第500期播出日，双方就国际性共同特点联袂举办庆典，出版了彩色印刷的《中国红十字报》第500期专号，录制播出了“正大综艺”第500期专辑，发行了明信片。全国人大常委会副委员长、中国红十字会会长彭珮云题词：“办好中国红十字报为建设有中国特色红十字事业服务”；中国红十字会常务副会长王立忠致贺词：“讴歌和平发展主题高扬人道博爱理念祝贺《中国红十字报》出版第500期”。

2003年，《中国红十字报》每逢月末周五加至为对开8版，其中，后4版为彩色印刷的月末版加版，只在北京地区免费发放，至2003年12月止。从本年度开始，中国红十字会总会报刊社与红十字会与红新月会国际联合会驻东亚地区代表团在《中国红十字报》第一版上不定期开办了《亚太通讯》和《焦点报道》专栏，收到很好的传播效果。

2004年1月30日，即第697期起，《中国红十字报》每逢月末周五为4开8版的月末版，至2004年12月止。同年9月8日，中共中国红十字会总会党组聘任吴苾雯为社长兼总编辑（法定代表人），李兰颂为副总编辑。

2005年1月7日，即第746期起，《中国红十字报》全年一版、四版套红。

（二）《博爱》期刊：

《博爱》期刊创刊于1913年，刊名为孙文题字（选自孙文为广东省中山县的题词）。

1913年5月1日，《中国红十字总会杂志》第一号即创刊号诞生，该刊载有“武昌黎副总统致南京孙大总统电：‘鄂省自起义以来。血战数十日。尸骸枕藉。无算伤残。幸赖中国红十字会。设立临时医院。救治被伤兵士。并施掩埋。兹查该会已由日本赤十字社社长松方侯爵。特派法学博士有贺长雄来沪。’”该刊还载有“日本赤十字社社长电”：‘一千九百十二年正月十二号瑞士日来弗东京赤十字社社长松方侯爵转。’另据权威资料证实：“1912年11月13日，常议会公议，每月出画报一册，以为劝捐张本，每期约需洋200元。”刊有“总会名誉会长、部分正副会长照片”，署名“第一号中华民国二年三月上旬中国红十字会编辑部”。有编辑部就有媒体，“每月出画报一册”的时间比《中国红十字总会杂志》还要早。

1921年10月10日，《红会月刊》第一期编辑出版。

1946年，由《会务通讯》和《救护通讯》合并的《中国红十字》月刊编辑出版。

1950年9月30日，《新中国红十字》期刊出版创刊号。

1956年4月，《新中国红十字》期刊更名为《中国红十字》期刊复刊。

1958年，中国红十字会总会组训部和宣传部与中央爱国卫生工作委员会办公室合署办公，《中国红十字》期刊与《讲卫生》月刊合并为《爱国卫生》期刊。

1980年7月20日，《中国红十字》期刊复刊，为月刊，小16开，内文32页。

1992年1月15日，即总第212期起，《中国红十字》期刊由月刊改为双月刊，小16开，内文64页。

1993年1月15日，即总第218期起，《中国红十字》期刊更名为《博爱》，双月刊，小16开，内文64页。

1995年1月15日，即总第230期起，《博爱》为双月刊，并改为大16开，内文64页。刊名为孙文题字。

1998年12月《博爱（增刊红十字会法版）》编辑出版（启动资金为北京市红十字会订阅4000册的费用）。

1999年4月，《博爱》期刊入选中国期刊协会、中国出版对外贸易总公司在美国洛杉矶举办的中国期刊展览会。为了展示中国改革开放以来期刊发展的成就，开拓中国出版物在美国的发行市场，扩大中国文化在美国的影响，中国期刊协会、中国出版对外贸易总公司于1999年4月在美国洛杉矶举办了中国期刊展览会。经权威部门和出版专家的严格筛选与一致认定，《博爱》期刊按照中国期刊协会征集函的要求寄出样刊后，接到通知并得到获准：以现代汉语传播人道主义、国际红十字运动和开创中国特色红十字事业新局面的最大平面媒体的独特面貌及世纪风采，与国内部分优秀期刊齐登国际期刊市场及期刊展览的大雅之堂。同年12月《博爱（增刊红十字基金版）》编辑出版（启动资金为中国红十字基金会订阅5000册的费用）。

2000年、2001年两年的时间里，中国中央人民广播电台黄金时段直播节目——《星空无限》和《娱乐新干线》均把当期出版发行的《博爱》期刊作为奖品用于颇有收听率的竞猜活动，中央人民广播电台每次将获奖者名单和地址传真给中国红十字会总会报刊社，再由《博爱》期刊编辑部采取邮寄的办法将奖品颁发给获奖听众（包括世界各地收听华语区域），使《博爱》期刊在更为广阔的范围内得以发行，扩大传播了中国红十字的人道主张。2001年4月《博爱（增刊修订本红十字会法版）》编辑出版。

2003年1月15日，即总第278期起，《博爱》期刊由双月刊改为月刊，大16开，内文64页，当年月平均整订户发行量为3.83万份。

（三）《中国红十字会年报》：

《中国红十字会年报》创刊于1986年。

《中国红十字会年报》为中国红十字会年度工作的集纳总成。自改革开放中国红十字会恢复工作以来，每年一册，文图并茂，已经跨越了近20年，连续编辑出版了近20期，对推动中国特色红十字事业的蓬勃发展，起到了真实记录、整体反映和广泛宣传的作用。由于文字是汉、英对照的，《中国红十字会年报》还作为对外宣传品用于对外交流以及台港澳事务交往活动中。当前，中央提出坚持以人为本思想、树立落实科学发展观、构建社会主义和谐社会等一系列指导方针，中国红十字会作为在政府人道领域的助手，进一步加强了对热爱和平、珍视和睦、促进和谐重大意义和工作进程的宣传。集纳年度工作亮点的《中国红十字会年报》起到了这一宣传作用。

《中国红十字会年报》是中国红十字会总会对外宣传的常设项目之一。主要内容为：1. 中国红十字会名誉会长、会长、常务副会长、副会长、秘书长介绍；2. 中国红十字会组织机构图；3. 中国红十字会全国会员代表大会、常务理事会及其理事会、年度工作会议情况；4. 依法兴会、组织建设、筹资与宣传、红十字青少年、传播红十字运动知识、赈济救护、社区服务、无偿献血、预防控制艾滋病与遗体捐献、造血干细胞捐献者资料库建设、台港澳事务、国际交往、总会年度接受捐赠资金及彩票公益金收支情况报告等；5. 各省、自治区、直辖市、新疆生产建设兵团红十字会，铁路、商业红十字会年度工作情况反映等。

（四）《中国红十字年鉴》：

《中国红十字年鉴》创刊于 2005 年（《中国红十字年鉴 · 2004/2005 创刊号》）。

《中国红十字年鉴》是中国红十字会一部大型的重要文献汇编。它既是综合反映开创中国特色红十字事业新局面的百科书，也是全面反映中国红十字会百年历程的编年史，属公开出版物，每年一部。

《中国红十字年鉴》由中国红十字会领导、总会各部门及直属单位主要负责人、省级红十字会常务副会长或专职副会长、行业红十字会负责人组成编辑委员会，负责领导、组织协调和审稿工作。编委会下设有编辑部，编辑部负责按计划开展编辑、出版等项工作。

《中国红十字年鉴》的编辑出版，不但能真实记录、整体反映各个历史阶段中国红十字事业的发展情况，而且作为宣传品它还可以起到向社会传播和宣传红十字精神，动员民众参与红十字事业的重要作用。同时，它还可以用于对外交流以及与台港澳的交往活动中。

《中国红十字年鉴》是中国红十字会总会对外宣传的常设项目之一。《中国红十字年鉴 · 2004/2005 创刊号》编辑体例和主要内容为：纵览篇（百年会史概述、百年会史编年、新中国成立以来中国红十字会第一届至第八届全国会员代表大会工作报告）；文献篇（中共中央、全国人大、国务院、全国政协领导的讲话、致信、题词，法律、法规，重要文件，中国红十字事业 2005 ~ 2009 年发展规划）；纪事篇（大事记、重大活动及会议）；专业篇（部分专业会议介绍，大型项目课题论证）；总会篇（名誉会长、副会长，会长、常务副会长、副会长、秘书长名单，中国红十字会会长、常务副会长在 2004 年、2005 年中国红十字会工作会议上的讲话，总会机关：办公室、赈济救护部、事业发展部、联络部、直属机关党委，直属单位：机关服务中心、报刊社、中国红十字基金会、中国造血干细胞捐献者资料库管理中心、训练中心、上海援外物资供应站）；分会篇（全国各省、自治区、直辖市红十字会，铁路系统、商业系统红十字会，新疆生产建设兵团红十字会，香港、澳门特别行政区红十字会）；人名篇（百年会史名录，人物志、人名录）；研究篇（理论与实践、调查与研究，先进经验）；数据篇（人、财、物数据资料，募集捐赠款物数据资料）；资讯篇（公共词条与篇目，总会及省、自治区、直辖市、特别行政区分会联络方式）。

2005 年起，《中国红十字报》、《博爱》期刊确定新的定位。报纸定位于：立足系统，面向国内外，具有权威性的大报。期刊定位于：面向大众，生活情感类杂志，其宗旨为“关注民生，纪录情感，在亲情、友情、爱情、人际之情的讲述中凸显世道人心，弘扬博爱精神”。《中国红十字报》、《博爱》期刊在印度洋海啸救援的宣传报道活动中，发挥了积极作用。2005 年，中国红十字年鉴编辑部成立。承接了《中国红十字年鉴》、《中国红十字会年报》、《中国的南丁格尔（南丁格尔奖获得者报告文学集）》等项目。

2006 年，《中国红十字报》、《博爱》期刊强化服务总会，服务基层的功能，在基层组织建设，抗灾救灾和灾后重建等方面做了大量报道。5 月，报刊社与红十字国际委员会东亚地区代表处联合举办了新闻业务培训班，来自全国各级红十字会的 200 多名宣传干部参加了培训。

2007 年，《中国红十字报》由周一刊改为周二刊，扩大了报道面，充实了宣传内容。《博爱》期刊推出了“家教档案”、“动感人生”、“老照片”等新的栏目，使期刊内容更为丰富。《中国红十字年鉴》增加了计划单列市、省会城市、直辖市城区的词条，扩大了息信的收集范围。

2008 年，在汶川特大地震后的两个多月时间里，《中国红十字报》刊发抗震救灾为主的版面 70 余个，其中地方红会专版 13 个。此间共刊发抗震救灾消息、通讯、特写、评论、短讯等各类体载稿件 750 余篇，以及大量图片、图表。《博爱》期刊也对中国红十字会和志愿者参与抗震救灾行动进行了全方位报道。总会第一批赴灾区指导救灾工作的李兰颂和赴灾区进行新闻报道的刘玉海获总会抗震救灾先进个人称号。7 月下旬，《中国红十字报》辟专栏，对红十字会参与的奥运工作进行报道。前后共刊发稿件 70 篇。总会授予报刊社参与北京奥运会特别贡献奖，授予吕进福参与北京奥运会先进个人称号。在办好《中国红十字年鉴》和《中国红十字会年报》的基础上，开始进行《中国红十字会汶川特大地震抗震救灾志》的编辑工作。

【组织机构】

1995 年 3 月 25 日，中央机构编制委员会办公室以（中编办字〔1995〕52 号）文件通知中国红十字会总会，同意印发《中国红十字会总会机构改革方案》，该方案“事业单位和编制”中指出：“中国红十字会总会报刊社自收自支事业编制 40 名。”

2001 年 7 月 27 日，由中国红十字会总会报刊社向国家事业单位登记管理局申办，被确定为事业单位法人；宗旨和业务范围是：出版红十字报刊，宣传红十字工作；经费来源：事业收入；开办资金：人民币 44 万元。首位法定代表人为副社长、总编辑李兰颂。

2004 年 9 月 8 日，中共中国红十字会总会党组聘任吴苾雯为社长兼总编辑（法定代表人），李兰颂为副总编辑。

自 2005 年 1 月，中国红十字会总会报刊社实行全员聘任制；经中国红十字会总会批准组建了新一届社务委员会，成员为：吴苾雯、李兰颂、孙惠玲、张建平。报刊社设立1室7部：

办公室（主任：李兰颂，兼）；负责本社人事、财务、文档、印信、后勤、外联及安保等工作。

报纸编辑部（主任：孙惠玲）；负责《中国红十字报》的编辑出版工作。

期刊编辑部（主任：张建平）；负责《博爱》期刊的编辑出版工作。

年鉴编辑部（主任：傅虹，副主任：冯志国）；负责《中国红十字年鉴》、《中国红十字会年报》及新增新闻出版项目的编纂出版等工作。

发行部（副主任：白琳）；负责本社出版物的发行工作。

广告部（副主任：傅学煜）；负责《中国红十字报》、《博爱》期刊广告业务的承揽、审核及客户服务等工作。

项目活动部（副主任：郑勇）；负责经营项目及活动的策划、组织、实施等工作。

传媒营销部（主管：肖星）；负责中国红十字会网站的采编事宜、中国红十字会《英文通讯》编辑出版等工作。

【大型项目】

一、《中国红十字年鉴》，2005年2月，中国红十字会总会报刊社成立中国红十字年鉴编辑部，设编辑部主任、副主任各1人，并经中国红十字会执行委员会批准成立中国红十字年鉴编辑委员会。年内编纂出版了《中国红十字年鉴·2004/2005创刊号》，为中国红十字会自1904年成立101年以来的第一部大型文献汇编，既是中国红十字会百年历程的编年史、也是开创中国红十字事业新局面的大事记，还是从事人道领域社会救助的专兼职工作者们必备的百科书。《中国红十字年鉴·2004/2005创刊号》，填补了中国红十字会一直没有年鉴的空白，该项目已被纳入“十一五”计划，确保了社会效益和经济效益相统一。

二、《中国红十字会年报·2004》，每年一期，大16开，以图片为主，全彩色印制，汉英语对照，多用于外宣。

三、《中国的南丁格尔》专题报告文学及长篇通讯集；全书传主为我国43位第29届至40届南丁格尔奖获者。

四、编辑出版了《中国红十字报·印度洋海啸救援专版》、《印度洋海啸大救援·中国红十字在行动》的画册及VCD光盘。

五、《中国红十字会英文通讯》每两个月一期，继续发行至各驻华使领馆、红十字国际委员会、红十字会与红新月会国际联合会、70多个国家和地区的红十字会与红新月会。

六、协办第一、二届中国造血干细胞捐献者优秀新闻作品评选活动。该项目由西安扬森公司出资、中国造血干细胞捐献者资料库管理中心（中华骨髓库）承办、中国红十字会总会报刊社协办（负责该活动的评奖、颁奖仪式及会务等工作）。

【主要特色】

中国红十字会总会报刊社自1988年起，一直坚持“以会议代培训”和“以培训促发展”的工作方针，建立了较为完善的通讯报道网络和报刊发行渠道。2005年6月，中国红十字会总会报刊社与红十字国际委员会驻东亚地区代表处在河北省承德市举办了新闻业务培训班，250多名红十字专职工作者参加了培训。同年9月5日至7日，中国红十字会总会报刊工作会议在宁夏召开，颁发了报刊工作先进集体、优秀通讯员及好新闻奖。与此同时，中国红十字会总会报刊社还坚持发扬“在办报刊中举办好活动”和“在举办活动中办好报刊”的特色，影响较大，收益颇丰。仅在2005年里，中国红十字会总会报刊社与中国造血干细胞库管理中心和西安扬森公司合作，举办优秀新闻作品评选活动。从6月中旬开始，给中央电视台新闻频道送去每期出版的《中国红十字报》，中央电视台新闻频道的“媒体广场”节目多次摘播了发表在《中国红十字报》上的稿件，扩大了中国红十字会的社会影响。

（李兰颂　傅　虹　冯志国）

四

研究篇

工 作 研 究

中国红十字会会长华建敏在北京市调研红十字会工作时的讲话

2009 年 12 月 3 日

今天花了一天的时间在北京市考察红十字工作，先后看了金融街社区、中关村中学的红十字会基层组织和 999 急救中心，刚才又听了韩陆同志代表北京市红十字会所作的工作汇报。总的感受是两句话：一是北京市红十字工作做得很好，名不虚传；二是所考察的三个点都有不少新鲜经验，所接触到的红十字工作者、会员和志愿者都有很好的精神状态，今天的考察对我们很有启发，不虚此行。我印象很深的主要有这样几件事：

第一，北京市红十字会的社区服务贴近群众、有声有色，真正融合进了社区生活的方方面面。强调融合，是因为社会事业只有融合进老百姓的生活，才实实在在具有生命力。如果仅仅停留在表面上，即使看上去贴得很紧，也会一撕就掉，经不起时间的考验，更不会有长远的发展。金融街聘用了很多社会工作者充实红十字会工作力量，这一点我很赞同。红十字事业要想有大发展，就必须创新用人机制，不管采用什么方式招来人，只要冠了红十字工作者的名，干了红十字会的活，何乐而不为呢？这种做法多多益善。

第二，群众性自救互救能力培训项目，我以前也看过一些，像中关村中学做得这么好的并不多。演练中，同学们包扎、施救的手法比较专业到位，说明培训质量很高。如今城市里绝大多数家庭的孩子都是独生子女，以自救互救能力培训为载体，开展道德培育和实践，让他们从小养成帮助别人的习惯，克服衣来伸手、饭来张口的毛病，这一点十分重要。所以，我一直主张，要将生动的、具体的道德实践纳入规定的教育内容和课程。这件事，请红十字总会与教育部协商予以积极推进。

第三，北京市红十字会的应急体系建设已经走在全国前列。我们今天下午看的 999 急救中心运作得很好，为北京市的经济社会发展尤其是北京奥运会等重大活动做出了重要贡献。999 急救系统这么多年走过来很不容易，积累了许多有益的经验，特别是运营机制和资金保障，值得其他地区红十字会在建设应急体系时借鉴。

第四，北京市的青少年红十字工作成效显著。在中关村中学，校长和老师介绍了红十字进校园后给学生带来的变化。他们的一席话生动真切地反映了开展青少年红十字工作的重要性，我们一些负责教育管理的领导干部确有必要去这所学校看一看、听一听。现在，社会上“向钱看”、一切以利润最大化为出发点的氛围还很浓厚。这种环境下，培养青少年的道德素质，提高未成年人的道德水平，仅靠课堂说教是不够的。培养一个孩子，最要紧的是道德教育。道德教育要从娃娃抓起，不能中小学阶段只知道让孩子学习数理化，到了大学才开始重视德育。道德教育要真正抓好，离不开具体实践。中国的传统文化历来强调，行善才能积德，一个孩子，让他做一件好事，他的道德素质就能提高一小步，做十件好事就能提高一大步，如果一辈子做好事就会成为具有高尚道德的人。反过来，如果离开行善、脱离实践，空谈道德、灌输理念，德育工作只会事倍功半。现实中可以看到，抽象的口号可以让孩子们记住一时，但很快又被忘到脑后。

第五，北京市红十字会在对外合作方面做了大量卓有成效的工作。外交要搞好，应该是官方外交和民间外交两个轮子一起转，相互配合，共同推动。开展民间外交有时比官方外交更有效果。特别是红十字会，在两国间没有建立外交关系时能发挥重要作用。

近年来，在 2008 年汶川特大地震的抗震救灾、北京奥运会的志愿者服务等重大活动中，北京市红十字会挺身而出、担当重任，做了大量扎实的工作，发挥了突出的作用，赢得了社会的广泛认同，国家也给予了很高的荣誉。可以说，北京市的红十字工作已经走在全国前列，是当之无愧的排头兵。取得这样的成绩，首先是有中央的正确领导，有北京市委、市政府的高度重视和实在支持。同时，市红会班子、干部队伍和基层组织具有高昂的斗志和奋发进取的精神状态，整天琢磨新招，勇于开拓，永不止步。大家不怕苦、不怕难、不怕累，只要是人民群众需要，都会千方百计地去干，而且力争上游，在可能的条件下做到最好，北京市的红十字会不愧是首都的红十字会。何谓首都，我琢磨可从两个层次来理解，一是综合来讲，首都作为首善之都，物质文明、政治文明、精神文明和生态文明建设都搞得好；二是单项来讲，红十字会秉承人道、博爱、奉献宗旨，从事人道主义事业，这是一大善事，是社会事业的重要组成部分，北京市红十字会立足首都，红十字工作要力争在全国名列首位。

有句成语叫“见贤思齐”，我们希望其他省市的红十字工作能以北京市为标杆加快学习和赶超。如果从现在开始，经过两年的努力，全国有三分之一省份红十字会的体制机制建设达到目前北京市的水平，中国的红十字事业将会迈上一个大台阶。如果经过五年的努力，有三分之二的省份达到北京市的水平，那就是一个巨大的成就。

我到红十字会工作有一个多月了，在这里想谈一点关于我国红十字事业发展大背景的认识。我认为，现在已经到了实现红十字事业大发展大跨越的历史最好时机。

第一，国家的发展为红十字事业奠定了雄厚的物质基础。经过改革开放 30 多年的快速发展，我国经济实力和综合国力显著增强，加快社会事业发展、改善民生具有雄厚的物质基础，发展红十字事业可以依托的各类资源潜力巨大。

第二，社会主义精神文明建设的不断深入为红十字事业提供了有力的精神支撑。从 1986 年中央提出“两个文明一起抓”到现在，社会主义精神文明建设成就巨大，进一步加快精神文明建设、提高全社会道德水平，越来越成为全国人民的热切愿望。红十字会作为社会主义精神文明建设大军中的重要力量，未来的发展空间广阔，前景光明。

第三，落实科学发展观、统筹经济社会发展，必然要求大力推动包括红十字事业在内的各项社会建设。党的十六大以来，我们党对社会建设重要性的认识不断深化，明确了构建社会主义和谐社会在中国特色社会主义事业总体布局中的地位，加快社会建设已经摆上重要议事日程。

第四，深化改革为红十字事业的发展提供了广阔的舞台。党的十六大以来，中央多次强调，和谐社会要靠全社会共同建设，要转变政府职能，加快推进政事分开，支持社会组织参与社会管理和公共服务。这说明，中央高度重视社会团体在社会建设中的作用，红十字会加快发展、开创新局面具备良好的外部环境。

第五，各级红十字会的能力建设不断加强。近些年来我国红十字事业有了长足的发展，各级红十字会做好人道救助工作的能力和实力不断增强。

第六，发展红十字事业在我国具有深厚的土壤。中华民族具有扶危济困、敬老助残、救死扶伤、乐善好施的传统美德。改革开放以来，我国企业的社会责任感逐步提高，企业回报社会、全社会关心弱势群体的意愿日益增强。发展红十字事业在全社会拥有广泛的支持力量。

在这些有利条件下，我们各级红十字会大有可为。只要我们抓住机遇，扎实工作，中国的红十字事业必将迈上大台阶，实现新跨越。

总之，今天的考察收获很大，北京市委市政府对红十字事业的坚强领导和大力支持，市红十字会广大工作者、会员和志愿者的工作热情，让我们感到很温暖、很阳光、很有信心，希望北京市红十字会在市委市政府的领导下，真抓实干、开拓创新，为红十字事业的发展做出新的贡献。

中国红十字会会长华建敏在四川省调研红十字会工作时的讲话

2009 年 12 月 7 日

这次到四川来，主要是调研四川省红十字会的工作，这两天看了红十字会经办的受灾群众民居和卫生院（所）、中小学重建的情况，还听取了省人大的汇报，刚才奇葆同志又全面介绍了恢复重建进展情况，很受鼓舞。2008 年、2009 两年间，四川省经受了汶川特大地震和国际金融危机两场严峻考验，省委、省政府在中央领导下，坚持“两手抓”，一手抓抗震救灾，一手抓经济建设，在两场考试中都交出了满意的答卷。百年一遇的灾难，史无前例的救灾力度，同时又取得了国内领先的经济发展绩效。这些都应当好好加以总结。

这次来还要参加明天召开的四川省红十字会第七次会员代表大会。在这次抗震救灾中，四川省红十字会也经受了考验，工作得到加强，队伍受到锻炼，能力得以提高。作为一个省级红十字会，经手了近四十六七亿元的巨额款项，开展众多的建设项目，恐怕在历史上也是空前的。红十字会的钱来得不容易，很大一部分是普通老百姓的捐款，诸如小学生节省吃早餐的钱，是很多人辛辛苦苦站在马路上一笔一笔募捐来的，很不容易。去年，四川省红十字会理顺了多数县级红十字会的体制，充实了编制和力量，为救灾工作创造了条件。当前救灾重建仍有大量工作要做，红十字会工作有需求、有经验、有实力，完全有条件把省红十字事业发展得更好。我希望，四川省红十字会在省委、省政府领导下，努力建设成为先行示范的省级红十字会，在抗震救灾的后续斗争中发挥更大作用，在全国起到示范带头作用。

回顾我国的改革历程，我觉得可分为这么几个阶段。一是上世纪80年代初的农村改革，以安徽小岗村搞包产到户为标志，改革一炮成功；二是国有企业改革，上世纪90年代大量国有企业亏损，实施了国企三年脱困为重点的改革，也很成功；三是进入新世纪后，从2002年开始，花了很大力气推进政府行政管理体制改革，强调依法行政，强调转变政府职能，大幅度减少国家审批项目，实施行政问责制，建立绩效评估体系等等，也取得了重要进展。比较滞后的是社会领域的改革，我认为它属于第四项大改革或说改革的第四阶段。事业单位怎么改，社会团体诸如工青妇和红十字会等社团的体制和机制怎么改，还没有深入研究，“政社分开”这句话没有落到实处。现在光靠政府财政出钱把社会管理都包下来断不可能，未来养老、医疗等社会服务的任务会越来越重，老百姓诉求也越来越高，无所不包这条路会越走越窄。对社会管理的体制机制要作深入研究。总的一条是，要动员全社会力量从事社会事业。2007年，我在无锡主持召开了社会事业实行管办分离改革的现场会。无锡的经验是，教育局、卫生局作为行政主管部门，对全社会教育和卫生实施行业管理和公共服务，但并不具体经办学校、医院。成立专门的中心，一定意义上相当于教育卫生领域的国资委，来办学校和医院，行使所有权职能，负责投资，也可进行资产重组。教育卫生行政部门对全社会的学校、医院，包括民办的依法依规实施管理。搞管办分离，可以很好地动员全社会力量搞教育、卫生和社会服务。

红十字事业需要有一个大的发展。一方面，全社会对红十字会的慈善事业有很大需求。四川碰到这样的大地震固然有救灾、救援、救助的巨大需求，全国其他地方因各类突发事件而需要救助的事也很多很多。另一方面，这项事业也有很大的发展潜力。我国各类企业每年各种渠道捐款和物资占GDP的比重不到0.8%，世界平均水平是2.6%，还有很大的增长空间。企业家和各方面的社会人士也有捐赠的热情。

怎样使红十字事业不断发展斗大？政策要完善，要落到实处。慈善捐款所得税12%的扣除要真正落实到位。日本实行矿泉水专营，矿泉水产生的附加值都归红十字会所有。土耳其矿产资源所得税50%归红十字会。盈利不能分到员工，只能用于公益目的。管理体制要完善，要鼓励大家捐赠用于公益事业。还要有一个高效灵活的运作机制。比如，天津市就采取了政府出资买服务，由财政拿出1000多万购买1000个服务岗位，把其中100多个分给天津市红十字会。这样就解决了人员问题。要探索新的组织形式。社会团体有两种形式：一种是NPO，非营利组织，不牟利；现在又出现一种新的组织叫NPD，可以获取利润，但不能把赚的钱分配给那些管理和经营这些行业的成员、会员和个人，有人审计监督。基金可以做得很大，干活的人允许提取一定的比例用于日常开支。总之，对红十字事业不是没有需求，也不是没有钱来办这个事情，就是我们缺少一个机制，这方面的探索还很不够。

四川省红十字会的工作做很很好，大有希望。请省委、省政府继续加强领导，一起来探索一下这件事，做一些开拓性的工作，使红十字会的改革创新工作走在全国的前面。

中国红十字会会长华建敏在天津市调研红十字会工作时的讲话

2010 年 2 月 23 日

一

（在南开区水上公园社区考察时的讲话）

近年来，天津市及南开区为了加强社区服务和缓解大学生就业困难，以财政补贴形式设置了一批公益岗位，招收应届大学毕业生参与社区服务，其中一部分公益岗位用于社区红十字会工作。天津市以及南开区办的这件事，我是十分赞赏的。回想起来，我接触天津这一做法，共有三次。第一次是在中国红十字会“九大”小组讨论时，天津代表发言讲到有这么个做法；第二次是在深圳，红十字会年度工作会议上，天津市的代表在大会交流经验时比较全面地介绍了这件事；第三次就是今天，我和王伟、郭长江同志一起专程到天津来调研，主要就是了解这项工作的开展情况。

刚才，看了水上公园社区红十字工作的几个项目，南开区和社区的红十字会负责同志汇报了主要工作情况，朱虹同学代表在红十字公益岗位上的同学们作了发言，大家讲得都很好。我在这里谈几点感想：

一、天津市利用财政资金设立公益岗位，发展包括红十字事业在内的社会事业，这一做法很有意义

第一，这是天津市和南开区深入落实科学发展观和以人为本理念的具体实践。贯彻科学发展观，归根结底要落到具体行动中，不能只停留在发社论，提口号上。要把科学发展观的要求体现到经济社会发展工作的方方面面，其核心就是以人为本。红十字会的工作宗旨是“人道、博爱、奉献”。人道，就是关爱人的生命、尊重人的权利；博爱，就是要泛爱他人，尤其要关心帮助面临困难的人；奉献，就是为了他人奉献自己一切能够奉献的人力、物力、财力。红十字会的工作说到底，就是以人为本，关爱生命。天津市和南开区拿出财政资金设置公益岗位，投入红十字会的工作领域，是把钱用在了人民群众最需要的社会事业上，是把钱投到刀刃上，很有意义也很有效果。

第二，通过设立公益岗位充实基层红十字会力量的做法，一定意义上也为全国其他地区红十字会如何理顺体制，建立更加完备的工作机制闯出了一条新路。红十字事业是一项扎根基层、服务群众、规模宏大的事业，事业的发展离不开大量富有爱心、甘于奉献的有志之士。我国人力资源丰富，愿意参与这项事业的人并不少，但是由于用人机制上的问题，尽管各级红十字会人手紧张，我们却难以及时补充红十字工作力量。要解决这一矛盾，必须改革创新红十字会的用人机制，不能再像以前那样，仅仅指望以增加行政事业编制来充实红十字会工作人员。天津市通过政府出资购买公益岗位这样一种形式，把高校毕业生组织到红十字事业中来，组织到为人民服务的社会事业中来，是对红十字会用人机制的一个创新，是理顺红十字会管理体制的一种探索，很有典型性和启发性。

第三，设置公益岗位也是解决高校毕业生就业难问题的有效途径，有利于他们的长远发展。刚才朱虹同学的发言很好，值得回味。高校毕业生走上公益岗位，不仅是找到了一份职业，更是拥有了一份事业，而且是一项崇高的事业。职业是用来谋生的，事业是值得终生奋斗和永恒追求的。中国的社会建设方兴未艾，从事公益岗位的同学们是大有可为、大有前途的。希望同学们在尽心尽责做好社区服务的同时，围绕如何规范公益岗位的职责、如何更好地满足群众对社区服务的需求、如何更好地将个人发展与社会事业相结合，做一些深入的总结和思考，帮助政府和红十字会不断提高为人民群众服务的水平。

二、要总结先进典型经验，以规范工作标准为抓手推进红十字会的能力建设

水上公园社区是全国的红十字示范区，他们的做法值得认真总结和研究。要通过总结得出，他们的工作做得好是好在哪里，主要做了哪些事，做到什么程度就算达标了？做到什么程度就可评为基层红十字工作的排头兵了？要在总结分析类似典型示范区的基础上，制定社区红十字工作规范和标准，以推动达标为抓手，促进更多的社区不断壮大红十字队伍，不断拓展服务领域，不断提高服务水平。不论是立足当前还是着眼长远，规范工作标准这件事情意义重大，有利于大力推进全国各级红十字会的能力建设，有利于加快提高各级红十字会的工作水平。希望天津市在这方面先行一步，做些探索。

三、要通过在全社会深入宣传红十字战线先进模范的事迹，大力弘扬红十字精神

今天听了离退休干部李新环、李秀清同志事迹的介绍，我很有感触。我们要认真宣传他们的先进事迹，更要学习和弘扬他们热心红十字事业、为社会无私奉献的精神。红十字事业是一项崇高而伟大的事业，为什么这么说？我想可以从以下四个方面来理解：第一，红十字会是党和政府在人道领域的得力助手，也可以说是在以人为本工作领域的得力助手，是一支十分重要的力量，这层意思回良玉同志在中国红十字会“九大”开幕式致辞中讲过；第二，红十字会是精神文明建设的生力军，我们常说行善积德，只有行善才能积德，只有靠做善行、做好事才能达到道德积累，从这个意义上说，各级红十字组织是精神文明建设的生力军；第三，红十字会是构建和谐社会的重要力量，和谐社会由全社会共同构建，全民共享，红十字会履行救灾、救护、救助的重要职责，在构建和谐社会中必然发挥着重要作用；第四，红十字会是民间外交的重要渠道，在北京奥运会期间，北京市红十字会设立的2000多个红十字工作站和5000多名红十字工作者，做了大量工作，发挥了巨大作用，北京市红十字会的韩陆同志还被邀请到伦敦介绍经验做法，在国际上反响很好。天津也是个开放型的城市，也有条件利用红十字的国际交往扩大影响。

我国具有优秀的文化传统，包括扶贫济困、救死扶伤、乐善好施、行善积德等，都是我们老祖宗讲了多少年的。弘扬红十字精神，不仅要讲“人道、博爱、奉献”，更要突出我国的优秀文化传统，突出社会主义核心价值观。其实，红十字文化和中国传统文化是一致的、融合的，与社会主义的核心价值观和“八荣八耻”的要求也是一致的，不能认为红十字是完全的外来文化。大力弘扬红十字精神，传播红十字文化理念，为红十字事业的发展营造良好氛围，与落实科学发展观、构建和谐社会的要求是完全一致的。所以说，中国红十字事业是中国特色社会主义事业不可分割的一部分。

二

（在听取天津市红十字会工作汇报后的讲话）

“九大”以后，我们一直酝酿到天津来调研考察，因为天津市红十字会理顺管理体制、推进红十字事业可持续发展的工作思路具有典型性和启发性。理顺管理体制的核心是解决人员问题，在中央严格控制编制总量的情况下，坦率地讲，再想要求中央编办直接批编制或者发文件要求地方政府拿出几十个、几百个行政事业编制，来解决红十字会理顺体制的问题，做不到、不现实。在这个问题上，我们要开阔思路，转变观念。天津设置红十字公益岗位的做法对我们很有启发，这个路子可以继续走下去，不断加以完善。就像南开区刘长顺同志所说的，要明确标准，提高服务水平，还要在全区推广。希望天津市的这个路子走得越来越宽，走得更有成效，成为一个比较完善的模式，能在全国其他地区推广。未来的红十字会应该是各种用人形式并存：一是行政编制，主要用于核心岗位，要保证党和政府方针政策的贯彻落实；二是事业编制，这是作为社会公益事业必须配备的力量，也是红十字会的骨干力量；三是聘请社工，社会工作者不要编制，通过这一渠道解决人力不足问题，潜力很大；四是招募义工即志愿者，很多退休的老同志有经验，精力还很充沛，可以充分发挥他们的积极性，请他们当社工或义工。应该讲，我国愿意从事包括红十字事业在内的各项社会事业的人是很多的。从全世界看，发达国家社会工作者就业人数占全社会就业总人数的18%，而我国从事社会工作者这个职业的人数还很少。我们的高校毕业生为什么找工作难，一个很重要的原因就是我国的社会建设还很薄弱，造成目前的就业领域过于狭小。大学生毕业，要么进公务员队伍，要么进企业，好像除此之外没有其他门路。发展社会事业，既能扩大内需，满足人民群众的需要，又可以吸纳大量的就业人口，促进社会和谐稳定，这应该是我国转变发展方式的主要方向。所以，南开区的路子是正确的，是富有远见的。

刚才，天津市红十字会比较全面地汇报了近几年的工作。首先，要充分肯定天津市红十字会近年来在市委市政府的领导下取得的成绩，特别是在理顺管理体制、创新机制方面做了大量探索，对我们很有启发。希望天津市红十字会总结成功经验，以规范工作标准为抓手推进能力建设，充分发挥自身优势和特色，不断开拓创新，力争走在全国前列。在此，我想提几点具体要求：

第一，希望天津市红十字会继续大踏步前进，走在全国前列。要看到，当前发展红十字事业面临良好的机遇。特别是最近在中央党校举办的省部级主要领导干部专题研讨班，几位中央领导的讲话中最突出的一个亮点就是，强调加快发展方式转变要着力加强社会建设。锦涛同志的讲话谈了八个问题，着重指出转变发展方式离不开社会事业的发展，离不开社会建设。家宝同志的讲话更是全篇围绕社会事业来谈转变发展方式，他认为现在主要是解决好社会事业发展滞后的问题，在分析社会领域存在问题时明确指出，当前公共产品供给不足，公共服务资源配置不合理，并指出社会事业发展滞后主要是社会领域的改革滞后，政府责任不到位和包揽过多并存，该管的没有管到位，该放手的没有放手，没有发挥市场的作用，没有发挥社会资源的作用，没有发挥民间组织的作用。中央领导同志如此强调社会建设的重要性，强调社会组织参与社会建设的重要性，还是第一次。我们红十字会是在党和政府的领导下，从事人道主义领域的为民服务工作，依赖的主要是社会力量。各级红十字会要充分领会中央精神，抓住这一战略机遇期，更加积极主动地参与社会建设，大力发展红十字事业。天津市委、市政府高度重视社会事业，天津市做好红十字会工作有基础，也有条件。希望你们抓住机遇，加快发展，推动红十字工作再上一个新台阶，走在全国前列。

第二，要突出重点，加强能力建设。现在，中国的老百姓太需要人道领域的服务了，这方面的需求非常大，比如农村缺医少药、老龄化社会养老服务极其薄弱等等问题，都需要通过加快社会建设来解决。红十字会从事的是人道领域的服务，老百姓的需求就是我们工作努力的方向。为了适应社会发展要求，满足人民群众愿望，我们各级红十字会必须大力加强能力建设，加快提高为人民群众服务的本领。所以，总会将今年定为红十字会的能力建设年，要求各级红十字会结合本地实际，狠抓能力建设。具体到天津市，能力建设年的重点放在哪里？我认为，首先要抓好组织落实和队伍建设，要把红十字系统干部、员工的精神提起来，工作活起来。要把红十字会建设成为学习型团体，培养一支热爱红十字事业、善于学习、善于开展工作的队伍。要善于调查研究，发掘更多适合发展红十字品牌乃至创出精品的业务领域。要善于与其他社会组织合作，别人干得好的没有必要抢过来，我们自己干得好的也不能轻易被抢过去。应急避险、自救互救的培训是红十字会的优势项目，我赞成天津市把这一项目放在能力建设的重要位置，进一步提高培训能力和水平。全民都要有自救互救能力，这一点太重要了。我经常举唐山大地震的例子，地震发生后，能否有效减少伤亡人数，关键取决于现场群众的自救互救能力。现在天津市每年通过培训取得证书的只有三到四万人，相对全市人口而言太少了，希望天津市红十字会开拓思路、大胆创新，尽可能发展得快一点。可以采取滚雪球的方式加快培训师资力量建设，超常规地扩大培训人数。

总的看，天津市红十字会非常重视能力建设，在这方面下了很大功夫。希望下一步结合本地特点和优势，抓出一些品牌来。既要做好“规定动作”，包括培训、备灾物资仓库建设、社区服务等都要达标，也要做好“自选动作”，选择几项有天津地方特点的、能发挥地方优势的项目，要么不做，要做就要做成精品、创出品牌。比如北京市红十字会，“999”急救就是他们的特色和品牌。

第三，赞同你们“百家企业建百会”的思路。这一思路很好，加强应急避险和自救互救能力培训，企业要作为重点之一。在一些地方，外资企业比较看重这件事，认为做好这项工作是义务和责任。而我们有些国有企业还缺乏这样的意识。所以，“百家企业建百会”要突出抓好国有企业的红十字工作。推动国有企业建会并不是为了给红十字会拉赞助、收会费，主要目的是帮助他们履行社会责任，实现科学发展与和谐发展。希望天津在这件事情上抓出明显成效，为全国其他地方提供新鲜经验。

第四，希望你们研究和思考一些重大问题。一是探索体制、机构、队伍的建设问题，请天津在总结16个区、县红十字工作时做点分析，根据一个区县或一个社区的居民人数，做好红十字工作需要多少人，其中行政编制的数量多少，力争形成一些规律性认识。二是红十字冠名单位的规范标准，做到哪几条才可以冠名，要通过加强规范管理，让医院以冠名为荣。三是通过开展“百家企业建百会”，探索如何界定团体会员的工作领域和责任义务。四是总结南开区经验，探索财政加大对红十字会的支持力度问题。五是对红十字会的经济问题做一些通盘思考，如何用好会费、事业费、捐赠的收益，建立高效的资金运作机制。

第五，要进一步加强红十字精神的宣传。李新环同志的事迹报道给我一个触动，他是红十字会的副会长，但在主流媒体的宣传中只是强调他作为老同志热心公益事业为公众办好事，没有提到红十字会。对于我们个人而言，一定要做到多做少说，对于整个红十字会而言，既要多做也要多说。无论从当前还是长远看，不敢宣传、不会宣传，都不利于红十字事业的发展。我非常赞赏天津红十字会组织中央驻津和市级各大新闻媒体编辑记者，成立“红十字新闻宣传志愿服务队”，这一做法对于大力弘扬红十字精神，推动红十字事业发展肯定能起到很好的促进作用。

总之，这次来，一是学习，二是提一些希望，希望天津的红十字工作在市委市政府的领导下，锐意进取，勇于创新，取得更好更快的发展。等你们取得新成就和新经验后，我们再来取经。

中国红十字会会长华建敏在上海市调研红十字会工作时的讲话

2010年3月24日

一

（在上海市卢湾区教育学院附属中山学校的讲话）

红十字组织是一个历史悠久、覆盖面广、有影响力的社会组织。红十字事业是中国特色社会主义事业中不可缺少、十分重要的组成部分。中国的红十字事业一定要有中国特色。红十字事业要实现大发展，必须不断提高红十字会的知晓率、认同率、凝聚力和公信力。现在经济社会发展的步伐很快，新事物新问题层出不穷。这就要求，我们在做好各项传统性和基础性工作的同时，积极探索、敢于创新。卢湾区的红十字工作做得很好，主要就体现在非常有创意。希望卢湾区红十字会继续努力，将红十字的活动开展得更有特色、更有吸引力，使红十字事业成为卢湾区的一道人文风景线。上海是中国红十字会的发源地，希望全市的红十字工作进一步开拓创新、加快发展，继续走在全国前列。希望将来可以看到，上海的风貌，除了黄浦江两岸的高楼大厦和东方明珠电视塔以及世博会标志建筑外，红十字工作也是其中一道令人难忘的人文风景线。卢湾区的田子坊创意园区很好，给中外人士印象很深，如果在那里多一些红十字会的标识，会使外来游客对上海社会文明的进步留下深刻印象。

二

（在上海市红十字工作座谈会上讲话）

这次来上海调研红十字工作，很有收获，不虚此行。刚才沈晓明副市长做了一个很好的报告，各区分管副区长和几位区红十字会常务副会长的发言也很好。总的看，上海市红十字会工作做得不错，从市到区县，都在积极探索，都有一种非常认真、非常投入的精神状态。我就任中国红十字会会长五个多月了，对于如何认识和发展我国的红十字事业，有一些思考和体会，想在这里与大家作一次交流。

一、关于红十字会的性质和定位

社会上大多数人对红十字的理解比较狭窄，不大准确，红十字标识的意思就是医疗。红十字会就是从事卫生、医疗、防疫的。群众的这种理解有些片面，主要是我们宣传得不够。红十字会确实有大量的工作涉及卫生领域，但红十字会的宗旨是“人道、博爱、奉献”，实际工作领域要宽泛得多。

所谓人道，包含了四层意思。1. 关爱人的生命；2. 关怀人的幸福；3. 尊重人的人格；4. 维护人的权益。

所谓博爱，就是中国传统文化里说的泛爱、仁爱、兼爱。要不分宗教民族，不分等级地位、穷人富人，关爱人民大众。

所谓奉献，就是要把自己的能力、精力都无私地奉献给别人。马克思年轻时有一篇论文里在提及奉献时写道：只有让别人幸福自己才幸福；只有让别人完美自己才完美。

红十字会“人道、博爱、奉献”的宗旨，与社会主义核心价值观以及中国优秀传统文化的精髓是融合的，是完全一致的。

红十字事业，不是一个可有可无的事业，而是中国特色社会主义事业里面不可缺少的一个重要组成部分。我国的红十字会有三大优势。第一，办会有法制保障。《中华人民共和国红十字会法》是红十字会依法办会的法律保障。我们必须坚持不懈地加强宣传这部法律。根据红十字会法的规定，县级以上都要按行政区域建立红十字组织。但目前，全国仍有 60% 的县还没有成立。红十字会法还规定，行业协会要参加红十字会，成为团体会员。从全国而言，这项工作也还有很大的差距，要抓紧。第二，政治优势。国家主席是中国红十字会的名誉会长，全国人大常委会副委员长是中国红十字会会长，还有两位全国人大常委会副委员长和三位全国政协副主席是中国红十字会的名誉副会长，规格非常高。第三，国内外对红十字会高度认同。全球有 186 个国家成立了红十字会。

二、关于红十字会的职责范围

第一，要围绕中心、服务大局，抓大事。比如 2008 年四川汶川特大地震发生后，抗震救灾就是当时全国各级红十字会的首要任务和中心工作；2008 年奥运会，北京市红十字会全力以赴，动员起千军万马服务奥运；今年上海举办世博会，上海红十字会要把“服务世博”作为当前的中心任务。

第二，要脚踏实地，完成基础工作，做到“规定动作”不走样。现场初级急救培训、备灾救灾、帮困救助等等，都是我们红十字会的基本职责。对于红十字会的基本职能，要制定工作质量标准，完善考核评价制度。

第三，要大胆创新，抓出品牌项目，做到“自选动作”有特色。抓经济体制改革有两句“名言”：银行要办好，就要办成真正的银行；企业要办好，就要办成真正的企业。用同样精炼的话来讲，我们红十字会要办好，就要办成真正的红十字会。真正体现红十字会的宗旨，办好老百姓盼望我们做的事。各地红十字会要在发挥自身优势上做文章，着眼于人民群众的迫切需要，办好让群众满意的事。希望上海结合自身特点，大胆探索，勇于进取，努力形成一些特色品牌，继续走在全国前列。我国已经逐步进入老龄化社会，当前养老服务的社会力量还很薄弱，这是一个非常紧迫的问题。希望上海红十字会在解决了儿童大病救助的问题后，将目光转向老人，努力在养老社会化领域做些探索。

三、关于红十字会的体制机制

职责确定后，接下来就是如何保证履行职责的问题。这就要求建立健全各级红十字会的体制机制。体制机制问题的核心，在于如何保障红十字会运行所需的人力、财力。人力保障可以从以下四条途径着手：一是行政编制，要争取一定的行政编制用于配备核心人员；二是事业编制，上海财力比较充裕，应该尽可能争取一些编制作为工作骨干；三是社工，就是政府出钱购买社会服务，雇用社会工作者，这种用工方式比较灵活，还可以多吸纳一些退休的医护人员和热心公益事业的职工；四是义工，就是招募志愿者提供无偿服务，上海市在这方面有工作基础，希望红十字志愿者队伍和红十字旗帜，成为上海一道亮丽的人文风景线，成为精神文明的一张名片。

四、关于红十字事业面临的形势

当前，我国的红十字事业迎来一个非常好的发展机遇。我国要全面建设小康社会，所谓全面者，就是经济建设、政治建设、文化建设、社会建设和生态建设“五个建设”一起抓。过去我们太不重视社会建设了，经济一条腿长、社会一条腿短，与“非典”疫情的斗争让全社会都深刻认识到这一点。近期中央举办省部级领导干部转变发展方式专题研讨班，锦涛同志在讲话中谈了八个方面的任务，其中有三个属于社会建设领域，家宝同志的讲话更是通篇阐述加快发展社会事业的意义和举措。家宝同志在讲话中明确指出，在我国社会事业领域，政府责任不到位和包揽过多同时并存，该管的没有管到位，该放的没有真正放下去，发挥市场机制、社会资本和民间组织的作用不够。这些都充分体现了中央对社会建设的高度重视，体现了对发挥社会组织作用的高度认同。各级红十字会要把握机遇，多干实事，同时也要注重宣传，争取和吸引更多的人加入到红十字队伍中来，共同推进红十字事业不断发展。

最后，希望上海市红十字会以世博会的举办为契机，全力以赴做好服务，在新的一年里取得更大的成绩，迎接上海市红十字会成立100周年。

中国红十字会会长华建敏在北京市第二次调研红十字会工作时的讲话

2010 年 6 月 9 日

中国红十字会“九大”以来，在新的形势下，如何推动红十字事业更好更快地发展，是我们一直在思考的问题。为此，我和总会的几位负责同志一起先后到部分省市，做了些调研。从调研的情况看，各地红十字会结合自身实际，勇于探索，大胆创新，创造了许多新亮点，给我们很大启发。这也再次印证，解决我们前进道路上的困难和问题，智慧在基层，力量在群众。因为基层组织处在第一线，直接面对各类实际问题，工作要开展，事业要发展，就必须开阔思路、积蓄力量，克服困难、解决问题，这一攻坚克难的过程就是出智慧、出力量的过程。

一、高度肯定北京市红十字会的工作

总会领导班子去年 12 月曾来北京市做过调研，这次调研是第二次了。为什么在半年的时间内两次到北京市调研？这是因为，北京市红十字会的工作确实做得很好，有很多做法和经验值得认真总结、充分汲取。我们希望，通过对北京和其他地方实践中形成的先进经验的思考和提炼，能够逐渐摸索出中国特色红十字事业的发展规律。此外还有一个考虑就是，以点带面，以典型经验来推动全面工作。这也是我们党和政府历来强调的一个工作方法。北京是首善之都，我们希望北京市红十字会工作始终走在全国前列，发挥好排头兵和标杆的作用。

对于北京市红十字会的工作成绩，可以用四句话来评价。第一，北京市红十字会已成为北京市党委、政府在人道救助领域的得力助手，在救灾、救助、救护方面做了大量卓有成效的工作；第二，北京市红十字会是首都精神文明建设的生力军，特别是大力推动的红十字进校园活动，是一个很好的学校道德教育载体，通过实践培养青少年的奉献精神和博爱情怀，提高他们的道德素质，效果明显；第三，北京市红十字会是构建社会主义和谐社会首善之区的重要力量，在动员社会资源救助困难群体、促进社会和谐方面发挥了显著的作用；第四，北京市红十字会是国际民间交往的重要渠道，通过与国外红十字组织的交流，充分展示了中国特色红十字事业的发展成就和理念。这些成绩的取得，主要归功于市委、市政府的高度重视和正确领导，归功于全市社会各界的大力支持。我们知道，刘淇书记、郭金龙市长都担任北京市红十字会的名誉会长，这在全国是很少见的，充分表明市委市政府对红十字事业高度重视、十分关心。

对于北京市红十字会的工作特点，也可以用四句话来概括。第一，从市红会到基层红十字组织，都具有强烈的社会责任感，精神面貌昂扬向上，开展工作积极主动；第二，具有很强的执行力，作风扎实，落实快；第三，具有不竭的创造力，勇于开拓，锐意进取；第四，具有很强的公信力，按规矩办事，公开公正，认真负责，赢得社会各界的高度认同。北京市红十字事业近些年之所以发展很快，与这四个方面密不可分。北京市红十字会的先进经验很值得推广。强烈的社会责任感、有效的执行力、不竭的创造力、较强的公信力这四句话，既是红十字会做好工作的基本要求，也是破解当前红十字事业发展难题的四大法宝。各级红十字会要以此为抓手，大力推进能力建设。

希望北京市委市政府一如既往地关心和支持红十字会各项工作，希望北京市红十字会在市委市政府的领导下，围绕中心，服务大局，奋发有为，扎实工作，使首都红十字事业继续走在全国前列。

二、充分认识红十字事业所处的时代背景

我到红十字会工作时间不长，通过这几个月的调查研究，感到我国红十字事业在党和国家工作全局中的位置越来越重要，发挥着不可缺失的重要作用。

从总体看，现在我国经济社会发展仍然存在“经济一条腿长，社会一条腿短”的问题，经济领域报喜多，社会领域报忧多。对于我国经济发展成就和去年以来应对国际金融危机、率先实现经济回升向好，国内外社会各界评价很高。但在经济快速发展的同时，社会管理和公共服务明显滞后，社会矛盾逐渐显现并日趋激化，维护社会稳定的任务十分严峻。解决经济社会发展不协调的问题，维护社会稳定，关键在于加快推进以改善民生为重点的社会建设，大力发展各项社会事业。社会建设要实现大发展，归根到底还是要进一步加快社会领域的改革步伐。当前我国社会领域的改革是滞后的，政府责任不到位和包揽过多同时并存，该管的没有管到位，该放的没有真正放下去，发挥市场机制、社会资源和民间组织的作用不够，调动各方面积极性的体制机制不健全，社会事业发展的活力不足。回顾改革开放三十年历程，有一条基本经验就是：紧紧依靠人民，最广泛地调动人民群众的积极性、主动性和创造性。如农村改革，包产到户，调动的是广大农民的积极性；国企改革，优胜劣汰，奖勤罚懒，调动的是广大工人和经营管理人员的积极性。同样，社会领域的改革要把着眼点和思路切实转到调动全社会力量上来，社会事业要由全社会办，和谐社会成果要由全社会共享。要通过改革，破除体制机制束缚，调动全社会各路大军参与社会建设的积极性，为社会事业加快发展增添巨大动力。红十字会作为社会组织，作为党和政府在人道领域的重要助手，责无旁贷，在社会建设中理所当然应该发挥更大的作用。

各级红十字会要自觉地在经济高速发展、社会矛盾逐渐显现这样一个大背景下，谋划和开展各项工作。要找准定位，充分发挥红十字会扎根基层、贴近群众的优势，协助政府和维稳部门承担起构建和谐社会的任务。要总结经验、寻找差距和不足，按照人民群众的要求和全社会的人道需求，不断拓展服务领域，改进各项工作。

三、深入研究和解决人、财、事的问题

社会领域的改革刻不容缓，作为社会建设的参与者，红十字会自身也必须加快改革，努力建立起适应时代发展和社会需求的体制机制。根据到各地调研的情况，当前制约红十字事业发展的问题不少，最要紧的还是解决好“人”、“财”、“事”三个方面的问题，大力推进能力建设，努力寻找一条推动红十字事业又好又快发展的道路。

第一，要解决好“人”的问题。红十字会的队伍建设，是红十字事业发展的基础，一定要得到保障。一方面，要努力加强基层红十字会的人员配备。因目前中央及各地编制有限，以增加大量行政编制充实红十字会队伍的想法是不现实的，必须开动脑筋，拓宽思路，创新用人机制。比如，可采取政府购买服务的方式。天津市利用财政资金在社区设立公益岗位，聘请应届大学毕业生充实社区红十字会的工作力量，用这种方法解决人员不足问题，效果就很好。

另一方面，在充实基层红十字会人员力量的同时，要花更大气力抓好队伍建设。红十字会的干部与政府部门的干部相比，更辛苦、更费心，一项工作要千方百计地去争取支持、下大功夫才能完成。红十字会不是政府机关，没有行政权力，只能靠自己的执着，以“水银泻地，无孔不入”的精神去干工作，所做的事往往也不是“轰轰烈烈”，正如“润物细无声”，总是默默地就把好事做了。因此，各级红十字会要切实把红十字工作人员的工作、生活及冷暖看在眼里、放在心上。要大力加强对干部的关怀和培养，使从事红十字会工作的同志增添自豪感、归属感和上进感，使他们在安心工作、甘于奉献的同时，有更好的发展前景。

第二，要解决好“财”的问题。重点是做好两个方面的工作。一要保证筹款来源畅通。目前我国社会捐赠和人均慈善捐款的数额占GDP的比例远远低于国际平均水平。这在很大程度上与捐赠渠道不畅有关。要积极采取措施，打消捐赠者的种种顾虑，打通阻碍捐款的环节，确保“财”源畅通。比如，税法规定企业发生的公益性捐赠支出，在年度利润总额12%以内的部分，准予在计算应纳税所得额时扣除。我们要积极争取有关部门支持，落实好这一规定。要加强与捐赠者的沟通，探索适合不同捐款者需要的捐款或者合作方式，不断构建和完善更加良好的捐赠环境，争取更多的社会资金支持。二要确保“花钱”渠道畅通，捐赠款的使用要恰如其分、合理合法。实际工作中，有时存在大量的无计划捐赠款项用在有限几个项目、资金使用不合理的现象，另外还有捐赠物资运费无法列支、工作经费难以落实等问题。这些问题由来已久，要学习借鉴国外先进经验，开展深入研究，制定适合我国国情的捐赠资金使用办法。总的原则是，捐赠资金的使用要确保公开、公正，既要尊重捐赠者的意愿，又要将有限的财力用到刀刃上，尽可能满足更多困难群体的人道需求。

第三，要解决好“事”的问题。要做到有所为有所不为，调配好有限的人力、财力、物力。红十字会的工作重点如何确定？答案是两条：一是广大人民群众的需求；二是各级党委、政府的工作大局。各级红十字会要自觉围绕当地党委、政府的中心工作部署任务，主动做老百姓最盼望我们做的事，不断拓展人道救助领域，为党和政府分忧，为群众解难。在具体项目的选择上，要分“两本帐”：

首先要做好“标准动作”。各级红十字会都应统一明确必须担负的任务和做好的工作，并相应制定工作完成质量、标准要求等。确定“标准动作”，要围绕红十字会人道救助的核心业务展开，不要贪多求大，三到四项就可以。重在认真细致、精益求精、保质保量完成各项“标准动作”。

其次要选好“自选动作”。各级红十字会要结合当地实际，结合人民群众最紧迫的需求，集中人、财、物积极开展一到两项“自选动作”。比如，北京市红十字会参与奥运会服务、上海市红十字会参与世博会服务等，都是比较成功的“自选动作”。再比如，当前我国居家养老服务、儿童救助等方面的需求巨大，仅靠政府一家之力无法完全满足。红十字会可以充分发挥自身优势，在

"一老一少"的服务上做文章，对少年儿童实施先天性心脏病救助等大病救助，对老年人特别是孤寡老人开展居家养老照顾等工作，同时积极主动做好"边缘人群"的救助工作。"自选动作"选得准、做得好，有利于更好地服务人民群众，是对政府工作最有益的补充和最有力的支持，是对红十字博爱精神和人道情怀的最好彰显。

希望北京市红十字会在体制机制的研究上也能先行一步，围绕"人、财、事"这三个问题，做些深入细致的研究，提出对全国红十字系统具有指导性意义的报告。

最后，还要强调一点，在各地调研期间，我们发现了不少红十字系统的先进典型人物，他们的事迹都很感人，过去对他们的宣传很不够。总会要加强与全国宣传系统的沟通与联络，加大这些典型人物的宣传力度。要通过先进人物典型事迹的宣传，在全国努力推动形成宣传红十字理念、弘扬红十字精神、支持红十字事业发展的良好局面。

江苏省红十字会：理顺管理体制工作

体制是部门或单位事业科学、顺利、快速发展的重要根基和组织制度保证。近年来，江苏省各级红十字会以理顺管理体制为突破口，狠抓组织建设，积极推进依法建会、依法治会、依法兴会，取得了一定成效，为发挥红十字会作为党和政府人道工作领域的助手作用奠定了基础。

一、推进理顺管理体制，夯实事业发展根基

体制不顺，工作难转。在省辖市全部理顺管理体制的基础上，2008年底，江苏省红十字会在第八次会员代表大会上，深刻剖析了制约理顺县级红十字会管理体制的主客观因素，提出了应对措施，有针对地开展工作，取得了可喜的成果。截至到2010年底，全省105个县（市、区）中已有96个基本理顺了红十字会的管理体制，由2008年底的33%上升到91.4%，跃上了一个新的台阶。

一是抓机遇、求突破。江苏省在确立理顺县级红十字会管理体制目标时，坚持高起点定位，抢抓各种有利时机，积极争取所在地党委、政府的重视，谋求全面理顺县级红十字会管理体制工作新的突破。2008年12月，时任中国红十字会会长彭珮云在江苏省红十字会第八次会员代表大会上提出了"在巩固已有成果的同时，加快理顺县级红十字会管理体制"的殷切希望，参加会议的原省委书记、省人大常委会主任、省红十字会名誉会长梁保华极为重视，当即表态要在2009年底前基本理顺县（市、区）红十字会管理体制。会议结束后，江苏省红十字会主动向省委、省政府主要领导汇报，起草了《关于理顺全省县（市、区）红十字会管理体制的请示》。根据梁保华的批示，江苏省编委于2009年4月30日下发了《关于理顺县（市、区）红十字会管理体制的通知》，并向各地编办提出了具体落实要求。市、县两级红十字会积极向地方党委、政府宣传红十字会的历史地位和在经济社会发展中的特殊作用。盐城市委组织召开常委会，专题研究加强县级红十字会力量问题，下发了《市委常委会议纪要》；南京市政府专门召开分管县、区长会议，提出具体要求；盐城、泰州、宿迁等市根据省编办的通知要求，结合本地实际，重新发文将县级红十字会的机构规格由副科级调整为正科级，有力地推动了理顺工作的顺利进行。

二是抓规范、求发展。为确保理顺管理体制工作健康、规范、有序地展开，在江苏省编委下发通知的同时，省红十字会及时下发了《关于实施省编委 < 关于理顺县（市、区）红十字会管理体制的通知 > 的意见》，对县级红十字会领导班子人员的选拔、干部配备、机构设置、办公经费来源渠道等问题进行了具体指导。同时，注重加强红十字会党的组织建设，提请省委组织部转发了徐州市红十字会组建党组的情况报告，要求各地组织部门重视和加强红十字会党的组织建设，规范干部管理工作，对机构已独立设置的省辖市红十字会，要求及时组建党组；对暂不具备单独组建党组条件的，在积极创造组建党组条件的同时，根据归口管理的原则理顺干部管理关系。目前，江苏省和南京、徐州、无锡、盐城、常州、连云港市以及南通市通州区、宿迁市泗阳县等红十字会建立了党组。

三是抓责任、求实效。对于县级红十字会在理顺自身管理体制问题上，往往是心有余而力不足。针对这一实际情况，省和省辖市红十字会领导分片包干、责任到人，发挥个人的人脉关系和声望，深入基层一线加强协调，分步推进。仅 2009 年，江苏省红十字会五位会领导对自己包干的市、县就跑了二遍以上，与市、县主要领导沟通，摸清底数，找准问题的症结，并在 2009 年底省辖市红十字会领导干部座谈会上进行了探讨，提出了“三步走”的工作思路。即：第一步是在 2010 年上半年前，理顺工作基础好的、条件已经具备的县级红十字会；第二步是到 2010 年底，理顺所有县及县级市红十字会管理体制；第三步是在 2011 年理顺剩下的 10% 左右的区红十字会。目前，第二步已经顺利完成。

四是抓督查、求落实。为确保理顺县级红十字会管理体制工作落实到位，江苏省红十字会主动请省人大教科文卫委员会、省编办组成联合调研小组，深入基层执法调研，听取当地政府和有关部门对理顺县级红十字会管理体制情况的汇报，对个别进展较慢的县（市、区），参与调研的省人大和省编办的领导直接给其提出理顺时限，并指出不论难度有多大，通知必须下发，机构必须确立，编制必须到位，人员必须选好，要确保体制理顺后，专职人员到位，办公场所解决，办公经费落实，为红十字会独立自主开展工作创造良好条件。

二、加强基层组织建设，完善工作网络体系

红十字会的基层组织是红十字会的重要组成部分，是传播红十字精神、开展人道主义救助工作的具体组织者和实施者。根据总会关于加强红十字会基层组织建设工作的指导意见，按照建网络、扩队伍、创品牌的总体思路，积极推进红十字会基层组织建设，完善红十字工作网络体系，巩固和扩大红十字会的社会基础。

一是搭建红十字基层网络平台。实践告诉我们，社会管理的触角在城市社区（街道）、农村乡镇、企事业单位、学校等基层组织之中。红十字会作为党和政府人道工作领域的助手，更多面向的是社会最底层的困难群众。如果没有基层这一网络平台，红十字会工作就会“悬空”，难以直接为弱势群体服务。为此，把眼光瞄准在社区红十字和学校红十字工作上，围绕“突出社区、覆盖学校、延伸乡村、突破企业”的发展目标，大范围地建立、健全机关、社区、乡镇、学校、商会红十字会，其中，盐城市在市级机关建立了红十字会机关工作委员会，徐州、南通、苏州等市率先在总商会、开发区、外资企业中建立了红十字基层组织。2010年，全省在社区、乡镇、企事业单位、学校建立红十字会基层组织5969个，会员达到405万人。

二是扩建红十字志愿服务队伍。志愿服务是红十字运动七项基本原则之一，是红十字会实践人道主义的重要途径和方式。根据总会按照不同领域建立红十字会志愿服务队伍的要求，江苏省各级红十字会根据当地的实际情况，按照分层建立、分类指导的原则，分别建立了红十字新闻、红十字应急救援、卫生救护、高校红十字青年、捐献造血干细胞、无偿献血、遗体捐献和艾滋病预防宣传等志愿者服务队，打造了红十字会一道道亮丽的风景。随着全省红十字宣传工作的深入和人道工作成绩的显现，红十字志愿者队伍不断壮大，红十字志愿者超过18万人，注册志愿者超过五万人，为推动红十字会工作提供了强有力的人力支撑。

三是创建红十字示范工程品牌。红十字基层组织的扩大，同样需要有一系列规范、科学的管理，否则，就有可能损害红十字会的声誉。为此，根据总会有关规定，结合江苏实际，健全了红十字基层组织工作台帐，完善了社区红十字服务站证件、服饰、服务标识、培训教材和奖励“五统一”标准，出台了志愿者招募、注册、管理、表彰等规定，编写了红十字示范学校考核验收细则，规范红十字会基层组织建设，打造诸如镇江的网络志愿者、南京的“志友”等红十字示范品牌项目，其中，南京的“志友”被评为全国最佳红十字志愿者组织，南京中医药大学生红十字青年志愿者开展的“农民健康百村工程”被共青团江苏省委评为创新创优成果二等奖。近年来，江苏省南京、无锡两市被评为全国社区红十字服务示范市，23个县（市、区）被评为全国社区红十字服务示范区，六所学校被评为全国红十字模范学校，五个乡镇（街道）红十字会、七所冠名医疗机构跨入全国“十佳百优千星”之列，为加强红十字基层组织建设提供了样板。

三、创新长效管理机制，提升服务社会能力

管理是一个永恒的话题，也是一个创新的过程。只有打破固定的思维定势，坚持创新管理机制，才能找准工作的切入点，才能找准红十字事业与党和政府重视、人民群众关注的问题的结合点，才能实现新的跨越。

一是大力加强能力建设。重视对专职干部、会员和志愿者的培训工作，努力提升他们的能力素质和业务水平。近年来，省红十字会每年举办一至二期省辖市常务（专职）副会长、秘书长理论学习培训班，邀请大学教授、专家讲授有关管理学、社会学、经济学以及依法行政、红十字运动等知识，增强各级领导干部对做好红十字会工作的使命感和责任感，提高依法建会、依法履职、依法争取政府及有关方面支持、依法维护红十字会合法权益的能力。鼓励各级红十字会干部参加中央党校和省委党校组织的在职学习、培训，报考各类院校的学历教育课程，不断提高自身的理论素养和文化水平。举办省级红十字紧急救援队培训班，连续两年在南京高校中开展以模拟突发事件和灾害现场的救护演练。各级红十字会积极组织专职干部、新进人员、基层红十字组织的兼职人员和志愿者骨干，进行红十字运动基本知识以及组织建设、社区服务、备灾救灾、卫生救护等业务知识培训，开拓了红十字会干部的视野，增强了做好红十字会工作的能力和信心。

二是积极探索管理方法。红十字会人少、点多、面广、线长的特点，决定了我们在管理上要付出更多的努力。为充分调动各级红十字组织的积极性，加强对全省红十字会系统的管理，对市、县级红十字会采取目标考评办法，每年将组织建设工作情况纳入省辖市红十字会目标管理考核内容，从理事会机构的建立、健全，对基层红十字组织的管理和指导，会费的收缴，会员的管理，志愿者队伍建设等方面都明确了标准，对每次考核的结果均以书面形式反馈到各市，对存在的问题限期进行整改。对冠名医疗机构，我们采取不定期抽查与年度验审的方法，规范冠名医疗机构管理；对学校红十字会，我们积极与省教育厅联系，取得省教育厅的大力支持，以创建红十字示范学校为载体，将学校红十字工作纳入全省教育系统评审内容，有力地推动了学校红十字会建设。对社区、乡镇、企事业单位的基层红十字组织，由各市、县红十字会每年将省红十字会下达的目标和任务分解到基层，并进行考核。通过一系列行之有效地考评机制，促进了各地红十字会的组织建设和各项工作的开展。

三是营造舆论环境氛围。充分发挥《江苏红十字》报、红十字网站和《江苏红十字简报》的作用，登载省委、省政府主要领导对加强红十字建设的重要批示和参加红十字会活动情况，刊登各市在组织建设、募捐筹资等方面的具体做法，介绍先进市、县（市、区）理顺管理体制的成功经验。依托与苏州大学社会学院合作建立的江苏省红十字运动研究基地，开展有关红十字理论和实践的专题研究，创办了《红十字》季刊，已编印发行六期、专刊一1期，发表各类文章100余篇、40余万字。及时将这些报刊、宣传资料发至红十字会系统及县级以上党委、政府领导和各位理事参阅。依托各级党委宣传部门的力量，借助大众传媒广泛开展宣传，先后与省委宣传部联合召开了全省红十字宣传工作座谈会、与省新闻工作者协会联合召开红十字宣传工作表彰会；与江苏广电总台城市频道和南京城市交通广播合作，开播《江苏红十字——大爱无疆》电视专题片和《爱在红十字》广播节目；各级红十字会积极与高速公路、地铁、公交站台、市民中心管委会联系，在公共场所利用平面媒体设立红十字广告；南京、扬州等市红十字会注重发挥博爱演出队的作用，深入社区、乡镇慰问演出。

通过红十字会管理体制的理顺、基层组织建设的加强和各级干部能力素质的提高，从根本上打破了制约红十字事业发展的“瓶颈”，基本形成了上下贯通的组织网络和上下联动的工作局面，推动了各项工作的开展。三年来，全省红十字会募捐筹资款物达到21亿多元，其中，省红十字会本级募集了四亿多元；成功实现捐献造血干细胞84人，累计达到180人。省红十字会先后被中国红十字会总会授予“抗震救灾最佳组织奖”，被江苏省委、省政府评为“对口援建四川绵竹先进集体”，表彰为省“三下乡”活动特别贡献奖；江苏省造血干细胞分库荣获全国优秀分库和先进分库的双项大奖。同时，也得到了省委、省政府的大力支持，近五年，省政府划拨5000万元充实省红十字会人道救助基金，2010年又明确从彩票公益金中每年支持省红十字会至少800万元用于人道救助，有力地促进了江苏省红十字事业的发展。

（单加海）

湖南省红十字会：应急体系建设工作

近年来，湖南省红十字会不断加强应急救援体系建设，努力提高灾害救援能力，多次成功参与省内外抗灾救灾工作，较好地发挥了应急救援作用，积累了一定的实战经验。主要有以下三点体会：

一、加强组织建设，是做好灾害应急救援工作的前提

应急救援工作政策性强、涉及面广，只有强有力的组织领导和应急救援队伍，才能确保一旦发生突发事件，能够迅速出动，科学调度，妥善处置。

在湖南省委、省政府的重视和支持下，省红十字会已成为湖南省防汛抗旱指挥部、湖南省减灾委员会、湖南省应急管理领导小组成员单位。省红十字会应急预案作为部门预案纳入了省政府突发公共事件应急预案体系。2006年12月，省红十字会成立了应急管理工作领导小组，并增编设立了应急管理办公室。在加强组织建设的同时，我会特别注重加强应急队伍建设。2007年9月，与武警湖南消防总队联合成立了湖南省红十字紧急救援队，开展应急救援工作，中央电视台“东方时空”栏目对此进行了专访报道。随后，我省还组建了省红十字会志愿者紧急救援队新化分队，这是一支集医疗救护、应急救援、通信保障、心理援助、救护培训等多种功能于一体的志愿者队伍。在支援四川抗震救灾工作中，我会不仅单独派出了红十字紧急救援队、心理援助队、社会服务队等队伍，还派队伍参加了总会前线指挥部、国际ERU应急供水、基地大本营等应急救援工作。在成功参与ERU国际合作的基础上，根据总会的要求，我会加强了应急供水队的建设，在原来株洲市自来水公司志愿队的基础上，又招募了长沙市自来水公司和其他相关专业的志愿者，形成了三个梯队的后备救援队伍。目前我会有应急搜救、紧急供水、救灾服务、心理援助等四支专业救援队，在抗冰、抗震、抗洪等突发公共事件应急救援中均发挥了重要作用。

二、加强机制建设，是做好灾害应急救援工作的关键

建立科学、规范、有序的应急救援机制，既是提高应急救援反应速度和保障能力的基础，也是协同配合、运转高效、指挥统一的关键所在。

一是进一步完善应急救援工作机制，强化救援队的标准操作流程。根据总会的要求，结合湖南省实际情况，省红十字会于2005年5月制订下发了《湖南省红十字会自然灾害应急预案》，成为全国红十字会系统最早出台应急预案的单位之一。2007年7月，省红十字会重新修订了《湖南省红十字会自然灾害等突发公共事件应急预案》并被纳入政府部门预案。预案的出台，标志着湖南省红十字会应急管理工作已建立和形成部门配合、资源共享、上下联动的灾害救援工作机制。在应急救援的实训中，省红十字会注意做好预案的落实工作，按照预案要求锻炼队伍，提高能力，努力形成自下而上报灾、自上而下指导、各地互相支援、快捷高效的灾害救援工作体系和评估机制。在总会和国际联合会的指导下，省红十字会还制定了应急供水队救援工作规程、手册等，加强应急救援工作规范化、标准化管理。

二是进一步健全应急救援快速反应机制。湖南省红十字会明确规定了各部室以及各级红十字会应对灾害的响应程序、工作步骤和要求，以确保应急预案的快速性和实用性。湖南省副省长、省红十字会会长郭开朗对应急救援工作高度重视，无论是省内还是省外发生重大自然灾害，他都第一时间向省红十字会作出重要指示并提出具体要求，部署灾害救援工作，选派强有力的工作班子，率领应急救援队实施紧急救援。2008 年，在支援汶川特大地震的抗震救灾工作中，省红十字会根据总会和省委省政府的指示，第一时间派出六批 104 名紧急救援和心理干预队员，共搜救和收治伤病群众 6327 人次，并为灾民提供了及时的心理援助。同时，派人配合法国、奥地利、西班牙等国红十字应急专家组建应急分队，为灾区四个乡镇近五万人供应生活饮用水。成立不到一年的湖南省红十字紧急救援队，第一次成功实施跨省救援，第一次成功开展国际救援合作，并在灾区受到红十字会与红新月会国际联合会主席托罗和时任中国红十字会会长彭珮云的亲切接见和慰问。

2010 年，在青海玉树抗震救灾工作中，湖南省红十字会经总会和省政府同意，组建了中国红十字会紧急救援队（湖南）制水分队，赶赴玉树灾区开展救援。制水队 12 个队员携带制水装备 20 多吨，在武警部队 10 台运输车的支援下，走川藏公路，跨越数座雪山，驰援 3000 公里，克服各种困难在灾区工作 22 天，制作安全优质的应急生活用水 800 多吨，使三万多名群众受益，圆满完成了紧急救援任务，得到总会和青海省委省政府的高度评价。这也是湖南省红十字会第一次独立组队赴灾区紧急供水救援，第一次在高寒、缺氧、低温的恶劣环境下成功实施制水作业。救援期间，中国红十字会会长华建敏、常务副会长王伟等和湖南省副省长郭开朗多次过问、听取救援工作情况汇报，对救援工作给予有力指导；王伟还到灾区看望慰问救援队员，给队员们以极大鼓舞。

三是进一步强化灾害应急救援协调机制。在每年工作会议上，省红十字会都要对备灾救灾和灾害应急工作进行研究部署，强化协调机制，加强与相关部门特别是民政、水利、气象、新闻等部门的协调配合，健全灾情会商和通报制度，及时掌握灾情信息，及时筹集救助款物，及时开展人员培训，协同省政府应急救援总队开展综合演练等，为开展灾害紧急救援工作打下了良好基础。

三、加强能力建设，是做好灾害应急救援工作的保障

一是组织应急能力培训，提高救援队伍战斗力。三年来，举办灾害应急能力救灾专题培训班五期，选送 50 余名省、市、县红十字会干部参加总会举办的灾害应急能力建设培训班等，共培训和轮训红十字会干部和志愿者 300 多名，普遍提高了红十字会干部和志愿者应对灾害的能力和水平。2010 年 12 月，省红十字会承办由国际联合会和中国红十字会总会共同举办的“社会心理支持工具包”师资培训会，组织全省 30 多名心理救援志愿者和救灾工作人员参加培训，提高应急救援队伍的战斗力。

二是加大资金投入，加强基础设施条件建设。2008年冰灾后，省红十字会争取政府灾后重建资金400万元，将10个市级红十字会备灾仓库纳入灾后重建项目。市、州政府也积极参与，对建设项目给予配套支持。如株洲市政府拿出450万元资金支持市红十字会备灾仓储中心建设，建设面积2075平方米；其他几个市州仓库建设也正在抓紧实施。2010年，省红十字会积极争取财政支持，将应急救援经费纳入财政预算，为加强救援队伍装备和设施创造条件。

三是积极开展救援知识普及宣传与培训，提高大众安全意识与自救能力。近几年，省红十字会通过开展群众性初级卫生救护培训、社区为本项目培训、红十字运动知识培训，将应急救援知识纳入授课内容，大大提高了易受灾地区群众的备灾救灾安全意识和自救能力。同时，加强应急救援宣传，使各级领导和社会公众对红十字会救援工作深入了解，积极配合、大力支持。特别是在2008年南方冰灾、汶川特大地震以及2010年玉树地震中，省红十字会先后派出了搜救、医疗、制水、心理服务等多支救援队，在灾区现场展示红十字会旗帜、宣传标语，并精心编印了救援纪实画册进行普及宣传，报纸、电视台、电台、网站等各大媒体上也经常有应急救援队的报道，使红十字会应急救援工作增强了影响力，赢得了各级政府和社会各界的认可和支持，树立了红十字会的形象，促进了救援工作顺利开展。

（曾凡国）

浙江省红十字会：人体器官捐献试点工作

2009年8月，浙江省正式启动人体器官捐献试点工作。五个月来，在中国红十字会总会的指导下，在省委、省政府的高度重视和有关部门的大力支持下，我们建立健全组织，制订完善制度，加强协调合作，积极探索实践，取得了实质性进展。省委、省政府领导先后四次作出重要批示，有关试点市主要领导带头加入志愿捐献者队伍。2010年，杭州、宁波、温州三个试点市已先后启动试点工作。全省共登记志愿捐献者220多人，对九名潜在捐献者的亲属进行思想动员，其中五名签署了同意书，三名最终实现捐献。

一、加强组织领导，构建高效的工作体系

一是争取领导重视。浙江省红十字会党组对人体器官捐献试点工作十分重视，执委会多次研究部署，明确一名会领导分管，确立了“积极主动、探索实践、扎实推进”的试点工作思路。同时，通过专题汇报、工作简报、工作专报等形式，及时向省委、省政府有关领导汇报工作，争取重视和支持。试点工作启动前，省政府分管领导郑继伟副省长听取省红十字会与省卫生厅专题汇报。试点工作启动后，省委书记、省红十字会名誉会长赵洪祝作出重要批示。实现首例捐献后，赵洪祝书记再次作出重要批示。副省长郑继伟，副省长、温州市委书记陈德荣也先后作出重要批示。陈德荣书记还率先垂范，带头加入志愿捐献者队伍。党政领导的关怀重视，成为浙江省人体器官捐献试点工作的

强大推动力。

二是建立组织机构。经省政府同意，浙江省于2009年8月成立由九个部门和四家移植医疗机构组成的浙江省人体器官捐献委员会，省红十字会主要负责同志担任主任。在省红十字会设立人体器官捐献办公室，负责日常工作。9月，成立了人体器官捐献专家组和器官获取组织。出于对器官捐献试点工作的慎重考虑，省红十字会成立器官评估组织，对每一例捐献者作出医学专业评估。在此基础上，建立了省人体器官协调员管理服务部和志愿服务总队。各组织机构人员到位，职责明确，结构合理，为浙江省试点工作的健康开展提供了组织保障。

三是落实人员经费。为使试点工作任务落到实处，省红十字会克服人员紧缺、任务繁重、经费拮据等诸多困难，决定由一位副秘书长兼任捐献办主任，省造血干细胞捐献者资料库管理中心副主任兼任捐献办副主任。卫生厅也派出一名处级干部和一名工作人员兼职参加捐献办工作，选派一名有医学背景和良好协调能力的专业人员到捐献办全职工作。2009年底，省红十字会又公开招录了一名事业编制工作人员，安排到捐献办全职工作。还采取多种渠道积极筹措工作经费。省财政年底追加15万元专项经费，2010年起纳入预算。在省卫生厅支持下，四家移植医院出资200万元作为专项基金，用于人体器官捐献事业发展和人道救助。省红十字会划拨15万元用于支持杭州、宁波、温州三个试点市开展试点工作。

四是层层推进试点。浙江省先后组织举行了人体器官捐献试点工作协调会，捐献委员会第一次全体成员会议，试点工作启动仪式，首例捐献新闻发布会，协调员、志愿者培训班，试点市工作座谈会等多次会议和活动，周密部署，层层推进试点工作。制定了试点工作实施细则、捐献委员会各成员部门工作职责及相关工作流程等，确保试点工作的稳步、扎实、有序开展。

二、完善制度措施，建立规范的工作机制

一是建立协调机制。为强化人体器官捐献工作中各部门、单位的协调配合，省红十字会在捐献委员会各成员单位及各设区市红十字会、卫生局建立联络员制度，负责联络协调人体器官捐献的有关事宜。卫生部门发文，要求在县级以上主要救治医院配备二名以上协调员。这些联络员和协调员在试点工作中发挥了较好的作用。

二是完善登记制度。按照“鼓励捐献、方便群众、简化手续、操作规范”的原则设计了三表合一的人体器官（组织、遗体）捐献志愿书和登记表。明确县级以上红十字会为志愿捐献者登记的主体机构，并下发了关于规范登记工作的通知。各级红十字会公开捐献电话、公布捐献流程和注意事项，方便爱心人士捐献登记。

三是规范操作流程。参照国内外器官捐献工作的流程要求，结合工作实际，在专家反复论证的基础上进一步细化了DCD（心脏死亡和捐赠）工作流程。建立捐献者档案目录，为以后资料查阅、案例取证、善后服务提供可靠的依据。

四是加强基金管理。为有效保障基金运行，省红十字会制定《浙江省人体器官基金管理办法（试行）》，对基金性质、资金来源和用途、审批程序和监督管理等作明确的规定。

五是加强人员培训。举办全省人体器官

捐献协调员、志愿者培训班，邀请有关单位的专家及志愿者骨干讲授相应的政策法规、工作流程、医学伦理、器官捐献及供体要求、志愿工作经验等内容，130多名学员参加培训，取得较好的效果。

三、深入宣传动员，营造良好的工作氛围

一是把握宣传口径。设立了新闻发言人制度，由省红十字会新闻发言人兼任浙江省人体器官捐献试点工作新闻发言人，统一对外发布有关新闻。对各类新闻媒体的相关报道，都必须经捐献办审核，做到统一宣传口径。

二是把握宣传时机。省红十字会紧紧抓住启动仪式和首例人体器官捐献新闻发布会的契机，积极协调在杭的中央、省、市媒体，对两次活动进行重点报道、专题报道和追踪报道，在社会上引起强烈反响。省级媒体中有九名新闻工作者主动加入志愿捐献者行列。不少热心人士还亲自登门到捐献办，主动要求报名加入。

三是把握重点人群。半年以来，省红十字会单独或与有关部门联合制发相关文件十多个、专题简报六期，及时分送省领导、捐献委员会各成员单位、各理事单位及各大医院。捐献办印制各种宣传折页二万份，放置到有关医院和重点单位。通过这些途径，不断增强宣传的针对性和有效性，营造良好的宣传氛围。

四、积极探索创新，积累有益的工作经验

2009年10月、12月和2010年1月，浙江省先后有三人在身故后捐献器官，标志着浙江省试点工作逐步引向深入，同时也为今后的器官捐献提供宝贵经验。在三例器官捐献过程中，省红十字会与省卫生厅和其他有关单位，克服重重困难，精诚团结协作，认真规范做好宣传动员、家属签字、专家评估、器官获取等每一个环节的工作，以及遗体告别、家属救助、新闻发布、捐献建档等后续性工作。同时，省红十字会十分注重积累，每次捐献后都及时召开工作总结会，对捐献过程作出全面评估，总结经验，提出不足和建议，为今后更好的开展工作打下基础。

通过半年多的试点和三例捐献工作实践，省红十字会体会到：

一、红十字会应当并且能够在器官捐献工作中勇挑重担，发挥作用。红十字会以保护人的生命和健康为宗旨，积极协助政府建立人体器官捐献体系，是红十字会的重要责任和光荣使命，符合红十字会的宗旨，也有利于拓展人道救助新领域，提升红十字会的声誉。应当全力以赴做好这项工作，体现自身价值，发挥重要作用。

二、必须依法规范开展人体器官捐献试点工作。人体器官捐献工作政策法律要求严、涉及部门单位多、专业业务性强、协调难度比较大。在实际工作中，必须严格按照国家器官捐献移植的有关法律法规规定和试点工作要求，严格执行标准，规范捐献流程，保证捐献工作的依法遵规开展。

三、必须动员社会各方面力量共同推进试点工作。人体器官捐献是一项复杂的系统工程，需要有关部门、单位和组织密切配合、协同作战。在浙江省三例捐献的实施过程中，志愿者、协调员（联络员）、家属、捐献者所在单位、公安交警部门、救治医院、器官评估组织、获取组织、民政殡葬部门等，任何一方的缺位都可能影响捐献的最终实施。捐献办必须广泛动员，根据各自的职责积极协调，才能促成最后的捐献。

四、必须尊重捐献者尊严，重视对亲属的周到服务。首先必须尊重捐赠者的生命权，在挽回其生命方面作出最大努力。在生命无法挽回、实现捐献后，应精心为其恢复遗容遗貌，举行适当的遗体告别仪式，传颂其崇高美德。在捐献过程中，亲属起着十分关键的作用，要注重为他们提供周到优质的全程服务，使他们感受到社会的尊重，得到心灵的慰藉。

五、必须打造一支敬业奉献的工作队伍。器官捐献涉及工作环节多，突发情况多，持续周期长，需要工作人员和志愿者投入最大的耐心、细心和责任心去开展工作。浙江省第一例捐献，从志愿者主动发现潜在捐献者到最终实现捐献，历经近一个月的时间。其间，工作人员和志愿者随时保持与家属的联络，并远赴贵州征得其父母的知情同意。在捐献前后更是全天候、全方位开展工作，付出了大量精力和心血。紧急出差、深夜见证、连续作战……这些都是实际工作中经常碰到的。没有一支敬业、奉献的工作队伍，就无法做好这项工作。

（王冬梅）

上海市红十字会：红十字青少年工作

上海市红十字会开展的红十字青少年工作从加强组织建设、规范科学管理、拓展工作内涵、丰富活动载体等入手，使学校红十字工作与素质教育、公民道德教育、生命健康教育、爱国主义教育等有机结合，成为学校精神文明建设的重要组成部分。

一、以制度建设为抓手，夯实工作基础，为学校红十字工作的开展建立长效机制

多年来，上海市红十字会通过加强建立规章制度，来规范、有序、有效地推动红十字青少年工作的发展。在上海市教委的大力支持下，通过成立“红十字高校工作委员会”和“红十字中小学工作委员会”，理顺了市级红十字会和各学校红十字会的工作联系，畅通了工作渠道，充分发挥了其对红十字青少年工作的参谋、指导、协调、监督等职能。全市18个区（县）红十字会也按要求先后成立了区（县）学校红十字工作委员会，以及建立区（县）教育系统的红十字会，进一步密切了各基层红十字会与学校红十字会的关系，有力地推动了学校红十字工作的快速发展。

教育行政部门是各级、各类学校的主管单位，加强与教育行政部门的联系和沟通，是做好学校红十字工作的关键所在。为此，我会先后与上海市教委联合印发了《上海市中小学校红十字工作达标学校标准》、制定出台了《上海市高等院校、中小学校开展红十字工作办法》，具体规范学校红十字工作的开展。2010年，为适应新形势下红十字青少年工作发展的需要，指导全市已建立红十字会的各级各类学校有计划、分层次、按步骤地开展学校红十字工作创建活动，我会又与上海市教委联合下发了《上海市学校红十字工作创建活动实施细则（试行）》，进一步修订了“上海市红十字工作达标学校评审标准”和“上海市红十字工作示范学校评审标准”，从制度上确保了学校红十字工作的持续发展。

二、以学校红十字工作创建活动为契机，促进红十字青少年工作向纵深发展

学校红十字工作涵盖了红十字知识传播、红十字青少年志愿服务、急救技能培训、红十字文化建设、帮困救助等工作，学校红十字工作创建活动，在培育青少年人道主义精神、加强青少年思想道德教育中也发挥了积极的作用，已成为学校精神文明建设的重要组成部分。

上海市红十字会自1998年始，联合上海市教委启动了两年一次的创建工作，现已有264所中、小学校和七所高校被命名为“市红十字工作达标学校”，40所学校被命名为“市红十字工作示范学校”，2007年，六所学校（大、中、小学校各二所）被中国红十字会总会、教育部联合命名为“全国红十字模范校”。

学校红十字工作创建活动，促进了学校红十字组织网络的健全、工作制度的完善、活动开展的深入，截至2010年12月底，全市62所高等院校已有55所建立了红十字会；1536所中小学校（含中专职技校）中1209所建立了红十字会；全市红十字青少年会员数586440万人。学校红十字会会长均由校级领导担任，有力地推动了红十字工作的开展。

三、以普及红十字现场初级急救与灾害逃生知识技能为重点，结合和贴近学校工作

学校红十字会坚持以“保护人的生命和健康”为工作宗旨，加强了工作的针对性、操作性和实用性，积极在广大青少年会员中普及现场初级急救与灾害逃生知识技能，并将其作为红十字工作与学校生命教育、安全教育的有机结合点。

除定期为学校培训急救师资以外，我会在听取试点区（县）教育行政部门和学校意见的基础上制订了“上海市红十字会中小学校现场初级急救及灾害逃生技能分级培训大纲”，对中、小学校急救培训工作提出指导性意见。2009年，上海市首个“红十字青少年现场初级急救培训基地”以签约的形式在上海市青少年校外活动营地东方绿舟挂牌成立，基地的成立为我会探索在青少年中开展集中性的校外现场初级急救培训提供了有效的模式和经验，并将进一步予以推广。

2008~2010年，在上海市三年政府实事项目“群众性现场初级急救培训”中，市红十字会已对全市的班主任、体育老师、卫生老师进行全覆盖的普及培训，为深入开展学校的现场初级急救工作提供可能。目前，在市红十字会的努力下，上海不仅各中小学校均通过设置校本课程、拓展课程或团队活动等开展了多种形式的急救与逃生培训，培训累计覆盖20余万名中、小学生。2009年起，八学时的现场初级急救普及培训已在全市高一军训学生中全面推开。在2008~2010年，市红十字会与市教委等六家单位共同开展的“上海市中小学师生识险避险和自救互救技能展示”活动中，红十字的各项技能得到了很好地展示，应对突发事件和意外伤害的自救互救意识与能力也不断提升。

各高校红十字会将开展现场初级急救技能普及工作与新生军训、学校运动会等相结合，许多高校还将培训工作列入到学校的必修课程之中。2010年，市红十字会拥有一支30余人的高校急救师资队伍，全市40余所高校红十字会每年对一万名左右的大学生开展现场初级急救知识普及培训。市红十字会于2006年起每年举办的“上海市高校现场初级急救比赛”，更是在高校红十字系统中营造了浓厚的学习比赛氛围。

四、以主题活动和项目为抓手，全面推动红十字青少年工作向纵深发展

多年来，为培养红十字青少年的社会责任感和使命感，我会以传播红十字理念、增强公益意识为目标，开展了丰富多彩的主题特色活动和人道法的教育项目，以及“爱心在社区”、“我心中的红十字”、“迎特奥，你行我也行”、“精彩汇世博，博爱满申城”红十字青少年文化节主题活动等，使学校青少年充分理解和感受到了“人道、博爱、奉献”的红十字精神。

（一）依照红十字会的法定职责积极开展传播红十字运动基本知识和国际人道法工作。

2005年，红十字国际委员会东亚代表处和中国红十字会总会把上海作为“探索国际人道法（EHL）项目”的全国试点地区之一。市红十字会与市教委在前期调研的基础上，以先培训探索人道法教学师资、后在中学开班授课的方式共同开展项目试点。2010年，市红十字会又组织完成了《上海探索国际人道法教师用讲义》的编写工作并进行课堂教学实践。2010年，上海共拥有探索人道法师资260名，18个区（县）的120所中学先后开展了三至四课时不等的探索人道法教学，项目覆盖全市13217名初、高中及中专学生，试点效果良好。

鉴于中学探索国际人道法项目所取得的积极成果，为更好地完成中国红十字会总会提出的“传播工作覆盖面达到高校在校生的80%以上”的目标，2010年10月，市红十字会在中国红十字会总会的指导下，积极承接红十字国际委员会“国际人道问题辩论赛”项目，会同市教委，选取八所高校开展“首届上海市红十字青少年国际人道问题辩论赛”，通过开展红十字运动基本知识培训和以国际人道法为主要内容的知识培训，进一步帮助高校学生提高对红十字运动基本知识和国际人道法的理解和掌握。辩论赛于2011年3月正式举行。

（二）以同伴教育和“12·1”主题宣传为抓手，全面推进青少年预防艾滋病工作。

市红十字会于2000年起在高校中开展预防艾滋病青年同伴教育，每年举办同伴教育主持人培训班，并督导各高校红十字会开展预防艾滋病知识普及培训。2010年，上海全市58所高校红十字会均开展了预防艾滋病同伴教育工作，接受预防艾滋病知识与反歧视理念同伴教育的高校学生累计超过15万名。预防艾滋病同伴教育已成为上海高校红十字系统的一项品牌工作。2010年11月底，市红十字会又与市教委共同启动了“上海红十字青少年红丝带牵手行动”，通过成立首批“高校红十字预防艾滋病同伴教育志愿服务团”，高校同伴教育主持人将以“大手牵小手”的方式，走进中学校园，在中学生中开展预防艾滋病知识和反歧视理念的宣传。

此外，市红十字会已连续九年在高校红十字系统中组织开展“12·1”预防艾滋病大型集中宣传活动，先后通过上海市高校红十字“预防艾滋病论坛”、“预防艾滋病微笑天使”、“红丝带信使”、“预防艾滋病宣传大使”、“高校红十字会预防艾滋病最佳宣传短片”等评选活动，让广大红十字青少年主动参与到防艾的活动中。在以“畅想·红丝带”、“印象·红丝带”、“感动·红丝带”为主题的“红丝带”系列活动以及“我们和你在一起”、“生命的力量”、“以爱的名义”等防艾主题活动，向广大青少年传递“珍爱生命、善待他人、关注社会”的理念。

（三）以志愿服务活动等阵地建设为平台，红十字青少年志愿服务持续发展。

志愿服务已成为上海红十字青少年活动中一道亮丽的风景线，中、小学校普遍将开展红十字志愿服务活动纳入学生爱心教育的内容，高校红十字志愿服务更是受到了广大学生的热烈欢迎和积极响应。其中，市红十字会于2005年组建“上海市高校红十字志愿服务大队”，各高校红十字会也相继成立了校红十字志愿服务队，目前，已建立“上海市红十字青少年志愿服务基地”22个，为开展红十字志愿服务提供了阵地。学校红十字志愿服务项目涵盖无偿献血、造血干细胞捐献、遗体捐献宣传、预防艾滋病宣传、现场急救知识培训、社区服务、关爱自闭症儿童、名人故居讲解等国际、国内，校内、校外共56个。其中，“心灵之约”、“精神家园”、“知心哥哥知心姐姐”等主题服务项目均取得了良好的社会反响，而于2008年启动至2010年、由上海八所高校近百名红十字志愿者共同参与的“携手同行，共享阳光”——高校红十字志愿服务大队走进自闭症儿童家庭项目更是得到了广大自闭症儿童家庭的热烈好评和欢迎。

截至2010年底，上海全市高校共有红十字志愿者14976名，参与志愿服务的人数累计超过12万人次。此外，截至2010年12月底，上海高校造血干细胞捐献志愿者达2.9万余名，约占上海造血干细胞捐献志愿者总数的29%；在已实现捐献的197例中，大学生占24.4%。

（四）以服务世博、参与世博为主题，拓展红十字青少年文化传播新途径。

百年一遇的“2010中国世博会”在上海举行，市红十字会围绕“红十字青少年与世博同行”这样一个主题，开展了一系列展示红十字青少年工作、激扬红十字青少年热情、发挥红十字青少年才智的主题活动，通过活动研究探讨红十字青少年文化内涵。由市红十字会与市教委共同主办的“精彩汇世博，博爱满申城”首届上海市红十字青少年文化节2010年4月拉开序幕。为期二个月的文化节包括举办红十字青少年LOGO设计、纪念品创意设计、宣传海报设计比赛等一系列具有红十字特色的创意大赛，并通过红十字主题征文、报告会等，推动红十字理论和文化研究。此外，为进一步发挥红十字组织在关心困难青少年群体中的积极作用，市红十字会通过汇聚人道力量募集社会资金，在“六一”国际儿童节当天组织200余名16周岁以下、失去父母的在校中小学生中开展了以“共享世博盛会、欢度六一佳节”为主题的红十字关爱百名孤儿欢乐世博行活动，以爱育爱，把“人道、博爱、奉献”的红十字精神植入困难青少年心中。

2010年3月24日，中国红十字会会长华建敏在视察上海市红十字会工作时，为上海市的红十字青少年亲笔题词——“播扬人道理念、激扬博爱情怀、弘扬奉献精神”。

（马　强）

内蒙古自治区呼和浩特市红十字会：救护培训工作

内蒙古自治区呼和浩特市红十字会开展机动车驾驶员培训，有以下几点体会。

一、充分利用法律和政策资源，紧紧抓住培训工作的关键环节

开展群众性卫生救护培训工作，是《中华人民共和国红十字会法》赋予红十字会的一项主要职责。多年来，呼和浩特市红十字会在总会和自治区红十字会的指导下，先后在公安干警、水厂作业人员、涉外酒店服务员、机动车驾驶员、机场地勤人员、野外生存训练教员等行业或部门中开展了群众性卫生救护培训工作，累计培训救护员362496人，占全市人口的7.4%，其中机动车驾驶员约占培训总人数的98.2%，累计培训收费1087万元，取得了一定的社会效益和经济效益。

（一）解决关键性问题

一是充分利用政策和法律依据。主要是《中华人民共和国红十字会法》、《中华人民共和国道路安全法》、《中国红十字会、公安部、卫生部等十五部委联合下发〈关于广泛深入开展救护工作意见〉》（红一字〔2001〕44号）、《内蒙古自治区红十字会、公安厅、卫生厅等十五厅局社团部门联合印发〈内蒙古自治区贯彻落实中国红十字会关于广泛深入开展救护工作意见实施计划的通知〉》（内红发〔2002〕9号）、《中国公安部、卫生部〈关于建立交通事故快速抢救机制的通知〉》（公通字〔2002〕8号）、《中国红十字会、公安部、交通部关于深入开展救护培训工作的通知》（红总字〔2006〕50号）、《内蒙古自治区红十字会、公安厅、交通厅关于开展救护培训工作的通知》（内红发字〔2007〕9号）等，这些法律和规章为开展驾驶员救护培训工作提供有力的政策支持。

二是争取政府和公安部门的支持。开展机动车驾驶员救护培训离不开政府和公安交警部门的支持与配合，公安交警部门的配合和参与是红十字会开展机动车驾驶员救护培训工作的关键所在。呼和浩特市红十字会多年来积极争取政府和公安交警部门的支持，两届分管副市长对此工作分别做出批示，市公安局予以坚决贯彻，市交警部门全力配合，并提供了办公场所等必要的保障措施。

三是协调多部门予以保障。机动车驾驶员救护培训工作涉及部门较多，各部门对培训都起相关作用和影响，在政府总协调的前提下，发改委负责收费定价，公安交警配合操作，卫生部门师资支援，财政局将票据纳入预算外管理，可以说在法律与政策的保障下，在政府大力支持和公安交警及相关部门的配合下，呼和浩特市红十字会驾驶员卫生救护培训工作形成了一套较为科学的运作模式和管理制度。

（二）把握主要环节

一是实行分级管理。根据交警部门不同类别驾驶员管理权限，红十字会救护培训工作参照其管理模式。主要是市和旗县（区）

两级红十字会分别开展驾驶员救护培训工作。

二是注重舆论引导。积极发挥新闻媒体的作用，争取驾驶员理解配合。与交通台连续开办200余期具有极强针对性的节目，还与内蒙古广播电台——交通之声、呼和浩特市交通台联合举办“红十字博爱杯”百日百题百奖交通法规、救护应急、红十字知识竞赛，让驾驶员了解红十字会的性质，红十字会的任务以及开展卫生救护培训工作的实际意义，唤起驾驶员自我保护意识，争取其理解、支持并参与培训。

三是抓住关键环节。根据交警工作的管理程序，我们把握住机动车驾驶员验证或换证这一重要环节，在交警支队的支持下，较好地解决了驾驶员救护培训报名和收费这个关键问题。这些年来，呼和浩特市红十字会先后在市安教中心、驾驶员协会、人体检测中心等部门设立报名处，目前，救护培训工作设在呼和浩特市红十字会机动车驾驶员适应性人体检测中心。

（三）注重培训质量

一是采取积分制控制培训质量。以自学、电教、面授、实习为项目，分别记2、2、4、2分，够8分即颁发红十字救护员证书。自学以开卷考试答卷为标准，达80分以上为2分、60分以上为1分，电教不计效果，到场即记2分，面授到场听讲记4分，参与记2分。

二是建立救护培训讲师团。为了培养高素质的师资人员，严格群众性救护培训标准，保质保量的开展救护培训工作，在卫生部门的大力支持下，专门开展了救护师资培训，同时积极参加总会组织的中国红十字会彩票公益金项目救护师资培训班，规范了师资的来源，壮大了师资队伍。目前，我市红十字会共有救护培训师资76名。

三是设立专门培训站。为了方便机动车驾驶员就近参加培训，呼和浩特市红十字会在市区设立了一个培训中心和五个培训站，并配有醒目的标志和专门的指示。

四是配备专门设备。在启动机动车驾驶员救护培训之前，就为培训中心和各区培训站配备桌椅、录放像设备、模拟实习用具、电脑、打印机、塑封机和常规教具。

五是加强制度建设。建立健全各项规章制度，包括投诉制度、工作制度、培训标准及驾驶员培训的权利和须知，都张贴在各培训站。

六是强化监督机制。市红十字会建立了专门的监督运行机制，按照总会“四统一”的培训要求，对旗县区设立的培训站进行日常监督，并加强内部管理。机动车驾驶员人手一份的通知书明确了意义、依据、方法、标准、程序、收费、投诉等。

（四）严格培训步骤

一是报名阶段。报名时发给教材、试卷（A卷或B卷）和告驾驶员书以及培训衔接各种手续。

二是培训阶段。按照自学、老师面授、电教和操作实习四部分进行。自学以交卷和答题过关鉴定自学合格与否；面授以培训衔接手续和驾驶员的试卷为依据，在各培训站进行培训，不管驾驶员是否达到规定人数均按教学大纲要求讲解；电教以播放总会制作的《争分夺秒》为主，力求使每个人至少观看一次，并做好观看记录；实习以模拟人口对口人工呼吸、胸外按压和急救包扎、固定搬运等为主要内容，在老师的指导下，学员进行现场演示。

三是考核发证。每位接受培训的学员都要向培训班交自学试卷，参加全部培训过程，积分成绩达到规定要求，所有项目合格后在规定时间内颁发救护员证书，证书全部实现电脑管理，可以在复训时继续使用。

由于机动车驾驶员的特定工作，呼和浩特市红十字会规定：只要缴纳了培训费，在一年的时间内，驾驶员可以在全市的各个培训站点反复、循环接受培训，无论接受多少次培训不再收费。

（五）落实培训收费

收费在社会上是一个敏感问题，要合法到位，大家知道，在经济欠发达地区，收费是焦点、难点、热点，红十字会如何把握？呼和浩特市红十字会认为，首先是政策、法规的贯彻问题；二是感化问题，所谓感化，就是宣传红十字会慈善的一面，对于驾驶员这个中等收入阶层，在合法基础上，动员其奉献爱心作为出发点，培训工作往往事半功倍。三是将结余的资金多做善事并定期向社会公布。如呼和浩特市每年开展的“红十字博爱送万家”活动，都有资助特困出租车驾驶员专项救助项目，通过区、市两级电台广播为平台展开，既帮助了特困出租车驾驶员，又宣传了红十字会，达到了双赢。

二、不断拓展培训内容，群众自救互救意识增强

近年来，呼和浩特市红十字会在开展救护培训工作中加强了规范管理，总结经验，拓展培训领域，取得了良好效果，正在努力缩短与先进地区救护培训工作的差距。

一是建立了专门培训场地。呼和浩特市红十字会专门成立了应急避险培训市民学校，地点设在呼和浩特市红十字会新办公楼内。随着社会的进步和发展，人民生活水平的不断提高，群众实际生活需求与意外及重大事故的防范、避险尤为重要。培训群体愿意了解、需要掌握避险逃生及应急救护等方面的知识。市民学校就是发挥这个作用的很好平台。

二是根据不同培训对象确定培训内容。针对群众的不同需求，举办救护知识分类培训班。针对企业的需求，在原有救护培训基础上，增加专项培训内容，如水厂作业工人增加中毒、溺水知识的培训；电力员工增加触电知识的培训。针对大灾如火灾、洪灾、地震等自然灾害，灾后给人们留下心理阴影，举办心理危机干预培训、避险逃生知识培训。近年来，我们在呼和浩特市春华水务运营有限公司、香格里拉大酒店、喜来登大酒店、假日酒店、爱生雅包装有限责任公司、野外生存训练团队、内蒙古民航机场集团、内蒙古广播电视艺术团以及华北电力集团等行业或部门中开展的救护知识和技能培训，都是企业的自愿行为，他们主动与呼和浩特市红十字会联系，需要救护知识方面的专门培训。经过培训的救护员在工作岗位上，为保障安全生产，保护员工的身体健康发挥作用。

三、救护培训工作的深入开展，为红十字事业注入新的活力

一是加强了自身建设。呼和浩特市红十字会依靠部分救护培训收入，在市政府的大力支持下，于2010年建成了占地面积五亩，总建筑面积3000平方米，集办公、培训、仓储为一体的新办公综合楼。综合楼总投资约为700万元（自筹），地上三层，一层为备灾救灾仓库，二层为办公，三层为应急避险培训市民学校的教室、会议室。

二是实施了能力建设项目。根据总会、自治区红十字会“能力建设年”的总体要求，呼和浩特市红十字会投资260万元，启动旗县区红十字会能力建设项目，为旗县区红十字会配备工作车辆，建设了小型备灾仓库，购置配备摄像机、照相机宣传设备，并按标准建立网站。

三是推动遗体捐献再上新水平。呼和浩特市红十字会在开展救护培训工作时，利用讲授救护基本知识的机会，积极宣传遗体捐献工作的重要意义，努力拓展新的工作领域。2008年，在市红十字会的推动下，在呼和浩特市建成内蒙古首个遗体捐献纪念碑及主题广场、红十字遗体捐献纪念馆。在此基础上，2010年又在呼和浩特市建立内蒙古首个遗体（器官、组织）登记站和接受站。

四、思考的问题和建议

救护知识的普及程度是衡量一个地区人文素质、社会进步的一项重要指标，可以肯定的说，开展卫生救护培训工作是一件造福于广大人民群众的好事，也是一件保护人的生命和健康的善事，可是这样的好事、善事为什么难以深入、普遍开展，值得我们深思。

（一）大环境问题

要积极创造适宜开展救护培训工作的社会氛围。对于机动车驾驶员来讲，也需要培育一种良好的培训氛围，要把现在这种被动的让我培训逐步转变为我要培训，让他们从思想上逐步产生一种认同感，就是大环境，这种环境氛围的形成需要全国红十字会系统的共同奋斗。希望在总会的努力下，继续争取国家对红十字会开展救护培训工作的政策支持，为基层创造更好的政策环境。同时，各省区市也要积极争取同级政府的支持，克服困难，全力推进。地区之间也应加强经验交流，互相学习借鉴，认真探索救护培训的好经验、好做法。通过大家的共同努力，尽快形成救护培训工作全国一盘棋的局面，促进救护培训工作向更高水平的良性发展。

（二）培训管理问题

总会规定的“四统一”对于卫生救护培训工作起到了重要的作用，但是由于各地救护培训的做法各不相同，有些方面还没有做到真正的统一。对于培训周期、证件标准等问题，就是在各省范围内也是培训要求参差不齐，证件式样繁简不一，缺乏统一的规范。建议可按照分级管理原则，以省为单位，因地制宜做出规划和制定切实可行的措施，把救护培训工作做成品牌工程，既要让政府放心，也要让接受培训的人满意。让办事机构在统一、便捷、操作灵活的基础上达到预期的效果。

（三）培训质量问题

培训质量是红十字会向社会负责的主要体现，也是红十字会开展卫生救护培训工作可持续发展的根本保证。收费不服务，收费服务不到位或收费由于程序、方法、甚至培训场所不方便等原因引出问题，还有的教师专业水平或表达能力较差，不胜任群众性卫生救护培训工作引发的问题也存在。

呼和浩特市红十字会通过八年来的群众性卫生救护培训工作，对外扩大了红十字会的影响，对内增强了工作人员的凝聚力，锻炼和提高了工作人员的讲课、协调能力，综合素质明显提高，开办的呼和浩特市红十字会机动车驾驶员适应性体检中心，在社会上影响很好，也给呼和浩特市人道事业注入了资金活力。2004 年，中国红十字会原会长彭珮云，副会长郭长江，自治区党委书记储波，自治区党委常委、秘书长任亚平，自治区人大副主任、自治区红十字会会长宝音德力格尔，自治区党委常委、呼和浩特市委书记韩志然等视察了呼和浩特市群众性卫生救护培训工作。2010 年，中国红十字会常务副会长王伟、秘书长王汝鹏视察呼和浩特市机动车驾驶员卫生救护培训中心工作。2006 年 9 月，呼和浩特市红十字会荣获全国红十字卫生救护先进集体。

（鲁剑钧）

经 验 借 鉴

中国红十字会代表团参加第八届亚太地区红十字与红新月大会情况总结

2010 年 10 月 17—20 日，第八届亚太地区红十字与红新月大会在约旦哈希姆王国举行。中国红十字会常务副会长王伟率中国红十字会代表团赴约旦参加了会议。代表团成员有中国红十字会联络部部长王小华、双边处副处长马文博、多边处工作人员刘远。香港特别行政区红十字会总监胡郭秀萍和澳门特别行政区红十字会理事长曹国希以及副理事长马健华。

本次大会的主题为：在亚太地区实施《2020 战略》——挽救生命，改变观念。

参加会议的 200 余名代表分别来自 46 个国家红会、红十字会与红新月会国际联合会（以下简称国际联合会）以及红十字国际委员会（以下简称国际委员会）。除亚太和中东地区的国家红会外，还有来自部分欧美地区国家红会的代表以观察员身份参加了会议。王伟被推举担任本次大会的副主席。王小华当选为大会起草委员会成员和“人道外交”专题工作组的报告人。

一、会议概况

国际联合会主席近卫忠煇、约旦红新月会会长穆罕默德·阿尔哈迪德、国际委员会副主席克莉丝汀·伯利以及约旦国王阿卜杜拉二世的代表分别在大会开幕式和全体会议上发表了致辞。

在大会第一次全体会议上，新加坡红十字会代表就《新加坡大会宣言》的执行情况做了报告。《新加坡大会宣言》是亚太和中东地区的 46 个国家红会在 2006 年新加坡举行的第七届亚太地区大会中所一致通过的四年承诺，包括中国红十字会在内的 11 个国家红会提交了执行该宣言承诺的终期报告。

来自库克群岛和印度尼西亚红会的青少年代表介绍了刚刚在约旦结束的地区青少年峰会中制定的未来四年亚太地区的青少年工作规划，并希望各国红会对此规划的实现给予支持。规划的制定基于 2009 年全球红十字青少年代表为纪念索尔费利诺战役 150 周年而通过的《索尔费利诺宣言》以及联合会的《2020 战略》，旨在关注红十字与红新月青少年的能力建设，倡导其在红十字运动中的参与权和决策权，发挥其在社区良性发展中的积极作用，并鼓励青年与其他年龄层人员的有效合作和对话。

大会以三次全体会议和分组讨论会的形式进行。每次全体会议和分组讨论都围绕一个主题。

（一）高效的备灾

大会的第一个主题是高效的备灾，日本红十字会代表粉川直树和东盟秘书处跨部门合作部部长 Sunto 分别作为红十字运动内部和外部代表做了主旨发言。粉川指出，各国红会务必加强备灾救灾、风险降低和协调机制等综合措施以应对大型灾害，突出运动各方在灾害管理中的合力。他还鼓励各国红会与基层社区合作建立灾害预警系统，并积极应对城市灾害风险。Sunto 强调了突发事件对全球经济的影响。他说，当今世界灾害的频率和强度都在不断增加，我们需要调整视野适应新时期的机遇和挑战。Sunto 表达了东盟和红十字与红新月运动在灾害管理领域合作的愿望。在 Sunto 发言结束后，王小华简要介绍了日前中国红十字会在广西举办的以“气候变化背景下的灾害风险管理”为主题的中国—东盟红十字红新月论坛情况和成果，并感谢国际联合会、国际委员会以及东盟各国红会对论坛的举办所给予的支持。

在全体会议之后中国红十字会代表团参加了高效备灾这一主题下两个工作组的讨论。“建设更强大的国家红会”工作组就如何增强国家红会在备灾工作中的能力建设，以及运动的两个国际组织如何在备灾领域向国家红会给予支持进行了讨论。与会代表一致认为制定长期、可持续的的规划和加强青少年的参与对于国家红会极为重要，并探讨了分会实力、宣传和公信力等因素的影响。“降低灾害风险”工作组讨论了与运动内外各方合作的重要性，并探讨了总结交流经验、制定标准等促进合作的模式和方法。王伟在讨论中介绍了中国红十字会与中央及地方各级政府在救灾及重建工作中的合作模式。

（二）人道外交

在人道外交这一主题的全体会议上，联合国中东和平问题特别协调员 Robert Serry 介绍了联合国在人道领域和政治问题之间所起的桥梁作用。澳大利亚红十字会 Helen Durham 博士随后分析了一些国家红会开展人道外交工作的具体事例，认为此项工作应该贯穿红会工作的方方面面。联合会新任人道价值与政策副秘书长 Goli Ameri 在主旨发言中通报了联合会新的资源动员战略的进展情况，号召各国红会各级参与相关讨论和磋商，推动该战略的落实开展。

中国红十字会代表团参加了该主题下“运动合作”、“资源动员”和“倡导人道立法”工作组的讨论。“运动合作”工作组探讨了当前运动内合作机制的优势和缺点，并就有效的合作模式和工具提出了建议。东帝汶代表在发言中提到，“运动成员的合作应该建立在互相尊重、互信和价值认同的基础上”，得到大家一致认同。“资源动员”工作组探讨了长期筹资的作法和募捐项目的透明度问题，认为有必要分享最佳经验，改进筹资方法和机制。该小组还建议各国红会参与全联合会资源动员战略研究对比工作组，以验证该战略的有效性。鉴于中国红十字会筹资工作的国际参与能力的现实因素，中国红十字会暂未考虑加入该工作组。“倡导人道立法”工作组强调国家红会在宣传和执行“国际人道法”和“国际减灾法”方面的责任和义务，同时也强调国家红会首先应与政府部门建立合作关系，做明确的宣传和解释。中国红十字会代表发言希望国际委员会对日内瓦公约第三附加议定书的批准和履约情况进行调查和报告。

（三）志愿服务及青少年参与

大会的第三个主题是“志愿服务及青少年参与”。在全体会议中，亚太地区青少年网络的主席阿卜杜拉·艾哈迈德指出了当今世界青少年所面临的机遇和挑战。他强调青年在行为改变中起到了关键的作用，并呼吁各国红会领导人对本国红十字青少年工作给予支持。来自韩国高丽大学的校长李基秀表示，志愿者在社会福利活动中可以发挥重要作用，他鼓励红十字与红新月青少年行动起来，从年轻时开始从事慈善，养成习惯，为人类福祉做出自己的贡献。

随后工作组讨论中，代表们表示要积极落实《索尔费利诺宣言》和本次青少年峰会通过的《阿杰隆承诺》，在机制上保证和鼓励青少年积极参与红十字与红新月事务；“在变化的社会中培养志愿服务”工作组探讨了城市志愿者、老龄志愿者及企业志愿者等新兴课题，认为要将志愿服务的原则贯穿于红十字与红新月的每项工作中，务必保证发挥志愿者的专长。讨论中也再次肯定了志愿者不应付酬但合理开销应适度补偿的做法。

大会最后一次全体会议听取了三个工作组的报告，一致通过了本次会议的成果性文件《安曼承诺》（该文件的中文译文附后）。联合会秘书长比开利．格雷塔在闭幕式的发言中高度评价了亚太地区各国红会对《2020战略》的信心和在本地区落实《战略》所付出的努力。他指出，亚太地区地域广阔，情况多样，因此机遇与挑战也更加复杂。他鼓励亚太及中东各国红会积极落实此次大会和青少年峰会的成果，并表达了联合会秘书处对本地区全力支持的承诺。

二、有待跟进的问题

（一）根据规定，2011年第四季度即将在日内瓦召开红十字与红新月国际大会（四年一次），依照章程和惯例在会议前还将召开代表会议和联合会大会，预计总共会期将在10天以上。国际大会的参加者包括所有日内瓦公约缔约国政府代表团，除有关运动的问题外，大会将讨论一些有关日内瓦公约和武器方面的专业或较敏感问题，因此，中国红十字会需要尽早在大会前与外交部和政府其他相关部门进行沟通，早做参会准备。

（二）在会议期间，联合会亚太地区副主席默罕默德·艾哈迈迪曾向中国红十字会提出希望中国红十字会承办2014年第九届亚太地区大会，联合会亚太地区办事处也对此向我代表团探询。亚太地区大会是本地区最重要的法定会议，承办该会有利于增强中国红十字会与地区其他国家红会的联系，加强中国红十字会在本地区乃至在整个红十字运动中的影响。中国红十字会曾于1993年在北京主办第四届亚太地区大会，效果很好。鉴于举办大型会议事关重大，建议做细致的利弊和可行性研究，并探询外交部意见后，再做最后决断。

（三）国际委员会亚太地区合作代表Allan与王伟在会议期间进行了接触。Allan表示希望中国红十字会派出2-3名工作人员前往国际委员会短期工作。考虑到工作安排需要和委员会的工作内容，王伟建议从中国红十字会总会、香港特别行政区红十字会选派人员，同时可以从武警总医院或华山医院等单位选派有医疗背景的专业人士。中国红十字会将就此事与国际委员会以及相关机构进一步沟通，同时要求国际委员会提供有关法律文件，明确人员保险及待遇等问题的解决方案。

（四）斯里兰卡和马尔代夫红会代表在会议期间曾与中国红十字会代表进行双边会晤，询问中国红十字会是否能够依之前承诺，支持其能力建设项目。（中国红十字会在结束对其海啸重建项目时曾表示可提供少量资金支持其能力建设项目，但双方均未及时跟进。）中国红十字会表示希望对方尽快提出明确的项目建议，从而进一步研究项目的可行性并加以落实。对方表示同意。

（五）联合会亚太地区代表团团长阿里斯泰尔·亨利就向中国红十字会和中国政府宣传和推动国际救灾法（IDRL）一事与中国红十字会代表团进行了讨论。他希望联合会亚太地区办事处国际救灾法协调员可以在今年年底之前访问中国红十字会，向中国红十字会领导和工作人员介绍国际救灾法的基本情况和在其他国家推广的经验，并了解中国红十字会与政府在该领域合作的可能。之后将在2011年第一季度再次来华，举办一次国际救灾法研讨会，届时将邀请外交部、民政府、商务部、国家海关等相关政府部门人员参会。我代表团对此表示同意，并希望对方进一步明确来访时间并发来相关文件供中国红十字会参考研究。

三、建议

（一）对后续事宜的跟进上会研究

拟将上述需要跟进事宜提交总会领导办公会研究，由联络部提出具体落实的建议。对于需要落实的问题，建议由联络部与相关部门共同协商协作完成。对于不能落实的问题，应说明理由，并提出向外方回应的口径和对策。

（二）加强中国红十字会外事工作

本次地区大会中，联合会、国际委员会以及多个国家红会的代表均积极与中国红十字会代表团联系和接触，希望中国红十字会在更加广泛的领域发挥更多作用，这在一定程度上反映了国际上对于中国红会期望值的提高。对此中国红十字会应有清醒的头脑进行认真分析和研究，哪些是应该并且可以做的，哪些是超出中国红十字会能力而不应该或不可以做的。这就需要中国红十字会的外事工作在以下三个方面加强工作和自身建设：加强对当今国际趋势和中国红十字会以及红十字运动所面临的挑战和机遇进行分析和调研，对联合会提出的各项业务工作的政策和指南性文件进行翻译和研究，主动与相关政府部门、学术机构加强沟通与合作，结合我国国情和中国红十字会自身情况提出切实可行的建议；其次，应加强与外交部等政府主管部门的报告、联系与沟通，争取其对于中国红十字会工作的理解和支持；最后，应培养和选拔政治成熟、具有相关专业知识并掌握良好语言技能的专家和年轻干部，组成一支掌握政策、具有专业水平和外交技巧的外事人员队伍，能够在国际会议或其他外事场合，阐述观点并参与决策。

（三）竞选常设委员会成员

为了增强中国红十字会在多边事务中发挥的作用，提高中国红十字会在运动中的影响，建议考虑于2011年国际大会上竞选常设委员会成员。（此项工作还应慎重考虑利弊后，做出决定。）

（王伟　王小华　马文博　刘远
胡郭秀萍　曹国希　马健华）

中国红十字会代表团赴新西兰、澳大利亚红十字会访问情况报告

2010年6月13—22日，中国红十字会副会长郭长江率中国红十字会代表团访问新西兰、澳大利亚两国红十字会。本次访问旨

在加强中国红十字会与新、澳两国红十字会在宣传筹资、备灾救灾、志愿服务等领域能力建设方面的相互了解，巩固和发展相关合作项目。

一、访问概况

（一）新西兰红十字会访问情况

6 月 14 日，中国红十字会代表团与新西兰红十字会在惠灵顿总部进行座谈。新西兰红十字会会长 PENNY 女士在欢迎辞中说，新中两国红十字会都是国际红十字大家庭的重要成员，国家红十字会间的交流与合作非常重要，中国红十字会代表团的来访是两国红十字会分享经验、互相学习的好机会。她说，新西兰红十字会活跃于亚太地区，在很多国家红十字会都开展了国际援助项目，也希望能与中国红十字会保持更加密切的交流合作。

郭长江在致辞中说，新西兰红十字会是中国红十字会的良好伙伴，近年来在国际红十字运动中发挥着越来越大的作用。中国红十字会一贯重视发展与新西兰红十会的双边关系。八年前，中国红十字会前任会长彭珮云曾访问过新西兰红十字会，带回很多有益经验。比次访问是中国红十字会新一届理事会成立后第一次访问新西兰红十字会，希望双方在宣传筹资、备灾救灾、志愿服务等领域进行学习交流。

座谈中，新西兰红十字会秘书长 JOHN WALE 和国内部、国际部及人力资源部有关负责人分别介绍了他们在机构改革、宣传、社区服务、备灾救灾、急救培训、国际援助、志愿服务等方面开展的工作。双方就有关问题进行了深入讨论，都希望要进一步加强两国间的交流与合作，为中新两国红十字事业乃至国际红十字运动做出更大的贡献。

6 月 14 日，代表团访问了位于惠灵顿的一家红十字商店。6 月 15 日，访问了位于奥克兰的红十字会服务中心。6 月 16 日访问了罗托鲁阿红十字会服务中心。

（二）澳大利亚红十字会访问情况

2010 年 6 月 18—21 日，中国红十字会副会长郭长江率团访问澳大利亚红十字会。代表团首先访问了位于墨尔本的澳大利亚红十字会总部，并与负责宣传、筹资、国际项目的相关负责人进行了座谈。

在与国际项目部门的座谈中，郭长江代表中国红十字会向澳大利亚红十字会在汶川、玉树等地震救助中给予的援助表示感谢，并向他们简要介绍了相关援助项目的进展情况。郭长江说，中国还是一个发展中国家，地区间经济发展很不平衡，需要救助的困难群体还很多，中国红十字会任重道远，希望澳大利亚红十字会能够继续支持中国红十字会在边远贫困地区开展的社区备灾、艾滋病关爱等人道救助项目。他说，2010 年，中国红十字会的工作重点是加强各级红十字会的能力建设。中国红十字会愿意不断提高自身的综合能力，为国际红十字运动的发展做出自己的贡献。

6 月 21 日，代表团访问了维多利亚州红十字服务中心。该中心主要负责澳大利亚红十字会总部项目的具体落实。服务中心负责人向代表团一行介绍了他们开展的卫生救护培训、备灾救灾、社区服务、志愿服务、人道法传播等相关工作。代表团还参观了该中心的备灾仓库、社区服务运输车辆及位于市中心的一家红十字商店。

在澳期间，代表团还顺访了总部位于墨尔本的必和必拓公司。该公司在汶川特大地震后向中国红十字基金会捐赠 350 万元人民币。代表团向公司有关负责人通报了捐赠资金的落实情况，并向他们提供了详细的项目实施报告。

二、新西兰红十字会有关工作情况

新西兰红十字会成立于1915年，当时为英国红十字会分会。1931年独立，总部设在惠灵顿。全国理事会为最高决策机构，每年召开一次会议，下设执行委员会。最近三年来，新西兰红十字会一直在进行机构改革，全国原有的六个地区理事会将于2010年7月1日改为16个地区理事会，这些地区理事会将直接向总会汇报工作，一改往日各地区理事会独立行事、分散管理的局面。

新西兰红十字会重点向代表团介绍了他们开展项目的整体情况，这些项目主要包括：

（一）红十字商店

新西兰红十字会在全国共有37家红十字商店，这些商店里出售多种价廉物美的商品，如服装、家居饰品、家具等。这些商品有的是厂家直接捐赠的新产品，有的是市民捐赠的二手用品，在每件商品的售卖牌上都清晰地标注着这些商品是新产品还是二手用品，便于顾客选择购买。红十字商店的利润为新西兰红十字会提供了大部分的日常运营经费。

（二）学校早餐项目

新西兰红十字会在调查中发现，全国每五个中小学生中就有一人不吃早餐，针对这种现状，新西兰红十字会在全国范围内开展了学校早餐项目，让学生们能在开始学习前吃到健康的早餐。他们与一些固定的零售商店合作，每天定时、定量地为孩子们提供健康而有营养的早餐，并且鼓励他们养成良好的饮食习惯。新西兰红十字会平均每年送出215000份早餐，这些早餐的运输基本由志愿者完成，目前参与此项目的学校数量正在不断增加。

（三）午餐服务项目

此项目是新西兰红十字会持续时间最长、最受欢迎的一个社区服务项目，它的主要服务对象是社区空巢老人、行动不便的残疾人及卧病在家的人。新西兰红十字会仅在2009年就提供了76万份午餐服务。目前，全国有多个城市和社区正在开展此项目，服务均由志愿者提供。

（四）健康服务支持项目

新西兰红十字会在社区提供一系列的健康服务项目。其中包括社区病人运送服务、在医院里对病人和探病者的接待、儿童牙医项目、医疗器械租赁等服务。此外新西兰红十字会还在个别地区开展了防止痴呆病患者迷失的项目——患者佩带一个追踪牌，可接收信号，当被发现走失时，可以通过追踪信号来确定其所在位置。

（五）急救培训项目

新西兰红十字会致力于让更多民众参与救护培训，旨在通过培训提高社区恢复能力，并让民众在突发事件和自然灾害中发挥作用。2009年，新西兰红十字会培训了6800名急救员，每人收取170新元费用。代表团在奥克兰红十字服务中心访问期间，正遇上一个培训班在上课，全班有七名学员，有的来自政府单位，因为工作需要接受急救培训，有的来自社区，因为家里有病人需要照顾才来参加培训的，这些学员都是通过红十字会广告或网络了解情况后来报名培训的。急救培训收入是新西兰红十字会另一个主要的运营经费来源。

（六）突发事件管理

突发事件发生后，新西兰红十字会大量地组织志愿者并即时提供援助和支持。新西兰红十字会有21支救援队，与国家民防与突发事件管理部、消防、警察局等部门都有合作备忘录，他们通过资源整合，可以提供最高效的援助。在突发事件的救援中，新西兰红十字会是政府的助手，政府完全有能力救援的，红会一般就不参与了。

（七）国际工作

新西兰红十字会自1960年开始外派代表开展国际援助。目前，在阿富汗、柬埔寨、东帝汶，越南等多个国家开展了备灾救灾、社区卫生和关怀等项目，在上述国家和联合会共派有23名代表。这些代表的工资及补贴全部由新西兰红十字会支付，资金来源于政府支持和新西兰红十字会自筹（商业急救培训和红十字商店）。每当国际灾难发生时，新西兰红十字会都会积极响应联合会呼吁。新西兰红十字会位列响应联合会呼吁的前20个国家，在亚太地区排前六名。

（八）重建家庭联系及难民服务

新西兰红十字会在世界范围内通过寻找失散亲人和查人转信工作，帮助离散家庭重建并保持联系。当有国际灾害发生时，成立在惠灵顿的一个由志愿者组成的全国咨询小组会向咨询者提供电话询问服务。此外，新西兰红十字会也向难民提供一些服务，包括装有衣服和日常盥洗用品的红十字包。

三、澳大利亚红十字会有关工作情况

澳大利亚红十字会成立于1914年，原为英国红十字会分会，1938年独立，总部设在墨尔本。全国理事会是其最高决策机构，每年召开一次会议，下设执行委员会。全国有八个地区分会，工作人员1862人，会员2.36万人，志愿者2.86万人。

澳大利亚红十字会重点向代表团介绍了他们在宣传、筹资方面的情况。

（一）宣传工作

澳大利亚红十字会负责宣传的部门叫品牌传播部（Communications & Brand），全国红十字会共有1800多名工作人员，仅品牌传播部工作人员就有100多名，其中墨尔本总部有50多人，悉尼办公室有50人，其他少量人员分布在西澳及其他几个洲。

澳大利亚红十字会的品牌传播部又下设不同的小组，内部分工非常详细，有负责品牌管理的，有负责媒体关系的，有负责宣传品印制的，还有专门的业务领域宣传部分，如紧急服务宣传、青少年宣传、志愿服务宣传、筹资宣传、移民宣传服务、国际人道法宣传等等。

座谈中，最引起代表团注意的是，澳大利亚红十字会自2008年2月开始在全国开展的品牌建设的工作。他们将全国红十字会的标志进行了统一设计和管理。总部统一印制了海报、宣传品、胸牌、记事本、广告、易拉宝等宣传品，并将这些宣传品统一发放至全国各洲，统一使用，一致对外。代表团所到之处，见到的都是清晰、统一的标志，给受众非常明确、统一的认知形象。他们还经常举办品牌管理培训班，给各洲工作人员和志愿者不断讲解标志统一和形象统一的重要性。

（二）筹资工作

澳大利亚红十字会的筹款主要有以下几种方式：第一是普通民众的小额定期捐款；第二是老年人服务和遗嘱捐赠，他们有一个筹款小组主要针对老年人寄发宣传品，为老年人提供服务，并动员他们立下捐赠红十字会的遗嘱，2009年这一小组的筹款约1200万澳元；第三是彩票项目筹款，澳大利亚红十字会争取政府批准，委托专业公司经营，售发四种公益彩票，每年筹款约1000万澳元；第四是针对企业和经济部门的筹款，每年筹资金额大约在400万澳元，花的人力成本较高，但收效不太理想；第五是红十字会会员会费及社区筹款，每年约400万澳元；第六是救护培训的收入。

在上述筹款方式中，最主要的就是普通民众的小额定期捐款，这中筹款方式主要采用数据库筹款模式。他们成立了专门的工作团队，向灾害发生后曾向红十字会捐款的个人寄发宣传品和附捐的信息，每年寄发四次。这些捐赠人如果有信息反馈或再次捐赠，就把他们列为有效捐赠人，接下来每年给他们寄发12期宣传页和劝募函，动员他们为特定项目定期、定额捐款，有每月捐15澳元的项目，也有每月捐30－40澳元的项目。确认定期定额捐赠后，这些捐赠人就成为红十字会的人道伙伴，澳大利亚红十字会给他们授发荣誉证书。现在澳大利亚红十字会已经拥有人道伙伴五万人，他们是红十字事业的坚定支持者，也是红十字会稳定的捐赠来源。2009年该小组筹款1200万澳元，2010年有望达到1900万澳元。他们预期这一模式的筹款2015年能达到5000万澳元以上。

澳大利亚红十字会筹款来源个人捐款占了80%以上，与中国公益机构捐赠来源恰好相反，其做法值得我们借鉴。

四、新、澳两国红十字会工作特点及启示

（一）立足社区，根据实际需求提供服务

新西兰和澳大利亚两国的自然灾害都比较少，人民生活水平较高，贫困人口较少，因此他们的工作重点和中国有很大的不同，他们更多的是面向社区，为社区弱势群体提供一些基本服务。新西兰全国总人口数量约为430万，其中65岁以上人口为55万，15岁以下人口为89万。据预测，未来20年内，新西兰65岁以上国民数量将达到100万。澳大利亚红十字会的情况和新西兰相似，因此两国红十字会都不约而同地将目光投向了社区里需要帮助的一些老人和孩子，根据社区需求开展了一系列的健康服务项目。例如，社区一些孤寡老人生病后身边缺少亲人照顾，他们组织志愿者赴医院慰问陪护；对于一些下肢行动不便的病人，红十字会提供车辆免费运送其到医院；对于一些在家里康复治疗的患者，他们提供医疗器械租赁。随着老年痴呆病人的增加，他们还开展了帮助老年痴呆病患者的追踪迷失者项目，给参加项目的患者佩戴一个可接收信号的追踪牌，当患者被发现走失时，可以通过追踪信号而确定其所在位置。

从整体来看，社区服务已成为新西兰和澳大利亚红十字工作的一大亮点，成为在当地颇有社会影响的公益品牌。

（二）立足救护培训和红十字商店，在运转经费上实现自给自足

新、澳两国红十字会有一个共同点是政府给予他们的财政支持都比较小（仅在大的自然灾害时政府会有些支持），两国红十字会在机构运转上基本实现自给自足，主要有两个大的经费来源：一是救护培训收入，二是红十字商店收入。以新西兰为例。

新西兰人口少，红十字会年筹款额度不大，2009年约2000万新元的支出预算，其

中救护培训是其收入的主要来源，占到1100万新元。新西兰红十字会有4000万新元的不动基金，用来开展投资增值业务，年增值收入约有500万新元可用来开展公益活动。同时，全国六个分会共开设了36家红十字商店，年收入大约能达到100万新元。

代表团先后考察了首都惠灵顿和罗托鲁阿两地的红十字商店。惠灵顿红十字商店位于市区一个人流较为密集的一个十字路口，远远就能看见醒目的红十字标志。据介绍，惠灵顿地区大约有六家红十字商店，由一位专职红十字工作人员负责管理。这家商店面积约100多平米，前面是商品展示区，后面是一个加工清洗工作间。主要销售的商品为民众捐赠的二手衣物、鞋帽、生活用品、工艺品等，也有少量企业捐赠全新的商品，定价低廉，几元、十几元价格的商品为多。商店有两名志愿者在帮助做商品整理、清洗和销售服务，里面的顾客也不多。该店一年的收入约有四万新元。罗托鲁阿镇红十字商店，位于风景秀丽的罗托鲁阿湖旁，我们很远就看见了醒目的红十字标识。商店与红十字分会办公、救护培训场所连在一起，商店面积比惠灵顿的大，商品除了衣物、鞋帽、工艺品外，还有捐赠的书刊、体育用品。商店管理规范，商品摆放有序，商品价目牌上都有红十字标识，里面有几位顾客在挑选商品，两位年龄60多岁的志愿者在里面服务。

统一标识、统一经营、统一管理的红十字商店，是新西兰红十字会的一个特色，其主要作用有四个：一是很好的品牌宣传效果，商店前的标识就是很好的户外广告，其经济价值远超过其筹款数量；二是红十字商店为老百姓捐赠和志愿服务提供了途径和场所；三是为一些困难群体购买廉价商品提供了方便，同时为老百姓闲置的二手物资处置提供便利，符合现代倡导的绿色环保生活方式。四是为红十字会筹集了资金，实现了红十字会自身的正常运转。

（三）立足品牌管理，在全国范围内形象一致对外

新、澳两国红十字会都非常重视品牌管理。澳大利亚红十字会从2008年2月开始开展品牌建设工作，全国各级红十字会的标志都是统一一致的，给人的视觉形象非常清晰、统一、明确。全国除了标志规范使用，还统一印制宣传品供全国共同使用。在活动的开展上，也是由全国统一号召，地方分别实施。例如每年开展的志愿服务周活动，就是每年由总部倡导，全国在同一个时间段内开展统一的志愿服务活动，类似于中国红十字会每年在全国开展的“五八博爱周”活动。

澳大利亚红十字会在宣传过程中，除了重视给受众传达过程中的视觉上的统一外，还非常重视宣传口号上的统一。该国红十字会的广告口号为“人道力量”（the power of humanity），与中国红十字会近几年使用的“红十字——人道力量”的口号相一致。澳大利亚红十字会的这一宣传口号不仅在他们印制的卡片、海报、广告中使用，还把它作为机构LOGO的一个组成部分，和红十字标志、机构名称一起共同组成一个完整的澳大利亚红十字会LOGO，从中可见他们对红十字会“人道力量”这一核心价值理念的重视程度和传播力度。

中国红十字会代表团赴朝鲜、蒙古红十字会考察报告

2010 年 7 月 5—14 日，中国红十字会副会长郝林娜率中国红十字会代表团一行六人，分别访问了朝鲜红十字会和蒙古红十字会。出访期间，中国红十字会代表团分别参加了中国红十字会非紧急援助项目援助两国红十字会设备的交接仪式，并与两国红十字会有关人员就进一步加强合作，密切友好往来，以及当前和今后建立、开展长期合作与互助关系等问题进行了讨论，了解了对方红十字会的组织结构、运作方式、筹资和组织建设等方面的具体情况。其间，代表团还分别访问了两国基层红十字会和居民家庭。

一、出访活动的基本情况

（一）在朝鲜活动的基本情况

代表团访朝期间，参加了中国红十字会捐赠朝鲜红十字会办公设备交接仪式等活动。在设备交接仪式上，郝林娜代表中国红十字会向朝鲜红十字会常务副会长白勇虎递交了捐赠证书并致辞，中国驻朝鲜大使刘洪才出席仪式并讲话。捐赠仪式结束后，代表团前往朝鲜红十字会服务中心参观，查看了已到货的捐赠设备。

在朝期间，代表团与朝鲜红十字会同仁进行了三次工作会谈，就双方感兴趣的业务领域进行了讨论，相互介绍了经验，并就进一步加强两国红十字会间的合作进行了探讨。

代表团还访问了平安南道安州市红十字会，参观了当地的卫生和改水项目点，访问了居民户，并与基层红十字会工作人员进行座谈。在朝访问期间正值金日成同志逝世十六周年纪念日，朝鲜红十字会为代表团特别安排了祭奠活动，使代表团深刻感受到朝鲜人民对其领袖无比崇敬的场景。代表团还专程前往中朝友谊纪念碑敬献了鲜花，浏览了中国人民志愿军烈士名册，对牺牲在朝鲜的中国人民志愿军战士表示了深切地缅怀，并参观了平壤人民大学习堂和苍光幼儿园。

朝方对中国红十字代表团此次访问给予了高度重视，接待礼遇规格高，参观访问内容丰富，生活安排周到。朝鲜主要媒体《劳动新闻》两次报道了中国红十字会访问朝鲜的消息，郝林娜还接受了朝鲜主流媒体的采访。

访朝期间，中国驻朝鲜大使刘洪才在大使馆接见了代表团一行，并与郝林娜进行了亲切交谈。

（二）在蒙古活动的基本情况

代表团访蒙期间，参加了中国红十字会援助蒙古红十字会印刷设备交接仪式。中国驻蒙古大使余洪耀参加了仪式并讲话。郝林娜在仪式上发表致辞，并向蒙古红十字会递交了《捐赠证书》。为表达对中国政府及中国红十字会的感谢，蒙古红十字会秘书长桑丹向中国政府和中国红十字会会分别递交了特制的金质和银质感谢状。交接仪式结束后，余洪耀和郝林娜在蒙方人员的陪同下参观了已到货的印刷设备。桑丹特别提到，中国红十字会对蒙方印刷设备的援助实现了他多年的梦想。蒙古红十字会将利用印刷厂为创收，并为易受损人群提供更多的帮助。交接仪式当天，蒙古主流媒体和报纸都进行了大篇幅的报道。

在蒙期间，代表团先后访问了蒙古红十字会总会、乌兰巴托红十字分会和乌兰巴托市青格尔台区红十字分会，听取了蒙古红十

字会总会和几个分会工作情况介绍，就双方关心的问题交换了意见。代表团参观了乌兰巴托青格尔台区红十字会为居民提供的供水点，并深入到当地居民户家中，考察了他们的生活及与用水情况。代表团还驱车二百多公里，参观了蒙古红十字会正在筹建的东亚地区红十字青少年夏令营营地。

代表团在蒙古访问期间，受到了中国驻蒙古国大使余洪耀的接见。余洪耀与郝林娜进行了亲切交谈，并在使馆设便宴招待了代表团一行。

二、主要收获

中国红十字会代表团此次出访活动，受到了朝鲜和蒙古两国红十字会的高度重视。两国红十字会在接待方面都做了精心的安排。此次访问活动扩大了影响，增进了了解，加深了友谊，进一步促进了中朝、中蒙红十字会间的友好合作，为拓宽民间外交渠道，认真贯彻中国总体外交方针做出了积极的贡献。

（一）援助项目对受援国红十字会能力建设起到了积极推动作用，扩大了中国和中国红十字会的影响。

此次出访的一个重要目的是落实发展中国家红十字会非紧急援助项目，分别向朝、蒙两国红十字会移交设备。援助项目资金额度为两国红十字会各20万美元，对改善朝蒙两国红十字会的基础设施条件，加强两国红十字会的能力建设起到了积极作用。这种务实援助项目产生了很好的影响，获得两国红十字会由衷地欢迎，得到了朝鲜和蒙古有关方面的好评。中国驻朝鲜大使刘红洪才和中国驻蒙古大使余洪耀都提到，中国红十字会的这一援助项目对当地红十字会的帮助很大。多开展这样的工作，一方面有利于两会关系的友好发展，另一方面也使中国政府和中国红十字会在两国民众间产生积极的影响。

（二）增进了中国红十字会与两国红十字会间的了解，交流了经验，为我国红十字事业在新的历史条件下的深入发展，取得了一些值得借鉴的经验。

通过对两国红十字会的访问，开展红十字会领导人的会谈和经验交流等活动，中国红十字会在原有基础上对两国红十字会系统的状况、运行模式、组织状况、会员管理和筹资等方面的情况有了进一步的了解。对于加强中国红十字会与两国红十字会的友好交往，不断扩大中国和中国红十字会在两国的影响，巩固和加强中国与两国人民间的传统友谊，起到了很好的作用。

中国与朝鲜和蒙古的国情不同，红十字会在管理、运行模式等方面也有很大的差别。如，朝鲜和蒙古两国红十字总会对地方分会都实行垂直管理，专职人员工资和工作经费主要通过会员缴纳会费、社会募捐和国际援助等渠道自筹解决。这种垂直管理和自负盈亏的运行模式要求红十字会必须做到工作务实、高效，人员精干并具有很强的社会活动能力和高度的敬业精神，努力做好会费收缴，筹资和面向社会的资金募集工作。朝鲜和蒙古两国红十字会在这几面的作法和经验，值得研究。

（三）为进一步深化两国红十字会间的务实合作奠定了基础。

此次出访活动，对两国红十字会可以加强和开展合作的工作领域有了进一步的了解，为进一步扩大和深化中朝两国红十字会间的务实合作与交流奠定了坚实的基础。交流过程中，两国红十字会分别提出了他们期望中国红十字会给予支持的方面，主要集中在加强筹资能力、项目支持、人员培训和加强分会交往方面等。

通过此次访问，代表团认识到，中国正树立起负责任的大国形象，中国红十字会的国际地位和影响力在不断增强，广大发展中国家红十字会也对中国红十字会帮助寄予期望。应清醒地认识到，尽管中国红十字会的实力还不够强大，但为了履行负责任大国的义务，中国红十字会应当尽我所能帮助发展中国家红会，争取政府支持，在巩固现有对外援助项目的基础上，不断开拓工作领域，创新工作方式，使这项工作成为积极开展民间外交活动的典范，更好地服务于中国的外交工作方针，为中国的经济社会发展创造良好的国际环境。

三、建议

（一）加强中国红十字会对外务实合作，深化“红十字民间外交行动”。建议进一步争取国家商务部和财政部彩票公益金加强“发展中国家红会非紧急援助项目”的资金支持；同时研究制定中国红十字会“红十字民间外交行动”战略，坚持“积极主动、量力而行、循序渐进”的原则逐步地推动中国红十字会在能力建设、救助项目和派遣志愿者三个层次的对外务实合作。

（二）利用海啸剩余资金，积极推进设立“中国红十字会对外人道主义援助基金”，奠定中国红十字会开展“红十字民间外交行动”的资金基础。

（三）巩固和发展中国红十字会与朝鲜、蒙古两国红十字会间业已存在的高层互访、交流与合作机制，并将这种机制以备忘录的形式确定下来，不断充实内容，在资金、设备和人员能力建设等方面进一步加强务实交流与合作。

（四）扩大与朝鲜和蒙古两国红十字会的交流合作范围：

1. 拟于近期邀请朝鲜和蒙古红十字会派员参加由商务部援外项目支持，由中国红十字会组织开展的培训项目。帮助两国红十字会工作人员开阔视野，提高能力，增进与中国和其他国家红十字会组织的交往与合作。

2. 中国红十字会代表团访问过程中，两国红十字会及一些地方分会都提出了扩展地方分会友好交流的意愿。建议支持我国地方分会与周边国家省级红十字组织开展合作，实现互访和进行经验交流等。但省级分会开展此类活动必须规范，并在总会的统一指导下进行。建议近期就各省级地方分会对外交流合作的实际状况做一调研统计，分析存在的问题和不足，规范省级红十字会的对外交流与合作。

3. 朝、蒙两国红会对中国红十字会今后进一步支持他们开展能力建设提出了具体的希望和建议，如人员培训、互访交流、项目支持等。对此，中国红十字会应根据自身实际能力给予尽可能的支持。

（郝林娜　王世涛　任　浩
王绍华　金光贤　张　蕊）

中国红十字会代表团出访美国印第安纳大学和加拿大红十字会情况报告

2010年4月7—14日，中国红十字会副会长王海京率团出席“慈善与救灾国际研讨会”并顺访加拿大红十字会。

一、参加慈善与救灾国际研讨会情况

4 月 6—10 日，应印第安纳大学邀请，代表团出席“慈善与救灾国际研讨会”，参加会议的有美国、中国、印尼、泰国、土耳其等国红十字会代表和专家，出席会议的还有北京大学公民社会研究中心、国家行政学院的专家和领导。会议主题是自然灾害国际救援与筹资工作研讨。

王海京代表中国红十字会在会议上作了“从汶川地震看中国红十字会筹资工作”的主题发言。王海京介绍了中国红十字会概况、法律地位、组织体系、工作体系，对中国红十字会的收入来源、筹资环境分析、筹资现状进行了深入的阐述；从不同的角度分析了汶川特大地震发生后中国红十字会救灾和筹资工作，还对中国红十字会筹资的发展趋势、存在的问题与挑战进行分析。王海京的发言受到全体与会专家和红十字会同行的赞扬和好评。大家对中国红十字会在汶川特大地震救援，特别是筹资工作所取得的巨大成就表示赞赏，对中国红十字会筹资业绩、手段和对筹资工作提出的建设性意见，予以高度评价并表示浓厚的情趣。来自各国的筹资专家、教授对《中华人民共和国红十字会法》以及中国红十字会正确处理好与政府的关系，中国政府对红十字会的支持，表示赞赏。

会议就汶川特大地震、印度洋海啸、海地地震等重大自然灾害的筹资、救援工作进行交流，并展开了分析讨论。会议达成了全面推动重大自然灾害救援国际性合作的共识。

会议期间，王海京与印第安纳大学（筹资学院）有关领导就合作培训、中国红十字会汶川地震筹资数据分析等有关问题进行了商洽。

（一）拟委托印第安纳大学筹资学院培训中心对中国红十字会人员进行短期培训，提出有关培训的需求，对方对中国红十字会的培训计划表示浓厚兴趣，欣然同意，并根据中国红十字会的需求提交了培训的课程设计、收费标准等资料。

（二）依照《合作备忘录》内容及 2010 年度的合作计划，中国红十字会向对方提供了部分汶川特大地震的筹资数据资料，对方将根据中国红十字会的需求（书面），完成对数据的分析研究，并形成报告（成果）。双方对中国红十字会的数据使用作了必要的约定，规定了数据暂时只做研究用途。

（三）为使研究工作健康有序的发展，双方同意就研究工作申请（筹集）必要的经费。

（四）2010 年 9 月，中国红十字会的“筹资与财务培训班”将邀请印第安纳大学讲课。

二、访问加拿大红十字会情况

4 月 10—14 日，代表团应邀访问加拿大红十字会。王海京与加拿大红十字会秘书长就筹资组织体系、维系捐赠人等筹资方面的工作进行了交流。代表团一行还访问了安大略省红十字会，与对方就税收、筹资体系、筹资的合作、筹资成本、筹资项目等问题进行了深入探讨研究。安大略省红十字会向中国红十字会代表团成员特别介绍了“月计划”和“网上捐赠”工作。

三、收获与启发

（一）对美国 501（c）（3）税法有了进一步的了解

501（c）（3）法属于美国联邦法律，

核心的内容不是免税本身，而是对免税的资质认定，其法律的认定边界非常清楚。

美国税法针对慈善事业的立法原则和作用概括为三点：一是支持作用，即通过各种税收减免激励慈善的发展；二是公平作用，即通过设立各种免税标准以实现资源和机会的平等或再分配；三是监管作用，即通过税收机制规范慈善的行为，以及慈善组织与商业或政府机构的区分。

根据美国国税局第557号出版物对501（c）（3）有两个定义：

501（c）（3）所适用（定义）的范围是指：宗教、教育、慈善、科学、文学、公共安全测试、促进业余体育竞争和防止虐待儿童或动物等七个类型。

501（c）（3）免税条款适用（定义）的范围是：宗教、教育、慈善、科学、文学、公共安全测试、促进业余体育竞争和防止虐待儿童或动物等公共利益而建立并运作的公司、机构以及公益金、基金和基金会。

从机构上，501（c）（3）具体规定了免税机构：公共慈善机构私人基金会，有时称为非经营性基金会。

美国联邦税收法规定，向具有501（c）（3）资质的组织提供慈善捐赠的捐赠者，可以享受对应金额的联邦所得税减免优惠。条款规定这类的税收减免必须进行核准，最重要的核准是接受捐赠方是否具有501（c）（3）资格，只有具备501（c）（3）资格才有此类免税。

大多数组织通过填写国税局1023表申请501（c）（3）免税资格。如果该组织预计年平均总收入在1万美元以上，申请表必须附带750美元申请费。如果总收入预计低于1万元，申请费降低到300美元。

自动获得501（c）（3）资格而无需再申请的包括：教会及教会的一些机构和教会协会；非私人基金会组织，且年总收入通常不超过5000美元。

（二）加拿大红十字会筹资工作

加拿大共有3200万人口，安大略省1300万人口，外来的人口占50%，2008年为中国四川地震筹款2800万加元。加拿大红十字会有专职工作人员4400人，6000人的志愿者。安大略省红十字会的专职人员占了全国的70%。

1. 建立完善的筹资体系

加拿大红十字会的筹资走过了几个重要的转变过程：从“接受→筹资→服务”到“单一劝募→多元渠道捐赠”（现场、邮局、网上、银行、手机）再到“突发自然灾害（事件）→常规募捐（无指向）”。

加拿大红十字会在长期的发展中形成了一个垂直、完整的筹资管理体系：秘书长→筹资（运营）总监→志愿服务和人力资源部长→策划管理部部长→各省的负责人。

加拿大红十字会基本上参照英国红十字会的做法，管理体系基本一样，英国红十字会无具体捐赠意向的款每年约2400—5000万英镑，大致来自30万人；英国红十字会负责筹资的人员约300人，筹资人员占捐赠人的比例是1‰。安大略省红十字会五年前是五个人负责筹资，发展到目前有26人负责筹资；加拿大红十字会（总会）现有负责筹资的专职人员100多人。

2. 筹资成本理念清晰，确保筹资的基本投入

加拿大红十字会认为，筹资是有成本的，这个理念非常清晰。加拿大红十字会在筹资工作中非常重视筹资工作的投入。

（1）筹资宣传推广投入巨大

加拿大红十字会共为海地地震募款1.5亿加元，其中个人捐赠约为66%～75%，捐赠人群约8万人。加拿大红十字会维护捐赠资源的作法是，想尽办法“把突发事件捐赠人转换成长期捐赠人”。于是，加拿大红十字会策划推出了“月捐赠计划”，即希望海地地震捐款的八万人中的三万捐赠人参与，每人每月捐赠20～30加元，每人年捐赠240～260加元，且无指向捐赠，预计募款总量为800～1000万加元。为推动此计划的实施，加拿大红十字会在第一年投入的宣传推广经费为800万加元。加拿大红十字会的思路是：第一年的投入只要与筹资总量持平，就达到目的了。

加拿大红十字会在这个案例有两个方面值得注意：第一，如此巨大的推广经费投入，目的就是为了将自然灾害捐赠人转变成常规捐赠人。第二，该计划的最大的成果是，捐赠款是无指向的，而且是长期的。为此，加拿大红十字会认为，大量的投入是必要的，要注重筹资的目的性和长效性。

（2）保证必要的筹资运行成本

加拿大红十字会的劝募工作基本上是委托“劝募公司”来完成的（美国和加拿大都有注册的“筹资公司”）。“劝募公司”是要收取一定费用的，收取的费用双方以协议形式确定，一般会在筹资总量的20%左右。据了解，美国、英国红十字会也采取委托劝募的方式，费用在20%～35%。

3. 管理费、运行费公开透明

加拿大红十字会（总会）管理费、运行费等一般在5%左右，其它基本上是筹资运行过程中的费用（包括人员工资）。管理费、运行费等要及时向捐赠人反馈。

中华骨髓库访问团出访巴西、阿根廷报告

应巴西、阿根廷骨髓库邀请，经中国红十字会总会批准同意，2010年6月上旬由中国造血干细胞捐献者资料库管理中心（以下称中华骨髓库）组成的南美访问团，对巴西、阿根廷骨髓库进行了访问与考察。

一、基本情况

2010年6月1—10日，由中华骨髓库主任洪俊岭为团长，江西省红十字会常务副会长方娅、福建省红十字会秘书长杨华明、天津造血干细胞分库主任张红梅、中华骨髓库组织教育部干部刘琪（翻译）、中华骨髓库技术服务部杜丹为团员的中华骨髓库访问团赴巴西、阿根廷骨髓库进行了为期10天的访问与考察。考察期间，一是听取了两国骨髓库的情况介绍；二是实地考察了巴西、阿根廷骨髓库、配型实验室、移植医院等开展工作的情况；三是进行了交流座谈，相互介绍了各自国家骨髓库的做法与经验；四是了解了巴西、阿根廷开展遗体器官捐献的情况。通过此次访问与考察，对巴西、阿根廷骨髓库开展工作工作的情况有了全面的了解和掌握，吸取和借鉴了两国骨髓库的经验及做法，为中华骨髓库更好地开展工作与国际交往提供了经验，整个考察过程安全顺利，没有发生违规违纪和泄密等事件，圆满的完成了访问与考察的任务。

二、巴西、阿根廷骨髓库概况

（一）巴西骨髓库概况

1. 组成

巴西骨髓库由巴西供者库（REDOME）巴西患者库（REREME）组成，所属于巴

西国家癌症研究所（INCA），该研究所隶属于巴西联邦政府卫生部，它不仅仅是一个研究机构也是一个管理结构。INCA包括有五家医院、一个供者库、一个患者库、一个器官库、一个癌症预防中心、一个IT部门（软件、硬件）等机构。INCA员工总数的35%（即1300人）来自于巴西癌症基金会。

在巴西，每年大概新增10200例血液病患者，主要是急性淋巴细胞白血病（ALL）、慢性粒细胞白血病（CML）、重型再生障碍性贫血（SAA）、骨髓异常增生综合症（MDS）和范尼克氏贫血（FA）。其中50%即5100例需要进行造血干细胞移植，而5100例中的30%（1530例）有亲缘供者提供造血干细胞。每年实际完成造血干细胞移植的数量为1600－1800例，因各种原因未能进行移植的患者大概为3300例。巴西提供供者的成本大概为国际上的2/3（从国外接受一例供者的费用为32000美元）。但是在巴西也有一定的制约因素，原因主要有人种的复杂性；基因的差异性大；很难在其他国家找到适配的供者。巴西的骨髓库1993年成立于圣保罗，是一地区性的骨髓库，因其区域性的限制，直到1998年仅招募供者9000例，1998年由INCA接管，2003年改变管理机构后发展迅速，直到现在已经成功招募供者160万，成为世界第三大骨髓库。巴西有人口1.92亿；造血干细胞移植中心61家，其中的85%属于公立性的，19家有资质可以进行无关供者造血干细胞移植。；正压隔离病房（与国内传统意义上的层流室并不相同）348间；截至到2008年，造血干细胞移植超过17000例；每年移植量约为1800例（包括了骨髓移植、外周血移植和脐带血移植）；登记供者160余万；全国有血液中心48家；HLA组织配型实验室42家。

2. 网络系统

INCA的网络系统较为复杂，可以直接链接到如下几个机构：SNT（全国的移植中心）、SAS（移植所需费用申请的财政部门）、MS（国家卫生部）。该网络主要提供供者库、患者库、脐带血库、实验室、医院（医生）、血液中心、移植中心以及随访的相关流程管理。目前的网络系统与国境外的合作主要包括：

（1）南美地区—统一招募志愿者；IT方面的发展与建立；资源的共享；

（2）葡萄牙—合作与资源的共享；

（3）古巴—合作与资源的共享。

3. 资金

建立于1991年的癌症基金会主要负责招募资金，负责相关的技术和资金管理工作。每年新增供者的全部费用均由政府资助。INCA的所有项目均由癌症基金会负责完成，董事会中包括了各领域的专家。

（1）科研项目目前在建167例，资金预算5000万美金。

（2）每位巴西公民均享有医疗保险，1.92亿的人口中有4000万人口为企业性质的医疗保险。

（3）患者移植所需要的费用（包括国境外供者寻找、复核实验等）只需向国家卫生部申请，即可得到报销。

4. 合作

巴西骨髓库预计今年年底加入世界骨髓库，之前未能加入是因本国需要对相关加入事宜进行论证，并决定采用一步一步走的方式，先与美国骨髓库联系，年底再加入世界骨髓库。目前巴西骨髓库与世界骨髓库、世界骨髓供者协会等单位均建立了良好的合作关系。如：与世界骨髓库数据库（BMDW）－逐步达成信息的资源共享；与世界骨髓库协会（WMDA）－遵守其所制定的相关标准并达成资源共享；与美国骨髓库（NMDP）－自 2009 年 5 月开始与美国骨髓库合作（在与美国骨髓库建立合作后，美国骨髓库曾要求将巴西骨髓库供者信息全部提交给美国骨髓库，但是巴西骨髓库认为此种方式是不合理的，这一观点与中华骨髓库是一致的）；CIBMTR（国际血液与骨髓移植研究中心）－将患者随访后的信息提交；EBMTR（欧洲骨髓移植登记中心）－研究工作，脐带血库的研究；WWBMT（全球血液与骨髓库移植系统）－亚洲及太平洋地区的信息。

5. 志愿者招募、再动员、捐献及随访工作

（1）招募条件

①18—55 岁（志愿者资料将被保留到 60 岁）；②身体健康；③有帮助他人的自觉意愿；④填写完整的个人信息资料（以用于志愿者的联系）；⑤10ml 的血样采集。此外：志愿捐献者可以不是献血者。

（2）招募形式

通过多种形式进行招募，包括 VIDEO、信件、T－shirt 衫、旗帜、宣传册、电视广告、电话、传真、E-mail 等形式与合作伙伴及志愿者保持沟通与联系，从 2009 年起每一位志愿捐献者都会在留血样后收到一张卡片，目前发放供者卡片已达 15 万张，这样做的目的主要是保证志愿者信息保持实时更新，一旦志愿者的信息发生变更就会按照上边的联系方式与工作中心取得联系。在出现了瓶颈现象（部分地区志愿者招募较少、10/10 匹配的几率越来越低）时，采用了在不同地区，不同人种中进行招募的形式，以增加供患者的匹配机会。

（3）流程

①确认供者；②联系供者；③对供者进行解释说明，让供者清楚相关流程；④通过问卷形式让供者填写意愿；⑤进行复核实验（需采集供者新鲜血样进行确认）；⑥在实施捐献前供者会收到两份文件，主要包括进行采集的方式（骨髓或外周血）、患者的简要信息（不包括姓名、地址、联系方式）、采集的时间安排；⑦捐献，供/患者不允许在同一家医院进行采集和移植，遵循国际上的“供患保密原则”；⑧随访，供/患者的随访分为三个阶段，一周，一个月，六个月，通过随访工作，可以让供者中心和患者中心对于供者和患者的生存状况进行了解也为日后的工作积累经验。

（4）团队

供者中心的工作人员必须是发自内心喜欢从事该项事业，需要经过一定的培训（巴西骨髓库自 2006 年起每年进行一次全国范围内的会议，其中包括实验室和各个工作组的人员参加），同时还应具备一定的现场处理应急事情的能力。

6. 患者检索流程

患者通过所在医院医生向患者库（REREME）提出检索申请，首先在供者库进行检索，如没有适配的供者，则通过邮件、传真等形式向美国骨髓库、世界骨髓库提出检索申请同时在脐带血库中进行检索；供者库工作人员将检索结果进行评估后提交给医生；医生在选择供者后（国内或国外或脐带血）后，由供者库工作人员联系供

者进行复检工作。巴西骨髓库的出库标准为 HLA－A、B、DRB1 位点 6/6 的中、低分辨率水平的匹配，如果需要提供 5/6 的匹配供者，则需要得到国家卫生部的授权才可以。

7. 现状

（1）年龄比例：18～45 岁的志愿者占到 87%。

（2）性别比例：56% 为女性志愿者，44% 为男性志愿者。

（3）匹配几率：2009 年患者找到适配供者的比率为 70.53%（6/6 相合）。

（4）因为巴西人种的多样性，使得找到适配供者的几率要小于那些人种较纯的国家，如德国和日本。在入库量达到 100 万时，德国能够找到适配供者的比率为 90%，而巴西仅为 50%。

（5）巴西国内外周血造血干细胞移植占总移植量的 25%，骨髓造血干细胞移植占 75%，进行何种方式的移植取决于医生根据患者病情所需而决定，同时也会征询供者意见，在 INCA 提供的供者中 90% 采用骨髓库移植。

（6）80% 以上移植病例为 ALL 和 AML。

（7）60% 以上患者为男性。

（8）全国共有脐带血库 24 家，其中公共库八家，私人库 16 家，八家公共库统一归于 INCA 管理并接受技术支持，总脐带血存储量为 10600 单位，目标是在五年之内达到 13 家公共库，总脐血存储量为 65000 单位。

（9）全国共有 42 家 HLA 实验室，完成 HLA－A、B 位点的低分辨分型；HLA－DRB1 位点的中分辨分型，其中只有三家有资质可以进行高分辨的分型检测。在做中、低分辨时采用 SSP \ SSOP 等方法，高分辨时采用 SBT 方法。42 家实验室的任务量实施平均分配，并不控制数量。

（10）没有严格意义上的质控工作，对于 42 家实验室每两年检查一次，提出标准让实验室满足标准即可。

（11）对于捐献者并不支付误工费，而是执行在符合标准（指定的旅馆、餐标）的情况下实行实报实销制度。根据文件规定，15 天内，雇主不得停发工资，超出 15 天的，则由政府进行补助。供者不需要买保险，而是依靠全国性的保障计划。

（12）不论是巴西国内的供者还是境外供者，最多只提供 20ml 的高分辨检测血样（美国骨髓库曾要求提供 40ml 进行检测，但是只提供 20ml）。

（13）备份库建于巴西利亚，选择另一个城市对于数据的安全性有所保障。

（14）不长时间留存志愿者血样，各实验室保存检测血样 3～4 个月后即处理，主要因为集中保存的成本较高，所以未实施。

（15）巴西骨髓库初配相合率 2008 年为 54%，2009 年为 71%。

（16）2007 年起，无关供者造血干细胞移植量保持在 130～140 例。2010 年预计达到 180 例。

以上是巴西骨髓库工作情况的简要汇报，在访问期间，代表团同时参观了一家 HLA 实验室、一家脐带血库和中央癌症医院。

（二）阿根廷骨髓库概况

1. 组成

阿根廷骨髓库隶属于 INCUCAI。该机构是由国家法律授权的。主要的工作人员包括一名医疗主管、一名运营主管、一名组织相容性抗原研究方面顾问、三名供者中心工作人员、二名财务人员、五名检索工作人员、二名网络研究人员；一名秘书，12 名医学相关技术人员。

2. 网络系统

采用 ORACLE 数据库以及 INCUCAI 自主研发的信息系统。数据库的访问有安全密码的设置。

3. 资金

患者移植的费用与巴西情况相同，如患者没有医疗保险，则全部费用由政府支付；如患者有保险（公司性质），不够的部分则有政府支付。

4. HLA 分型检测

阿根廷骨髓库现在有两家合作实验室，一家是公立的，一家是私人的。这两家实验室完成的均为 HLA－A、B、DRB1 位点的低分辨分型检测，目前新增加的志愿者增加了 C 位点的检测，每年的检测量为 3000～6000 份。低分复核以及高分辨检测在美国芝加哥实验室完成。阿根廷本国的组织相容性抗原协会每年两次对实验室进行考核。

5. 现状

阿根廷骨髓库 2003 年 4 月 1 日建立，2003 年 6 月即加入世界骨髓库，所有的工作流程均符合世界骨髓供者协会的标准。供者中心采用只要符合运作手册即可成立的原则，公立及私人组织均可申请，目前在全国范围内共有 52 家供者中心，目前招募的目标主要集中在人种较少的地区。招募的条件为 18—55 岁身体健康公民，必须是已有过献血经历的方可进行捐献。2003 年 4 月 1 日至 2010 年 5 月 31 日，已登记合格的志愿者数为 48650 人。每月平均招募志愿者数为 580 例。无关供者检索量累计 1002 例，移植 227 例。外周血移植占总移植量 40%，骨髓移植占 33%，脐带血移植占 27%。

三、巴西、阿根廷器官库工作开展情况

（一）巴西器官库

巴西的器官移植工作由国际移植系统（SNT）负责此事，每年移植量约为二万例，位居美国之后。医院设有委员会，来决定移植的相关事项。

同时具备一个患者登记系统，先在亲缘中寻找适配供体，如没有则由 SNT 对患者的疾病状况进行打分，然后登记，等待适配供体。每一位志愿捐献者的驾驶执照上均有相关登记信息。

巴西器官库总部位于国家卫生部大楼里，该器官库共有工作人员 12 人，同时各地设有分支机构，全国共有 100 余人负责此事，这些人员的全部费用均有政府支付。

（二）阿根廷器官库

阿根廷器官库与骨髓库一同位于 INCUCAI 中。该器官库 1975 年成立，目前已完成器官移植一万余例。

阿根廷器官库共有五个部室：1. 医疗部－主要负责器官分配；2. 人力资源部；3. 技术部－主要负责全国的网络运营工作；4. 宣传部－主要负责志愿者的招募工作；5. 科研部门。

阿根廷的法律严令禁止供者收取患者的费用。

四、主要收获

（一）了解了巴西、阿根廷骨髓库的情况，吸收了两国好的做法及经验，开拓了视野、拓宽了思路；加深了与两个国家的友谊和业务交流交往，增强了互信。两国骨髓库均注重国际交流与合作。鉴于骨髓库事业的新兴性质与全球性特点，两国均已建立与国际主要相关机构的日常性的信息、技术等多方面的合作。

（二）从国土面积、人口到经济发展水平，巴西、阿根廷均与我国有较强的可比性，其骨髓库建设的思路与经验，对我们有更强的借鉴意义。巴西、阿根廷两国的骨髓库建设，均是国家主导、国家投入。无论是资金、人力还是技术，国家均给予全力保障。具体而言：

（1）资金上，两国骨髓库的几乎全部投入都来自政府预算。两国的全民医保政策，确保骨髓移植的患者不会因为资金问题而放弃接受骨髓库的供者。

（2）人力上，两国骨髓库的工作人员均为政府发薪的国家公务员，高素质人才济济一堂。管理体制上，两国政府均设有专门机构体系负责相关事业。

（3）技术上，两国政府均确保其骨髓库拥有最新的医疗、信息技术资源与平台。两国骨髓库均注重运营的规范化。阿根廷骨髓库建库之初就依据 WMDA（世界骨髓库协会）的标准、制定了规范的《阿根廷骨髓库运营手册》。巴西骨髓库也在采取分步走的措施，逐步与国际骨髓库标准接轨。

两国骨髓库人员均属国家公务员序列，政府从资金、技术等方面给予全力投入，其主要考虑是：一、骨髓库建设是惠及全民的重大民生项目，二、骨髓库建设是基于尖端科学的探索性项目，三、骨髓库建设相关的基因资源数据，与对人类最重要的、竞争激烈且日新月异的生命科学研究息息相关，属于新的国家安全范畴，因此，政府必须直接掌管，而不能由赢利驱动的体系来主导。

以上是两国骨髓库访问的简要汇报，两国骨髓库各有特色，巴西和阿根廷骨髓库均已表示愿意与中华骨髓库建立良好的合作伙伴关系。此次访问是中华骨髓库第一次对南美国家骨髓库进行的考察与调研，对中华骨髓库与上述两国的友好合作产生了积极的推动作用。

五

人名篇

中国红十字会历届领导人

名　单

1904 年～1910 年

1904 年 3 月 10 日，上海万国红十字会支会成立。一周后定名为上海万国红十字会，实行董事会制，由中、西董事联合组成。

董事会：45 人

主席：英工部局值年总董培恩。

中方董事：10 人，以沈敦和为首。

西方董事：35 人，以李提摩太为首。

董事会下设执行董事 7 人。其中：中方董事 2 人（后为 3 人），以沈敦和为首。

西方董事 5 人，以英刑司威金生为首。

1905 年 9 月 5 日，日俄两国最终签订了《朴茨茅斯条约》，战争结束。此时上海万国红十字会已完成自己的使命。

1905 年 11 月上旬，突然有招商局抄示外务部致北洋大臣电，谓海参崴发生乱事，华民住处被焚，饬即派轮前往救护云云。上海万国红十字会当即与招商局商派海定号轮船，由牛庄折赴烟台，装足药片食物，前往救济。故万国红十字会得仍继续存在约 2 年之久。

吕海寰、盛宣怀光绪三十三年（1907 年 7 月 21 日）向清廷请旨试办中国红十字会的奏折名为《沥陈创办红十字会情形并请立案奖励折》。1908 年 5 月核定照准“著徐世昌查明具奏该部知道钦此”，上海万国红十字会结束解散。清政府就此开始运作创办中国红十字会之事。红十字会事务由吕海寰、盛宣怀等大臣监临。

1910 年～1911 年

1910 年 1 月，商约大臣吕海寰与前电政大臣吴重熹又上《酌拟中国红十字会试办章程请旨立案折》会奏试办中国红十字会，并酌拟试办章程 6 条附呈。试办章程六条中的第二条是“从前万国红十字会，由中西董会议刊刻中西合璧图记，钤用信守。现创设中国红十字会，拟请旨饬部铸造中国红十字会关防一颗，须由会长执掌印用，以照凭信。”

1910 年 2 月 27 日，军咨处向清廷上《详核红十字会原奏敬陈管见折》：“宣统二年正月十八日（2 月 27 日）奉谕旨，吕海寰等奏，酌拟中国红十字会试办章程，请立案一折，着派盛宣怀充红十字会长，余依议。该衙门知道钦此，由军机处抄交到处，自应钦遵办理。……再此折系军咨处主稿，会同外务部筹办，海军事务处、陆军部办理，合并声明谨奏。宣统二年四月十二日奉旨依议钦此。”大清红十字会正式成立。

会长：盛宣怀（1910 年 2 月—1911 年

10 月）

总董：沈敦和

1911 年～1912 年

辛亥革命事起，清政府将大清红十字会改名为中国红十字会。1911 年 11 月 13 日，发上谕任命前外务部尚书吕海寰担任中国红十字会会长。10 月 30 日，召开统一大会，总会设于北京，总办事处设于上海。会长驻总会，副会长及常议会驻总办事处。

会长：吕海寰（清政府委派）

总董：沈敦和、福开森（清政府委派）

理事长：沈敦和

理事：江绍墀（公推）

1912 年～1913 年

1912 年 9 月大总统委任吕海寰、沈敦和为中国红十字会正副会长。10 月，第二次常议会决议：正副大总统为红十字会名誉总裁。

名誉总裁：袁世凯

名誉副总裁：黎元洪

会长：吕海寰

副会长：沈敦和

常议会会长：沈敦和（兼）

理事长：江绍墀

1913 年～1922 年

1913 年 9 月 29 日召开中国红十字会第一次会员代表大会选举出领导人，由大总统任命。

名誉总裁：袁世凯

徐世昌（1918 年公推）

名誉副总裁：黎元洪

会长：吕海寰（1920 年 9 月辞职，公推为名誉会长）

汪大燮（1920 年 9 月民国政府任命）

副会长：沈敦和（1919 年辞职，1920 年 7 月过世）

蔡廷干（1919 年～1922 年）

蔡耀堂（驻京副会长 1922 年 8 月～）

杨晟（驻沪副会长 1922 年 8 月～）

常议会会长：沈敦和（兼）

杨晟（1920 年 7 月常议会公推）

常议员：朱佩珍、施则敬等 34 人

理事长：江绍墀（1914 年辞职）

赵鸿藻（1914 年～1918 年）

朱煜（1918 年～1919 年）

吴宝义（1919 年 1～5 月）

唐元湛（1919 年 5 月～1921 年 11 月）

庄录（1921 年 11 月～）

秘书长：冯恩崑

1922 年～1924 年

1922 年 6 月召开第二次会员代表大会，选举出的会领导由总统任命。

会长：汪大燮

副会长：蔡廷干、杨晟

议长：王震

副议长：盛炳记

1924 年～1928 年

1924 年常议会推选会长、副会长，由

政府任命。

会长：颜惠庆

副会长：蔡廷干（驻京副会长）

杨晟（驻沪副会长）

1928 年～1933 年

会长：颜惠庆

副会长：王正廷（1928 年 8 月）

虞和德（1928 年 8 月）

1931 年内政部、外交部拟定了管理红十字会法规，转呈立法院审核。

1933 年～1938 年

1933 年国民政府将中国红十字会改名为中华民国红十字会。

1934 年召开第一次理事联席会议，公推领导人。

名誉会长：蒋中正

名誉副会长：黄绍竑、吴铁成、颜惠庆、虞和德（洽卿）

会长：王正廷（国民政府任命）

副会长：史量才、刘鸿生

（史量才被刺后，杜月笙继任）

秘书长：曹云祥

庞京周（1937 年继任）

常务理事：林康候、闻兰亭、王一亭、王晓籁、关炯之

常务监事：黄涵之、钱新之、陆伯明

1938 年～1943 年

1938 年行政院增聘调整红十字会领导人。

名誉会长：蒋中正

名誉副会长：孔祥熙、宋子文、黄绍竑、吴铁成、颜惠庆、虞和德（洽卿）

会长：王正廷

副会长：杜月笙、刘鸿生

常务理事：王晓籁、林康候、闻兰亭、王一亭、关炯之、钱新之、陆伯明

常务监事：黄涵之

秘书长：潘小萼

1943 年～1946 年

国民政府国防委员会通过改组由军事委员会对红十字会施以管制，制定了《战时监督红十字会暂行办法》，红十字会领导人仍由行政院聘任。

名誉会长：蒋中正

名誉副会长：宋美龄、戴季陶、孔祥熙、宋子文、吴铁成、王正廷、虞和德（洽卿）

会长：蒋梦麟

副会长：杜月笙、刘鸿生

常务理事：戴季陶、商震、翁文灏、王晓籁、宋子文

常务监事：钱新之、张伯苓、宋汉章

理事：虞和德、杜月笙、刘鸿生、刘瑞恒、蒋梦麟、朱恒壁、康心之、缪加铭、杭力武、戚寿南

监事：陈仪、王世杰、邵力子、许世英、屈文六、周诒春、穆籍初、丁文渊、汤飞凡

秘书长：胡兰生

1946 年~1949 年

国民政府颁布《复原期间管理中华民国红十字会办法》，改组红十字会，会长、副会长、理事、秘书长由行政院聘任。

名誉会长：蒋中正

李宗仁（1948 年增聘）

名誉副会长：宋美龄、戴季陶、孔祥熙、宋子文、吴铁成、王正廷

会长：蒋梦麟

副会长：杜月笙、刘鸿生

常务理事：蒋梦麟、蒋廷、金宝善、马超俊、吴有训、关颂声、徐国懋

理事：杜月笙、刘鸿生、谷正纲、杭力武、王云五、王晓籁、刘瑞恒、钱大钧、张蔼真、徐寄庼

秘书长：胡兰生

副秘书长：曾大钧、汤蠡舟

新中国成立后改组红十字会

1949 年新中国建立前夕，蒋梦麟等带领红十字会总会机关大部分人员跟随国民党政府去台湾。刘鸿生、胡兰生等领导人和部分工作人员留在大陆。1950 年中央人民政府对中华民国红十字会进行协商改组，改名为中国红十字会，改组会议由卫生部副部长苏井观、中国人民救济总会秘书长伍云甫、中国红十字会总会原秘书长胡兰生担任主席团主席。选出的中国红十字会第一届理事均由周恩来总理签署聘任书予以聘任。

1950 年 8 月~1961 年 10 月

（第一届）

会长：李德全

副会长：彭泽民、熊瑾玎、刘鸿生、胡兰生

党组书记：伍云甫

秘书长：胡兰生（兼）

副秘书长：林士笑、倪斐君

1961 年 10 月~1979 年 2 月

（第二届）

1961 年 10 月 23~27 日，中国红十字会召开代表会议，选举产生第二届领导人，经国务院批准。

会长：李德全

副会长：伍云甫、赵朴初、熊瑾玎

党组书记：伍云甫

秘书长：彭炎

副秘书长：倪斐君

1965 年中国红十字会进行改选，产生第二届新的领导人，党中央中发 193 号文件批复。

会长：钱信忠

副会长：伍云甫、刘清扬、熊瑾玎

赵朴初、彭炎、孟谦

党组书记：伍云甫

秘书长：彭炎（兼）

副秘书长：倪斐君、王敏

1979 年 2 月 ~1985 年 5 月

（第三届）

1979 年中国红十字会进行改选，选举产生第三届领导人。中共中央组织部批准。

会长：钱信忠

副会长：杨纯、王仪、王敏、顾锦心、沈其震、赵朴初、彭炎、熊天荆、龚普生、孟谦、王肇元、邓启修、魏龙镶、刘鹏飞

党组书记：杨纯

秘书长：王敏（兼）

副秘书长：吴日承

1985 年 5 月 ~1990 年 2 月

（第四届）

1985 年 5 月 31 日 ~6 月 1 日，中国红十字会召开第四次全国代表大会，选举产生第四届领导人。

名誉会长：朱学范、赵朴初、钱信忠

会长：崔月犁

副会长：谭云鹤、章明、沈辰、何理良、蔡壬癸

党组书记：谭云鹤

秘书长：蔡壬癸（兼）

副秘书长：范雨田、曲折

1990 年 2 月 ~1994 年 4 月

（第五届）

1990 年 2 月 15—17 日，中国红十字会召开第五次全国会员代表大会，选举产生第五届领导人：

名誉会长：朱学范、赵朴初、钱信忠、崔月犁

顾问：谭云鹤

会长：陈敏章

副会长：顾英奇（常务）、张德江、邹时炎

郝长元 1990 年 2 月 ~1992 年 2 月

胥昌忠 1992 年 2 月 ~1994 年 4 月

吴常康 1992 年 2 月 ~1993 年 1 月

孙柏秋

党组书记：顾英奇

秘书长：韩长林 1990 年 2 月 ~1992 年 2 月

吴常康（兼）1992 年 2 月 ~1993 年 1 月

曲折 1993 年 1 月 ~1994 年 4 月

副秘书长：曲折 1990 年 2 月 ~1993 年 1 月

1994 年 4 月 ~1999 年 10 月

（第六届）

1993 年 10 月 31 日，第八届全国人民代表大会常委会第四次会议通过《中华人民共和国红十字会法》，国家主席江泽民颁布第 14 号主席令施行。

1994 年 4 月 23 ~25 日，中国红十字会召开第六次全国会员代表大会，改选产生第六届领导人：

名誉会长：江泽民

名誉副会长：赵朴初、王光英、李沛瑶、钱信忠、崔月犁、陈敏章

会长：钱正英

副会长：顾英奇（常务）、范宝俊、杨崇春

林炎志 1994 年 4 月～1997 年 4 月

柳斌 1997 年 4 月～1999 年 10 月

彭玉 1997 年 4 月～1999 年 10 月

王立忠 1998 年 3 月～1999 年 10 月（专职）

孙柏秋（专职）、曲折（专职）

党组书记：顾英奇

秘书长：李长明 1994 年 4 月～1999 年 3 月

孙爱明 1999 年 4 月～1999 年 10 月

1999 年 10 月～2004 年 10 月

（第七届）

1999 年 10 月 11～13 日，中国红十字会第七次全国会员代表大会改选产生第七届领导人：

名誉会长：江泽民

名誉副会长：王光英、何鲁丽、赵朴初、钱正英、钱信忠、张文康

会长：彭珮云

副会长：王立忠（常务）、孙爱明（专职）

党组书记：王立忠

秘书长：苏菊香

副秘书长：汤声闻

1999 年 12 月 29 日，中央机构编制委员会以中编办批准中国红十字会总会“由卫生部代管改由国务院领导联系”。理顺了总会的管理体制。

2001 年 10 月 10 日中央机构编制委员会办公室关于印发《中国红十字会总会机关主要职责、内设机构和人员编制方案》的通知（中央编办发〔2001〕34 号），确定总会机关内设 4 个机构和机关党委，编制 60 名。

2004 年 10 月～2009 年 10

（第八届）

中国红十字会第八次全国会员代表大会于 2004 年 10 月 27～29 日在北京人民大会堂召开，选举出新一届领导人。

名誉会长：胡锦涛

名誉副会长：司马仪·艾买提、何鲁丽（女）、韩启德、傅铁山、黄孟复、张怀西

会长：彭珮云（女）

常务副会长：江亦曼（女）

副会长：朱庆生、姜力（女）、赵沁平、肖捷、沈国放、苏菊香（女，专职）、郭长江（专职）

党组书记：江亦曼（女）

秘书长：郭长江（兼）

顾问：王立忠、孙爱明、汤声闻

2009 年 10 月～

（第九届）

中国红十字会第九次全国会员代表大会于 2009 年 10 月 27～29 日在北京召开，选举出新一届领导人。

名誉会长：胡锦涛

名誉副会长：韩启德、桑国卫、黄孟复、张榕明（女）、李

金华

会长：华建敏

常务副会长：王伟

副会长：何亚非、朱之鑫、陈小娅（女）、窦玉沛、王军、马晓伟、郭长江（专职）、郝林娜（女 蒙古族 专职）、王海京（专职）

党组书记：王伟

秘书长：王海京（兼）、王汝鹏（2010年4月接任）

人　物　志

国际人道服务荣誉奖

获奖名单

1988年12月，姜健获美国红十字会“国际人道服务荣誉奖”。

1992年6月，张振坤获美国红十字会“国际人道服务荣誉奖”。

南丁格尔奖章

南丁格尔与南丁格尔奖章

费劳伦斯·南丁格尔（1820年5月12日~1910年8月13日）生于意大利中部的历史名城佛罗伦萨，后来随家迁居英国。幼年时就怀有一颗仁慈而美好的心灵。她鄙弃养尊处优和无聊的社交生活，不顾父母的反对，毅然于1850年离家去普鲁士学习护理，接受短期的医护训练。1853年受聘担任伦敦患病妇女护理会的监督职。

1854年到1856年间的克里米亚战争中，英国战地医院管理不善。条件极差，又没有护士护理伤病员，士兵死亡率高达50%多。南丁格尔得此消息后，即率领38名护士抵达前线，在四所战地医院里进行服务。当时前线药品缺乏，水源不足，卫生极差，但她毫不气馁，竭力排除种种困难，为伤病员解决必需用品和食品，组织士兵家属协同工作，增加他们的营养，从而使战地医院面貌改观。在短短的半年时间里，就使伤病员的死亡率下降到2.2%，她的功绩顿时传播四海。

南丁格尔在克里米亚战地为伤病员所做的忘我奉献，激励了后来不久成立的红十字会的成员。他们主张的人道宗旨，已生动而具体地体现于南丁格尔的战地活动实践中。因此，在她生前，国际红十字会在1907年的伦敦大会上就设立南丁格尔奖章，作为鼓励各国护士的国际最高荣誉奖。1912年，即南丁格尔死后第二年，在华盛顿举行的第九届红十字国际大会上正式确定颁发南丁格尔奖章，基金由各国红十字会认捐。具体颁发任务委托给在日内瓦的红十字国际委员会。

按照奖章条例，南丁格尔奖章系奖励“毕业护士和志愿助手，他们是红十字会或红十字会附属医护单位的积极分子或定期支持者。他们在战时或平时，以特别的勇气和献身精神为伤病员服务，因而建立了优异功绩”。在从事积极救助而牺牲的上述人员，亦可在“死后”追赠南丁格尔奖章。

南丁格尔奖章，在正常情况下，每两年颁发一次，每次最多颁发50枚奖章。至今为止，我国共有38名优秀护理工作者荣获此奖。

按照章程规定，受奖人名单公布后，要在当年举行隆重的授奖仪式，由国家元首或该国红十字会会长亲自颁发奖章，广泛进行宣传，鼓舞广大护理人员。

中国第二十九届至第四十二届南丁格尔奖章获得者

名 单

第二十九届（1983年）

王琇瑛女，1908年生，原中华护理学会副理事长

第三十届（1985年）

司堃范女，1930年生，原北京市红十字朝阳医院外科护士长

梁季华女，1916年生，原广州市红十字医院护理部主任

杨必纯女，1940年生，四川省泸州市红十字医院护理部副主任

第三十一届（1987年）

史美黎女，1936年生，上海市红十字医院胸外科护士长

陈路得女，1914年生，原天津医学院附属医院顾问

张云清女，1925年生，辽宁省肿瘤医院副主任护师

第三十二届（1989年）

林菊英女，1920年生，原中华护理学会理事长

周娴君女，1931年生，湖南省湘西自治区人民医院副院长

孙秀兰女，1942年生，河北省唐山市红十字儿童急救中心护士长

陆玉珍女，1934年生，上海市遵义医院护理部主任

第三十三届（1991年）

吴静芳女，1926年生，河南省商丘地区医院护理部主任

第三十四届（1993年）

李桂美女，1937年生，青岛市传染病医院护士长

张水华女，1933年生，宁夏医学院附属医院护理部主任

张瑾瑜女，1926年生，福建省肿瘤医院护理部主任

第三十五届（1995年）

孙静霞女，1914年生，江苏省常州市第一人民医院护理部顾问

邹瑞芳女，1930年生，浙江省湖州市第一人民医院护理部主任

第三十六届（1997年）

汪赛进女，1923年生，安徽省护理学会荣誉理事长

关小瑛女，1928年生，原天津市护理学会理事长

陆冰女，1932年生，上海市第六人民医院护理部主任

孔芙蓉女，1936年生，河南省护理学会副理事长

黎秀芳女，1917年生，解放军兰州军区总医院专家组成员

第三十七届（1999年）

曾熙媛女，1933年生，原中华护理学会理事长

王桂英女，1920年生，原天津市护理学会理事长

秦力君女，1943年生，原解放军总医院护理部主任

第三十八届（2001年）

吴景华女，1932年生，宁夏回族自治

区护理学会副理事长

王雅屏女，1945 年生，北京市红十字会急诊抢救中心副院长

李秋洁女，1949 年生，哈尔滨医科大学附属二院护理部主任

第三十九届（2003 年）

叶欣女，1956 年生，广东省中医院二沙岛分院急诊科护士长

钟华荪女，1947 年生，广东省护理学会副理事长、省人民医院护理部主任

李淑君女，1963 年生，解放军第二炮兵总医院口腔科护士长

姜云燕女，1976 年生，解放军喀喇昆仑模范医疗站护士长

苏雅香女，1945 年生，贵州省护理学会理事长

巴桑邓珠男，1951 年生，四川省甘孜州人民医院副院长

章金媛女，1929 年生，江西省南昌市第一人民医院原护理部主任

梅玉文女，1939 年生，天津市护理学会名誉理事长

李琦女，1942 年生，上海第二人民医院原护士长

陈东女，1944 年生，北京佑安医院护理部主任

第四十届（2005 年）

陈征女，1947 年生，北京地坛医院社会服务部主任

万琪女，1965 年生，解放军西藏军区总医院护理部主任

王亚丽女，1955 年生，甘肃省定西市人民医院护理部主任

刘振华女，1955 年生，山东省济南市皮肤病防治院麻风病房住院部主任

冯玉娟女，1952 年生，香港医院管理局九龙西联网护理总经理、广华医院及东华三院黄大仙医院护理部经理

第四十一届（2007 年）

泽仁娜姆，1968 年生，青海省同仁慢性病防治院主管护师

陈海花，1969 年生，北京军区总医院消化科护士

丁淑贞，1951 年生，大连医科大学附属第一医院护理部主任

聂淑娟，1947 年生，新疆医科大学第一附属医院主任护师

罗少霞，1950 年生，澳门镜湖医院护理部主任

第四十二届（2009 年）

刘淑媛，66 岁，首都医科大学附属北京安贞医院心血管外科重症监护室护士长

张桂英，39 岁，吉林省神经精神病医院精神科护士长

潘美儿，32 岁，浙江省皮肤病防治研究所住院部护士长

杨秋，33 岁，四川省都江堰向峨乡公立卫生院护士

鲜继淑，40 岁，重庆第三军医大学第一附属院医神经外科护士长

王文珍，46 岁，海军总医院护理部总护士长

全国民族团结进步模范

中国红十字基金会赴西藏志愿医疗队被国家民委授予民族团结进步模范称号

1998 年 10 月 14 日，中华人民共和国

国家民族事务委员会以民委（政）字〔1998〕322号文件作出《关于授予中共中央办公厅赴青海省玉树藏族自治州帮扶组等单位和张继政等同志民族团结进步模范称号的决定》。决定指出：为贯彻党的十五大精神，加强社会主义精神文明建设，进一步巩固和发展平等、团结、互助的社会主义民族关系，促进民族团结进步事业不断发展，国家民委决定对中央、国务院有关部委、直属机构，各民主党派、人民团体，解放军、武警部队在促进民族团结进步事业和发展民族经济文化方面做出突出贡献的单位和个人进行表彰，授予中共中央办公厅赴青海省玉树藏族自治州帮扶组、中国红十字基金会赴西藏志愿医疗队等133个单位和张继政、李兰颂等120位同志民族团结进步模范称号。

决定强调：希望荣获民族团结进步模范称号的单位和个人，戒骄戒躁，再接再厉，不断取得新成绩。希望全国各族人民以民族团结进步模范为榜样，为维护祖国统一，增进民族团结，促进各民族共同繁荣做出更大贡献。

附录：民族团结进步模范集体、模范个人名单

民族团结进步模范集体、模范个人名单

中国红十字会总会

中国红十字基金会赴西藏志愿医疗队

李兰颂　男　汉族　中国红十字基金会副秘书长

刘平　男　汉族　哈尔滨医科大学第一临床医学院眼科副主任医师

周军　男　汉族　北京市同仁医院眼科主治医师

冯永明　男　汉族　光明集团股份有限公司总裁

（摘自于《人民日报》
1999年1月16日第8版）

全国红十字会系统先进集体和先进工作者

《关于表彰全国红十字会系统先进集体和先进工作者的决定》

（人发〔2002〕31号
2002年3月22日）

各省、自治区、直辖市人事厅（局）、红十字会：

新中国成立后，特别是改革开放以来，在党中央、国务院的领导和社会各界的支持下，我国红十字事业蓬勃发展。1993年10月31日《中华人民共和国红十字会法》的颁布施行，是我国红十字事业发展史上的一个里程碑。从此，全国各级红十字会组织和广大红十字工作者，以邓小平理论为指导，认真学习、努力实践江泽民同志“三个代表”重要思想，坚持依法建会、依法治会和依法兴会，抓住机遇，开拓进取，把国际红十字运动的基本原则与中国社会主义建设的实际相结合，积极探索建设有中国特色的红十字事业。在自身建设、备灾救灾工作、群众性卫生救护知识培训、社区服务、开展红十字青少年活动、推动无偿献血、进行社会救助、台湾事务工作以及对外交往等方面都取得了显著成绩，涌现出一大批先进集体和先进工作者。

为表彰他们的模范事迹，进一步弘扬“人道、博爱、奉献”的红十字精神，人事部、中国红十字会总会决定：授予北京市红十字会等31个单位“全国红十字会系统先进集体”荣誉称号；授予杨有平等30位同志“全国红十字会系统先进工作者”荣誉称号。被授予“全国红十字会系统先进工作者”荣誉称号的人员，享受省部级劳动模范和先进工作者待遇。

受到表彰的先进集体和先进工作者，有的从事红十字工作几十年，为红十字事业辛勤耕耘；有的锐意进取、开拓创新；有的埋头苦干，无私奉献；有的多方筹资，开展社会救助活动，把党和政府的关怀送到千家万户。他们以优异的成绩和良好的作风，赢得了广大人民群众的信赖和赞誉，展现了新时期红十字工作者高尚的思想品质和良好的精神风貌。

人事部、中国红十字会总会号召各级红十字会组织和全体红十字工作者向受到表彰的先进集体和先进工作者学习。学习他们开拓进取、不断创新、与时俱进的改革精神；学习他们心系群众、爱岗敬业、奉献爱心的高尚情操；学习他们艰苦奋斗、不辞辛劳、扎实工作的优良作风。希望受到表彰的先进集体和先进工作者把荣誉作为新的起点，谦虚谨慎，戒骄戒躁，再接再厉，为红十字事业做出新的更大的贡献。

全国各级红十字会组织和全体红十字工作者要以先进模范为榜样，高举邓小平理论伟大旗帜，紧密团结在以江泽民同志为核心的党中央周围，以“三个代表”重要思想为指导，齐心协力，努力拼搏，为建设有中国特色的红十字事业，为社会主义两个文明建设做出新的更大的贡献，以优异的成绩迎接党的十六大的胜利召开。

中国红十字会系统先进集体名单

（2002年）

北京市红十字会
天津市红十字会
河北省石家庄市红十字会
山西省晋城市红十字会
内蒙古自治区通辽市红十字会
辽宁省沈阳市红十字会
吉林省延边州红十字会
黑龙江省密山市红十字会
上海市红十字会
江苏省红十字会
浙江省常山县红十字会
安徽省铜陵市红十字会
福建省厦门市红十字会
江西省九江市红十字会
山东省红十字会
河南省焦作市红十字会
湖北省武汉市武昌区红十字会
湖南省慈利县红十字会
广东省广州市红十字会
广西壮族自治区柳州市红十字会
海南省琼山市红十字会
四川省广元市红十字会
重庆市红十字会
贵州省贵阳市云岩区红十字会
云南省红十字会
西藏自治区红十字会赈济部
陕西省西安市红十字会

甘肃省天水市红十字会
青海省西宁市红十字会
宁夏回族自治区固原地区红十字会
新疆维吾尔自治区乌鲁木齐市红十字会

中国红十字系统先进工作者名单

（2002 年）

杨有平，女，50 岁，北京市通州区红十字会秘书长。

李彭林，女，53 岁，天津市汉沽区红十字会办公室主任。

曹雪梅，女，44 岁，河北省邯郸市红十字会秘书长。

杨竹梅，女，42 岁，山西省大同市红十字会专职副会长兼秘书长。

云曙碧，女，78 岁，内蒙古自治区红十字会会长。

郭春英，女，47 岁，辽宁省锦州市红十字会秘书长。

韩丽娟，女，40 岁，吉林省红十字会专职副会长。

崔淑珍，女，45 岁，黑龙江省哈尔滨市红十字会秘书长。

孙国华，女，54 岁，上海市南汇区红十字会常务副会长。

蔡丽萍，女，36 岁，江苏省响水县红十字会秘书长。

龚学跃，男，52 岁，浙江省乐清市红十字会秘书长。

赵胜利，女，54 岁，安徽省合肥市红十字会秘书长兼办公室主任。

陈金治，女，40 岁，福建省莆田市莆田县红十字会干部。

李安海，女，48 岁，江西省南昌市红十字会秘书长。

张玉荣，女，57 岁，山东省济宁市红十字会常务副会长。

严淑华，女，45 岁，河南省许昌市红十字会秘书长。

柯剑，男，44 岁，湖北省咸宁市红十字会秘书长。

赵云英，女，47 岁，湖南省衡东县红十字会副会长。

赵敢，男，59 岁，广西壮族自治区百色地区红十字会秘书长。

卓英，男，54 岁，海南省红十字会常务副会长。

赵国荣，女，47 岁，四川省红十字会主任科员。

彭东鲁，男，46 岁，重庆市大足县红十字会副会长兼秘书长。

郭介华，男，57 岁，贵州省铜仁地区副会长兼秘书长。

次仁旺堆，男，46 岁，西藏自治区红十字会秘书长。

李辛，女，53 岁，陕西省宝鸡市红十字会专职副会长兼秘书长。

郑怀安，男，55 岁，甘肃省红十字会秘书长。

尼玛，女，44 岁，青海省红十字会专职副会长。

刘静，女，43 岁，宁夏回族自治区红十字会秘书长。

马春丽，女，40 岁，新疆维吾尔自治区昌吉州红十字会专职副会长。

《关于表彰全国红十字会系统先进集体和先进工作者的决定》

（国人部发〔2004〕88 号）

各省、自治区、直辖市人事厅（局）、红十字会：

在党中央、国务院的领导和关怀下，全国各级红十字会及广大红十字工作者，以邓小平理论和“三个代表”重要思想为指导，全面贯彻党的十六大精神，树立和落实科学发展观，坚持依法建会、依法治会和依法兴会，扎实工作、无私奉献，充分发挥了在人道主义救助工作领域政府助手的作用，涌现出一大批先进集体和先进个人。

为表彰他们的模范事迹，弘扬“人道、博爱、奉献”的红十字精神，人事部、中国红十字会总会决定：授予北京市西城区红十字会等 29 个集体“全国红十字会系统先进集体”荣誉称号；授予斯日古楞等 10 名个人“全国红十字会系统先进工作者”荣誉称号。被授予“全国红十字会系统先进工作者”荣誉称号的个人享受省部级劳动模范和先进工作者待遇。希望受到表彰的先进集体和个人珍惜荣誉，发扬成绩，戒骄戒躁，再立新功。

全国各级红十字会和全体红十字工作者要以受表彰的先进集体和个人为榜样，在以胡锦涛同志为总书记的党中央领导下，高举邓小平理论和“三个代表”重要思想伟大旗帜，解放思想，实事求是，开拓创新，与时俱进，不断推进中国红十字事业的发展，为全面建设小康社会、实现中华民族的伟大复兴而不懈奋斗。

中国红十字会系统先进集体名单

（2004 年）

北京市西城区红十字会
天津市大港区红十字会
河北省保定市红十字会
山西省大同市城区红十字会
内蒙古自治区呼和浩特市红十字会
辽宁省辽阳市红十字会
吉林省通化市红十字会
黑龙江省佳木斯市红十字会
上海市南汇区红十字会
浙江省瑞安市红十字会
安徽省宿州市红十字会
福建省南安市红十字会
江西省南昌市红十字会
山东省济宁市红十字会
河南省红十字会
湖北省黄冈市蕲春县红十字会
湖南省红十字会
广东省肇庆市广宁县红十字会
海南省儋州市红十字会
四川省泸州市红十字会
重庆市开县红十字会
贵州省贵阳市红十字会
云南省红十字会备灾救灾中心
西藏自治区拉萨市城关区红十字会
陕西省宝鸡市红十字会
青海省红十字会
宁夏回族自治区红十字会

新疆维吾尔自治区红十字会

中国红十字系统先进工作者名单

（2004年）

斯日古楞，女，55岁，内蒙古自治区赤峰市红十字会常务副会长。

刘琳娜，女，49岁，辽宁省红十字会常务副会长。

周莉，女，40岁，黑龙江省伊春市红十字会秘书长。

史庆荣，女，48岁，安徽省滁州市红十字会秘书长。

刘丽萍，女，51岁，山东省青岛市红十字会常务副会长。

牛茂修，男，44岁，河南省安阳市红十字会专职副会长。

龙军胜，男，49岁，广西壮族自治区红十字会秘书长。

喇建康，男，42岁，四川省凉山州红十字会秘书长。

阮姮，女，47岁，云南省昆明市红十字会常务副会长。

李云，女，55岁，新疆维吾尔自治区阿克苏地区红十字会主任科员。

人 名 录

无偿献血奖
（2008～2009 年）

无偿献血奉献奖金奖
获奖名单

北京：艾满清 爱 国 安 波 安建昌
安 磊 安 平 安三虎 敖素艳
白富云 白国双 白吉武 白 连
白龙强 白 楠 白小辉 白欣楠
白兴建 白 振 柏 勇 班 越
包付国 包跃鹏 宝 剑 毕 娜
边立海 薄汝敬 薄小龙 蔡加峰
蔡其睿 蔡圣才 蔡文娟 蔡文龙
蔡 赢 曹 华 曹 杰 曹利军
曹 胧 曹鲁鲁 曹 麒 曹苏群
曹万丽 曹文涛 曹文有 曹子禄
柴 军 常红忠 常洪瑞 常 林
常曼曼 常青松 常秀红 常志华
晁毓飞 晁中伟 车洪水 车顺庆
陈嫒娴 陈 博 陈昌跃 陈 冲
陈春光 陈德华 陈登峰 陈东光
陈冬华 陈恩文 陈 飞 陈 峰
陈广彪 陈广利 陈国栋 陈晗坤
陈浩波 陈 红 陈宏业 陈华意
陈建军 陈俊生 陈 昆 陈连新
陈 陆 陈明伟 陈 鹏 陈 鹏
陈强生 陈庆春 陈 冉 陈 荣
陈瑞龙 陈瑞明 陈尚波 陈书生
陈 霞 陈向波 陈秀红 陈旭影
陈 艳 陈杨希 陈永杰 陈友刚
陈有阔 陈 宇 陈玉明 陈 云
陈泽海 陈振合 陈志涛 陈志星
成雪锋 程宝凯 程东京 程 芳
程功跃 程海峰 程洪诗 程厚居
程 舰 程久诗 程沛芳 程启忠
程伟华 程五洲 仇克强 初传贵
初立民 楚小健 楚新利 楚振华
丛立富 丛 涛 崔广西 崔桂军
崔金财 崔美子 崔瑞坡 崔维森
崔亚辉 崔艳宾 代 宗 戴腾飞
单涛清 邓高红 邓海阔 邓年生
邓晓海 狄宸名 邸爱红 刁节前
丁 晨 丁传道 丁红喜 丁汝建
丁淑明 丁艳民 丁玉德 董爱均
董博文 董高进 董建国 董建平
董 康 董林林 董明辉 董盘齐
董少寅 董玉芹 董章程 窦玉明
杜景旺 杜 坤 杜立英 杜 鹏
杜鹏飞 杜少朋 杜世强 杜晓争
杜泽荣 段 楠 段青江 多文文
恩志强 凡定智 樊德明 樊海兵
樊红林 樊 华 樊家兴 樊利学
樊玉花 樊云奇 范凤格 范桂清
范建军 范卫燕 范永伟 范振军
方 熇 方志雄 房 猛 冯大红
冯凤云 冯国强 冯海臣 冯进普

冯佩振　冯庆方　冯少龙　冯双平
冯彦龙　冯彦文　冯益东　冯玉楠
冯重阳　冯佐根　付春亮　付春强
付德清　付李林　付守猛　付卫卫
付秀梅　付亚振　富成江　富禄搏
甘立锁　高春静　高恩涛　高飞龙
高　峰　高海龙　高河东　高晋通
高景峰　高九艳　高　君　高立国
高丽娜　高明波　高世珍　高树平
高树升　高维明　高文胜　高先军
高　洋　高　瑶　高永莲　高永盼
高玉山　高云冲　高泽臣　高战东
高仲山　戈少华　葛鹏飞　葛兴刚
葛永锁　葛中秋　耿杰兵　耿满富
耿　轩　宫显阳　龚　华　龚学峰
龚玉龙　龚振明　巩树洋　苟　娟
苟小明　谷国苍　谷永丰　顾德周
顾学宏　顾志强　关百强　关凤瑞
关海波　关红斌　关维宾　管先龙
郭常翼　郭　超　郭春生　郭大伟
郭灯亮　郭富超　郭光胜　郭洪涛
郭　辉　郭　霍　郭继传　郭建春
郭津伟　郭景丰　郭　利　郭　亮
郭领涛　郭　敏　郭沫飞　郭清田
郭庆刚　郭瑞祥　郭士振　郭　松
郭文学　郭小超　郭小平　郭晓东
郭欣桦　郭秀梅　郭彦普　郭　艳
郭艳宏　郭永彬　郭　裕　郭越海
郭志刚　哈长春　海　日　韩长运
韩国林　韩海燕　韩继龙　韩俊武
韩龙飞　韩龙剑　韩仁秀　韩　帅
韩旭光　韩　毅　韩永伟　韩　余
韩瑜峰　韩玉东　韩　岳　韩云鹏
韩正国　韩志杰　韩忠华　郝春阳
郝　刚　郝建国　郝景义　郝　强
郝书娟　郝文超　郝文福　郝献举
何长勇　何开封　何敏超　何宁波
何　平　何　伟　何　伟　何现康
何向军　何旭峰　何银连　何源源
何云峰　贺　登　贺东胜　贺国军
贺　韬　贺晓峰　赫秀萍　洪　强
侯　笛　侯东杰　侯继红　侯俊华
侯立军　侯前鑫　侯文军　侯永利
胡宾开　胡　博　胡海波　胡海利
胡建民　胡凯兵　胡兰岐　胡　鹏
胡瑞军　胡　伟　胡文才　胡香坤
胡小克　胡小梅　胡信全　胡志超
华双立　黄　成　黄　川　黄丹枫
黄海鹏　黄海伟　黄　辉　黄军珲
黄立信　黄世菊　黄　伟　黄小东
黄新雄　黄　信　黄学兵　黄玉枝
黄振芝　黄志雄　慧　力　霍　飞
霍　朋　吉秀云　籍忠岩　冀金亮
冀　楠　冀书亥　冀　雄　冀亚峰
冀战卫　贾　滨　贾国星　贾洪福
贾凯凯　贾立辉　贾利冬　贾亮华
贾　林　贾强林　贾瑞凯　贾瑞霞
贾思军　贾兴建　贾秀萍　贾砚军
贾艳冲　贾永荣　贾祖亮　简明远
江欢迎　姜金硕　姜　曼　姜胜荣
姜天宝　姜　智　蒋冬生　焦永利
解红东　解宏东　解全振　藉国庆
金德龙　金洪亮　金巨亮　金　平
金　霄　金玉萍　金元福　晋　枫
靳爱泳　靳　建　荆　涛　荆月英
康帮恒　康　贺　康淑媛　康拥军
康永平　康永胜　康玉龙　柯昌远
孔德兵　孔　军　孔　明　孔庆永
孔淑影　孔维元　寇高磊　寇海森
寇棚城　赖远孟　兰进碧　兰　军

蓝仕鹏　郎春鹏　郎英才　雷红忠
李爱辉　李爱文　李宝明　李保建
李斌　李斌　李兵兵　李长浩
李长惠　李长青　李超　李崇胜
李传兴　李春蕾　李春亮　李慈应
李翠楠　李存俊　李道峰　李德贵
李德龙　李德帅　李德旺　李德伟
李东雨　李冬冬　李冬飞　李发俊
李芳　李凤芝　李付清　李钢领
李跟江　李耕强　李桂川　李国玉
李海清　李海荣　李海周　李红霞
李红霞　李洪军　李洪儒　李洪瑞
李华　李化　李欢　李会龙
李慧　李慧　李慧民　李吉庆
李季明　李建军　李建伟　李建中
李江　李江泊　李江会　李金锋
李金凤　李金鹏　李金强　李锦平
李进军　李晋文　李京贤　李晶莹
李军　李军峰　李军锋　李军辉
李军儒　李军生　李俊军　李克海
李克中　李琨　李琳　李立兵
李丽　李利华　李亮　李刘威
李龙元　李猛　李明　李明
李明泽　李宁　李宁　李宁宁
李朋朋　李鹏　李强　李清芝
李晴晴　李庆德　李泉　李荣建
李瑞峰　李莎　李尚明　李生波
李生波　李士良　李世民　李书青
李淑梅　李双牛　李顺　李松鹏
李涛　李涛　李万江　李伟家
李伟章　李文　李文彬　李文峰
李文建　李文亮　李文山　李文石
李现刚　李相哲　李祥业　李向东
李晓静　李晓军　李晓龙　李晓宁
李欣　李新龙　李新颖　李雄

李学健　李学民　李延伟　李岩
李彦虎　李燕波　李阳　李幺林
李耀辉　李永福　李永刚　李玉霞
李玉忠　李月园　李悦　李云凤
李泽震　李增戍　李占良　李哲
李争强　李峥　李正国　李正品
李志刚　李志军　李朱存　李柱
李卓洋　历福林　厉望　郦伟栋
连风强　连运祥　梁成伟　梁春立
梁国城　梁海波　梁华洋　梁欢欢
梁会军　梁慧媛　梁进福　梁乐乐
梁林　梁青松　梁伟只　梁卫
梁喜　梁晓亮　梁之山　廖欣
林超　林国章　林军　林秀辉
林衍章　林再春　林志军　凌世鸿
刘宝成　刘宝来　刘彬　刘斌
刘波　刘长生　刘长新　刘超
刘超　刘闯　刘春辉　刘德宝
刘德高　刘德龙　刘东亮　刘芳
刘风荣　刘锋　刘凤岭　刘复庆
刘刚　刘贵荣　刘桂海　刘国强
刘果平　刘海全　刘海洋　刘汉过
刘红亮　刘红生　刘洪亮　刘华平
刘辉　刘辉　刘惠永　刘慧
刘家良　刘建华　刘建军　刘建平
刘建卒　刘剑广　刘江　刘江涛
刘杰　刘金城　刘金龙　刘静
刘军　刘军　刘军　刘军
刘军　刘俊　刘俊海　刘凯毅
刘雷　刘立永　刘连香　刘鲁
刘民　刘起亮　刘强　刘钦海
刘清容　刘全金　刘全民　刘如松
刘瑞涛　刘少华　刘士虎　刘世强
刘书豹　刘淑娟　刘帅帅　刘双成
刘涛　刘廷义　刘伟　刘伟

刘伟昌　刘献广　刘向伟　刘项辉
刘小旦　刘　晓　刘　晓　刘晓东
刘晓辉　刘晓明　刘晓鹏　刘晓强
刘孝礼　刘　肖　刘新锋　刘　鑫
刘秀娥　刘秀明　刘雪峥　刘亚斌
刘亚丽　刘艳伟　刘阳河　刘　洋
刘　洋　刘一宁　刘　毅　刘　英
刘月斌　刘召金　刘照明　刘　真
刘志彬　刘志超　刘志明　刘智勇
刘忠仁　柳　青　龙殿春　龙柳生
娄国新　娄其军　娄岳阳　卢　刚
卢　建　卢金波　卢彦丽　卢彦明
芦宏亮　陆丽莉　陆书林　逯振义
路　朋　路正昆　吕　宾　吕　刚
吕红伟　吕建浩　吕　进　吕　磊
吕龙龙　吕明盛　吕　强　吕瑞勤
吕秀娟　吕乃蛾　罗楚猛　罗　丹
罗　东　罗开彦　马宝铸　马炳森
马　博　马　财　马春霖　马　刚
马　蘅　马洪超　马建新　马江山
马　杰　马　净　马　均　马　均
马　乐　马　亮　马明明　马青福
马如意　马三思　马　涛　马天翔
马万青　马文伟　马晓飞　马幸福
马彦龙　马艳峰　马　燕　马永生
马玉刚　马玉光　马园诏　马　越
满　达　梅建军　梅立强　梅小林
蒙启云　蒙占田　孟保亮　孟　超
孟德华　孟凡杰　孟凡文　孟庆文
孟显锋　孟宪鹏　孟祥光　弥晓晖
米登来　苗逢春　苗立国　苗立佳
苗全福　闵洪峰　母社会　南江峰
倪春勤　聂俊虎　牛庆杰　牛胜利
牛晓凯　欧　琼　欧香菊　潘承鑫
潘春风　潘海波　潘　辉　潘寅生
潘玉生　庞　宾　庞海峰　庞吉田
庞庆文　庞　双　庞学景　庞　阳
逄健鹏　裴建国　裴现通　裴学军
彭　芳　彭海龙　彭洪明　彭　伟
彭　新　彭宇阳　彭云宁　蒲玮星
蒲燕斌　祁　伟　齐宝武　齐风松
齐广中　齐海智　齐剑南　齐君长
齐　文　钱大华　钱　杨　乔　锋
乔　龙　乔卫峰　乔　赢　乔志科
秦春梅　秦文战　秦永海　邱　红
邱红辉　邱建国　邱志广　曲翠莲
曲　杰　曲金玲　曲金龙　曲小伟
曲志恒　屈　勇　全　华　权春国
冉令军　任　宾　任　岱　任海亭
任浩丞　任加平　任金龙　任　璟
任立志　任　盼　任绍安　任涛元
任天鑫　任相桦　任学明　任艳春
任永超　任永望　任兆争　任振满
商德琴　商海贵　商　杰　邵春风
邵东壁　邵景录　邵奎德　邵礼彬
邵士柯　佘海杰　申　超　申国领
申海柱　申江涛　沈灿栋　沈春艳
沈　建　沈　建　沈学志　盛正良
石钧亮　石生刚　石小利　石元足
时　霖　时振山　史　东　史清明
史　义　舒　敏　舒士三　舒　文
司俊岭　司圆圆　宋长松　宋戴波
宋凡纲　宋　芳　宋利强　宋连营
宋明万　宋胜利　宋书秋　宋文春
宋小明　宋秀安　宋永峰　苏国华
苏　海　苏　建　苏丽杰　苏万勇
隋保学　孙百柱　孙　兵　孙长刚
孙晨龙　孙　冲　孙贵付　孙海平
孙合军　孙和平　孙宏安　孙洪岗
孙　辉　孙会金　孙会荣　孙金柱

孙京涛　孙俊兴　孙连义　孙美军
孙明亮　孙　频　孙　然　孙荣付
孙瑞明　孙士清　孙通渠　孙伟东
孙先可　孙小林　孙晓娣　孙晓茹
孙孝成　孙新鑫　孙兴宇　孙学孟
孙雪丽　孙岩芝　孙　洋　孙占孝
孙占友　孙振军　孙志强　孙宗才
塔桂客　谭昌旺　谭清良　谭雄刚
檀志军　汤靖峰　汤青林　汤永安
汤增桃　唐纯羽　唐　红　唐慧敏
唐乐武　唐　亮　唐少国　唐　堂
唐永进　陶金伟　陶连彪　陶文杰
陶雪芳　滕召清　田殿雨　田　东
田凤海　田国玲　田洪彦　田　凯
田　磊　田茂全　田树德　田　喜
田　耀　田玉川　田　玥　田志方
仝桂春　佟　川　佟　飞　佟　刚
佟启库　佟　然　佟增元　童　杰
童玉荣　涂正军　屠秀英　拓建奎
万　峰　万国保　万　乐　万晓功
王爱东　王爱民　王百川　王宝林
王　彪　王　彬　王　兵　王长印
王　超　王　晨　王　晨　王晨亮
王　成　王成发　王成龙　王　冲
王春杰　王春云　王　达　王大川
王大凯　王东贵　王东海　王东升
王冬玲　王冬梅　王都强　王凡树
王　飞　王　飞　王　峰　王　峰
王凤伍　王凤艳　王凤芝　王　福
王福君　王福明　王　刚　王　岗
王冠军　王桂波　王桂望　王桂香
王国栓　王海波　王海峰　王海光
王海龙　王海龙　王海旺　王海雄
王海彦　王红群　王华涛　王　化
王化恒　王化松　王怀见　王　欢

王徽青　王　会　王会民　王家强
王甲顺　王建才　王建华　王建社
王　健　王健一　王　杰　王金虎
王金霞　王景海　王　军　王　军
王军超　王军民　王　君　王俊斌
王俊凯　王俊平　王　康　王康建
王奎军　王奎君　王奎奎　王雷霞
王李岗　王立刚　王立伟　王立业
王立柱　王　丽　王丽杰　王丽军
王连兰　王连赠　王林秋　王露露
王濛濛　王　猛　王　敏　王　明
王明田　王娜娜　王盼涛　王佩宽
王　朋　王　鹏　王　岐　王　琪
王　琪　王起福　王倩倩　王　强
王　强　王庆洪　王全会　王入谦
王森坤　王善清　王少飞　王少玉
王士武　王世雪　王守威　王守信
王舒民　王　帅　王双辉　王　硕
王腾蛟　王同军　王　王　王　伟
王文华　王锡良　王现国　王　祥
王向辉　王小凤　王小红　王小军
王晓东　王晓东　王晓庆　王效彭
王　欣　王新刚　王新河　王新龙
王　鑫　王　鑫　王秀俊　王秀云
王　旭　王学军　王学芹　王雪冬
王艳梅　王耀刚　王耀伟　王奕平
王逸凡　王英俊　王　莹　王　颖
王　颖　王永和　王永强　王永伟
王勇强　王友慧　王宇飞　王宇巍
王宇欣　王玉才　王玉明　王玉强
王玉兴　王月东　王月忠　王跃东
王跃章　王云飞　王占民　王召平
王　喆　王振富　王振国　王振涛
王　政　王政南　王之国　王　值
王志刚　王志民　王志祥　王忠福

王忠敏 王子彪 王紫明 王自伟
韦宏远 韦胜刚 韦岩东 卫景荣
蔚立武 蔚绒彪 蔚志锋 魏德昌
魏德宁 魏金彪 魏金鹏 魏丽艳
魏绍英 魏世益 魏书森 魏四妹
魏文斌 魏小军 温 凯 温堪柱
温克军 温正财 文 明 翁 超
吴长龙 吴朝辉 吴朝勇 吴 迪
吴东方 吴国良 吴国旺 吴海英
吴金琦 吴俊伟 吴垒涛 吴立辉
吴 强 吴世达 吴世刚 吴书敏
吴 松 吴伟乐 吴文芳 吴文云
吴学志 吴雪忠 吴屹然 吴永保
吴永涛 吴玉凤 吴玉莲 吴 则
吴作旺 武春财 武青云 武文帅
武垸君 武学名 席贵生 夏庆喜
向长翠 肖本秀 肖 明 肖永鹏
谢 丹 谢 凡 谢建民 谢少福
谢世川 谢亚东 谢亚娟 谢占猛
辛吉宗 辛明辉 辛中义 邢秉全
邢 刚 邢海虹 熊诗同 修明志
胥 虎 徐长虹 徐崇元 徐传城
徐东为 徐 都 徐 锋 徐福山
徐福山 徐国全 徐海龙 徐 红
徐佳辉 徐建军 徐 康 徐可荣
徐立军 徐明姝 徐 琪 徐容刚
徐永三 徐振军 许 斌 许 超
许 超 许 锋 许继旺 许建良
许会红 许 良 许 磊 许瑞金
许晓艳 许振民 许 柱 薛长春
薛 礼 薛庆会 薛希军 薛晓平
薛勇锋 薛占廷 闫宾宾 闫海涛
闫 红 闫华伟 闫建宏 闫西游
闫雅辉 闫溢涛 闫昱华 闫志彬
严丽君 严 密 阎 超 阎发忠
阎 鹏 阎文忠 颜承志 颜疆亚
颜景生 杨保国 杨 波 杨参军
杨 闯 杨春杰 杨春维 杨大来
杨佃兵 杨东红 杨 帆 杨飞川
杨丰屹 杨 光 杨 光 杨桂元
杨国彬 杨国富 杨海丰 杨海军
杨海民 杨海生 杨洪利 杨洪运
杨 辉 杨会生 杨惠峰 杨 剑
杨 健 杨景泰 杨 静 杨 军
杨克武 杨奎亮 杨 乐 杨立海
杨立友 杨 柳 杨路磊 杨明甫
杨明亮 杨 宁 杨 宁 杨庆家
杨圣涛 杨廷宝 杨 维 杨卫忠
杨文彬 杨文丰 杨文龙 杨习武
杨晓明 杨 垚 杨 业 杨永刚
杨友立 杨玉刚 杨玉兰 杨玉龙
杨 源 杨远飞 杨泽斌 杨泽成
杨增辉 杨振东 杨中山 杨 柱
姚 磊 姚 龙 姚 社 叶晨霞
叶伟平 叶晓东 易 洪 易家泉
易 娟 殷延春 尹春东 尹海龙
尹会文 尹楷枫 尹素娟 尹 忠
英新莲 雍玉海 攸飞龙 尤伟峰
于 冰 于 岛 于大华 于奉达
于浩洋 于洪山 于 洁 于景生
于坤朋 于 淼 于 鹏 于鹏飞
于清华 于五星 于希海 于新伟
于 洋 于志有 喻 良 原保生
袁家战 袁 桃 袁伟强 袁小龙
袁晓飞 袁玉婷 岳创创 云 桃
曾秀菊 曾治华 翟 林 翟 溢
翟有德 翟中贤 詹宏霖 张爱军
张爱荣 张宝成 张宝建 张宝利
张宝荣 张碧波 张兵兵 张 博
张灿灿 张昌志 张 陈 张传社

张春来　张春雷　张春洋　张丛飞
张大明　张大伟　张代民　张　戴
张　迪　张　迪　张　东　张东成
张发海　张凤江　张福鹏　张根平
张光波　张广播　张广春　张广霞
张桂华　张海波　张海艳　张　豪
张　昊　张红生　张洪仁　张　虎
张怀亮　张　辉　张会广　张积瑞
张继彬　张建华　张建军　张建全
张建文　张剑虹　张健利　张　杰
张　杰　张金安　张金保　张金霞
张京生　张　晶　张　晶　张景余
张　静　张军斌　张乐天　张　雷
张　磊　张力卓　张立新　张丽华
张　利　张连杰　张　亮　张　林
张　林　张　林　张　林　张留来
张　露　张　鹭　张明松　张明嵩
张明伟　张　培　张歧合　张启富
张　强　张强强　张清刚　张庆春
张秋萍　张秋莹　张全刚　张全来
张荣猛　张荣强　张瑞峰　张润秀
张少天　张绍安　张社亮　张生辉
张世国　张世良　张淑华　张淑贞
张树春　张　帅　张　松　张　松
张铁军　张　彤　张卫刚　张卫强
张文彩　张文军　张文君　张文立
张宪豹　张祥春　张晓飞　张晓辉
张孝红　张欣欣　张新堂　张兴文
张星星　张秀英　张　旭　张旭平
张绪强　张　续　张学强　张亚非
张亚峰　张亚娜　张亚雄　张亚州
张　岩　张耀进　张英杰　张永华
张雨株　张玉存　张玉峰　张玉江
张玉喜　张　越　张云峰　张云毅
张振方　张正峰　张政华　张志荣

张治帮　张　智　张忠义　张子晔
赵保军　赵大亮　赵德山　赵登郎
赵典森　赵东坡　赵冬春　赵飞飞
赵甫松　赵　刚　赵桂群　赵国强
赵海波　赵红伟　赵红元　赵宏伟
赵会涛　赵　慧　赵吉增　赵建力
赵建路　赵建民　赵　静　赵军干
赵可可　赵　雷　赵雷雷　赵磊磊
赵　亮　赵　铭　赵　鹏　赵鹏鹏
赵清法　赵　全　赵　冉　赵诗龙
赵双武　赵双羽　赵水勤　赵　涛
赵天望　赵　伟　赵文杰　赵文林
赵兴银　赵　芎　赵学峰　赵雪娜
赵亚民　赵延生　赵　岩　赵艳彪
赵玉廷　赵　月　赵　韵　赵振北
赵志彬　赵陟昊　赵子庆　赵子珍
赵宗辉　甄学雄　郑宝利　郑宝岭
郑必孔　郑从蓉　郑　帆　郑海山
郑瑾瑾　郑立杰　郑世贵　郑文平
郑小兵　郑小平　郑　兴　郑学成
郑　毅　郑云飞　郑云凤　郑志付
郑治宏　钟　锋　周百利　周保卫
周　波　周　昌　周朝辉　周成龙
周成学　周春年　周芳芳　周　飞
周桂海　周国强　周海兰　周洪波
周辉寿　周金库　周立维　周麦艳
周瑞朋　周仕平　周树芸　周　硕
周　涛　周维政　周文田　周小棣
周小舟　周学素　周英根　周用会
周　游　周媛媛　周振全　周　正
周之栎　周志娟　周　忠　朱伯河
朱长增　朱丛喜　朱德昭　朱东昌
朱洪水　朱洪伟　朱吉利　朱　建
朱　亮　朱盼盼　朱文明　朱喜全
朱艳辉　朱永超　朱永川　朱永航

祝国涛 庄永亮 庄志远 宗长宝
宗承建 邹洪梅 邹姜楠 邹金柳
邹兆宇 祖国强 左 海 左 平
青格勒图 才吉日拉图
天津：艾晶晶 安会生 安同强 白鹏坤
白日超 白志峰 鲍 兢 鲍明萍
鲍先丽 毕 然 边文龙 薄雅芳
曹道生 曹尔林 曹继扬 曹 建
曹金国 曹平军 曹胜俊 曹式忠
曹文龙 曹宇东 曹振兴 柴 利
陈爱武 陈柏松 陈 彬 陈 超
陈朝阳 陈 娣 陈二磊 陈 晗
陈建华 陈立军 陈 楠 陈瑞强
陈枢政 陈 松 陈 桐 陈 懿
陈 真 陈 智 程 利 程延翔
程志桐 褚 巍 崔 臣 崔德清
崔乃芬 崔亚明 崔永革 崔友明
崔 跃 代金剑 戴 远 单德彪
邓 亚 邓玉生 邸志远 底佳磊
刁莉萍 丁瑞超 丁胜敏 丁文彬
董华清 董 吉 董吉垒 董纪厚
董凯兵 董明月 董 镇 董志棋
董祝宪 豆献涛 杜春红 杜富娜
杜海春 杜 建 杜建生 杜 康
杜培学 杜祥峰 杜孝雷 杜云刚
杜兆凤 杜子虎 段雅新 樊 庆
樊玉旺 樊云飞 范宝顺 范春兴
范红蕾 范吉民 范丽洁 范永强
方 昕 房秀清 冯海鹰 冯浩鹏
冯 欣 冯跃红 符春永 付道海
甘永轩 高 超 高 凡 高广胜
高俊磊 高领超 高 萌 高仟仟
高枢元 高彤强 高 鑫 高旭东
高志颖 郜继龙 葛 超 宫 丹
宫建宏 龚玉华 巩立国 巩义文
谷景祥 谷 琪 谷燕云 顾洪涛
顾彦娜 关金宝 关 立 郭国设
郭洪岐 郭丽芳 郭 群 郭 锐
郭劭杰 郭 涛 郭文越 郭彦磊
郭义瑛 郭 奕 郭永胜 郭跃文
郭增晓 韩恩和 韩 枫 韩 亮
韩明山 韩瑞素 韩书华 韩 帅
韩 伟 韩 旭 韩迎春 杭秦雯
郝 亮 郝少宁 郝世龙 郝晓绵
郝艳枝 何丛会 何党宪 何 佳
何雅雯 和旭光 洪 亮 侯帮强
侯春华 侯得侠 侯 奇 胡广斌
胡海龙 胡世安 胡四新 胡晓阳
胡 英 胡英平 华郑旭 黄宝祥
黄世全 黄淑菊 黄淑萍 黄西艳
黄晓东 黄永宝 黄远清 霍会林
霍鹏飞 霍守英 霍鑫超 霍英照
吉雅泰 季成双 季林菁 季昭阳
贾冬晓 贾国辉 贾海鹏 贾腊梅
贾 培 贾培辰 贾仁利 贾 欣
贾旭东 贾云浦 江 丰 姜光亮
姜海凤 姜凯君 姜 三 姜 腾
蒋 平 焦德龙 焦世义 解金鹏
解耀伟 金 存 金 发 金 磊
金 鹏 金卫群 金鑫鑫 金珍珍
靳宝国 靳则超 井全涛 阚 春
阚彦霞 康海涛 康玉磊 孔海军
孔少杰 寇秀丽 雷兴友 冷玉泉
黎红莲 李宝柱 李斌鹏 李 冰
李 超 李 超 李 冲 李川华
李传徽 李春龙 李 丛 李大安
李得新 李 芳 李 峰 李革莲
李国雷 李国强 李海博 李海超
李海涛 李 浩 李浩源 李 合
李 虎 李吉印 李 建 李建科

李建设　李健杰　李健平　李今超
李金财　李静波　李柯男　李　斓
李乐明　李丽萍　李灵赞　李留坡
李路阳　李满年　李满云　李梦华
李　铭　李木华　李念曼　李朋召
李　鹏　李　鹏　李鹏飞　李　平
李　强　李润华　李树义　李　腾
李　腾　李　铁　李　婷　李崴崴
李　伟　李　伟　李文彬　李文博
李文超　李向芳　李小强　李晓红
李晓亮　李晓倩　李晓松　李欣然
李新龙　李兴磊　李兴龙　李兴业
李兴哲　李秀华　李秀新　李亚林
李亚宁　李　英　李玉来　李　越
李云强　李云涛　李泽恩　李兆杰
李振国　李振强　李志军　李志明
李志元　李　智　厉秀静　廉　莉
梁国君　梁惠婷　梁卫星　梁文才
梁文荣　梁玉华　林　璐　林志东
刘　斌　刘　斌　刘博超　刘春平
刘　丹　刘　刚　刘　红　刘　红
刘　红　刘红娟　刘　欢　刘建峰
刘建根　刘建朋　刘建伟　刘　剑
刘　剑　刘金良　刘　军　刘　磊
刘立杰　刘立龙　刘丽英　刘孟祺
刘　平　刘　蕊　刘莎莎　刘申鹏
刘士明　刘书贞　刘淑媛　刘　帅
刘苏桂　刘　涛　刘　微　刘　伟
刘祥明　刘小光　刘小梅　刘新华
刘新鹏　刘　鑫　刘雪冬　刘雪梅
刘　阳　刘易楠　刘永强　刘永艳
刘玉军　刘玉荣　刘玉祥　刘玉珍
刘原朝　刘增华　刘增华　刘战勇
刘　钊　刘　振　刘振江　刘子静
刘子禄　刘子琪　娄宝祥　卢　岚

卢立群　陆振国　路宗会　吕东华
吕凤霞　吕乔政　吕绍春　吕卫东
吕奕融　栾敬霞　罗继成　罗建萍
骆红磊　马　超　马　驰　马传礼
马大谋　马建设　马　健　马　杰
马　君　马　康　马丽华　马琳翔
马　锐　马瑞亮　马　烁　马伟盛
马文贤　马　义　马毅娴　马永涛
马玉影　马召庆　马志强　马　忠
满春娟　蒙万华　孟建伟　孟　军
米树芬　苗祥锋　明万旭　莫柏毅
穆怀龙　穆培忠　穆智勇　牛钰园
潘国兴　潘　洁　潘　乐　潘先木
潘香源　庞　健　庞坤波　裴　明
彭　勃　戚冲冲　齐江伟　齐　玉
钱建设　钱金金　乔焕宝　乔延胜
谯英刚　秦　培　秦鹏宇　秦永亮
邱安平　邱金津　邱永涛　曲姜贺
曲峻岭　曲　蓉　曲　杨　屈克强
任保军　任凤窦　任国正　任庆福
任　雯　任晓明　任彦海　任玉娟
阮　丹　沙旭炜　邵　杰　邵　昆
邵权英　邵玉田　申　建　沈宏超
师　海　石　岩　舒云龙　司亚辉
宋家来　宋立志　宋连星　宋　琦
宋世龙　宋　爽　宋团结　宋秀娟
宋一鸣　宋玉美　宋玉知　宋振成
宋志玲　宋智恒　苏冬艳　苏　醒
苏　扬　苏玉萍　苏志文　孙保鑫
孙　超　孙　晨　孙　川　孙德泓
孙海建　孙　浩　孙虹圻　孙惠强
孙继成　孙佳兴　孙建合　孙　婧
孙克红　孙连顺　孙　亮　孙书君
孙　涛　孙腾飞　孙　伟　孙　伟
孙文华　孙文强　孙小建　孙晓辰

孙 雪　孙雪冰　孙玉刚　孙兆磊
孙振静　孙志永　谭仙童　谭子龙
唐 洁　唐 炜　唐英芝　唐子龙
陶保合　田长红　田春廷　田 冀
田金伦　田瑾超　田均齐　田流兵
田蒙蒙　田 园　田 月　田志刚
图 门　万冬生　万 全　万有顺
汪胜国　汪子翔　王保存　王博奇
王昌立　王昌伟　王 诚　王翀凌
王 丹　王 丹　王 栋　王 飞
王 飞　王冠仲　王海波　王海刚
王海涛　王海英　王 浩　王 浩
王宏宏　王洪峰　王洪福　王虎林
王怀梅　王 欢　王 慧　王佳林
王建彬　王建成　王 健　王金钢
王金晶　王金生　王婧婧　王 靖
王 静　王俊元　王开春　王 锴
王克刚　王昆恒　王镭晶　王利超
王利友　王连洪　王 龙　王茂杰
王明军　王 娜　王 鹏　王 鹏
王 强　王 钦　王 赛　王少玉
王胜永　王士涛　王书杰　王树朝
王 帅　王帅军　王天亮　王廷亮
王 巍　王维正　王 伟　王 伟
王卫岩　王 魏　王文康　王 曦
王垚滨　王晓旭　王 新　王新春
王 鑫　王 鑫　王 旭　王学军
王学义　王学仲　王雅君　王彦丰
王 旸　王 怡　王 寅　王 颖
王永辉　王玉龙　王玉倩　王援越
王月华　王 跃　王昭辉　王振胜
王 震　王 铮　王政斌　王志刚
王志国　王 智　王子龙　王自刚
韦长浩　韦鹏宇　韦永国　魏长虹
魏广碧　魏 磊　魏 强　温振河

文彦博　吴馥兴　吴 昊　吴萝瑶
吴清燕　吴思远　吴桐春　吴西成
吴相坤　吴新梅　吴英亮　吴 征
武 斌　武方玉　武继宁　武 剑
武 乐　武忠军　向方玉　向桃蕾
肖福洪　肖桂兰　肖继宁　肖宇鹏
谢海涛　谢洪莲　谢全力　谢胜利
谢小田　邢 锐　邢苑娇　邢云霞
邢泽宝　邢泽宝　徐 丹　徐富霞
徐广才　徐国惠　徐国亮　徐海路
徐 浩　徐 颢　徐雷芳　徐 明
徐鹏鹏　徐铁策　徐文胜　徐晓冬
徐永强　许三朝　许永浩　许 增
薛 刚　薛 鹏　薛跃宗　闫桐发
闫相民　闫志海　颜 博　颜 良
阳中秋　杨秉宇　杨 博　杨 超
杨辰飞　杨高校　杨宏宇　杨 华
杨佳良　杨 杰　杨金国　杨景虎
杨 军　杨 乐　杨立春　杨连旺
杨鲁飞　杨鹏程　杨式祥　杨寿站
杨书芹　杨书锁　杨 文　杨文娟
杨 洋　杨 正　杨志远　姚丙义
姚宏伟　姚 军　姚丽霞　姚晓杰
姚 雪　姚兆全　叶春雷　叶敏勇
叶 青　伊同果　伊雪飞　衣学奎
易金虎　殷 娟　殷兆华　尹德伟
尹继涛　尹万民　尹相海　尤 军
于海波　于海丰　于红建　于建广
于清路　于卫军　于晓龙　于 勇
于政委　原恬恬　袁春霞　袁 军
岳凤琴　岳云卿　曾凡斐　曾令娟
翟 超　翟松松　翟学友　张爱峰
张宝良　张宝喜　张 冰　张 博
张 超　张传坤　张 聪　张 定
张 芳　张飞洲　张风荣　张凤兰

张桂琴　张国军　张国林　张海波
张海光　张海兰　张瀚聪　张宏发
张洪建　张　化　张怀伟　张　辉
张　慧　张继彬　张建喜　张金凤
张金山　张敬磊　张　靖　张　静
张　娟　张俊喜　张魁平　张　雷
张　磊　张力飞　张立军　张立鹏
张利云　张林枫　张　倩　张庆红
张森林　张世义　张　帅　张遂根
张陶陶　张　彤　张　伟　张　伟
张　伟　张伟亮　张文忠　张现福
张现亮　张相臣　张小敏　张晓冬
张欣然　张　旭　张学林　张学耀
张学哲　张雪锋　张亚周　张延帅
张岩真　张彦宏　张艳新　张雁伟
张　炀　张尧永　张　一　张迎鑫
张永川　张　勇　张　勇　张玉虎
张玉江　张　圆　张　岳　张云奇
张　喆　张振光　张志俭　张志杰
张志坤　张子超　张祖峰　赵博超
赵　创　赵春刚　赵聪颖　赵恩成
赵光旭　赵海峰　赵海涛　赵海尧
赵　辉　赵金伟　赵静超　赵　军
赵俊波　赵　琨　赵老红　赵立臣
赵　良　赵　龙　赵朋飞　赵　群
赵荣明　赵荣鑫　赵　蕊　赵瑞娟
赵少华　赵术迎　赵　腾　赵　彤
赵旺泉　赵　伟　赵小龙　赵晓亮
赵晓倩　赵　颖　赵　玉　赵源兴
赵则峰　赵增美　赵志强　郑海军
郑浩凯　郑军元　郑　楠　郑微霞
郑卫华　郑学武　郑亚东　钟　鹏
周爱林　周　宾　周朝林　周冬冬
周　浩　周建安　周立维　周明明
周盘峰　周庆春　周　维　周晓敏
周　岩　周　勇　周　勇　周宗才
朱保明　朱大鹏　朱殿杰　朱广荣
朱惠娜　朱津惠　朱　猛　朱　涛
朱婷婷　朱显媛　朱晓辉　朱艳保
朱玉美

河北：艾　民　安　波　安　刚　安　玲
安江鑫　安庆宾　敖必明　白　晶
白　平　白军衔　白立铅　白全中
白晓晖　白雪峰　鲍守坤　鲍新房
毕超英　薄长城　薄海武　卜　芸
卜玉平　步建中　蔡春玉　蔡建宽
曹　辉　曹　晶　曹　维　曹金霞
曹俊许　曹亮明　曹胜利　曹香东
柴洪亮　柴泽浩　常　戈　常春生
常秀芬　常艳淑　常玉双　昶广清
陈　光　陈　建　陈　磊　陈　蕾
陈　亮　陈　龙　陈　谦　陈　胜
陈　炜　陈　响　陈　云　陈　站
陈呈英　陈丁丁　陈桂英　陈国军
陈国卫　陈海铭　陈红志　陈静云
陈久森　陈李强　陈立斌　陈名杨
陈瑞巧　陈胜利　陈树龙　陈苏平
陈卫红　陈晓伟　陈欣雨　陈新友
陈秀云　陈亚利　陈阳阳　陈印侧
陈印胜　陈媛媛　陈占锁　陈振宝
陈志新　陈子秋　程　黎　程宝林
程理宏　程丽华　程新建　程玉权
池园莉　池振财　仇利勇　楮福臣
楮福禄　楚　旭　崔　刚　崔　海
崔　洁　崔　军　崔　龙　崔春成
崔德彬　崔桂珍　崔海峰　崔海燕
崔怀德　崔丽娜　崔巧彦　崔伟亚
崔亚峰　崔永强　崔友明　崔玉明
崔振虎　崔周辉　代福军　代海静
代秋季　代全胜　代世宁　单振军

德　震　邓　慧　邓　磊　邓雪松
狄春海　底振伟　丁宝胜　丁大勇
丁惠刚　丁嘉煦　丁文龙　丁晓楠
丁兆勇　董　建　董承红　董吉伟
董力建　董连旺　董启亮　董同辉
董晓捷　董晓宁　董新龙　董秀林
董秀芹　董学娜　董亚飞　董永超
董振东　董振海　董志宝　董志强
窦二龙　杜　楠　杜建斌　杜学军
杜雅琴　杜亚男　杜玉龙　端春明
段连军　段新颖　段宇航　段玉振
鄂万德　樊素涛　樊志强　范晨晓
范建雷　范洛铭　范明阳　范旭翔
范云岭　范云龙　方　丽　房建正
冯　波　冯爱辉　冯兵兵　冯广胜
冯贺杰　冯卫科　冯友芬　逢建鹏
付春强　付会亮　付建永　付金生
付鹏飞　付书红　付英彬　高　波
高　浩　高　鹏　高　荣　高八月
高崇峰　高国春　高国军　高红达
高洪建　高慧英　高金柱　高景鹏
高丽娜　高社朝　高卫东　高文林
高文强　高艳兵　高艳军　高永辉
高志刚　高志军　葛　群　耿　杰
耿保帅　宫丽强　宫庆明　龚明成
龚树生　巩树林　谷　聪　谷继强
顾中国　关　成　关静丽　管俊明
郭彩勇　郭风才　郭光禄　郭会苓
郭进坡　郭军彩　郭军彩　郭美明
郭清华　郭士根　郭万军　郭现强
郭晓云　郭雪娇　郭雁飞　韩　佳
韩宝明　韩彬权　韩改栾　韩红霞
韩金贵　韩胜利　韩世勇　韩书华
韩晓飞　韩艳明　韩月红　郝　钗
郝佳亮　郝建建　郝若桐　郝士宗

郝志强　郝忠鹏　何　华　贺江胜
贺日清　贺树清　赫瑞海　侯　军
侯夫俊　侯章亚　候占君　胡　月
胡海波　胡明鸿　胡培丽　胡素州
胡彦芳　胡艳昭　黄　河　黄　伟
黄成涛　黄立府　黄立海　黄其锋
黄秋娟　黄小东　黄秀平　黄子林
霍　俊　霍建国　霍亚军　霍占圈
霍忠绶　籍亚军　计　蕊　冀天亮
冀英群　贾　雷　贾宝生　贾宝珠
贾春良　贾红卫　贾勇统　贾增林
贾振江　姜　飞　姜　威　姜　瑛
姜传海　姜传强　姜红波　姜家修
姜茂山　蒋华祥　蒋鹏飞　蒋荣祥
焦清海　焦伟广　焦文君　焦彦春
焦云召　解会芹　解建国　解建荣
解金秀　解晟超　金宝兴　金光峰
金科峰　金学先　金亚亚　靳拴柱
荆俊合　居　宁　康素琴　康小平
康振同　坑桂珍　坑兰霞　孔　婧
孔　永　孔令强　寇书加　兰建华
郎俊强　劳小伟　劳战明　黎　娟
李　兵　李　波　李　丹　李　冬
李　丰　李　峰　李　刚　李　刚
李　光　李　光　李　虹　李　虎
李　键　李　晶　李　静　李　丽
李　淼　李　鹏　李　平　李　萍
李　强　李　松　李　檀　李　涛
李　旺　李　威　李　伟　李　伟
李　欣　李　鑫　李　杨　李　颖
李　勇　李　勇　李　震　李　峥
李　志　李　卓　李柏苓　李保弟
李德兵　李德忠　李东友　李恩东
李凤君　李奉刚　李光辉　李光辉
李广杰　李桂生　李国杰　李海涛

李海亭　李海英　李宏坤　李焕贵
李纪伟　李继文　李佳磊　李建国
李建军　李建军　李建伟　李建伟
李建祥　李建新　李进福　李军超
李康燕　李可新　李克玲　李力虎
李丽宏　李丽霞　李栎华　李林峰
李林树　李孟忠　李平禄　李芹芳
李庆合　李群英　李瑞兵　李赛塔
李三中　李少龙　李世平　李世勇
李书集　李淑芳　李素霞　李铁营
李卫华　李卫科　李文杰　李文立
李文平　李向东　李小辉　李小会
李晓东　李晓红　李晓建　李新龙
李旭东　李学会　李学文　李雪坤
李亚恩　李亚军　李亚丽　李亚宁
李亚平　李艳超　李英明　李永芳
李永福　李永富　李永计　李永立
李永庆　李永涛　李永信　李永彦
李雨青　李玉梅　李玉秋　李钰龙
李煜洁　李月梅　李跃飞　李云峰
李云峰　李云志　李增水　李占峰
李志杰　李志磊　李志明　历建涛
栗　伟　连振宝　梁　明　梁　雄
梁红格　梁欢欢　梁江峰　梁巨才
梁平平　梁晓军　梁亚飞　林东平
林洪羊　林龙波　刘　斌　刘　博
刘　超　刘　川　刘　川　刘　刚
刘　辉　刘　健　刘　娟　刘　丽
刘　亮　刘　民　刘　强　刘　强
刘　涛　刘　伟　刘　洋　刘　义
刘　滢　刘　喆　刘　峥　刘安阳
刘宝民　刘春辉　刘春喜　刘德红
刘东旭　刘发明　刘方超　刘贵水
刘海生　刘海涛　刘海燕　刘航彬
刘红青　刘宏图　刘洪娟　刘洪州

刘虎平　刘建波　刘建国　刘景飚
刘俊峰　刘乐芹　刘立峰　刘立华
刘利涛　刘利永　刘利众　刘连会
刘林娜　刘宁贺　刘钦利　刘少辉
刘石河　刘世海　刘水军　刘文进
刘文玲　刘喜旺　刘宪章　刘祥保
刘向东　刘秀琴　刘亚芝　刘延峰
刘艳峰　刘艳忠　刘耀宾　刘永杰
刘永军　刘玉成　刘玉春　刘玉龙
刘占成　刘占峰　刘振龙　刘振朋
刘志国　刘志军　刘志强　刘志强
刘治强　刘中权　刘仲元　刘祖辉
柳　溪　柳海菊　柳金明　柳立群
龙殿春　卢　静　卢国庆　卢海燕
卢树敏　卢树堂　卢晓环　芦秀平
芦彦侠　鲁彦辉　鲁彦奎　鲁艳芝
鲁振涛　陆建亮　路　岩　路二梅
路国锋　路文东　吕　振　吕春霞
吕桂英　吕海潮　吕君梅　吕莉娜
吕文英　吕晓峰　吕亚军　吕志新
吕宗峰　罗艾国　罗保军　罗德宇
罗霖宇　罗盘芳　罗秀华　罗旭升
马　军　马　俊　马　琨　马　昭
马汉吉　马际春　马军国　马丽萍
马利敏　马平建　马士飞　马世蛟
马香芹　马晓利　马秀峰　马勇胜
马玉影　马志强　马志伟　满海彬
毛淑凤　么长久　孟军海　孟宪勇
孟新星　孟银龙　孟云龙　孟兆平
孟振民　米军立　苗金喜　苗世茂
乜　辉　莫　凡　牟　安　穆卷龙
穆彦辉　南　阳　尼升旗　聂　锋
聂风双　宁　玲　宁东良　宁克春
宁梓真　牛　树　牛菊英　牛凯明
牛玉龙　牛增国　牛宗新　潘大伟

潘凤存 潘金娥 裴 忠 裴福发
裴庆鸿 彭 刚 彭晶晶 彭菊华
彭立华 彭明明 蒲华双 浦凤英
戚亚辉 祁丽霞 齐华伟 齐玺龙
钱 越 乔 振 乔国有 乔卷朋
秦 强 秦东风 秦红军 邱正平
曲国芹 曲书文 曲志慧 全国平
仁 鹏 任 亮 任 希 任洪远
任江涛 任聚涛 任瑞芹 任永刚
任永艳 任增强 任志楼 戎亮亮
戎毓秀 沙福顺 商家瑞 邵明任
邵淑平 邵体成 申盼来 沈 芸
沈桂荣 沈仙梅 沈英惠 师淑华
施志杰 石岱巍 石海军 石怀利
石建旺 石立新 石所庄 石亚军
石玉军 石占会 石振礼 史 飞
史 三 史碧辉 史洪欣 史建平
史玉进 寿 春 束建丽 宋 刚
宋 怡 宋 永 宋晨曦 宋光达
宋桂芝 宋好豹 宋俊岭 宋丽云
宋庞生 宋文明 宋亚超 苏 辉
苏 兴 苏立峰 苏领晨 苏晓飞
苏晓伟 苏振杰 宿 愿 隋晓玉
孙 杰 孙 葵 孙 雷 孙 磊
孙 明 孙 娜 孙 鹏 孙 胜
孙 双 孙 宇 孙长武 孙东东
孙福顺 孙海彬 孙海峰 孙红玲
孙继喜 孙建梅 孙井龙 孙景谦
孙俊生 孙凯南 孙丽萍 孙天一
孙向东 孙小明 孙亚飞 孙玉芬
孙玉莲 孙玉梅 孙玉珍 孙占虎
孙振静 孙振文 孙志峰 孙志军
索振威 谭 国 谭德军 檀荣霞
唐 鸣 唐友江 腾建国 腾建民
田 丰 田 军 田 润 田 顺

田 宇 田本善 田长义 田冬梅
田凤云 田耿雷 田海亮 田浩磊
田兰芬 田力强 田利昌 田瑞武
田卫军 田晓峰 田晓磊 田秀菊
田学工 田一杰 田志锋 仝 川
万海军 万有顺 汪 洁 汪立国
王 博 王 博 王 铎 王 飞
王 菲 王 刚 王 红 王 华
王 剑 王 江 王 凯 王 凯
王 磊 王 磊 王 立 王 立
王 亮 王 亮 王 亮 王 林
王 猛 王 萍 王 石 王 帅
王 威 王 伟 王 星 王 怡
王 莹 王 宇 王 哲 王 珍
王安伟 王宝会 王冰心 王兵海
王长亮 王春海 王春龙 王春梅
王春新 王德奎 王冬华 王栋平
王芬艳 王福强 王福全 王富河
王富强 王公亮 王光生 王贵山
王国飞 王国恒 王海波 王海潮
王海东 王海刚 王海军 王海龙
王海旺 王海霞 王海燕 王海英
王红彬 王红国 王红星 王宏良
王洪丽 王惠建 王慧元 王嘉强
王建国 王建军 王建利 王剑朝
王金宝 王久皓 王俊华 王克利
王立军 王立军 王立郡 王立群
王利兵 王利民 王利兴 王龙林
王明菊 王明学 王明宇 王盼虎
王丕勇 王乒乓 王启彬 王青柏
王清波 王庆友 王全林 王荣华
王如森 王世荣 王书田 王树清
王树森 王树勋 王顺强 王四林
王素军 王维同 王伟言 王伟媛
王文光 王无限 王希刚 王晓博

王晓娟　王晓璐　王晓梅　王新克
王新立　王新霞　王薛刚　王学鹏
王彦忠　王艳菊　王燕锁　王友伟
王有峰　王玉川　王月坤　王云琼
王泽全　王振强　王振雨　王志丹
王志刚　王志磊　王志勇　王智勇
王忠理　王忠敏　魏　华　魏　慧
魏　茹　魏凤辉　魏凤英　魏会娟
魏金英　魏景东　魏丽君　魏懋森
魏盼盼　魏少华　魏少久　魏玉刚
魏志康　魏志勇　温　诚　温权利
温如辉　温雅丽　翁志梅　吴　翠
吴　洁　吴　娟　吴　萌　吴　涛
吴春亮　吴东江　吴建立　吴进杰
吴立征　吴林海　吴难倒　吴庆国
吴士龙　吴向辉　吴新龙　吴修东
吴秀娟　吴玉峰　吴玉龙　吴裕金
吴志明　吴志艳　吴智平　吴佐仁
武　强　武洪宾　武会方　武胜利
郗　颜　席新照　夏贵君　夏洪成
夏会智　夏文祥　夏西勇　肖　楠
肖　伟　肖冰川　肖会森　肖金成
谢　博　谢　宇　谢二水　谢福星
谢俊明　谢丽萍　谢文颢　谢晓磊
辛亚宏　信春荣　邢　圃　邢国旺
邢立辉　邢少仑　邢秀民　邢亚勤
徐　亮　徐传芝　徐东企　徐国源
徐景玉　徐立泽　徐前菊　徐庆太
徐小稳　徐玉岚　徐志民　许长发
许丰清　许凤和　许福中　许瑞芬
许雪刚　许云华　许振华　许志斌
薛　玉　薛　源　薛庆会　薛晓普
闫　敏　闫炳庆　闫成伟　闫少秋
闫书芹　闫素玲　闫延章　闫贻忠
闫振国　闫仲刚　严　枫　严进军
阎　伟　阎明选　阎淑玲　燕　苓
杨　波　杨　东　杨　磊　杨　丽
杨　龙　杨　勇　杨　勇　杨　云
杨柏青　杨宝玉　杨兵义　杨春江
杨春青　杨春香　杨芳芳　杨风义
杨桂林　杨海宾　杨海波　杨海青
杨会清　杨加军　杨建国　杨金波
杨久信　杨立辉　杨立志　杨龙华
杨美峰　杨明善　杨培培　杨书荣
杨水枝　杨万荣　杨文革　杨晓亮
杨秀琴　杨亚宁　杨延东　杨永立
杨玉香　杨占起　杨昭凤　腰同光
姚　丰　姚海龙　姚继伟　姚禄军
姚瑞民　姚瑞珍　姚永刚　叶　枫
易金花　殷书祥　尹　璐　尹国立
尹素明　尹玉霞　应拊生　雍文霞
尤朋雷　酉洪志　于　华　于　涛
于　勇　于福昌　于广斌　于海东
于化龙　于建伟　于景军　于敬轩
于静渤　于文海　于秀珍　袁　强
袁　权　袁伯华　袁俊改　袁晓冬
袁晓龙　袁雅芬　袁亚菊　袁亚利
袁志爽　苑祥栋　岳红卫　岳建强
岳石川　岳文鹏　岳增超　臧鹤仙
翟召宁　詹书峰　张　彬　张　斌
张　成　张　峰　张　华　张　辉
张　辉　张　晋　张　京　张　静
张　军　张　凯　张　坤　张　利
张　利　张　利　张　曼　张　民
张　宁　张　盼　张　强　张　强
张　伟　张　兴　张　雪　张　雪
张　扬　张　莹　张　占　张　征
张宝海　张宝红　张宝跃　张宝芝
张保华　张保忠　张丙荣　张伯华
张成进　张东亮　张恩波　张方元

张凤芹 张凤琴 张凤翔 张广传
张广飞 张广杰 张贵生 张国宁
张国平 张国庆 张海深 张海涛
张海维 张海忠 张浩月 张红利
张红燕 张宏飞 张焕淼 张会利
张继革 张佳奇 张家超 张建波
张建秋 张建荣 张建涛 张建听
张建泽 张金昌 张金国 张晶泽
张井仁 张军状 张俊霞 张凯璇
张克东 张兰卜 张里伟 张力军
张立峰 张立国 张立明 张丽娟
张丽英 张连波 张亮亮 张璐博
张强强 张秋彬 张瑞峰 张瑞娟
张少彬 张少凯 张绍华 张守山
张淑芬 张淑华 张树军 张树亮
张树林 张万程 张万民 张万中
张旺龙 张卫红 张卫静 张文华
张向伟 张晓琛 张晓红 张晓杰
张晓静 张晓龙 张晓旭 张辛平
张兴华 张秀梅 张秀艳 张雪亮
张雪平 张亚杰 张艳杰 张英卫
张永红 张永红 张永金 张永涛
张玉海 张玉平 张则昌 张泽垚
张占平 张志华 张志伟 张志友
张中宝 张忠忠 张粽海 赵　晨
赵　冲 赵　峰 赵　晗 赵　恒
赵　江 赵　杰 赵　京 赵　科
赵　雷 赵　桥 赵　文 赵　岩
赵　永 赵　勇 赵爱丽 赵彩军
赵东民 赵东强 赵东卫 赵凤绵
赵功强 赵国峰 赵海东 赵宏卿
赵洪军 赵洪新 赵建军 赵建民
赵金凤 赵金福 赵金辉 赵景龙
赵景泉 赵景森 赵聚勤 赵军惠
赵老红 赵立斌 赵立强 赵丽平
赵丽英 赵丽云 赵利勇 赵楠楠
赵宁波 赵瑞鹏 赵世华 赵淑玲
赵术连 赵树江 赵文杰 赵小雷
赵秀芹 赵延霞 赵彦辉 赵宇超
赵战胜 赵志刚 赵梓建 甄克力
郑　全 郑　禹 郑贵领 郑国全
郑计令 郑加广 郑金迪 郑丽平
郑普芳 郑同生 郑希明 郑学标
郑艳晶 郑玉福 支　乐 钟淑华
周　洪 周　雷 周　望 周　运
周保平 周苍忠 周国良 周海滨
周红改 周红江 周建立 周景奎
周俊虎 周立文 周青强 周淑荣
周为光 周新志 周艳琴 朱　成
朱　君 朱　莉 朱　冉 朱宝亮
朱红武 朱宏涛 朱洪波 朱敬理
朱盛明 朱士合 朱小稳 邹敦林
邹克焕 邹秀梅 俎爱香 祖　芳
左磊欢 左立敏 左少波

山西：安连科 巴百亮 白翠连 白金海
白炯林 白丽芳 白双存 白雪峰
白玉洁 包海泉 毕凌虹 毕玉花
曹　霖 曹贵平 曹晋生 曹旺顺
曹学平 柴常林 柴金管 柴铁彦
常改莲 常国现 常军亮 常丽叶
常潞生 常平安 常硕亚 常文光
畅一朴 畅志刚 陈　浩 陈　宏
陈　林 陈　龙 陈秉龙 陈东东
陈鹤翔 陈红杰 陈建国 陈建军
陈江海 陈拉娣 陈培梁 陈汝伦
陈守东 陈旺明 陈先芳 陈小凤
陈晓波 陈晓伟 成　棋 成广敏
成晓杰 成幸花 程　桥 程　伟
程　治 程土麦 程新平 仇栓柱
崔虎胜 崔建辉 崔雷芳 崔利刚

崔满宏　崔玮栋　崔喜龙　代　军
代成林　戴　玫　邓　虎　邓秉祥
丁　威　丁　卓　丁保全　丁建乐
董　峰　董　军　董朝军　董海阳
董红平　董奇刚　董庆双　董如贵
董铁民　董卫红　董孝恩　董振华
董志远　都宏伟　杜　文　杜兵林
杜京纳　杜丽君　杜临生　杜麦计
杜巧仙　杜晓波　杜秀生　杜要武
杜月莲　段成刚　段丽萍　段晓亮
段志红　段志坚　樊　魁　樊文义
樊毅君　范　旭　范红进　范晋斌
范松青　范银连　范志平　方　钰
方正伟　房艳艳　费月英　冯　鑫
冯安华　冯成根　冯成亮　冯二海
冯冀飞　冯克明　冯万有　冯喜临
冯小虎　冯燕清　冯永生　冯永珍
冯有山　冯云芳　冯云飞　付朝俊
付慧芸　付金山　付文安　盖志纲
高　军　高　燕　高爱生　高变升
高福恩　高俊杰　高俊杰　高明华
高四保　高锁来　高文星　高旭千
高志兵　葛　峰　葛立丰　耿一青
耿永青　弓　力　古俊华　谷钱龙
管　飞　郭　川　郭　峰　郭　晋
郭　君　郭才兵　郭彩仙　郭丑喜
郭海娟　郭红旺　郭鸿昌　郭建峰
郭建平　郭俊峰　郭俊林　郭路平
郭明芳　郭乃顺　郭清平　郭庆生
郭卫强　郭新梅　郭学明　郭永军
郭永壮　郭勇亮　郭玉海　郭原喜
郭跃峰　郭云廷　郭振平　郭志杰
郭志林　郭志伟　郭中华　海　琴
韩　廉　韩　涛　韩　涛　韩　鑫
韩凤虎　韩建国　韩建国　韩建军

韩满兰　韩小堂　韩振岗　郝　清
郝　英　郝端善　郝风岭　郝建立
郝金斗　郝俊英　郝利平　郝留柱
郝鹏程　郝鹏程　郝卿嵩　郝瑞芳
郝瑞军　郝瑞军　郝铁林　郝雁生
郝正红　郝志强　何　勇　何　雨
何文虎　何玉兰　贺宁生　贺润山
贺志强　洪艳清　侯宝兵　侯聚英
侯铁有　侯通道　侯银变　候青海
候永生　胡　旭　胡宝利　胡斌林
胡凤琴　胡贵明　胡何生　胡金柱
胡玲芳　胡三变　胡彦飞　胡英才
胡志强　黄　蒙　黄　全　黄　韶
黄根所　黄克旺　黄培刚　黄文生
霍　峰　霍宇峰　吉晶丽　冀秀平
贾　佳　贾　艳　贾成娃　贾小军
贾兴智　贾艳伟　江　艳　姜　冬
姜　军　姜栋栋　姜家虎　蒋　维
降华果　焦志宏　金　畅　靳贵成
靳海滨　靳润平　靳胜利　靳书云
靳文军　靳小果　荆　斌　荆根存
荆润全　琚凌云　康　义　康　义
康国栋　康吉军　康建忠　康耀文
孔福昌　孔令伟　孔秀花　寇建国
兰双喜　雷　波　雷建功　雷亚凡
黎　翘　李　斌　李　根　李　鸿
李　剑　李　晋　李　晋　李　晋
李　靖　李　军　李　凯　李　莉
李　连　李　林　李　路　李　楠
李　鹏　李　强　李　泉　李　舒
李　喜　李　霞　李　永　李　远
李　征　李　政　李宝春　李宝清
李婵娥　李成铭　李春林　李春霞
李东柱　李冬生　李福世　李富峪
李桂蕊　李国峰　李国华　李国龙

李海明　李海云　李和平　李红卫
李纪军　李继光　李建国　李建新
李杰强　李金堆　李晋龙　李晋平
李晋生　李静冰　李俊杰　李潞刚
李培军　李崎华　李青松　李青田
李庆虎　李瑞峰　李润萍　李生飞
李守奇　李淑芳　李淑静　李栓文
李双寿　李舜尧　李天恩　李天恩
李伟丁　李文国　李文俊　李文楷
李文平　李文平　李文勇　李宪文
李小兵　李晓利　李新胜　李星亮
李秀根　李秀珍　李选兵　李炎斌
李义志　李义忠　李毅新　李永波
李永兰　李永强　李永翔　李永毅
李玉良　李玉林　李玉梅　李玉英
李元栋　李元平　李元青　李跃征
李云飞　李云龙　李增强　李正东
李志坚　李智明　李忠孝　梁建晋
梁力刚　梁玉梅　廖忠林　林存付
刘　博　刘　红　刘　辉　刘　俊
刘　丽　刘　琼　刘　兴　刘　永
刘　云　刘包健　刘宝刚　刘长有
刘丑生　刘春雷　刘党生　刘风岗
刘贵国　刘国庆　刘国伟　刘红喜
刘宏文　刘吉祥　刘建兵　刘建国
刘建明　刘金龙　刘进忠　刘晶晶
刘靖国　刘利琴　刘满新　刘茂才
刘茂华　刘清海　刘瑞琦　刘瑞强
刘五远　刘肖桐　刘雪强　刘亚路
刘亚天　刘榆生　刘玉海　刘玉玲
刘斋平　刘志伟　刘致强　刘中富
柳建国　龙向荣　卢红丽　芦　虔
芦利冬　鹿克俊　路亚东　路忠德
吕崇伟　吕风涛　吕荣忠　吕铁昆
吕旭斌　吕玉芳　吕子瑜　罗计贵

罗建华　罗牛旦　罗永亮　麻巧娥
麻秋根　马　飞　马　钢　马　健
马　军　马　良　马　帅　马长宣
马大龙　马良多　马胜利　马栓国
马文进　马占宏　马占林　马振斌
毛瑞明　梅明艳　米　振　米利芳
米太豹　苗志刚　慕海林　穆建华
聂　磊　聂慧军　牛　一　牛荷叶
牛洪波　牛华军　牛建军　牛建明
牛一兵　牛勇新　潘　胜　潘保贵
潘保平　潘小川　庞宇江　庞志国
庞志云　裴辉军　裴旺林　漆建平
祁　进　强少斌　乔红喜　乔润利
乔永建　乔志峰　乔志刚　乔志刚
秦　波　秦秉俊　秦彩红　秦大鹏
秦国天　秦合义　秦红星　秦建民
秦林生　秦学文　秦中山　邱钰峰
曲福平　屈陆军　渠爱林　渠彩虹
全　磊　任　起　任广静　任国祥
任海风　任凯宾　任庆伟　任全忠
任文斌　任武刚　任英明　任玉明
任志国　任志红　荣　武　荣爱青
茹小锋　桑科峰　邵　峰　邵维莲
邵新英　邵正春　佘庆生　申　婧
申宝英　申继杰　申卫东　申兴旺
申艳丽　申珍宝　申志刚　沈菊芳
沈卫东　师红珍　师新志　施建华
施学谦　石爱子　石长军　石桂芬
石宏山　石利红　史　磊　史慧生
史晋华　史九明　宋　岩　宋发斌
宋海兰　宋海龙　宋丽君　宋文俊
宋文林　宋晓红　宋秀玲　宋旭生
宋云萍　宋志刚　苏　浩　隋　军
孙　铎　孙　亮　孙　涛　孙　羽
孙爱政　孙保柱　孙立峰　孙乾宏

孙如峰　孙善青　孙士斌　孙向东
孙向明　孙玉生　孙志新　谭志刚
谭智超　汤学民　唐　杰　唐晋元
唐俊伟　田　卿　田兵兵　田国繁
田如梁　田树岗　田晓娜　田新庆
田智江　田宗云　仝　伟　佟文野
涂　婕　万有全　王　彪　王　飚
王　勃　王　飞　王　刚　王　岗
王　军　王　军　王　坤　王　昆
王　林　王　玲　王　琼　王　荣
王　腾　王　伟　王　伟　王　伟
王　文　王　鑫　王　永　王　元
王爱兵　王爱民　王保军　王彩凤
王春明　王春明　王存才　王德龙
王福书　王富强　王改成　王海江
王海珠　王寒雪　王和国　王红斌
王宏斌　王虎平　王惠文　王建国
王建亮　王建廷　王进保　王晋强
王京发　王敬忠　王久俊　王俊杰
王俊卿　王凯华　王来清　王兰芝
王雷利　王丽英　王联庆　王林青
王林旺　王玲玲　王满平　王曼华
王美珍　王鸣星　王乃万　王培忠
王鹏娥　王俏根　王润珍　王三珍
王绍满　王世林　王世泽　王曙亮
王澍田　王双喜　王太生　王体增
王天山　王铁英　王万全　王文亮
王文书　王喜君　王先保　王晓冬
王晓峰　王晓华　王晓宇　王秀根
王旭成　王艳平　王英明　王永斌
王永刚　王永进　王永军　王永玲
王永寿　王月梅　王照华　王志勇
王智鹏　王中青　韦　涛　卫东平
卫慧勇　卫园园　卫志元　魏　杰
魏　巍　魏爱金　魏彩英　魏付秋
魏迎林　温　勇　温庆云　温振海
文　凯　文小俊　吴保利　吴翠平
吴东升　吴贵生　吴焕雄　吴纪春
吴建兵　吴建国　吴建军　吴俊良
吴文毅　吴秀兰　吴政良　武　旺
武　文　武宝林　武夺鏊　武军龙
武俊峰　武明生　武文生　武晓东
武晓蕊　武迅江　武彦明　武玉明
武振宇　武柱林　奚建国　郄希平
夏国军　谢　亮　谢克飞　谢兔生
幸建东　徐　华　徐　萍　徐爱伟
徐虎威　徐吉林　徐明魁　徐相贵
徐云红　徐志丰　许何震　续林森
薛　滨　薛广富　薛海峰　薛立志
薛照明　薛振海　闫存福　闫海珍
闫锦明　闫来东　闫连保　闫文昭
闫小龙　闫永芳　闫志强　阎　虎
阎喜林　燕宝林　杨　峰　杨　领
杨　涛　杨　洋　杨　英　杨安忠
杨翠平　杨海波　杨海峰　杨恒韬
杨红滨　杨建国　杨建会　杨金峰
杨金生　杨晋敏　杨俊维　杨立国
杨润梅　杨绍华　杨文国　杨晓宏
杨闫虎　杨彦文　杨宇海　杨玉敏
姚保生　姚金印　姚彦伟　姚月文
药彦伟　尹改彦　尹丽芳　尹利平
尹先权　尹晓英　尹燕杰　尹忠福
游智红　于　洋　于采军　于根银
于兰成　于四清　于香莲　元锦世
原书文　原先根　原志平　原中华
袁克明　袁效斌　苑世勇　翟利兵
翟希燕　张　华　张　杰　张　进
张　晋　张　埒　张　敏　张　平
张　泣　张　群　张　涛　张　威
张　威　张　伟　张　伟　张　炜

张　温　张　旭　张　勇　张　昭
张爱平　张爱萍　张冬梅　张冬生
张芳弟　张凤群　张国锋　张国祥
张海刚　张海晋　张海军　张红喜
张红艳　张红有　张宏伟　张宏罂
张洪成　张怀玉　张慧芳　张建斌
张建兵　张建军　张建明　张建平
张剑峰　张金胜　张进官　张克瑞
张垒庆　张黎明　张利斌　张林锁
张卯红　张宁宁　张其勇　张瑞恒
张淑翔　张四锁　张锁银　张天福
张天印　张卫东　张文娟　张文秀
张宪海　张小川　张晓东　张晓飞
张新福　张新民　张延刚　张艳军
张养亮　张永波　张永长　张勇军
张友敏　张玉才　张玉娥　张玉宏
张源波　张振刚　张芝英　张志刚
张志军　张志馨　张作林　赵　军
赵　君　赵　昆　赵　龙　赵　仑
赵　敏　赵　煜　赵爱先　赵宝金
赵春兰　赵聪明　赵德举　赵凤龙
赵公尚　赵广辉　赵国生　赵海滨
赵宏兵　赵建国　赵建华　赵建军
赵建忠　赵俊慧　赵俊兰　赵利东
赵清波　赵树军　赵万全　赵文瑞
赵武庆　赵晓龙　赵秀川　赵燕清
赵义宝　赵英泽　赵跃国　赵云美
赵志国　郑保忠　郑大军　郑海龙
郑慧斌　郑林萍　郑龙浩　钟　斌
钟　声　周　宏　周　勇　周广胜
周建国　周满升　周美珍　周世雄
周文军　朱　军　朱　凯　朱国伟
朱建青　朱建茹　朱明达　朱庆宏
朱维君　左德忠　左军柱　左俊明
皇甫建清

内蒙古：安秀英　敖红梅　白凤臣　白雪彬
包春明　包海军　包迎博　曹静晶
曹明杰　常龙梅　陈　晨　陈　龙
陈景维　陈秀花　陈志刚　崔健民
戴曙光　董洪宇　杜军生　杜鹏飞
段爱民　段晓栋　范成山　冯丽萍
佛　武　付　丽　付立明　付亦新
付永明　高　雄　高洪安　高伟平
高小军　宫爱民　郭　川　郭建民
郭静风　郭莹莹　海　江　韩凤侠
郝　亭　郝小平　何民生　何延刚
贺建军　侯庆海　侯晓杰　厚　和
候国新　胡玉峰　胡志波　黄玉伟
霍　虎　姬　勇　吉晓辉　季洪林
姜　双　姜艳明　蒋效进　蒋验平
焦德成　金　禾　金石蒂　金双林
金晓光　寇忠岩　李　峰　李　海
李　红　李　军　李　跃　李超媛
李凤茹　李凤珍　李国泉　李海华
李洪志　李家兴　李京前　李景轩
李明杰　李文超　李晓明　李欣荣
李秀荷　李志刚　梁红举　刘　斌
刘　慧　刘　健　刘　杰　刘　祥
刘　燕　刘金霞　刘军文　刘瑞红
刘嗣东　刘小艳　刘晓凤　刘旭东
刘燕茹　刘政兴　卢建峰　吕　春
吕　生　罗瑞梅　骆　金　马　毅
马明哲　马守珍　马维麟　蒙根仓
孟　和　孟显军　孟显忠　娜日苏
聂吉群　聂士国　潘志军　裴景贤
彭斯光　齐金柱　齐艳杰　秦秀英
邱振志　任福钰　任文超　石书升
斯　琴　宋春艳　宋海峰　宋建国
宋凌杰　苏　孝　隋春雷　孙　永
孙瑞芝　孙守力　泰　日　谭亚琴

唐伟东　田林宏　王　安　王　利
王　奇　王　荣　王　鑫　王　学
王爱国　王凤洲　王福清　王桂芝
王海洋　王怀有　王建民　王立民
王文耀　王晓利　王银军　王志勇
王智茹　魏永志　沃德勤　吴　超
吴红霞　吴艳杰　吴智刚　武志强
夏成军　夏永利　夏永明　夏永生
兴　跃　邢利民　徐树清　徐子利
许传文　许冬梅　薛　特　薛富平
薛建国　闫岱勤　杨　光　杨　光
杨　剑　杨峰泉　杨明喜　杨瑞民
杨喜平　杨云峰　姚振宇　伊　黎
衣　永　尹凤祥　尹庆祥　尹维华
于　东　于　华　于　涛　于文斌
于艳彬　袁宏明　岳　波　曾建华
翟延波　张　达　张　贵　张　俊
张　林　张宝杰　张秉海　张凤琴
张宏斌　张宏宇　张洪业　张久成
张君才　张俊生　张立军　张利兵
张利平　张利武　张利忠　张灵韬
张明慧　张仁平　张日荣　张淑阁
张淑兰　张淑梅　张文龙　张晓峰
张雪峰　张延春　张耀广　张永飞
张志刚　赵　会　赵　楠　赵　祥
赵风利　赵文钢　赵喜杰　赵学逸
赵亚学　赵英明　赵有军　赵跃勇
郑　磊　郑　岩　郑海东　郑凌风
郑义昌　钟文义　周得林
娜仁托娅　阿木古郎　青格勒图
哈斯高娃　阿拉腾哨布
阿拉腾巴根　特木尔扎布

辽宁：艾华娇　艾永刚　安学达　白　鸽
白　晶　白　丽　白　颖　白金华
白金龙　白秋菊　白艳玲　白云强
包素菊　包钟凯　鲍昌军　毕桂菊
毕桂新　毕晓霞　毕有利　边　丽
卞学民　蔡　博　蔡世利　曹　丹
曹　之　曹桂霞　曹建军　曹建军
曹卫东　曹旭强　曹有林　曹子义
柴秋田　常　娥　常　晶　常振峰
车宝臣　车廷富　车志成　陈　彬
陈　丰　陈　刚　陈　钢　陈　钢
陈　海　陈　宏　陈　桦　陈　环
陈　健　陈　磊　陈　磊　陈　玲
陈　巍　陈　岩　陈　宇　陈　钊
陈宝军　陈伯振　陈丹宁　陈德伟
陈福林　陈国滨　陈海风　陈海明
陈海侠　陈红霞　陈红艳　陈洪涛
陈金宇　陈立庭　陈庆伟　陈润之
陈绍文　陈绍艳　陈守东　陈维革
陈文昌　陈文东　陈文韬　陈翔宇
陈秀梅　陈秀芝　陈学智　陈延威
陈永海　陈永洪　陈勇哲　陈玉桥
陈枝军　程　君　程连增　程士瀚
程卫新　程秀苹　迟　云　迟殿新
迟国臣　迟素金　仇宝禹　褚立军
楚云利　褚艳萍　慈家利　丛方杰
丛刚义　丛晓永　崔　成　崔　毅
崔　雨　崔凤英　崔广东　崔景林
崔丽萍　崔美荣　崔丕华　崔秋荣
崔淑娟　崔淑军　崔喜明　崔晓滨
崔晓春　崔秀菊　崔艳玲　崔玉林
崔玉柱　崔震博　崔作香　代树辉
代文红　代秀华　戴　坚　戴宝刚
戴俊平　党占阳　邓金虎　邓庆兰
邓秋艳　邓宪珍　丁　露　丁爱芳
丁苍松　丁教君　丁立强　丁文军
丁晓龙　丁志霞　冬玉洁　董　彬
董　波　董　明　董　然　董　新

董景禄　董琳琳　董敏生　董瑞军
董双秋　董婉金　董晓艳　董彦利
都俊梅　杜　波　杜　金　杜　凯
杜　娜　杜　艳　杜　颖　杜丽国
杜丽媛　杜庆库　杜铁英　杜小平
杜小野　杜旭虹　杜以安　段　伟
段　冶　段会红　段延锁　段志凌
樊金宏　樊志文　范　维　范　伟
范海勇　范晶星　范莉娜　范美杰
范示野　范晓东　方　宇　方世风
方相国　方雪辉　方彦臣　方振江
房　鑫　房模富　房玉琴　费春梅
冯　燕　冯恩云　冯慧民　冯锦荣
冯静杰　冯丽娜　冯文双　冯永刚
付　兵　付　民　付　强　付　强
付保国　付长红　付万友　付维财
傅　严　傅立敏　富常伟　高　洪
高　杰　高　洁　高　萍　高　秋
高　伟　高　霞　高　艳　高　扬
高　志　高宏远　高井春　高丽颖
高盼盼　高庆祥　高山仁　高淑梅
高维强　高维山　高文革　高喜范
高秀艳　高旭光　高忠余　高作全
杲筱囡　戈跃辉　葛　强　葛俊英
葛亚芝　公丽娟　宫　权　宫翠英
宫玉艳　龚晨荣　龚普然　巩晓震
谷红芳　谷素杰　谷源恒　关　波
关　军　关　艳　关宝森　关承刚
关福顺　关会义　关俊利　关明海
关淑坤　关淑美　关淑荣　关卫卫
关学江　关雁智　桂秀娜　郭　峰
郭　建　郭　军　郭　庆　郭　涛
郭宝军　郭成静　郭成鑫　郭翠华
郭恩绪　郭海鹰　郭金生　郭连军
郭玥义　郭淑华　郭锡亭　郭喜峰

郭喜梅　郭小伟　郭晓红　郭彦利
郭艳芳　郭艳华　郭艳萍　郭燕杰
郭有财　郭有林　郭玉芳　郭玉琴
郭玉硕　郭云凤　郭志远　韩　峰
韩　立　韩　梅　韩　涛　韩　伟
韩　永　韩　勇　韩大光　韩国华
韩举跃　韩利永　韩启堂　韩云霞
韩振斌　郝海锋　郝丽娜　郝明武
郝胜利　郝淑艳　何　杰　何　丽
何　适　何　英　何凤兰　何国峰
何洪禄　何会春　何俊宝　何少文
何淑洁　何先进　何艳清　何英华
何忠广　何忠艳　贺照平　贺忠霁
洪　亮　侯国辉　侯静杰　侯黎明
侯立峰　侯立军　侯雁滨　侯子林
候陆威　胡　洋　胡　影　胡国庆
胡丽新　胡少林　胡万众　胡文娟
胡晓光　胡艳军　胡志新　胡忠天
胡忠伟　胡忠翔　扈恒涛　皇俊英
黄　静　黄　葳　黄德山　黄光强
黄桂英　黄继红　黄靖云　黄明宝
黄淑梅　黄淑珍　黄铁光　黄晓安
黄秀娟　黄阳东　黄增华　黄振江
霍起彬　吉福国　吉林海　季春蕾
季学军　贾　峰　贾德洪　贾广茹
贾新疆　贾玉春　贾忠菊　菅　杰
简国栋　江　浩　江海涛　姜　峻
姜　南　姜　庆　姜　影　姜　勇
姜宝森　姜德君　姜凤娟　姜胜武
姜淑芹　姜欣欣　姜彦荣　姜玉英
姜玉泽　姜岳欣　姜振坤　姜振义
蒋　岩　蒋　影　蒋立军　蒋雅君
蒋运军　焦　振　焦安龙　焦宪君
娇　秀　解本新　解佳龙　解立新
解素涛　介晓红　金　铭　金　生

金　威　金宝全　金长森　金铖程
金翠平　金洪星　金丽明　金丽霞
金庆裕　金荣繁　金守刚　金树衡
金太勇　金战胜　金兆斌　靳海河
荆广斗　景　红　敬　增　靖　宇
巨长鸣　康　凯　康桂秋　康士昌
康士龙　康跃忠　柯玉华　孔德彬
孔令泽　孔秋燕　寇志刚　兰　喜
兰海东　兰书文　兰艳芬　郎俊岗
朗奎欣　雷　杰　雷晓霞　雷玉宝
李　宾　李　斌　李　斌　李　波
李　波　李　刚　李　革　李　红
李　娇　李　坤　李　乐　李　雷
李　莉　李　猛　李　敏　李　明
李　楠　李　平　李　权　李　帅
李　伟　李　昕　李　秀　李　艳
李　洋　李　毅　李　勇　李　勇
李　勇　李　铮　李　铮　李宝华
李宝元　李保民　李长财　李长亮
李成德　李传芳　李春光　李春华
李春艳　李春英　李春雨　李春芝
李翠华　李德君　李德武　李殿奎
李殿森　李丰凯　李凤华　李凤艳
李贯平　李广林　李广平　李贵森
李桂君　李桂莲　李桂林　李桂蓉
李桂霞　李国军　李国强　李海军
李海林　李洪义　李虹宇　李鸿敏
李鸿权　李鸿艳　李厚虎　李环宇
李辉有　李会斌　李会生　李继宗
李霁虹　李霁钧　李霁玲　李佳林
李佳颀　李建国　李健光　李杰蕾
李菁菁　李晶晶　李晶涛　李久成
李克军　李兰花　李丽莉　李梦竹
李明臣　李明泉　李明霞　李培臣
李鹏英　李清华　李清涛　李庆霞

李秋丽　李全武　李仁和　李瑞雪
李绍诚　李绍杰　李胜杰　李胜南
李世桐　李世月　李淑春　李淑兰
李淑荣　李淑荣　李松富　李素艳
李铁成　李文才　李文良　李文彦
李显丹　李显东　李献民　李向军
李晓彬　李晓东　李晓红　李晓蕾
李晓暄　李晓宇　李孝忠　李兴家
李秀芳　李秀菊　李秀兰　李秀芹
李秀英　李秀珍　李雪峰　李雅贤
李彦忠　李一飞　李永庆　李永盛
李玉春　李玉福　李玉明　李玉琴
李玉新　李玉芝　李云芳　李在龙
李展超　李照兴　李振娟　李志强
李志伟　李著作　厉　莉　梁　军
梁　凯　梁　梁　梁　卫　梁荣荣
梁艳娜　梁志刚　梁志文　廖启玲
廖宪生　林　钢　林　璐　林　青
林　泉　林　懿　林凤芝　林国香
林海荣　林茂锦　林文沣　林希凤
林治仁　凌卫星　凌宪东　刘　安
刘　滨　刘　波　刘　波　刘　超
刘　刚　刘　晶　刘　静　刘　军
刘　蕾　刘　丽　刘　丽　刘　楠
刘　鹏　刘　鹏　刘　萍　刘　泉
刘　融　刘　涛　刘　涛　刘　研
刘　艳　刘　艳　刘　燕　刘　阳
刘　阳　刘　杨　刘　营　刘　颖
刘　影　刘　勇　刘　玉　刘　铮
刘冰冰　刘昌国　刘春晨　刘春艳
刘聪明　刘德成　刘凤梅　刘光裕
刘桂芬　刘桂梅　刘桂侠　刘桂英
刘宏伟　刘怀杰　刘金彪　刘金龙
刘金伟　刘京伟　刘景环　刘景云
刘立权　刘立勇　刘丽芬　刘丽华

刘丽秀　刘良翀　刘明军　刘明远
刘仁涛　刘仁玉　刘瑞刚　刘绍华
刘盛勇　刘树君　刘松梅　刘素华
刘卫平　刘文君　刘文清　刘显智
刘宪冬　刘小东　刘鑫龙　刘兴霞
刘雪林　刘亚军　刘亚丽　刘艳超
刘艳芳　刘英伟　刘玉春　刘玉存
刘玉洁　刘玉梅　刘玉珍　刘玉珍
刘月山　刘占宏　刘占宇　刘振虎
刘振军　刘正航　刘志国　刘祖海
柳　楠　柳德春　柳鹤松　卢　宁
卢　颖　卢　勇　卢　震　卢宝志
卢士建　卢世春　卢淑玲　芦国伟
鲁　萍　鲁常杰　陆　芳　陆　峰
陆　军　陆　骏　陆　林　陆　然
鹿中平　路　虹　路　鑫　吕　琳
吕　品　吕　婷　吕春华　吕春杰
吕春丽　吕贵华　吕海龙　吕奎君
吕明文　吕艳丽　吕银德　吕银刚
吕中忱　吕中军　吕中元　吕忠鹏
吕子童　罗　刚　罗　威　罗东杉
罗海英　罗洪军　罗继斌　罗丽娟
罗秀君　罗延强　罗艳军　马　兵
马　超　马　奎　马　骊　马　丽
马　昕　马　义　马长兴　马建敏
马景骜　马俊杰　马康虎　马立军
马丽红　马琳柯　马明艳　马起君
马庆基　马秋红　马诗瑶　马世芬
马双利　马素媛　马晓峰　马新龙
马学君　马艳霞　马玉凤　马玥姝
马跃强　毛　戈　毛玉凤　门庭皓
孟　时　孟春杰　孟凡臣　孟凡刚
孟红梅　孟令华　孟令辉　孟庆文
孟庆霞　孟庆艳　孟昭龙　米　谷
苗　菁　苗　敏　苗长法　苗春德

苗立国　苗希楠　苗显明　穆怀强
穆银龙　那丽娟　那铁明　那晓娟
那玉家　倪雅秋　年称茹　聂春龙
聂宏勇　宁　娟　牛玉明　潘　放
潘　红　潘国山　潘鲁光　潘庆丰
潘绍军　潘淑杰　潘晓欧　潘学庆
潘志超　庞　迪　庞秀萍　庞英伟
庞云成　逄　静　裴建勋　裴香志
彭艳霞　彭艳云　彭志岩　蒲茂贵
朴承云　戚克庆　祁　超　祁　瑞
齐　儇　齐春雨　齐海燕　齐景兴
齐珊珊　齐铁滨　齐晓东　齐艳新
齐占玉　齐振国　齐振侠　钱丽华
钱秀红　秦　国　秦　雷　秦　毅
秦家兴　秦立新　邱凤娥　邱希东
邱志芹　曲　静　曲成福　曲嘉川
曲丽娜　曲志刚　曲忠魁　屈志强
冉国红　冉秋红　任　辉　任　强
任东香　任国兴　任敬宝　任立志
任丽英　任士茂　任云凤　荣文全
桑桂颖　沙　枫　沙仁栋　商立忠
商庭菊　尚德巍　邵　斌　邵　伟
邵　振　邵宏斌　邵立群　邵羡恭
邵友安　邵友昌　沈金龙　沈淑新
沈维民　沈小唱　盛文军　盛莹莹
师　娜　师国伟　施立军　施明华
石　淼　石国强　石井文　石路梅
石少平　石晓峰　石孝军　石艳坤
石义民　时长河　史　强　史海丰
史鹏飞　史守志　史友林　宋　波
宋　检　宋　杰　宋　亮　宋　爽
宋　玮　宋　洋　宋　洋　宋德华
宋红梅　宋吉华　宋纪花　宋金荣
宋井双　宋立君　宋立明　宋丽颖
宋维坤　宋孝林　宋延久　宋艳珍

宋志明　苏　波　苏　红　苏宝奇
苏宝中　苏善林　苏士伟　苏学军
苏占洁　宿　雷　宿达夫　隋广全
隋卫军　孙　丹　孙　丹　孙　贺
孙　建　孙　健　孙　杰　孙　娟
孙　凯　孙　利　孙　娜　孙　齐
孙　威　孙　伟　孙　阎　孙　勇
孙成滨　孙崇亮　孙大雁　孙方红
孙桂芝　孙海鹏　孙宏大　孙景昌
孙立芳　孙连存　孙连伟　孙龙飞
孙明振　孙秋爽　孙瑞平　孙守军
孙守升　孙淑芹　孙素香　孙万润
孙伟民　孙文库　孙文清　孙希平
孙香兰　孙与齐　孙玉双　孙玉霞
孙占武　孙志军　谭景海　谭淑莲
谭锡博　谭学斌　汤　萍　汤建国
唐　军　唐　琨　唐爱军　唐春阳
唐兰魁　唐明田　唐小明　唐笑声
唐有祥　唐鱼钞　陶德安　陶天国
陶文龙　陶文涛　陶兴东　陶秀娟
腾运红　滕贵彬　田　蕾　田　旭
田　旭　田　野　田成林　田成永
田福海　田国斋　田久成　田荣国
佟　海　佟　灵　佟保国　佟佳鑫
佟家哲　佟金龙　佟书俭　万永利
汪华春　汪亚荣　汪玉龙　王　滨
王　栋　王　栋　王　铎　王　峰
王　锋　王　刚　王　刚　王　函
王　皓　王　虹　王　虎　王　晖
王　辉　王　建　王　杰　王　晶
王　静　王　柯　王　兰　王　磊
王　丽　王　丽　王　亮　王　录
王　明　王　朋　王　平　王　萍
王　琦　王　强　王　锐　王　双
王　顺　王　威　王　伟　王　伟
王　伟　王　文　王　翔　王　骁
王　艳　王　洋　王　盈　王　颖
王　宇　王　玥　王　佐　王爱习
王奥利　王北华　王长生　王成民
王成新　王承伍　王春福　王春秋
王翠梅　王大永　王德春　王德娟
王德民　王德生　王丰禄　王凤娇
王凤军　王凤艳　王凤英　王福军
王福振　王冠强　王广义　王贵林
王桂菊　王桂菊　王桂香　王桂艳
王桂英　王国成　王国华　王海舵
王海龙　王海涛　王红有　王洪斌
王洪林　王洪生　王洪祥　王惠芬
王继胜　王加加　王家松　王建丰
王建平　王建芝　王洁香　王金河
王金梅　王精菊　王静波　王珂玮
王立华　王立英　王丽芬　王丽菊
王丽萍　王利新　王连军　王连英
王龙波　王明琪　王鸣鹤　王培杰
王丕荣　王平平　王倩月　王庆传
王庆顺　王秋全　王秋颖　王仁健
王荣兵　王韶春　王少鹏　王绍江
王石松　王世财　王世龙　王世平
王世勇　王世珠　王守民　王淑菊
王淑贞　王树斌　王树才　王树明
王素菊　王锁营　王廷辉　王廷英
王同吉　王万利　王卫国　王文河
王喜凤　王显荣　王宪臣　王晓春
王晓红　王晓霖　王晓亭　王孝梅
王新武　王鑫炜　王秀梅　王秀荣
王雅琴　王亚琴　王亚珍　王延兴
王艳馥　王耀东　王永春　王永利
王永顺　王有志　王玉波　王玉峰
王玉峰　王玉辉　王玉平　王玉强
王元凤　王月伟　王岳林　王跃东

王云东 王云生 王振德 王志国
王志强 王治国 王中华 王忠录
王自武 魏 斌 魏 杰 魏 静
魏 娜 魏 星 魏宝玉 魏占友
魏占有 温进军 温双华 文 铭
文 萍 吴 飞 吴 岩 吴 杨
吴 云 吴宝成 吴大祥 吴德民
吴桂珍 吴家英 吴俊平 吴俊祥
吴莉莉 吴龙江 吴士杰 吴士玲
吴树成 吴斯英 吴文义 吴宪奎
吴秀坤 吴秀艳 吴亚红 吴艳红
吴永军 吴玉成 吴玉兰 吴玉梅
吴振时 武 军 武 装 奚广萍
袭祝涛 夏 辉 夏德强 夏继朋
夏金久 夏金良 夏晴宇 夏庆鹏
夏世友 相镇委 向 阳 项秀华
肖国庆 肖亚清 谢 萍 谢建华
谢万军 谢文正 谢秀萍 谢勇智
谢兆鹏 谢志强 邢 承 邢国成
邢思朴 熊福娟 修德军 修洪山
徐 冰 徐 闯 徐 静 徐 祝
徐爱沈 徐百江 徐长柏 徐春德
徐春艳 徐锋锋 徐洪海 徐景海
徐景宏 徐静霞 徐俊南 徐庆翰
徐文杰 徐文君 徐文正 徐向峰
徐亚红 徐艳杰 徐英俊 徐永刚
许 凯 许 月 许天东 薛江洋
薛奎铎 薛世峰 薛晓敏 闫 凯
闫凤英 闫军杰 严 哲 阎 光
阎 石 阎桂松 颜庆祥 杨 彬
杨 斌 杨 波 杨 红 杨 军
杨 立 杨 林 杨 鹭 杨 奇
杨 清 杨 旭 杨 旭 杨 义
杨 勇 杨常德 杨春荣 杨德常
杨凤玲 杨凤伟 杨凤燕 杨凤珍
杨福军 杨福瑞 杨桂清 杨红艳
杨洪涛 杨洪香 杨继宏 杨建东
杨黎明 杨立峰 杨丽芳 杨丽萍
杨丽萍 杨利民 杨龙武 杨森利
杨森利 杨淑君 杨双凤 杨松涛
杨维国 杨文顺 杨文佟 杨宪双
杨晓兴 杨秀娟 杨秀坤 杨秀芝
杨艳梅 杨英春 杨友升 杨元利
杨占山 杨振福 杨志鹏 杨志强
姚双林 姚文涛 姚占琴 姚志霞
叶 红 叶长友 叶国良 殷凤芝
殷广海 殷素菊 尹会利 尹会胜
尤金良 于 波 于 芳 于 峰
于 晖 于 杰 于 娟 于 军
于 亮 于 松 于 贤 于 印
于 勇 于长江 于春红 于德水
于锋军 于桂枝 于海平 于宏伟
于洪新 于慧泳 于江华 于九江
于明辉 于明生 于巧生 于庆杰
于文军 于志彬 于志洪 余 敏
余奎波 余维川 原殿胜 袁 方
袁 京 袁成志 袁春成 袁淑芳
岳洪艳 岳建军 臧志伟 曾凡德
曾范红 曾令雨 曾祥启 曾祥勇
曾艳霞 翟世勇 詹克红 詹玉忠
战立贵 张 斌 张 勃 张 丰
张 凤 张 恒 张 虹 张 虎
张 慧 张 剑 张 剑 张 娇
张 晶 张 奎 张 立 张 丽
张 梁 张 林 张 龙 张 玫
张 淼 张 敏 张 倩 张 荣
张 茹 张 伟 张 伟 张 伟
张 鑫 张 扬 张 勇 张 勇
张 瑜 张 争 张 治 张傲惟
张宝魁 张宝芹 张宝山 张宝英

张本杰　张成涛　张春有　张大明
张德奎　张德利　张德权　张东升
张东翔　张凤才　张凤鲜　张凤媛
张福均　张广瑞　张桂芬　张桂敏
张桂芝　张国付　张汉涛　张宏林
张宏伟　张洪斌　张洪涛　张洪伟
张慧燕　张继霞　张家男　张建林
张锦生　张聚祥　张俊夫　张俊玲
张峻志　张立波　张立群　张丽娟
张丽丽　张丽娜　张丽萍　张丽荣
张丽艳　张玲玲　张美玲　张美英
张庆茹　张秋萍　张荣春　张荣华
张荣娟　张荣清　张世斌　张世春
张守宏　张淑清　张水田　张天翼
张田丰　张铁霞　张铁鹰　张万里
张卫国　张文华　张文钰　张宪委
张晓丽　张晓玲　张晓明　张晓倩
张晓智　张修华　张秀敏　张旭东
张学平　张学伟　张艳桥　张一清
张英华　张颖娜　张永光　张永强
张雨刚　张玉芳　张玉杰　张玉梅
张玉秋　张玉涛　张元馨　张月波
张珍珠　张振辉　张振有　张志奎
张志强　张志英　张忠林　张忠文
张祖欣　张作文　赵　斌　赵　达
赵　健　赵　军　赵　龙　赵　松
赵　通　赵　伟　赵　旭　赵　岩
赵　焱　赵　阳　赵　阳　赵　展
赵　振　赵宝苍　赵宝磊　赵滨秋
赵秉言　赵晨宇　赵传明　赵春海
赵东梅　赵凤兰　赵福君　赵桂珍
赵国贵　赵海丰　赵海虹　赵焕杰
赵景春　赵俊忱　赵立明　赵连辉
赵连鹏　赵琳杰　赵瑞东　赵天玉
赵婷婷　赵同凯　赵卫民　赵文波
赵文凤　赵香兰　赵晓栋　赵兴贵
赵秀华　赵雪松　赵延宏　赵延洁
赵艳红　赵益强　赵永年　赵永权
赵勇生　赵玉娥　赵玉玲　赵振华
赵志华　赵志文　赵志余　肇惠萍
肇起光　甄　君　甄福祥　郑宝贵
郑朝阳　郑国祥　郑贺阳　郑宏霞
郑开文　郑利军　郑明奎　郑秋宏
郑士元　郑维维　钟　瑱　钟玉彬
钟志国　仲崇明　周　博　周　薇
周　圆　周　志　周传法　周福春
周广平　周海凤　周海兰　周恒玖
周洪举　周焕平　周吉星　周继俊
周景奎　周立权　周丽娟　周令杰
周淑坤　周伟平　周玉洁　周月彦
周正兴　朱畅久　朱成龙　朱桂珍
朱国雷　朱金艳　朱久东　朱喜珍
朱心蕊　朱雪松　朱亚光　朱永河
朱永杰　朱玉娥　朱玉清　朱云飞
朱忠星　祝　雪　祝普君　邹春明
邹德奎　邹德伟　邹洪梅　邹继新
邹清君　邹清武　邹雪梅　祖炳录
祖素珍　祖宪隆　左凤云　左跃华
周乌日娜

吉林：安　娜　安成一　安文凯　安秀伟
白云江　白振波　包贵林　包艳梅
贝洪林　毕　胜　卞长斌　卞宏东
别宏伟　才勇新　蔡学仁　蔡振光
曹　宇　曹柏权　曹巨贤　柴秀荣
常宝福　常志勇　车永辉　陈　刚
陈　刚　陈大可　陈建森　陈丽娜
陈万福　陈增林　陈中号　成　浩
成世科　程　刚　池　强　池　洋
池海龙　池永秀　迟丽佳　迟培金
初桂芬　楮健龙　楮仁祥　崔洪君

笪尚平　代东利　代玉刚　董文静
单洪伟　单花龙　丁　博　丁　飞
丁宝亮　都雪芳　杜洪生　杜晓亮
段鸿儒　范广生　范文占　范喜春
范秀艳　范芝山　房　威　房铁冰
房铁男　付　春　付　鹏　付春吉
付少民　付旭尧　高　洋　高凤春
高光莹　高建光　高钦苹　高伍宽
葛所才　耿克达　耿永平　宫志茹
顾保利　顾延春　雇春生　关　洋
关保华　管春土　郭　力　郭　石
郭东海　郭家富　郭仕斌　韩　飞
韩宝锋　韩继源　韩丽华　韩莹莹
郝铁成　何　建　何宏斌　何为友
侯建君　侯宪斗　胡家奇　胡学发
胡振江　黄　利　黄　巍　黄　伟
黄小庆　黄英骏　黄志军　纪淑华
贾　亮　贾　涛　贾红亮　贾润鹏
贾淑兰　贾志良　姜　峰　姜　龙
姜　娜　姜　泽　姜德斌　姜恩伍
姜国太　姜海峰　姜延平　姜玉善
姜增军　矫文明　解国光　金昌哲
金成明　金光哲　金维海　鞠　勇
鞠世银　黎四新　李　凯　李　敏
李　双　李　伟　李　昭　李　珍
李　正　李丙利　李炳彦　李成义
李春新　李春彦　李井峰　李静涛
李俊峰　李俊玉　李连财　李龙辉
李明珠　李宁川　李若楠　李树龙
李铁军　李万波　李文杰　李文军
李文忠　李文柱　李星宏　李秀兰
李秀梅　李亚洲　李艳霞　李寅双
李永生　李永生　李玉华　李志彬
李志强　历雷雷　梁　冰　梁　超
梁　宁　梁红云　梁佳国　梁志忱

刘　安　刘德山　刘　峰　刘　丽
刘　明　刘　强　刘　彤　刘　岩
刘　艳　刘　洋　刘　烨　刘　影
刘　宇　刘　玉　刘宝龙　刘保森
刘炳刚　刘炳煜　刘长强　刘风涛
刘洪军　刘建新　刘剑华　刘景龙
刘起宏　刘仁孝　刘胜文　刘书先
刘树华　刘文成　刘晓伟　刘雪峰
刘亚丽　刘彦春　刘彦华　刘一飞
刘玉峰　刘毓松　刘志东　刘志有
卢福生　卢小标　陆诗阳　陆书安
陆云贵　逯　贺　吕　晶　吕宗钟
马　亮　马　林　马　林　马成亮
马建宇　马连良　马千水　马增山
梅　海　孟凡静　孟光辉　孟现国
孟晓月　那　穆　宁太山　牛洪哲
牛为东　潘洪玲　潘明辉　潘太宁
潘喜军　庞　哲　庞春英　彭丹阳
彭立勇　蒲连海　朴大哲　朴显泽
齐　麟　齐红丽　齐晓明　乔　伟
秦黎庶　邱中辉　任　强　荣长军
荣景武　荣淑范　沙显辉　商鹏飞
尚尔龙　石　磊　史　飞　史长荣
史景伟　史小娟　史忠明　宋洪生
宋少奇　宋树军　宋艳秋　宋占武
苏　丹　孙　飞　孙　磊　孙　艳
孙宝友　孙汉卿　孙晓冬　孙秀全
孙艳芬　孙振山　孙志飞　孙志龙
唐国军　唐建军　陶金忠　田　洋
田　源　田志华　佟晓冬　汪文艺
王　保　王　凡　王　冠　王　海
王　会　王　江　王　军　王　凯
王　文　王　彦　王　勇　王　泽
王柏忠　王朝霞　王春宇　王德良
王德清　王贵富　王国扶　王宏斌

王宏斌　王会娟　王继艳　王建华
王洁冰　王精三　王坤龙　王青余
王士玉　王世海　王世敏　王树清
王树祥　王晓刚　王秀娟　王秀利
王秀梅　王亚文　王妍南　王艳艳
王友民　王玉良　王占明　王兆宇
王振发　王志宇　王忠雨　未清义
魏嘉龙　翁宇梁　吴　迪　吴丙财
吴大勇　吴金生　吴庆峰　吴树强
吴宪春　吴晓东　吴亚玲　吴延武
熙化钒　夏　宝　肖　凯　肖　利
肖宝军　肖德泉　肖新明　徐　迪
徐世娟　徐伟彬　徐文武　徐小亮
徐莹赢　徐永国　许洪亮　许鑫彪
杨　芹　杨　威　杨　洋　杨　震
杨桂枫　杨国辉　杨国强　杨怀玉
杨怀珠　杨黎明　杨然旭　杨铁军
杨文标　杨小龙　杨旭刚　杨学军
杨印成　杨育男　杨志刚　杨志秀
尹金伦　于　迪　于长江　于长荣
于信芳　俞文杰　袁　宏　袁　磊
岳　刚　曾庆民　曾昭友　张　翀
张　富　张　刚　张　昊　张　磊
张　鹏　张　鹏　张　强　张　强
张　巍　张　伟　张　伟　张　伟
张　旭　张　奕　张艾凭　张成龙
张传伟　张登山　张凤阁　张贵阳
张国生　张国声　张海军　张海群
张宏伟　张继亮　张继敏　张君凯
张俊清　张静宇　张来春　张立民
张立民　张立明　张连平　张墨山
张清威　张润光　张守良　张寿刚
张伟丰　张小侠　张晓东　张晓新
张馨元　张学刚　张艳辉　张玉才
张玉林　张玉山　张玉岩　张哲树
张志春　张志奎　张志业　张忠友
赵　才　赵　贺　赵　晶　赵　猛
赵　爽　赵　杨　赵　勇　赵成龙
赵丹凤　赵桂荣　赵洪庆　赵洪伟
赵建松　赵明华　赵维国　赵小可
赵晓蕾　赵晏林　赵志国　郑洪健
郑楠楠　郑晓伟　郑秀芹　钟庆昕
仲维刚　周　龙　周　云　周春良
周丽英　周玉明　周云成　周志禹
朱成华　朱贵东　朱振远　朱智民
訾乃生　宗　帅　格日乐吐

黑龙江：艾洪伟　艾　欣　安　南　安之文
安钟雷　白铁柱　白晓林　包佩梅
鲍春燕　毕江华　毕荣滨　毕廷龙
卞柏石　卞友善　蔡世良　蔡淑云
蔡伟建　藏　平　藏秀丽　曹国良
曹　琳　曹秀兰　曹艳敏　柴晓敏
镡丽平　常宝升　常　强　常有君
车成林　车志成　陈东海　陈宏雷
陈洪岩　陈继新　陈建国　陈俊秋
陈来全　陈立春　陈　平　陈　琦
陈彤艳　陈晓玉　陈秀萍　陈　言
陈艳霞　陈　颖　陈永刚　陈志斌
程凤珍　程　凯　程　磊　程力佟
程绍林　程晓光　楚艳苓　楚玉峰
褚润祥　崔海亮　崔洪春　崔金萍
崔久淼　崔显文　崔杏萍　崔有生
代传宝　代占林　戴春梅　戴福军
单　滨　单立忠　单　权　邓贤智
邓晓丽　邸　波　丁春艳　丁冬芝
丁贵花　丁喜财　丁　毅　丁玉萍
董海龙　董海囡　董　平　董　玮
董文有　董雪松　董　勋　董有莲
窦福廷　杜　敏　杜树滨　杜文学
杜一兵　杜以成　段其德　樊　敏

范东云 范忠玮 方秋华 房道坤
房忠城 冯良才 冯寿山 冯雪清
付春梅 付春艳 付怀清 付　辉
付其友 付世平 富圣学 高　峰
高　峰 高峰雨 高国强 高　岭
高　明 高淑珍 高伟达 高喜民
高晓光 高晓思 高兴海 高志军
郜　明 葛　龙 耿福利 宫祥玉
宫玉萍 谷丽新 谷田义 谷艳红
谷　禹 顾亚东 关　怀 关克勤
关　利 关庆一 关　崴 关秀歧
关雪薇 管　宇 郭凤琴 郭惠敏
郭慧华 郭兰英 郭乐强 郭　琳
郭庆海 郭爽莉 郭子象 国书军
韩宝军 韩春梅 韩凤英 韩会杰
韩　剑 韩立民 韩丽薇 韩雪峰
郝晓玲 郝　勇 何长军 何俊峰
何士华 何　岩 贺志强 侯树全
侯　旭 侯　悦 胡范忠 胡俊英
胡亚芬 胡永富 胡玉强 黄邦伟
黄定山 黄建全 黄　杰 黄　晶
黄　倩 黄晓丽 黄　鑫 霍　山
汲凤杰 纪淑华 季明志 姜大明
姜东海 姜　海 姜　华 姜丽英
姜万芹 姜文玲 姜晓东 姜玉国
姜云果 姜兆君 姜志华 姜志勇
蒋晓川 蒋秀英 蒋元平 降万福
焦明伟 解云广 金红丽 金宏旻
金洪波 金莲花 金　山 荆国义
荆志新 鞠运萍 阚洪雨 阚晓鹏
孔令民 孔令云 孔庆新 寇海涛
郎凤清 劳雅英 劳亚军 李保光
李长顺 李传令 李春芳 李芳春
李　峰 李奉伟 李　福 李　付
李　钢 李广成 李桂荣 李桂英
李国祥 李国艳 李国芝 李国柱
李海林 李　红 李洪军 李　杰
李静波 李　军 李　镭 李　莉
李　丽 李丽娜 李良超 李林溪
李美英 李明义 李　宁 李蓬禄
李　鹏 李　平 李　强 李庆文
李　全 李荣珍 李瑞香 李姝毅
李淑贤 李树明 李　爽 李思东
李　伟 李　伟 李　伟 李伟光
李卫东 李晓玢 李晓海 李晓明
李修利 李秀英 李秀英 李艳春
李艳福 李艳军 李艳萍 李燕霞
李　英 李永丰 李永强 李玉杰
李战英 李　志 李志毅 李忠成
李忠山 李忠文 栗佰严 梁长江
梁洪玲 梁金军 梁菊花 梁　军
梁　攀 梁秋曼 梁树德 梁文国
梁文举 梁泽震 林春厚 林　东
林桂英 林海峰 林佳利 林金芝
林旭辉 凌桂芳 刘爱利 刘炳祥
刘　波 刘长山 刘　超 刘　诚
刘春生 刘春英 刘　德 刘德玉
刘凤芝 刘福丽 刘　刚 刘广义
刘桂芳 刘桂梅 刘国军 刘国军
刘国君 刘国勤 刘海红 刘洪伟
刘箭宇 刘金宝 刘金波 刘金贵
刘俊杰 刘堪明 刘科迅 刘　克
刘力伟 刘立杰 刘丽娜 刘丽伟
刘丽艳 刘　敏 刘　敏 刘　明
刘　明 刘　萍 刘　强 刘仁志
刘绍宇 刘士权 刘淑梅 刘　爽
刘素艳 刘　涛 刘维义 刘　伟
刘　伟 刘　伟 刘喜俊 刘　欣
刘秀菊 刘秀梅 刘秀美 刘学刚
刘　艳 刘　毅 刘　莹 刘永民

刘永胜　刘　有　刘玉庆　刘月长
刘　跃　刘志凯　刘忠文　刘忠学
刘子南　柳春才　柳春明　卢殿全
卢秋妹　鲁洪俊　鲁　强　鹿　敏
吕海军　吕宏全　栾玉英　罗冠华
马德喜　马璟泉　马静敏　马奇林
马清海　马秋梅　马仁德　马胜利
马双滨　马天野　马　义　马永艳
马玉华　马玉贤　马智明　马忠国
马忠邻　毛淑芬　毛新柱　梅博林
门松林　孟德鑫　孟凡华　孟庆鹏
苗广田　莫丽波　牟善滨　牟向波
穆桂香　聂盛利　宁国辉　牛会玉
牛　涛　欧　军　潘宝贵　潘静宇
潘　胜　彭雅军　戚敏霞　齐　春
齐雅琴　齐中海　钱长林　钱春波
钱桂荣　钱桂云　秦林健　秦瑞金
邱海军　邱季贤　曲环峰　曲亚娟
冉治通　任滨丽　任常富　任等富
任　明　任守伟　任秀芝　荣　刚
沙胜利　尚益馨　邵　兵　邵长德
邵凌龙　邵　勇　申建新　申有海
沈　俊　盛海松　盛　群　盛旺松
施化舫　石俊山　石立杰　石美玲
石晓红　石　鑫　石　勇　时立兴
史坚东　史立影　司立春　司　伟
宋海申　宋海星　宋红阳　宋宏峰
宋建军　宋立权　宋淑华　宋晓光
宋　颖　苏哈依　苏劲风　苏世春
苏秀梅　苏彦菁　隋秋梅　孙安林
孙　斌　孙　波　孙长春　孙慧勇
孙建军　孙　江　孙兰英　孙丽丽
孙庆云　孙少光　孙守峰　孙童波
孙文峰　孙宪发　孙向前　孙小川
孙兴春　孙亚斌　邰永利　谭学龙
汤玉梅　唐　伟　唐　雨　唐　玥
陶淑芝　滕德宇　滕　东　滕佩河
滕　巍　田　刚　田海滨　田喜波
田志勇　佟海生　佟志学　宛亚清
王爱平　王　柏　王　斌　王滨生
王　波　王博文　王彩兰　王春波
王春艳　王春竹　王翠华　王翠平
王翠玉　王德君　王德龙　王德喜
王典赢　王殿祥　王冬梅　王凤华
王福德　王　刚　王贵国　王海迪
王海龙　王宏伟　王洪良　王洪雁
王　辉　王　慧　王吉嵩　王济云
王继忠　王建生　王金华　王金凯
王金玉　王俊宽　王俊喜　王可嘉
王立君　王丽超　王培海　王普民
王起枫　王庆辉　王庆喜　王胜奎
王世国　王世玲　王淑芳　王淑敏
王双林　王　爽　王　薇　王　魏
王　伟　王文国　王文利　王仙智
王贤敏　王显民　王向群　王晓波
王晓明　王昕刚　王　星　王秀波
王秀兰　王秀梅　王秀香　王秀艳
王秀英　王绪凤　王雪丽　王雅繁
王亚利　王　岩　王　岩　王彦辉
王　艳　王　艳　王艳雨　王　义
王义凤　王义娟　王　瑛　王颖君
王永堂　王　玉　王玉华　王玉霞
王兆峰　王　珍　王　真　王振东
王正勇　王　政　王之全　王　志
王志华　王忠林　王作舟　隗国良
魏健华　魏丽华　魏　锐　魏　巍
魏亚君　魏亚萍　吴朝义　吴岱岩
吴家成　吴家萍　吴静茹　吴　强
吴庆华　吴淑霞　吴淑艳　吴　威
吴秀茹　吴玉山　武世亮　武新闻

夏广伟　夏国民　夏恒忠　夏晓强

夏云福　向凯铭　肖长林　肖凤云

肖亚红　肖月春　谢江涛　谢双普

谢秀凤　辛梅君　辛士忱　辛　燕

邢继华　邢建伟　邢秋军　徐阿斌

徐桂华　徐洪峰　徐　欢　徐金源

徐　昆　徐　丽　徐鹏举　徐淑霞

徐思金　徐　伟　徐晓东　徐言齐

徐振富　徐振忠　许长军　许宏英

许　明　玄金龙　薛　明　鄢建华

闫利民　闫明剑　闫是全　闫席军

闫玉霞　阎更泽　颜庆华　杨宝财

杨滨生　杨春梅　杨春艳　杨代红

杨芳菲　杨国刚　杨国辉　杨海超

杨洪斌　杨　丽　杨丽娟　杨　玲

杨明君　杨　巍　杨卫国　杨文革

杨文龙　杨宪秋　杨　颖　杨玉梅

杨兆嵘　杨振海　杨智勇　姚传香

姚雪峰　姚重霞　叶建龙　尹继臣

尹立华　尹丽燕　尹龙腾　尹玉英

尹子梅　由　杰　由晓健　于滨彦

于敦河　于凤伟　于红霞　于虎元

于　华　于建国　于金梅　于金英

于　婧　于全宏　于淑芳　于泗光

于　涛　于勇强　于云芝　俞景波

遇秀霞　袁　胜　岳　彬　岳彩宝

岳彩虹　岳　威　翟鹏飞　翟卫兵

张阿奇　张佰玲　张　彪　张成芳

张传鑫　张大龙　张　丹　张　法

张凤臣　张凤杰　张贵禹　张桂华

张国臣　张国顺　张海波　张海晶

张海军　张海龙　张宏广　张宏迅

张洪彬　张洪文　张继义　张嘉鑫

张　健　张金贵　张君海　张丽波

张丽洁　张丽梅　张丽娜　张连胜

张灵波　张禄成　张茂新　张美娟

张美霞　张　梦　张民利　张　沛

张　平　张　强　张士君　张淑霞

张淑霞　张淑珍　张铁男　张　伟

张　玮　张文安　张晓东　张晓南

张晓艳　张兴华　张　旭　张学滨

张雪峰　张雅彬　张亚波　张亚钧

张艳苹　张英涛　张永梅　张咏刚

张玉华　张玉良　张玉林　张玉妍

张　振　张振鹏　张志龙　张致林

张作民　赵彩霞　赵德华　赵德友

赵桂花　赵　捷　赵金生　赵　亮

赵美玲　赵明春　赵秦岭　赵庆才

赵庆利　赵　蕊　赵维国　赵希伟

赵　欣　赵秀香　赵玉芬　赵云飞

赵志钢　赵志平　甄　金　甄　伲

郑彩红　郑东平　郑贵财　郑红梅

郑庆峰　郑晓明　郑玉海　钟丽霞

钟迎喜　周宝昆　周凤丽　周　光

周慧芝　周家军　周　杰　周　民

周胜华　周松林　周伟才　周晓兰

周秀杰　周雪松　周　颖　周　勇

周月明　朱德军　朱德君　朱国东

朱金芝　朱立萍　朱丽华　朱乃波

朱　萍　朱世强　宗利民　邹　彤

邹　英　邹元滨　左雅红

上海：鲍　凯　苌　威　陈　辰　陈　科

陈　荣　陈　涛　陈剑桥　陈祥彬

陈亚洲　陈晔佳　陈泽人　陈争春

陈志华　陈治伟　储文君　褚圆圆

崔　彪　杜元顺　段文涛　范振华

冯志英　傅亦琦　高金桥　高芝平

龚晓春　龚晓平　龚晓庆　顾　军

顾建平　郭　优　郭佳松　韩　芳

洪军英　胡颖佳　黄建明　黄建泉

黄孙超　黄志刚　贾银生　姜　鹏
姜兵斌　姜国敏　蒋国明　蒋云玲
瞿玉龙　孔　兵　孔桂云　乐宝菊
乐彬宾　雷文保　冷闻彪　李　磊
李　岭　李　锐　李惠强　李炼强
李命权　李世锋　李文波　李西俊
李小玲　李小树　李彦年　梁　灏
梁　舜　梁丛佶　梁伟龙　林敏琼
林乃捷　刘　峰　刘　曼　刘　伟
刘冬梅　刘晓洁　刘印曾　刘玉亮
卢　菲　陆　斌　陆积强　陆云峰
罗建武　罗丽娜　马　欣　马君逸
马潇潇　毛善峰　缪龙飞　潘安厂
潘立寅　潘卫利　汝　林　汝叶芳
沈　科　沈　委　沈家龙　沈晓祥
沈洲平　施克胜　施灵灵　舒云峰
苏晓聃　孙　涛　孙玉堂　孙治国
谭得龙　谭海军　谭庆凯　唐小平
田文吉　屠雄辉　万伟强　汪安乐
汪大同　汪勤顺　王　超　王　林
王　伟　王　永　王海波　王加斌
王建良　王士家　王锡光　王泽玲
王政彦　翁昊天　吴　健　吴彩琴
吴彦俊　武文杰　夏龙须　夏天添
肖　淋　刑剑强　徐　频　徐　伟
徐兆明　许建国　杨　毅　杨冬宝
杨国辉　杨国三　杨海丽　杨文生
杨晓冬　杨信魁　杨绪强　杨以桥
杨振军　叶　敏　伊傲天　于桂娟
于慧瑶　余庆如　俞孝平　郁　华
袁　野　臧一平　曾少波　张　黎
张　炜　张　勇　张宝林　张华颖
张君平　张前生　张群芳　张巍巍
张雄民　张玉波　张正亚　章　曼
章　敏　章舜玮　赵林涛　郑玉强
支瑞琪　周　梅　周　扬　周立兵
周汝湘　周新华　朱　华　朱光宇
朱亮亮　朱荣毅　朱文波　朱文敏
朱小云　朱永明　祝松军　邹洪鸣
邹丽虹　邹峥嵘

江苏：白建华　白天涛　白振垒　柏　林
柏　志　柏建强　柏顺斌　柏震平
包　滢　包佃来　包茂芳　包小伟
包燕燕　包洋洋　鲍　博　鲍春群
鲍路瑶　鲍秋琴　鲍思广　鲍秀云
鲍银侠　鲍玉事　毕春茂　毕小兰
边　斌　边磊强　卞成锁　卞国荣
卞加进　卞敏丹　卞巧荣　卞同军
卞伟兴　卞晓兰　卜祥正　卜玉娇
蔡　东　蔡　君　蔡　荔　蔡　铭
蔡　庆　蔡　伟　蔡　燕　蔡宾华
蔡发群　蔡海滨　蔡海杰　蔡宏伟
蔡金彪　蔡秋华　蔡荣华　蔡松波
蔡万鹏　蔡为振　蔡文佳　蔡先明
蔡晓春　蔡欣洋　蔡信泽　蔡星星
蔡雪平　蔡艳锋　蔡震国　仓　斌
仓　山　曹　骅　曹　辉　曹　健
曹　娟　曹　李　曹　平　曹　侠
曹爱将　曹德海　曹高举　曹华洋
曹欢欢　曹建东　曹丽丽　曹明杰
曹彤彤　曹卫国　曹晓红　曹雨生
曹玉娟　曹兆勇　查德华　柴　松
柴加鹏　柴梦蓉　常河翔　常文帅
常雪琴　常永青　车一鸣　陈　琤
陈　诚　陈　娣　陈　冬　陈　飞
陈　飞　陈　峰　陈　锋　陈　刚
陈　贵　陈　红　陈　华　陈　华
陈　健　陈　键　陈　驹　陈　娟
陈　军　陈　军　陈　军　陈　军
陈　凯　陈　康　陈　鈳　陈　坤

陈 岚 陈 雷 陈 磊 陈 磊
陈 莉 陈 良 陈 林 陈 琳
陈 露 陈 猛 陈 敏 陈 鹏
陈 平 陈 萍 陈 强 陈 强
陈 荣 陈 胜 陈 涛 陈 新
陈 新 陈 星 陈 亚 陈 彦
陈 艳 陈 燕 陈 洋 陈 瑶
陈 永 陈 永 陈 勇 陈 勇
陈 勇 陈 雨 陈 雨 陈 跃
陈 跃 陈 哲 陈 志 陈 忠
陈 壮 陈必胜 陈朝华 陈德军
陈冬利 陈冬清 陈福康 陈刚茂
陈光辉 陈广剑 陈广喜 陈桂芳
陈桂兰 陈国慧 陈海浪 陈和平
陈荷玉 陈恒丰 陈洪光 陈加凤
陈家武 陈建斌 陈建兰 陈建林
陈建明 陈建平 陈建清 陈建生
陈建生 陈建松 陈建伟 陈建新
陈建新 陈江华 陈金朝 陈金根
陈金霞 陈金勇 陈进芝 陈静娟
陈静霞 陈开封 陈开伟 陈来平
陈磊磊 陈立标 陈利青 陈亮风
陈龙才 陈美秀 陈平峰 陈屏凤
陈启兵 陈清华 陈清清 陈庆柏
陈荣才 陈荣成 陈荣江 陈如宏
陈飒英 陈史忠 陈淑珍 陈树平
陈思娟 陈廷华 陈同和 陈维日
陈伟东 陈卫飞 陈卫平 陈卫卫
陈文井 陈文龙 陈文全 陈文涛
陈祥桂 陈小翠 陈小飞 陈晓东
陈晓端 陈晓亮 陈晓伟 陈孝研
陈新华 陈新忠 陈鑫森 陈秀红
陈雪琴 陈亚东 陈延梁 陈扬浦
陈叶明 陈晔明 陈宜才 陈勇军
陈余春 陈宇祥 陈玉连 陈玉祥

陈跃年 陈云超 陈运忠 陈蕴琦
陈振龙 陈正华 陈正磊 陈志坚
陈忠义 成 慧 成 杰 成冬梅
成纲梁 成军红 成军祥 成志涌
承 翔 承如正 程 访 程 丰
程 辉 程 霖 程 瑜 程大欣
程松华 程伟忠 程学文 程云妹
程中强 池 云 仇海波 仇亚东
储德高 储星宇 褚 浩 褚海燕
崔 芳 崔 进 崔 平 崔 涛
崔伯兵 崔广信 崔华乔 崔利军
崔林娟 崔培耕 崔素梅 崔新斗
笪 利 笪哲明 代继承 代新怀
代志勇 戴 彬 戴 涛 戴海洪
戴晶晶 戴微光 戴维辉 戴显顺
戴小君 戴小英 戴以东 戴正平
戴宗红 单井林 单亮亮 单太宇
单卫星 单雪兰 党少华 邓 杰
邓广彬 邓加兵 邓礼会 邓凌煌
邓旭欢 邓燕萍 狄 敏 刁晓刚
丁 波 丁 峰 丁 凯 丁 力
丁 朋 丁 平 丁 人 丁 哲
丁 政 丁宝官 丁大永 丁大永
丁二金 丁国辉 丁国如 丁海荣
丁华生 丁建刚 丁金兴 丁军祥
丁乐巧 丁培新 丁全荣 丁伟良
丁伟鹏 丁卫明 丁文龙 丁修武
丁亚明 丁逸庆 丁增胜 丁宗林
董 兵 董 华 董 君 董 伟
董 重 董大莉 董福杰 董海峰
董加发 董家永 董俊付 董杉涛
董运转 董子龙 都耀华 窦金萍
堵小吉 杜 军 杜 伟 杜 响
杜 云 杜利平 杜寿铭 杜文刚
杜文华 杜文祥 杜行强 杜雪龙

杜英敏　杜永明　杜志成　杜作全
段家龙　段建风　段建军　段荣旗
段世海　段衍暄　凡　丹　樊　敏
樊荣芳　范　斌　范　锋　范　旺
范　卫　范成先　范东坡　范广璞
范建军　范建民　范里程　范贤斌
范玉东　范钰城　范月红　范中新
方　杰　方怀斌　方雪峰　方正浓
方祖元　房　啸　费春明　费登琴
费根男　费晓宁　费友林　丰建静
封　峰　封　俊　封文正　冯　杰
冯　凯　冯　凯　冯　琦　冯　廷
冯朝刚　冯方洋　冯国庆　冯浩东
冯建华　冯坤友　冯明星　冯苏龙
冯维兆　冯英龙　冯展波　冯志勇
伏小垒　付　海　付　涛　付继伟
付家平　付克启　付敏文　付南良
付晓霞　付永根　傅子强　干钱珍
甘　猛　甘厚道　高　洁　高　雷
高　磊　高　强　高　松　高　翔
高　昕　高　扬　高　勇　高昌龙
高成明　高传刚　高翠芳　高海群
高怀鹏　高继鹏　高金兰　高金龙
高军宝　高丽洋　高璐璐　高明伟
高荣斌　高瑞彦　高胜利　高思清
高维成　高五红　高细龙　高小桂
高旭东　高亚民　高益峰　高玉强
郜慧敏　戈　皆　戈　威　戈　星
戈　洋　戈建春　戈建忠　葛　芳
葛　敏　葛　伟　葛冬青　葛建国
葛凯华　葛旻飞　葛仁军　葛瑞平
葛祥国　葛祥金　葛小冬　葛小燕
葛晓梅　葛益斌　葛银华　葛映辉
葛宇娜　葛志明　葛祖全　耿　留
耿长筛　耿建红　耿建军　耿克付

耿秋萍　耿雪诒　龚　斌　龚成良
龚传永　龚海辉　龚庞龑　龚卫良
巩保杠　贡雪飞　贡泽瑜　谷爱国
谷海燕　谷怀峰　谷金华　谷文杰
顾　峰　顾　锋　顾　海　顾　健
顾　娟　顾　强　顾　希　顾才兴
顾彩芬　顾大林　顾东权　顾钢锋
顾海霞　顾宏钧　顾宏伟　顾冀君
顾建高　顾建华　顾建林　顾晶晶
顾磊俊　顾丽强　顾连仁　顾美娟
顾秋红　顾石城　顾顺珍　顾苏杰
顾卫清　顾慰华　顾秀芹　顾亚楠
顾跃峰　顾正付　顾志桥　顾志顺
顾周斌　顾祝维　顾祖林　关永斌
管建勋　管培武　管旭东　管最俊
桂如伟　郭　春　郭　浩　郭　频
郭　永　郭爱华　郭宝兰　郭大勇
郭福永　郭根柱　郭桂霞　郭宏彬
郭建华　郭良伟　郭思琪　郭万东
郭伟民　郭伟伟　郭文雅　郭小敏
郭亚南　郭彦永　郭玉杰　郭玉民
郭振杰　郭仲华　过阿妹　过彩萍
韩　辰　韩　龙　韩　韬　韩　英
韩宝娟　韩宝龙　韩国生　韩建强
韩建荣　韩林生　韩玲玲　韩胜刚
韩胜伟　韩树金　韩文银　韩先清
韩学亮　韩延飞　韩兆华　韩正平
杭　云　杭　云　杭水冰　杭学功
郝　爽　郝建华　郝金成　郝马龙
郝鹏飞　郝其建　郝寿容　郝永清
郝玉鹏　何　超　何　洁　何　山
何德华　何建勋　何久艺　何立成
何立全　何林勇　何瑞钦　何守俊
何文杰　何西桂　何西跃　何小芬
何益波　何远秦　何真毅　何祖生

贺　波　洪　洁　洪登富　洪圣兰
洪洋云　洪义有　侯　靖　侯纪涛
侯建锋　侯菊旺　侯凌峰　侯乾忠
侯琴珍　侯正浩　呼雪莲　胡　磊
胡　凌　胡　敏　胡　霞　胡陈晨
胡成杰　胡传银　胡飞进　胡根林
胡怀东　胡建军　胡建祥　胡力进
胡立东　胡明明　胡佩仪　胡仁海
胡诗品　胡顺梅　胡廷俊　胡巍巍
胡文萍　胡文晓　胡小国　胡旭文
胡永祥　胡勇坚　胡有勇　胡振东
胡正松　胡志飞　胡忠林　花　超
华　刚　怀国刚　郇　宇　黄　静
黄　兵　黄　健　黄　俊　黄　雷
黄　鹏　黄　帅　黄　维　黄　艳
黄　滢　黄　振　黄爱萍　黄保云
黄春花　黄春雷　黄干玺　黄官成
黄桂林　黄国俊　黄国忠　黄海枫
黄红玉　黄厚华　黄厚明　黄继忠
黄建法　黄建良　黄建平　黄建平
黄俊铭　黄立会　黄美萍　黄蒙富
黄佩玉　黄强强　黄如杰　黄婷婷
黄文兵　黄文婷　黄熙泉　黄新江
黄亚娟　黄毅辛　黄玉红　黄悦明
黄跃国　黄志坚　惠林童　惠序华
惠正泉　霍创业　霍红雨　霍薪羽
霍自强　姬杏涛　嵇　磊　嵇玉怀
吉明旺　吉湘飞　计爱红　纪　刚
纪　强　纪翠云　纪宏革　纪家祥
纪建国　纪良骏　季　东　季　祥
季昌茂　季春燕　季春裕　季东良
季海珍　季玲娣　季美珍　季伟伟
季小荣　季晓锋　季学刚　季永健
祭华庆　贾　红　贾　真　贾才兵
贾大伟　贾德斌　贾红志　贾宏浩

贾金宝　贾莉莉　贾忙生　贾晓弋
简福超　江　芳　江　海　江　鹏
江　涛　江　涛　江定坤　江国杰
江华俊　江华樑　江会凤　江士亮
江顺林　姜　晨　姜　浩　姜　华
姜　杰　姜　敏　姜　伟　姜　新
姜　振　姜德朋　姜克利　姜丽杰
姜茂东　姜年华　姜文平　姜文章
姜欣利　姜秀美　姜振明　蒋　兵
蒋　超　蒋　刚　蒋　虹　蒋　康
蒋　曙　蒋　涛　蒋　侠　蒋　瑛
蒋　勇　蒋　跃　蒋长连　蒋成兵
蒋成虎　蒋船宝　蒋根宝　蒋根晓
蒋广磊　蒋海波　蒋家伟　蒋建华
蒋建忠　蒋金候　蒋立峰　蒋伶俐
蒋灵峰　蒋龙根　蒋美珍　蒋炜新
蒋永全　蒋昀涛　蒋志祥　焦　妮
焦　婷　焦岐云　解冬红　解路瑶
金　超　金　峰　金　梅　金　明
金　石　金　炜　金保明　金得洲
金东男　金广忠　金海涛　金红军
金宏超　金珏成　金可英　金小三
金晓剑　金彦杰　金宜彬　金银雪
金玉蓉　晋玉贵　靳爱菊　靳叶波
荆小平　景振宇　居扣军　居徐忠
鞠　慧　鞠建荣　瞿　铭　隽志远
阚　军　阚士效　阚知彬　闞　萌
康　华　康　平　康瑞玲　孔　斌
孔　娟　孔　涛　孔凡文　孔令坤
孔令喜　寇　斌　赖东林　赖礼容
乐建进　乐启兵　雷章勇　李　浜
李　冰　李　波　李　成　李　飞
李　峰　李　刚　李　刚　李　贵
李　海　李　贺　李　红　李　虎
李　辉　李　慧　李　坚　李　杰

李　进　李　晶　李　军　李　军

李　军　李　康　李　奎　李　莉

李　亮　李　灵　李　梅　李　敏

李　敏　李　宁　李　宁　李　鹏

李　强　李　强　李　青　李　清

李　赛　李　涛　李　霆　李　伟

李　伟　李　伟　李　伟　李　炜

李　行　李　旭　李　严　李　艳

李　艳　李　燕　李　阳　李　阳

李　杨　李　晔　李　寅　李　鹰

李　影　李　勇　李　勇　李　勇

李　云　李爱民　李柏芝　李灿林

李长登　李长平　李长青　李长喜

李传军　李春芳　李大兵　李堤君

李殿庆　李冬云　李恩平　李二国

李法胜　李凡红　李菲菲　李辅洁

李海柱　李红飞　李洪娟　李洪强

李洪英　李虎年　李华新　李纪成

李继生　李建林　李建平　李建荣

李建英　李金龙　李金同　李进杰

李晶龙　李婧乔　李军辉　李军生

李克喜　李良群　李六元　李龙飞

李茂碧　李明明　李明壮　李年生

李苹苹　李其刚　李仁和　李荣波

李瑞鹏　李姗姗　李绍旺　李生虎

李士举　李世华　李世芒　李树建

李双利　李顺庭　李泰安　李泰华

李为亮　李伟青　李卫华　李文彬

李先宁　李先铸　李小俊　李晓峰

李晓明　李新建　李学军　李彦法

李艳明　李燕舞　李铁卓　李逸飞

李英楠　李迎久　李永乐　李永新

李优锋　李有斌　李幼薇　李玉成

李玉萍　李玉琴　李玉霞　李云光

李振华　李振军　李正明　李志胜

李志忠　李忠海　李忠林　李子林

李自祥　厉从亮　连　璐　梁　琛

梁　峰　梁　虎　梁　森　梁国栋

梁可正　梁凌艳　梁重熹　廖文明

廖友国　林　钢　林　海　林　静

林　俊　林　敏　林　卫　林国伟

林化军　林荣彬　林衍超　林正明

林志兵　凌新凤　凌永清　刘　报

刘　标　刘　斌　刘　滨　刘　冲

刘　春　刘　丹　刘　丹　刘　东

刘　凡　刘　芳　刘　飞　刘　峰

刘　凤　刘　海　刘　欢　刘　辉

刘　辉　刘　建　刘　健　刘　杰

刘　杰　刘　洁　刘　军　刘　凯

刘　奎　刘　美　刘　明　刘　平

刘　荣　刘　婷　刘　伟　刘　鑫

刘　旋　刘　燕　刘　渝　刘　玉

刘　智　刘佰伟　刘宝石　刘保伟

刘伯成　刘彩玲　刘长君　刘长文

刘长义　刘长永　刘成建　刘春华

刘春华　刘定海　刘东亮　刘东振

刘风山　刘甫林　刘广跃　刘国兵

刘国山　刘国伟　刘海兵　刘海军

刘海鹏　刘海霞　刘汉清　刘汉廷

刘红波　刘纪庆　刘家苏　刘建华

刘建平　刘江林　刘蒋毅　刘金春

刘金存　刘金立　刘金松　刘井霞

刘景喜　刘扣祥　刘李军　刘丽梅

刘玲玲　刘其标　刘荣荣　刘瑞金

刘石涛　刘世兰　刘思远　刘松波

刘穗兴　刘腾录　刘天明　刘万仁

刘卫国　刘文冬　刘文静　刘文凯

刘晓旭　刘修静　刘旭东　刘训华

刘延安　刘艳君　刘艳萍　刘燕军

刘叶霞　刘迎新　刘永民　刘永全

刘永亭　刘永振　刘玉强　刘元斌
刘正宏　刘志刚　刘志钢　刘志明
柳　彬　柳小庆　龙利滨　卢　峰
卢　靓　卢　亮　卢　松　卢　松
卢　霞　卢　政　卢逢权　卢海荣
卢虎向　卢华兴　卢黎波　卢林先
卢明轩　卢瑞源　卢树建　卢绪芳
卢永志　卢裕荣　卢远征　卢振树
芦　青　鲁　军　鲁成荣　鲁定明
鲁微微　陆　斌　陆　高　陆　海
陆　晶　陆　俊　陆　亮　陆　游
陆斌祥　陆二慧　陆根才　陆国忠
陆洪良　陆惠康　陆吉兰　陆建国
陆建民　陆金华　陆兰娣　陆柳柳
陆启富　陆仁平　陆沈伟　陆胜旗
陆桃桃　陆伟才　陆小洁　陆新华
陆信强　陆永婷　陆岳川　陆志华
陆周平　鹿　永　路宏亮　路玉珍
路月珍　吕　辉　吕　静　吕　强
吕　伟　吕　燕　吕　永　吕　媛
吕桂玲　吕建芳　吕静娅　吕善丰
吕士滨　吕小林　吕言坤　吕盈申
栾根宏　栾海涛　栾立霞　罗　卫
罗华伟　罗留杏　罗勤峰　罗　蜜
罗秀芳　骆　雪　骆立永　骆林茹
马　斌　马　超　马　辉　马　坚
马　杰　马　俊　马　奎　马　亮
马　林　马　伟　马　艳　马　勇
马　勇　马爱明　马长晓　马春花
马多多　马宏斌　马佳君　马家雄
马建红　马乐华　马如龙　马士娟
马树伟　马衔滨　马小平　马晓春
马晓东　马晓红　马新建　马绪从
马学洪　马雪玲　马亚鹏　马永杰
马永强　马玉华　马玉鹏　马占文

马志强　马智星　马宗谚　毛赤华
毛风新　毛伟伟　毛益军　毛志义
冒　俊　冒　欣　冒其富　梅　彩
梅志宇　孟　伟　孟媛媛　孟昭平
糜　超　糜卫刚　米鹏飞　苗　聪
苗　栋　苗　萍　苗　威　闵德军
闵玲玲　闵知行　闵知行　缪　辉
缪　新　缪海燕　缪洪彬　缪寿林
缪为江　缪正国　缪志刚　缪宗仁
莫爱敏　牟继勤　穆文均　穆禹杰
倪　敏　倪海旭　倪建新　倪凯飞
倪念东　倪启欢　倪圣文　倪守勇
倪伟国　倪卫平　倪正宇　倪志刚
聂新亚　牛　涛　牛　毅　牛国强
牛心伍　潘　冬　潘　峰　潘　锋
潘　鹏　潘　伟　潘安松　潘长高
潘定龙　潘飞警　潘海军　潘红梅
潘洪波　潘建超　潘建军　潘麟岑
潘南军　潘万鹏　潘文峰　潘文凤
潘文龙　潘小卫　潘雪珍　潘迎秋
潘玉梅　潘志付　潘志荣　潘子宇
庞　盼　庞国芬　庞希望　裴　超
裴海宁　裴洪浩　裴雨波　彭　立
彭爱英　彭国权　彭慧慧　彭满高
彭培培　彭树兴　平建锋　蒲　浪
蒲兆勤　戚荣梅　祁佰发　祁洪清
祁守权　祁雯蓉　祁效锋　祁玉芬
齐　菲　齐敦旺　齐立伟　齐艳华
钱　兵　钱　刚　钱　钢　钱　俊
钱　凯　钱　磊　钱　龙　钱　强
钱　雄　钱　英　钱大兵　钱海燕
钱华斌　钱建峰　钱龙英　钱美霞
钱佩英　钱胜彪　钱世彤　钱万巧
钱文龙　钱逸鸣　钱逸新　钱志刚
钱智勇　乔　奇　乔洪伟　乔艳平

乔志娟 秦　岭 秦　伟 秦　鑫
秦春霞 秦家伟 秦建兵 秦建波
秦克飞 秦荣锴 秦上根 秦学喜
秦哲霞 庆元元 邱　艰 邱　然
邱春宝 邱大华 邱广益 邱鸿春
邱会生 邱建娥 邱建工 邱利民
邱文伟 邱勇杰 曲国庭 权继增
任　刚 任　辉 任　建 任冰星
任方昕 任国朝 任家魁 任见恩
任文飞 任小宾 任小英 戎露飞
荣乃明 阮芳萍 桑迎辉 沙惠林
沙锦剑 商钱峰 商庆方 尚建召
尚忠孝 邵　山 邵　笑 邵长斌
邵凤柳 邵海江 邵海明 邵海平
邵锦兰 邵静亚 邵君军 邵兰凤
邵卫春 邵英筠 邵颖秋 邵玉华
邵正理 邵志美 佘春龙 佘有国
申汉才 沈　佳 沈　立 沈　南
沈　涛 沈　伟 沈　英 沈侧锦
沈晨曦 沈春明 沈恩奎 沈宏生
沈辉章 沈纪兴 沈加朝 沈建良
沈建新 沈金华 沈晶晶 沈侃文
沈盼望 沈巧娣 沈淑玉 沈铁山
沈为民 沈伟新 沈卫卫 沈锡华
沈小平 沈晓晨 沈晓青 沈昕方
沈永新 沈玉春 沈玉良 沈云良
绳　冉 圣　洁 盛海宁 盛建国
盛晓奕 盛雪明 盛在瑞 盛增瑞
师文豪 施春雷 施恩惠 施弘敏
施丽萍 施鹏飞 施晓华 施玉华
施振山 石　磊 石　洋 石晨光
石贵林 石建平 石敬华 石凌晨
石荣生 石仕福 石万倩 石秀兰
石雪明 石义凤 石永贤 时　济
时军好 时太军 时秀于 拾方勇

拾培培 史柏英 史建农 史俊文
史明德 史谦益 史淑华 史先启
史晓波 史以凯 史月桂 侍　春
疏海生 束法龙 束忠民 司春罗
司向阳 宋　斌 宋　佳 宋　强
宋　晴 宋　瑞 宋　涛 宋　薇
宋　治 宋　舟 宋灿彬 宋春雷
宋大付 宋广宇 宋海荣 宋金山
宋美香 宋秋梅 宋帅岭 宋万莲
宋小珍 宋雅春 宋亚安 苏贵荣
苏宏裕 苏如坤 苏卫清 苏永光
苏宇玉 眭云强 隋国基 孙　斌
孙　斌 孙　兵 孙　波 孙　超
孙　超 孙　程 孙　峰 孙　锋
孙　辉 孙　佳 孙　洁 孙　京
孙　岚 孙　雷 孙　立 孙　亮
孙　明 孙　培 孙　起 孙　瑱
孙　旭 孙　羽 孙　展 孙保安
孙步中 孙彩林 孙纯华 孙福平
孙桂芳 孙海波 孙海鹰 孙红军
孙宏俊 孙宏明 孙际荣 孙加旺
孙建设 孙健东 孙金贵 孙进娥
孙经涛 孙理哲 孙明星 孙启伟
孙庆香 孙书江 孙书君 孙淑平
孙树青 孙同言 孙伟贤 孙伟中
孙卫国 孙文和 孙夕春 孙习娣
孙宪进 孙小丽 孙小栎 孙小亮
孙小炎 孙兴卫 孙秀明 孙亚军
孙亚君 孙宜伦 孙艺烽 孙银凤
孙永飞 孙玉井 孙玉来 孙玉全
孙振亚 孙志强 孙中政 孙忠平
孙助权 郤立士 谈闻安 谭　昱
谭家岭 谭艳桃 汤　晨 汤　进
汤伯伟 汤惠明 汤继虎 汤建国
汤文祥 汤晓红 汤雪苑 唐　军

唐　俊　唐　凯　唐　磊　唐　敏
唐　骁　唐杜娟　唐红花　唐红韻
唐建忠　唐菊梅　唐乐平　唐伦芸
唐敏勤　唐卫民　唐兴华　唐兴华
唐旭东　唐旭红　唐亚军　唐耀权
唐颖香　唐正洪　唐正浪　唐志祥
陶　红　陶　立　陶　涛　陶　霆
陶长春　陶艮坤　陶海兴　陶建民
陶建平　陶竞峰　陶小华　陶秀军
陶雪罡　滕　坤　滕春云　滕海霞
滕尚义　滕云龙　田　东　田　佳
田　涛　田　颖　田　云　田国仁
田后宏　田胜毅　田盛贵　田世华
田伟庆　田治宾　帖　牛　仝亚萍
佟后海　童成龙　童方卿　童国华
童剑波　童青云　屠春雷　屠国军
万　莲　万　伟　万安政　万汉强
万纪云　万加平　万加洋　万健平
万学平　万洲绪　汪　海　汪　恒
汪　坚　汪　椹　汪　伟　汪　屹
汪苍松　汪大伟　汪飞扬　汪建华
汪林祥　汪歧红　汪琦兰　汪任泉
汪文毅　汪永康　汪永连　汪玉君
汪振东　王　斌　王　斌　王　超
王　超　王　从　王　雕　王　芳
王　飞　王　飞　王　飞　王　风
王　号　王　浩　王　贺　王　贺
王　红　王　怀　王　辉　王　辉
王　辉　王　慧　王　剑　王　杰
王　金　王　静　王　静　王　娟
王　珏　王　凯　王　凯　王　坤
王　雷　王　磊　王　磊　王　磊
王　磊　王　磊　王　磊　王　丽
王　良　王　亮　王　林　王　琳
王　琳　王　玲　王　凌　王　刘

王　路　王　敏　王　敏　王　平
王　萍　王　萍　王　倩　王　强
王　强　王　琴　王　瑞　王　胜
王　双　王　涛　王　婷　王　玮
王　侠　王　鑫　王　旭　王　亚
王　阳　王　勇　王　勇　王　勇
王　悦　王　跃　王　云　王　昭
王　哲　王　振　王　震　王　郑
王　忠　王爱国　王爱华　王保才
王必国　王必涛　王丙水　王伯清
王昌利　王长华　王长林　王长伟
王成龙　王成侠　王承志　王承祖
王崇琛　王储民　王传生　王春苗
王春云　王大业　王大振　王德明
王东升　王栋梁　王栋贤　王风华
王凤斌　王凤娟　王夫军　王付强
王富根　王高通　王光荣　王广雷
王广垒　王广鹏　王广喜　王广哲
王桂东　王桂兰　王国丰　王国明
王国庄　王海峰　王海林　王海泉
王海荣　王海云　王海珍　王航勃
王恒来　王恒云　王红兵　王红英
王洪建　王华梁　王焕良　王惠建
王吉祥　王计明　王继红　王继平
王继唐　王继忠　王加红　王佳佳
王家禄　王建芳　王建国　王建国
王建红　王建华　王建军　王建丽
王建荣　王建荣　王建山　王建雄
王健伟　王江萍　王金标　王金超
王金传　王金娥　王金发　王金贵
王金露　王金梅　王敬可　王敬文
王静波　王菊香　王君益　王凯君
王可道　王昆昆　王来兵　王兰芳
王乐华　王立根　王丽萍　王利锋
王林忠　王陆云　王茂凡　王米沙

王明峰　王明华　王培富　王品海
王其锦　王其军　王奇超　王琪凤
王启升　王前来　王前前　王巧英
王勤发　王勤生　王庆安　王庆丰
王庆玲　王庆伟　王全想　王群玉
王仁虎　王任玄　王树声　王三孝
王森民　王姗姗　王善礼　王绍北
王圣森　王守沛　王寿同　王帅帅
王双龙　王顺利　王顺宁　王顺芝
王思农　王锁荣　王腾飞　王天斌
王维国　王伟进　王伟民　王伟明
王伟谊　王魏洪　王文芳　王文利
王文清　王向东　王小军　王小强
王晓亮　王晓燕　王新建　王兴元
王徐辉　王续明　王雪森　王亚妹
王亚敏　王亚云　王亚召　王义民
王迎春　王迎中　王拥军　王永芳
王永鸿　王永龙　王永励　王勇杰
王勇杰　王勇明　王由建　王友刚
王友权　王友洋　王瑜璐　王宇翔
王禹生　王玉斌　王玉成　王玉花
王玉环　王玉梅　王玉萍　王玉珍
王聿兴　王渊渊　王云家　王云龙
王云万　王再新　王增友　王兆军
王兆选　王振花　王振昤　王正军
王政权　王志芳　王志刚　王志刚
王志国　王志强　王中华　王中孝
王忠亮　王钟灵　王自豪　韦翠粉
韦广涛　韦皓天　韦洪顺　韦莉丽
韦锡生　卫万山　位维良　魏　芳
魏　刚　魏　萍　魏　薇　魏　巍
魏　叶　魏爱平　魏长友　魏国俊
魏家文　魏景阳　魏俊立　魏礼娜
魏秋云　魏志刚　温海强　温克廷
温丽玲　文　荣　文代荣　文电民

闻　静　闻学明　巫　萍　巫惠明
巫万祥　吴　安　吴　波　吴　超
吴　罡　吴　昊　吴　杰　吴　捷
吴　菁　吴　军　吴　军　吴　荣
吴　涛　吴　伟　吴　勇　吴　用
吴　钰　吴　岳　吴保兵　吴曹磊
吴昌明　吴长稚　吴朝雷　吴春雨
吴存霞　吴道平　吴德超　吴佃功
吴反修　吴福祥　吴桂喜　吴国防
吴国庆　吴海宁　吴华兵　吴惠娟
吴继平　吴继荣　吴继忠　吴建国
吴金菊　吴菊兰　吴军华　吴俊海
吴兰俊　吴莉莉　吴良运　吴林君
吴美金　吴培生　吴鹏飞　吴强强
吴青海　吴琼瑶　吴仁君　吴荣建
吴荣霖　吴淑梅　吴为营　吴维松
吴卫平　吴文贵　吴小君　吴小雷
吴小平　吴晓璐　吴秀娟　吴旭玉
吴亚兵　吴燕萍　吴英敏　吴永红
吴永华　吴咏梅　吴勇华　吴雨亮
吴玉峰　吴玉和　吴玉妹　吴玉民
吴泽山　吴镇虎　吴志国　吴志洪
吴志华　吴志生　武　勇　武海洋
武历勤　武毅欣　奚东风　奚明杰
奚学保　席　驼　席时春　席玉思
夏　坤　夏　兰　夏　倩　夏　庆
夏　天　夏　中　夏长兵　夏陈行
夏成涛　夏春荣　夏丹丹　夏高永
夏国锋　夏海军　夏建华　夏举东
夏科伟　夏绍琴　夏小萍　夏序隆
夏永巧　夏友强　夏育林　向卫国
项　东　肖　蓉　肖建锋　肖慎勇
肖忠锐　谢　锦　谢　凯　谢　康
谢　群　谢　伟　谢　志　谢昌恒
谢国元　谢红梅　谢经晨　谢开萍

谢黎雅　谢利民　谢林鑫　谢泉鑫
谢善冈　谢苏灵　谢孝忠　谢新仕
谢修鑫　谢彦杰　谢宇昊　谢玉华
谢毓蓉　谢兆飞　谢之光　忻　宇
辛以雷　邢国君　邢建萍　熊　林
熊红岗　熊金玲　熊均海　熊墨安
戌　锋　徐　芬　徐　峰　徐　峰
徐　刚　徐　海　徐　昊　徐　辉
徐　惠　徐　慧　徐　建　徐　建
徐　进　徐　娟　徐　军　徐　俊
徐　俊　徐　凯　徐　蕾　徐　玲
徐　敏　徐　平　徐　涛　徐　伟
徐　焰　徐宝龙　徐宝章　徐标标
徐彩英　徐长征　徐成彬　徐传会
徐春云　徐翠萍　徐方大　徐光东
徐桂秋　徐海松　徐海涛　徐汉尧
徐和英　徐鹤鸣　徐红辉　徐红艳
徐宏宇　徐华龙　徐惠强　徐继华
徐继美　徐建惠　徐建明　徐建忠
徐津京　徐敬全　徐利铭　徐林祥
徐满涛　徐美芳　徐巧兰　徐青松
徐全生　徐绍俊　徐胜军　徐石宏
徐四二　徐维琦　徐伟华　徐卫星
徐文亮　徐问梅　徐熙飞　徐向东
徐小弟　徐小燕　徐小宇　徐晓亮
徐兴华　徐杏男　徐秀兰　徐秀青
徐学伦　徐以成　徐义兵　徐永丰
徐勇军　徐玉州　徐泽林　徐征球
徐正贵　徐正鸿　徐正新　徐治初
徐忠明　徐祝祥　徐祝英　许　斌
许　丹　许　飞　许　恒　许　进
许　骏　许　磊　许　敏　许　平
许　桃　许　瓦　许　伟　许　雯
许　勇　许　媛　许成志　许呈斌
许冬泉　许桂英　许国兵　许国栋

许国家　许宏巍　许继锐　许加杰
许家伟　许建立　许金海　许立文
许庆年　许荣科　许瑞林　许尚友
许省伟　许维民　许向荣　许小丽
许昕予　许秀进　许雅君　许永乐
许云祥　许运标　宣　凯　薛　飚
薛　军　薛　均　薛　凯　薛　平
薛　强　薛爱华　薛春霞　薛冬平
薛桂保　薛桂兰　薛建林　薛金华
薛金库　薛雷钧　薛连荣　薛刘生
薛仁香　薛荣良　薛仕胜　薛伟明
闫　贺　闫洪权　闫励娟　闫卫平
闫西伟　闫祥伟　严　军　严　萍
严　强　严长祥　严旦炜　严金林
严如涛　严晓祥　严新东　严英俊
严玉慧　严志坚　言　忱　颜　玲
颜丙新　颜国云　颜廷栋　晏　刚
燕　鹏　燕奇峰　扬立传　羊卫中
杨　陈　杨　岗　杨　虎　杨　建
杨　剑　杨　健　杨　静　杨　静
杨　静　杨　军　杨　俊　杨　凯
杨　坤　杨　乐　杨　丽　杨　亮
杨　亮　杨　庆　杨　庆　杨　蓉
杨　瑞　杨　森　杨　涛　杨　威
杨　鑫　杨　旭　杨　扬　杨　晔
杨　胤　杨　颖　杨爱群　杨春清
杨冬青　杨芳芳　杨丰义　杨功珊
杨广洲　杨海波　杨杭州　杨鹤军
杨红明　杨洪剑　杨华军　杨辉杰
杨佳川　杨建峰　杨建军　杨建新
杨建云　杨健全　杨景凤　杨军农
杨乐音　杨礼硕　杨利纳　杨剖康
杨启亮　杨巧干　杨世龙　杨树明
杨思强　杨伟振　杨卫东　杨文斌
杨文军　杨文君　杨晓春　杨晓东

杨孝忠　杨昕启　杨新民　杨秀英
杨学兵　杨学新　杨应存　杨莹莹
杨玉梅　杨玉平　杨元菊　杨媛媛
杨云斌　杨云峰　杨之明　杨知德
杨中雪　杨忠峰　杨忠华　杨忠欣
杨宗毅　姚　斌　姚　锋　姚　刚
姚　钢　姚　贺　姚　健　姚　明
姚　毅　姚陈红　姚公芹　姚国连
姚建华　姚建平　姚清虎　姚群芳
姚庶波　姚松涛　姚文明　姚小华
姚小渊　姚晓东　姚亚萍　姚银祥
姚玉桥　要兴华　叶必凤　叶国文
叶小明　叶新华　叶志国　伊九凤
易　萍　裔昭欧　殷　钢　殷　豪
殷　音　殷春梅　殷国明　殷剑明
殷淑斌　殷文华　殷晓蔚　殷延江
殷泽国　尹　超　尹　璐　尹　彭
尹　勇　尹大伟　尹德银　尹飞虎
尹祥勇　尹义山　尹永华　尹永来
尹元强　尹正磊　尹中宏　印锦平
印永强　尤德成　尤国祥　尤可青
游文东　于　刚　于　康　于　洋
于　忠　于海兵　于海华　于洪良
于世海　于苏顺　于昭科　余　区
余　伟　余洋洋　余重亮　俞　钏
俞　快　俞　强　俞季华　俞卫兵
虞振华　郁　玲　郁明旭　喻汉英
喻婷婷　袁　锋　袁　李　袁　笠
袁　亮　袁　满　袁　顺　袁　伟
袁传雷　袁春华　袁国彩　袁国江
袁建云　袁金花　袁军平　袁克宇
袁立平　袁丽萍　袁丽琴　袁青松
袁伟庆　袁小斐　袁小勇　袁孝镇
袁秀珍　袁永华　袁钰玮　岳　豹
岳清华　岳以军　臧海欧　臧平芳

臧秀清　曾　海　曾　涛　曾爱权
曾付忠　曾建华　曾小群　曾修竹
曾学军　曾兆权　翟　杰　翟杭军
翟怀宇　翟金德　翟峻生　翟树坚
翟彦桃　翟永军　詹仁允　詹振鹏
张　斌　张　斌　张　滨　张　波
张　波　张　超　张　春　张　东
张　栋　张　帆　张　帆　张　锋
张　浩　张　浩　张　华　张　晖
张　辉　张　慧　张　吉　张　骥
张　建　张　建　张　剑　张　健
张　杰　张　劲　张　晶　张　炯
张　娟　张　军　张　凯　张　凯
张　雷　张　磊　张　莉　张　亮
张　亮　张　亮　张　琳　张　琳
张　玲　张　龙　张　璐　张　敏
张　佩　张　琪　张　茜　张　强
张　强　张　琴　张　荣　张　瑞
张　堂　张　伟　张　伟　张　伟
张　炜　张　文　张　歆　张　鑫
张　兴　张　璇　张　艳　张　艳
张　燕　张　洋　张　洋　张　意
张　毅　张　毅　张　寅　张　引
张　英　张　颖　张　影　张　永
张　永　张　勇　张帮彬　张宝华
张保亮　张北阳　张彩金　张成功
张成忠　张成庄　张崇勤　张船扣
张春成　张德勤　张登付　张佃花
张丁元　张东辉　张东帅　张东争
张冬冬　张冬梅　张二从　张二强
张二忠　张风雷　张凤东　张凤萍
张凤云　张格华　张桂芳　张桂玲
张桂玲　张国兵　张国连　张国强
张国强　张国顺　张国忠　张海宾
张海军　张海军　张海燕　张海燕

张汉清 张恒香 张红梅 张红荣
张宏良 张宏艳 张洪兰 张洪武
张华生 张怀菁 张济昆 张家升
张家霆 张俭平 张建国 张建国
张建良 张建玉 张剑明 张金生
张金学 张晶晶 张军平 张克敏
张克营 张磊平 张丽娟 张利君
张林华 张灵姊 张凌秀 张刘勇
张忙大 张茂平 张妹琴 张咪咪
张明东 张明明 张乃千 张乃群
张培忠 张品生 张平安 张平安
张启高 张倩倩 张庆山 张日华
张荣群 张如勇 张胜磊 张胜震
张士宝 张士奎 张世和 张世军
张守杰 张淑红 张树红 张顺国
张思平 张思伟 张思雯 张松建
张松涛 张苏兰 张苏宁 张素红
张堂柏 张廷峰 张同秀 张同义
张玮琦 张卫东 张卫华 张卫青
张文杰 张文金 张文凯 张文莉
张文亮 张文龙 张文霞 张雯劼
张小明 张小鹏 张小伟 张晓东
张晓鸣 张晓燕 张晓勇 张晓玉
张孝旭 张欣君 张新平 张兴旺
张兴旺 张兴中 张邢涛 张学军
张学鲁 张学文 张雪芳 张雪松
张亚荣 张延旭 张燕妮 张耀如
张迎春 张永昌 张永利 张永平
张勇杰 张余林 张玉丽 张云芳
张云清 张泽莲 张正英 张志刚
张志明 张志明 张志明 张志文
张志兴 张宗君 张尊进 章 霖
章 青 章 伟 章黄容 章金兰
章士平 章兆磊 赵 斌 赵 兵
赵 超 赵 翠 赵 飞 赵 海

赵 纪 赵 佳 赵 静 赵 厉
赵 良 赵 萍 赵 秋 赵 伟
赵 秀 赵 颖 赵安乐 赵传平
赵春霞 赵根祥 赵国苛 赵宏伟
赵洪森 赵厚瑞 赵华忠 赵怀俊
赵建康 赵俊波 赵宽宁 赵联合
赵林花 赵庙林 赵庆元 赵荣妹
赵胜男 赵苏敏 赵天平 赵万浪
赵卫国 赵文辉 赵向东 赵晓兰
赵晓银 赵学勇 赵雪东 赵雅明
赵艳秋 赵阳君 赵银华 赵永春
赵永红 赵友鸣 赵雨亭 赵玉凤
赵云仙 赵泽民 赵中娥 甄 帅
甄雅君 郑 峰 郑 华 郑 桦
郑 雷 郑 莲 郑 晴 郑 臻
郑红斌 郑玉朝 支 强 钟 军
钟 声 钟金甫 钟烨雯 种道安
仲 鑑 仲崇吉 仲巧芹 周 城
周 峰 周 刚 周 刚 周 昊
周 虹 周 慧 周 建 周 江
周 凯 周 亮 周 岷 周 明
周 齐 周 奇 周 强 周 强
周 全 周 涛 周 武 周 翔
周 翔 周 燕 周 扬 周 阳
周 银 周 勇 周 跃 周长辉
周晨露 周德安 周德邦 周东泉
周尔飞 周二芳 周飞飞 周风春
周戈林 周革海 周广成 周广友
周国民 周海波 周海军 周海亮
周红霞 周继宝 周家隆 周建华
周建军 周建龙 周建平 周金元
周锦强 周晋诚 周康榕 周克成
周克玉 周林娣 周林峰 周茂斌
周梅林 周鹏成 周麒敏 周青云
周庆年 周曲鸣 周仁华 周仁杰

周上威　周少明　周生建　周胜雷
周淑贞　周为左　周维汉　周卫清
周文红　周小明　周小平　周兴星
周衍池　周永峰　周宇鸿　周玉标
周玉龙　周玉生　周月柱　周章秀
周志刚　周志华　周志全　周志勇
周祖民　朱　斌　朱　斌　朱　飞
朱　鸿　朱　江　朱　洁　朱　静
朱　军　朱　沙　朱　伟　朱　伟
朱　醒　朱宝惠　朱彩英　朱长武
朱超群　朱朝阳　朱春良　朱大全
朱旦萍　朱恩虎　朱根发　朱耿银
朱光辉　朱广春　朱广庆　朱桂兵
朱国建　朱国烨　朱海平　朱恒新
朱洪发　朱洪宁　朱鸿巍　朱华国
朱加国　朱佳莉　朱佳龙　朱家屯
朱建军　朱建平　朱建新　朱建兴
朱剑波　朱剑锋　朱金虎　朱九妹
朱孔花　朱孔燕　朱莉莉　朱立新
朱连海　朱路群　朱明焱　朱宁宁
朱钱军　朱勤波　朱秋菊　朱荣华
朱瑞峰　朱申辉　朱时春　朱孙峰
朱万婷　朱卫东　朱文龙　朱小琳
朱小萍　朱晓燕　朱孝先　朱昕文
朱新海　朱雪峰　朱亚东　朱延中
朱英永　朱永东　朱由涛　朱友华
朱云端　朱振峰　朱振华　诸　文
祝大维　祝远志　庄　磊　庄　庆
庄　燕　庄道春　庄惠英　庄建飞
庄瑞琳　卓忠恒　宗　露　宗国斌
邹　飞　邹　雷　邹　梁　邹　艳
邹根宝　邹洪延　邹惠刚　邹连锁
邹晓新　邹叙芳　邹玉明　邹云芬
邹志强　左　晋　左　强　左津琐
左小文　左云峰

浙江：安晓洁　白　帆　白长青　白军勇
白考举　白伟才　白燕青　柏成元
包大进　包国平　包剑凤　包敏杰
包群卿　包绍斌　包四明　包晔斌
包翼鹏　鲍春茵　鲍坚东　鲍剑峰
鲍金华　鲍君明　鲍其华　鲍伟明
边平国　卞志祝　薄其峰　卜建斌
卜洋山　蔡　亮　蔡晨阳　蔡晨阳
蔡大忠　蔡光锋　蔡和平　蔡凌斌
蔡日聪　蔡瑞利　蔡少伟　蔡生明
蔡廷禄　蔡伟华　蔡卫平　蔡奕奕
蔡友国　蔡云杰　蔡云杰　蔡允雷
蔡忠政　曹　刚　曹爱珍　曹惠勤
曹健华　曹菊香　曹军波　曹立军
曹利青　曹玉英　查荣宝　查小钢
柴聪颖　柴利惠　柴林福　柴清清
柴魏魏　柴雪波　产圣林　常立宝
陈　标　陈　波　陈　波　陈超儿
陈　晨　陈德环　陈　迪　陈　菲
陈　峰　陈　晗　陈　浩　陈　宏
陈　晖　陈　辉　陈　建　陈　剑
陈　剑　陈　静　陈　静　陈　静
陈　娟　陈　军　陈　军　陈　卡
陈　侃　陈　雷　陈　丽　陈　良
陈　粮　陈　亮　陈　律　陈　敏
陈　平　陈　平　陈　奇　陈　仁
陈　伟　陈　伟　陈　炜　陈　新
陈　雁　陈　燕　陈　燕　陈　易
陈　谊　陈艾琳　陈安军　陈宝华
陈保国　陈碧莲　陈兵舰　陈长林
陈传家　陈春红　陈春青　陈德伟
陈冬芳　陈尔立　陈方轰　陈方红
陈飞虎　陈飞燕　陈风妹　陈福财
陈福民　陈广兵　陈国宫　陈国君
陈国敏　陈国铭　陈国强　陈国强

陈国祥 陈国祥 陈海龙 陈海洋
陈荷花 陈恒聪 陈华锋 陈华君
陈怀国 陈惠平 陈家静 陈建烽
陈建华 陈建伟 陈建文 陈建忠
陈剑鸿 陈健勇 陈洁敏 陈金春
陈金胜 陈金松 陈金友 陈经熬
陈经德 陈菊珍 陈均升 陈俊华
陈俊君 陈克实 陈兰英 陈丽华
陈丽雁 陈连国 陈良军 陈良胜
陈林国 陈林红 陈灵辉 陈灵贞
陈陆栋 陈茂徐 陈美菊 陈孟华
陈明光 陈明建 陈明新 陈启明
陈钱伟 陈倩影 陈青松 陈如根
陈时昂 陈松波 陈天虹 陈天云
陈伟东 陈伟峰 陈伟平 陈伟阳
陈伟跃 陈卫钢 陈文红 陈文华
陈文杰 陈文龙 陈文荣 陈夏忠
陈贤德 陈贤德 陈贤龙 陈小红
陈小虹 陈小华 陈小明 陈小明
陈小青 陈小秋 陈晓丰 陈笑颜
陈协堂 陈新华 陈新桥 陈叙培
陈学弟 陈学维 陈雪燕 陈训伟
陈月林 陈言均 陈艳贵 陈宜虎
陈义柱 陈奕正 陈益峰 陈寅德
陈英菲 陈英华 陈永嘉 陈永君
陈永亮 陈永林 陈永平 陈永勇
陈勇军 陈用湖 陈愉平 陈宇汇
陈运强 陈珍珍 陈正军 陈正如
陈正伟 陈志爱 陈志刚 陈志海
陈志红 陈志会 陈志平 陈志勇
陈治集 陈中平 陈宗华 成 婷
成建飞 成渭桥 成学军 程 飞
程 奇 程 怡 程冬泉 程国云
程惠英 程恪蔼 程礼斌 程名旗
程青海 程荣升 程时满 程溪溪

程益民 程曾平 程珍芳 池全能
池一平 池志华 仇 盛 储勇伟
楚桂友 褚 文 褚诗均 褚先锋
褚云娣 褚兆南 崔 俊 崔 涛
崔 涛 崔 伟 崔建勇 崔鸣华
崔庆波 戴 平 戴爱军 戴炳旺
戴成威 戴东海 戴国民 戴国忠
戴红光 戴金彩 戴兰兰 戴良朋
戴顺富 戴卫东 单 洁 单 良
单国龙 单闻澜 单晓奇 邓 华
邓 辉 邓 佳 邓 勇 邓传伟
邓春艳 邓国庆 邓剑青 邓礼剑
邓闽娟 邓淑仙 丁 超 丁 慧
丁 燕 丁 毅 丁 勇 丁 宇
丁帮龙 丁春法 丁荷根 丁洪汇
丁建斌 丁健民 丁金海 丁井波
丁良才 丁仕元 丁卫红 丁仙兵
丁先树 丁学钧 丁永玲 丁永明
丁泽民 丁志鹏 董 斌 董 强
董 伟 董成波 董飞燕 董国康
董海科 董和平 董恒星 董家阳
董建华 董建荣 董君敏 董淼良
董秋荣 董先聪 董向平 董小菊
董杏仙 董宇翔 董玉星 董志富
都各闻 杜华贵 杜巧平 杜士萍
杜文广 杜永祥 杜雨来 杜玉环
段海俊 段宏光 段永平 段志新
凡统安 范 波 范福凑 范来标
范立刚 范卫明 范祥鹏 范向平
方 斌 方 飞 方 蕾 方 立
方 涛 方 雄 方炳禄 方得伟
方德劲 方东明 方根水 方桂忠
方海英 方华丰 方建新 方剑智
方姣君 方苗军 方明海 方佩珠
方平洋 方青红 方群斌 方绍信

方顺年　方侠君　方新泉　方兴奇
方兴旺　方兴尧　方益飞　方兆省
方正亮　房兴步　费　菲　费　健
费红美　费民强　冯　闯　冯　晶
冯　俊　冯　磊　冯　亮　冯　炜
冯　文　冯　扬　冯　元　冯宝财
冯贵华　冯国华　冯国新　冯海永
冯坚强　冯坚强　冯建立　冯气军
冯小荣　冯学东　冯岩军　冯振华
冯志锋　冯祖斌　符　超　符　骏
付　光　付毕毕　付建军　傅　钢
傅　强　傅佳峰　傅建军　傅建涛
傅建新　傅金华　傅丽英　傅天天
傅文伟　傅序刚　傅月海　傅月萍
傅哲敏　富建国　富金琴　干珍珍
甘树生　高　峰　高　锋　高　可
高　敏　高　攀　高　勇　高长安
高朝忠　高锋迪　高国兴　高海龙
高洪海　高慧民　高家玮　高建华
高俊伟　高琪荣　高荣祖　高贤成
高业松　高铁才　高永兴　高元建
高云星　高折华　高治国　高智均
高宗贵　郜斌斌　葛　琳　葛　新
葛承浓　葛好俭　葛和平　葛久龙
葛丽萍　葛清华　葛秋海　葛山昌
葛祥清　葛叶珠　葛泽海　葛志玲
耿　东　耿海潮　耿仙昊　宫梅亮
龚立新　龚相妙　龚学明　巩　苓
辜晓波　古　龙　顾　澄　顾　明
顾宝兰　顾成琪　顾光亮　顾光生
顾会荣　顾连一　顾伟明　顾新民
关美娇　关跃飞　官倩倩　管敏佳
管应通　管永昆　管玉存　郭　斌
郭　玲　郭　挺　郭　忠　郭春营
郭丹丹　郭冠宇　郭海峰　郭敬志
郭俊杰　郭立发　郭履常　郭庆华
郭瑞东　郭兴华　郭钟平　韩　斌
韩　超　韩　飞　韩　龙　韩　琦
韩　艳　韩　勇　韩爱平　韩长春
韩丹凤　韩二锋　韩红影　韩纪林
韩继超　韩炬彬　韩兴良　韩彦安
韩彦宾　韩永康　韩永励　韩云英
韩卓伟　郝　欢　郝庆海　郝玮宸
郝永利　何　昶　何　冲　何　辉
何　祎　何　元　何晨峰　何春莲
何光卫　何海江　何海滔　何海舟
何红涛　何会英　何尖兵　何建光
何金国　何金炉　何晶晶　何君钟
何开跃　何丽萍　何农龙　何佩民
何庆伟　何天增　何维川　何卫国
何卫国　何贤江　何祥茂　何小平
何小萍　何晓宾　何学刚　何英镇
何有林　何志强　何志雄　何子潇
贺　汉　贺玲胜　洪　飞　洪根惠
洪国卫　洪海锋　洪红仙　洪敬忠
洪明喜　洪素华　洪文归　洪仙发
洪雪荣　侯君建　侯庆云　侯孝春
侯玉龙　候广生　胡　晨　胡　海
胡　衡　胡　坚　胡　江　胡　军
胡　俊　胡　看　胡　克　胡　亮
胡　琼　胡　晔　胡　鹰　胡　永
胡　云　胡阿二　胡百菜　胡保清
胡碧彩　胡兵亮　胡财根　胡大德
胡东升　胡福平　胡富有　胡富珍
胡高倩　胡桂花　胡国星　胡海培
胡贺强　胡宏波　胡宏祥　胡华斌
胡积旺　胡建锋　胡建国　胡江军
胡金凤　胡京军　胡军军　胡林君
胡旅群　胡美宽　胡明荣　胡庆阶
胡旺良　胡伟平　胡伟平　胡夏君

胡献鹏 胡向军 胡晓兵 胡晓辉
胡晓霞 胡晓雁 胡筱嫣 胡新法
胡新华 胡学良 胡雪明 胡义兵
胡译之 胡银灿 胡永福 胡玉秀
胡云龙 胡泽国 胡正飞 胡宗满
户业超 华 宁 华新福 华学进
黄 春 黄 飞 黄 纲 黄 捷
黄 俊 黄 亮 黄 琳 黄 龙
黄 敏 黄 婉 黄 伟 黄 武
黄承发 黄道棋 黄德如 黄方林
黄福来 黄冠华 黄国华 黄国伟
黄海飞 黄宏土 黄化军 黄槐刚
黄建峰 黄建江 黄建军 黄建平
黄建委 黄健俊 黄鉴炜 黄进喜
黄静丽 黄立锋 黄利富 黄茂忠
黄美军 黄妙霞 黄明祥 黄培通
黄鹏程 黄启登 黄青松 黄秋霞
黄全奎 黄荣良 黄水兵 黄水长
黄天正 黄文斌 黄文丁 黄仙彬
黄香莲 黄小华 黄小军 黄小强
黄晓华 黄孝进 黄新华 黄新亮
黄兴华 黄行辉 黄彦彬 黄宜倾
黄永久 黄勇军 黄玉宝 黄元华
黄跃方 黄跃峰 黄兆育 黄志辉
黄志千 黄治北 黄智虎 黄作冰
黄作仁 霍 军 霍玉龙 姬浩南
计晓佩 纪良康 季必宏 季诚跃
季红军 季建强 郏敏志 贾 磊
贾建东 贾挺淼 贾小英 江 晨
江 勇 江爱玲 江国良 江红涛
江红伟 江克义 江力坚 江林聪
江美素 江顺法 江苏玉 江小龙
江云杰 江志扬 姜 锋 姜 俊
姜 胜 姜 岩 姜保文 姜道忠
姜冬有 姜集师 姜建国 姜金明

姜连庭 姜亮冲 姜龙山 姜启鸿
姜荣辉 姜颂彭 姜万有 姜小波
姜新盛 姜永仁 姜志伟 姜智春
蒋 超 蒋 海 蒋 艺 蒋 谊
蒋 毅 蒋 铸 蒋宝华 蒋桂槐
蒋海波 蒋宏清 蒋继峰 蒋建兵
蒋建林 蒋建强 蒋建新 蒋剑晨
蒋列凡 蒋培慧 蒋伟林 蒋卫江
蒋文丹 蒋翔宇 蒋永杰 蒋跃庆
蒋樟勇 蒋志根 蒋志祥 焦 明
接志坡 解迎刚 金 德 金 浩
金 键 金 俊 金 凯 金 平
金 萍 金 滢 金 勇 金才福
金昌旺 金昶旻 金朝勇 金春春
金黛华 金德明 金凤广 金福明
金高峰 金高梁 金高强 金国峰
金国荣 金宏凯 金惠达 金慧丽
金家胜 金建华 金建平 金科夫
金力峰 金妙荣 金敏华 金明通
金启正 金庆国 金秋红 金秋生
金卫言 金文斌 金显力 金新余
金兴根 金亚明 金银兵 金银洁
金余池 金宇隆 金玉珍 金园娟
金章健 靳军华 靳俊民 荆学琴
景建荣 酒峻峰 琚燕青 瞿 永
瞿 苑 瞿献真 阚常青 康 巍
康夫波 柯建欧 柯翔华 孔令涛
孔群燕 孔细根 邝恩恩 况小露
来伟珍 赖福灯 赖仙君 赖仙女
赖小辉 赖衍钦 兰爱龙 蓝礼堂
蓝明德 蓝贤妹 郎建平 郎顺根
郎旭滨 雷 兵 雷朝韵 雷昊鸣
雷菊钗 雷荣平 雷散文 雷艳春
李 斌 李 超 李 超 李 臣
李 纯 李 萃 李 存 李 帆

李　丰	李　刚	李　刚	李　光
李　华	李　辉	李　佳	李　建
李　剑	李　剑	李　健	李　景
李　军	李　军	李　磊	李　丽
李　莲	李　美	李　米	李　敏
李　宁	李　鹏	李　璞	李　森
李　涛	李　伟	李　翔	李　鑫
李　炎	李　燕	李　莺	李　勇
李　勇	李　志	李　舟	李爱根
李彪兵	李兵方	李朝辉	李成忠
李传传	李大立	李道魁	李德辉
李德军	李德智	李栋才	李芳碧
李峰涛	李福东	李功龙	李功雨
李广胜	李国华	李国伟	李国义
李海刚	李恒方	李红斌	李红宽
李洪亮	李家友	李建方	李建海
李建民	李建强	李建中	李江萍
李金刚	李金华	李金雨	李进余
李俊峰	李俊玲	李啦啦	李立新
李丽慧	李连江	李烈强	李铃峰
李妙根	李敏状	李明建	李明江
李明亮	李培杰	李其报	李秋平
李仁伟	李三敏	李胜雄	李士红
李书丰	李素恩	李婷婷	李团结
李伟平	李伟忠	李卫平	李文恭
李武军	李希海	李希益	李先优
李向军	李小爱	李小平	李晓东
李晓峰	李笑谈	李新民	李学春
李艳涛	李一根	李益芬	李逸龙
李寅虎	李银柱	李永红	李永雷
李勇军	李园春	李运科	李在同
李泽建	李志德	李志明	李志勇
李志勇	李中友	李忠华	厉玉华
励红良	励华振	郦梅英	郦顺华
连建晓	练发峰	练士军	梁　伟
梁朝春	梁海华	梁亮坚	梁雪琴
梁叶萍	廖爱新	廖鸿浩	廖为人
廖小波	林　冲	林　峰	林　峰
林　海	林　娟	林　军	林　军
林　琳	林　伟	林　隐	林碧鸿
林昌剑	林朝青	林春花	林峰武
林贵强	林国志	林海军	林豪亮
林吉平	林建英	林杰富	林界杭
林金锋	林菊琴	林康健	林良君
林仁利	林如鹏	林树江	林仙平
林小俊	林晓锋	林型兴	林旭领
林旭明	林友方	林云法	林云青
林正亭	林志军	林智发	林智华
蔺桂成	凌　龙	刘　斌	刘　芳
刘　峰	刘　峰	刘　刚	刘　衡
刘　红	刘　欢	刘　健	刘　娟
刘　军	刘　亮	刘　强	刘　强
刘　松	刘　涛	刘　威	刘　武
刘　洋	刘　义	刘　毅	刘　英
刘爱彬	刘必伟	刘兵华	刘彩斐
刘承伟	刘东生	刘光磊	刘国兵
刘国民	刘海军	刘海军	刘和平
刘华军	刘际辉	刘继财	刘家建
刘建斌	刘剑波	刘金阳	刘竞争
刘俊清	刘俊勇	刘开生	刘丽丹
刘利萍	刘美云	刘明珠	刘平近
刘乾生	刘庆宏	刘善驰	刘世禄
刘世民	刘帅朋	刘天成	刘天涯
刘万彬	刘卫荣	刘西格	刘小华
刘晓波	刘兴杰	刘艳红	刘燕军
刘义荣	刘勇毅	刘兆必	刘兆昌
刘振华	刘振禄	刘之泠	刘志刚
刘志坚	刘中舞	刘宗亚	刘左平
留　威	柳　州	柳志成	龙　兵
娄爱宝	娄琪瑶	娄乾庆	楼　强

楼　荣　楼国平　楼兢娴　楼君卿
楼仕伦　楼献鸣　楼香娟　楼叶民
楼益明　楼昭阳　漏雅平　卢　飞
卢　卡　卢宝生　卢长志　卢大春
卢道科　卢海波　卢珩俊　卢红政
卢洪华　卢济桃　卢坚强　卢金荣
卢茂富　卢仁兵　卢圣全　卢士俊
卢世芳　卢文华　卢小岳　卢元龙
卢元泉　芦官女　芦国英　芦卫东
鲁　民　鲁国伟　鲁建彪　鲁建强
鲁天平　鲁小波　鲁周弟　陆　杰
陆　军　陆　志　陆迪琪　陆桂仙
陆红星　陆宏亮　陆积厚　陆建军
陆建兴　陆蒋叶　陆荣华　陆如琴
陆如英　陆卫良　陆文刚　陆新峰
陆志锋　鹿渊淞　路广菊　吕　贵
吕　杰　吕长火　吕东方　吕国君
吕海军　吕海生　吕宏常　吕渐明
吕军勇　吕俊龙　吕林俏　吕松军
吕文涛　吕小祥　吕运三　吕征天
罗　超　罗　洪　罗　俊　罗　平
罗　志　罗朝敦　罗成智　罗国龙
罗国祥　罗海兵　罗海林　罗华军
罗建峰　罗金元　罗立挺　罗庆藩
罗庆荣　罗夏芬　罗鲜麟　罗小笛
罗小锋　罗应周　罗正付　罗志法
骆建芳　骆领帅　骆淇筠　骆文忠
骆志立　麻继红　麻天雷　麻雪玲
马　骉　马　超　马　超　马　飞
马　利　马　林　马　贤　马　妍
马　羽　马爱飞　马保志　马成才
马春光　马国民　马后勇　马华君
马怀忠　马戬阳　马建勋　马军锋
马军旗　马凯云　马力锋　马伟水
马喜源　马跃克　马志高　马志康

毛　毳　毛　宇　毛爱华　毛传道
毛春华　毛桂峰　毛海军　毛红梅
毛建飞　毛建红　毛建华　毛剑峰
毛礼斌　毛立伟　毛瑞运　毛胜跃
毛文彪　毛文娟　毛小荣　毛小燕
毛阳军　毛用来　毛振花　毛子文
茅斌峰　茅锐霞　梅　伟　梅春兰
梅龙均　梅义航　梅裕庆　孟狄钘
孟令刚　孟奇法　孟一辰　孟益华
孟祖洪　闵永合　缪　丹　缪文雄
缪正方　莫国民　莫林荣　莫雪春
牟联族　牟文杰　牟英姿　穆仁立
穆跃华　穆昀钢　穆正林　南上节
倪　迪　倪　健　倪红林　倪宏运
倪华波　倪惠民　倪建萍　倪锦民
倪鹏富　倪双虎　倪旭东　倪浙涛
倪振威　倪志华　倪仲翌　聂　丹
聂海莉　聂海中　聂贤张　宁同政
宁卫东　牛　亚　牛凤煌　牛兴国
潘　登　潘　峰　潘　慧　潘　盛
潘宝达　潘宝庆　潘长平　潘恩仁
潘汉杰　潘建伟　潘君琴　潘莉娜
潘荣武　潘婉红　潘晓辉　潘雪平
潘艳红　潘永华　潘振宇　潘子恩
泮宝朋　泮碧莲　泮教林　庞宝才
庞利顺　庞鹏翔　庞瑞安　庞星原
庞振祥　彭　波　彭　伟　彭　勇
彭公斌　彭华明　彭继林　彭新武
彭毅平　彭雨红　彭正峰　皮晓超
戚益锋　齐　磊　齐　鸣　齐彪雄
齐朝龙　齐玲飞　钱　钢　钱　江
钱　一　钱福东　钱国钿　钱国妹
钱国兴　钱杭娟　钱红旗　钱建涛
钱启汶　钱秋秋　钱伟强　钱伟星
钱锡懋　钱雪生　钱亚峰　钱炎林

钱瑜林　钱祖罗　强新燕　乔友传
秦　淼　秦道会　秦建忠　秦世南
秦统新　秦永斌　邱　波　邱　良
邱　伦　邱东娟　邱高华　邱建闰
邱仁林　邱小波　邱小华　邱新军
邱逸民　邱再展　邱真林　邱最如
裘静渊　裘浪峰　裘明华　裘容杰
裘小祥　忻汉伟　曲涧松　曲庆有
屈雷明　全　亮　全建国　冉启超
饶见然　饶满兴　饶水仙　饶王进
任　飞　任　杰　任　柯　任定洋
任关庆　任国根　任进春　任康宁
任陆华　任树标　任想见　任小琴
任晓飞　任永昌　茹　刚　阮红波
阮孟华　阮如忠　商加华　商金志
商力军　商中雨　尚春景　邵　坚
邵　荐　邵　粮　邵　薇　邵　翔
邵伏伦　邵立明　邵露青　邵秋芬
邵赛芬　邵淑全　邵仙云　邵晓磊
邵兴华　邵幸铭　邵雅美　邵叶伍
邵优选　邵志强　邵仲箴　沈　建
沈　雷　沈　莉　沈　升　沈　勇
沈　愈　沈彩英　沈代富　沈峰娟
沈逢昌　沈功强　沈海兵　沈海军
沈浩才　沈红水　沈建红　沈克胜
沈立军　沈立军　沈利杰　沈明忠
沈祺华　沈秋萍　沈赛飞　沈汤明
沈献立　沈秀娟　沈亚芳　沈逸辉
沈勇慧　沈云萍　沈贞婉　沈震宇
沈正明　沈志芳　沈志光　盛昌海
盛进兵　盛显青　盛向前　盛永萍
施　琴　施柏军　施长林　施春雷
施国丰　施国海　施国有　施和生
施惠琴　施基炬　施建富　施克林
施美君　施钱敏　施伟良　施兴华

施乙三　施永定　施永忠　施兆法
石　浩　石　红　石　岩　石冬飞
石国芳　石继东　石教森　石伟富
石永超　石永辉　石友东　石云黄
石增光　时　利　时长进　史丹阳
史光辉　史建良　史文姣　史文君
寿志军　舒宏滔　舒会琴　舒妹月
舒荣明　舒小月　舒信康　斯　建
斯军民　宋　超　宋　军　宋　丽
宋　平　宋冰冰　宋春雷　宋红菊
宋建明　宋建设　宋金英　宋秋良
宋水勇　宋卫平　宋小望　宋益梅
宋银亮　宋永全　宋幼钦　苏　磊
苏海珠　苏鹏飞　苏旭勇　苏玉辉
苏云祥　苏忠阳　粟绍荣　孙　宾
孙　刚　孙　侃　孙　力　孙　敏
孙　权　孙　武　孙　勇　孙朝峰
孙成里　孙成利　孙春明　孙国华
孙海英　孙华近　孙金奇　孙军方
孙　璐　孙立志　孙丽旻　孙利华
孙绮珥　孙前坤　孙钱贵　孙汝金
孙山伟　孙少忠　孙士忠　孙世彬
孙世敏　孙树林　孙伟勇　孙新涛
孙修洪　孙旭晨　孙尤江　孙志刚
覃国际　覃文存　谭露娉　谭璐勇
谭小红　汤传科　汤建萍　汤结才
汤菊珍　汤生全　汤兔根　汤卫峰
汤锡强　汤绪荣　汤永平　汤有芳
汤宇峰　汤元付　唐　聪　唐　柯
唐　镇　唐长华　唐成杰　唐光耀
唐光政　唐佳炎　唐黎明　唐立田
唐文波　唐向华　唐晓敏　唐兴芝
唐宇振　唐志昊　陶　江　陶　瑞
陶　涛　陶初阳　陶复元　陶辉平
陶金飞　陶伟江　陶雪芳　陶玉玲

陶玉明 陶玉伟 陶振强 滕勇良
田朝伟 田春来 田 健 田凯业
田 旷 田玉玺 童 琳 童安国
童三头 童胜军 童为伟 屠 荣
屠永昌 万 梅 万菲强 万俊青
万兰兰 汪 波 汪 凯 汪 青
汪 巍 汪 赟 汪宝山 汪成成
汪东兴 汪国满 汪弘炜 汪宏佳
汪建彪 汪丽花 汪丽华 汪民初
汪萍湘 汪启胜 汪庆林 汪泉林
汪荣臻 汪卫江 汪文波 汪向前
汪新军 汪训剑 汪要平 汪玉俊
汪正钱 汪正旺 汪志红 汪志涛
王 斌 王 斌 王 超 王 臣
王 成 王 承 王 德 王 福
王 刚 王 浩 王 鸿 王 欢
王 辉 王 辉 王 辉 王 坚
王 健 王 进 王 珺 王 凯
王 理 王 力 王 力 王 丽
王 霖 王 璐 王 敏 王 明
王 明 王 朋 王 鹏 王 萍
王 强 王 群 王 荣 王 帅
王 涛 王 玮 王 孝 王 欣
王 燕 王 艺 王 益 王 影
王 勇 王 云 王 郑 王 政
王阿兵 王爱明 王本刚 王朝阳
王晨辉 王春夏 王词海 王从友
王丹菊 王登唯 王定埔 王冬珍
王逢龙 王付湘 王根兴 王关炎
王光明 王国灿 王国定 王国华
王国军 王国士 王海波 王海军
王海军 王海龙 王海生 王号军
王和平 王红杰 王宏平 王洪水
王洪伟 王惠芬 王吉明 王季凯
王继华 王继茂 王家宾 王家春

王建华 王建民 王建强 王建仁
王建忠 王金宝 王金福 王金海
王金荣 王锦萍 王进军 王敬雷
王军君 王军民 王开兰 王黎明
王力平 王立新 王丽青 王利成
王利民 王连桂 王连兴 王联合
王联明 王良强 王林福 王林秀
王玲玲 王禄康 王罗宇 王明和
王宁刚 王佩琨 王频波 王麒龙
王庆宝 王庆丰 王庆龙 王庆桥
王庆芹 王荣友 王若飞 王森林
王善青 王绍川 王绍连 王生煜
王士金 王曙光 王水鹏 王顺法
王顺玉 王松林 王松岭 王素玲
王天保 王天冲 王天明 王天平
王天生 王铁林 王廷战 王伟栋
王伟军 王伟敏 王伟平 王文龙
王武进 王喜庆 王先丽 王小芬
王小海 王小军 王小康 王小伟
王晓波 王晓波 王晓东 王晓涵
王晓明 王新象 王旭光 王学忠
王延昌 王尧良 王耀辉 王业来
王一兵 王依琪 王逸平 王毅麟
王毅勇 王永登 王永富 王永桂
王永军 王永祥 王勇丽 王友福
王佑飞 王媛岚 王云龙 王增军
王增勤 王兆力 王照法 王振国
王拯民 王正栋 王正明 王正贤
王正祥 王志昌 王志军 王志明
王志勇 王忠福 王忠华 王周炳
王祝华 王庄良 王子臣 王子军
王祖斌 危国飞 韦孝伶 韦友光
卫 华 魏 国 魏 巍 魏 伟
魏 泳 魏建回 温益民 闻小华
闻衍军 闻忠义 翁 波 翁兰兰

翁泉全　翁叔春　翁顺德　翁晓临
邬建军　吴　刚　吴　江　吴　锦
吴　均　吴　俊　吴　琦　吴　谦
吴　茜　吴　群　吴　昕　吴　义
吴保建　吴长青　吴朝华　吴诚斌
吴传兵　吴春红　吴达峰　吴发余
吴法义　吴付兵　吴高文　吴高增
吴根华　吴根华　吴光寅　吴国新
吴国忠　吴海波　吴海燕　吴海云
吴合飞　吴慧莉　吴继民　吴继强
吴建锋　吴建平　吴建庆　吴剑虹
吴金娣　吴金玉　吴瑾瑾　吴居贵
吴立强　吴立新　吴林兵　吴敏强
吴庆胜　吴秋良　吴胜利　吴树红
吴顺兵　吴桃福　吴婷婷　吴万会
吴维林　吴卫民　吴文生　吴显波
吴献成　吴相桧　吴祥庆　吴小宝
吴小锋　吴晓红　吴晓卫　吴晓云
吴昕良　吴星星　吴秀华　吴秀兰
吴学成　吴燕芳　吴英姿　吴永富
吴永平　吴禹阳　吴玉香　吴跃清
吴云飞　吴云华　吴兆云　吴正明
吴中友　吴忠强　伍　颖　伍建达
伍庆文　伍晓峰　武国君　武玲芳
夏邦武　夏常兵　夏春芳　夏福全
夏海君　夏建栋　夏敬铭　夏庆峰
夏桃金　夏秀苍　夏永华　夏甬峰
夏勇军　夏友荣　夏祖耀　项　超
项达奎　项红英　项力华　项苏秦
项余富　项志军　项治金　肖　炯
肖　军　肖崇贤　肖勤达　肖清昌
肖小森　肖绪兵　谢　峰　谢　明
谢　伟　谢柏炎　谢刚龙　谢光跃
谢惠忠　谢纪超　谢立海　谢彭波
谢清保　谢荣水　谢新民　谢玉久

谢志峰　辛均平　刑玉晗　邢广喜
邢明权　熊　剑　熊　进　熊　奇
熊　昱　熊道生　熊劲松　熊雪琴
熊子鹏　胥晓春　徐爱军　徐　斌
徐　超　徐　峰　徐　华　徐　晖
徐　辉　徐　辉　徐　军　徐　亮
徐　鹏　徐　强　徐　青　徐　庆
徐　庆　徐　伟　徐　伟　徐　霞
徐　娴　徐　星　徐　沂　徐　璋
徐　洲　徐宝良　徐碧云　徐斌钢
徐步峰　徐德辉　徐德胜　徐德胜
徐东东　徐二平　徐方昕　徐高雄
徐根红　徐国强　徐海林　徐洪富
徐鸿刚　徐华勇　徐怀敏　徐佳信
徐家生　徐建明　徐建新　徐江海
徐金福　徐金平　徐菊招　徐莉萍
徐利锋　徐连有　徐龙才　徐茂金
徐明健　徐宁辉　徐品有　徐勤军
徐全福　徐泉林　徐荣华　徐荣建
徐荣玲　徐胜钱　徐世清　徐书棋
徐水祥　徐松杰　徐天健　徐廷高
徐伟国　徐卫周　徐文法　徐文巧
徐文政　徐西福　徐夏洪　徐小兵
徐小富　徐小红　徐小依　徐信昌
徐秀忠　徐亚丽　徐亚佩　徐亚平
徐艳芽　徐耀明　徐铁雯　徐寅旦
徐云贵　徐振峰　徐振敏　徐正虎
徐正荣　徐正义　徐志城　徐智明
徐忠良　徐梓波　许　卫　许　晔
许碧俊　许成刚　许丁杰　许国良
许红梅　许继东　许建芬　许建塘
许建云　许金豪　许林祥　许玲玉
许普华　许锡威　许永江　许育满
许岳龙　许云炳　许志强　宣军达
宣利凤　宣秋成　薛　莹　薛俊靓

薛翔中　闫　伟　闫方金　闫付坤
闫温明　闫运平　严　浩　严　猛
严根兴　严国兴　严怀林　严建强
严剑锋　严雪珍　严雅云　颜　飞
颜丙辉　颜国浩　颜美洁　颜香云
晏金明　羊文玉　杨　滨　杨　兵
杨　帆　杨　俊　杨　科　杨　立
杨　立　杨　烈　杨　柳　杨　勇
杨　勇　杨才红　杨彩春　杨朝晖
杨春波　杨德票　杨方才　杨芬芬
杨刚强　杨冠军　杨海峰　杨海军
杨海林　杨汉诺　杨红萍　杨华燕
杨焕余　杨佳儿　杨建逞　杨建华
杨建华　杨建松　杨建伟　杨金国
杨金生　杨君辉　杨俊超　杨乐文
杨立冬　杨丽华　杨林玉　杨毛根
杨美妃　杨朋飞　杨其远　杨仁志
杨日河　杨森德　杨深文　杨胜勇
杨世平　杨松华　杨铁汉　杨晚卿
杨伟明　杨卫东　杨文浩　杨仙英
杨贤德　杨小波　杨笑洁　杨秀峰
杨亚祥　杨艺帆　杨永锋　杨永根
杨永松　杨玉振　杨郁频　杨震生
杨智慧　杨智灵　姚　杰　姚　震
姚芳平　姚国民　姚花仙　姚华强
姚金延　姚立海　姚立军　姚林志
姚明余　姚圣林　姚伟江　姚义祥
姚育娟　叶　钫　叶　枫　叶　劲
叶　菁　叶　军　叶　明　叶　萍
叶　盛　叶　伟　叶　伟　叶　羽
叶邦星　叶碧君　叶长峰　叶楚云
叶芳和　叶高岭　叶根林　叶光顺
叶国增　叶华平　叶桦华　叶纪云
叶建兵　叶建国　叶建华　叶建新
叶剑峰　叶菊芳　叶康友　叶克依
叶丽东　叶丽卫　叶连海　叶明斌
叶强彪　叶群力　叶仁花　叶哨林
叶书丰　叶淑军　叶卫阳　叶孝洪
叶夏峰　叶潇辉　叶学斌　叶燕君
叶永红　叶章年　叶志强　叶祝虎
伊银良　伊永峰　易曼文　殷仕彬
尹建平　尹树良　尹小红　尹学亮
尹逊君　尹衍涛　尹一平　应　芳
应宝智　应海雄　应红霞　应建明
应联兴　应良潮　应钱杰　应万忠
应晓亮　应一红　应云飞　应召锋
英黎香　雍广平　雍顺平　雍小花
尤志宏　游朝付　于　冲　于　凯
于珊珊　于水森　于永吉　余　介
余　潜　余　青　余　燕　余成沛
余功献　余光勇　余海军　余海生
余坚伟　余建飞　余建刚　余建仁
余建阳　余利国　余妙法　余敏惠
余培军　余启进　余胜峰　余松夫
余文勇　余小红　余益星　余有建
余玉彬　余云笼　余志隆　余志仙
余中阳　余梓荣　余宗家　俞爱定
俞　帆　俞　杰　俞　雷　俞　群
俞　玮　俞晨阳　俞高云　俞国军
俞国良　俞国良　俞国勇　俞建民
俞建生　俞江海　俞立新　俞培林
俞琴芳　俞仁君　俞小波　俞晓波
俞雪娟　俞以亮　俞奕军　俞永清
俞月光　俞则俭　俞志考　俞仲阳
虞鹤法　虞康年　虞明芽　虞英民
禹　翊　郁　飞　郁　林　喻　云
喻森林　袁　淼　袁财荣　袁长柏
袁春凯　袁国清　袁进友　袁利军
袁茂富　袁明辉　袁启波　袁世敏
袁兴尧　袁珍飞　袁正林　袁知恩

岳刘建　云　晓　臧连军　臧武源
曾　晨　曾　乐　曾　秋　曾垂修
曾国团　曾红莲　曾莉莉　曾绍波
曾土有　曾卫红　曾仙翠　曾贤春
曾扬君　曾应波　曾幼才　曾志彬
翟德华　翟东发　詹　华　詹　荣
詹凤龙　詹金华　詹震华　詹志远
湛智敏　张　保　张　彬　张　斌
张　超　张　超　张　冬　张　恩
张　纲　张　恒　张　华　张　欢
张　辉　张　家　张　健　张　军
张　凯　张　恺　张　乐　张　亮
张　明　张　鸣　张　鹏　张　平
张　萍　张　琦　张　琪　张　青
张　琼　张　皖　张　巍　张　欣
张　燕　张　勇　张　勇　张　玉
张　云　张　宙　张艾军　张爱民
张白婵　张才栋　张昌华　张朝良
张朝明　张辰明　张春建　张春连
张春云　张道喜　张德东　张德华
张东军　张福珍　张富泉　张高波
张高圣　张根法　张根清　张关根
张官奎　张官良　张光平　张贵兴
张桂杰　张桂林　张国芬　张国建
张国建　张国琴　张国权　张海波
张海波　张海平　张海伟　张红兵
张红来　张洪波　张洪敏　张后欢
张后顺　张辉华　张嘉宁　张建儿
张建锋　张建军　张建灵　张建萍
张建新　张建英　张捷英　张金浩
张金龙　张金桥　张金燕　张锦麟
张靖宇　张菊兰　张炬炜　张铠林
张克喜　张坤代　张坤堂　张理丰
张丽玲　张丽仙　张利达　张灵芝
张美娟　张孟桂　张鹏飞　张平富
张全林　张仁阳　张荣华　张汝辉
张赛红　张赛辉　张善根　张尚德
张深源　张生申　张胜利　张守鹏
张叔建　张思萍　张天跃　张万祝
张伟兵　张伟坑　张伟明　张卫超
张渭林　张文郡　张西峰　张锡建
张仙桂　张先龙　张献忠　张小渭
张晓明　张晓威　张谢忠　张新钢
张新会　张新宇　张兴权　张秀忠
张须伦　张学君　张雪飞　张雪军
张亚北　张燕龙　张义珍　张益鹏
张莹莹　张永新　张勇军　张有义
张佑成　张宇位　张月红　张月琴
张跃建　张云强　张在昌　张增康
张正广　张志林　张志强　张忠玲
张子豪　章　伟　章　幸　章柏焕
章陈辉　章成武　章高灿　章国都
章海峰　章海英　章洪忠　章火根
章建政　章金福　章菊芳　章开泰
章可卫　章黎明　章立超　章立平
章丽丽　章梁君　章文龙　章银州
章月娣　章哲飞　章宗义　赵　波
赵　鉴　赵　俊　赵　婷　赵　伟
赵爱琪　赵保虎　赵长龙　赵成林
赵程林　赵传飞　赵传宗　赵春富
赵春龙　赵凤芹　赵国海　赵国焓
赵国军　赵海瑞　赵红水　赵宏杰
赵洪文　赵洪亦　赵怀宫　赵建设
赵建祥　赵九福　赵菊芬　赵立军
赵连芳　赵良生　赵林光　赵灵刚
赵灵华　赵灵辉　赵龙友　赵鸣江
赵平芳　赵铅锋　赵仁连　赵汝军
赵瑞荣　赵天成　赵文达　赵文培
赵武杰　赵锡云　赵小花　赵兴琦
赵艳林　赵一锋　赵雍程　赵玉兰

赵志华 赵子文 郑 斌 郑 斌
郑 成 郑 方 郑 府 郑 岗
郑 惠 郑 盼 郑 文 郑 英
郑 鹰 郑 永 郑传玉 郑春振
郑钢飞 郑冠英 郑国东 郑国平
郑国武 郑国新 郑寒砺 郑红军
郑洪芳 郑慧俊 郑继承 郑继红
郑家镭 郑建波 郑剑峰 郑姣娣
郑金文 郑金叶 郑可法 郑孟杰
郑琴妃 郑荣晔 郑三标 郑森成
郑善丰 郑善行 郑生明 郑世明
郑树海 郑四良 郑土华 郑为苗
郑伟建 郑夏民 郑贤晓 郑献勇
郑小芳 郑小建 郑小实 郑小真
郑晓东 郑一波 郑永玉 郑余忠
郑玉明 郑增豪 郑樟财 郑昭梁
郅伟超 钟剑峰 钟军伟 钟林童
钟其生 钟小军 钟小平 钟小勇
钟晓丽 钟永坡 仲叔梅 周 飞
周 枫 周 坤 周 利 周 龙
周 鹏 周 萍 周 青 周 胜
周 婷 周 扬 周 洋 周 醉
周邦纳 周曹君 周产平 周春峰
周春林 周东升 周冬英 周恩波
周丰沛 周丰权 周锋洋 周刚强
周光利 周光强 周国良 周海珍
周荷萍 周鹤平 周鸿杰 周华祥
周惠丽 周建宝 周建惠 周建生
周江华 周金桃 周兰保 周利红
周联统 周玲玲 周明忠 周宁波
周佩英 周起捷 周赛云 周森林
周善义 周生宇 周世忠 周苏萍
周喜勇 周先维 周小锋 周晓洪
周晓文 周新民 周兴波 周兴根
周旭魏 周衍熙 周亦军 周益力

周裔盛 周银华 周永贵 周永清
周勇军 周源泉 周岳夫 周照鑫
周镇江 周政玲 周志诚 周治郅
周忠信 周仲玉 周祖华 朱 斌
朱 豪 朱 军 朱 玲 朱 美
朱 鸣 朱 庆 朱 胜 朱 伟
朱 胤 朱阿亮 朱爱仙 朱邦伟
朱成章 朱德标 朱凤香 朱福财
朱福寿 朱根义 朱国土 朱海义
朱和平 朱红波 朱红午 朱宏荣
朱宏兆 朱洪流 朱惠佳 朱家杰
朱建斌 朱建丰 朱建国 朱江梅
朱江涛 朱金良 朱金灵 朱君华
朱兰花 朱理华 朱丽民 朱利和
朱利强 朱良丰 朱林斌 朱美华
朱美琪 朱明峰 朱明亮 朱琼浩
朱秋香 朱群猛 朱仁标 朱胜杰
朱双双 朱水华 朱松波 朱苏刚
朱皖北 朱文娟 朱喜忠 朱小洪
朱小金 朱艳华 朱艳萍 朱一民
朱一心 朱毅强 朱永斌 朱永飞
朱永专 朱玉平 朱裕松 朱仄平
朱志宁 朱志平 朱忠兰 朱宗源
竺周洪 祝 程 祝柏尧 祝防振
祝郎聪 祝强奋 祝小明 祝雄和
庄 兵 庄国华 庄凌峰 庄文亮
卓林军 邹 军 邹康如 邹坤富
邹雪银 邹应根 邹振文 邹宗兴
左亮亮 皇甫秋叶 欧阳玉宣
裘梁群后 申屠慷抗 闻人华飞
诸葛康胜

安徽：白 珑 班玉梅 鲍传兵 鲍东梅
鲍广伦 鲍勇兵 蔡 杨 曹 辰
曹干尚 曹 琪 查道平 柴雪峰
陈传银 陈公社 陈海峰 陈 洪

陈淮成	陈佳锋	陈　健	陈　君
陈昆元	陈　磊	陈牛虎	陈平安
陈普生	陈瑞俭	陈　松	陈　涛
陈秀芝	陈志友	陈　卓	陈子辉
谌　云	程爱飞	程　德	程二业
储俊峰	慈阳阳	崔财山	答相黎
代留柱	代　伟	代小平	戴　鹏
戴迎新	邓露露	邓友明	丁　波
丁伯泉	丁陈来	丁　凡	丁方明
丁方平	丁华敏	丁陆军	丁仕萍
丁汪松	丁　永	董海银	董　敏
董宜峰	凡海南	樊　超	樊玉侠
范付明	范恒鑫	方笃怀	方　佳
方向明	方志云	费　翔	冯国民
冯明明	冯幸龙	付启新	付心亮
傅　强	甘　伟	高贺龙	高　磊
高　敏	高盼盼	高　杉	高增光
高　甄	高正刚	葛翠珍	葛广敏
葛　宁	耿　乐	耿明伟	耿志超
弓玉强	龚　军	顾　超	顾晓明
顾云飞	关志远	郭春龙	郭华江
郭庆田	郭　伟	韩呈祥	韩　枫
韩　伟	韩先子	蒿素萍	何家珍
何　亮	何　龙	何　涛	何小芳
贺　磊	贺龙刚	赫颜国	洪良安
洪时章	洪　文	洪云子	侯　杰
侯世龙	胡广清	胡光远	胡洪军
胡　军	胡　军	胡　强	胡艳兵
胡志逸	黄洁清	黄介品	黄　鹏
黄　焰	黄跃文	霍培金	纪晓钟
季益保	贾素华	江高乐	江庆喜
姜　昊	姜宏亮	姜永华	姜永珍
蒋　平	蒋庆喜	蒋伟民	焦　普
焦淑侠	解正刚	金　钢	金　艳
晋　兵	晋　成	景　良	瞿小兵
柯长林	柯跃武	孔德义	孔　瑞
孔雪玲	寇瑞旻	蒯尚豹	兰声年
李阿兴	李本明	李　超	李大平
李　荡	李　浩	李宏飞	李洪波
李洪康	李继尧	李　嘉	李　军
李力夫	李露珍	李民明	李　敏
李　奇	李庆然	李绍林	李淑琴
李文丰	李文志	李　宪	李　翔
李小明	李新春	李艳红	李　阳
李永强	李永珍	李　勇	李裕丰
李　渊	李泽鹏	李正友	厉松林
连安健	梁韶山	梁新峰	梁兴胜
林　森	凌　军	刘　波	刘彩侠
刘　超	刘　超	刘大寨	刘　干
刘更生	刘　海	刘建挺	刘　静
刘进武	刘乐花	刘灵娟	刘　鹭
刘　敏	刘鹏程	刘鹏飞	刘荣萍
刘　伟	刘向文	刘小龙	刘晓红
刘　雁	刘　颖	刘永昌	刘玉莲
刘芝坤	刘知宇	柳海年	鲁其亚
鲁松旺	陆国华	陆　涛	陆忠仙
吕　轲	吕玉梅	罗　云	马传民
马佳佳	马少华	马　湾	马宜华
马　勇	毛德利	毛海青	毛文涛
梅　松	孟　博	孟凡力	苗　影
倪　兵	年　伟	牛　霄	潘　峰
潘加平	裴　松	彭庆英	彭　杉
平　超	濮建明	齐冬冬	钱　鑫
谯兴旺	秦根华	裘宏坤	曲志敏
冉浩亮	任立明	任治法	阮　寿
沙　权	沙　松	邵　振	沈传付
沈冬青	沈进波	沈小波	沈振国
盛敏付	施　超	石雪辉	时启贵
史晓峰	史　震	疏汇源	宋大鑫
宋　培	宋　水	宋　文	宋　洋

苏广娥 苏 琪 苏新军 随帮志
孙爱华 孙爱平 孙 波 孙 博
孙逢春 孙剑平 孙灵平 孙 龙
孙 毛 孙全胜 孙 锐 孙世凯
孙雪花 孙艳玲 孙 勇 孙志忠
谭念秋 汤 斌 唐光生 唐 武
唐 鑫 唐玉梅 唐 忠 陶存虎
陶敬平 陶贤龙 陶 铸 童宏正
汪陈杰 汪国超 汪 杰 汪苏宁
汪孝文 汪 洋 汪 云 王 斌
王长富 王成黄 王承和 王 东
王 东 王东虎 王 飞 王 刚
王怀利 王辉利 王继忠 王 建
王建华 王 军 王军麾 王 骏
王 磊 王莉娟 王亮亮 王龙泉
王 路 王 猛 王 敏 王明龙
王 群 王 胜 王世龙 王四保
王素兰 王 伟 王先攀 王祥军
王晓军 王 莘 王修奎 王亚林
王 铁 王永乾 王玉敏 王 允
王 泽 王 振 王振学 王 征
王郑杰 王祖明 韦 健 韦正瑛
魏 明 温 敏 巫 晶 吴 博
吴 超 吴大为 吴 东 吴 刚
吴 昊 吴 虹 吴军龙 吴 凯
吴克兵 吴坤财 吴玲珍 吴明刁
吴 楠 吴胜利 吴 松 吴希腾
吴则红 吴中华 吴忠强 武云庆
夏 川 夏 强 夏世傲 夏现龙
相昌富 项 伟 熊栋林 徐 斌
徐 兵 徐 飞 徐 龙 徐庆兰
徐曲明 徐善云 徐晓艳 徐依顺
徐 勇 徐媛媛 徐镇都 许 兵
许江安 许 魁 许 玲 许圣春
许小维 许银霞 薛克义 薛 竞

严 茹 晏 阳 杨 刚 杨光伟
杨海滨 杨厚东 杨 坚 杨 康
杨 坤 杨 磊 杨 林 杨秀云
杨旭东 杨绪振 杨 杨 杨 杨
杨 毅 杨颖勇 杨正飞 姚 刚
姚 琦 姚铁鹰 叶 明 叶全珍
伊明亮 尹建军 尹 涛 尤青峰
尤玉坤 于建国 余德林 余 雷
余立高 余王根 庾金宁 郁贤堂
袁 兵 袁成臣 袁 淮 袁晓鹏
袁修良 云建设 张爱群 张宝强
张朝珍 张 驰 张春兰 张翠英
张功庆 张海滨 张何俊 张 虎
张怀荣 张 健 张建胜 张 剑
张锦成 张进进 张 隽 张克坤
张克文 张 雷 张力洋 张良军
张 龙 张 猛 张培伟 张树范
张维才 张维志 张伟国 张小胜
张晓云 张秀建 张袖珍 张绪伦
张严涛 张业起 张 勇 张玉虎
张志美 张 墹 章 勇 章 赟
赵安荣 赵 宾 赵 虹 赵会科
赵黎明 赵 伟 赵新义 赵艳玲
赵阳东 郑 嘎 郑金龙 郑文兵
郑志醒 钟彧龙 周 顶 周凤阳
周凤珍 周 刚 周广铭 周国庆
周洪媛 周基福 周 杰 周克银
周善保 周胜龙 周文龙 周 武
周先宝 周志生 周自芳 朱蓓姝
朱 超 朱广林 朱可萍 朱 强
朱庆余 朱文兰 朱晓波 朱敏娟
朱亚伟 朱永新 朱玉喜 朱月琴
庄国庆 訾万忠 纵冰清 左家钱
左 颍 欧阳林鑫
福建：包永榕 卞礼平 蔡安娜 蔡长吉

蔡超超　蔡城堡　蔡凤良　蔡广庆
蔡贵园　蔡和达　蔡建飞　蔡开荣
蔡来康　蔡岚燕　蔡利振　蔡启明
蔡述兴　蔡小珍　蔡延安　蔡怡新
蔡永强　蔡勇宝　蔡勇才　蔡玉楼
蔡玉新　蔡振鑫　蔡志坚　曹立新
曹仁龙　岑国伟　常连俊　车艳红
陈　安　陈　彬　陈　彬　陈　波
陈　超　陈　春　陈　凡　陈　飞
陈　芬　陈　刚　陈　刚　陈　皓
陈　辉　陈　辉　陈　辉　陈　莉
陈　历　陈　亮　陈　琳　陈　璐
陈　敏　陈　敏　陈　频　陈　奇
陈　琦　陈　琦　陈　清　陈　群
陈　荣　陈　婷　陈　威　陈　伟
陈　熙　陈　熙　陈　星　陈　雄
陈　耀　陈　英　陈　莹　陈　颖
陈　咏　陈　忠　陈安全　陈白烨
陈宝和　陈碧云　陈长剑　陈朝来
陈成功　陈春珠　陈聪华　陈定友
陈福金　陈耿文　陈光斌　陈桂英
陈国贵　陈国丽　陈国强　陈海滨
陈汉池　陈鸿忠　陈华栋　陈华民
陈辉煌　陈伙英　陈建斌　陈建芬
陈建辉　陈建良　陈建平　陈健民
陈金栋　陈金树　陈金星　陈就智
陈巨成　陈君深　陈开明　陈立华
陈丽华　陈丽水　陈刘章　陈龙杰
陈敏芳　陈能珠　陈潘富　陈培东
陈培元　陈其榕　陈其营　陈荣生
陈若晖　陈韶斌　陈书友　陈树森
陈斯芳　陈素珍　陈体建　陈体申
陈天来　陈莞迎　陈王平　陈维椿
陈伟琳　陈卫军　陈文云　陈祥勇
陈晓立　陈兴录　陈兴棠　陈秀珍
陈秀珠　陈续志　陈学捷　陈艳彬
陈燕芳　陈燕鹏　陈益红　陈应灿
陈勇将　陈友好　陈玉凤　陈玉坤
陈玉林　陈玉琳　陈玉宗　陈元彪
陈云剑　陈运涛　陈昭文　陈照庭
陈振文　陈志红　成　征　程　舒
程财兴　程功煌　程明姬　程平平
代　俊　戴炳坤　戴秋兰　戴小辉
邓　钢　邓　毅　邓长樑　邓建生
邓纬西　邓衍继　邓雁锋　丁朝壮
丁进发　丁兰英　丁莉勤　董　艳
董小青　董游榕　杜　辉　杜明辉
杜永彬　杜曾勇　段广亮　段锦海
段丽巧　范龙旺　方　军　方大勋
方暨梁　方如渝　方锡康　房恭宇
费庆胜　丰　雷　冯先宝　付和印
傅　成　傅建芳　傅伟杰　傅煜群
高　逵　高　铭　高　任　高　贤
高　原　高碧松　高发兴　高飞云
高惠娜　高奎春　高木平　高清泉
高易凡　高莹峰　高永华　葛开松
耿庆伟　龚国强　龚素娟　龚吓奴
官大伟　官艳华　郭　冬　郭　亮
郭　铭　郭锋华　郭海源　郭华琳
郭建腾　郭金升　郭晶晶　郭乐平
郭立平　郭淑芬　郭双强　郭万军
郭一鸣　郭永健　郭勇渠　郭玉柱
郭志成　韩　飞　韩　炜　韩清土
韩秋娜　韩艳吉　何　晖　何毕克
何朝明　何广群　何江强　何捷岷
何珊华　何玉松　何跃辉　何曾启
何仲华　洪　伟　洪鼎雄　洪隆平
侯志森　候海锋　胡　晓　胡昌柱
胡良平　胡敏雄　胡伟宁　胡文勇
胡小波　黄　岑　黄　超　黄　浩

黄　河　黄　晃　黄　炜　黄宝文
黄碧霞　黄诚金　黄传英　黄德生
黄桂香　黄海荣　黄海容　黄杭延
黄华杰　黄华领　黄建明　黄景泽
黄开良　黄丽婷　黄丽文　黄林敏
黄闽祥　黄敏航　黄培杰　黄俏艳
黄清德　黄秋生　黄荣宁　黄瑞萍
黄少芳　黄少玲　黄少松　黄胜春
黄书逵　黄水花　黄水秀　黄顺全
黄素琴　黄望智　黄文静　黄文钦
黄文婷　黄厦怀　黄祥瑞　黄晓燕
黄晓镇　黄雪玉　黄炎玉　黄艳光
黄益水　黄永胜　黄友平　黄云祥
黄泽钗　黄增贯　黄正连　黄志群
黄志荣　黄志勇　黄作文　纪步顺
纪谋树　纪涌舒　贾建忠　江　龙
江爱娇　江城霖　江建敬　江克雄
江曼真　江为民　江祥如　江兴兴
江玉琴　姜　川　姜　彦　姜　泳
姜艳玲　蒋燕琴　蒋永和　焦瑞平
揭胜华　金　华　金清岩　金莎莎
康碧珍　康漳华　柯　灿　柯朝宝
柯竞翔　柯司东　柯志高　柯志鸿
赖　琴　赖芳群　赖海辉　赖金荣
赖茂兴　赖巧燕　赖晓明　兰　鹏
兰　青　兰步芬　兰小剑　蓝定勇
藍茂乾　蓝永福　雷　蕾　雷少春
李　东　李　昊　李　莉　李　量
李　林　李　明　李　伟　李　武
李　勇　李　勇　李　煜　李　准
李安明　李陈歆　李德栋　李端望
李寒林　李宏彪　李继事　李建辉
李茂兴　李美金　李梦月　李明华
李明钰　李乃明　李清强　李韶峰
李书杰　李书闽　李树功　李帅辉

李水英　李挺松　李小强　李晓光
李新伟　李学培　李雪敏　李扬安
李永平　李月钗　李振杰　李志勇
李治民　李子庆　李宗智　连　财
连国耀　梁　彬　梁　荣　梁德琴
梁华容　梁慧敏　梁进明　梁立冬
梁其容　梁文胜　廖其新　廖善城
林　斌　林　斌　林　陈　林　光
林　海　林　航　林　华　林　皇
林　辉　林　坚　林　晶　林　玲
林　平　林　庆　林　琼　林　荣
林　山　林　威　林　西　林　熙
林　霞　林　销　林　艳　林　艳
林　瑶　林　莹　林　勇　林　勇
林　芝　林宝钗　林宝珠　林本丰
林昌发　林陈炜　林春淋　林翠琴
林翠玉　林得华　林鼎建　林东枫
林芬珠　林国平　林华阳　林化松
林辉仲　林惠珍　林吉明　林加强
林佳楠　林坚敏　林建清　林建宇
林剑彬　林金霖　林俊彪　林开科
林立崎　林丽卿　林丽云　林美金
林美瑜　林敏用　林能斌　林平春
林其强　林奇宾　林起宸　林秋林
林瑞班　林三峰　林少青　林绍河
林铁辉　林文毅　林文忠　林宪文
林小滨　林晓峰　林晓明　林晓晓
林星辉　林修武　林学良　林雪芳
林燕飞　林益明　林英杰　林永萍
林有炎　林云贞　林章旭　林珍福
林振亮　林志城　林志国　林志军
林志鹏　林志雄　林志艺　林周亮
林周尧　林宗祥　刘　飞　刘　宏
刘　晖　刘　扬　刘　渊　刘保春
刘必荣　刘必铮　刘必志　刘炳顺

刘昌琼　刘登秋　刘贵青　刘海清
刘红旗　刘洪群　刘建村　刘景恩
刘静宏　刘黎明　刘良寿　刘瑞旺
刘为武　刘祥莹　刘晓鹤　刘孝胜
刘学银　刘友电　刘振家　刘志滨
刘志坚　刘志强　柳晓烨　卢贵珍
卢文强　卢文琴　卢毅华　卢振嘉
卢志雄　陆　玮　陆盛林　陆应财
吕安琪　罗　光　罗　华　罗春和
罗景旺　罗来年　罗秋英　罗域镛
罗振林　罗智骁　骆进源　骆科文
麻宗钧　马　腾　马　威　马昌华
马福龙　马鸿庄　马俊俊　马思明
马新成　毛　琼　毛维铮　毛向东
梅琳玲　梅永洪　倪　钟　倪晓琛
牛军海　欧金生　欧孔震　潘德光
潘德钦　潘付强　潘世民　潘依妹
裴化记　彭成全　彭建云　彭铃武
彭湘勇　蒲春华　祁家新　綦振平
秦彬彬　丘廷煌　邱　伟　邱龙锦
邱绍增　邱志鹏　饶良和　阮敏敏
阮召淼　阮振闽　商振华　尚慧东
邵文玉　沈　频　沈春木　沈松溪
沈添垚　盛　奎　师剑团　施　容
施发富　施孝禄　施志勇　石坚劲
石晓峰　时建榕　史栋梁　史富强
史子建　宋　磊　宋诚本　宋洪献
宋万仓　宋小臣　宋志荣　苏剑军
苏胜城　苏子庆　孙　冰　孙　捷
孙爱华　孙大为　孙国栋　孙立新
孙盼盼　孙世军　孙智勇　谭　源
汤道海　汤巫保　唐宝林　唐国庆
唐景桂　唐雪梅　陶婷婷　铁金刚
童文彬　涂开伟　万文进　汪朝荣
王　灏　王　辉　王　晶　王　隽

王　莉　王　平　王　沁　王　维
王　卫　王　欣　王　烨　王　英
王　莹　王　臻　王财秀　王长青
王长善　王长生　王承德　王承俤
王承平　王丹凤　王德才　王贵闽
王海奋　王宏川　王宏光　王华锋
王坚焰　王金龙　王金龙　王金枝
王锦伦　王景煌　王立新　王丽萍
王连彬　王隆湖　王茂华　王培连
王秋英　王荣臣　王绍敏　王世清
王守亮　王天赐　王维佳　王小强
王小阳　王晓深　王新定　王义军
王振斌　王志杰　王志民　王志祥
王智勇　王忠伦　王忠武　王作海
卫丽明　魏碧珠　魏丽红　魏赛友
魏英铨　魏则尧　魏志令　温必松
温小平　温祖平　翁　坚　翁璜浩
翁金枝　翁培芬　翁文杰　翁一民
吴　斌　吴　波　吴　华　吴　晖
吴　敏　吴碧金　吴炳梅　吴传电
吴聪明　吴光辉　吴贵伍　吴国民
吴汉璋　吴吉花　吴佳色　吴家实
吴家祯　吴家周　吴建新　吴剑锋
吴健敏　吴金钿　吴金陵　吴里久
吴培西　吴齐卡　吴其华　吴顺华
吴汀旺　吴文娟　吴文霖　吴小龙
吴晓辉　吴孝斌　吴信强　吴燕晖
吴银泉　吴银霞　吴永忠　吴有坤
吴跃毅　吴志强　吴兹华　吴祖桃
伍　峰　夏均华　夏俊波　相学伟
向　森　向勤容　肖九富　肖玲玲
肖新萍　肖永辉　肖月梅　谢　发
谢　玲　谢　庆　谢长英　谢发治
谢光良　谢鸿根　谢华梅　谢焕江
谢建福　谢建智　谢金华　谢菊凌

谢黎芳　谢生钲　谢贤斌　谢晓晖

忻永辉　修德平　徐　丹　徐宝生

徐吉云　徐建美　徐锦华　徐瑞平

徐应典　徐永鹏　徐自林　许　宏

许　力　许　麟　许　伟　许炳雄

许凤鸣　许渐芬　许黎峰　许鲁坚

许庆洪　许庆凯　许胜国　许文财

许文超　许小丽　许亚勇　许莹灿

许跃展　许振东　许志勇　许治国

薛　敢　薛国荣　薛进魁　薛晓宏

鄢　伟　鄢晨枫　闫　军　严国强

严松柏　严毅军　严振农　颜敏丽

颜青濂　颜晓东　杨　宝　杨　彬

杨　斌　杨　军　杨　宁　杨　萍

杨　奇　杨　阳　杨　勇　杨白榕

杨丙丁　杨春生　杨德义　杨东海

杨东阳　杨继方　杨金云　杨礼登

杨良基　杨明基　杨明升　杨人山

杨时雨　杨夏兰　杨育平　杨志雄

杨仲云　姚海萍　姚家庆　姚建平

姚建雄　姚木铭　姚英鹏　叶　葆

叶　桓　叶　青　叶　容　叶贵清

叶海生　叶家康　叶建安　叶金花

叶景枫　叶文泮　叶宇红　叶征美

叶遵斌　尹红军　尹元栋　应连明

应兴盛　尤　斌　游成忠　游景波

余　波　余丰明　余根传　余宏斌

余建英　余奶旺　余正文　俞育彪

俞振华　袁　州　袁建龙　袁少均

恽建军　曾　诚　曾　川　曾传应

曾发宝　曾凡林　曾建军　曾庆延

曾钰芬　詹启明　张　城　张　城

张　浩　张　建　张　林　张　龙

张　润　张　伟　张　真　张　忠

张爱珠　张宝泉　张昌贵　张长麟

张潮良　张东平　张根战　张辉祖

张继华　张家兵　张嘉龙　张建河

张建华　张建伟　张金兴　张金阵

张锦秀　张锦宣　张军升　张轲渝

张礼月　张丽凤　张良英　张玲华

张茂泽　张普林　张钦远　张琴敏

张庆荣　张荣兴　张茹丹　张生渊

张书勇　张松年　张素晶　张贤雄

张小平　张小燕　张晓烨　张新中

张学京　张永固　张永仙　张永祥

张永炎　张煜高　张朕豪　张芝辉

张志民　张志强　张智和　张智强

张忠生　张宗杰　章佛亮　章晓明

章志强　赵　泓　赵　伟　赵成亮

赵国兵　赵国梁　赵红忠　赵建峰

赵美宝　赵瑞华　赵月英　赵云明

赵志平　郑　彬　郑　伟　郑　义

郑　勇　郑　钟　郑崇贵　郑春晖

郑翠娟　郑伏全　郑海峰　郑惠稻

郑惠松　郑健风　郑杰杰　郑晶晶

郑立群　郑林权　郑刘韡　郑龙奎

郑曼飞　郑宁清　郑启斌　郑青雄

郑清源　郑万全　郑望腾　郑文苏

郑贤天　郑晓净　郑炘琦　郑雄文

郑旭峰　郑雪梅　郑亚明　郑燕斌

郑依尊　郑义德　郑玉辉　郑跃亮

郑兆俊　郑肇明　郑子钦　钟赐凤

钟贵亮　钟鸣声　钟旺山　钟永活

钟志生　周　顺　周发成　周付强

周花金　周建雄　周丽珍　周美兰

周永通　周元英　周跃升　朱　林

朱功彩　朱建华　朱理辉　朱刘基

朱文红　朱亚卫　祝　榕　庄　明

庄财钦　庄国强　庄进福　庄炯召

庄绍清　庄泳铭　庄志东　庄祚林

卓学汉 宗东升 邹华保 左迎光
江子林弟

江西：安伟涛 白国栋 白霄云 柏吉勇
包常亮 蔡 兵 蔡成林 蔡春玲
蔡定遂 蔡 明 蔡友明 曹德模
曹 刚 曹开平 曹文红 曹岩松
曹燕生 曹 阳 岑 洪 岑 乐
常志辉 陈春伟 陈 芳 陈飞龙
陈 刚 陈海建 陈海明 陈惠兰
陈惠柳 陈家佩 陈 坚 陈 健
陈金龙 陈晋斌 陈 晶 陈井辉
陈敬华 陈 军 陈黎黎 陈黎明
陈立江 陈立新 陈 亮 陈 林
陈林生 陈禄舟 陈明兰 陈 宁
陈 宁 陈 鹏 陈庆伟 陈绍云
陈书英 陈 恬 陈维金 陈 雯
陈孝颖 陈秀兰 陈一峰 陈鹰翔
陈 勇 陈樟梅 陈招兰 陈 喆
成 材 程 彪 程 龙 程秋秀
程小凯 程晓东 程裕习 仇金春
褚明芳 崔华群 崔建军 崔 俊
崔 越 崔泽海 代荷花 代清礼
戴春秀 戴金英 戴玉燕 单文革
邓德其 邓功万 邓洪文 邓 杰
邓 科 邓绿玲 邓志华 刁造东
丁 杰 丁良安 丁翔鹏 丁宇聘
丁紫耀 董善德 董士昌 董伟强
杜文华 段鸿儒 樊 宏 樊子兵
范 彬 范建根 范 龙 范 奇
范勇荣 范志强 方昌志 方健南
方伟江 封雪花 冯 坤 冯亮能
冯桠森 付文哲 傅 骏 傅筱秀
高焕新 高 杰 高俊频 高岚强
高朋举 高晓妹 葛志刚 耿虎平
龚斌刚 龚红平 龚 佳 龚建平
龚金山 龚 青 龚 甜 龚文东
顾定恩 顾建平 关书华 管建华
桂 希 郭 川 郭大元 郭巨平
郭桃生 郭延发 韩 锋 韩静宝
韩 萍 韩瑞志 韩声江 韩志平
何 锋 何贵明 何国新 何水林
何 渭 何文涛 何秀文 何倚俚
何 振 何 振 洪 丹 洪 光
洪海清 洪金衡 侯卫杰 胡次渠
胡 凡 胡方准 胡海青 胡华平
胡健健 胡久文 胡 军 胡仁菊
胡容华 胡水花 胡 维 胡 伟
胡伟伟 胡伟炜 胡细根 胡业芳
胡益群 胡佑华 胡志军 胡仲子
花 蕾 华昌祥 黄 彬 黄 峰
黄 刚 黄刚水 黄 鹤 黄建慧
黄建江 黄建强 黄江水 黄 杰
黄 捷 黄克强 黄茂英 黄 平
黄奇标 黄 琼 黄 玮 黄先和
黄小凡 黄小平 黄小桃 黄新建
黄 逊 黄耀华 黄颖鑫 黄 媛
吉志军 季红磊 贾国强 贾仁茂
江 宏 江期昌 江 涛 江文娟
江亦萍 江玉坤 姜定伟 姜锦彪
姜丽萍 姜 林 姜 林 姜小平
蒋国洪 蒋国华 蒋国华 蒋锦荣
蒋来虎 蒋林坤 金冬云 井建华
琚 展 瞿 辉 康晏平 柯方萍
柯雪梅 孔令红 孔祥华 蒯亚运
匡萃明 旷文胜 连莉萍 来娟美
赖邦贵 赖峰刚 赖国锦 赖思颖
赖伟民 兰 峰 兰建高 兰师东
雷金云 雷 鹏 雷 翔 黎 荣
黎玉珍 李爱华 李传好 李冬华
李冬英 李飞飞 李 锋 李富春

李 刚　李冠群　李广勇　李国贞
李红平　李洪顺　李 辉　李惠明
李 慧　李家兴　李建中　李 景
李 婧　李克楠　李 旻　李 敏
李 宁　李 萍　李启海　李 强
李 强　李 青　李青保　李青萍
李儒先　李省金　李双飞　李 顺
李万林　李 伟　李卫平　李小勇
李晓凤　李 信　李杏娟　李学良
李 勇　李招萍　李 真　李正强
连莉萍　梁春根　梁锦勇　梁鲁金
梁 为　梁裕兵　梁振东　廖甲春
廖木根　廖文锋　廖文秀　廖远群
林 峰　林 华　林 灵　林 玲
林 凌　林 龙　林瑞金　林 毅
林仲元　凌 云　刘爱兰　刘 柏
刘斌森　刘长帅　刘 超　刘 宸
刘春芳　刘春林　刘德军　刘 东
刘 冈　刘根深　刘国辉　刘国平
刘 红　刘华俊　刘惠林　刘金浪
刘金强　刘菊芳　刘军辉　刘君纯
刘蓝香　刘乐辉　刘 礼　刘立勇
刘立志　刘丽凤　刘 民　刘鸣华
刘 鹏　刘 萍　刘 强　刘群英
刘瑞纯　刘石鹏　刘世辉　刘苏钢
刘 甜　刘为民　刘锡龙　刘晓红
刘晓露　刘依农　刘应棉　刘永刚
刘永忠　刘玉波　刘云浩　刘志东
刘志钢　刘宗辉　刘祖斌　柳松林
卢 军　卢毓光　陆赣宾　陆小平
路丕军　吕 亮　吕善勇　吕信发
吕艳清　吕永山　栾义峰　罗成民
罗 芳　罗荷云　罗煌云　罗 杰
罗 杰　罗 坤　罗时珍　罗淑萍
罗嗣明　罗桃花　罗文越　罗细妹

罗贤吉　罗 烨　罗义南　马飞涯
马 磊　马琪骅　马仲江　毛春香
毛志刚　梅文军　梅 颖　孟凡敏
闵锦国　闵 强　缪伟星　牟百帅
倪 春　倪素珍　聂美菊　聂太迟
欧阳飞　潘红莲　潘石钢　潘志荣
庞 刚　彭大贵　彭 虎　彭检萍
彭建红　彭菊芝　彭军友　彭利花
彭美霞　彭培发　彭培庚　彭 雨
彭跃平　朴 智　齐 明　钱君印
钱小平　秦 雨　丘红宇　邱崇志
邱译锋　邱易兰　冉江华　饶 明
饶新华　任宝珍　任小珍　邵海滨
邵云兰　申声明　沈 倩　沈智勇
盛 杰　师 京　施对娥　石东平
石 武　史俊斌　史明金　舒宏珍
帅小礼　司 军　宋育辉　苏 奋
苏风华　苏国文　苏红伟　孙 浩
孙鸿俊　孙奕松　孙 勇　汤 伟
汤哲卿　汤尊雯　唐成洋　唐 林
唐 塔　唐 文　陶根香　陶新生
田兵兵　田宏勃　童移民　涂剑辉
涂俊文　涂文涛　涂相平　涂小弟
涂赞福　万 丹　万道星　万东海
万发萍　万国俊　万汉波　万红梅
万金文　万 良　万文斌　万显策
万学林　万宇峰　万志岩　万中亮
汪 洪　汪建峰　汪六荣　汪四春
汪永根　王爱国　王 飚　王崇峰
王春芳　王春丽　王 迪　王 芳
王甫兰　王 海　王 海　王海丽
王海涛　王 浩　王家凯　王 建
王建平　王键中　王金水　王精甫
王敏洁　王 南　王 平　王 琦
王 强　王 强　王 荣　王世超

王　舒　王卫国　王　熙　王晓群
王　旭　王雪飞　王　彦　王　彦
王英俊　王永国　王　勇　王　赟
王志军　魏芳瑶　魏国平　魏　强
魏天才　魏　伟　魏永强　魏永强
魏雨鹏　温志刚　温祖永　邬元超
吴　斌　吴　诚　吴　罡　吴光辉
吴　海　吴宏毅　吴建军　吴建强
吴　婧　吴素珍　吴　威　吴　巍
吴延荣　吴耀申　吴宜旺　吴　跃
吴贞秀　吴振华　吴志昊　伍国勇
伍学琴　习先文　席文斌　夏根根
夏火育　夏小儿　夏　云　夏增纲
项新华　肖　菲　肖　军　肖林华
肖　梅　肖明浪　肖文萍　肖　旭
肖　暘　肖　莹　肖玉成　谢　锋
谢海亮　谢　弘　谢华春　谢焕平
谢　静　谢军根　谢联武　谢　琦
谢锡海　谢小红　谢永春　谢玉兰
谢志刚　辛斌华　幸仁斌　熊迪奇
熊　辉　熊会文　熊惠连　熊惠平
熊火应　熊　建　熊　健　熊江山
熊　梁　熊龙龙　熊禄茂　熊祺胜
熊青羽　熊秋平　熊水秀　熊堂红
熊伟勇　熊文军　熊小林　熊晓莉
熊信英　熊雪根　熊益彪　徐　斌
徐常卫　徐高良　徐海林　徐建平
徐　洁　徐丽芬　徐丽英　徐建民
徐　沁　徐三强　徐世军　徐天峰
徐望根　徐祥莲　徐　亦　徐　勇
徐泽荣　徐振发　徐　征　许凤仙
许根生　许　林　许　明　许淑红
许　爽　许雪莹　许祖芳　薛强强
荀罗浩　鄢俊锋　闫海洋　闫艳霞
严　飞　阎　帅　杨　斌　杨春荣
杨丹奇　杨道源　杨　迪　杨佛水
杨贵珍　杨辉平　杨建东　杨剑梯
杨乐平　杨乐平　杨立家　杨秋华
杨少华　杨雪峰　杨　洋　杨义根
杨义屏　杨雨生　杨昭辉　姚春香
姚二龙　姚流军　姚雪虎　姚荘莼
叶　赣　叶江胜　叶军蓉　叶　青
伊顺财　易炳文　易　倩　尹　东
尹　军　应红彪　应　黎　于　利
余　帆　余　锋　余苏贵　余维珂
余祖林　俞　文　吁正康　郁艳斌
喻来泉　喻露杨　袁　纲　袁光华
袁国林　袁　辉　袁　辉　袁　卉
袁亚平　岳贤辉　臧富超　臧　炜
曾宝英　曾保珍　曾寒干　曾　康
曾　科　曾清香　曾庆茹　曾庆涛
曾思云　曾伟乾　曾晓群　曾秀秀
曾友萍　詹东江　湛礼林　张安慧
张　斌　张　斌　张炳旭　张长江
张成健　张光成　张桂香　张桂英
张国良　张瀚涛　张泓涛　张洪青
张鸿辉　张会朝　张积妃　张建华
张建明　张　剑　张　健　张　健
张洁华　张　晋　张　黎　张立丽
张　嶙　张　璐　张　明　张　宁
张　佩　张　鹏　张　强　张卿煌
张少雄　张时龙　张树国　张　涛
张　添　张同亮　张　彤　张　旺
张文健　张小刚　张小园　张新华
张学朋　张学昇　张亚萍　张彦博
张　艳　张　盈　张永华　张永清
张玉梅　张玉卿　张元华　张永琦
张智宝　张　柱　章桂仙　章建华
章建强　章　权　章四桂　章　杨
章振华　赵国华　赵海山　赵寰环

赵江河　赵　俊　赵腊梅　赵　南
赵　强　赵桐民　赵为群　赵文华
赵晓轩　赵新春　赵新建　赵　一
赵英祥　郑辉玉　郑　军　郑益明
钟　诚　钟赣芹　钟　骅　钟建春
钟建明　钟善科　钟振荣　周超华
周承华　周　诚　周冬梅　周福平
周桂林　周和平　周建勋　周井松
周菊萍　周　军　周龙妹　周清奇
周水桃　周　涛　周卫星　周学谦
周　毅　周英华　周玉英　朱保全
朱丹萍　朱京平　朱康盛　朱　可
朱明生　朱其富　朱　韧　朱水根
朱文达　朱小平　朱晓兵　庄奇鹏
邹安平　邹　波　邹文红　邹晓明
邹秀芳　邹　旋　邹有生　邹云古
左惠荣　欧阳国锋　欧阳志亮
山东：艾吉刚　安　波　安　岗　安　晖
安　茹　安德芹　安富国　安建勇
安悌传　安秀玉　安有利　安仲凯
巴岩辉　白　琳　白道荣　白化奇
白可鑫　白民风　白如雪　白世国
白喜军　白玉剑　白占庆　白志国
柏亮星　包海庆　包汉花　包仁强
鲍　伟　毕常春　毕华清　边敦北
边文刚　卞良波　卞应会　别德忠
邴世强　薄　苓　薄春晓　卜凤秀
卜令刚　步国忠　蔡　振　蔡同建
蔡永彬　曹八一　曹长峰　曹凤君
曹广先　曹贵静　曹国德　曹宏伟
曹建基　曹景林　曹军军　曹林军
曹留欢　曹铭静　曹庆宪　曹荣利
曹如善　曹汝军　曹胜魁　曹同辉
曹文海　曹希联　曹修锋　曹意磊
曹永成　曹永洪　曹馀洁　曹聿平
曹振强　曹忠华　柴永军　柴勇利
柴中启　常　春　常　赫　常　磊
常登峰　常海旺　常建立　常建重
常利国　常孟义　晁代印　晁明旺
朝继承　车兆成　陈　宝　陈　彬
陈　波　陈　成　陈　川　陈　芳
陈　飞　陈　钢　陈　浩　陈　洪
陈　虹　陈　华　陈　辉　陈　杰
陈　军　陈　君　陈　凯　陈　凯
陈　磊　陈　亮　陈　亮　陈　龙
陈　荣　陈　通　陈　巍　陈　肖
陈安臣　陈本刚　陈泊帆　陈成合
陈传军　陈大维　陈德英　陈殿忠
陈冬生　陈法贞　陈付超　陈光庆
陈光友　陈广山　陈贵芝　陈桂琴
陈海莹　陈洪宽　陈记海　陈家庆
陈嘉庆　陈甲军　陈建春　陈建虹
陈健健　陈金滨　陈晋东　陈京石
陈礼义　陈立俊　陈立新　陈立勇
陈立志　陈茂田　陈美花　陈明兵
陈沛刚　陈其明　陈清标　陈清刚
陈庆宏　陈庆娟　陈庆林　陈庆山
陈庆翔　陈冉冉　陈蓉蓉　陈如龙
陈汝建　陈淑平　陈腾腾　陈天昌
陈玩良　陈伟贞　陈卫云　陈文凯
陈文雷　陈文思　陈文忠　陈现友
陈祥峰　陈晓东　陈秀兰　陈秀琴
陈宣宣　陈学善　陈雪峰　陈雪生
陈延龙　陈耀山　陈义滨　陈义友
陈永刚　陈玉洪　陈月敏　陈云德
陈兆圭　陈争平　陈志飞　陈志刚
陈志民　陈忠胜　成广旗　成俊平
成少飞　成兆松　程　浩　程　明
程　玮　程宝来　程宝艳　程国强
程进华　程克谦　程茂胜　程士德

程喜廷　程喜停　程相河　程永立
程玉龙　程玉明　迟长青　迟明珍
迟明智　迟晓阳　迟耀兴　迟志云
仇凯峰　仇向利　仇兆强　初　磊
初国新　初克文　初克政　初守梅
储　霞　褚福国　褚庆贵　慈福田
慈寿雪　丛　杰　丛　林　丛爱丽
丛海峰　丛小亮　丛志钢　崔　健
崔　晶　崔　怡　崔　振　崔常柏
崔传成　崔浩然　崔建新　崔金胜
崔进军　崔明哲　崔勤龙　崔文江
崔小虎　崔晓艳　崔晓燕　崔晓颖
崔学海　崔学峥　崔英杰　崔玉森
崔玉卫　崔元强　崔振友　崔振中
崔忠孝　代广山　代艳芬　戴　军
戴　黎　戴　涛　戴清怀　戴淑苓
戴彦荣　单　超　单　萌　单　伟
单承姣　单德良　党　欢　党传磊
党受琴　党晓琨　邓　伟　邓爱国
邓冠贺　邓洪军　邓洪跃　邓金兵
邓金怀　邓金生　邓金雨　邓丽君
邓双河　邓维国　邓文礼　邓智桓
狄　鹏　狄福海　刁成刚　丁　剑
丁　磊　丁　盛　丁　莹　丁东峰
丁方方　丁方伟　丁洪明　丁明波
丁鹏勃　丁汝丽　丁胜卫　丁文胜
丁献方　丁晓范　丁延宝　丁志刚
丁治伟　董　慧　董　魁　董　楠
董　毅　董爱华　董春荣　董春香
董大鹏　董方龙　董洪亮　董家振
董良义　董荣训　董瑞金　董士年
董士忠　董顺强　董尉起　董文盛
董新军　董兴川　董延武　董玉琨
董子华　都腾飞　窦　磊　窦建新
窦立珍　窦圣寅　杜　钧　杜　磊
杜　龙　杜　伟　杜　艳　杜　晔
杜道德　杜广伟　杜洪涛　杜家存
杜建军　杜建平　杜金亮　杜俊钦
杜兰中　杜连东　杜敏光　杜升启
杜生军　杜圣江　杜文华　杜锡军
杜晓果　杜秀艳　杜云飞　杜云涛
杜贞亮　段爱云　段福安　段海鹏
段连良　段文卓　法志涛　樊飞龙
樊伟伟　范德俊　范富昌　范国建
范建福　范俊凯　范立安　范立芳
范卫霞　范祥安　范兆逊　范中芳
范中堂　房　芳　房　虎　房　珂
房　文　房国磊　房建选　房建毅
房信民　房永明　房有社　房泽岸
房泽好　丰鉴萍　冯　波　冯　杰
冯　杰　冯　娜　冯程程　冯桂香
冯建广　冯建国　冯建建　冯建林
冯金财　冯庆义　冯求华　冯尚闯
冯文胜　冯现锋　冯兴云　冯兴柱
冯学东　冯训营　冯云光　冯增仁
冯振首　伏　云　付　砥　付　峰
付　贵　付　志　付怀洋　付敬新
付尚建　付守全　付新海　付新民
付新振　傅德俭　傅洪振　傅俊毅
傅宁涛　傅信强　傅营龙　盖福亮
盖新峰　盖中慧　干昭发　甘玉彪
高　程　高　峰　高　峰　高　辉
高　健　高　杰　高　磊　高　蕾
高　鹏　高　倩　高　帅　高　涛
高　巍　高　翔　高　燕　高　勇
高　宇　高爱群　高宝坤　高本杰
高村辉　高佃分　高佃国　高栋才
高栋梁　高凤茂　高贯福　高光文
高海传　高洪才　高建国　高建全
高连江　高龙虎　高诗华　高世民

高颂钧 高文达 高文举 高小峰
高效刚 高兴强 高旭东 高学萌
高雪梅 高玉军 高裕海 高正萍
高忠全 葛 畅 葛为民 葛祥伟
葛秀霞 葛序平 葛彦滨 葛艳春
葛永花 耿 欣 耿道伟 耿怀家
耿献浩 耿秀凤 耿玉民 宫 军
宫洪涛 宫月彬 龚安志 巩 伟
巩健民 巩庆和 巩向军 巩振坦
谷春兰 谷富东 谷龙全 谷统勋
顾静静 顾连君 顾权勇 顾士忠
顾玉石 关振民 关子刚 管 浩
管庆进 郭 东 郭 宁 郭 涛
郭 义 郭安全 郭伯玉 郭长松
郭传昌 郭春辉 郭春雷 郭春涛
郭岱光 郭德松 郭冬梅 郭风芹
郭海波 郭海亮 郭纪峰 郭纪宏
郭纪强 郭继锋 郭建明 郭京安
郭警伟 郭敬军 郭敬水 郭俊信
郭兰从 郭立海 郭灵廷 郭隆庆
郭美荣 郭明发 郭清琨 郭庆收
郭斯孝 郭太芹 郭西金 郭鑫鑫
郭信群 郭绪国 郭英政 郭玉松
郭正芝 郭志新 郭忠福 郭忠义
国际军 韩 彬 韩 波 韩 波
韩 成 韩 冬 韩 杰 韩 龙
韩 珞 韩 鹏 韩 升 韩 宇
韩邦东 韩保苍 韩成杰 韩道臣
韩付强 韩广瑞 韩国良 韩洪海
韩洪涛 韩华兰 韩纪现 韩京文
韩来艳 韩炼海 韩鲁宁 韩明昌
韩明顺 韩乃钊 韩庆福 韩荣峰
韩伟强 韩新泉 韩延平 韩以嵩
韩月良 韩悦中 韩增海 韩增林
韩振海 韩智斌 郝 隆 郝 禄

郝 勇 郝殿申 郝凤莲 郝守伟
郝迎训 郝永强 何 超 何 振
何成文 何春连 何建华 何开刚
何乃伟 何世方 何卫东 何振东
何子祥 何宗荣 贺林峰 贺庆法
贺向群 贺兴明 黑 林 洪连军
洪兆庆 侯 勇 侯爱升 侯长胜
侯传华 侯吉双 侯庆飞 侯秋云
侯绪龙 侯银建 候春桥 候国章
胡 臣 胡 鹏 胡 倩 胡 勇
胡 勇 胡爱芳 胡安奇 胡存强
胡丰收 胡国强 胡海娣 胡海民
胡建峰 胡建国 胡开宗 胡明权
胡乃申 胡庆顺 胡庆宇 胡全库
胡顺帮 胡顺红 胡伟峰 胡文青
胡潇方 胡晓梅 胡新强 胡亚楠
胡燕青 胡以山 胡兆玉 扈广泉
华明玉 华裕武 华正俊 怀云峰
郇彦栋 黄 均 黄 磊 黄 龙
黄 路 黄 若 黄 伟 黄昌波
黄春雷 黄大光 黄德安 黄芳芳
黄广辉 黄海燕 黄宏业 黄加亮
黄建勋 黄可好 黄利飞 黄利翔
黄茂运 黄士芹 黄树仁 黄天姣
黄文元 黄晓辉 黄彦雷 黄于磊
黄玉虎 黄跃成 黄跃杰 黄兆光
黄正春 黄忠贵 惠连海 姬玉奎
嵇传磊 吉玉来 籍 委 纪春科
纪家栋 纪现鹏 季苏玲 季秀宝
季月峰 郏海涛 贾 磊 贾 利
贾 林 贾广海 贾继鲁 贾理强
贾琳琳 贾明海 贾善叶 贾铁壮
贾文记 贾希锋 贾晓铭 贾友良
贾中伟 江天禄 江挺强 江志亮
姜 川 姜 敏 姜 鹏 姜 平

姜　松　姜　震　姜保国　姜传广
姜丹丹　姜凤军　姜桂水　姜军利
姜平杰　姜其曰　姜守浩　姜书君
姜素霞　姜相如　姜新国　姜新蓉
姜修华　姜秀华　姜亦辉　姜玉鹏
姜兆利　姜志锋　姜志军　蒋　涛
蒋　晓　蒋　鑫　蒋凤英　蒋小香
蒋孝明　蒋云平　焦方东　焦方信
焦桂丽　焦显杰　解　强　解　卓
解长海　解成里　解现虎　解增德
金　波　金　铎　金　铸　金立学
金孟民　金倩兰　金淑芳　金永香
靳　鹏　靳百强　靳成龙　靳承磊
靳化云　靳现梅　靳燕飞　荆　杭
荆　勇　荆建亭　荆瑞印　荆延智
荆遵玉　景年文　鞠　仔　鞠久林
阚根明　康传才　康怀苗　康建华
康建玲　康振山　亢海蓉　孔　涛
孔德帅　孔令法　孔松龄　孔苏华
孔维德　孔宪运　孔祥东　孔祥悦
兰帅帅　兰天翔　蓝孝利　郎秋梅
雷雨波　黎　辉　黎新建　李　斌
李　滨　李　兵　李　波　李　崇
李　春　李　聪　李　丹　李　东
李　栋　李　放　李　海　李　豪
李　虎　李　健　李　健　李　杰
李　锦　李　进　李　军　李　军
李　军　李　骏　李　焜　李　力
李　亮　李　林　李　琳　李　灵
李　鲁　李　路　李　明　李　明
李　明　李　明　李　娜　李　娜
李　宁　李　朋　李　鹏　李　强
李　庆　李　群　李　涛　李　旺
李　伟　李　伟　李　雯　李　辛
李　鑫　李　学　李　妍　李　琰

李　扬　李　毅　李　勇　李　勇
李　勇　李　勇　李　勇　李　元
李　源　李　忠　李　忠　李　忠
李爱昌　李爱华　李宝刚　李宝森
李保良　李秉琳　李长美　李长民
李长青　李朝宁　李陈寿　李成岗
李崇波　李川川　李传峰　李传崮
李传军　李传鹏　李春峰　李春乐
李春山　李春生　李春晓　李春云
李翠芬　李翠珍　李德超　李定坤
李东华　李发德　李发木　李芳华
李防振　李凤丽　李凤美　李福德
李福江　李福胜　李耕民　李公安
李功友　李光珊　李光义　李广民
李广平　李桂峰　李桂平　李桂香
李桂元　李国安　李国防　李国辉
李国林　李国民　李国强　李海华
李海军　李海鹏　李海庆　李海涛
李海霞　李汉文　李好佳　李和民
李红军　李红露　李红霞　李洪宝
李洪波　李洪林　李洪明　李洪新
李鸿波　李华东　李华强　李华云
李怀青　李惠林　李纪泰　李纪英
李继才　李继成　李继银　李嘉庆
李甲子　李建党　李建国　李剑峰
李剑武　李节良　李金道　李金秀
李金义　李金钟　李敬涛　李炯明
李君成　李俊华　李开忠　李来福
李乐章　李丽丽　李雳应　李连宇
李林川　李明敬　李明新　李明志
李培军　李朋朋　李鹏飞　李强年
李强强　李青峰　李清军　李清龙
李清松　李庆凯　李庆礼　李庆利
李庆民　李秋菊　李全意　李全英
李群章　李仁库　李荣君　李若明

李善中 李尚杰 李少江 李少磊
李绍凯 李升亭 李胜兴 李圣田
李守光 李守良 李寿生 李淑晓
李树平 李树昱 李甜甜 李停杭
李停停 李维珺 李伟杰 李卫东
李魏巍 李文超 李文军 李文龙
李文芝 李文忠 李西秀 李希合
李希林 李希田 李宪华 李宪强
李相民 李象水 李小磊 李晓东
李晓东 李晓红 李晓哲 李孝坤
李新安 李新国 李新田 李兴旺
李修峰 李修桂 李旭东 李绪敏
李学保 李学刚 李学鹏 李学贤
李雪滢 李延峰 李延峰 李延君
李延群 李延森 李延忠 李言贵
李言萍 李岩波 李颜三 李英杰
李永泽 李又岗 李玉德 李玉东
李玉东 李玉国 李玉虎 李玉龙
李玉启 李玉霞 李玉真 李元明
李元涛 李月安 李悦进 李悦明
李云凤 李云涛 李增加 李兆山
李兆许 李振国 李振海 李振环
李振宽 李振良 李振昇 李振宋
李振学 李峥嵘 李政翰 李政权
李志闯 李志东 李志刚 李志军
李志明 李志友 李中华 李中卫
李忠宝 李忠杰 李忠庆 李忠营
李宗胜 李遵飞 李遵龙 李作军
李作林 厉季祥 廉俊武 梁 磊
梁 铭 梁 鹏 梁 庆 梁 威
梁 伟 梁成栋 梁丰进 梁宏涛
梁经森 梁立华 梁世辉 梁同庆
梁新刚 梁兴山 梁秀涛 梁毅杰
梁玉媛 梁振华 梁忠臣 梁祖香
梁遵祥 梁作旺 林 凯 林 明

林 强 林 青 林 森 林 涛
林关华 林建东 林均智 林开成
林凯波 林祥义 林向南 林新钢
林雪莲 林志波 林志峰 林志明
凌 宏 凌 华 凌 权 凌思兰
凌延军 凌在洲 凌在总 刘 斌
刘 波 刘 博 刘 才 刘 畅
刘 超 刘 大 刘 栋 刘 斐
刘 峰 刘 刚 刘 广 刘 辉
刘 辉 刘 建 刘 健 刘 健
刘 杰 刘 杰 刘 杰 刘 婕
刘 敬 刘 凯 刘 凯 刘 磊
刘 伦 刘 娜 刘 楠 刘 沛
刘 朋 刘 鹏 刘 鹏 刘 萍
刘 奇 刘 奇 刘 奇 刘 倩
刘 强 刘 强 刘 强 刘 冉
刘 瑞 刘 苏 刘 涛 刘 腾
刘 辛 刘 艳 刘 飏 刘 营
刘 勇 刘 朕 刘 芝 刘爱莲
刘宝刚 刘宝国 刘宝玉 刘保春
刘保弟 刘保云 刘波涛 刘伯旺
刘长义 刘长征 刘崇斌 刘春国
刘春梅 刘春美 刘大鹏 刘大政
刘德宝 刘德明 刘殿祥 刘多林
刘恩会 刘范德 刘范龙 刘丰春
刘丰翠 刘丰华 刘凤光 刘福华
刘富新 刘根祥 刘冠合 刘光超
刘光磊 刘光哲 刘广海 刘国钢
刘国光 刘国利 刘国能 刘国平
刘国强 刘海滨 刘海光 刘海亮
刘海青 刘海涛 刘海章 刘汉立
刘汉沛 刘和泉 刘红梅 刘红梅
刘宏刚 刘洪侠 刘洪欣 刘洪源
刘华宁 刘怀华 刘焕甲 刘焕玲
刘焕圣 刘继伟 刘建国 刘建和

刘建磊　刘建民　刘建平　刘建强
刘建庆　刘建堂　刘建政　刘金峰
刘劲松　刘敬兵　刘敬斋　刘军华
刘俊禄　刘峻滔　刘开忠　刘康康
刘克波　刘力金　刘丽红　刘丽静
刘利营　刘鲁晨　刘美红　刘美玲
刘培峰　刘培光　刘培洪　刘鹏远
刘迁让　刘庆国　刘庆生　刘仁堂
刘荣亮　刘汝江　刘瑞峰　刘瑞峰
刘瑞荣　刘瑞星　刘善章　刘士忠
刘世茂　刘世晴　刘书均　刘书利
刘书林　刘淑香　刘曙光　刘述林
刘树德　刘树增　刘水昌　刘思思
刘太方　刘泰平　刘天文　刘伟科
刘卫国　刘卫明　刘文春　刘文海
刘文娟　刘文来　刘文玲　刘文证
刘锡亮　刘习森　刘现占　刘相宾
刘祥礼　刘祥亮　刘小华　刘孝江
刘新春　刘新刚　刘新海　刘新永
刘新占　刘兴芳　刘兴甲　刘学文
刘学行　刘训奎　刘延东　刘延龙
刘延年　刘岩飞　刘艳华　刘艳丽
刘杨扬　刘永康　刘永坤　刘勇胜
刘玉富　刘玉国　刘玉华　刘玉龙
刘玉枪　刘玉祥　刘玉英　刘玉正
刘育新　刘裕顺　刘元峰　刘钊裕
刘兆国　刘兆明　刘兆平　刘照军
刘振振　刘正会　刘政海　刘志波
刘志超　刘志海　刘志猛　刘志强
刘志勇　刘志勇　刘中堃　刘忠亮
刘竹照　刘卓林　刘子林　刘子友
刘自文　刘宗俊　刘宗升　刘宗卫
刘作津　刘作兴　柳西科　柳增强
娄佃文　娄西金　娄运刚　娄运占
卢　建　卢本卫　卢延庆　卢艳铜
卢友水　卢振波　鲁广民　鲁世胜
鲁守金　鲁文建　鲁彦梅　鲁召欣
陆宏玉　陆振磊　鹿守武　路　卿
路广华　路士杰　路天明　路秀珍
吕　飞　吕　罡　吕　雷　吕　敏
吕　萍　吕　帅　吕　涛　吕本强
吕成之　吕春杰　吕春桐　吕从军
吕存刚　吕东泰　吕凤芝　吕红卫
吕华城　吕建国　吕林辉　吕佩海
吕少宁　吕守财　吕天巧　吕文翠
吕文静　吕文俊　吕现坤　吕永峰
吕永利　吕玉峰　吕再美　吕则安
吕兆伟　吕振凯　吕志政　律孝存
栾　杰　栾好顺　栾焕然　栾绍栋
栾贻焱　栾志刚　罗　杰　罗宝记
罗开升　罗黎明　罗岩海　罗玉红
骆长杰　骆廷明　麻　骏　麻文涛
马　波　马　超　马　超　马　冲
马　凯　马　磊　马　亮　马　琳
马　强　马　艳　马　永　马宝义
马北京　马朝晖　马成清　马传为
马春荣　马翠生　马广乐　马国荣
马海涛　马和寨　马洪胜　马进玉
马景慧　马居成　马巨南　马克高
马连刚　马禄军　马钦亮　马清壮
马瑞学　马士起　马素英　马廷俭
马喜军　马显涛　马项辅　马小东
马晓博　马新红　马新伟　马兴海
马兴荣　马艳青　马永合　马玉珂
马玉胜　马振美　马志远　满鸿毓
满玉兵　毛安春　毛民宾　梅　慧
梅建伟　门海峰　门晶勇　门通起
孟　丽　孟　陆　孟　霞　孟　祥
孟安邦　孟凡臣　孟凡广　孟凡贵
孟凡奎　孟凡涛　孟繁哲　孟范利

孟令国 孟令恒 孟令平 孟庆栋
孟庆国 孟四新 孟宪超 孟宪方
孟宪甲 孟宪明 孟宪真 孟昭西
孟兆梅 孟子程 米 霞 米西银
米晓强 米学友 宓传顺 面随阁
苗 鹏 苗宝海 苗长路 苗登科
苗元刚 闵祥恒 明 伦 莫宇安
莫玉国 墨美丽 慕春花 慕志祥
南刚志 南松玉 恼 毅 倪吉波
倪新鹏 聂 鑫 聂昌森 聂其山
聂廷奎 聂玉环 聂正争 宁廷龙
宁召胜 牛 韧 牛爱华 牛长军
牛德平 牛辉生 牛家会 牛金彩
牛军光 牛兰云 牛树岗 牛欣余
农玉花 欧 坚 潘 皎 潘 君
潘 坤 潘 月 潘春骅 潘代庆
潘琳茜 潘鲁翔 潘素洁 潘月军
潘月涛 潘云龙 潘哲超 潘正科
庞 缺 庞同乐 庞学明 庞玉勇
逄淑军 逄羡文 裴少伟 裴永侠
裴召平 彭 坤 彭宁宁 彭小娜
彭玉华 戚本明 戚威力 亓 波
亓 琳 亓爱杰 祁 峰 祁 杰
齐清明 齐庆伦 齐少帅 齐树茂
綦岩滨 钱吉柱 钱明亮 乔 斌
乔 瑞 乔 勇 乔炳春 乔炳法
乔炳玲 乔炳舜 乔成钢 乔德胜
乔建国 乔立虎 乔文亮 乔晓峰
乔修彬 乔研峰 乔玉祥 乔志刚
秦 鹏 秦成明 秦存伟 秦德堂
秦桂菊 秦国基 秦国庆 秦华东
秦建伟 秦景龙 秦利民 秦鹏翔
秦全礼 秦显章 秦英啸 邱 伟
邱嵩平 邱需东 邱志远 曲 朵
曲 强 曲 琼 曲 涛 曲 涛

曲恩祥 曲绍刚 曲盛荣 曲世宁
曲树宾 曲树毅 曲晓恩 曲晓军
曲宣彰 曲学杰 曲学明 曲衍涛
曲业遵 曲永飞 曲志亮 屈胜利
全英逢 冉令强 冉祥宝 饶胜西
任 城 任 栋 任 芳 任 双
任 涛 任爱莉 任崇宝 任风云
任国良 任家旺 任守弟 任晓川
任玉春 任玉英 任运超 任泽东
任泽志 任振兰 任志华 任中超
荣怀臣 荣文杰 洒富利 桑红宾
桑希利 沙 敏 沙广军 沙志刚
商清河 商显厚 商孝江 商玉宏
尚吉涛 尚计騰 尚金启 尚念修
尚群立 尚玉峰 尚肇贵 邵 鹏
邵 岩 邵 阳 邵 颖 邵长城
邵长江 邵登峰 邵更生 邵国生
邵国涛 邵俊强 邵明杰 邵文龙
邵新军 邵泽成 佘玉廷 申 良
申 忠 申成文 申兰同 申彭勃
申言福 神 勇 沈 清 沈 卫
沈丰茂 沈洪金 沈迎寿 生 涛
生成选 盛宝超 盛国文 施建波
施兆义 石 辉 石 磊 石 磊
石 龙 石 男 石 岩 石海滨
石杰玉 石强信 石绍永 石兴刚
石兴国 石运增 石志栋 石志伟
时 金 时俊东 时向永 时延利
时玉文 史 兵 史 峰 史 娜
史春兰 史光训 史桂兰 史海龙
史兰涛 史永平 史振强 史治兰
史治仁 史作霞 舒泽伟 司 侠
司春荣 司根贞 司国栋 司继辉
司敬先 司书帆 司志强 宋 菲
宋 军 宋 雷 宋 鹏 宋 青

宋　欣　宋　颖　宋　昭　宋爱芹
宋蓓蓓　宋才新　宋德宗　宋方乐
宋富泉　宋海朋　宋宏玉　宋洪河
宋洪起　宋洪验　宋还建　宋江文
宋来生　宋黎明　宋立洪　宋立明
宋立志　宋明娇　宋千林　宋如波
宋圣涛　宋淑鹏　宋文民　宋晓强
宋心凯　宋秀娟　宋延坤　宋夜雨
宋义安　宋永臣　宋志强　苏　刚
苏　震　苏成建　苏崇嵋　苏海滨
苏荣玉　苏同雷　苏信平　苏忠甫
宿　军　宿传伦　隋　科　隋　学
隋　昱　隋广智　隋礼忠　隋清军
隋学国　隋学海　隋学杰　隋学民
随礼忠　孙　斌　孙　波　孙　东
孙　峰　孙　红　孙　坚　孙　健
孙　键　孙　静　孙　雷　孙　立
孙　林　孙　明　孙　朋　孙　鹏
孙　萍　孙　奇　孙　强　孙　强
孙　涛　孙　伟　孙　欣　孙　毅
孙　莹　孙　震　孙百用　孙宝祥
孙宝忠　孙保华　孙本利　孙丙芳
孙彩莲　孙昌瑞　孙长祥　孙超英
孙晨光　孙成延　孙传防　孙德春
孙德敬　孙德中　孙法梅　孙奉国
孙福生　孙福鑫　孙付祥　孙高娣
孙贵财　孙国杭　孙国伟　孙怀东
孙会鑫　孙吉星　孙建东　孙建光
孙建建　孙建鹏　孙建强　孙建威
孙建忠　孙经发　孙敬明　孙茂霞
孙明波　孙念强　孙丕磊　孙启贵
孙钦东　孙瑞玲　孙世强　孙式爱
孙书起　孙思华　孙廷玉　孙婷婷
孙维江　孙文金　孙文涛　孙玺弘
孙先志　孙晓峰　孙新军　孙修水

孙修勇　孙延滨　孙艳会　孙宜健
孙永国　孙永红　孙永勤　孙永寿
孙玉宝　孙玉洪　孙云福　孙允杰
孙允磊　孙运杰　孙增波　孙兆国
孙正宝　孙之广　孙志永　孙中志
孙忠茂　孙自习　孙宗青　谭　斐
谭宝宝　谭京全　谭启航　谭少华
谭雪强　谭玉祥　汤　蓓　汤文国
唐　旭　唐　毅　唐宝华　唐超群
唐宏亮　唐剑平　唐丽萍　唐明辉
唐庆军　唐荣亮　唐衍岗　陶清付
陶淑文　滕　林　滕　琦　滕绍山
滕文红　田　冰　田　华　田　卉
田　健　田　莹　田春雷　田国强
田来吉　田念壮　田盼盼　田起政
田文俊　田锡英　田小杰　田新安
田中华　童文学　涂德敏　万　华
万成举　万德国　万继亮　万克菊
万连华　万荣杰　万秀玉　汪军宏
汪永明　王　犇　王　斌　王　斌
王　滨　王　波　王　波　王　博
王　臣　王　冬　王　栋　王　芳
王　峰　王　峰　王　锋　王　锋
王　豪　王　浩　王　恒　王　虎
王　慧　王　江　王　杰　王　晶
王　晶　王　军　王　军　王　凯
王　凯　王　凯　王　魁　王　坤
王　琨　王　雷　王　磊　王　磊
王　磊　王　莉　王　亮　王　玲
王　玲　王　龙　王　龙　王　龙
王　铭　王　宁　王　宁　王　鹏
王　琪　王　起　王　强　王　青
王　青　王　庆　王　帅　王　帅
王　涛　王　涛　王　涛　王　挺
王　彤　王　伟　王　伟　王　伟

王　伟　王　伟　王　伟　王　卫
王　潇　王　鑫　王　鑫　王　旭
王　旭　王　琰　王　尧　王　易
王　寅　王　英　王　瑛　王　永
王　勇　王　真　王　振　王　政
王　忠　王爱花　王爱华　王爱云
王安华　王安良　王安宁　王安鹏
王安微　王安镇　王宝来　王宝林
王宝盛　王宝玉　王保印　王秉东
王伯森　王彩霞　王灿刚　王长磊
王成亮　王承波　王程程　王传来
王传龙　王传明　王传文　王传祥
王传镇　王传忠　王春生　王次侠
王翠芝　王存新　王大泉　王大伟
王德苏　王德员　王登喜　王东辉
王东升　王方国　王方洛　王丰泉
王峰坚　王福刚　王福金　王福太
王富霞　王公亮　王公亮　王冠平
王光军　王广山　王桂花　王国庆
王海滨　王海滨　王海岗　王海军
王海陆　王海生　王海星　王海燕
王海友　王合栋　王红伟　王红专
王宏伟　王洪滨　王洪广　王洪进
王洪兰　王洪萍　王洪清　王洪智
王焕民　王辉庆　王卉冰　王积红
王吉锋　王吉述　王纪献　王济春
王继锋　王继阁　王继国　王继强
王加峰　王加利　王家宝　王家喜
王家岩　王嘉利　王建成　王建东
王建峰　王建凤　王建军　王建鲁
王建平　王建平　王建英　王江山
王金波　王金城　王金春　王金刚
王金龙　王金武　王金洋　王锦东
王锦国　王晋平　王京超　王京娟
王经华　王景敏　王敬坤　王久生

王菊霞　王军波　王郡光　王开远
王克金　王克强　王克银　王孔国
王坤营　王昆仑　王扩策　王乐光
王蕾蕾　王立军　王立坤　王立萍
王立强　王丽红　王丽梅　王利民
王连彬　王连生　王连树　王连勇
王良会　王玲玲　王留根　王民兰
王明华　王培岐　王培强　王培胜
王平山　王其超　王其敬　王琦昌
王千夫　王钦丽　王勤勇　王庆国
王庆石　王庆涛　王仁宝　王汝刚
王瑞波　王瑞龙　王瑞友　王沙沙
王上海　王尚龙　王少波　王绍亮
王绍强　王胜峰　王士刚　王士刚
王士明　王世敏　王世祥　王守宏
王守明　王寿海　王书道　王书刚
王书俊　王姝丽　王淑范　王淑国
王淑玲　王淑芝　王曙光　王树海
王树文　王树武　王顺利　王思远
王天龙　王天明　王廷刚　王惟谆
王伟舒　王卫国　王文成　王文德
王文攀　王文山　王西军　王锡友
王喜东　王宪臣　王献民　王相银
王小磊　王小志　王晓聪　王晓飞
王晓峰　王晓丽　王晓宁　王晓晓
王晓旭　王新波　王新会　王新生
王新勇　王兴安　王兴富　王兴泉
王秀美　王秀鹏　王学成　王学玲
王延刚　王延军　王言伟　王耀珩
王依群　王依帅　王宜忠　王以芳
王英利　王英林　王永彬　王永昌
王永春　王永华　王永乐　王永亮
王永忠　王友彬　王有财　王雨芹
王玉超　王玉辉　王玉琳　王玉年
王玉强　王玉廷　王玉琢　王元利

王元利　王元学　王元勇　王元宇
王园园　王源长　王跃华　王云峰
王云森　王运三　王增福　王战慧
王召宝　王兆根　王兆海　王兆龙
王兆伟　王者富　王贞国　王振东
王振国　王振海　王振华　王振久
王振军　王振奇　王振兴　王振尧
王振余　王正禄　王志安　王志波
王志红　王志良　王志敏　王志强
王志强　王志强　王志艇　王志永
王中亮　王中强　王中帅　王中义
王忠财　王忠东　王忠厚　王忠华
王竹芹　王子军　王宗江　王宗全
韦月娇　韦昭君　魏　宝　魏　国
魏　铃　魏　争　魏本国　魏成侠
魏传刚　魏传坤　魏垂谦　魏垂洋
魏大鹏　魏代友　魏德超　魏福宝
魏国旺　魏力平　魏青华　魏庆波
魏庆刚　魏士力　魏万里　魏文涛
魏喜文　魏显军　魏孝忠　魏绪市
魏延侠　魏玉蓓　魏兆升　魏自宽
温江涛　温永东　文志刚　吴　冲
吴　昊　吴　亮　吴　强　吴　帅
吴　涛　吴　勇　吴宝峰　吴朝杰
吴成凤　吴诚勇　吴传杰　吴德勇
吴殿举　吴殿勇　吴富国　吴衡阳
吴洪生　吴佳佳　吴金峻　吴立萌
吴瑞梅　吴树强　吴苏东　吴文海
吴晓龙　吴新福　吴兴华　吴雪鹏
吴衍伟　吴贞亮　吴众前　武　斌
武　菲　武　勇　武宝光　武会玉
武建民　武圣泳　武文斌　武玉峰
武振平　袭　楠　袭　鹏　夏　冬
夏　辉　夏　亮　夏方秀　夏俊林
夏立冬　夏云龙　贤振波　咸伟滨

向国宾　项围远　项文革　肖汉祥
肖培强　肖寿怀　肖喜良　肖永明
谢　超　谢　红　谢　辉　谢成龙
谢洪水　谢楷美　谢苗苗　谢庆泉
谢文新　谢小刚　谢咏梅　谢玉香
辛　康　辛　利　辛　良　辛　明
辛立华　辛庆朵　辛文胜　辛衍好
邢　薇　邢俊生　邢利国　邢念学
邢庆友　邢延生　邢兆来　修　赵
修治国　胥　琴　胥鲁芳　徐　波
徐　富　徐　刚　徐　浩　徐　建
徐　军　徐　雷　徐　磊　徐　亮
徐　鹏　徐　涛　徐　外　徐　潇
徐　鑫　徐　毅　徐　英　徐　众
徐爱连　徐保星　徐伯钰　徐长俊
徐道富　徐德建　徐德文　徐方进
徐福新　徐公博　徐光发　徐光辉
徐广学　徐广镇　徐贵浩　徐国庆
徐海东　徐海鹏　徐海涛　徐汉勇
徐红军　徐洪果　徐怀乐　徐怀勇
徐吉文　徐佳姣　徐嘉财　徐建科
徐俊生　徐立伟　徐丽佳　徐连忠
徐林国　徐孟孟　徐明华　徐盼花
徐青山　徐瑞强　徐润江　徐团结
徐卫明　徐文友　徐小波　徐新成
徐秀华　徐许刚　徐延辉　徐永亮
徐友伦　徐泽国　徐振菊　徐振亮
徐志勇　许　芳　许　飞　许　峰
许　杰　许　杰　许　利　许　妍
许　柘　许宝义　许本忠　许德来
许洪友　许可欣　许林明　许树全
许思辉　许文龙　许西海　许西永
许效友　许兴涛　许延龙　许振良
玄绪栋　薛　峰　薛　瑞　薛棒喜
薛冰峰　薛念平　薛鹏秋　薛如冰

薛书秀	薛玉林	薛越霞	闫　可	衣振忠	衣作民	衣作仁	殷　堃
闫　坤	闫　玲	闫　涛	闫　勇	殷世鹏	殷召连	殷宗强	尹　鹏
闫　专	闫丙华	闫福青	闫更利	尹宝杰	尹成盈	尹翠霞	尹德林
闫国胜	闫洪超	闫立新	闫培强	尹建国	尹丽娟	尹新柱	尹旭东
闫庆海	闫士斌	闫文义	闫宪凤	尹义光	尹莹莹	尤如想	尤守海
闫勋伟	闫有森	严俊龙	严文斌	游文高	于　斌	于　娣	于　峰
颜　飞	颜　磊	颜士忠	颜仕文	于　海	于　军	于　立	于　龙
颜廷阳	颜廷振	燕　超	燕昌胜	于　美	于　芃	于　琪	于　莎
燕永安	杨　彬	杨　斌	杨　斌	于　山	于　帅	于　涛	于　涛
杨　超	杨　华	杨　静	杨　军	于　象	于　欣	于长仁	于成龙
杨　亮	杨　升	杨　涛	杨　彤	于承波	于电华	于冬锋	于法喜
杨　伟	杨　勇	杨宝山	杨保刚	于富明	于富英	于光胜	于光水
杨丙现	杨长伟	杨春华	杨春训	于桂兰	于洪岐	于怀民	于惠莲
杨存林	杨存伟	杨道敏	杨道玺	于际平	于继森	于家胜	于金才
杨德凤	杨关锋	杨冠朝	杨桂林	于金凤	于金庆	于金英	于奎云
杨国华	杨国强	杨国永	杨海军	于兰兰	于丽华	于连胜	于良彩
杨化友	杨怀涛	杨怀珍	杨慧阁	于林波	于胜江	于顺利	于卫东
杨吉全	杨际汝	杨继泰	杨继贞	于文刚	于文静	于文忠	于溪溟
杨家邦	杨剑蕾	杨金湘	杨静静	于晓东	于孝东	于兴成	于亦福
杨俊贵	杨可猛	杨克桥	杨克新	于永辉	于运征	于智纲	于周平
杨立红	杨立强	杨亮亮	杨亮山	禹光营	禹禄杰	元瑞利	袁　佳
杨林林	杨茂娥	杨宁夫	杨清涛	袁　靓	袁　涛	袁　祥	袁崇德
杨绍伟	杨绍忠	杨守顺	杨同欣	袁春华	袁德宏	袁海路	袁茂飞
杨同友	杨维艳	杨维志	杨卫宁	袁显信	袁宪友	袁向华	袁亚标
杨文峰	杨先委	杨先云	杨祥波	苑岐昆	苑宪增	苑志敏	岳　刚
杨晓丹	杨晓郯	杨心建	杨新华	岳　玲	岳孟臣	岳锡军	岳现军
杨兴飞	杨秀夫	杨绪征	杨学科	岳跃平	运军委	臧　青	臧宝领
杨亚霖	杨叶琛	杨永孟	杨云光	臧传明	臧金生	臧丕正	臧运艳
杨自龙	杨宗涛	姚　建	姚　健	臧治关	曾　玖	曾国华	翟　冰
姚　涛	姚　怡	姚俊彪	姚念强	翟　峰	翟　鹏	翟春明	翟贵宾
姚其文	姚胜良	姚喜茂	姚英魁	翟瑞滨	翟慎洲	战　炳	战曙辉
叶　龙	叶海力	叶海鹰	叶怀宝	湛飞龙	张　斌	张　兵	张　波
叶善强	叶文强	叶晓林	伊善东	张　超	张　帆	张　放	张　峰
衣广顺	衣京民	衣培菊	衣培胜	张　峰	张　锋	张　凤	张　国
衣全文	衣文美	衣先锋	衣香成	张　国	张　果	张　虹	张　虎

张　华　张　辉　张　辉　张　健
张　杰　张　军　张　军　张　钧
张　珂　张　坤　张　雷　张　雷
张　磊　张　磊　张　磊　张　莉
张　亮　张　琳　张　霖　张　玲
张　梅　张　娜　张　宁　张　宁
张　鹏　张　鹏　张　平　张　平
张　起　张　千　张　谦　张　强
张　强　张　强　张　强　张　强
张　强　张　群　张　瑞　张　生
张　帅　张　帅　张　坦　张　涛
张　涛　张　涛　张　韦　张　伟
张　伟　张　伟　张　伟　张　曦
张　霞　张　翔　张　晓　张　鑫
张　鑫　张　燕　张　洋　张　勇
张　勇　张　友　张　宇　张　雨
张　越　张　云　张　振　张爱峰
张爱民　张爱萍　张爱英　张安明
张宝山　张本涛　张滨佳　张丙众
张长民　张长胜　张常国　张超兴
张成业　张成义　张乘荣　张传善
张传玺　张传芝　张传忠　张春富
张春连　张春山　张淳杰　张聪明
张丛丛　张德财　张德海　张德良
张登科　张佃兵　张殿泰　张东涛
张冬冬　张栋琪　张法军　张福栋
张光平　张光庭　张光忠　张广泉
张广星　张广义　张贵有　张国川
张国东　张国栋　张国栋　张国利
张国平　张国强　张国伟　张海波
张海辉　张海军　张海亮　张海涛
张涵璐　张贺东　张恒超　张恒瑞
张恒洲　张弘晓　张弘昕　张红峰
张红梅　张洪波　张洪波　张洪福
张洪广　张洪生　张洪涛　张洪伟

张洪文　张洪雨　张洪智　张华东
张华海　张会伟　张会新　张吉海
张继庆　张继钊　张加林　张家伟
张家勇　张建飞　张建国　张建军
张建民　张建鹏　张建省　张建稳
张金来　张金良　张金廷　张景岳
张敬宽　张敬利　张静静　张静涛
张军华　张军明　张俊新　张开渊
张克东　张克志　张昆鹏　张来昌
张乐胜　张磊昌　张立芳　张立国
张立国　张立辉　张立军　张立松
张丽国　张连夫　张连明　张连强
张良辉　张辽宁　张留德　张满意
张蒙蒙　张明豹　张目伦　张培波
张培东　张沛全　张鹏华　张奇志
张乾芝　张茜茜　张青春　张青春
张清晨　张庆法　张庆杰　张庆祥
张秋生　张秋生　张全勇　张仁涛
张荣东　张荣胜　张汝勇　张少平
张绍辉　张圣亮　张士国　张士增
张世强　张仕勤　张守春　张守民
张书平　张书伟　张淑华　张树国
张廷峰　张万鹏　张为连　张为太
张伟东　张伟庆　张伟轶　张卫东
张卫东　张卫国　张卫国　张文翠
张文宣　张文柱　张贤勤　张现杰
张现伟　张献东　张萧晗　张小兵
张晓波　张晓东　张晓峰　张晓红
张晓琳　张晓霞　张效平　张效松
张心慧　张心卫　张欣亮　张新昌
张新超　张新国　张兴民　张兴朋
张兴强　张兴时　张修福　张秀华
张秀丽　张学普　张学文　张学洋
张延星　张燕芝　张诒怀　张英姿
张永超　张永春　张永大　张永刚

张永海　张永恒　张永旗　张永祥
张永政　张玉庆　张玉顺　张玉庄
张元博　张元福　张元果　张元明
张元顺　张岳明　张蕴智　张增珍
张召军　张兆福　张兆刚　张兆泉
张照龙　张振华　张振强　张振守
张振宇　张正强　张政伟　张志辉
张志林　张志泉　张志生　张忠信
张子海　张宗发　张宗刚　张祖烈
张作刚　张作忠　赵　冰　赵　波
赵　超　赵　锋　赵　剑　赵　杰
赵　杰　赵　军　赵　雷　赵　磊
赵　林　赵　玲　赵　凌　赵　曼
赵　明　赵　蓬　赵　平　赵　琦
赵　锐　赵　挺　赵　祥　赵　鑫
赵　阳　赵　勇　赵　忠　赵常记
赵春山　赵大江　赵德江　赵弟斌
赵逢瑞　赵广辉　赵桂兰　赵国斌
赵海民　赵海涛　赵恒佩　赵红军
赵洪波　赵洪大　赵焕玉　赵慧芹
赵吉强　赵家军　赵景华　赵景学
赵俊德　赵坤鹏　赵利明　赵梁利
赵亮亮　赵畔良　赵培亮　赵起辉
赵清江　赵清涛　赵庆军　赵全昌
赵三星　赵式亮　赵守继　赵水冰
赵庭周　赵新水　赵新勇　赵兴洪
赵训川　赵言宇　赵永彬　赵永林
赵有亮　赵玉宝　赵玉洲　赵月明
赵跃青　赵云磊　赵振明　赵振勇
赵志强　赵子晶　甄利新　甄艳珂
郑　凯　郑　磊　郑　磊　郑　立
郑　琪　郑爱舜　郑伯建　郑长海
郑成龙　郑成喜　郑春兴　郑翠玲
郑道奎　郑芳芳　郑浩杰　郑化理
郑建刚　郑劲松　郑晶晶　郑来军

郑兰强　郑连升　郑萌萌　郑庆江
郑卫东　郑祥亮　郑学春　郑亚萍
钟　东　钟爱国　钟敬亮　钟晓天
钟行强　钟振东　仲　芩　仲维东
仲亚旭　周　冰　周　波　周　虎
周　慧　周　静　周　魁　周　帅
周　涛　周　雄　周　义　周　勇
周保成　周长贵　周长龙　周长耐
周广波　周海峰　周佳珍　周建峰
周金保　周进学　周立军　周丽红
周茂艳　周美建　周丕经　周生宽
周士超　周腾起　周文智　周喜政
周宪海　周宪林　周兴鑫　周秀峰
周绣棣　周学春　周学建　周衍胜
周艳飞　周耀泉　周一夫　周玉茂
周振海　周振鑫　周中国　朱　波
朱　刚　朱　敬　朱　娟　朱　磊
朱　平　朱　卿　朱　祥　朱　燕
朱爱民　朱宝军　朱炳林　朱炳森
朱步欣　朱东顺　朱加强　朱立军
朱立新　朱良发　朱明亭　朱佩兴
朱鹏飞　朱庆新　朱瑞光　朱慎江
朱卫东　朱西瑞　朱相东　朱晓明
朱晓涛　朱雅军　朱永勇　朱永志
朱瑜琪　朱玉法　朱玉辉　朱跃民
朱兆芹　朱照金　诸葛明　祝国振
祝利忠　祝仰爱　庄　伟　庄丽莉
庄全生　庄肃晓　庄小美　庄新军
庄绪堂　庄永祥　庄玉鑫　宗成镇
宗立锋　宗留清　宗学营　邹　超
邹　建　邹　晶　邹　亮　邹　文
邹本刚　邹大彬　邹德全　邹海民
邹铭铭　邹乾乾　纂岩滨　左　伟
左奎功　左新刚　欧阳长辉
欧阳辉明　上官玉文　诸葛福鹏

诸葛祥召

河南：艾海玲　安　平　安　清　安　艳
安金海　安岐峰　安兆军　白　洋
白超锋　白从秀　白风萍　白风珍
白金霞　白瑞敏　白绍伟　白炎强
白玉国　白志敏　柏　波　柏小磊
班合花　班万里　包　峰　包　强
暴东萍　暴元平　毕　磊　毕洪川
毕拥军　毕政治　边新端　卜鹏豪
蔡　永　蔡浩锋　蔡宏亮　蔡金风
蔡鹏举　蔡松珍　曹　华　曹　娜
曹　琦　曹爱君　曹红军　曹建国
曹景林　曹守忠　曹伟建　曹喜军
曹香莲　曹向丽　曹修红　曹修建
曹修菊　曹修兴　曹学贤　曹振锋
曹治文　曹治祥　查保俊　柴红伟
柴世伟　昌雪芳　常　江　常爱琴
常安龙　常大军　常改梅　常桂云
常群星　常国权　常红康　常连榜
常秀英　常有才　常月灵　晁景伟
陈　波　陈　飞　陈　锋　陈　钢
陈　珺　陈　凯　陈　凯　陈　礼
陈　玲　陈　明　陈　萍　陈　涛
陈　伟　陈　勇　陈　卓　陈超军
陈从卫　陈富生　陈富生　陈广富
陈广伟　陈广生　陈桂舟　陈国稳
陈海军　陈红芳　陈花珍　陈惠芳
陈惠芬　陈佳楠　陈家欣　陈江丰
陈金花　陈金萍　陈金艳　陈静宇
陈克俭　陈兰英　陈礼英　陈力生
陈明松　陈培清　陈巧云　陈清丽
陈庆焦　陈书利　陈双成　陈思丹
陈素萍　陈同合　陈万尚　陈卫东
陈文杰　陈喜芳　陈喜梅　陈先锋
陈小兵　陈小景　陈小美　陈晓勇
陈辛杰　陈新愿　陈秀志　陈玉成
陈战兵　陈战军　陈志飞　陈中孝
陈中英　陈自立　成军平　程　雷
程　序　程凤群　程改轻　程红超
程纪高　程建军　程建民　程鹏杰
程善强　程世振　程卫东　程希龙
程小利　仇晓光　仇晓晖　楚战伟
楚珠峰　崔　莉　崔　雁　崔海洲
崔红旗　崔红卫　崔洪波　崔明章
崔秋玲　崔书芬　崔树锋　崔万钦
崔伟丰　崔文谦　崔晓海　崔新平
崔鑫磊　崔迎峰　崔永宽　崔玉山
崔治英　代五只　党斌华　党鸿军
党金锐　邓　旦　邓海亮　邓丽军
邓兆鹏　邓志强　丁安平　丁惠强
丁建军　丁建亭　丁利民　丁三妮
丁税昌　丁永刚　董　成　董　瑞
董　涛　董　伟　董　勇　董百川
董保河　董保民　董保庆　董惠娟
董立信　董培培　董秋军　董秋云
董晓君　董玉兰　董振营　董周平
豆乃福　豆松林　窦传玲　窦桂芳
窦桂香　杜　刚　杜长青　杜春兰
杜富顺　杜国建　杜贺春　杜红章
杜菊枝　杜丽萍　杜巧莲　杜书国
杜习慧　杜学辉　杜彦峰　杜再军
段　华　段爱霞　段贵奇　段红涛
段宏亮　段南丽　樊　军　樊　葵
樊　丽　樊尔康　樊海英　樊江泓
樊雷明　樊伟东　樊秀华　樊元朝
樊战军　范　欣　范　岩　范彩红
范德民　范国军　范海波　范海燕
范红彬　范金英　范军峰　范俊杰
范青岭　范卫华　范武军　范武银
范秀兰　范艳慧　范玉海　范玉海

范玉红　范玉玲　范玉胜　范知杰
范中芝　方东东　方岳道　房　明
房河新　房鲜胜　费彩学　冯　峰
冯　宁　冯　栓　冯　一　冯桂娟
冯宏博　冯会军　冯会来　冯建成
冯建军　冯军民　冯均跃　冯孟杰
冯庆华　冯铁良　冯晓静　冯玉喜
冯兆范　冯志明　付　轩　付白山
付海涛　付合亮　付建清　付建义
付全军　付文芳　付新全　付予生
付志卫　傅卫民　高　伟　高　文
高　勇　高宝顺　高福山　高国山
高红义　高建设　高憬远　高俊峰
高俊红　高利华　高六峰　高明辉
高如付　高瑞林　高树林　高铁秀
高卫民　高亚军　高永峡　高跃红
高志国　高周军　高二红　郜新和
葛宝书　耿红卫　耿红先　耿宏伟
耿庆祝　耿巍然　耿新珍　耿艳伟
宫金圈　宫献立　龚　冰　龚俊萍
谷秀献　谷远光　顾金云　顾笙民
顾文忠　关　华　关国军　关新义
管翠花　管泽铭　管志杰　贵士旺
贵士旺　桂爱山　郭　君　郭　克
郭　琳　郭　琳　郭　威　郭爱新
郭保军　郭保亮　郭成伏　郭呈有
郭德顺　郭发东　郭国辉　郭国顺
郭海玲　郭红才　郭红旗　郭洪亮
郭会娟　郭继威　郭家喜　郭建民
郭建敏　郭健伟　郭尽孝　郭兰军
郭六保　郭培冬　郭庆满　郭庆卫
郭胜贤　郭素罗　郭素平　郭桃花
郭听锋　郭同山　郭文虎　郭文平
郭喜武　郭先进　郭香玲　郭小明
郭新立　郭新枝　郭新枝　郭秀花

郭秀钦　郭学军　郭学忠　郭晔尔
郭玉凤　郭玉峰　郭元德　郭中军
郭子予　韩　冰　韩　兵　韩　超
韩　磊　韩　翔　韩　雪　韩波涛
韩东卫　韩福玲　韩海峰　韩花香
韩金平　韩六军　韩明远　韩钦田
韩少青　韩西成　韩晓东　韩秀芹
韩永宏　韩永强　韩玉枝　郝飞翔
郝兰平　郝守忠　郝宪星　郝秀亭
郝志军　何　科　何　芹　何　钺
何长松　何绍晖　何四海　何松芹
何卫红　和存波　洪建强　侯　宪
侯汴宁　侯彩云　侯东方　侯国强
侯金峰　侯金柱　侯景万　侯文辉
候秀芳　候运来　胡　二　胡保法
胡保亮　胡国运　胡继宏　胡南修
胡庆菠　胡伟沙　胡文生　胡新荣
户作强　花海军　花张拴　花振彬
华明远　滑留洋　黄春芳　黄德帝
黄殿军　黄国旗　黄红强　黄会利
黄继民　黄俊芳　黄文波　黄小景
黄晓辉　黄延彬　黄玉东　黄站稳
黄真真　黄振帮　黄志翔　黄祖胜
霍君峡　姬　楠　姬成男　姬小穗
吉俊彦　纪　承　纪永松　季红利
季红武　季明玉　冀莉琴　冀书宏
贾　卫　贾春英　贾伏杰　贾海勤
贾海霞　贾红新　贾建新　贾金龙
贾素平　贾卫东　贾雄文　贾永锋
贾永伟　贾友和　贾志刚　贾志强
姜　涛　姜　涛　姜　文　姜国光
姜红要　姜晓飞　蒋小生　焦本涛
焦凤霄　焦红菊　焦廷亮　焦延如
解永涛　解勇豪　金殿杰　金宏山
金宏伟　金宏霞　金文婷　晋利宝

晋志明　靳春雷　靳古重　靳海胜
靳宏伟　靳建设　靳天伟　靳新平
靳一江　靳以海　荆长有　琚文斌
康宏涛　康华顺　康庆辉　孔　彬
孔　飞　孔　玉　孔德才　孔德明
孔凡琴　孔景云　孔庆祥　孔祥瑞
孔晓东　寇学荣　寇亚超　来宏端
来俊超　兰　钢　兰　伟　郎俊岭
雷　超　雷　洪　雷爱朋　雷风娇
雷文芹　冷　磊　黎书伟　李　波
李　超　李　飞　李　浩　李　红
李　虎　李　辉　李　慧　李　杰
李　进　李　军　李　军　李　磊
李　立　李　龙　李　路　李　密
李　敏　李　明　李　娜　李　珀
李　芹　李　涛　李　维　李　伟
李　伟　李　伟　李　伟　李　祥
李　星　李　幸　李　言　李　岩
李　燕　李　一　李　勇　李　勇
李　曾　李　振　李　峥　李爱菊
李宝根　李宝花　李宝玉　李保民
李保芹　李丙生　李长兴　李长印
李朝军　李传西　李春磊　李春旺
李春玉　李丹平　李道光　李东明
李冬奎　李峰刚　李逢平　李钢军
李耿耀　李国防　李国锋　李国军
李国良　李国敏　李国庆　李海存
李海军　李海涛　李海卫　李海新
李海燕　李航勇　李和平　李红兵
李红恩　李红杰　李红岩　李红卫
李洪彬　李洪军　李洪山　李鸿峰
李花珍　李华伟　李化建　李惠桐
李建斌　李建锋　李建国　李建国
李建华　李建会　李建宁　李建新
李金杰　李金领　李尽立　李劲松
李进哲　李敬军　李军亮　李君伟
李俊梅　李克义　李利芳　李利平
李连花　李莲英　李良峰　李令九
李留军　李鲁新　李陆军　李毛孩
李盟盟　李明杰　李庆斌　李庆刚
李庆元　李全兴　李群波　李群伟
李蓉涛　李汝涛　李绍彩　李书芬
李书交　李书亭　李书彦　李淑漫
李树金　李树立　李树平　李双军
李四信　李遂忠　李太平　李天芳
李天福　李天训　李铁有　李团利
李伟标　李伟红　李伟杰　李卫峰
李卫国　李文民　李文霞　李武启
李西臣　李喜红　李喜云　李先进
李献军　李小杰　李小雷　李小战
李晓峰　李晓刚　李晓辉　李晓文
李新安　李新会　李新兰　李新荣
李鑫明　李旭生　李艳鹏　李一宁
李银花　李永峰　李永刚　李永建
李永强　李永新　李勇福　李勇刚
李予生　李玉国　李玉珂　李玉兰
李玉芹　李玉琴　李豫辉　李元洪
李月明　李跃峰　李增军　李占军
李占魁　李昭军　李照光　李祯有
李振俊　李振英　李正明　李正娜
李正升　李正新　李志国　李志学
李志勇　李智勇　李忠民　李宗岭
李宗祥　理勤业　梁　杰　梁　强
梁　旭　梁东占　梁风雨　梁洪友
梁花玲　梁建桥　梁朗天　梁卫东
梁晓明　梁园贝　梁泽斌　梁振河
梁自伟　林成群　林大河　林永纲
蔺鹏飞　刘　超　刘　非　刘　戈
刘　辉　刘　佳　刘　坚　刘　江
刘　静　刘　君　刘　龙　刘　泉

刘　群　刘　儒　刘　涛　刘　涛
刘　婷　刘　玮　刘　旭　刘　亚
刘　燕　刘　阳　刘　准　刘爱军
刘爱民　刘安平　刘百利　刘邦海
刘灿丽　刘成辉　刘德柱　刘东方
刘风琴　刘凤梅　刘福顺　刘赴京
刘刚刚　刘桂花　刘桂枝　刘国宏
刘国亮　刘国生　刘海波　刘海涛
刘海旺　刘海燕　刘红杰　刘宏杰
刘虎伟　刘华民　刘怀森　刘欢欢
刘会强　刘火亮　刘继福　刘建华
刘江红　刘金所　刘尽良　刘敬文
刘军民　刘军民　刘军涛　刘矿省
刘来喜　刘兰萍　刘临庆　刘启芳
刘清顺　刘瑞霞　刘世林　刘淑梅
刘顺昌　刘松秋　刘素清　刘伟栋
刘伟峰　刘卫平　刘文朝　刘文奇
刘文胜　刘五妮　刘喜英　刘宪彬
刘向阳　刘小宝　刘小军　刘晓政
刘新东　刘秀菊　刘秀玲　刘学军
刘学增　刘亚军　刘彦广　刘一鹏
刘英栋　刘英汉　刘拥军　刘玉海
刘玉华　刘玉卿　刘玉竹　刘运顺
刘战杰　刘志超　刘志华　刘志伟
刘智慧　柳富仓　柳国庆　柳建芳
柳明霞　柳秀丽　娄德生　娄梦菲
卢爱群　卢保山　卢海军　卢建春
卢建卫　卢新荣　卢志忠　芦保贵
芦保国　芦花蕊　芦树凤　鲁　辉
鲁　伟　鲁向华　鲁瑶刚　陆福堂
陆万金　路广新　路庆宾　路兴亚
吕光齐　吕焕钦　吕建军　吕卫东
吕卫民　吕印转　吕应召　吕玉春
吕玉新　吕志军　栾鹏云　栾文献
罗国庆　罗海生　罗洪轩　罗来旭

罗立安　罗前进　罗学良　罗玉萍
马　超　马　军　马　丽　马　影
马保民　马春红　马春亭　马冬伟
马凤玲　马桂英　马海涛　马红彬
马建国　马建军　马建铁　马君晓
马俊峰　马俊玲　马克利　马龙桥
马麦香　马明金　马明论　马明瑞
马鹏飞　马清波　马瑞利　马森林
马世垒　马书军　马天法　马卫军
马文新　马西涛　马兴江　马彦杰
马艳林　马永飞　马永有　马增增
马志伟　马转运　毛恒亮　毛洪礼
毛新刚　孟宝峰　孟海峡　孟金龙
孟军玲　孟令伟　孟庆河　孟秋枝
孟胜辉　孟伟军　孟伟荣　孟祥军
弥国顺　米新智　米彦彬　苗安民
苗凤平　闵随安　莫东红　慕莉莉
慕玲玲　慕拥军　慕中民　穆加强
穆培坡　穆晓东　南运松　聂桂玲
宁桂梅　宁郑生　牛　虎　牛　杰
牛　俊　牛　霞　牛保国　牛德生
牛凤芹　牛俊业　牛书菊　牛素萍
牛遂成　牛小孬　牛小印　牛小战
牛雪平　牛寅生　牛予海　牛玉玉
钮泽雅　欧会安　潘全利　潘文革
庞爱平　庞宝生　庞金平　庞立国
庞丽丽　庞玉玲　庞志健　裴长江
裴文玉　彭昌明　彭建国　彭建民
彭建伟　彭井营　彭喜旺　潘　磊
平发顺　平林海　普灿红　齐　曼
齐保良　齐静静　齐尚高　齐卫波
齐文杰　钱春怀　钱文华　乔　攀
乔　松　乔华献　乔建林　乔建涛
乔小芳　秦　成　秦付永　秦光健
秦光苹　秦俊贤　秦珂珂　秦利民

秦娜娜　邱松江　曲郑安　屈改霞
屈建民　屈秋峰　屈双银　屈水财
冉保安　冉守玉　饶　帅　任萃平
任大许　任德山　任凡飞　任凤连
任红升　任纪香　任娟娟　任抗战
任立普　任瑞恒　任绍纲　任四明
任松伟　任艳芬　任艳海　任永强
任玉勤　茹庆全　桑利平　沙震东
尚　斌　尚春丰　尚春下　尚桂梅
尚海军　尚焕成　尚培民　尚照阳
尚志奇　邵桂珍　邵中原　申　宝
申春红　申春仙　申福喜　申海平
申建超　申清格　申治军　沈东维
沈国英　沈国勇　慎金建　慎书粉
慎文龙　绳进家　石　磊　石风保
石慧军　石金海　石金枝　石文杰
石雪玲　时和军　史百灵　史朝阳
史春旭　史国合　史秋生　史世红
史新中　史优军　舒红亮　司栋磊
司马克　宋　乐　宋　磊　宋爱军
宋爱芹　宋保林　宋保侠　宋常生
宋东山　宋广义　宋桂梅　宋合生
宋红超　宋怀荣　宋会军　宋丽花
宋林朋　宋鹏飞　宋清胜　宋全民
宋书敏　宋卫星　宋喜国　宋宪瑞
宋雅臣　宋英明　宋永安　宋友芳
宋玉红　宋玉洛　宋跃民　宋志松
苏　璐　苏　婷　苏聚通　苏克俭
苏克涛　苏兰英　苏琪峰　苏巧峰
苏清顺　苏万涛　苏小强　苏跃峰
苏增海　孙　刚　孙　俊　孙　一
孙宝林　孙炳雯　孙伯胜　孙东生
孙红亮　孙红勤　孙花豹　孙建国
孙建伟　孙建洲　孙军剑　孙君才
孙奎梧　孙礼华　孙礼堂　孙礼堂

孙立富　孙玲莉　孙留根　孙留建
孙明轶　孙胜涛　孙四力　孙文超
孙文龙　孙西孟　孙兴民　孙亚东
孙彦兵　孙彦生　孙玉明　孙占兴
孙志国　孙志群　孙志儒　谭军亚
汤进疆　唐德炜　唐建民　唐小雄
陶双慧　陶永杰　田　坤　田　涛
田丙申　田闯林　田海全　田金廷
田晓峰　田徐军　童其燕　涂津生
屠　刚　万俊彪　万小军　万秀兰
万忠梅　汪　磊　王　宾　王　彬
王　超　王　朝　王　芳　王　芳
王　斐　王　峰　王　峰　王　锋
王　红　王　宏　王　慧　王　健
王　军　王　磊　王　磊　王　丽
王　苹　王　强　王　岩　王　英
王　勇　王　勇　王　征　王爱芳
王爱辉　王爱芹　王爱云　王安升
王宝玉　王保福　王保建　王保民
王保敏　王保清　王保堂　王丙臣
王炳灿　王灿琴　王昌军　王长城
王长青　王常乐　王超洲　王朝阳
王成双　王承成　王传江　王春芳
王春峰　王春平　王德才　王德福
王德武　王东喜　王冬喜　王二辉
王飞玲　王福月　王福增　王付河
王富强　王改红　王改芝　王贯华
王广善　王贵平　王国瑞　王海斌
王海滨　王海军　王海乐　王海涛
王海燕　王海云　王海云　王浩杰
王红军　王红卫　王洪建　王洪全
王洪勋　王洪勋　王会峰　王会娟
王会芹　王慧玲　王慧敏　王慧平
王纪军　王继勇　王家克　王建娥
王建峰　王建国　王建华　王建军

王建立　王建鸣　王建设　王建宇
王金彪　王金成　王金贵　王金亭
王进有　王景海　王九红　王俊芳
王俊霞　王利军　王玲利　王留才
王留套　王孟晖　王明辉　王乃玲
王乃印　王乃翟　王培英　王鹏飞
王平跃　王其华　王其云　王青伟
王清杰　王庆斌　王庆云　王秋生
王秋夏　王全义　王全义　王荣佳
王瑞芳　王绍温　王绍忠　王胜俊
王胜利　王胜利　王圣慧　王石锋
王石榴　王士然　王守符　王守根
王守景　王书民　王书萍　王书祥
王斯民　王松超　王素贞　王随成
王天增　王廷春　王廷华　王庭军
王伟波　王伟庆　王卫奇　王卫强
王五妮　王现明　王宪英　王湘湘
王小辈　王小玲　王小梅　王小平
王小随　王晓春　王晓明　王晓平
王新安　王新成　王新峰　王新华
王新玲　王新玲　王新民　王新敏
王新英　王兴旺　王兴伟　王幸展
王修建　王秀玲　王秀霞　王学军
王学锐　王学瑞　王学文　王亚磊
王亚群　王亚瑞　王延辉　王彦超
王彦岭　王艳丽　王艳霞　王艳霞
王艳艳　王燕锋　王燕舞　王耀魁
王宜平　王宜庭　王宜祥　王银涛
王银州　王英利　王迎春　王永波
王永和　王永杰　王永孔　王永磊
王永丽　王永强　王永枝　王永志
王有方　王玉成　王玉凤　王玉国
王玉红　王玉莲　王玉梅　王玉平
王玉萍　王玉星　王玉枝　王媛媛
王月兰　王占营　王战斌　王照芳
王照荣　王照祥　王振祥　王振勇
王镇新　王争鸣　王政伟　王志浩
王志华　王志华　王志渊　王中瑞
王忠义　王州民　汪延召　韦士刚
卫合强　卫依龙　卫战鸣　位田强
位志阳　魏成功　魏得银　魏定中
魏改红　魏建华　魏建涛　魏全德
魏士青　魏书彬　魏田力　魏田奇
魏现红　魏亚卿　魏玉臣　魏玉永
温　晓　温保银　温红霞　温洪杰
文　强　毋保珠　吴　凡　吴　进
吴　亮　吴　梦　吴　涛　吴超峰
吴春伟　吴登臣　吴冬锋　吴福平
吴国恒　吴国伟　吴海英　吴合喜
吴建业　吴剑斌　吴立忠　吴利广
吴秋菊　吴秋萍　吴书兰　吴书蕾
吴淑玲　吴树强　吴天长　吴小娟
吴亚楠　吴艳艳　吴玉广　吴智平
吴中生　武　杰　武　雷　武朝光
武建恩　武开顺　武磊杰　武山会
武向辉　武英海　郗立勇　席　列
夏长星　夏金德　夏全义　鲜光新
肖　克　肖　丽　肖　丽　肖　亮
肖明星　肖文军　肖西宁　肖新生
肖雪云　谢　洪　谢　俊　谢　立
谢　旋　谢华璞　谢惠生　谢建民
谢素姣　谢争玲　辛志国　邢朝辉
邢德昌　邢根成　邢海彬　邢克谦
邢万旺　邢志刚　熊付祥　熊松青
徐　冬　徐　刚　徐　静　徐　军
徐　凯　徐　凯　徐　萍　徐　如
徐宝斌　徐东红　徐二苹　徐广坤
徐红五　徐庆成　徐宛镇　徐小青
徐新义　徐秀云　徐玉新　徐战彪
徐振国　徐志强　许　波　许　军

许　涛　许朝胜　许春凤　许二民
许国红　许何锁　许俊锋　许刘杰
许新伟　许新庄　许银收　许玉林
许运来　许运生　薛春星　薛瑞硕
闫　垒　闫长春　闫海超　闫合保
闫红江　闫建敏　闫生民　闫书海
闫文君　闫向党　闫玉展　严继文
严小牛　阎道生　阎东黎　阎海峰
阎小辉　阎毅民　晏真英　燕连生
杨　波　杨　辰　杨　成　杨　栋
杨　帆　杨　锋　杨　环　杨　军
杨　利　杨　猛　杨　明　杨　胜
杨　希　杨　霞　杨　永　杨　赟
杨　震　杨百玲　杨备战　杨凤梅
杨凤侠　杨改焕　杨钢华　杨桂花
杨桂琴　杨国仁　杨捍邦　杨红彬
杨红伟　杨红郑　杨洪创　杨建辉
杨建庭　杨建霞　杨建周　杨金淼
杨立彬　杨丽平　杨丽萍　杨孟洲
杨明军　杨念杰　杨朋芹　杨青敏
杨青山　杨庆明　杨庆硕　杨如剑
杨如林　杨胜军　杨世波　杨淑英
杨伟平　杨文娜　杨西顺　杨习华
杨喜忠　杨显福　杨现军　杨宪春
杨宪庭　杨晓刚　杨晓利　杨晓明
杨晓珍　杨肖义　杨新刚　杨新意
杨秀琴　杨雪侠　杨艳峰　杨耀山
杨耀山　杨拥军　杨永兵　杨永华
杨予军　杨玉风　杨玉红　杨跃华
杨泽予　杨正柳　杨正文　杨志彬
杨志刚　杨志伟　杨治敏　杨自克
姚爱玲　姚海龙　姚会军　姚建勇
姚景清　姚巨富　姚巨印　姚聚印
姚佩玉　姚全水　姚文生　姚兴强
姚永岗　叶朝锋　叶翠莲　叶利茹
叶新潮　叶秀香　叶志涛　伊风琴
殷宝华　殷保全　殷建华　尹茂友
尹彦超　尤洪华　于　波　于　飞
于　鑫　于保钦　于冠敏　于桂平
于俊杰　于天保　于文当　于秀荣
于许州　于　洋　于迎虎　于永杰
余国平　余素梅　余天民　余耀武
宇建刚　禹建锋　郁长青　喻　冰
元广平　原保英　原长来　原润喜
原文漪　袁建顺　袁军阳　袁铁铮
袁文红　袁秀琴　袁振清　苑慧青
苑金娜　院　龙　岳丽娜　岳彤彤
曾　辉　曾凤芹　曾华亭　曾召信
曾照建　曾照民　翟建花　翟乐花
翟秋红　翟新现　翟学超　翟振华
翟中波　詹海鸽　詹士杰　张　发
张　帆　张　峰　张　根　张　瀚
张　红　张　继　张　军　张　军
张　军　张　凯　张　奎　张　莉
张　丽　张　亮　张　珑　张　平
张　平　张　伟　张　伟　张　伟
张　新　张　瑶　张　翼　张爱民
张爱萍　张爱琴　张爱学　张百玲
张保金　张保军　张保元　张丙钦
张彩云　张昌浩　张长江　张长西
张朝辉　张春妹　张春英　张德福
张德祥　张二鹏　张方向　张粉娥
张凤兰　张凤桐　张凤伟　张富军
张富强　张改让　张广辉　张桂芳
张桂花　张桂梅　张桂芹　张国成
张国亮　张国强　张国庆　张国庆
张国胜　张国友　张海强　张海涛
张合中　张和平　张红磊　张红涛
张红霞　张红晓　张红争　张宏伟
张宏勋　张洪杰　张化珍　张唤唤

张会霞 张慧萍 张纪东 张继俊
张继萍 张继伟 张建党 张建东
张建锋 张建立 张建立 张建立
张建民 张建设 张建新 张建新
张建学 张建勋 张进泰 张进智
张经州 张景昌 张景涛 张俊才
张俊有 张凯勋 张珂瑜 张科峰
张可君 张联湘 张腊梅 张立新
张丽萍 张利康 张连英 张亮亮
张美峰 张明生 张乃续 张平巧
张启法 张巧莲 张巧玲 张巧玲
张庆英 张全红 张群昌 张荣湘
张汝方 张蕊君 张瑞海 张瑞杰
张淑芬 张石山 张淑琴 张帅军
张顺平 张顺喜 张素霞 张素英
张太保 张唐盛 张铁强 张威伟
张为斌 张文灿 张文海 张文华
张文晓 张文选 张西云 张喜波
张喜玲 张宪合 张小红 张小磊
张小勤 张小社 张晓敏 张晓莹
张欣岭 张新玲 张新社 张新雨
张兴涛 张修峰 张学东 张学军
张学孟 张艳芳 张艳丽 张银欣
张迎利 张永红 张永强 张永清
张永杨 张有良 张玉杰 张玉龙
张玉清 张远明 张跃进 张云峰
张云玲 张增贤 张志闯 张志成
张志干 张志敏 张志州 张治龙
张智军 张智中 张中久 张中田
张忠良 张周祥 张子根 张子光
张自防 赵 亮 赵 勤 赵 霞
赵 岩 赵爱玲 赵爱民 赵保安
赵彬彬 赵春红 赵春雨 赵翠平
赵大庆 赵德铭 赵冬艳 赵芬霞
赵风英 赵福有 赵广花 赵广建

赵广彦 赵国献 赵海涛 赵红梅
赵红妮 赵宏丽 赵宏升 赵焕侠
赵会峰 赵会珍 赵继成 赵建勇
赵娇菊 赵金玲 赵京成 赵居登
赵俊杰 赵良涛 赵留香 赵麦景
赵明合 赵清军 赵秋风 赵秋焱
赵瑞风 赵瑞华 赵三合 赵士魁
赵彤彤 赵文河 赵文琴 赵锡成
赵喜州 赵小强 赵小永 赵晓兵
赵晓勇 赵新博 赵新利 赵兴森
赵学建 赵炎平 赵彦涛 赵银宽
赵玉庆 赵玉山 赵玉枝 赵月梅
赵云刚 赵增新 赵智娟 赵智勇
赵忠海 甄建中 郑 强 郑 祥
郑冬冬 郑关峰 郑海云 郑红芳
郑建军 郑建平 郑俊安 郑俊伟
郑留学 郑庆忠 郑瑞霞 郑双强
郑卫东 郑卫红 郑文涛 郑喜梅
郑晓慧 郑新军 郑秀霞 种纪学
周 崎 周 卫 周 霞 周粉霞
周富顺 周桂香 周国英 周海营
周红军 周红乐 周红星 周红英
周建华 周建秋 周建中 周建忠
周克海 周宁君 周士来 周书军
周书勤 周素真 周伟柱 周卫高
周秀顺 周 勇 周亚东 周玉娥
周跃进 周中华 朱 龙 朱 曼
朱 晓 朱 宇 朱帮军 朱丙喜
朱长伟 朱超峰 朱丰文 朱光明
朱广森 朱贵斌 朱红涛 朱建伟
朱均锋 朱丽敏 朱明成 朱世红
朱书琴 朱新发 朱新位 朱绪燕
朱雁龙 朱跃勇 朱云恒 诸 薇
祝东领 祝永伟 庄德庆 卓 倩
宗定戍 宗国强 邹丽君 俎建民

祖亚洲　左　勇　左可厂　左利杰
左四社　左天成　左秀梅　欧阳天新
皇甫幼忠

湖北：艾　密　艾亚敏　艾育红　安建玲
白　爽　白正先　鲍　峰　鲍承旭
鲍庆香　鲍天京　毕　争　卜林林
蔡　欢　蔡蒋培　蔡俊丽　蔡绍梓
蔡伟园　蔡中生　曹　灿　曹　川
曹　娟　曹春钢　曹建平　曹祥凤
曹祥佳　曹玉莲　查洪彬　昌子博
常　萍　常　欣　常　勇　常季华
陈　帮　陈　程　陈　飞　陈　刚
陈　革　陈　昊　陈　红　陈　辉
陈　佳　陈　静　陈　军　陈　军
陈　凯　陈　亮　陈　龙　陈　鸣
陈　攀　陈　奇　陈　奇　陈　强
陈　强　陈　胜　陈　涛　陈　威
陈　伟　陈　伟　陈　兴　陈　雄
陈　旋　陈　云　陈昌福　陈长明
陈朝晖　陈朝伟　陈德军　陈德均
陈贵郧　陈国华　陈海琛　陈海强
陈合明　陈怀远　陈焕钿　陈吉忠
陈建杰　陈建隆　陈蛟龙　陈景汉
陈景虎　陈利群　陈良清　陈玲芳
陈龙奇　陈满志　陈平凡　陈清波
陈容容　陈瑞蓉　陈善研　陈绍贵
陈淑喜　陈树桐　陈双全　陈文博
陈显荣　陈晓红　陈晓梅　陈新军
陈新颖　陈艳丽　陈义森　陈毅君
陈应章　陈永建　陈永州　陈友荣
陈元平　陈志福　陈志猛　陈佐会
成　亮　成勇奇　程　刚　程　杰
程　龙　程　兴　程　杨　程伯超
程汉华　程后兵　程化林　程兰英
程利军　程荣武　程树刚　程文华
程焰宁　程永生　程子霞　仇立胜
崔　国　崔　强　崔林林　崔淑杰
崔珍珍　代冰婷　戴建华　邓　巍
邓　璇　邓　燕　邓芳程　邓复贵
邓海鹏　邓青山　邓万成　邓小庆
邓兴和　邓志翔　邓治龙　邓忠英
狄　磊　丁楚庭　丁坚文　丁江河
丁军初　丁庆忠　丁胜江　丁项丽
丁亚丽　丁志清　定明媛　董　珂
董　科　董　旭　董成义　董海波
董金波　董学斌　都　勇　都建军
杜　竞　杜　康　杜　磊　杜　强
杜　秋　杜　涛　杜　涛　杜　艳
杜　云　杜恩平　杜光平　杜前委
杜晓亮　杜晓琼　杜豫川　段光锋
段光杰　段国清　段红明　段永清
敦先菊　樊金平　范　庆　范春来
范东斌　范珞珈　范祖宇　方　俊
方　沿　方传政　方福坤　方群喜
方应珍　房　林　封　敏　冯　辉
冯　晓　冯广森　冯松华　付　俊
付　强　付波勇　付国银　付克俭
付利利　付少强　付文海　付孝军
付幼虎　傅锡建　盖　浩　干传富
甘　虎　甘建华　甘言礼　高　佳
高　雷　高　琴　高　松　高　翔
高爱华　高长全　高金海　高新华
高贻军　高永红　高志成　戈长焰
戈维丽　耿　辉　耿　强　耿　勇
耿广会　耿建清　耿望连　宫振宇
龚　亮　龚　配　龚　权　龚家芳
龚明杰　龚仁菊　龚守雄　龚志红
苟　杰　苟　应　古卫林　谷兴武
顾　芹　顾本平　顾川箐　顾卫林
管　峰　管宏健　贵万勇　郭　超

郭栋 郭卉 郭绢 郭颂
郭志 郭风花 郭公孙 郭建军
郭建平 郭黎勇 郭少峰 郭永武
郭玉杰 郭兆宇 郭珍玲 郭自强
国新 韩瀚 韩孔 韩敏
韩平 韩旭 韩英 韩冬梅
韩三华 韩仲辉 杭建权 郝鹏
郝琴 郝勇 何丰 何海
何佳 何英 何哲 何基福
何生存 贺芬 贺建 贺娟
贺琼 贺伟 贺文勇 贺新良
赫杰 衡家彦 洪卫 洪飞云
洪志清 侯荣青 后国爱 胡彬
胡斌 胡川 胡娟 胡军
胡军 胡钧 胡垒 胡磊
胡明 胡明 胡明 胡鹏
胡伟 胡雄 胡月 胡国锋
胡怀军 胡家进 胡建洪 胡建军
胡金平 胡连香 胡伦英 胡倩华
胡铁军 胡喜生 胡小乂 胡雄辉
胡元杰 胡志刚 华庆 黄博
黄超 黄辰 黄承 黄聪
黄刚 黄慧 黄磊 黄丽
黄淼 黄涛 黄伟 黄伟
黄勇 黄净 黄斌斌 黄炳午
黄朝胜 黄光明 黄国斌 黄海涛
黄汉樊 黄红星 黄吉强 黄计超
黄家明 黄黎明 黄力生 黄立荥
黄明辉 黄平华 黄书瑞 黄天禄
黄小柯 黄晓琴 黄晓维 黄艳生
黄应虎 黄永波 黄有良 黄钰生
黄振文 黄枝海 黄治琴 惠述璋
姬宏昌 纪创新 纪守考 冀克诚
贾蓉 贾瑞 贾贞 江鉴
江昆 江山 江继明 江郧刚

姜虹 姜勇 姜小明 蒋军
蒋诗韵 蒋士杰 蒋永恒 蒋云龙
蒋再勇 蒋子童 焦锋 焦龙
金辉 金敏 金燕 金禛
金丽娟 金相化 金章辉 鞠勇
康权 康根林 康同凤 柯顺
孔德洲 孔令霞 孔维龙 孔维琪
孔祥辉 孔小江 库沾 匡冬梅
赖家志 赖金金 乐华进 雷向
雷铮 雷建立 雷随华 雷晓东
冷金川 黎超 黎尔 黎雄
黎洪锋 李斌 李达 李丹
李刚 李海 李健 李军
李军 李均 李奎 李敏
李明 李明 李鹏 李平
李谦 李胜 李涛 李铁
李巍 李伟 李伟 李伟
李祥 李祥 李馨 李意
李毅 李毅 李永 李勇
李震 李治 李智 李爱芳
李爱国 李爱武 李长红 李朝辉
李春辉 李春来 李春生 李翠萍
李大培 李德生 李方国 李方雄
李福君 李光明 李光明 李国华
李国军 李国荣 李国胜 李海鸥
李汉文 李红波 李红占 李洪洲
李厚梅 李会冲 李慧媛 李集中
李佳佳 李建华 李建军 李金海
李金吾 李金喜 李荆峰 李居有
李军民 李俊光 李力夫 李立明
李丽君 李利黎 李梦涛 李梦洋
李敏捷 李品均 李前进 李潜汉
李山强 李绍越 李世红 李思敏
李天西 李王刚 李卫东 李卫光
李卫华 李卫群 李湘莲 李晓晓

李新强　李雄军　李秀荣　李雪梅
李彦明　李彦平　李耀文　李永刚
李永平　李友元　李泽远　李振飞
李正军　连明秀　梁　霄　梁大敬
梁天麟　梁永强　梁正勇　廖　斌
廖俊峰　廖明刚　廖泽忠　林　涛
林春花　林汉清　林中青　刘　彬
刘　斌　刘　斌　刘　超　刘　成
刘　聪　刘　防　刘　飞　刘　广
刘　汉　刘　浩　刘　辉　刘　杰
刘　杰　刘　军　刘　俊　刘　磊
刘　沛　刘　平　刘　麒　刘　赛
刘　山　刘　涛　刘　田　刘　卫
刘　潇　刘　毅　刘　毅　刘　勇
刘　宇　刘　源　刘　忠　刘保国
刘备成　刘波涛　刘陈皓　刘春英
刘定双　刘国磊　刘国庆　刘海涛
刘汉文　刘洪宝　刘洪刚　刘家成
刘江莲　刘江南　刘金林　刘锦培
刘俊华　刘可新　刘魁武　刘玲中
刘罗郑　刘明明　刘明清　刘明旺
刘青山　刘庆成　刘胜利　刘圣武
刘顺喜　刘文斌　刘武平　刘相刚
刘新彪　刘新喜　刘秀萍　刘亚美
刘应城　刘咏龄　刘勇庆　刘羽飞
刘元宝　刘争凡　刘正洋　刘政刚
刘志刚　刘志国　刘志辉　刘中荣
刘忠炎　柳建伟　柳先武　柳治国
龙　杰　龙长明　龙川康　龙绍军
龙学华　卢　波　卢　杰　卢　军
卢　军　卢　敏　卢　勇　卢超超
卢家攀　卢明扬　卢岁东　芦春雨
鲁　锋　鲁　红　鲁茂林　陆　林
路　兵　吕　杨　吕长兵　吕朝阳
吕承蒙　吕汉清　吕磊韬　吕银章

罗　冰　罗　诚　罗　池　罗　华
罗　敏　罗　琦　罗　润　罗　卫
罗长征　罗会中　罗建国　罗品余
罗时魁　罗文博　罗文桥　罗新潭
罗亚华　罗欲平　骆　宏　骆小敏
骆振龙　马　彪　马　超　马　欢
马　军　马　俊　马　涛　马　星
马　琰　马　勇　马爱芬　马崇瑞
马洪涛　马俊旭　马顺庭　马天清
马文成　马贤全　马晓峰　马新平
马学刚　马则成　马占凤　毛　荣
毛　迎　毛建伟　毛雄辉　毛正平
梅　帆　梅德顺　梅光辉　孟　琳
孟庆东　孟晓君　米春华　苗瑾飞
闵绍豪　明彩堂　莫先红　穆可涛
南　波　倪　义　倪玉伟　聂　波
聂　武　聂国田　聂军晔　牛　桂
农　丽　欧红兵　欧阳晖　潘洪波
潘相屹　潘新德　潘迎春　潘勇利
潘志峰　庞锦标　彭　鄂　彭　杰
彭　军　彭　硕　彭　威　彭　鑫
彭富理　彭功智　彭宏金　彭家兵
彭水军　彭万银　彭先成　皮小红
平永恒　蒲红梅　蒲琪凯　祁恩红
祁红波　齐　磊　钱艳林　乔　进
乔荣举　秦　露　秦昌锋　秦光裕
秦宁娟　秦志强　邱　兵　邱　超
邱龙剑　屈建萍　屈巧立　冉　剑
冉景鸿　饶　翔　饶　赟　任　峰
任　刚　任　强　任　荣　任寄毓
任连海　任晓勇　任亚红　荣安发
荣淑芹　荣淑英　荣庭国　阮玉贝
邵　俊　邵和平　邵如意　邵小珂
邵义双　邵永忠　佘小丽　申家骏
沈　朋　沈　增　沈国胜　沈路明

沈梦华　沈弋皓　沈永昌　盛　荣
师　伟　施　星　施世荣　石　明
石　银　石　咏　石金兔　石烈刚
石守京　时　锋　时朝阳　史明凤
史叶伟　释艳华　舒　楠　舒　适
舒全恩　舒群峰　司　晓　司庆华
司文兰　宋　斌　宋　丽　宋　禹
宋洪康　宋金入　宋连成　宋维维
宋祥慈　宋新年　宋旭斌　苏瑞杰
苏玉玲　苏珠元　孙　静　孙　涛
孙　涛　孙成举　孙春祥　孙利龙
孙茂臣　孙佩佩　孙双喜　孙文志
孙新立　孙娅萍　孙玉香　索俊杰
谈　珊　谈丽霞　谈群峰　谈双玲
覃剑锋　覃智瑶　覃宗校　谭　军
谭　沐　谭　毅　谭光明　谭红艳
谭红艺　谭箭飞　谭亚洲　谭玉超
谭智林　汤　博　汤　俊　唐　威
唐冰心　唐聪明　唐华佳　唐怀念
唐美菊　唐荣辉　唐汝洪　唐树勇
唐顺发　唐松松　唐文彬　唐想华
唐小弟　陶　恩　陶　菊　陶　新
陶　忠　陶栋良　陶凌茜　陶孝芳
腾方聪　藤传明　藤玉香　田　方
田　进　田　涛　田　旭　田福存
田宏秀　田金定　田良勇　田祥洪
田由由　田子桥　童　培　童四姐
童志纬　涂　威　涂金龙　涂雅芳
涂友峰　涂智刚　万　程　万　洪
万道勇　万腊香　万玉华　汪　波
汪　豪　汪　浩　汪　磊　汪　黎
汪　明　汪海东　汪海顺　汪红梅
汪红霞　汪华荣　汪加伟　汪建国
汪启凡　汪文喜　汪新平　汪炎平
汪志国　王　彬　王　斌　王　冰

王　兵　王　波　王　程　王　翠
王　东　王　飞　王　菲　王　锋
王　虎　王　健　王　江　王　进
王　军　王　军　王　坤　王　琨
王　磊　王　鹏　王　强　王　荣
王　睿　王　顺　王　伟　王　银
王　勇　王　卓　王炳华　王长雄
王成洪　王春华　王德超　王德雄
王德焱　王定华　王冬珍　王飞建
王刚龙　王官锋　王光华　王海峰
王海钢　王海龙　王海瑞　王海涛
王红宝　王红涛　王怀珠　王欢照
王黄刚　王家钢　王家旺　王金福
王金雄　王敬虎　王军升　王康荣
王立军　王明磊　王培东　王清娟
王清平　王绍林　王诗明　王世龙
王世祺　王书群　王双明　王天龙
王望桥　王文权　王先宇　王小刚
王小丽　王小龙　王小田　王晓亮
王新周　王兴华　王秀娥　王学勇
王亚男　王耀增　王永勤　王友杰
王友志　王宇欣　王煜炜　王兆平
王正一　王志飞　王志豪　王治华
王治焱　王祖滔　韦　龙　韦建军
卫　飞　卫　雄　魏　凯　魏建春
温　宇　文　卫　文财进　文东红
文建国　文志刚　翁　俊　翁永军
吴　刚　吴　俊　吴　私　吴　微
吴　伟　吴　扬　吴　毅　吴春燕
吴桂香　吴继承　吴江林　吴俊胜
吴梦珂　吴佩玲　吴松松　吴晓东
吴艳红　吴艳辉　吴永浩　吴永强
吴玉琴　吴远武　吴岳飞　吴张喆
吴执军　吴志华　吴志凯　吴忠保
吴竹梅　吴竹梅　吴竹松　吴祖兴

伍保元　伍飞雄　伍桂彬　武　凯
奚东方　席邵华　夏　蕾　夏美峰
夏伟波　夏向英　夏小武　夏学良
夏燕利　夏玉祥　夏志勇　向　超
向　言　向长城　向恒清　向华林
向建桥　向廷菊　向万朋　向正刚
项吉安　项晓松　肖　何　肖　玲
肖　龙　肖　鸣　肖　笙　肖本立
肖更生　肖国军　肖华兵　肖华荣
肖金平　肖敬松　肖平庚　肖仁祥
肖胜军　肖习敏　肖修进　谢　斌
谢　超　谢　聪　谢　芳　谢　晋
谢　莉　谢　玲　谢德洲　谢恒鹏
谢强发　谢思泽　谢志平　信春锋
邢爱国　邢凌云　熊　斌　熊　军
熊　磊　熊　威　熊爱民　熊富涛
熊光坤　熊国涛　熊经难　熊立斌
熊维明　熊文华　熊宗明　徐　飞
徐　晶　徐　力　徐　楠　徐　为
徐　伟　徐　文　徐　雄　徐春蕾
徐德怀　徐东生　徐贵林　徐海峰
徐红钢　徐红日　徐洪丹　徐华胜
徐建国　徐雷雷　徐礼才　徐明辉
徐奇林　徐全元　徐小兵　徐晓波
徐燕萍　徐英杰　徐英轩　徐战杰
徐志洪　许　欣　许　祎　许光平
许国志　许万立　许亚坤　薛守元
闫　润　闫富斌　闫周周　严国飞
严海鹏　严红娥　严吕深　严铜桥
颜　军　颜　政　晏忠荣　杨　宝
杨　超　杨　川　杨　飞　杨　豪
杨　恒　杨　红　杨　欢　杨　洁
杨　静　杨　凯　杨　璐　杨　梅
杨　鹏　杨　芹　杨　青　杨　硕
杨　伟　杨　洋　杨　宇　杨春涛

杨光平　杨汉冲　杨汉卿　杨红武
杨继红　杨家宏　杨开鹏　杨宽心
杨明红　杨青成　杨青伟　杨儒峰
杨仕武　杨树星　杨天志　杨铁军
杨卫红　杨午云　杨兴广　杨秀林
杨玥华　杨振宇　姚　迪　姚　飞
姚　君　姚　威　姚　勇　姚佳鑫
姚良超　姚胜华　叶　军　叶　凯
叶　伟　叶家启　叶天成　叶有民
易　伟　易春丽　易建新　易剑军
易小飞　翼思安　阴秀峰　殷　威
殷德芬　殷家舜　殷时太　殷卫华
尹　亮　尹四华　尹天平　尹正虎
尹智成　尤　君　游继全　渝志刚
于　骅　于浩寅　于晓军　余　亮
余策强　余冬初　余凡军　余嘉惠
余嘉涛　余胃菊　余小琴　余志杰
余志亮　虞　康　喻　军　喻　磊
喻　鹏　喻昌菊　喻方坤　喻金海
喻少华　袁　欢　袁　婧　袁　琼
袁秉平　袁纯辉　袁洪英　袁良根
袁良生　袁双喜　袁伟民　袁先华
岳庭明　曾　胜　曾　智　曾凡俊
曾凡凯　曾庆芳　曾训丰　曾永全
曾召兵　张　碧　张　波　张　聪
张　聪　张　枫　张　锋　张　昊
张　浩　张　华　张　骅　张　辉
张　佳　张　进　张　景　张　靓
张　军　张　俊　张　俊　张　磊
张　亮　张　琳　张　敏　张　敏
张　明　张　勤　张　泉　张　锐
张　瑞　张　瑞　张　涛　张　新
张　艳　张　一　张　瑜　张　越
张阿群　张安森　张安洲　张昌海
张长阳　张道玉　张东宁　张冬祥

张娥秀 张丰波 张凤艳 张凤英
张光华 张国成 张浩天 张红云
张鸿波 张华亮 张辉成 张加平
张江平 张锦玲 张进勋 张君宇
张凯坚 张兰超 张丽敏 张明辉
张明珠 张其凤 张启程 张清涛
张庆全 张荣帮 张瑞锋 张瑞杰
张瑞林 张世忠 张树清 张双庭
张水琴 张文飚 张文成 张文江
张文军 张希龙 张小兵 张小浩
张小盼 张晓飞 张雄伟 张秀清
张雪芬 张延延 张燕涛 张亦龙
张永红 张永红 张元红 张云飞
张云山 张展宏 张振祥 张志刚
张志亮 张智华 张中海 章 晟
赵 戈 赵 静 赵 俊 赵 雄
赵 云 赵方亮 赵红梅 赵洪磊
赵洪玮 赵怀功 赵慧文 赵建忠
赵军洋 赵立平 赵名君 赵先强
赵晓婕 赵修传 赵永红 赵云飞
赵致彧 赵智鹏 赵周文 甄国良
郑 晶 郑 凯 郑 丽 郑安江
郑传敏 郑锦红 郑丽华 郑明国
郑盛志 郑世芬 郑维刚 郑学辉
郑治明 钟 鹏 钟 欣 钟立绪
钟哲敏 周 斌 周 川 周 丹
周 浩 周 洁 周 捷 周 凯
周 亮 周 朋 周 容 周 威
周 旋 周 艳 周 杨 周 忠
周敦峰 周光明 周桂跃 周国涛
周宏斌 周健恒 周金章 周劲年
周林晶 周梦宁 周明军 周双科
周伟斌 周卫江 周文强 周祥凯
周新竹 周学虎 周永梅 周玉玲
周志宁 周志学 周宗伟 朱 兵

朱 峰 朱 岩 朱 毅 朱阿杰
朱爱民 朱灿灿 朱传银 朱广志
朱海鹏 朱浩楠 朱槐龙 朱继胜
朱江利 朱京艳 朱俊芳 朱启荣
朱双艳 朱应付 朱泽玲 朱章宽
祝 军 祝晨茜 祝文玲 宗小磊
宗晓斌 邹 丹 邹春晖 邹东方
邹方宇 邹清锐 邹四化 邹武刚
邹宪荣 左 红 左益强 司马朝峰
敖特更达赖

湖南：蔡 静 蔡金平 蔡克斌 蔡子忠
曹 亮 查 量 车志坚 陈 军
陈 强 陈 双 陈 艳 陈朝华
陈春辉 陈国良 陈坚强 陈建兵
陈建生 陈军雄 陈士英 陈守伟
陈曙光 陈苏平 陈庭球 陈卫国
陈晓宇 陈愿军 陈允鹏 陈运检
程 灿 程 娟 程建刚 楚 前
崔建君 崔坤华 崔立军 戴立功
邓纪芳 邓莉莉 邓平安 邓青松
邓卫群 邓云霞 邓志勇 丁 强
丁光华 董葵华 段海峰 范菊香
范新华 范仰平 费必武 丰小玉
封春新 冯 俭 冯 雷 冯加军
付润保 付小龙 甘 宁 高 兴
高配玉 郭 文 郭 毅 郭灵丽
郭应龙 郭友余 郭周同 韩傅蔚
何百炼 何慧兰 何丽芳 何平资
何学进 何志亮 何志龙 何忠航
贺 斌 贺 鸥 贺意波 贺志仁
洪三元 侯 鉴 侯经鸣 侯 启
胡 毅 胡建频 胡孟林 胡明辉
胡盛江 胡赞军 黄 灿 黄 河
黄 卓 黄德意 黄福良 黄国洪
黄家凤 黄金华 黄林军 黄美玲

黄飘扬 黄日强 黄湘武 黄业林
黄振海 黄忠洋 江 俭 江秋梅
江新莲 姜运才 蒋国华 蒋鹏程
蒋向东 孔冬初 匡巧云 雷绍兴
雷晓冬 黎 军 黎先波 李 斌
李 健 李 杰 李 晶 李 臻
李 志 李东劲 李冬桂 李国忠
李衡宝 李红军 李洪华 李亮禹
李陆军 李南平 李青龙 李润杰
李森虎 李文宇 李亚平 李耀棠
李银燕 李志勇 梁 勇 廖静平
廖良清 廖社锋 廖卫平 廖学军
林全华 凌语馨 刘 超 刘 锋
刘 工 刘 华 刘 军 刘 鹏
刘 伟 刘 毅 刘承富 刘大华
刘芬兰 刘凤莲 刘高峰 刘广艺
刘海沙 刘红锦 刘建林 刘建林
刘金龙 刘敬伟 刘俊杰 刘柯成
刘礼威 刘立强 刘秋江 刘仁初
刘石庭 刘淑娥 刘顺志 刘新彬
刘艳芬 刘雁冰 刘玉辉 刘运美
刘震斌 柳 俊 柳 舟 柳爱连
柳孟如 龙 峰 龙光辉 龙正文
龙忠云 卢 凡 鲁新辉 陆 程
陆桂林 罗 明 罗 明 罗秋初
罗秋生 罗少华 罗胜银 罗树勤
罗卫平 罗锡钰 罗新辉 罗志明
马菊英 毛 亮 孟生旺 莫小瑛
聂荣庆 宁子凌 欧才坤 欧兰芳
欧维钢 欧阳军 潘曼丽 潘仕龙
彭 玲 彭 望 彭 伟 彭军旗
彭来春 彭六益 彭奇志 彭顺辉
彭友军 普永平 齐 鹏 秦光辉
邱 军 曲雪梅 屈水成 全兰英
任 荣 尚光武 盛 波 石康元
石雪松 首林春 宋伟华 宋秀容
宋永红 宋珍生 苏楚文 粟国强
粟菊华 粟利华 粟伟兰 孙 芒
孙汉初 谭 标 谭 胜 谭爱明
谭长梅 谭华元 谭惠兰 谭江利
谭野柳 谭远洪 谭运美 唐 超
唐 健 唐 璋 唐海波 唐世锦
唐闻森 唐先兵 陶雄喜 田 江
田 伟 田 颖 田希顺 汪泽文
汪政江 王 飒 王 钢 王 华
王 玮 王 文 王 晓 王 欣
王 颖 王 永 王 勇 王 禹
王宝祥 王得明 王宏兵 王军鸣
王四容 王文飞 王孝其 王新强
王艳红 王耀宏 王移新 王益芝
王永林 王正秋 魏启龙 文 治
邬爱君 吴 洪 吴 鲲 吴炳坤
吴桂芬 吴国宏 吴建冬 吴建平
吴江寒 吴江南 吴秋娥 吴秋梅
吴人光 吴少敏 吴晓斌 吴永华
伍 慧 伍爱喜 伍守香 武建亮
夏 阳 夏俊丹 夏新时 夏振颖
向益武 萧仲晟 肖 松 肖力杨
肖利均 肖小兵 谢 添 谢成军
谢冬花 谢红建 谢克亚 谢前进
谢湘美 谢秀峰 熊国华 熊沐阳
熊秀礼 徐芳平 徐世民 徐玉全
徐志纲 徐卓然 许海清 许尚梅
闫 龙 严 巍 严福强 言 庆
颜云生 阳有军 杨 斌 杨 浩
杨 虎 杨 辉 杨 捷 杨 军
杨浩澜 杨吉斌 杨金惠 杨君波
杨钱粮 杨伟平 杨学武 杨银秀
杨友根 杨宇环 姚 健 姚三军
姚志平 易红艳 易喜玲 易正强

易子玉　殷忠于　尹　琼　游　勇
余德龙　余亚利　余周忠　虞　虹
虞　侠　喻　霞　元国芳　袁　志
袁立强　袁俐红　袁美霞　袁启红
岳喜家　曾　劲　曾　旺　曾　伟
曾　英　曾慈庭　曾立祥　曾夏英
詹慰文　张　兵　张　慧　张　勤
张　文　张　欣　张　勇　张　芝
张　智　张飞龙　张国存　张国梁
张继民　张明强　张巧平　张全福
张少容　张习芝　张湘龙　张小华
张小龙　张小生　张小武　张孝常
张旭政　张育红　张跃明　张运文
张召宁　张竹梅　赵　红　赵　阳
赵世杰　郑　伟　郑九林　郑南艳
郑秀玲　钟英剑　周　斌　周　海
周　辉　周　苹　周　然　周　祥
周　政　周保国　周冬宁　周高翔
周古可　周红艳　周华美　周华兴
周见阳　周建新　周黎明　周立群
周丽芝　周秋平　周双美　周小忠
周新义　周新忠　周兴南　周幸来
周玉连　周云峰　朱翠辉　朱国金
朱海洋　朱雄杰　朱义平　卓如泽
左湘晖　左向阳　欧阳又梅
欧阳石磊
广东：艾建华　艾金华　安松洋　安小龙
安跃进　敖　顶　白　石　白　许
白林海　白永兵　白永江　拜振杰
鲍自谦　贝月春　毕庆林　毕伟军
别春丽　薄展鹏　卜另明　蔡　峰
蔡　晟　蔡　艺　蔡　毅　蔡　毅
蔡淙淙　蔡冠恒　蔡海峰　蔡晖明
蔡建明　蔡秋贤　蔡仁胜　蔡容华
蔡释仪　蔡颂天　蔡卫东　蔡小飞
蔡晓薇　蔡孝锦　蔡行志　蔡旭波
蔡炫灿　蔡雪雷　蔡炎峰　蔡奕翔
蔡玉玲　曹　东　曹　洁　曹　雷
曹　伟　曹昌文　曹付兵　曹会敏
曹家刚　曹军子　曹刘楠　曹西旺
曹祥福　曹亚非　岑渭樵　岑艳萍
岑远文　柴丕林　柴向厉　常　亮
常　强　常永耀　车家林　陈　安
陈　斌　陈　斌　陈　兵　陈　兵
陈　波　陈　尘　陈　诚　陈　冲
陈　翠　陈　东　陈　凡　陈　峰
陈　刚　陈　华　陈　辉　陈　建
陈　俊　陈　昆　陈　露　陈　梅
陈　民　陈　明　陈　平　陈　荣
陈　生　陈　思　陈　祥　陈　岩
陈　洋　陈　莹　陈　莹　陈　湛
陈　志　陈　忠　陈　柱　陈爱中
陈柏华　陈炳宁　陈才宝　陈财芬
陈灿佳　陈潮江　陈楚坤　陈春荣
陈春武　陈翠谊　陈德秋　陈典史
陈典勇　陈东红　陈凤就　陈福荣
陈桂花　陈桂钦　陈国成　陈国传
陈国旗　陈国山　陈国章　陈海锋
陈海涛　陈海文　陈红兵　陈鸿庆
陈华光　陈焕新　陈惠娟　陈惠新
陈慧碧　陈慧意　陈火明　陈积兵
陈记成　陈季文　陈佳雄　陈家杰
陈家升　陈家盛　陈家志　陈见德
陈建达　陈建刚　陈建刚　陈剑军
陈剑龙　陈剑荣　陈健斌　陈健良
陈健有　陈涧英　陈江伟　陈金城
陈金凤　陈锦恩　陈锦良　陈锦棠
陈劲海　陈劲瑜　陈景幸　陈景雄
陈炬良　陈钜深　陈觉明　陈君超
陈锴文　陈坤鸿　陈历明　陈立业

陈丽花　陈丽清　陈丽贤　陈亮珊
陈亮威　陈林武　陈柳娇　陈隆庆
陈路霜　陈美强　陈名崇　陈明华
陈明祥　陈明照　陈乃廉　陈年秀
陈其伟　陈其祥　陈启亮　陈启旋
陈秋印　陈权就　陈群岳　陈荣枢
陈汝波　陈若锋　陈尚豪　陈韶明
陈少凤　陈少梅　陈世宏　陈世泽
陈守和　陈树鉴　陈树森　陈树勇
陈水泰　陈舜娟　陈伟才　陈伟灿
陈伟国　陈伟汉　陈伟儒　陈伟文
陈伟雄　陈伟智　陈卫东　陈卫华
陈卫星　陈文东　陈文荣　陈文顺
陈文郁　陈锡明　陈喜杰　陈喜雪
陈贤富　陈显祥　陈献毅　陈祥江
陈小波　陈小华　陈小梅　陈小青
陈小青　陈小全　陈晓春　陈晓锋
陈雄文　陈雪冰　陈彦科　陈艳文
陈耀丹　陈业扬　陈英叙　陈颖坚
陈永洪　陈永康　陈永坤　陈永乐
陈永庆　陈永全　陈勇华　陈有胜
陈宇飞　陈玉林　陈育禅　陈育奇
陈月丽　陈越富　陈云平　陈运鸿
陈哲鸿　陈志光　陈志海　陈志华
陈志坚　陈志烈　陈志烈　陈志强
陈志炜　陈志勇　陈致满　陈智民
陈智雄　陈钟烽　陈子俊　成荣坚
成贤光　程　松　程彩华　程桂明
程海波　程继平　程绪林　仇建军
储向华　褚长永　褚国亮　褚兆亚
丛冬梅　丛日武　崔传林　崔剑峰
崔倩玲　崔顺群　崔西祥　崔燕秋
崔亦文　崔跃龙　代　华　代　强
代华兵　代明超　代育林　代哲洪
戴　冰　戴建彪　戴剑华　戴剑萍

戴庆平　戴永锋　戴元军　单　莹
单丙军　单智坚　邓　勇　邓长顺
邓达均　邓大治　邓道华　邓德康
邓高山　邓贵培　邓慧光　邓火德
邓火德　邓集良　邓建敏　邓建球
邓满泽　邓茂钳　邓启桢　邓秋洪
邓世强　邓世优　邓伟锋　邓伟洪
邓伟南　邓伟雄　邓伟源　邓卫国
邓文杰　邓文英　邓小辉　邓小雯
邓新德　邓学武　邓彦祥　邓扬迪
邓英争　邓勇辉　邓玉婵　邓元章
邓远基　邓兆健　邓兆健　邓志平
丁　坤　丁利安　丁宣魁　丁拥军
丁永红　董　健　董继良　董雪冰
豆新要　窦德品　窦云海　杜　锋
杜宝春　杜本强　杜海斌　杜桃强
杜献军　杜晓锋　杜兴文　杜旭东
杜圳花　杜志明　段昌红　段军龙
段礼庭　段太青　段新桂　兑军勇
樊亚轩　范　樊　范传宝　范东生
范公太　范国新　范乐港　范满娣
范启松　范绍乐　范卫东　范新明
范选晶　范永增　范远祥　方　亮
方英奋　方展光　房锦洲　房少波
房振辉　费弟均　封秀群　封粤军
冯　斌　冯　海　冯　辉　冯　辉
冯　拾　冯　炜　冯白驹　冯灿涛
冯成华　冯带全　冯德时　冯东豪
冯佛生　冯广祥　冯鸿浦　冯惠深
冯佳林　冯建方　冯建洪　冯健洪
冯金文　冯锦宗　冯梅琴　冯美霞
冯其得　冯绮霞　冯庆光　冯日初
冯少军　冯太富　冯韬光　冯卫忠
冯先奖　冯小勤　冯星善　冯学武
冯亚军　冯耀明　冯颖超　冯永权

冯玉顺 冯钰峻 冯再平 冯灶光
冯志成 冯志刚 冯子虎 符权林
符少波 付贵玉 付建立 付绍春
付文贺 付新柱 付仔轩 傅华伟
傅雷明 傅志成 傅中海 甘定波
甘小海 甘许能 甘耀镜 高 帆
高 峰 高 阔 高 雷 高 敏
高 敏 高 庸 高 原 高成进
高放明 高国勋 高洪瑞 高洪智
高家琪 高金龙 高锦洪 高镜成
高君伟 高林江 高妙葵 高妙强
高培豪 高素云 高铁建 高伟东
高向阳 高耀华 高拥军 高泽宝
高振宁 高振坪 高振坪 高振权
高正荣 高智敏 戈友洪 葛道权
葛华珍 宫小龙 龚 康 龚锋瑞
龚惠龙 龚建平 龚金炉 龚石桥
龚禹磊 龚招成 古华平 古水田
古伟华 古伟雄 古永锋 顾火桂
顾仕林 顾晓华 顾正飞 关 江
关 忠 关桂兴 关怀顺 关健钧
关刘底 关乃昌 关荣光 关卫新
关旭文 关亚婵 关应辉 关中明
管红卫 桂建军 郭 康 郭 旎
郭斌胜 郭纯光 郭德全 郭冬华
郭高鹏 郭红杰 郭惠玲 郭建柱
郭健华 郭结文 郭丽娟 郭美赞
郭潘维 郭青建 郭荣河 郭瑞峰
郭瑞宗 郭首山 郭树兵 郭伟峰
郭奕鹏 郭永川 郭永光 郭永强
郭有平 郭振旺 郭志辉 郭忠嘉
虢明孝 韩 诚 韩 庆 韩 欣
韩 直 韩福勇 韩国中 韩海力
韩花婷 韩孟运 韩淑英 韩淑云
韩伟坚 韩永成 韩玉婷 韩裕辉

韩志果 韩忠园 韩作勋 杭吉才
郝 雷 郝 伟 郝希顺 何 东
何 就 何 摄 何 勋 何 盈
何 勇 何 勇 何 裕 何宝兴
何保江 何北全 何炳强 何超杰
何定定 何钢松 何冠松 何光艳
何国安 何国华 何海森 何惠钗
何慧萍 何家煜 何嘉敏 何俭峰
何建光 何建怡 何剑洪 何剑华
何健荣 何健伟 何健壮 何金雷
何锦华 何锦胜 何锦针 何景腊
何景乐 何静莲 何朗生 何丽柔
何敏欣 何铭坤 何铭来 何沛文
何庆光 何庆林 何趣娴 何权锋
何荣璋 何锐光 何润眉 何少群
何少文 何胜东 何盛明 何世贵
何世金 何仕笋 何顺荣 何思强
何腾锋 何伟民 何卫东 何锡文
何县州 何香荣 何小雄 何晓辉
何晓燕 何旭基 何雪颜 何衍县
何耀基 何耀文 何毅仁 何应龙
何永武 何雨春 何玉娟 何玉媚
何裕广 何元英 何远见 何赞斌
何泽生 何兆棠 何振华 何振浪
何志海 何志强 何智辉 何智佳
何佐行 贺安清 贺宝胜 贺海清
贺少湘 贺石头 衡军义 洪 斌
洪 伟 洪海伦 洪剑锋 洪绍钦
洪铁彬 洪五千 洪正昌 侯洪玲
侯俊英 侯凯洪 侯鑫淼 侯永洪
侯玉峰 侯正贵 胡 波 胡 念
胡 蓉 胡 雁 胡 忠 胡炳威
胡炳智 胡创业 胡桂生 胡国权
胡嘉亮 胡建彪 胡建明 胡井祥
胡立征 胡明学 胡朋飞 胡庆扬

胡卫衡　胡细好　胡贤良　胡小勇
胡兴庞　胡宜强　胡有忠　胡展雄
胡志全　胡仲文　黄　飙　黄　斌
黄　飞　黄　刚　黄　好　黄　华
黄　健　黄　骏　黄　开　黄　鹏
黄　平　黄　勤　黄　卫　黄　屹
黄　毅　黄　勇　黄　云　黄权明
黄爱高　黄爱红　黄宝权　黄彩虹
黄昌海　黄超勤　黄传聚　黄春平
黄丹彦　黄道贤　黄德强　黄东辉
黄东裕　黄芳明　黄公任　黄光大
黄光平　黄光平　黄桂伦　黄桂泉
黄桂香　黄国鼎　黄国沣　黄国辉
黄国清　黄国威　黄海峰　黄海坚
黄海泉　黄汉波　黄航亮　黄昊懿
黄浩强　黄河胜　黄红标　黄华德
黄华松　黄焕金　黄辉春　黄辉福
黄惠明　黄惠香　黄继胜　黄佳杰
黄嘉荣　黄坚清　黄建国　黄建辉
黄健成　黄健全　黄健文　黄健章
黄金玲　黄金水　黄金钊　黄锦标
黄景宏　黄静娴　黄举演　黄均宁
黄克明　黄宽昱　黄坤年　黄乐华
黄丽华　黄丽华　黄良祥　黄亮和
黄林飞　黄龙增　黄美玉　黄敏杰
黄木娣　黄启明　黄前明　黄秋城
黄秋荣　黄求弟　黄全斌　黄权文
黄日科　黄荣伟　黄锐玲　黄润福
黄润华　黄少波　黄绍飞　黄绍文
黄绍喜　黄生北　黄淑玲　黄伟城
黄伟乐　黄伟生　黄文樟　黄虾女
黄向荣　黄小波　黄小江　黄小攀
黄小平　黄小勇　黄晓东　黄秀弟
黄秀垣　黄学强　黄彦生　黄燕舞
黄耀坤　黄耀荣　黄溢全　黄泳红
黄宇灿　黄禹彬　黄玉初　黄元鑫
黄源恩　黄远光　黄岳东　黄泽君
黄章焕　黄震山　黄支明　黄志安
黄志冬　黄志秋　黄智毅　黄忠初
黄祖谊　霍德福　霍镜辉　霍信行
霍雪枝　霍永强　霍志生　霍智能
姬军令　姬可军　纪海鹰　纪汉飞
贾　鸣　贾春丽　贾高杰　贾明哲
贾帅涛　简海军　简贺萍　简永锋
江　锋　江　萍　江　涛　江　涛
江柏森　江柏祥　江超棱　江逢伟
江广柳　江海珍　江建伟　江理衡
江书洪　江先土　江笑飞　江艺杰
江昱衡　姜　坤　姜丙钰　姜东成
姜志国　蒋　晨　蒋　浩　蒋　义
蒋国民　蒋海军　蒋仁刚　蒋世杰
蒋伟军　蒋延席　蒋玉华　焦庆洲
焦晓钻　金剑平　金明海　金太平
晋齐康　荆大庆　鞠　勇　瞿　辉
瞿　军　康　麟　康　喜　康涛峰
柯超明　柯元毅　柯志快　孔凡兵
孔学军　孔粤龙　寇　超　邝发文
邝家顺　邝凌峰　邝忠林　邝忠林
赖　悦　赖殿勇　赖国文　赖海龙
赖华明　赖嘉河　赖静玉　赖清荣
赖伟光　赖伟文　赖文辉　赖秀环
赖燕强　赖有兵　赖玉兰　蓝敬善
蓝荣恒　蓝双祥　蓝振强　蓝志昂
劳剑辉　劳少玲　劳喜荣　老光应
雷洪旭　雷俊鹏　雷明华　雷顺安
雷用清　雷游天　黎　东　黎彩羡
黎炽坚　黎桂叶　黎国波　黎海金
黎和兴　黎家彬　黎建流　黎建荣
黎洁玲　黎聚光　黎俊杰　黎俊彦
黎良俊　黎暖森　黎普乐　黎钦和

黎青美　黎琼芬　黎汝祥　黎三弟
黎森发　黎少云　黎天桂　黎天松
黎伟锋　黎旭明　黎永汉　黎裕贤
黎运多　李　彬　李　超　李　超
李　飞　李　飞　李　飞　李　峰
李　光　李　国　李　红　李　晖
李　辉　李　建　李　剑　李　健
李　杰　李　敬　李　军　李　磊
李　妮　李　萍　李　强　李　晴
李　庆　李　涛　李　伟　李　伟
李　卫　李　文　李　曦　李　贤
李　潇　李　信　李　洋　李　毅
李　玉　李　湛　李　钊　李霭乐
李宝贵　李宝瑜　李宝珍　李保发
李炳光　李昌盈　李成浩　李春华
李春龙　李从森　李翠霞　李大存
李德军　李德均　李电才　李东彬
李发辉　李发先　李锋海　李根长
李关保　李关保　李观平　李广进
李桂琼　李桂球　李国辉　李国品
李国涛　李国伟　李海明　李海燕
李汉强　李汉荣　李浩鑫　李红标
李红侨　李宏宇　李洪岩　李鸿吉
李华荣　李惠娴　李惠元　李慧文
李继军　李家诺　李建丰　李建平
李建胜　李建伟　李建祥　李建新
李建忠　李剑平　李键均　李杰明
李杰威　李金海　李金华　李金庆
李金铨　李金掌　李锦荣　李劲松
李进文　李敬驹　李聚保　李君立
李骏强　李开成　李立君　李良军
李林江　李灵红　李龙胜　李茂顺
李美仪　李妹红　李敏红　李明军
李木常　李培芳　李平安　李启恒
李巧玉　李庆勇　李秋联　李权义

李群涛　李仁全　李润玺　李若冰
李韶勋　李少剑　李少金　李绍强
李社修　李胜杰　李胜军　李胜军
李胜强　李省伟　李石波　李士强
李世希　李思哲　李苏阳　李穗珊
李天夫　李添勇　李庭棠　李婉文
李万利　李伟彬　李伟国　李伟康
李文江　李文杰　李文浪　李武平
李锡忠　李夏蔚　李向春　李小刚
李小红　李小华　李小军　李小玲
李小梅　李小申　李晓光　李晓静
李新霞　李兴明　李雄杰　李雄明
李旭东　李雪斌　李雪冰　李亚唐
李岩峰　李彦芬　李彦雷　李艳斌
李艳群　李燕铭　李叶效　李亦明
李永标　李永丰　李永锋　李永锋
李永然　李永生　李泳光　李优选
李俞锋　李玉芳　李玉洁　李玉梅
李裕谦　李远斌　李赞辉　李泽辉
李战粮　李钊洲　李兆虎　李振华
李振辉　李振礼　李振颐　李争权
李志刚　李志刚　李志刚　李志刚
李志岗　李志军　李志明　李志强
李志文　李志文　李志新　李志猷
李主龙　李卓华　李子峰　李子孟
李子游　利树洪　利艳梅　连贯文
连自钊　练德彪　练小惠　练肖航
梁　兵　梁　铎　梁　锋　梁　刚
梁　红　梁　红　梁　昆　梁　勇
梁　粤　梁倍宁　梁炽坤　梁德恒
梁德兴　梁广福　梁桂锋　梁国林
梁国雄　梁海明　梁汉文　梁昊天
梁红兵　梁鸿潭　梁鸿文　梁换军
梁焕然　梁惠玲　梁惠强　梁俭高
梁建新　梁剑锋　梁健强　梁金萍

梁锦华　梁锦民　梁锦英　梁景飞
梁开途　梁礼峰　梁丽球　梁丽雯
梁玲珍　梁茂新　梁培耀　梁佩琪
梁朋资　梁启斯　梁倩雯　梁青云
梁清旭　梁庆文　梁群花　梁少欢
梁淑兴　梁添开　梁为民　梁伟明
梁文造　梁娴娥　梁祥奕　梁小明
梁小勇　梁星国　梁雄斌　梁雄基
梁旭东　梁血露　梁炎炳　梁衍狄
梁耀波　梁耀佳　梁耀泉　梁应雄
梁永成　梁永定　梁玉媚　梁早信
梁展毅　梁湛坡　梁照明　梁照明
梁振华　梁振敏　梁志东　梁志国
梁志豪　梁志军　梁志伟　梁志贤
梁智强　梁智荣　梁仲坤　梁宗侠
廖　成　廖　华　廖　威　廖　贤
廖伯源　廖春孟　廖德刚　廖东妮
廖冠昌　廖光建　廖红波　廖家俊
廖建锋　廖金梅　廖锦婷　廖妙其
廖土勇　廖伟昌　廖锡金　廖霞珍
廖献优　廖庚鉴　廖郑辉　廖志坚
廖志平　廖志雄　林　峰　林　柯
林　涛　林　铮　林碧君　林波涛
林成业　林创松　林春生　林德雄
林桂超　林国彪　林国樑　林海欧
林海勇　林汉坤　林汉霖　林汉明
林鸿彬　林基海　林家彬　林家厚
林建纲　林建先　林剑伟　林金生
林锦荣　林进富　林景驰　林巨培
林坤刁　林乐坤　林立邦　林立新
林丽泉　林良娟　林凉锌　林敏鹏
林庆军　林荣贤　林润汉　林韶宁
林少杰　林少玲　林舒晰　林伟斌
林伟杰　林伟强　林文俊　林武华
林小红　林秀芬　林秀枝　林耀佳

林耀明　林义勇　林引才　林英杰
林玉德　林云南　林灶森　林泽辉
林展平　林振灶　林志乐　林志灵
林智勇　林卓林　林卓林　刘　彪
刘　斌　刘　波　刘　超　刘　超
刘　芳　刘　刚　刘　刿　刘　国
刘　衡　刘　洪　刘　华　刘　江
刘　江　刘　军　刘　军　刘　科
刘　明　刘　涛　刘　伟　刘　委
刘　卫　刘　武　刘　旭　刘　义
刘　勇　刘　玉　刘　钊　刘柏青
刘保生　刘碧南　刘长春　刘长伟
刘丹清　刘定南　刘二军　刘　芬
刘风南　刘赴平　刘光强　刘光全
刘国法　刘国锋　刘国强　刘海根
刘海龙　刘海涛　刘汉周　刘航庆
刘红辉　刘宏斌　刘洪滨　刘华鹏
刘华章　刘辉辉　刘俭薇　刘建江
刘建平　刘建牙　刘建勇　刘剑鸣
刘京亮　刘景田　刘菊明　刘俊勇
刘琍容　刘明群　刘明伟　刘明雄
刘明洋　刘明勇　刘其全　刘钦宝
刘清平　刘庆焕　刘仁暖　刘仕富
刘淑坚　刘淑英　刘树槟　刘树林
刘思才　刘松林　刘穗刚　刘威根
刘伟军　刘伟清　刘卫玲　刘西平
刘熙卫　刘小诚　刘小冬　刘小武
刘星华　刘秀娜　刘秀荣　刘炎福
刘耀东　刘耀华　刘耀明　刘毅峰
刘应明　刘英斌　刘英俊　刘永安
刘永强　刘永生　刘勇辉　刘玉兰
刘园飞　刘远勇　刘跃鹏　刘允钧
刘泽香　刘振峰　刘正雄　刘志君
刘志良　刘志强　刘志鑫　刘志雄
刘志雄　柳海明　龙　兵　龙　浩

龙　益　龙　周　龙家丽　龙锦滔
龙石江　龙廷元　龙映华　卢　成
卢　亮　卢芙容　卢汉论　卢汉清
卢鉴益　卢杰煌　卢均明　卢荣初
卢世科　卢伟泉　卢伟伟　卢秀锋
卢旭兴　卢阳东　卢永锋　卢永华
卢志雄　鲁　恩　鲁　剑　鲁　璐
鲁合锋　鲁晓明　陆　平　陆继华
陆鹏程　陆启钧　陆秋月　陆润棠
陆胜雄　陆伟基　陆卫江　陆志卫
路小虎　吕　玮　吕宝泰　吕德良
吕福如　吕惠海　吕惠玲　吕基平
吕孔添　吕乐平　吕连英　吕满荣
吕泉杰　吕瑞娟　吕社群　吕维庆
吕伟光　吕伟洪　吕伟祥　吕细芳
吕细文　吕炎新　吕玉太　吕兆垣
吕兆湛　律中华　罗　彬　罗　灿
罗　成　罗　慧　罗　杰　罗彩球
罗昌东　罗朝儒　罗鄂峰　罗根鑫
罗广生　罗国静　罗海棠　罗红梅
罗惠文　罗建洪　罗建荣　罗建生
罗建武　罗建星　罗剑武　罗江波
罗交维　罗金水　罗锦英　罗劲柏
罗俊超　罗俊钊　罗利伟　罗玫玲
罗梦云　罗敏娜　罗铭荣　罗培淑
罗启盛　罗少师　罗世平　罗仕杰
罗伟光　罗伟坚　罗文兵　罗文军
罗文政　罗旭明　罗学君　罗雪文
罗阳盛　罗永溢　罗余聪　罗玉权
罗源熊　罗云飞　罗赞彬　罗增武
罗掌全　罗志海　罗灼威　骆迪生
骆惠强　骆毛汉　骆韶雄　骆蕴成
马　良　马　朋　马　涛　马彬彬
马炳荣　马福江　马嘉琪　马建才
马剑平　马健生　马全宝　马天胜
马兴国　马瑜珠　麦保尔　麦桂花
麦桂生　麦华生　麦剑晖　麦洁霞
麦妙屏　麦敏莲　麦庆全　麦永棽
麦永泉　麦钊荣　麦兆成　麦志明
麦智勇　毛长雷　毛敬华　毛世强
毛瑜华　梅新志　蒙致伟　孟　琳
孟　涛　孟凡纪　孟伟珉　米洁云
米贞成　密林祥　缪智雄　莫　希
莫邦敏　莫杵钱　莫栋明　莫介湖
莫丽芬　莫丽花　莫明德　莫明光
莫善智　莫伟斌　莫锡兰　莫小春
莫新群　莫新忠　莫星球　莫月珊
牟　辉　牟元萍　穆桂兰　倪丽华
宁　飞　宁　浩　牛建兵　牛文彬
农其上　农肖余　欧德华　欧惠文
欧健明　欧伟军　欧伟科　欧相携
欧旭成　欧雪云　欧阳健　欧阳政
欧耀辉　欧永祥　欧钊钳　潘　雷
潘　龙　潘　钊　潘昌勇　潘春仙
潘春阳　潘达深　潘桂桃　潘海辉
潘汉仪　潘红漫　潘厚斌　潘家权
潘杰林　潘金焕　潘巨煊　潘俊伟
潘少聪　潘寿荣　潘棠华　潘天智
潘伟东　潘卫方　潘向玲　潘小霞
潘占翔　潘卓勇　盘永雄　庞赋泽
庞红军　庞辉扬　庞荣华　庞伟娟
庞锡章　庞展骥　彭　宝　彭　丹
彭　凯　彭　璇　彭爱军　彭炳坤
彭成贵　彭国一　彭海琳　彭化杰
彭家祥　彭建坤　彭金光　彭军强
彭俊祥　彭青年　彭树正　彭学起
彭学友　彭志坚　彭志均　彭志强
彭灼良　戚　刚　戚玲玲　戚美卿
漆　玮　漆军锋　祁　勇　齐保林
齐青海　钱锭瑜　钱广锋　乔　彬

谯建军 秦 涛 秦伟文 秦智华
卿上胜 丘 峰 丘畅开 丘伟春
丘伟英 丘小红 邱必武 邱昌双
邱光迎 邱华柱 邱家标 邱建林
邱建卫 邱锦芳 邱礼福 邱寮二
邱敏儿 邱培德 邱钦宗 邱瑞英
邱伟光 邱文丰 邱兴军 邱学民
邱耀云 邱永刚 邱远昌 邱岳权
邱兆有 区柏松 区成国 区惠相
区建峰 区金洪 区门照 区爕柚
区永强 区振佳 屈本荣 屈泽年
全栋胜 阙灼卿 饶金海 任战方
阮 炜 阮海生 阮海燕 阮洪群
沙 松 山 林 尚长林 尚云海
邵秉权 邵长震 邵开平 邵满红
邵明武 邵志伟 邵中洲 佘计全
佘耀斌 申 榕 申嘉伟 申卫平
申志强 沈广健 沈国斌 沈继铭
沈锦基 沈世锋 沈伟雄 沈先莲
沈志锋 沈志虎 盛道顺 施家勇
施学起 施志政 石 军 石 雷
石 涛 石登峰 石金才 石三兴
石文明 石雄伟 石治军 时义轩
舒 欣 帅起国 双洪洲 司徒民
斯国新 宋 健 宋 平 宋 涛
宋帮德 宋国华 宋建明 宋军伟
宋旻勇 宋念强 宋庆洪 宋伟雄
宋啸峰 宋新华 宋志锋 苏 涛
苏 忠 苏 宙 苏成群 苏春晓
苏冬梅 苏国飞 苏国晖 苏国荣
苏宏东 苏建英 苏健强 苏金尼
苏瑞勤 苏绍年 苏适之 苏水德
苏松均 苏文兵 苏杏昌 苏远龙
苏兆伟 苏智欢 粟 文 隋明菊
孙 洁 孙晨曦 孙惠英 孙记生
孙莉莉 孙佩雯 孙文陆 孙晓松
孙星语 孙永利 孙雨昕 孙志辉
孙志杰 覃嘉豪 覃美欣 覃喜光
覃永乐 覃永业 谭 海 谭 敏
谭奋胜 谭国锋 谭海滨 谭建生
谭健强 谭锦盛 谭劲华 谭林海
谭美霞 谭美银 谭卫民 谭肖贤
谭艳梅 谭永程 谭永好 谭玉婵
谭岳华 谭子婷 汤成尚 汤球许
汤志君 唐 红 唐 卉 唐柏强
唐超凡 唐红梅 唐洪军 唐家裕
唐建华 唐江南 唐美娟 唐明德
唐铭辉 唐元昌 唐志贤 田 交
田朝宇 田春华 田大文 田莉芸
田学才 田训格 童华军 童艳峰
涂加辉 涂柳明 涂伟仁 万伟文
万晓明 万月平 万志敏 汪 峰
汪 猛 汪 鹏 汪 鑫 汪 勇
汪朝虎 汪国清 汪娟娟 汪利康
汪运涛 汪志勇 王 斌 王 滨
王 诚 王 东 王 东 王 东
王 枫 王 锋 王 健 王 杰
王 晶 王 军 王 敏 王 鹏
王 强 王 群 王 锐 王 帅
王 涛 王 威 王 伟 王 曦
王 鑫 王 营 王 粤 王 允
王 喆 王 忠 王爱庆 王安平
王才权 王成波 王成艺 王传江
王春林 王从海 王德红 王德勤
王福茂 王缚龙 王钢雄 王光潮
王广富 王国侯 王海荣 王海增
王海正 王宏博 王宏洲 王华文
王吉良 王继庞 王嘉文 王见军
王建华 王建业 王剑洲 王健麟
王金豹 王金海 王敬宜 王钜发

王军强　王来英　王立晋　王美华
王民志　王木林　王能德　王青峰
王庆兰　王庆林　王秋柯　王群娣
王仁洪　王瑞芬　王少凯　王慎言
王士铖　王淑云　王树声　王伟民
王伟生　王炜立　王文博　王文超
王文新　王小兵　王小飞　王小峰
王小军　王小山　王小伟　王小霞
王晓峰　王晓伟　王新峰　王兴民
王行元　王秀花　王雪峰　王雪荣
王亚峰　王颜清　王迎春　王永乾
王有响　王宇林　王裕伟　王占伟
王振红　王振伟　王振宇　王志柏
王志杰　王志龙　王志如　王智增
王钟浩　王子刚　韦　友　韦宝茹
韦胡荣　韦华洪　韦会荣　韦加宾
韦良帅　韦梅芳　韦巧红　韦润才
韦卫严　韦文德　韦远东　韦泽锋
卫　敏　魏　顺　魏　勇　魏楚平
魏可业　魏鳞骁　魏朋飞　魏伟光
魏燕标　魏元福　温　前　温春雷
温冠华　温国盛　温建瑞　温伟的
温伟文　温叙风　温语嫣　文　凭
文海双　文华春　文俊杰　文亮平
文伟斌　文雨林　文卓良　闻东华
翁婵惠　翁东华　翁建荣　翁健明
翁俊辉　翁立葵　邬伟瑜　巫博浪
巫远鑫　吴　军　吴　坤　吴　齐
吴　欣　吴　永　吴彩艳　吴超凡
吴德平　吴滴萍　吴地洋　吴东明
吴芳华　吴凤龙　吴光荣　吴广辉
吴广乾　吴桂平　吴桂旋　吴国梁
吴国荣　吴海流　吴海松　吴浩全
吴宏生　吴华开　吴华文　吴辉元
吴惠娟　吴建林　吴剑杨　吴剑义

吴渐伟　吴江泉　吴金好　吴金照
吴俊康　吴开风　吴克雄　吴立超
吴丽平　吴敏耀　吴明珠　吴钱江
吴秋禹　吴仁希　吴日华　吴日堂
吴荣华　吴姗姗　吴少红　吴生健
吴仕海　吴仕西　吴守坚　吴淑珍
吴思玲　吴为国　吴伟东　吴伟林
吴伟明　吴伟星　吴伟雄　吴尉英
吴文精　吴文强　吴文武　吴锡柱
吴贤坤　吴小琳　吴旭东　吴雪峰
吴彦珊　吴艳超　吴艳芳　吴耀民
吴一阳　吴伊力　吴乙弘　吴意琼
吴英才　吴永清　吴泳添　吴有炳
吴有健　吴育孟　吴兆佑　吴振峰
吴振林　吴振宇　吴政贵　吴至北
吴志峰　吴子权　吴宗添　伍昌坤
伍耿奕　伍桂芬　伍骏聪　伍培坚
伍顺坚　伍思华　伍细妹　伍志伟
伍自建　武小萍　武新钢　武兴奇
席时敏　席云东　夏惠能　夏永永
冼飞球　冼冠勤　冼秋宝　冼雪锋
冼耀堂　冼铸光　向金荣　项树辉
萧劲松　萧君浩　萧君杰　萧孝良
肖　凡　肖　坚　肖　科　肖　平
肖　云　肖程好　肖电波　肖国明
肖华斌　肖剑承　肖江玲　肖少春
肖昇金　肖维茹　肖伟光　肖伟笋
肖兴元　肖亚灶　肖玉军　肖作勇
谢　铿　谢海彬　谢健礼　谢健铭
谢江华　谢锦德　谢军辉　谢丽坚
谢丽玲　谢美雄　谢棋滇　谢润发
谢绍忠　谢世涛　谢树标　谢思康
谢伟明　谢卫红　谢文涛　谢晓波
谢晓青　谢绪明　谢炎华　谢志锋
谢志明　谢志强　谢志清　谢智华

谢灼婷　邢　武　邢国璋　邢震洪
熊　健　熊　军　熊　可　熊　宇
熊德川　熊喜珍　熊耀基　熊玉财
徐　海　徐　虎　徐　辉　徐　辉
徐　令　徐光伟　徐贵华　徐建顺
徐金林　徐金山　徐京民　徐立华
徐良海　徐留安　徐启真　徐清泉
徐清云　徐少珍　徐诗柏　徐帅彪
徐松顺　徐泰金　徐廷军　徐卫星
徐文静　徐新安　徐新宇　徐雪松
徐衍庆　徐艳仪　徐永成　徐宇敏
徐钊明　徐志伟　徐祖斌　许　斌
许　和　许　柯　许　妩　许　雄
许灿辉　许朝旭　许德武　许耿生
许国华　许海明　许红光　许继航
许家隆　许建庭　许杰旺　许洁翰
许金丰　许钜新　许开清　许立军
许丽珍　许令瑾　许秋影　许胜利
许士忠　许世彬　许兴恒　许沿纯
许远兴　许佐雄　禤金云　禤新凤
薛　靖　薛　翔　薛常胜　薛朝锋
薛家安　薛来战　薛前标　薛文英
鄢万良　闫　广　闫海波　闫士学
严　创　严　韬　严军雄　严礼珍
严林章　严敏仪　严绍平　严伟光
严伟华　严小球　严晓梅　严晓颖
严新文　严仲文　严子辉　颜　维
颜炳胜　颜富碧　颜健豪　颜克军
颜文安　阳　春　阳丽荣　阳征贵
杨　斌　杨　刚　杨　海　杨　俭
杨　健　杨　军　杨　亮　杨　林
杨　明　杨　权　杨　生　杨　英
杨　竹　杨炳来　杨昌江　杨承伟
杨传辉　杨春光　杨春华　杨妃珠
杨福滨　杨广宇　杨贵成　杨国金
杨海力　杨海晴　杨宏伟　杨虎英
杨惠文　杨慧球　杨伙容　杨俭华
杨建斌　杨建波　杨建平　杨建青
杨剑谦　杨健豪　杨锦锋　杨劲文
杨镜明　杨俊斌　杨开武　杨康秋
杨坤林　杨灵峰　杨柳昌　杨柳锋
杨柳艳　杨南龙　杨欠平　杨日有
杨韶礼　杨绍强　杨守顺　杨伟春
杨伟强　杨文章　杨小峰　杨小强
杨晓斌　杨晓锋　杨杏格　杨秀琼
杨旭龙　杨轩威　杨学雷　杨衍华
杨燕玲　杨业秋　杨义方　杨议辉
杨远荣　杨再军　杨志华　杨志谨
杨志民　杨志全　杨志伟　杨志伟
杨智翼　杨中申　杨作军　姚　波
姚　伟　姚斌良　姚国锋　姚金超
姚金发　姚俊英　姚林成　姚润福
姚伟林　姚耀辉　姚志锋　叶　红
叶　松　叶　巍　叶　翔　叶朝君
叶川华　叶冠雄　叶国荣　叶剑锋
叶剑锋　叶杰敏　叶锦球　叶俊文
叶凯梨　叶柳萍　叶明堂　叶铭金
叶培豪　叶乾林　叶倩荧　叶青松
叶润裘　叶松生　叶伟云　叶文婷
叶文兴　叶晓梅　叶信礼　叶兴波
叶毅伟　叶粤临　叶志东　叶志明
叶志权　叶志勇　叶致均　叶柱江
叶转运　衣广生　易　兵　易　星
易翠华　易金伟　易卫国　殷俸伦
尹　尚　尹德仪　尹国宝　尹杰明
尹佩赟　尹日华　尹曙光　尹小亮
尤汉琪　尤淑艺　尤卫鸿　于　翔
于风广　于会峰　于善武　于自永
余　欢　余　晖　余楚璇　余国民
余国柱　余晋林　余立权　余铭健

余启洪　余侨生　余清滔　余少华
余水养　余素玲　余小安　余雪华
余延君　余叶伦　俞海斌　俞辉祥
俞振彪　庾杰雄　原　君　袁　泓
袁　华　袁建民　袁剑威　袁劼恒
袁润强　袁伟青　袁亚志　袁永伟
袁柱文　岳俊杰　岳克胜　岳蕴军
曾　斌　曾　铠　曾　明　曾碧怡
曾楚宾　曾春晖　曾达文　曾德明
曾德文　曾凡红　曾繁炼　曾建东
曾剑华　曾健存　曾江棉　曾金长
曾金海　曾婧璐　曾令英　曾勤生
曾庆飞　曾庆荣　曾庆伟　曾庆宗
曾仁钦　曾思东　曾思红　曾素芳
曾天德　曾晓明　曾新华　曾秀萍
曾旭维　曾学夫　曾永东　曾永辉
曾昭仙　曾志明　曾志雄　翟广强
詹海龙　詹浩敏　展华清　张　豹
张　彪　张　浩　张　华　张　华
张　辉　张　杰　张　靖　张　久
张　军　张　奎　张　莉　张　亮
张　龙　张　龙　张　梅　张　敏
张　明　张　谋　张　楠　张　权
张　涛　张　洋　张　异　张　勇
张　勇　张　瑜　张　源　张　岳
张　赞　张宝亮　张保军　张兵兵
张兵华　张博笙　张彩兴　张彩燕
张灿仙　张长革　张得柔　张方荣
张付江　张冠恩　张光伟　张广生
张国华　张国辉　张国林　张国猛
张国平　张国平　张国章　张国针
张海川　张浩诚　张红军　张红威
张洪亮　张华菊　张焕朋　张惠安
张惠黎　张惠荣　张慧军　张吉安
张嘉鸿　张建兵　张建波　张建国

张建国　张建华　张建文　张建侠
张剑成　张锦文　张景辉　张敬生
张俊斌　张俊杰　张骏马　张礼涛
张立冬　张立林　张莲华　张良果
张洛强　张乾坤　张群英　张汝秋
张圣超　张守岭　张书芹　张双喜
张顺连　张天玉　张维栋　张伟明
张伟伟　张卫兵　张文东　张文杰
张文兴　张习宏　张小军　张小宁
张晓欢　张晓龙　张心宇　张兴安
张兴森　张秀珍　张旭东　张亚忠
张延辉　张言权　张义坡　张诣华
张颖妍　张永超　张永鹤　张友富
张宇雄　张玉龙　张育梅　张云峰
张泽辉　张照夫　张镇钟　张正光
张政雄　张直光　张志安　张志刚
张中雷　张忠华　张柱洋　章征发
招　桥　招后荣　招玉成　赵　华
赵　凯　赵　明　赵　培　赵　平
赵　鑫　赵　轩　赵　宇　赵德成
赵冬根　赵贯丁　赵广玲　赵国新
赵海洋　赵坚钢　赵坚钢　赵建华
赵建民　赵金波　赵金华　赵开强
赵铭谦　赵全武　赵士平　赵树兴
赵伟京　赵文军　赵文凯　赵先国
赵雪梅　赵延龙　赵永顺　赵永祥
赵志江　赵志强　甄江华　甄哨勇
郑　衍　郑碧珠　郑伯枢　郑昌盛
郑潮颜　郑春雨　郑德龙　郑二妹
郑根华　郑国文　郑浩煊　郑会豪
郑慧明　郑慧仪　郑继蓉　郑家林
郑家全　郑金吉　郑俊义　郑铿烁
郑立雄　郑丽丽　郑妙娥　郑明彬
郑荣林　郑锐津　郑韶忠　郑维健
郑伟贤　郑伟元　郑卫民　郑现良

郑小波　郑小敏　郑小平　郑晓龙
郑旭东　郑亚贤　郑宜周　郑艺波
郑莹珠　郑永光　郑志华　郑志雄
植明韶　植宇川　钟　锋　钟　海
钟　敏　钟　明　钟　权　钟　旺
钟　艳　钟　英　钟　源　钟波涌
钟称发　钟德产　钟典成　钟国成
钟计祥　钟继英　钟家英　钟建军
钟建威　钟剑锋　钟健球　钟锦卫
钟俊雄　钟礼荣　钟立辉　钟美娟
钟佩奇　钟佩青　钟佩珍　钟平俊
钟启辉　钟启丽　钟荣伟　钟瑞霞
钟天艺　钟文斌　钟文华　钟锡友
钟显念　钟学聪　钟学文　钟永泰
钟勇奇　钟志红　钟志嵘　钟志修
钟柱樑　周　承　周　春　周　林
周　松　周　涛　周　文　周　勇
周宝山　周呈凤　周春生　周公平
周桂群　周国瑞　周海峰　周海明
周惠忠　周建华　周建基　周建伟
周建伟　周健洛　周健荣　周克健
周铭巧　周沛生　周瑞贞　周少平
周顺达　周伟雄　周文华　周文昭
周向昭　周新军　周旭丰　周学好
周炎锋　周于飞　周枝茂　周志励
周忠岳　朱爱花　朱承选　朱德林
朱登艺　朱国安　朱国基　朱国健
朱国良　朱国荣　朱海兵　朱建军
朱建良　朱金龙　朱进才　朱进军
朱俊生　朱克龙　朱立武　朱鹏真
朱其东　朱倩青　朱庆初　朱锐基
朱世文　朱树良　朱文生　朱锡均
朱小永　朱晓珑　朱星华　朱雄伟
朱耀康　朱永诚　朱勇派　朱肇光
朱卓里　祝　娴　祝水林　祝伟民
祝阳东　庄健莹　庄小凤　庄银成
庄永洁　卓健玲　卓明亮　卓尚兵
卓秀芬　宗国利　宗夏玲　邹　华
邹　平　邹宝瑜　邹飞宇　邹菊花
邹沁兰　邹秋香　邹伟强　邹耀令
邹义福　邹宇华　邹志强　邹志生
左　勇　司徒高鹗　司徒伟强
司徒振锋　欧阳锦恩　欧阳俊杰
欧阳孔乾　欧阳效星
爱新觉罗·州迪　捷勒宽攀谢利猜

广西：安　欣　白　龙　白跃明　白志斌
摆　熙　班德宏　班最琼　边董强
卞亚明　宾　裴　卜少文　蔡　文
蔡公德　蔡维州　蔡文光　蔡煜明
曹春明　曹　坤　曹　晓　曹　勇
曹江桥　曹盛云　曹益奎　岑必有
岑春荣　岑启高　岑亭儒　岑祝顺
常　青　陈　彪　陈　聪　陈　东
陈　冬　陈　多　陈　飞　陈　飞
陈　光　陈　骅　陈　健　陈　琳
陈　柳　陈　露　陈　沛　陈　平
陈　强　陈　强　陈　伟　陈　文
陈　雯　陈　雄　陈　焰　陈　宇
陈　裕　陈　喆　陈　志　陈　忠
陈碧柳　陈成金　陈丹莉　陈道生
陈东强　陈东兴　陈栋财　陈革斌
陈桂有　陈国标　陈海波　陈汉任
陈汉文　陈衡华　陈泓光　陈洪波
陈慧毅　陈家亮　陈家威　陈建华
陈均有　陈均元　陈俊卫　陈立刚
陈丽明　陈丽琴　陈丽莺　陈良健
陈路兵　陈鹭涛　陈明阳　陈贫生
陈群明　陈少娴　陈世裕　陈双喜
陈思林　陈思林　陈万强　陈伟光
陈伟雄　陈卫新　陈献尤　陈小平

陈小旗 陈小云 陈晓军 陈新华
陈学东 陈燕霞 陈银生 陈勇刚
陈远超 陈月娇 陈云鹏 陈泽洁
陈湛林 陈志海 陈志强 陈忠义
陈作栋 陈作琪 程万里 程政凯
程忠庆 迟 冲 戴智敏 党北宁
邓 斌 邓 辉 邓海东 邓海耀
邓洪洪 邓剑光 邓普文 邓绍传
邓绍艺 邓学文 邓义荣 邓易宗
邓永俊 邓昱昱 邓镇毅 邓中文
董克萍 窦玉光 杜创林 段 寄
段仁燕 凡 忠 樊 林 樊杨杰
范观伶 范俊英 范敏坚 范小荣
范耀斌 范云英 方 杰 方 群
方定安 方惠敏 方荣娣 封尔令
冯 杰 冯 鹰 冯 瑜 冯党生
冯飞晓 冯桂娥 冯桂明 冯海波
冯显进 付国亮 傅双麒 傅文钢
甘 朝 甘 敏 甘 勇 甘积志
甘杰来 甘梅燕 甘文彪 甘志坤
甘子禄 高 戈 高 红 高 洪
高焕华 高蔚芳 高振宇 高志辉
龚德贵 龚建平 龚瑞典 龚谢卿
龚艳弟 龚耀光 勾建军 古方明
顾祥国 顾周平 关 宏 关 勇
关建强 关玉莲 郭 斌 郭 红
郭 辉 郭 雄 郭成海 郭佳力
郭凯华 郭忠华 果 华 韩存有
韩晶晶 韩振荣 杭语诗 何 波
何 灿 何 洁 何 鎏 何 明
何 平 何 伟 何 源 何 跃
何碧静 何高生 何贵雄 何桂芬
何红军 何剑森 何杰生 何进伟
何军威 何开创 何康宇 何莲莲
何量虹 何培兰 何旗源 何荣生

何绍成 何为安 何钰玉 何月萍
何云龙 何智华 何梓菘 何宗洪
贺 刚 侯建军 胡 滨 胡 刚
胡晨光 胡冬寅 胡建伟 胡善光
胡善平 胡伟明 胡小林 胡映红
胡宗强 黄懂宁 黄 超 黄 超
黄 繁 黄桂英 黄 浩 黄 洪
黄 华 黄 健 黄 锦 黄 凯
黄 梅 黄 鹏 黄 祺 黄 秋
黄 权 黄 霜 黄 炜 黄 鑫
黄 艳 黄 懿 黄 永 黄 勇
黄 宇 黄 志 黄炳福 黄陈谊
黄崇英 黄传贵 黄春和 黄翠莉
黄道辉 黄德轮 黄东基 黄都升
黄恩忠 黄凤艾 黄福贵 黄桂榕
黄国健 黄海雁 黄汉民 黄红敏
黄洪强 黄华添 黄华钟 黄继军
黄嘉睿 黄建华 黄建辉 黄建军
黄剑聪 黄剑武 黄金爱 黄金明
黄劲松 黄开强 黄可俐 黄可荣
黄克彬 黄立滨 黄丽群 黄良熙
黄林锋 黄美金 黄明锐 黄乃贵
黄佩佩 黄品瑶 黄平安 黄其锋
黄其章 黄倩雯 黄庆云 黄琼带
黄琼宵 黄秋成 黄权健 黄日起
黄荣超 黄荣华 黄善新 黄少阳
黄守宁 黄天生 黄天宇 黄婷婷
黄通英 黄伟江 黄文光 黄文坚
黄武星 黄先解 黄显刚 黄显胜
黄晓云 黄肖春 黄笑鸣 黄新德
黄新文 黄新智 黄秀娟 黄秀林
黄艳艳 黄毅光 黄毅涛 黄永娟
黄永裕 黄有问 黄宇波 黄运珍
黄增红 黄增权 黄志华 黄志杰
黄中杰 黄竹青 霍 雄 计愉和

江　海　江　山　江　泳　江红玲
姜　园　姜进展　姜启禧　姜胜康
姜文静　蒋　斌　蒋　友　蒋长辉
蒋春阳　蒋利民　蒋枚志　蒋明钦
蒋青华　蒋铁英　蒋婷婷　蒋拥文
蒋永军　蒋钟鸣　解洪波　解连英
金海鹰　景　学　瞿道政　柯传明
柯金全　柯文云　孔维燕　孔祥书
孔小东　寇含东　蒯寅晖　邝　龙
赖　奕　赖明才　赖时桂　赖有英
兰　俊　兰　敏　兰海华　兰胜达
兰小龙　兰晓锋　兰永强　兰志华
蓝　岚　蓝昌福　蓝干成　蓝更生
蓝景琳　蓝仁松　蓝同先　蓝雪松
劳　瀛　劳朝满　劳大津　劳中华
雷　成　雷　健　雷超群　雷春霞
雷顶祺　雷胡林　雷启慧　雷世佺
雷寿锋　雷云星　雷志成　黎　斌
黎斌兵　黎　婵　黎　刚　黎　钧
黎东勇　黎洪洪　黎建雄　黎锦祥
黎寿强　黎卫权　黎一辰　黎亦林
李　柏　李　兵　李　东　李　烽
李　凤　李　海　李　航　李　浩
李　辉　李　杰　李　结　李　军
李　军　李　康　李　灵　李　苗
李　明　李　宁　李　平　李　青
李　荣　李　实　李　树　李　伟
李　严　李　莹　李　宇　李　钊
李冰川　李彩群　李春艳　李翠瑜
李大春　李东明　李尔鹏　李凤华
李广梅　李贵勇　李桂强　李国坤
李国志　李海峰　李海强　李海胜
李汉红　李浩平　李珩渊　李红燕
李华林　李怀广　李焕茂　李佳霖
李建华　李建文　李建中　李剑宇
李健中　李焦凡　李进波　李靖南
李俊伟　李俊贤　李可成　李可婷
李黧丽　李立威　李丽受　李绿江
李明峰　李木松　李宁杰　李琼珍
李生进　李盛康　李世荣　李世团
李世笑　李树德　李树坤　李四明
李天宝　李天翔　李天源　李伟文
李卫华　李文清　李晓晖　李亚军
李燕琴　李耀龙　李一模　李易洁
李奕春　李逸华　李银凤　李永强
李勇加　李宇玲　李跃新　李泽荣
李占文　李振军　李振山　李正义
李志冰　李志铨　李致役　利振华
梁　彪　梁　坚　梁　剑　梁　健
梁　凯　梁　奎　梁　明　梁　秋
梁　全　梁　雯　梁　瑛　梁　颖
梁　勇　梁安成　梁安文　梁标胜
梁初权　梁大懂　梁德财　梁飞宇
梁惠新　梁广志　梁桂芳　梁国云
梁家海　梁甲开　梁建洪　梁健明
梁江宁　梁进林　梁进宜　梁丽华
梁禄恩　梁庆聪　梁庆光　梁庆华
梁庆江　梁少娟　梁首曾　梁淑娇
梁伟平　梁五军　梁现军　梁小健
梁秀群　梁秀章　梁学能　梁晏慎
梁艳萍　梁耀军　梁寅璋　梁应超
梁永坚　梁有军　梁毓厚　梁月娟
梁泽武　梁征文　梁正瑞　梁志光
梁子敏　梁宗华　廖　媚　廖贵梅
廖桂英　廖国旺　廖汉权　廖慧英
廖建新　廖柳坤　廖柳强　廖启宁
廖汝超　廖少军　廖伟洪　廖文春
廖武君　廖旭杰　廖益路　廖正艺
廖志强　廖苗钞　林　彬　林　慧
林　佳　林　霖　林　民　林　盛

林 雄　林 毅　林琮恒　林定章
林飞林　林福成　林桂生　林建新
林剑隆　林金生　林康国　林礼志
林丽韫　林丽知　林树海　林伟俊
林旭军　林业彪　林钰权　林钰权
林泽华　凌 彬　凌 刚　凌 利
凌 霞　凌宠康　凌卫荣　刘 安
刘 东　刘 杰　刘 军　刘 俊
刘 烈　刘 玲　刘 路　刘 然
刘 然　刘 蓉　刘 阳　刘 毅
刘 哲　刘传忠　刘大正　刘芳久
刘国强　刘辉球　刘家年　刘杰晶
刘俊立　刘良涌　刘柳生　刘宁秋
刘秋红　刘任彪　刘荣利　刘淑梅
刘喜东　刘小琼　刘燕玲　刘永明
刘永明　刘玉生　刘玉英　刘月锋
刘志兵　刘志平　刘志强　刘志勇
刘智兴　龙 菲　龙 俊　龙 燕
龙海洋　龙建生　龙丽群　隆海峰
卢 滨　卢 民　卢 涛　卢 伟
卢 晓　卢 昭　卢婵珠　卢德胜
卢汉杰　卢合坚　卢进杰　卢立兴
卢木华　卢培生　卢世民　卢寿广
卢树荣　卢思斯　卢小莉　卢振军
卢芝兴　卢志玲　卢智斌　陆 波
陆 洁　陆 京　陆 桑　陆 森
陆朝高　陆定愈　陆芳梅　陆凤连
陆贵华　陆国昌　陆海涛　陆继友
陆杰灵　陆宁生　陆平蓉　陆少俊
陆世文　陆武绍　陆武生　陆熙茵
陆咸雅　陆小洁　陆奕光　陆增军
陆志勇　吕 刚　吕 敬　吕 阳
吕安文　吕德雨　吕华金　吕剑飞
吕立泳　吕烈瑞　吕振松　罗 贝
罗 戟　罗 葵　罗 宁　罗 智

罗炳奎　罗超提　罗朝成　罗汉杰
罗家军　罗日东　罗瑞轩　罗诗裕
罗素宁　罗韦慧　罗文娟　罗小凤
罗小梅　罗兴平　罗勇树　罗玉杏
罗云华　罗志恒　罗宗会　骆仕谋
骆志杰　麻政辉　马 涛　马 壮
马才康　马昌明　马京华　马立光
马赵峰　马志军　麦有钻　麦增云
满 雄　毛明祥　蒙 军　蒙翠英
蒙金团　蒙展福　孟 成　梦东旅
苗红力　磨祥威　磨勇卫　莫 彬
莫 俊　莫 明　莫 颖　莫飞海
莫福湍　莫光敏　莫均福　莫黎强
莫丽萍　莫林亿　莫文辉　莫世斌
莫顺桂　莫文明　莫文智　莫一韬
莫颖宗　莫永波　聂 斌　聂 红
聂桂英　宁 健　宁恩海　宁建红
农 军　农 林　农 伟　农宾贵
农培宏　农祥卫　农晓梅　农艳春
农月秀　欧 松　欧庆忠　欧小平
欧阳琦　潘 虹　潘 勇　潘本权
潘惠玉　潘慧敏　潘家庆　潘丽枚
潘丽莎　潘茂廷　潘雅澍　潘艳芳
潘颖萍　潘有业　潘玉秀　潘振南
潘子裕　盘 燕　盘晓慧　庞 军
庞 铭　庞 晔　庞 勇　庞洪斌
庞家兴　庞金海　庞进海　庞理俊
庞梅琴　庞庆春　庞卫震　庞小军
庞振全　庞志强　庞中仪　裴 智
彭 丹　彭 莉　彭 蓉　彭定荣
彭飞翔　彭江进　彭琼春　彭信福
戚桂宁　漆庆忠　钱叶胜　乔建敏
乔小俊　秦广良　秦健洪　秦秋林
秦息孙　秦艳晖　秦永强　秦志环
丘 松　丘兆恩　邱小波　邱学政

曲洪凯　曲小波　饶良飚　容　杰
阮柳梅　桑胜男　佘尚成　申　燕
沈慕萍　沈素萍　施栋樑　施伟群
石　桃　石荣光　时　翔　宋　容
宋　婷　宋多坚　宋建成　宋巍巍
宋自衡　苏　辉　苏　卡　苏　灵
苏　宁　苏爱权　苏耿飚　苏际中
苏建阳　苏日卫　苏筱霏　苏叶萍
苏宇强　苏跃文　苏兆平　苏志贵
苏志毅　粟增宁　孙吉爱　孙静毅
孙秋元　孙士军　孙运涛　孙左军
谈　艺　覃　静　覃　磊　覃　群
覃　伟　覃　欣　覃　秀　覃　勋
覃　勇　覃昌鑫　覃大安　覃冬梅
覃官辽　覃桂莲　覃汉海　覃红兵
覃继周　覃家提　覃京泉　覃宽春
覃柳荣　覃气安　覃庆明　覃庆深
覃荣合　覃荣杰　覃少静　覃圣福
覃万伟　覃喜英　覃一晟　覃益康
覃玉梅　覃兆文　覃振宇　覃正射
覃志莲　谭　升　谭　贤　谭朝阳
谭凤娇　谭汉光　谭克义　谭庆亮
谭瑞琼　谭小明　谭艳瑛　谭燕燕
谭云峰　谭志翔　汤　亮　汤　治
汤伟嵩　汤文忠　唐　建　唐　强
唐　威　唐灿标　唐超良　唐承宇
唐灌生　唐浩峰　唐剑波　唐景发
唐烈章　唐盛伟　唐　伟　唐　伟
唐向军　唐新华　唐玉聪　陶　江
陶　进　陶　平　陶欢东　陶文富
腾济盛　腾建昆　腾映辉　腾忠宁
滕　福　滕彬云　滕承华　滕建治
童　兵　童开李　陀　敏　万　强
万承玉　万文浩　万向东　汪永玲
王　城　王　丹　王　恒　王　衡
王　洪　王　玲　王　敏　王　义
王爱珍　王帮崇　王长青　王长玉
王端楚　王福宁　王付春　王广明
王桂云　王国栋　王红春　王回建
王家宁　王建波　王建华　王晶莹
王俊杰　王劳军　王　庆　王清瑜
王绍华　王文毅　王祥有　王晓衡
王晓华　王修菊　王亚平　王友松
王正海　王志生　韦　安　韦　斌
韦　翀　韦　达　韦　福　韦　国
韦　海　韦　华　韦　坚　韦　杰
韦　荣　韦　毅　韦　智　韦大桂
韦丹华　韦栋柱　韦凤莲　韦光洁
韦国泰　韦海兵　韦鸿绿　韦吉林
韦加付　韦家馨　韦金勇　韦锦阳
韦均华　韦克林　韦李强　韦柳伊
韦梦森　韦沛常　韦其明　韦青榕
韦荣生　韦尚军　韦盛和　韦师严
韦仕初　韦仕如　韦思明　韦素光
韦腾标　韦卫伟　韦文平　韦显骅
韦宪坤　韦学松　韦艳芬　韦益新
韦荫钰　韦有文　韦玉忠　韦志航
韦周兵　韦宗鲁　韦作细　卫　巍
卫绪文　魏春亮　魏立军　温　佐
温保国　温浩健　温永鸿　文　超
文　军　文　可　文　全　文　章
翁玉宇　邬　卫　邬劲军　巫林华
巫树恒　吴　北　吴　波　吴　鸿
吴　树　吴芳健　吴富林　吴广生
吴国志　吴鸿涛　吴慧妮　吴家远
吴建帅　吴剑辉　吴立新　吴秋明
吴天艺　吴韦琴　吴卫巍　吴文胜
吴燕庚　吴志欢　吴志显　仵　杰
伍朝强　伍德新　伍仁和　伍世斌
伍筱洁　伍永红　伍玉祁　奚发洲

夏　宁　冼济雄　向岩彬　项　辉
肖　海　肖　灵　肖　青　肖　瑟
肖国荣　肖和平　肖利刚　肖小林
谢　诚　谢　锋　谢　鸿　谢　梁
谢朝敏　谢创延　谢大展　谢定新
谢光耀　谢家波　谢建武　谢美芳
谢庆胥　谢石昌　谢仕全　谢新萍
谢学浩　谢燕萍　谢永秀　谢兆东
谢宗贵　辛　乾　欣　迪　熊　胜
熊国全　徐　莉　徐　涛　徐　忠
徐彬二　徐光义　徐广民　徐建权
徐柳欢　徐庆锋　徐人卫　徐少芬
徐圣懿　徐世奎　徐文强　徐小华
许　政　许德凯　许明康　薛　权
薛秋凤　闫辉辉　严　辉　严　龙
严浩宁　严月广　言辉阳　阎　炜
颜　欢　颜　坚　颜　准　颜国真
颜辉信　颜柳霞　颜信基　颜植娟
颜自勇　晏　兵　晏　永　羊建明
阳　磊　阳　志　阳家坤　杨　超
杨　海　杨　坤　杨　礼　杨　尚
杨　晟　杨　州　杨邦义　杨长剑
杨崇权　杨春华　杨丹妮　杨德庆
杨德勇　杨冬秀　杨桂生　杨海英
杨宏宇　杨虎学　杨家海　杨金泉
杨美容　杨秋净　杨旺泽　杨伟文
杨文超　杨小红　杨秀花　杨燕琼
杨勇军　杨有林　杨智辉　姚　立
姚　炼　姚朝林　姚孝来　叶　娥
叶　坤　叶　梅　叶　伟　叶礼勇
叶绿山　叶善腾　叶生学　叶向阳
叶永梅　叶载活　叶泽辉　叶镇中
叶祖贵　易　立　易小玲　易秀川
尹慧英　尹志红　于恩科　于显峰
于迎春　余　斌　余　俐　余广通

余健敏　余秋凤　余耀茂　余烨娟
余玉萍　俞志辉　玉似萱　玉永刚
喻显明　袁　毅　袁　跃　袁爱华
袁伟铭　恽　江　臧秋江　臧知明
曾　静　曾　平　曾　溶　曾　山
曾　瑜　曾本庆　曾德荣　曾继平
曾勤松　曾万革　曾维明　曾伟明
曾祥钧　曾永明　曾玉桃　曾振军
曾志成　詹　路　张　兵　张　初
张　高　张　华　张　健　张　靖
张　静　张　俊　张　俊　张　科
张　明　张　朔　张　旺　张　维
张　伟　张　蔚　张　雯　张　延
张　亿　张　元　张　原　张　越
张安乐　张超群　张光仁　张桂宁
张海燕　张华良　张建芳　张建国
张建松　张杰有　张君鹏　张罗明
张敏敏　张明远　张仁广　张武昌
张显斌　张小菊　张筱华　张新华
张雄坚　张永萍　张永祥　张育林
张远辉　张岳东　张柱邦　赵　滨
赵　炜　赵宝珍　赵蝉君　赵朝克
赵东华　赵桂峰　赵国丰　赵建平
赵建梧　赵连梅　赵凌丽　赵敏杰
赵茹琴　赵善明　赵天能　赵显杨
赵湘宁　赵燕兵　赵邕生　郑阮尤
郑式梅　郑水木　郑维珍　郑文军
郑永环　郑昱昱　郑志平　钟　彪
钟　麟　钟　旺　钟　雯　钟宝平
钟德炎　钟付强　钟广平　钟南妹
钟俏艳　钟青凯　钟幸福　钟亦红
钟英成　钟远辉　钟振威　钟政华
钟梓荣　周　和　周　娟　周　瞄
周　宁　周　强　周　炜　周　欣
周　勇　周后明　周家泉　周剑锋

周金生　周珺珂　周立海　周伦全
周启飞　周如佳　周绍杨　周穗鸣
周伟东　周文学　周文源　周雪龙
周雪芹　周寅昉　周又秋　周子富
周育晖　周云佳　周云剑　周展强
周振刚　朱　晨　朱　楠　朱　宇
朱爱琴　朱洪银　朱稽林　朱家源
朱君平　朱俊伟　朱明方　朱其钧
朱尚元　朱雄周　朱永博　朱永隆
朱宗孟　祝君武　祝青林　卓鸿飞
邹　玥　邹富生　邹同祥　邹异胜
邹治龙　左才海　黄梅萌萌
叶卢永利

海南：白永富　蔡　鹏　蔡汝海　蔡一希
陈　宁　陈　鹏　陈　平　陈柏林
陈彩燕　陈光南　陈声广　陈香仕
陈贻功　陈煜升　陈占元　陈照雄
陈忠培　初会君　崔风平　丹　彤
邓世贵　丁　江　董凯华　法旭明
方　滨　冯汉勇　冯汉勇　冯学文
符　德　符　丽　符　武　符　鹰
符开益　符乐方　符气华　戈　林
葛　君　葛珺玮　郭亮亮　郭晓冬
郭照忠　韩　克　韩　伟　韩栋梁
韩海畴　韩孟运　韩文腾　何文儒
何贤锋　何业冠　侯　军　侯继荣
胡　江　胡　源　胡庆华　胡泽淳
胡泽平　黄　军　黄　琳　黄　雨
黄群生　黄小兵　黄奕尚　黄志恩
黄志桃　蒋　备　柯景伟　雷耀林
李　明　李爱珍　李超军　李成武
李关荣　李国辉　李汉武　李建斌
李建文　李建勇　李文全　李象清
李艳婷　李阳正　李永龙　李永能
李元英　廉　奇　梁　春　梁　丁
梁　平　廖展雄　林　泉　林　兴
林朝光　林明豪　林位山　林小平
林亚中　林永军　林正茂　刘　丽
刘海滨　刘海忠　刘江浩　刘领弟
刘齐孝　刘卫凯　刘小渠　刘晓波
刘筱杰　刘永福　吕　海　罗锦新
罗通俊　罗章斌　马东超　马光辉
马寿青　蒙绪烽　莫琼洪　宁健俐
牛争艳　潘　江　潘　旗　潘丽红
潘社君　庞成桥　庞孝华　庞增坤
祁亚辉　齐利国　钱　亮　秦浩义
秦志军　邱贵明　邱宏锐　邱天端
曲洪光　饶　勇　任桂萍　任建强
沈德高　盛　民　石兴益　史文凌
宋鹏飞　宋一品　苏大忠　孙德根
孙方林　孙建军　孙金固　孙素娟
覃朝锋　谭卫华　汤世海　唐　雄
田　璐　佟有才　汪光武　王　彪
王　成　王　华　王　菁　王　鹏
王　睿　王　顺　王　天　王　文
王　迅　王保雄　王必光　王毕华
王妚付　王洪强　王会军　王家龙
王建岭　王金益　王莉雪　王录鉴
王明发　王齐仁　王仁广　王仁勇
王圣东　王仕兴　王献忠　王新贤
王燕玲　王颖斌　王友良　王玉山
王裕典　王泽谦　魏洪茂　温联川
文　昌　文海娇　翁裕生　吴　凡
吴　军　吴　琼　吴　旭　吴达懿
吴多海　吴多新　吴立钧　吴仕聪
吴维敏　吴维雄　吴祥雨　吴运召
吴中亮　伍保江　肖　林　谢邓岗
谢军华　邢豪杰　熊勇胜　徐红英
许　民　许鹏飞　许宇江　颜业龙
杨　峰　杨　茜　杨　尚　杨　伟

杨家鑫 杨敬国 杨学会 杨志勇
姚 雷 叶小玲 叶意明 叶有均
尹俊豪 尹仙花 余 波 余 丽
余 萍 喻晓峰 袁彦涛 云永颂
曾志旺 张 斌 张 倩 张德慈
张焕春 张均平 张荣军 张毅明
张志英 章在峰 赵 勇 赵力钢
赵桐彬 赵唯咏 赵伍德 赵心康
赵玉辉 郑保国 钟宇靖 钟志海
周经秀 周俊玮 周乃良 朱 影
庄燕玲 邹建新 邹金明

重庆：安恩秀 敖云生 敖正莲 坝牙姝
白朝均 白大芬 白定荣 白俊才
白世明 白正芳 白正芬 毕优伟
蔡长华 蔡长全 蔡长润 蔡长学
蔡春容 蔡春学 蔡诗先 蔡廷国
蔡永才 蔡渝安 蔡泽明 曹德碧
曹汉容 曹杰民 曹淑兰 曹树华
曹中平 曹忠良 柴林祥 常国胜
陈邦昌 陈昌伦 陈昌群 陈昌友
陈长远 陈春华 陈道木 陈道星
陈德芬 陈德芬 陈德海 陈德江
陈德靠 陈德奎 陈德良 陈德明
陈德全 陈德荣 陈德书 陈德友
陈德志 陈方益 陈 富 陈官银
陈光明 陈光萍 陈光云 陈广容
陈国兰 陈汉莲 陈翰忠 陈恒云
陈红卫 陈 嘉 陈金福 陈金文
陈 静 陈开华 陈开友 陈立春
陈 良 陈良容 陈林富 陈隆生
陈茂德 陈茂发 陈茂书 陈孟贵
陈孟林 陈孟容 陈明英 陈鹏麟
陈乾容 陈清华 陈仁芬 陈仁贵
陈仁惠 陈三国 陈三金 陈三容
陈绍碧 陈绍芳 陈绍琼 陈世碧
陈世洪 陈世华 陈世平 陈世蓉
陈仕群 陈淑芬 陈天秀 陈廷贵
陈文化 陈文胜 陈 闻 陈西良
陈显碧 陈显昌 陈显刚 陈显均
陈显良 陈显明 陈显鹏 陈显文
陈献昌 陈献陶 陈心明 陈兴卫
陈秀南 陈雪莲 陈永龙 陈永梅
陈永其 陈永生 陈永涛 陈 友
陈余容 陈源辉 陈远吉 陈远平
陈再兴 陈泽华 陈占英 陈张君
陈兆祥 陈正先 陈仲霖 陈作喜
程必惠 程家琼 程建强 程联彬
程 伟 程先荣 程祥珍 程志友
程志忠 崔道凰 崔桃元 代安荣
代安勇 代杯勇 代德容 代仕碧
代永琴 代跃江 戴碧辉 戴德容
戴侃芳 戴运灿 单宝菊 淡永莲
邓碧先 邓春燕 邓海军 邓海深
邓立坤 邓龙菊 邓商明 邓时万
邓祥维 邓永平 邓玉芬 刁治华
丁德全 丁富友 丁光素 董世琼
董永兰 杜少宏 杜淑兰 杜 英
段国福 段国华 段国连 段顺华
段顺良 段兴财 段兴书 段泽花
樊朝华 范必利 范家飞 范 娟
方莲容 方联荣 方培华 方小红
费 翔 封月芬 冯财明 冯春晓
冯光容 冯 晶 冯 菊 冯树华
冯在先 付灿芬 付光财 付光跃
付兴明 傅灿书 傅昌敏 傅洪文
傅培然 傅培容 甘朝明 甘元成
高 彬 高克会 高丽媛 高荣芳
高思强 高斯容 高廷春 高志明
宫渝蓉 龚世芳 龚天寿 龚贤文
龚元梅 龚正治 古昌洪 古龙坪

古真侯　谷德英　顾蒙龙　官金华
官正书　广泽海　桂焕元　桂茂春
桂世平　桂文方　桂文中　郭　波
郭洪灿　郭银香　郭　宇　何畅凡
何方海　何方平　何国富　何洪远
何吉万　何　俊　何克明　何莉苹
何立明　何　俐　何　平　何仁富
何仁禄　何仁书　何善琴　何守芬
何树祥　何顺玉　何兴祥　何应梅
贺　伟　贺绪青　洪显君　洪显亮
洪小平　洪孝静　洪孝全　狐荣斗
胡安亮　胡帮梅　胡昌秀　胡大碧
胡国健　胡国书　胡　蕾　胡利萍
胡　敏　胡明星　胡启芬　胡启林
胡启文　胡迁洪　胡　琼　胡天富
胡贤中　胡信利　胡永志　胡跃明
胡　云　胡贞兰　胡祖华　黄邦云
黄本良　黄昌华　黄昌文　黄昌云
黄达先　黄大才　黄甫才　黄付容
黄桂丽　黄国秀　黄焕伦　黄景东
黄　军　黄开琴　黄普文　黄如生
黄世勇　黄万春　黄维维　黄维勇
黄　伟　黄　炜　黄喜琴　黄学文
黄应容　黄　英　黄永碧　黄永成
黄永模　黄永淑　黄照会　黄正会
黄正友　黄志中　黄中田　黄忠英
黄宗祥　霍人湘　霍仁昌　霍彰荣
吉万祥　纪义宣　贾文杰　简先惠
蹇代明　江财贵　江付芳　江继模
江平其　江世芬　江思明　江天成
江天全　江相富　江元国　江云兵
姜光琼　姜万友　姜元容　姜中荣
蒋德莲　蒋方惠　蒋光喜　蒋　明
蒋诗焱　蒋述容　蒋思正　蒋小丰
蒋永明　敬忠祥　敬祖彬　瞿明松

柯长明　柯长云　柯瑞芝　柯瑞芝
孔激杨　况常明　况勋容　况在昌
况在洪　赖安国　赖传发　赖传贵
赖传兴　赖家德　赖礼福　赖中会
兰开兴　兰荣林　兰云碧　兰云超
雷关群　雷时荣　冷　刚　冷明友
冷　强　黎朝芳　黎朝芝　黎　广
黎国兰　黎国秀　黎淑英　黎　涛
黎学珍　黎杨群　黎志荣　李必容
李昌洪　李长平　李长容　李长书
李朝均　李朝英　李成容　李崇群
李春晨　李大容　李代君　李代荣
李德方　李德光　李德均　李德文
李登书　李登志　李　非　李广秀
李国祥　李国友　李　洪　李洪连
李洪伦　李洪香　李华平　李华容
李建辉　李　杰　李明芳　李明贵
李明会　李明友　李　平　李普兰
李其英　李巧凤　李青龙　李清海
李清华　李庆兰　李庆英　李　琼
李　荣　李汝容　李山岗　李世全
李世全　李淑辉　李顺芳　李思荣
李素兰　李万华　李文君　李显才
李小芬　李小华　李小林　李行英
李学容　李　燕　李永福　李永梅
李永强　李永清　李元翠　李元容
李远昌　李远臣　李远能　李远其
李远秀　李远珍　李云平　李运河
李运洪　李运君　李正学　李枝如
李志昌　李宗义　梁福军　梁华山
梁　亮　梁平辉　梁仁明　梁秀山
梁雪远　梁正容　廖春丞　廖定先
廖富明　廖富文　廖富银　廖富勇
廖国德　廖　惠　廖明春　廖树珍
廖天勇　廖　伟　廖文琼　廖兴发

廖兴福 廖兴贵 廖兴隆 廖正琼
廖正素 廖祖琼 廖佐伏 林遗群
林泽洪 蔺成芳 蔺大江 凌朝荣
凌钦荣 凌梓耀 刘本芳 刘朝兵
刘朝华 刘朝江 刘朝木 刘朝伟
刘朝云 刘朝忠 刘崇碧 刘传福
刘传富 刘传贵 刘传华 刘传辉
刘传明 刘传全 刘传容 刘传之
刘道容 刘德惠 刘德建 刘德容
刘德祥 刘德洋 刘定碧 刘定文
刘辅才 刘光洪 刘光建 刘光金
刘光亮 刘光六 刘光敏 刘光荣
刘光一 刘国芳 刘国平 刘国玉
刘汉碧 刘恒金 刘　华 刘焕云
刘吉权 刘吉友 刘开远 刘礼会
刘　利 刘林森 刘龙琼 刘明贵
刘明建 刘明祥 刘明学 刘沛雨
刘普芳 刘其端 刘其明 刘其胜
刘其祥 刘其泽 刘启碧 刘启财
刘　琴 刘　勤 刘仁芳 刘仁福
刘仁高 刘仁荣 刘仁珍 刘世海
刘世会 刘世敏 刘世全 刘世焱
刘淑芬 刘蜀兰 刘树兰 刘树明
刘思友 刘涛涛 刘廷伟 刘万其
刘文芬 刘先贵 刘显宽 刘显明
刘祥云 刘晓娟 刘孝全 刘兴华
刘义华 刘义蓉 刘义先 刘议付
刘　颖 刘永琼 刘　渝 刘元芳
刘元秀 刘跃容 刘云丰 刘云强
刘章兵 刘振宇 刘正兰 刘正全
刘　智 刘中华 刘中七 刘中全
刘忠全 刘主国 刘宗德 刘宗兰
刘祖明 刘祖平 刘祖清 刘祖群
刘祖容 刘祖涛 龙　健 龙　尧
隆朝均 娄中理 卢生芳 卢政才

陆思德 陆再游 陆仲亚 路　沛
吕栋芬 吕锦荣 吕景万 吕坤明
吕乾英 吕亚伟 罗德群 罗洪秀
罗后国 罗吉明 罗江容 罗巨峰
罗开兰 罗开永 罗　伦 罗明碧
罗木生 罗木田 罗　能 罗时建
罗时林 罗　伟 罗文忠 罗　瑶
罗永华 罗永会 罗永昆 罗玉平
罗玉松 罗玉涛 罗章芳 罗昭德
罗昭红 罗昭会 罗昭书 罗昭贤
罗昭雨 骆弟连 马成兴 马檀明
马檀意 马檀勇 马翔宇 马银会
马正明 马忠佑 满玉英 毛品富
毛尚红 毛万书 茆媛媛 梅兴惠
梅正兴 蒙　金 孟远平 苗传容
苗俊德 莫道财 牟昌富 牟海正
牟克林 牟亭夷 牟文明 牟宇碧
慕长贵 慕长洪 慕长模 慕长文
慕福容 慕福英 慕福永 慕开第
慕开龙 慕开文 慕泽贵 慕泽海
慕泽利 慕泽明 慕泽萍 慕泽荣
慕泽瑶 慕泽友 穆荣惠 穆世海
穆增富 倪传文 倪代贵 倪代全
倪　剑 聂菊英 欧道利 欧居文
欧武群 欧相发 欧相芬 欧相华
欧相坤 欧相权 欧循煜 欧泽强
潘建友 潘启芬 潘万芳 潘　维
潘昱臣 庞家全 庞明胜 庞天芳
裴万途 裴锡梅 彭安碧 彭邦兰
彭帮明 彭定伦 彭国玉 彭　敏
彭书志 彭小平 彭兴贵 彭义国
彭义华 彭之才 彭祖惠 彭祖祥
皮　静 蒲代强 蒲远容 蒲远先
蒲昭惠 戚世贵 戚世伦 漆季祥
漆玉成 漆玉春 漆玉辉 漆玉莲

漆玉智	漆玉忠	钱天惠	秦德平
秦德云	秦志平	秦祖金	邱德玉
邱广丰	邱　华	邱　科	邱克均
邱祥明	屈家银	屈景香	全安棋
冉国芬	冉国群	冉茂权	冉绵中
冉仁福	冉书木	冉书荣	饶朝彬
饶石永	任崇本	任崇忠	任德昌
任将川	任经学	任禄春	任念碧
任念华	任念学	任　爽	任秀丽
任永德	阮路华	阮路群	阮路容
邵代进	邵代全	邵代珊	邵伦平
邵世伟	邵小波	邵正芬	邵正华
邵正洋	沈彩国	沈青海	沈青明
沈清容	沈世佳	沈世平	沈学良
沈远会	石本芳	石大碧	石代祥
石云书	舒财德	舒达芳	舒富兰
舒永洋	宋吉清	宋加会	宋节林
宋文会	宋文中	宋显贵	宋祥林
宋新南	宋远国	苏运祥	孙赐全
孙海浪	孙永发	孙永华	孙永清
孙永全	谭大建	谭　军	谭世全
谭世先	谭用录	汤君美	汤丽君
汤　平	汤世福	汤先芬	唐安容
唐　兵	唐大云	唐国良	唐晗飞
唐建珍	唐开恩	唐明凤	唐仁芬
唐书贵	唐　幸	陶泽道	陶正惠
田丰兰	童治来	涂安秀	涂安友
涂长伯	涂长开	涂长六	涂传洪
涂基文	涂林其	涂　强	涂太中
涂小蓉	涂勋兰	万　波	万立模
万立勇	万银兰	万应银	汪官九
汪明信	王爱萍	王安乾	王本芳
王昌秀	王朝康	王成武	王从均
王大福	王大群	王德芳	王德勤
王德书	王德友	王凤英	王府平

王贵才	王贵红	王贵军	王贵全
王桂华	王红力	王洪海	王洪梅
王金群	王九惠	王康培	王林芝
王明端	王明华	王明举	王　宁
王　清	王庆云	王庆中	王全木
王　群	王绍芬	王绍全	王世强
王仕义	王守才	王守洪	王素梅
王天惠	王天容	王天学	王同林
王　伟	王西碧	王小强	王晓红
王孝珍	王　欣	王兴容	王秀兰
王秀先	王学伦	王学琴	王　英
王永碧	王永芬	王永高	王永礼
王永伦	王永友	王友模	王友云
王玉华	王远发	王月明	王泽东
王正福	王正群	王中会	王中勇
王忠梅	王周坤	王宗富	王宗华
王宗文	危昭强	危昭秀	魏光容
魏伟强	魏泽芳	温德贵	温怀利
温松友	温正芳	文成华	文洪芳
文静宇	文仁信	文锡国	文泽军
翁明旭	邬建平	邬能君	巫正全
吴　安	吴代沛	吴代中	吴德成
吴德亮	吴光燕	吴国英	吴洪福
吴　疆	吴　娟	吴明兰	吴明容
吴太惠	吴太吉	吴太伦	吴太文
吴太英	吴文岗	吴文华	吴文轩
吴晓波	吴永全	吴永树	吴正宏
吴志展	武正朴	席师德	夏　君
夏良福	夏　龙	夏明珍	夏淑芬
夏淑惠	夏文芬	夏义英	夏元梅
夏元孝	夏泽容	夏中平	向朝莲
向国毅	向华明	向　晶	向瑞平
向学明	向　毅	项德华	肖富华
肖光财	肖光英	肖　会	肖明贵
肖廷海	肖祥连	肖在全	谢昌福

谢昌红 谢昌禄 谢大容 谢多华
谢多素 谢光惠 谢光勤 谢贵红
谢洪彬 谢 萍 谢全文 谢素容
谢兴灯 谢照国 谢照明 谢中明
幸顺文 熊康平 熊明生 熊 庆
熊绍贵 熊廷华 熊 伟 熊显明
熊孝海 熊孝文 熊延江 熊永木
熊永秀 熊重国 徐 彬 徐大春
徐大义 徐定中 徐开华 徐克兵
徐克明 徐清碧 徐清容 徐树明
徐素琼 徐相书 徐小平 徐新明
徐应芳 徐 征 徐芝友 徐志文
徐宗易 许 斌 许 滨 许代全
许洪森 许 华 许开明 许寿兰
许寿清 闫光棋 严晓红 阎明强
燕利国 阳学容 杨邦芬 杨才君
杨才义 杨昌海 杨长春 杨朝富
杨代惠 杨代顺 杨道斌 杨德全
杨德亿 杨德银 杨顶才 杨 飞
杨光碧 杨光荣 杨家容 杨金贵
杨 军 杨克碧 杨克彬 杨克惠
杨克珍 杨丽仙 杨伦碧 杨明贵
杨钱游 杨胜云 杨世福 杨书琴
杨叔云 杨树华 杨树培 杨天友
杨向东 杨兴琼 杨秀莉 杨秀蓉
杨秀旺 杨学伟 杨延兵 杨应秀
杨映秀 杨永琴 杨 勇 杨友秀
杨玉恒 杨育维 杨跃章 杨再国
杨再强 杨在全 杨芝全 杨治和
姚华容 姚仕银 叶发友 叶远明
易 成 易远林 尹大国 尹贵超
尹 鸿 尹厚超 尹厚芬 尹厚金
尹荣兰 尹荣模 尹铁林 尹兴芬
尹云富 游国华 游绍其 游绍玉
游淑清 游天涯 于宏波 余登奎

余登友 余明伏 余明贵 余明华
余明益 余明中 余淑会 余 涛
余维芬 余向全 余永春 余永君
余永均 喻平友 喻文芳 喻芝先
袁代芳 袁 刚 袁家银 袁 健
袁 念 袁世川 袁世芬 袁孝芳
袁孝芬 袁学恒 袁学华 袁学明
袁学田 袁学文 袁雪梅 袁真祥
苑兴凯 岳兴云 曾凡蓉 曾凡书
曾方梅 曾广红 曾国华 曾庆仁
曾维芬 曾维丰 曾维富 曾维林
曾维智 曾宪芬 曾祥波 曾祥容
曾永发 曾 勇 詹长碧 詹承汉
詹承伟 詹富荣 詹光碧 詹 琼
詹云华 詹正芬 张邦举 张帮涛
张碧英 张 宾 张昌连 张昌友
张崇模 张大淑 张登群 张登元
张 定 张定明 张 斗 张凤高
张光如 张光政 张国强 张洪波
张化秀 张辉成 张降龙 张杰川
张开全 张礼富 张礼明 张丽娟
张 路 张 梅 张 敏 张明川
张明春 张明华 张明先 张平生
张 强 张清明 张 琼 张秋生
张 容 张生林 张生勇 张生勇
张胜全 张世超 张世平 张淑芳
张淑君 张淑琼 张淑群 张嗣秀
张 松 张素琴 张台秀 张廷玉
张 霆 张维明 张文光 张文林
张先海 张贤秀 张显志 张晓兰
张孝培 张型祥 张 旭 张勋贵
张应香 张永江 张友祥 张有志
张玉英 张玉珍 张泽芬 张泽惠
张泽君 张泽兰 张泽平 张泽青
张宅桂 张正群 张志碧 张治碧

张治清　张中平　张忠田　张忠文
张忠文　张宗富　张宗惠　张祖芳
章基秀　赵本秀　赵长国　赵福贵
赵光群　赵国玉　赵久才　赵立培
赵龙年　赵仁刚　赵菘杰　赵万生
赵祥伦　赵小凤　赵孝华　赵秀容
赵永莉　赵远刚　赵泽书　赵招银
赵宗富　郑常铂　郑德华　郑德明
郑芳英　郑福学　郑　红　郑　敏
郑木华　郑圣平　郑轩树　郑远志
郑之蓉　郑治恒　钟崇林　钟崇孝
钟从海　钟从君　钟厚宽　钟良波
钟培丰　钟丕贤　钟润和　钟一木
钟玉莲　周　斌　周代林　周德海
周德华　周德琴　周亨芳　周积生
周吉华　周吉香　周家敏　周家模
周金兰　周锦洪　周　军　周　俊
周开容　周利高　周良付　周　鹏
周世明　周世文　周天衡　周廷富
周廷华　周廷模　周廷容　周万德
周万辉　周万忠　周文军　周显平
周祥春　周新文　周学良　周义华
周永高　周永菊　周友银　周玉良
周育芬　周泽祥　周正恩　周正平
周治强　周仲山　朱传刚　朱达芬
朱达生　朱大兰　朱开国　朱平梅
朱永明　诸台文　祝昌连　祝昌秀
祝长芳　祝长芬　祝长明　祝恒会
祝庆富　祝庆梅　祝全芳　祝全贵
祝远成　邹富兰　邹华平　邹井兰
邹景兰　邹开莲　邹兆敏　邹祖荣
左祖碧

四川：安　泰　蔡　培　曹　晖　陈洪强
陈　桦　陈　杰　陈　娟　陈　俊
陈科宇　陈龙海　陈兴庆　陈秀鲁
陈幼梅　陈　瑜　丛　滨　代　荣
戴开良　戴　文　邓国平　邓　雷
邓松林　邓文龙　董大伟　杜宝川
杜剑林　杜　娟　杜　青　段梦美
段肇彬　冯承忠　冯光智　奉远德
符建秋　付光惠　付小红　付晓科
傅玉珍　高　强　高　毅　龚秋林
勾宗普　苟庆宪　韩凤琼　何长江
何嘉林　何　骏　何思哲　何泽金
贺　强　洪　伟　胡　松　胡　舟
黄　德　黄贵花　黄海强　黄海雄
黄　军　黄　露　黄明波　黄　平
黄　胜　黄水泉　黄钊维　江希滨
姜　琪　姜　燕　金桂芳　赖成良
赖晓波　雷　林　雷　涛　冷容平
黎代成　黎倩懿　李才金　李敦良
李健华　李清彬　李　蓉　李盛祥
李舒娅　李太平　李腾亚　李　炯
李拓原　李学朝　李　瑛　李　勇
李泽东　林　海　刘　斌　刘　斌
刘常杰　刘崇磊　刘德华　刘建英
刘俊江　刘凯道　刘小瑜　刘玉彬
刘兆蓉　柳　旭　卢安云　卢颜星
卢元章　陆永华　吕　毅　吕志强
罗丽沙　罗元洪　罗增华　马小斐
梅兴桂　缪方明　母朝祥　聂采利
潘光明　潘广才　潘　炤　彭　东
彭　军　彭　阳　彭育清　谯正华
邱　红　任齐荣　佘海源　沈　涵
沈尚英　史光辉　苏盛杰　苏廷海
苏祖君　孙大美　孙泽海　谭德权
谭建波　唐安强　唐小兰　藤章付
王　兵　王东阳　王光卫　王贵登
王红彬　王　虹　王建国　王静萍
王荣新　王浠宇　王小兰　王秀刚

王　岩　王有辉　王则池　魏小鸽
吴　强　吴文富　夏　昆　向可宽
肖　红　谢成龙　谢玲玲　熊贵芬
徐建军　徐立炎　徐声明　徐忠平
徐　仲　许　健　颜　涛　杨根树
杨　剑　杨　林　杨全东　杨顺德
杨松涛　杨秀伟　杨　勇　姚　满
叶小君　叶兴贞　尹华忠　余官治
袁　杰　曾克俊　曾巧玲　曾文双
曾雪梅　张　斌　张金生　张　丽
张明君　张全体　张　维　张现成
张晓歌　张　旭　张玉珍　赵春亮
赵克蓉　赵秀群　赵　云　钟　诚
钟吉元　钟　霖　钟　鸣　钟琼英
周俊池　周雪琴　周　焰　朱洪镇
朱家洪　朱培培　朱世开　左　建
贵州：苍恩英　曹爱民　陈怀洪　陈建新
陈明会　陈明忠　陈永弟　方洪琴
冯　宾　冯　迪　付东友　何代庆
胡光友　黄国武　黄瑞鹏　贾朝兴
姜　丽　黎永福　李维垚　李小林
廖川四　林龙波　刘桂英　刘继灵
刘新黔　刘正康　吕　金　罗吉忠
罗维强　罗延贵　欧增福　彭太伍
宋光生　王华志　王良荣　王青云
王万高　王意怀　魏　杰　向学明
肖华琴　肖义平　熊云贵　徐钟东
杨本会　杨长春　杨登容　杨秀全
犹连权　游少书　余太强　袁智宇
张　虎　张　林　张　美　张家明
张天运　赵黔英　朱　会
云南：白　涛　柏　帆　包继蓉　毕德富
毕佳辉　蔡丹岁　曹　华　曹开咏
曹应红　曹志坚　陈　坤　陈二妹
陈光全　陈国云　陈昆梁　陈明秀
陈荣国　陈绍芬　陈庭华　陈永富
程　昆　程纯刚　程富兰　程玉华
崔宽宽　崔昆祥　崔乔美　常力凡
代兴绿　代宗军　戴　凯　戴志鸿
邓家贵　邓绪昆　邓永德　丁银彬
董建珍　董康全　董学红　董仲彬
杜荣坤　杜玉华　段德全　段能武
段彦国　范家华　范莉华　方　雄
飞文杰　冯　敏　冯慰欣　冯在武
符国春　付　兴　付姣姣　高昌英
高明刚　高树权　高永刚　郜　锐
顾晓虎　顾正富　关　岷　管华云
管理平　管绍祥　桂俊民　郭　允
郭海英　郭红波　郭永明　韩　潇
韩　毅　韩智君　何　佳　何　皎
何　伟　何海燕　何玉龙　贺邦健
洪开琼　侯艳兰　候学军　胡国云
胡均琼　胡敏磊　胡应清　胡运照
胡正宗　华建昌　华利昌　黄买华
黄永年　霍海乐　霍江帅　计国全
计国银　季一楠　贾树栋　姜华春
姜会文　姜永全　蒋福荣　蒋国金
蒋国文　蒋志平　金应成　靳洪飞
柯昌杰　孔德兵　孔令春　孔祥鑫
郎启志　冷金文　李　宾　李　辉
李　康　李　坤　李　亮　李　梦
李　楠　李　全　李　娴　李春华
李春松　李德团　李航州　李洪权
李剑祥　李金萍　李静兰　李钧跃
李茂实　李明芬　李明柳　李盘芹
李培兴　李泉艳　李荣军　李水林
李通元　李文龙　李伟正　李晓荣
李兴华　李冶芳　李有增　李玉莹
李云春　李在兴　李章羽　李志坚
李自海　连尽忠　梁志宇　廖顺玉

林起吉 刘　超 刘　川 刘　东
刘　芬 刘　刚 刘　伟 刘　喆
刘凤林 刘凤友 刘宏伟 刘洪峰
刘继益 刘继忠 刘俊华 刘培龙
刘文岗 刘先盛 刘晓波 刘兴民
刘云龙 刘正强 柳金福 龙　辉
陆柯光 吕　江 吕　林 吕文甫
吕志勇 罗　飞 罗　勇 罗存春
罗恩贵 罗桂芳 罗金富 罗世能
罗晓静 凌　庄 马建涵 马祥胡
毛俊伟 缪洪未 莫　凡 母昌平
那素英 你　科 牛耀辉 潘　泽
潘大恩 潘家祥 潘永杰 朋远发
彭　芳 彭春黄 彭建国 普朝海
普绍成 齐瑞军 钱由林 钱柱良
秦昌桥 邱　悦 邱利民 曲少春
全毅新 阮开发 邵根营 佘　敏
沈嘉棋 沈善桓 沈兴安 沈学林
施云华 石泽东 史方波 宋国云
宋建华 苏　俊 苏明生 苏晓东
苏昭君 孙家富 孙荣翠 孙先榜
唐庭飞 唐真贵 陶海燕 陶兴平
滕　洪 田　波 田老德 田茂松
万连芳 万相娥 万子波 汪　志
汪红强 王　红 王　宏 王　奎
王　磊 王　茂 王　茜 王　婷
王　维 王　伟 王　欣 王　雪
王必顺 王财永 王朝先 王朝宪
王朝周 王得庆 王东强 王家永
王丽云 王林富 王林军 王鹏辉
王琼花 王秋生 王荣润 王瑞莹
王绍华 王顺明 王庭章 王孝林
王学琦 王志明 吴　迪 吴仕军
吴仕强 吴维江 武代四 武鹏举
武正祥 席小丽 夏开益 向安东
向红芬 肖　莉 肖宝金 肖根正
谢　东 谢承志 刑开永 徐　敏
徐　璞 徐代芬 徐广耀 徐宏生
徐继员 徐国兵 徐明扬 徐寿勋
徐学建 徐玉查 徐玉春 许　兵
许　罡 许保荣 颜继强 杨　超
杨　海 杨　华 杨　俊 杨　理
杨昌荣 杨德凤 杨登富 杨定国
杨光志 杨华强 杨建辉 杨建雄
杨开很 杨明琼 杨庆娟 杨润锦
杨廷万 杨炜贤 杨新平 杨艳玲
杨银海 杨正华 杨正迁 杨志辉
姚映波 殷　燕 叶　和 叶　英
游　红 有兆良 于　臣 余光全
袁　武 袁翠仙 臧永贵 张　红
张　莉 张　玲 张　秋 张　毅
张　媛 张冰冰 张从军 张大芬
张德学 张高兴 张和亮 张继鹏
张荣近 张荣云 张瑞思 张仕红
张淑君 张顺芬 张天雄 张伟洪
张小平 张秀亮 张永琴 张忠才
章丽分 赵　刚 赵　琳 赵　明
赵东宽 赵克妹 赵美莲 赵庆林
赵协钦 赵　云 赵永芳 甄　涛
支成竹 周成毅 周传琴 周春萍
周海波 周庆荣 周绍能 周文斌
周运平 周志刚 朱　梅 朱　琴
朱　艳 朱才刚 朱会全 朱盛伟
朱文玉 朱祥明 朱有良 朱正昆
祝永明 字建功 邹　勇 左泽川
何大先生

陕西：巴军启 白静涛 白　强 白小松
包　军 毕　哲 边　健 卜海峰
蔡　翔 蔡小民 曹联合 常祺轩
常绍文 晁燕子 陈备战 陈功贤

陈　光　陈进党　陈军武　陈俊峰
陈联锋　陈　平　陈　庆　陈　庆
陈文辉　陈先亮　陈新科　陈　鑫
陈毅娟　陈银洲　成　超　成剑锋
程海铭　程克珣　程龙桢　程　平
仇广林　丛玉莲　崔发兴　崔　刚
崔宏伟　崔建瑜　崔　祥　崔志渊
戴慈航　戴　锐　戴　玮　党铁仓
党小梅　邓国强　邓海波　邓文平
董吉胜　董　蕾　董彦斌　杜陈萍
杜加荣　杜　明　杜淑存　段景云
段兴宁　顿耀菊　樊　鹏　樊荣荣
范小辉　冯虎平　冯纪民　冯加强
冯世忠　冯小风　付乖虎　付关锁
付俊民　付　颖　付支杏　富效军
高军强　高惠龙　高　玮　高小寨
高新建　高新灵　高　毅　高永林
高志先　苟少方　顾　燕　管同嵩
郭景州　郭　凯　郭　庆　郭卫林
郭亚媛　郭羊朝　郭义伦　郭勇辉
韩　杰　韩　瑾　韩向峰　韩选斌
郝桂芝　郝少辉　郝艳磊　郝招友
何　斌　何广钱　何　卫　和伟伟
侯安定　侯恒飞　侯建侠　侯文烨
侯西武　侯小风　胡耀华　黄　晨
黄　佳　黄　坤　黄　乐　黄小青
黄　哲　黄　震　吉少敏　贾雪涛
贾亚国　江宪义　姜慧敏　姜　磊
姜明峰　姜　伟　蒋　华　蒋习争
焦飞飞　焦建设　焦　震　金昌范
晋建西　景少华　景　行　巨志强
康　波　孔伯群　孔德峰　孔东亮
雷冬官　雷森海　雷文杰　李　安
李宝艳　李保国　李　晨　李晨凯
李大朋　李凤琴　李　岗　李红艳

李　宏　李会民　李建伟　李　杰
李　捷　李　军　李可欣　李兰英
李　雷　李　林　李　宁　李　鹏
李　萍　李　奇　李　勤　李世平
李守帅　李　伟　李　玮　李文博
李小东　李小五　李　旭　李益宁
李　颖　李永安　李云飞　李　哲
李正旻　李志孝　李　忠　李子军
连升奇　梁　燕　廖　奎　林春明
林　海　林　琳　林　焰　刘　念
刘长征　刘　法　刘　刚　刘鸿滨
刘　佳　刘　晋　刘凯娜　刘良玉
刘淼生　刘　旻　刘明嵩　刘群永
刘卫华　刘香果　刘　欣　刘永智
刘钰超　刘云霞　柳建新　娄小云
卢鹏超　芦兰英　陆　斌　路明森
吕张记　罗世全　马　朝　马博文
马　骥　马　林　马胜达　马小龙
马雪锋　马雪松　马玉刚　毛莉萍
孟　娜　孟艳杰　米登飞　牛　锋
潘发宁　潘福庆　强　光　强　为
樵泽彪　秦爱红　秦长青　秦　磊
秦朋章　曲红岩　屈　立　屈小丽
屈有良　冉洪香　任飞超　任　均
荣晶晶　荣文平　尚宝兰　尚秋贤
邵生霞　时永奇　时政欣　史波涛
史进军　史先贺　宋　果　宋丽娜
宋　文　苏建龙　苏　勇　隋费陇
孙　承　孙　杰　孙丽华　孙　佩
孙　鹏　孙卫东　孙永安　孙月亮
孙召军　谈　欣　唐豪豪　田发旭
田　亮　田鹏飞　田瑞超　田战旗
万　翡　汪　娇　汪　鹏　王　俊
王宝玲　王德川　王鼎震　王东存
王东兴　王付佳　王海静　王　辉

王建国　王建文　王　进　王晋生
王敬元　王　俊　王　磊　王　莉
王明俊　王乃义　王　平　王　莎
王社强　王世英　王淑珍　王　婷
王　伟　王文广　王西屏　王小兵
王小飞　王小贵　王小英　王晓国
王新刚　王　兴　王　雪　王耀先
王玉华　王玉莲　王　征　王　卓
卫灵燕　魏明先　魏永红　魏忠民
温铁锐　吴宝龙　吴　波　吴春峰
吴海建　吴　涛　吴延州　武小红
夏　冉　夏　廷　肖　川　谢克锋
谢王喜　辛靖安　辛社成　徐崇利
徐海军　徐　玮　徐永峰　徐源庆
许　勇　许　强　许秀琴　许　喆
许中平　薛哲锋　闫　波　闫　飞
闫映红　燕黎明　杨　勇　杨爱国
杨斌科　杨昌壹　杨春祥　杨虎伟
杨　华　杨慧敏　杨怀圈　杨　杰
杨俊斌　杨丽文　杨庆福　杨小彬
杨小军　杨欣欣　杨之光　姚改玲
姚　刚　叶　森　叶　莹　尹　翠
尤　波　袁　刚　曾　艺　曾宪军
翟佐刚　张存林　张东鸽　张二庆
张　飞　张　刚　张宏涛　张佳迪
张嘉琪　张建国　张建荣　张进周
张莉萍　张鲁震　张梦强　张民兴
张乃元　张　强　张秋莲　张世亮
张书平　张栓虎　张　涛　张同旺
张卫安　张卫军　张文宪　张文艳
张向辉　张雪海　张延浩　张严严
张　毅　张　邕　张玉军　张育春
张增贤　张振升　赵　峰　赵建国
赵建平　赵建伟　赵　亮　赵　亮
赵树杰　赵　伟　赵稳金　赵绪成
赵　阳　赵永民　赵　媛　郑申文
郑　焱　周立均　周　娜　周　宁
周庆十　周少堂　周　伟　周　文
周文学　周小文　朱伟瑞　朱兴树
朱云涛　左晓光　左占学

甘肃：艾春江　白冬越　白敦源　白祎斐
毕海峰　蔡　斌　柴晓明　曹海峰
常彩业　陈　坤　陈　伟　陈辅银
陈贵华　陈克刚　程　琳　程宜宽
程志强　褚建军　崔志杰　崔志仲
戴佳音　党仁霞　邓　洁　邓九雄
邸爱军　丁风雪　丁翊洪　杜　乾
杜富虎　付利民　方三亮　甘振海
高　静　高虎军　龚昌明　关东雪
郭　林　郭　晓　郭宏东　耿　琦
贺　平　胡益铭　黄少鹏　惠　龙
季　红　季淑琴　贾艺玮　蒋立峰
焦永良　金巨鹏　景勇刚　寇明圆
李　清　李海华　李彦虎　李昱霖
李梓瑄　里志翔　梁正伟　林志真
刘　冻　刘　宏　刘　瑶　刘富荣
刘光宇　刘荟本　刘莹莹　刘自慧
刘志强　卢国卷　路天娇　吕文楷
雒伟宏　马吉祥　马西彦　马元军
马志国　满国俊　毛建蕾　孟　城
孟　佳　米恒勇　穆栋胜　乃国福
念春波　牛莉琼　庞　宁　裴　磊
彭福丽　祁惠英　乔　琳　邱小华
沙兰芳　石　露　舒孝喜　孙　伟
孙　伟　孙德和　孙伟伟　孙铁伟
尚　斌　唐致斌　田建龙　田建明
王　承　王　春　王　刚　王　军
王百灵　王本生　王进钊　王海东
王树凯　王伟芳　王文明　王雪杉
王亚兰　王彦龙　王银萍　王志军

王自景　韦　练　魏　斌　魏邦彩
魏菲菲　魏国亮　魏清花　文德钰
吴鸿宾　吴献民　席彩英　夏吉正
肖文江　谢冰奇　徐　涛　许鑫鑫
薛世宏　闫　云　严兴耘　杨　波
杨　芳　杨文礼　杨玉龙　杨振国
攸君睿　于爱萍　袁　茜　殷寿星
张　弘　张　鑫　张峰源　张鹏刚
张武强　张一帆　张月月　张卫东
张政军　赵　阳　赵辉宗　郑　涛
郑　伟　周忠阁　宗玉龙

宁夏：艾明新　安泽英　巴晓文　白立富
曹长发　曹万前　陈　纲　陈红洁
陈志刚　程步强　邓　忠　丁高强
丁建华　丁建华　丁志伟　董成伟
段　丽　段佳莹　樊章保　冯国成
付　娟　高向军　顾爱军　关银栓
郭　伟　郭　雯　郭彩玲　郭克利
郭珊珊　郭志军　郭孜辉　韩书山
郝春枝　何爱平　胡新伟　胡志林
黄　伟　黄林平　霍凌里　姬小飞
贾瑞金　贾天浩　蒋春野　金志雄
靳学才　李　杰　李　敏　李　娜
李　玮　李樊薇　李庆勇　李晓虎
李兴泉　李玉春　梁彩霞　刘　超
刘　骞　刘　瑭　刘　鑫　刘海龙
刘曙光　刘思诗　刘颖喆　刘战胜
陆海云　马　宏　马　新　马金芳
马明孝　马文成　马文秀　马小东
马新宁　马学宏　马义飞　马占俊
毛双九　孟金瑜　孟现民　孟学红
牛淑红　钱　峰　乔　刚　秦　华
任立宁　任孟欣　任文革　邵彦斌
沈　兵　沈　鸿　沈　丽　石　明
苏　民　孙　英　锁玉龙　唐湘雁
田鹏飞　王　虎　王　婕　王　鹏
王　洋　王爱田　王登荣　王海兰
王海平　王红侠　王洪斌　王金玉
王晶晶　王启斌　王新义　吴红丽
吴文庆　谢彦宁　徐红钊　杨　斌
杨　辉　杨虎彪　杨建宁　杨文军
杨小芳　杨自云　尹　春　尹　惠
应礼明　于丽中　于彦彦　鱼建立
俞建平　喻有芳　袁志平　张　东
张　辉　张　涛　张　涛　张　伟
张　翔　张　研　张承军　张大伟
张海霞　张建平　张剑之　张明亮
张天盟　张小纪　张鑫亮　张永宁
张振昆　张自新　赵　强　赵建军
赵明明　赵苏娅　赵义锋　郑　华
郑海波　周　扬　周宝丽　周文辉
周永强　朱　宁　朱晓燕

新疆：白　萍　白永侠　白志新　毕建和
曹丽剑　曹忆龙　曹振强　曹中江
常晓燕　陈　兵　陈　华　陈　伦
陈光辉　陈廷勇　陈彦祥　程　平
程慎红　程素杰　崔　刚　丁联顺
董　斌　董文文　杜　鹏　樊维秀
范魏江　方国福　房跃新　丰　林
冯　伟　冯国利　高百成　高品亮
高伟方　高振平　龚松柏　谷成丹
谷龙兵　关　龙　郭　敬　郭伟尉
韩　玲　何　斌　何　辉　何　旭
何　旭　何成林　何传波　何永军
贺　强　侯国庆　胡　鹏　胡安全
胡瑞炜　胡文静　黄　萍　黄建功
黄小军　黄永刚　纪国泉　季进祥
姜德军　蒋　飞　蒋　欣　焦志强
靳　奎　景　丹　康常荣　柯发军
孔　辉　李　兵　李　刚　李　国

李　江　李　军　李　强　李　涛
李　涛　李　云　李　韵　李成玉
李东伟　李凤广　李广才　李国权
李浩明　李辉灿　李世伟　李向军
李晓东　李志刚　李忠超　厉　新
廖仕军　林　海　林　植　林庆疆
林文光　林文贞　凌　军　刘　玲
刘焊东　刘建英　刘培祥　刘如理
刘文权　刘小玉　刘昭莲　楼宝珠
卢婉君　芦增兵　吕　阳　吕亚平
骆　佳　骆艳娜　马　斌　马　龙
马　明　马　艳　马　勇　马　勇
马继明　马建设　马进雄　马思军
马文俊　马晓慧　马永红　马玉林
穆武升　潘　鹏　彭　凯　齐加治
任建中　桑毓辉　商　伟　尚　勇
石金军　史万林　宋义成　苏静静
孙军刚　孙露露　孙宪春　孙小涛
唐贵岚　唐　健　唐文治　田　亮
田　琳　田　明　田军刚　汪兆洋
王　斌　王　芳　王　罡　王　辉
王　军　王　鹏　王　萍　王　维
王　伟　王　鑫　王爱军　王爱平
王程娟　王德堂　王建国　王建培
王俊周　王立新　王媚岚　王万庆
王小超　王新强　王新望　王兴刚
王学成　王雪花　王永虎　王玉柱
王原军　王兆亮　王振宇　王中定
王忠锋　魏海威　魏孔明　魏新虎
吴　蓉　吴大江　吴江民　吴靖宇
吴善华　吴学军　吴元伟　武金库
武满强　向远芳　肖　强　谢成德
谢虎平　谢加强　刑占荣　徐　枫
徐邦东　徐世明　徐向东　徐章程
许大兵　许凤明　闫红光　闫新城

严伟强　杨　军　杨　磊　杨　鹏
杨　涛　杨　哲　杨长俊　杨代胜
杨建利　杨利娟　杨茂林　杨文其
杨晓文　杨玉菲　杨战疆　伊学勇
雍新刚　于海涛　余明亮　余新林
岳应生　曾新华　翟林茂　张　凯
张　磊　张　玲　张　戎　张　伟
张　文　张　勇　张　媛　张多年
张国旺　张和平　张洪学　张建明
张生辉　张伟民　张武荣　张晓磊
张晓明　张新宁　张绪彬　张学武
张燕芹　张有孝　张玉新　张志洺
张卓超　赵　弘　赵建明　赵俊亮
赵磊磊　赵卫东　赵旭辉　赵雪杰
赵亚辉　赵元强　周　峰　周燕立
朱志超　庄庆辉　邹　勇
木合塔尔·塔西买买提
吐尔洪·外力　吾士那生·乌仁
居来提·阿力木江　艾尔肯·阿不都
吐尔逊·伊斯拉木别克
居来提·买买提　买买提·马合木提
依尔夏提·木尼尔丁
哈米特·马木提　吐尔东·莫尼亚孜

兵团：陈福斌　陈　磊　陈　勇　樊　根
樊庆强　雷仕波　冯柏栋　付江河
姜　文　孔宪勇　腊玉成　李　峰
李　涛　李　琰　历　新　刘胜利
皮庆华　齐　忠　邵　辉　沈　昱
史有权　宋晓杰　孙万能　王国伟
王建新　王锦华　王利军　吴义新
徐东浩　徐士军　许思东　闫向辉
杨仕权　杨树林　张利民　张孝良
张新民　周建胜

部队：包锋林　董书桥　樊明学　冯志清
甘伟伟　顾众宏　郭永强　韩新建

黄　耿　黄　伟　黄荔红　黄锁强
黄志林　姬锟锟　姜　松　李国华
李永清　李志友　梁　琛　梁正高
林传锋　刘　斌　刘　东　刘　吉
刘　金　刘　娜　刘强国　鲁　莽
马威云　毛凤福　聂亚军　彭传辉
秦怀林　屈　岐　任　红　石海龙
孙　吉　孙　娇　王　兵　王　晓
王　星　王　永　王道崇　王国举
王建利　王曙光　王有方　王志远
文振坤　吴凯平　吴绍民　吴友利
徐　驰　杨丰山　杨海龙　杨建辉
杨秀勇　杨一松　印军智　云　鹏
张海岩　张清森　张云龙　赵　楠
周兴海　朱玉法　邹成兵

无偿献血促进奖获奖名单

（单位80个）

北京市红十字血液中心（北京市）

北京市西城区西长安街街道办事处（北京市）

北京铁路局天津站（天津市）

中国移动通信集团天津有限公司（天津市）

天津大学（天津市）

石家庄亚太大酒店（河北省）

忻州师范学院（山西省）

富士康（太原）科技工业园（山西省）

包头师范学院（内蒙古自治区）

中国共产主义青年团呼和浩特市委员会（内蒙古自治区）

燕京啤酒（赤峰）有限责任公司（内蒙古自治区）

抚顺电视台（辽宁省）

大商股份有限公司（辽宁省）

宏运集团有限公司（辽宁省）

沈阳市苏家屯区人民政府湖西街道办事处（辽宁省）

吉林电视台都市频道《守望都市》栏目组（吉林省）

长春交通之声广播电台（吉林省）

哈尔滨市稀有血型互助会（黑龙江省）

上海申通德高地铁广告有限公司（上海市）

上海市科普教育基地联合会（上海市）

上海东方明珠广播电视塔有限公司（上海市）

完美（中国）日用品有限公司上海分公司（上海市）

无锡日报报业集团（江苏省）

连云港市红十字会无偿献血志愿工作者服务队（江苏省）

徐州工程学院（江苏省）

中国平安养老保险股份有限公司宁波分公司（浙江省）

宁波报业集团（浙江省）

芜湖南京新百大厦有限公司（安徽省）

安徽人民广播电台（安徽省）

厦门市第二医院（福建省）

华侨大学（福建省）

江西省广播电影电视局（江西省）

江西农业大学（江西省）

山东师范大学（山东省）

齐鲁电视台（山东省）

安阳工学院（河南省）

万基控股集团有限公司（河南省）

郑州煤炭工业（集团）有限责任公司（河南省）

武汉晨报（湖北省）

荆州市美华置业有限公司（湖北省）

华中科技大学（湖北省）

湖南友谊阿波罗商业股份有限公司（湖南省）

《健康必读》杂志社（湖南省）

株洲日报社（湖南省）

湖南广播电台交通频道（湖南省）

中国平安人寿保险股份有限公司深圳分公司（广东省）

肇庆市民政局（广东省）

华南农业大学（广东省）

佛山市顺德区红十字会无偿献血志愿工作者服务队（广东省）

广西南宁梦之岛购物中心（有限公司）（广西壮族自治区）

广西柳州钢铁（集团）公司（广西壮族自治区）

右江民族医学院（广西壮族自治区）

海南省文昌市红十字会（海南省）

海南大学（海南省）

西南大学（重庆市）

重庆三峡医药高等专科学校（重庆市）

四川南格尔生物医学股份有限公司医用器具分公司（四川省）

中国四川宜宾五粮液集团有限公司（四川省）

西南科技大学（四川省）

四川大学（四川省）

成都市血液中心（四川省）

贵州省安顺市能仁广告有限公司（贵州省）

贵州钢绳（集团）有限责任公司（贵州省）

昆明电视台（云南省）

云南大学（云南省）

渭南电视台（陕西省）

西北大学（陕西省）

甘肃电视台（甘肃省）

兰州铁路局（甘肃省）

青海大学（青海省）

青海民族大学（青海省）

宁夏师范学院（宁夏回族自治区）

宁夏开元丰友化工股份有限公司（宁夏回族自治区）

广东省第五批援疆工作队（新疆维吾尔自治区）

中国共产主义青年团伊犁师范学院委员会（新疆维吾尔自治区）

塔里木大学（新疆生产建设兵团）

中央电视台驻总后记者站

军事医学科学院野战输血研究所

《人民军医》杂志编辑部

《人民武警报》报社

（个人 13 名）

邓亚萍（中国共产主义青年团北京市委员会）

耿春光（衡水日报社）

郭慧民（山西省人民政府）

毛杰民（大连电视台）

李晓庆（大庆油田采油一厂）

黄林朝（上海菱朝置业有限公司）

张爱莲（浙江杭州市萧山区人民政府）

陈光（安徽交通广播电台）

林姵蓁（厦门和运房地产营销策划有限公司）

王瑜（西藏大学）
赵民哲（中共咸阳市委宣传部）
王彤（甘肃政法学院）
海来提·哈德尔（新疆职业大学）

无偿献血先进省（市）奖获奖名单（249个）

先进省（9个）

河北省
山西省
辽宁省
黑龙江省
浙江省
山东省
河南省
海南省
四川省

先进市（240个）

北京（4个）：东城区、西城区、朝阳区、海淀区

河北（11个）：石家庄市、张家口市、承德市、秦皇岛市、唐山市、廊坊市、保定市、沧州市、衡水市、邢台市、邯郸市

山西（11个）：太原市、大同市、朔州市、阳泉市、长治市、晋城市、忻州市、晋中市、临汾市、运城市、吕梁市

内蒙古（6个）：包头市、乌海市、赤峰市、通辽市、呼伦贝尔市、巴彦淖尔市

辽宁（14个）：沈阳市、朝阳市、阜新市、铁岭市、抚顺市、本溪市、辽阳市、鞍山市、丹东市、大连市、营口市、盘锦市、锦州市、葫芦岛市

吉林（6个）：长春市、松原市、吉林市、四平市、辽源市、白山市

黑龙江（13个）：哈尔滨市、齐齐哈尔市、黑河市、大庆市、伊春市、鹤岗市、佳木斯市、双鸭山市、七台河市、鸡西市、牡丹江市、绥化市、大兴安岭地区

上海（1个）：闵行区

江苏（12个）：南京市、徐州市、连云港市、宿迁市、淮安市、盐城市、扬州市、泰州市、南通市、镇江市、无锡市、苏州市

浙江（11个）：杭州市、湖州市、嘉兴市、舟山市、宁波市、绍兴市、衢州市、金华市、台州市、温州市、丽水市

安徽（9个）：合肥市、宿州市、淮北市、阜阳市、亳州市、蚌埠市、淮南市、马鞍山市、芜湖市

福建（5个）：福州市、三明市、厦门市、漳州市、龙岩市

江西（5个）：九江市、鹰潭市、新余市、萍乡市、赣州市

山东（17个）：济南市、聊城市、德州市、东营市、淄博市、潍坊市、烟台市、威海市、青岛市、日照市、临沂市、枣庄市、济宁市、泰安市、莱芜市、滨州市、菏泽市

河南（17个）：郑州市、三门峡市、洛阳市、焦作市、新乡市、鹤壁市、安阳市、濮阳市、开封市、商丘市、许昌市、漯河市、平顶山市、南阳市、信阳市、周口市、驻马店市

湖北（6个）：十堰市、襄樊市、荆门市、孝感市、荆州市、宜昌市

湖南（8个）：长沙市、常德市、岳阳市、株洲市、湘潭市、衡阳市、郴州市、娄

底市

广东（9个）：韶关市、惠州市、东莞市、深圳市、珠海市、中山市、佛山市、阳江市、湛江市

广西（8个）：南宁市、桂林市、柳州市、梧州市、贵港市、玉林市、百色市、来宾市

海南（2个）：海口市、三亚市

重庆（4个）：涪陵区、永川区、南川区、奉节县

四川（21个）：成都市、广元市、绵阳市、德阳市、南充市、广安市、遂宁市、内江市、乐山市、自贡市、泸州市、宜宾市、攀枝花市、巴中市、达州市、资阳市、眉山市、雅安市、阿坝藏族羌族自治州、甘孜藏族自治州、凉山彝族自治州

贵州（8个）：贵阳市、六盘水市、遵义市、安顺市、毕节地区、铜仁地区、黔东南苗族侗族自治州、黔南布依族苗族自治州

云南（5个）：昆明市、玉溪市、临沧市、大理白族自治州、楚雄彝族自治州

西藏（1个）：拉萨市

陕西（9个）：西安市、延安市、铜川市、渭南市、咸阳市、宝鸡市、汉中市、安康市、商洛市

甘肃（7个）：兰州市、嘉峪关市、金昌市、天水市、酒泉市、张掖市、平凉市

青海（1个）：西宁市

宁夏（3个）：银川市、石嘴山市、吴忠市

新疆（5个）：阿克苏地区、克孜勒苏柯尔克孜自治州、巴音郭楞蒙古自治州、伊犁哈萨克自治州、阿勒泰地区

新疆生产建设兵团（1个）：石河子市

无偿献血先进部队奖获奖名单（18个）

黑龙江省军区

北京卫戍区

66393部队

宁夏军区

71146部队

73011部队

75200部队

西藏军区

北海舰队

95829部队

第二炮兵司令部

61195部队

总参谋部第四部

南京政治学院

装甲兵工程学院

军事科学院

国防科学技术大学

武警北京总队

造血干细胞捐献
捐献者名录

编号	分库	捐献者	性别	年龄	民族	职业	采集日期
584	河南	范　煜	男	34	汉	记者	2007.01.08
585	广东	王伟庭	男	34	汉	职员	2007.01.08
586	湖南	王　旭	男	29	汉	职员	2007.01.08
587	辽宁	沈海洋	男	25	汉	财会人员	2007.01.09
588	吉林	张　宇	男	24	汉	农民	2007.01.09
589	陕西	张苗伟	男	30	汉	财会人员	2007.01.11
590	黑龙江	殷敬伟	男	27	汉	学生	2007.01.13
591	江苏	陈海波	男	29	汉	检验师	2007.01.15
592	湖南	王伟林	男	36	汉	公务员	2007.01.15
593	河南	周志民	男	22	汉	学生	2007.01.15
594	上海	张慧芬	女	24	汉	护士	2007.01.18
595	福建	伍丽琴	男	36	汉	职员	2007.01.22
596	湖南	杨晟琦	男	27	汉	职员	2007.01.22
597	黑龙江	蔡中威	男	28	汉	技术员	2007.01.24
598	江苏	张筱沨	男	31	汉	财会人员	2007.01.26
599	重庆	彭　云	男	23	汉	学生	2007.01.29
600	河南	陶合献	男	33	汉	医生	2007.02.01
601	江苏	叶　锋	男	28	汉	其他	2007.01.30
602	北京	柯　威	男	27	汉	医生	2007.01.30
603	河南	员亮亮	男	25	汉	学生	2007.01.31
604	浙江	汪　霖	男	29	汉	医生	2007.02.01
605	广东	黄勉华	男	38	汉	送检员	2007.01.29
606	江苏	朱　强	男	36	汉	公务员	2007.02.05
607	辽宁	马　成	男	26	汉	职员	2007.02.05
608	广东	杨银拴	男	28	汉	保安	2007.02.05
609	江苏	颜伟春	男	37	汉	职员	2007.02.06
610	江苏	钟建锋	男	30	汉	医师	2007.02.07
611	黑龙江	张璐华	男	23	汉	学生	2007.02.12
612	浙江	熊　建	男	23	汉	公务员	2007.03.01
613	广东	潘　立	男	30	汉	公务员	2007.03.05

614	山西	侯永丽	女	22	汉	其他	2007.03.07
615	云南	李新荣	男	36	汉	职员	2007.03.01
616	北京	庄挺涛	男	28	汉	职员	2007.03.08
617	河南	李东印	男	43	汉	个体	2007.03.09
618	广西	何发耀	男	37	汉	职员	2007.03.12
619	河南	陈海云	女	45	汉	护士	2007.03.12
620	黑龙江	王　镔	男	35	汉	干部	2007.03.08
621	江苏	朱　俊	男	29	汉	工人	2007.03.12
622	湖北	张海峰	男	22	蒙古	职员	2007.02.26
623	上海	眭　锐	男	32	汉	职员	2007.03.19
624	上海	付建松	男	40	汉	职员	2007.03.13
625	上海	孟祥斐	男	30	汉	职员	2007.03.15
626	湖南	李　婷	女	22	汉	护士	2007.03.13
627	山东	黄文阁	男	41	汉	农民	2007.03.14
628	吉林	曹　健	女	30	汉	职员	2007.03.15
629	北京	陈　磊	男	32	汉	其他	2007.03.15
630	河南	钱　峰	男	31	汉	医生	2007.03.19
631	江苏	朱文斌	男	33	汉	工人	2007.03.19
632	河南	王雪涛	男	30	汉	教师	2007.03.20
633	天津	陈现友	男	28	汉	工人	2007.03.20
634	四川	唐光辉	男	27	汉	职员	2007.03.21
635	黑龙江	张　军	男	42	汉	教师	2007.03.21
636	上海	邵纯刚	男	33	汉	教师	2007.03.21
637	湖北	余　俊	男	34	汉	警察	2007.03.21
638	河北	朱峰只	男	27	汉	工人	2007.03.22
639	河南	何舟伦	男	33	汉	医生	2007.03.20
640	河北	邱晓强	男	33	汉	工人	2007.03.26
641	湖南	陈湘华	男	32	汉	公务员	2007.03.27
642	河北	王志鹏	男	27	汉	职员	2007.03.28
643	山西	康晓东	男	25	汉	职员	2007.03.29
644	河北	云丽锦	女	22	汉	学生	2007.04.02
645	湖北	张永泽	男	32	汉	职员	2007.04.06
646	江苏	王　彬	男	36	汉	工人	2007.04.04
647	浙江	陈佩佩	女	30	汉	助工	2007.04.05
648	浙江	孙小颖	女	30	汉	教师	2007.04.09

649	北京	刘英才	男	26	汉	记者	2007.04.05
650	北京	杨晓敏	女	21	汉	护士	2007.04.10
651	江苏	陆建波	男	29	汉	学生	2007.04.10
652	江苏	徐海东	女	40	汉	教师	2007.04.11
653	广东	屈本荣	男	39	汉	职员	2007.04.11
654	河北	苏保华	男	34	汉	职员	2007.04.11
655	河北	邓　敏	女	36	汉	记者	2007.04.18
656	安徽	赵金霞	女	23	汉	护士	2007.04.17
657	北京	李西彪	男	26	汉	职员	2007.04.17
658	上海	薛文龙	男	22	汉	学生	2007.04.19
659	广东	陈仁山	男	26	汉	学生	2007.04.20
660	山西	陈太山	男	35	汉	职员	2007.04.23
661	上海	顾伟锋	男	29	汉	军人	2007.04.23
662	上海	袁柳贤	女	31	汉	教师	2007.04.23
663	浙江	余　平	男	26	汉	公务员	2007.04.24
664	广西	曾少宏	男	34	汉	公务员	2007.04.23
665	江苏	马吉国	男	35	汉	工人	2007.04.24
666	河北	王鸿飞	女	24	汉	学生	2007.04.26
667	山西	罗　康	男	25	汉	工程师	2007.04.26
668	上海	葛春霞	女	35	汉	研究员	2007.04.26
669	北京	林　强	男	27	汉	职员	2007.04.26
670	山东	赵玉凤	女	30	汉	个体	2007.04.26
671	上海	赵　江	男	36	汉	职员	2007.04.30
672	湖南	罗永红	女	40	汉	农民	2007.05.08
673	北京	李洪彬	男	26	汉	个体	2007.05.10
674	黑龙江	秦长辉	男	21	汉	学生	2007.05.14
675	山东	黄　伟	男	33	汉	军人	2007.05.14
676	陕西	靳　飞	男	23	汉	工程师	2007.05.14
677	云南	王林勇	男	42	汉	医生	2007.05.15
678	江苏	毛俊峰	男	32	汉	医生	2007.05.15
679	上海	杨　明	男	30	汉	工人	2007.05.16
680	江苏	陈美华	女	29	汉	护士	2007.05.22
681	河北	王程智	男	20	汉	学生	2007.05.23
682	湖南	张　卓	女	20	汉	技术员	2007.05.23
683	江苏	朱立军	男	36	汉	医生	2007.05.23

684	上海	张锦香	女	22	汉	学生	2007.05.25
685	山西	张　虹	女	44	汉	干部	2007.05.25
686	云南	汪良俊	男	24	汉	学生	2007.05.27
687	山东	张　波	男	21	汉	学生	2007.05.28
688	江苏	王玉萍	女	27	汉	护士	2007.05.30
689	河南	杨春萍	女	39	汉	医生	2007.06.01
690	北京	杨　苏	女	25	汉	护士	2007.06.05
691	河南	孙海钢	男	29	汉	工人	2007.06.06
692	广东	杨成伟	男	30	汉	个体	2007.06.06
693	广东	杨明辉	男	35	汉	职员	2007.06.07
694	河北	许晨琳	女	22	汉	学生	2007.06.07
695	河北	陈小君	男	32	汉	职员	2007.06.12
696	贵州	王志鑫	男	25	汉	其他	2007.06.11
697	湖北	陈　俊	男	27	汉	职员	2007.06.12
698	河南	程传科	男	30	汉	医生	2007.06.12
699	北京	段景琛	男	21	汉	学生	2007.06.14
700	辽宁	范正已	男	26	汉	军人	2007.06.20
701	河南	李化军	男	23	汉	个体	2007.06.15
702	湖北	胡　琴	女	25	汉	医生	2007.07.06
703	辽宁	孙智勇	男	31	汉	工人	2007.06.21
704	湖南	俞慕佳	女	22	汉	学生	2007.06.18
705	上海	项世荣	男	21	汉	学生	2007.06.20
706	广东	张晓燕	女	36	汉	职员	2007.06.25
707	云南	王　翎	女	30	汉	公务员	2007.06.25
708	陕西	宋小宁	女	27	汉	职员	2007.06.26
709	上海	陈　敏	女	27	汉	教师	2007.06.27
710	广西	黄福海	男	25	汉	导游	2007.07.02
711	黑龙江	李伟波	男	23	汉	学生	2007.07.02
712	江苏	张　骏	男	29	汉	个体	2007.07.02
713	北京	杨　云	女	25	汉	财会人员	2007.07.04
714	山西	殷旭东	男	26	汉	学生	2007.07.05
715	北京	王　钊	男	23	汉	学生	2007.07.05
716	山东	李　靖	男	35	汉	工人	2007.07.06
717	广东	康　平	男	32	汉	工程师	2007.07.05
718	辽宁	陈冬梅	女	36	汉	护士	2007.07.05

719	天津	张艳红	女	26	汉	教师	2007.07.09
720	北京	卜晓倩	女	24	汉	职员	2007.07.10
721	广东	胡三鹏	男	23	汉	学生	2007.07.11
722	陕西	梁国宾	男	24	汉	学生	2006.06.06
723	辽宁	黄顺姬	女	34	鲜	医生	2007.07.19
724	海南	陈　勋	男	21	汉	职员	2007.07.16
725	北京	夏　玲	女	34	汉	职员	2007.07.17
726	湖南	李小龙	男	23	汉	学生	2007.07.12
727	江苏	黄书亮	男	29	汉	医生	2007.07.16
728	江苏	杭　彬	女	36	汉	职员	2007.07.19
729	湖南	陈艳飞	女	22	汉	职员	2007.07.19
730	江西	黄丽萍	女	37	汉	医生	2007.07.19
731	陕西	高航宇	男	21	汉	学生	2007.07.30
732	湖北	章　晟	男	25	汉	工人	2007.07.28
733	天津	吴　琼	女	23	汉	其他	2007.07.31
734	江苏	曹亚飞	男	26	汉	医生	2007.07.31
735	河南	马凯歌	男	25	汉	学生	2007.08.02
736	河北	张福梁	男	23	汉	职员	2007.08.02
737	湖南	杨　韬	男	24	汉	职员	2007.08.08.
738	河北	耿志明	男	36	汉	教师	2007.08.08
739	江苏	宗陈斌	男	26	汉	医生	2007.08.09
740	湖南	殷　亮	男	24	汉	学生	2007.08.08
741	湖南	邹云树	男	36	汉	职员	2007.08.02
742	江西	官春秋	女	32	汉	其他	2007.08.13
743	河北	李桂霞	女	35	汉	护士	2007.08.13
744	辽宁	郭永纯	男	23	汉	学生	2007.08.14
745	湖北	柏忠美	男	22	汉	学生	2007.08.16
746	湖北	郇学涛	男	22	汉	学生	2007.08.21
747	湖南	邹　许	男	42	汉	公务员	2007.08.11
748	黑龙江	杨金广	男	21	汉	军人	2007.08.27
749	福建	李丽娟	女	31	汉	其他	2007.08.23
750	重庆	许伏海	男	25	汉	公务员	2007.08.23
751	江苏	吴　光	男	29	汉	医生	2007.08.23
752	河南	靳玉国	男	31	汉	律师	2007.08.27
753	云南	孙海艳	女	20	汉	学生	2007.08.22

754	上海	郭贞颖	女	21	汉	学生	2007. 08. 29
755	北京	安　徽	男	26	汉	职员	2007. 08. 29
756	江苏	何　媛	女	31	汉	医生	2007. 09. 06
757	山西	苏永强	男	26	汉	职员	2007. 09. 02
758	陕西	王　成	男	21	汉	职员	2007. 09. 05
759	湖南	李　军	男	21	汉	学生	2007. 09. 07
760	湖南	田　郑	男	34	汉	工人	2007. 09. 11
761	山东	徐　光	男	32	汉	公务员	2007. 09. 12
762	江苏	张　慧	女	30	汉	教师	2007. 09. 12
763	山西	夏　雷	男	23	汉	其他	2007. 09. 12
764	河南	程俊亚	男	24	汉	学生	2007. 09. 14
765	海南	贺少华	男	23	汉	学生	2007. 09. 17
766	北京	俞锦声	男	21	汉	学生	2007. 09. 19
767	河南	雷　勇	女	35	汉	警察	2007. 09. 19
768	辽宁	厉　莉	女	29	汉	学生	2007. 09. 22
769	河南	林　阳	男	22	汉	护士	2007. 09. 26
770	陕西	崔延林	男	22	汉	学生	2007. 09. 20
771	湖南	游　鹏	男	27	汉	职员	2007. 09. 23
772	浙江	雷庆云	女	42	畲	个体	2007. 09. 25
773	北京	谢新亮	男	27	汉	个体	2007. 09. 25
774	北京	金　涛	男	33	汉	职员	2007. 09. 26
775	北京	姜　涛	女	32	汉	财会人员	2007. 09. 26
776	江苏	孙文军	男	37	汉	公务员	2007. 09. 26
777	湖北	王燕平	女	33	汉	学生	2007. 09. 26
778	河北	董　强	男	25	汉	教师	2007. 09. 28
779	天津	巩立龙	男	22	汉	职员	2007. 09. 27
780	北京	王　迪	男	23	蒙古	军人	2007. 09. 28
781	辽宁	员德国	男	32	汉	教师	2007. 09. 26
782	广东	杨忠双	男	25	汉	职员	2007. 10. 08
783	浙江	鲍　晟	男	31	汉	职员	2007. 10. 12
784	辽宁	柏　艳	女	35	汉	工人	2007. 10. 15
785	广西	黄玉燕	女	41	汉	职员	2007. 10. 16
786	内蒙古	钱志良	男	26	汉	教师	2007. 10. 16
787	江苏	蒋　科	男	26	汉	医生	2007. 10. 16
788	海南	张根泉	男	26	汉	学生	2007. 10. 17

789	上海	陈　婕	女	37	汉	教师	2007.10.16
790	山西	王怀政	男	35	汉	公务员	2007.10.16
791	湖南	卢　笛	女	23	汉	教师	2007.10.19
792	上海	张　勤	男	28	汉	职员	2007.10.29
793	湖南	任　振	男	29	汉	其他	2007.10.29
794	山西	杜忠忠	男	23	汉	职员	2007.10.30
795	吉林	夏林柱	男	23	汉	信贷员	2007.10.30
796	湖北	邓为婷	女	22	汉	个体	2007.11.14
797	山西	耿明生	男	44	汉	工人	2007.11.02
798	内蒙古	李储晶	女	22	汉	个体	2007.11.05
799	上海	夏　梦	女	22	汉	学生	2007.11.08
800	湖南	肖　玲	女	32	汉	个体	2007.11.04
801	江苏	沙晓锋	男	25	汉	个体	2007.11.06
802	江苏	强琴娟	女	40	汉	技术员	2007.11.07
803	江苏	刘　刚	男	25	汉	公务员	2007.11.12
804	四川	李　阳	男	28	汉	警察	2007.11.14
805	江苏	张晓娴	女	26	汉	医生	2007.11.14
806	河南	王　莹	女	29	汉	工人	2007.11.14
807	山东	李为超	男	31	汉	教师	2007.11.15
808	江西	廉景新	男	36	汉	医生	2007.11.15
809	湖北	杨　慧	女	26	汉	教师	2007.11.12
810	湖南	李　会	男	30	汉	职员	2007.11.19
811	黑龙江	王杰宇	男	32	汉	职员	2007.11.20
812	上海	曹秉杰	男	23	汉	学生	2007.11.14
813	河南	艾智勇	男	26	汉	工人	2007.11.19
814	福建	刘寿云	男	41	汉	个体	2007.11.22
815	云南	张建琼	女	21	彝	学生	2007.11.16
816	山西	吕　亮	男	22	汉	职员	2007.11.27
817	安徽	尚爱昌	男	25	汉	职员	2007.11.26
818	贵州	张　梅	女	31	苗	个体	2007.11.26
819	河南	吴颖超	男	30	汉	工人	2007.11.26
820	湖南	沈　佳	女	21	汉	职员	2007.11.26
821	辽宁	王　刚	男	29	汉	个体	2007.12.05
822	河南	杨文莉	女	28	汉	护士	2007.11.27
823	河北	田园园	女	20	汉	学生	2007.11.29

824	河南	顾　喆	男	27	汉	工程师	2007. 12. 03
825	山东	张广蒙	男	27	汉	学生	2007. 12. 06
826	上海	马胜军	男	28	汉	工程师	2007. 12. 06
827	河南	代会跃	男	30	汉	学生	2007. 11. 30
828	湖北	余莉芳	女	23	汉	学生	2007. 12. 11
829	天津	张博闻	男	21	汉	学生	2007. 12. 11
830	北京	蒋全胜	男	25	汉	军人	2007. 12. 13
831	河南	吴红军	男	40	汉	工人	2007. 12. 10
832	上海	胡宗平	男	25	汉	工人	2007. 12. 17
833	上海	王乙超	男	22	汉	职员	2007. 12. 20
834	福建	许朝霖	男	26	汉	学生	2007. 12. 17
835	北京	崔其峰	男	36	汉	医生	2007. 12. 20
836	北京	徐　杰	男	42	汉	工程师	2007. 12. 24
837	江苏	崔蓉蓉	女	35	汉	教师	2007. 12. 24
838	上海	张莹玉	女	23	汉	职员	2007. 12. 24
839	河南	任抗战	男	30	汉	工人	2007. 12. 26
840	江苏	张建林	男	27	汉	职员	2007. 12. 26
841	湖南	肖仁鑫	男	28	汉	职员	2007. 12. 27
842	广东	贺　静	男	32	汉	职员	2007. 12. 24
843	云南	蔡自莲	女	25	汉	学生	2008. 01. 06
844	山西	韩丽艳	女	31	汉	职员	2008. 01. 07
845	江苏	夏天放	男	39	汉	职员	2008. 01. 09
846	浙江	张伟安	男	36	汉	工人	2008. 01. 07
847	四川	赖学英	女	32	汉	学生	2008. 01. 10
848	湖南	金岳华	男	28	汉	其他	2008. 01. 14
849	吉林	李湘松	女	29	汉	个体	2008. 01. 14
850	河南	马会强	男	26	汉	个体	2008. 01. 14
851	河南	高宪增	男	37	汉	公务员	2008. 01. 14
852	北京	郑金亮	男	34	汉	工人	2008. 01. 15
853	湖南	喻志兵	男	34	汉	职员	2008. 01. 17
854	河南	秦秀生	女	28	汉	学生	2008. 01. 17
855	河南	牛瑞贞	男	30	汉	技师	2008. 01. 17
856	河北	侯明明	女	25	汉	职员	2008. 01. 13
857	陕西	张文杰	男	32	汉	职员	2008. 01. 10
858	海南	曾广海	男	30	汉	军人	2008. 01. 22

859	湖南	李彩凤	女	22	汉	学生	2008.01.24
860	新疆	王 忱	男	32	汉	教师	2008.01.24
861	山东	李姗姗	女	25	汉	职员	2008.01.25
862	北京	白 桦	男	25	汉	编辑	2008.01.28
863	河南	王 展	男	26	汉	学生	2008.01.28
864	山东	李启广	男	20	汉	学生	2008.01.28
865	河南	朱利刚	男	27	汉	其他	2008.01.28
866	河南	李 肖	女	23	汉	学生	2008.01.30
867	上海	左雪琦	男	39	汉	职员	2008.01.30
868	湖北	柳德金	男	25	汉	学生	2008.01.31
869	上海	吴陈俪	女	23	汉	职员	2008.01.31
870	湖南	施海燕	女	23	汉	学生	2008.02.02
871	上海	高 薇	女	22	汉	学生	2008.02.04
872	河北	李 强	男	29	汉	学生	2008.02.21
873	上海	崔兼明	男	33	汉	公务员	2008.02.21
874	山西	李凤保	男	36	汉	司机	2008.02.25
875	黑龙江	焦 顺	男	35	汉	厨师	2008.02.28
876	湖南	冯 铁	男	35	汉	学生	2008.02.26
877	北京	白 迪	女	35	汉	职员	2008.02.27
878	陕西	高 岗	男	27	汉	农民	2008.02.29
879	天津	费晓颖	女	32	汉	工人	2008.03.05
880	四川	冯 强	男	28	汉	工程师	2008.03.05
881	北京	纪巧美	女	34	汉	职员	2008.03.05
882	山东	王立功	男	32	汉	医生	2008.03.06
883	广西	董素媛	女	44	汉	其他	2008.03.05
884	河南	刁志峰	男	36	汉	职员	2008.03.05
885	河南	靳小兵	男	25	汉	司机	2008.03.06
886	上海	向 琴	男	23	汉	学生	2008.03.10
887	新疆	宋红坤	男	36	汉	自由职业	2008.03.10
888	湖南	陈 昊	男	20	汉	学生	2008.03.12
889	上海	郭燕萍	女	32	汉	卫生技术人员	2008.03.12
890	河南	张亮亮	男	22	汉	学生	2008.03.13
891	河南	苏 翀	男	31	汉	其他	2008.03.20
892	湖北	韩 晗	男	22	汉	学生	2008.03.16
893	黑龙江	李胤慧	女	31	汉	学生	2008.03.17

894	广西	陆　军	男	22	汉	个体	2008.03.17
895	河北	赵宏敏	女	32	汉	学生	2008.03.18
896	河南	张　丽	女	33	汉	其他	2008.03.19
897	河南	袁秀芬	女	39	汉	卫生技术人员	2008.03.20
898	河北	陈志刚	男	23	汉	职员	2008.03.20
899	河南	蔡　露	女	24	汉	学生	2008.03.21
900	河北	陈　强	男	23	汉	技术员	2008.03.24
901	湖南	魏秧子	女	21	汉	学生	2008.03.24
902	湖南	廖　杰	男	23	汉	学生	2008.03.24
903	福建	郑文煌	男	25	汉	个体	2008.03.21
904	江西	朱益民	男	25	汉	职员	2008.03.26
905	河北	李艳峰	男	32	汉	学生	2008.03.26
906	海南	周吉伟	男	26	汉	教师	2008.03.26
907	河北	宋晓亮	男	24	汉	医生	2008.03.28
908	湖南	陈　巍	男	22	汉	学生	2008.04.01
909	福建	黄金秋	男	22	汉	教师	2008.04.01
910	山东	杨　波	男	34	汉	医生	2008.04.01
911	河北	张素芳	女	31	汉	医生	2008.04.02
912	河南	郜根峰	男	33	汉	其他	2008.04.08
913	辽宁	王家深	男	34	汉	职员	2008.04.02
914	海南	柴广德	男	25	汉	其他	2008.04.08
915	浙江	严梁宇	男	30	汉	个体	2008.04.11
916	河南	王自飞	男	35	汉	其他	2008.04.11
917	山西	宫海燕	女	31	汉	技术员	2008.04.10
918	河南	张前进	男	32	汉	教师	2008.04.14
919	海南	蒙光伟	男	30	汉	教师	2008.04.14
920	江苏	范友祥	男	29	汉	教师	2008.04.15
921	河南	司　磊	男	27	汉	学生	2008.04.15
922	上海	周　砚	女	27	汉	医生	2008.04.08
923	浙江	陈加胜	男	25	汉	职员	2008.04.22
924	湖南	夏　奇	男	23	汉	学生	2008.04.17
925	湖北	严　晗	男	22	土家	学生	2008.04.17
926	内蒙古	郭　英	女	27	汉	工人	2008.04.17
927	四川	倚海峰	男	22	汉	学生	2008.04.21
928	福建	吴春婷	女	43	汉	职员	2008.04.21

929	北京	李昭颖	女	26	汉	个体	2008.04.21
930	陕西	罗 欢	男	22	汉	学生	2008.04.18
931	河南	袁 野	男	21	汉	其他	2008.04.24
932	河南	杨富强	男	28	汉	医务	2008.04.25
933	河南	张宇梅	女	37	汉	医生	2008.04.18
934	内蒙古	吕海霞	女	30	汉	职员	2008.04.27
935	北京	吴自强	男	31	汉	职员	2008.04.28
936	河北	李 峰	男	23	汉	职员	2008.04.29
937	江西	刘晓葵	女	37	汉	工人	2008.04.24
938	湖南	田新媛	女	26	汉	教师	2008.05.04
939	辽宁	张 莉	女	27	汉	学生	2008.05.08
940	湖南	钟建武	男	34	汉	公务员	2008.05.12
941	上海	潘 睿	男	27	汉	职员	2008.05.12
942	天津	贾 媛	男	25	汉	职员	2008.05.13
943	黑龙江	李 璟	男	25	汉	其他	2008.05.15
944	湖北	何 黎	女	22	汉	学生	2008.05.15
945	山东	赵永昌	男	21	汉	学生	2008.05.16
946	福建	车思诺	男	25	汉	工人	2008.05.16
947	上海	何 滢	女	33	蒙古	职员	2008.05.15
948	湖南	喻 磊	男	22	汉	学生	2008.05.15
949	河北	汤保东	男	29	满	其他	2008.05.16
950	湖南	乔建民	男	31	汉	学生	2008.05.13
951	广东	孟令坤	男	25	汉	警察	2008.05.18
952	湖北	张 雯	女	41	汉	编辑	2008.05.19
953	广西	刘环美	男	28	汉	公务员	2008.05.19
954	上海	陆水军	男	30	汉	其他	2008.05.20
955	河北	史云光	男	36	汉	其他	2008.05.20
956	河北	郭 伟	男	23	汉	学生	2008.05.13
957	江苏	李 钰	男	33	汉	教师	2008.05.21
958	福建	潘 铃	男	30	汉	工人	2008.05.20
959	广东	刘永光	男	30	汉	职员	2008.05.21
960	天津	杨 柳	女	22	汉	学生	2008.05.22
961	湖南	赵明君	女	23	汉	学生	2008.05.22
962	河北	郭鹏程	男	33	满	职员	2008.05.24
963	江苏	沈 阳	男	26	汉	医生	2008.05.26

964	浙江	林恩义	男	28	汉	医生	2008.05.28
965	北京	张　建	男	28	汉	学生	2008.05.28
966	山东	王　翔	男	31	汉	职员	2008.05.28
967	山西	杨　飞	男	26	汉	学生	2008.05.29
968	湖北	王　露	女	24	汉	学生	2008.05.30
969	上海	徐　翔	男	25	汉	职员	2008.05.29
970	山西	李保国	男	31	汉	其他	2008.05.26
971	天津	蒙加付	男	27	汉	警察	2008.06.05
972	福建	廖小荣	男	23	汉	学生	2008.06.05
973	山东	胡东光	男	32	汉	医生	2008.06.02
974	河北	陈玉洁	女	21	汉	学生	2008.06.09
975	四川	伍淑滨	女	44	汉	其他	2008.06.12
976	山西	张雯钧	女	19	汉	学生	2008.06.12
977	陕西	林　煦	女	22	汉	学生	2008.06.14
978	内蒙古	李　蒙	男	31	汉	个体	2008.06.16
979	湖南	孙人冬	男	23	汉	学生	2008.06.16
980	湖南	鞠远昭	男	35	汉	职员	2008.06.16
981	江苏	陆莺燕	女	32	汉	教师	2008.06.17
982	浙江	谢福源	男	32	汉	公务员	2008.06.17
983	上海	沈　寅	男	22	汉	学生	2008.06.18
984	贵州	易　红	女	24	汉	学生	2008.06.19
985	北京	赵建萍	女	30	汉	军人	2008.06.18
986	陕西	刘航伟	男	22	汉	学生	2008.06.19
987	黑龙江	黄志礼	男	24	汉	学生	2008.06.24
988	广东	申小青	男	22	汉	学生	2008.06.25
989	黑龙江	于齐林	男	21	汉	其他	2008.06.27
990	上海	张逢慧	女	25	汉	护士	2008.06.30
991	浙江	金　鑫	女	23	汉	干部	2008.07.01
992	北京	丁　宏	男	24	回	职员	2008.07.01
993	广西	阳玉刚	男	26	汉	职员	2008.07.02
994	河南	王新华	男	33	汉	职员	2008.07.03
995	广东	黄小权	男	23	汉	学生	2008.07.03
996	天津	贾翠萍	女	23	汉	学生	2008.07.07
997	内蒙古	徐　刚	男	34	汉	个体	2008.07.09
998	甘肃	张占飞	男	22	汉	学生	2008.07.15

999	吉林	张本状	男	22	汉	职员	2008. 07. 15
1000	湖北	刘小璇	女	22	汉	职员	2008. 07. 17
1001	湖南	蒋旭胜	女	26	汉	学生	2008. 07. 16
1002	福建	韩 浪	男	20	汉	其他	2008. 07. 14
1003	湖北	邵如意	男	22	汉	学生	2008. 07. 15
1004	青海	马 莉	女	21	回	职员	2008. 07. 16
1005	宁夏	张 华	男	22	汉	医生	2008. 07. 23
1006	江苏	鲍治诚	男	29	汉	医生	2008. 07. 23
1007	贵州	闻 武	男	22	汉	学生	2008. 07. 24
1008	浙江	沈淑珍	女	33	汉	公务员	2008. 07. 24
1009	甘肃	赵 静	女	20	汉	学生	2008. 07. 25
1010	陕西	赵乐晨	男	28	汉	工人	2008. 07. 15
1011	河南	刘海东	男	37	汉	工人	2008. 07. 21
1012	陕西	朱倩钰	女	21	汉	学生	2008. 07. 25
1013	河南	韩彦慰	男	27	汉	学生	2008. 07. 25
1014	湖北	裴飞宇	男	21	汉	学生	2008. 07. 27
1015	江西	蒋 飞	男	27	汉	其他	2008. 07. 27
1016	广东	方 星	男	29	汉	司机	2008. 07. 28
1017	广东	陈卫敏	女	25	汉	护士	2008. 07. 28
1018	山西	李红军	男	31	汉	保安	2008. 07. 28
1019	云南	尹晓玲	女	46	汉	工人	2008. 07. 29
1020	上海	王天一	女	20	汉	学生	2008. 07. 30
1021	河南	刘 杨	女	28	汉	技术员	2008. 07. 31
1022	湖南	王 晶	女	27	汉	公务员	2008. 08. 06
1023	陕西	刘卡克	男	30	汉	工人	2008. 08. 10
1024	上海	崔潇雯	女	25	汉	其他	2008. 08. 12
1025	安徽	袁思思	女	19	汉	学生	2008. 08. 12
1026	江苏	黄 中	男	37	汉	工人	2008. 08. 14
1027	湖南	王 浪	女	25	汉	职员	2008. 08. 19
1028	江苏	董 娟	女	24	汉	其他	2008. 08. 19
1029	福建	郑莉莉	女	19	汉	其他	2008. 08. 21
1030	江苏	徐 淮	男	26	汉	职员	2008. 08. 21
1031	广东	张玉武	男	21	汉	学生	2008. 08. 24
1032	山东	张化宏	男	45	汉	其他	2008. 08. 25
1033	河北	聂兴风	男	32	汉	其他	2008. 08. 26

1034	陕西	齐　坤	男	26	汉	学生	2008.08.25
1035	广东	梁怡勇	男	24	汉	学生	2008.09.01
1036	河南	范桂林	女	25	汉	护士	2008.09.02
1037	青海	孙广泳	男	23	汉	学生	2008.09.01
1038	浙江	凌　华	女	35	汉	医生	2008.09.02
1039	陕西	李蜻玮	女	25	汉	学生	2008.09.02
1040	河南	任晓可	女	40	汉	职员	2008.09.01
1041	广东	梁宝屏	女	33	汉	职员	2008.09.09
1042	天津	贾宝森	男	23	汉	学生	2008.09.11
1043	湖南	陈　骏	女	29	汉	其他	2008.09.09
1044	广东	刘景宇	男	27	汉	职员	2008.09.11
1045	浙江	陶凌云	女	32	汉	公务员	2008.09.16
1046	四川	侯晓涛	男	31	汉	学生	2008.09.18
1047	辽宁	李正达	男	21	汉	学生	2008.09.21
1048	江苏	拾晓艳	女	35	汉	职员	2008.09.23
1049	河南	华项毅	男	24	汉	学生	2008.09.22
1050	湖南	曾　明	女	43	汉	其他	2008.09.22
1051	湖南	赵宝华	男	24	汉	学生	2008.09.25
1052	湖南	余先刚	男	27	汉	其他	2008.09.25
1053	山东	尤　志	男	33	汉	医生	2008.09.25
1054	广东	邓华妹	女	24	汉	学生	2008.09.25
1055	河北	庞真贞	女	26	汉	技师	2008.10.23
1056	河南	胡耿伟	男	34	汉	其他	2008.09.10
1057	宁夏	俞临春	男	29	汉	教师	2008.09.25
1058	河北	秦　英	女	45	汉	其他	2008.09.27
1059	陕西	徐　涛	男	20	汉	学生	2008.09.28
1060	河北	袁红连	女	21	汉	学生	2008.09.29
1061	广西	林　竹	女	33	汉	教师	2008.10.09
1062	广东	王业斌	男	24	汉	学生	2008.10.13
1063	湖北	张　淼	男	28	汉	学生	2008.10.13
1064	黑龙江	张殿成	男	29	汉	学生	2008.10.16
1065	湖北	王雪萍	女	21	汉	职员	2008.10.18
1066	广西	孙　富	男	42	汉	职员	2008.10.16
1067	广东	肖军革	男	36	汉	职员	2008.10.19
1068	江西	杨　斌	男	38	汉	公务员	2008.10.15

1069	四川	刘成巨	男	28	汉	学生	2008. 10. 15
1070	江苏	申　杨	男	32	汉	群众	2008. 10. 21
1071	湖北	刘　克	男	25	汉	学生	2008. 10. 26
1072	陕西	郑俊侠	女	33	汉	职员	2008. 10. 27
1073	贵州	涂丽君	女	26	汉	职员	2008. 10. 28
1074	天津	陈　杨	女	20	汉	学生	2008. 10. 28
1075	天津	王仁杰	男	26	汉	工人	2008. 10. 28
1076	江苏	陆永斌	男	34	汉	群众	2008. 11. 03
1077	浙江	李炳庆	男	28	汉	其他	2008. 10. 28
1078	湖南	鲁柏林	男	32	汉	职员	2008. 10. 30
1079	湖南	陆荧群	女	44	汉	农民	2008. 11. 04
1080	山东	何璋华	男	23	汉	职员	2008. 11. 06
1081	河南	李亚楠	女	21	汉	学生	2008. 11. 10
1082	云南	宋　文	男	27	汉	工程师	2008. 11. 11
1083	广东	黄良深	男	25	汉	学生	2008. 11. 12
1084	浙江	孙　凌	女	33	汉	医生	2008. 11. 13
1085	湖北	邓　珩	男	24	汉	学生	2008. 11. 18
1086	上海	朱　敏	女	25	汉	职员	2008. 11. 17
1087	贵州	周青媛	女	34	汉	工程师	2008. 11. 17
1088	云南	夏先玲	女	27	汉	教师	2008. 11. 12
1089	湖南	王　颂	女	32	汉	学生	2008. 11. 20
1090	陕西	刘娟花	女	22	汉	学生	2008. 11. 24
1091	吉林	吴晓乐	女	23	汉	学生	2008. 11. 25
1092	江苏	陆　雨	男	24	汉	群众	2008. 11. 24
1093	河北	李建刚	男	28	汉	其他	2008. 11. 26
1094	山东	刘海峰	男	26	汉	学生	2008. 11. 26
1095	福建	陈元波	男	35	汉	其他	2008. 11. 27
1096	山东	胡存福	男	29	汉	工人	2008. 11. 28
1097	湖南	刘　英	女	40	汉	护士	2008. 11. 27
1098	广东	邱晓俊	男	24	汉	学生	2008. 12. 01
1099	福建	林丽珠	女	19	汉	其他	2008. 12. 04
1100	广东	宋红波	男	24	汉	其他	2008. 12. 11
1101	云南	张　凯	男	26	汉	学生	2008. 12. 01
1102	河北	丁明铎	男	33	汉	工人	2008. 12. 03
1103	河南	刘　冬	男	34	汉	其他	2008. 12. 10

1104	湖南	师　燕	女	20	汉	学生	2008. 12. 16
1105	河南	许瑞娜	女	36	汉	职员	2008. 12. 15
1106	辽宁	许平鑫	男	29	汉	学生	2008. 12. 17
1107	浙江	王艳花	女	42	汉	教师	2008. 12. 26
1108	广东	梁凌波	男	22	汉	学生	2008. 12. 22
1109	江苏	李小冬	男	28	汉	群众	2008. 12. 23
1110	河南	游国超	男	30	汉	职员	2008. 12. 24
1111	江西	谢洪涛	男	28	汉	职员	2008. 12. 24
1112	重庆	孙慧华	女	22	汉	学生	2008. 12. 25
1113	山东	朱琛琛	女	22	汉	医生	2008. 12. 29
1114	辽宁	孙红霞	女	38	汉	其他	2008. 12. 23
1115	河北	李振业	男	35	汉	公务员	2008. 12. 28
1116	山东	贾金芳	女	27	汉	其他	2008. 12. 29
1117	湖北	徐　红	女	22	汉	学生	2008. 12. 29
1118	河南	李伟红	女	36	汉	医生	2009. 01. 06
1119	甘肃	许纪林	男	21	汉	学生	2009. 01. 07
1120	云南	蒋雪梅	女	40	汉	职员	2009. 01. 08
1121	河南	周洪阳	男	30	汉	学生	2009. 01. 08
1122	辽宁	祁鹏飞	男	29	汉	学生	2009. 01. 08
1123	广东	陈宇峰	男	26	汉	学生	2009. 01. 12
1124	湖北	庄　莉	女	34	汉	学生	2009. 01. 12
1125	天津	张　立	女	21	汉	学生	2009. 01. 13
1126	浙江	丁　奕	男	36	汉	其他	2009. 01. 13
1127	浙江	林志威	男	36	汉	公务员	2009. 01. 13
1128	陕西	李玉鹏	男	22	汉	学生	2009. 01. 14
1129	河北	赵海霖	女	27	汉	其他	2009. 01. 19
1130	重庆	任春梅	女	21	汉	学生	2009. 01. 20
1131	湖北	吕　斌	男	27	汉	学生	2009. 01. 20
1132	山东	汪爱民	男	27	汉	学生	2009. 01. 21
1133	河南	王新旗	男	36	汉	群众	2009. 02. 06
1134	江西	刘玉勤	女	40	汉	职员	2009. 02. 09
1135	广西	吴　江	男	37	汉	教师	2009. 02. 12
1136	上海	张　颖	女	29	汉	群众	2009. 02. 12
1137	江苏	王雪刚	男	22	汉	群众	2009. 02. 12
1138	山西	王龙山	男	21	汉	学生	2009. 02. 25

1139	河南	高海洋	男	29	汉	群众	2009. 02. 16
1140	河南	杨　磊	男	25	汉	学生	2009. 02. 16
1141	湖南	朱　斌	男	30	汉	学生	2009. 02. 19
1142	江苏	周磊磊	男	23	汉	群众	2009. 02. 17
1143	江苏	虞建平	男	26	汉	群众	2009. 02. 18
1144	四川	张晓丹	女	32	汉	学生	2009. 02. 18
1145	黑龙江	颜丙福	男	25	汉	群众	2009. 02. 23
1146	安徽	周玉德	男	24	汉	学生	2009. 02. 27
1147	广西	李珩渊	男	31	汉	军人	2009. 02. 23
1148	山西	申文栋	男	31	汉	学生	2009. 02. 23
1149	河南	张晓亚	女	31	汉	职员	2009. 02. 23
1150	重庆	胡幸辉	男	22	汉	学生	2009. 02. 25
1151	山东	孙群书	男	30	汉	群众	2009. 03. 02
1152	吉林	宋雪霏	男	24	汉	学生	2009. 03. 04
1153	湖南	曹　淼	男	33	汉	职员	2009. 03. 05
1154	内蒙古	滕海山	男	35	汉	群众	2009. 03. 02
1155	江苏	陈　磊	男	28	汉	工人	2009. 03. 03
1156	陕西	张磊风	男	23	汉	学生	2009. 03. 07
1157	内蒙古	来蕊翠	女	36	俄罗斯	职员	2009. 03. 07
1158	上海	陈海华	男	22	汉	学生	2009. 03. 02
1159	上海	吴承根	男	22	汉	学生	2009. 03. 12
1160	上海	郑晓岚	女	35	汉	工人	2009. 03. 16
1161	广东	陈逸飞	男	24	汉	学生	2009. 03. 02
1162	内蒙古	祝琳琳	女	27	汉	教师	2009. 03. 12
1163	吉林	郭立斌	男	24	汉	学生	2009. 03. 19
1164	宁夏	宋旭东	男	31	汉	医师	2009. 03. 04
1165	陕西	高小强	男	27	汉	学生	2009. 03. 15
1166	上海	吴晓琳	女	25	汉	其他	2009. 03. 19
1167	山西	马建军	男	32	汉	职员	2009. 03. 17
1168	山东	王　璇	男	28	汉	工人	2009. 03. 16
1169	上海	雷秋琴	女	23	汉	学生	2009. 03. 23
1170	广东	邱　枧	女	28	汉	学生	2009. 03. 23
1171	上海	黄佳寅	女	23	汉	职员	2009. 03. 30
1172	河北	仲小虎	男	23	汉	职员	2009. 03. 30
1173	陕西	苏晓康	男	23	汉	学生	2009. 03. 30

1174	广西	黄　俊	男	34	汉	其他	2009.04.06
1175	河北	吉　涛	女	24	汉	学生	2009.03.28
1176	天津	刘　通	男	23	汉	学生	2009.03.31
1177	黑龙江	袁志超	男	27	汉	个体	2009.04.06
1178	上海	包莉娜	女	29	汉	学生	2009.04.07
1179	江西	张　鹏	女	25	汉	学生	2009.04.09
1180	河南	贾朋威	男	23	汉	其他	2009.04.11
1181	河南	梁　均	男	36	汉	职员	2009.04.11
1182	广西	罗琨祥	男	29	汉	职员	2009.04.13
1183	山东	史金胜	男	30	汉	职员	2009.04.15
1184	广东	吴志萍	男	33	汉	职员	2009.04.15
1185	西藏	熊忠翔	男	31	汉	军人	2009.04.15
1186	广东	黄德强	男	30	汉	其他	2009.04.16
1187	广东	林华锋	男	31	汉	军人	2009.04.16
1188	浙江	雷伟锋	男	22	汉	学生	2009.04.15
1189	上海	沈　婷	女	27	汉	教师	2009.04.16
1190	辽宁	张　嫔	女	30	汉	其他	2009.04.20
1191	湖南	刘长明	男	35	汉	其他	2009.04.20
1192	山东	史久尧	男	41	汉	教师	2009.04.21
1193	浙江	金爱珍	女	30	汉	其他	2009.04.16
1194	安徽	周凯凯	男	21	汉	学生	2009.04.21
1195	辽宁	袁忠英	男	22	汉	学生	2009.04.22
1196	广西	徐兴甲	男	41	汉	其他	2009.04.23
1197	黑龙江	王颜涛	男	37	汉	工人	2009.04.23
1198	河北	白春勇	男	24	汉	职员	2009.04.25
1199	广东	李松明	男	24	汉	学生	2009.04.25
1200	北京	张惠敏	女	38	汉	工人	2009.04.27
1201	广西	覃风莉	女	33	壮	职员	2009.04.27
1202	湖南	张　强	男	24	汉	学生	2009.04.27
1203	河北	魏丽婧	女	25	汉	学生	2009.04.28
1204	贵州	张　超	男	29	汉	其他	2009.04.28
1205	辽宁	刘宇强	男	33	汉	其他	2009.04.28
1206	湖南	陈晓辉	男	37	汉	其他	2009.04.20
1207	浙江	李　君	女	21	汉	学生	2009.04.28
1208	江苏	陈　烨	女	37	汉	教师	2009.04.28

1209	天津	胡小兵	男	27	汉	学生	2009.04.28
1210	海南	姜　阳	男	22	汉	军人	2009.04.28
1211	辽宁	厉　莉	女	29	汉	学生	2009.04.07
1212	陕西	刘海兵	男	23	汉	职员	2009.05.07
1213	河南	马亚东	男	33	汉	工人	2009.05.08
1214	湖北	汪　霞	女	23	汉	学生	2009.05.11
1215	广东	吕晓东	男	30	汉	职员	2009.05.18
1216	吉林	尹　航	男	23	汉	学生	2009.05.13
1217	陕西	刘少锋	男	23	汉	学生	2009.05.13
1218	辽宁	李雪峰	男	22	汉	学生	2009.05.14
1219	内蒙古	董　铁	男	27	汉	医生	2009.05.18
1220	北京	王　杉	女	22	汉	学生	2009.05.18
1221	河南	刘梅芳	女	27	汉	职员	2009.05.19
1222	山东	王金太	男	45	汉	公务员	2009.05.25
1223	江苏	陆　强	男	32	汉	工人	2009.05.25
1224	浙江	陈柯谷	男	26	汉	其他	2009.05.26
1225	河北	彭一腾	男	23	汉	学生	2009.05.26
1226	广东	邓小燕	女	22	汉	学生	2009.05.28
1227	湖北	陈　超	男	24	汉	学生	2009.05.29
1228	广西	陆　亿	男	24	汉	学生	2009.05.31
1229	河南	尚云立	男	42	汉	其他	2009.05.26
1230	北京	孙　强	男	38	汉	工人	2009.05.28
1231	陕西	刘娟花	女	22	汉	学生	2009.02.26
1232	湖南	肖曙光	男	22	汉	学生	2009.06.02
1233	天津	范　博	男	21	汉	学生	2009.06.04
1234	上海	徐志梁	男	22	汉	学生	2009.06.01
1235	黑龙江	张晓慧	女	38	汉	其他	2009.06.08
1236	江苏	张　勇	男	33	汉	职员	2009.06.09
1237	河南	胡雪冬	男	26	汉	工人	2009.06.09
1238	上海	洪　斌	男	25	汉	其他	2009.06.09
1239	海南	瞿　辉	男	26	汉	军人	2009.06.10
1240	山东	李晓光	男	34	汉	工人	2009.06.10
1241	山东	张化帅	男	25	汉	学生	2009.06.11
1242	河北	李会军	男	31	汉	公务员	2009.06.12
1243	浙江	张永刚	男	26	汉	学生	2009.06.09

1244	河南	庞彦许	男	29	汉	教师	2009.06.18
1245	北京	董学军	男	22	汉	学生	2009.06.15
1246	江西	万芷琪	女	39	汉	职员	2009.05.27
1247	山西	魏宇星	男	24	汉	职员	2009.06.15
1248	江苏	王红艳	女	30	汉	工人	2009.06.15
1249	福建	黄琦璇	女	26	汉	学生	2009.06.18
1250	北京	王国胜	男	30	汉	职员	2009.06.18
1251	河北	郭鹏程	男	34	满	职员	2009.06.14
1252	陕西	党世强	男	23	汉	学生	2009.06.18
1253	广东	贺木灵	男	28	汉	职员	2009.06.23
1254	黑龙江	徐桂兰	女	43	汉	家政	2009.06.24
1255	湖南	谭文平	男	22	汉	学生	2009.06.25
1256	四川	史梦云	女	32	汉	学生	2009.06.25
1257	河北	李小丽	女	25	汉	学生	2009.06.26
1258	海南	谭麒麟	男	24	汉	其他	2009.06.29
1259	上海	胡方晨	男	23	汉	其他	2009.06.29
1260	湖北	王　冲	男	25	汉	军人	2009.07.01
1261	上海	韩绍金	男	23	汉	学生	2009.07.01
1262	天津	李存雅	女	24	汉	学生	2009.07.01
1263	天津	雷　雨	男	22	汉	学生	2009.07.02
1264	吉林	侯　帅	男	23	汉	其他	2009.07.02
1265	吉林	徐　佳	女	26	汉	其他	2009.07.02
1266	上海	张向晖	男	31	汉	公务员	2009.07.02
1267	浙江	倪　滨	男	31	汉	其他	2009.07.01
1268	上海	匡春明	男	28	汉	其他	2009.07.06
1269	湖南	刘　容	女	22	汉	学生	2009.07.06
1270	山东	荆翔瑜	男	30	汉	职员	2009.07.07
1271	江苏	沈　康	男	29	汉	职员	2009.07.14
1272	山西	南尚林	男	28	汉	医务	2009.07.14
1273	云南	潘　龙	男	21	满	学生	2009.07.16
1274	天津	李经纬	男	26	汉	学生	2009.07.16
1275	广东	孙　艳	女	24	汉	学生	2009.07.17
1276	广东	李业海	男	28	汉	职员	2009.07.20
1277	陕西	茹小刚	男	31	汉	学生	2009.03.26
1278	北京	高　峰	男	25	汉	学生	2009.07.15

1279	北京	袁金冰	男	26	汉	工程师	2009. 07. 15
1280	内蒙古	郭静峰	男	28	回	其他	2009. 07. 16
1281	安徽	韩　阳	男	21	汉	学生	2009. 07. 22
1282	辽宁	苏丽华	女	51	汉	护士	2009. 07. 20
1283	山东	王　群	女	24	汉	卫生技术人员	2009. 07. 21
1284	上海	顾　婷	女	22	汉	学生	2009. 07. 23
1285	浙江	许　栋	男	29	汉	职员	2009. 07. 20
1286	辽宁	李荣兴	男	26	汉	其他	2009. 07. 20
1287	福建	谢明杰	男	26	汉	其他	2009. 07. 23
1288	新疆	王学龙	男	35	汉	工人	2009. 07. 23
1289	江西	余忠发	男	23	汉	学生	2009. 07. 20
1290	辽宁	邓腾飞	男	22	汉	学生	2009. 07. 27
1291	江苏	郑建明	男	45	汉	职员	2009. 07. 27
1292	重庆	杨再煜	男	26	侗	学生	2009. 07. 27
1293	湖南	王月松	男	22	汉	军人	2009. 07. 27
1294	湖南	刘　杰	男	39	汉	其他	2009. 07. 27
1295	天津	李志波	男	26	汉	公务员	2009. 07. 28
1296	广东	邵　斌	男	30	汉	学生	2009. 07. 29
1297	河南	张超歌	女	39	汉	其他	2009. 07. 29
1298	云南	毛金凤	女	20	汉	学生	2009. 07. 30
1299	上海	陈　莉	女	40	汉	其他	2009. 08. 11
1300	陕西	杨　晶	女	22	汉	学生	2009. 07. 30
1301	福建	吴国平	男	27	汉	其他	2009. 07. 30
1302	山西	王　伟	男	22	汉	职员	2009. 08. 04
1303	北京	刘胜军	男	24	汉	学生	2009. 08. 06
1304	四川	徐　琪	女	26	汉	学生	2009. 08. 07
1305	山东	王　锐	男	30	汉	公务员	2009. 08. 06
1306	山东	霍胜民	男	40	汉	公务员	2009. 08. 06
1307	广东	朱　清	男	35	汉	工人	2009. 08. 06
1308	辽宁	杜　敏	女	23	汉	学生	2009. 08. 06
1309	河南	杨振亚	男	34	汉	其他	2009. 08. 13
1310	浙江	张钱华	男	32	汉	学生	2009. 08. 11
1311	辽宁	郭永纯	男	23	汉	学生	2007. 08. 14
1312	辽宁	孙大勇	男	25	汉	学生	2006. 04. 00
1313	江苏	毕长亮	男	28	汉	卫生技术人员	2009. 08. 12

1314	山西	李鸿斌	男	33	汉	工人	2009.08.13
1315	青海	黄润平	男	21	汉	学生	2009.08.10
1316	浙江	高永恒	男	25	汉	学生	2009.08.12
1317	上海	刘晓薇	女	33	汉	教师	2009.08.13
1318	浙江	吴秀平	男	32	汉	工人	2009.08.20
1319	吉林	蒋凤纯	男	36	汉	技术员	2009.08.19
1320	广东	钟秀芳	女	34	汉	其他	2009.08.19
1321	广东	周雪芬	女	36	汉	其他	2009.08.20
1322	云南	杨福春	男	45	汉	公务员	2009.11.30
1323	河南	韩永旺	男	38	汉	教师	2009.08.20
1324	福建	陈仙坤	男	25	汉	其他	2009.08.19
1325	福建	罗　军	男	28	汉	职员	2009.08.20
1326	福建	彭昌炜	男	25	汉	职员	2009.08.20
1327	湖南	王　羽	男	31	汉	学生	2009.08.19
1328	湖南	汪　芳	女	28	汉	学生	2009.08.20
1329	浙江	郭大钢	男	32	汉	卫生技术人员	2009.08.24
1330	广东	陈乐华	男	30	汉	职员	2009.09.10
1331	海南	郑有谕	男	30	汉	其他	2009.08.25
1332	上海	高　达	男	26	汉	其他	2009.08.20
1333	河北	石　真	女	29	汉	其他	2009.08.24
1334	湖南	冯会清	女	23	汉	学生	2009.08.26
1335	山东	石连喜	男	27	汉	工人	2009.08.27
1336	湖北	张　乐	男	20	汉	其他	2009.09.02
1337	河南	李清敏	男	32	汉	其他	2009.09.04
1338	辽宁	王　丽	女	35	汉	卫生技术人员	2009.08.26
1339	河北	赵保双	男	34	汉	其他	2009.09.01
1340	广东	徐霄雯	女	29	汉	其他	2009.09.07
1341	浙江	刘　娜	女	33	汉	公务员	2009.09.15
1342	江苏	刘从山	男	28	汉	其他	2009.09.08
1343	四川	吴振华	男	28	汉	职员	2009.09.10
1344	上海	姜晓敏	男	24	汉	公务员	2009.09.10
1345	辽宁	李　平	女	22	汉	学生	2009.09.11
1346	河北	李建刚	男	26	汉	其他	2009.09.14
1347	江苏	顾　斌	男	27	汉	职员	2009.09.15
1348	山东	王　涛	男	26	汉	其他	2009.09.17

1349	海南	黄　斌	男	23	汉	军人	2005.02.07
1350	河北	贾微微	男	29	汉	卫生技术人员	2009.09.18
1351	山东	陈　俊	男	26	汉	学生	2009.09.20
1352	山西	韩　冰	男	28	汉	职员	2009.09.21
1353	江苏	王　辉	男	30	汉	卫生技术人员	2009.09.23
1354	四川	杨　益	男	24	汉	学生	2009.09.24
1355	吉林	崔国军	男	28	汉	其他	2009.09.24
1356	湖南	廖润四	男	27	汉	职员	2009.09.24
1357	湖南	周南田	男	46	汉	其他	2009.09.19
1358	重庆	范亚利	男	24	汉	学生	2009.09.25
1359	福建	廖进思	男	25	汉	教师	2009.09.28
1360	山东	周　璇	男	30	汉	其他	2009.09.28
1361	山东	张修峰	男	31	汉	学生	2009.09.28
1362	湖北	周　峰	男	23	汉	学生	2009.09.29
1363	湖北	王春平	男	22	汉	学生	2009.09.29
1364	广东	李　晓	男	33	汉	其他	2009.09.30
1365	河南	高智国	男	30	汉	其他	2009.09.30
1366	新疆	张功银	男	34	汉	其他	2009.09.28
1367	湖北	武身兵	男	34	汉	其他	2009.09.29
1368	天津	林　辉	男	21	汉	学生	2009.09.30
1369	辽宁	李芳虹	男	37	汉	其他	2009.10.09
1370	天津	梁　兵	女	37	汉	职员	2009.10.13
1371	安徽	罗　兵	男	27	汉	职员	2009.10.14
1372	湖北	李兆龙	男	22	汉	学生	2009.10.17
1373	河南	王　雪	女	28	汉	其他	2009.10.18
1374	山东	董红周	男	24	汉	学生	2009.10.20
1375	湖北	姚　青	女	23	汉	卫生技术人员	2009.10.21
1376	福建	张雄涛	男	20	汉	学生	2009.10.22
1377	江苏	莫建平	男	35	汉	卫生技术人员	2009.10.27
1378	山东	刘志军	男	28	汉	公务员	2009.10.25
1379	湖南	秦全昌	男	29	汉	学生	2009.10.29
1380	河南	韩昆朋	男	28	汉	卫生技术人员	2009.10.27
1381	北京	邢　军	男	30	汉	其他	2009.10.28
1382	辽宁	张新生	男	23	汉	学生	2009.10.28
1383	海南	王少华	男	21	黎	工人	2009.10.28

1384	河北	郭忠义	男	32	汉	其他	2009. 10. 28
1385	北京	闫鸿宾	男	27	汉	职员	2009. 10. 29
1386	广东	洪永华	男	35	汉	职员	2009. 10. 29
1387	河南	赵巧珍	女	37	汉	职员	2009. 11. 02
1388	北京	董向竹	女	26	汉	护士	2009. 11. 02
1389	江苏	甘俊华	男	27	汉	工人	2009. 11. 02
1390	山东	盛　翔	男	22	汉	学生	2009. 11. 03
1391	天津	刘　宁	男	25	汉	职员	2009. 11. 02
1392	甘肃	郑志威	男	26	汉	学生	2009. 11. 09
1393	湖南	李　彪	男	20	汉	其他	2009. 11. 09
1394	北京	关　爽	女	22	汉	学生	2009. 11. 09
1395	山东	杨　飞	男	37	汉	技术员	2009. 11. 10
1396	湖南	缪　荣	男	24	汉	学生	2009. 11. 11
1397	湖南	周　滔	男	24	汉	学生	2009. 11. 12
1398	江苏	郑迎春	男	30	汉	教师	2009. 11. 12
1399	福建	许　方	女	26	汉	其他	2009. 11. 13
1400	贵州	贺　波	男	32	汉	职员	2009. 11. 09
1401	陕西	孙云进	男	21	汉	学生	2009. 11. 11
1402	广东	胡伴兴	女	26	汉	工程师	2009. 11. 17
1403	河南	孙淑琪	女	45	汉	教师	2009. 11. 17
1404	陕西	杨　智	男	33	汉	教师	2009. 11. 16
1405	湖南	黄　颖	男	22	汉	学生	2009. 11. 19
1406	湖南	喻　建	男	26	汉	学生	2009. 11. 19
1407	浙江	韩小兵	男	25	汉	其他	2009. 11. 19
1408	上海	曾泉峰	男	21	汉	学生	2009. 11. 23
1409	广东	吴益群	男	21	汉	其他	2009. 11. 23
1410	河南	董爱军	男	39	汉	公务员	2009. 11. 23
1411	江苏	王　辉	男	38	汉	职员	2009. 11. 23
1412	山东	姜海洋	女	31	汉	技术员	2009. 11. 25
1413	辽宁	郑　涛	男	31	汉	职员	2009. 11. 25
1414	广西	农启宇	男	30	壮	其他	2009. 11. 25
1415	上海	吴雪斐	女	19	汉	学生	2009. 11. 30
1416	江西	皮信军	男	33	汉	其他	2009. 11. 25
1417	河北	杨　光	男	28	汉	公务员	2009. 11. 27
1418	江苏	李华伟	男	32	汉	职员	2009. 11. 30

1419	湖北	喻良君	男	30	汉	公务员	2009. 11. 30
1420	广西	陈　忠	男	35	壮	其他	2009. 11. 30
1421	天津	臧东运	男	32	汉	医生	2009. 11. 30
1422	湖北	陶佳伟	男	21	汉	学生	2009. 12. 02
1423	云南	杨蕊莹	女	31	彝	卫生技术人员	2009. 12. 02
1424	天津	李冠荣	男	22	汉	学生	2009. 12. 02
1425	天津	顾成龙	男	21	汉	学生	2009. 12. 02
1426	山东	王　鹏	男	24	汉	学生	2009. 12. 03
1427	陕西	李　浩	男	23	汉	学生	2009. 12. 04
1428	重庆	林　立	男	24	汉	学生	2009. 12. 04
1429	广东	孟艳艳	女	22	汉	学生	2009. 12. 07
1430	江苏	杨　飞	男	34	汉	其他	2009. 12. 02
1431	上海	祝　琳	男	26	汉	学生	2009. 12. 07
1432	湖南	张　炜	男	23	汉	学生	2009. 12. 09
1433	江苏	申建平	男	31	汉	军人	2009. 12. 08
1434	山东	邹惠荣	女	38	汉	技术员	2009. 12. 14
1435	江苏	孙　艳	女	27	汉	其他	2009. 12. 15
1436	广东	李汉欣	男	30	汉	教师	2009. 12. 21
1437	安徽	王朝杰	男	22	汉	学生	2009. 12. 09
1438	安徽	魏敬华	男	33	汉	其他	2009. 12. 14
1439	山东	朱永明	男	23	汉	学生	2009. 12. 21
1440	河南	吕长远	男	23	汉	其他	2009. 12. 21
1441	山东	贤业超	男	24	汉	职员	2009. 12. 22
1442	重庆	郝潇潇	男	28	汉	学生	2009. 12. 23
1443	贵州	贺俊义	男	40	汉	教师	2009. 12. 22
1444	山东	栾基强	男	21	汉	技术员	2009. 12. 22
1445	河北	王　彬	男	21	汉	学生	2009. 12. 23
1446	山东	路金霞	女	21	汉	工人	2009. 12. 24
1447	北京	雷　磊	男	26	汉	学生	2009. 12. 24
1448	青海	邱振雷	男	21	汉	学生	2009. 12. 25
1449	甘肃	衡平利	男	24	汉	其他	2009. 12. 25
1450	上海	王军建	男	26	汉	其他	2009. 12. 28
1451	北京	赵书生	男	26	汉	学生	2009. 12. 28
1452	广西	覃孙弟	男	28	壮	职员	2009. 12. 28
1453	黑龙江	武　琳	女	27	汉	职员	2009. 12. 28

1454	广东	梁建群	男	39	汉	其他	2009. 12. 28
1455	上海	王燕华	女	25	汉	教师	2009. 12. 29
1456	安徽	张善友	男	24	汉	学生	2009. 12. 29
1457	山东	王　维	男	23	汉	学生	2009. 12. 29
1458	江苏	林　瑶	男	25	汉	其他	2009. 12. 29
1459	江苏	卞宠平	男	32	汉	其他	2009. 12. 29
1460	湖南	刘子建	女	25	汉	学生	2009. 12. 30
1461	河南	韩鹏飞	男	25	汉	公务员	2009. 12. 30
1462	湖北	杨子威	男	19	汉	学生	2010. 01. 03
1463	上海	陈　强	男	43	汉	其他	2010. 01. 07
1464	内蒙古	麻志鹏	男	29	汉	交警	2010. 01. 10
1465	广东	董维佳	男	31	汉	其他	2010. 01. 04
1466	广东	章作铨	男	33	汉	其他	2010. 01. 04
1467	广东	高志宏	男	30	汉	职员	2010. 01. 04
1468	河南	杨肖义	男	25	汉	其他	2010. 01. 08
1469	上海	朱　嫣	女	20	汉	学生	2010. 01. 11
1470	福建	邓立民	男	40	汉	职员	2010. 01. 11
1471	湖北	张　宝	男	28	汉	学生	2010. 01. 11
1472	广东	赵　安	男	24	汉	学生	2010. 01. 12
1473	河南	孙冠武	男	37	汉	其他	2010. 01. 12
1474	江苏	韩秀芳	女	38	汉	警察	2010. 01. 12
1475	天津	樊继康	男	28	汉	军人	2010. 01. 13
1476	浙江	窦苏阳	男	29	汉	公务员	2010. 01. 12
1477	辽宁	朱文亮	男	23	汉	技术员	2010. 01. 14
1478	吉林	沈睿智	男	19	汉	学生	2010. 01. 14
1479	河北	苗俊海	男	32	汉	公务员	2010. 01. 15
1480	辽宁	王福忠	男	41	汉	工人	2010. 01. 14
1481	河南	张明相	男	38	汉	司机	2010. 01. 15
1482	江苏	王东阳	男	28	汉	教师	2010. 01. 11
1483	河南	连红涛	男	28	汉	学生	2010. 01. 18
1484	湖南	李　述	男	26	汉	学生	2010. 01. 19
1485	江苏	余长亮	男	32	汉	职员	2010. 01. 19
1486	江苏	黄少云	男	24	汉	学生	2010. 01. 20
1487	湖南	姚开波	男	33	汉	学生	2010. 01. 27
1488	广东	仇小龙	男	21	汉	学生	2010. 01. 27

1489	江苏	毕 磊	男	30	汉	职员	2010.01.27
1490	四川	李 勇	男	37	汉	其他	2010.01.28
1491	广东	朱洪明	男	21	汉	工人	2010.01.28
1492	福建	花旺春	男	34	汉	医生	2010.01.28
1493	广东	孙世海	男	22	汉	学生	2010.01.28
1494	江西	杨志刚	男	32	汉	其他	2010.01.28
1495	河南	王镇江	男	31	汉	其他	2010.01.28
1496	山东	周 旭	男	26	汉	农民	2010.01.25
1497	山东	魏善龙	男	38	汉	教师	2010.01.25
1498	黑龙江	刘明顺	男	41	汉	工人	2010.01.21
1499	上海	王莉娜	女	31	汉	其他	2010.01.26
1500	浙江	沈伟莉	女	24	汉	卫生技术人员	2010.01.27
1501	四川	汤宽弟	男	30	汉	其他	2010.01.27
1502	湖南	戴 琼	男	24	汉	学生	2010.01.28
1503	江西	唐 旻	男	28	汉	职员	2010.01.31
1504	江苏	羊卫东	男	35	汉	教师	2010.02.01
1505	河北	金明亮	男	25	汉	警察	2010.02.01
1506	天津	王 璐	男	25	汉	学生	2010.02.02
1507	河南	夏劭昕	男	26	汉	其他	2010.02.02
1508	四川	张艳秋	女	23	汉	卫生技术人员	2010.02.04
1509	福建	苏凤岭	男	31	汉	职员	2010.02.04
1510	湖北	石 马	男	20	汉	学生	2010.01.31
1511	湖北	陶 锐	男	29	汉	学生	2010.02.05
1512	山东	马良胜	男	41	汉	个体	2010.02.07
1513	上海	郑 浩	男	33	满	其他	2010.02.08
1514	山西	苏永强	男	29	汉	其他	2010.02.09
1515	浙江	沈 聪	男	24	汉	工程师	2010.02.08
1516	天津	杨晓东	男	26	汉	学生	2010.02.08
1517	上海	王忆云	男	24	汉	其他	2010.02.11
1518	云南	岳熙莹	女	27	汉	学生	2010.02.25
1519	浙江	何 祎	男	38	汉	其他	2010.02.25
1520	辽宁	石国潮	男	24	汉	学生	2010.03.01
1521	上海	刘 涛	男	29	汉	卫生技术人员	2010.03.08
1522	山东	梁 军	男	23	汉	学生	2010.03.04
1523	重庆	左 江	男	23	汉	学生	2010.03.05

1524	广东	顾梦龙	男	23	汉	学生	2010.03.08
1525	上海	王　翎	女	28	汉	其他	2010.03.08
1526	山西	郝志刚	男	30	汉	技工	2010.03.09
1527	广西	彭仕敏	男	31	汉	其他	2010.03.09
1528	上海	徐毓雯	女	26	汉	学生	2010.03.10
1529	福建	刘龙海	男	21	汉	学生	2010.03.08
1530	四川	赵　云	男	22	汉	学生	2010.03.08
1531	河南	刘　建	男	29	汉	公务员	2010.03.08
1532	福建	王汝鑫	男	23	汉	学生	2010.03.09
1533	江苏	朱清华	男	27	汉	卫生技术人员	2010.03.08
1534	山东	郭庆坤	男	24	汉	学生	2010.03.11
1535	广西	陈国晓	女	24	汉	其他	2010.03.11
1536	黑龙江	付光明	男	32	汉	其他	2010.03.11
1537	甘肃	张　浩	男	21	汉	学生	2010.03.11
1538	四川	佀　媛	女	26	藏	公务员	2010.03.10
1539	河南	王光正	男	42	汉	其他	2010.03.15
1540	山东	王逸帆	女	24	汉	学生	2010.03.15
1541	四川	唐彩莲	女	21	汉	学生	2010.03.15
1542	河南	徐　航	男	36	汉	公务员	2010.03.15
1543	天津	陈博洋	男	27	汉	学生	2010.03.10
1544	江苏	满孝增	男	25	汉	其他	2010.03.10
1545	河北	霍立坤	男	28	汉	其他	2010.03.11
1546	广东	熊冬梅	女	27	汉	学生	2010.03.18
1547	浙江	毛建飞	男	23	汉	其他	2010.03.18
1548	江苏	汪　璐	男	28	汉	医生	2010.03.16
1549	上海	韩宜男	女	26	汉	学生	2010.03.18
1550	河南	法永生	男	21	汉	工人	2010.03.22
1551	辽宁	王　涛	男	37	汉	其他	2010.03.23
1552	江苏	张儒超	男	21	汉	其他	2010.03.23
1553	河南	靳海丽	女	20	汉	其他	2010.03.23
1554	上海	倪　悦	男	29	汉	其他	2010.03.24
1555	福建	李梅珠	女	31	汉	职员	2010.03.25
1556	广西	邹治军	男	30	汉	其他	2010.03.29
1557	广东	刘乔新	男	23	汉	学生	2010.03.30
1558	浙江	傅海波	男	42	汉	工人	2010.03.30

1559	安徽	张大虎	男	25	汉	工人	2010.03.26
1560	甘肃	纪 勋	男	20	汉	学生	2010.03.31
1561	广西	王勇焕	男	29	汉	其他	2010.04.01
1562	上海	居 莉	女	24	汉	卫生技术人员	2010.04.01
1563	天津	王 勇	男	38	汉	其他	2010.04.01
1564	天津	王晗旭	男	21	汉	学生	2010.04.01
1565	辽宁	张 猛	男	24	汉	其他	2010.04.01
1566	北京	武建侠	男	26	汉	学生	2010.04.02
1567	山西	张 迪	女	21	汉	学生	2010.04.06
1568	江苏	滕燕清	男	30	汉	卫生技术人员	2010.04.06
1569	河北	宋鸿雁	男	47	汉	其他	2010.04.06
1570	浙江	汪赛军	男	32	汉	职员	2010.04.07
1571	海南	胡炜恒	男	22	汉	学生	2010.04.07
1572	浙江	卢科科	女	28	汉	其他	2010.04.08
1573	北京	王树光	男	25	汉	学生	2010.04.09
1574	云南	郭 超	男	29	汉	军人	2010.04.12
1575	山东	段 义	男	41	汉	公务员	2010.04.12
1576	四川	余佳耘	女	22	汉	学生	2010.04.12
1577	北京	赵艳艳	女	25	汉	学生	2010.04.12
1578	河南	李衍行	男	39	汉	教师	2010.04.12
1579	海南	陈 国	男	32	汉	其他	2010.04.14
1580	上海	汤瑞婕	女	24	汉	其他	2010.04.15
1581	山东	熊小慧	女	24	汉	学生	2010.04.15
1582	浙江	和 煦	男	44	汉	卫生技术人员	2010.04.15
1583	江苏	张海强	男	33	汉	职员	2010.04.19
1584	内蒙古	王 丹	男	27	汉	其他	2010.04.19
1585	河南	李志权	男	25	汉	其他	2010.04.19
1586	湖南	易 虎	男	27	汉	学生	2010.04.19
1587	广东	钟永强	男	22	汉	其他	2010.04.19
1588	江苏	程艳玲	女	42	汉	其他	2010.04.20
1589	天津	卢茂鑫	男	21	汉	学生	2010.04.21
1590	辽宁	田孝富	男	41	汉	工人	2010.04.21
1591	海南	刘小雷	男	37	汉	其他	2010.04.22
1592	山东	张志文	男	28	汉	工人	2010.04.23
1593	广东	陈华球	男	28	汉	学生	2010.04.26

1594	黑龙江	姜　珑	男	36	汉	医生	2010. 04. 26
1595	陕西	王治文	男	34	汉	学生	2010. 04. 26
1596	福建	林　熙	男	30	汉	职员	2010. 04. 26
1597	山东	颜世林	男	23	汉	学生	2010. 04. 26
1598	湖北	万　里	男	23	汉	学生	2010. 04. 27
1599	北京	唐志雄	男	44	汉	军人	2010. 04. 27
1600	山东	马川青	男	38	汉	职员	2010. 04. 28
1601	河南	李志瑾	男	24	汉	工人	2010. 04. 26
1602	福建	杨超余	男	23	汉	学生	2010. 04. 29
1603	湖北	张维妙	女	27	汉	卫生技术人员	2010. 04. 29
1604	内蒙古	刘庆和	男	32	汉	其他	2010. 04. 29
1605	安徽	赵静远	男	21	汉	学生	2010. 04. 29
1606	江西	蒋拥军	男	42	汉	其他	2010. 04. 28
1607	山东	郭　峰	男	22	汉	学生	2010. 05. 04
1608	河南	张严伟	男	28	汉	其他	2010. 05. 10
1609	上海	徐　麟	男	31	汉	其他	2010. 05. 10
1610	云南	王跃斌	男	35	汉	技术员	2010. 05. 12
1611	河北	安　康	男	21	汉	学生	2010. 05. 06
1612	黑龙江	杨育圣	男	24	汉	学生	2010. 05. 10
1613	上海	邓　柳	男	22	汉	学生	2010. 05. 10
1614	甘肃	王　涛	男	21	汉	学生	2010. 05. 10
1615	辽宁	崔　鹏	男	23	汉	学生	2010. 05. 10
1616	河南	申少卿	男	25	汉	其他	2010. 05. 10
1617	北京	马鹏坤	男	22	汉	学生	2010. 05. 10
1618	湖南	孙士帅	男	25	汉	工人	2010. 05. 10
1619	辽宁	邢士海	男	23	汉	学生	2010. 05. 11
1620	江苏	陈　俊	男	25	汉	学生	2010. 05. 11
1621	黑龙江	翟明鲁	男	23	汉	学生	2010. 05. 12
1622	河南	单红果	男	21	汉	卫生技术人员	2010. 05. 12
1623	广东	李德伦	男	26	汉	学生	2010. 05. 13
1624	贵州	何玉坤	男	21	汉	学生	2010. 05. 13
1625	福建	王洋洋	男	24	汉	其他	2010. 05. 13
1626	河南	高淑芬	女	39	汉	工人	2010. 05. 14
1627	上海	赵　林	男	31	汉	其他	2010. 04. 21
1628	黑龙江	徐　聪	男	26	汉	其他	2010. 05. 07

1629	湖南	李　骁	男	20	汉	学生	2010.05.13
1630	河南	成恒超	男	42	汉	公务员	2010.05.14
1631	山东	罗　锴	男	22	汉	学生	2010.05.17
1632	上海	靳依卉	女	24	汉	学生	2010.05.17
1633	广东	余明光	男	23	汉	学生	2010.05.17
1634	福建	黄祎文	男	40	汉	职员	2010.05.17
1635	江苏	万　军	男	41	汉	教师	2010.05.18
1636	广西	陈浩林	男	27	汉	公务员	2010.05.18
1637	湖南	王洪涛	男	25	汉	学生	2010.06.02
1638	福建	周跃龙	男	28	汉	其他	2010.05.18
1639	上海	蔡　庆	男	29	汉	学生	2010.05.19
1640	广西	饶坤荣	男	26	汉	技师	2010.05.20
1641	云南	曾　超	男	21	汉	学生	2010.05.20
1642	河南	郭　光	男	27	汉	其他	2010.05.25
1643	湖北	方雅倩	女	27	汉	学生	2010.05.21
1644	河南	张玉明	男	45	汉	保安	2010.05.12
1645	湖北	罗　灿	男	23	汉	学生	2010.05.24
1646	湖南	鲍　洋	男	23	汉	学生	2010.05.26
1647	湖北	马子龙	男	22	汉	学生	2010.05.26
1648	山东	王一虎	男	26	汉	学生	2010.05.26
1649	浙江	陆　骁	男	22	汉	学生	2010.05.19
1650	重庆	岑富明	男	22	汉	学生	2010.05.25
1651	广西	李燕萍	女	35	壮	教师	2010.05.26
1652	广东	卓双喜	男	33	汉	其他	2010.05.27
1653	海南	郑伟佳	男	23	汉	学生	2010.05.27
1654	四川	张　雷	男	31	汉	其他	2010.05.27
1655	天津	蒋玉强	男	39	汉	职员	2010.05.25
1656	河南	宋小娃	男	23	汉	其他	2010.05.24
1657	江苏	郭建钢	男	30	汉	公务员	2010.05.25
1658	江苏	桑静雨	男	42	汉	医生	2010.05.26
1659	山东	刘　东	男	42	汉	技术员	2010.05.29
1660	山东	王栎霞	女	25	汉	学生	2010.05.29
1661	上海	罗丹红	女	23	汉	学生	2010.05.31
1662	黑龙江	袁志超	男	28	汉	个体	2010.05.31
1663	广东	何兆龙	男	23	汉	学生	2010.06.01

1664	江苏	陆　磊	男	27	汉	工人	2010. 06. 02
1665	黑龙江	何　岩	女	23	汉	卫生技术人员	2010. 06. 02
1666	北京	高立鹏	男	24	汉	学生	2010. 06. 03
1667	江苏	戴智慧	女	28	汉	护士	2010. 05. 31
1668	天津	刘建东	男	22	汉	学生	2010. 06. 02
1669	云南	毛金凤	女	21	汉	学生	2010. 05. 26
1670	浙江	徐娟娟	女	21	汉	其他	2010. 06. 04
1671	福建	林　科	男	23	汉	学生	2010. 06. 07
1672	内蒙古	李松林	男	28	汉	工人	2010. 06. 08
1673	浙江	顾弘劼	男	21	汉	学生	2010. 06. 09
1674	河北	李　磊	男	28	汉	公务员	2010. 05. 31
1675	上海	丁丞栋	男	22	汉	学生	2010. 06. 02
1676	山东	张　锋	男	34	汉	工人	2010. 06. 07
1677	湖南	黄　蕾	男	24	汉	学生	2010. 06. 10
1678	辽宁	康　龙	男	29	汉	民警	2010. 06. 11
1679	浙江	孙　可	男	23	汉	学生	2010. 06. 12
1680	山西	张宝军	男	27	汉	学生	2010. 06. 12
1681	广东	刘兆坤	男	24	汉	学生	2010. 06. 10
1682	湖南	黄秭亨	男	21	汉	学生	2010. 06. 09
1683	甘肃	薛燕燕	女	23	汉	学生	2010. 06. 10
1684	天津	段书峰	男	28	汉	学生	2010. 06. 09
1685	广东	于荣华	男	26	汉	学生	2010. 06. 24
1686	湖北	高才兵	男	37	汉	教师	2010. 06. 15
1687	广西	肖运学	男	35	壮	卫生技术人员	2010. 06. 15
1688	北京	方　晨	男	31	汉	学生	2010. 06. 16
1689	山东	秦　丹	女	27	汉	工人	2010. 06. 17
1690	北京	李秋实	男	25	汉	学生	2010. 06. 17
1691	陕西	高　林	男	23	汉	学生	2010. 06. 17
1692	河北	魏　健	男	34	汉	公务员	2010. 06. 17
1693	四川	吴万里	男	29	汉	学生	2010. 06. 17
1694	湖北	陈达友	男	25	汉	其他	2010. 06. 22
1695	广东	黄李甜	女	24	汉	学生	2010. 06. 22
1696	辽宁	董小利	女	30	汉	其他	2010. 06. 22
1697	山东	吕兆起	男	24	汉	学生	2010. 06. 24
1698	江西	龚磊明	男	21	汉	学生	2010. 06. 21

1699	广东	吴得明	男	22	汉	其他	2010.06.21
1700	湖南	李仁圣	男	25	汉	学生	2010.06.21
1701	黑龙江	姜　涛	男	35	汉	其他	2010.06.21
1702	上海	顾中华	男	29	汉	其他	2010.06.21
1703	黑龙江	王悦懿	女	24	汉	职员	2010.06.22
1704	山东	张建胜	男	39	汉	卫生技术人员	2010.06.23
1705	广西	蔡培勇	男	30	汉	工人	2010.06.17
1706	天津	许曾平	男	20	汉	学生	2010.06.21
1707	四川	蒋应刚	男	29	汉	其他	2010.06.21
1708	湖南	邹湘菱	女	21	汉	学生	2010.06.21
1709	上海	颜忻华	男	31	汉	其他	2010.06.22
1710	江苏	乐永胜	男	29	汉	职员	2010.06.23
1711	辽宁	赵红强	男	36	汉	工人	2010.06.24
1712	云南	荣　莉	女	32	汉	其他	2010.06.26
1713	贵州	周月凯	男	24	汉	学生	2010.06.24
1714	辽宁	徐启奎	男	34	汉	学生	2010.06.23
1715	山东	石金玲	女	31	汉	工人	2010.06.28
1716	重庆	苟志文	男	22	汉	学生	2010.06.30
1717	山东	吕　明	男	26	汉	工人	2010.06.28
1718	云南	陈　银	男	23	汉	其他	2010.06.29
1719	重庆	沈　聪	男	21	汉	其他	2010.06.29
1720	天津	王银华	男	23	汉	学生	2010.06.29
1721	黑龙江	王　晗	男	20	汉	学生	2010.06.29
1722	安徽	王　梅	女	41	汉	其他	2010.09.08
1723	浙江	李京宁	男	47	汉	公务员	2010.07.01
1724	福建	郑益锋	男	23	汉	学生	2010.07.01
1725	湖南	刘　杰	男	25	汉	其他	2010.07.01
1726	四川	潘丰平	男	35	汉	其他	2010.07.05
1727	江苏	李端纯	男	33	汉	工人	2010.07.05
1728	湖南	李　波	男	24	汉	学生	2010.07.07
1729	湖南	杨星星	男	32	汉	学生	2010.07.08
1730	上海	连思君	女	26	汉	学生	2010.07.06
1731	湖北	赵开放	男	24	汉	学生	2010.07.06
1732	上海	陈诗雨	男	23	汉	卫生技术人员	2010.07.08
1733	广西	彭仕敏	男	31	汉	其他	2010.07.09

1734	河南	宋丽萍	女	39	汉	其他	2010.07.11
1735	江苏	张小燕	女	29	汉	职员	2010.07.12
1736	云南	谢宗贵	男	20	汉	学生	2010.07.12
1737	浙江	柴立见	男	34	汉	其他	2010.07.13
1738	江苏	戴振宇	男	23	汉	其他	2010.07.14
1739	广西	齐国豪	男	24	汉	学生	2010.07.14
1740	辽宁	张佩宁	男	28	汉	学生	2010.07.13
1741	宁夏	饶　艳	女	21	汉	学生	2010.07.15
1742	河南	许朝地	男	39	汉	公务员	2010.07.15
1743	广东	李雪玲	女	42	汉	其他	2010.07.19
1744	河南	何继东	男	34	汉	公务员	2010.07.19
1745	江苏	周　兵	男	40	汉	卫生技术人员	2010.07.19
1746	河南	刘卫才	男	33	汉	教师	2010.07.19
1747	贵州	吴世航	男	21	汉	学生	2010.07.20
1748	湖南	吴　波	男	24	汉	学生	2010.07.21
1749	天津	方滔文	男	20	汉	学生	2010.07.22
1750	贵州	邓剑平	男	25	汉	学生	2010.07.22
1751	四川	谢螭旭	男	26	汉	学生	2010.07.22
1752	湖北	裴飞宇	男	21	汉	学生	2010.07.14
1753	湖北	周星星	男	21	汉	学生	2010.07.23
1754	山东	张亚金	男	32	汉	公务员	2010.07.19
1755	山东	钟志强	男	30	汉	卫生技术人员	2010.07.20
1756	广西	陆　延	男	21	汉	学生	2010.07.26
1757	山东	艾　静	女	21	汉	教师	2010.07.27
1758	河南	户玉东	男	23	汉	学生	2010.07.21
1759	天津	曹　璐	男	22	汉	学生	2010.07.26
1760	海南	张孟豪	男	28	汉	其他	2010.07.26
1761	浙江	施锦程	男	21	汉	学生	2010.07.27
1762	河南	曹树军	男	41	汉	教师	2010.07.26
1763	黑龙江	田　野	男	36	汉	工人	2010.07.27
1764	江苏	魏培虹	女	24	汉	学生	2010.07.28
1765	湖南	李文军	男	26	汉	学生	2010.08.02
1766	天津	周长庆	男	21	汉	学生	2010.08.02
1767	河南	王开文	男	35	汉	其他	2010.08.02
1768	上海	沈秋彦	男	28	汉	学生	2010.08.02

1769	吉林	马明洋	男	22	汉	学生	2010.08.03
1770	上海	蒋士军	男	27	汉	其他	2010.08.03
1771	河南	尚永杰	男	36	汉	其他	2010.08.04
1772	浙江	陈 俊	男	25	汉	其他	2010.08.05
1773	湖南	王蜀湘	女	20	汉	学生	2010.08.11
1774	河南	张英丽	女	42	汉	工人	2010.08.11
1775	吉林	鲁 磊	男	27	汉	学生	2010.08.12
1776	湖南	杨 淼	男	31	汉	其他	2010.08.12
1777	甘肃	赵建平	男	21	汉	学生	2010.08.13
1778	湖南	黄志勇	男	24	汉	职员	2010.08.13
1779	江苏	万 健	男	34	汉	职员	2010.08.11
1780	上海	朱乾安	男	25	汉	工人	2010.08.17
1781	陕西	赵 康	男	23	汉	学生	2010.08.17
1782	河南	吕永安	男	27	汉	其他	2010.08.18
1783	北京	师蒙恩	男	28	汉	其他	2010.08.19
1784	广西	林 波	男	37	汉	工人	2010.08.31
1785	江苏	袁 辉	男	32	汉	职员	2010.08.12
1786	江苏	赵庆国	男	32	汉	卫生技术人员	2010.08.18
1787	河北	杨雪川	男	28	汉	卫生技术人员	2010.08.23
1788	四川	黄 飞	男	22	汉	学生	2010.08.23
1789	天津	徐大洲	男	21	汉	学生	2010.08.23
1790	湖南	谢一江	男	22	汉	学生	2010.08.19
1791	江苏	李 青	女	32	汉	卫生技术人员	2010.08.23
1792	天津	范庆田	男	21	汉	学生	2010.08.25
1793	江苏	叶 明	男	23	汉	工程师	2010.08.24
1794	北京	王英杰	男	28	汉	其他	2010.08.26
1795	吉林	李占雨	男	37	汉	其他	2010.08.26
1796	新疆	屈 悦	女	22	汉	学生	2010.08.26
1797	河南	牛 丽	女	35	汉	职员	2010.08.26
1798	北京	朱 峰	男	25	汉	学生	2010.08.26
1799	广东	王小明	男	28	汉	其他	2010.08.27
1800	浙江	姚 健	男	22	汉	学生	2010.08.30
1801	河南	李晓兵	男	23	汉	其他	2010.08.30
1802	河北	贺卫国	男	21	汉	学生	2010.08.30
1803	湖南	喻汉林	男	26	汉	学生	2010.08.30

1804	湖北	郭　霏	女	22	汉	学生	2010.08.31
1805	河南	程　刚	男	28	汉	其他	2010.08.31
1806	广东	魏红波	男	29	汉	工人	2010.08.31
1807	四川	蓝　天	男	21	畲	学生	2010.08.30
1808	河南	杨　猛	男	30	汉	其他	2010.09.02
1809	上海	毛　俊	男	41	汉	工人	2010.09.07
1810	北京	荣　昱	男	28	汉	学生	2010.09.01
1811	湖南	余　勇	男	20	汉	学生	2010.09.02
1812	山东	郑成祥	男	30	汉	卫生技术人员	2010.09.06
1813	湖北	沈路明	男	22	汉	学生	2010.09.06
1814	山东	胡永勃	男	25	汉	公务员	2010.09.06
1815	上海	陈家乐	男	21	汉	学生	2010.09.14
1816	天津	凌修远	男	21	汉	学生	2010.09.06
1817	江西	罗　迎	女	30	汉	公务员	2010.09.07
1818	新疆	李仕军	男	34	汉	其他	2010.09.07
1819	湖北	代兴宝	男	28	汉	学生	2010.09.07
1820	上海	郑钦文	男	22	汉	学生	2010.09.08
1821	四川	黄　诚	男	24	汉	工人	2010.09.09
1822	黑龙江	张海英	女	34	汉	其他	2010.09.09
1823	上海	朱长斌	男	21	汉	其他	2010.09.13
1824	河南	王　峰	男	32	汉	工人	2010.09.14
1825	北京	惠　飞	男	23	汉	职员	2010.09.10
1826	河南	李　强	男	47	汉	公务员	2010.09.08
1827	陕西	张　桥	男	22	汉	学生	2010.09.12
1828	江苏	徐　民	男	35	汉	其他	2010.09.13
1829	福建	俞联斌	男	36	汉	教师	2010.09.15
1830	湖南	胡世祥	男	23	汉	学生	2010.09.15
1831	上海	陆文祺	男	24	汉	公务员	2010.09.15
1832	湖南	刘　剑	男	24	汉	学生	2010.09.16
1833	广西	牟　帅	男	25	汉	卫生技术人员	2010.09.16
1834	江苏	殷雪群	女	31	汉	医生	2010.09.20
1835	广东	黄奎生	男	32	汉	其他	2010.09.19
1836	湖北	严克红	男	40	汉	其他	2010.09.19
1837	广东	林建伟	男	26	汉	学生	2010.09.19
1838	贵州	段　鹍	男	24	白	学生	2010.09.20

1839	湖北	张小浩	男	23	汉	学生	2010. 09. 20
1840	陕西	杨 柳	女	35	汉	工人	2010. 09. 20
1841	北京	屈琳阳	男	24	汉	其他	2010. 09. 29
1842	江苏	支桂红	女	23	汉	工人	2010. 09. 20
1843	浙江	方锦平	男	32	汉	其他	2010. 09. 20
1844	山东	刘建华	男	37	汉	教师	2010. 09. 21
1845	江苏	周玉明	男	32	汉	工人	2010. 09. 21
1846	湖南	戴智林	男	27	汉	学生	2010. 09. 20
1847	北京	李丽博	女	26	汉	职员	2010. 09. 27
1848	天津	金烨彬	男	22	汉	学生	2010. 09. 28
1849	天津	刘 洋	女	20	汉	学生	2010. 09. 28
1850	青海	罗颖春	男	24	壮	学生	2010. 09. 29
1851	上海	左 祎	女	21	汉	学生	2010. 09. 29
1852	贵州	黎茂颖	女	21	布依	学生	2010. 09. 29
1853	青海	程显进	男	22	汉	学生	2010. 09. 29
1854	安徽	吴 红	男	43	汉	医生	2010. 09. 29
1855	重庆	殷青强	男	24	汉	学生	2010. 10. 12
1856	广西	黄竹青	女	25	壮	其他	2010. 10. 08
1857	广西	蒋 敏	女	33	汉	卫生技术人员	2010. 10. 10
1858	广东	伍军权	男	23	汉	学生	2010. 10. 08
1859	陕西	骆小高	男	25	汉	学生	2010. 10. 12
1860	浙江	杨益军	男	22	汉	其他	2010. 10. 13
1861	贵州	赵 旋	男	23	汉	学生	2010. 10. 13
1862	山西	贺卫斌	男	25	汉	其他	2010. 10. 13
1863	湖北	殷 豪	男	41	汉	其他	2010. 10. 14
1864	河南	马 争	男	24	汉	学生	2010. 10. 13
1865	河南	郭行健	男	22	汉	学生	2010. 10. 13
1866	上海	沈 思	女	28	汉	其他	2010. 10. 14
1867	湖南	高 锷	男	25	汉	学生	2010. 10. 18
1868	贵州	徐静萍	女	36	汉	其他	2010. 10. 19
1869	江苏	张从保	男	37	汉	工人	2010. 10. 18
1870	贵州	余艳平	女	22	汉	学生	2010. 10. 20
1871	河北	张 静	女	76	汉	卫生技术人员	2010. 10. 21
1872	福建	孙大为	男	21	汉	学生	2010. 10. 21
1873	黑龙江	张传亮	男	20	汉	学生	2010. 10. 20

1874	四川	肖　三	男	43	汉	其他	2010. 10. 12
1875	江苏	卞　凯	男	23	汉	学生	2010. 10. 19
1876	河南	马立晓	男	41	汉	公务员	2010. 10. 21
1877	湖北	姚桂明	女	37	汉	其他	2010. 10. 25
1878	天津	王　方	女	24	汉	卫生技术人员	2010. 10. 25
1879	北京	郭智强	男	22	汉	学生	2010. 10. 25
1880	湖南	吴志高	男	23	汉	工人	2010. 10. 26
1881	辽宁	由伶聪	男	22	汉	其他	2010. 10. 26
1882	浙江	杨甜甜	女	22	汉	学生	2010. 10. 24
1883	江苏	郑小祥	男	28	汉	卫生技术人员	2010. 10. 25
1884	辽宁	李成来	男	30	汉	其他	2010. 10. 27
1885	福建	黄振桐	男	21	汉	学生	2010. 10. 28
1886	山东	魏旭辉	男	33	汉	其他	2010. 10. 28
1887	广东	张顺益	男	25	汉	其他	2010. 10. 29
1888	浙江	肖　纯	男	33	汉	卫生技术人员	2010. 10. 29
1889	河北	杨雪川	男	28	汉	卫生技术人员	2010. 10. 25
1890	湖南	张　威	男	27	汉	学生	2010. 11. 01
1891	河南	崔更寅	男	30	汉	其他	2010. 11. 01
1892	北京	张春意	女	40	汉	学生	2010. 11. 03
1893	山东	张　雯	女	34	汉	工人	2010. 11. 03
1894	湖北	肖　磊	男	38	汉	学生	2010. 11. 03
1895	上海	何恩乐	女	22	汉	卫生技术人员	2010. 11. 04
1896	山东	刘　斌	男	35	汉	工人	2010. 11. 04
1897	湖南	卢鹏鹏	男	28	汉	职员	2010. 11. 09
1898	河南	张松涛	男	26	汉	其他	2010. 11. 16
1899	辽宁	刘　虓	男	24	汉	其他	2010. 11. 11
1900	湖南	黄　懿	女	25	汉	学生	2010. 11. 11
1901	云南	宋桂僮	男	22	汉	学生	2010. 11. 12
1902	河南	李　娜	女	26	汉	其他	2010. 11. 11
1903	山东	苏环环	女	23	汉	教师	2010. 11. 15
1904	山东	王焕涛	男	24	汉	学生	2010. 11. 16
1905	上海	吴晓伟	男	26	汉	学生	2010. 11. 16
1906	河南	牛鋆超	男	23	汉	工人	2010. 11. 18
1907	上海	朱海东	男	30	汉	工人	2010. 11. 18
1908	海南	穆　森	男	31	满	其他	2010. 11. 18

1909	河南	张书娟	女	35	汉	其他	2010. 11. 19
1910	广东	林坤刁	男	38	汉	工人	2010. 11. 19
1911	上海	林传捷	男	21	汉	学生	2010. 11. 18
1912	河南	黄雨恒	女	22	汉	其他	2010. 11. 22
1913	北京	黄　巍	男	37	汉	工程师	2010. 11. 22
1914	河南	方德环	女	39	汉	其他	2010. 11. 22
1915	浙江	顾燕萍	女	40	汉	其他	2010. 11. 22
1916	江苏	许长青	男	30	汉	法医	2010. 11. 22
1917	广东	张春楠	男	23	汉	学生	2010. 11. 23
1918	吉林	郑金来	男	30	汉	其他	2010. 11. 24
1919	陕西	严　楠	女	34	汉	职员	2010. 11. 24
1920	新疆	王光亮	男	25	汉	工程师	2010. 11. 24
1921	河南	闫秀丽	女	44	汉	其他	2010. 11. 24
1922	河北	高久华	男	41	汉	工人	2010. 11. 25
1923	福建	安德忠	男	32	汉	工程师	2010. 11. 25
1924	山东	周广利	男	37	汉	卫生技术人员	2010. 11. 26
1925	上海	杨　杰	男	23	汉	学生	2010. 11. 24
1926	辽宁	黄　山	女	24	汉	学生	2010. 11. 26
1927	贵州	龚美合	男	21	汉	学生	2010. 11. 26
1928	湖南	刘　丽	女	23	汉	学生	2010. 11. 29
1929	重庆	尤左晨	男	23	汉	学生	2010. 11. 29
1930	贵州	李　磊	男	26	汉	工人	2010. 11. 30
1931	重庆	余远贞	女	25	汉	学生	2010. 11. 30
1932	浙江	夏国成	男	29	汉	其他	2010. 11. 30
1933	海南	王润哲	男	25	汉	其他	2010. 12. 01
1934	湖南	张远方	男	47	汉	其他	2010. 12. 01
1935	河南	周国礼	男	33	汉	教师	2010. 12. 02
1937	江苏	李致真	男	22	汉	学生	2010. 11. 29
1938	辽宁	王　丽	女	30	汉	其他	2010. 11. 29
1939	新疆	严　鲲	男	21	汉	学生	2010. 12. 01
1940	山西	谭张健	男	20	汉	学生	2010. 12. 06
1941	贵州	张　莉	女	27	汉	职员	2010. 12. 06
1942	天津	徐　波	男	29	汉	职员	2010. 12. 06
1943	浙江	林　台	男	29	汉	军人	2010. 12. 06
1944	天津	宋　炜	女	38	汉	其他	2010. 12. 06

1945	辽宁	沈艳新	女	34	汉	其他	2010.12.07
1946	广西	周文华	男	27	汉	职员	2010.12.08
1947	福建	童天盛	男	22	汉	学生	2010.12.09
1948	湖北	黄　轩	男	36	汉	其他	2010.12.10
1949	安徽	焦晓超	男	23	汉	其他	2010.12.12
1950	上海	汪海旭	男	27	汉	其他	2010.12.13
1951	河南	任宏欣	男	41	汉	其他	2010.12.13
1952	上海	赵　慧	女	26	汉	其他	2010.12.14
1953	陕西	乔寅生	男	24	汉	其他	2010.12.15
1954	湖北	马　冰	女	33	汉	其他	2010.12.16
1955	四川	帅开祥	男	22	汉	学生	2010.12.16
1956	上海	杨　超	男	28	汉	其他	2010.12.16
1957	广东	潘鑫聪	男	22	汉	学生	2010.12.17
1958	江苏	陆　琪	男	40	汉	职员	2010.12.20
1959	江苏	陈昌龙	男	36	汉	工人	2010.12.20
1960	江苏	印辉琴	女	38	汉	护士	2010.12.20
1961	山东	崔江峰	男	39	汉	医生	2010.12.20
1962	山东	李　扬	男	22	汉	学生	2010.12.21
1963	山东	王泽建	男	35	汉	其他	2010.12.21
1964	天津	唐迪阳	男	21	汉	学生	2010.12.20
1965	湖北	严生军	男	47	汉	技术员	2010.12.21
1966	海南	胡炜恒	男	22	汉	学生	2010.12.20
1967	福建	郑　欣	女	22	汉	学生	2010.12.27
1968	山东	张国庆	女	23	汉	学生	2010.12.27
1969	上海	张振雄	男	25	汉	学生	2010.12.27
1970	江苏	黄希来	男	39	汉	其他	2010.12.27
1971	上海	李　潇	女	27	汉	军人	2010.12.27
1972	四川	龚云奇	男	39	汉	教师	2010.12.27
1973	河北	王冬飞	男	24	汉	其他	2010.12.27
1974	广西	黄家南	男	46	汉	职员	2010.12.27
1975	黑龙江	关　华	女	31	汉	其他	2010.12.28
1976	甘肃	刘亚文	男	21	汉	其他	2010.12.28
1977	广东	李　平	男	36	汉	卫生技术人员	2010.12.29
1978	江苏	袁　慧	女	28	汉	卫生技术人员	2010.12.30

卷　二

六

分　会　篇

省、自治区、直辖市红十字会

北京市红十字会

【年度工作】

一、救灾工作

2010年是继汶川特大地震以后自然灾害频发的一年。北京市各级红十字会积极行动，迅速展开救灾救援行动，再一次经受住了历史性检验。一是面对百年不遇的西南特大旱灾，发起“红十字水源行动”，先后派出以蓝天救援队专业志愿者为主体的六批找水队，为贵州省重旱区找到可靠水源13处。同时，共募集专项救助款277.8万元，帮助当地群众解决生活、生产困难。二是青海玉树地震发生后，第一时间启动“红十字玉树救援行动”，于地震发生当日派出由999紧急救援队和蓝天应急辅助队组成的北京市红十字救援队，克服重重困难，长途跋涉奔赴灾区一线开展救援工作。红十字救援队在玉树转战11天，冒着高寒缺氧、地形复杂、余震频发的危险，共搜救幸存者12人，转运、救治伤员1381人，被党中央、国务院、中央军委授予“全国抗震救灾英雄集体”称号。在救援灾区期间，全市红十字系统共募集捐款8747.43万元。三是2010年以来，全市红十字系统还相继为海地地震、舟曲特大泥石流和南方水灾等特重大灾难募集社会捐款553.02万元，较好地履行了红十字会的人道主义责任。四是根据国务院和市委、市政府的统一部署，圆满完成了四川什邡对口支援任务。“走进四川·美丽绽放”、“我们在一起·北京什邡心灵关爱行动”、“北京什邡党政干部应急能力与公共精神研修班”成功举办；朝阳区红十字会、心理援助项目工作组等三个单位和七名个人分别荣获市委、市政府对口援建工作先进称号。对口援疆工作有序推进，彰显了红十字组织的人道救援能力。

二、防灾应急工作

一是首次以北京市人民政府的名义举办了全市群众性救护技能演练、模拟地震灾害救援演练，红十字防灾减灾教育逐步规模化、常态化。丰台、顺义等区县红十字会也相继举行了全区系统救护技能比赛；西城区建立了全市首个校园护卫队，昌平区对托幼园所的教师开展急救培训，进一步提高了校园安全意识。二是以中小学校学生、社区居民、公安系统警员等为重点，继续加大应急救护培训力度。截至11月底，全市参加应急救护知识普及培训人数68.6万人，有18.2万人取得了初级急救员证书。朝阳区红十字会分别与区应急办等相关部门联合下发了六个指导性文件，建立了五个培训联络站，全年共完成6.05万名初级急救员培训任务。门头沟区红十字会将应急救护培训引入驻区部队，崇文区红十字会与驻区知名企业签订长期培训合作协议，有效扩大了应急教育的覆盖面。三是作为北京市青少年公共安全教育系列读本，编印完成200 万册《青少年应急救护手册》，并向在校大中小学生免费发放。四是专业救援队伍建设成效显著。999 紧急救援中心新增急救车 50 辆、扩充急救站点 20 个。同时，与民营航空公司合作，启动空中急救转运业务，全方位、立体化救援体系迈出新步伐。蓝天救援队注册为国内首个民间救援队，成为红十字应急体系中一支重要力量。

三、筹资工作

一是“博爱在京城”募捐筹资成效明显。截至 11 月底，市、区两级红十字会共募集资金 3437.38 万元，物资价值 2001.65 万元。全年办理红十字博爱龙卡七万余张，返还捐赠款 108 万元。通州区红十字会通过设立“博爱基金”的方式，探索出一条以乡镇为主体的募捐救助新模式，年度筹资总额突破 600 万元。密云县红十字会建立了企业契约捐赠机制，延庆县红十字会加大了募捐筹资宣传力度，宣武区红十字会推出“捐废献爱”活动，募捐数额再创历史新高。二是少儿大病救助工作稳步推进。全年共有 368 名患儿得到救助，支出救助金 608.67 万元。东城区红十字会坚持对 1 名白血病患儿进行跟踪救助，已拨付救助款 30 余万元，较好地体现了红十字人道救助理念。三是社会救助力度进一步加大。一年来，全市红十字系统用于本市困难群体的救助款总计 1327.17 万元，市红十字会备灾中心全年发放救助物资价值 1217.88 万元。同时，支援遭受雪灾、旱灾、水灾、泥石流等灾害的兄弟省区市救助款 440 万元，救助实力和影响力进一步增强。怀柔区红十字会积极探索博爱超市公益盈利机制，实现销售额 38 万余元。四是北京市红十字基金会相继在大中小学生、首都医务工作者中发起“北京一元基金”、“善行天下、温暖患儿”活动。同时，大力拓展筹资渠道，新增公益基金和救助项目 13 个，全年募集款物 9091.11 万元，同比增长 156%，筹资救助主渠道作用日益显现。全年全市募捐总数达 21828.94 万元。

四、宣传工作

2010 年是红十字文化传播体系建设再创佳绩的一年。一年来，北京市红十字会结合“五八”红十字日、防灾减灾日、科技周、民防日、急救日等，借助公益年会、公益书市等平台，开展了国际红十字运动知识普及、应急科普宣传活动，取得了良好的宣传效应。投资 150 万元制作的公益宣传片《我们的世界、大家的行动》在北广移动视频持续播出；反映 999 创新事迹的报道在中央电视台新闻联播播出；红十字公益灯箱广告进入地铁四号线；红十字玉树救援事迹入选市直机关工委“我身边的百姓故事”；第二次“红十字电视知识竞赛”成功举办；“北京市红十字 VI 视觉识别系统”、红十字系列公益海报正式推出；市红十字宣传教育中心改革初见成效，《北京红十字》、市红十字网已经成为红十字宣传品牌。一年来，人民日报、中央电视台、北京日报、北京电视台等媒体先后报道本市红十字新闻 290 余条。平谷区举办了首次红十字电视知识竞赛，房山区红十字会制作红十字宣传用品，营造了良好的宣传氛围。2010 年，市红十字会共接待来自红十字国际委员会、红十字会与红新月会国际联合会；日本、韩国、美国、法国，以及香港等国家和地区红十字组织和政府来访团组 12 批 152 人次。组团出访挪威、芬兰、以色列、土耳其、新加坡等10个国家及香港地区九批、32人次。与加拿大多伦多、挪威奥斯陆、俄罗斯圣彼得堡、乌克兰基辅红十字会签署了双边友好交流协议。应邀派人参加了以色列“国际公路紧急救援锦标赛”、挪威“国际红十字野外救援培训”、香港医疗辅助队应急培训。北京红十字应急体系建设首次入选《世界灾难报告》，红十字文化传播、对外交流的广度和深度进一步扩大。

五、组织建设工作

一是“枢纽型”社会组织创建初见成效。按照市委、市社会工委的总体部署，出资50万元，启动了“社会组织公共服务购置项目”；出资30万元，培育新挂靠社会组织11个；出资10万元，启动了红十字人道公益组织信息系统建设；出资16万元，会同中国社科院开展了“人道公益组织现状及对策研究”。石景山区红十字会通过岗位购置方式，共向街道配置红十字专业社工九名。二是红十字会厂矿、学校工委作用充分发挥，平谷、密云等区县实现了农村社区百分之百建会，房山区西潞街道召开了全市首次街乡镇级会员代表大会。截至目前，全市红十字基层组织发展到3553个，会员144.13万人。三是制定出台了《北京市志愿服务促进条例》实施办法，成功举办了志愿者骨干培训班，红十字志愿服务工作向规范化迈进，志愿者管理水平不断提高。四是会同有关部门联合下发了加强红十字青少年工作的意见；与北大、清华等知名院校联合举办了青年公益论坛；在30余所高校发起青年无偿献血倡议；深入开展艾滋病预防宣传，红十字青少年工作扎实推进。海淀区红十字会与区教委联合下发了学校红十字工作实施意见、工作细则和工作手册，促进了学校红十字工作的制度化和规范化。五是全年完成造血干细胞志愿捐献者资料入库7446人份、初筛2503例、再动员655例，成功捐献18例，全市累计实现捐献超过100例，北京成为全国首个血样入库突破10万人份的省级分库。大兴区红十字会在全市率先成立了造血干细胞捐献工作站，初步建立起常态化的造血干细胞捐献动员服务机制。

【历史沿革】

1928年10月29日，在危难和动乱的年代，中国红十字会北平分会诞生了。建国前的北平红十字会，以“恤兵博爱”为宗旨，开展了战地救护、难民救济、筹募基金等工作。

1950年12月28日，中国红十字会北平分会正式改组为北京市红十字会，走上了改组后的新生阶段。1949年至1958年，在“兴办医疗实体；参加抗美援朝、组织志愿手术队和医防服务队赴朝进行防疫、医疗和战地救护；开展募捐；建立组织、发展会员；参加爱国卫生运动，组织卫生救护训练；同时，在红十字青少年、血源管理、外事往来，接受捐赠”等方面做了很多工作。1959年到1978年，经历了与卫生教育所合署办公、“文化革命十年动乱”、党的十一届三中全会拨乱反正等时期，红十字会的工作也走过了停止和重新恢复的过程。1980年召开的北京市红十字会第四次会员代表大会，选出了以常务副市长白介夫为会长的新的领导机构，北京市红十字会开始了红十字工作新的探索和实践，并总结出“救死扶伤、扶危济困、敬老助残、助人为乐”的十六字工作方针，协助政府完成了一系列特殊任务。1993年10月《中华人民共和国红十字会法》、1996年1月《中华人民共和国红十字标志使用办法》、1994年10月《北京市实施〈中华人民共和国红十字会法〉办法》的颁布、实施，使红十字事业走上了法制化建设的轨道。1997年1月21日，北京市红十字会第七次会员代表大会召开，大会聘请市委、市政府的主要领导尉健行和贾庆林担任名誉会长，提出了“努力开创有中国特色的红十字事业”的奋斗目标；明确了“为首都两个文明建设做出更大贡献”的工作要求。在市委、市政府的关怀下，北京市红十字会于1991年与市卫生局脱离挂靠关系，1996年成立了党组，2002年被批准为正局级单位，2003年4月机关领导班子进行调整，主要领导更换后，理顺了机关机构设置，理顺了人员编制，理顺了机关和直属事业单位的关系。市委市政府关于“独立设制、建立党组、提高规格”等一系列政策的有力支持；人道主义“四项工程”：救灾救助、自救互救、红十字青少年、社区服务工程的不断实践；组织建设、宣传传播、兴办实体、对外交流的不断规范，使北京市红十字会的工作有了大幅度的发展。2004年6月1日，北京市红十字会第八次会员代表大会召开前，在北京市委书记办公会上，市委领导专门听取了北京市红十字会代表大会的筹备工作汇报，并批准了会议方案，指示要把大会开成高品位、高规格的大会，这在北京市红十字会的发展史上是首次，充分体现了市委、市政府对红十字事业的关心和重视。6月8日，北京市红十字会第八次会员代表大会在京西宾馆召开。来自基层红十字组织的会员代表，市委、市政府有关部、委、办、局和社会团体、企业界、志愿工作者的代表以及社会知名人士等266人参加了大会。中共中央政治局委员、北京市委书记刘淇，中国红十字会会长彭珮云，市委副书记、市长王岐山等领导出席了会议。刘淇、彭珮云发表了重要讲话。大会全面总结了北京市红十字会第七届理事会的工作，制定了2004～2008年发展规划，选举产生了由95名理事组成的新一届理事会，聘请市委书记刘淇、市长王岐山为北京市红十字会名誉会长，副市长孙安民当选为会长，李雪奴当选为常务副会长，韩陆、张进存当选为副会长，根据会长提名决定刘燕君为秘书长。

【组织机构】

截至2005年底，北京市红十字会有基层组织1481个，会员86.7万人（其中青少年会员33.9万人），占本市常住人口的6.31%，志愿工作者7.1万人。全市18个区县均建立了红十字会，97.7%的街道、83.7%的乡镇和51%的各类学校也建立了红十字会组织。成立了学校、厂矿系统、旅游系统和志愿工作者委员会。北京市红十字下辖医疗服务中心、卫生救护培训中心、宣传教育中心、紧急救援中心（999）、中国造血干细胞资料库北京管理中心、备灾救灾服务中心和少儿住院医疗互助金管理办公室等七个直属事业单位。

北京市红十字会会员代表大会

第一届

1950年12月28日召开，代表30人，理事16人，常务理事五人，会长严镜清。

第二届

1955年6月23日召开，代表239人，理事17人，常务理事五人，会长严镜清。

第三届

1962年6月21日召开，代表63人，理事20人，常务理事5人，会长严镜清。

第四届

1980年4月18日召开，代表120人，理事22人，常务理事五人，会长白介夫，名誉会长严镜清。

第五届

1985年11月29日召开，代表204人，特邀邀代表八人，理事56人，常务理事10人，会长白介夫，名誉会长严镜清。

第六届

1991年11月29日召开，代表211人，理事86人，常务理事四人，常务副会长张熙增，会长何鲁丽，名誉会长白介夫、严镜清。

第七届

1997年1月21日召开，代表249人，理事87人，常务理事八人，常务副会长张熙增，李雪奴，会长林文漪、刘敬民，名誉会长尉健行、贾庆林。

第八届

2004年6月8日召开，代表266人，理事95人，常务理事13人，常务副会长李雪奴，会长孙安民，名誉会长刘淇、王岐山。

北京市红十字会组织机构一览表

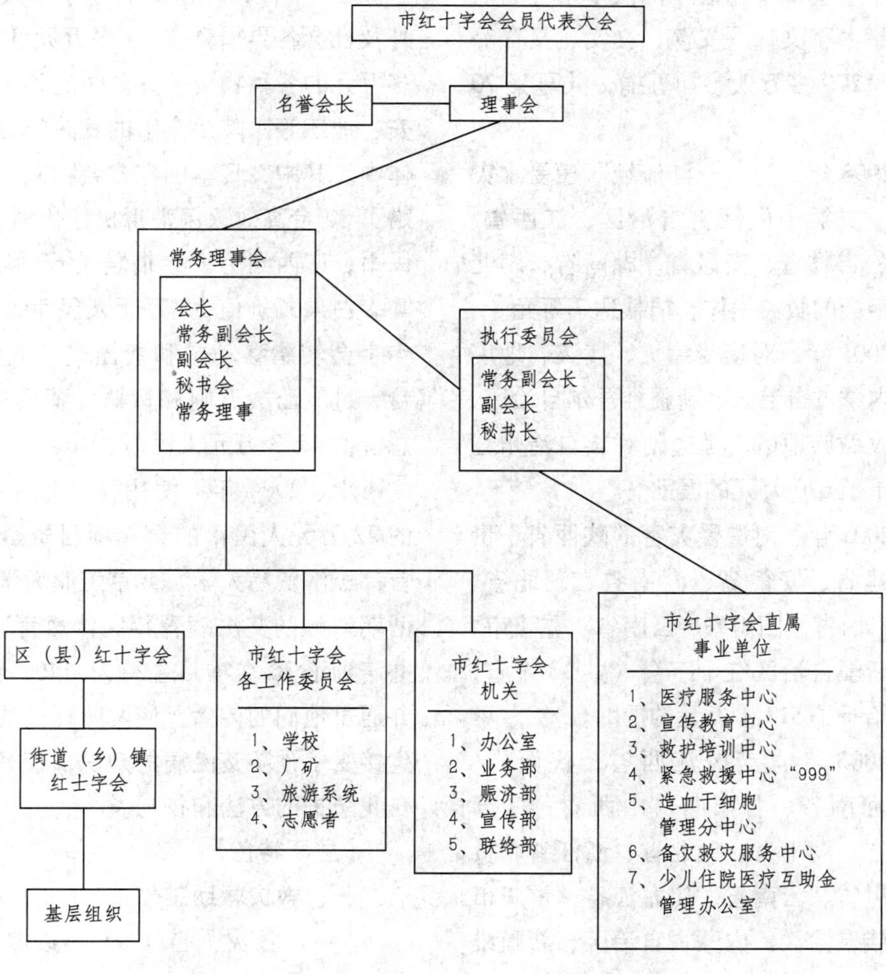

【大型项目】

一、1984 年，非洲 36 个国家遭受旱灾。中国红十字会发出了《关于为非洲灾民开展社会募捐的通知》，北京市红十字会仅半个月就募集了 110 多万元，支援非洲灾民。

二、1988 年，中国红十字会总会、外交部、国家教委、广播电影电视部、国家体委向国务院写了《关于参加 1988 年国际体育援助计划活动的请示》，国务院批复同意。从 4 月至 9 月，北京市红十字会开展了“88 国际体育援助”——国际性体育募捐活动。根据由中国红十字会总会牵头组成的国际体育援助中国组织委员会的部署和要求，北京市红十字会牵头开展了两次全市性的活动。其中举办了义诊、义演、义卖、义赛等募捐活动，200 多万人参加募捐，共募集 70 多万元。

三、1998 年，为“三江流域”遭受水灾开展募捐，支援了内蒙古自治区、江西省、黑龙江省、吉林省、安徽省、湖南省、湖北省等红十字会的救灾工作，捐款达千万元。

四、2001 年，对遭受雪灾、凌灾、地震等灾害的内蒙古自治区、新疆维吾尔自治区、四川省甘孜藏族地区、延边朝鲜族自治州红十字会给予了 670 万元的援助。

五、2002 年，对遭受灾害的陕西省、贵州省、福建省、安徽省、湖南省、湖北省、江西省、广西省、四川省、云南省、重庆市、内蒙古和新疆自治区红十字会（共 13 个省、市、区）给予了 514.1 万元的援助。

六、2003 年，支援江西省、陕西省、山东省、河南省、甘肃省、山西省、江苏省、安徽省、湖南省、湖北省、浙江省、贵州省、四川省、云南省、黑龙江省、重庆市和广西壮族自治区、内蒙古自治区、新疆维吾尔自治区红十字会（共 19 个省、市、区）救灾工作，共 770.7 万元。

七、2004 年，支援吉林省、云南省、四川省、湖南省、贵州省、河南省、内蒙古自治区、重庆市（八个省、市、区）红十字会的救灾工作，共计 99.7 万元。按照捐赠者意愿，定向支援新疆维吾尔自治区红十字会医疗器械，价值 8.7 万元人民币。

八、2002 年，汉城红十字会向北京市红十字会捐赠一辆价值六万美元的移动救灾救助服务车，这种集救灾救助为一体的现代化快捷服务车在我国红十字会系统尚属首辆。

九、2003 年，为支持北京市的抗击“非典”工作，北京市红十字会接受了国内外及社会各界捐款 2700 多万元和价值 5000 多万元的各种物资，并及时送到小汤山、佑安、地坛等医院及全市的发热门诊和弱势群体中。其中，日本国株式会社丸山制作所捐赠了 80 台高效灭菌消毒机，价值 20 万元人民币；广西红十字会捐赠了 60 吨白糖和二吨多白果，价值 21 万元人民币；福州市红十字会转赠移动式和壁挂式空气消毒机 60 台、过氧乙酸五吨和口罩、葡萄糖饮品等，总价值 49.3 万元人民币。

十、2004 年，使用荷兰红十字会援助的 22 万元人民币的合作项目资金，先后在首都经济贸易大学、北京工业大学，举办了两期“预防艾滋病青年同伴教育”培训班，共培训了 20 名项目主持人，400 名宣传员，并通过他们的传播，使两所高校的千余名学生接受了预防艾滋病的知识，较好地掌握了自我防护的方法和技巧。

【主要特色】

一、救灾救助工作

（一）救灾：自 1995 年以来，市红十字会依法开展募捐，共筹集款物价值人民币 1.5 亿元，既支援了内蒙、新疆、江西等 25 个省、自治区的救灾工作，还对北京市发生的灾害和困难群众进行了救助。

2003 年 4 月，面对突如其来的“非典”疫情，全市各级红十字会组织，积极投入抗击“非典”斗争，在慰问医务人员，接受、分发救助物资，稳定群众情绪和发放“关怀非典受难者基金”方面，协助政府做了大量的工作。

（二）救助：关爱农村老党员。自 1999 年起，北京市红十字会与市委组织部连续四年共同开展了为农村建国前入党的近万名老党员免费送医送药和体检活动。共集资 200 多万元，组织了 9 支医疗队，出动医务人员 500 多人次，到达 113 个乡镇，对近万人（次）的老党员进行了义诊和慰问。

博爱复明。1999 年 2 月，北京市红十字会开展了为北京市家庭困难、无力支付手术费用的白内障患者提供免费复明手术活动，被市政府列为为市民所办实事之一。通过市、区、街（乡）红十字会推荐、审核、确定手术救助对象，由北京市红十字会光明眼科诊所负责手术。几年来，共筹资 300 多万元，出动流动检查车到 18 个区县义诊近百次，为各类眼疾患者义诊、检查人数达 3500 余人次，筛选出适合做白内障手术者 960 人，使近 800 名贫困的白内障患者重见光明。“复明工程”得到了国外红十字会和志愿工作者的支持。美国著名眼科专家伊丽莎白·旺博士和里查德·达密安诺医生，新西兰红十字会东西分会志愿者玛丽·简·赫里斯顿医生，先后来北京市红十字会光明眼科诊所帮助工作。

在继续做好对国内外救灾救助的同时，为加强对本市困难人群和突发意外伤害事故中造成的困难群体的救助力度，为提高红十字会的救助实力和应急能力，北京市红十字会实施了赈济工作的“七个一”配套工程。（建立一支队伍：备灾救灾服务中心，一个备灾仓库，一个捐赠接受站，一套募捐工作规章制度，一个捐赠激励机制，一个网上捐赠，一个捐赠救助工作网络）。2003 年底，市编办批准成立了北京市红十字会备灾救灾服务中心（正处级事业单位。全额拨款事业编制 12 人）。建立了备灾仓库并充实了救灾物资；“北京市红十字会募捐接收站”在社区挂牌运行，方便群众捐赠物品；严格募捐工作规章制度、实施捐赠激励机制，使奉献爱心的企业和个人积极性得到发扬和延续；网上捐赠的开通，拓展了募捐工作渠道；市、区（县）、街（乡）募捐救助工作网络的建立，为红十字会实施救灾救助工作，提供了组织保障。

二、救护工作

北京市红十字会紧急救援中心（“999”）是经市编办正式批准的北京市红十字会的下属事业单位；“999”是经信息产业部特别批准给中国红十字会总会用于救灾、救助、救护的特殊服务专用电话号码，北京地区率先使用。2001 年 9 月 19 日开通运行以来，本着以人为本、以病人为中心的宗旨，从近、从速、从优转送病人的基本原则，“999”已形成了以“紧急救援中心”为主，四个分中心、六个急救大站、45 个急救分站的急救系统。制定了 24 小时紧急突发事件上报制度，并与“110”、“119”建立了紧急救援联动机制。共出动 20 万车次，救治了 20 余万病人，为北京市民增加了一条绿色生命通道。

1995～2004 年北京市红十字会接受社会捐赠款、物情况统计

（单位：万元）

年份	1995	1996	1997	1998	1999	2000	2001	2002	2003	2004	2005	总和
款	251.56	180.84	1322.66	63.33	31.7	1882.2	1031.62	2127.07	670	4451.62	12012.6	
物				1635.78	38.25	152.57	345.67	750.85	2602.39	584.84	325.05	6435.4

“999”按照红十字会“协助政府开展人道领域救助工作”的要求，积极参与了北京地区近年来重大事故的救援工作。特别是在北京发生蓝极速网吧火灾、密云特大踩踏伤亡事故的救援和抗击“非典”斗争中做出了积极贡献。

三、志愿捐献遗体工作

1999 年，按照北京市政府的要求，“北京市志愿捐献遗体工作管理办公室”成立，设在北京市红十字会。北京市红十字会与市教委、市卫生局、市民政局、市公安局、市司法局等联合制定了《北京市志愿捐献遗体暂行办法》，并分别在协和医科大学、北京大学医学部、首都医科大学建立了三个遗体接受站。截至 2004 年，报名登记自愿捐献遗体者 7739 人，其中 3298 人办理了公证，累计实现遗愿者 419 人。为了弘扬志愿捐献遗体者无私奉献的精神，2004 年，在市民政局的大力支持下，捐献遗体者纪念碑——“生命”，在北京市常青园骨灰林基地落成。

四、造血干细胞移植工作

2001 年 4 月，中国造血干细胞捐献者资料库重新启动。要求北京市红十字会建立“中国造血干细胞捐献者资料库北京分库”。本着充分利用社会资源、减少机构重叠的原则，北京市红十字会与北京市卫生局协商后，明确了北京市红十字血液中心承担“北京分库”血样的组织分型工作。6 月份，北京市红十字会向市编办提出“关于成立北京造血干细胞捐献者资料库服务中心的请示”，11 月，市编办批准市红十字会成立北京造血干细胞捐献者资料库服务中心，为相当于正处级的全额拨款事业单位、编制 10 名。截至 2005 年，在造血干细胞捐献者资料库北京管理中心报名登记的志愿者血样已有 38051 人份，其中已完成检测 HLA 分型数据 27017 人份；有 21 位志愿者成功捐献了造血干细胞，为白血病患者送去了重生的福音。

五、“博爱在京城”募捐救助系列活动

北京市红十字会推出了“博爱助困、博爱助学、博爱助残、博爱助老”系列救助活动，制定了“56130 救助计划”。即，帮助五万名困难家庭的儿童加入中小学生、婴幼儿住院医疗互助金，每人 50 元；救助 3000 个困难家庭，每户 500 元，资助 3000 名困难学生的年度学费，每人 400 元；帮助 100 个生活困难的白内障患者免费实施复明手术，每人 2000 元；帮助 30 个困难的孤寡老人入住颐年养老院，每人每年 6000 元。全年共向社会募集善款 1898.53 万元，完成了“56130”救助计划。救助了因自然灾害及突发事件造成的困难人群，使用了 983 万元的募捐款，切实加大了对本市困难人群的救助力度。

六、“北京市中小学生、婴幼儿住院医疗互助金”工作

北京市中小学生、婴幼儿住院医疗互助

金（简称互助金），是由农工民主党北京市委员会和北京市政协部分委员连续多年提案，经市政府批准由市红十字会和市教委、市卫生局联合开展的一项以互助共济为原则的公益性事业，于2004年9月正式启动。凡0—18岁有北京市户籍的孩子（包括已患病的孩子），每人每年交纳50元人民币，最高可累计享受到八万元的住院医疗费用保障。

此项工作，得到了市委、市政府和区县政府的大力支持。市委宣传部批示各新闻媒体加大了宣传力度；市编办批准成立了"北京市少儿住院医疗互助金管理办公室"；市财政局拨付启动经费，协调银行为各区县建立了集团账户。社会各界纷纷奉献爱心，为贫困家庭的少儿加入互助金捐款。为使互助金工作成为"阳光工程"，把这件利民的好事做实、实事做好，市红十字会成立了由市人大代表、市政协委员、市政府职能部门代表和加入互助金的学生家长代表等组成的"互助金工作监督委员会"，全程监督互助金工作。

（王万里）

东城区红十字会

【简介】

东城区红十字会创建于1952年2月，其前身是东单区红十字支会、东四区红十字支会。1958年5月随着两个行政区域合并，同时更名为东城区红十字会。区红十字会当时的主要工作是在人民群众中宣传普及卫生防病知识，组织现场救护训练，参加爱国卫生运动。1963年2月，东城区红十字会召开第一次会员代表大会，选举产生第一届理事会，健全了领导机构。至1966年底，全区319个居委会均建立了红十字会组织，建立红十字卫生站310个，部分驻区企事业单位、学校建立了红十字会。1966年12月至1979年8月，东城区红十字会停止工作。1979年9月在上级红十字会的关怀下，东城区红十字会重新恢复工作。至1982年东城区全面恢复基层红十字组织，发展会员16000余人。

全区10个街道红十字会与普教系统100%的社区和100%的中小学校建立了红十字会组织。共有基层红十字会组织361个，会员60184人。

西城区红十字会

【简介】

成立于1953年的北京市西城区红十字会，历任会长均由西城区政府副区长（区革委会副主任）担任。七届理事会第一次聘请了时任区委书记和区长担任名誉会长。2004年11月，区红十字会理顺管理体制。机关编制10人，处级领导一正一副，内设办公室、业务部两个科室。2005年2月和7月，经上级党组织批准先后成立了机关党支部和党组。8月成立少儿住院医疗互助金管理办公室（相当正科级全额拨款事业单位，核定编制四人）。

西城区红十字会下设学校工作委员会和七个街道红十字会。区属84所中小学、职技校设有红十字会组织，有151个社区红十字小组，九支红十字救援队，376家驻区会员单位、201家团体会员单位，红十字会员总数96849人（其中红十字青少年会员32561人），红十字志愿者9053人，街道社区、学校建会率达100%。

崇文区红十字会

【简介】

崇文区红十字会成立于1953年，当时挂靠区卫生局，为从事人道主义工作的社会救助团体，事业编制。2004年底，按照中国红十字会总会的要求，崇文区红十字会理顺了管理体制，机构独立设置，级别升为正处级，编制增加到八人。2005年12月22日，崇文区红十字会召开第七次会员代表大会，选举产生了新一届理事会，区委书记李晓光、区长牛青山为名誉会长，副区长刘玉芳为会长，贾红梅任常务副会长，吴国强任秘书长。全区七个街道、区直机关、教育、卫生系统都建立了红十字组织，基层红十字组织达34个，红十字会员30795人（其中红十字学校10所，青少年会员7893人）。

宣武区红十字会

【简介】

宣武区红十字会建于1953年，“文革”期间工作停顿，1978年恢复工作。按行政区域划分，区红十字会下设八个街道红十字会及红十字会学校工作委员会。现有基层组织147个，其中机关、企事业单位82个，中小学校、职高65个。红十字会员40692人，其中成人会员31911人，青少年会员8781人。

宣武区红十字会紧紧围绕“保护人的生命和健康，发扬人道主义精神，促进和平进步事业”的宗旨，本着解放思想、实事求是、创造性开展工作的原则，努力实施和完善人道主义博爱系列工程，进一步拓宽了人道主义救助工作的领域，使全区红十字会工作更加贴近社会、贴近生活、贴近群众。

2004年9月，根据市编办（京编办事［2004］81号）文件批复，宣武区红十字会机关被列为区政府直接联系的独立设置的群众团体机构，机构规格为正处级，编制五名。2005年6月，根据宣武区编办（宣编［2005］22号）文件批复，增加区红十字会编制二名，总编数为七名，设置办公室、业务科二个内设机构。

2004年11月，中国红十字会总会对宣武区“争创《全国社区红十字服务示范区》工作”进行评审验收。2005年2月，宣武区荣获中国红十字会总会、民政部授予的“全国社区红十字服务示范区”称号。

朝阳区红十字会

【简介】

朝阳区红十字会建立于1957年11月，当时名称为东郊区红十字会，挂靠在朝阳区卫生局。1958年随着区政府更名改为朝阳区红十字会。朝阳区红十字会机关正式编制八人，到2005年6月红十字会领导及科室人员全部到位。8月成立了区红十字会机关党支部，建立了各项规章制度。全区22个街道、20个地区（乡）全部建立了红十字会，210所学校建立了红十字会组织，成立了朝阳区红十字学校工作委员会，共有红十字团体会员单位418家，红十字会员六万余名。

海淀区红十字会

【简介】

1958年10月，海淀区红十字会成立，同年，区红十字会在海淀、四季青、清河等10个乡、镇建立基层红十字会组织，发展会员3000人。1979年，海淀区红十字会恢复工作。2005年5月，经区委、区政府批准，区红十字会调整为区政府直接联系的独立设置的正处级群众团体机构。全区有22个街道、二个地区办事处和五个镇建立了红十字会，共有社区红十字会员小组558个，红十字会员总数22万人。全区小学、中学及职高共计169所，全部建立了红十字会，青少年会员4.6万人。有志愿工作者一万余人。有红十字工作委员会一个（海淀区红十字学校工作委员会）。区红十字会机关内设办公室和业务部，机关人员编制八名，下设海淀区少儿住院医疗互助金管理办公室直属事业单位。

丰台区红十字会

【简介】

丰台区红十字会1984年12月24日建会，挂靠区卫生局。2005年10月26日，区红十字会正式独立为由区政府直接领导和联系的正处级单位。内设一部一室，编制七人。

石景山区红十字会

【简介】

根据北京市机构编制委员会办公室《关于理顺区县红十字会机关管理体制有关问题的通知》和北京市红十字会《关于做好理顺区县红十字会管理体制工作的指导意见》，2004年12月31日，石景山区机构编制办公室发文石编发出《关于调整石景山区红十字会机关管理体制的通知》，红十字会理顺为区政府直接联系的独立设置的群众团体机构，机构规格调整为正处级，核定机关编制八名，其中处级领导职数为一正二副。全区九个街道办事处、教工委均建立了红十字会组织。全区56所中小学校、职业学校中有48所学校建立了红十字会组织。全区现有基层红十字会组织200余个，红十字会员8200余人，红十字青少年6700余人、红十字志愿工作者9000余人。

天津市红十字会

【年度工作】

一、救灾救助工作

2010年，天津市各级红十字会组织积极拓宽筹资渠道，创新筹资方式，救灾救助实力得到进一步增强。截至年底，全市红十字会系统共募集款物9014万元。年内完成公益项目122个，招募项目资金323万元；新增专项基金五支，新增基金款643万元；博爱救助工作共募集款物1853万元。

2010年，天津市红十字会全年共发动五次救灾募捐活动，为国内外发生自然灾害的地区募集款物6465万元，已全部支援灾区。全市红十字会系统支援汶川特大地震灾区灾后重建项目已全部建成，并已全部交付使用。

天津市红十字会备灾中心物资库进行了扩建，从原来不足500平米的仓储能力扩建到2350平方米，并将备灾物资全部搬迁到新址。根据天津市委、市政府和中国红十字会总会关于开展对口援疆工作的部署，市红十字会向新疆和田地区于田县、策勒县、民丰县支援款物145万元，其中捐款30万元，捐赠海关罚没侵权物资23000件，价值115万元，主要用于上述三县红十字会提高能力建设和救助当地困难群众。

在2010年“红十字博爱送万家”活动中，天津市、区（县）、街（镇）三级红十字会共募集款物1054万元，救助困难家庭24812户。在“全国助残日”和“六一”儿童节期间，市红十字会联合市残联共筹集资金32万元，为200名白内障患者进行了免费复明手术，市红十字会还向全市残疾人和孤儿捐赠了价值112万元的救助物资。各区县红十字会共筹措240余万元的款物开展向残疾人和孤儿送温暖活动。据统计，共有近万名残疾人和他们的子女及孤儿受益，发放款物384万元。在国庆、中秋、重阳节期间，全市红十字会系统开展了“红十字博爱助老”活动，共筹集款物290万元，受益老年人达1.78万人。

天津市红十字会全年共资助“助困抚恤班”特困生162人，使用定向捐款21万元；市红十字会还与安定医院、儿童医院共同资助精神残疾患者和困难家庭手术患儿362人，使用救助基金84万元。

二、造血干细胞和人体器官捐献工作

2010年，天津市新增造血干细胞捐献者入库资料7183人份，超额完成总库下达的任务，累计入库资料38249人份。全年有25人实现造血干细胞捐献，同比上年增长78.57%，累计实现捐献65人，被国家总库评为先进分库。

天津市成为全国首批人体器官捐献试点城市之一，为此成立了救助基金，建立健全了各项制度。与东方移植中心合作设立了天津市人体器官捐献博爱救助基金，首批接收捐款200万元，出台了《天津市人体器官捐献博爱救助基金使用办法》。与市卫生局联合下发了《关于做好我市人体器官捐献试点工作的通知》和《关于在天津市开展人体器官捐献工作的实施意见》。截至年底，已有226名志愿者报名登记捐献器官，其中有五人在身故之后捐献了器官，为12名患不同疾病的患者提供了帮助。

进一步推动人体器官捐献组织机构建设、工作规范化建设。1月，市政府召开了天津市人体器官捐献工作会议，常务副市长杨栋梁、副市长张俊芳听取了市红十字会关于人体器官捐献试点工作的情况汇报，并对搞好天津市的人体器官捐献工作提出了明确要求。6月，天津市人体器官捐献委员会成立，市政府下发了《关于成立天津市人体器官捐献委员会的通知》。副市长张俊芳任主任委员，各相关部门分管领导任委员。8月底，《天津市人体器官捐献条例》纳入市人大下一年度立法调研计划，推进了人体器官捐献的法律法规建设，为人体器官捐献工作提供了法制保障。

人体器官捐献试点工作卓有成效。召开了天津市人体器官捐献试点工作推动会，举办了首批宣传器官捐献志愿者协调员培训班，首批131名协调员参加了培训。成立了天津市医院协调员、社会协调员和三支志愿宣传服务队伍。圆满承办了全国人体器官捐献试点工作启动会，第四届中国移植运动会暨器官捐献纪念日活动，全国人大常委会副委员长、中国红十字会会长华建敏出席。

三、卫生救护培训工作

全市各级红十字会积极开展初级卫生救护培训工作，加强师资队伍建设，建立科学完善的培训制度。2010 年，全市共培训救护员 61210 人，完成普及性培训 545100 人。加强与街镇、社区、相关行业的合作，拓展业务领域。与市民政局联合下发了在街道社区开展救护培训的通知，各区县红十字会对此高度重视，加大了在街道、社区开展救护培训的力度。市红十字会启动了救护培训项目工作方案，对 14 个行业、部门和市属六家医院进行广泛深入地调研，撰写了项目可行性报告，市红十字会先后与滨海国际机场、铁路总局天津办事处、市卫生局、市民政局、市监狱局、天津外国企业专家服务有限公司合作开展了救护培训工作。

根据总会的统一部署，7 月份，市红十字会在市青少年活动中心举办了应急救护技能大赛，红桥区红十字会获得一等奖，代表天津市参加了全国应急救护技能复赛，在全国省级 32 支代表队中，一举夺得冠军。市红十字会还加强遗体捐献工作的宣传力度，开展了“艾滋病预防与能力建设项目”建设。

四、组织建设工作

2010 年 2 月 23 日，全国人大常委会副委员长、中国红十字会会长华建敏来津调研视察。市红十字会组织全市红十字会系统紧密围绕华会长讲话精神展开讨论，进行了较为深入的调查研究，形成了《理顺管理体制，加强干部队伍建设》、《建立有效筹资机制，增强自身实力》、《规范建设冠名医疗机构和团体会员单位》三个调研报告。在此基础上，对加强区县红十字会建设、加强红十字会基层组织建设和会员、志愿者队伍建设及加强会费收缴等工作，制定了切实可行的对策措施。

为推动红十字会能力建设年活动，市红十字会加大了对干部队伍全员培训的力度，制定了详细的培训计划，建立了“红十字大讲堂”，在一定程度上提升了干部队伍的知识积累和能力素质。

截至 2010 年年底，全市共有红十字会基层组织 2187 个，会员 568710 人，红十字志愿者队伍 355 支，志愿者 166454 人。一半以上的区县在街道（乡镇）、社区、居委会建立了红十字会组织，12 个涉农区县根据市红十字会大力发展村级红十字会的要求，基层组织开始向农村延伸。在全市启动了“百家企业建百会”和“救护培训进企业”活动。截至年底，全市共有 118 家企业建立了红十字会组织。

五、红十字青少年与宣传工作

红十字青少年工作展现活力。继续与市教委开展红十字健康培训进校园活动，经过培训和考核，全市已有 500 多名教师取得了红十字卫生救护师资合格证，近万名学生取得了红十字救护员证书。

深入实施探索人道法项目，首批项目试点河西区自 2008 年以来已举办多期师资培训班，形成了教学大纲、教材、学生读本一体化的教学体系。将国际人道法和红十字运动知识引进初中课堂，红十字国际委员会称赞为“天津模式”。2010 年又新增河北区作为项目试点区。

围绕五次大的募捐活动和重点工作，加大宣传力度，创新宣传方式。全年全国及市级报刊报道市红十字会活动稿件 331 篇次，电视新闻报道 34 次，电台直播、采访和口播报道 44 次，各类网站报道 49 次。

全系统开展的纪念“五八”世界红十字日活动丰富多彩。市红十字会组织的2010“红十字博爱周”活动被总会评为优秀奖。年内，对市红十字会网站进行了再次改版，改版后的网站内容更加丰富，功能更加完善。同时，加快了办公自动化系统建设，对全市红十字系统专职干部进行了OA系统培训，在全系统推广使用，实现无纸化办公和内部资源的共享。

为做好迎接市红十字会建会100周年筹备工作，年内，市红十字会专门召开了筹备工作动员部署会，下发了有关征集百年红十字会历史资料及纪念物品的通知；征集了百件实事和百个先进典型事迹材料；编写了《天津红十字会一百年》大纲及全书的初稿；起草了电视专题片文稿等。结合迎百年活动，各项办实事、创品牌、上水平活动深入开展。

（宋　强）

【历史沿革】

天津市红十字会从1911年11月10日诞生之日到今天，已经走过了100年的风雨历程。天津是我国较早建立红十字会组织的地方之一。百年来，经历了两个截然不同的社会制度。在新中国建立前的近40年中，天津市红十字会是以“恤兵博爱”为宗旨的慈善团体。当时，红十字会工作人员和一些为红十字事业而献身的志士仁人冒着枪林弹雨活跃于战区，救护伤兵和平民百姓，或奔走于灾区赈济灾民，是在极其艰难的社会条件下履行人道主义使命的。建国后，在周恩来总理的亲切关怀下，中国红十字会总会得以改组，作为地方组织的天津市红十字会于1953年3月也获得了新生。从那时起到20世纪60年代中期，天津市红十字会在中共天津市委和天津市人民政府的领导和关怀下，走上了一条健康发展之路。当时，红十字会基层组织遍及全市城乡各行各业，红十字会会员（包括红十字青少年会员）已逾百万。市红十字会作为政府的助手，在保护人的生命和健康及开展民间外交方面发挥了积极的作用。“文革”期间，天津市红十字会组织和工作被迫停顿长达10余年之久。直到20世纪70年代末期，在中共十一届三中全会召开以后，经过拨乱反正，才重新得到恢复。

1978年7月，天津市红十字会组织机构和工作恢复以后，立即着手加强组织建设。恢复后的天津市红十字会首届理事会会议于1978年9月10日召开（因红十字会工作停顿10余年，无法召开代表大会，为此恢复后的首届理事会代行了第三次会员代表大会的职权）。经过充分的酝酿和讨论，理事会一致选举白桦为天津市红十字会会长，并组成常务理事会。理事会决定：从天津市的实际出发，大力开展宣传工作，利用三年时间，把全市红十字会基层组织恢复起来，红十字会工作要做到“组织落实、人员落实、制度落实、活动落实”四个落实。

1992年9月18日至19日，天津市红十字会第四次会员代表大会召开。参加此次会员代表大会的代表共168人，其中正式代表155人，列席代表13人。参加此次会员代表大会的代表们经过认真讨论，一致通过了关于第三届理事会工作报告的决议、关于《天津市红十字会组织通则》的决议、关于《天津市红十字会五年工作规划要点》（1991—1995年）的决议。同时，经过代表充分酝酿和讨论，选举产生了新一届领导机构——第四届理事会。

在四届一次理事会上，一致通过并聘请钱其璈为天津市红十字会名誉会长。选举曲学申为天津市红十字会会长。

1993年10月《中华人民共和国红十字会法》和1996年1月《中华人民共和国红十字标志使用办法》的颁布实施，使红十字事业走上了法制化建设的轨道。1998年11月24日，天津市红十字会第五次会员代表大会召开，来自全市各有关部门、各单位和基层红十字会组织的168名代表参加大会。大会选举出68名理事组成新一届理事会。聘请俞海潮担任名誉会长，提出实施“四项工程”：百老百小博爱社会工程、保护生命工程、人道救援工程、青少年思想道德教育工程，充分发挥红十字会在精神文明建设中的作用。

2004年，天津市红十字会系统为“救灾救助基金”募集资金270余万元。在“红十字博爱送万家”活动中，全市各级红十字会共筹措资金120万元，救助了3200个困难群众家庭。市红十字会与海关合作，争取到罚没侵权物资价值65万元，用于救助困难学生。一年来，全市共筹集博爱助学金337万元，资助困难学生3759人。2004年，市红十字会还举办五期师资培训班，培训师资160人。与市体育局联合在全市170多个游泳场所培训救生员829人。一年来，全市共培训机动车驾驶员四万余人次。在“健康教育进社区”活动中，市红十字会发放《健康教育手册》13万份、防治“非典”宣传光盘32000张，开通了“天津市红十字会健康教育网站”，为18万群众免费查体，向二万余户家庭赠送了药品和卫生包。市红十字会与加拿大国际发展署共同捐资兴建了三个红十字农村防病培训指导中心，举办了33期乡医培训班，发放宣传材料20万份，发放消毒药品1500箱，使万余户农民受益。全市红十字会系统还开展了纪念中国红十字会成立100周年系列宣传纪念活动。完成了《闪光的红十字》电视专题节目的制作和播出，在市级以上新闻媒体刊登新闻报道205篇。市红十字会与市教委联合召开了红十字青少年工作会议，制订并颁发了《2004年至2010年天津市学校红十字会工作规划》。至2004年底，全市18个区、县全部成立了学校红十字工作委员会。天津市全年新创建市级红十字标准校26所。市红十字会组织红十字青少年参加了奥地利红十字青少年夏令营友好交流活动。2004年，全市累计有5700人完成造血干细胞的血样采集，经HLA分型入库资料累计达4700人份，有34位志愿者与患者HLA初配型基因相合，七人成功捐献了造血干细胞。

天津市红十字会会员代表大会

第一届

1951年3月30日召开，代表29人，理事30人，常务理事六人，会长李允恪，副会长宋罗岐（兼）等。

第二届

1958年3月10日召开，1884人，理事28人，常务理事六人，会长李振亚（兼），副会长吴士法等。

第三届

1978年9月10日召开，理事32人，常务理事七人，名誉会长钱其璈，会长白桦（兼）等，副会长赵芸一（兼）等。

第四届

1992年9月18日召开，代表168人，理事72人，常务理事三人，名誉会长钱其璈、庄公惠，会长曲学申、赵辉，副会长康健等。

第五届

1998年11月24日召开，代表168人，理事68人，常务理事七人，名誉会长俞海潮、张俊芳，会长赵辉，副会长王建华、吴炳岳、韩军、黄广祥。

【组织机构】

天津市红十字会现有基层组织2918个，会员40余万，志愿者单位896个，志愿工作者39646人，拥有覆盖全市18个区、县和教育、铁路、武警三个行业的红十字会组织网络系统。同时，在教育系统建立了红十字会学校工作委员会，18个区、县也分别建立了区、县红十字会学校工作委员会。

天津市红十字会机关设有办公室（联络部）、赈济部、救护部、事业发展部。下辖直属事业单位中国造血干细胞捐献者资料库天津市分库管理中心。

根据《中华人民共和国红十字会法》和中国红十字会总会《理顺管理体制座谈会纪要》精神，2004年8月28日，天津市红十字会向市编委提交了《关于我市区县红十字会机构依法独立设置的再请示》。2005年1月18日，市机构编制委员会下发了《关于区县红十字会机关机构设置和人员编制有关问题的通知》。目前，天津市18个区、县红十字会机关理顺管理体制工作正在顺利进行。

【大型项目】

一、1998年向遭受自然灾害的省、市、自治区进行的援助：

（一）1998年1至2月，向河北省张家口地震灾区募捐款物3690203元；发往西藏自治区那曲雪灾区现金、物资价值为256850元。

（二）8月11日至10月9日，为“三江流域”水灾开展募捐，共接收社会各界捐赠款物总值443万元，衣物15632件，分别发往湖南、湖北、内蒙古、黑龙江等灾区。

二、2001年，紧急救助内蒙古自治区、新疆维吾尔自治区受灾地区，共募集款物总值达1330161余元，并募集了20余万件棉被、棉大衣、皮衣等物品，分四批运往灾区。

三、2002年向遭受自然灾害的省、市、自治区进行援助：

（一）向内蒙古自治区通辽市、甘肃省定西县、广西壮族自治区贺州市和重庆市接龙镇各拨付救助款10万元，用于建设红十字小学。

（二）为福建省建宁县全溪乡卫生院建立放射科。

四、2003年积极为遭受自然灾害的兄弟省市捐款捐物：

（一）2月，向新疆维吾尔自治区伽师地震灾区捐款10万元，帮助修建一所小学。

（二）7月为淮河等洪涝灾害地区募捐款物71万余元，购置帐篷、棉被、棉大衣、毛毯、药品等物资支援安徽、湖南、陕西三省灾区。

五、2004年支援了六个省、市救灾工作：

（一）筹措价值80万余元的生活必需物资，支援内蒙古自治区锡林郭勒盟地震灾区和河南省、湖北省、四川省、云南省昆明

市、黑龙江省佳木斯市的水灾灾区和贫困地区

（二）筹措价值 800 余万元的八万套“元亨强心卡”赠送给 14 个省、市红十字会。

【主要特色】

一、开展“红十字博爱助学”募捐活动

为了使政府对特困生的救助增加一条重要的民间筹资渠道，同时也充分发挥学校红十字会的救助职能，使红十字会成为学校助困工作的主要承担者，2004 年 5 月，经市领导批准，天津市红十字会与市委教卫工委、市教委、天津日报报业集团联合发起了“红十字博爱助学”募捐活动，并设立了市、区、县学校三级“红十字博爱助学金”。制定并下发了《关于开展红十字博爱助学募捐活动的通知》、《天津市红十字博爱助学金管理使用暂行办法》、《天津市红十字校园募捐箱管理办法》等文件。募捐活动开展以来，得到社会各界的热烈响应。市教卫系统向“市红十字博爱助学金”捐赠了 102.0098 万元；平安保险公司天津分公司、北海粮油工业（天津）有限公司、天津市公安系统青年文明号干警、各区、县、各大中专院校以及社会上的爱心人士也纷纷捐款。截至 2004 年底，天津市红十字会共接收捐款 169.3 万元。南开大学广告策划中心捐赠了价值 10 万元的首批 80 个校园募捐箱，设立在部分学校校园内。

红十字博爱助学活动已成为红十字会服务党和政府工作大局、服务学生的一个“品牌”活动，凸显了红十字会在校园助困工作中的独特作用，天津市红十字会决定将其作为“品牌”年年进行下去。2005 年，为了搞好这项活动，市红十字会在春节长假时间，与天津电视台、市残联联合举办并播出了《我们同行》大型电视公益会，中国红十字会会长彭珮云专程到会发表了热情洋溢的讲话。

二、红十字青少年活动

天津市认真贯彻落实中国红十字会总会和国家教育部下发的《关于进一步推进学校红十字会工作的意见》及《学校红十字会工作规则》，注重发挥红十字会在学校全面推进素质教育中的重要载体作用，使红十字青少年工作成为学校整体工作的一个重要组成部分，在壮大组织、规范建设、丰富活动、创新方式上进行了积极探索，从而扩大了红十字会的影响力和号召力。自 1997 年开始，市红十字会与市教委联合在全市大中小学开展了创建红十字标准校活动，加强和规范了对学校红十字会工作的管理，建立健全了学校红十字会组织和管理机制，成立了天津市学校红十字会工作委员会，18 个区、县也都建立了区、县学校红十字会工作委员会。红十字标准校普遍建立了四项工作制度，即：学校红十字会理事会议制度、红十字青少年活动制度、会费收缴使用管理制度、年终评比表彰制度。目前，全市 20 所大学全部建立了红十字会，绝大多数中小学校也已建立红十字会，中专校三分之二已建立红十字会，全市共发展红十字青少年会员 19 万人。经过七年的努力，截至目前，全市共创建市级红十字标准校 226 所，区级标准校 640 所。

2001 年，在巩固红十字标准校工作的基础上，天津市红十字会开展了创建“红十字示范校”活动。经市红十字会、市教委严格评审验收，全市共有 10 所学校被命名为“红十字示范校”。

自2000年起，天津市红十字会与市委教卫工委、市教委、市民政局联合发起了天津市大中小学红十字青少年敬老奉献服务基地建设活动。全市394所学校与320所养老机构签订了敬老奉献志愿服务协议，实现了让全市所有养老院都享有红十字青少年志愿服务的工作目标。在创建红十字青少年敬老奉献服务基地活动中，全市有10所养老院和与之对口服务的11所学校被评为红十字敬老奉献示范基地和示范学校。

三、构筑红十字会农村防病健康培训指导网络

为全面提高乡村卫生人员在疫情预防和控制方面的能力、应急反应能力及参与长期疫病控制方面的能力，加拿大国际发展署和天津市红十字会共同捐赠39万元人民币和九万余元物资，在天津市武清、东丽、津南区建立了红十字会防病培训指导中心。红十字防病培训指导中心的主要功能是协助当地政府以及卫生部门组织乡村级卫生人员培训，免费发放消毒药品，对公共场所定期消毒，组织卫生宣传员深入农户宣传讲解防病知识，做到送药送卫生健康下乡，为农民群众服务。各培训中心均健全了培训制度，坚持邀请医学专家每月授课一次。培训对象以乡、街、村干部，乡村医生、校医、厂医、院内医务人员等为主，通过他们带动或推动单位、村队、社区卫生宣教工作的开展。培训内容涉及各种传染病的预防、消毒、隔离指导，多发病、常见病、慢性病的防治，群众性卫生急救技术普及和艾滋病知识预防工作。乡医有针对性地向群众宣讲通俗易懂的防病保健知识，深入生活困难、行动不便的群众家中讲解药品使用常识，提高他们预防疾病的能力，培养良好的卫生习惯。在抗击“非典”和禽流感的工作中，红十字防病培训指导中心在第一时间向400个行政村发放了20万份宣传材料，设立了30个红十字宣传栏。为加强辖区内的消毒工作，减少传染病的发生机率，三个区为各行政村配发喷雾器，并标有“红十字防病消毒专用”字样，乡医定期对公共场所进行消毒。红十字防病培训指导中心积极发挥红十字救助职能开展救助工作，每逢年节，红十字会工作人员都为特困家庭送去慰问金以及米、面、油等慰问品，免费为敬老院老人体检，建立健康档案，为困难群众在防控疾病方面提供力所能及的帮助。

四、开发性扶贫工程

为帮助贫困农民摆脱困境，天津市红十字会从1996年开始摸索出一条新路，经与香港环球之友有限公司天津办事处积极联系，着手引进资金开展开发性扶贫工程。

1998年11月20日，经市红十字会积极努力协调，香港环球之友有限公司天津办事处与蓟县杨津庄乡政府正式签订协议，首次实施开发性扶贫工程，即：由香港环球之友有限公司为韩庄村提供697000元人民币，用于建造41座温室蔬菜大棚。其中40座大棚用于扶贫，每个大棚由一户贫困农民承包，共计40户；一个大棚用作蔬菜品种试验。此次扶贫资金分六年偿还本金，待资金收回后，再用于新的扶贫项目。

韩庄村贫困户承包蔬菜大棚后，在定期来津的美国和中方专家的指导下辛勤耕种，于1999年春节喜获丰收。他们将收获的西红柿、黄瓜等卖出，得到了第一笔收入。截至2001年5月，韩庄村承包大棚的贫困户均已摆脱困境，并开始逐年偿还扶贫本金。

天津市红十字会在全面总结经验的基础上，于2000年末至2001年初，由市红十字会领导带队相继考察了天津市部分区、县较贫困的地区，并选定在汉沽区后沽乡宝田村进行开发性扶贫试点工作。

这次市、区两级红十字会共同出资四万元，建造五个以种植葡萄为主的温室大棚，由五个有劳动能力的贫困户承包种植，乡政府具体进行指导。同时，每个承包户每年拿出一定收入款项帮助一户无劳动能力的贫困户共同脱贫。如该扶贫点试验成功，天津市红十字会将在此基础上进一步探讨开发性扶贫的可行性，争取扶贫工程有更大的发展。

五、癌症康复委员会工作

1993年12月10日，天津市红十字志愿工作者协会癌症康复委员会成立，这是全国首家由红十字会组建的癌症康复组织。

自从河北区红十字癌症康复俱乐部于1992年10月24日成立以来，一年之间发展会员350多名。为满足全市癌症患者的需求，市红十字会成立了全市性的癌症康复组织，分别在各、区县建立癌症康复俱乐部，下设50多个活动站。截至2000年底，已有2300多名癌症患者加入了这个组织。他们坚持常年开展体育和气功锻炼，通过群体抗癌，科学抗癌，使大部分癌症患者增强了抗癌克癌的勇气，并笑对人生，延续生命。

癌症康复会经常组织会员开展各项活动，如举办康复知识讲座、文体活动，开展抗癌明星、克癌勇士评选活动，组织宣讲团到肿瘤医院为身患癌症的患者现身说法，到监狱开展帮教活动等。他们还专门成立了“生命之爱艺术团”，为社会各界举行义演，迄今已演出上百场。市红十字癌症康复会还举办了“生命之爱”艺术展，该市一批著名书画家将自己创作的艺术作品捐赠给癌症康复会。在展出的224件作品中，有百余幅作品出自癌症患者之手。

六、建立遗体捐献者纪念园

2004年5月19日，由天津市红十字会、天津医科大学、天津元宝山庄陵园有限公司共同创建的天津市遗体捐献者纪念园在蓟县元宝山庄陵园落成。遗体捐献者纪念园坐落于天津市目前唯一的山地绿色生态陵园——元宝山庄陵园中的“归于自然”景观处。纪念园由天津市红十字会、天津医科大学、天津元宝山庄陵园有限公司三方合作共同建设，天津元宝山庄陵园有限公司无偿提供了500多平方米的建设用地和全部建设资金，总值1173.7万元。纪念园设计方案采取向社会公开征集的方式，园内的长25米、高4米的纪念碑为标志性建筑，并在以“奉献”为主题的纪念碑上镌刻209名已经实现愿望的遗体捐献者的名字。在他们当中，有著名的科学家、离休干部，也有普通的知识分子、工人、农民。纪念园周围以绿色植物和鲜花为陪衬，整个纪念园设计理念突出文化品位、观赏价值和艺术特点，该纪念园是我国目前规模最大的遗体捐献者纪念园。截至目前，天津市已有120多人领取了捐献遗体登记表。

七、建立助困抚恤班

1997年6月12日，天津市红十字会建立了“助困抚恤班”，这是对特困生进行长期资助的一种探索形式。“助困抚恤班”建立后，分期分批接纳了社会上需要帮助的、有特殊困难的中小学生。凡经市红十字会批准的抚恤班成员，由市红十字会确定抚养人（抚养人都是志愿为困难中小学生提供长期资助的单位或各界人士)，抚养人每月为抚恤班成员提供固定的救助金（每月 50～150 元不等)，救助金额根据被救助者家庭的实际困难情况而定。

截至目前，市红十字会建立的“助困抚恤班”已先后接纳了 224 名特困中小学生，有六个单位和百余名资助人提供了资助，每年资助款额已达 25 万余元。被救助的学生中，已有 100 余名高中毕业考上大学。由王本强连续多年资助的特困生盛保善在 2000 年的高考中，以 664 分的好成绩考上了清华大学。

（宋　强）

河西区红十字会

【简介】

河西区红十字会成立于 1957 年，是正处级单位，行政编制四人，现有专职干部四人。全区基层组织 90 个，其中包括街道红十字会 13 个，中、小学校红十字会 53 个，医疗团体会员单位 18 家，企业红十字会六个。全区有红十字会员 2.6 万人，红十字志愿工作者近二万人。

和平区红十字会

【简介】

和平区红十字会成立于 1956 年 7 月，现有基层组织 78 个，会员 18069 人，红十字志愿工作者 2530 人。2005 年 8 月，区红十字会正式独立设置，为正处级编制机构。

红桥区红十字会

【简介】

红桥区红十字会始建于 1958 年 7 月 4 日，“文革”期间停止工作，1979 年恢复工作。1984 年 8 月 3 日起，区红十字会与红桥区政府献血办公室合署办公，2005 年 12 月，区红十字会实现机构独立设置，定编七人，下设综合办公室、事业发展部和血源组织部。全区有基层红十字会组织 21 个，红十字会员 9853 人。1979 年恢复工作以来，先后有多位区委、区人大、区政府领导任区红十字会会长。

河北区红十字会

【简介】

河北区红十字会建于 1957 年，区会现有办公用房建筑面积 200 平方米。河北区红十字会在区委、区政府重视下，依法理顺了管理体制，规格为区属局级。河北区红十字会连续八年获市红十字会目标管理优秀达标单位。

南开区红十字会

【简介】

南开区红十字会建于 1956 年 6 月。1960 年改由区领导，“文革”期间工作停顿。1980 年 4 月恢复工作，2006 年 2 月南开区红十字会独立工作，编制人员五人，为处级单位。全区现有基层红十字会组织 12 个，红十字会员 2.19 万元，红十字志愿工作者 1200 人。

河东区红十字会

【简介】

河东区红十字会目前有基层红十字会组织86个，其中红十字团体会员单位22家，全区有红十字会员25780名，红十字志愿工作者876名。

河北省红十字会

【年度工作】

一、省红十字会换届工作

4月14日，河北省红十字会召开了第四次全省会员代表大会。河北省委书记张云川接见了与会代表。河北省省长陈全国、副省长孙士彬、省委秘书长景春华等出席大会。陈全国在大会上讲话。大会选举产生了省红十字会新一届领导集体，聘请陈全国为河北省红十字会名誉会长，选举孙士彬继续担任省红十字会会长，田更志任新一届理事会专职副会长。大会审议通过了《河北省红十字事业2010～2014年发展规划》和《河北省红十字会组织规程》，提出了未来五年全省红十字会工作任务和目标。

二、募捐筹资工作

2010年，自然灾害接踵而至，先后发生西南五省特大旱灾、青海玉树地震和甘肃舟曲特大泥石流等灾害，对红十字会的募捐筹资能力提出了新的要求。在主动做好“博爱一日捐”工作的同时，省红十字会积极开展为灾区募捐、为先心病患儿募捐和项目筹资工作，募捐筹资工作取得新进展。全年共筹集款物6551.64万元。其中，为青海玉树地震、舟曲泥石流、西南旱灾等灾区募集捐款3479.64万元，“博爱一日捐”工作募集捐款1368万元，为先天性心脏病患儿募集捐款1200万元，项目筹资504万元。

三、业务工作

（一）救灾备灾工作

2010年上半年，河北省沧州、保定、张家口、承德市先后遭遇冰冻、风雹、暴雨、洪涝等灾害。省红十字会积极督导，各市红十字会工作人员第一时间赶赴灾害现场，实地考察灾情，组织群众自救互救，帮助受灾群众渡过难关。灾害发生后，沧州市及黄骅市红十字会共筹资五万元，对400户受灾群众进行及时救助。承德市红十字会接收捐款25万元、衣物13200件、棉被120床，为2000多户灾民解决了生活困难。张家口市红十字会向灾区紧急发放了价值八万元的面粉四万斤，以解灾区燃眉之急。保定市红十字会紧急筹措善款，连夜购置了价值七万多元的蔬菜12.38吨、衣物124包，组织华北电力大学等单位的志愿者冒着酷暑装卸救援物资，使物资及时运抵灾区，发至灾民手中。

（二）宣传工作

河北省各级红十字会在“红十字博爱送万家”、“五八博爱周”、“6·14国际献血者日”等活动中，借助媒体优势，开展了全方位、立体化的宣传活动。全年各类报刊杂志登载宣传红十字会的报道1920篇，电视台播报新闻及节目1157条次。在“五八”世界红十字日宣传周活动中，全省参加宣传活动人数8001人，发放宣传材料18.29万份。全年开展人道法传播培训40次，培训46610人次。

（三）社会救助工作

2010 年，省、市、县红十字会上下联动，继续做大做强医疗救助项目，积极拓展救助范围，取得了一定成效。一是从中国红十字基金会争取资金 372 万元，对 122 名白血病患儿进行了救助。二是继续深入开展先心病患儿救助活动，年内为 1898 名农村特困先心病患儿实施了手术，拨付救助款 1149 万元。三是由华电国际电力股份有限公司捐资 40 万元，完成了 200 名白内障患者的复明手术，全省共完成白内障复明手术 350 例。四是对新建的两个博爱超市进行了验收，省红十字会下拨救助款 10 万元，用于支持社区红十字服务工作。

继续开展“红十字博爱送万家”活动。2010 年，全省共开展送温暖活动 130 余次，发放慰问物资价值 561.82 万元，受益人数八万余人。年初，省红十字会专职副会长田更志陪同中国红十字会副会长郭长江一行，赴受灾较重的承德、张家口、石家庄市开展送温暖活动。慰问灾民和困难家庭 6000 户，发放救灾物资 10549 箱，慰问物品总价值 219.13 万元。

（四）救护培训工作

全年救护培训人数 133.8 万人，其中培训机动车驾驶员 90 余万人次，对社区居民、农民、学生等进行初级卫生救护知识义务培训 43.8 万人次。在总会举办的“全国红十字会应急救援演练大赛”中，保定市红十字会代表队获得三等奖。

（五）造血干细胞捐献和无偿献血工作

2010 年，河北省招募造血干细胞志愿者并采集血样 9000 人份，累计达到 77723 人份。年度完成 HLA 分型检测 8000 人份，超额完成总库下达的任务指标。设计制作宣传品 20 万份下发到各市，有效地扩大了志愿捐献造血干细胞宣传覆盖面和志愿者动员招募力度。截至年底，实施造血干细胞捐献 13 人，全省累计实施捐献 75 人。

通过了《河北省红十字无偿献血志愿服务工作管理暂行办法》，举行了“中国红十字无偿献血志愿服务总队河北省支队暨石家庄市大队”成立授旗大会。目前，除邢台市外，全省 10 个设区市全部成立了无偿献血志愿服务大队。

（六）组织发展与红十字青少年工作

河北省累计发展红十字团体会员单位 2480 家，其中省直团体会员单位 103 家；全省红十字会员累计 495550 人，其中成人会员 313610 人，青少年会员 181940 人。

（七）项目和外事工作

完成了香港农村社区备灾项目邯郸大名县杨桥村的改水硬件工程，引进资金 22 万元，解决了 4000 余人的饮水困难；完成了承德围场县罗字六号村的拦河坝收尾工程，并对承德、邯郸三个项目村的村民进行了备灾救灾知识和技能培训。协助香港红十字会对项目一、二期情况进行了回访和考察，对三期所有工程进行了考核验收。引入资金 90 万元，支持保定和邢台南宫市的七所博爱卫生院建设。

接待了韩国庆尚北道红十字会副会长金尚俊一行来访，并达成了两会深入交往和红十字青少年合作交流意向。田更志副会长随总会代表团出访西班牙和瑞士，考察了国际遗体捐献工作的先进经验和做法。派人参加了总会组织的赴美培训，对美国红十字会应急管理体系进行了学习和考察。

【历史沿革】

河北省红十字会始建于 1956 年 11 月，

挂靠省卫生厅，“文革”期间被撤销。1985年，省红十字会恢复建制。1996年，省编委核定事业编制八名。2000年11月，省红十字会独立建制，由挂靠省卫生厅管理改由省政府领导联系，干部归属省委组织部管理，事业经费由省财政全额拨款。2002年2月，省编委批准了省红十字会的“三定”方案。2002年8月，省委组织部和省人事厅批准省红十字会机关干部参照国家公务员管理。省红十字会2004年4月建立了党组，6月，召开了河北省红十字会第三次会员代表大会，大会聘请省长季允石为名誉会长，选举副省长孙士彬为会长，张淑琴为专职副会长，会长提名李小学为秘书长。

【组织机构】

省红十字会机关内设一室四部：办公室、业务工作部、人事部、组织与青少年部、卫生救护部。机关人员编制12人，其中专职副会长（副厅级）一名，秘书长一名，处级干部六名，干事二名，工勤人员二名。机关现有办公用房700平方米左右。2003年，成立河北省造血干细胞捐献者资料库管理中心，定编四人，为处级全额拨款事业单位。

全省11个地级市和173个县（市、区）均建立了红十字会组织。截至2005年底，全省11个设区市全部理顺管理体制，围场县等六个县红十字会实现了独立建制，其他县（市）仍隶属同级卫生行政部门管理。全省各级红十字会共有专职工作人员80名，有基层红十字会组织1844个，红十字会员32.72万人，红十字志愿工作者7.39万人。

【大型项目】

2004至2005年香港社区备灾项目是河北省红十字会独立后引进的第一个境外合作项目，选定承德围场县两个村为项目试点村，引进项目资金66万元。项目历时一年，圆满完成各项任务目标。通过项目的实施，有效地扩大了红十字会的社会影响力和公信度，锻炼了各级红十字会的项目执行和管理能力，为项目工作的进一步扩展奠定了良好的基础。2005年11月，总会项目阶段总结会议在承德市召开。总会领导、香港红十字会同仁以及兄弟省市代表对河北省的项目工作给予了高度评价。第一周期项目的成功实施，带来项目的滚动。第二周期香港红十字会援助资金180多万元，是第一周期的三倍。项目扩展到承德围场和沧州孟村两县的八个贫困村，继续实施改水工程，强化村民备灾救灾能力。

【主要特色】

成立省红十字会新闻中心，策划实施了一系列影响较大的社会宣传活动，为红十字事业发展营造了良好的社会氛围，受到总会和省领导的充分肯定。

（刘慧君）

石家庄市红十字会

【简介】

石家庄市红十字会于1986年恢复建会，挂靠石家庄市医学会，1996年经市编办批准，由石家庄市卫生局代管，2005年12月，经市编办批准，石家庄市红十字会由“市卫生局代管”改由“市政府领导联系”，规格由原来的科级调整为副县级，设会长一名（兼），专职副会长一名（副县级），科级职数二名，内设办公室，业务工作部两个机构，事业编制五名，工勤人员编制一名，人员参照公务员制度管理。

保定市红十字会

【简介】

保定红十字会成立于1928年，抗日战争后期活动终止。1956年恢复工作，“文革”期间机构撤销，1987年恢复建立。2004年10月，经市编委批准机构独立设置，编制四人。目前，全市有基层红十字会组织5269个，红十字会员46.7万人，红十字志愿工作者6.1万人。

沧州市红十字会

【简介】

沧州市红十字会始建于1927年，解放战争和“文革”期间两次停止工作，1987年，市红十字会恢复成立。2006年，市红十字会理顺管理体制，由市卫生局代管改由市政府领导联系。

承德市红十字会

【简介】

承德市红十字会始建于1962年，“文革”期间停止工作，1979年，市红十字会恢复工作，机构挂靠市卫生局。2002年6月，经市编委批准机构独立设置，定编四人，内设办公室、业务部。

邯郸市红十字会

【简介】

邯郸市红十字会始建于1957年，“文革”期间停止工作，1989年，市红十字会恢复工作，挂靠市卫生局，2004年，市红十字会理顺管理体制。

衡水市红十字会

【简介】

衡水市红十字会建于1989年4月，2005年9月，市红十字会机构独立设置，由市卫生局代和改由市政府领导联系。全市11个县（市、区）均建立了红十字会组织，全市有红十字团体会位35家，红十字会员3625人，乡镇红十字会22个，村级农村红十字会会员小组101个。

廊坊市红十字会

【简介】

廊坊市红十字会成立于1988年3月，挂靠市卫生行政部门。2005年10月，市红十字会机构独立设置，由市卫生局代管改由市政府领导联系，有编制五人。

秦皇岛市红十字会

【简介】

秦皇岛市红十字会成立于1957年，“文革”期间停止工作，1984年恢复工作。2004年10月，市编委批准市红十字会机构独立设置，由市卫生局代管改由市政府领导联系，机构规格为副处级，定编制六名，人员参照公务员管理。

唐山市红十字会

【简介】

唐山市红十字会1988年5月恢复建制，挂靠市卫生局。2005年5月，市编委批准市红十字会机构独立设置，由市政府领导联系，规格为副县级，定编制五名。全市各县（市）区和唐钢、开滦煤矿等工厂企业均建立了红十字会组织，全市共有专（兼）职红十字会干部102人，红十字团体会员单位105家，红十字会员21万人，红十字志愿工作者5000多人。

邢台市红十字会

【简介】

邢台市红十字会于1986年5月恢复成立，下辖21个县（市）区红十字会，有红十字团体会员单位165家，红十字会员10258人。

张家口市红十字会

【简介】

张家口市红十字会始建于1986年。2004年11月，市编委下文理顺了市红十会管理体制，由挂靠市卫生局改为市政府导联系，机构规格为副处级，事业经费由财政全额拨款。市红十字会机关内设综合部、业务部。

山西省红十字会

【年度工作】

一、组织建设工作

2010年6月，山西省红十字会召开了全省红十字会组织建设工作会议，对近年来全省各级红十字会组织建设工作进行了总结、探索和交流。7月，省红十字会在晋城市举办了2010年专职红十字会干部培训班，来自全省各级红十字会的专职干部60余人参加了培训。

截至目前，山西省119个县（市、区）全部成立了红十字会组织，56个县（市、区）理顺了管理体制，比2009年增加18个百分点。全省现有基层红十字会组织1801个，专职工作人员384名，兼职工作人员255人。有红十字团体会员单位1895家，红十字会员692205名，红十字志愿工作者112466人。

二、救灾备灾工作

2010年，山西省各级红十字会积极开展“博爱一日捐”活动，共募集资金1333.4万元，为玉树地震灾区募捐3783万元，为舟曲泥石流灾区募捐款物近590万元，与山西醋产业发展有限责任公司联合开展了每销售一瓶醋即向省红十字会捐赠二分钱的附捐活动，接收了贝因美集团捐赠的价值100万元的婴儿奶粉。通过“红十字博爱送万家”活动，为二万多个困难家庭提供了价值500余万元的慰问物资，有六万多人受益。投入资金二万元，积极开展联企帮困送温暖活动。全年为147名贫困先心病患者实施了救治手术，对75名因大病致困的省直单位职工给予了救助，为700名白内障患者及436名唇腭裂患者实施了救治手术。救助了51名贫困白血病患儿，共发放中国红十字基金会资助款153万元。对临汾市“绿色港湾”的艾滋病人进行了慰问，捐助救治费10万元。援建“红十字博爱卫生（院）站”八所，并圆满完成了宋庆龄基金会通过山西省红十字会对“非典”去世人员子女的年度救助工作。

三、救护培训工作

2010 年，山西省红十字会积极为铁路、煤矿、旅游行业人员及机动车驾驶员、大学生、志愿者开展了救护培训工作，广泛普及灾害应急、自救互救、逃生避险知识，共培训急救员 5000 余人次，普及救护知识达四万余人次。

8 月，由省红十字会培训并推荐的阳泉煤业集团救护队，在首届全国红十字应急救护技能大赛中荣获三等奖。

四、捐献造血干细胞及遗体器官工作

2010 年，造血干细胞捐献者资料库山西省分库新增志愿者资料 5000 人份，有六名志愿者成功捐献了造血干细胞，其中一例为山西省首例农民捐献造血干细胞，造血干细胞捐献人数累计达到 41 名。9 月，省红十字会举行了主题为“与爱同行”造血干细胞捐献者联谊会；11 月，省造血干细胞分库在山西职工医学院等高校大学生志愿者中进行了红十字运动及造血干细胞相关知识的培训，经过培训的大学生志愿者利用业余时间主动帮助山西省造血干细胞分库动员、招募造血干细胞志愿捐献者。

全年有 100 多位志愿者登记捐献器官、遗体或角膜，山西省已有 23 人实现了捐献遗体或角膜。

五、宣传与传播工作

2010 年，省红十字会利用“五八”世界红十字日、世界急救日、世界艾滋病预防宣传日等，与媒体合作，广泛宣传和传播红十字运动基本知识，进一步弘扬了红十字“人道、博爱、奉献”的精神。通过电视台、报纸、街头大屏幕、高速公路广告等载体，播发红十字公益广告达二万余次。编印《山西红十字通讯》六期、《健康生活报》“红十字专版”12 期；设计制作了集知识性趣味性于一体的红十字知识台历，制作明信片 2000 份。

六、志愿者服务与红十字青少年工作

省红十字会按照《山西省红十字志愿服务实施办法》，对 7000 余名红十字志愿者进行了登记注册，实施电子化管理。建立了三支红十字志愿者应急救援队，并对应急救援队的红十字志愿者进行了培训。全年参与各项活动的红十字青少年和志愿者达 300 余人次，志愿服务时间达 2000 余小时。

七、交流与项目工作

2010 年，派员随中国红十字会总会代表团参加了在奥地利维也纳召开的第十八届亚太地区艾滋病大会，组团对台湾红十字组织进行考察，澳门特别行政区红十字会冬季义务教学交流团，在大同市浑源县上韩村红十字博爱小学开展了义务教学交流活动。顺利完成了挪威红十字会在晋中榆社县开展的改水、改厕援建项目。

【历史沿革】

1911 年 11 月 13 日山西河东（运城）红十字会成立，会长赵维祥。1957 年，经山西省人民政府批准，成立山西省红十字会。“文革”期间停止活动。1984 年 10 月，省红十字会恢复工作后，在省委、省人大、省政府、省政协的关心、支持下，有了长足的发展。2004 年 11 月 10 日，山西省红十字会第五次会员代表大会召开。大会全面总结了山西省红十字会第四届理事会的工作，制定了 2005 年至 2009 年发展规划，选举产生了由 109 名理事组成的新一届理事会，聘请山西省省长张宝顺担任省红十字会名誉会长，副省长王昕再次当选为省红十字会会长。

【组织机构】

山西省各级红十字会加强组织建设，完善工作机制，目前，全省11个市及119个县（市、区）全部建立红十字会，发展基层组织2016个，会员总数达31万余人。其中有11个市和98个县（市、区）红十字会解决了“三列”（机构、人员、经费）问题；1416所大专院校、1000多所中小学校成立了红十字组织，发展青少年会员六万多人。

山西省红十字会机关设有办公室、赈济部，下辖中国造血干细胞捐献者资料库山西省分库管理中心、山西省红十字会备灾救灾护中心两个直属事业单位。

根据《中华人民共和国红十字会法》、《山西省红十字会条例》和中国红十字会总会《理顺管理体制座谈会纪要》精神，山西省编委于2004年7月28日下发了《关于省红十字会调整体制的通知》，明确了省红十字会由省卫生厅代管改为由省政府领导联系，副厅级建制，独立设置党组，依法理顺了省红十字会的管理体制。2005年5月，山西省编办下发了《关于调整各市红十字会管理体制的通知》，明确规定：各市红十字会由市卫生局代管改由市政府领导联系；设会长一名，由市政府分管领导兼任，设专职副会长一名，为副处级。截至2005年底，太原、大同、临汾、运城、长治、晋城、阳泉、吕梁、晋中、忻州、朔州等11个市的编办下发了理顺红十字会管理体制文件。太原、大同、临汾三市红十字会已经按照要求理顺管理体制，较好地解决了人员、机构、经费和办公场所等问题。

山西省（地）市级红十字会有：太原市红十字会、大同市红十字会、临汾市红十字会、运城市红十字会、长治市红十字会、晋城市红十字会、阳泉市红十字会、吕梁市红十字会、晋中市红十字会、忻州市红十字会、朔州市红十字会。

山西省红十字会
会员代表大会

第一届

“文革”前召开，代表40人，理事18人，常务理事六人，会长王中青，秘书长闫海燕。

第二届

1984年10月召开，代表90人，理事39人，常务理事六人，会长赵军，秘书长徐彤斐。

第三届

1990年4月29日召开，代表125人，理事74人，常务理事12人，名誉会长赵军、吴达才、杨明葆，会长俞益生，常务副会长孙建成，秘书长任明亮。

第四届

1996年11月23日召开，代表132人，理事89人，常务理事31人，名誉会长胡富国，会长王昕，常务副会长赵震寰，秘书长冯晋生。

第五届

2004年11月10日召开，代表169人，理事109人，常务理事19人，名誉会长张宝顺，会长王昕，专职副会长冯晋生，秘书长白冰。

【大型项目】

一、1995年

3月，山西省红十字会组团一行七人访问日本赤十字社琦玉县支部，签订了琦玉县支部从1995—1999年为山西省红十字会每年无偿培养六名研修生的第一个五年协议。

10月，山西省红十字会、省教育委员会联合召开“我心中的红十字”绘画、征文颁奖大会，省红十字会出资近一万元表彰受奖者。全省共有573所学校的23718名少年儿童参赛。经专家评审，分别评选出绘画、征文一等奖10名、二等奖15名、三等奖20名及组织奖17个。

11月24日，山西省红十字会、“黄河”电视台对外部、“健康之声”电台、太原日报社和三株太原营销有限公司及省城14家医院联合开展“救灾捐赠献爱心日”赈济活动，共募集捐款4.8万元，购置救灾物资发往浑源、应县、保德、阳曲、娄烦等18个受灾县，受益群众约3万余人。

12月，由山西省红十字会筹资三万元与省电视台、省红十字医院（山西医学院第二附属医院）等单位联合摄制的电视剧《我八岁》（上、下集）摄制完毕，这是山西省红十字会第一部以真人真事为题材的电视剧。

12月24日，山西省首家企业——忻州温泉度假村派立高（山西）房地产有限公司的40多名员工报名登记捐献骨髓，并向白血病患儿梁跃杰捐款3000元；5月，霍州市红十字会、市关心下一代工作委员会、市教育委员会等单位联合开展救助白血病患儿梁跃杰的活动，共募集捐款1.5万余元。

二、1996年

2月，山西省红十字会筹措资金，分别给大同市和太原市红十字会拨救灾款2万元和1万元。

1996年入夏以来，山西省气候异常，各种自然灾害频繁发生，部分地区遭受严重洪涝灾害。10月7—8日，红十字会与红新月会国际联合会救灾代表让·库班先生对重灾区进行两天的灾情考察，并携带国际联合会和中国红十字会总会首批救援面粉9990斤，向灾民进行发放。

10月，山西省红十字会在省城南文化宫隆重举行救灾物资发放仪式。红十字会与红新月会国际联合会向山西省捐赠30万元的面粉、60多万元的治疗和消杀药品，总价值近百万元。这是山西省红十字会历年来接受国内外捐助救灾款物最多的一次。发放仪式结束后，救灾物资分别运往晋中、晋城、运城、吕梁、临汾、长治、忻州、太原等八个地（市）的九个重灾县。

三、1997年

5月7日，在全国第七个助残日来临之际，山西省红十字会、省残疾人联合会和省残疾人福利基金会联合开展向灾区残疾人特困户慰问捐助活动。捐助的救济物资有棉被、粮食、仔猪和仔羊共价值人民币近五万元，受益乡镇15个，受益残疾人特困户350户。

4月，山西省交通征费稽查局下发《关于红十字会专用救灾指挥车和救护车免征养路费有关事项的通知》。仅此一项，山西省红十字会系统节省经费近60万元。

四、1998年

山西省红十字会为东北松花江流域和长江流域灾区开展募捐活动，支援灾区款物500余万元。

5月8日，山西省红十字会在太原举行成立“山西省红十字眼库”新闻发布会；

山西省红十字会向大同市红十字会拨款三万元，用于灾害救助。

五、1999 年

山西省计委拨款 160 余万元，建造山西省红十字会备灾救灾仓库。

山西省红十字会为救助本省干旱、地震及洪涝灾区，筹募 200 余万元的粮食、药品、棉被、衣服等物资，使灾区 10 余万人口得到及时救助。

7 月 26 日，续签 2000 ~2004 年日方每年给山西省红十字会无偿培养六名研修生的第二个五年协议。

11 月 30 日至 12 月 1 日，山西省红十字会、省卫生厅在太原联合举办红十字知识与现场救护技能竞赛活动，共有地市组（A 组）和省直组（B 组）16 个单位的 64 人参加竞赛。

六、2000 年

2 月 18 日，红十字会与红新月会国际联合会、中国红十字会总会向大同市灾区发放价值 38 万余元的赈灾物资；为救助山西省干旱、洪涝灾区，全省各级红十字会组织筹集人民币 74. 59 万元、物资 249. 08 万元，出动红十字医疗队 66 次，救助 13 万余人。

4 月 26—28 日，在山西省红十字会的积极争取下，美国视博恩公司援外医疗队一行 10 人赴大同市县进行了为期三天的免费送医送药活动，为 1059 名群众义诊，免费发放 3. 1 万元的药品。

临汾市地区红十字会配合香港“健康快车”行动开展医疗服务，免费为 1000 余名白内障患者进行复明手术；9 月 15 日，晋中市红十字会、市残疾人联合会联合开展“助残献爱心”巡回医疗活动。

七、2001 年

山西省红十字会募集款物 128. 9 万元，救助本省灾区 64425 人，并向新疆灾区支援捐款二万元。4 月，红十字会与红新月会国际联合会派专职审计人员，对 2000 年度国际联合会拨给山西省大同市地震灾区 36. 58 万元救灾专款使用情况进行审计，结果表明，符合各项审计要求。

9 月 21—25 日，山西省红十字会在太原举办首期预防艾滋病青年同伴教育培训班，积极实施“山西省艾滋病预防控制青少年干预计划”，并在太原、大同、临汾、晋中、阳泉、长治等地的大专院校举办青年同伴教育培训班。

八、2002 年

山西省红十字会向遭受特大暴雨袭击的陕西、重庆、河南灾区及本省灾区援助款物 30 余万元。

7 月 27 日，长治市红十字会与卫生部门联合开展了“健康快车”白内障复明行动。此次行动历时三个月，免费实施复明手术 1148 例。

山西省红十字会与太原市红十字会联合开展向下岗职工义诊献爱心活动，捐赠药品等物资 5. 75 万元。

5 月 8 日，山西省红十字会在省城 30 个服务窗口首批设置红十字募捐箱。

6 月 10 日，忻州师范学院向山西造血干细胞捐献者资料库捐善款 25 万元及 500 人份造血干细胞血样；11 月，忻州师范学院再次捐善款五万元及 100 人份造血干细胞血样；11 月 23 日，山西中医学院 1000 余名师生捐献造血干细胞血样。

12 月 19 日，中国红十字会总会、山西省红十字会在侯马市区娱乐服务场所开展预防艾滋病传播干预项目启动。

九、2003年

积极协助政府及有关部门做好抗击“非典”的工作，山西省各级红十字会共接收捐赠款物9387.86万元，其中仅省红十字会就接收社会捐赠款物7475.66万元（捐赠款为2370.46万元，捐赠物资为5105.2万元），并及时将款物分发到全省防治“非典”最前沿的医疗机构、疾病控制中心等单位。

8月，在中国红十字会总会的统一安排下，山西省红十字会向全省“非典”康复者患者及病逝者家庭家属发放了香港工商界设立的“关怀非典受难者基金”107.8万元，并协助北京市红十字会发放了1.4万元“非典”救助基金。

受宋庆龄基金会的委托，山西省红十字会向全省因非典去世人员子女发放教育费资助1.4万元。

山西省红十字会向运城、大同、阳泉、长治等受灾市援助138万余元的救灾物资。

6月，澳门特别行政区红十字会捐助15万元人民币，援建山西省第一所红十字博爱学校——浑源县上韩村澳门红十字会博爱小学。

4月，山西省红十字会向新疆灾区捐款物10万余元。

10月30日，忻州师范学院向山西造血干细胞捐献者资料库捐善款5万元及400人份造血干细胞血样。

十、2004年

山西省红十字会向全省11个市的受灾户和城镇低保户、贫困户发放40万元救助物资250吨、价值50万余元救助面粉及50万元慰问物资，受助群众8333户，受益群众3.5万人；2月，山西省红十字会向全省11个市的110个乡镇卫生院捐赠价值32万余元的消毒器（锅）。

日本琦玉县支部与山西省红十字会签订了2005年至2007年每年为山西省无偿培养六名研修生的第三个合作协议。

9月，山西省红十字会向内蒙古、四川灾区支援3040余万元救灾物资。

12月30日，山西省红十字会与太原海关就没收的侵权货物用于社会公益事业举行了合作协议签字仪式。

【主要特色】

2001年，山西省红十字会制定了《山西省红十字会2001～2005年法制教育规划》，启动了全省红十字系统“四五”普法工作；山西省红十字会举办了首期预防艾滋病青年同伴教育培训班，积极实施“山西省艾滋病预防控制青少年干预计划”，并在太原、大同、阳泉、临汾、晋中、长治等地的高校举办同伴教育培训班。

2004年，太原市红十字会与太原康明眼科医院共同发起了“康明眼病救助基金——健康光明红十字行动”，救助贫困地区白内障患者400名，奖励高校品学兼优的近视眼患者520名，共筹资110万元。

（左　彤）

太原市红十字会

【简介】

太原市红十字会始建于1937年。新中国成立以后，中国红十字会太原分会于1951年重新成立并开展工作，“文革”期间中断。1986年5月7日，太原市红十字会恢复组建。市红十字会2005年6月理顺管理体制。机关内设办公室、组织宣传部、赈灾救护部。人员编制为九人，参照公务员管理。太原市的10个县（区、市）均建立了红十字会，全市有基层红十字会组织460个，红十字会员18万人，红十字志愿工作者2000余人，红十字团体会员单位30家，红十字冠名医疗机构六家。

长治市红十字会

【简介】

长治市红十字会建立于1964年，1986年恢复组建，多年来一直由市卫生局代管。1999年3月，经市编委同意确立编制、机构，为科级，单位编制三人。2005年9月，市红十字会理顺管理体制，由市卫生局代管改由市政府领导联系，定编八人。2006年12月，配备了专职副会长。长治市13个县（市、区）和一个开发区均建立了红十字会，有九个县（区、市）红十字会有机构、人员、编制。全市有红十字会员万余名，基层红十字会组织239个，红十字会专（兼）职工作人员40余人。

大同市红十字会

【简介】

大同市红十字会始建于1956年，1966年停止工作，1985年12月恢复组建，2005年11月理顺管理体制。大同市红十字会有专职干部10人，红十字会团体会员单位67家，红十字志愿工作者2000余人，所属挂靠单位八家，红十字会员25245人，红十字青少年会员177183人，社区红十字会卫生站60所，社区红十字会服务站有人员122人。

晋城市红十字会

【简介】

晋城市红十字会成立于1986年1月，有编制五名，有专职干部六名。晋城市所有的县（市、区）均已建立红十字会，且全部理顺了管理体制，共有专兼职干部43名。全市有基层红十字会组织843个，红十字会员15余万人，红十字青少年会员二万余人。有红十字会急救中心七个，红十字急救站31个，红十字老年病医院一所。

晋中市红十字会

【简介】

晋中市11个县（区、市）编办均已下文明确了红十字会管理体制和职数、编制数，全市共有专职干部编制45名，在岗人员49名，有八个县（区、市）配备了专职副会长。

临汾市红十字会

【简介】

临汾市红十字会1987年5月恢复建立。2005年6月，市红十字会理顺管理体制，为市政府直属单位。全市17个县（市、区）均成立了红十字会，共有基层红十字会组织130个，红十字专（兼）职工作人员58人，红十字会会员1.3万人，红十字志愿工作者3000余人。

朔州市红十字会

【简介】

朔州市红十字会1990年成立，挂靠市卫生局。2005年，朔州市编制委员会正式下发了《关于调整朔州市红十字会管理体制的通知》“将朔州市红十字会管理体制由市卫生局代管调整为由市政府领导联系”，2008年12月，市红十字会配备了专职副会长。

忻州市红十字会

【简介】

忻州市红十字会成立于1987年6月1日，2006年底，市红十字会理顺管理体制。2007年4月，正式配备专职领导干部，独立建制，独立办公。

阳泉市红十字会

【简介】

阳泉市红十字会在矿区基层单位中组建红十字会组织近40个。阳泉市第四人民医院成为阳泉市红十字会的团体会员单位。

运城市红十字会

【简介】

运城市红十字会1988年成立。

吕梁市红十字会

【简介】

2007年，吕梁市红十字会理顺管理体制。纳入了财政预算单位，有了独立的办公场所，购置了办公设备。完善了各种工作制度，规范了工作内容。

内蒙古自治区红十字会

【年度工作】

2010年，内蒙古自治区红十字会坚持以科学发展观为指导，以加强各级红十字会能力建设为中心，紧紧围绕筹资与红十字会基层组织建设这两项中心工作，把握机遇，开拓创新，真抓实干，各项工作都取得了明显成效。

各级红十字会救灾救助实力显著增强，全年共募集款物2.25亿元，其中募集“博爱一日捐”善款1.22亿元，为青海玉树地震灾区募集款物8472.13万元，为甘肃舟曲泥石流灾区募集捐款865.07万元，投入1.14亿元开展了救灾救助工作，受益群众达58.47万人；自身建设得到进一步加强，基层组织建设向纵深发展，全区红十字会专兼职干部人数突破千人，其中专职工作人员达到708人，全区红十字会基层组织5825个、会员147.04万人、团体会员单位7115家、红十字志愿者28446人；各项业务工作取得可喜成绩，全年培训红十字急救员11.93万人，开展救护防病知识普及性培训25.42万人次，造血干细胞有效入库数据3587人份，实现捐献四例，遗体（器官）捐献登记人数达到179人，累计建立社区公益服务点354个，为保护人民的生命和健康，改善困难群众的生产生活条件，推动自治区经济社会发展做出了贡献。

一、贯彻华建敏会长讲话精神，推动自治区红十字事业再上新台阶

8月6日，全国人大常委会副委员长、中国红十字会会长华建敏在自治区视察红十字会工作时发表重要讲话。他指出："在自治区党委、政府的重视和支持下，内蒙古搞红十字会工作的同志真是把红十字会当做一个事业来做，干一件大事业，作为一门学问来研究，思考怎么把红十字会工作搞好，形成了党政高度重视、上下联动、全社会齐抓共管的局面"。他强调，内蒙古红十字会工作的经验在全国更有代表性，更有典型意义。他希望内蒙古红十字会着重总结关于体制、机制、法制三个方面保障红十字会工作的经验和理顺管理体制、加强队伍建设、建立稳定的筹资渠道、采取目标化管理推进工作等方面的做法，使之更加系统、更加可操作、更加符合实际、更有针对性，"期待着内蒙古红十字事业取得更大的成就。国内要领先，世界也要领先。"

自治区红十字会把学习传达和贯彻落实华建敏会长重要讲话精神作为各级红十字会重要、紧迫的任务进行了部署和安排。

各级红十字会首先组织本机关干部职工进行了认真学习讨论，并以书面形式向各级党委、人大、政府、政协分管领导进行汇报，结合创先争优活动，结合各地实际情况，研究制定贯彻落实措施，扎实推进各项工作。

同时，把学习领会华建敏讲话作为今后一个时期工作的重中之重，认真研究制定贯彻落实讲话精神的具体措施。一是继续争取党委、政府领导和社会各界的重视、支持，进一步优化外部环境；二是尽快修订《内蒙古自治区实施〈中华人民共和国红十字会法〉实施办法》，强化法律保障；三是巩固和扩大理顺管理体制工作成果，加强组织建设和队伍建设；四是创新思路、完善措施，促进筹资工作经常化、制度化；五是提高备灾救灾、社会救助、卫生救护工作的规范化、专业化水平。

二、多渠道投入，加强各级红十字会能力建设

2010年是中国红十字会总会确定的"能力建设年"。全区各级红十字会紧紧围绕这一主题，采取有效措施，大力加强各级红十字会特别是旗县（市区）红十字会能力建设。

改善基层红十字会办公条件。自治区红十字会积极争取财政支持和企业资助，采取自治区、盟市、旗县（市区）三级配套方式，共投入资金768万元，为60个旗县（市区）红十字会配备了救灾车辆，基层红十字会救灾应急能力得到显著增强。10月份，自治区财政又投入300万元，为25个旗县（市区）红十字会配备了救灾车辆，为19个已自行配车的旗县（市区）和12个盟市红十字会下拨资金，专项用于改善办公条件。呼和浩特市红十字会投入283.5万元专项资金，支持各旗县区红十字会配备救灾车辆、配套备灾仓库和购置宣传设备，市红十字会办公大楼和近1000平方米的备灾救灾仓库即将交付使用；锡林郭勒盟红十字会搬迁至新的办公楼，办公用房达到11间，全盟新增专职工作人员五名；乌兰察布市红十字会在市委、政府的关心下，解决了近1000平方米的备灾救灾物资储备仓库。

重视和加强干部培训工作。5月26—28日，自治区红十字会在呼和浩特市举办了全区红十字会财务管理培训班，邀请内蒙古财经学院教授就财务管理和审计业务等内容，为来自盟市、旗县（市区）红十字会的115名财务人员进行了专门培训。10月31日至11月4日，中国红十字会2010年第六期地县级红十字会常务副会长培训班暨内蒙古自治区地县级红十字会常务副会长培训班在北京举办，来自全区12个盟市和101个旗县（市区）红十字会的129名红十字会常务副会长和专职副会长参加了培训，这也是继2008年之后，中国红十字会总会训练中心又一次专门为内蒙古红十字会系统举办培训班。包头市、通辽市、呼伦贝尔市、呼和浩特市、鄂尔多斯市、阿拉善盟、锡林郭勒盟等盟市红十字会积极组织所属旗县（市区）红十字会和会员单位、基层红十字会组织负责人参加各级各类业务培训，外出参观交流，进一步开拓眼界，不断提高人员素质和工作水平。

以深入开展创先争优活动为契机，改进机关工作作风。全区各级红十字会着力加强和改进机关工作作风，重点解决好服务意识不强、作风不扎实、工作效率不高等突出问题，推进各项工作深入开展，活动取得初步成效。

三、采取有力措施，扎实推动基层组织建设

协调自治区政府就加强红十字会基层组织建设工作给予政策支持。5月31日，在自治区红十字会的积极协调下，自治区人民政府办公厅下发了《关于进一步加强红十字会基层组织建设工作的通知》，要求各级政府把推动红十字会基层组织建设，促进红十字事业发展作为重要的任务，采取有力措施，推动全区红十字会基层组织健康发展。通知提出，到2012年底，在全区苏木乡镇、街道办事处全部建立红十字会组织；到2014年底，在全区80%的嘎查村、社区建立红十字会组织，形成纵向到底，横向到边的红十字会组织网络。

按照统筹兼顾、先易后难、抓点带面、扎实推进的原则，全面推进基层组织建设工作。为了推动基层组织建设工作的深入开展，年初，自治区红十字会下发了《关于在旗县（市区）开展红十会基层组织建设试点工作的通知》，要求每个盟市确定一个旗县（市区）开展农村牧区红十字基层组织建设试点工作。试点旗县（市区）红十字基层组织建设要做到"六有"，即有健全的组织机构和热心红十字事业的带头人，有稳定的会员和志愿者队伍，有规范的管理制度，有稳固的服务平台，有红十字特色的活动，有稳定的经费保障。通过抓好试点，及时总结经验，培育典型，起到示范引导作用。

6月4—5日，在兴安盟科右中旗召开了全区红十字会组织建设工作（现场）会议。12个盟市红十字会的常务副会长、组织建设试点旗县分管红十字会工作的副旗（县）长、红十字会常务副会长共80多人参加了会议。会议期间，代表们深入科右中旗的二个苏木、六个嘎查、一个社区和红十字博爱救助站，实地观摩、考察了科右中旗农村红十字会基层组织的工作情况。会议还讨论通过了《全区红十字会基层组织标准化建设指导意见》。

现场会后，各盟市红十字会迅速行动，认真贯彻落实会议精神，推进全区红十字会基层组织建设向纵深发展。一是组织各级红十字会广大干部职工通过召开专项工作会议或半年总结会议等形式，认真传达学习领会自治区政府文件和会议精神，研究对策指导工作；二是有针对性地抓好试点旗县（市区）的红十字会工作，按照标准化建设要求推进基层红十字会组织建设工作；三是向当地党委、政府汇报工作，结合各地实际制定贯彻落实自治区政府文件精神的具体意见和措施。

四、“博爱一日捐”募捐工作长效机制得到巩固和加强

2010年是自治区开展“博爱一日捐”募捐活动的第五年。为巩固“博爱一日捐”工作长效机制，5月5日，自治区政府专门下发了《关于进一步开展好“博爱一日捐”活动的通知》，对全区募捐工作做出部署，对各地区、各部门、各单位提出了具体要求：一是要充分认识开展“博爱一日捐”活动的重要性和必要性，把深入开展“博爱一日捐”活动列入重要议事日程，作为一项长期任务抓紧抓好；二是采取多种形式，大力开展“博爱一日捐”宣传教育活动，积极主动地配合各级红十字会集中开展宣传报道工作，切实做到家喻户晓，激发社会各界群众的捐赠热情；三是进一步完善“博爱一日捐”工作的各项制度和工作方案，采取有针对性的措施，把“博爱一日捐”任务落到实处。各地区、各部门、各单位要在每年的5月份集中开展“博爱一日捐”活动；四是切实加强对“博爱一日捐”工作的组织领导，各级工商联、税务部门、文化部门和文艺团体等单位和行业要积极配合红十字会，组织开展好义演、宣传、企业募捐和税收优惠政策等工作的落实；五是加强对募捐资金的管理，提高“博爱一日捐”活动的公信力。

各级红十字会认真贯彻自治区政府办公厅通知精神，协调当地党委、政府转发文件、制定募捐工作方案，推动本地区募捐工作的持续、深入开展。截至11月20日，全区各级红十字会已募集“博爱一日捐”善款12196.90万元，超额完成年度目标任务。

“博爱一日捐”工作所取得的成绩得到中国红十字会总会的肯定，在11月中旬召开的中国红十字会2010年筹资工作研讨会上，自治区红十字会代表作了典型发言。

五、救灾救助救护等各项业务工作进展顺利

全力以赴支援区外重大自然灾害救灾工作。

（一）西南五省区旱灾救助工作。2010年春天，我国西南五省区遭遇历史罕见特大干旱，人畜饮水困难，农作物绝收，使灾区群众生产生活遭受巨大困难。获悉灾情后，自治区红十字会于3月30日先向五个受灾省拨款21万元，支持当地红十字会开展救灾工作。同时，全区各级红十字会通过新闻媒体向社会发出呼吁，为旱灾地区发动社会募捐，共募捐善款445.75万元。

（二）青海玉树地震救助工作。4月14日凌晨，青海省玉树地区发生里氏7.1级强烈地震，造成重大人员伤亡和财产损失。灾情发生后，自治区红十字会迅速行动，投入抗震救灾工作，第一时间向青海省红十字会发出慰问信，并先期捐赠20万元救灾款，用于紧急阶段救灾工作。同时，自治区红十字会向各盟市红十字会发出紧急通知，通过新闻媒体向社会发出呼吁，在全区组织开展救灾募捐工作。各级红十字会工作人员放弃休息，坚守岗位，实行24小时值班制度。自治区红十字会积极协调直属机关工委，向区直单位发出通知，动员广大干部职工紧急行动踊跃捐款。全区各级红十字会共接收抗震救灾捐款 8140.69 万元，物资价值 331.44 万元，款物合计 8472.13 万元。为加强和规范各级红十字会的救灾募捐工作，自治区红十字会先后转发了国务院抗震救灾总指挥部、中国红十字会总会相关文件，认真做好捐款统计工作，及时通过新闻媒体向社会公布捐赠名单。从 5 月中旬开始，自治区和各盟市红十字会陆续接受了审计部门的审计，未发现违规现象。进入恢复重建阶段后，自治区红十字会积极与灾区红十字会和有关方面联系，两次派工作组赴灾区进行灾后恢复重建项目考察，就参与灾后恢复重建工作初步达成了一致，除 2426 万元纳入总会整体援建规划外，自治区红十字会还援建了玉树藏族自治州妇幼保健院、玉树县第二完全小学等灾后恢复重建项目建设。

（三）甘肃舟曲泥石流灾害救助工作。8 月 7 日晚，甘肃省甘南藏族自治州舟曲县发生了特大泥石流灾害，造成重大人员伤亡和财产损失。灾情发生后，自治区各族人民心系灾区，主动通过各种形式捐款，支援舟曲灾区救灾工作。8 月 21 日，根据自治区领导的指示精神，自治区直属机关工委下发了《关于开展向舟曲灾区送温暖献爱心捐款活动的紧急通知》，号召区直机关党员干部向舟曲灾区捐助善款，奉献爱心，得到了区直党政机关企事业单位的积极响应，广大干部职工踊跃捐款，表达对舟曲人民的深切关爱。截至 10 月 31 日，全区各级红十字会共接收社会各界捐助善款 865.07 万元。10 月 21 日，自治区红十字会派出由专职人员、捐赠单位代表、新闻媒体记者组成的工作组专程赶赴舟曲县，实地了解受灾情况，就参与灾后重建同甘肃省红十字会和当地政府交换了意见，并达成一致。根据 10 月底国务院出台的《舟曲灾后恢复重建总体规划》，自治区红十字会拟投入救灾款 700 万元，援建舟曲县疾病预防控制中心综合业务楼重建项目。

（四）为玉树、舟曲灾区群众送温暖。入冬以来，玉树和舟曲灾区绝大多数群众还住在活动板房、帐篷等简易设施内。自治区红十字会从募集到的救灾资金中拿出 280 万元资金，采购防潮保暖性能好的驼绒被一万床，帮助受灾群众特别是年老体弱、伤残人员及儿童防寒保暖，安全过冬。

做好区内自然灾害救助工作。2010 年元月，自治区乌兰察布市、锡林郭勒盟、巴彦淖尔市、赤峰市、通辽市等地遭受严重雪灾。灾情发生后，宝音德力格尔会长亲自率领救灾小组深入重灾区巴彦淖尔市、锡林郭勒盟、乌兰察布市等地考察灾情，指导救灾工作，慰问受灾农牧民群众。在自治区红十字会的统一部署下，各盟市红十字会迅速行动投入抗灾救灾工作，共投入救灾款 437.1 万元，为灾区群众购置了面粉、煤炭、饲草料等生活必需品，其中自治区红十字会本级投入 218 万元。

此外，自治区红十字会根据各地受灾情况，在指导盟市红十字会开展救灾工作的同时，先后向乌兰察布市、鄂尔多斯市等受灾地区红十字会下拨救灾资金 20 万元，支持基层红十字会开展救灾工作。

开展形式多样的社会救助工作。一是元旦、春节期间广泛开展以“博爱一日捐、温暖千万家”为主题的“红十字博爱送万家”活动，各级红十字会共投入救助款 1638.12 万元，救助物资价值 1972.366 万元，款物合计 3610.486 万元，救助困难群众40.3万人。仅自治区红十字会就投入救助款62万元，救助物资价值1024.94万元，款物合计1086.94万元，是自治区红十字会开展送温暖活动以来投入救助款物数额最大、救助困难群众最多的一年。二是自治区红十字会继续坚持困难群众求助接待值班制度，共救助前来求助的困难群众28人，发放救助金6.85万元。三是继续在朝聚眼科医院、内蒙古第三医院开展救助贫困住院患者活动，救助贫困住院患者108人，发放救助金4.03万元。四是按照中国红十字基金会相关要求，进一步规范了白血病患儿申请小天使基金的程序，共申报127人，获得救助96人，获得小天使基金救助金290万元。五是开展了以“博爱一日捐、助你上大学”为主题的资助贫困大学生活动，共投入救助资金1323.74万元，资助困难大学生10147人，其中自治区红十字会本级投入79万元，资助驻呼14所高校新入学学生790人。六是中国红十字基金会幸福天使基金向自治区捐赠651万元款物，用于救助贫病婴幼儿和建设博爱卫生站。此外还开展了纪念抗日战争胜利60周年、执政为民教育基地、救助白血病和先天性心脏病患者等主题慰问救助活动。

积极推进应急救护培训工作。继续指导推动全区红十字会应急救护培训工作，全年培训红十字急救员11.93万人，开展救护防病知识普及性培训25.42万人次。呼和浩特市红十字会在党校、酒（饭）店员工、学校学生、驾驶员中开展救护培训；呼伦贝尔市红十字会与市交通运输管理处和市公安局交通警察支队联合在全市35所驾驶员培训学校中开展卫生救护培训；包头市、通辽市、锡林郭勒盟、鄂尔多斯市等地也在酒店、电力、运输行业，以及公务员等人群中开展了卫生救护培训工作。

开展多种形式的宣传活动，提高红十字会的知名度。结合“五八”世界红十字日、“5·12”防灾减灾日、“6·14”世界献血者日、世界急救日等纪念日，组织开展了丰富多彩的宣传纪念活动。各级红十字会工作人员、会员、志愿者走上街头，向群众散发宣传资料，设置宣传展板，开展义诊和健康咨询，组织开展卫生救护演练，举办红十字运动知识讲座，慰问困难和受灾群众，以活动为载体，扩大了红十字会的社会影响，提高了红十字会的知名度。据统计，报刊杂志报道红十字会新闻1700余条，电台、电视台播报红十字会消息1900多条。

在做好常规宣传工作的同时，自治区红十字会与内蒙古人民广播电台合办的“爱在红十字”节目于1月24日正式开播，每周一、三、五各播出一次，每次15~30分钟，全区三级红十字会通讯员积极向节目编辑部报送新闻稿件。

项目工作进展顺利。一是在锡林郭勒盟实施了华电国际援助白内障复明项目，完成白内障复明手术214例。二是挪威红十字会援助的乌兰察布市察右中旗改水改厕项目全部竣工并投入使用，共建成卫生厕所354个，为1318人解决了生活用水难题。该项目2010年度计划在兴和县实施，已完成改水工程442户、改厕工程220户。三是在赤峰市实施了2010年加拿大红十字会援助复明扶贫项目，完成了对477名贫困白内障患者的基线调查，年底前为220位患者实施免费手术治疗。四是挪威红十字会援助通辽市奈曼旗、鄂尔多斯市乌审旗减灾项目已全部完成，巴彦淖尔市乌拉特中旗减灾项目也临近尾声，三个项目区有388户、1211名农牧民受益。五是加强了博爱卫生院（站）管理力度，对自治区14所博爱卫生院（站）管理运行和作用发挥情况进行了自查，总体运行情况良好，在服务当地群众，解决群众看病难、看病贵问题方面发挥了积极作用，深受广大农牧民群众的欢迎。2010年，争取到中国红十字基金会援助博爱卫生站五所、卫生院二所、红十字书库25个，项目总投资99万元。

圆满完成造血干细胞捐献工作各项任务。一是结合世界红十字日、世界献血者日等纪念日，积极发挥志愿者作用，通过发送短信、举办专题讲座等形式，广泛深入开展造血干细胞捐献宣传动员工作。二是2010年春节前夕，自治区和盟市两级红十字会对全区15名造血干细胞捐献者进行了走访慰问。三是加强和改进供者服务工作，坚持“以人为本”，把志愿者爱心关怀的感性认识逐步引导到救助患者的理性行动上来。全年全区共采集血样2318人份，完成合成入库有效数据3648人份，超额完成年度入库任务；全年共完成初筛346例、再动员170例、高分辨55例、供前体检10例、捐献四例，其中呼伦贝尔市二例、通辽市和兴安盟各一例，累计入库数据17878人份，为临床患者提供造血干细胞捐献18例。

遗体（器官）捐献工作有新进展。全区已有八个盟市开展了遗体（器官）捐献宣传动员和登记工作，共有179人报名登记志愿捐献遗体（器官），全区累计实现遗体捐献四例、角膜捐献九例。11月，呼和浩特市红十字会在全区率先成立了遗体捐献登记站、遗体捐献接收站和器官（角膜）接收站，为推进遗体（器官）捐献工作深入开展奠定了基础。

【历史沿革】

1919年至1920年间，在内蒙古赤峰县，由当时的赤峰电报局局长陈君甫、高等学校校长阎希圣、当过省议员的乔俊杰、秀才卢洪恩、永生利染坊的司帐先生金洪才、股东马德山、掌柜李永祥七人自动发起倡议，组织了赤峰红十字会。因为红十字会属于社会上的一种慈善团体，发展会员是严格遵守自己的宗旨，得到了各方面的拥护，会员人数很快增加到了100多人。会员们共同推举乔俊杰为会长、阎希圣为副会长。正副会长选出后，即将会员名册和会员缴纳的会费一并送交了中国红十字会总会。总会批准后，颁发了一枚木质钤记，上写“中国红十字会赤峰县分会钤记”，并同时发给了总会章程、分会简章及其它有关文件、书刊等。1919年（民国八年）旧历五月初五凌晨，第一次直奉战争波及赤峰，当时赤峰红十字会刚刚成立，仓促间临时组织了一个救护队。救护队分为担架队和掩埋队，对在战场上死亡者就地雇人掩埋，对伤员则雇用民众用簸罗、门板绑成担架送到赤峰红十字分会，救治伤员30名。红十字会奉行战地救护、扶危济困的宗旨深得民心，得到了当地社会各界的拥护，会员很快发展到400多人，其它一些地区也不同程度地开展了红十字会活动。

全国解放以后，自治区党委和政府对自治区的红十字事业给予高度重视，1956年正式批准成立了自治区红十字会。自治区政府副主席哈丰阿任会长，卫生厅胡尔钦毕力格厅长任副会长，下设办公室、组训组、宣传组等办事机构。1961年至1986年内蒙古自治区红十字会因文革及其他原因停止了活动。1987年5月停止活动20多年的自治区红十字会，经自治区人民政府批准正式恢复了工作，5月20日召开了内蒙古自治区红十字会恢复大会。从此，自治区红十字事业随着我国改革开放，建设具有中国特色的社会主义的巨大浪潮进入一个崭新的发展阶段。

1990年6月6日至6月9日，内蒙古自治区红十字会召开第一次全区会员代表大会，参加会议的代表共计99人。聘请自治区政府主席孔飞、人大副主任徐令妊、政协副主席乌兰、内蒙医学院教授陈锵为自治区红十字会一届理事会名誉会长，选举名誉理事五名，理事53名，常务理事18名，选举云曙碧为自治区红十字会一届理事会会长，刘广理、胡良发、杨曼、王孔运为副会长。云曙碧会长作了题为“艰苦奋斗积极进取努力开创我区红十字事业新局面”的报告，指出今后红十字会工作要坚持群众路线、组织建设应稳步发展、加强卫生救护工作、积极努力做好社会福利工作、做好红十字青少年工作、充分发挥离退休人员在红十字会工作中的作用、进一步加强宣传工作的思路，为自治区红十字事业的发展明确目标。

1996年4月，自治区红十字会召开了一届四次理事会议，聘请自治区党委副书记政府主席乌力吉担任名誉会长，自治区人大常委会副主任刘震乙、自治区政府副主席宝音德力格尔、自治区政协副主席农工民主党自治区主委兰乾福、自治区政协副主席、自治区佛教协会会长乌兰、自治区政协副主席杨紫珍、内蒙古医学院教授陈锵担任名誉副会长，并增补了部分理事。会议选举李淑莲任自治区红十字会副会长，增选自治区政府副秘书长安扶、自治区卫生厅副厅长刘树涛、自治区教育厅副厅长占布拉、自治区民政厅副厅长冯品英担任副会长。

2004年11月8—9日，内蒙古自治区红十字会召开第二次全区会员代表大会，中国红十字会会长、原全国人大常委会副委员长彭珮云，副会长兼秘书长郭长江，事业发展部部长蓝军，自治区党委书记、人大常委会主任储波，自治区党委副书记、政府主席杨晶，自治区党委副书记、纪检委书记巴特尔，自治区党委常委、秘书长任亚平，自治区党委常委、组织部长陈朋山，自治区人大常委会副主任尤仁，宝音德力格尔，陈瑞清，哈斯巴根，自治区政府副主席乌兰，自治区政协副主席奇英成等自治区领导出席大会，大会全面总结“一大”以来15年一届理事会所做的工作，制定2005～2009年的发展规划，选举产生宝音德力格尔等20名第二届常务理事，桂忠等74名理事，聘请自治区政府主席杨晶、自治区红十字会原会长云曙碧担任自治区红十字会名誉会长，自治区人大常委会副主任宝音德力格尔当选为二届理事会会长，聘请自治区政府副主席乌兰、自治区政协副主席奇英成为名誉副会长，桂忠当选为专职副会长兼秘书长，盖文山、乌兰、郝勇、何瑞芝、云宗元、阿斯林、斯琴高娃、贾拉森八人为兼职副会长。2005年4月14日，自治区红十字会召开二届二次理事会议，会议选举陈华任常务理事、秘书长。由于盖文山副会长分管工作调整，由自治区政府办公厅副主任杨玺继任理事、常务理事、副会长。

内蒙古自治区红十字会历次代表大会

初期（1956～1960年）：会长哈丰阿。

恢复工作期间（1987年5月～1990年

5 月）：代表 44 人，理事 10 人，名誉会长云曙碧。

第一届

1990 年 6 月 6 日召开，代表 99 人，理事 53 人，常务理事 18 人，名誉会长孔飞、许令妊、乌兰、陈锵，会长云曙碧。

第二届

2004 年 11 月 8 日召开，代表 158 人，理事 74 人，常务理事 20，名誉会长杨晶、云曙碧，宝音德力格尔，专职副会长桂忠。

【组织机构】

内蒙古自治区红十字会现有基层组织 2474 个，累计发展会员 82 万人，志愿工作者 5707 多人。全区 12 个盟市和 101 个旗县都建立了红十字会组织。有 307 个企业、1023 个事业单位、500 个乡镇、120 个街道建立了红十字会组织，在 479 所小学、356 所中学、10 所大学中建立了红十字会。在自治区教育系统建立了学校红十字工作委员会。

1995 年 5 月 8 日，内蒙古自治区红十字会从卫生厅独立出来，理顺了管理体制，单位规格为正厅级，机关设有办公室、业务处、组宣部三个处级单位，下设一个备灾救灾培训中心。2001 年机构改革时，撤掉了组宣部，人员编制也由原来的 14 人减为 13 人。自治区红十字会理顺管理体制后，所辖 12 个盟市及部分旗县（市区）相继理顺了管理体制。截至 2006 年 8 月，全区 12 个盟市及满洲里市、二连浩特市两个计划单列市红十字会全部理顺了管理体制，单位规格为正处级，编制 5－12 人不等。全区 101 个旗县（市区）已有 94 个旗县级红十字会理顺了管理体制，机构规格为正科级，编制 3～12 人不等。12 个盟市红十字会是：呼和浩特市、包头市、乌海市、赤峰市、通辽市、鄂尔多斯市、呼伦贝尔市、巴彦淖尔市、乌兰察布市、兴安盟、锡林郭勒盟、阿拉善盟红十字会，两个计划单列市红十字会是：满洲里市、二连浩特市红十字会。

【主要特色】

一、开展“红十字博爱送万家”活动

为了更好地弘扬人道、博爱、奉献的红十字会精神，按照中国红十字会总会的统一部署，自治区红十字会从 1999 年开始在每年的元旦、春节期间都开展了“红十字博爱送万家”活动。为贫困灾区和边远农牧区群众送去粮食、衣物等生活必需品。

二、援助开展了卫生小项目

（一）援建卫生院医疗小项目：1999～2004 年由加拿大红十字会援助内蒙古自治区红十字会 12 万加元，在乌兰察布市凉城县、鄂尔多斯市伊金霍洛旗伊金霍洛苏木开展了卫生项目的援建工作。

（二）复明扶贫行动：2001 年至 2006 年由加拿大红十字会每年援助九万加元，在乌兰察布市、鄂尔多斯市、包头市、呼和浩特市、阿拉善盟、锡林郭勒盟、巴彦淖尔市开展了复明扶贫项目。该项目旨在帮助贫困白内障患者复明，术后能够从事生产劳动，走出生活困境，弘扬红十字人道主义精神，扩大红十字会的影响力。

（三）开展了艾滋病同伴教育活动：2002 年开始，由加拿大红十字会每年援助一万加元，开展的艾滋病同伴教育项目，旨在通过同伴教育增强预防艾滋病的公众意识，防止青年人发生易感染艾滋病的危险行为，控制艾滋病在内蒙古地区的蔓延。

三、造血干细胞捐献

2004 年经中国红十字会总会批准，内

蒙古自治区红十字会成立了中国造血干细胞捐献者资料库内蒙古分库，三年来全区共采集造血干细胞 874 份，累计采集血样近 5000 份，进行供者再动员六例。

四、扶贫助学

扶贫助学工作一直是自治区红十字会救助领域中的主要内容之一，特别是从 2005 年开始，自治区红十字会响应自治区党委、政府的号召，与内蒙古电视台经济生活频道《都市全接触》栏目合作开展扶贫助学活动，先后投入扶贫助学款物 65.6 万元，救助了大、中、小学生共计 1104 人。2005 年在“博爱一日捐”募捐款中拿出部分善款在全区资助 1000 名贫困大学生。

（胡志行）

呼和浩特市红十字会

【简介】

呼和浩特市红十字会于 1958 年成立，“文革”开始后撤销，直至 1987 年 9 月恢复工作，对内称呼为呼和浩特市卫生局红十字会办公室，对外称呼为呼和浩特市红十字会，编制为三人，后增编到五人。1995 年红十字会办公室提格为准处级，编制 10 人，仍由卫生局代管。2000 年 12 月 26 日，市编委同意呼市红十字会办公室机构单独设置，直接由市政府联系领导。2002 年机构改革时，市委、政府对呼和浩特市红十字会在机构、人员、经费等方面给予了极大的支持，不仅保留了原有编制，而且核定处级干部二名，一正一副，内设二个科室，即办公室和业务科，核定科级职数四人，两正两副。于 2004 年市委批复参照公务员管理，并成立了党组。2005 年，市政府为市红十字会增编二人，增加了组宣科，增加科级职数一名。现机关在职人员 13 人，副处级一人、科级四人。

呼伦贝尔市红十字会

【简介】

1988 年，呼伦贝尔（盟）市红十字会恢复工作。1995 年，（盟）市红十会机构独立设置，与血站合署办公。2001 年，市红十字会机关理顺管理体制，为独立的正处级单位，现在参照公务员管理的事业编制八名，工勤编制二名，实有人员 11 人。

赤峰市红十字会

【简介】

1919 年至 1920 年，由陈君南等七人自动发起，成立了赤峰市红十字会。1989 年，从卫生局分离并独立建制。1992 年 3 月召开了第一次会员代表大会。2005 年底，全市 12 个旗（县、区）红十字会全部理顺了管理体制。

包头市红十字会

【简介】

包头市红十字会成立于 1957 年，由于历史原因 1960 年停止工作。1990 年复会，组织机构由卫生行政部门代管。2003 年，市红十字会由卫生行政部门代管改由市政府管理，核定机构规格为正县级，内设办公室、业务科，全额事业编制八人。2004 年，市红十字会列为参照公务员管理单位。

巴彦淖尔市红十字会

【简介】

巴彦淖尔市红十字会成立于1987年9月。1998年7月，市红十字会理顺管理体制，人员参照公务员管理，机关内设办公室、业务部，有编制七名。1996年，全市七个旗（县、区）红十字会相继理顺管理体制。市、旗（县、区）红十字会共有专职干部43名，基层红十字会组织194个，红十字会员71571人，红十字志愿工作者39人，红十字医疗机构12家，红十字急救队10支。

锡林郭勒盟红十字会

【简介】

锡林郭勒盟红十字会成立于1997年，全盟有12个旗（县、市）红十字会和一个管委会。机关内设办公室、业务科两个职能部门，有编制八名。全盟有专职红十字会干部58人。

乌海市红十字会

【简介】

乌海市红十字会2004年6月理顺管理体制，有编制六名。全市有红十字会团体会员单位22家，红十字会员223人，红十字志愿工作者55人。

兴安盟红十字会

【简介】

兴安盟红十字会于1989年10月恢复成立，1999年，盟红十字会理顺管理体制，有事业编制四名，工勤编制三名。机关内设办公室、赈济部、宣传与筹资部三个部门。

鄂尔多斯市红十字会

【简介】

鄂尔多斯市红十字会于1988年恢复工作。1998年，市红十字会理顺管理体制。全市八个旗（区）红十字会全部理顺了管理体制。全市红十字会有编制41名，有红十字团体会员单位91家，基层红十字会组织175个，红十字会员22874人，红十字志愿工作者272人。

阿拉善盟红十字会

【简介】

阿拉善盟红十字会成立于1987年。2002年，盟红十字会理顺管理体制，人员参照公务员管理，有编制四名。机关内设办公室、宣传赈灾科。2006年，盟红十字会增加副处级职数一名。2007年4月，盟红十字会党组成立。

通辽市红十字会

【简介】

通辽市红十字会1987年恢复工作，八个旗、县（市、区）红十字会也相继成立。1997年，市红十字会理顺管理体制，规格为副处级事业单位，人员参照公务员管理。2001年，内蒙古自治区红十字会通辽备灾救灾中心成立，隶属通辽市红十字会。2002

年，通辽市各旗、县（市、区）红十字会相继理顺管理体制。全市有红十字会工作人员 65 人，基层红十字会组织 592 个，红十字会员 24 万人。

乌兰察布市红十字会

【简介】

乌兰察布市红十字会 1997 年理顺管理体制，有编制六名，人员参照公务员管理。2007 年，市编委又为市红十字会增加三名编制。全市 11 个旗、县（市、区）红十字会全部理顺了管理体制，机构规格均为正科级，编制在三至五名。

辽宁省红十字会

【年度工作】

一、备灾救灾工作

2010 年初，辽宁省红十字会开展了为西南干旱地区募捐活动，向西南五省、市捐赠 369.15 万元。4 月，青海玉树发生地震后，省红十字会紧急下发通知，开展为玉树地震灾区募捐活动，同时在第一时间向玉树灾区发送了价值 20 万元的救灾物资。全省红十字会系统为玉树地震灾区募集资金 4194 万元，全部用于辽宁省对口支援青海省巴塘乡的灾后重建。8 月份，向舟曲泥石流灾区捐赠救灾款 45.3 万元，并对省内遭受特大洪水的鞍山、抚顺、本溪、丹东等 10 个市开展救助。

省红十字会按照省政府的要求，完成了四川安县的对口援建任务，投资 2.27 亿元，重建了“安县人民医院”和“黄土红十字博爱学校”等五所中学，并对援建项目进行了冠名、树碑和加挂红十字标识等。

二、社会救助和人道救助工作

全省各级红十字会开展“红十字博爱送万家”活动，省红十字会筹集近 180 万元的物资，对沈阳、大连等 11 个市的受灾、贫困群众等进行救助，受益群众 7000 余人。各市红十字会相继开展了形式多样的“红十字博爱送万家”活动，共募集款物价值人民币 373 万元，全省共有 1.8 万户、6.8 万人次受益。

实施人道救助项目，省红十字会先后救助了 146 名贫困家庭白血病儿童，发放救助款 147.5 万元；成功救治 84 名贫困家庭患先天性心脏病儿童，救助金额 100 万元；开展“临终人道关爱项目”，为 114 余名贫困晚期癌症患者免费提供止痛药物及人道关爱服务，救助金额近 20 万元；实施“辅助行动”项目，在省红十字会和各市成立了 19 个辅助行动器材服务站。

做大做强造血干细胞库。全省入库资料累计达 78656 人份，成功移植 78 例。2010 年，入库数据近一万人份，全年完成初筛 1747 例，比上年增加 97.4%，再动员 455 例，比上年增加 71.7%，有 19 人成功捐献造血干细胞，其中为台湾患者捐献一人。

做好艾滋病预防宣传教育工作。省红十字会在娱乐场所从业人员、吸毒人群及艾滋病病毒感染者和病人等目标人群中，举办艾滋病预防青年同伴教育主持人培训、讲座、心理辅导等 500 多期。辽宁省艾滋病预防宣传教育工作得到了国际联合会和总会的肯定。总会在辽宁省召开了全国红十字会系统艾滋病预防工作会议，推广辽宁省的经验。

不断拓宽应急救护培训工作新路子。省

红十字会与省科学技术协会联合下发了《关于在社区科普大学（学校）开展应急避险培训工作的通知》，申请参与第十二届全运会的应急救护培训和志愿服务工作。省红十字会全年共培训急救员 3100 人，举办公益讲座 10 余次，有 4000 多人受益。全省各级红十字会全年共培训救护员 11770 人。

作为全国人体器官捐献工作首批试点单位之一，辽宁省研究制定了人体器官捐献工作方案，并建立专家队伍，各市成立了人体器官捐献志愿者登记站。截至 2010 年底，全省登记志愿捐献遗体者累计 4465 人，实现捐献意愿的 240 人，登记捐献眼角膜者累计 1246 人，实现捐献意愿的 32 人。实现二例器官捐献，救助五人。

三、宣传与组织建设工作

纪念“五八”世界红十字日，开展红十字博爱周活动。尝试以网络直播的形式举行了省红十字博爱周暨义捐义卖网启动仪式，爱心企业在现场进行了捐赠；开展了“携手人道，博爱辽宁——走进喀左救助行动”；举行了辽宁省红十字会 KIT – STROY 彩虹基金向贫困白血病患儿发放救助金仪式。

2010 年是辽宁省红十字会理顺管理体制十周年，省红十字会以此为契机开展了系列宣传活动。在辽宁电视台制作并播出了反映辽宁省红十字事业发展的电视专题片，举办了“红十字事业发展”高峰论坛，制作了一批宣传品。

积极推进县级红十字会理顺管理体制工作。对全省红十字会理顺管理体制工作进行调研，撰写了《全省县级红十字会理顺管理体制情况报告》。省红十字会会长、副省长滕卫平作出批示，促进了县级红十字会理顺管理体制工作。截至年末，有 76% 的县（区）理顺了红十字会管理体制，有三个市的县（区）级红十字会实现全部理顺。

积极推进高校红十字组织建设。争取中国红十字会“心灵阳光工程”公益项目支持，在沈阳、大连两市的八所高校开展心理健康讲座。省红十字会与省教育厅联合开展了第三批辽宁省红十字示范校及学校红十字工作先进个人评审表彰活动，评选出 100 所省级红十字示范校、100 名学校红十字工作先进个人，以评促建，有力地推动学校红十字组织建设工作。

四、民间交往和志愿服务工作

辽宁省红十字会积极发挥红十字组织作用，扩大国际间和海峡两岸的交流与合作。2 月，省红十字会代表团访问日本神奈川县赤十字社，开展中日红十字青少年交流活动。7 月份，省红十字会选拔了两名红十字青少年，代表中国红十字会参加了日本富士山国际红十字青少年交流活动。9 月份，红十字会代表团赴台湾访问，与台北市和高雄县的红十字组织进行了广泛的交流。11 月份，台湾红十字组织一行三人来辽宁省参加了艾滋病预防同伴教育主持人培训和“12·1”世界艾滋病日活动。

2010 年，辽宁省红十字会及时发现总结红十字志愿服务的典型——当代活雷锋郭明义的事迹，深入鞍钢对红十字志愿者郭明义的事迹进行专题调研，及时在全省红十字会系统下发《向红十字志愿者郭明义学习的决定》，并在全省红十字会工作人员及志愿者中开展学习活动。

【历史沿革】

1904 年 2 月 8 日，日俄战争在辽宁旅顺爆发，东北人民灾难惨重。上海海关沈敦和与施子英二人恻然悯之，发起成立了“东三省红十字普济善会”。1904年3月10日，上海万国红十字会召开第一次中西董事会，决定在要冲之地牛庄（今营口）设立分会，在牛庄借爱尔兰会华医院为分会总医院。8月，设立辽阳分会，同时设医院和难民栖留所。之后，辽宁省奉天省城、新民屯、汯帮子等成立分会。日俄战争期间，在辽宁境内的红十字分会为群众做了大量救援、救护、救助方面的工作。据不完全统计，红十字会对受难人民进行医疗救护达2.6万人；资助遣返回籍者达8.5万人；战后受到赈济的灾民达3.3万余人。1929年2月5日，奉天省正式改称辽宁省。7月，中国红十字会辽宁分会成立。办公地址在沈阳民富街西157号。

新中国成立后，辽宁省红十字会于1957年2月19日在沈阳成立。由卫生、民政、公安等有关单位领导29人组成辽宁省红十字会执行委员会。

辽宁省红十字会成立时，全国正开展“除四害、讲卫生、消灭疾病”的群众卫生运动。各地红十字会都把主要力量投入爱国卫生运动中。1958年，辽宁省红十字会及时部署动员组织会员参加爱国卫生运动，促进了卫生运动的发展。1962年，针对台湾当局在美帝国主义支持下，妄图窜犯大陆进行军事冒险的形势，红十字会立即行动，大力开展群众性国防卫生救护训练。训练内容应包括卫生救护基础知识和防空、防毒、防疫（细菌），防原子等简易知识，力争做到在遇有紧急情况时，能担负起军民伤病人员的投寻、搬运和医务人员未到现场前的初级救护．疫区、毒区的消毒，以及在医务人员指导下执行其他的卫生勤务。“文革”期间，辽宁省红十字会遭到全面破坏，红十字会工作被迫停止。粉碎“四人帮”以后，1980年3月26日，辽宁省红十字会恢复工作，当年4月9日，辽宁省红十字会召开第三次会员代表大会，选举产生了以辽宁省人大常委会副主任王堃驰为会长的新的领导机构。辽宁省红十字会自1980年恢复工作以来，协助政府在备灾救灾、扶贫济困、对外交往等方面做了大量卓有成效的工作。2000年12月26日，辽宁省红十字会办事机构从省卫生厅划出，独立设置。辽宁省红十字会第六次会员代表大会于2001年11月21日在沈阳市召开，会上选举出了新一届理事会，聘请辽宁省省长薄熙来担任省红十字会名誉会长，陈素芝、徐廷生、张毓茂为名誉副会长。选举辽宁省副省长刘克田为省红十字会会长，刘琳娜当选为辽宁省红十字会常务副会长，杨笑为秘书长。在2004年3月召开的辽宁省红十字会六届二次理事会上，改选滕卫平为省红十字会会长。

辽宁省红十字会会员代表大会

第一届

1957年2月召开，理事29人，会长车向忱，副会长王木。

第二届

1962年9月召开，理事21人，会长王梓木，副会长韩蓬台。

第三届

1980年4月召开，理事24人，会长王堃骋，副会长邓禹。

第四届

1988年12月召开，理事61人，会长王文元，副会长李希舜。

第五届

1996 年 10 月召开，理事 60 人，会长张榕明，副会长李仁。

第六届

2001 年 11 月召开，理事 60 人，会长刘克田，副会长刘琳娜。

第六届二次

2004 年 3 月召开，理事 60 人，会长滕卫平，副会长刘琳娜。

【组织机构】

辽宁省红十字会现有会员 179.849 万人，志愿工作者 6.1 万人，全省 100 个县区建立了红十字会，同时，在高等院校、职业学校、中小学校建立了学校红十字工作委员会。

辽宁省红十字会机关设有办公室、赈济救护部、组织宣传部，下辖备灾中心、培训中心（中国造血干细胞捐献者资料库辽宁分库）等二个事业单位。至 2004 年底，全省已有 14 个市理顺了市级红十字会管理体制（沈阳、大连、鞍山、抚顺、本溪、丹东、锦州、营口、阜新、辽阳、铁岭、朝阳、盘锦、葫芦岛），21 个县理顺了县级红十字会管理体制。

【大型项目】

一、省内救灾工作

（一）1994 年 7 月中旬至 8 月中旬，辽宁省所辖 14 个市的大部分地区遭受了大或特大洪水和台风袭击，灾情十分严重。省红十字会会同卫生厅共向灾区派出医疗队 68 支，防疫队 34 支，发放药品 22 万元，发放消杀药 20 余万元，总救助人数达 68627 人次。

（二）1995 年，辽宁省发生有记载以来最大的一次洪涝灾害，全省经济损失 344.2 亿元。省、市各级卫生部门及红十字会共组建医疗队 239 个，向灾区派出医疗队 565 队次，运送价值 44 万元的药品及消毒杀菌药品。

（三）1999 年 11 月 14 日和 24 日，辽宁地区连降两场大雪和暴雪，辽南东部山区气温急剧下降，省红十字会购买了价值五万元的棉被 1000 条送到灾区。

（四）1999 年 11 月 29 日，海城市、岫岩县发生 5.6 级地震，造成 6000 多间房屋损毁，直接经济损失达 2300 多万元。地震发生后，省红十字会迅速做出反应，组织了 15 支医疗队和预防小分队，并积极上报灾情，得到中国红十字会总会和红十字会与红新月会国际联合会救助的 60 余万元。

二、向遭受灾省、自治区进行援助

（一）1991 年 7 至 8 月份，我国南方部分地区发生特大洪涝灾害，辽宁省红十字会共募集人民币 160 万元，衣物约 110 万件，支援了南方灾区的重建工作。

（二）1994 年，辽宁省红十字会向南方灾区捐款 71295 元，捐衣物 2000 件。

（三）1996 年青海省发生雪灾，辽宁省各级红十字会举行开展为青海雪灾募捐衣物及生活用品活动。共募捐衣物及生活用品 100 余万件。

（四）1996 年张家口地震，辽宁省红十字会向地震灾区捐赠人民币一万元。

（五）1998 年全国大部分地区发生洪涝灾害，辽宁省红十字会在全省红十字会系统开展募捐活动，为灾区募集的款物折合人民币 730 万元。

（六）1999 年台湾发生地震，辽宁省红十字会通过中国红十字会总会向台湾红十字组织捐款五万元人民币。

（七）2003 年，新疆维吾尔自治区喀什地区发生强烈地震，辽宁省红十字会向灾区捐款30万元，用于灾后重建工作。

【主要特色】

一、开展“红十字博爱送万家”活动

2001年至今，每年的元旦、春节期间，辽宁省红十字会按照中国红十字会总会的整体部署，根据中共辽宁省委、省政府的要求，连续开展了“红十字博爱送万家”活动。

2001年1月，辽宁省红十字会工作人员赴葫芦岛、锦州、朝阳、阜新四市开展“红十字博爱送万家”活动，为遭受严重旱灾的群众送去价值40万元的棉被、棉大衣等物品。

2002年1月，辽宁省红十字会把“红十字博爱送万家”活动与省政府扶贫帮困和经常性社会救助活动结合起来，先后到抚顺市清原县、本溪市南芬区和辽阳市走访慰问贫困户和受灾户，并为他们送去了价值六万元的药品、2000斤粮食和部分棉衣、棉被等物品。

2003年，辽宁省红十字会结合本省实际，在辽阳市举行了中国红十字会2003年“红十字博爱送万家”活动辽宁省启动仪式，现场对部分城市低保户进行了救助，并走访了部分贫困户。此次活动共筹集了价值50万元的物资，受益群众达2500户。通过救助活动，把党和政府的关怀，把红十字人道、博爱、奉献的红十字精神送到千家万户。

二、救助日本孤儿及中国养父母

日本侵华战争时所留下的日本遗孤，战后大多流落在中国东北，被中国养父母所收养。日本塔卡拉俱乐部中有许多日本遗孤，中日建交后返日，他们为报答中国养父母的养育之恩，向中国红十字会捐款，建立为其养父母服务的保健中心。1991年1月，辽宁省设立医疗保健中心，总建筑面积2500平方米。中心建立后，省红十字会及该中心帮助日孤在日寻亲和到辽宁探亲访友，并在每年春节前带着慰问品对辽宁地区的部分日本遗孤及其养父母进行慰问。

三、积极开展“三下乡”活动

辽宁省红十字会从2001年起，参加中共辽宁省委、省政府组织的“科技、文化、卫生”下乡活动。当时，省红十字会刚刚独设置就以积极的态度主动参与了此项活动，并把它当成密切党和群众的联系，为振兴辽宁老工业基地做贡献的政治任务来完成。每年年初，省红十字会都将“三下乡”工作列入全年工作计划之中，把省红十字会筹集的药品、衣物等送到贫困群众手中。其中，2002年底，为彰武县送去价值五万元药品；2003年底，为康平县送去价值三万元药品及衣物。2004年，辽宁省红十字会被评为辽宁省“三下乡”先进集体。

四、成立辽宁博爱特殊儿童养护中心

2002年5月，由辽宁省红十字会牵头，成立了辽宁首家博爱特殊儿童养护中心，定性为社会福利机构，专门为患孤独症的儿童提供训练、康复服务。通过训练，指导孤独症儿童及其家长改善儿童现状，提高儿童适应社会能力及语言交往能力，力争使儿童尽早适应集体生活。两年来，共接收近百名特殊儿童，使多名孩子重返校园，过上和正常人一样的生活。逢年过节，省红十字还组织热心公益事业的社会各界献爱心，送去慰问品，并通过新闻媒体给予宣传报道，让全社会关注弱势群体。患儿家长和政府有关部门称赞红十字会为民做了一件好事。原中国红十字会总会副秘书长汤声闻曾经视察该中心，并对其工作给予充分肯定，认为这是红十字会工作的一个品牌，应当很好地坚持下去。

（杨海云）

沈阳市红十字会

【简介】

沈阳市红十字会始建于民国一年（1912 年）2 月，原名中国红十字会奉天分会。1952 年，成立中国红十字会沈阳分会。“文革”期间停止工作。1978 年 9 月，市红十字会恢复工作，有行政编制五人，挂靠在市卫生局。2003 年 6 月，沈阳市红十字会理顺管理体制，机构为副局级群团组织，有编制 12 人。和平、沈河、皇姑、大东、东陵、于洪、苏家屯、沈北新区、铁西区等九个区的红十字会都理顺管理体制。全市有基层红十字会组织 725 个，红十字会员 37 万人（其中红十字青少年会员 32 万人），注册红十字志愿工作者 5000 人，红十字团体会员单位 290 家，学校红十字会 1800 个。

2010 年，沈阳市红十字会为玉树地震灾区募集救灾款 774 万元。全年救助贫困户 5035 户，发放救助款物 184 万元。开办卫生救护培训班 50 期，培训急救员 1623 名。有 18 所学校被评为省级红十字示范校。全年有 384 人造血干细胞志愿捐献者资料入库，捐献遗体报名登记 124 人。

现任会领导：

市红十字会会长：王玲（副市长）

专职副会长：宿鲁

（高　兵）

大连市红十字会

【简介】

大连市红十字会成立于 1957 年 9 月，2003 年 8 月，市红十字会独立建制。机关内设办公室、组织宣传部、赈济救护部，有工作人员 14 人。2010 年，有七个区、市、县理顺管理体制。

2010 年，大连市红十字会在“红十字博爱送万家活动”中，向困难家庭发放救助物品 36 万多元。全年举办急救知识普及讲座 150 期，有 32000 人参加。举办救护员培训班 62 期，有 2369 人取得红十字救护员证书。有 69 名造血干细胞志愿捐献者血样初配成功，完成捐献六例。开展大学生青年同伴教育 52 期，举办预防知识讲座 15 期。

现任会领导：

市红十字会名誉会长：夏德仁（市委书记）李万才（市长）

名誉副会长：田树军（市人大副主任）施中岩（市政协副主席）

会长：朱程清（副市长）

常务副会长：乔善春

鞍山市红十字会

【简介】

鞍山市红十字会成立于 1957 年 5 月 31 日。2004 年 2 月，市红十字会从市卫生局划出，独立设置，有编制五名，机关内综合办公室。全市七个县（市）区级红十字会全部理顺管理体制，现有基层红十字会组织 118 个，红十字团体会员单位 255 家，红十字会员 45590 名，青少年会员 96222 名，红十字志愿工作者5859名。

2010年，鞍山市红十字会为青海玉树地震灾区募集捐款152万元。在“红十字博爱送万家”活动中，向困难群众发放救助款物139.55万元。为42名特困家庭先天性心脏病患儿募集手术治疗资金146.8万元。组建“鞍山市红十字户外救援队”等应急队伍六支。全年进行卫生救护培训讲座130余次，受训人数42000余人。两年采集造血干细胞志愿捐献者血样1204人份。有有13人办理遗体捐献公证手续。

现任会领导：

市红十字会会长：王忠哲（副市长）

常务副会长兼秘书长：吴平

抚顺市红十字会

【简介】

抚顺市红十字会成立于1958年。2004年，市红十字会独立建制，机构列群团序列，核定编制五名。机关内设赈济部、组宣部、办公室。2010年，市辖七个县、区红十字会相继理顺管理体制。全市有红十字团体会员单位48家，红十字会员64791人，其中青少年会员56928人，并在173所学校建立了红十字组织。

2010年，抚顺市红十字会在“红十字博爱送万家”活动中，向困难群从发放救助物品91.77万元。为玉树地震和舟曲泥石流灾区募集救灾资金592.34万元。举办应急救护培训班12期，持证学员1092人。在全市大型宾馆、银行、餐饮、娱乐等公共场设立急救、募捐一体箱50个。

现任会领导：

市红十字会专职副会长：苗静

本溪市红十字会

【简介】

本溪市红十字会成立于1957年6月6日。2003年6月，本溪市红十字会从市卫生局划出，机构独立设置。全市七个县（区）红十字会全部理顺管理体制，全市有基层红十字会组织98个，红十字团体会员单位116家，红十字会员31651人，其中红十字青少年会员15544人。

2010年，本溪市红十字会为玉树地震、舟曲泥石流、及市内受灾地区募集救灾款407827.8万元。在“红十字博爱送万家”活动中，向困难群众发放救助物品四万元。举办多场初级卫生救护培训班，共培训2000余人次。举办30期防艾知识培训班，共培训770人。

现任会领导：

市红十字会名誉会长：王世伟（市长）

名誉副会长：郑广良（市人大常委会副主任）姜　峰（市政协副主席）

会长：黄力强（副市长）

常务副会长：王凯

秘书长：刘国华

（赵　丽）

丹东市红十字会

【简介】

丹东（原安东）市红十字会始建于1957年5月，隶属市卫生局。“文革”期间停止活动。1981年6月27日，市红十字会恢复工作，为卫生局医政科代管。2005年1

月，市红十字会独立设置，列群团序列。市红十字会内设办公室、赈济部、宣传部，有人员七名。全市共有红十字团体会员单位45 家，红十字会员 3730 人，红十字青少年会员 29122 人，红十字冠名医疗机构二个，红十字志愿工作者 831 人。

2010 年，丹东市红十字会募集救灾款物 180 余万元。全年采集造血干细胞志愿捐献者血样 2253 人份。举办卫生救护培训班八期，组织基层红十字会开展救护培训 14 期，受训人数超过千人。

现任会领导：

市红十字会常务副会长：石漉

锦州市红十字会

【简介】

锦州市红十字会成立于 1965 年 10 月 8 日，隶属于锦州市卫生局；“文化大革命”期间停止活动。1985 年 5 月 18 日，锦州市红十字会恢复工作，为卫生局所属事业单位。2003 年 9 月，市红十字会理顺管理体制，为市直属副县级单位。机构内设办公室(兼组宣部)、赈济部。全市七个县（区）级红十字会中有六个理顺管理体制。目前，全市共有红十字团体会员单位 186 家，红十字会员 15769 人，红十字青少年会员 53223 人，冠名红十字医疗机构 115 家，全市注册红十字志愿工作者 299 人，有红十字志愿者服务队三支。

2010 年，锦州市红十字会在“红十字博爱送万家”活动中发放 20 万元的救助物品。为玉树地震、舟曲泥石流灾区募集救助款 90 余万元。全年开救护培训班 13 期，培训发证 367 人次。全市采集造血干细胞志愿捐献者血样 1455 人份。

现任会领导：

市红十字会常务副会长：郭春英

营口市红十字会

【简介】

营口红十字运动发起于 1894 年（清光绪二十年）中日甲午战争时期，营口是中国红十字运动的发源地。1904 年 3 月 10 日，上海万国红十字会成立，并在北方要冲之地营口设立第一个分会。1957 年 2 月 19 日，辽宁省红十字会在沈阳成立，营口市红十字会也相继组建，办事机构挂靠卫生部门。“文化大革命”期间，市红十字会工作被停顿。1986 年 7 月 31 日，营口市红十字会重新成立，办事机构挂靠市卫生局。2002 年 9 月 3 日，营口市红十字会从市卫生局划出，作为市级人民团体独立设置，由市政府直接领导联系。至 2007 年底，市属六个市（县）区红十字会全部理顺管理体制。全市现有基层红十字会组织 750 个，红十字团体会员单位 620 家，红十字会员 255613 人。

2010 年，营口市红十字会共募集资金 424.61 万元，募集物资 4.38 万元。在“红十字博爱送万家”活动中共发放救助款物 72.57 余万元。举办两期初级急救员培训班，有 87 人经考试，获得初级急救员证书。全年新招募红十字志愿工作者 144 人，营口市红十字志愿服务总队成员达 646 人。全年有采集造血干细胞志愿捐献者血样 93 人份。

现任会领导：

市红十字会会长：刘始杰（市委副书记）高炜（副市长）

常务副会长：胡荣华

阜新市红十字会

【简介】

阜新市红十字会始建于 1964 年，“文革”期间工作中断，1988 年，市红十字会恢复工作。2005 年 8 月，阜新市红十字会独立设置，依法理顺管理体制，从由卫生部门代管改为由市政府领导联系，有机关事业编制三名。2008 年 4 月，全市两县五区红十字会全部理顺管理体制。2010 年，市红十字会编制增加至五人。目前，全市有基层红十字会组织 103 个，红十字会员 15763 人，红十字志愿工作者 5719 人，有 13 支红十字志愿者服务队

2010 年，阜新市红十字会为南方冰冻雪灾、汶川特大地震、玉树地震、舟曲泥石流等灾区募集救灾款物 1000 余万元。全年培训卫生救护师资 453 人，培训救护员 13000 人。市内 11 所大中专院校全部建立红十字会，先后有七所学校被评为“辽宁省红十字模范校”。

现任会领导：

市红十字会常务副会长：李文萍

辽阳市红十字会

【简介】

辽阳市红十字会始建于 1904 年日俄战争时期，1989 年恢复设立。2002 年 1 月，市红十字会从市卫生局划出机构独立设置。机关内设办公室和赈灾救援部，人员参照公务员管理，有编制六名。全市七个县（市）区红十字会全部理顺管理体制。全市有基层红十字会组织 404 个，红十字团体会员单位 408 家，红十字志愿服务者队伍 43 支，红十字会员 171750 人。

2010 年，辽阳市红十字会为青海玉树地震灾区募集救灾款 3443230. 2 元，全年募集救灾捐款 355. 45 万元。为六名白血病患儿申请国家红十字会小天使、辽宁省红十字会彩虹基金救助金 18 万元。全年培训救护师资 32 人，培训急救员 383 人，卫生救护培训 190677 人次。

现任会领导：

市红十字会常务副会长：周旭

铁岭市红十字会

【简介】

铁岭市红十字会成立于 1990 年，现有编制三人。全市有基层红十字会组织 42 个，红十字团体会员单位 216 家，红十字会员 9703 人，红十字青少年会员 24550 人。

2010 年，铁岭市红十字会为玉树地震和舟曲泥石流灾区募集善款 41. 5 万元。元旦、春节期间，市红十字会慰问铁岭经济开发区的户特困群众，送去米、面、油、衣物、被褥等生活用品。开展卫生救护和紧急避险知识培训，共培训急救员 214 人。截至年底，全市共采集造血干细胞志愿捐献者血样 5000 人份。

现任会领导：

市红十字会名誉会长：张竞强（市长）

会长：胡俊波（副市长）

常务副会长：马铁森

秘书长：陈立国

朝阳市红十字会

【简介】

朝阳市红十字会办公室成立于1989年12月13日，隶属市卫生局，为科级事业单位。2003年8月，市红十字会由市卫生局领导改于由市政府领导直接联系，行政级别为正县级，人员参照公务员管理。朝阳市七个县、市、区均成立红十字会。全市有基层红十字会组织221个，红十字团体会员单位177家，红十字会员53842人。

2010年，朝阳市红十字会为海地地震、玉树地震、南方水灾、舟曲泥石流灾区募集救灾款物123万多元。在“红十字博爱送万家”活动中，为特困群众发放救助金五万元。举办艾滋病预防培训班10期，举办青年同伴教育培训班四期。

现任会领导：

市红十字会会长：高炜（副市长）

常务副会长：白云海

葫芦岛市红十字会

【简介】

葫芦岛市红十字会成立于1990年，隶属市卫生局。2004年，市红十字会理顺管理体制，机构独立设置，为副县级单位，工作由市领导联系。内设办公室和赈济部，核定编制五名。全市六个县级红十字会中有三个理顺管理体制。全市有基层红十字会组织234个，红十字会员21833人，红十字青少年会员69363人，红十字志愿工作者730人。

2010年，葫芦岛市红十字会在“红十字博爱送万家”活动中，为困难群众发放一万多元的生活物品。为南方旱灾、玉树地震、舟曲泥石流灾区募集善款3082333.9万元。开办卫生救护知识培训工作，培训人数2800余人，为19个社区配备了工具箱和急救箱。全年采集造血干细胞捐献者血样700人份，有20人报名登记，成为遗体、器官捐献志愿者。

现任会领导：

市红十字会会长：敖凤玲

常务副会长：孙征

盘锦市红十字会

【简介】

盘锦市红十字会成立于1991年，核定编制二名，由盘锦市卫生局代管。2003年12月19日，市红十字会从盘锦市卫生局划出，独立设置。2004年11月15日，市红十字会从由卫生局代管，改由市政府领导联系，独立自主开展工作。目前，全市有红十字会员3050人，红十字青少年会员3575人，红十字志愿工作者4939名。

盘锦市红十字会几年来为灾区筹款1000多万元。在“红十字博爱送万家”活动中，为2000多个贫困家庭发放救助款物50多万元。截至2010年底，共采集造血干细胞志愿捐献者血样5601人份。

现任会领导：

市红十字会常务副会长：路梅

吉林省红十字会

【年度工作】

一、救灾救助工作

2010年年初，吉林省红十字会在吉林

市举行“红十字博爱送万家”活动启动仪式，共筹措大米、棉衣、棉被等价值110万元的救助物资，于春节前分批下发到全省各地，救助灾区群众和城乡特困家庭，帮助生活困难群众安度春节。

1月12日，加勒比岛国海地发生强烈地震，造成大量人员伤亡，吉林省红十字会为救助海地地震灾区和中国遇难同胞积极组织接收社会各界捐款，并将所募善款18万元及时通过中国红十字会总会转往海地地震灾区。

4月14日，青海玉树发生里氏7.1级地震，吉林省红十字会迅速启动《自然灾害和突发事件应急预案》，呼吁社会各界踊跃向灾区人民奉献爱心，吉林森工集团、修正药业集团、吉林辉发制药有限公司纷纷响应，慷慨解囊。4月18日上午，吉林省红十字会开展了大型现场募捐活动，广大市民积极参与，踊跃捐款。截至6月底，全省红十字会系统共募集社会各界捐赠款物4200万元，支援玉树灾区。

7月下旬，吉林省连续遭受暴雨和洪水袭击，造成历史罕见的特大洪灾。吉林省红十字会迅速动员和组织各级红十字会投入到抗洪救灾工作中，将5000条棉被、200顶帐篷送到了永吉、桦甸、安图、临江等重灾区。截至10月底，全省红十字会系统募集救灾款物6194万元，为全省抗洪救灾工作提供了有力支持。省红十字会被省委、省政府授予“防汛抗洪抢险救灾先进集体”。为支援吉林、白山、长春等地的灾后重建，吉林省红十字会下拨抗洪救灾资金480万元，支持各地水毁民房和水毁工程的重建工作。在延边地区援建了六所红十字“博爱卫生站”，为11所乡村中（小）学校建立了“红十字书库”。

二、救护培训工作

2010年，在吉林省各地举办卫生救护师资培训班六期，为交通、旅游、林业、矿山、服务行业等培训初级救护员3000余人。在高危行业、社区和大专院校、中小学校开展应急救护知识普及工作，普及人数六万余人，取得了良好的社会效益。

三、红十字志愿服务工作

全年，吉林省红十字会发展红十字志愿者2000余名，组织志愿者深入城市社区和基层乡镇，开展社区服务、健康教育、卫生知识咨询等工作，受益人数达五余万人。在抗洪救灾过程中，各级红十字会广泛动员组织广大红十字志愿者，参与募捐宣传、发送救灾物资、开展心理辅导、无偿献血等活动，以实际行动支援了全省军民的抗洪救灾。吉林市红十字会通过新闻媒体在社会广泛招募志愿者和车辆，组织400余人次志愿者赴永吉县口前镇、丰满区二道乡等重灾区进行清淤。延边州红十字会为缓解灾区群众的心理压力，稳定灾区群众情绪，组织六名红十字志愿者参加的心理援助队，开展了为期近半个月的心理咨询服务，受到了当地政府和灾民的好评。

四、造血干细胞库建设工作

全年完成4000人份的分型检测任务，协助中国造血干细胞库管理中心初筛配型成功675人，再动员成功112人，实现高分辨采集35人，全年吉林省分库共完成志愿捐献四例。9月，在吉林、四平、松原、延吉等地开展“造血干细胞捐献月”活动，并与吉林大学第一医院合作建立了全省首家造血干细胞采集基地。

五、项目工作

在中国红十字会总会的大力支持下，2010 年，吉林省红十字会争取到挪威红十字会援助本省的改水改厕项目，获外方援助 60 万元，在延边州龙井市东盛涌镇龙河村实施改水改厕，为该村 53 户农家、160 多人解决了饮水难题，并修建了卫生厕所。

【历史沿革】

吉林省红十字会创建于 1919 年，其前身是东三省红十字普济善会，至 1924 年共建立哈尔滨分会、长春分会、延吉分会等 11 个分会。在旧中国危难和动乱的年代，吉林省红十字会以“恤兵救灾”为宗旨，开展战地救护、难民救济、筹募基金等工作，力所能及地做了一些善事。“九一八”事变后，东北沦陷，各地分会事业停顿。1938 年，伪满洲国成立赤十字社（即康德红十字会），并在各地设立支部和办事处。日本战败投降后，中国红十字会全面接管了伪赤十字社的产业，1946 年吉林省红十字会复以长春分会名义重新开展工作。

1958 年 8 月 8 日，吉林省红十字会正式成立。根据“边发展、边组织、边训练、边巩固”的方针，积极发展组织和开展群众性卫生救护训练，当年就发展会员 45155 人，并在 26 个市、州、县建立了红十字会。在政府的领导下，吉林省红十字会办理并协助四批 236 名日侨回国。1958 年至 1966 年间，吉林省红十字会在发展会员、建立组织、参加爱国卫生运动、组织卫生救护训练，以及在红十字青少年、血源管理、外事往来、接受捐赠等方面做了很多工作，出现了可喜的局面。1966 年后，吉林省红十字会工作中断，机构撤销。中共十一届三中全会后，吉林省红十字会的工作得以重新恢复，1980 年 3 月，国务院 48 号文件批准外交部、卫生部、中国红十字会总会《关于恢复东北三省和省会市红十字会的请示》。吉林省政府于 1980 年 4 月 7 日以吉政发（1980）3 号文件批准恢复吉林省红十字会和长春市红十字会，工作暂由吉林省卫生厅兼做。同年 5 月，吉林省红十字会接待了日本厚生省大臣率领的“日本在东北地区死亡者家属友好访华团”。1986 年，吉林省编委批给吉林省红十字会行政编制二名，1988 年又增加二名。在改革开放的新形势下，红十字会开始了人道主义工作的探索和实践，以“人道、博爱、奉献”为宗旨，协助政府完成了一系列特殊工作，在中国红十字会总会的直接指导下，在中共吉林省委和省政府领导下，在社会各界的支持关心下，在全体红十字会员和志愿工作者的共同努力下，吉林省红十字会各项工作都有了较大发展，逐步发展成为扶危济困、弘扬社会主义精神文明和国际人道主义精神的一支重要社会力量。1993 年 10 月，《中华人民共和国红十字会法》和 1996 年 1 月《中华人民共和国红十字标志使用办法》的颁布实施，使红十字事业走上了法制化建设的轨道。1997 年 8 月，吉林省红十字会理顺了管理体制，开始以社会团体的身份独立自主地开展工作。理顺体制后的吉林省红十字会工作有了快速发展，广泛开展人道主义救援和服务工作，努力为群众办实事、办好事，在备灾救灾、卫生救护、无偿献血、艾滋病防治、造血干细胞捐献者资料库建设、对外交流等方面取得了较大的进展，为促进吉林省经济和社会发展，维护社会稳定做出了积极贡献。

2003 年 7 月 7 日，吉林省红十字会第五次会员代表大会召开。中共吉林省委书记王云坤、中国红十字会常务副会长王立忠、吉林省副省长李斌等出席了会议。大会全面总结了吉林省红十字会第四届理事会以来的工作，提出了“与时俱进，开拓创新，扎实推进红十字事业的发展”的工作目标，明确了“为吉林省两个文明建设做出更大贡献”的工作要求，制定了以后五年的发展规划。选举产生了由51名理事组成的新一届理事会。大会聘请中共吉林省委书记王云坤为省红十字会名誉会长，吉林省副省长李斌当选为省红十字会会长，吉林省政协副主席孙耀廷当选为省红十字会常务副会长。

吉林省红十字会会员代表大会

第一届

1962年3月9日召开，代表301人，理事85人，会长徐寿轩。

第二届

1984年8月20日召开，代表89人，理事25人，常务理事六人，会长刘云沼。

第三届

1989年6月23日召开，代表160人，理事43人，常务理事15人，名誉会长刘云沼，会长刘希林。

第四届

1996年3月19日召开，代表155人，理事59人，常务理事八人，名誉会长张德江，会长张岳琦。

第五届

2003年7月7日召开，代表139人，理事51人，常务理事15人，名誉会长王云坤，会长李斌，常务副会长孙耀廷。

【组织机构】

吉林省有基层红十字会组织3957个，红十字会员80万人（其中青少年会员34万人），红十字志愿工作者15万人。全省九个市（州）、60个县（市、区）均建立了红十字会组织。同时，在各级各类学校、厂矿系统、卫生系统、旅游系统分别建立了红十字会工作委员会。目前，吉林省红十字会机关设有综合处、业务处。省红十字会还直接管理中国造血干细胞捐献者资料库吉林分库。

根据《中华人民共和国红十字会法》和中国红十字会总会《理顺管理体制座谈会纪要》精神，1996年，中共吉林省委召开常委会，专门研究省红十字会机构设置问题并形成决议：吉林省红十字会依法单独设置，实行机构、经费、编制单列，以社会团体法人资格独立自主地开展工作。1997年8月，吉林省人事厅、省编委正式下发“三定方案”，明确吉林省红十字会为副厅级建制，设职能处室二个，人员编制11名，财政全额拨款。至2002年10月，全省九个市（州）红十字会机关已全部理顺了管理体制，专职副会长和秘书长配备到位。这九个市（州）红十字会是：长春市红十字会、吉林市红十字会、四平市红十字会、延边朝鲜族自治州红十字会、松原市红十字会、辽源市红十字会、通化市红十字会、白山市红十字会、白城市红十字会。全省60个县（市、区）中40个县（市、区）理顺了管理体制，理顺市县级红十字会管理体制的工作均走在全国的前列。

【大型项目】

一、1998年，为嫩江松花江特大水灾开展募捐，共募集救灾资金和物资价值5000多万元，有力地支援了受灾地区的重建工作。

二、2000年，援助西部地区贫困家庭10万元人民币。

三、2001年1月，向内蒙古自治区遭受雪灾和凌灾地区援助人民币60余万元。

四、2003年，全省红十字会系统共募集款物折合人民币5千万元，有力地支持了全省“非典”防治工作。

五、2003年至2005年，荷兰红十字会援助20万欧元，与吉林省红十字会共同开展艾滋病预防青年同伴教育项目。

六、2004年，为加强对艾滋病病人的救助工作，吉林省红十字会为吉林市艾滋病患者送去救助款240万元。

七、2004年至2005年，挪威红十字会援助50万元人民币，与吉林省红十字会合作开展改水改厕的项目。

八、2005年，以“爱心献社会、真情暖人心”为主题，吉林省红十字会在全省范围内组织开展募捐活动，共募集善款700余万元，为扎实开展各项人道主义救助工作奠定了坚实的基础。

【主要特色】

一、推出“伸出友爱手、关爱你我他”活动

为配合国家提出的振兴东北老工业基地战略，充分发挥红十字会的职能和作用，2005年，吉林省红十字会在全省范围内组织开展了以“爱心献社会，真情暖人心”为主题的救助活动，广泛争取社会各方面资金和物资捐赠，用于救助生活特困的下岗职工家庭。目前，已帮助9800余户下岗职工家庭解决了部分生活难题，为吉林老工业基地的振兴发展做出了积极贡献。各地红十字会还开展开展救灾、扶贫和助学活动500余次，累计发放各种救济款物1000多万元，受益总人数近30万人次，红十字会的工作受到社会各方面的关注和好评。

二、积极探索会费收缴新途径

吉林省各级红十字会高度重视会费收缴工作，积极发展热心人道主义事业的团体会员单位，广泛吸收和组织社会各界群众参加红十字会，努力增加会费收入。延边朝鲜族自治州红十字会通过开展动员全民参加红十字会并缴纳会费活动，在全州形成了人人了解红十字会、关心支持红十字会、积极参与红十字会工作的良好社会氛围，在会费收缴工作方面探索出一条新路子。他们向群众宣传红十字会所做的实事、好事，把交纳会费形成制度，使每一名会员都能自觉交纳会费。延边朝鲜族自治州红十字会自1995年开展全民收缴会费以来，全州累计收缴会费300多万元，每年都能足额完成会费收缴任务。

三、红十字青少年活动丰富多彩

目前，吉林省共有红十字青少年会员34万人，占全体红十字会员总数的42%。红十字青少年工作蓬勃发展，有力地配合了学校的素质教育工作。各地红十字会会同教育部门，积极开展符合学生自身特点、丰富多彩、有益身心的活动。辽源市红十字青少年工作开展的有声有色，广大中小学生掀起了一场向生活不良生活习惯宣战的运动，大力倡导健康文明的生活方式，为美化校园环境创建“文明卫生城”做出了突出贡献。东丰县实验小学把红十字会工作融入到教学活动中，形成了自己的特色，建立了学校红十字宣传阵地，“红十字在我心中”主题班队会和“红十字手抄报”发展成为该市红十字工作的特色品牌。

四、“红十字助学”发展成为特色工作

吉林省红十字会坚持开展红十字博爱助学活动，会同各级教育行政部门和学校对贫困学生情况进行调查摸底，不断加大救助工作力度，并逐步建立起长效机制，让助学活动真正成为求真务实的爱心工程。近年来，吉林省红十字会组织的救助特困家庭大学新生活动，共救助吉林大学、长春税务学院、延边大学等学校特困学生3000多人次，累计发放助学金280多万元。延边州红十字会的“救助贫困大学生”工作已在当地形成了广泛的社会影响，每年为新考上大学的特困家庭学生发放救助款，红十字会组织开展的助学活动受到社会各界的一致好评。

（姚玉海）

长春市红十字会

【简介】

长春市红十字会编制六人。目前，10个县（市）区红十字会机关事业编制总数31名，四个开发区红十字会共配有六名兼职工作人员。截至目前，全市共有红十字基层组织1273个，其中大中小学校193个，团体会员单位1080家，会员总数239376人，其中成年会员53713人，青少年会员185663人，志愿工作者17016人。

现任领导：

市红十字会名誉会长：高广滨　崔杰

会长：郑文芝

常务副会长：王大雷

吉林市红十字会

【简介】

吉林市红十字会成立于1962年，1985年恢复工作，2002年，市红十字会理顺管理体制。市红十字会有编制七名。全市九个区、县（市）均成立了红十字会，有基层红十字会组织117个，红十字会员10万余人。

四平市红十字会

【简介】

四平市红十字会成立于1986年1月17日，1997年11月11日，市红十字会理顺管理体制。机关有编制五名。全市有红十字会员107117人，其中红十字青少年会员80519人，红十字志愿工作者20人。

延边朝鲜族自治州红十字会

【简介】

延边朝鲜族自治州红十字会成立于1957年4月。1998年7月，自治州红十字会理顺管理体制，有编制八名。机关内设办公室、业务处、直属备灾救灾中。全州有红十字会专职干部45人，基层红十字会组织1550个，红十字会员36.2万人，红十字志愿工作者1.7万人。

通化市红十字会

【简介】

通化市红十字1956年开始筹备，1958年7月正式成立。1960年早期的红十字会停止活动，直至 1987 年 7 月 9 日经通化市政府批准正式恢复了通化市红十字会。至 2010 年底，通化市所辖的三县二市二区全部成立了红十字会组织，均已配备了专（兼）职干部。现有团体会员单位四家，志愿者 70 人，其中青少年志愿者 41 人。

现任领导：

市红十字会常务副会长：张富民

白山市红十字会

【简介】

白山市红十字会成立于 1987 年 10 月。2002 年 1 月，市红十字会理顺管理体制，有编制三名。全市六个县、区成立红十字会。全市有基层红十字会组织 20 多个，红十字会员一万多人，红十字志愿工作者 400 多人

辽源市红十字会

【简介】

辽源市红十字会成立于 1987 年 4 月 28 日。全市有专职红十字会干部 14 人，兼职干部 224 人，基层红十字会组织 152 个，红十字会员 80742 人，其中红十字青少年会员 58785 人，红十字志愿工作者 314 人。市红十字会有理事单位 128 家。

松原市红十字会

【简介】

松原市红十字会办公室于 1993 年 4 月筹建，隶属市卫生局。1998 年，市红十字会理顺管理体制，有编制四名。全市有红十字团体会员单位 112 家，红十字会员 31000 人，红十字青少年会员 2000 人，红十字志愿工作者 100 人。

白城市红十字会

【简介】

白城市红十字会于 1987 年建会，一直挂靠在市卫生局，1998 年，市红十字会理顺管理体制，有编制七人，设会长一名，由市政府主管副市长兼任，副会长一名，负责红十字会日常工作。

现任会领导：

市红十字会副会长：朱秋大

黑龙江省红十字会

【年度工作】

一、组织建设及能力建设工作

推动县级红十字会理顺管理体制工作，大力加强基层组织建设。截至目前，全省 55 个县（区）红十字会完成了理顺管理体制工作，占县（区）总数的 41.67%，比上年提高了十个百分点。七台河、佳木斯、黑河、大兴安岭等四个市（地）县级红十字会理顺率达 100%。全省有基层组织 3247 个，团体会员单位 3926 家；会员 560080 人，其中成人会员 269495 人，青少年会员 290585 人；志愿者 15000 人，志愿者服务队 12 支；佳木斯、鹤岗、牡丹江等地相继成立了志愿者服务工作委员会。县级红十字会管理体制的理顺及基层组织的广泛建立，为红十字事业持久深入的开展提供了有力的

组织保障。

结合学习型机关创建活动，加大自身建设力度。黑龙江省红十字会积极响应总会能力年建设号召，开展“红十字强会行动”，并结合省委、省政府提出的“建设学习型机关”的要求，开展系列学习培训活动，加强自身能力建设。一是针对机关及直属事业单位开展红十字会业务知识和相关能力培训活动，培训采取学员参与授课、互动交流等多种形式，围绕国际红十字与红新月运动基本知识、红十字会相关法律法规、机关干部礼仪与沟通技巧、机关公文写作等14项内容展开，以增强基础能力建设。二是积极鼓励引导红十字会专兼职干部参加各类培训活动，提高广大红十字干部在应急宣传与新闻媒体应对、红十字会项目管理、红十字会的会费收缴与管理、提升红十字会社会公信力、志愿服务工作的组织与管理、筹资工作的开展等相关方面的业务能力，以夯实事业基础。三是加强与其他省、市和国外红十字会的交流与沟通。省红十字会专职副会长王振川随总会考察团赴南非、科特迪瓦等国进行交流考察，学习当地先进经验。省红十字会组团赴台湾、四川等地学习考察，并组织各市（地）专职副会长、秘书长参观2010年上海世博会，开阔视野，增长见识。同时，省红十字会还积极鼓励省内各市（地）红十字会之间的交流，以促进全省红十字工作的开展。

二、救助工作

《中国红十字事业2010~2014年发展规划》中明确提出，要着力增强突发事件应急能力，开展“红十字救援行动”；致力挽救生命，开展“红十字救护行动”；关注最易受损害群体，开展“红十字救助行动”。全省各级红十字会紧紧围绕“三救”行动，积极履行职责，以传统夯实基础，以优势带动不足，以创新促进发展，力求各项业务工作再上新台阶。

增强自然灾害和突发公共事件应急能力，全力做好备灾救灾工作。2010年，全国各地灾害频发，全省红十字会积极响应总会救灾呼吁，在全省范围内开展了多种形式的募捐活动，支援灾区。省红十字会先后在第一时间为贵州、云南旱灾地区，新疆雪灾地区，海南洪涝灾害地区捐款捐物，并积极组织为青海玉树地震灾区、甘肃舟曲泥石流灾区捐款，累计为灾区捐赠款物1600余万元。2010年，哈尔滨市红十字会、富锦市红十字会被总会评为青海玉树抗震救灾先进集体。

省红十字会在支援兄弟省市救援工作的同时，加大本省备灾救灾工作力度。一是转发落实《中国红十字会关于做好2010年自然灾害救助工作的通知》及《关于印发<中国红十字会总会自然灾害应急预案>（2010修订版）的通知》、下发《关于做好2010年救灾工作的通知》，要求各市（地）红十字会根据实际情况做好自然灾害及突发事件应急工作，确保及时有效地开展救助工作。二是第一时间向绥化市遭遇龙卷风袭击灾区拨付价值八万元及三万元的救灾物资，同时积极争取总会援助9.63万元物资用于灾区救助，对缓解紧急阶段救援压力，稳定灾区百姓情绪起到了积极作用。三是对伊春乌马河区鞭炮厂爆炸遇难群众给予救助，下拨棉被、大米等救助物资价值35万元。积极争取中国红十字基金会的援助资金20万元，对33户受灾群众进行救助，并下拨100万元对2000户受损严重又无能力进行房屋维修的特困户进行救助。四是针对2010年哈尔滨、鹤岗、七台河、绥化等地连降暴雨引发的水灾，省红十字会对灾情较重的鹤岗及时下拨了3.3万元的援助物资，并及时向总会上报灾情，争取总会援助大米40吨，价值20万元，对哈尔滨、鹤岗、七台河、绥化四个地灾区进行救助。

2010年，全省各级红十字会累计向各地灾区调拨救灾款物价值近2700万元。

引导救助方式从“单一型”向“项目型”转变，增强红十字整体救助实力。黑龙江省红十字会从“保障和改善民生”入手，围绕政府关心、百姓关注、红十字会力所能及的热点问题，引导各级红十字会变传统的单一型救助模式为项目型救助模式，积极加强与其他组织、企业、个人等合作，通过政府购买服务、建立救助基金、争取外资项目等多种方式，增强红十字会救助实力，打造红十字救助品牌。一是做好传统救助项目。2010年，全省用于“红十字博爱送万家”救助资金达278.24万元，对艾滋病感染者、麻风病人、贫困家庭等人群进行慰问，使4.8万人得到救助，中国红十字会副会长郭长江，黑龙江省政府副省长、省红十字会会长程幼东，省红十字会专职副会长王振川等参加了“红十字博爱送万家”启动仪式，并为绥化贫困家庭群众及省农垦精神病防治院集中收养的104名患有精神疾病的“知青”及“知青子女”送去了豆油、面粉等物资；省红十字会联合省眼病医院继续“百名复明工程”项目，免费为全省406名贫困白内障适应症患者进行复明手术，减免手术费用32.48万元，该项目得到了绥化、大庆、齐齐哈尔、鹤岗等地红十字会的大力支持。二是做好中国红十字基金会支持项目。继续落实“幸福天使基金”针对大病患儿开展的救助工作，接收发放贝因美集团捐赠价值600万元的婴儿奶粉，同时积极协调哈尔滨儿童医院对省内36名患有先天性疾病的儿童进行手术治疗，减免手术费用50万元；做好“小天使基金”彩票公益金项目，救助贫困白血病患儿50名，救助金额达152万元；做好“红十字书库”的推荐审核工作，全省13个市（地）共50所学校得到“红十字书库”项目支持，累计受赠书籍价值7.5万元；协助嫣然天使基金“天使之旅——让我们一起把爱传出去”活动，为唇腭裂患者进行免费手术，共为大庆、黑河、齐齐哈尔、双鸭山的12例患者实施了免费手术；完成上海通用五菱汽车股份有限公司捐赠车辆分配工作，共为大兴安岭地区呼玛县、黑河市爱辉区、佳木斯市郊区、汤原县、铁力市等基层红十字会配备车辆五台，价值25万元；协助完成广东金圣源生物科技有限公司捐赠10万元，用于双鸭山市尖山区实验小学改善教学条件项目。三是与社会各界广泛合作实施专项救助。哈尔滨市红十字会与团体会员单位合作，建立“红十字沙龙”，救助贫困、单亲、无亲家庭的孩子；七台河市红十字会成立“纪成基金”，用于救助重大疾病的特困群众和贫困学生；佳木斯市红十字会联合佳木斯大学第三附属医院和大商集团佳木斯地区集团为贫困脑瘫患儿建立专项救助资金，还投入博爱助学专项救助资金，开展爱心助学工程；黑河市红十字会争取上海东方医院“东方华润新心起航”慈善项目支持，成立“爱心救心”基金，专项用于资助困难家庭先心病患儿。四是积极推动国际合作救助项目。省红十字会与国际胰岛素挽救生命组织合作，开展免费救治贫困糖尿病患者活动；哈尔滨市红十字会与美国微笑联盟合作，继续开展救治贫困唇腭裂患儿活动，共计为101名贫困唇腭裂患儿提供了手术治疗；牡丹江市红十字会与韩国汝矣岛福音教会联合开展了“爱心奉献”跨国公益救助活动，专项救助贫困先心病患儿。五是加强对特殊目标群体救助力度。2010年，在总会和欧盟、荷兰红十字会的支持下，省红十字会继续在男男性接触者、大学生、感染者三个目标人群中开展艾滋病预防宣传和干预工作。截至目前，共举办同伴教育83期，培训1594人次。同时，省红十字会还积极协助政府开展对黑龙江省12名血友病感染艾滋病患者关爱救助工作。2010年7月，黑龙江省红十字会派代表参加了第十八届世界艾滋病大会。在11月份召开的中国红十字会总会预防艾滋病工作会议上，黑龙江省红十字会推荐的作品在“中国红十字会艾滋病预防与关爱工作优秀宣教材料评选”活动中分获折页或小册子类二等奖、海报类三等奖。

2010年，全省各级红十字会累计投入救助款物价值2982.23万元，受益人数达60815人。

开展卫生救护培训工作。根据《中国红十字事业2010～2014年发展规划》要求，省红十字会对全省初级卫生救护培训工作进行摸底，制定并下发了《关于在全省开展群众性初级救护培训工作的实施意见》，要求各市（地）红十字会结合当地实际，制定本地《2010～2014年救护培训计划任务分解指标》、《年度救护培训实施方案》。全省各地红十字会把建立培训基地、机制及发挥现场救护作用做为突破口，以“凡是有意外伤害发生的地方，就有经过培训的红十字急救员参与救护”为目标，积极推进全省初级卫生救护培训工作。省红十字备灾救护中心积极协调相关部门，组织开办医学教育学分项目院外急救技能培训学习班；哈尔滨市红十字会将现场急救知识带入《哈尔滨讲坛》，为市民讲授包括心肺复苏、心脑血管疾病突发急症现场处理和紧急避险常识在内的现场急救知识及常见急症应急处理，并与《新晚报》联合推出“2010年红十字初级现场急救全民培训”免费系列讲座活动，普及人数达三万人次；黑河市红十字会在省市直机关事业单位举办救护员培训班，60余家单位的学员参加了培训；双鸭山市红十字会选择离市区最远的学校，为那里的百余名师生进行急救知识培训，并鼓励学生要熟练掌握救护技能和逃生避险知识，做到“安而不忘危”；省森工总局红十字会利用独有电视台的优势，结合省林区小城镇建设，积极对防灾救护知识进行宣传；哈铁局红十字会针对行业特点，开展了形式多样的急救演练，取得了良好效果。

2010年，在黑龙江省红十字备灾救护中心及部分地市的直接参与下，省红十字会派出代表队参加了总会组织的“首届全国红十字应急救护大赛”，在32个代表队中位列13，参赛队员通过比赛吸取了大量的好经验，好做法，对不断提高完善本省初级卫生救护水平和能力起到了积极的促进作用。

三、宣传工作

做好常规性宣传工作。2010年，黑龙江省各级红十字会以“五八博爱周”活动为中心，围绕各种纪念日开展了一系列统一时间、统一主题、上下联动的大型宣传活动。各级红十字会通过新闻报道、投放公益广告、开发制作宣传品、举办大型宣传推广活动等多种宣传方式，利用电视、报纸、杂志、广播、网络、手机、公交车、楼宇、户外灯箱等不同形态媒体资源的立体化组合，实现红十字精神、理念、价值、文化及各项业务工作传播领域的逐步扩大。

以宣传为载体，促进各项业务工作发展。在做好常规性宣传工作的同时，各地根据不同业务需要，联合当地媒体策划专题宣传，达到较好的宣传效果：齐齐哈尔市红十字会积极主动与“齐齐哈尔论坛”、“交通广播做客直播间节目”、“电视报周期刊”等媒体开展合作，定期或不定期以专题报道、专家对话咨询等形式，全方位、多角度地宣传救护理念和相关知识，提高救护知识的知晓度，吸引广大市民；佳木斯市红十字会与《三江晚报》联合开展对贫困大学生的宣传救助活动，并通过媒体发布公告招募志愿者；大兴安岭地区红十字会积极发展媒体从业者为红十字会志愿者，开展宣传志愿服务工作；哈尔滨市红十字会与黑龙江电视台联合对几名大病儿童的救助情况进行全程跟踪报道；大庆市红十字会积极联合学校开展演讲、文艺汇演等活动，广泛传播红十字运动知识，激发青少年的参与热情，推进红十字会基层组织建设。

建立新闻发言人制度。根据《中国红十字事业2010～2014年发展规划》要求，省红十字会积极制定了建立新闻发言人制度的方案。

截至目前，全国各级报刊杂志上登载本省各级红十字会工作的报道423篇，通过电视台播报新闻586次。在总会2009～2010年度报刊宣传先进表彰活动中，哈尔滨市、密山市获表扬奖。

四、志愿服务工作

根据总会对红十字志愿服务工作的具体要求，省红十字会在对全省志愿者人数、志愿服务队数量、志愿服务工作委员会成立情况全面摸底的基础上，制定下发了《黑龙江省红十字志愿服务管理办法》，推动全省红十字志愿服务工作的开展。

五、造血干细胞、遗体和眼角膜捐献工作

造血干细胞捐献工作。2010年，黑龙江省造血干细胞捐献管理中心与各市（地）红十字会、血站采集站、HLA实验室、血样采集医院、移植医院等相关部门共同合作下，圆满完成了5000人份的血样采集工作，并在及时准确上传数据的同时，加强初筛、再动员、供者服务等工作力度，成功实现了14例造血干细胞移植。同时，充分发挥志愿者的积极性，在原有哈尔滨、齐齐哈尔、大庆三支志愿者服务队的基础上，又建立了鸡西、牡丹江造血干细胞捐献志愿者服务队，开展了多种形式的志愿者活动。

为推动黑龙江省造血干细胞捐献工作稳步发展，省造血干细胞分库管理中心对所属八个采集站进行了逐一调研回访，及时发现工作中出现的问题，并提出解决意见，为做好下一步工作奠定了基础。

遗体和眼角膜捐献工作。2010年3月1日，《黑龙江省遗体和眼角膜捐献条例》正式实施，为了推动条例的顺利实施，省红十字会在年初对全省各市（地）红十字会相关负责人、具体工作人员，遗体和眼角膜捐献登记机构、接受机构相关人员进行了培训，并与省卫生厅联合制定下发了《关于继续推进遗体和眼角膜捐献志愿登记工作的意见》。全省各地也开展了形式多样的宣传、动员活动。截至目前，全省累计完成遗体捐献登记229人，实现捐献19人；眼角膜捐献登记1668人，实现捐献27人。哈尔滨市红十字会协调黑龙江天泰生态农业发展股份有限公司捐资80万元，兴建了“哈尔滨遗体捐献者纪念碑”，总占地面积5000平方米，用来铭刻捐献者的姓名，供世人缅怀和纪念。

六、项目工作

四川汶川地震灾后援建项目完成。2010年，在省政府对口支援四川剑阁县重建领导小组办公室的支持及剑阁县红十字会的努力下，省红十字会完成了对四川剑阁县妇幼保健院和白龙镇等15所乡（镇）卫生院以及江石乡等六所学校的重建工作，重建项目资金3980万元。重建项目已全部投入使用。2010年5月，省红十字会组织全省市（地）红十字会对21个援建项目进行了实地考察验收。

2010年，在黑龙江省支援四川省剑阁县灾后重建工作先进集体、先进个人、通报嘉奖人员表彰大会上，省红十字会获得先进集体称号。

做好中国红十字基金会援建项目。2010年，由中国红十字基金会——国美电器援建的伊春市、黑河市、佳木斯市和国寿保险援建的牡丹江市等四所村博爱卫生站项目建成并投入使用。经中国红十字基金会审核同意，确定九华山华天主持果厚大师捐赠五万元，援建黑龙江省北安市二井镇建革村卫生站，项目已竣工。

【历史沿革】

据史料记载黑龙江省区域的红十字会始建于1918年。新中国成立后，黑龙江省红十字会成立于1955年，“文革”中工作被中断，1980年正式恢复，机构与省卫生厅合署办公，核定编制四人，1987年增编为七人。同年省编委为全省行政区划县以上（不含哈尔滨市）核定编制169人。1991年，黑龙江省当时的14个地市68个县全部成立了红十字会组织。

历届黑龙江省红十字会名誉会长、专职副会长：

1955年至1966年，会长：于天放、杜光预。

1986年至1991年，会长：李瑞、靖伯文、黄枫。

1991年至1993年，会长：戴谟安。

1993年至1998年，名誉会长：黄枫、戴谟安，会长：周铁农。

1998年至2002年，会长：王佐书，专职副会长：王振川。

2002年至2005年，会长：程幼东，专职副会长：王振川。

【组织机构】

截至2005年底，黑龙江省有红十字会员663389人，其中青少年会员396358人，基层组织3669个，团体会员单位1815个。2005年3月省红十字会协调政府及有关部门，转发了国务院办公厅下发的《关于进一步加强红十字会工作意见》的通知。进一步加大了各级政府及有关部门对红十字会的支持力度。一是加大了理顺管理体制的力度。2005年，黑龙江省又有齐齐哈尔市、塔河县红十字会完成了机构理顺工作。二是各级政府把红十字会工作摆上位置。在哈尔滨市委、市政府的重视、支持下，为市红十字会选派了一名工作能力强、有责任心的正局级领导干部担任市红十字会的党组书记、专职副会长。同时还为道里区、道外区、呼兰区、木兰县配备了专职干部；佳木斯市红十字会聘请市委书记郭晓华、市长李海涛为名誉会长。市红十字会在市委、市政府的重视、支持下，三年迈出三大步，在2005年迈进了“省级文明单位”的行列，并在中国红十字会总会召开的“机构理顺”、“志愿者队伍建设”、“农村工作会议”几个不同的会议上分别进行了经验介绍；大兴安岭地区红十字会于5月24日召开了第一次会员代表大会。目前，全省13个市（地）已有佳木斯、绥化、七台河、鹤岗、大兴安岭、伊春、牡丹江、哈尔滨、鸡西、双鸭山、齐齐哈尔、黑河12个市（地）、65个县（市）汤源、萝北、同江、望奎、桦川、扶远、富锦、桦南、勃力、塔河、嫩江11个县（市）实现了机构理顺。

【大型项目】

一、积极做好荷兰预防艾滋病预防宣传项目。2005年3月，省红十字会接受了荷兰红十字会援助黑龙江省为期三年的预防艾滋病宣传项目，项目资金约300万元。一年来，利用资金约86万元。省红十字会先后举办了大学生同伴教育培训班7期、监狱犯人预防艾滋病知识培训班五期、同性恋培训班三期、主持人培训班一期。一是确定了在青年大学生、男性同性恋、监狱犯人、艾滋病感染者和普通人群中开展艾滋病项目活动；二是承办和参加了六次总会、荷兰红十字会亚太地区项目办及中国东北地区项目办举办的培训和一次以观察员身份参加的核心主持人培训；三是开展了基线调查。针对四个目标人群，历时三个月，完成了1700多份问卷调查和分析工作；四是深入农村慰问感染者。为了达到消除歧视，体现红十字会人道关爱救助的目的，省红十字会驱车上千公里先后三次到北安建设农场，对艾滋病村感染者送去关爱。还会同七台河市红十字会调查了解当地艾滋病感染者情况，并对32名感染者进行了走访慰问，赠送了慰问品，每个人发放慰问金500元。制作各类宣传单（手册）10万余份，制作各类宣传品二万余件，投资15万余元。与此同时，还在哈尔滨市繁华地段制作了大幅灯箱广告。在黑龙江省日报刊发了公益广告。

二、香港特别行政区红十字会援助黑龙江省无偿献血项目。由香港特别行政区红十字会援助的无偿献血项目，在哈尔滨和绥化两市经过一年多的认真实施，收到了很好的效果。哈尔滨市红十字会按照项目计划，在全市开展的无偿献血宣传取得了显著成绩，受到香港特别行政区红十字会的高度评价，并得到了该会增加三分之一资助金额的支持；绥化市红十字会按照项目要求，先后在少数民族地区和农村开展无偿献血宣传，收到了很好的效果。5月份，中国红十字会总会和香港特别行政区红十字会检查两市该项目的进展情况，给予了充分肯定。

【主要特色】

“红十字博爱送万家”活动再掀高潮。按照中国红十字会总会的总体部署，黑龙江省红十字会先后在齐齐哈尔、佳木斯、黑河、大兴安岭、双鸭山等少数民族民族地区开展了“红十字博爱送万家”活动。哈尔滨、牡丹江、伊春、鸡西等地也结合当地实际开展了“红十字博爱送万家”活动。据统计，全省共计筹集款物总计37.86万元。救助2332户，受益人数达12360人。佳木斯市郊区红十字会积极与黑龙江省合江林管局开展经济贸易合作，由郊区红十字会筹集资金1.2万元，合江林管局包技术、包销售，在四丰乡四合山村开展了一村10户的栽培滑子菇项目，收到很好的效益。初步预算每户收益3000元。他们的做法为探索农村人道救助工作的新模式闯出了一条新路。

“复明工程”又为百人带来了光明。“百名复明工程”于2004年启动。两年来，已为黑龙江省贫困地区具备白内障手术适应症且家庭无力支付手术费用的200名白内障患者做了免费复明手术，复明率为100%。“百名复明工程”的实施，不仅为200名白内障患者带来了光明，更让红十字会这个人道主义品牌深深的闪亮在百姓的心中。

打造红十字品牌，把宣传、动员贯穿于造血干细胞工作的全过程。2005年黑龙江造血干细胞分库圆满完成本年度9507人份干细胞志愿者的HLA检测录入、上传任务，并超额1007份。其中，再动员50人，初配相合76人，高分辨31人，体检10人，实现捐献六人，为临床提供检索10人。

对此，《黑龙江晨报》等十余家媒体宣传报道58篇。在黑龙江电视台、哈尔滨电视台连续报道31次。电台广播五次，杂志发表七篇。全省13件新闻作品参加了中华骨髓库的第二届好新闻评选，其中新闻夜航节目“血缘”荣获影视作品特等奖、《黑龙江日报》荣获文字二等奖、《哈尔滨日报》荣获图片二等奖、《生活报》荣获图片三等奖，黑龙江分库荣获优秀组织奖。第一例、第五例捐献者孙新远、杨振岭分别被哈尔滨电视台评为2004年、2005年度十大感动人物，杨振岭还被评为黑龙江省十佳大学生。与此同时，黑龙江分库开展大型宣传活动七次，散发宣传单三万余份，回答咨询热线电话4000余次。

（朱晓平）

哈尔滨市红十字会

【简介】

哈尔滨市红十字会成立于1954年。1980年恢复机构以来，以处级单位建制在市卫生局领导下开展工作。2004年2月，经市编委批准哈尔滨市红十字会由市政府领导联系，机构规格为副局级，内设两个室：办公室和综合业务室。核定处级领导职数三名，编制12人。同年7月，中共哈尔滨市委批准成立市红十字会党组。2005年7月20日，市委组织部任命迟克捷为市红十字会党组书记、推荐当选副会长（正局级）。

大庆市红十字会

【简介】

大庆市红十字会成立于1987年7月11日。隶属市卫生局，正科级事业编，有编制三名，经费实行财政全额供给。

大兴安岭地区红十字会

【简介】

大兴安岭地区红十字会成立于1987年。200年6月，地区红十字会理顺管理体制，规格为副处级单位，由原来地区卫生局代管改为由地区行署领导直接联系。

鹤岗市红十字会

【简介】

鹤岗市红十字会建立于1956年7月。1986年恢复工作。1994年，市红十字会理顺管理体制。全市八个区、县红十字会中，有两个理顺管理体制。全市有红十字会员10万人。

黑河市红十字会

【简介】

黑河市红十字会1998年成立。2007年5月，市政府为市红十字会配备副处级专职副会长，市红十字会机构独立设置。2007年9月，市政府发文，明确要求各县（市）区落实红十字会机构独立设置工作，由卫生局代管，改为政府领导联系，县（市）区红十字会可配备3－5名专职人员。

鸡西市红十字会

【简介】

鸡西市红十字会1985年恢复工作。

佳木斯市红十字会

【简介】

佳木斯市红十字会成立于1957年。市红十字会及所辖六县（市）四区红十字会均已理顺管理体制。全市有基层红十字会组织1240个，红十字会员207641人。

牡丹江市红十字会

【简介】

牡丹江市红十字会成立于1932年。1985年恢复工作。机关内设办公室和综合业务部，有工作人员八人。

七台河市红十字会

【简介】

七台河市红十字会成立于1987年。2002年3月，市红十字会理顺管理体制，规格为正处级单位，机关内设综合科和业务科，有编制五名。七台河市建立了三所红十字会卫生社区服务站、一所红十字会医院，命名了两所红十字会医院。

齐齐哈尔市红十字会

【简介】

齐齐哈尔市红十字会建立于1956年，1987年恢复工作。

双鸭山市红十字会

【简介】

双鸭山市红十字会建立于1985年4月。2006年6月，市红十字会理顺管理体制，由原市卫生局代管改为市领导联系，有编制六名。所辖四县四区均成立了红十字会。

绥化市红十字会

【简介】

绥化地区红十字会1990年10月7日恢复工作。1999年，绥化撤地建市，地区红十字会更名为绥化市红十字会。2004年6月17日，市红十字会独立开展工作。

伊春市红十字会

【简介】

伊春市红十字会建立于1958年。1985年11月29日恢复工作，隶属市卫生局。1986年，红十字会办公室独立办公，有专职干部三名，规格为科级。2003年5月23日，市红十字会理顺管理体制，工作由市政府领导联系，规格为正处级单位，有编制四名。

上海市红十字会

【年度工作】

2010年，上海市红十字会按照《上海市红十字事业2009 ~2013年发展规划纲要》提出的目标任务和年初理事会通过的工作计划，以及中国红十字会总会提出的“能力建设年”的要求，积极发挥政府助手作用，履行人道救助职责，为举办“平安世博”、“健康世博”，为构建和谐社会做出了应有的贡献。

一、把握世博机遇，展示红十字会参与重大活动的能力

（一）配合世博运营，做好园区内外服务工作。

为响应市委、市政府把上海世博会办成一届成功、精彩、难忘的世博会的要求，全市各级红十字会积极参与、服务世博，围绕“健康世博”、“平安世博”，开展了“红十字与世博同行”系列活动。在全市开展迎世博600天行动期间，与世博局合作，主动承担了9.05万余名的园区工作人员、服务外包人员、世博园区内志愿者和城市服务站专业岗位志愿者的现场初级急救培训任务。为了圆满完成培训工作，上海市红十字会集全市红十字系统之力，积极组织、全面整合各方面资源。从编写培训教材、课件、试题，到组建培训队伍、开展培训动员、配送培训器材、严把培训质量，各相关单位积极参与、协同合作，严格把关，得到了世博局和有关方面的一致好评。

为协助做好世博园区的公共卫生和安全保障工作，市红十字会在园区内设置了五个“上海红十字服务站”，在服务站内制作了统一的宣传展板、服务站标牌，配置了轮椅、拐杖、小药箱、救护包、血压计等设备和创可贴、人丹、清凉油、扇子等物品，还为世博园区的工作人员和游客提供健康卫生宣传咨询、现场初级救护服务和便民服务等。为保证服务质量，招募35名医务人员和130名志愿者，并对他们进行了世博会相关知识、红十字服务工作行为规范、现场初级急救技能和AED（自动体外除颤仪）操作等方面的专业培训。同时，本会还通过制定《中国2010年上海世博会“红十字服务站”管理办法》、组织开展“服务世博、奉献世博”立功竞赛活动和世博“志愿者之星”评选，并且不定期地对园区各红十字服务站进行巡岗督查，进一步确保了红十字服务站的优良服务。市红十字会有关领导先后八次深入园区一线进行慰问。据统计，园区各红十字服务站共提供各类服务约18万人次。其中，健康咨询2.73万人次，现场救护小伤处理4.66万人次，各类红十字便民服务10.6万人次。

此外，还根据世博局有关部门的需求，做好相关服务工作。选派一人到世博志愿者工作部工作。先后为世博新闻中心、参观者援助服务点、C09 地块援助服务点、世博局参展者展区等配置急救箱（包）200 余个，并及时做好医疗消耗品的补给。为世博园区外的各城市志愿服务站，以及浦东、黄浦、卢湾三个涉博区工作任务较重的红十字服务站配置了 5000 只红十字急救包。市红十字会还积极配合中国红十字会总会做好国际红十字与红新月馆参展期间的相关工作。在世博园区中国国家馆、国际红十字与红新月馆和挪威馆内分别设立了红十字募捐箱。配合市政府开展了世博送关爱活动，做好世博期间医源性感染艾滋病患者的安抚与帮困工作。

在市委、市政府组织的评优活动中，市红十字会先后有一人荣获二等功、三人荣获三等功、多人荣获嘉奖和先进个人，还有 28 名志愿者获得世博“志愿者之星”称号。

1. 举办各类大型活动，扩大红十字会影响。2010 年 5 月 8 日是第 63 个世界红十字日，结合中国红十字会总会“能力建设年”的主题，市红十字会于 5 月 9 日在上海国际会议中心举办了“纪念‘五八’世界红十字日，红十字与世博同行，红十字能力建设研讨会”。各兄弟省市及区（县）、高校、红十字冠名医疗机构的红十字工作人员近 200 人参加了研讨会。中国红十字会常务副会长王伟致开幕词，副会长郭长江出席会议。会上共收到本市及兄弟省市论文十多篇。本次研讨会的召开，为加强红十字能力建设，提高红十字会在救灾、救护、救助方面的能力，当好政府人道领域的助手，搭建了交流的平台，提供了思考的方向。

为庆祝第七个世界献血者日，弘扬献血者无私奉献的精神，在世博园区承办了由卫生部、中国红十字会总会、解放军总后勤部卫生部、上海市人民政府、世界卫生组织、红十字会与红新月会国际联合会等单位共同主办的“爱·传递”2010 世界献血者日纪念活动。当天，卫生部部长陈竺、中国红十字会常务副会长王伟、中国人民解放军总后勤部卫生部副部长陈新年、上海市人民政府副秘书长翁铁慧、世界卫生组织西太区地区主任申英秀、国际联合会东亚地区卫生代表高乐等出席活动。参会领导为“2008～2009 年度上海市无偿献血促进奖”获得者代表颁发了奖状，并慰问了正在世博流动献血车奉献爱心的无偿献血者们。

9 月 11 日，在世博园区承办了由中国红十字会总会、中国红十字会世博爱基金主办，红十字会与红新月会国际联合会、红十字国际委员会、上海世博会事务协调局协办的“城市，让生活更美好；急救，让人人更安康”世界急救日主题活动。中国红十字会副会长王海京等总会及全国部分省市红十字会领导、红十字国际委员会、红十字会与红新月会国际联合会代表和市、区（县）红十字会相关领导、红十字志愿者代表、优秀救护员 200 余人参加了活动。

现场，荣获全国首届红十字应急救护大赛一、二等奖的天津、上海和北京三支救护队进行了救护技能表演。嘉定、松江、浦东、奉贤等区的社区红十字救护志愿者表演了文艺节目。

4 月下旬，与市教委联合举办了以“精彩汇世博，博爱满申城”为主题的“上药控股杯”首届上海市红十字青少年文化节。文化节为期 2 个月，以举办开幕式、红十字青少年 LOGO 设计大赛、纪念品创意设计大赛、宣传海报设计比赛、红十字主题征文、报告会等为主要内容，充分展示各高校红十字文化建设成果，推动红十字理论和文化研究。

为进一步发挥红十字组织在关心困难弱势群体中的积极作用，提升红十字的社会影响力，本会在“六一”国际儿童节当日，组织了130名16周岁以下、失去父母的在校中小学生，开展了以“共享世博盛会、欢度六一佳节”为主题的红十字关爱百名孤儿欢乐世博行活动，红十字会员与青少年心连心、手拉手，共同体验“城市，让生活更美好”的世博主题。

2. 普及红十字运动基本知识，弘扬红十字精神。为推动探索人道法项目在红十字学校的深入开展，市红十字会将学校开展探索人道法项目纳入学校红十字创建评审标准中。同时，在听取多位专家、授课教师意见的基础上，进一步修改了《上海探索国际人道法教师用讲义》；举办了一期探索国际人道法师资培训班、一期师资复训班，共计培训师资60名，为继续开展校园试点教学提供了保证。此外，还承办了红十字国际委员会探索人道法项目协调会，并与香港红十字青少年进行了项目交流。八所高校代表队参加了首届上海大学生国际人道问题辩论赛。

各级红十字会继续对全市的红十字会员、志愿者开展红十字会法与红十字运动基本知识培训。市红十字会在延中绿地建立了“亨利·杜南铜像”红十字宣传教育基地。全年共向约30万人传播了红十字运动基本知识，圆满完成了2008~2010年红十字运动基本知识传播任务，并获中国红十字会总会及红十字国际委员会颁发的国际红十字与红新月运动基本知识传播二等奖；完成了“五五”普法培训计划。五年来，全市红十字系统“五五”普法人数已达60余万人。

3. 通过多种宣传渠道，提高红十字知晓度。市红十字会将红十字宣传与世博宣传相结合，针对红十字会理事、会员、志愿者及市民等不同受众，通过电视、报刊、网络等宣传渠道，多方位多层次地进行宣传报道，努力营造红十字大宣传格局。继续做好《上海红十字》报增刊的编印，及时向红十字会理事、市政府领导及相关部门汇报红十字会的重大事件和工作动态；《上海红十字》报的发行量继续增加，已达到近12万份，荣获中国红十字会总会报刊宣传杰出贡献奖；全年各类报纸及电视台播发红十字新闻逾500篇。进一步完善红十字会网站建设，年初制定了世博会期间的信息安全工作方案及信息安全保障工作应急预案，新建了“红十字与世博同行”专栏，并设置“世博信息”、“场馆动态”、“志愿者风采”等多个世博栏目。截至12月底，共刊登信息近1500条次，回答网民咨询751条，网站访问量11.1万次，综合浏览量突破56.7万次。全市16个区（县）红十字会已开设网站对外进行宣传；制作了《急救培训》、《少儿住院互助基金》、《救灾》等多部专题宣传片，并逐步在公共媒体播放。

此外，完成了《上海红页》的改版工作，增加了红十字会的宣传内容；制作了红十字世博徽章、明信片、扇子等十余种共10万件世博宣传品，向世博游客进行宣传；委托上海市城市调查队对全市10个区的30个街道（镇）以无记名抽样调查的方法开展了《上海市民对红十字会组织的认知程度调查》，结果显示：红十字会是公信力最强、影响力最大的社会公益组织。

（二）利用世博平台，加强国内外的交

流交往。

互访交流一向是红十字组织相互学习、交流经验，从而促进事业发展的形式之一。2010 年，恰逢百年难遇的世界博览会在上海举办，为红十字组织之间的交流提供了新平台的同时，也促进了国内外的红十字组织来沪交流访问。

市红十字会对此高度重视，为应对世博会期间的大量接待任务，专门成立了世博接待领导小组，由会领导任组长、副组长，各部室负责人以及各区（县）红十字会常务副会长任组员；成立了世博接待办公室，负责具体接待工作；制定了《世博会接待服务计划》，明确了各类来访团组的接待主体及接待服务流程和标准；与多家旅行社、宾馆及车队签订了接待协议，从体制上为做好交流接待工作提供了保障。

为了能圆满地完成世博接待交流工作，市红十字会以“安全、节俭、周到、高效”为原则，与每一个来沪访问团反复进行事前沟通，并按照他们的要求，制定个性化的接待方案。还根据来访团的反馈评估，不断地完善接待服务。世博会期间，积极配合中国红十字会总会做好多项大型活动的接待服务工作。如：国际红十字与红新月馆荣誉日暨博爱周活动、2010 世界献血者日庆祝活动、世界急救日主题活动及“国际捐赠国合作论坛”等。此外，还认真做好港澳台同胞来沪访问的接待工作。其中，台湾红十字组织访问团是历年来台湾地区出访大陆范围最广的一次，共有来自台湾 19 个地区的 33 名代表。截至 2010 年底，市、区（县）红十字会共计接待来访团 57 批，合计 1032 人次。其中，外宾及港澳台团组 15 批，合计 196 人次；省部级以上领导带队团组三批，合计 24 人次。市、区（县）红十字会的热情接待、细致服务得到了来访团组的一致好评。其中，荷兰红十字会玛格丽特副会长（荷兰皇室公主）对于市红十字会的接待服务更是给予了高度的赞赏。由于外事接待工作的出色，市红十字会外事接待部门荣获“世博外事工作优秀集体”称号。

此外，市红十字会人员还随韩正市长率领的市政府访问团赴台湾访问，向台湾振兴医院捐款 150 万元，建立“博爱振兴儿童听障专项基金”，用于帮助听障儿童的治疗与康复。还与台湾红十字组织进行了交流。

2010 年的交流接待工作，批次多、时间紧、规格高、难度大，也促进了市、区（县）红十字会的统筹协调和应变能力的全面提高，为今后的交流互访接待积累了宝贵经验。通过与国内外红十字组织的交流，增进了彼此的友谊，拓展了交往的空间，丰富了新时期红十字会民间外交的内涵。

二、推进组织建设，增强红十字会的凝聚力

（一）接待华建敏等领导的视察调研。

2010 年，中国红十字会会长华建敏等领导分别于 3 月、5 月、11 月、12 月四次来沪视察上海市红十字会工作。华建敏先后视察了卢湾、长宁、奉贤、嘉定、浦东新区五个区的基层红十字会组织建设工作及中国红十字会华山医院的相关工作；召开了两次专题座谈会，听取上海市红十字会组织建设、能力建设以及关爱老人等方面的工作进展。华建敏对近年来上海市红十字事业的发展给予充分肯定，并提出了指导意见和要求。市红十字会还接待了中国红十字会总会理事组团来沪调研。中国红十字会领导的多次视察、调研，促进了上海市红十字事业的更好发展。

（二）加强对各级红十字组织的指导。

继续加强对全市各级红十字会的指导，进一步完善各区（县）、基层红十字会的体制机制建设。2010 年，在市红十字会的指导下，杨浦、青浦、黄浦、金山、崇明红十字会分别召开了会员代表大会，进行了换届改选。市红十字会还加强了对红十字冠名医疗机构的管理，印发了《加强冠名红十字护理机构工作的指导意见》，继续实行“统一标准，分级指导，年度评估，协议管理”的管理模式，组织做好对新申报的冠名红十字医疗机构的创建指导工作。同时，为进一步规范本市学校红十字工作的创建、评比、表彰等工作，市红十字会还联合市教委下发了《上海市学校红十字工作创建活动实施细则（试行）》及红十字达标校、示范校的创建标准，有力地推进了学校红十字工作向纵深发展。

市、区（县）红十字会还加强了队伍建设，在提高红十字工作人员能力和素质的同时，提升了红十字会的凝聚力。一方面，市、区（县）红十字会加强了工作人员的能力培训，举办信息写作、统计、英语、礼仪接待等各类培训班 135 期，共计培训 9000 余人次；另一方面，市红十字会每季度组织各区（县）、行业红十字会负责人召开工作例会，以互相沟通的形式，增强对红十字相关政策的理解。嘉定区红十字会在各街道（镇）红十字会配备红十字联络员的基础上，通过聘用红十字指导员的方式，为基层红十字会更好地开展工作提供了人员保障。

三、建立长效机制，提高救护能力

（一）圆满完成现场初级急救培训市政府实事项目。

在前两年培训的基础上，继续做好 2010 年现场初级急救培训市政府实事项目。为了进一步扩大实事项目的知晓率，市红十字会精心制作了《学习急救服务世博》宣传片，在上海电视台、公交车移动电视、户外广告屏等媒体进行播放，达到了良好的宣传效果。各区（县）红十字会也以征文竞赛、演讲比赛、文艺巡演等群众喜闻乐见的方式进行了广泛宣传。截至 10 月底，共培训救护员 32690 名、普及人员 303464 名，提前超额完成了 2010 年的培训任务。自 2008 年开展实事项目以来，在全市各级红十字会的共同努力下，累计完成救护师资培训 1260 名，完成率为 126%，完成救护员培训 11.84 万名，完成率为 118%，普及培训 104.66 万名，完成率为 105%，全面完成了三年市政府实事项目的“111 目标”任务。经过培训的市民在生产现场、自然灾害、突发事件的第一现场，运用各种急救技能，为伤病者成功实施现场初级急救，为医院救治赢得了宝贵时间，有效地挽救了伤者生命、减少了伤残。

三年来，在完成实事项目任务过程中，全市各级红十字会经历了探索、调整、提高的不同阶段，在保质保量完成每年培训任务的基础上，不断地探索建立现场初级急救培训这项红十字运动传统特色项目的长效机制。目前，本市红十字系统已形成市、区（县）、街道（镇）、基层（居、村委，单位，楼宇等）救护队、救护分队、救护小组四级救护网络；通过反复挑选、培养，并定期开展教研活动，已建立了一支热爱红十字急救培训工作，有强烈的事业心、责任感和奉献精神，努力钻研、有着较强的教学能力与团队合作精神的师资队伍；并在全市范围内建立了241个培训基地，为现场初级急救培训的可持续开展打下了扎实基础。

市红十字会十分重视青少年的现场初级急救培训工作，通过加强与市教委及各高校的沟通、联系，结合新生军训，对12所高校共2.5万名军训学生集中开展了普及培训。同时，充分发挥上海市红十字青少年现场初级急救东方绿舟培训基地的作用，先后对全市18个区（县）的高一学生进行了现场初级急救知识与技能的普及培训。

此外，市红十字会还对本市18个区（县）级群众性红十字救护队的110名骨干人员进行了救护复训；完成国家福利彩票公益金师资培训500余名，并顺利通过了总会的审核评估；在青浦、杨浦、闵行、黄浦、嘉定、普陀、浦东等区（县）红十字会的配合下，举办了11期老年介护培训班，共培训400余人；会同市民防办、市妇联做好市政府“向本市25万户家庭提供免费应急包并开展应急逃生培训”实事项目的相关工作。

（二）积极开展预防艾滋病宣传、教育工作。

根据《艾滋病防治条例》的有关规定，开展预防艾滋病知识普及与反歧视宣传，并重点做好高校预防艾滋病同伴教育主持人培训工作，共培训高校预防艾滋病同伴教育主持人80人。此外，组织开展了世界艾滋病日系列宣传活动，在全市55所高校中开展了上海市高校预防艾滋病红十字宣传大使评选、红十字宣传短片评选活动。在2010年红十字青少年预防艾滋病系列宣传活动文艺演出现场，与市教委联合启动了“上海红十字青少年红丝带牵手行动”，成立了首批“上海市高校红十字预防艾滋病同伴教育志愿服务团”，将预防艾滋病知识和反歧视理念的宣传引进中学校园。

四、完善应急机制，发掘救灾潜力

（一）不断完善应急救灾机制。

为了提高自然灾害的救援效率，增强对突发事件的应对能力，市红十字会进一步完善了应急救灾机制建设。印发了《关于进一步加强应急工作的指导意见》，并根据本市的突发灾害以火灾为主的实际情况，制定下发了《关于本市火灾救助操作方案》，从制度上为灾后能高效、有序地开展救援工作提供了保障。同时，市红十字会完成了救灾物资及捐赠的计算机信息平台建设，加强了常规救灾物资储备建设，制定了《上海市红十字会救灾救助物资储备标准》，确保棉被、帐篷、毛毯、灾民生活应急包、应急救援队携行物资等常规救灾物资的常态储存。建立和完善合理有效的应急物资储备是增强红十字会应急能力，加快救灾速度的重要保证。在青海玉树地震、舟曲泥石流灾害的救援中，市红十字会均在灾害发生的次日凌晨就向灾区发送了第一批应急救灾物资。

此外，市红十字会接收了中德野战医院的101箱近800种设备、物资，并尝试进行清理、操作；为加强应急救援队伍建设，成立了上海市红十字白求恩志愿服务队，开展了应急救援队的培训、演练。在防灾减灾日前后，各区（县）红十字会还组织社区救护队开展了救护演练。

（二）积极开展对兄弟省市及本市的灾害救援。

2010年自然灾害频发。市、区（县）红十字会经受了海地地震、智利地震、新疆雪灾、西南旱灾、青海玉树地震、甘肃舟曲泥石流、南方暴雨洪涝灾害的考验，并积极组织开展了灾害救援工作。全年共为遭受灾害的国家及国内的兄弟省市募集提供紧急救援款二亿余元，发放救灾物资价值703万余元。其中，支援青海玉树地震救灾款近1.72亿元；支援甘肃舟曲泥石流救灾款2143万余元。

同时，市、区（县）红十字会按照《关于本市火灾救助操作方案》，在“11·15”特大火灾发生的第一时间向静安区红十字会拨付了270万元救灾款，为受灾家庭送上红十字会的关爱。全年共为49起321户火灾家庭提供救灾款351.5万元。

（三）继续认真做好灾后援建工作。

在中国红十字会总会和上海市援助都江堰灾后重建指挥部的指导下，开展援建都江堰灾后重建项目工作。截至12月底，已完成对口援建都江堰的33个项目，其中：市级医疗机构项目一个，卫生项目16个，计生项目五个，学校项目11个；对口援建陕西、甘肃灾区的18个项目已完成17个，其中，陕西省卫生项目10个，学校项目二个；甘肃省天水精神卫生中心援建项目正在建设中。本会还组织了由市、区（县）红十字会、捐赠单位、个人组成的考察团，赴都江堰实地考察了学校、卫生等灾后重建项目。

市红十字会还积极向企业募集资金，完成新疆七所博爱卫生室援建项目，以及云南、江西两省各一所博爱学校建设项目。

五、细化项目管理，提升救助实力

（一）进一步细化帮困救助工作。

为更好地开展困难群众的救助工作，发挥红十字会在人道领域的政府助手作用，市红十字会在积极筹措帮困资金的基础上，根据各类困难群体的需求，设计、细化了红十字各项帮困救助项目。

市红十字会与东方早报社、市青年联合会、市青年企业家协会联合主办了“情满东方”2010上海市红十字会慈善之夜活动。副市长、市红十字会会长沈晓明出席活动，现场募集捐款1200余万元，成立了“上海红十字爱心同盟”，所有款项用于新设立的青少年助医助学专项基金。

在青少年助医助学专项基金的支持下，市红十字会制定并启动了“贫困家庭青少年先天性心脏病救助项目”，在崇明率先开展试点，并确定了市儿童医学中心和市胸科医院为项目的定点医院。6月，制定了全市的推进计划和实施方案，目前，33名患儿完成介入手术治疗。修订了《上海市红十字会造血干细胞移植医疗救助实施方案》，在原有的基础上，扩大了救助对象和移植救助适应症的范围，将在沪高校注册全日制就读生及已参加“少儿住院互助基金”的非本市户籍患者全部纳为救助对象，并将市医保主管部门认定的造血干细胞移植治疗适应症纳入救助范围。截至12月底，全市共实施救助45例，救助金额117万元。

继续开展2010年“千万人帮万家”新春帮困慰问活动，向全市2.5万户肿瘤病人、精神病人、麻风病致残者、艾滋病患者、因病致贫特困老人及遭受意外灾害造成特大经济损失的困难家庭发放帮困款1127万元，帮困卡100万元，帮困物资价值409万元。为使困难家庭共享世博盛世，集中开展了2010年世博送关爱活动，全市共救助困难家庭1.03万户，帮困金额共计208.9万元。

在全市18个区（县）的161个街道（镇）开展了“社区困难失智老人关怀服务

项目”试点工作，向3885位失智老人免费提供一次性纸尿裤、纸尿布和纸尿垫，为老人们送去红十字的关怀。还对失智老人的家属及看护人员进行了老年介护相关知识的培训。

此外，与上海市福利彩票发行中心、SMG电视新闻中心、市委统战部、市委组织部、龙华寺合作开展了“爱心行动”百姓救助项目、为党外知识分子帮困送温暖、城乡结对帮扶、崇明孤儿慰问等帮困行动，共计提供帮困慰问款625万余元。

（二）不断扩大少儿住院互助基金覆盖面。

为了让更多的少年儿童享受少儿住院互助基金的保障，在前几年不断扩大覆盖面的基础上，又将本市民办农民工小学学生及持有B类居住证的儿童纳入少儿互助基金的覆盖范围。本学年少儿住院互助基金共为89922人次患儿支付住院和大病门诊医疗费用1.27亿余元。认真做好政府委托的居保（少儿住院）的管理工作。本学年共为90292人次患儿支付医疗费用1.38亿余元。接待来信来访及处理重大信访9618人次。

（三）继续做好重建家庭联系工作。

帮助失散人员重新建立家庭联系是红十字会特有的一项传统业务。2010年，市红十字会加强与市公安局人口查询处的联系与沟通，进一步提高了寻人工作效率。截至12月底，共接待寻亲者77人次，由大陆发往台湾寻亲件22例，查到三例；受理台胞来沪寻亲六例，查到二例；受理其他地区寻人件四例，处理各类信件13件。

六、拓展服务内涵，激发志愿服务活力

（一）造血干细胞捐献稳步推进。

继续以举办大型活动的形式扩大造血干细胞捐献的宣传，推进造血干细胞捐献志愿者的征募工作。2010年，在普陀区曹杨献血屋增设了上海市第七个红十字造血干细胞捐献血样采集室，为广大市民的报名捐献进一步提供便利。在市红十字医疗机构和高校中加大造血干细胞捐献的征募力度，吸引了更多的适龄青年加入造血干细胞库。

截至2010年底，全市共征募造血干细胞捐献志愿者7157人，提供临床移植43例，累计入库10万余人，累计移植197例。

（二）遗体捐献工作有新突破。

3月1日，在青浦福寿园开展了以“城市，让生活更美好；奉献，让生命更崇高”为主题的上海市第八个遗体捐献纪念日活动。现场发放《生命的故事（三）——献给实现大愿的遗体捐献者》一书，约800位市民、医学院校学生代表参加了纪念活动，共同表达对遗体捐献实现者的崇高敬意。此外，对全市捐献遗体（角膜）登记、接受捐献机构的现状开展了基础性调研，并提出相应的整改意见，进一步提高捐献遗体（角膜）登记、接受捐献机构的服务质量。全年遗体（角膜）捐献登记1243人，累计29629人；实现捐献417人，累计捐献5618人。

同时，积极推进人体器官捐献试点工作的前期筹备进程。一方面，以召开专家座谈会、市人大代表进行调研、与卫生局沟通等多种形式，对《上海市遗体捐献条例》的修改进行调研。经反复讨论、研究，目前已形成“修改《上海市遗体捐献条例》若干问题研究课题报告”和“《上海市遗体捐献条例》修正草案建议稿”；另一方面，派员参加了总会举办的第一期人体器官捐献协调员培训班。按照总会要求，形成“上海市人体器官捐献试点工作初步方案”，为下一阶段能顺利地通过人体器官捐献的相关法律条文、开展试点工作打下了较好的基础。

（三）无偿献血工作有序开展。

继续深入开展“造血干细胞捐献志愿者成分献血征募项目”。开展了“志在、爱在、我在”造血干细胞捐献志愿者成分献血联谊活动，进一步巩固红十字会与造血干细胞志愿者之间的纽带。推进成分献血志愿服务工作，鼓励志愿者多次捐献血小板。目前，已通过短信、信件、电话等形式对20251名造血干细胞捐献志愿者进行了动员。截至2010年底，全市已实现捐献血小板1124人份，对临床单采血小板供应紧张的局面起到了一定的缓解作用。

为纪念第七个“世界献血者日”，与市卫生局共同主办了“庆祝献血法、献血条例实施十二周年暨2008～2009年度上海市无偿献血表彰大会”，对2008～2009年度上海市无偿献血白玉兰奖、上海市无偿献血纪念奖、上海市无偿献血促进奖获奖者进行了表彰。

（四）红十字志愿服务持续发展。

红十字志愿者队伍日益壮大，为了进一步规范志愿服务工作，市红十字会下发了《上海市红十字志愿服务管理办法（暂行）》，进一步明确志愿者的权利和义务等。通过走访中国红十字会总会、市志愿者协会等单位，调研志愿服务管理系统，为设计开发“上海市红十字志愿服务管理系统”收集参考信息。

全市各级红十字会也积极推进红十字志愿服务工作，充分发挥红十字志愿服务队的能动性，组织志愿者参与“社区困难失智老人关怀服务项目”、青海玉树地震及甘肃舟曲泥石流捐款接收等相关工作。在世界自闭症日前后，与市残疾人联合会共同举办了“携手同行，共享阳光”——上海市高校红十字志愿服务大队走进阳光宝宝家庭项目展示活动。此外，还对红十字志愿者进行了系统培训，并进一步开拓了红十字志愿服务的平台，将上海市阳光康复中心作为上海市红十字青少年志愿服务基地，为红十字志愿服务的持续发展打下了基础。

【历史沿革】

1911年8月，中国红十字会沪城分会成立，1920年改称为中国红十字会上海市分会。当时的主要工作内容是战地救护、灾害救济、难民收容遣返等。解放后上海市分会在防病治病、支援抗美援朝、救灾救济、红十字青少年、普及防病救护知识、遣送在华日侨及家属回国等方面做了大量卓有成效的工作。

1951年7月，上海市红十字分会改组，刘鸿生任会长。1962年9月，上海市红十字分会召开代表会议，正式改名为上海市红十字会，金仲华任会长。1966年“文化大革命”发生，上海市各级红十字会组织解散。1978年4月，国务院决定上海市为第一批恢复红十字会工作的城市之一。同年9月，上海市红十字会经过调整，杨恺任会长。1981年至1985年10月，白备伍、王希孟相继担任会长。1985年12月，上海市红十字会召开第四次会员代表大会，王希孟连任会长。1990年12月，上海市红十字会召开第五次会员代表大会，谢丽娟任会长，邵浩奇任常务副会长。1996年6月，上海市红十字会召开第六次会员代表大会，聘请徐匡迪为名誉会长，谢丽娟连任会长，袁惠章任常务副会长。2001年2月，中共上海市委批准上海市红十字会由上海市卫生局代管改为上海市领导联系，作为局级单位进行管理。2002 年 6 月，中共上海市委批准建立上海市红十字会党组和党组纪检组，熊仿杰任党组副书记、纪检组组长。2003 年 8 月 19 日，上海市红十字会第七次会员代表大会召开，大会选举产生了由 113 名理事组成的新一届理事会，聘请市长韩正为上海市红十字会名誉会长，谢丽娟连任会长，熊仿杰任常务副会长。上海市红十字会开展的救灾、社会服务、募捐帮困、宣传、无偿献血、遗体捐献、造血干细胞捐献者资料库建设、查人转信、国内国际友好交往、红十字青少年、中小学生与婴幼儿住院医疗互助基金、组织建设等工作取得了一定的成效，为支持上海的经济建设，倡导树立良好的社会风尚，为建设社会主义精神文明，保障社会的安定团结做出了积极的贡献。

2004 年，上海市市、区两级红十字会共募捐款 5609 万元，物资价值 3406 余万元。在“上海市红十字会庆百年博爱行”活动中，全市百余家企事业单位捐献款物 600 余万元。宝钢集团支持捐资 2000 万元人民币建立了助老帮困博爱基金。市红十字会与龙华古寺签订了每年 30 万元共计 10 年 300 万元的捐助协议，对崇明百名孤儿实施帮困助学。与百盛集团签订了每年 20 万元共计五年 100 万元的捐助协议，对本市贫困大学生进行助学帮困。“千万人帮千家”活动中，对本市 2 万户特困家庭的帮困款物合计人民币 1000 万元。在开展的救灾工作中，上海市红十字会向八个受灾省市发放救灾款物 13 批共计人民币 2671 万元。向山西省捐赠衣被五车皮。对本市嘉定、青浦、闵行、长宁、普陀、浦东等地区 36 户遭受雷暴雨灾害的家庭共计救助 4. 06 万元。为湖南省、安徽省援建博爱小学三所，总额 125 万元，建筑面积 4200 平方米，帮助 1700 名灾区学生重返校园。向沪闵博爱小学学生提供帮困助学款 15. 4 万元、向师生捐衣物价值 15 万元，向宁夏博爱学校捐赠物资价值二万元。向云南省援助救济物资价值 15 万元；向河南省紧急援助价值 10 万元的消毒用品用于艾滋病特困人群的关爱；并完成市政府交办关怀艾滋病患者的特殊任务。截至 2005 年 2 月 3 日，上海市红十字会共接收印度洋海啸捐款 4597. 93 万元。上海市红十字青年医疗专家赴湖北开展医疗援助活动，累计义诊人数 300 多名，义诊手术 19 台。向肿瘤特困患者捐赠价值 40 万元的药品。努力提高红十字社区服务质量，规范社区服务工作标准。在上海市工商联合会光彩计划的大力支持下募集人民币 250 万元，配备了 500 所红十字卫生站所需设备。举办各类培训班，共培训街道、居委、卫生站等红十字会兼职工作人员共计 860 人次，并在 19 个区县成立了由社区工作者组成的 20 支近 300 人左右的群众性红十字救护队。静安、徐汇、南汇、嘉定四个区通过了中国红十字会总会及民政部进行的全国社区红十字服务示范区评审，受到中国红十字会总会和民政部的表彰。2005 年，中国造血干细胞捐献者资料库上海分库全年造血干细胞资料库入库 10508 人（累计 45371 人），全年有 16 人实施了移植（累计移植 46 人）。全年发放宣传资料 10 万余份，开展宣传咨询活动 50 余次，开设知识讲座 32 场。全市三个血检点全年开放血检，改变了过去每季度四次的方式，使得志愿者参加造血干细胞资料库的血检更为方便。上海市 2005 年遗体捐献登记

1526人，与去年同比提高30.2个百分点。全年实现遗体捐献的有332人。累计登记20686人，实现3132人。与福寿园联合举办“纪念中国红十字会百年诞辰——上海市红十字遗体捐献者纪念碑万人共祭月”活动，四万余名市民参加了此次活动，对本市遗体捐献者及家属发放一万余份慰问信及纪念封，全年开展培训近50万人。组织参加香港红十字会主办的“两岸红十字100周年精英荟萃——急救及灾难应变比赛”，获得团体优异奖，个人最佳队员金奖。开办首届中日合作老年介护师资培训班，编印《中日合作老年介护师资培训论文集》，促进了老年介护理念和技术的推广。积极倡议全市市民无偿献血，共有三单位，42个人荣获全国先进表彰。全年共发展青少年会员六万余名。举办了“八省市（地区）红十字青少年夏令营”活动。在南汇、卢湾区开展青少年普及现场初级急救和逃生知识、技能的培训试点工作，共培训9.7万多名学生。组织高校红十字志愿者队伍，开展了与荷兰红十字会合作项目：艾滋病同伴教育主持人培训班。先后开展同伴教育44期，共培训880人。少儿住院基金在2003学年共为70225人次患儿支付医疗费用5413余万元。开展了多种形式的中国红十字会100周年诞辰宣传纪念活动。“四五”普法培训人数七万余人，印发普法读本三万本，普法画册二万册；红十字知识传播培训4000余人，传播人数3.7万余人。全年在各报刊、电台、电视台刊登播放有关红十字会活动新闻专题报道500余篇（次），并举办了区、县通讯员培训班。上海市红十字会获总会报刊工作一等奖。上海市机构编制委员会以沪（2004）161号文件形式，发出《关于理顺区县红十字会管理体制有关问题的通知》。举办区、县红十字会专职干部培训班，提高了红十字工作者的工作能力。先后组团赴德国汉堡和韩国釜山红十字会进行访问，并邀请汉堡红十字会来沪授课交流；与日本长崎县红十字会签署红十字青少年交流项目；与日本冈山社会福利法人旭川庄联合举办老年护理培训师资班，增进中日友谊、促进了老年介护工作的交流与发展；组织部分区县红十字会赴香港红十字会学习考察红十字组织建设、志愿服务、筹集资金、红十字学校等工作。全年组织出访九批69人次，接受来访九批38人次。全年接到来信来访共105人次，发出寻人表20份；受理寻人表九份，查到六份。发往港澳及国际寻人表12份，查到二份；受理港澳及国际寻人标15份，查到九份。传递红十字通信六封，处理涉台私渡案一宗。

【组织机构】

上海市红十字会有红十字会员666897人，团体会员1124个，志愿工作者2.8万余人，红十字医疗卫生机构63所，红十字基层组织3120个。市红十字会设有10个工作委员会，分别为：造血干细胞捐献工作委员会、遗体捐献工作委员会、培训工作委员会、理论研究和知识传播工作委员会、赈济工作委员会、医疗卫生工作委员会、社区工作委员会、中小学及中专职技校工作委员会、高校工作委员会、中小学生及婴幼儿住院医疗互助基金管理委员会。

上海市红十字会机关设有综合办公室、信息传播部、赈济救护部、青少年工作部、志愿服务部，下辖上海市红十字备灾救灾中心、上海市红十字培训交流中心二个直属事业单位。全市19个区、县红十字会是：黄浦区红十字会、卢湾区红十字会、静安区红十字会、徐汇区红十字会、长宁区红十字会、浦东新区红十字会、普陀区红十字会、杨浦区红十字会、闸北区红十字会、虹口区红十字会、宝山区红十字会、闵行区红十字会、松江区红十字会、嘉定区红十字会、青浦区红十字会、金山区红十字会、奉贤区红十字会、南汇区红十字会、崇明县红十字会。

在中国红十字会总会领导的关心和中共上海市委、市政府领导的高度重视下，上海市机构编制委员会发出《关于理顺区县红十字会管理体制有关问题的通知》，上海市的区、县红十字会由卫生局代管改由区、县政府领导联系，为处级单位，全市区、县红十字机关管理体制正逐步理顺中。

【大型项目】

一、1998 年

（一）为江西、湖南、湖北、内蒙古等省（区）水灾地区援建 31 个项目，其中县卫生防疫站六所，县卫生院 13 所，小学九所，中学二所，备灾救援中心一所，总价值 1179.5 万元，总建筑面积 36702 平方米。

（二）向湖南、湖北、江西、黑龙江、安徽、福建省受灾地区援助救灾物资价值 3536.62 万元。

二、1999 年

（一）为台湾地震灾区募集捐款 455 万元；

（二）向江西、湖南、湖北、内蒙古等省（区）灾区捐赠价值 40 万元的小药箱；

（三）向吉林省延边雪灾地区捐赠 10 万元，购买食物；

（四）向江西、安徽、湖南省灾区捐赠救灾物资、药品、衣服价值 280.92 万元。

三、2000 年

（一）为云南省安县地震灾区捐赠救灾物资价值 15 万元；

（二）为湖北、江西、湖南省灾区捐款 227 万元，援建多所卫生院、学校；

（三）为湖南省灾区助学帮困捐款 5 万元，捐赠物品价值 14.8 万元。

四、2001 年

向江西、内蒙古、湖南、宁夏等省（区）捐赠御寒衣被 8500 包。

五、2002 年

向全国九个省（区）的 20 个受灾地区发送救灾物资价值 1334.67 万元。

六、2003 年

（一）支援新疆维吾尔自治区地震灾区救灾款 30 万元，物资价值 230 万元；援建博爱小学一所，捐款 199 万元。

（二）援助甘肃省地震灾区救灾款 10 万元。

（三）支援山西省抗击“非典”捐款 300 万元。

（四）支援安徽省水灾地区救灾款 30 万元，物资价值 241.37 万元。

（五）支援湖南、江苏、山东省水灾地区救灾物资价值 311.46 万元。

（六）支援陕西省渭南水灾地区救灾物资价值 52.34 万元。

（七）援建江西省博爱楼一幢，金额 30 万元。

七、2004 年

（一）援助云南省德宏州泥石流灾区救灾物资价值 42 万元；

（二）援助湖南、安徽、贵州等八个受灾省、市救灾款物价值 2671 万元；

（三）慰问浙江省龙卷风灾区款物价值

30万元；

（四）援助河南省红十字会价值10万元消毒用品，用于开展艾滋病特困人群关爱工作。

（五）为湖南省张家界和安徽省六安市援建博爱小学三所，总面积4200平方米，价值120万元。

（六）向安徽省沪闵博爱小学捐赠款物价值30万元，帮助该校学生添置一年文教用品。

（七）向宁夏回族自治区同心县窖山乡博爱小学捐赠棉衣价值2万元。

【主要特色】

一、上海市中小学生、婴幼儿住院医疗互助基金。1996年成立的上海市中小学生、婴幼儿住院医疗互助基金成为上海市18岁以下的少年儿童提供了医疗保障。该基金自成立以来，上海市红十字会、市教委、市卫生局专门成立管理委员会，以红十字组织网络为依托，制定了合理的支付政策、科学的管理措施、严格的监督机制。到2004年8月底，共为55.8万人（次）患病少年儿童支付4.1亿元医疗费用，被群众誉为“生命绿卡”。

二、“千万人帮万家”活动。自1999年起开展的“千万人帮千家”（后改为“千万人帮万家”）活动，以肿瘤病患者、精神病特困患者、麻风病致残者、因病致贫特困老人和遭受意外灾害特困家庭为重点帮困对象，六年来，共为8652多万人次提供帮困款物3492.36万元，为维护社会稳定发挥了积极的作用。

三、造血干细胞捐献者资料库建设。中国造血干细胞捐献者资料库上海分库自1997年成立以来，得到了上海广大市民的积极响应。现已拥有捐献志愿者5.1万人，是全国目前最大的造血干细胞捐献者资料分库。该分库共为1880人提供了检索，并成功实施移植手术62例。

四、遗体捐献工作。2001年正式实施的《上海市遗体捐献条例》，是全国第一部有关遗体捐献的地方性法规。2002年3月上海市遗体捐献者纪念碑（全国首座）在青浦福寿园落成。目前，上海累计报名登记自愿捐献遗体者有20761人，实现遗愿者达3230人，为上海的医科教学提供了支持，并弘扬了移风易俗的新风尚。

五、中日合作老年介护师资培训班。2004年与日本冈山社会福利法人旭川庄联合开办首届中日合作老年介护师资培训班，目前共开展培训班二期，共41名学员结业，学员获得由上海市红十字会、日本旭川庄联合颁发的结业证书、获上海市卫生局颁发的《继续教育应用培训证书》学分10分。上海市红十字会编印《中日合作老年介护师资培训论文集》。该项目获日本国际协力机构（JICA）资助5100万日元，制定了中日双方三年合作培训计划。该培训班促进了老年人护理的理念及技术的推广及应用。

（陈　萍）

黄浦区红十字会

【简介】

2009年1月，黄浦区红十字会正式机构单列，有行政编制四名。2010年6月21日，召开了黄浦区红十字会第二次会员代表大会，选举产生新一届理事会。全区现有红十字会员19831名，红十字团体会员单位和基层红十字会组织202个，建立社区红十字服务站95个。

2009~2010年，黄浦区红十字会为各灾区募集救灾款367万余元，为“千万人帮万家”活动规定的五种对象发放帮困款125万余元，向辖区遭受火灾的230个家庭发放20万余元的救助生活日用物品。建立七个急救培训基地（站），两年共培训救护员3132名，普及培训34527名。

现任会领导：

区红十字会名誉会长：周伟（区长）

会长：张辰（副区长）

卢湾区红十字会

【简介】

卢湾区红十字会1959年成立，1966年撤销，1978年12月18日恢复卢湾区红十字会机构。2008年8月18日，区机构编制委员会批复红十字会设置内设机构，增设办公室。区红十字会机关行政编制三名，会长由区领导兼任，设常务副会长一名（处级）；正副科级领导职数二名。全区现有基层红十字组织47个，红十字团体会员单位10家，红十字会员4355名，红十字青少年会员2152名。

2010年，区红十字会开展“千万人帮万家”帮困慰问活动，募集善款85.76万元，救助800余名困难群众。区红十字会全年接受各类捐款650.19万元。构建了区域内区、系统、基层三级群众性急救网络，共有救护队132支，救护队员1500名。截至12月底，少儿住院基金为1498人次支付住院医疗费374.4万多元。全年共培训救护员900名。

现任会领导：

区红十字会名誉会长：翁祖亮

会长：程霄玉

常务副会长：刘瑛

副会长：章雄

静安区红十字会

【简介】

截至2010年底，静安区红十字会有红十字会员11536人，青少年会员9500人，红十字志愿工作者619人，红十字团体会员单位29家，冠名医疗机构二个，红十字卫生站78个，红十字达标学校九所。全市各街道都建立了红十字组织。

2010年，区红十字会培训救护员753人，卫生救护普及培训6634人。全年遗体捐献登记40人。少儿住院互助基金收缴1840620元。全年收到人道救助捐款总计10791497.76元人民币。截至2010年12月底，“千万人帮万家”活动收到爱心捐款677889.36元，救助困难群众500余人，总金额约326200元。为海地地震灾区捐款117710元；为西南五省旱灾地区捐款20万元；为青海玉树地震灾区捐款2114211.55元；为舟曲泥石流灾区捐款410262.9元；为“11·15”特别重大火灾捐款600万元人民币。

现任会领导：

区红十字会会长：朱成钢

常务副会长：蔺世平

秘书长：王素

徐汇区红十字会

【简介】

徐汇区红十字会于1978年恢复重建，

现拥有街镇红十字会13个，居委红十字服务站298个、红十字团体会员单位19家、中小学校红十字会85个、企业团体会员单位20家，冠名红十字医疗机构三个。全区有红十字会员10391人，红十字青少年会员14163人，红十字志愿服务者948人。

区红十字会南方冰雪、汶川特大地震、“莫拉克”台风、海地地震、青海玉树地震及舟曲泥石流灾害受灾地区积极开展募捐工作，所募善款如数上缴市红十字会并转送灾区。两年共培训卫生救护员2203名。

现任会领导：

区红十字会会长：周秀芬（副区长）

常务副会长：孟丽芳

长宁区红十字会

【简介】

长宁区红十字会成立于1958年，于2005年正式独立。长宁区设有10个街道（镇）红十字会，成功创建了七个上海市红十字示范社区、八所红十字达标学校、一所红十字示范学校和二个红十字冠名医疗机构及130所居委红十字服务站，12所公园红十字服务站，有红十字会员7720人。

2010年，长宁区红十字会为各灾区募得捐款750万元，培训救护员5888名，普及救护知识47693名。荣获2009~2010年度中国红十字会总会报刊宣传优秀奖、“市政府实事项目救护培训优秀组织奖”、上海市红十字“五五”普法工作二等奖。

浦东新区红十字会

【简介】

浦东新区红十字会成立于1995年2月，2009年4月24日，国务院批复同意南汇区划入浦东新区。2009年12月18日，浦东新区红十字会召开二届五次理事会，合并、调整并选举产生新的区红十字会领导。2011年3月23日，浦东新区红十字会第三次会员代表大会召开，选举产生了新一届理事会理事和领导班子。区红十字会设领导职数三名，行政编制七名，事业编制四名，一个内设机构，一个事业单位。全区现有基层红十字会281个（其中街镇红十字会38个，学校红十字会243个），红十字医疗机构七个，团体会员单位18个。红十字会员365022名，志愿工作者6491名。几年来，浦东新区红十字会共募集资金20950.94万元，救助弱势群体10万多人次。至2010年12月底，全区经培训合格的师资达300名，红十字救护员30666人。

现任会领导：

区红十字会会长：张恩迪（副区长）

常务副会长：丁超英

专职副会长：林瑾葆

普陀区红十字会

【简介】

普陀区红十字会成立于1958年10月31日。2005年9月14日，区红十字会建制单列，成为隶属于区政府联系的人民团体。区红十字会现有行政编制四名（其中领导职数二名），事业编制四名，一个内设机构，一个事业单位。全区有基层红十字组织 71 个（其中街镇红十字会九个），红十字医疗机构四家，红十字团体会员单位 25 家。全区有红十字会员 16597 人，红十字志愿工作者 3689 人。

2010 年，普陀区红十字会共接受社会各界救灾款 599 万余元，全年共募集人道救助款物折合人民币 1214.62 万元。全年共培训红十字救护员 2059 人、市民普及培训 17326 人。区红十字会荣获上海市红十字会 2006～2010 年“五五普法”二等奖，荣获上海市红十字会“服务世博组织奖”。

现任会领导：

区红十字会会长：景莹（副区长）

常务副会长：马毓

杨浦区红十字会

【简介】

杨浦区红十字会成立于 1960 年，2005 年理顺了管理体制。现有红十字基层组织 135 个、红十字会员 21509 人、红十字团体会员单位 25 家、红十字服务站 302 个、冠名红十字医疗机构三家，冠名红十字学校一所。

2010 年，区红十字会募集救灾款 100 余万元。“红十字博爱送万家”活动中对 500 余户困难家庭进行了慰问。对区内 10 余名特殊血友病患者及其家庭实施人道救助。全区 302 个居委会组建了救护小组，新建社区红十字服务站 45 所。全年有 226 人份造血干细胞志愿捐献者资料入库。培训救护员 4148 名。

现任会领导：

区红十字会会长：吴乾渝（副区长）

常务副会长：杨祉雷

闸北区红十字会

【简介】

中国红十字会上海市闸北区分会（闸北区红十字会）于 1958 年 10 月成立。2005 年 9 月，闸北区红十字会由区卫生局代管变为单列建制直接隶属于区政府领导联系的正处级人民团体单位。机关行政编制四名，设会长一名，专职副会长一名，下设综合办公室、少儿住院互助基金及居保（少儿住院）办公室。

全区建立健全了红十字会三级组织体系和工作网络，基层红十字会组织 130 个，团体会员单位 24 家，有红十字会员二万余人，区级红十字志愿工作者队伍九支，有红十字志愿工作者 4000 名。两年来，共培训救护员 6600 余名，并建立红十字救护员队伍 10 支，基层救护小组 186 个。全年累计募集发放救助金 734.5 万余元。为印度洋海啸和汶川特大地震灾区捐款 1090 万余元，为青海玉树地震捐款 177 万余元。目前，已建成社区红十字服务站 186 所（约每 3800 人一所），所有街镇实现市红十字示范社区全覆盖，成功创建全国社区红十字示范区。做好少儿住院互助基金和少儿医保工作，保障近八万辖区内少年儿童，特别是住院、患大病的青少年，参加率在 99.8% 以上；全区已有九所中小学创建成为市红十字达标学校，其中一所创建成为市红十字示范学校。

现任会领导：

区红十字会会长：鲍英菁（副区长）

虹口区红十字会

【简介】

虹口区红十字会建于1952年，2006年改由区领导联系，按处级单位管理。全区有基层红十字组织110个，红十字团体会员单位22家，红十字会员4250人，红十字青少年会员3530人。还有红十字卫生服务站230个，救护队总数109支。

2010年，区红十字会培训救护员1776名。募集人道救助资金426159元。为青海省玉树地震灾区募捐1716587.90元，为甘肃舟曲特大泥石流募捐172240元。

现任会领导：

区红十字会会长：华东平（副区长）

副会长：杨明华　黄振英

江苏省红十字会

【年度工作】

2010年，江苏省红十字会按照总会“能力建设年”的要求，以着力提高“五个能力”为出发点，大力加强组织建设，深入开展宣传与筹资工作，积极实施人道救助，服务广大群众，各项工作取得了明显成效。

一、组织建设工作

2010年，全省红十字会组织建设得到得一步加强，苏州、无锡、盐城、泰州等市红十字会增设了相应的内设机构和人员编制；全省105个县（市、区）中已有96个理顺了红十字会的管理体制，其比例由2009年底的68.8%上升到91.4%，其中无锡、常州、南通、淮安、盐城、泰州、宿迁全部理顺了县（市、区）红十字会管理体制，尤其是南通、盐城、泰州、宿迁等市所辖县级红十字会机构规格全部由副科级调整为正科级。加强红十字基层组织管理，大力发展红十字会会员，截至年底，全省共建立基层红十字会组织5969个，会员达到405万人。

二、红十字宣传工作

在江苏广电总台城市频道播放《江苏红十字——大爱无疆》专题片4档，在南京城市管理广播中播放《爱在红十字》212档，大力宣传红十字工作。各市红十字会积极与各地主流媒体联合开展项目宣传活动，打造了“情系灾区、共享明月”、“爱满彭城”、“用心点燃希望，用爱播撒人间”、“红十字之窗”、“红十字之声”、“满城尽飘黄丝带”等品牌栏目，提升了红十字会的社会影响力。

三、筹资工作

江苏省委、省政府大力支持红十字会工作，划拨给省红十字会人道救助基金1000万元，累计达到3000万元，并明确从彩票公益金中每年支持给红十字会不少于800万元。南京、南通等市及下辖县（市、区）红十字人道救助基金也得到充实。通过大力宣传，社会筹资取得了新突破。一年来，全省红十字会共接受政府拨款和募集救灾救助款物折合人民币3.571691亿元（资金3.303334亿元、物资0.268357亿元），其中省红十字会本级6200.47万元（资金5102.37万元、物资1098.1万元），走出了项目筹资的新路子。

四、灾害救援工作

积极开展灾害救援工作，年内全省红十字会系统共拨出3.194亿元款物，支援西南抗旱、玉树抗震，以及舟曲特大泥石流灾区的救助、汶川地震灾区恢复重建，还有南方和本省部分地区遭受水灾地区的救助。在支援汶川地震灾区恢复重建工作中，省红十字会被省委、省政府评为“对口援建四川绵竹先进集体”。同时，认真做好对口援疆工作，向江苏省对口支援的伊犁、克州援助资金 30 万元、医疗检验设备价值人民币 53 万元。

五、社会救助工作

全年全省红十字会系统共投入 8000 多万元款物，参加省“三下乡”集中慰问活动，开展“红十字博爱送万家”活动，实施“爱心一对一”千名助孤项目，援建了响水县红十字博爱学校学生宿舍楼、食堂和高淳县博爱小学教学楼，支持省残疾人福利基金会实施“春风行动”项目，在泰州、盐城、徐州等地援建博爱卫生院（站）21 所、博爱学校五所及博爱桥等项目三个，救助贫困群众，有 33 万人次受益。

六、卫生救护培训工作

扎实开展初级卫生救护培训工作，年内省红十字会培训师资 232 人，在 33 家省级机关单位、事业单位培训初级救护员 1661 人。同时将卫生救护培训纳入部分高校新生军训内容，培训初级救护员 1035 人。积极推广救护培训“南通模式”，并在中国红十字会应急救护工作研讨会上作了经验介绍，得到了总会领导的肯定。全年全省红十字会系统培训初级救护员 820584 人，普及卫生防病知识 1823771 人。

七、志愿服务工作

大力发展红十字志愿者，扎实开展社区红十字志愿服务活动。截至 2010 年底，全省红十字会系统累计发展红十字志愿者 18 万余人，建成红十字志愿服务站 2600 多个，成立社区（乡村）志愿服务队伍 1800 余支。加强志愿者队伍管理，印制《红十字志愿服务工作手册》，规范志愿服务流程，凸显志愿服务重点。苏州市红十字会、无锡市红十字会被中国红十字会总会评为“红十字参与服务世博先进集体”。

八、红十字传播工作

大力开展传播国际人道法及红十字运动基本知识活动，承办了 2010 年中国红十字青少年夏令营。首次开展了以角色扮演、战场模拟、人道法庭等为背景的探索人道法主题活动，得到了红十字国际委员会代表和总会领导的好评。组织编印的《探索人道法手册》在全国推广。会同省教育厅联合开展省级红十字模范学校的评审，扎实开展“农民健康百村工程”，累计服务农民群众近一万人次。年内获得由红十字国际委员会和中国红十字会颁发的 2008 ~ 2010 年国际红十字与红新月运动基本知识传播一等奖。

九、防艾宣传教育工作

省红十字会争取欧盟有关机构资助 150 多万元，在南京、苏州和盐城三市开展为期三年的预防艾滋病宣教项目，举办同伴教育主持人培训班五期、反歧视培训班六期，开展同伴教育活动 52 期；开展大学生防艾网络问卷调查和艾滋病病毒感染者需求评估调查及关爱活动。

十、捐献造血干细胞与无偿献血工作

先后举办了《与爱同行》捐献者联谊会、《“生命相髓”——两岸三地骨髓捐受者相见欢》活动，召开了省造血干细胞捐献宣传工作现场观摩会，开展造血干细胞捐献知识传播活动，发布公益广告，推进省辖市捐献造血干细胞服务站建设。一年来，全省共采集血样 8000 多人份，检测入库资料 6828 人份，实现捐献 44 人，累计入库数资料 85000 人份，成功捐献 180 人。江苏省分库获得全国优秀分库和先进分库的双项大奖。积极配合省卫生厅落实“世界献血者日”相关活动，广泛宣传无偿献血。

十一、人体器官（组织）捐献工作

与省卫生厅联合召开江苏省南京市人体器官捐献试点工作协调会，筹建江苏省人体器官捐献工作体系，制订《江苏省南京市人体器官捐献试点工作实施细则》，成立了人体器官捐献相关组织机构，组建了人体器官捐献协调员队伍和志愿者队伍，指导南京市开展人体器官捐献试点工作。苏州市红十字会建成了全国规模最大的捐献遗体志愿者纪念园，并被苏州市确立为“人道主义教育基地”和“苏州市学校教育基地”。

十二、国际交流和港澳台工作

接待二批香港特区红十字青少年代表团、一批由台湾红十字组织王清峰副会长率领的 31 人参访团对江苏省的友好访问。承办了红十字会与红新月会国际联合会“捐款国合作论坛”。举办了首届“2010 年中日红十字青少年互访与交流”和第二届江苏省红十字会台湾青少年博爱夏令营。选派二名红十字青少年参加了美国红十字会旧金山湾区分会组织的“国际红十字青少年交流实习项目”和红十字亚太地区峰会。认真做好寻人转信工作，接待查寻人咨询 103 人次，受理寻人个案 49 宗，成功查到七宗。

十三、能力建设与理论研究工作

成功举办了省辖市红十字会专职干部培训班和全省红十字会干部救护培训班、骨髓捐献服务培训班。依托与苏州大学社会学院合作建立的江苏省红十字运动研究基地，开展红十字理论和实践专题研究，编印《红十字》季刊四期、专刊一期，发表各类文章近 80 篇、30 余万字。苏州市红十字会编撰发行了《红十字运动研究 2010 年卷》及全省红十字会系统第一部志书——《苏州红十字会志》。

【历史沿革】

江苏省境内建立红十字会组织并开展活动已 100 多年的历史。中国红十字会早期的一些重要活动多发生在江苏。1911 年的辛亥革命、1913 年二次革命的癸丑之役、20 年代初的苏北水旱灾害、1932 年的“一·二八”淞沪抗战、1937 年日军侵华的南京沦陷等重大事件中，南京、江阴、常熟、武进、淮阴、吴江等地的红十字会都做了大量的赈济、救护及因战争、灾荒罹难者的善后处理工作。现存于南京灵谷寺公园、南通狼山等地碑记及侵华日军南京大屠杀纪念馆内的史料，均详实记载了红十字会的善举史实。新中国成立后，在抗美援朝、整治淮河、爱国卫生运动、民兵三防训练等工作中，江苏各地红十字会均开展了许多活动。

江苏省红十字会成立于 1956 年，经历了与卫生厅合署办公、“文化革命的十年动乱”、中共十一届三中全会后拨乱反正等阶段，红十字会的工作从停止到恢复。1981 年 9 月 18 日，中共江苏省委根据国务院国发〔1978〕63 号文件精神，批准恢复江苏省红十字会，经协商产生由 28 名理事组成的江苏省红十字会第三届理事会，盛立任会长。江苏省红十字会机关设办公室、组训部、宣传部。当时提出的主要任务是恢复、建立地市、县红十字会组织，并配合当地政府开展“五讲四美三热爱”、救护培训、扶危济困、红十字青少年，援非募捐和国际交流等活动。1993 年 10 月 31 日，《中华人民共和国红十字会法》颁布实施，使红十字事业走上了法制化建设的轨道。江苏省人民政府印发了“关于进一步贯彻实施《中华人民共和国红十字会法》的通知”，提出努力为红十字会依法履行职责创造条件。1994 年 6 月 22 日，江苏省红十字会第六次会员代表大会召开，大会聘请中共江苏省委书记陈焕友担任名誉会长，提出了“坚定不移地贯彻《中华人民共和国红十字会法》，认真贯彻《中国红十字会 90 年代工作纲要》和《北京宣言》，加强组织机构和干部队伍建设，加强调查研究并努力做好各项业务工作”的主要任务。全省各级红十字会创建了“博爱系列工程”（救援、生命、爱心工程），在社会上产生了积极的影响，展现了人道救助团体的新形象，同时弘扬了红十字精神，促进了社会主义道德建设。1996 年 1 月 29 日，《中华人民共和国红十字标志使用办法》的颁布实施，体现了国家对红十字事业的高度重视和支持，为红十字标志的正确使用提供了法律保证。省人民政府办公厅印发了“关于进一步贯彻实施《中华人民共和国红十字标志使用办法》的通知”，要求各地、各部门依照规定对红十字标志使用情况进行一次全面清理，限期改正，切实纠正误用、滥用现象。2002 年 6 月，江苏省人民政府批转“关于进一步加强红十字工作的意见”，对红十字会开展社区服务、学校红十字工作、造血干细胞捐献者资料库建设、理顺管理体制、对外交流合作等提出了明确的要求。2002 年 7 月 21 日，江苏省红十字会第七次会员代表大会召开，时任中共江苏省委书记的回良玉（现任中共中央政治局委员、国务院副总理）、省长季允石、省人大常委会主任陈焕友、省政协主席曹克明和中国红十字会常务副会长王立忠等出席了大会，全国人大常委会副委员长彭珮云亲笔为大会题词。大会全面总结了江苏省红十字会第六届理事会的工作，制定了 2003 至 2007 年发展规划，选举产生了由 81 名理事组成的新一届理事会（后又增补二名副会长、13 名理事），聘请省委书记回良玉、省人大常委会主任陈焕友为江苏省红十字会名誉会长，2004 年 3 月，又聘请现任省委书记李源潮为名誉会长，吴锡军经选举连任会长，刘洪祺、周加才当选为常务副会长，李一宁、周和平、赵顺盘、赵庆侠、周珉、姜映梅、侯学元、黄晓平、张肖敏、杨炤明、丛建国、许仲梓、陈尧、郭兴华、黄峻、刘沈林为副会长，根据会长提名决定张立明为秘书长（2003 年 12 月任专职副会长、党组书记），徐强为副秘书长。

【组织机构】

目前，江苏全省 13 个省辖市 106 个县（市、区）建立了红十字会，现有红十字会基层组织 8000 多个，会员 250 多万人（其中青少年会员 210 万人），占江苏省常住人口的 4%，志愿工作者三万多名。

江苏省红十字会机关设有办公室、赈济救护部、事业发展部。下辖备灾救灾中心、台湾事务服务部、江苏省造血干细胞捐献者资料库管理中心等三个直属事业单位。

根据《中华人民共和国红十字会法》和中国红十字会总会关于理顺管理体制的有关文件精神，2002 年 1 月，江苏省机构编制委员会行文《关于理顺省红十字会管理体制的批复》，同意将江苏省红十字会由省卫生厅代管改由省政府领导联系，其机关党的工作由省级机关工委领导，干部按省委组织部有关规定进行管理，经费由省财政单列。2003 年 12 月，中共江苏省委决定成立省红十字会党组。在各级党委、政府的关心、重视和支持下，截至 2005 年 12 月，无锡、盐城、淮安、徐州、镇江、南京、苏州、泰州、宿迁、常州、连云港等 11 个省辖市和金坛、溧阳、句容、云龙、盐都等八个县（市、区）先后理顺了红十字会管理体制。

江苏省红十字会会员代表大会

第一届

1956 年 11 月 7 日召开，代表 99 人，理事 33 人，常务理事 11 人，会长盛立。

第二届

1961 年 11 月 28 日召开，代表 62 人，理事 42 人，常务理事八人，会长盛立。

第三届

1981 年 9 月 18 日召开，理事 28 人，常务理事四人，会长盛立。

第四届

1985 年 7 月 2 日召开，代表 170 人，理事 53 人，常务理事 10 人，名誉会长陈邃衡、盛立，会长杨泳沂，常务副会长盛天任。

第五届

1990 年 7 月 12 日召开，代表 216 人，理事 63 人，常务理事 13 人，名誉会长李执中、陈邃衡、盛立，会长吴锡军，常务副会长盛天任。

第六届

1994 年 6 月 22 日召开，代表 218 人，理事 60 人，常务理事 13 人，名誉会长陈焕友，会长吴锡军，常务副会长陈萍。

第七届

2002 年 7 月 21 日召开，代表 214 人，理事 81 人，常务理事 19 人，名誉会长回良玉、李源潮、陈焕友，会长吴锡军，常务副会长刘洪祺、周加才，专职副会长张立明（2004 年补选）

【大型项目】

一、1998 年抗洪救灾

1998 年，河北张北地区发生地震灾害，西藏、青海部分地区发生特大雪灾；入夏以后，长江、松花江和嫩江又发生特大洪涝灾害。江苏各地红十字会开展了大规模的募捐活动，全力以赴投入救灾工作。全省红十字会募得救灾款物 4020 万元，为帮助受灾群众克服困难，支援遭受灾害的外省、自治区、市等红十字会共 455.62 万元人民币（其中：湖南省 29.61 万元、湖北省 142.99 万元、江西省 47.89 万元、安徽省 15.2 万元、广东省 24.75 万元、福建省 26.68 万元、张家口市 47.39 万元、西藏自治区 106.11 万元、吉林省五万元、内蒙古自治区五万元、黑龙江省五万元）。

各市红十字会直接支援外省灾区的：

（一）苏州市红十字会 1092 万元。

（二）南通市红十字会 98 万元（其中：江西省九江市 50 万元、湖北省石首市重建小学和妇幼保健站 20 万元、江西省上饶地区重建小学 28 万元）。

（三）无锡市红十字会 40.2 万元（其中：四川省云阳县 40 万元、湖北省红十字会 2000 元）。

二、1999 年，台湾地区发生地震，江苏省各地红十字会对地震中受难同胞表示深切的同情和关注，并在全省开展了募捐活动，共募集 78.32 多万元人民币、200 美

元、700 台币，分三次通过中国红十字会总会转交台湾地区灾民。

三、2001 年初，内蒙古自治区、新疆维吾尔自治区遭受特大暴风雪的袭击，江苏省红十字会立即伸出援助之手，支援内蒙古自治区红十字会 14 万元人民币，新疆维吾尔自治区红十字会 12 万元人民币。

四、2003 年抗击“非典”、抗洪救灾募捐和支援新疆灾区

（一）2003 年，“非典”肆虐祖国大地，江苏各地红十字会根据上级部署，全力以赴迎战“非典”，为保护人的生命和健康做出了贡献。在抗击“非典”中，全省红十字会系统共募集款物 4502.96 多万元（其中捐款 3434.92 多万元），并及时用于抗非一线。

（二）2003 年夏，江苏境内淮河流域和里下河地区发生特大洪涝灾害，江苏省红十字会及时派员深入灾区，考察救灾，同时呼吁社会捐款捐物，全省红十字会系统共募集款物 2136.5 多万元，接收总会拨发款物 531.46 多万元，并及时送往抗洪一线。

（三）2003 年 2 月，新疆维吾尔自治区发生地震灾害，江苏省红十字会及时向新疆地震灾区支援了价值 15 万元的 100 顶帐篷，省和各地红十字会开展社会募捐筹款 50 多万元，棉衣服装近二万件。

五、2004 年庆百年办十件实事

为纪念中国红十字会百年诞辰，江苏省红十字会筹集资金 570 多万元，为群众办了十件实事：

（一）支持新型合作医疗：资助宿迁市宿城区 3310 位困难农民参加新型合作医疗，帮助解决看病难的问题。

（二）慰问建国前生活困难老党员：为表达对建国前老党员的崇高敬意，在中国共产党建党 83 周年前夕，慰问了革命老区响水、滨海、阜宁三县农村建国前入党、生活较困难的 1000 名老党员，包括送医送药、义诊体检、发放慰问金及慰问品等。

（三）慰问特困教师：在教师节期间，慰问了灌云县农村 100 名特困教师，向每位教师发了慰问信和慰问金。

（四）慰问特困孤寡老人：重阳节慰问了南京市秦淮区社区红十字工作站中 67 名特困孤寡老人，给老人发放了慰问金，同时购置 40 辆轮椅赠给社区，方便老人出行。

（五）扶贫养羊项目：为帮助更多的农民脱贫，省红十字会争取到爱德基金会 50 万元的帮助，在睢宁县邱集镇扶助 500 个贫困农户养羊，并以滚动形式发展，现已收到明显效果。

（六）筹建博爱小学：省红十字会争取到香港友人的支持，资助响水县红十字会 50 万元建立一所博爱小学。该校能容纳 300 多名孤儿学习和生活，目前学校正在建设中。省红十字会将连续 5 年支持该校运转，每年资助 20 万元，共计 100 万元。

（七）改厕项目：为改善农民的生活环境，改变农民生活习惯，帮助邳州、射阳、宿城三县（区）近 300 家农户建立了家庭卫生厕所，很受农民欢迎。

（八）资助孤儿学习和生活：帮助泗阳县 200 名孤儿完成学业。

（九）资助少儿白血病患者：筹集善款 50 万元，救助 31 名困难白血病患儿。

（十）博爱送温暖：年底开展了红十字博爱送温暖活动，将筹集来的 170 多万元款物送到苏北贫困地区和受灾地区群众手中，帮助部分贫困群众过一个祥和的春节。

六、实施救助部分白血病患者免费治疗计划

2000 年 1 月，旅美华侨杨健良博士回国发展，他用自己在一家大型医药企业做顾问的报酬，向江苏省红十字会捐赠了价值 450 万元人民币的三万支隆化诺干扰素，为 30 名白血病患者免费治疗，三年后这些患者均有不同程度的好转。

七、救助城镇下岗职工和教师中的部分重病患者

2003 年，江苏省红十字会与先声药业有限公司、扬子晚报社合作建立了 100 万元的“先声医疗救助金”，救助城镇下岗职工和教师中 76 名重病患者。

八、农村改厕试点

为改善农民的生活习惯，在 2004 年改厕试点的基础上，在扬州、泰州、淮安市选择 600 户农家进行改厕，江苏省红十字会给予每户补贴 200 元。

九、援建博爱小学

江苏省红十字会争取到香港苏浙同乡会 150 万元人民币和省财政厅、省教育厅配套的 100 万元人民币，援建响水县博爱小学，将分散当地的 300 多名孤儿集中起来学习、生活，改善他们的学习、成长环境。

【主要特色】

一、红十字备灾救助基金

1995 年，江苏省红十字会经报江苏省人民政府同意，在全省范围内开展了“红十字备灾救助基金”募捐活动。江苏省人民政府召开常务会议专门听取了省红十字会关于建立备灾救助基金的汇报，研究开展备灾救助基金募捐活动的意见，会后发了会议纪要。接着召开了江苏省红十字备灾救助基金募捐组委会成立暨募捐动员会议，省委、省人大、省政府、省政协主要领导带头捐款，众多单位和个人纷纷响应。为规范基金的管理，经报省财政厅及省人民银行同意，江苏省红十字会制定了《江苏省红十字备灾救助基金募集、表彰、管理办法（试行)》，并成立了由省财政厅、省人民银行分行、省监察厅及个协等部门、团体代表组成的基金管理委员会，对基金进行管理监督。十年来，全省共募集备灾救助基金 4000 多万元。随着红十字会社会救助面的拓展，同时也为便于向社会各界进行募捐，2005 年 6 月，“江苏省红十字备灾救助基金”更名为“江苏省红十字人道救助基金”。

二、设立公路沿线“红十字救护点”

为体现红十字会“保护人的生命和健康”的宗旨，自 1992 年起，江苏省红十字会在交通、公安部门的支持和配合下，以国道和省道沿线的乡（镇）卫生院或村卫生室为依托，先后投入 200 余万元建立了 500 多个红十字救护点。1995 年，江苏省红十字会和省公安厅、交通厅联合下发了《关于在公路沿线设置红十字救护点标志牌的通知》，对公路沿线标志牌的统一规范设置和保护等作了明确的规定，并得到省交通厅的资助 45 万元，制作、埋设了全省统一的红十字救护点标志牌。各市红十字会制定了《红十字救护点的管理办法》进行规范管理，组织救护点的医务人员进行现场急救知识和技能的培训。各红十字救护点在交通事故现场伤员抢救、减少人员伤残和死亡方面发挥了积极作用，深受广大群众和机动车驾驶人员的欢迎。

三、南京市捐献遗体者纪念林

“南京市红十字会捐献遗体志愿者之

友”（以下简称“志友”）发起于1995年。“志友”组织积极倡导死后无偿捐献遗体供医学教学和科学研究用，提倡“三不、两献、一育”，即死后不开追悼会、不接花圈挽联、不用骨灰盒建墓土葬；献遗体供解剖，献器官供移植；骨灰用于植树育林。至2004年底，共有3164人登记捐献遗体，年龄最大的96岁，最小的18岁，已实现生前愿望捐出遗体者355人。1999年，南京市红十字会在栖霞山红景园建立了“南京市捐献遗体者纪念林”，作为捐献遗体志愿者亲属悼念和爱国主义教育基地，以弘扬捐献遗体志愿者的无私奉献精神。

四、宿豫区“母亲工程”（孤儿红恤班）

1992年，宿迁市宿豫区红十字会动员爱心人士捐款和受益孤儿毕业后回报社会捐款，资助孤儿上学。10多年来，共资助150名孤儿学生，考上大专院校的有76人（四名研究生，其中一人考上博士生留学加拿大），已毕业和走上工作岗位的有70多人。这项活动给孤儿送去了关爱和温暖，社会反响较好。

五、邳州市“希望之家”

1993年，邳州市红十字会通过中国爱德基金会从挪威引进资金，创办了目前我国唯一的集康复训练、文化教育、支具制作生产为一体的肢残康复机构“希望之家”，实行中心训练和社区康复相结合的全方位服务。据统计，“希望之家”从1993年至今，已为428名儿麻患者免费做了关节矫形手术，为92名腰椎严重侧弯的患儿在解放军第88医院及359医院做了矫正术，为456名下肢瘫痪的儿童制作穿戴支具2528套次，为96人反复制作穿戴背架266个，为重症瘫痪不易行走的儿麻患者提供各式轮椅252辆。“希望之家”还积极向国家和省残疾人运动协会推荐运动员，有八人入选国家轮椅乒乓球队一队，有10人入选国家乒乓球二队。在各项国际比赛中，他们共获得金牌13枚、银牌五枚、铜牌14枚。在2004年雅典残奥会上，轮椅乒乓球运动员顾改获女子组团体冠军称号。

六、“博爱”超市

2005年5月8日，江苏省红十字会和南京市红十字会合办的“博爱超市”正式对外开放，救助对象为南京市部分特困或因意外伤害陷入困境的群众。6月27日，江苏省红十字会“网上博爱超市”正式开通。“网上博爱超市”具有便捷、直观、信息量大、更新快等优势。红十字会在网上公布求助者情况，使有爱心和奉献精神的单位和个人能便捷直观地了解信息，有意向地实施捐助。“网上博爱超市”主要面向苏北经济欠发达地区的部分特别困难或因意外伤害陷入困境的群众。救助内容分为“博爱救灾、博爱助困、博爱助学、博爱助医”四个方面，捐助者既可以直接援助到个人，也可以项目援助的形式支持某些单位和集体。捐款在网上直接捐赠，捐物可通过红十字会进行。求助的单位或个人通过当地红十字会审核后报省红十字会，并以滚动形式在“网上博爱超市”公布。灾情和突发事件需紧急救助的信息在第一时间登出。

七、无锡、盐城市红十字会建立募捐工作长效机制

无锡、盐城市红十字会分别开展了“关爱生命、人道万人捐”和“扶贫济困、博爱万人捐”活动。无锡市红十字会自2002年开展“万人捐”活动以来，市民参与逐年递增，“关爱生命、人道万人捐”已成为无锡市文明创建工作中的特色品牌。活动提出的“一元不少，十元不多，爱心无限”的劝募口号，贴近百姓，家喻户晓。广大红十字会会员以交一次特殊会费的形式率先捐款，学校红十字青少年以“少吃一支冰棍、捐出一元钱”来奉献爱心。四年来，共募集爱心善款1788.14万元，发放人道救助金168.83万元，援助其他城市灾区款物达620万元。盐城市红十字会自2005年5月8日开始实施“万人捐”活动，今后每年开展一次。活动倡议：广大干部职工自觉自愿，踊跃捐款，社区市民积极响应，参与捐款。爱心捐款主要用于四个方面人群的慰问救助，一是农村中遭受自然灾害且生活困难的灾民；二是城市下岗职工、低保对象中的特困人员；三是白血病人以及重大病患者；四是孤儿、麻风病人和残疾人。

八、每年开展“红十字博爱送万家”活动

为让苏北贫困地区或遭受自然灾害的群众能过上一个温暖祥和的春节，江苏省红十字会自1998年1月开始，已连续八年开展了红十字送温暖活动，共筹集近2000万元的款物送往贫困地区。红十字送温暖活动已被列入江苏省“三下乡”活动内容之一。同时，该活动也得到了江苏省军区的大力支持，每年都无偿支援运输车辆。

九、中国造血干细胞捐献者资料库江苏省分库发展迅速

2002年10月30日，中国造血干细胞捐献者资料库江苏省分库（又称江苏省造血干细胞捐献者资料库）正式启动。江苏分库建设得到了中共江苏省委、省人民政府和各有关部门、社会各界的关心支持，在江苏省人民政府批转省红十字会《关于进一步加强全省红十字会工作的意见》、《江苏省实施〈中华人民共和国红十字会法〉办法》和省委宣传部、省红十字会联合下发的《关于加强全省红十字会宣传工作的通知》等文件中都明确指出：建设造血干细胞捐献者资料库是造福人类健康事业，体现人道主义精神的重要举措。省财政厅于2002至2005年先后拨经费1500万元，2004年12月，江苏省编委批准成立江苏省造血干细胞捐献者资料库管理中心。在中国造血干细胞捐献者资料库管理中心的指导下，成立了江苏省分库工作委员会、管理中心和二个组织配型实验室，建立了网络系统，在全省开展了宣传、动员、报名、登记、采样、分型检测工作都取得了较好的成绩。2003年、2004年、2005年江苏省分库分别荣获中国造血干细胞捐献者资料库管理中心“数据入库工作先进集体”、“捐献骨髓、拯救生命”优秀新闻作品评选最佳组织奖和“优良成绩奖”。截至2005年12月底，江苏省分库共采集血样标本52.9万余人份，入库资料3.3万余人份，有1153名志愿者与330名白血病患者HLA初次配型相合，有42名志愿者实现了捐髓救人的愿望。

十、宣传工作有声有色

江苏省红十字会多年来注重宣传工作，在内容、形式、手段上创新。一是争取中共江苏省委宣传部的支持，在全国率先由省红十字会与省委宣传部共同下发了《关于加强全省红十字会宣传工作的通知》；二是借助新闻媒体记者和编辑的力量，建立红十字新闻工作志愿者小组，充分发挥他们的作用。据不完全统计，近几年，省级以上新闻媒体每年为省红十字会发布新闻近400条

（篇），真正做到重大活动“报纸有文、电视有影、电台有声”，被红十字会与红新月会国际联合会前主席海贝格称为“天才的创造”；三是近几年订阅《中国红十字报》、《博爱》杂志数一直在全国各省（市、区）红十字会前列，同时认真做好《江苏红十字》的编辑发行工作。不断开发社会宣传阵地资源，在公交车身、站台、福利彩票点、超市便民袋上设置红十字公益广告，其中在13个省辖市城区设置了大型户外宣传红十字会和捐献造血干细胞的公益广告牌，广告公司只收制作费。此外，江苏省红十字会组织创作发行了四首红十字歌曲（红十字颂歌、红十字工作者之歌、红十字志愿者之歌、红十字青少年之歌）录音带、VCD光盘和电视专题片等宣传品，每年的“五八”世界红十字日都举行多种形式的纪念活动。还举办了义演、义赛、义捐等多种形式的宣传活动，用富有感召力的宣传去赢得方方面面的理解和支持，增强红十字会的实力和活力，争取有利于红十字事业发展的机遇，扩大了红十字会的社会影响力。

十一、征选“爱心大使”铸造红十字形象

为纪念中国红十字会成立100周年，弘扬“人道、博爱、奉献”的红十字精神，提升红十字会的社会形象，争取更多的人理解和支持红十字会人道救助事业。江苏省红十字会与省精神文明建设指导委员会办公室、扬子晚报社共同举办了面向社会公开征选江苏省红十字会“爱心大使”的活动。根据群众投票推荐，产生了八名“爱心大使”，其中有企业家、书画家、国家一级演员、获得过世界冠军的运动员、著名节目主持人等。通过推荐评选，在社会上产生了强烈反响。新华社总社闻讯后，专门派出记者采访，认为江苏省红十字会此次在全国范围内征选“爱心大使”活动，意义很大，全国首创。

十二、支援西部大开发

江苏省红十字会和苏州、盐城、南通等地红十字会帮助四川、广西、陕西、湖北、江西等省（区）建起八所“红十字博爱小学”。苏州市红十字会和四川省内江市红十字会签约缔结了友好关系，在市、县对口支援、互通信息、培训人员等方面进行友好合作，援建内江市红十字会网站建设，加大对内江市贫困学生的助学力度，加强两地红十字青少年工作和医疗卫生领域间的合作。苏州市吴中区红十字会以一个家庭认抚一个孤儿的形式资助内江资中县49名孤儿。昆山市红十字会每学期向内江市隆昌县捐款助学。张家港市红十字会帮助内江市威远县红十字会建立了医疗门诊部。

（江建宁）

南京市红十字会

【简介】

南京市红十字会成立于1913年7月22日。1978年，市红十字会恢复工作。2004年8月5日，南京市红十字会理顺管理体制，改由市政府领导联系，机构规格为市副局级，内设办公室加挂“事业发展部”和赈济救护部。有行政编制19名、行政附属编制二名，2004年9月南京市红十字会成立党组。市辖区（县）红十字会13个，全市有基层红十字会组织668个、红十字冠名单位27个，红十字会员90123人，红十字志愿工作者1.2万人，设有31个公路沿线红十字救护点。有市属志愿服务队、救援队11个。成立“红十字备灾救助基金”、“红十字旺旺博爱医疗基金”和“江苏三胞集团红十字事业生存与发展研究基金”。全市宾馆、机场、银行、超市等地放置募捐箱105个。

市红十字会理顺管理体制以来，先后被中国红十字会总会授予“全国红十字卫生救护工作先进集体”称号，被中国红十字会总会和中华人民共和国民政部联合授予“全国社区红十字服务示范市（区）”称号，被人力资源和社会保障部和中国红十字会总会授予“全国红十字系统先进集体”称号；被江苏省人事厅、省红十字会授予“全省红十字会系统先进集体”称号，被江苏省红十字会授予“支援抗震救灾先进集体”称号；被中共南京市委、南京市人民政府授予“南京市对口援建四川省绵竹市剑南镇先进集体”称号。南京市红十字会急救与灾难应变志愿工作队被中国红十字会总会授予汶川地震“抗震救灾先进集体”称号；南京市红十字会捐献遗体志愿者之友被中国红十字会总会授予“最佳红十字志愿者组织”称号。

2010年，南京市各级红十字会共接收社会各界捐助款物4746.92万元。有11所高校加入了高校红十字急救箱项目，共投放急救箱265个。在六个区培训社区持证救护员210人。全年发展捐献遗体志愿者300人，实现捐献89人，捐献眼角膜21例。至年底，全市有25所学校建成“省红十字示范学校”。

南京市红十字会全年发放救助款物折合人民币309.95万余元。举办预防艾滋病同伴教育16期、主持人培训班一期，防艾知识竞赛一期。社区服务工作稳步推进，全市已建立社区红十字服务站467个。全年，参加无偿献血71553人次，献血量达23吨。新入库造血干细胞志愿捐献者血样资料526人份。

南京市红十字会配合省红十字会承办中国红十字总会全国红十字青少年夏令营，包括港澳台在内的全国56所高校120多名学生参加了活动，并签名支持青奥会。接待了香港特区红十字青少年“人道之旅——二战灾难主题”交流团一行30人和香港特区红十字青年团第63团“人道教育——南京探索交流之旅”一行60人。

现任会领导：

市红十字会名誉会长：朱善璐（省委常委、市委书记）季建业（市长）

会长：许仲梓

常务副会长：陈礼海

专职副会长：刘霞

副会长：张杰

秘书长：何慧君

苏州市红十字会

【简介】

苏州市红十字会（原中国红十字会苏州分会）始建于1911年。“文化大革命”期间，市红十字会工作停止。1982年，市红十字会恢复建会，由市卫生局代管。2004年5月，市红十字会理顺管理体制，改由市政府领导联系，为参照公务员管理的事业单位。下设办公室、赈济救护部、事业发展部。有机关编制数10人。在苏州市辖区内的11个市（区）红十字会中，有五个县级市和五个区理顺管理体制。全市现有基层红十字会组织935个，红十字会员26.23万名，其中红十字青少年会员19.19名。

2010年，苏州市红十字会为西南干旱、玉树地震、甘肃舟曲泥石流灾区募集善款3000多万元。在“德善、明善、诚善、仁善、吉善、义善、爱善”等七个“善”字系列救助计划中，共筹集善款1785万余元。全年采集造血干细胞捐献者血样936人份，新增报名捐献遗体（角膜）志愿者379人。

现任会领导：

市红十字会名誉会长：蒋宏坤（省委常委、市委书记）

会长：谭颖（副市长）

常务副会长兼秘书长：严晓凤

无锡市红十字会

【简介】

中国红十字会无锡分会成立于1911年9月。1950年9月，无锡市红十字会成立。“文革”期间，红十字会停止活动。1982年，市红十字恢复工作。2008年8月，中共无锡市红十字会党组建立。市红十字会现有机关编制10人，机关内设办公室、组织联络处和赈济救护处，下属全民事业单位有无锡市红十字备灾救灾和救护指导中心（无锡市红十字服务中心）。全市现有基层红十字会组织450个，红十字会员38万人，红十字志愿工作者1.5万人。

2010年，无锡市红十字会为玉树地震、舟曲泥石流、西南旱灾等灾区募集救灾款物1469.38万元。全年发放救助款物3561.63万元。救护培训驾驶员6.5万名，为外资企业和特殊行业培训红十字救护员2250人，培训救护师资100人。全市新增捐献造血干细胞志愿者血样359人名，新报名登记志愿捐献遗体、角膜22人。

现任会领导：

市红十字会名誉会长：杨卫泽（省委常委、市委书记）

会长：华博雅（副市长）

常务副会长：许君

常州市红十字会

【简介】

1921年，中国红十字会常州分会正式成立。1982年7月，市红十字会恢复工作，由市卫生局代管。2005年6月，市红十字会依法理顺管理体制，改由市政府领导联系，为全额拨款事业单位。2007年3月，纳入全市人民团体和群众团体机关，参照公务员管理。市红十字会下设事业发展部（办公室）、赈济救护部二个内设机构，正科级建制。核定机关编制10人。2008年12月，市红十字会建立党组。2009年底，全市七个市（区）红十字会全部理顺管理体制。现有基层红十字会组织58个，红十字团体会员单位364家，红十字会员40.8万名，红十字志愿工作者五万余名。

2010年，常州市红十字会在“红十字博爱送万家”活动中，发放物资价值80多万元。为海地地震、西南干旱、玉树地震、舟曲泥石流等灾区募集救灾款1375万元。全年采集造血干细胞捐献者血样600余人份。全市无偿献血突破五万人次。有四人捐献眼角膜。六所学校通过验收成为江苏省红十字示范学校。全年培训机动车驾驶员7.2万人，培训企事业单位员工594人。

现任会领导：

市红十字会名誉会长：范燕青（市委书记）

会长：居丽琴（副市长）

专职副会长：俞坚　杨跃忠

镇江市红十字会

【简介】

镇江市红十字会建于1911年，1982年，红十字会恢复工作。2005年，镇江市红十字会理顺管理体制，有编制五人。市红十字会机关设综合部和赈济救灾部。下辖六个县（市、区）建立了红十字会，现有基层红十字会196个、冠名医疗机构11个、团体会员单位219个，会员总数89478人（其中青少年会员71864人），志愿者11000余人，其中注册志愿者900余人。

2010年，镇江市红十字会为西南旱灾、玉树地震、舟曲泥石流等灾区募集救灾款物累计591万元。开展“红十字博爱送万家”活动，为特困人群发放救助物品30余万元。全年卫生救护员培训6798人，普及培训11377人次。全年完成造血干细胞血样采集325人份。无偿献血超过19805人次，献血量6607476毫升。有三所学校被授予省“红十字示范学校”称号。

现任会领导：

市红十字会名誉会长：许津荣（市委书记）

会长：王萍（副市长）

常务副会长：蒋宗宁

扬州市红十字会

【简介】

1911年8月中国红十字会扬州分会成立。1933年扬州分会改为江都县分会。1937年12月14日，扬州被日军侵占后，江都县分会工作被迫停顿。1956年，扬州市红十字会正式恢复建立。1982年12月13日，扬州市红十字会恢复工作。2006年2月，市红十字会理顺管理体制，改由市政府领导联系，副县级建制，参照公务员管理，下设事业发展部、赈济救护部，有编制五人。目前，辖区内四个县级市和三个区红十字会全部理顺管理体制。全市共有基层红十字会组织357个，红十字会员248176人，红十字志愿工作者4169名。

2010年，扬州市红十字会为西南干旱、玉树地震、甘肃舟曲泥石流等灾区募集救灾救助款物折合人民币1062.98万元。在“红十字博爱送万家”活动中，发放救助款物124.79万元。全市设立救护培训点11个，全年急救技能培训111381人次，救护防病知识普及92161人次。

现任会领导：

市红十字会名誉会长：王燕文（市委书记）

会长：董玉海（副市长）

常务副会长：陈煜

泰州市红十字会

【简介】

从1918年起，泰州境内各县先后成立中国红十字会分会。1941年，泰县分会迁移至兴化县，改称苏北分会。1958 年，泰州红十字会恢复工作。1997 年 10 月，泰州市红十字会成立，由市卫生局代管。2005 年 3 月，市红十字会理顺管理体制，成为改由市政府领导联系的事业单位，参照公务员管理。机构下设办公室、赈济救护部、事业发展部和造血干细胞捐献者资料库江苏省分库泰州工作站办公室。有编制七人。目前，泰州市四个县级市和二个区红十字会全部理顺管理体制。全市有基层红十字会组织 246 个，红十字会员 6.4 万名，红十字志愿工作者 3100 名，冠名红十字医疗单位 5 所。

2010 年，泰州市红十字会系统为海地地震、西南干旱、玉树地震、甘肃舟曲泥石流等灾区募集救灾救助款物折合人民币 1350 万元。开展“红十字博爱送万家”活动，发放救助款物 220 万元。全年采集 358 人份造血干细胞血样。有五所学校被命名为“江苏省红十字示范学校”。成立三支市红十字志愿者服务队。

现任会领导：

市红十字会名誉会长：张雷（市委书记）

会长：曹玉梅（副市长）

专职副会长：徐志民梅有宏

南通市红十字会

【简介】

南通红十字运动始于 1927 年。1957 年 10 月，南通市红十字会成立，文革期间于被迫停止工作。1982 年 9 月 8 日，市红十字会恢复工作，由市卫生局代为管理。2007 年 3 月，南通市红十字会理顺管理体制，为市政府领导联系的独立机构，参照公务员管理，内设事业发展部、赈济救护部，核定行政编制五名。南通市所辖九个县（市）区均独立设置红十字会机构。全市现有基层红十字会组织 935 个，红十字会员 70 万人，注册红十字志愿工作者 15470 人。

2010 年，南通市红十字会为玉树地震、西南旱灾、舟曲泥石流、海地地震灾区募集款物 1686.04 万元。全年市红十字会共筹集救灾救助款物 1234.08 万元。全市有 15.96 万人接受了红十字会救护培训。市红十字会现有 20 支志愿者服务队。有九所学校通过省里红十字示范校的验收。全年采集造血干细胞捐献者血样 7036 人份。

现任会领导：

市红十字会名誉会长：罗一民（市委书记）丁大卫（市长）

会长：蓝绍敏（副市长）

常务副会长：倪瑾

秘书长：孟纬鸿

徐州市红十字会

【简介】

徐州红十字会成立于 1913 年，1957 年重建，挂靠市卫生局。“文革期间”，红十字会工作停止。1980 年 9 月 8 日，市红十字会恢复工作。2002 年 12 月 17 日，市红十字会由市卫生局代管改为市政府领导联系，定为副处级单位，全额拨款，参照公务员管理。2003 年 1 月，市红十字会独立建制，设机关党支部、办公室、综合部，有编制九人。2007 年 3 月，中共徐州市红十字会党组建立。2008 年 12 月 4 日，市红十字会内设机构调整为办公室、赈济救护部、事业发展部，有编制 18 人。目前，全市五个县（市）和四个区红十字会理顺管理体制。全市现有地方红十字会11个，基层红十字会组织327个，红十字冠名单位13家，红十字团体会员单位16家，红十字会员25万人。

2010年，徐州市红十字会为西南干旱、玉树地震、甘肃舟曲泥石流等灾区募集救灾救助款物758.76万元。全年共发放救助款物293.7万元。开展“爱心工程”，全年为贫困家庭先心患儿减免医疗费用34.98万元，发放救助资金27.9万元。全年有11.88万人取得初级卫生救护训练合格证。采集造血干细胞志愿捐献者血样1056人份。成立“徐州市红十字眼库”，接受遗体（器官）捐献报名登记24人。全年全市无偿献血量达到27吨。有16所学校被命名为“江苏省红十字示范学校”。

现任会领导：

市红十字会名誉会长：曹新平（市委书记）

会长：段雄（副市长）

常务副会长：张飓

专职副会长：侯秀田　尹宝梅（兼秘书长）

淮安市红十字会

【简介】

淮安红十字运动始于1920年前后，1983年恢复组织并开展工作。2002年，淮安市红十字会理顺管理体制，成为由市政府领导直接联系的群众团体。淮安市红十字会设办公室、赈济救护部，有机关编制六名。2007年，全市八个县（区）红十字会全部理顺管理体制。现有基层红十字会组织1050个，红十字会员56万人，红十字志愿工作者1632人。

2010年，淮安市红十字会为玉树地震和舟曲泥石流等灾区募集善款613.88万元。开展“人道万人捐”活动，全市募集善款319万余元。完成800例造血干细胞血样采集任务。全年卫生救护培训近1.4万余人次。开展“红十字博爱送万家”活动，发放救助款物达230余万元。

现任会领导：

市红十字会名誉会长：刘永忠（市委书记）

会长：李慧秋

常务副会长：单国富

专职副会长：张月芹

秘书长：时建淮

盐城市红十字会

【简介】

盐城红十字运动始于1915年，1985年恢复组织并开展工作。2002年，盐城市红十字会理顺管理体制，成为由市政府直接领导联系的群众团体，参照公务员管理。2010年，市红十字会设立事业发展部（挂办公室牌子）、赈济救护部，有机关编制七名。市所辖九个县（市、区）红十字会于2007年全面理顺管理体制。全市现有基层红十字会组织1082个，红十字会员63.75万人，红十字志愿工作者4632人。

2010年，盐城市红十字会为西南旱灾、玉树地震、舟曲泥石流等灾区募集救灾救助款物538.61万元。在“红十字博爱送万家”活动中，共筹集170万元款物慰问救助困难群众。全年救助特困患者8026人次，发放救助金 661.5 万元。年内完成 803 人份造血干细胞采样任务，有七人实现造血干细胞志愿捐献。有 15 所学校被命名为“江苏省红十字示范学校”。

现任会领导：

市红十字会名誉会长：赵鹏（市委书记）

会长：谷容先

常务副会长：乔静

秘书长：李书万

连云港市红十字会

【简介】

连云港市红十字会成立于 1957 年 5 月。2001 年，设立市红十字会办公室，由卫生局代管，核定事业编制三名。2005 年 5 月 27 日，市红十字会理顺管理体制，由卫生局代管改由市政府领导联系，参照公务员管理，为副处级财政全额拨款单位，定编制八人，内设综合部和赈济救护部。2010 年，连云港市红十字会党组成立，增设事业发展部。全市的七个县（区）红十字会全部理顺管理体制。现全市有基层红十字会组织 377 个，红十字会员 404131 人，红十字志愿工作者 11984 人，红十字冠名医疗机构 11 家。

2010 年，连云港市红十字会累计募集救灾救助款物 990.59 万元．全市采集造血干细胞志愿捐献者血样 232 人份。全年累计完成驾驶员培训 8.5 万余人次。有八所学校通过考核验收，被评为省级红十字示范校。

现任会领导：

市红十字会名誉会长：王建华（市委书记）

会长：杨莉（副市长）

常务副会长：唐功友

专职副会长：陈金山　贺美来

秘书长：刘成田

宿迁市红十字会

【简介】

2005 年 7 月，宿迁市红十字会从市卫生局是划分出来，实行单列，独立自主地开展工作，有事业编制四人。2008 年，市红十字会增加三个编制。市红十字会于 2008 年健全内设机构，下设办公室、事业发展部和赈济救护部。市所辖五个县（区）红十字会全部理顺管理体制，机构建制全部为正科级，机构人员参照公务员管理，配备专职副会长，人员编制为四至五人，财政列为县财政一级预算单位，并全部都配备办公用车。全市现有基层红十字会组织 142 个，红十字会员 20.65 万人，其中青少年会员 16.5 万人，冠名红十字医疗单位 11 所。

2010 年，全市各级红十字会累计募集救助款物 1000 万元。为玉树地震灾区、舟曲泥石流灾区募捐 300 万元。在“红十字博爱送万家”活动中，发放近 100 万元的救助物品。全年共开展救护培训 5.08 万人次。完成造血干细胞血样采集 1050 人份，有效入库数达 956 人份。全市有 11 所学校通过验收，成为首批市红十字达标学校。

现任会领导：

市红十字会专职副会长：王勤

秘书长：葛新平

浙江省红十字会

【年度工作】

一、组织建设工作

全省11个设区市红十字会全部理顺管理体制，75个县（市、区）红十字会基本理顺管理体制。全省有基层红十字会组织2730个，红十字团体会员单位3279家，社区红十字公益服务站点422个，红十字会员157.01万人（其中青少年会员118.23万人），红十字志愿者3.47万人。

2010年，全省红十字会系统编制增加到338名，专职人员增加到297名。继杭州、宁波后，舟山、绍兴市和部分县（市、区）红十字会建立了党组。积极参与“能力建设年”和“之江先锋”创先争优活动，健全和完善各项规章制度，制定出台了关于加强全省红十字会系统能力建设的意见，举办了领导干部读书会和各种专题培训班七期。

浙江省红十字会被中共中央、国务院、中央军委授予“全国抗震救灾英雄集体”荣誉称号。省红十字会系统“红十字博爱送万家”项目，省红十字会爱心名媛俱乐部，宁波市红十字会“造血干细胞捐献”项目，舟山市红十字会群岛渔农民流动医院荣获第三届“浙江慈善奖”。

二、救灾工作

全省红十字会系统全年共募集救灾款物26488.8万元，比上年增长193%。其中投入救灾款20677.56万元，31.41万人次受益。在青海玉树抗震救灾行动中，全省红十字会系统共接受捐赠款物1.42亿元。此外，全省红十字会系统还接受西南旱灾捐赠款物1700余万元，舟曲泥石流灾害捐赠款物632万余元，海地地震捐款50余万元。

积极参与灾后重建工作。全省红十字会系统援建四川、甘肃、陕西、云南、重庆、贵州、广西等省（市、自治区）的项目达71个，援建的青川灾区项目全部竣工交付使用。省红十字会荣获浙江省委、省政府对口支援青川县灾后恢复重建工作先进集体称号。

三、救助工作

2010年，全省各级红十字会共投入救助款物7483.44万元，同比增长27.97%，受助困难群众27万余人次，设立各类红十字专项救助基金达101个。启动“情暖浙江·红十字博爱公益项目”，首期募集启动资金260万元，物资价值人民币1100万元。启动并实施了博爱送万家、安童博爱、母婴平安、紧急救灾救援等省级项目及中国红十字基金会小天使基金项目，开展了“安童博爱救助项目走进海岛”、“贝因美爱心之旅”、“康恩贝健康之旅”等专项救助活动。

积极推进基层红十字博爱救助金工作。目前，全省已有26个县（市、区）的66个村（居）设立了博爱救助金，筹集善款1186万余元。富阳、鄞州、奉化、象山、江山等地已将救助金拓展到乡镇（街道）。

四、生命关爱工作

造血干细胞捐献工作迈上新台阶。全省造血干细胞志愿捐献者资料入库数据达到2.98万人份，全年实现捐献25人，累计实现捐献74人。

人体器官捐献取得实质性进展。启动试点工作半年来，全省已成功实现三例捐献，共挽救了八位患者的生命，使二人重见光明，登记志愿捐献者290多人。宁波市成立了全省首家红十字眼库。

现场救护培训工作加快发展。全省共培训红十字现场救护员 11.43 万人次，培训救护师资 625 人次，同比分别增长 8.2%、34.4%。以“五八”世界红十字日、“5·12”防灾减灾日、世界急救日等为契机，开展系列活动，以社区、农村、企业、学校及党委、政府部门举办的各类培训班为基础，宣传普及救护知识和技能，普及人数达 50.94 万人次。

五、宣传与交流工作

紧紧抓住西南旱灾救援、玉树地震救援和“情暖浙江”项目推介、“五八”世界红十字日活动，携手新闻媒体展开的宣传。据统计，全省媒体共刊登红十字相关报道 2156 篇，播出电视新闻 1245 条次，同比分别增长 44.21% 和 33.16%。

聘请四位知名主持人担任博爱公益项目形象大使，组织策划了纪念“五八”世界红十字日系列活动，开展了红十字公益广告宣传月活动。与省新闻工作者协会联合举办了“浙江省首届红十字好新闻评选”活动，评选出获奖作品 50 件。举办了“省红十字会系统宣传传播骨干培训班”，培训宣传传播工作骨干 59 名。省红十字会被总会评为“2010 红十字博爱周”优秀组织奖、“2007～2010 年度传播工作三等奖”。

红十字人道传播与精神文明建设紧密结合，红十字事业发展相关指标被纳入全省文明县（市、区）测评体系。

全省共组团出访八批次。全年受理台港澳及海外侨胞查人转信 11 宗，转递红十字通讯三宗。

【历史沿革】

浙江省于 1924 年建立红十字会组织。新中国建立后，省红十字会从小范围的社会救助，扩大到民间外事活动和群众性卫生救护工作。

1964 年 6 月 24 日至 26 日浙江省红十字会在杭州召开了第一次会员代表大会，选举产生了第一届理事会，李兰炎当选为会长。“文革”期间红十字会停止活动。1984 年，经浙江省人民政府批准，省红十字会重新恢复机构，产生了第二届理事会，李德葆任会长。1990 年产生了第三届理事会，厉裔华任会长。

1993 年 10 月《中华人民共和国红十字会法》和 1996 年 1 月《中华人民共和国红十字标志使用办法》及 1997 年 9 月《浙江省实施〈中华人民共和国红十字会法〉办法》的颁布实施，使浙江省红十字事业的发展走上了法制化建设的道路。

2000 年 1 月，浙江省红十字会第四次会员代表大会召开，选举产生了以浙江省副省长鲁松庭为会长的第四届理事会。

2004 年 4 月，中共浙江省委决定建立浙江省红十字会党组，并任命张国强为党组书记（正厅级）。

2005 年 10 月，浙江省红十字会召开第五次会员代表大会，选举产生了新一届理事会，通过了《浙江省红十字事业 2005～2009 年发展规划》。大会决定聘请省委书记、省人大常委会主任习近平，省委副书记、省长吕祖善为名誉会长，决定聘请省人大常委会副主任徐志纯、省政协副主席徐鸿道为名誉副会长。省人大常委会副主任鲁松庭为会长，张国强当选为常务副会长，马林云等六人当选副会长。

【组织机构】

目前，浙江省、市、县三级红十字会组

织网络体系基本形成，全省有11个省辖市、88个县（市、区）建立了红十字会组织，全省有县以下基层组织1982个、团体会员单位2462个；全省红十字会员76.9万名（其中青少年会员38.7万名）；红十字志愿者近万人。

浙江省红十字会于2002年1月理顺管理体制，明确由省卫生厅代管改为由省政府领导联系，列行政编制10名，内设办公室，定处级职数四名。2005年省编委下发文件，为省红十字会增设赈济救护处，增加行政编制二名，增加一名处级职数。省红十字会下辖一个事业单位——浙江省红十字会备灾救灾中心，该中心与中国红十字会杭州备灾救灾中心为两块牌子一套班子，现有事业编制15名，实际工作人员九人。

截至2005年底，浙江省理顺管理体制的还有杭州市、宁波市、温州市等三个设区市红十字会和瑞安市等五个县（市、区）红十字会，其他市、县（市、区）红十字会基本上挂靠在卫生局。

【大型项目】

一、红十字博爱送万家

自2000年以来，浙江省红十字会连续七年开展“红十字博爱送万家”活动，共发放了总计价值2000多万元的救助款物，在社会上产生了良好的影响，受到群众的广泛赞誉。

二、中国造血干细胞资料库浙江分库建设

中国造血干细胞资料库浙江分库于2001年建成，截至2005年底，已有7000余名捐献者的配型资料入库。2003年，省农行杭州营业部的章焱成为浙江省为白血病患者捐献造血干细胞的第一人，一举改变了我省干细胞移植一贯依靠台湾慈济骨髓库提供骨髓源的惯例。2003年以来，浙江分库共有六位志愿者捐献了造血干细胞。这几位志愿者都在浙江省产生了良好的社会影响，获得了各种荣誉。2004年6月，浙江省第一例捐献者章焱荣获浙江省首届“十大慈善之星”；2006年1月，浙江省第一位女大学生捐献者刘芸当选为“浙江骄傲——2005年度最具影响力人物”，是全省10位当选者中最年轻的一位；2006年1月，浙江省第二例捐献者汪建银被评为“2005年度杭州十大爱心使者”。尤为值得一提的是，2005年10月，富阳医生汪霖向美籍华裔女孩小凯丽捐献干细胞，成为浙江首例跨国捐献干细胞的志愿者。

【主要特色】

一、五个工作委员会

2005年11月，浙江省红十字会成立了宣传与筹资工作委员会、救护培训工作委员会、志愿者工作委员会、学校工作委员会等四个专门工作委员会；调整浙江省红十字会医疗卫生工作委员会（始成立于2000年7月）组成人员；原浙江省红十字会高等院校工作委员会（始成立于2000年10月）纳入学校工作委员会。自此，形成了五个工作委员会相互协同工作的格局。

二、积极探索人道救助的新路子

积极开展人道领域的救助活动，致力于改善最易受损群体的生活境况，一直是浙江省红十字会工作的着力点。省红十字会把深入山区、海岛和社区开展人道救助服务列为重要工作之一。

一些市、县红十字会积极探索人道救助的新路子、新举措，深入贫困山区、海岛、特困家庭开展服务，与他们帮扶结对，开展对弱势群体的救助活动，帮助他们解决生活中的困难。温岭市红十字会整体推进农村社区服务工作，探索出红十字救助和农村社区服务相结合的社区红十字服务新模式，2005年3月，该市荣膺全国社区红十字服务示范市；舟山成立海岛红十字巡回医疗队，深入渔村、农村和偏远小岛免费为群众提供医疗服务。2005年3月以来，医疗队巡回各个小岛，为当地群众免费健康体检、医疗服务近8000人次，免费发放药品价值约八万余元；滨江区长河街道天官社区红十字卫生站收治10余名精神障碍特殊群众，给予他们无微不至的人道关怀，深受当地政府和群众好评。此外，湖州碧浪苑社区卫生服务站，大力开展爱心服务项目，社会效益和经济效益双丰收。

（王剑波、张孚传）

杭州市红十字会

【简介】

1924年9月，成立杭州红十字分会。1951年4月，成立中国红十字会杭州分会，1956年更名为杭州市红十字会。1978年，成为全国十个首批恢复的红十字会之一。2002年7月，市红十字会理顺管理体制。2003年4月，成立中共杭州市红十字会党组。市红十字会下设办公室、赈济救护部、组织宣传部。到2010年底，全市各区、县（市）红十字会全部理顺管理体制。现有基层红十字组织1093个，红十字会员470788人（其中青少年会员402355人）。

2010年，杭州市各级红十字会共接受社会捐赠5323.2万元，救助困难群众13500余人次。全年开展救护培训八万余人次。全市有红十字示范学校32所。

现任会领导：

市红十字会会长：陈小平（副市长）

常务副会长：陈美丽

副秘书长：郦汀

宁波市红十字会

【简介】

1932年成立中国红十字会宁波分会，1957年更名为宁波市红十字会。2008年8月，市红十字会理顺管理体制，依法独立建制。全市11个县（市、区）成立了红十字会。全市有红十字基层组织246个、红十字团体会员单位604家，红十字会员131089人，红十字青少年会员318505人。全市有七支红十字志愿者服务队伍，还建有红十字志愿者俱乐部以及三家新闻单位和学校红十字志愿者基地。

2010年，市红十字共筹集救灾救助款物5409万余元，在“红十字博爱送万家”活动中，发放救助款物1367.7万元。培训红十字救护员4025人。累计有3630位志愿者加入造血干细胞“生命银行”，其中有九人捐献了造血干细胞。遗体（器官、角膜）捐献累计登记392人，实现遗体（角膜）捐献43人。

现任会领导：

市红十字会会长：成岳冲（副市长）

专职副会长：赵雅飞

秘书长：蔡刚

温州市红十字会

【简介】

温州市红十字会成立于1951年。2004年12月，市红十字会理顺管理体制，内设办公室和赈灾救护处。现全市有红十字基层组织232个，红十字会员1599名。

2010年，市红十字会系统接收救助青海玉树地震灾区捐赠款物527万元。在“红十字博爱送万家”活动中，向1000户困难家庭发放总价值67.4万元的慰问品。筹款80万元成立“精神病人医疗救助基金”。副省长、市委书记陈德荣和全市70多人签署《人体器官（遗体、组织）捐献志愿书》。市本级培训初级卫生救护员1200多人。

现任会领导：

市红十字会会长：仇杨均（副市长）

副会长：蔡章卿

副会长：张鲁民

湖州市红十字会

【简介】

1986年3月，湖州市人民政府批复同意湖州市红十字会组织恢复工作。2006年3月，市编委正式发文，市红十字会独立设置，列入群众团体管理，内设办公室、业务处。目前，全有有红十字会基层组织为125个，红十字会员24247人。

2010年，市红十字会共接收救灾救助款650多万元。建立总额为1000万元的“市红十字会振兴阿祥博爱资金”。市红十字会还筹资200多万元，用于博爱救助活动。全年举办救护培训班145期，培训9575人，有3206人取得了“初级救护员培训合格证书”。全年新增造血干细胞捐献者入库资料169人份，有20位志愿者签署遗体（器官）捐献协议书。

现任会领导：

市红十字会会长：沈建平（副市长）

专职副会长：褚学东

秘书长：金新安

嘉兴市红十字会

【简介】

1985年8月，嘉兴市人民政府批复同意建立嘉兴市红十字会组织。2008年9月，嘉兴市红十字会理顺管理体制，内设办公室、赈济处。全市七个县（市、区）均理顺管理体制。15所市属学校成立学校红十字会。目前，全市有红十字基层组织24个（不包含村级红十字小组），红十字会员55915人。

2010年，市红十字会开展卫生救护培训4652人次，普及性救护培训40000人次。在“红十字博爱送万家”等活动中发放救助金145万余元。全年新增捐献造血干细胞志愿者入库资料802人份，实现捐献三人。

现任会领导：

市红十字会会长：王淳（市政协副主席）

专职副会长：王国芬

副秘书长：谢银芳

绍兴市红十字会

【简介】

绍兴市红十字会于1986年重新建会，2007年6月理顺管理体制，机构规格为正县（处）级，核定全额事业编制八名，人员参照公务员管理。内设办公室、卫生赈济处（备灾救灾中心），设专职副会长、执委会主任和副会长、执委会副主任各一名，科级干部二名。全市六个县（市、区）红十字会均理顺管理体制，市直三个开发区全部成立红十字会。截至2011年1月，全市有红十字基层组织五个，红十字团体会员单位18家，红十字会员18780人。全市80%的学校建立了红十字会组织，有红十字青少年会员16200人。

2010年，市红十字会为西南旱灾、玉树地震、舟曲泥石流灾区募集善款1520.64万元。全年共有2916人取得了初级救护员合格证。市红十字会筹集款物近60万元，使500户困难家庭受到救助。在三个开发区、学校红十字工作委员会和海外联谊会三个平台共筹集资金476.6万元用于辖区内困难人群救助。尿毒症病人关爱资助项目共筹集冠名资金375万元，受益者达39812人次。全市61支红十字志愿队，全年提供服务40000人次。

现任会领导：

市红十字会会长：李露儿（市政协副主席）

副会长：张友珍　谢建友

秘书长：王佳

金华市红十字会

【简介】

金华市红十字会创建于1957年，1959年停止活动，1988年恢复工作。2007年1月，市红十字会理顺管理体制。

2010年，“爱心助跑、圆梦大学”活动筹集了37万元助学款，资助了100名大学生。联合新华保险金华支公司向市红十字会注册志愿者捐赠总保额为300万元的人身意外伤害险，为志愿者活动提供保障。

现任会领导：

市红十字会会长：林一心（副市长）

专职副会长：方志坚

秘书长：金宇红

衢州市红十字会

【简介】

1988年9月，衢州市人民政府批复同意建立衢州市红十字会。2006年11月，衢州市红十字会理顺管理体制，内设办公室、赈济处。现全市有红十字基层组织106个，红十字团体会员单位395家，红十字会员23224人。还有省红十字示范校一所，达标校五所。

2010年，市红十字会全年为灾区募集救助款100余万元。培训红十字救护员2000余名。全年累计入库造血干细胞捐献者资料462人份。

现任会领导：

市红十字会专职副会长：刘章华

秘书长：夏伟龙

舟山市红十字会

【简介】

舟山市红十字会初建于1957年，1988年7月恢复建会，2006年8月，市红十字会理顺管理体制，内设机构为赈济救护处、办公室。市红十字会下辖县（区）级红十字会四个，管委会红十字会一个，乡镇、街道红十字会四个，学校红十字会八个。全市共有红十字基层组织和团体会员单位156个，红十字会员23267名，其中青少年会员19913名，红十字志愿者5111名。

2010年，全市红十字会系统全年共募集救灾款597.92万元。舟山群岛流动医院全年服务渔（农）民三万人次，免费送药价值75.75万元。年内共募集发放救助款物107.89万元。全年新增捐献造血干细胞志愿者139名，有一人实施造血干细胞捐献。全年开展救护知识技能培训39次，有1400余人获得救护员证。

现任会领导：

市红十字会会长：冯淑仙（市人大常委会副主任）

专职副会长：叶佩珠

秘书长：高海英

台州市红十字会

【简介】

台州市红十字会始建于1988年。2009年11月，市红十字会理顺管理体制，为全额拨款事业单位，机构规格正处级，由台州市政府领导联系，列入当地群团管理。全市有椒江、黄岩、临海、温岭、天台、三门六个县（市、区）已就红十字会理顺管理体制发文。全市目前有红十字会基层组织69个，团体会员229个，个人会员28203人，志愿者2853人。

2010年，市红十字会募集救灾救助款物482.79万元。在“红十字博爱送万家”活动中，发放各类救助款物280.1万元。全年培训市级救护员120人、初级卫生救护员1161人。全年完成造血干细胞捐献三例。

现任会领导：

市红十字会会长：高敏（副市长）

常务（专职）副会长：朱福义

副秘书长：盛金桥

丽水市红十字会

【简介】

丽水市红十字始建于1988年9月。2000年7月，正式更名为丽水市红十字会。2006年4月，市红十字理顺管理体制，列入群团机关管理。2007年10月，市红十字会列入参照公务员管理，有编制五人，内设办公室、赈济处两个部门。

2010年，随庆元县、龙泉市红十字会理顺管理体制，标志全市县（市、区）红十字会管理体制理顺工作全面完成。全市有红十字基层组织433个，红十字会员25263人，红十字青少年会员58239人。年内，完成汶川特大地震灾区1256万元的灾后援建项目。全年有三万多名初学机动车驾驶员接受了现场救护培训。

现任会领导：

市红十字会会长：廖思红

专职副会长：项金平

秘书长：陶小芳

安徽省红十字会

【年度工作】

2010年，安徽省红十字会继续推进“博爱在江淮”公益活动，取得了良好的社会效果。为青海玉树地震灾区募集款物4956万多元；为舟曲泥石流灾区募捐款物306万元；为西南旱灾灾区募集款物224.5万元；省内抗洪救灾共募集款物总价值约500万元。在完成13个灾后重建项目的同时，还调拨1000多万元救灾物资用于省内其他灾害救助。除救灾外，继续开展助医、助学、助困等系列公益活动，对全省100名患儿免费进行了先心病手术，帮助近1000名患者进行了救治；继续与安徽电视台、《市场星报》等主流媒体进行合作，募集善款100多万元，用于救助400多名贫困学生，赢得了社会各界的好评。

2010年，安徽省红十字会将理顺市县级红十字会管理体制作为全年重要工作来抓。目前，全省17个市红十字会全部理顺管理体制，县级红十字会理顺管理体制工作正在有序稳步推进。不断加强基层队伍建设，全省共有红十字基层组织887个，冠名医院110家、团体会员单位1873家，会员41万多名。

积极开展国际红十字运动知识传播工作，推进预防艾滋病项目，5000余名大学生通过青年同伴教育了解了红十字知识，对800名大学生进行了艾滋病知识培训，项目受众10000余人；深入高校开展应急救护知识讲座，为高校2000余名师生普及了应急救护知识；完成了4500例造血干细胞采样及送检入库任务，全年实现造血干细胞捐献七例，累计成功捐献15例。

【历史沿革】

安徽省红十字会始建于1956年。建会初期，安徽省红十字会在中国红十字会总会的直接指导下，主要开展以除害防病为主的群众性爱国卫生运动，参与防病治病，在群众中普及卫生防病知识，发展基层组织和会员队伍，在城镇社区中开展互助互救等工作。

“文革”时期，安徽省红十字会工作被迫中断。

1984年，安徽省红十字会恢复工作，管理体制挂靠于省卫生厅，办事机构设在省卫生厅内，办公室和省卫生厅医政处合署办公，人员编制5人，工作经费由财政单列。安徽省人民政府副省长杨纪柯、杜宜谨、蒋作君先后担任过安徽省红十字会会长。

安徽省红十字会恢复后，主要工作是：积极参与备灾救灾工作，对自然灾害和突发事件中的伤病员和受害者进行救护、救助；普及卫生救护和防病知识，进行初级卫生救护培训；参与输血献血工作，推动公民无偿献血；开展各类人道主义服务和红十字青少年活动；参与国际人道救援和开展民间外交；宣传国际红十字运动的基本原则；完成人民政府委托事宜。

1991年底，在抗击华东百年未遇的特大洪涝灾害的情况下，全省16个地市、68个县全部成立了红十字会组织。

1993年，在安徽省政府、省卫生厅的关心支持下，省红十字会办公室有了单独的办公场所，结束了长达近10年的合署办公的窘境。

1994年，安徽省红十字会召开了首次

会员代表大会，选举了以副省长杜宜谨为会长的第五届理事会，聘请省委书记卢荣景、省长傅锡寿为安徽省红十字会名誉会长。2001 年 9 月，召开了第二次会员代表大会，140 多名代表出席大会。大会聘请省委书记王太华、省长许仲林为安徽省红十字会名誉会长。选举产生了以副省长蒋作君为会长的第六届理事会，理事 53 人、常务理事 11 人。

1996 年，安徽省编委下文将安徽省红十字会办事机构的人员编制由原来的 5 人增至 12 人。1998 年，省编委批准安徽省红十字会增设赈济部。至此，安徽省红十字会办事机构扩展为一室一部。

1998 年，《安徽省实施〈中华人民共和国红十字会法〉办法》的颁布施行，标志着安徽省红十字事业在法制化建设方面迈出了重要的一步。

2000 年 8 月，经安徽省编委批准，安徽省红十字会由原来挂靠省卫生厅改为由省政府领导联系，并配备一名副厅级专职副会长，财政单列，党的关系由省直工委管理，干部人事关系由省政府办公厅管理，至此，安徽省红十字会机构实现单独设置，理顺管理体制工作基本完成。2004 年会机关工作人员参照公务员管理。

2004 年 6 月，安徽省政府办公厅出台《关于进一步加强红十字会工作的意见》。9 月，以全国人大常委会委员、中国工程院院士王永炎为组长，全国人大常委会委员任茂东等 8 人组成的全国人大教科文卫委员会执法调研组，在安徽省进行了《中华人民共和国红十字会法》执法调研。2004 年，安徽宿州、六安等地遭受了严重的自然灾害。省红十字会先后向宿州、六安、黄山、宣城 4 个市下拨了价值 86 万元的粮食、药品和衣被。8 月，中国红十字会常务副会长王立忠一行到安徽省受灾地区慰问灾民，在宿州、六安两市发放了价值 30 万元的救灾粮食。安徽省红十字会得到上海红十字会、香港特别行政区红十字会和北京市红十字会灾后重建款共 245 万元，援建了学校九所、卫生院三所、敬老院一个。安徽省红十字会举办了五期中国红十字会彩票公益金救护师资培训班，共培训救护师资 180 名。2 月，中国造血干细胞捐献者资料库安徽分库成立。合肥、马鞍山、淮南等地分别举行了安徽省造血干细胞捐献启动仪式，并进行了捐献志愿者血样集中采集活动，共有 1500 名志愿者报名登记，对 600 多名志愿者采集了血样。在美留学的白血病患者余健通过网络始终关注我们的活动，并向中国造血干细胞捐献者资料库和安徽分库分别捐赠 5000 美元。7 月 9 日，安徽省蚌埠市的张桂硕在深圳市成功地捐献了造血干细胞，救治了镇江市的一位白血病儿童，成为安徽省第一例非血缘关系造血干细胞捐献者。2004 年，安徽省张黎明等 8 人获无偿献血金奖、11 人获银奖、82 人获铜奖；合肥电视台、马钢集团获无偿献血促进奖；阜阳市获无偿献血先进城市奖。经安徽省红十字会、蚌埠市红十字会、蚌埠医学院的共同努力，蚌埠医学院遗体（器官）捐献接收站挂牌成立。安徽省红十字会网站成立。省红十字会两次和白云山制药厂联合开展向市民赠送板蓝根冲剂活动；争取中脉科技有限公司支持 15 万元，开展造血干细胞捐献宣传活动；和安徽华信药业合作，接受捐赠 20 万元药品；和上海脑力键生物制品公司合作开展社区健康知识普及和药品捐赠活动，发放保健品 35 万元；

和合肥百盛合作开展“人道救助传递爱心”公益活动，募集善款38万元。5月，安徽省红十字会在黄山召开了东南九省（市）红十字会工作研讨会。欧盟、红十字会与红新月会国际联合会和香港特别行政区红十字会的代表先后到安徽指导工作，对安徽省红十字会的救助物资发放和援建项目建设工作表示满意。美籍华人邱维先生先后两次来安徽省红十字会，代表美国世界中华民族基金会向省红十字会捐赠善款30万元。在为印度洋海啸灾区的募捐活动中，安徽省全省红十字会系统募集善款1026.5万元。

【组织机构】

目前，安徽省、市、县三级红十字会组织体系完备，全省17个地级市，105个县（市、区）已全部建立了红十字会组织，拥有2494个基层组织和70.7万名会员。

安徽省红十字会机关设办公室、赈济部，下属单位有省红十字会备灾救灾中心、省红十字会医院、省红十字会中等卫生职业技术学校、安徽省红十字基金会和999救援中心。

安徽省有17个市级红十字会：合肥市红十字会、阜阳市红十字会、马鞍山市红十字会、蚌埠市红十字会、淮南市红十字会、淮北市红十字会、亳州市红十字会、安庆市红十字会、芜湖市红十字会、铜陵市红十字会、宿州市红十字会、宣城市红十字会、黄山市红十字会、滁州市红十字会、池州市红十字会、巢湖市红十字会、六安市红十字会，其中理顺或相对理顺管理体制的有7个市。

【大型项目】

1985年，安徽省红十字会募捐38万元人民币援助非洲战胜饥荒。

1988年，安徽省红十字会募捐18万元人民币援助大兴安岭森林火灾灾区。

1991年，华东遭受百年不遇特大洪涝灾害，安徽省红十字会组织动员全省各级红十字会积极参与抗洪救灾工作，共接收境内外援助款物总值1.2亿元人民币。洪灾之后，各级红十字会共援建乡镇卫生院65所，村卫生室298个，中小学校舍11所，自来水厂24个，使1000多万灾区群众在衣、食、住、医、教诸方面得得到极大改善。

1993年，大型中英版《91安徽红十字会抗洪救灾画册》正式编印完成，画册分赠中央有关部委、中国红十字会总会、兄弟省市红十字会，红十字会与红新月会国际联合会等以及当年援助安徽省的20多个国家和地区红十字会。

1994年至1995年，安徽省红十字会组织10家医院对合肥市社会福利院16名残疾孤儿进行医疗、护理全免费义治活动。

1996年，安徽省红十字会募集价值50万元的物资援助云南省丽江地震灾区。

1996年，加拿大国家红十字会援助30万瑞士法郎，安徽省财政按1：1配套，建成了中国红十字会安徽省备灾救灾中心，同年7月，省编办批准成立中国红十字会安徽省备灾救灾中心，中心正式启动运行。

1998年7月，安徽省红十字会在黄山举办了中国红十字会海峡两岸红十字青少年夏令营活动，来自台湾、大陆各地的60多位红十字青少年参加了夏令营。

1991年至2000年，安徽省红十字会积极为海峡两岸同胞寻找失散亲人，共受理寻人信函4600余件，为800多名两岸寻亲同胞建立了联系，同时参与处理台胞医疗、遗产、婚姻等各类对台衍生事件300余宗。

2003年4月至5月，安徽省红十字会共募集款物价值1637.43万元，其中现金1160.47万元，物资价值476.96万元，支援各地抗击“非典”。

2003年下半年，安徽省红十字会积极参加淮河流域的抗洪斗争，全省各级红十字会共派出红十字医疗队442个，救治群众80万人次，发放救灾款物价值2001万元，受益人口232万人。

【主要特色】

一、备灾救灾

安徽省是一个自然灾害频发的省份，为了应对各种灾情，减少灾害给人们带来的痛苦，安徽省红十字会对备灾救灾工作高度重视，常抓不懈。各级红十字会本着无灾备灾，有灾救灾的原则，平时大力开展募捐工作，积极筹备救灾物资，制定和完善科学的灾害紧急救助预案，做到有备无患。在1991年、1998年、1999年、2003年四次特大水灾中；在2003年抗击“非典”的斗争中，安徽省各级红十字会都以反应迅速，救助得力受到各级政府和人民群众的充分肯定。

1991年以来，安徽省红十字会共接受、募集、发放救灾物资价值三亿多元人民币，使1000多万灾民受益，组织红十字会医疗队6000多个，救治病人5000多万人次，援建灾区400多个卫生、教育、供水设施。

二、兴办实体

（一）1988年，安徽省红十字会组织老年志愿工作者先后创建了安徽省红十字会医院、安徽省红十字会中等卫生职业技术学校。

（二）1995年，经有关部门批准，安徽省红十字基金会正式成立，成立时拥有资金130万元人民币，目前，已发展到400万元。

三、卫生救护培训

（一）1987年，安徽省部分市红十字会与各政府部门和企业密切配合，开展了对辖区内机动车驾驶员及电力、矿山、旅游等行业职工的卫生救护培训工作。

（二）1997年，安徽省物价局、财政厅下发了《关于核定卫生救护培训收费标准的函》，正式批准红十字会救护培训收费标准。

（三）2002年2月，安徽省红十字会与省教育厅、公安厅等15个厅（局）联合下发《转发中国红十字会总会等15个部（局、会）关于印发〈中国红十字会关于广泛深入开展救护工作的意见〉的通知》，明确提出实行教学计划、教学质量标准、教材、师资培训、培训合格证的“五统一”，从而使安徽省的卫生救护培训工作步入正规化。合肥市红十字会卫生救护工作已地方立法。

（张林瑞、曹芦松、张本该）

合肥市红十字会

【简介】

合肥市红十字会于1957年成立，1985年恢复工作。2005年，合肥市红十字会由挂靠市卫生局改由市政府领导联系，并配名副县级专职副会长。

芜湖市红十字会

【简介】

芜湖市红十字会成立于1912年。1952年被中国红十字会总会列为全国四个重点分会之一。1986年11月，市红十字会组织恢复工作，为正科级单位，有事业编制二名，挂靠在市卫生局。全市有基层红十字会组织19个，红十字团体会员单位92家，红十字会员1903名、红十字青少年会员7171名。

铜陵市红十字会

【简介】

铜陵市红十字会成立于1988年6月。现在红十字会员2500人。

池州市红十字会

【简介】

池州地区红十字会成立于1990年10月15日。2001年1月，池州地区红十字会更名为池州市红十字会。现在有红十字会员3896人。

蚌埠市红十字会

【简介】

蚌埠市红十字会建会于20世纪50年代。1986年4月，市政府下文恢复红十字会工作。市红十字会现有编制二名，红十字会员1.5万余人，其中红十字青少年会员7000人。

亳州市红十字会

【简介】

亳州市红十字会成立于2004年3月，有编制二名。2005年8月，市红十字会第一次会员代表大会召开。大会选举产生了由35名理事组成的第一届理事会，健全了红十字会组织机构。

阜阳市红十字会

【简介】

阜阳市红十字会成立于1980年，挂靠市卫生局（正科级）。1992年，市红十字会定编制二人。2007年，设专职副会长一人（副处级）。阜阳市现有红十字会员5325名，红十字青少年会员1033名。

淮南市红十字会

【简介】

淮南市红十字会（当时淮南未建市，称凤台支会）早在抗日战争期间就开展了战场救护和贫民救助。1951年重新改组。目前有红十字团体会员单位170余家，红十字会员八万余人。

淮北市红十字会

【简介】

淮北市红十字会成立于1989年4月，正县级单位，编制四人。淮北市有红十字会团体会员单位69家，红十字会员一万余人。

宣城市红十字会

【简介】

宣城市红十字会成立于1991年7月，下辖七个县级红十字会。目前有红十字团体会员单位126家，红十字会员7757人，红十字青少年会员2926人。

六安市红十字会

【简介】

六安地区红十字会成立于1989年1月。2000年，撤地建市时更名为六安市红十字会。全市五县三区均设立了红十字会机构，有红十字团体会员单位234家，红十字会员3499名、红十字青少年会员1759名。

黄山市红十字会

【简介】

黄山市红十字会成立于1989年5月。1992年，经市编委批准设立市红十字会办公室。2003年2月，市编委下文同意市红十字会依法独立建会。全市三区四县及黄山风景区均已成立红十字会，全市有红十字会员9.5万人，有54个乡镇成立了基层红十字会组织，全市有红十字团体会员单位104家，冠名红十字（会）的医疗单位五个。

滁州市红十字会

【简介】

滁州市红十字会成立于1991年，挂靠市卫生局。1999年，市红十字会理顺管理体制，有事业编制五名，人员参照公务员管理。全市八个县（市）、区全部成立了红十字会，已配备专职人员13人。还成立青少年工作委员会和企业家工作委员会。全市有基层红十字会组织277个，红十字团体会员单位303家，红十字会员20599人，红十字青少年会员23232人。

巢湖市红十字会

【简介】

巢湖市红十字会成立于1989年4月。1992年9月，地区编委批准设立红十字会办公室，科级建制，挂靠行署卫生局。1995年11月，获批事业编制二名。全市有红十字团体会员单位57家，红十字会员6180人。

宿州市红十字会

【简介】

宿州市红十字会成立于1991年。2002年4月，经市编委会批准，实现机构独立设置，为正处级事业单位，机关内设办公室、赈济救护部，有事业编制六名。有基层红十字会组织95个，红十字会员二万人。

安庆市红十字会

【简介】

安庆市红十字会是1946年由安庆部分士绅联络卫生和工商界部分人士共同发起组织的，下设诊所、救护队、消防队。1986年，市红十字会正式恢复工作。

马鞍山市红十字会

【简介】

马鞍山市红十字会成立于1988年。有县级红十字会一个，红十字团体会员单位

60 家，红十字会员五万余人。

福建省红十字会

【年度工作】

一、理顺管理体制与组织建设工作

2010 年，福建省红十字会召开第七次全省会员代表大会，选举产生了新一届理事会领导集体。坚定不移地推进红十字会理顺管理体制工作，省政府出台了《关于促进红十字事业加快发展的意见》，明确全省县级红十字会在 2012 年前全部理顺管理体制。全国人大常委会教科文卫委委员来闽开展红十字会法执法调研，省人大组织开展执法调研重点督促，理顺红十字会管理体制工作取得进展。目前，全省九个设区市和 68 个县（市、区）红十字会下文明确要求理顺红十字会管理体制。全省现有红十字会基层组织 3365 个，会员 482097 人，志愿者 60175 人。加强基层组织建设，在全省红十字会基层组织建立“爱心互助金”，在部分省属高校试点设立“紧急救助系统”，指导创建“红十字博爱超市”，发挥基层组织效用。

二、宣传工作

联合部分媒体、企业举办“福建爱心公益日”宣传活动，号召人们“行一个善举，献一份爱心”。持续开展“五八”红十字博爱周”系列宣传与救助活动，举办了以“携手人道、参与世博、服务特奥”为主题的纪念“五八”世界红十字日广场文化活动，社会效应较好。继续与福建体育健康频道合作办好《海峡西岸红十字》电视栏目，在《中国红十字报》和《福建日报》设立专版和专栏，整合改版省红十字会网站，开通红十字会手机网站，联手有关传媒单位开发联办爱心公益网，联合企业设置红十字楼宇电梯和社区墙体广告，联合省文明办在创建文明单位活动中开展争创“红十字爱心公益单位”活动，较好地提升了红十字会的社会知名度。

三、筹资工作

以项目为载体，加强外联，开放办会，努力拓宽筹资渠道。全省各级红十字会上下联动，大力推介“红十字健康天使行动计划”系列基金，继续联手省内主要媒体开展大型募捐筹款活动，发展壮大“海都红十字公益金”、“TV8 红十字公益金”等。依据《福建省红十字人道救助事业表彰办法》，对荣获 2009 年度“福建省红十字人道奖章”的单位和个人进行了表彰。一年来，全省各级红十字会共接收和募集爱心款物 3. 67 亿元，整体救助实力不断提升。

四、救灾救助工作

开展省内外重大自然灾害救援工作。全省红十字会系统第一时间开展了为西南地区旱灾、青海玉树地震、闽西北洪灾和甘肃舟曲特大泥石流灾害等募捐救助工作，各级红十字会累计接收各界捐赠款物近二亿元。全面完成汶川地震灾后重建项目工作，全省红十字会共对口援建汶川特地震灾后重建项目 75 个，援建资金总额 51856. 49 万元。汶川特大地震两周年前夕，开展了以“海西情·博爱行”为主题的福建省红十字会援建彭州项目爱心巡访活动，提升了红十字会的社会影响力。启动“6·13”闽西北地区洪灾灾后重建项目，在三个重灾市援建 32 个灾后重建项目，援建资金总额 2964. 06 万元。实施首个国际合作减灾项目，由芬兰红十字会出资援建的社区为本应对气候变化国际减灾项目在漳浦县启动，实现了福建省红十字国际减灾项目零的突破。

五、人道救助工作

持续开展“红十字博爱送万家”活动，全省共筹集款物价值1119.423万元，其中省红十字会筹集款物价值495.223万元，全省共有29150户家庭、11.88万人受益。深入开展“红十字健康天使系列行动”，救助白血病患儿66名，救助资金累计219.45万元；救助先天性心脏病患儿21人，救助资金42万元；联合爱心医院在全省范围内开展白内障患者筛查、贫困患者家庭医疗救助活动。大力推进初级卫生救护培训工作，开展了全省红十字应急救护技能比赛，共举办救护师资培训（复训）班二期，培训复训师资116人、培训红十字救护员四万多人。加大造血干细胞志愿捐献工作管理和宣传力度，全省采集检测造血干细胞志愿捐献者血样4000多人份，实现捐献造血干细胞移植17例。积极推动遗体器官捐献工作，厦门市红十字会被列为全国11个人体器官捐献试点之一，全省共有848人登记捐献遗体，实现捐献75例；登记捐献器官（角膜）596人，已实现捐献29人。推进红十字生命健康教育，依托“福建省红十字心理援助中心”，开展了“高考心理辅导公益巡讲”等活动。

六、两岸交流合作与台湾事务服务工作

加强与台湾、金门、马祖红十字组织开展双向交流互访活动，举办红十字青少年夏令营等联谊活动。继续联系联络、交接见证海峡两岸双向遣返作业，共接回私自渡台湾人员二批（次）90人，从大陆遣返台湾居民2批11人。实施两岸救援接力行动，通过红十字生命救助绿色通道护送47起48名患病台胞直航返回台湾。深化两地红十字组织交流合作，联合举办了两岸红十字组织水上安全救生教练训练班，台湾红十字组织副会长王清峰率领教练团来闽指导，进一步拓展了两岸红十字生命救助领域。接收台湾红十字组织援助闽西北洪灾地区捐款五万美元和价值40多万元的救灾物资，两岸红十字组织重大灾害互援机制初步建立。积极参与第二届海峡论坛相关活动，配合省台办组团赴台湾参加两岸乡镇交流会，扩大了与台湾红十字组织基层支会的交流交往。受中国红十字会总会委托，举办了海峡两岸红十字组织纪念《金门协议》签署20周年系列活动。

【历史沿革】

福建红十字运动历史悠久。早在1906年福州就有红十字组织活动，1911年厦门就成立了红十字组织。新中国成立后，福州、厦门、南平和莆田仙游等地红十字会先后进行了改组或恢复了机构，漳州、泉州等地也相继成立了红十字会。

1958年12月8日，新中国成立后的福建省红十字会第一次会员代表大会召开，选出时任副省长陈绍宽为主席的第一届执行委员会和以吴云鸿为主任的监察委员会，福建省红十字会办事机构设在福建省卫生厅。省红十字会在建立和恢复全省红十字组织、开展防空救护训练和参与爱国卫生运动等方面做了很多工作。

“文革”期间，福建省红十字会机构被撤消，工作处于停顿状态。

党的十一届三中全会后，随着中国红十字会国内工作的恢复，1979年11月，经福建省革命委员会的批准，福建省红十字会第三届理事会成立（随总会届数计算），由时任副省长张格心担任会长，办事机构设在福建省卫生局。1981 年，福建省编制委员会发文核定福建省红十字会办事机构规格为正处级。1994 年，福建省卫生厅发文同意福建省红十字会办公室内设综合部、救护部、台务部，三个部的机构规格为正科级。在建立健全红十字组织，发展会员，宣传会务知识，开展医疗救护和救护训练、输血献血、救灾扶危、社会福利、红十字青少年和协助政府开展对台事务等方面，做了大量的工作。

1987 年 1 月，福建省红十字会第四次全省会员代表大会召开，选举时任副省长张格心为会长。

截至 1991 年，全省 89 个地（市）、县（市、区）全部建立红十字会。

1993 年 10 月，《中华人民共和国红十字会法》颁布施行，使红十字事业发展得到法律的保障。1995 年 5 月 8 日，福建省红十字会第五次全省会员代表大会召开，依法选举产生新一届理事会，贾庆林、陈明义、贺国强等领导先后出任福建省红十字会名誉会长，时任副省长王良氵专、潘心城先后当选为会长，时任省卫生厅厅长计克良、魏忠义、何明先后担任常务副会长，何钟生担任秘书长。大会制定了五年发展规划。

2001 年 10 月 9 日，福建省委机构编制委员会发出“关于福建省红十字会体制及规格调整的通知”，明确省红十字会办事机构独立设置，规格相当为副厅级，由省卫生厅代管改为省政府领导联系，理顺了省红十字会管理体制。

2004 年 5 月 14 日，经省委批准，黄毅敏任常务副会长。

2004 年 5 月 17 日，经省委批准，成立了中共福建省红十字会党组，黄毅敏为党组书记。

2004 年 6 月 4 日，福建省第十届人民代表大会常务委员会颁布《福建省红十字会条例》，自 2004 年 8 月 1 日正式施行。

2005 年 2 月 28 日，福建省红十字会第六次全省会员代表大会召开。会议选举产生了新一届理事会，聘请省委书记、省人大常委会主任卢展工、省长黄小晶为名誉会长；聘请省委副书记黄瑞霖、省人大常委会副主任黄贤模、省政协副主席潘心城、省卫生厅厅长杨平为名誉副会长；副省长汪毅夫当选为会长，黄毅敏为常务副会长，赖祖胜等 10 人当选为副会长；经会长提名，杨华明担任秘书长，张建林担任副秘书长。大会通过《福建省红十字事业 2005～2009 年发展规划》。

【组织机构】

目前，福建省全省九个设区市和 85 个县（市、区）全部建立了红十字会。1997 年，各级红十字会全部实现列编。现有红十字会基层组织 1992 个，会员 35.29 万人（其中青少年会员近 16 万人）；志愿工作管理机构五个，志愿工作者一万多人。省、九个设区市和 67 个县（市、区）红十字会成立了学校红十字会工作委员会。福建农林大学、集美大学和福州大学等高校健全了红十字会工作机构并创建了“红十字博爱超市”。

福建省红十字会机关设有办公室、赈济救护部、事业发展与交往联络部和机关党总支。

2001 年，福建省委编委正式批准省红十字会办事机构独立设置，规格为副厅级，由福建省卫生厅代管改为省政府领导联系，初步理顺了省红十字会管理体制。

2004 年 5 月，经福建省委批准，中共福建省红十字会党组正式成立。

2004 年 12 月 31 日，福建省委组织部文件明确省红十字会常设办事机构工作人员列入参照国家公务员管理范围，进一步理顺了省红十字会管理体制。

2005 年 2 月，福建省委编委下发了《福建省红十字会机关主要职责、内设机构和人员编制方案》。

2006 年 1 月，福建省委编办下发了《关于理顺市、县（区）红十字会管理体制有关问题的通知》。截至 2006 年 11 月，福建省已有福州、厦门、南平、漳州、龙岩五个设区市红十字会理顺了管理体制，其中福州、厦门和龙岩市明确了《红十字会机关职能设置、内设机构和人员编制方案》。县级红十字会中已有 16 个下文理顺了管理体制。

【大型项目】

1998 年，为“三江流域”水灾开展募捐，共募集 716. 24 万元，支援灾区的重建工作。

1998 年，福建省红十字会接受新华社香港分社转来的香港同胞捐赠的 175 万元港币，选择闽北遭受 1998 年“6・22”特大洪灾的南平市延平区大横镇小仁洲村（经延平区人民政府批准，现已更名为“博爱村”），为该村 179 户重灾户重建家园，副省长、省红十字会会长潘心城为博爱村题写村名。

1999 年，台湾地区发生了“9・21”大地震，福建省红十字会及时向台湾红十字组织发出慰问电，并在政府有关部门的支持下，组建了赴台救援小组，组织优质血浆，建立福州、厦门两个中国红十字会总会台湾地震援助物资临时中转站，随时准备支援台湾地震灾区。并与中华文化联谊会在福州举办了“闽台情、同胞心”——为台湾大地震受灾同胞赈灾义演晚会，共募得捐款人民币 1525 万多元，充分体现了海峡两岸同胞血浓于水的亲情。

2000 年，福建省红十字会圆满完成省委、省政府“救两条生命、还一家幸福”生命救助行动为民办实事项目，募集救助款 150 万元，为扶持福建省贫困地区 25 个乡镇卫生院产儿保科建设和补助 3000 名贫困孕产妇住院分娩提供资金支持。

2001 年，福建省红十字会为内蒙古、新疆雪灾开展募捐，共募集 110 万元，赈济灾区人民。

2002 年，福建省红十字会开展“母婴双安”募捐活动，募得捐款 30 多万元，又为 1500 名贫困孕产妇住院分娩提供了资金补助。

2004 年，福建省红十字会与福建广播影视集团、百胜餐饮（福州有限公司）联合举办“托起生命的希望暨捐献造血干细胞爱心行动”，开展造血干细胞捐献宣传活动。

（郑　颖）

福州市红十字会

【简介】

福州市红十字会创立于 1906 年，时称“闽侯红十字会”。1943 年改称“福州市红十字会”。“文革”期间，工作停顿。1981 年恢复工作。目前，全市有基层红十字会组织 335 个，红十字会员 18180 多名、红十字志愿工作者 4100 多名。

2010 年，福州市 12 个县（市、区）均下发红十字会“三定”方案，配备专职常务副会长的有七个。为西南旱灾、青海玉树地震、闽西北水灾和甘肃舟曲泥石流灾区募集款物2500多万元。“红十字博爱送万家”活动发放救助款物100多万元。“博爱情学子梦”助学活动向近百位大中小学生发放近20万元助学金。救助114名重病患者及10个双残家庭，投入救助资金146万元。在福州红十字医院设立“福州红十字透析援助中心”。全年实现捐献造血干细胞移植八例、眼角膜一例、遗体五人。共举办卫生救护培训班28期，有1630人获得急救员证书。成立“福州红十字青年挑战社区关爱中心”，帮助30多位吸毒青年重返社会。“两马”红十字绿色通道双向救助急危重人员21人次，接待台湾来榕参访交流人员120多人次。

厦门市红十字会

【简介】

厦门市红十字会创建于辛亥革命期间，是福建省较早建立地方分会的地区之一。全市现有基层红十字会组织439个，红十字会员77718人，红十字志愿工作者7000余人。

2010年，厦门市红十字会承办全国副省级城市“红十字文化传播工作研讨会”，协办“东亚地区国家红十字领导人会议”和“金门协议签署二十周年庆座谈会”。为西南旱灾、青海玉树地震、闽西北水灾和甘肃舟曲泥石流灾区筹集款物8098.17万元。建立面积达2742平方米备灾救灾中心（仓库）。开展“万人献爱心”活动，新增项目基金11个，全年共募集资金9900余万元。救助困难大病患者935人，用款230.38万元。助学690余人次，用款126万元；通过博爱超市救助22076人次，用款331.14万元。“红十字博爱送万家”等活动投入救助款173.54万余元。开展应急救护培训37期，培训1335人。人体器官捐献试点工作中已实现遗体捐献29例、眼角膜捐献七例。“红十字生命救助绿色通道”护送患病台胞返台就医26起27人次。

漳州市红十字会

【简介】

漳州市红十字会成立于1987年6月，2006年理顺了市、县两级红十字会管理体制。全市有13支红十字志愿者服务队。

2010年，漳州市红十字会为西南旱灾、玉树地震、甘肃舟曲泥石流、闽西北洪灾等灾地区募集救灾救助款物4789.08万元；向“凡亚比”、“鲇鱼”台风灾区发放价值69.59万元救灾物资，投入救助款物219.62万元。“红十字博爱送万家”、“红十字关爱进社区”等活动救助困难群众23378人次。为四川省彭州市敖平镇、三界镇幼儿园、文化广播电视站等七个灾后重建项目捐资2000多万元。自筹资金援建南靖县船场镇西坑村红十字博爱饮水工程等六个博爱项目。培训卫生救护员241名，举办救护知识培训与讲座95期。开展交流合作，接待台湾红十字组织到漳州参访人员三批，并协助政府处理三起涉台突发事件。

泉州市红十字会

【简介】

泉州市红十字会成立于1952年7月，

2006年理顺了管理体制。现泉州市的11个县（市、区）红十字会中有七个专职常务副会长配备到位。全市有红十字志愿工作者6456人，建立志愿服务队七支，并成立13个基层红十字志愿者工作站。

2010年，泉州市红十字会为青海玉树地震和闽西北洪灾募集爱心款物1606.5多万元。“红十字博爱送万家”活动中，筹集93.8万元物资救助2580户困难群众。全年培训红十字急救员2247人。全市无偿献血75200人次，实现全市临床用血100%来自无偿献血。有七人实现造血干细胞捐献，还实现遗体捐献一例，器官捐献一例。举办“晋江——金门红十字青少年夏令营活动”。

三明市红十字会

【简介】

三明市红十字会成立于1985年6月，2006年配备了专职秘书长。全市现有六支红十字志愿服务队，并成立三明市救护协会和市红十字志愿服务工作指导委员会。

2010年，三明市红十字会为青海玉树地震灾区募捐268.7万元，为本市特大洪灾地区救助募集款物462.15万元，并争取灾后重建项目资金300万元。发放冰雹灾害救助物资20.45万元。在“红十字博爱送万家”活动中发放慰问物资13万多元。三明市成功捐献一例造血干细胞。继续保持临床用血100%来自无偿献血，三明市荣获2008～2009年度全国无偿献血先进城市。市红十字会干部林瑞班获“全国百名优秀志愿者”称号。

莆田市红十字会

【简介】

莆田市红十字会成立于1987年，2006年理顺管理体制，机构独立设置。莆田市各县、区红十字会全面完成理顺管理体制工作，常务副会长全部配备到位。成立莆田市红十字体育运动救护队、红十字护理救护队及红十字户外运动救护队。

2010年，莆田市各级红十字会共募集救灾救助款物1751.33万元。捐赠新疆奇台县红十字会价值30多万元物资。开展博爱助学系列活动，资助贫困学生343名，发放助学金138.2万元。援建荔城区博爱实验小学募集资金562万元，援建城厢区东沙博爱小学募捐到位106万元。结合博爱送万家等活动，发放救助物资折款400多万元。援助物资20多万元，支持湄洲湾职业技术学校红十字会筹建博爱超市和博爱公园。为大病患者14人次发放救助金17.45万元。完成备灾救灾中心仓库选址、立项，建筑面积达3028平方米，总投资约760万元。急救护培训人数5000多人次，并在“福建省首届红十字应急救护技能大赛”上获得一等奖。

南平市红十字会

【简介】

南平市红十字会成立于1988年5月，2006年市级红十字会理顺管理体制。全市有九个县（市、区）红十字会理顺管理体制。

2010年，南平市红十字会为西南旱灾、玉树地震、甘肃舟曲泥石流、闽西北洪灾等受灾地区募捐募集救灾救助款物 2872.52 万元。在“6·13”特大洪灾后，救助困难和受灾群众近 10 万人次。筹措资金 130 多万元，用于救助贫困家庭大病患者和偏远山区医疗基础建设。积极主动争取多方援助，在偏远地区共援建七个“爱心操场”和 25 所“博爱图书室”。开展“红十字进社区、进农村、进校园、进企业”活动，开展义诊咨询宣传活动，普及现场应急救护及紧急避险和红十字运动基本知识。目前全市自愿申请捐献遗体、器官有六人，捐献造血干细胞志愿报名者 1640 人。

龙岩市红十字会

【简介】

龙岩市红十字会成立于 1988 年 3 月，2006 年理顺管理体制。龙岩市新罗区红十字会理顺管理体制，长汀、漳平、上杭、连城四个县（市）配备专职常务副会长。全市现有红十字会志愿服务队 26 支，招募注册红十字志愿工作者 2491 人次。市红十字会备灾救灾中心征地 13 亩，总建筑面积达 9204 平方米。全市红十字会系统为玉树地震灾区募集捐款 209.56 万元，为舟曲泥石流灾区募集捐款 14.48 万元，为本市洪涝灾区募集捐款 189.11 万元，接收物资价值达 251.22 万元。“红十字博爱送万家”活动中发放慰问金 38418 元，发放物资价值约 219100 元，受益群众 2316 人。爱心天使行动共救助 30 名小患者，筹集资金 15.03 万元。现已培训持证应急救护员 2938 人，救护知识普及培训人次达二万多人。全年无偿献血人数达 2.3 万多人次，成功实现遗体捐献一例，实现捐献造血干细胞一人。

宁德市红十字会

【简介】

宁德市红十字会成立于 1987 年 8 月，2006 年市级红十字会理顺管理体制。全市八个县（市、区）下文理顺红十字会管理体制，柘荣县、周宁县红十字会常务副会长配备到位。

2010 年，市红十字会在为西南旱灾、玉树地震、甘肃舟曲泥石流、闽西北洪灾等自然灾害受灾地区募捐活动中，共募集救灾救助款物 600 多万元。在农村开展义诊服务活动，免费发放价值二万余元药品和义诊 6000 多人（次），筹集 40 万元善款用于资助考上大学的残疾考生和贫困残疾人子女就学，募集 130 万元专项资金用于公安民警救助，受益人数达 8920 人次。在“红十字博爱送万家”“活动中救助病灾、特困群众 200 户。组建宁德市红十字水上救援大队，现有救护师 54 名。2010 年，全市参加无偿献血人数 22328 人次，实现全市临床用血 100% 来自无偿献血。登记捐献遗体一人、捐献器官二人。

江西省红十字会

【年度工作】

2010 年，江西省各级红十字会共接受捐赠款物折合人民币 10091.23 万元，救助困难群众人数超过百万。全年实施灾后重建项目 23 个，争取项目资金 650 万元。全年培训持证救护员 24726 人，开展救护防病知识普及 11 万余人次。采集造血干细胞志愿捐献者血样4362人份，完成初筛642例。省红十字会被中共中央、国务院、中央军委授予“全国抗震救灾英雄集体”，有二人被授予“全国抗震救灾先进个人”。

一、灾害救助工作

2010年，在西南干旱、青海玉树地震、舟曲特大山洪泥石流、海南洪涝灾害和江西省特大洪水等重大灾害发生后，省红十字会科学部署，快速应对，第一时间启动应急机制，第一时间实施人道救援。本省特大洪水灾害发生后，省红十字会及时派人深入一线开展救灾工作，先后组织救灾工作组赴抚州市、鹰潭市、浮梁县、新建县、修水县等地慰问受灾群众，发放救灾款物，指导灾后重建。总会领导、澳门特区红十字会救灾代表也在水灾期间赴抚州、鹰潭灾害一线考察灾情，指导救灾工作。截至12月底，省红十字会募集救灾款物价值10091.23万元，其中捐款9623.70万元，物资价值2225.85万元；累计向各受灾地区拨出救灾款5710.55万元、救灾物资价值2265.64万元，有力地支援了灾区抗灾救灾工作。

二、组织建设工作

2010年11月，江西省红十字会召开第六次会员代表大会。全国人大常委会副委员长、中国红十字会会长华建敏，中共江西省委书记苏荣出席大会并讲话。省长吴新雄，中国红十字会常务副会长王伟，省委秘书长赵智勇，省人大常委会副主任蒋如铭、胡振鹏，副省长谢茹等领导出席大会；大会聘请省委书记苏荣、省长吴新雄为省红十字会名誉会长；会议选举产生了新一届理事会，常务理事、会长、常务副会长、副会长；会议全面总结了“五大”以来江西省红十字会工作，安排部署了今后五年的主要工作任务；审议通过了《江西省红十字会2010～2014年发展规划》。

三、人道关怀工作

一年来，省红十字会积极参与民生工程，大力推动人道关怀工作。省红十字会与南昌佳美美容医院联合推出“天亮行动”，救助省内先天性上睑下垂贫困儿童。目前，已为六名儿童进行了矫正手术。与南昌新时代妇科医院联合开展为江西省贫困地区学校募捐活动，帮助这些学校改善教学条件。和贝因美集团南昌分公司合作开展“天使关爱行动”，为江西省贫困儿童和水灾灾区妇女儿童捐赠了价值200万元的奶粉。关爱白血病儿童，争取中国红十字基金会“小天使基金”261万元，资助了85名白血病儿童。关爱英雄家属，响应省委、省政府号召，与有关部门联合成立“英雄家属关爱基金”，对英模家庭给予困难补助，首批六位英模的10名子女受到援助。与省工商银行等五家单位联合开展“红十字爱心储蓄活动”，为“生命光彩基金”募捐，推动全省遗体器官捐献工作。群众性卫生救护培训工作深入开展，培训各行业持证救护员24726名，普及救护知识11余万人次，提高了群众的自救互救能力。造血干细胞捐献者资料库建设扎实推进，完成5000人份志愿者的血样采集，目前，江西省库容量为21024人份，已成功实现21例造血干细胞捐献。“红十字博爱送万家”活动不断深入，筹集送温暖款物1200余万元，全省二万余户贫困群众得到救助，受益人数在六万人以上。“红十字关爱进社区”活动内涵丰富，省红十字志愿护理服务中心人员坚持深入社区，为社区居民免费进行健康指导、咨询义诊，并举办健康保健知识讲座，深受社区群众的好评。

四、项目工作

根据省委、省政府“抓项目、促发展”的要求，省红十字会按照“高品位设计、高质量管理、高效能整合、高标准运行”的项目发展思路，坚持把加强项目建设作为推动全省红十字事业发展的重要抓手，积极探索公益特色项目。一是全面启动红十字医用组织库项目。建立器官捐献试点，并成功使《江西省遗体捐献条例》纳入2011年省政府立法计划中。目前，全省已有捐献登记志愿者620余名，2010年实现捐献22人。红十字志愿服务形成特色模式。二是全面实施老年介护项目。为学习国际先进老年护理知识，探索老年服务模式，推动全省老年介护工作，2010年，江西省红十字会选送20名老年介护师资，分两批赴日进行为期26天的老年介护知识研修，并举办了“2010年江西省老年介护员培训班”和“2010年老年介护师资培训班”，培训学员268名。学员接受培训后，深入社区、医院，推广老年介护服务技术，帮助社区老年人进行生活、医疗护理，深受老年人的欢迎。三是实施灾后重建项目。为帮助灾区群众渡过难关，恢复生产，重建家园，积极争取中国红十字会总会、中国红十字基金会、香港红十字会和兄弟省市红十字会及爱心企业援建灾后重建项目，援建卫生院（站）、学校、博爱新居等公益项目23个。

五、组织建设工作

在江西省委、省政府的重视下，在各有关部门的大力支持下，省红十字会领导班子进一步加强，新增正、副厅级领导职数各一名，为江西省红十字事业发展提供了坚强的组织保障，为继续推进县级红十字会理顺管理体制工作起到示范作用。到12月底，全省理顺管理体制的县级红十字会由去年的21个上升到58个。加强基层红十字会组织建设，在社区、街道、乡镇、学校和企事业单位广泛发展红十字基层组织。目前，有14家单位加入了红十字会，成为团体会员单位。组织省直部分团体会员单位代表赴上海参观世博会，组织红十字志愿者与澳门国际濠江志愿者协会开展交流联欢活动。加强学校红十字会工作，成功举办了“2010海峡两岸红十字大学生夏令营”活动，加深了海峡两岸大学生的友谊和相互了解；召开了南昌地区13所大学的高校红十字会工作座谈会，加强了高校红十字会之间的横向联系；在江西财经大学、江西师范大学、南昌市青云谱学校举办了建设银行捐资助学活动，成功实施建行助学金项目。

六、宣传与传播工作

围绕江西省红十字会中心工作，积极主动做好宣传，使省红十字会一些重大活动都能迅速在各类媒体和省委《今日信息汇要》、省政府抗洪救灾《简报》上刊登。在“红十字博爱周”活动期间，围绕“携手人道参与世博”的主题，组织开展了现场救护培训、义诊、健康咨询、救助特困家庭、敬老募捐、慰问孤老病残等系列公益宣传活动，取得了良好的社会效果，深受广大群众的欢迎。报刊订阅工作成绩突出，在中国红十字会总会2009～2010年度报刊宣传工作会议上，江西省红十字会系统有多家单位和个人获得荣誉称号。一年来，《人民日报》、新华社、中国新闻社及省内各媒体报道省红十字会相关新闻380余条。省红十字会戴莹的作品《社会监督的透明新时代》获得总会优秀新闻作品评选一等奖。

【历史沿革】

江西省红十字会是中国红十字会的地方分会。江西境内的地方红十字活动起始于1912年，当时主要从事战地救护和为赤贫难胞免费医疗活动。

新中国成立后，党和政府非常重视和关心红十字事业的发展。1956年10月，江西省红十字会成立，副省长欧阳武当选为会长。“文革”期间，红十字会活动停止。1984年6月，经江西省人民政府批准，省红十字会恢复工作，并召开了江西省红十字会第二届理事会，副省长柳斌和陈癸尊先后任会长。1991年6月，江西省红十字会召开了第三次会员代表大会，江西省副省长陈癸尊当选为会长。1993年，江西副省长黄懋蘅任会长。1995年5月，在江西省红十字会三届三次理事会上，江西省省长舒圣佑受聘任名誉会长。1999年8月31日，在江西省红十字会第四次会员代表大会上，江西省副省长胡振鹏当选为会长。2001年10月，中共江西省委办公厅、省政府办公厅下发了理顺江西省红十字会管理体制的“三定”方案。2003年6月，在江西省红十字会四届三次理事会上，选举方娅为专职副会长，省红十字会由省卫生厅代管改由省政府领导联系，成为独立自主开展工作的社会救助团体，江西省红十字会迈入一个新的历史发展时期。2004年3月，经中共江西省委组织部批准，江西省红十字会党组成立，方娅任党组书记，从而完成了省红十字会独立建制工作。2005年6月6日，江西省红十字会第五次会员代表大会召开。中共江西省委书记孟建柱，省委副书记王君，省委常委、省委秘书长陈达恒，省人大常委会副主任全文甫，省政府副省长胡振鹏，省政协副主席刘运来出席了大会。中国红十字会常务副会长、总会党组书记江亦曼专程到会祝贺。大会全面总结了江西省红十字会第四届理事会的工作，制定了《江西省红十字事业2005～2009年发展规划》，选举产生了由85名理事组成的新一届理事会，聘请中共江西省委书记孟建柱、省长黄智权为名誉会长，副省长胡振鹏再次当选为会长，方娅当选为常务副会长。会上，江西省红十字会和省人事厅还联合表彰了省红十字会系统的11个先进集体和13名先进个人。

【组织机构】

江西省11个设区市和99个县（市、区）全部建立了红十字会，现有红十字会基层组织2624个、会员54.9万人。全省有892所大、中、小学成立了红十字会，有青少年会员34.6万人。江西省红十字会机关设有办公室、组织宣传处、赈灾服务处、中国造血干细胞捐献者资料库江西省管理中心。

【大型项目】

一、1998年水灾重建项目

（一）香港特别行政区红十字会援助698.67万元，用于灾后重建19所卫生院和三所小学，并为这些卫生院和学校配备了一批设备。

（二）深圳市红十字会援助454万元，重建八所卫生院和二所小学。

（三）上海市红十字会援助385万元，重建八所学校和五所卫生院。

（四）广东省红十字会援助225万元，重建四所卫生院和四所学校。

（五）中国红十字会总会拨款190万元，援建两座灾民新村和三所卫生院。

二、1999 年水灾国际联合会援助计划

红十字会与红新月会国际联合会通过中国红十字会总会向江西灾区捐赠了价值人民币 6796886 元的大米、消杀剂、净水剂、棉被、棉大衣，有 226 个（次）村庄、279873 万人次受益。

三、2002 年水灾灾后重建项目

由香港特别行政区红十字会通过中国红十字会总会向江西省 2002 年水灾灾区捐款人民币 175.13 万元，重建了 11 所乡镇卫生院，并为这些卫生院配备了价值人民币 97.63 万元的医疗设备。

四、农村社区为本备灾项目

香港特别行政区红十字会拟出资 160 万元援建的农村社区为本备灾项目，在上饶县、余干县展开，旨在通过红十字会的帮助，提高当地群众备灾救灾意识和能力。

五、"金圣"社区红十字健康服务项目

南昌卷烟厂捐赠 60 万元，启动"金圣"社区红十字健康服务项目。在全省创建 12 个省级红十字服务示范站，项目期为一年，预计 40 万人次社区群众因此受益。

【主要特色】

一、理顺管理体制工作实现整体突破。至 2004 年底，江西省 11 个设区市全部下达了市红十字会"三定"方案。其中上饶、南昌、宜春、新余、萍乡和赣州、景德镇实现机构独立设置。兴国、九江、进贤、广丰、上饶、余干、婺源及南昌市东湖区、西湖区等九个县（区）理顺了红十字会管理体制。

二、备灾救灾工作成绩斐然。1989 年以来，江西省红十字会共募集各类救灾款物折合人民币一亿余元，用于救助全省的受灾群众和灾后重建工作。援助重建了 60 所卫生院、24 所博爱学校、二个灾民新村、二座市级红十字会备灾中心，总建筑面积 91145.76 平方米。

三、持续推进人道关爱行动。2004 年 6 月，江西省广丰籍工程人员在阿富汗遭受恐怖袭击，省红十字会和上饶市红十字会及时为遇难和受伤人员的亲属送去慰问金和慰问品，在社会上引起了较大反响。景德镇市红十字会争取市政府批准了《景德镇市红十字救助基金管理暂行办法》，对灾区、白血病患儿、失火家庭等实施了救助。兴国县红十字会连续多年实施对贫困中小学生救助的"育才助学"工程，先后有 338 名学生得到资助。

四、社区服务探索出新模式。2001 年，省红十字志愿护理服务中心成立。该中心免费为下岗女工开展再就业技能培训，培训陪护专业保健员；与 15 所医院共建社区护理服务网络、双向转诊网络；在省科委立项开展《南昌市社区护理服务模式研究》课题；成立"江西省红十字博爱艺术团"开展活动；组织红十字志愿者义务为社区老、弱、病、残人士作护理服务。中心有千余名志愿者，在南昌市建立了 39 个社区服务网点，提供健康服务 4.2 万人次，开创了江西省社区红十字服务的新模式。

五、宣讲红十字会法及传播工作扎实深入。省红十字会以把红十字会法列入"四五"普法规划为契机，开展了形式多样的红十字会法宣讲、国际人道法和红十字运动基本知识传播工作。红十字会法被列入全省副科级以上干部普法考试的内容。"四五"普法期间，江西全省共举办红十字会法宣讲和传播培训班 400 多期，印发学习材料 28 万份，有 15 万人接受了培训，全省普及红十字会法的对象达3000万人次。

六、清理滥用、误用红十字标志成效明显。江西省各级红十字会联合卫生、工商等部门和新闻单位积极开展清理滥用红十字标志工作，依法规范红十字标志使用，使全省滥用、误用红十字标志的违法现象得到纠正。

南昌市红十字会

【简介】

南昌市红十字会创建于1912年5月，原名为中国红十字会南昌分会。1951年初，改名为南昌市红十字会。先后归属市民政局、市卫生局代管。2004年1月，南昌市红十字会依法单独设置，由市政府领导直接联系。核定机关事业编制10名，参照公务员管理。机关内设办公室、赈济服务处和组织宣传处。2010年底，南昌市所辖县、区红十字会全部实现单独设置。全市有基层红十字会组织92个，红十字团体会员单位110家，红十字会员10.7万人。

2010年，南昌市红十字会被中国红十字会总会授予“青海玉树抗震救灾先进集体”。市红十字会为西南旱灾、青海玉树地震、甘肃舟曲泥石流和江西省水灾灾区募集救灾救助款物527万余元。在“红十字博爱送万家”活动中筹集慰问款物56.58万元，有2000余户贫困家庭受益。全年为贫困病患者提供治疗费用300余万元，为22名白血病患儿争取“小天使基金”项目救助款66万元。全年采集造血干细胞血样485人份，初配成功22人，高配成功12人，成功捐献一例。培训救护师资200名、救护员2000名。南昌市红十字会备灾救灾中心建设项目获得立项，项目总投资估算1175万元。

现任会领导：

市红十字会会长：罗慧芬（副市长）

专职副会长：李安海　马丽娜

九江市红十字会

【简介】

九江市红十字会成立于1911年，1985年恢复建会。2008年6月，市红十字会理顺管理体制。目前，基本理顺县级红会管理体制。全市有基层红十字会组织264个，红十字会员10万人，其中红十字青少年会员六万人。全市有红十字志愿服务队六个、红十字志愿工作者2468人，建立社区服务站17个。

2010年，市红十字会为玉树地震、西南旱灾及九江洪涝灾区募集救灾款物780多万元，受益达五万人次。救护培训师资50名，培训救护员5000人次。全年完成造血干细胞捐献者血样采集，入库资料420人份，有一人成功捐献造血干细胞。全年有38人志愿登记遗体捐献，有一人实现捐献。

现任会领导：

市红十字会会长：吴锦萍

专职副会长：刘定保

景德镇市红十字会

【简介】

景德镇市红十字会成立于1956年。

萍乡市红十字会

【简介】

萍乡市红十字会成立于 1957 年。

2010 年，萍乡市红十字会资助 10 名白血病患儿的治疗，为贵州灾区募集捐款 53628 元，为青海玉树县地震灾区筹集捐款共 434823 元。全年，市红十字会接受救助款物 38.9 万元。造血干细胞捐献者资料库萍乡工作站完成 189 人份造血干细胞血样采集工作。全市有 38 人向市红十字会递交了自愿捐献遗体（器官）申请书，实现捐献眼角膜二例。举办初级卫生救护班六期，500 余人参加培训。

新余市红十字会

【简介】

新余市红十字会成立于 1960 年 9 月，2004 年 10 月由挂靠市卫生局的群团组织改为由市政府领导联系的群团组织，2005 年 1 月正式独立开展工作，内设办公室（正科级），现有正式职工五人，参照公务员管理。全市现有县、区红十字会五个，基层红十字会组织 38 个，红十字团体会员单位 46 家，红十字会员 14627 人。

2010 年，市红十字会募集、接受救灾救助款物折合人民币近 2000 万元。救护培训一万余人次。采集造血干细胞血样 1000 余人份，成功捐献造血干细胞一例。实现遗体捐献二例。市红十字会被中国红十字会总会授予“抗震救灾先进集体”，一人获“全国抗震救灾模范”荣誉称号。

现任会领导：

市红十字会会长：万筱明（副市长）

专职副会长：刘家迪

鹰潭市红十字会

【简介】

鹰潭市红十字会于 1993 年 5 月 14 日经市政府批准恢复。市红十字会下辖贵溪、余江、月湖、龙虎山景区红十字会。

2010 年，鹰潭市荣获全国无偿献血先进市。市红十字会为青海玉树地震灾区募集善款 103.24 万余元，为洪涝灾区募集善款 561.8 万余元，及价值 556.728 万元的物资。为辖区内困难群众发放价值 25 万余元救助物资，受益 3714 人次。全年初级卫生救护培训 6500 余人次，行业性持证培训 1070 人。

赣州市红十字会

【简介】

赣州市红十字会原为赣州地区红十字会，1987 年 10 月恢复工作。1999 年 7 月，更名为赣州市红十字会。2006 年 1 月，市红十字会成为由市政府领导联系的独立机构。财政预算单列。有行政编制五个（含工勤编一个），编内聘用编制二个，内设科室一个。现全市有红十字会员 9000 人，红十字团体会员单位 42 家。

2010 年，市红十字会为本市灾区募集救灾物资价值人民币 71.69 万元，为西南地区旱灾地区募集救灾款 17006 元，为青海玉树地震灾区募集救灾款 135.66 万元，为甘肃舟曲泥石流灾区募集救灾款25.06万元。在“红十字博爱送万家”活动中。筹集款物205.31万元，救助困难群众二万余人。全年采集造血干细胞血志愿捐献者血样700份。培训机动车驾驶人等共31230人。

现任会领导：

市红十字会名誉会长：王平

会长：唐玉英（副市长）

常务副会长：张燕萍

秘书长：邱林英

宜春市红十字会

【简介】

宜春市红十字会成立于1988年10月，办公室设在市卫生局。2004年7月，市红十字会理顺管理体制，内设1室1科，定编6人。宜春市红十字会10个县级红十字会全部理顺管理体制，明确了机构规格和人员编制，经费纳入财政预算。

2010年，宜春市红十字会共募集救助款物640余万元。向全市各县（市、区）受灾严重的特困群众发放总计价值180余万元的救灾物资。为玉树地震灾区募集救灾资金160多万元。全年卫生救护培训二万余人，救护知识普及三万多人。有450名志愿者报名采集造血干细胞标本。有11名志愿者报名登记遗体（器官）捐献，一人实现捐献。

上饶市红十字会

【简介】

2003年11月，上饶市红十字会理顺了管理体制。规格为正县级单位，有编制8名，机关内设办公室和赈灾服务科，工作人员参照公务员管理。近年，广丰、上饶、余干、婺源四个县红十字会相继理顺了管理体制。全市有基层红十字会组织174个，红十字会员17148人，其中红十字青少年8802人，红十字志愿工作人员2149人。2010年，上饶市红十字会常务副会长调整为正县级职级，增加三名全额拨款事业编，增设一个造血干细胞工作站。

上饶市红十字会2010年募集救灾救助款物1635.77万元，救助特困户和受灾户21300户，救助大病患者682名，完成援建项目10个。争取省外援助款物折合人民币712万元。举办志愿者服务能力培训班二期，培训志愿者200名。两名志愿者成功捐献造血干细胞。签定遗体捐献协议书四份。救护培训5000余人。

吉安市红十字会

【简介】

吉安地区红十字组织始建于1918年，名“万国红十字会吉安分会”。1952年8月改名吉安地区红十字会，“文革”期间停止活动。1986年10月7日恢复工作，2001年，吉安地区撤地改市，改名为吉安市红十字会。现全市基层红十字会组织392个，红十字会员36817名。

2010年，吉安市红十字会举办各类培训班168次，有48640余人次参加培训。在市内各主要干线设立红十字急救站92个。为青海玉树地震灾区募集救灾款140余万元。完成造血干细胞志愿捐献者血样采集557人份，有28人登记志愿捐献遗体。

现任会领导：

市红十字会会长：左继生（副市长）

常务副会长：邹卫东

专职副会长：童美琴

抚州市红十字会

【简介】

2010 年，抚州市有九个县的红十字会理顺管理体制，落实机构、人员、编制。并对全市红十字会会员单位进行了重新登记。市红十字会全年募集救灾救助款物 1740 万元，为青海玉树地震灾区捐款 200 万多元。在“红十字博爱送万家”活动中，共发放救助款物 150 多万元。成立“造血干细胞工作站”和“抚州市红十字会心灵阳光关爱中心”。

山东省红十字会

【年度工作】

一、组织建设工作

2010 年，山东省共有红十字基层组织 10298 个，专兼职人员 1034 人，红十字会员 2028974 人，团体会员单位 5234 家，成人会员 703824 人，青少年会员 1319916 人，志愿者 253560 人。基层组织建设扎实推进，逐步建立完善县、乡、村三级红十字会基层组织网络，积极发展壮大会员和志愿者队伍，不断巩固和发展红十字会工作的群众基础。召开了七届四次理事会，传达贯彻中国红十字会九届二次理事会议精神，表彰先进集体和先进个人，更换选举了部分理事，副省长、省红十字会会长王随莲出席会议并讲话。

二、救灾工作

开展青海玉树抗震救灾和甘肃舟曲特大泥石流灾害救灾募捐工作。青海玉树地震和甘肃舟曲特大泥石流灾害发生后，全省各级红十字会迅速行动，多形式、多渠道开展募捐活动。与山东有线电视中心联合举办了“抗震救灾、山东在行动”——支援青海玉树地震灾区大型公益晚会。全省共为青海玉树地震灾区募集款物 9274.45 万元，其中资金 8438.79 万元，物资价值 835.66 万元；为甘肃舟曲特大泥石流灾害募集款物 430.3 万元，其中捐款 378.7 万，物资折价 51.6 万元。省红十字会还紧急援助云南、贵州、广西遭受特大旱灾的西南灾区三省红十字会 50 万元。与团省委、省青联联合开展了“节约一瓶水、捐赠一元钱”抗旱救灾募捐活动。与山东有线电视中心、山东航空公司、齐鲁网联合开展了“抗旱救灾——山东在行动”募捐活动。全省红十字会系统共募集款物 139.68 万元。此外，对遭受特大洪涝灾害的广东、海南两省及本省济南、聊城、滨州、德州等市洪涝灾区进行了援助。

三、社会救助工作

全省红十字会系统筹措款物 1000 多万元，开展了“博爱在齐鲁、温暖送万家”活动，使 2.5 万弱势人群得到救助。与省卫生厅联合开展了针对农村大病患者的救助募捐活动，募集资金 781.518 万元，救助农村贫困大病患者 11266 人。中国红十字基金会“小天使基金项目”通过本会救助贫困白血病患儿 153 人，投入救助资金 459 万元；拨付“幸福天使基金”项目 630 万元款物，用于救助社会福利院儿童和贫困家庭患儿；

“博爱助学金”资助山东大学贫困学生20名，发放助学金九万元；“天使阳光”基金救助本省贫困先心病儿童40名；援建博爱卫生院站46所，其中2010年援建博爱卫生站18所、博爱卫生院二处，落实援建资金166万元。青岛海关拨付省会罚没物资价值68.9万元，用于特困人群的救助。青岛市红十字会推出了“微尘贫困少年儿童大病医疗救助金”，滨州市红十字会与市直机关工委、市文明办联合开展了首届十佳“博爱单位”、十佳“博爱之星”评选活动。

四、救护培训及应急救援工作

开展了“世界急救日”大型宣传活动，在40多个社区开展了救护知识普及活动，各级红十字会开展救护技能传播活动100余场。成立了山东省南丁格尔志愿服务团，已有18家单位建立了南丁格尔志愿服务队，发展志愿者2000余人。按照上海世博会要求，对山东省选派的60名志愿者进行了岗前救护技能与知识培训。举办了“全省红十字应急救护技能比赛”，全省19支代表队参加了比赛，兖矿集团红十字会获得一等奖，并代表山东省参加了全国应急救护技能比赛决赛。临沂市红十字会联合有关部门成立了四支应急救援队伍。济宁、莱芜、德州三市红十字会分别对外派劳务人员、航模比赛和航空体育节志愿者、第四届世界太阳城大会志愿者进行了救护技能培训。泰安市红十字会与市公安武警消防官兵举行了抢险救护技能交流活动。青岛、日照、泰安、威海、菏泽等市红十字会组织人员对军训学生进行了救护培训。全年全省共培训救护师资1900人，救护员78180人，救护知识普及受众817086人。全省17个市红十字会及51个县级红十字会制定了应急预案，开展各级应急预案演练22次，建立红十字救援队55支，有救护员6976人。

五、宣传与传播工作

以“五八”世界红十字日为契机，开展了红十字博爱月、红十字公益广告宣传月活动。5月7日上午，在泉城广场举行了纪念“五八”世界红十字日大型广场宣传活动，省人大、省政府、省政协领导出席。青海玉树地震和甘肃舟曲特大泥石流灾害发生后，省红十字会迅速发出呼吁，广泛开展募捐宣传活动。联合济南市客运管理中心免费在5800辆出租车广告屏幕上滚动发布募捐呼吁；联合省邮政公司开展了以“抗震救灾”和“博爱齐鲁、共建和谐”为主题的邮资明信片义购认捐活动，义卖明信片42.45万枚；联合省广播电台开展了“用爱彩绘希望”为灾区献爱心募捐宣传活动，在100多个社区、14所驻济南高校和多个广场集中开展活动；山东大学、山东师范大学等十余所学校的志愿者共200多人义卖《齐鲁周刊》2000余份，募集善款二万余元；联合齐鲁晚报举办了“同舟共曲”大型募捐宣传活动，募集善款76.7万元；联合齐鲁七贤文化城、齐鲁画院、兰亭书法院、省文联、省美协、省书画学会开展了书画义捐义卖赈灾活动。积极探索市场化的宣传工作机制，联合济南世通华纳传媒公司举办了“笔尖上的希望”王相俊钢笔画义拍活动；联合团省委举办了山东省青少年书法、绘画、摄影大赛。参加“天下无双”活动的著名艺人姜玉恒向历下区捐赠47万元，用于贫困学生的救助。开展了“红十字海报进社区”宣传活动，建立了齐鲁七贤文化城博爱基地。各级红十字会开展了红十字知识进社区、进学校、进企业活动，发放红十字知识宣传手册百万份，使红十字精神和红十字知识得到广泛传播。省红十字会荣获“2008～2010年国际红十字与红新月运动知识传播组织奖”、“2009～2010年度中国红十字会总会报刊宣传特别贡献奖”，《山东红十字》在省专业报刊新闻奖评选中有四篇稿件获奖。

六、造血干细胞、遗体和人体器官捐献工作

全省造血干细胞志愿捐献报名人数达18万余人，入库资料达98500人份，年采集血样9336人份，年入库资料新增8897人份。2010年，实现造血干细胞捐献38例，全省累计实现捐献110例。举办了第二次全省造血干细胞捐献者联谊会，济南、莱芜、滨州市实现了首例造血干细胞捐献，造血干细胞捐献者资料库山东分库被总会表彰为全国优秀省级分库。召开了山东省人体器官捐献试点工作启动会议，成立了省人体器官捐献办公室和省人体器官捐献专家组，省立医院、齐鲁医院等10家医院成为省人体器官捐献试点医院。通过“政府投入、医院支持、社会募捐、受益者捐献相结合”的方式，筹措人体器官捐献启动资金490万元。开通了人体器官捐献热线，初步建立了合理、有效的捐献流程、获取流程和分配流程。2010年，全省器官捐献报名志愿者200余人，全省遗体捐献志愿者登记人数2705人，实现捐献319人。全省角膜捐献志愿报名者1689人，成功捐献54人。济南市红十字会实现了首例外籍人员遗体捐献，青岛市红十字会建立了红十字生命奉献展厅，成立了遗体捐献者之友办公室。

七、交流与合作

与韩国庆尚南道红十字会在烟台市开展了中韩两省（道）红十字青少年交流活动。红十字国际委员会东亚地区办事处人员来山东省考察了重建家庭联系工作。组团赴瑞士、芬兰两国对红十字会工作进行了考察、交流；加强了同台湾红十字组织的交流与合作，组团考察了台湾红十字组织，在救灾、救护、社区服务等方面进行了深入交流。

【历史沿革】

1911年农历10月，山东巡抚孙宝琦批准成立山东省红十字会，会址设在济南中西医院内。1912年1月1日，中国红十字会饬文，接收山东省红十字会为中国红十字会分会，命以“中国红十字会山东分会”之名并“刊刻木质关防之图记呈报”，接收刘崇惠为总会会员。山东省红十字会成立后，以“博爱恤兵”和“人道主义”为宗旨，在各地积极建立红十字会组织，创建红十字医院，开展了战地伤员救护、社会救济等工作。抗日战争时期，山东省红十字会组织受到日军破坏，领导成员遭受迫害。抗日战争结束后，山东省红十字会进入复原时期。至1948年底，山东省有青岛、济南、章丘等14个分会。

新中国成立后，山东省红十字会进入新的历史发展时期，地方红十字会组织在中国共产党和政府领导下进行了改组，红十字会工作人员列入国家编制，省红十字会工作人员编制59人。1957年5月22日，成立了山东省红十字会筹备委员会。7月8日，山东省人民委员会同意建立山东省红十字会，同月，召开正式成立大会，组成了以余修（副省长）为主席的33人委员会。山东省红十字会委员会成立后，重点在城市建立组织，发展会员；在农村开展红十字工作试点；在中、小学组织开展青少年活动。1962

年12月，山东省红十字会选出第二届委员会，委员25人，王哲（副省长）任会长。文化大革命时期，红十字会组织陷于瘫痪。1980年，山东省人民政府批准恢复山东省红十字会，省红十字会编制3人，设在省卫生厅内。1980年11月3日，省红十字会召开第三次会员代表大会暨三届理事会一次会议，选举丁方明（副省长）为会长。1984年11月9—10日，山东省红十字会召开第四次会员代表大会，选举马长贵（副省长）为会长，制定了《关于今后五年工作规划和设想》，提出要重点发展红十字会组织，壮大会员队伍，提高会员素质，开展群众性卫生救护培训，发展社会福利事业。1991年1月30日，山东省红十字会第五次会员代表大会在济南召开，省委书记姜春云、省长赵志浩向大会发了贺信，副省长宋法棠当选为会长，向克、张明、胡玉亮、张奇文、吕国恩、孟德宏、张建军、滕昭庆、黄可华、于光铣、于水田、王军挺（专职）、王荣江（专职）当选副会长。1993年10月，《中华人民共和国红十字会法》颁布实施，山东省红十字会进入有法可依的历史新时期。1996年1月，《中华人民共和国红十字标志使用办法》颁布施行后，山东省红十字会与卫生厅联合开展了推行正确使用红十字标志工作，清理、纠正滥用误用红十字标志现象。1996年10月，刘允生任省红十字会副会长。1999年11月，省红十字会五届十次常务理事会增选张心宝为理事、常务理事、副会长。2000年7月，省红十字会五届十三次常务理事会增选副省长邵桂芳为理事、常务理事、会长。2001年12月4日，山东省红十字会第六次会员代表大会召开，会议聘请李春亭（副省长）为名誉会长，董凤基（省人大副主任）、张敏（省政协副主席）、王天瑞（省卫生厅厅长）为名誉副会长；选举邵桂芳（副省长）为会长，张心宝为副会长。2003年7月，省红十字会六届二次理事会议上，邵桂芳因工作变动，辞去会长职务，会议选举副省长王军民为会长，增聘韩寓群（省长）为名誉会长，邵桂芳（省人大副主任）、王道玉（省人大副主任）、何宗贵（省人大原副主任）为名誉副会长。

2004年，山东省各级红十字会紧紧围绕纪念中国红十字会百年华诞的主题，以丰富多彩的形式开展了纪念活动。年内，烟台、东营、日照、菏泽市红十字会理顺了管理体制，使全省理顺管理体制的市级红十字会达到8个。青岛市12个区（市）已有10个理顺了管理体制。济南市政府下发了《关于加强红十字会工作的意见》。2004年，山东省募集救灾款物900多万元，救助灾区群众5.8万余人。山东省首次直接接受澳门特别行政区红十字会捐赠衣物2.5万件，价值人民币63万元。山东省红十字会系统募集资金318万元开展了“温暖送千家，博爱在齐鲁”活动。活动中走访慰问受灾及特困群众，受益群众10.8万人。山东全省共设立红十字募捐箱422个，募集善款10万余元。2004年，山东省红十字会共举办卫生救护培训班310期，培训四万余人。省红十字会在上一年对七个新型合作医疗试点县参加医保的7000名特困农民给予资助的基础上，又对省政府确定的26个试点县参加医保的特困农民给予资助，每县二万元，共26万元，资助2.6万名特困农民参保。济宁市募集资金200多万元，建立了市红十字会农村医疗救助基金；即墨市红十字会募集资金2547万元，先后两次对

479 户特困家庭进行了救助，发放救助资金 172.9 万元。济南市建立红十字志愿者基地 10 个，山东大学等 10 家单位的 4.6 万人成为首批红十字志愿工作者。青岛市新建五个红十字会志愿服务基地，志愿者已登记 1.1 万人。造血干细胞捐献者资料库山东分库在建立青岛等六个工作站后，又建立了泰安、淄博、德州、聊城、日照等 5 个市级工作站，并对工作站分别给予五万元经费支持。目前，全省有六万余人报名捐献造血干细胞，已采集造血干细胞血样二万份，完成 HLA 检测配型 14541 份，为 49 名患者查寻到 72 名配型相合的捐献者，实现捐献八人。全省已登记捐献遗体者 1000 多人，已有 74 人实现捐献。中国红十字会总会、红十字会与红新月会国际联合会将山东省列为预防艾滋病青年同伴教育项目试点省，举办青年同伴行主持人二期，培训核心主持人 20 名，开展同伴教育培训 400 人次。起草了《山东省红十字会青少年工作委员会工作条例》和《成立山东省红十字青少年工作委员会预案》。在“五八”世界红十字日期间，省红十字会组织省直团体会员单位在英雄山广场开展了大型宣传活动，现场有 800 多名群众参加了红十字运动基本知识问答，共发放宣传资料 25400 份，接受咨询 4500 余人，展出展板 64 个。在世界艾滋病日期间，省红十字会与有关部门联合开展了全省中小学卫生知识竞赛、广场大型预防艾滋病日宣传活动、山东省高校预防艾滋病进校园等大型宣传活动。

山东省红十字会历次代表大会

第一届

1957 年 7 月召开，理事 19 人，常务理事八人，会长余修，副会长张斟滋等。

第二届

1962 年 12 月召开，常务理事三人，会长王哲，副会长张斟滋等。

第三届

1980 年 11 月召开，理事 56 人，常务理事 12 人，会长丁方明，副会长李衡等。

第四届

1984 年 11 月召开，理事 85 人，常务理事 23 人，会长马长贵，副会长霍桂清等。

第五届

1991 年 1 月召开，理事 94 人，常务理事 17 人，名誉会长林萍、丁方明、马长贵、苏应衡，会长宋法棠，副会长向克等。

第六届

2001 年 12 月 4 日召开，理事 79 人，常务理事 16 人，名誉会长李春亭、韩寓群(2003 年 7 月)，会长邵桂芳、王军民(2003 年 7 年)，副会长张心宝。

注：

第一届副会长：张斟滋、王月村、林萍、华子修。

第二届副会长：张斟滋、高象九、孙鸿泉。

第三届副会长：李衡、张春林、崔凤午、于延浩、王惠卿、孙仲玉、王兆俊、苏应衡、付曾矩。

第四届副会长：霍桂清、向克、李竹堂（专职）、孟德宏（专职）、黎萍、李衡、崔凤午、刘士仪、孙仲玉、于延浩、王毅力、王兆俊、周凤梧、苏应衡、付曾矩。

第五届副会长：向克、张明、胡玉亮、张奇文（1993 年 12 月—1996 年 10 月专职）、吕国恩、孟德宏、张建军、滕昭庆、黄可华、王光铣、于水田、王军挺（专职）、王荣江（专职）、刘允生（1996 年 10 月—1999 年 10 月专职）、张心宝（1999 年 10 月—专职）。

第六届副会长：张心宝。

【组织机构】

山东省红十字会现有基层组织 7421 个，红十字会会员 120.3 万人，志愿者 61345 人。全省 17 个市和 140 个县（市、区）都建立了红十字会组织。

2001 年 6 月，省编委发出《关于理顺省红十字会管理体制的通知》，将省红十字会由省卫生厅代管改由省政府领导联系。2005 年 3 月 1 日，省编委发出《关于省红十字会机关机构编制事项的通知》，山东省红十字会机关下设有办公室、业务部，下辖卫生救护培训中心一个事业单位。

目前，全省已有 13 个市理顺了管理体制，其中六个市红十字会为正局级规格。理顺管理体制的市红十字会（按理顺时间排序）为：济宁、青岛、济南、枣庄、烟台、东营、日照、菏泽、淄博、威海、临沂、滨州、潍坊。泰安、莱芜、德州、聊城市红十字会尚未理顺管理体制。

【大型项目】

一、对受灾地区进行援助

近年来，山东省红十字会募集救助款物折合人民币 10171.42 万元，其中，争取红十字国际组织和总会援助的救助款物折合人民币 3062.64 万元，受益群众达 600 多万人次

（一）1997 年，山东省遭遇了百年不遇的春夏干旱，省红十字会筹集 10 万元的药品，组织医疗队先后赴三个市、地区的十几个村，医治病人 2000 余人。

（二）2000 年，山东省红十字会将价值 160 万元的衣服发放到德州、聊城等受灾群众手中。

（三）2001 年 6 月，德州、临沂、日照等市遭受雹灾，山东省红十字会及时将 16 万元现金及价值 10 万元的方便面送到灾区。8 月，省红十字筹集 17 万元的药品，援助东平湖抢险第一线的武警官兵。

（四）2003 年，菏泽、济宁市遭受严重洪涝灾害，山东省各级红十字会共筹集了 115.9 万元款物支援灾区。

（五）2003 年抗击“非典”斗争中，山东省红十字会系统累计接受款物折合人民币 3124.4 万元，红十字血站向北京援助急救用血 10750 个单位，约占全国支援北京用血的一半，为全省乃至全国抗击“非典”斗争做出了积极贡献。

（六）2004 年，全省红十字会募集和争取总会援助救灾款物 900 多万元，救助灾区群众 5.8 万人。

二、对省外灾区进行援助

（一）1998 年 1 月，河北张家口发生地震，山东省红十字会募集 75 万元的款物支援灾区。

（二）1998 年夏天，长江、松花江、嫩江流域遭受特大洪涝灾害，山东省红十字会募集了价值 2000 万元的款物支援灾区。

（三）2001 年初，内蒙古、新疆发生特大雪灾，山东省红十字会募集 450 万元款物支援灾区，并援助新疆维吾尔自治区昌吉州 30 万元建设备灾中心。

（四）2001 年 2 月，四川省甘孜州发生地震，山东省红十字会支援救灾款 10 万元。

（五）2003 年，新疆伽师——巴楚地区发生 6.8 给强烈地震，山东省红十字会系统支援新疆维吾尔自治区红十字会救

灾，募集捐款44695.17万元，物品折款60352元。

【主要特色】

一、开展“温暖送千家，博爱在齐鲁”救助活动

2001年以来，在每年的元旦、春节期间，山东省红十字会开展了“温暖送千家，博爱在齐鲁”活动，慰问救助特困群众，共筹集近千万元的款物，使40余万户特困家庭受益。

二、开展为支援特困农民参加新型合作医疗募捐活动

山东省红十字会于2004年、2005年对两批新型合作医疗33个试点县资助33万元，资助3.3万名特困农民参加了新型农村合作医疗。济宁市红十字会募集资金200多万元，建立了农村医疗救助基金；即墨市募集2547万元，先后两次对479户特困家庭进行了救助，已发放救助资金172.9万元。省政府积极支持红十字会参与农村新型合作医疗工作，并把省红十字会吸收为省政府新型合作医疗联席会议成员单位。

三、农村红十字会工作取得新的发展

山东省红十字会在1988年就提出了“农村需要红会，红会需要农村”的口号，并积极开展了建立组织、发展会员、开展活动等各项工作，总会给予了充分肯定并在全国推广。2001年，省红十字会组织力量对全省农村红十字会情况进行了深入调研，形成了调研报告，中国红十字会会长彭珮云给予了高度重视并作了重要批示：“这个调查报告很好，可以了解到许多有用的信息，建议将其压缩成一期简报下发，并强调各地红十字会在工作中均应重视调查研究，以便科学决策，有针对性地开展各项工作，对农村红十字会工作的现状以及应该怎样开展农村红十字会工作就是一个需要认真调查研究的课题。”山东省副省长王军民强调：“彭珮云会长的批示很重要，是对我们省红十字会工作的极大鼓励，建议省红十字会将彭会长批示转发全省，认真学习，抓好落实。把农村红十字会工作作为一项工作重点，围绕农村贫困户参加合作医疗、救灾助困、救助家庭困难辍学儿童等开展好红十字会工作，推广济宁等地的好做法，开创我省红十字会工作的新局面。”2002年，山东省召开了农村红十字会工作座谈会，对开展好农村红十字会工作进行了研究部署，并要求各市都选择和培养一个县作为农村红十字会工作试点和典型。省红十字会还组织专门人员深入济宁、青岛、聊城等市农村基层进行了调研和推动。

四、遗体捐献工作

《山东省遗体捐献条例》于2003年3月1日颁布施行，明确规定全省县级以上红十字会负责遗体捐献登记等具体工作。省红十字会及时公布了遗体捐献热线，明确专人负责，建立了有关制度，进行了深入宣传。青岛市红十字会建立了“志愿捐献遗体者纪念林”。山东全省现已接受登记捐献遗体者1000多人，有74人实现捐献。

（王永君）

济南市红十字会

【简介】

2003年7月30日济南市编委印发《关于理顺济南市红十字会管理体制有关问题的通知》，济南市红十字会由市卫生局管理改由市政府领导联系，列入群众团体机关序列，经费由市财政全额拨款，工作人员参照公务员管理。2006 年，济南市红十字会人员编制增至 14 人。内部机构设办公室和赈灾业务处，下设一个差额预算管理正处级事业单位——济南市红十字会事业发展中心。

青岛市红十字会

【简介】

青岛市红十字会于 2003 年 2 月理顺管理体制，8 月成立党组，独立开展工作。

淄博市红十字会

【简介】

淄博市红十字会成立于 1957 年。2005 年，市红十字会理顺管理体制，由市卫生局代管改为市政府领导联系，设置红十字会机关。

枣庄市红十字会

【简介】

枣庄市红十字会成立于 1984 年 12 月。2003 年，市红十字会理顺管理体制，规格为正处级单位。2004 年，市红十字会建立党组。有编制八名。机关内设办公室和业务科。全市有县级红十字会七个，基层红十字会组织 125 个，会员 51950 人，志愿者 13429 人，还建立了三个红十字志愿者基地。有红十字新闻志愿队、造血干细胞捐献者志愿队、无偿献血志愿者服务队、红十字紧急救援队等五个志愿服务群体。

东营市红十字会

【简介】

东营市红十字会于 2005 年理顺管理体制，由卫生局代管改由由市领导联系。机关内设综合科、业务科，有编制七名。全市有红十字团体会员单位 150 家，红十字会员三万多人，建立红十字组织 50 多个。

烟台市红十字会

【简介】

烟台市红十字会成立于 1920 年。1985 年，市政府批准成立了“烟台市红十字会办公室”，为科级事业单位，由市卫生局领导。2005 年 6 月，市红十字会理顺管理体制，由市政府领导联系。2007 年 10 月，烟台市莱山区红十字会理顺管理体制，为政府领导联系的科级全额拨款事业单位，有编制六人。其他 12 个县、市、区红十字会办公室均由卫生局领导。全市有专职工作人员 47 人，其中，八个县（市区）配备编制共 21 人。全市共有基层红十字会组织 388 个，红十字会员 17. 7 万名。

潍坊市红十字会

【简介】

潍坊地区红十字会成立于 1957 年。1983 年潍坊撤区改市，地区红十字会更名为市红十字会。2005 年，市红十字会理顺管理体制并配备了专职干部，共有基层红十字会组织 321 个，红十字会员 11 万人，红十字志愿工作者 7000 余人。

济宁市红十字会

【简介】

济宁市红十字会成立于1921年。理顺县级红十字会管理体制的。全市有基层红十字会组织3229个，红十字会员19万人，红十字志愿服务工作者1.9万人。

泰安市红十字会

【简介】

泰安市红十字会成立于1983年6月。2005年10月，泰安市红十字会理顺管理体制，规格为正县级单位，配备正县级常务副会长一人，科级领导职数二名。

威海市红十字会

【简介】

威海市红十字会成立于1988年8月。2005年6月，市红十字会理顺管理体制，由市卫生局代管改为市政府领导联系。

日照市红十字会

【简介】

日照市红十字会始建于1987年1月。2004年11月，市红十字会理顺管理体制，由原市卫生局代管改由市政府领导联系。

临沂市红十字会

【简介】

临沂地区红十字会成立于1982年6月。1995年，临沂撤地建市，临沂地区红十字会更名为临沂市红十字会。2005年10月，临沂市红十字会理顺了管理体制，由市卫生局代管调整为由市政府领导联系。

德州市红十字会

【简介】

德州地区红十字会成立于1984年12月18日。1995年撤地改市后，更名为德州市红十字会。2006年8月，市红十字会理顺管理体制，由市卫生局代管改由市政府领导联系。市红十字会机关规格为正县级全额预算管理事业单位，有编制五人。全市有红十字团体会员单位199家，基层红十字会组织190个，红十字会员16689人。

滨州市红十字会

【简介】

滨州市红十字会成立于1986年。2006年7月，市红十字会理顺管理体制。2007年，全市8县、区的红十字会全部理顺了管理体制。

聊城市红十字会

【简介】

聊城市红十字会成立于1986年。2005年，市红十字会理顺管理体制，由市卫生局代管改为市政府领导联系。

菏泽市红十字会

【简介】

菏泽地区红十字会于1985年4月23日。2004年，配备副会长二人（副县级），其中一名副会长兼任秘书长，有编制八名。全市有基层红十字会组织305个，红十字会员23144人。

河南省红十字会

【年度工作】

一、应急救灾工作

2010年，河南省红十字会系统共接收社会各界及境外捐赠救灾救助款物价值9093.19万元（现金7239.53万元，救灾救助物资1853.66万元）。其中，省红十字会本级接收3751.53万元（资金2743.62万元、物资1007.91万元）。

二、备灾救灾中心项目建设工作

为进一步加快省红十字会备灾救灾中心项目建设进度，确保项目建设各项工作规范操作，有序开展，省红十字会成立了备灾救灾中心项目建设领导小组，专职副会长何传军任组长，领导小组下设项目建设管理办公室，负责项目建设日常工作。同时，按照省长办公会议要求，会领导多次到总会汇报备灾救灾中心项目建设进展情况。2010年1月12日，全国人大常委会副委员长、中国红十字会会长华建敏专门就河南省红十字会备灾救灾中心项目建设作出批示。中国红十字会常务副会长、总会党组书记王伟对河南省红十字会抓住机遇、克服困难，全力以赴推进备灾救灾中心项目建设，提升红十字会整体实力的做法予以肯定，明确表示总会给予支持。为落实华建敏会长批示，省委书记卢展工和省长郭庚茂、常务副省长李克、原副省长宋璇涛相继做出批示，要求继续抓好落实，建好这一项目。

三、理顺管理体制工作

通过深入开展红十字会管理体制理顺督导调研活动，河南省省辖市、县（市、区）级红十字会管理体制理顺工作取得新的进展。全省18个省辖市级红十字会中，又有许昌、开封、信阳、周口、济源等市红十字会配备了领导班子，达到“五到位”要求，新乡、信阳市红十字会成立了党组。南阳、三门峡、鹤壁市红十字会理顺管理体制工作有了明显进展。郑州市的新郑市、鹤壁市的淇县、信阳市的新县和固始县实现了机构独立设置。目前，全省18个省辖市红十字会全部理顺了管理体制，158个县（市、区）红十字会中有68个理顺了管理体制，比例达43%。

四、救护培训工作

全省各级红十字会进一步加强救护培训工作，2010年，全省红十字会系统共培训救护员38151名，开展救护防病知识普及，受益人数达47万余人。

五、社会救助工作

在“红十字博爱送万家”活动中，全省红十字会系统共筹集款物481.06万元，用于元旦、春节期间开展“送温暖”救助活动，近10万名困难群众受益。

六、宣传工作

在充分做好青年志愿者日、“五八红十字博爱周”、国际护士节、世界艾滋病日等重大纪念日的宣传活动外，充分利用媒体抓宣传阵地建设。全年编印河南红十字信息、简报143期，更新河南省红十字会网站信息上千条。特别是在玉树地震和甘肃舟曲泥石流灾害募捐宣传中，全省各级红十字会将救灾募捐情况及时以文字和图片形式传递给媒体进行宣传，形成了以活动促宣传，以宣传促活动的良好格局，在社会上产生较大反响。目前，全省红十字会系统“立体化、多层次、全方位”的大宣传格局已初步形成，为红十字会各项工作的开展营造了良好的舆论氛围。

七、志愿服务工作

河南省红十字志愿者招募、培训、注册等制度已趋完善，使红十字志愿服务逐步走向制度化、规范化的轨道；积极拓宽服务领域，努力打造志愿服务品牌，在2010年郑开国际马拉松比赛中，省红十字会被大赛组委会评为“优秀志愿者服务团体”；深入开展红十字志愿服务基地建设，确立郑州贻和老年福利院、河南省未成年人教管所为省红十字志愿服务新基地；志愿者的人力资源队伍在原有基础上得到了很大的充实和发展，到2010年6月，省红十字志愿服务办公室共成立服务队12支，其中专业服务大队九支、特色服务大队三支。

八、造血干细胞捐献工作

2010年，新招募造血干细胞志愿捐献者8717人，有1138位志愿者与境内外患者HLA初配相合，通过再动员、HLA高分辨确认及捐献体检，有51位志愿者成功捐献了造血干细胞。全省入库志愿者资料累计达61449人份，累计实现捐献造血干细胞170人。

九、交流与合作工作

全年共争取境内外红十字组织援建的各类项目22项，援助款物价值1852.59万元，使数10万群众从中受益。其中，加强型能力建设（ICB）项目的有效开展，促使全省各级红十字会在规范基层组织建设、提升能力、实施“1+X”模式等方面进行了积极有益的探索；与香港天邻基金会合作开展的医疗救助项目取得新成效，减免患者手术费、治疗费等52万元。义诊期间，天邻基金会向焦作市红十字会捐赠了价值近22万元的轮椅550辆，为弱势群体送去了人道关爱。

【历史沿革】

河南省红十字活动始于1911年，河南省红十字会成立于1954年9月，时称中国红十字会河南省办事处，“文革”时期，省红十字会停止了活动。1985年，河南省红十字会恢复工作。1990年，河南省全部建立县级以上红十字会，受到中国红十字会总会贺电表彰。1996年5月，河南省人大常委会颁布实施《河南省实施〈中华人民共和国红十字会法〉办法》。2002年2月，河南省编委批准省红十字会机构独立设置。2002年8月，中共河南省委批准配备了省红十字会新的领导班子。河南省的红十字事业进入新的发展时期。

【组织机构】

目前，河南省红十字会由省政府领导联系，编制18人，省红十字会内设办公室、赈济救护部、组织宣传部三个职能部门。全省已建立基层组织4000多个，会员70余万人。各省辖市、县（市、区）和部分乡镇、行政村建立了红十字组织，初步形成了全省性的红十字组织体系。

【主要特色】

一、“送温暖助万家”活动

河南省红十字会连续五年与中共河南省委宣传部、省精神文明委员会联合发文，以省委驻村工作队为依托，在每年元旦春节期间开展的“送温暖助万家”活动。该活动是河南省红十字会在救助工作中探索出的新模式，它既为贫困群众送去节日的欢乐和温暖，又确保了救助物资真正发放到最需要救助的群众手中，受到困难群众的欢迎。

二、艾滋病防治与帮扶工作

近年来，河南省红十字会在当地党委、政府的领导下，按照《河南省有关厅局委部（团体）预防控制艾滋病性病工作职责》的分工要求，认真开展了艾滋病防治的有关工作。

根据中共河南省委、省人民政府的安排，河南省红十字会作为省直机关38个艾滋病帮扶工作队之一，于2004年2月进驻艾滋病高发村——驻马店市确山县三里河乡南泉村，开展艾滋病防治帮扶工作。入村以来，集中力量在“六个一”工程建设、救治救助等方面做了大量工作。目前，一条路、一所学校、一所卫生所、一套供水设施、一座文化大院、一个阳光家园（孤儿、孤老院）的“六个一”工程，已经按照预期目标全部保质保量完成并投入使用。同时，河南省红十字会发挥自身优势，筹措了价值100余万元的款物开展了救助、助学、义诊、义治等形式多样的救助活动。

三、“医疗事工”活动

1991年，河南南部遭受严重洪涝灾害，在众多灾民急需救助之际，香港天邻基金会发起成立了“香港血浓于水赈灾运动河南送暖行动”，援助资金1000余万元港币，制作“暖包”数十万个，通过河南省各级红十字会组织直接送到最需要救助的灾民手中。香港天邻基金会还援建了信阳、驻马店两地被洪水冲毁的7所乡镇卫生院；在饮用水困难的河南南部山区修建饮用水井10多眼，惠及灾民和贫困群众近百万人。1993年，为改善河南省灾区及贫困地区群众就医困难的情况，香港天邻基金会又发起成立了“香港天邻基金会河南医疗事工委员会”，与河省红十字会共同开展了长达10多年的“河南医疗事工”救治救助活动。10多年来，香港天邻基金会与河南省红十字会合作，在当地政府部门、红十字会、有关医院的支持与配合下，在河南省的许昌、洛阳、安阳、鹤壁、郑州、平顶山、济源、新乡、焦作、驻马店、开封等地区开展了医疗救治救助活动。据统计，香港天邻基金会为开展“河南医疗事工”活动捐资800余万元，共组派800余人次医护人员到河南省服务。免费为贫困病人义诊60000余人次，做手术2000台次。为河南省62所小学的11200名师生进行了牙科普查、治疗，并捐赠图书三万余册。“医疗事工”活动向河南省贫困群众提供了实实在在的人道主义救助，受到山区、边远贫困地区困难群众的欢迎。

（路贺民）

郑州市红十字会

【简介】

郑州市红十字会成立于上世纪50年代中期，“文革”期间停止工作。1986年，市红十字会恢复工作。2003年6月，市红十字会从市卫生局划出，机构独立设置，为正县级单位，有编制10名。机构内设办公室、赈济部和宣传部。全市有红十辽团体会员单位53家，红十字会员19万人，其中红十字青少年会员八万人。

自独立设置以来，郑州市红十字会累计接收救灾捐款1.6亿元，分别用于印度洋海啸、汶川地震、西南旱灾、玉树地震和舟曲泥石流等灾害救助中。近年，累计发放各类救助款近3000万元。开展卫生救护培训

190 余期，培训人员 122565 名。累计采集造血干细胞志愿捐献者血样 2.5 万人份。

现任会领导：

市红十字会常务副会长：张春香

开封市红十字会

【简介】

开封市红十字会成立于 1913 年，“文化大革命”中，市红十字会工作停止。1987 年 5 月，市红十字会恢复工作，有专职工作人员二名。2008 年 11 月，开封市红十字会从市卫生局划出，机构独立设置，由市政府领导和联系，有编制六名，人员参照公务员管理，经费由财政全额预算管理。机构内设办公室、赈济救护部和红十字事业发展部。目前，全市有红十字团体会员单位 21 家，红十字会员 4900 人，红十字志愿工作者 30 余人。

2010 年，开封市红十字会为玉树地震等灾区募集捐款 190 余万元。募集救助资金 60 余万元，对贫困先心患儿和白血病患儿进行救助。在“送温暖”等救助活动中，向困难群众发放救助物品 20 余万元。全年采集造血干细胞志愿捐献者血样 307 人份。

现任会领导：

市红十字会会长：蒋美兰（副市长）

常务副会长：郭明

秘书长：韦志

洛阳市红十字会

【简介】

洛阳市红十字会成立于 1911 年。文革期间停止工作。1985 年，市红十字会恢复组织。1987 年，市红十字会定正科级规格，有编制三人。2008 年 9 月，市红十字会由隶属于卫生局改为由市委、市政府领导直接联系的群团性质事业单位。目前，洛阳市有基层红十字会组织 14 个，红十字会专（兼）职干部 33 人，红十字会员 8000 余人，红十字团体会员单位 47 家。

2010 年，洛阳市红十字会接收企事业单位和市民为各灾区的捐赠款物 1400 多万元，并组织红十字志愿工作者百余名赴四川开展救助活动。开展群众性初级卫生救护训练，以减轻意外伤害造成的伤亡。组织广大市民无偿捐献造血干细胞，挽救白血病患者的生命。

现任会领导：

市红十字会会长：谭建忠（副市长）

秘书长：郑瑞生

平顶山市红十字会

【简介】

平顶山市红十字会成立于 1986 年 9 月 26 日。全市 10 个县（市）区均成立红十字会。全市有基层红十字会组织 390 个，红十字会员 18060 人，红十字青少年会员 98566 人，红十字志愿工作者 170 人。

2010 年，平顶山全市累计有 4026 人份造血干细胞志愿者资料入库，有 70 余人登记志愿捐献遗体。启动博爱系列工程公益活动几年来，共投入救助款物 500.26 万元。为西南干旱、玉树地震、舟曲泥石流灾区募集救灾款物 840 多万元。

现任会领导：

市红十字会副会长：杨振民

秘书长：洪毅

安阳市红十字会

【简介】

安阳市红十字会成立于1911年9月。2002年6月17日，市红十字会机构独立设置，有事业编制七名。全市九个县（市、区）红十字会全部理顺管理体制，现有红十字团体会员单位16家，红十字会员10456人，红十字青少年会员43960人，红十字会志愿工作者220人。

2010年，安阳市红十字会为玉树地震、舟曲泥石流等灾区募集救灾救助款物770万元。在“红十字博爱送万家”活动中，向特困家庭发放救助款物63万元。为21名白血病儿童发放小天使基金63万元。开办救护培训班26期，培训2400人。开展汽车驾驶员急救知识培训，培训汽车驾驶员一万余人。投入资金125万元的三所博爱卫生院和13所村级卫生站项目通过审计验收投入使用。

现任会领导：

市红十字会专职副会长：牛茂修

鹤壁市红十字会

【简介】

鹤壁市红十字会建立于1987年12月，由市卫生局代管。2008年9月，市红十字会机构独立设置，由市政府领导直接联系，有事业编制三名。现全市有红十字会员1.1万余名，红十字志愿者队伍四支。

新乡市红十字会

【简介】

新乡市红十字会于1987年5月成立，有编制八人，为全供事业单位，隶属市卫生局领导，由市卫生局局长担任会长。2008年3月，市红十字会理顺管理体制，从卫生局领导改由市政府领导联系，经费实行全额预算。全市现有基层红十字会组织12个。

现任会领导：

市红十字会名誉会长：张德华　张玉峰

会长：张杰

专职副会长：马云

焦作市红十字会

【简介】

焦作市红十字会成立于1956年，“文革”时中止工作，1986年恢复工作。2002年，市红十字会理顺管理体制，为县级建制，有编制七名，人员参照公务员管理，经费由财政拨款。所辖10个县（市、区）及每个乡镇都建立红十字会和红十字急救站。目前，全市共有基层红十字会组织1800个，红十字会员20余万人，红十字青少年会员16万余人，红十字团体会员单位128家，红十字志愿工作者近7000名。

2010年，焦作市红十字会为玉树地震、舟曲泥石流等灾区募集救灾款物价值247余万元。为困难群众共发放救助款物30余万元。以国家彩票公积金救护师资项目培训救护师资三名。全年采集造血干细胞志愿捐献者血样713人份。

现任会领导：
市红十字会会长：张建国（副市长）
常务副会长：陈晓栋
副会长：马秀泉
秘书长：焦祖霞

濮阳市红十字会

【简介】

濮阳市红十字会成立于 1987 年，是市政府直属单位，人员参照公务员管理。目前，全市有基层红十字会组织 220 个，红十字会员 31000 名。

2010 年，濮阳市红十字会为玉树地震、舟曲泥石流等灾区募集捐款 126 万元。在“红十字博爱送万家”活动中发放救助物品 50.7 万元。协助 18 名白血病患者得到中国红十字基金会“小天使计划”救助资金 54 万元。开展“保心行动”，为 24 名农村贫困先天性心脏病儿童提供治疗费 120 万元。全年有 475 人份的造血干细胞志愿捐献者血样录入中华骨髓库。

现任会领导：
市红十字会会长：邹东坡（副市长）
专职副会长：杜周彬
秘书长：刘瑞勇

许昌市红十字会

【简介】

许昌市红十字会于 1987 年 2 月恢复工作，2008 年 7 月 17 日，市红十字会理顺管理体制，为副处级事业单位，机关列编五名，为全额预算管理单位。机关内设办公室和赈济救护科。现全市有基层红十字会组织 26 个，红十字团体会员单位 36 家，红十字会员 3300 人。

2010 年，许昌市各级红十字会为西南干旱、玉树地震、舟曲泥石流等灾区募集社会捐款（物）近 112 万元。全市现有 2792 人份的造血干细胞资料进入了中国造血干细胞捐献者资料库。市红十字会连续四年荣获河南省造血干细胞捐献志愿者招募“先进工作站”的荣誉称号。

现任会领导：
市红十字会会长：秦春梅
专职副会长：范建华
秘书长：董玉娟

漯河市红十字会

【简介】

漯河市红十字会 2008 年 2 月从市卫生局划出，机构独立设置，由市政府领导联系，规格相当于副处级，核定事业编制三名，经费实行财政全额预算管理。2010 年 10 月，编制增加到五名。市辖二县四区，有临颍县和舞阳县红十字会独立设置，规格为副科级。全市现有基层红十字会组织 380 个，红十字会员三万名。

2010 年，漯河市红十字会为玉树地震、舟曲泥石流灾区募集善款 25.5 多万。有 150 多人参加了卫生救护知识培训班，在“河南省首届红十字救护技能大赛”中，市漯河市代表队获得第二名的成绩。

现任会领导：
市红十字会会长：孙运锋（副市长）
常务副会长：常国印

三门峡市红十字会

【简介】

1987 年，三门峡市红十字恢复工作。机构规格为处级，内设办公室，赈济科，有全供事业编制五名。

现任会领导：

市红十字会专职副会长：王干一

秘书长：潘书正

南阳市红十字会

【简介】

南阳市红十字会 1987 年 10 月 29 日恢复工作，为独立建制的副处级机构。所辖 13 个县、区均建立红十字会组织。全市有红十字团体会员单位 351 家，红十字会员 27800 人。红十字志愿工作者 1238 人。

南阳市红十字会五年来共募集款物 150 多元人民币，对玉树等灾区及南阳当地发生的各种灾害给予了及时的救助。开展卫生救护培训工作，有 3000 余人获得市红十字会颁发的急救员证书。全市累计有九名志愿者实现造血干细胞捐献。

现任会领导：

市红十字会副会长：屈传华

秘书长：王豫华

商丘市红十字会

【简介】

商丘市红十字会于 1988 年 1 月恢复建立。2006 年 12 月，商丘市红十字会从市卫生局划出，独立设置，由市政府领导联系，有全供事业编制四名，参照国家公务员管理，经费实行全额预算管理。目前，全市有基层红十字会组织 143 个，红十字团体会员单位 243 家，红十字会员 21604 人，红十字青少年会员 11500 人。

2010 年，商丘市红十字会为玉树地震、西南旱灾、舟曲泥石流灾区募集善款 105.4 万元。中国红十字基金会小天使基金为 16 名白血病患儿提供救助，金额达 48 万元。联合商丘医学高等专科学校专家为市一中和市兴华中学的 760 多名师生进行救护知识培训。

现任会领导：

市红十字会会长：杨宏伟

信阳市红十字会

【简介】

信阳市红十字会活动始于 1912 年。1913 年 10 月 25 日，固始县红十字分会正式成立。1954 年，信阳地区成立红十字会。文革期间，市红十字会停止工作。1987 年 9 月，信阳地区红十字会恢复成立。1988 年，信阳地区 10 个县、市红十字会组织恢复工作。2008 年 11 月，信阳市红十字会从市卫生局划出，独立设置，规格正处级，由市政府领导联系。市红十字会内设办公室、赈济救护部，有人员编制七人。2010 年 9 月，建立中国共产党信阳市红十字会党组。全市现有基层红十字会组织 295 个，红十字会员 24678 名，其中红十字青少年 5325 名。

2010 年，信阳市红十字会为玉树地震等灾区募集救灾款物 191050 元。中国红十字基金会小天使基金救助信阳市白血病患儿 12 名，每名患儿 3 万元，共计 36 万元。

现任会领导：

市红十字会常务副会长：周大典

秘书长：张孔华

周口市红十字会

【简介】

周口市红十字会成立于 1987 年，1996 年，市红十字会机构独立设置，有编制八人，属市卫生局直属二级机构，规格为科级。2008 年，市红十字会升格为副处级，机构定编制七人，2010 年 8 月，市红十字会改为由市政府领导直接联系的社会救助团体。目前，全市有基层红十字会组织 354 个，红十字会员 40422 人。

2010 年，周口市红十字会为西南旱灾和玉树地震灾区募集捐款近 30 万元。在中秋节，市红十字会与民政局等相关部门向困难家庭放发价值八万余元的慰问品。中国红十字基金会、周口市红十字会小天使救助基金为八名白血病患儿提供救助金 24 万元。全年举办卫生救护培训班 16 期，培训机动车驾驶员 2000 余人次。全市有 54 位造血干细胞志愿捐献者的高、低分辨率与患者配型成功，其中一人成功捐献造血干细胞。

现任会领导：

市红十字会副会长：徐震

秘书长：高春

驻马店市红十字会

【简介】

驻马店市红十字会 2002 年独立设置，参照公务员管理，正处级规格，有行政编制六名。机关下设赈济部、办公室、志愿者管理中心。全市有基层红十字会组织 3700 个，红十字团体会员单位 120 家，红十字会员 9.5 万人，红十字志愿工作者三万人，各类志愿服务队 62 个。建有社区红十字博爱救助站 39 个。

2010 年，市红十字会引进国内外项目三个，项目资金 330 万元。为西南干旱、玉树地震、舟曲泥石流灾区募集救灾资金 264 万元。全年举办初级卫生救护培训 17 次，普及救护防病知识 1800 余人。“博爱在天中”等活动募集救助金 258 万元，救助特困群众 1466 人。全年有 650 名造血干细胞志愿者资料入库。

现任会领导：

市红十字会会长：张德轩（副市长）

副会长：谢富田（市政府副秘书长）

常务副会长：曾莉

济源市红十字会

【简介】

济源市红十字会成立于 1924 年 6 月，期间由于战乱等原因中断日常工作，于 1988 年 12 月 5 日恢复成立。1992 年，“济源市红十字会办公室”成立，机构规格为股级，有事业编制二人。2008 年 11 月，市红十字会从卫生局划出，独立设置，由政府直接领导，机构规格相当于正科级，编制人数为三人，机构内设办公室、财务科、赈济救护部。目前，全市有基层红十字会组织 73 个，红十字团体会员单位 28 家，红十字会员 2910 人。

现任会领导：

市红十字会专职副会长：袁大宝

秘书长：卫宗玲

湖北省红十字会

【年度工作】

一、组织建设工作

2010年，湖北省红十字会在武汉召开了第五届理事会第六次会议。中共湖北省委常委、副省长、省红十字会会长张岱梨主持会议，第五届理事会理事和湖北省各地市红十字会有关负责人出席了会议。会议通过了湖北省红十字会的人事安排，会议一致通过贺方红为常务理事、常务副会长，郑军为常务理事、专职副会长，张钦为常务理事、秘书长。贺方红传达了中国红十字会九届二次理事会暨理顺管理体制工作经验交流会精神，同时部署了湖北省红十字会2011年工作。郑军副会长作了关于湖北省红十字会第六次会员代表大会筹备方案的说明。

继武汉、十堰、神农架林区、襄樊市和恩施市等红十字会完全单独设置之后，2010年，有14个县（市、区）红十字会由当地编办发文理顺了管理体制，全省发文理顺管理体制的县级红十字会总数已达到39个。目前，全省红十字会专兼职干部共有674人，全省102个县（市、区）共有基层组织12171个，冠名红十字医疗机构153个，红十字会员1120969人名，其中青少年会员672843名。

二、救灾救助和募捐工作

针对国内发生的自然灾害，分别参与了“西南旱灾”、“青海玉树地震”、“舟曲泥石流”、“省内洪灾”等大型的救灾募捐工作，全省红十字会系统共募集款物3902万元。

创新思路，开展了相关救助活动。即“天使爱心行动”、“温暖楚天行动”、“博爱楚天行动”和“博爱送万家”等活动。

加大项目引进力度。全年共引进项目56个，价值500万元。

省红十字会5次派救灾组赴受灾较重的郧县、英山、监利、嘉鱼、咸安和仙桃等地核查灾情、发放物资、救助灾民。7月份，中国红十字会秘书长王汝鹏率总会赈济救护部和国际联合会救灾组到湖北省咸宁市、监利县考察灾情并实施救助。

引进红十字扶贫开发中心援助本省咸宁市心电诊断设备4台套，价值80万元。引进红十字扶贫开发中心有偿援助本省基层红十字会和卫生院站救护车18辆，总价值124.2万元。

三、主要工作与活动情况

一是2010年元旦、春节期间，全省开展了“红十字博爱送万家”活动，全省共募集款物1182.62万元，有23.65万人次受益。发放的物资包括服装、棉衣、棉被、大米等。武汉市自筹14.5万元的款物发放到全市困难家庭。

二是实施“魔豆宝宝爱心救助工程”。经过广泛宣传，在武汉地区征集困难母亲240名并对她们进行了技能培训，有56位困难母亲经考试合格，省红十字会为她们每人配备了一台电脑，发放了启动资金一万元。经过他们自身的努力，有30位取得较好的销售业绩，获得了一定的经济收益。

三是开展了“五八”世界红十字日纪念活动。在随州职业技术学院开展了国际人道法和“校园急救”知识讲座。结合世界红十字日和减灾日与省地震局联合办班，在十堰市举办了地震应急救援人员卫生救护培训。

四是7月份，省红十字会在荆门市举行了“康力迪杯”湖北省红十字会首届应急救护技能大赛，全省共有24个代表队120名选手参赛。武汉市红十字会代表队获得一等奖。荆门电视台对决赛现场进行了直播。10月份，在中国红十字会总会举办的首届红十字应急救护技能大赛上，湖北省红十字代表队获得三等奖。

五是11月5—9日，中国红十字基金会在本省启动了“以爱育爱，幸福天使行动”。向省红十字会捐赠了总价值500万元的婴幼儿食品和50万元现金，用于贫病婴幼儿的救助。同时捐赠现金84万元，用于在湖北省内援建“幸福天使博爱新村”、“幸福天使博爱卫生站”和“幸福天使红十字书库”。湖北省人大常委会副主任、省红十字会名誉副会长蒋大国，湖北省红十字会党组书记、常务副会长贺方红，中国红十字基金会秘书长刘选国等及被救助婴童家庭、志愿者百余人参加了活动。

六是推进人体器官捐献试点工作。2010年，作为全国11个首批人体器官捐献试点市，武汉市分别成立了器官捐献委员会、专家委员会。在同济等医院开展并举办了两期协调员培训班。11月11日，中国红十字会副会长郝林娜到本省进行人体器官捐献试点工作调研，听取了省红十字会，武汉市红十字会和捐献定点医院有关负责人的汇报。郝林娜对武汉市人体器官捐献试点工作做到立法先行、工作规范、特色鲜明、宣传到位给予充分肯定。

七是大力加强省红十字会宣传工作。充分发挥宣传报道的社会舆论作用，2010年，全省报刊、网络报道红十字会新闻共计1500多篇，仅《湖北日报》头版报道就有五篇。2010年9月，《授人以渔让爱永续》荣获中国红十字会总会报刊2009～2010年度优秀新闻作品二等奖；省红十字会荣获2009～2010年度报刊宣传优秀奖。电视新闻报道1000多条，全国人大常委会副委员长、中国红十字会会长华建敏就《湖北日报》关于湖北省首例人体综合捐献者魏霞的系列报道作出重要批示。中央电视台一套《身边的感动》栏目组还赶赴魏霞的家乡拍摄了专题节目，12月中下旬，中央电视台新闻频道、新华社和中国国际广播电台记者到湖北就宣传魏霞感人事迹背后的群体进行了跟踪采访拍摄，并在中央电视台新闻频道“新闻直播间中的焦点新闻”进行此专题报道。9月份，省红十字会网站开通，为宣传红十字精神，传播网络信息提供了平台。11月份，省红十字会获中国红十字会、红十字国际委员会2008～2010年红十字基本知识传播工作组织奖。

八是省红十字会机关建设得到进一步加强。2010年，省红十字会选配了正厅级领导担任党组书记、常务副会长。新的领导到任后，党组一班人深入调查研究，开展交心谈心，倾听群众意见，建章立制，规范工作程序，向省委、省政府有关部门主动衔接和协调相互之间关系。对内抓管理、对外树形像。对工作提出了“四个建设”，即：工作体制建设、备灾能力建设、应急救援和信息网络建设。打造“三个中心”，即：红十字应急救护培训中心，人体器官捐献管理中心和募捐筹资管理中心。做好“两个品牌”，即：“博爱”项目品牌和“霞光”救助品牌。实现一个目标，即：运转良好的各级红十字会。省红十字会相关工作纳入省政府的“十二五”规划纲要。省红十字会机关通过了省直机关目标责任制的年终考评。

【历史沿革】

湖北省红十字会起源于20世纪初，是中国红十字会早期活动地之一。

1911年10月10日，辛亥革命在武昌爆发，11月底，袁世凯率清军攻打汉口。1912年初，当驻汉各国使节尚在清政府与革命党起义力量之间权衡利弊、左右观望之际，武汉市基督教美国圣公会（世界新教三大主流门派之一的“安立甘宗”在中国的称谓）吴德施主教责成教会所辖的武昌文华中学校长余日章等人组成红十字会，余日章与城内一批中外有声望的士绅商贾出面组织红十字会（当时该红十字会未得到中国红十字会的认可），建立临时伤兵医院，救治战斗中负伤的起义军民，掩埋阵亡将士，对战区灾民进行收容赈济服务。“当城内缺粮问题日趋严重时，他又率悬有大幅红十字会会旗的船队往来于武昌汉口之间，将数万吨米运往武昌……”1912年1月，中华民国建立，大清红十字会改名为中国红十字会后，设临时医院于武汉，并组织医疗队在战争中开展力所能及的救护、救助工作。时任在武昌的黎元洪副总统在一份致南京孙中山大总统电文中有这样记载：“南京孙大总统：鄂省自起义以来，血战数十日，尸骸枕藉，无算伤残。幸赖中国红十字会，设立临时医院，救治被伤兵士，并施掩埋……得邀万国红十字会联合公认该会为中华民国正式红十字会……伏恳请准予立案……”等。在《中国红十字会二十年大事纲目》清宣统三年（1911年）中这样记载：“武汉事起，各省响应。宜昌沙市荆州南京宿州正阳等处，相继剧战。本会悉就其地，组织医院医队，会请教会西医，竭诚救护。”另有1912年12月19日武昌徐森玉关于万家庙义塚给红十字总会求助的电文：“喜鹊胡同红十字总会冯伯翁……来鄂襄阳掩埋功不得已禀黎副总统查核允助洋千元安铜旗铁栏种树……”在辛亥首义阳夏战争中，在上海万国红十字会电请下，黎元洪指派陈雨苍改组红十字救护队之后，在汉口药帮巷（福建巷堤外）设会所。1916年6月，中国红十字会汉口分会成立（据夏口县志记载），会长刘子敬，副会长王琴甫，理事长树景权，秘书长王民仆，有会员500多人。1917年湘鄂战争之际，在汉口设临时医院3所等。全省各地也都纷纷有红十字会的分会成立，例如宜昌、襄阳等地，有文字这样记载：民国7年（1918年）中国红十字会宜昌分会成立，借大北门外正街北五省会馆为会址。自建会所中山路，会员105人，送诊施药，救护伤员。到1924年湖北省各地被中国红十字会认可的分会已有20个：武昌分会、汉口分会、潜江分会、通城分会、崇阳分会、宜都分会、沙市分会、襄阳分会、郧县分会、黄冈分会、樊城分会、大冶分会、宜昌分会、鄂城分会、蕲水分会、枣阳分会、蕲春分会、光化分会、当阳筹备处、老河口筹备处。

1937年，抗日战争全面展开，中国红十字会的战争救护工作也在全国全面展开，在汉口成立了中国红十字会救护总队，下设10个医疗大队、50个医疗中队、100多个区队，有近150支医疗队，医疗救护人员近4000人。如：1938年5月11日下午一时武昌红十字分会临时救护委员会第一次成立会议在武昌红十字分会召开，主席吕道信。医疗队认真贯彻红十字运动基本原则，不论是国民党政府军队，还是共产党领导的八路军、新四军，甚至日本侵略军的伤病人员都一视同仁予以救护。1937 年 6 月，由苏汰余任汉口分会会长。武汉沦陷后，直到 1946 年 4 月恢复汉口分会，常务理事长李荐廷，常务理事兼副会长王民仆、宋如海。设红十字会医院一所，院长朱文俊，1947 年有会员 19438 人。

新中国成立后，1956 年 4 月，由姚克方、卢镱澄、孙冰、毛景芳等人组成湖北省红十字会临时办事机构，孙冰任总干事。11 月 20—22 日在武昌洪山礼堂召开了湖北省红十字会第一次会员代表大会，出席会议代表团 123 人，大会选出 41 人组成执行委员会，姚克方任主席，刘劲、卢镱澄任副主席；七人组成监察委员会，唐午园任主任委员，熊子民任副主任委员。湖北省红十字会成立后，按照《中国红十字会章程》办事，在省人民政府的领导下，认真贯彻“预防为主”的卫生工作方针，积极开展群众性的卫生宣传、卫生服务和卫生救护培训工作，建立卫生站，大力从事救死扶伤、爱国卫生、群防群治、学校青少年卫生、普及卫生知识、救济贫民及灾民等工作。到 1958 年，红十字会活动已在武汉市、沙市市、宜昌市、襄樊市及麻城、浠水、孝感等市县普遍开展起来，仅武汉市就有会员 30 多万，基层组织 680 个，工厂、学校、都有组织参与，把爱国卫生运动推向高潮。1964 年 11 月上旬，召开湖北省红十字会第二次会员代表大会，姚克方任会长。“文革大革命”中省红十字会被迫停止工作。1978 年武汉市红十字会率先恢复活动，至 1984 年 10 月，武汉市已发展基层组织 677 个，会员 80505 人。1985 年 7 月，湖北省红十字会恢复工作，8 月召开了湖北省红十字会第三次会员代表大会，出席会议代表人 60 人，何界生任会长，金振涛为常务副会长，省红十字会办公室设在省卫生厅内，办公室由兼职秘书长陶再华主持工作。省红十字会自 1985 年恢复工作以来，即致力于各级红十字会的恢复组建工作，全省各地、市、州、县均成立了红十字会。1996 年 5 月 24 日，召开了湖北省红十字会第四次会员代表大会，出席会议代表 56 人，贾志杰为会长，韩南鹏任会长，涂用宏为常务副会长，冯芊为秘书长，下设省红十字会办公室、组训部和宣传部。

自第四次会员代表大会后，湖北省红十字会在湖北省委、省政府和中国红十字会总会的领导和指导下，坚持依法建会、依法兴会，做了大量的卓有成效的工作。

2004 年 9 月 6 日，湖北省红十字会召开了省第五次会员代表大会，回顾总结了“四大”以来湖北省红十字工作所取得的成绩和经验；审议通过了第四届理事会的工作报告、《湖北省红十字会实施〈中国红十字会章程〉细则修改意见》、《湖北省红十字会 2005 ~ 2009 年发展规划》；选举产生了新一届理事会并召开了第五届理事会第一次会议，聘请了中共中央政治局委员、中共湖北省委书记俞正声为省红十字会名誉会长，韩南鹏为名誉副会长，副省长蒋大国当选为会长，毛三元为专职副会长，黄利鸣、谢继伦为兼职副会长，根据会长提名冯芊为秘书长。

湖北省红十字会历次会员代表大会

第一届

1956年11月20召开，代表123人，理事52人，常务理事11人，会长姚克方。

第二届

1964年11月召开，代表41人，理事25人，名誉会长姚克方。

第三届

1985年8月召开，代表60人，理事13人，常务理事八人，会长何界生，常务副会长金振涛。

第四届

1996年5月24日召开，代表191人，理事56人，常务理事20人，名誉会长贾志杰，会长韩南鹏，常务副会长涂用宏。

第五届

2004年9月日6召开，代表263人，理事71人，常务理事13人，名誉会长俞正声，会长蒋大国，常务副会长毛三元。

【组织机构】

截至2004年底，湖北省红十字会有基层组织4579个，会员104.8万人（其中青少年会员88.7万人），占全省人口的1.74%。全省17个地（市）、州都建立了红十字会组织，基层组织分布于全省城镇、农村、医院、学校等，这些机构和基层组织是湖北省开展红十字工作的基本力量。湖北省红十字会机关设有办公室、赈济救护部、事业发展部，下辖中国红十字会湖北备灾救灾中心。

根据《中华人民共和国红十字会法》和中国红十字会总会《理顺管理体制座谈会纪要》精神，2001年5月15日，湖北省编委对省红十字会管理体制和机构编制问题给予了批复。省红十字会“由省卫生厅代管”改为“省政府分管领导联系”。2002年，中共湖北省委组织部又进一步明确了省红十字会党组设置和干部管理等若干问题。湖北省部分市、县红十字会也结合实际按政府机构改革方案的要求进行了合理的调整，配有专职干部，保持了相对独立的工作体系。

目前，全省12个地级市、三个省直辖行政单位、一个林区和一个自治州红十字会是：武汉市红十字会、黄石市红十字会、襄樊市红十字会、十堰市红十字会、荆州市红十字会、宜昌市红十字会、荆门市红十字会、鄂州市红十字会、孝感市红十字会、黄冈市红十字会、咸宁市红十字会、随州市红十字会、仙桃市红十字会、天门市红十字会、潜江市红十字会、神农架林区红十字会、恩施土家族苗族自治州红十字会。

【大型项目】

一、1998年，为救助长江流域特大洪涝灾区，湖北省红十字会共募集救灾款物1.4亿元。

二、1999年，湖北省红十字会募集善款2012.32万元，为1998洪涝灾区重建了卫生院13个；募集善款253.23万元，重建学校九个；募集善款150万元用于14个水改项目；募集资金330万元建地区备灾仓库四个；援助灾区2000户民房建材591.5万元；援助灾区民房门、窗10万元；为基层医疗机构配备医疗器械、设备63台（套），价值209.79万元。

三、2003年，湖北全省红十字会系统为防治“非典”募集款物价值708万元；募集价值 16 万元的款物支持新疆灾区。

【主要特色】

一、加强备灾基地建设，提高救助能力。为提高湖北省红十字会救灾应急能力，经省红十字会多方呼吁和劝募，共筹集资金 330 多万元。在当地政府的支持下，筹建了荆州、宜昌、咸宁、黄冈、四个备灾救援中心。目前，全省救灾备灾建设项目总面积达到一万多平方米，全省初步形成了以中国红十字会总会湖北备灾救灾中心为骨干，以四座市级备灾救援中心为支撑的备灾救灾网络，增强了全省红十字会的备灾实力，提高了救助效能。

二、湖北省红十字会不断加强国际友好交流与合作，在中国红十字会总会的指导与支持下，先后与 20 多个国家的地区红十字会建立了长期交流的友好关系。

三、认真处理有关台湾事务。2001 年 6 月 23 日，受“飞燕”台风影响，“广源轮”货船在台湾安平港沉没，船上 23 名大陆劳务外派船员全部落海。其中湖北籍船员 22 名，安徽籍一名，19 名船员遇难或失踪，四名生还。在台湾“海基会”与大陆“海协会”暂停交往的情况下，湖北省红十字会通过中国红十字会总会积极与台湾红十字组织取得联系，组织遇难者家属赴台，配合、协助长江航运集团公司处理善后事宜，圆满完成了任务，受到国务院台办、中国红十字会总会、湖北省台办等有关部门领导给予的高度评价。同时也为两岸红十字组织今后处理此类突发事件提供了经验。

（鲍　毅）

武汉市红十字会

【简介】

武汉市红十字会成立于 1916 年。1979 年，武汉市红十字会恢复工作。2002 年 12 月，武汉市委办公厅下发了《中共武汉市委办公厅关于印发〈武汉市红十字会机关机构编制方案〉的通知》，市红十字会内设二个职能部（室），即办公室和业务部。2005 年 4 月，市红十字会，核定副局级领导职数一名。

武汉市 13 个区都建立了红十字会组织，有专（兼）职干部 17 名。全市有红十字基层组织 2160 个，会员 46 万人。

襄樊市红十字会

【简介】

襄樊市红十字会恢复重建于 1986 年 4 月，全市各县（市）区均成立有红十字会机构、配备有专兼（职）工作人员。全市红十字会系统有冠名机构 5 个，基层组织 89 个，编制人数 15 人。2006 年 4 月，襄樊市红十字会理顺管理体制。

荆州市红十字会

【简介】

荆州地区红十字会 1986 年恢复工作。1994 年，荆州地区和沙市市红十字会合并成荆沙市红十字会，后更名荆州市红十字会。全市有红十字基层组织 315 个，会员 10. 81 万人，其中成人会员 6. 3 万，青少年会员 4. 51 万。1991 年，荆州地区红十字会办公室挂靠行署卫生局，定人员编制二人。1997 年，办公室定为副县级，由市卫生局代管，行政编制四名，工勤编制一名。2001 年，市红十字会内设机构二个（综合科、赈灾科），行政编制四名。2005 年，市红十字会改由市政府领导联系，调整后的市红十字会机关机构级别仍为副县级。全市红十字会系统共有编制 24 名，专职干部 16 名，兼职干部 332 名。

十堰市红十字会

【简介】

十堰市红十字会成立于 1986 年 10 月，全市五县一市二区和武当山旅游经济特区均已建立红十字会。全市有红十字基层组织 198 个，会员近八万名。2005 年 10 月，十堰市红十字会理顺了管理体制，各县（市）、区红十字会均配备了专（兼）职干部。

宜昌市红十字会

【简介】

宜昌市红十字会成立于 1918 年，1986 年恢复重建。

孝感市红十字会

【简介】

孝感地区红十字会成立于 1986 年 12 月 30 日。1993 年，孝感撤地建市后更名为孝感市红一字会。2007 年 6 月 8 日，孝感市红十字会理顺了管理体制，由市政府分管领导联系。全市七个县（市）、区均建有红十字会组织。

黄石市红十字会

【简介】

黄石市红十字会原名中国红十字会大冶县分会，始建于 1919 年。1986 年 12 月 26 日恢复工作。2006 年 6 月 21 日，黄石市红十字会理顺管理体制。11 月 23 日，黄石市编办将市红十字会编制由二人调整为三人，编制性质为专项事业编制。

黄冈市红十字会

【简介】

黄冈市红十字会成立于 1986 年。全市有红十字基层组织 412 个，会员 260600 人。

鄂州市红十字会

【简介】

鄂州市红十字会成立于 1986 年 12 月 27 日。全市有红十字会会员近 13 万人，基层组织 128 个。

咸宁市红十字会

【简介】

咸宁市红十字会成立于 1986 年 11 月，全市有县（市）、区级红十字会六个，乡镇办事处红十字会 69 个，基层红十字会组织 152 个，会员 33680 人，其中青少年会员

16053人。2005年，咸宁市红十字会理顺了管理体制。2006年，通山和赤壁两县（市）的编办下发了文件，理顺了县红十会的管理体制。

潜江市红十字会

【简介】

潜江市红十字会成立于1988年3月15日。2007年5月8日，经市编委重新批准为事业编制三人. 级别为正科级，机构内设综合科、赈济科，配备专职工作人员三名。潜江市红十字会建立基层组织22个，团体会员单位84家，会员24718人，其中青少年4411人，志愿工作者417人。

随州市红十字会

【简介】

随州市红十字会成立于2001年1月。市红十字会机关下设办公室（副处级），机关有行政编制3名。2006年11月，市红十字会改由市政府领导联系，机构独立设置。

仙桃市红十字会

【简介】

仙桃市红十字会于1987年11月成立，有编制二名。全市有红十字会基层组织85个，会员六万余人，其中青少年会员3.5万。

荆门市红十字会

【简介】

荆门市红十字会成立于1986年11月。2006年8月，市红十字会理顺管理体制，调整为与市政府领导联系，有编制三名。下辖京山、钟祥、沙洋、东宝、掇刀、屈家岭等六个县（市）、区红十字会。

湖南省红十字会

【年度工作】

一、救灾工作

2010年湖南省红十字会一是加强备灾能力建设，抓紧实施援建的10个市级红十字会备灾仓库项目建设。切实做好2010年防大汛抗大灾的各项准备工作，完成救灾物资调拨75批次，价值1464.6万多元，完成总会12批次价值361.6万元的物资储运任务。加强了值班和物业管理，完善了制度，安装了监控系统，更新了消防设施。二是及时参与省内抗洪救灾工作。洪涝灾害发生后，第一时间收集上报灾情10次、通报灾情八次，争取600多万元灾后重建资金，并先后八次派出工作组深入灾区救灾慰问，共发放救灾款物47批次，价值1082.8万元。三是积极开展省外灾害救援工作。为舟曲特大泥石流灾害捐款120万元。玉树地震发生当天和第二天，两次共紧急调拨30万元现金支援灾区，全省红十字系统共募集价值5047万元的救灾款物，其中募集捐款4455.68万元。灾后第二天即派出由彭力夫副会长任队长、12名机关干部和志愿者组成的制水紧急救援队赴玉树救援，他们克服各种困难在灾区工作了22天，制作了安全、优质的应急直饮水800多吨，使三万多受灾群众受益。中国红十字紧急救援队湖南制水分队、长沙市红十字会、慈利县红十字会荣获中国红十字会青海玉树抗震救灾先进集体称号。四是全面完成了总会，香港、澳门红十字会及北京市红十字会等援建的660户灾民新村、六所学校、51所卫生院（站）、17处改水建设任务，总计投入资金2196万元，受益群众71万多人。启动了挪威红十字会援助120余万元的社区为本减灾项目。五是继续做好了支援理县灾区工作，并对救灾款使用情况进行追踪监督。

二、组织建设与宣传筹资工作

组织建设进一步推进。省政府召开常务会议专题研究红十字会工作，推动理顺县级红十字会管理体制工作。本会认真落实会议精神，积极向省编办呈报了理顺县级红十字会管理体制的请示，召开了专题经验交流会。加强了对志愿者的管理，进一步开展了紧急搜寻、医疗救援、心理支持、紧急供水等志愿服务工作；组建了湖南红十字紧急救援队蓝天救援分队。指导学校红十字组织和志愿者团队开展各类活动，举办了青少年博爱夏令营。宣传平台得到扩展。建立了新闻发布会议制度，明确了新闻发言人，共组织新闻发布活动11次，在各大媒体发布新闻、消息127次，网络转载新闻上千次。制作了年报、宣传海报、宣传页等。筹资长效机制进一步构建。巩固了与新闻媒体联动筹资机制，在玉树地震、西南旱灾和舟曲特大泥石流灾害发生时，均能快速反映，第一时间向社会发出救灾募捐呼吁，募捐明细当日在电视上公示。与建设银行、民航、车站等联合开辟了款物募捐绿色通道；开通了网上银行捐赠和手机短信捐赠。

三、卫生救护工作

2010年，湖南省红十字会举办救护师资培训班三期，复训师资150人。从全省选派30人参加了总会救护师资复训班学习。全省培训救护师资1150人。举办了四期187人的消防战士救护员培训班；与博世公司合作对80多名救护员进行了复训；与三湘都市报社合作举办了二期80多人参加的“身边的急救员”培训班。组建红十字应急救护代表队参加了首届全国红十字应急救护大赛，获得优秀奖。向中国红十字基金会申报“小天使基金”，救助患儿250多人，105名孩子已得到救助，下发救助金311万元。

四、社会救助工作

2010年，湖南省红十字会造血干细胞捐献工作完成招募7000人份入库数据任务。全年初筛及再动员2046人，高分辨270人。截至12月20日，上传总库数据7.8万多人份，累计有153名志愿者为患者成功捐献了造血干细胞。中华骨髓库湖南分库被总库评为“先进分库”，并被授予全国“优秀分库”称号。人体器官捐献试点正式启动。与省卫生厅联合制定了人体器官捐献试点方案，召开了人体器官捐献试点工作新闻发布会，人体器官捐献登记者200多人，顺利完成了4例器官捐献移植，八名尿毒症患者成功接受了肾脏移植。持续开展“博爱送万家”活动。省本级筹集慰问物资价值279万元，使全省近二万户八多万人受益。郭开朗会长深入湘西州凤凰县和怀化市辰溪县、洪江区现场慰问灾民和生活困难群众。继续开展湖湘抗癌公益大行动、“红十字健康进社区、关爱糖尿病人健康”、“关注儿童、共建和谐”、“义工助学万人行”、“奥丝蓝黛助学”等社会救助活动；筹集160万元的奶粉和物资送到贫困人群手中；三次派人到宁乡资福和汨罗安养院进行慰问；与中粮可口可乐公司联合开展了探望智障儿童专题活动；与省佛教协会联合开展了“2010 抗洪救灾济困慈善行活动”，共筹集资金 260 万元，救助 5500 人次。组织实施了第四年度艾滋病预防项目，积极开展预防艾滋病工作。

五、交流交往工作

2010 年，湖南省红十字会与来访的德国黑森州红十字会会长哈罗内尔·伦施女士签署了交流合作备忘录。接待了亚洲备灾中心专家考察团、香港、澳门、陕西、福建、湖北等红十字会及台湾红十字组织人员来湘考察交流。省人大常委会副主任、省红十字会名誉副会长肖雅瑜率市州红十字会会长赴台湾红十字组织考察交流，就湘台两地开展水上救护培训和少儿大病救助等达成了合作意向。应德国黑森州红十字会邀请，湖南省红十字会常务副会长曾凡国率市州红十字会常务副会长赴德国黑森州参加了第二届紧急救援与老年服务研讨会，双方就对灾民提供关爱、救护服务合作机制、老年护理等五个方面签署了合作备忘录。彭力夫副会长参加了国际联合会、中国红十字会考察团赴印度尼西亚考察与交流紧急救援工作。刘迎建秘书长等赴越南参加了红十字会社区减灾研讨会。

【历史沿革】

1911 年，湖南省在中国红十字会总会指导下共建立了 23 个地方分会。从 1911 年到 1949 年各分会主要从事战地救护伤兵、救灾救济和疫情防疫工作。

1950 年，湖南省 10 个地方分会经总会登记改组，按总会部署组建和训练医疗救护队，支援抗美援朝和新中国社会主义建设。1956 年 1 月，湖南省红十字会首届执行委员会成立。1963 年 7 月 10 日，湖南省委组织部发出文件，同意由王含馥、刘亚南等 19 人组成湖南省红十字会执行委员会，湖南省红十字会正式成立。成立后的湖南省红十字会在管理医疗实体、协助遣送日侨归国、开展募捐、发展组织、参加爱国卫生运动、宣传动员献血、开展国防救护训练等方面做了大量工作。1966 年 6 月到 1980 年，湖南省红十字会工作经历了“文化大革命”停顿和拨乱反正后的逐步恢复阶段。

1981 年 10 月，第一届湖南省红十字会理事会组建，红十字会工作重新恢复，副省长刘亚南任省红十字会会长。1987 年，湖南省红十字会办公室恢复，同时恢复了全省性红十字会工作。1990 年，全省各市县全部建立了红十字会组织，基层组织发展到 2544 个。1991 年起，全省红十字会工作逐步进入程序化、规范化轨道：按中国红十字会总会要求，全力投入救灾抗灾，开展社会筹资、接受国内外红十字会捐赠，赈济灾民；主要在公路沿线建立红十字救护站；宣传无偿献血；开展红十字青少年活动；筹办红十字事业实体；发展对外联络等。1993 年 10 月，全国人大颁布《中华人民共和国红十字会法》，1996 年 8 月，湖南省人大颁布《湖南省实施〈中华人民共和国红十字会法〉办法》，为红十字会工作提供了法律保障，红十字会工作进入全面发展时期。2000 年 5 月 22 日，湖南省编委下发《关于理顺湖南省红十字会管理体制的通知》，湖南省红十字会由卫生厅代管改由省政府领导直接联系。2002 年 9 月，湖南省红十字会升格为副厅级机构，内设办公室、赈济服务部、救护培训部。2003 年 9 月，湖南省红十字会第五次会员代表大会召开，会议全面总结了湖南省红十字会四届理事会以来的工作，制定了2003至2007年发展规划，选举产生了省红十字会第五届理事会理事53名，聘请湖南省省长周伯华为省红十字会名誉会长，选举副省长甘霖为会长，侯炳文为常务副会长，刘爱华、姜儒振、欧阳耀祥、余长明、刘家望为兼职副会长，王天民为专职副会长，黄克伟为秘书长。2005年1月，湖南省红十字会五届二次理事会召开，选举、调整了领导班子，彭力夫为副会长，根据会长提名刘迎建为秘书长。2006年2月，湖南省红十字会召开五届二次理事会，选举曾凡国为常务副会长，增选冯波、李良田、何满宗为副会长，增补了七名常务理事，31名理事。聘请省人大常委会副主任唐之享、省政协副主席李贻衡、省人大常委会原常务副主任董志文为名誉副会长。

【组织机构】

湖南省红十字会现有基层组织4700个，会员83.5万人，志愿工作者5200人。全省14个市州、122个县均建立了红十字会组织。

根据湖南省机构编制委员会《关于印发〈湖南省红十字会机构改革方案〉的通知》，湖南省红十字会为独立设置的副厅级机构，机关设有办公室、赈济服务部、救护培训部。2006年增设事业发展部。省红十字会下设省造血干细胞捐献者资料库管理中心、省红十字会备灾培训中心二个直属事业单位。

目前，湖南省14个市州红十字会已有长沙市红十字会、湘潭市红十字会、株洲市红十字会、娄底市红十字会、怀化市红十字会、衡阳市红十字会、永州市红十字会、湘西自治州红十字会、张家界市红十字会、岳阳市红十字会、邵阳市红十字会、郴州市红十字会理顺了管理体制，常务副会长、秘书长均配备到位，还有八个县级红十字会也已理顺了管理体制。

【大型项目】

一、备灾网络建设

（一）市、县备灾仓库。1994年，湖南省红十字会与香港特别行政区红十字会达成协议，选择长沙市的长沙县、衡阳市的衡南县，怀化市的鹤城区、常德市的武陵区共建备灾网络。香港特别行政区红十字会分别捐赠25万元人民币修建一小型备灾仓库，并配备了必须的交通通讯设备，负责本县（区）的备灾救灾和人员培训工作，同时兼负邻近县（区、市）赈灾物资的储存、转运。1995年，四县备灾仓库建成投入使用，备灾救灾工作组织机构也相继建立，同时规范了备灾救灾程序和应急处理措施，网络试点启动。湖南省红十字会与香港特别行政区红十字会联合举办了二期研讨会，落实了备灾网络试点目标管理责任书，备灾救灾工作逐渐规范。

（二）省备灾培训中心建设。1998年，经过中国红十字会总会、香港特别行政区红十字会、湖南省人民政府、湖南省红十字会多方磋商，《香港特别行政区红十字会支持湖南省红十字会备灾、培训中心协议书》签订，香港特别行政区红十字会援助湖南省红十字会250万元，湖南省人民政府拨配套资金300万元，修建备灾培训中心第一期工程（即大楼主体建设）。备灾中心建筑工程于1999年初正式启动，2000年10月建成并通过验收。该中心建筑面积为3560平方米，包括备灾仓库、培训用教室和培训人员住房。2002年，仓库投入使用。2003年9

月，湖南省红十字会备灾培训中心经省编办批准正式成立，编制八名，为全额拨款事业单位。备灾培训中心大楼的建设和机构的成立，为湖南备灾救灾工作在物资储运、备灾培训等方面提供了坚实的基础。

（三）通讯工具的配备。为保障备灾救灾网络的灾害信息渠道畅通，2000 年，湖南省红十字会清查各市、县红十字会报灾通讯设施（包括电话和传真）配备情况，要求各市、县红十字会配齐电话、传真，还分发了由香港特别行政区红十字会捐赠的 35 台传真机。2000 年底，全省各市、县红十字会通讯设备齐备，通讯网络畅通。

（四）红十字会干部的备灾培训和应急预案。为提高全省各级红十字会干部的备灾救灾能力，2003 年开始，在香港特别行政区红十字会的支持下，湖南省红十字会与香港特别行政区红十字会联合编写出版了 25 万字的《备灾救灾培训手册》，在各级红十字会层层举办备灾培训班，对全省红十字会系统 1.3 万多名备灾骨干进行了系统、深入的备灾培训。湖南省红十字会 2005 年 5 月制订了《湖南省红十字会自然灾害应急预案》，为灾害管理救助工作提供了规范性的指导。

（五）丹麦红十字会援助的备灾项目。为提高群众抗灾备灾能力，减轻灾害损失程度，在中国红十字会总会的指导下，湖南省红十字会接受丹麦红十字会 73.818 万元的援助，在张家界市的永定区、慈利县、桑植县的 4 个灾害多发村进行社区为本的备灾项目建设。指导村民调查分析该村拥有的资源及实际需要，由各村备灾委员会及村民集体研究制定村备灾减灾计划，逐步实施各项减灾措施。项目的实施惠及 4 个村的 6000 余村民。

二、救灾工作

1991 年，湖南遭受了严重的南旱北涝灾害，全省 80% 以上乡村受灾。全省各级红十字会全力投入抗灾救灾工作，积极开展社会募捐，省红十字会共收到来自台湾、香港、新加坡等地捐款 290 多万元人民币和 1.5 万美元，国内捐款五万元；接受各类赈灾物资折合人民币 928 万元。

1993 年洪灾期间，湖南省红十字会共接受国内外红十字会组织和境外社会团体赈灾款 47 万元人民币，救灾物资折合人民币 987 万元。

1994 年夏，湖南省湘江、资江流域先后发生三次洪涝灾害，湖南省红十字会及时组织救灾，共接受国外、境外大米、药品等赈灾物资 22 批次，折合人民币 2300 万元，接受赈灾款 990 万元。同时，湖南省各地红十字会还自行募集了救灾款 34 万余元救助灾民。

1995 年汛期，洞庭湖区等发生洪涝灾害。湖南省各级红十字会积极抗灾救灾，共派出医疗防疫队 1300 多支到灾区开展治病、防疫工作。并通过红十字会系统募集救灾款 741.37 万元、大米 825 吨（价值 227.25 万元），向社会各界募得人民币 120 万元、衣物 40 万件，均按要求及时发放到了灾区。

1996 年，湖南省发生大范围洪涝灾害，省红十字会及时组织救灾、救护工作。湖南省红十字会共接受中国红十字会总会、红十字会与红新月会国际联合会、香港特别行政区红十字会捐赠的救灾物资总价值 1406 万元人民币，捐赠款 200 万元，及时发放灾区救济灾民。

1997 年，湖南局部地区发生洪灾、风

灾和冰雹灾害。省红十字会接受了中国红十字会总会价值356万元的物资、香港特别行政区红十字会30万元购粮款和一批价值20万元的救灾物资，先后发放了三批总价值933多万元的救灾物资。

1998年，湖南省发生特大洪灾。全省各级红十字会积极抗灾救灾，通过各种渠道开展募捐。湖南省红十字会接受了来自红十字会与红新月会国际联合会、欧盟、美国、日本、埃及、德国、澳大利亚、香港等红十字会及上海、北京、深圳市等省、市红十字会、机关、团体、企业和个人的赈灾款物50多批，价值人民币6320万元，及时按要求发往灾区，并积极争取了灾后重建项目资金。

1999年，湖南省又遭受严重洪灾。中国红十字会总会、红十字会与红新月会国际联合会及香港特别行政区红十字会先后有20余批200多人来湘考察灾情，慰问灾民。省红十字会共接受价值500多万元的救灾款物，加上往年的备灾物资，全年共发放了价值1200多万元的药品、大米、衣被等救灾物资。

2001年，湖南省发生大规模山洪灾害，全省各级红十字会积极投入救灾工作。省红十字会共发放了10批救灾物资，价值人民币280多万元，还接受了省外包括重建项目款捐赠近800万元。

2002年，湖南省再次遭洪水袭击，全省各级红十字会积极投入救灾救护工作。省红十字会接受了中国红十字会总会、红十字会与红新月会国际联合会、香港特别行政区红十字会、澳门特别行政区红十字会捐赠的价值1200余万元救灾款物及上海、北京、广东等省、市红十字会捐赠的价值320万元的救灾款物。全省共发放了价值1100余万元的救灾物资，组织了283支医疗救护队到开展灾区防疫治病工作，义诊人数达21万余人次。

2003年救灾期间，湖南省红十字会通过对外呼吁积极申请援助，共得到红十字会与红新月会国际联合会、中国红十字会总会及香港、澳门、北京、天津等红十字会援助的救灾款物价值948.94多万元。

2004年汛期，湖南省红十字会积极组织抗灾救灾，规范救灾程序，积极募集救灾物资。共接收来自中国红十字会总会、香港、上海、北京、天津等红十字会援助的救灾款物价值572万元，在省内募集款物价值6.36多万元。

2005年夏，湖南省部分地区发生严重洪涝灾害，省红十字会先后六次奔赴灾区勘察灾情和慰问灾民，筹集发放了100多万元的备灾物资；同时，积极向总会、红十字国际联合会和兄弟省市红十字会发出呼吁，寻求援助。全年共募集和接受救灾物资价值800多万元，下发给邵阳、娄底、怀化等11个市州灾情较重的县，协助政府及时解决了灾民生产、生活中的困难。

三、灾后重建工作

1998年，湖南遭受了历史上罕见的特大洪灾，国内外红十字会纷纷援助湖南省红十字会展开灾后重建工作。

接受红十字会与红新月会国际联合会、中国红十字会总会转赠的德国戴姆乐·克莱斯公司援建灾民建房捐款750万元，在受灾最严重的常德市安乡县、澧县和益阳市沅江市重建了2500户灾民住房，总建筑面积25万平方米；接受上海市、北京市、广东省红十字会及深圳市红十字会援助的544万元，在常德市安乡县、张家界市慈利县和桑植县及怀化市、岳阳市、长沙市等地重建了10所卫生院和三所学校；接受香港特别行政区红十字会捐款507万元，在张家界、益阳、怀化、岳阳四市的重灾区重建了16所卫生院和三所小学。

2002年，接受上海市红十字会转赠上海王氏老太太捐赠的50万元，重建了张家界市武陵源区索溪“王氏博爱小学”，其中10万元作为王氏扶贫助学基金，帮助该校贫困少年儿童完成小学学习；接受香港特别行政区红十字会捐款200万元，在当地恢复重建卫生院十分困难的郴州、衡阳、永州、湘西等重灾区重建了10所卫生院，并为各卫生院配备了B超、X光机等设备，培训了二至六名医务人员。

2003年，接受香港特别行政区红十字会援助98.33多万元，在永顺、麻阳等灾区重建了三所卫生院和三所小学；接受上海市宝山区红十字会资助105万元，在张家界市慈利县重建了高峰中学；接受北京市红十字会援助的30万元，在株洲市芦淞区重建了曲尺博爱卫生院。

2004年，湖南省红十字会接受澳门特别行政区红十字会援助15万元，在张家界市桑植县重建了一所灾区小学。

2005年，接受天津天狮集团捐助的20万元援建，在怀化市汝城县修建了一所天狮博爱小学，接受广东中山市阿积仕国际服装有限公司10万元援助，重修了平江县南江镇显高小学。

四、改水改厕项目

2003开始，在中国红十字会总会的指导下，湖南省红十字会接受欧盟人道主义办公室援助的第二、三、四期改水改厕项目。2003年至2005年，共接受欧盟援助项目款1340.2万元人民币（其中，2003年339万元，2004年378.2万元，2005年623万元），在湘西、怀化、邵阳等地的50个受灾的贫困村修建了13100个无臭无菌不用水冲无污染的生态旱厕，并在各项目点配套开展了针对村民的健康教育培训，为其中的九个村修建改水工程，将可饮用的山泉水引入农家，惠及1.3万多个家庭的五万多农村人口。

2004年，澳门特别行政区红十字会援助48万元，为湘潭市湘潭县和张家界市桑植县的两个村修建改水工程。

五、卫生救护培训工作

1989年，全省各级红十字会为落实总会与卫生部、公安部等八个部委联合下发的《关于开展群众性卫生救护训练的通知》精神，共对28603人进行了卫生救护培训，普及卫生救护知识达15.89万人次。

1994年，湖南省红十字会编印了《机动车驾驶员卫生救护训练》一书，全省各级红十字会与交警部门配合，举办了师资培训班241期，驾驶员培训班647期，培训驾驶员等共19764人。

1998年至2000年，湖南省各级红十字会积极配合交通、交警部门全面开展卫生救护培训，全省参加培训人员累计达11.08万人次，其中机动车驾驶员8100人。

2003年至2005年，开展中国红十字会总会彩票公益金初级卫生救护师资培训项目，共举办20期培训班，培训湖南省内卫生救护师资642人，为在全省范围内开展初级卫生救护培训打下了坚实的基础。

2005年，湖南省红十字会开始联合交警等部门，按照总会新的“四统一”的要求，对驾驶员等进行初级救护培训，已培训40余名合格的初级救护员。初步探索了对企业员工等进行普及培训模式。

六、公路救护站网络建设

1992年，接受香港特别行政区红十字会援助480万元人民币，进行公路卫生救护网络建设，在全省14个地（州）市的87个县（市）境内的国道和部分省道建立了451个红十字救护站（急救站）。各站都有统一规格的醒目标志，成立了救护领导小组，有专职的经过卫生救护训练的救护员，配备了急救箱、担架和其他必备设施，还建立了救护岗位责任制。1993年又新建公路红十字救护站108个，公路红十字救护网络基本形成，为减轻公路交通事故伤亡发挥了重要作用。

七、造血干细胞捐献者资料库建设

在国家福利彩票公益金项目的支持下，湖南省造血干细胞捐献者资料库管理中心于2003年建立，同时建立了长沙、岳阳两个配型实验室。中心成立后迅速健全了各项管理制度，建立了与各级卫生部门及血液机构的合作关系。通过80场次大型宣传、讲座和在媒体的广泛传播，使这一生命工程在社会产生了深远的影响。到2005年12月，共招募了三万余名志愿者，完成28242人的造血干细胞分型资料入库任务，共为境内外322名血液病患者检索到了HLA配型相合的捐献者，已实现捐献移植20例，其中一例境外移植。

湖南省第一例，同时也是全国数据联网后捐献移植的第一例捐献者陈欣被评为“2003年湖南十大新闻人物”，农业大学学生路敏成功救助辽宁女孩任爽，醴陵市农民周靖之成功救治了一名新加坡华人，在全国产生强烈反响。2004年，湖南造血干细胞捐献工作入选2004年由湖南公共频道等媒体发起评比的“湖南十大公益事件”，荣获“最具生命关怀奖”。2005年，湖南分库和长沙HLA配型实验室分别获得中国造血干细胞捐献者资料库管理中心的表彰。

八、“红十字博爱送万家”活动

2003年，湖南省红十字会筹措了价值130万元的物资，由领导带队送到了各地灾民、农村贫困户、城市下岗职工家庭。

2004年春节，总会拨了50余万元物资，由党组书记江一曼带队，到浏阳市的贫困乡村进行慰问。各地红十字会分别组织到麻风村、贫困户、艾滋病感染者家中慰问，送去价值187万余元的粮食等慰问物资。

2005年春节前夕，湖南省红十字会向全省14个市州送去价值109万元的慰问款物；长沙市、娄底等红十字会纷纷为特困群众送去了大米、棉被、衣服、药品等，全省各级红十字会共筹集款物近400多万元，慰问特困人员8万多人次。

九、“曙光行动”

从2001年开始，湖南省红十字会与湖南经济电视台、湖南省儿童医院联合开展了“曙光行动”，从多方面呼吁募捐，建立专项救助基金，在省儿童医院为患先天性心脏病的特困儿童免除部分手术费。其中，湖南省红十字会通过各种途径募集了24.33多万元，到2005年底，共为近200名儿童做了手术。

十、查人转信

1987年，按照中国红十字会总会的统一部署，湖南省红十字会开始承办台胞台属查人转信和台胞探亲衍生问题。到1988年底，全省各级红十字会共转送台胞台属寻人表格和红十字通讯 8200 余份，接待和处理台胞台属来信来访 3900 多件，为台胞找到亲人 819 宗，同时协助处理台胞死亡事件 46 宗，处理台胞台属其他问题 3398 宗。到目前为止，湖南省红十字会共处理表格、信件 16311 人份。

（刘赛华）

长沙市红十字会

【简介】

长沙市红十字会成立于 1911 年 10 月，新中国成立后，第一届中国红十字会长沙分会于 1951 年成立。从 2004 年 1 月起，长沙市红十字会实现机构、人员、经费“单列”，由挂靠长沙市卫生局改成市政府领导直接联系。全市有基层红十字会组织 680 个，红十字会员 137712 人。

株洲市红十字会

【简介】

株洲市红十字会成立于 1957 年，2004 年 10 月，机构正式独立设置为正处级机构，全市有基层红十字会组织 380 个，会员 82150 名。

湘潭市红十字会

【简介】

湘潭市红十字会成立于 1917 年。1957 年正式建会。1988 年，市红十字会恢复工作。2003 年，市红十字会定为副县级单位，有编制五名。全市有基层红十字会组织 386 个，成人会员 25238 人。

衡阳市红十字会

【简介】

衡阳市红十字会成立于 1911 年。2006 年 10 月 12 日，机构正式独立设置，为全额拨款单位，有事业编制四名。全市 12 个县级红十字会共有专职干部 44 名，兼职干部四名，基层红十字会组织 723 个，其中乡（镇）街道红十字会 191 个，医疗卫生团体会员单位 265 个，大中小学红十字会 148 个，厂矿、机关、宗教界红十字会 120 个。全市有会员 12.6 万人，救护站 50 所，红十字（会）医院四所，红十字（会）诊所 16 所。

邵阳市红十字会

【简介】

邵阳市红十字会成立于 1911 年 10 月，当时称为中国红十字会宝庆分会。1955 年 4 月筹建了中国红十字会邵阳市分会。1962 年 2 月，更名为邵阳市红十字会。2004 年 10 月，机构独立设置，有编制四名，由市政府办管理。全市有基层红十字会组织 23 个，会员 78939 人。

岳阳市红十字会

【简介】

岳阳市红十字会 1988 年恢复工作，全市有红十字会会员 23710 人，基层红十字会组织 279 个，红十字志愿工作者 1005 人。

常德市红十字会

【简介】

常德市红十字会有基层红十字会组织541个，会员82120人，其中青少年会员50439人。

张家界市红十字会

【简介】

张家界市红十字会成立于1989年。市红十字会及慈利县、武陵源区红十字会实现了机构独立设置，县以上红十字会专职干部共有16人，基层组织265个，会员97531人，其中青少年会员49630人。

益阳市红十字会

【简介】

益阳市红十字会成立于1989年。

郴州市红十字会

【简介】

郴州市红十字会成立于1988年。2005年机构独立设置，财政单列，规格为副处级单位。全市有基层红十字会组织408个，红十字会员7.8万人，其中红十字青少年会员1.96万人，红十字志愿工作者1500人。

永州市红十字会

【简介】

永州市红十字会前身为零陵地区红十字会。1989年1月正式成立。1996年，零陵地区撤地建市，地区红十字会更名为永州市红十字会。2002年，市红十字会升为副处级单位。全市有红十字会基层组织946个，会员61527人。

怀化市红十字会

【简介】

怀化市红十字会始建于1988年8月。2004年11月，经市编委批准机构独立设置，由市政府办直接管理。全市所辖13个县（市、区）全部建立了红十字会组织，有团体会员单位648个，会员84399人。

娄底市红十字会

【简介】

娄底市红十字会成立于1988年5月，2004年，市红十字会理顺管理体制，规格为正处级单位。机关内设办公室、赈济联络部，有编制六名。

湘西自治州红十字会

【简介】

湘西自治州红十字会成立于1911年，当时称为中国红十字会永顺分会。1988年恢复工作。2001年，州红十字会理顺管理体制，规格为副处级单位。全州有红十字会专职工作人员35人，均参照国家公务员管理。保靖县红十字会已独立为正科级机构，凤凰县红十字会为副科级，机构独立设置，经费财政单列。除吉首市、龙山县外，其他县红十字会均为副科级机构，实现了“三列”。

广东省红十字会

【年度工作】

一、组织建设工作

2010年9月28日，广东省红十字会召开了第六次会员代表大会，来自全省红十字会系统的300多名代表参加了大会。中共中央政治局委员、广东省委书记汪洋为大会发来贺信。广东省委副书记、省长、省红十字会名誉会长黄华华，中国红十字会常务副会长王伟，副省长、省红十字会会长雷于蓝，省政协副主席、省红十字会名誉副会长姚志彬，省人大常委会原副主任、省红十字会名誉副会长李兰芳等出席大会开幕式。黄华华和王伟发表了讲话。大会对近年来广东省红十字会系统涌现出的先进集体、先进工作者、先进志愿者及红十字模范校、优秀红十字青少年进行了表彰。

大会审议通过了广东省红十字会第五届理事会工作报告和《广东省红十字会2010～2014年工作规划纲要》，确定了今后五年广东省红十字事业的发展目标。大会选举了以副省长雷于蓝为会长的新一届领导班子，聘请省委副书记、省长黄华华为省红十字会第六届理事会名誉会长，聘请省人大常委会副主任王宁生、省政协副主席姚志彬为广东省红十字会第六届理事会名誉副会长。与五届理事会相比，由93名理事组成的六届理事会的构成范围更广，结构更合理。广东省省长黄华华寄语省红十字会新一届理事会要不辱使命、不负重托，以大会的召开为契机，坚持依法建会、依法治会、依法兴会，健全组织、完善机制，提高素质、增强能力，求真务实、开拓创新，努力推动广东省红十字事业实现新发展、再上新台阶。

二、救灾工作

2010年初，云南、广西、贵州、重庆、四川等省（市、区）遭遇历史罕见的特大旱灾。广东省红十字会及时下发紧急通知并发出呼吁，号召全省各级红十字会立即行动起来募集款物，开展灾害紧急救助工作。截至4月9日，全省红十字系统共为灾区募集款物合计1379.44万元，其中捐款1203.25万元，物资价值176.19万元。南方日报社、广东电视台等新闻单位发挥媒体的影响力，积极联系企业向灾区捐赠了价值53万元的200吨饮用水运往云南曲靖州和文山州灾区；王老吉药业公司向广西旱灾地区捐赠了价值85万元24612箱王老吉凉茶，并直接送到灾区群众手中；江门市红十字会第一时间组织企业捐赠25吨矿泉水，经过12个小时的长途运输，当晚运抵南宁市交付广西红十字会，有力地支援了西南救灾工作。

2010年，青海省玉树县发生地震后，雷于蓝会长指示省红十字会第一时间启动应急预案，通过各大媒体和网站向社会各界发出紧急救灾呼吁，号召全省红十字系统干部全力以赴开展抗震救灾工作，并紧急援助救灾款100万元和价值50万元的药品、食品及时运抵青海省红十字会。全省各级红十字会积极组织募捐活动，规范管理捐赠款物，各项工作有条不紊地进行。广州市红十字会举办了“情系玉树、抗震救灾”大型募捐活动，当天募集款物900多万元；深圳市红十字会4月19日筹集了首批价值近550万元的活动板房、药品等紧缺救灾物资紧急发往青海西宁；清远市红十字会积极发动社会捐款，在原市长徐萍华带领下，清远市委、市政府组织市直机关干部职工向市红十字会捐款33万多元。截至6月30日，全省红十字系统共为玉树地震灾区募集救灾款物合计2.28亿元，其中捐款2.08亿元，捐赠物资价值2021.86万元。审计部门进驻各级红十字会同步开展督导工作，对红十字会救灾款物的接收、发送、管理工作给予高度评价。

8月7日，甘肃省舟曲县发生特大山洪泥石流灾害。为救助灾区群众，省红十字会呼吁社会各界积极行动起来救助灾区。全省各级红十字会共为灾区筹集救灾款物合计1134.75万元。广发股份有限公司继向玉树地震灾区捐款后，又向舟曲泥石流灾区捐款100万元；东莞澳明贸易有限公司向舟曲灾区捐赠了价值57万元的红腰豆、马铃薯罐头等食品一批，并将全部食品运到舟曲灾区；佛山市一位匿名捐赠者通过银行转帐捐赠50万元，用于舟曲灾区重建。在舟曲救援工作中，广东人民又一次以实际行动体现出崇高的大爱精神。

9月21日，受台风“凡亚比”影响，粤西地区发生了历史罕见的强降雨和山体滑坡、泥石流等重大自然灾害。省红十字会迅速启动应急预案，第一时间开展紧急救援工作。21号晚，第一批救灾物资就运抵部分灾区。此后，省红十字会派出多个工作组深入灾区慰问灾民，并发动社会各界为灾区捐款捐物合计753万元，全力支持灾区恢复生产和灾后重建工作。按照省委、省政府关于灾后重建的统一部署，省红十字会分别在高州市马贵镇三家村，阳春市的双滘镇榕木村和三甲镇湾肚村统一援建红十字博爱新村。11月4日，雷于蓝会长深入三家村实地检查指导新村重建工作，提出新村建设要做到统一用地、统一规划、统一动工、统一建设、统一公共配套设施“五个统一”。2011年1月30日，中共中央政治局委员、广东省委书记汪洋专程赴三家村红十字博爱新村看望慰问灾区群众，并对该村灾后重建工作给予肯定。阳春市的双滘镇榕木村和三甲镇湾肚村“红十字博爱新村”都于2011年春节前落成，全部灾民如期迁入新居。

在突如其来的自然灾害面前，全省红十字系统依靠长期建立起来的“一网四库”应急体系，行动迅速、部署周密、管理规范、运转高效，体现出高度的社会责任感。各级领导高度重视救灾工作，启动速度快；各级红十字会工作人员宣传发动及时，组织募捐活动效果好；救灾工作中，社会各界参与面大，志愿工作者热情高涨；各级红十字会注重做好信息公布和上报工作，提高了红十字会的社会公信力，取得了良好的社会效益。

在一系列救灾工作中，中国红十字会广州备灾救灾中心全体员工积极参与救灾工作，全年共接收总会储备物资九批次、3.2万箱件，发放总会救灾物资七批次、5.96万箱件；共接收省红十字会储备物资63批次、15.91万箱件，发放省红十字会救灾物资212批次、6.14万箱件，圆满完成了总会、省红十字会交付的备灾救灾任务。在省红十字会第六次会员代表大会上被评为全省红十字工作先进集体。

三、社会救助工作

以纪念“五八”世界红十字日、开展“6·30”广东扶贫济困日和元旦春节期间“红十字博爱进万家”等活动为契机，以项目筹资、形象宣传为主题开展社会救助活动。

"五八"世界红十字日期间，广东省各级红十字会组织开展了各具特色的宣传活动，打造了一批具有地方特色的救助品牌。省红十字会持续开展"救心行动"和"光明行动"，为帮扶农村贫困白内障患者和贫困先心病患儿筹集款物价值近550万元。在韶关、惠州、梅州、河源、汕尾、茂名、阳江等市筛查贫困先心病患儿480人，全年完成先心病救助手术254例，风心病救助手术九例。与江门市新会区新希望眼科医院合作，免费手术救治贫困白内障患者163例。与广州奇星药业有限公司签订合作协议，设立"奇星博爱脑中风救助基金"，接受该公司首批捐款50万元和药品价值25万元。省红十字会、中国造血干细胞捐献者资料库广东省管理中心、省优生优育协会等单位在广州举办了"关注地贫，红十字携手同行"大型公益宣传义诊活动。中国红十字会广州备灾救灾中心在居民社区举办了"红十字人道关爱进社区"急救培训公益讲座。深圳市红十字会、市红十字救援促进会在市儿童医院设立了"红十字救心病房"，为先心病患儿提供部分乃至全部医疗费用；珠海市红十字会联合小主人报新闻学校为600多名小学生进行了红十字运动知识和急救知识培训；佛山市红十字会设立了全省首家红十字医院学校，对住院的学生提供免费志愿服务，为患病孩子提供学习帮助；河源市红十字会开展了"四个一"（一次义卖募捐、一场公益宣传晚会、一次应急救护培训、一次关爱农村留守儿童）纪念活动；江门市红十字会面向大专院校的青年学生开展了"一元爱心日"特色品牌活动；云浮市红十字会组织志愿者开展了大型免费义诊、无偿献血和现场招募志愿者等活动。

贯彻落实省委、省政府办公厅《关于在全省开展"广东扶贫济困日"活动的通知》精神，筹集并投入款物670万元，开展了扶贫济困系列活动。6月29日，雷于蓝会长带领省红十字会、省扶贫办、省民政厅、省卫生厅领导，到鹤山市宅梧镇入户慰问了困难党员和烈属家庭。省红十字会投入近10万元，向100户困难家庭发放了五万元的"免费诊疗卡"和价值五万多元的生活用品。同时，省红十字会还发动社会各界捐赠药品价值309.9万元，全部分配给清远等贫困山区乡镇卫生院，并组织医护人员为农村贫困家庭人员进行了体检、义诊，发放了"免费诊疗卡"。在中国红十字基金会的支持下，省红十字会大力开展扶贫助学活动，建立"红十字博爱书库"，首批捐赠了图书、书架和书包等价值20万元的物资。

扶贫救助工作有新发展。省红十字会接受中恒集团等医药企业捐赠药品价值3500多万元，用于救灾和贫困地区低保人员、特困家庭的医疗救助。通过250家医院（乡镇卫生院）发放了"免费医疗卡"，使一万多户贫困家庭、五万多贫困人口受益。

在扶贫助医活动中，省红十字会通过与企业合作开展有偿扶贫项目，共为70多家乡镇卫生院（专科医院）低价购入医疗设备82台，节约购置设备费用100多万元。协助推广中国红十字会扶贫开发中心扶贫项目，为74家卫生院申请扶贫价救护车76台，深受基层医疗机构好评。

2010年元旦、春节期间，开展了"红十字博爱送万家"活动，省、市、县红十字会联合行动，发放物资，慰问困难群众。全省各级红十字会为"博爱送温暖"活动募集和投入款物合计1207万元，受益群众5.3万户，受益人数19.3万人。其中，省红十字会自筹款物208万元，各市红十字会自筹款物共999万元。

四、救护培训工作

2010年11月在广州举办的第16届亚运会，是广州第一次、中国第二次承办亚运会。借鉴2008年红十字会参与奥运会的成功经验，受中国红十字会总会委托，按照总会与亚组委签署的《合作备忘录》内容，省红十字会开展了参与亚运、服务亚运工作，不断扩大社会影响力，带动了全省应急卫生救护培训工作的蓬勃发展。

省红十字会联合省教育厅向全省发出了《关于做好红十字青少年与亚运同行工作的通知》，号召各市红十字会、各级学校在青少年学生中广泛开展救护培训工作，普及红十字运动和亚运知识。广州、佛山、东莞、汕尾等赛事城市红十字会共举办了五期救护师资培训班，培训师资273人。同时，在珠海市水上安全救生培训基地分别举办了水上卫生救护初训班和复训班，参加初训的49名学员中有41人通过考核获得水上安全救生员资格，参加复训的33名学员中有20人通过考核取得水上安全救生教练员资格。“五八”世界红十字日期间，省红十字会和亚组委联合举行了“红十字与亚运同行”群众性救护技能演练活动。雷于蓝会长出席活动，公安消防民警、医疗护理人员、大学生、志愿者等400余人在指导老师的统一指挥下，对模拟昏迷病人进行了现场心肺复苏操作。广州市红十字会还编写了针对亚运会的急救教材和宣传资料，广泛宣传急救和预防艾滋病、无偿献血知识；佛山市红十字会1月至10月，培训志愿者近10万人；东莞市红十字会对公安、交警、电力、旅游等行业普遍开展了救护培训。

亚运会、亚残运会期间，广州等赛事城市红十字会招募的5000名志愿者参加了赛场外300个服务点的急救服务，红十字志愿者被纳入亚组委志愿者部统一管理、培训、分配、使用。省红十字会和台湾红十字组织共同派出12人组成的水上安全救生志愿服务队，全程参加了亚运会汕尾赛区帆船帆板比赛水上安全救生志愿服务，为把第16届广州亚运会办成有特色、高水平的运动会做出了贡献。

在中国红十字会九届二次理事会上，广东省红十字会及广州、佛山、东莞、汕尾市红十字会被评为“服务亚运工作先进集体”，邵岩等五人被评为“服务亚运工作先进个人”，范文博等15人被评为“服务亚运工作优秀红十字志愿者”。

五、红十字青少年工作

2010年，广东省红十字青少年工作得到迅速而有序的发展。借助总会表彰全国红十字模范校的东风，省红十字会在全省范围内有计划、有步骤地开展了争创“红十字模范校”活动，各地级以上市红十字会在抓好1~2所学校作为“红十字模范校”典型的基础上，摸索创建“红十字模范校”活动的经验。7月底，在深圳举办了“深穗珠港澳红十字青少年夏令营”，来自广州、深圳、珠海、韶关和香港、澳门特别行政区的120多名中学生参加了活动。

六、无偿献血与社区服务工作

2010年，省红十字会积极开展无偿献血宣传工作，与省卫生厅联合发出了《广东省献血表彰奖励办法（征求意见稿）》；在大专院校中大力宣传、组织红十字志愿者参与无偿献血活动，全省无偿献血近 130 万人次。认真贯彻落实广东省社区红十字服务工作会议精神，在做好全省试点社区的基础上，以点带面，积极稳妥地推进社区红十字服务。目前，全省已有社区公益服务站（点）300 多个。各市红十字会积极创造符合当地实际、体现当地特色、切实可行的社区红十字服务工作模式。

七、人体器官与造血干细胞捐献工作

认真贯彻落实全国人体器官捐献工作会议精神，与省卫生厅联合启动人体器官捐献试点工作，建立省人体器官捐献工作委员会、省人体器官捐献办公室和省人体器官捐献专家委员会，21 个地级市红十字会均设立了遗体器官组织捐献工作站。目前，全省共完成了 57 例器官捐献，183 例遗体捐献，339 例角膜捐献。积极开展艾滋病预防和关爱活动，全省普及艾滋病预防知识 170 多万人次。

中华骨髓库广东分库全年招募造血干细胞志愿捐献者并检测入库数据 8000 人份，共有 31 位志愿者为白血病等重症血液病患者捐献了造血干细胞。截至年底，全省累计入库数据 46412 人份，累计捐献总数 151 例。

八、参与世博工作

上海世博会期间，按照中国红十字会总会要求，广东全省红十字会系统积极参与世博、服务世博、宣传世博。省红十字会先后下发了《关于参加 2010 年上海世博会中山市红十字会城市最佳实践区展示活动的通知》等一系列文件，组织两个批次共 55 人参与世博活动。

5 月 23 日下午，世博城市案例广东中山馆正式开馆。省领导、中国红十字会总会有关部门领导及省政府有关部门和中山市、世博局城市部、上海虹口区等领导出席开馆仪式暨博爱论坛。中山案例在全球 80 多个城市提交的 106 个有效自荐案例角逐中脱颖而出，成功获邀参与世博会展示。

在中国红十字会九届二次理事会上，中山市红十字会获“参与服务世博先进集体”荣誉称号。

九、交流交往工作

全省红十字会系统交流与合作稳步加强，全年组织出访团组 32 个，其中访港澳台地区 17 次；接待国（境）外来访团组 62 个，港澳台地区来访 23 人次。8 月 29 日，台湾红十字组织交流团来广东省红十字会参观交流。雷于蓝副省长会见了交流团一行。近年来，台湾红十字组织先后组团八批次访问广东省红十字会，省红十字会组团和随团八批次访问了台湾，两地红十字组织通过多年来在人道工作领域的交流和互动，已经建立起深厚友谊。

按照中国红十字会总会与香港特区红十字会关于红十字志愿服务工作合作计划和双方协议，双方志愿者进行互访并到当地参加志愿服务，加深了两地志愿者之间的友谊，形成了两地志愿者互相交流和支持的常态机制。

【历史沿革】

1904 年，在战乱中，红十字组织在广东省应运而生，初名为粤东赤十字社。先后易名为粤东红十字总会中国红十字会番禺分会和广州分会等。这是广东省首个红十字会组织，也是全国成立最早的红十字会组织之一，该会曾为东征、北伐和省港大罢工的军队、工友和难民做过救护工作。1921 年北伐前，宋庆龄亲自知会番禺红十字会组织 15 人组成救护队随军出发，并遵章加入中国红十字会，她亲自担任南海、番禺、顺德分会联合会总裁。孙中山曾为番禺红十字会分会题写“博爱”二字。战时，红十字会的主要任务是向群众施医赠药。

1956年9月15日，广东省红十字会正式成立。省和广州市有关机关团体推选43人组成委员会，广东省副省长陈汝棠为主席。1963年9月16日，广东省副省长李嘉人任会长。1956年至1965年间，广东省共发展红十字会会员18.4万人，其中红十字青少年7.2万人。训练红十字卫生员9.8万人。建立基层红十字会组织及卫生站4753个。这一时期的任务主要是发展红十字会会员，建立基层红十字会组织，开展“卫生卫国”训练，建立不脱产的卫生站；发动会员积极参加以除“四害”讲卫生为内容的爱国卫生运动；开展卫生宣传、卫生防疫和献血工作。

“文化大革命”期间，广东省各级红十字会组织停止活动。1978年5月26日，广东省革命委员会批准恢复省、广州市红十字会，省红十字会与广州市红十字会合署办公。省革委会副主任李嘉人任会长。1980年，改由广东省副省长梁威林为省红十字会会长。1986年，广东省红十字会与广州市红十字会分开办公。

1987年11月，在广东省红十字会第二次会员代表大会上，选举产生理事会理事36名，梁威林为名誉会长，副省长王屏山为会长。1991年4月，广东省红十字会第三次会员代表大会选举产生理事会理事52名，省政协副主席王屏山为会长。1994年6月，广东省红十字会第四次会员代表大会选举产生理事会理事50名，副省长李兰芳为会长。1996年6月，经广东省红十字会第四届三次理事会审议通过聘请广东省省长卢瑞华、省人大常委会主任朱森林为名誉会长，省人民政府原副省长梁威林、省政协原副主席王屏山为名誉副会长。

至1998年底，广东全省21个市，121个县（市、区）均已成立红十字会，有基层组织4004个，会员560444人。

2004年，广东省红十字会第五次会员代表大会召开。中共中央政治局委员、广东省委书记张德江发了贺信，中国红十字会会长彭珮云为大会题词，中共广东省委副书记、省长黄华华作了书面讲话，中国红十字会常务副会长江亦曼出席大会并作了重要讲话。会议全面总结了广东省红十字会第四届理事会的工作；审议并原则通过了《广东省红十字会2005～2009年工作规划纲要》；选举产生了由59名理事组成的新一届理事会和常务理事。省长黄华华为名誉会长，省人大常委会副委员长李兰芳，省政协副主席、省卫生厅厅长姚志彬为名誉副会长。副省长雷于蓝当选为会长，徐火周当选为常务副会长，华建、莫益勇当选为副会长，华建兼秘书长。

2004年11月29日，中共广东省委批准成立广东省红十字会党组，标志着广东省红十字会理顺了管理体制。筹备召开广东省红十字会第五次会员代表大会，形成了《广东省红十字会2005～2009年工作规划纲要》等大会文件。顺利进行了换届工作。《广东省红十字会工作条例》（草案）上报省政府。认真落实《关于开展社区红十字服务工作的通知》，开展“红十字关爱进社区”活动。举办了广州地区高校救护知识、技术选拔赛，选出优胜队南方医科大学红十字代表队代表广东省红十字会赴香港参赛，并获得技术合作金奖和优异奖。开展了形式多样的"办实事、庆百年"活动。在"红十字博爱送万家"活动中筹集慰问物资价值50万元，受益群众2500户。同时，省红十字会下拨保暖毛毯6250床（价值52万元），受益群众达6250户。省红十字会拨款二万元给宋桂镇医院购买药品。向河南省灾区支援了价值五万余元的救灾物资，同时捐赠了15万元重建受灾学校。支援云南省灾区价值30万余元的救灾物资。按彩票公益金救护师资培训项目要求，举办了三期救护师资培训班，为广东省80多所高等院校和省公安厅培训救护师资共115名。在广东电台健康之声频道开设了四期急救知识专家讲座，开办了四期红十字初级急救知识讲座。配合政府开展艾滋病预防工作，派员参加省政府组织的艾滋病预防工作抽查复核工作组，对广州、韶关两市进行艾滋病预防中期评估抽查复核检查。对《广东省〈全国艾滋病防治宣传教育工作指导方案（2004～2008）〉实施意见（代拟稿）征求意见》提出修改意见和工作建议。在"世界献血员日"期间，共有5000多人次参加了无偿献血。

广东省红十字会历次代表大会

第一届

1956年12月28日召开，理事43人，会长陈汝棠、任主席。

第二届

1986年11月召开，理事36人，名誉会长梁威林，会长王屏山。

第三届

1991年4月召开，理事52人，会长王屏山。

第四届

1994年6召开，理事50人，名誉会长卢瑞华，会长李兰芳。

第五届

2004年10召开，理事59人，常务理事13人，名誉会长黄华华，会长雷于蓝，常务副会长徐火周。

注：1963年调整后李嘉人任会长。1978年5月恢复省红十字会，李嘉人任会长。1980年改梁威林为会长。

【组织机构】

广东省红十字会现有基层组织1889个，会员535617人（其中青少年会员273112人），全省21个地级市建立了红十字会，100%的县（市、区）成立了红十字会。

广东省红十字会设有办公室、社会赈济部、卫生救护及青少年部。下辖中国红十字会广州备灾救灾中心、中国造血干细胞捐献者资料库广东省分库管理中心。

根据《中华人民共和国红十字会法》，广东省红十字会2004年11月由中共广东省委组织部批准成立党组，徐火周任党组书记，华建、莫益勇为党组成员，独立自主开展工作。

目前，广东省已经完全理顺管理体制的地级市有珠海市、惠州市、肇庆市红十字会。理顺地级市及县（市、区）红十字会管理体制的工作仍在进行之中。

【大型项目】

一、1998年，广东省红十字会系统向受灾的七个省（区）进行援助，拨出救灾款2915.5万元，支援灾区重建卫生院、学校、灾民新村、水井、备灾救灾仓库等项目

67个。

（一）支援湖北省839万元（重建项目19项）。

（二）支援江西省679万元（重建项目17项）。

（三）支援内蒙古自治区602.5万元（重建项目12项）。

（四）支援湖南省275万元（重建项目八项）。

（五）支援四川省200万元（重建项目五项）。

（六）支援黑龙江省175万元（重建项目二项）。

（七）支援河北省125万元（重建项目四项）。

二、1999年，向受灾的四省（区）进行援助

（一）救助新疆维吾尔族自治区灾区15万元。

（二）继续1998年救助援建项目拨款给湖北省85万元。

（三）继续1998年救助援建项目拨款给湖南省144万元，另有汕头市援助湖南省灾区卫生院医疗器械价值5.6万元。

三、2003年，向受灾的五省（区）进行援助

（一）拨给新疆维吾尔自治区红十字会救灾款10万元。

（二）拨给青海省红十字会救灾款三万元。

（三）拨给甘肃省红十字会各式鞋一万双，价值100万元；风衣2600件，价值28万元。

（四）拨给上海市红十字会运动鞋1219双，价值37789元。

（五）拨给南京市红十字会运动鞋1000双，价值3.1万元。

【主要特色】

改革开放以来，广东省经济社会得到迅猛发展，中共广东省委、省人民政府重视红十字会工作，红十字会的影响不断扩大。

一、深圳：国内首部人体器官捐献移植条例获通过

深圳市三届人大常委会第26次会议于2003年22日表决通过了《深圳经济特区人体器官捐赠移植条例》。这个地方性法规共有五章35条，对规范人体器官捐赠移植行为，保障人体器官捐献者和接受人体器官移植者的合法权益，及时挽救患者生命均有积极作用。

二、中山：红十字会慈善万人行风雨十八载

中山市红十字会从1989年起，连续18年开展极富地方民俗文化特色的“慈善万人行”活动，充分调动社会各界的力量，弘扬人道、博爱、奉献精神，开展募捐及宣传活动，共募集善款2.9亿元。

该市在每年年底至翌年新春约三个月的时间举办“慈善万人行”活动，以其鲜明的红十字人道主义旗帜，以人道、博爱为主题，以广泛的活动范围和参与面及壮观的规模、有声有色的慈善文化活动，在中山大地上产生显著的作用。“慈善万人行”活动与弘扬红十字人道、博爱精神，发展红十字事业相结合；与全民思想道德、文化建设相结合；与多层次的企业文化、行业文化、群众业余文化、民间艺术文化建设相结合，使这项融地方特色、传统文化、民俗文化于一体，既办实事、又树新风的文明之举，成为中山人一年中最重要的节日。它不仅为红十

字事业奠定了坚实的基础，还形成了一种文化，传承了优良的民间艺术及民俗文化，产生了启迪爱心、净化心灵、改善人际关系、维系乡情、增强凝聚力的社会作用，从精神文明建设和文化、思想、道德建设的高度，促进了社会文明进步事业的发展。

“慈善万人行”活动的显著作用引起了中国红十字会总会领导和广东省红十字会领导的高度关注，并多次亲临中山市参加“慈善万人行”活动，具体指导工作，组织专家学者到中山市考察、调研，组织各省、市红十字会工作人员到中山市实地参观学习，推介“中山经验”。1995 年，中国红十字会总会领导以“慈善万人行”的专题工作经验材料，在韩国召开的亚太地区红十字与红新月志愿者大会上作了发言，得到了与会 31 个国家（地区）代表的高度赞誉。

（胡卓加）

广州市红十字会

【简介】

广州市红十字会创建于 1904 年，创建人是广州医师马达臣先生。广州市红十字会初名为粤东赤十字社，曾先后取名中国红十字会番禺分会、中国红十字会广州市分会等，新中国成立后改称为广州市红十字会。当年孙中山先生为表彰广州红十字会在辛亥革命时期所作的积极贡献亲笔题词：“博爱”赠送广州红十字会。1978 年 6 月，广州市红十字会恢复工作。截至 2005 年，广州市红十字会拥有基层组织 1000 多个，会员 21 万多人。广州市红十字会还设有团体会员单位工作委员会、广州市红十字会备灾救济基金、广州市红十字志愿工作者委员会、广州市红十字社会急救医疗专项资金、广州市红十字青少年工作委员会和广州地区高校红十字工作委员会。

深圳市红十字会

【简介】

深圳市红十字会创建于 1983 年。全市有区级红十字会六个，基层组织 283 个，红十字会员 23180 人，红十字志愿工作者 2000 人。深圳市的 60 所小学、42 所中学、三所职业高中、一所大专院校建立了学校红十字会，有青少年会员 1.1 万人。

珠海市红十字会

【简介】

珠海市红十字会创建于 1988 年，2005 年 3 月理顺管理体制。

汕头市红十字会

【简介】

汕头市红十字会创建于 1920 年。2006 年 1 月理顺管理体制。

佛山市红十字会

【简介】

佛山市红十字会创建于 1929 年。

韶关市红十字会

【简介】

韶关市红十字会成立于 1988 年。2006 年 5 月，市红十字会理顺管理体制。

河源市红十字会

【简介】

河源市红十字会成立于 1990 年 9 月。2006 年 5 月，市红十字会理顺管理体制。

梅州市红十字会

【简介】

梅州市红十字会成立于 1987 年 4 月 21 日。2006 年 10 月，市红十字会理顺管理体制。全市有红十字会员单位 235 家，红十字会员三万多人，红十字青少年会员五万多人。

惠州市红十字会

【简介】

惠州市红十字会成立于 1987 年 4 月 13 日。2001 年 10 月，市红十字会理顺管理体制。

汕尾市红十字会

【简介】

汕尾市红十字会成立于 1990 年 1 月。全市有红十字会专职人员 10 人，团体会员单位 78 家，红十字会员三万多人。海丰、陆丰、陆河、城区分别在 1990—1993 年成立了县级红十字会。

东莞市红十字会

【简介】

东莞市红十字会成立于 1991 年 1 月。2006 年 3 月理顺管理体制。

中山市红十字会

【简介】

中山市红十字会成立于 1988 年 9 月 10 日。2005 年 11 月，市红十字会理顺管理体制。

清远市红十字会

【简介】

清远市红十字会成立于 1989 年 7 月。

江门市红十字会

【简介】

江门市红十字会建立于 1926 年。2006 年，市红十字会理顺管理体制。市红十字会有工作用房 800 平方米，备灾救灾中心（仓库）占地 120 平方米。

阳江市红十字会

【简介】

阳江市红十字会成立于 1988 年。2006 年 12 月，市红十字会理顺了管理体制。

湛江市红十字会

【简介】

湛江市红十字会成立于 1988 年 8 月，1992 年底，全市的五个县（市、区）全部建立了红十字会组织。湛江市有基层红十字会组织 155 个，红十字会员 21118 人。

茂名市红十字会

【简介】

茂名市红十字会成立于 1988 年 6 月。

肇庆市红十字会

【简介】

肇庆市红十字会成立于 1984 年 6 月。2005 年 6 月，市红十字会理顺管理体制。

潮州市红十字会

【简介】

潮州市红十字会成立于 1988 年 3 月。2007 年 1 月，市红十字会理顺管理体制。

揭阳市红十字会

【简介】

揭阳市红十字会成立于 1992 年 12 月 10 日。2006 年 11 月，市红十字会理顺了管理体制。

云浮市红十字会

【简介】

云浮市红十字会成立于 1995 年 7 月 12 日。2006 年 11 月，市红十字会理顺管理体制。

广西壮族自治区红十字会

【年度工作】

2010 年，广西壮族自治区 14 个地级市红十字会全部配备了专职副会长，51 个县（区）红十字会理顺了管理体制。全年为广西干旱地区、玉树地震灾区等募集救灾款物价值 1. 54 亿元。2010 年，广西壮族自治区红十字会举办了建会 100 周年纪念活动。总会与自治区政府联合举办了首届中国——东盟红十字论坛。全国政协副主席、中国红十字会名誉副会长李金华，中国红十字会常务副会长王伟，自治区领导及红十字国际委员会、红十字会与红新月会国际联合会、东盟各国和蒙古国红十字会，全国各省（区、市）行业、兵团、香港、澳门红十字会及台湾红十字组织的代表出席了纪念大会和论坛。2010 年，广西壮族自治区造血干细胞资料库分库新增入库资料 5000 人份，有 16 人成功捐献了造血干细胞。全年开展应急救护培训达 29 万人，其中培训持证救护员 18 万人。

【历史沿革】

广西红十字会活动始于 1910 年。1910 年 2 月，梧州成立了广西第一个红十字会组织即梧州红十字会，1912 年，改称中国红十字会梧州分会。到 1949 年，广西境内已有梧州、桂林、邕宁、柳州、横县、阳朔、桂平、贵县、百色九个红十字会分会，有红十字会医疗救护机构二所。当时红十字会组织主要从事战地救护、为灾民赠医施粥、收养弃婴和孤儿等工作。新中国成立后，中国红十字会的各级组织均进行了改组。1956年，国务院批复中国红十字会总会的编制中，明确广西的分会人员编制共38人，其中省红十字会六人，桂林红十字会10人，南宁红十字会10人，梧州红十字会四人，柳州红十字会五人，北海红十字会三人。1958年，广西省改为广西壮族自治区，开始筹办全自治区统一的广西红十字会。1963年11月，负责统筹协调、指导、管理全广西红十字会活动的广西壮族自治区红十字会正式成立。1965年，自治区红十字会与南宁市红十字会联合开展国防救护训练（即战伤救护四大技术等模拟训练）试点，训练民兵急救员达4037人，为以后各地普及民兵救护知识和培训救护骨干打下了良好的基础。1966年4月，中国红十字会总会在南宁市召开全国水上救护训练经验交流会，来自全国16个省、自治区、市160多名代表到邕江边与几十万群众观看了南宁市红十字会组织的水上救护综合演习。1967年，受"文化大革命"冲击，全广西红十字会组织被撤销，工作停顿。1978年8月，广西壮族自治区红十字会恢复工作。随后，南宁、柳州等地、市、县红十字会组织机构也相继恢复。1978年4月至1979年6月，广西壮族自治区红十字会协助政府共接待安置越南难民18.89万人，先后接收了国际难民署赠款2473.12万美元，全部用于资助难民的生产、生活、医疗、教育事业。1979年至1990年间，广西壮族自治区红十字会参与了数次战俘交换工作，得到了红十字国际委员会的高度赞扬。

《中华人民共和国红十字会法》颁布实施后，广西壮族自治区红十字会的组织发展迅速。1998年8月，广西壮族自治区红十字会正式从区卫生厅分离出来，实现机构独立设置，2002年落实了三定方案，从此，广西壮族自治区红十字会各项工作步入规范化发展轨道。

在中共广西壮族自治区党委和政府的领导和重视下，在社会各界的大力支持和参与下，广西壮族自治区红十字会认真履行《中华人民共和国红十字会法》和《广西实施〈中华人民共和国红十字会法〉办法》所赋予的职责，在积极配合政府参与自然灾害救助、大力开展群众性初级卫生救护知识培训、社区红十字服务、红十字青少年活动、推动无偿献血工作、关爱艾滋病患者、中国造血干细胞捐献者资料库广西分库建设、引进国际援助项目等方面取得了显著的成绩。

截至2004年12月31日，广西壮族自治区各级红十字会共收到中国红十字会总会、香港特别行政区红十字会及社会各界捐赠款物合计人民币714.43多万元，全区有14个市、66个县（市）的53万人受益。在"红十字博爱送万家"慰问活动中，自治区红十字会筹集了价值近130万元的送温暖物资，发放给城市低保家庭和灾区群众。至2004年12月底，自治区红十字会先后收到了由东兴、凭祥等地方海关转交及总会分配的罚没侵权货物4批次，价值12.13万元。2004年，自治区红十字会举办了五期卫生救护师资培训班，共培训师资168人。开展以"关注妇女、预防艾滋"为主题的宣传活动，全区约60万名群众接受了教育。在全国无偿献血表彰会上，广西壮族自治区有九人获2001至2003年度全国无偿献血奉献奖金奖，25人获银奖，155人获铜奖。桂林电视台、广西师范大学红十字会以及南宁市的苏兆平荣获全国无偿献血促进奖，桂林市荣获全国无偿献血先进省市奖。2004年，中国造血干细胞捐献者资料库广西分库检验并实现入库数据1509人份。9月，自治区红十字会开展了“行动传播人道，爱心拯救生命”专项募捐活动，为广西分库建设筹措资金30多万元，用于广西分库的血样采集和检测工作。自治区红十字会围绕中国红十字会成立100周年庆典活动，制作了《纪念中国红十字会成立100周年》邮折邮封。广西红十字民族教育助学协会成立，开办了一个民族班，资助47名少数民族贫困生读完高中，协会三年共提供人民币资助28.2万元。2004年，广西壮族自治区红十字会与红十字会与红新月会国际联合会合作利用欧盟捐款383.7万元人民币，在六个县（区）建造生态旱厕3750座，并修建了高位落差的饮水项目，解决了当地5000多人的饮水问题。由澳门特别行政区红十字会援助的罗城仫佬族自治县峡山博爱小学教学楼投入使用。在为印度洋海啸灾区募捐活动中，全区共募集善款1122.55多万元。

【组织机构】

1998年8月，广西壮族自治区红十字会正式从区卫生厅分离出来，实现机构独立设置，2002年落实“三定”方案，机关定为副厅级，内设办公室、组织发展部、救助救护部三个处级机构，人员编制16名。中共广西壮族自治区党委书记曹伯纯，原广西壮族自治区人大常委会主任赵富林，原广西壮族自治区人大常委会副主任李振潜担任自治区红十字会名誉会长，广西壮族自治区副主席刘新文担任会长，政协、卫生、民政、财政等单位为副会长单位，驻会有专职副会长二人，秘书长一人。

目前，广西壮族自治区已有桂林、柳州、南宁、防城港等八个市以及八个县的红十字会理顺了管理体制，实现了机构独立设置。全区有县级以上红十字会基层组织133个；高等院校红十字会组织29个；中小学校红十字会组织1172个；乡镇、街道红十字会组织46个。全区有红十字会员近40万人，志愿工作者2.1万人。

【大型项目】

2003年“非典”期间，广西壮族自治区红十字会系统共接受社会各界捐赠的款物价值人民币1289.30万元，并及时进行处理分配，有力地支持和配合了抗击“非典”的斗争。

2004年12月26日，印度洋地区因地震引发海啸灾难后，广西红十字会响应中国红十字会总会号召，开展了大规模的募捐活动。在短短一个多月时间内，共接受社会各界捐款1122万多元。这是广西壮族自治区红十字会历史上规模最大、影响最大、效果最好的一次国际人道主义救援行动。

2005年6月，广西遭受了百年不遇的特大洪涝灾害。广西红十字会在自治区党委、政府的统一部署下，开展了广泛的社会募捐工作，募集款物总价值612万多元，为救助灾民及灾后重建做出了贡献。

【主要特色】

一、改厕、改水及健康教育项目

2001年至2005年，广西壮族自治区红十字会利用国际人道主义办公室援助款1600多万元开展了农村生态旱厕项目、农村健康教育项目、农村防灾备灾项目和艾滋病预防宣教工作等。在全区11个市、31个县建造了19947座粪尿分集式生态旱厕，10个饮水工程，同时在所有的项目村开展了以环境卫生、个人卫生、传染病防治为主要内容的健康教育，并由当地政府配套进行周围环境治理（道路硬化、污水排放、人畜分居），直接受益人数达104374人。项目的实施，为受益村家家户户提供了干净的卫生厕所和安全的卫生饮用水，同时通过参与式的健康教育，促进了农民卫生健康观念的转变和卫生习惯的养成，降低了当地与水及环境卫生相关疾病的发病率，受到了社会各界的广泛好评。

二、艾滋病预防与宣教

广西壮族自治区红十字会自1996年以来，积极参与中国红十字会总会的艾滋病预防青年同伴教育活动以及国家卫生部国外贷款办、广西艾滋病预防领导小组组织开展的相关艾滋病预防宣教活动。据不完全统计，全区通过红十字会系统培训的同伴教育者（主持人）共11期388名，并在三所大专院校开设了艾滋病、性病、安全性行为健康教育选修课；还先后在边境县（市）、戒毒所等开展了预防宣传工作；有一万多人接受了艾滋病预防知识同伴教育培训，印发宣传资料二万余份。

（黄吉宁）

南宁市红十字会

【简介】

南宁市红十字会成立于1924年10月25日，当时为邕宁分会。1947年7月改称中国红十字会南宁分会。1958年7月，改称南宁市红十字委员会。1964年，改称南宁市红十字会，由市卫生局代管。“文革”期间停止工作。1979年，市红十字会恢复工作，仍由市卫生局代管。2001年12月，市红十字会机构实行独立设置，由市政府领导直接联系并独立办公。机构内设办公室、救护救助部、组织发展部，有编制13名。12个县、区红十字会机构全部独立设置，全市有基层红十字会组织295个，红十字会员25170人，红十字志愿工作者2032人，红十字志愿服务队52支。

2010年，南宁市红十字会为西南省区干旱、玉树地震、舟曲泥石流等灾区募集救灾款物1533.59万元。在“红十字会博爱送万家”活动中，市红十字会为2000多个困难家庭发放救助物品50万元。全年举办卫生救护培训及其他讲座103期，培训1.2万人次。全市参加无偿献血111595人次，献血量43吨。全年采集造血干细胞志愿者血样2016人份。

现任会领导：

市红十字会常务副会长：梁朝东

专职副会长：蓝汉祥　黄建霞

秘书长：吕雄

柳州市红十字会

【简介】

柳州市红十字成立于1927年，称为柳江分会。1952年，改名为柳州市红十字会，工作由市卫生局代管。2002年4月28日，市红十字会机构独立设制，有机关事业编制七名，人员参照公务员管理。现全市有基层红十字会组织65个，红十字会员43982人，红十字团体会员单位 112 家。

2010 年，柳州市红十字会共接收募捐款物共计人民币 10651469. 49 元。开展卫生救护培训 10 次，培训 3. 5 万多人。开展“红十字博爱送万家”活动，向困难群众发放救助物品 33. 87 万多元。

现任会领导：

市红十字会名誉会长：陈刚（市委书记）

会长：文和群（副市长）

名誉副会长：林桂平（市人大常委副主任）　刘向群（市政协副主席）

专职副会长：丁慧明

桂林市红十字会

【简介】

桂林市红十字会成立于 1917 年 9 月。“文化大革命”期间，工作中断。1978 年 4 月，桂林市红十字会机构和工作得以恢复。1989 年 12 月，桂林地区红十字会成立。1999 年 3 月，桂林地、市红十字会合并，机构独立设置，成为桂林市人民政府直接领导的人道主义社会救助团体。桂林市红十字会有专职人员六人，内设两部一室。所辖五个城区、12 个县均成立了地方红十字会机构，有基层红十字会组织 198 个。

梧州市红十字会

【简介】

梧州市红十字会成立于 1910 年，初名为广西梧州红十字会，1924 年，改名中国红十字会梧州分会。1932 年，改名为中华民国红十字会苍梧县分会。新中国建立后，改名中国红十字会梧州市分会。1957 年，改为梧州市红十字会。2007 年 1 月，市编委同意按梧州市红十字会独立设置，不再挂靠卫生局，定为正科级单位，同年 10 月，升为副处级单位。2008 年 5 月，市红十字会工作由市领导直接联系，并配备专职副会长，全市各级红十字会有专职人员八名，基层红十字会组织和团体会员单位 126 个，红十字会员 25276 名，红十字青少年会员 34857 名，红十字志愿工作者 2818 名。

2010 年，梧州市红十字会为区内旱区和玉树地震等灾区筹集救灾款约 960 万元，筹集救灾物资 550 多万元。全年筹集项目资金 98. 5 万元。开展爱心互助活动，募集捐款约 34. 60 万元。开展机动车驾驶员应急救护知识训练，约 1. 39 万人参加培训。

现任会领导：

市红十字名誉会长：余远辉刘志勇

名誉副会长：黄积卓　陈澄波

会长：关远芳（副市长）

副会长：林桂良　卢俊民　吴容北　孔祥鹏　何炎明　郭建平

专职副会长：黄超亮

秘书长：刘萍

北海市红十字会

【简介】

北海市红十字会成立于 1957 年。1985 年 10 月，北海市红十字会恢复工作。目前全市有基层红十字会组织 24 个，红十字会员 20650 人，红十字会理事单位 62 家。

2010 年，北海市红十字会为西南干旱、玉树地震、舟曲泥石流等灾区募集善款 300

多万元。在开展的“红十字博爱送万家”活动中，向587户特困家庭发放慰问款物14.96万元。开展“红十字天使计划博爱救心八桂行”巡回义演募捐活动，募集爱心捐款40.97万元。开展卫生救护培训工作，共培训24650人。完成北海市首例造血干细胞的捐献。

现任会领导：

市红十字会专职副会长：李东霞

秘书长：陈志满

广西钦州市红十字会

【简介】

钦州市红十字会成立于1990年，为事业单位，挂靠卫生局，有编制二名。2002年，市红十字会理顺管理体制，机构独立设置，有人员编制四名。2007年12月，市红十字会确定“三定”方案。2008年5月，市红十字会独立办公。全市现有红十字团体会员单位85家，红十字会员5185人，红十字志愿工作者161人，红十字会冠名医疗机构五家。

2010年，钦州市红十字会共募集救灾救助款503万元，还为救助14岁以下贫困家庭的先天性心脏病患儿募集善款282万元。在“红十字博爱送万家”活动中，向550户贫困家庭发放救助款物12.69万元。全年有2.6万人参加应急救护知识培训。

现任会领导：

市红十字会会长：徐贵

副会长：谢雍飞　黄球　廖奎　邓锋

专职副会长：何有宗

秘书长：黄若清

百色市红十字会

【简介】

百色市红十字会成立于1989年1月10日。2007年11月，市红十字会独立设制。在全市12个县（区）中，有四个县的红十字会理顺管理体制。现全市有基层红十字会组织127个，红十字会员13143人，红十字青少年会员6624人，红十字团体会员单位190家。

2010年，百色市红十字会共募集救灾救助款物折合人民币624.8万元，救助困难群众68041人次。开展卫生救护培训和防病知识普及工作，有17500人次参加。

现任会领导：

市红十字会专职副会长：黄健强

贺州市红十字会

【简介】

贺州市红十字会成立于1989年5月2日，前身是梧州地区红十字会、贺州地区红十字会。2009年4月24日，贺州市红十字会独立设制，由市领导直接联系，行政为副处级，有编制4名，人员参照公务员管理。现全市有基层红十字会组织五个，红十字会员15948人，红十字团体会员单位85家。

2010年，贺州市红十字会共募集救灾救助款190.65万元。发起“红十字天使计划博爱救心八桂行”义演募捐活动，募集救助资金116万元。在“红十字博爱进万家”活动中，向323户困难群众发放救助物品七万多元。开展卫生救护培训工作，全年培训客运司乘人员1450人。

现任会领导：

市红十字会会长：刘雪萍（副市长）

副会长：杨远习　周国全　曾宪彪　黄兴燊　聂明金

专职副会长：罗忠

河池市红十字会

【简介】

河池红十字会（原河池地区红十字会）成立于 1996 年 1 月，为地区卫生局内设机构。2011 年 3 月 4 月，市红十字会从市卫生局剥离，设置为独立机构，工作由市政府联系分管。全市 11 个县、市、区均建立红十字会组织。

2010 年，河池市红十字会共募集救灾救助款物 1943. 693 万元，为汶川特大地震和玉树地震灾区募集灾后重建款 350 多万元。

来宾市红十字会

【简介】

来宾市红十字会原为柳州地区红十字会，成立于 1988 年 10 月。2002 年 12 月 28 日，随柳州地区撤地建市改为来宾市红十字会，工作由市卫生局代管。2009 年 2 月，市红十字独立设制，改由市政府直接领导，有机关事业编制 4 名，工勤编制一名。全市现有基层红十字会组织 65 个，红十字会员 9409 人，红十字团体会员单位 110 家。

2010 年，来宾市红十字会举办初级卫生救护培训班，培训 4 万多人次。为国内各灾区募集救灾救助款 140. 41 万元。为贫困家庭先天性心脏病患儿募集救助资金 26. 16 万元。重建村卫生站 18 所和七个饮水项目，共投入资金 189. 6 万元。

现任会领导：

市红十字会名誉会长：张秀隆（市委书记）

会长：秦全贵（副市长）

常务副会长：狄学军

秘书长：苗柳丝

崇左市红十字会

【简介】

崇左市红十字会（原南宁地区红十字会）成立于 1989 年。1992 年，南宁地区红十字会办公室成立，有编制三名，挂靠卫生局。2004 年，撤地建市后，南宁地区红十字会更名为崇左市红十字会办公室，有编制六名。2007 年 12 月，崇左市红十字会设立，为副处级单位。全市有红十字会专职干部 36 人，七个县（市、区）都建立红十字会组织，并全部理顺管理体制。目前，全市有基层红十字组织 258 个，红十字会员 3020 人，红十字青少年会员 360 人，红十字志愿工作者 1809 人，红十字会团体会员单位 81 家。

2010 年，崇左市红十字会为西南干旱、玉树地震等灾区募集救灾救助款物价值 2000 多万元，全年举班卫生救护培训班，有 10 万多人参加培训。共开办艾滋病防治培训班 28 期，培训人员 475 人。

现任会领导：

市红十字会专职副会长：郑柳明

玉林市红十字会

【简介】

玉林市红十字会前身为玉林地区红十字会，成立于1991年8月，2000年撤地设市更名为玉林市红十字会。2004年，玉林市红十字会机构实行单列，核定事业编制三名。2010年，市红十字会理顺管理体制。现全市有县级红十字会六个，基层红十字会组织三个，红十字会员5231人。

2010年，玉林市红十字会为青海玉树地震灾区募集捐款319.10万元，为玉林市容县地质灾害募集捐款30万元。开展卫生救护培训工作，至年底，已培训机动车驾驶员8.73万人。

现任会领导：

市红十字会专职副会长：林家祥

抚州市红十字会

【简介】

2010年，抚州市红十字会共募集救灾救助款物1740万元。在“红十字博爱送万家”活动中，发放救助款物150多万元。为白血病患者争取中国红十字基金会资助45万元。全年采集造血干细胞志愿捐献者血样350人份。全市九个县的红十字会理顺管理体制。

海南省红十字会

【年度工作】

一、组织建设工作

2010年，海南省有八个市、县红十字会理顺了管理体制，八个市、县建全了红十字会组织、配备了专职干部。全省各级红十字会专职干部增加至60人。

二、法制建设工作

2010年7月31日，海南省四届人大常委会第16次会议表决通过了《海南省红十字会条例》，并于2010年10月1日起实施。《海南省红十字会条例》颁布实施后，省红十字会及时制定贯彻实施方案，组织各级红十字会干部学习宣传《海南省红十字会条例》，同时有组织、有步骤地开展立法宣传的各项工作。

三、筹资赈灾工作

积极应对省内外重大自然灾害。在中国红十字会总会的指导下，省红十字会大力开展募捐活动，其中为青海玉树地震灾区募集善款1800余万元，为甘肃舟曲泥石流灾害募集善款60余万元，有力支持了受灾省份的救援工作。

2010年10月，海南省连续遭受强降雨引发重大洪涝灾害。在省委、省政府的统一领导下，省红十字会有组织的开展募捐救灾工作，得到中国红十字会总会及兄弟省市红十字会的大力支援。据统计，省红十字会共募得善款449万元，物资价值982.2万元。根据省三防办的要求及市、县红十字会提供的灾情需求，省红十字会先后为文昌、定安等12个市、县募集运送了价值1000万元的救灾物资，帮助灾区群众渡过难关，尽快恢复生产。根据省委、省政府的要求，省红十字会在琼海、万宁两市的数个乡镇建设防洪楼，计划使用捐款300余万元。

四、人道救助工作

“红十字救心行动”自2009年底启动以来，已累计募集善款12万元，为13名患儿成功手术。项目救助资金的来源主要是“我爱海南”少儿救助基金。除在省内开展救助贫困患儿外，省红十字会还积极参与中国红十字会总会和武警总医院合作开展的扶贫救心行动、上海浦东区红十字会和上海东方医院共同启动的“东方华润、爱心起航”救心项目。截至目前，这两个项目共救助先心病患儿 17 名。

2010 年，海南省有 11 名白血病患儿通过省红十字会得到中国红十字基金会小天使基金的资助，每人获得三万元的资助。

2010 年，“海南省红十字天来泉老年健康基金”全年累计救助老人 79 人次，发放救助金 338887.09 元。同时，为吸引社会各界更多地关爱老人，8 月 7 日启动了以“天来泉夕阳暖”为主题的关爱老人志愿服务活动。通过开展日常照料及以传统节日为载体的中秋送月饼、重阳节慰问、春节送红包、暖冬行动、健康体检等多种慰问活动，吸引在校学生、在职公务员、白领阶层等社会各界人士的积极参与。活动开展以来，累计招募注册志愿者 300 多名，组建了“海口救援队服务队”、“蔓蔓之队服务队”、“后奥运志愿者服务队”、“天来泉夕阳暖保亭志愿者服务队”等多支团队，长期关爱对象 72 人，受益面涵盖了海口各大社区及保亭县部分地区的老人。

菩提树孤儿基金资助了 43 名孤儿大学生，发放救助金 18 万元，资助文昌孤儿学校 4.8 万元用于为 151 名孤儿购买校服、医疗保险、文体器材和发放奖学金等。

“红十字博爱送万家”活动持续开展。2010 年元旦、春节和中秋节期间，省红十字会募集了 30 多万元的救助物资，发放到困难群众手里。

五、应急救护培训工作

2010 年，省红十字会积极向省财政申请了 90 万元的应急救护培训经费，在全省广泛开展进机关、进学校、进社区防灾避险、自救互救等活动，先后为 100 多家省直机关、企事业单位的 2.4 万人开展了救护讲座，1.1 万人参加了救护员培训，并取得了红十字救护员证，推动了应急救护知识在群众中的普及工作。

六、捐献造血干细胞工作

全年本省造血干细胞检索配型相合的有 1178 人次，再动员 222 人次，有 35 位志愿者采集了高分辨血样，有 14 位志愿捐献者进行了体检，实现捐献者九人。使北京、广州、上海、苏州等地的九位血液病患者得到救助。

七、全球基金疟疾项目

2010 年，第五轮全球基金海南省红十字会疟疾项目第四项目年在文昌、琼海两个市免费发放长效蚊帐 33805 顶（其中文昌市 8705 顶，琼海市 25100 顶），项目执行投入 150 万元人民币，覆盖 20 个乡镇农场，782 个项目村，受益人口 10.7 万人，对全省农村预防疟疾、降低疟疾发病率起到了促进作用。

【历史沿革】

海南红十字会建省前在广东省红十字会指导下开展红十字会工作。早在 1952 年 12 月，广东省海南人民医院就成立了红十字会，1954 年，海口市红十字会成立，两个红十字会均为团体会员，约 300 人。1981 年 7 月，成立海南省行政区红十字会，会长林树兰（海南行政区公署副主任），秘书长程学（兼），办公室设在卫生局。到 1988 年，海南红十字会有基层组织 20 个，会员

3000多人。1989年，海南建省后，撤销原海南行政区红十字会，正式成立海南省红十字会。海南省红十字会克服各种困难，积极主动地开展工作，在协助政府安置难民、开展募捐、发展会员、建立组织以及红十字青少年、国际交往、接受捐赠等方面做了很多工作，出现了可喜的局面。1993年10月《中华人民共和国红十字会法》和1996年1月《中华人民共和国红十字使用办法》的颁布施行，使红十字会组织成为国家法定的从事人道主义工作的社会救助团体，从而确立了红十字会的社会地位。2000年3月29日，海南省红十字会召开了第三次全省会员代表大会，选举了副省长王琼瑛为会长，卓英为常务副会长，根据会长提名赵健丽任秘书长。2004年12月7日，海南省第四次全省会员代表大会召开，大会全面总结了三届理事会的工作，制定了2005至2009年发展规划，选举产生了由61名理事组成的新一届理事会，聘请中共海南省委书记汪啸风、省长卫留成为名誉会长；海南省人大副主任王琼瑛、省政协副主席王辉丰当选为名誉副会长；赵国卫当选为常务副会长；赵健丽、刘平治、随枝叶、苏远洋当选为副会长，根据会长提名赵健丽兼任秘书长。

2004年，海南省红十字会在“五八”世界红十字日期间，在《海南日报》、《海口晚报》、《中国红十字报》等报刊报道海南省红十字会开展活动的稿件50篇，海南电视台、海口广播电视台播出关于红十字会活动的新闻161次，在网上发布新闻八条，印发预防艾滋病宣传画78520份。全年共募集和发放了赈济款物合计人民币400540元，赈济特困家庭8010多户。在“红十字博爱送万家”活动中。海南省红十字会发放慰问品价值30万元，受益贫困家庭达1500户。海南省红十字会全年开展救护知识普及讲座34次，参加讲座人数5754人。全年救护员培训总数6578人，全年师资培训总数148人。海南省报名捐献造血干细胞的人数超过1.2万多人，采集检测入库资料超过8000人份，已配对成功60多例，实现捐献移植九例；参加无偿献血达13532人次，献血总量达56666袋，海南省已实现医疗用血全部来源于公民无偿献血。海南省红十字会在2004年的艾滋病预防宣传工作中，举办了宣传活动58次，举办青年同伴教育培训班34次，参加青年同伴教育培训人数20060人；发放宣传品78520件，共投入资金8.215万元。截至2004年底，全省共有15名志愿者报名捐献器官、遗体。其中，已通过公证登记生效的有七人。

海南省红十字会历次代表大会

第一届

1991年8月27日召开，代表41人，理事23人，常务理事五人，常务副会长韦少成，副会长刘通显、陆清、谢峰、黄相基。

第二届

1994年9月20日召开，代表54人，理事29人，常务理事10人，会长刘名启、王厚宏、于迅，常务副会长韦少成，副会长陆清、简梁盛、谢峰、蒋金富、周元友、王亚保、叶斌、符国存。

第三届

2000年3月29日召开，代表108人，理事57人，常务理事九人，会长王琼瑛，常务副会长卓英。

第四届

2004年12月7日召开，代表92人，理事62人，常务理事九人，名誉会长（副会长）汪啸风、卫留成、王琼瑛、王辉丰，会长林方略，常务副会长赵国卫，副会长赵健丽、随枝叶、苏远洋、刘平治。

【组织机构】

海南省红十字会现有基层组织132个，会员11万人，全省目前共有365所学校建立了红十字会，红十字青少年会员达六万多名。全省17个市、县建立了红十字会。

海南省红十字会机关设有综合办公室、事业发展部、赈济救护部，中国造血干细胞捐献者资料库海南分库。

根据《中华人民共和国红十字会法》和中国红十字会总会《理顺管理体制座谈会纪要》精神，2001年，海南省红十字会向海南省编委申报《海南省红十字会关于理顺红十字会管理体制的请示》，2001年11月21日，中共海南省委办公厅正式下发了《关于理顺省红十字会管理体制的批复》。海南省红十字会由“省卫生厅代管”改为由省政府领导联系，编制五名（使用事业单位编制），参照公务员管理。2004年10月4日，为了便于省政府协调开展红十字会的工作，省编委经研究决定将省红十字会归属省政府办公厅管理。目前，全省已有六个市县的红十字会基本理顺管理体制，九个市县配有红十字会专职干部。海口、三亚、儋州、澄迈、临高、万宁、文昌、琼海、东方、五指山、屯昌、定安、昌江、乐东、陵水、白沙、保亭、琼中18个市、县成立了红十字会。2001年11月，经中国红十字会总会批准，海南省红十字会建立了“中国造血干细胞捐献者资料库海南分库”。

【大型项目】

一、1996年，海南省连续遭受多次热带风暴袭击，全省各级红十字会共募集赈灾款物价值86万元，帮助灾区群众渡过难关。

二、1998年，为“三江流域”洪涝灾害开展募捐活动，共募集款物560万元，支援了灾区的重建工作，同年，在内蒙古自治区兴建博爱村一个。

三、1998年，为西藏、青海雪灾灾区开展募捐工作，共募集款物30多万元，及时支援了兄弟省区的救灾工作。

四、2000年，海南省遭遇了百年不遇的特大洪涝灾害，全省共募集款物折合人民币246.8万元。

五、2004年底，为印度洋海啸灾区募捐1000多万元善款。

【主要特色】

一、做好难民安置工作

为做好接收安置印支难民的工作，海南省红十字会遵循人道主义宗旨，积极协助和配合政府有关部门做好难民的医疗保障工作。海南省人民医院红十字会、海南医学院附属医院红十字会、海口市人民医院红十字会、海南兴隆红十字医院等单位多次派出医护人员在码头、车站设立难民医疗点，为过往难民提供免费诊疗服务。同时组织红十字医疗队深入难民安置点，为难民义务体检和开展防病治病活动。据不完全统计，近20年来，红十字会共为难民诊治伤病113420人次，收容难民住院治疗18783人次，为难民点培养卫生技术骨干250多名。红十字会还向难民子女免费发放学习文具9360份，价值人民币二万多元。

二、坚持给麻风病人送温暖

2000年至今，海南省红十字会坚持每

年春节前开展为省麻风病医院特困群众送温暖活动，共赠送了价值近10万元的物品和药品。

三、在旅游点设置募捐箱

为方便社会各界人士捐款奉献爱心，海南省红十字会在省内各旅游景点、机场、码头、公园、宾馆等公共场所放置了红十字募捐箱。

四、开展预防艾滋病项目

遵照红十字会与红新月会国际联合会和中国红十字会总会对艾滋病预防工作的具体部署，海南省红十字会于1998年在海南省启动了艾滋病预防青年同伴教育项目。从1998年的项目筹备启动开始至今，全省已培训项目核心主持人78名，举办项目普及培训班120期，直接受训人员达3400人，间接受益者达五万多人。培训领域包括学校、酒店、宾馆、政府机关，覆盖面逐渐扩大到全省13个市县，邀请加拿大McGill大学医学院教授、国际卫生教育专家加德里安博士到海南专门指导省红十字会开展预防艾滋病青年同伴教育项目。加德里安博士已在海口、三亚、儋州、琼海和万宁的28所大中专院校举办了30多场（次）的预防艾滋病讲学活动，直接听众达二万多人。

2001年5月，海南省红十字会在全省举办了“反对歧视艾滋病病毒感染者及病人漫画卡通画大赛”活动。从各单位选送的60多件作品中筛选出八件优秀作品报送中国红十字会总会参评，其中有六件作品被总会选中，代表中国参加了由红十字会与红新月会国际联合会举办的“反对歧视艾滋病病毒感染者及病人的漫画卡通画大赛”。海南省儋州市那大二中高二年级蒲丁欣同学的作品荣获东南亚/东亚地区大赛第一名，海南大学学生周桑的作品被编入这次大赛的优秀作品的画册，为中国红十字会争得了荣誉。海南省红十字会撰写的《关于举办反对歧视艾滋病病毒感染者及病人卡通漫画大赛的报告》被第五届世界艾滋病关怀大会选中，海南省红十字会秘书长赵健丽受大会组委会特邀和资助，于2001年赴泰国清迈与世界各地的1万多名代表交流“控艾”经验。

五、开通网站

海南省红十字会使用现代化宣传手段，努力扩大宣传范围，取得良好宣传效果。2000年，在海南在线的协助下，海南省红十字会率先创建了国内红十字系统第一家省级网站——海南省红十字会网站。通过近几年来的建设完善，网站已设有红十字信息、救灾救助、救护培训、寻人转信、功德榜、志愿服务、在线捐助、留言簿、电子邮件、友情链接等诸多栏目。通过网站可以了解到全省红十字会工作动态、国际红十字运动基本知识、艾滋病预防知识、初级卫生救护知识、寻人转信动态等。网站的开通，扩大了红十字会的社会影响，使更多的群众了解并关心支持红十字事业。网站开通至今，已有数万人次访问，并在赈灾捐助和志愿服务中发挥了作用。

六、交流合作

2001年4月，在中国红十字会总会的安排下，海南省红十字会会长王琼瑛率团出访德国红十字会巴伐利亚利珀分会。

2001年，受中国红十字会总会派遣，海南省红十字会秘书长赵健丽赴泰国皇家墨罕德大学卫生学院进修了卫生项目管理技术，其后，还赴国际（马尼拉）危险管理学院研修了突发事件卫生管理技术。

2002 年，为加强琼台两地的交流合作，海南省红十字会邀请台湾高雄市红十字组织代表团于 6 月中旬到海南省进行了以水上卫生救护为主题的工作访问。

2003 年初，应台湾高雄市红十字组织的邀请，海南省红十字会常务副会长卓英率团赴台进行了为期一周的访问交流。与台湾红十字组织各位高层领导会见，并就两岛加强交流合作进行了友好的协商，访问工作取得圆满成功。

（赵健丽）

海口市红十字会

【简介】

海口市红十字会成立于 1958 年，1991 年 6 月市编委核定编制三人，专职干部都参加了参照公务员管理，办公地点在海口市白龙南路 61 号，设立单独财政帐号，经费由市财政局直接划拨，我会在 2001 年机构改革中升格为副处级，2005 年，海口市红十字会理顺了管理体制，由“市卫生局代管”改为由市政府领导联系工作。目前，海口市红十字会有基层组织 23 个，会员 36000 人。2010 年，海口市红十字会共为灾区募集款物共 1691032 元。培训初级卫生救护员 1800 人，救护知识普及讲座 15500 人。

现任会领导：

市红十字会专职副会长：蔡能浩

三亚市红十字会

【简介】

三亚市红十字会于 1991 年 10 月经三亚市人民政府批准成立，是从事人道主义工作的社会救助团体。海南省红十字会是其业务主管部门。

三亚市红十字会的领导机构设会长一名，由市政府分管卫生的副市长兼任。设常务副会长一名，由市卫生局局长兼任。设副会长六名，分别由市财政局、教育局、民政局、企业及红十字会的领导兼任。市红十字会有专职工作人员二名，其中秘书长一名，负责日常事务性工作。有常务理事五名，理事 10 名，全市有基层红十字组织 13 个，红十字会员 3000 人。

根据《中华人民共和国红十字会法》的有关规定及国内红十字系统的通行做法，三亚市红十字会聘请名誉会长二名，分别由三亚市市委书记、三亚市市长担任。聘请名誉副会长二名，分别由三亚市人大常委会副主任、三亚市政协副主席担任。

现任会领导：

市红十字会会长：郭保红（副市长）

常务副会长：陈志勇

重庆市红十字会

【年度工作】

2010 年，重庆市巴南区、万州区、涪陵区、大渡口区、石柱县教育系统红十字会相继成立。全市有基层红十字会组织 633 个，红十字会员 746656 名，其中青少年会员 311387 名。重庆市红十字基金会新设立专项救助基金 11 支，全市各级红十字会全年募集救助款物 8055.58 万元，其中市红十字会本级募集款物 4312.58 万元。在红十字与西部航空同行——让梦想与你同飞大型公益活动中，征集200名贫困大学新生，提供免费单程机票送贫困大学生上大学。全年共对机动车驾驶员237833人次进行了救护培训，为外资企业和其他企业开展救护培训116580人次，救护师资提高班培训30人次。中国造血干细胞捐献者资料库重庆市分库全年组织了八次大型采集造血干细胞血样活动，成功捐献了七例造血干细胞。全年救助了83名（133人次）白血病儿童，发放救助款225万元。清明节，在重庆市江南殡仪馆和龙台山陵园举行了“重庆市遗体（眼角膜）捐献者公祭仪式”。市红十字会与市教育委员会联合召开了“重庆市学校红十字工作现场会”，促进了全市教育行业红十字事业的发展。

【历史沿革】

1910年（宣统二年），重庆市宽仁医院院长马嘉礼（美国人）首议筹建重庆红十字会。由商界首领李湛阳出面号召；巨绅魏国平以经营画社筹集资金；廖焕庭、温少鹤、李촌枫、杨沧白等社会名流具体筹备。1911年（宣统三年）3月，经大清红十字会核准，大清红十字会重庆分会正式成立。挂牌市区临江门外给孤寺。李觐枫当选为第一届会长。巴县府划拨给孤寺一带（现临江门至一号桥）地产1600平方丈为红十字会所有，命名为“红十字街”。1912年国民政府初立，大清红十字会更名为中国红十字会，重庆分会更名为中国红十字会重庆分会。

民国初期，兵戈内战及自然灾害不断。为筹措活动经费，分会董事李湛阳、魏国平等出面邀请中西各界名流开会发展会员。凡到会者俱为本会会员，纳会金25元/人（银元。下同）。并规定常年会员纳会金5元/人；特别会员年纳会金在100元/人以上。同时呈请巴县府将多种捐税交由红十字会收取，以资补贴。主要税种有机制土货税，年纳金8000余元；寮头税，年纳金7000余元；“红灯”（抽大烟场所）税，年纳金二万元；地契附加税，年纳金1000余元；九门屠捐税，年纳金约7000元；房地税，年纳金约1000元。年收入保持在四万元以上。

创建初期，分会活动以各诊所为依托救助灾困贫民为主。于1917年始，先后设中医社七所：一社设在药王庙侧轩岐公所；二社设在临江门七星坎；三社设在临江门吉祥寺巷；四社设在两路口同兴堂侧；五社设在南岸龙门浩玄坛庙内；六社设在售珠市勇善堂内；七社设在海棠溪尊德堂内。各所聘请名老中医施治。主方所需药物及经费由本地绅商自由捐助。

1920年，分会建总医院于临江门外给孤寺（即现重庆市红十字会医院雏形）。聘请德国医师阿思密为院长，年俸1.2万元。分会规定：无论兵民男女贫富皆得治疗。贫者免费，富者按章纳费。特等病室每日纳银三元；头等病室每日纳银二元；二等病室每日纳银一元；三等病室每日纳银半元。此外，在城内九尺坎街道另设西医诊所一家，每周一、四、六诊治男病，日诊治病人200名；每周二、五诊女病，日诊病人200名。1923年，分会总医院在通远门外建立分院，专门收治贫民，概不收费。

1923年，分会购置水龙（消防灭火器材）两套。城内外凡发生火警，分会即派人携带火龙随医护人员前往抢救。1924年，分会又购置小艇五艘，每年夏历4月1日至10月1日（洪水期），分驻龙碛子、夫归石、梁沱灌口、铜锣峡险滩；一艘沿长江上下巡逻，随时抢救溺水难民。

1929 年，因经费不足，各中医社、西医诊所及分医院陆续关闭。分会总医院也在 1931 年关闭，分会工作也基本停止。

1931 年 9 月 18 日，日本关东军突然向我国东北发动进攻，制造了震惊中外的“九一八”事变。1932 年初，日军全面侵占我国东三省，大批难民流离失所，流入关内。总会及各分会紧急动员起来，为救助难民筹措款物。

1937 年 11 月，在总会的大力支持和本市热心慈善事业人士的资助下，廖焕廷、温少鹤、黄次咸、马嘉礼发起成立重庆救护委员会。募得经费 8.7 万余元。1938 年春，救护委员会承接了本市教会团体所办的救护训练班；在陕西街万寿宫开设了贫民诊疗所。并于同年 4 月在给孤寺成立救护医院：设病床 100 张。组织了 72 人的救护担架队，以备空袭时收容抢救受伤军民。7 月，救护委员会举办大会征求红十字会员，征得新会员 800 余人。8 月，救护委员会聘请征集医护人员 80 人，分编四个医疗救护队随军开赴湘、赣战区服务。半年后，四个救护队陆续交归总会救护总队。1938 年 7 月至 12 月，分会医院、诊所和担架队救治伤患 12.8 万余人。

1939 年 5 月 3—4 日，重庆市区遭日机大轰炸。临江门外红十字街和分会救护医院的房屋设备被炸毁。同年 6 月，分会宣告恢复工作，并于 11 月 28 日召开会员大会：改组了理事会及医院董事会。会长温少鹤。正式启用中华民国红十字会重庆分会名称和印章；承接救护委员会所属医院诊所及其他救护事业；决定在南岸黄桷椏新建分会医院；调整会费标准为：青年会员每年纳金 2000 元/人（旧币，下同）；普通会员每年纳金 5000 元/人；特别会员一次性纳金 40000 元/人；名誉会员一次性纳金 200000 元/人；团体会员一次性纳金 400000 元。年内共征得会员 45710 人；收会费 9912600 元。救治炸伤者（担架队）1347 人；接种痘苗 1.5 万余人；其他预防接种 5600 余人；救治其他伤患 28354 人。

1940 年 3 月，按当时规范要求修建的分会医院（中型）在南岸黄桷垭落成（现纺织职工疗养院址）。建院经费来自中央赈济委员会、四川省红十字分会及其救护委员会捐赠的 13500 元（银元。下同）为筹措分会医院所需设备购置经费，分会邀请社会名流发起社会募捐：重庆市市长吴国桢、名画家徐悲鸿、王东培、吴麟若、许士麟、陈之伟、黄君壁、张书旗、潘见平、潘文淑、邓白、谢稚柳等发起国画义展、义卖。共募得资金四万余元。分会医院设备药械得以完备。聘请黄次咸任院长；邝安堃、宋祖安任主治医师。

1940 年 3 月，总会迁来重庆夫子池。4 月 1 日正式办公。并在沙坪坝设立重伤医院，收治空袭时受伤贫民。年底，该院被炸毁。1941 年 10 月，总会又在高滩岩购置土地兴建中华民国红十字会重庆医院。于 1943 年 7 月该院落成。1944 年 2 月，中华民国红十字会重庆医院与国民政府中央医院合并。增设病床；附设高级护士职业学校（现中国人民解放军第三军医大学及其附属医院址）。

1946 年 4 月，总会迁回南京。其在重庆市区夫子池的办公用房和诊所以及高滩岩救灾仓库内的物资（美国红十字会捐赠的八卡车药品器械及毛毯）全部赠与重庆分会。5 月 19 日，总会第一届理事会决定：中国红十字会的工作中心由战时救护转变为社会服务。以建设分会、征集会员、筹措基金为工作重点。为促进分会的恢复和重建，总会在上海、汉口、北平、广州、重庆设 5 个区办事处。由各区办事处分辖数省。重庆区办事处辖四川、西康、贵州、云南、西藏。总会在年内对各分会进行了彻底的清理整顿，重新报批、登记、发证。经过整顿的分会即可在其辖区内发展支会。重庆分会在此次整顿中改选了理事会。黄次咸任分会会长；余养贤任总干事，新征会员 4.4 万余人（总会资料）。

1946 年，重庆霍乱大流行，死亡甚众。分会除在南岸黄桷垭医院收治病人外，又在市区中央花园设时疫急救医院一所。常设病床 80 张，机动病床 40 张。聘请李紫凝为医务主任；田竹轩、赵琼、徐印坎等九名医师，10 名护士。检验师和药品由美国红十字会免费提供。年内免费收治病人 1500 余人。总会重庆区办事处联合基督教青年会开办了励志儿童医院。免费诊治街头流浪患儿，经费由其理事捐赠。

4 月底分会医院迁至江西会馆。7 月又迁至市区陕西街。分会工作重点由战时救护转向社会服务。为增强民众防疫知识，分会举办常年防疫训练班宣传卫生防疫常识；组织巡回医疗队深入边远山区进行预防接种；为公共娱乐场所、工厂、学校、监狱进行“消、杀、灭”清除工作。年内共诊治和接种注射 218585 人次；散发灭鼠药 30 磅。分会当年工作在总会考核中获甲等，与上海、南京分会同享殊荣。当年底，总会撤消了除上海以外的四个区办事处。重庆区办事处所属的励志儿童医院转交重庆分会。

1949 年 3 月，分会医院与励志儿童医院合并。迁回临江门外红十字街给孤寺旧址。初夏，为防时疫发生，分会组织巡回医防队到贫民区诊治病人，对易感者进行预防接种。共服务 3893 次。同年 9 月 2 日，市区小十字及过街楼一带发生特大火灾（即震惊中外的“9·2”火灾）。分会救护队快速赶往现场，抢救重伤患者 270 人。并以分会名义将这批伤员分别转送到市内各大公、私医院治疗。此举受到社会各界的极大关注和好评。9 月下旬，分会应四川高等法院和重庆地方法院邀请，为其所属监狱及看守所在押犯人义务诊病；并分别在监狱和看守所设义务诊所，定期派医护人员前去诊治病犯。每次诊治均在 200 人以上，所有药品及诊治费均由分会承担。11 月 30 日，重庆解放。分会立即派医护人员前往渣滓洞、白公馆清理掩埋“11·27”遇难者遗物遗体，并对现场进行消毒处理。

1949 年 10 月 1 日，中华人民共和国成立。总会从南京迁到上海，与上海区办事处合并。11 月 30 日，重庆解放。重庆分会保留有：临江门医院、夫子池诊所、南岸新生托儿所。

1950 年 2 月，总会在上海召开工作检讨会。各大城市红十字分会负责人应邀莅会。重庆分会会长黄次咸（总会资料记载）参加了此次会议，并被选为赴北京向中央人民政府汇报工作的代表。总会在协商改组并成立新的领导机构之后，对地方分会的改组整顿提到了议事日程。10 月，卫生部与救济总会行文各地：要求有关部门协助改组整顿地方红十字会组织。总会专门举办了为期 5 周的分会干部学习班，重庆分会代理总干事余养贤先生参加了学习。

1951年4月16日，重庆分会协商改组会正式召开。市卫生局局长周洪生、市民政局社会科科长孙立太、分会会长温少鹤（余养贤口述）组成了会议主席团。全市10余个相关部门的负责人和会员代表参加了会议。会上，代理总干事余养贤汇报了分会建会以来的主要活动；修改制订了《重庆红十字分会组织规程》；协商产生了建国后第一届理事会。周洪生任会长，余养贤任总干事（均由总会行文任命）。改组后，分会归市政法委员会领导；经费由市财政和总会划拨；有国家编制内职工25人。

5月，分会在协商改组后，立即着手为抗美援朝募捐。共募得现金1465万元；物资720多件。同时分会在社会上广泛征求外科手术医护人员，筹备赴朝鲜战场救护工作。5月29日，分会派出了第一支赴朝外科手术队。队员13人；队长冉瑞图（市第二人民医院胸外科主任）。1952年2月3日，分会派出第二支赴朝外科手术队，队员10人；队长王安定（西南卫生部直属医院主治医师）。

1952年4月30日，国家政法委员会以政文字第20号文通知："关于中国红十字会总会的工作，奉总理批示：改归中央卫生部直接指导和联系"。7月9日，中国红十字会总会与卫生部、内务部联合发出通知，要求各地分会与各地政府卫生部门合署办公。重庆分会因成立以来，一直是独立门户，独立自主地在开展活动，改组以后仍然具备独立开展工作的能力，并拥有独立产权的办公场所与服务机构。故未与市卫生局合并。仍然保留了独立核编和财政独立拨款。原有的办公场所与服务机构仍属分会所有，行政管理改归市文化、教育、卫生委员会（余养贤口述）直接指导联系。

1953年初，分会所属夫子池诊疗所合并到分会医院（临江门）。年底，接政府通知：分会医院交市卫生局接管，其"重庆市红十字会医院"的名称不变；分会在南岸的新生托儿所交南岸区政府接管。分会工作转为以爱国卫生宣传和现场急救员培训为主。

年内，分会在市区西南博物馆、市劳动人民文化宫、夫子池红十字阅览室、分会机关及近郊区各大厂矿举办了："妇幼卫生"、"厂矿卫生"、"爱国卫生"、"新法接生"和"本市爱国卫生成绩展"等大型展出。在市区展出时每天接待参观者均在2000人次以上。在近郊巡回展出半年。接待参观者370多万人次。培训急救员957人；在近郊区创建急救站38个。

年底，重庆分会召开第二次会员代表大会：选举产生了第二届理事会。会长何正清（市卫生局局长）。总干事司明勋（兼职。市医学会党总支书记）。

1957年，重庆红十字会（以下简称市红会）在市中区王家坡、大溪沟街道首次建立街道红十字会。建立会员小组26个；发展会员3346个。在近郊区六个重点中、小学建立了红十字会，发展青少年会员629人。并帮助他们与苏联、波兰、保加利亚等国的学校红十字会建立联系。开展红十字青少年间的通信活动，互赠纪念品。

8月，近郊南泉乡刘家湾挖掘出日本人遗骨121具。分会立即派人协助政府有关部门及时包装妥当，送总会转交日本红十字会。

1961年3月，本市巴县长生桥公社李子林挖出日本人遗体38具。市红十字会立即妥善包装后送总会转交日本红十字会。

年底，市红十字会召开了第三次会员代表大会：选举产生了第三届理事会，会长何正清（市卫生局局长兼职）。

1963 年初，市红十字会在沙坪坝区石桥公社试点开展乡村红十字会工作。将红十字会基层组织建到各生产队、组。收效很好。年内即推广到该区其他公社和北碚、南岸、江北四区 30 多个公社，100 多个生产队。总会秘书长倪斐君专程来重庆进行实地考察。高度评价了此项工作对全国农村红十字会组织发展的推动作用。

1966 年 6 月，“文化大革命”开始。红十字会被视为“封、资、修”产物，受到巨大冲击，工作全面停止。

改革开放特别是重庆直辖以来，重庆红十字事业有了长足的发展。1980 年重庆市红十字会恢复工作后，在清理恢复基层红十字组织的同时，先后组织了援非募捐、1987 年开展了台湾同胞大陆寻亲工作、1988 年国际体育援助、1998 年抗洪救灾等重大活动。2000 年，开展了以“伸出你的双手，献上一份爱心”为主题，以 500 名特困人群（即 100 名 80 岁以上高龄的特困老人，100 名生活特别困难的失学儿童，100 名生活特别困难的残疾人，100 名生活特别困难的大学生，100 名生活特别困难的下岗女工）为救助对象的募捐活动。2001 年全面启动了中国造血干细胞捐献者资料库重庆分库的建设工作。2002 年与重庆市总工会联合开展了城市困难群众子女助学工程。二十多年来，重庆市红十字会多方位地开展人道主义领域的服务工作，受理了 5000 多宗国际寻人转信和海峡两岸寻亲红十字通信，使 600 多个分离的家庭或亲人得到了重新团聚，为开展民间外交和沟通海峡两岸关系发挥了较好的桥梁作用。

1993 年《中华人民共和国红十字会法》颁布实施，1996 年《中华人民共和国红十字标志使用办法》颁布实施，2000 年《重庆市实施〈中华人民共和国红十字会法〉办法》颁布实施。2000 年 6 月，重庆市机构编制委员会正式行文理顺重庆市红十字会管理体制，明确由市领导联系。2004 年 7 月，经中共重庆市委批准，中共重庆市红十字会党组正式建立。

2005 年 3 月，召开了重庆市红十字会第二次会员代表大会，中共重庆市委书记黄镇东接见了参会的全体代表。会上，重庆市人事局、重庆市红十字会联合表彰了全市红十字会系统的 10 个先进集体和 20 名先进个人。选举产生了新一届理事会，聘请中共重庆市委书记黄镇东为名誉会长，重庆市人大常委会副主任陈雅棠、重庆市政协副主席窦瑞华为名誉副会长。选举重庆市人民政府副市长谢小军为会长，冉茂民为常务副会长，周清梅为副会长。经会长提名通过了赵幼渝为秘书长。重庆市红十字事业进入了一个快速发展的新时期。

重庆市红十字会历次代表大会

第一届

1950 年 4 月 16 日召开，代表协商产生，会长副会长第一届周洪生，常务副会长余养贤（总干事）总会任命。

第二届

1956 年召开，会长何正清。

第三届

1961 年召开，会长何正清。

第四届

1980年8月召开，会长林琳。

第五届

1985年5月24日召开，会长冯克熙。

第六届

1990年6月7日召开，会长窦瑞华。

第七届

1994年7月20日召开，名誉会长孙同川，会长窦瑞华。

重庆改直辖市后

第一届

2000年3月20日召开，代表120人，理事60人，常务理事19人，名誉会长贺国强、包叙定，会长程贻举，常务副会长冉茂民。

第二届

2005年3月23日召开，代表180人，理事60人，常务理事20人，名誉会长黄镇东，会长谢小军，常务副会长冉茂民。

【组织机构】

重庆市红十字会有基层组织1465个，红十字会员50余万人（其中红十字青少年会员10万人），占重庆市常住人口的1.7%。全市40个区县（自治县、市）都建立有红十字会；机动车驾驶员行业、市教育系统、市卫生系统三个行业建立有红十字会；重庆大学（由原重庆大学、重庆建筑大学合并组建）、西南大学（由原西南师范大学、西南农业大学、四川畜牧兽医学院、中国柑橘研究所合并组建）、重庆医科大学、重庆师范大学等四所大学建立了红十字会；长安机器厂、望江机器厂、川东石油勘探公司等三个大型企业，部分中小学、职业学校、医疗机构建立了红十字会。

重庆市红十字会机关设有办公室、组织宣传外联部、赈济救护部（重庆市红十字会卫生救护培训中心）。

各区县（自治县、市）红十字会名单（40个）：万州区红十字会、涪陵区红十字会、黔江区红十字会、渝中区红十字会、大渡口区红十字会、江北区红十字会、沙坪坝区红十字会、九龙坡区红十字会、南岸区红十字会、北碚区红十字会、万盛区红十字会、渝北区红十字会、巴南区红十字会、长寿区红十字会、双桥区红十字会、江津市红十字会、合川市红十字会、永川市红十字会、綦江县红十字会、潼南县红十字会、铜梁县红十字会、大足县红十字会、荣昌县红十字会、璧山县红十字会、梁平县红十字会、城口县红十字会、南川市红十字会、丰都县红十字会、垫江县红十字会、武隆县红十字会、忠县红十字会、开县红十字会、云阳县红十字会、奉节县红十字会、巫山县红十字会、巫溪县红十字会、石柱土家族自治县红十字会、秀山土家族苗族自治县红十字会、酉阳土家族苗族自治县红十字会、彭水苗族土家族自治县红十字会。

【主要特色】

一、"5个100"救助活动

2000年，重庆市红十字会开展了以"伸出你的手，献出一份爱"为主题，以"100名80岁以上老人、100名残疾人、100名下岗女工、100名特困大学生、100名失学儿童"为救助对象的大型募捐救助活动。全市各级红十字会齐心协力，克服困难，共募集资金60万元。重庆市红十字会与市教育委员会、重庆市残联、重庆市妇联、重庆市老龄委等单位联合确定了500名救助对象，每人得到1000元的救助资金。

二、困难群众助学活动

2002 年，重庆市红十字会积极响应党中央、国务院关心城市困难群众生产生活的号召，开展了“城市困难群众子女助学”活动。三年来，重庆市红十字会的这项工作得到社会的广泛关注和支持，一直坚持较好，共募集捐款 103.69 万元，已有 3430 名困难群众子女获得了救助，受助者涉及到全市的 38 个区县（自治县、市）。

三、卫生救护培训

近 10 年来，重庆市红十字会积极争取市公安、交警、交委、财政和物价等部门的支持和配合，对全市机动车驾驶员进行了卫生救护培训，共培训了 50 多万人次。

四、公民志愿捐献遗体

从 1997 年开始，重庆市红十字会在全市开展了公民志愿无偿捐献遗体工作。七年来，全市共有 4000 余名志愿者进行了捐献登记，已有 375 名志愿者实施了捐献意愿。为了鼓励公民的奉献行为，重庆市红十字会在龙台山陵园建立了一座“重庆市公民志愿捐献遗体志士纪念碑”，并在每年的清明节组织志愿捐献遗体者家属开展悼念活动，较好地促进了遗体捐献工作的开展。

五、查人转信工作

改革开放以来，重庆市红十字会共受理海峡两岸寻亲信件 6000 余件，其中查有结果的有 620 件，使亲人得到团聚。

【大型项目】

2000 年，重庆市红十字会在主城区三星级以上的宾馆、大型商场和超市、机场、码头、火车站设置红十字募捐箱。随后，各区县（自治县、市）红十字会也在所在地人口密集区域设置红十字募捐箱。

2000 年至 2004 年，重庆市红十字会国际红十字运动基本知识传播员分别多次到重庆大学、西南师范大学、西南农业大学、西南政法大学、重庆医科大学、重庆师范大学、重庆工商大学、重庆邮电学院、重庆交通学院、重庆教育学院、重庆科技学院、四川美术学院、海逸酒店、葛兰素公司、和记黄埔公司、英国驻重庆总领事馆等高等院校、外资企业和外国政府驻渝机构开展国际红十字运动基本知识传播讲座。

2003 年，重庆市第一批市级红十字窗口单位正式挂牌。这些窗口单位有：大学、中学、小学、血液机构、城市医疗机构、乡镇卫生站等。

2003 年至 2005 年，重庆市红十字会分别对外国政府驻渝机构官员、大学医院工作人员、部分大学小学学生、公共游泳场所救生人员、小区物业管理人员、街道及居委会工作人员、大型商场及超市营销人员、旅游系统导游、外资宾馆及企业员工、国有大中型煤矿工人、建筑系统安全管理人员、监狱服刑人员等进行卫生急救、防病治病、艾滋病预防等知识及技能培训。

2005 年，在重庆市的涪陵区、巴南区、綦江县、垫江县、梁平县、忠县开展了欧洲联盟人道主义援助部援建的社区减灾项目。

2005 年 9 月，在重庆市人民政府主要领导的倡导下，经社团登记部门批准，重庆市白血病儿童救助基金会正式建立。该基金会为公募基金，由重庆市教育委员会、重庆市财政局、重庆市民政局、重庆市卫生局、重庆市红十字会、重庆慈善总会、重庆市总工会、重庆市工商联共同出资组建。受市人民政府委托，重庆市红十字会为该基金会的主管单位。其基金主要用于救助重庆市 18

周岁以下的白血病儿童。

渝中区红十字会

【简介】

渝中区红十字会成立于1963年3月，"文革"期间被迫停止活动。1981年4月经区政府批准恢复活动。2001年9月经渝中区机构编制委员会审定，设机关事业编制二名，并按照《国家公务员暂行条例》参照试行。

大渡口区红十字会

【简介】

大渡口区红十字会设专职副会长一名，秘书长一名，下辖红十字医院一个（大渡口区红十字会医院）、红十字社区服务站一个（大渡口区跃进村街道中医社区红十字服务站），全区有会员332人，自愿工作者1583人。

江北区红十字会

【简介】

江北区红十字会建会于20世纪50年代，一直由区政府直接领导、管理，从建会之初就由一名副区长任红十字会会长，区卫生局局长任副会长。

九龙坡区红十字会

【简介】

九龙坡区红十字会成立于1953年5月，命名为"重庆市第四区红十字会"。1981年9月，红十字会恢复工作。现为两块牌子（区红十字会、区医学会）一套班子，在职职工五人，退休职工三人。

渝北区红十字会

【简介】

渝北区红十字会成立于1989年。2001年，区红十字会机构和编制得到落实。红十字会有团体会员单位有70多家，志愿工作者300多人。

巴南区红十字会

【简介】

巴南区红十字会成立于1988年。全区有红十字会会员14500人，红十字团体会员单位52家，红十字理事单位27个。区红十字会名誉会长由区长担任，会长由分管副区长担任。下设红十字会办公室由区编制办公室确定为正科级单位，有编制二名，每年由财政划拨办公经费。

沙坪坝区红十字会

【简介】

沙坪坝区红十字会成立于50年代初期。区红十字会有基层红十字会组织65个，会员3566人，两个红十字志愿服务队，志愿工作者350名。2001年，区红十字会落实了办事机构。设机关事业编制二名，靠挂区卫生局，由分管副区长任区红十字会会长。

北碚区红十字会

【简介】

北碚区红十字会有基层组织45个，会员5700多名。北碚区红十字会办事机构设在区卫生局内，有红十字会专职干部一名。

南岸区红十字会

【简介】

南岸区红十字会成立于1953年。1983年，南岸区内先后成立九个地区的红十字会，二个乡红十字会、四个小学及一个中学红会。全区有红十字会员4315人。

四川省红十字会

【年度工作】

2010年，四川省红十字会争取到灾后援建项目4520个，资金49.57亿元。省红十字会先后四次派出救援队伍前往玉树地震灾区救治伤员，转移安置群众。全年累计为省内外受灾地区募集救助款物2.78亿元，发放救灾救助物资价值2191.9万元，有23万人次受益。完成雪弗龙公司援助的艾滋病预防与关爱等多个合作项目。规划实施了14个市、州援建备灾仓库项目，南充市建成全省首家市级红十字备灾仓库。省造血干细胞捐献者资料分库全年完成5000人份的HLA数据入库任务。年内新增红十字医疗机构三家。在红十字医疗机构“博爱周”义诊活动中，为三万余人提供了咨询和医疗服务。新增红十字眼库泸州、南充、广元登记站，实现角膜捐献30例。全省临床用血100%来自无偿献血。全年培训救护师资90名，培训救护员3.81万人，接受救护防病知识培训者达100万人次。成立了四川省红十字应急救援总队和新闻媒体志愿者服务队。

【历史沿革】

四川省红十字会的前身——中国红十字成都分会、重庆分会成立于1911年。从1911年创立至今，四川红十字会经历了94年的风雨历程。大体可分为四个时期：创立时期（1911—1949）这一时期，四川红十字会以四川各地分会的形式存在。新生时期（1949年—1965年）1949年10月1日，中华人民共和国成立，四川红十字会步入了新的历史时期。停止时期（1966—1980年）在“文化大革命”这一特殊的历史背景下，红十字运动被当作帝、资、修的产物，横遭批判，四川红十字会机构解散，工作停止。恢复发展时期（1981年至今）。这一时期四川红十字事业得到前所未有的发展，特别是1993年10月《中华人民共和国红十字会法》的颁布实施，结束了中国红十字会无法可依的历史，四川红十字事业进入了蓬勃发展的新时期。

四川红十字会的前身中国红十字会成都分会、重庆分会的设立时间是1911年。1912年（民国元年）10月30日，中国红十字会首次统一大会在上海黄浦滩汇中旅馆五层楼会堂举行。参加大会的四川代表有重庆分会的廖换廷，成都分会的彭少卓、陈凤石、杨国屏。成都分会向统一大会发出祝电，全文如下：“中国红十字会鉴：我国红十字会统一联合，仁风普及，盛德日新。谨祝我民国万岁！红十字会万岁！成都分会贺”（原刊《中国红十字会杂志》第一号）。1920年，总会改定组织分会章程。增设各省分会34处。其中四川增设合江、江津、垫江、罗江、铜梁、中江六处分会。1922年6月25日，中国红十字会第二次会员大会在上海总商会议事厅举行。出席大会的共19省、区143个分会。四川省27个分会的代表出席大会，占出席大会总数的18.9%。

万县分会的代表陈敬之被公推为分会通则的起草员之一。威远分会拟陈临时无息存贷暂行简章十三则。1923年，总会增设各省分会31处。其中在四川增设资中分会、邻水分会。1924年，总会在全国增设分会15处，其中四川三处，即：广安分会、绵竹分会、江北分会。至此，中国红十字会全国分会共有277处，其中四川有47处，为全国之冠。1939年底，总会统计于抗战之初重新颁发图记的分会有254处，到总会迁至重庆后，除少数内地分会外，各地分会因沦陷与总会渐失联系。总会决定发动西南各省之市县，积极组织新的分会并尽量扶植广大的自由区之原有分会，首先从四川开始，继之扩及黔滇诸省。到1945年统计，川黔滇陕豫鄂湘赣浙闽粤桂甘13省共设分会90处，其中四川占33处；设医院32所，四川占八所；设诊疗所29所，四川占15所；设救护队41个，四川占12个。救护伤员、诊治病人37.48多万人次。总会在抗战期间工作概况中称“尤以四川成绩为佳”。（原载1947年《红十字月刊》）1945年8月15日，日本宣布无条件投降，中国八年抗日战争取得了胜利。1945年后，四川红十字会的组织情况如下：1946年设有分会16处，1947年设有分会20处，1948年，设有分会21处。总会自重庆迁回南京后，于1946年5月19日召开了第一届理事会，决定在全国开展征募运动，即征集回援与筹募红十字事业基金。这是抗战胜利后，红十字会复员时期的一项重要工作。四川各地分会积极响应，努力工作，成绩优良。其中有三个分会：重庆、灌县、内江分会；2名个人：梁山县分会理事颜定国、泸县分会张晓岚受到总会嘉奖。

1949年10月1日，中华人民共和国成立，中国红十字会进入新生时期。1950年2月1日，中国红十字总会给尚有联系的64处分会发出通知，定于1950年2月上旬在上海新闸路856号召开红十字工作检讨会，请各分会派代表参加。四川有重庆分会参加。1950年7月，总会根据周恩来总理的指示，迁移北京准备协商改组。同年8月2日召开了新中国成立后的第一次会员代表大会，四川重庆分会代表出席会议。1952年2月起，四川各地分会相继进行整顿改组。1952年4月30日，中央人民政府秘书厅通知：关于中国红十字会的隶属问题，奉总理指示，明确中国红十字会归中央卫生部直接指导和联系。同年7月9日，中国红十字总会、卫生部、内务部联合发出通知，要求各地红十字会与当地卫生部门合署办公。按照以上通知精神，四川各地红十字分会相继与当地卫生部门合署办公，接受当地政府卫生行政部门的指导。四川省卫生厅于1956年5月19日向四川省人民委员会文教办公室上报《关于开展我省红十字会工作的报告》。1957年，中国红十字会总会通知，四川各地红十字分会更名为四川省某市、县红十字会至今。

1964年10月7日，经中共四川省委、省人民委员会同意，四川省红十字会筹备委员会正式成立。主任委员：张秀熟（副省长），副主任委员：周绪德（省卫生厅副厅长）、龚毅（省卫生厅副厅长）、宋永珍（成都市红十字会会长、市卫生局局长）、伍义泽（重庆市红十字会副会长、市卫生局副局长），委员：曹振之（省教育厅副厅长）、孙传学（省民政厅副厅长）、周宏逵（省公安厅副厅长）、冯润庭（省文化局办公室主任）、张崇富（省工会副主席）、戴克宇（省妇联副主席）、陈麦波（省科协秘书长）、楚一行（共青团省委宣传部长）、刘金玉（成都军区后勤卫生部副部长），秘书长：白云山（省卫生厅卫生防疫处副处长），会址设在成都市汪家拐街四川省卫生厅内。1964 年，四川省红十字会筹备委员会要求各地恢复红十字会组织活动。1967 年 4 月 17 日，卫生部与中国红十字会总会发出联合通知，要求红十字会所有会务工作一律暂行停止。四川省卫生厅和省红十字会立即向全省红十字会转发了这一通知。至此，四川省各级红十字会组织被迫撤销，主要领导受到批判，工作人员下放“五七”干校或调离，文档资料被当作“敌伪档案”查抄销毁，会务活动完全停止。

1976 年 10 月，“文化大革命”的十年动乱宣告结束。中国红十字事业进入了恢复发展时期。1981 年，中共四川省委发文批准恢复四川省红十字会。1982 年 1 月 21 日，四川省人民政府川府函（1982）13 号文，同意恢复四川省红十字会。1982 年 11 月，四川省红十字会、四川省编委、四川省财政厅、四川省卫生厅（川红会〔1982〕第 02 号）《关于执行省人民政府〔1982〕13 号函的通知》，要求四川各地恢复红十字会的组织机构。1985 年 12 月 3 日，四川省红十字会召开第一次代表大会。全省有 11 个市、县、区红十字会的 147 名代表参加。大会审议通过了《四川省红十字会组织规程》，选举产生了第三届理事会，会长：康振黄，副会长：任长方、卜泰江、王可植、吴景福、胡问安。经康振黄会长提名决定任长方为秘书长；副秘书长：刁振中、冷济荣；聘请张秀熟、刘云波为名誉会长。1985 年底，全省有市、县红十字会 11 个，红十字基层组织 1188 个，红十字会会员 12 万余人。

1990 年 2 月 15 日，中国红十字会第五次全国代表大会在北京召开。在这一时期，四川 23 个地、市、州也相继恢复成立红十字会，并开展活动，有的还做出了突出的成绩。其中泸州市红十字会会员杨必纯 1985 年荣获红十字会与红新月会国际联合会颁发的“南丁格尔奖”；绵阳市教委副主任蒋瑞伦被评为 1990 年全国先进红十字会员和模范志愿工作者，受到中国红十字会总会和国家人事部嘉奖。1992 年 6 月，内江市红十字会理事、内江市第一人民医院护士长张振坤荣获国际人道主义奖（当年全国仅此一名），受到中国红十字会常务副会长顾英奇的接见和颁奖。一部分市、地、州、县解决了人员编制，配备了专职干部，改善了办公条件，四川红十字事业逐步走上正轨。1990 年 4 月 12 日，四川省红十字会第二次会员代表大会召开，选举产生了第四届理事会，会长：韩邦彦，副会长：殷大奎、任长方、卜泰江、王可植、吴景福、陈麟章。经韩邦彦会长提名决定任长方为秘书长，副秘书长：冷济荣；聘请张秀熟、刘云波、康振黄为名誉会长。1990 年，全省建立地、市、州红十字会 17 个；县（市、区）红十字会

96 个；基层红十字会 2316 个；发展会员 24 万余人。1993 年 10 月 31 日，《中华人民共和国红十字会法》颁布施行。

1994 年 7 月 1 日，四川省红十字会第五次会员代表大会召开，大会制定了《四川省〈中国红十字会章程〉实施办法》，选举产生了省红十字会第五届理事会，会长：徐世群，常务副会长：卓凯星，经徐世群会长提名决定李增辉为秘书长；聘请肖秧、康振黄、韩邦彦为名誉会长。1994 年，全省有 10 个县（区）新建立红十字会，有 13 个县建立筹备组，发展基层红十字会组织 63 个，新发展会员六万人。全省共计有红十字会基层组织 5480 个，红十字会会员 107 万余人，其中青少年会员 38 万人。重庆市成立了卫生、机动车驾驶员行业红十字会。1995 年年初，四川省人民政府副省长、省红十字会会长徐世群主持召开省级有关部门负责人和在蓉常务理事会议。这次会议解决了省红十字会的经费单列和人员编制问题。1996 年 4 月 16 日，四川省第八届人民代表大会常务委员会第二十次会议，审议通过了《四川省〈中华人民共和国红十字会法〉实施办法》，并公布实施。1997 年，全省二分之一以上的市、地、州红十字会和部分县级红十字会较好地解决了“三列”问题。从 1997 年开始，省红十字会对各市、地、州红十字会的工作实行目标管理。1997 年后，四川省红十字会在有步骤、有重点、有计划地抓好机关单位，工矿企业、红十字会组织建设的同时，着重抓了农村基层红十字会和中小学红十字会的组织建设，全省共新建基层红十字会组织 355 个，发展会员 18.64 多万人。在抓红十字会组织建设的同时，全省各级红十字会对红十字会队伍的思想建设和业务建设做了大量工作，举办了各级各类培训班，学习红十字会法等有关红十字会的业务知识，提高了红十字会干部的思想素质和工作能力，并努力建设一支强有力的红十字干部队伍。

1997 年 3 月 14 日，重庆市红十字会从四川省红十字会划出，直接接受中国红十字会总会的指导。全省 19 个市（地、州）、173 个县（市、区）建立了红十字会，基层红十字会组织 4000 多个。1998 年 5 月 19 日，四川省红十字会召开五届五次理事会，选举四川省人民政府副省长李进为四川省红十字会会长。1998 年，已经建会的 20 个市、地、州红十字会配备专职工作人员的有 14 个。2001 年 4 月，在四川省委、省政府的重视和支持下，四川省红十字会从省卫生厅划出，成为一级独立法人机构，在组织体制上完成了由卫生行政部门代管到完全独立设置的转变。四川省编制委员会以川编办发文明确了四川省红十字会的管理体制：“四川省红十字会由省卫生厅代管调整为由省政府领导联系，机关党的工作由省直机关工委领导，干部按组织部有关规定管理，机关人员参照国家公务员管理，由省委组织部直接领导，经费由省级财政单列。”2001 年 10 月，全省共有市、州红十字会 21 个，县（市、区）红十字会 179 个，基层组织 4000 余个。省、市（州）、县两级红十字会编制 219 人。2002 年，四川省红十字会在省委、省政府的重视支持下，由中共四川省委组织部批准建立四川省红十字会党组。熊淑仁担任党组书记。

2003 年 11 月 19 日，四川省红十字会召开第六次会员代表大会，出席大会的会员代表共计 135 人。中共四川省委书记张学忠、四川省人民政府省长张中伟代表中共四川省委、省政府向大会发来贺信。中共四川省委副书记陶武先出席大会并作重要讲话。中国红十字会总会党组书记江亦曼代表中国红十字会总会出席大会向大会表示热烈祝贺，对红十字事业的发展提出了两点纲领性的意见：一、要用“三个代表”重要思想认识红十字事业；二、要用“三个代表”重要思想统领红十字事业。四川省政协副主席、省红十字会第五届理事会会长李进致开幕辞。四川省人民政府副省长刘晓峰当选为四川省红十字会第六届理事会会长，并在闭幕式上作重要讲话。新当选的四川省红十字会第六届常务副会长张波在闭幕会上作了《开拓创新，不辱使命，努力开创全省红十字事业新局面》的致辞。大会回顾总结了四川省红十字会第五次会员代表大会以来省红十字事业取得的成绩和经验；审议通过了第五届理事会的工作报告；审议通过了《四川省红十字会2003～2007年工作规划纲要》；审议通过了《四川省红十字会组织规程》；选举产生了第六届理事会和常务理事会。第六届理事会由79人组成；常务理事会由刘晓峰、张波（女）、卓凯星、惠蜀、王宇坤、沈骥、张林、吴琼英（女）、黄国庆、宋向荣、高仁全、汤留生、邱海明、汪凤雄、赵泽道、丁地禄16人组成。选举刘晓峰为四川省红十字会第六届理事会会长，张波为常务副会长，卓凯星、惠蜀、王宇坤、沈骥、张林为兼职副会长。选举张波、吴琼英、丁地禄为四川省红十字会第六届理事会执委会成员，张波为执委会主任。经四川省红十字会会长刘晓峰提名，决定吴琼英任四川省红十字会秘书长；聘请张中伟、徐世群、李进为四川省红十字会名誉会长；聘请刘崇理、陈科文、钟道友、熊淑仁为四川省红十字会顾问。

2003年初，四川省甘孜州人民医院护士巴桑顿珠荣获第三十九届南丁格尔奖章。

2004年，在中国红十字会总会的正确指导下，在中共四川省委、省政府的高度重视和大力支持下，在社会各界的充分理解、热情参与下，省红十字会全体干部职工开拓创新、努力工作，各项工作取得显著成效，受到省委、省政府主要领导的多次表扬。

【组织机构】

一、组织建设情况

（一）全省单设红十字会八个。其中省级红十字会一个，省会城市红十字会一个，市（州）级红十字会六个，县级红十字会五个。

（二）全省挂靠红十字会181个。其中市（州）级红十字会14个，县级红十字会176个。

（三）全省建有基层红十字组织的单位3092个。其中企业175个，事业单位1622个，乡镇458个，街道125个，学校725个。

（四）全省建有志愿者工作管理机构37个。其中市（州）级红十字会七个，县级红十字会32个。

二、会员发展情况

（一）全省红十字会的编制是406人，现有红十字会的专职工作人员214人。其中省会城市红十字会12人，市（州）级红十字会52人，县级红十字会150人。

（二）截至2003年底，全省共有红十字会员217079人，红十字青少年会员259683人。

（三）截至2003年底，全省共有红十

字团体会员单位 1956 家。

【大型项目】

2003 年，一场危及人类生命与健康的“非典型肺炎”突然爆发。四川全省红十字会紧急动员起来，投入到这场没有硝烟抗“非典”斗争中。四川全省红十字会在抗击“非典”的斗争中，共接受捐赠款物 1100 余万元。有力地支援了当地政府的抗“非典”斗争。

2004 年 9 月 3 日，川东北达州、南充、巴中、广安等地发生 200 年未遇的特大洪涝灾害，省红十字会于 9 月 4 日启动紧急救灾预案，9 月 5 日开始募集调运救灾物资到灾区。到 9 月底，省红十字会共募集救灾款物 1350 多万元运到灾区。从 2002 年到 2004 年，四川省红十字会共募集救灾款物 4200 余万元，救助灾民 167 余万人。

2001 年 11 月 26 日，四川省红十字会完成了四川省造血干细胞捐献者资料分库的申报工作，被中国红十字会总会列入全国先期建库的 11 个省市之列。四川省省长张中伟、副省长李进对该项工作给予了高度重视和支持。在省财政中解决启动资金 50 万元。从 2003 年起，每年由省财政下拨 50 万元作为造血干细胞捐献者资料库四川分库建设的专项资金。同年 8 月，四川省造血干细胞捐献者资料库 HLA 配型实验室通过了中国红十字会总会专家组的考核验收，同意四川开展检测工作。

四川省造血干细胞资料库的建设得到社会各界的广泛支持。泰康人寿保险公司免费为配型成功的 HLA 志愿捐献者提供一年期 10 万元保险额；中国平安保险公司内江（寿险）支公司和内江电力局向中华（四川）骨髓库捐款一万元人民币。

1985 年，非洲 36 个国家遭受严重旱灾。中国红十字会总会向全国红十字会发出“在全国城市中为非洲灾民开展社会募捐”的号召。四川各地红十字会积极响应，开展了声势浩大的援非募捐活动。

1988 年，四川省红十字会积极组织参加“国际体育援助募捐活动”。全省共有 1000 万人参加了募捐活动，其中有 300 多位画家，捐赠作品 700 多幅。

1994 年，加拿大红十字会援助项目——中国红十字会成都备灾中心主体工程建成。1996 年 7 月，加拿大红十字会援助项目——中国红十字会成都备灾中心落成。

1997 年，四川省 19 个市、州、150 个县发生洪涝灾害，美国心连心组织向四川省红十字会捐赠了价值 630 万美元的药品。1998 年，香港特别行政区红十字会“’98 灾后援建项目”，援助宜宾市红十字会 18 万元，县政府投入 42 万元，修建屏山新市龙口红十字医院。2002 年，香港红十字会向该医院捐赠价值 15 万元的医疗设备、并提供经费培训三名医务人员。1999 年，四川省红十字会接受香港红十字会的捐赠共 34.7 万元人民币，在全省 10 个市、地、区修建了 14 个乡镇卫生院、三所乡村小学。2001 年，香港红十字会再次捐赠 163 万元，用于配置医疗和教学设备。1999 年，香港特别行政区红十字会“’98 灾后重建项目”在内江市启动，当年援助资金 33 万元人民币，重建资中凉水卫生院并购置医疗设备。

1999 年，四川省红十字会通过国际交流与合作，收到法国拉法基公司无偿援赠 10 万元人民币。同年，省红十字会接受“加拿大国援助小计划”，该计划从 1999 年开始到 2002 年由加拿大红十字会每年援助五万元，4 年共计 21.79 余万元，用于资中县兴隆镇卫生院建设和改水改厕。1999 年 9 月，凉山彝族自治州政府与无国界医生组织（荷兰 MSF）达成协议，MSF 捐助资金，凉山州红十字会具体协调实施，在昭觉、布拖、西昌三市、县开展“艾滋病性病预防健康教育”项目。

2000 年 6 月 12 日，中国国际技术智力合作公司向四川省红十字会捐赠 40 万元人民币，用于凉山彝族自治州克山病病区的克山病预防项目，这一项目的实施对降低凉山彝族自治州克山病病区克山病的发病率，提高彝族同胞的健康水平起到了积极的推动作用。1999 年至 2002 年，在中国红十字会总会和四川省红十字会的支持下，香港救世军、国际事业服务机构、英国救助儿童会 HSF 等十余个国际非政府机构和慈善组织对凉山彝族自治州红十字会给予了大力援助。四年共援助资金 520 余万元，州县财政配套资金 300 万元，建成中心卫生院一所，新建改造乡卫生院三所，乡村小学校九所，人畜饮用水工程三个，小额信贷养还养项目农户 230 户，培训近千人次的乡村医生和接生员。

2000 年，在总会的支持下，挪威红十字会援助甘孜州炉霍、道孚县红十字会发展项目，连续三年共投入 320 万元配置交通工具，办公设备，培训骨干，发展基层红十字会组织，开展社会服务，取得了很好的效果，受到挪威国红十字会和中国红十字会总会的肯定。从 2003 年起，挪威红十字会的援助由二个县增加到四个县（原有炉霍、道孚县，增加康定、甘孜两个县）。经费增加到每年 20 万美元，时间延至 2006 年。

2001 年到 2003 年，凉山彝族自治州红十字会与香港救世军及国际专业服务机构合作，在美姑、喜德、布拖等县对乡村医生、农村接生员进行艾滋病、性病防治知识培训，并通过他们在各自所在村寨向村民宣传。

香港、澳门特别行政区红十字会和加拿大、挪威红十字会及项目官员 2002 年多次到四川考查灾情及对援建项目进行督查。其中，加拿大和挪威红十字会援助四川省贫困地区红十字会的项目资金总额达 100 万元。在总会的支持下，四川省红十字会对新引进的加拿大红十字会援助项目的实施进行系统化、规范化的管理，在援助方自愿接受并承诺的基础上，签订项目实施协议书，明确双方的责、权、利，有效地保障了项目目标值在规定时间内保质保量实现。

同年，四川省红十字会在对外交流合作中，收到香港盲人辅导会、亚洲防盲基金会、美国心连心国际组织共同捐赠的价值近 200 万元人民币的“复明八号”眼科手术车。该手术车在四川省红十字医院（四川省人民医院）投入运行，当年就在内江东兴区为 78 名白内障患者成功手术，受到当地群众的赞扬。截至 2003 年，该手术车运行一年，部分免费或低价为贫困患者进行手术 552 例，使患者重见光明。

2003 年 4 月，香港救世军与凉山彝族自治州红十字会合作建立“心语”中心，开展艾滋病、性病咨询服务，开通“心语”电话热线、设有自动语音咨询系统，为咨询者服务。

1997 年 4 月 1—2 日，中国红十字会六届四次理事会正式提出创建“红十字博爱系列工程”，四川各地红十字会积极响应。自贡市红十字会从 1997 年开始开展“博爱送万家”活动，到 2004 年，共计拿出 20 多万元，购买大米 112 吨，食油 1250 斤，棉被 410 床，棉衣 370 件，对全市 5546 户特困户进行救助。

2002 年，四川省红十字会在全省推行以“救援、生命、爱心”为主题的红十字博爱工程，2003 年 4 月，成都市红十字会与成都德瑞心血管病医院联合开展“向贫困家庭先心病患儿献爱心”活动，为 60 多例贫困家庭先心病患儿作了减费和免费手术，为 75 例患儿全额免除了手术费、医药费，住院费等，减免总额达 60 多万元。

成都市红十字会

【简介】

成都市红十字会创建于 1912 年，前身是中国红十字会成都分会。新中国成立后，成都市红十字会于 1962 年 9 月 12 日成立，由市卫生局代管，与市卫生宣传教育所合署办公。1981 年 7 月，市红十字会恢复工作，定行政编制五名。1998 年增编为八人（事业编制）。2001 年 8 月 31 日，成都市红十字会理顺管理体制，有编制 10 名。2004 年 9 月，中共成都市红十字会党组成立。

巴中市红十字会

【简介】

巴中市红十字会成立于 2007 年。机构为正县级，内设办公室、赈济部，人员编制五名（含工勤编一名），部室科级领导职数二名，经费由市财政局单列。全市共有基层红十字会组织 78 个，红十字会员 10 万人，红十字志愿工作者五万人。

2010 年，市红十字会共为受灾地区募集善款 80 万余元。在开展的医疗服务进农家活动中，义诊三万多人次，发放价值五万余元药品。在学校开展中小学生初级卫生救护知识培训，有三万多名学生参加培训。对南江县和通江县 700 多人进行卫生救护培训，并颁发急救员证书。争取到灾后恢复重建援助资金 1.4 亿多元，共计援助项目 261 个。

现任会领导：

市红十字会常务副会长：蒲仕强

秘书长：罗实

资阳市红十字会

【简介】

资阳地区红十字会于 1998 年 9 月 11 日成立。2000 年 12 月，资阳撤地设市后更名为资阳市红十字会。2007 年 11 月 5 日，资阳市红十字会理顺管理体制，市红十字会的编制、人员、经费实行单列，依法独立开展工作。2008 年 9 月 9 日，资阳市红十字会参照公务员管理，有编制八名。全市有基层红十字会组织 208 个，红十字团体会员单位 214 家，红十字会员 74765 名，红十字志愿者 427 人。

2010 年，全市各级红十字会共为各灾区募集善款 1244123.72 元。在“红十字博爱送万家”活动中，为困难群众发放救助物品价值 10.7 万元。开展救护培训培训，培训达 11500 人次。中国红十字基金会援助安岳县 150 万元，用于地震中损毁的学校、医疗设施恢复重建。

现任会领导：

市红十字会常务副会长：罗茂书

内江市红十字会

【简介】

内江全市有基层红十字会组织 29 个，红十字会员 109718 名（其中青少年会员 84356 人），红十字志愿工作者 400 人，新增社区服务站六个。

2010 年，内江市红十字会争取到援助资金 9273 万元，用于 223 个汶川特大地震灾后重建项目。全年有 414 人份造血干细胞血样资料进入中华骨髓库。全年培训卫生救护师资九名，初级卫生救护培训 271 人。举办“中国·内江第二届红十字国际‘七彩’节”，来自中国红十字会总会、澳大利亚红十字会、澳门特区红十字会及省内各市、州红十字会代表 200 多人参加会议。

现任会领导：

市红十字会专职副会长：邓文华

南充市红十字会

【简介】

南充市有专职红十字会工作人员 29 人，有九个县（市、区）红十字会理顺管理体制。全市有 30 所中小学、一所大学建立了校红十字会，红十字青少年会员超过六万人。成立南充市红十字会志愿者协会，下设七支服务队。目前，全市共有基层红十字组织 150 个，红十字会员 23000 人，红十字志愿工作者 1000 人。

2010 年，市红十字会通过“红十字爱心站”筹资善款 700 余万元用于灾区群众救助。全年举办社区卫生救护培训班 21 期，培训社区群众 2000 人次；举办驾驶员卫生救护培训班 40 期，培训 1740 多人次。年内，市红十字会接受遗体捐献三例、眼角膜捐献一例。有一人成功捐献造血干细胞。争取到 480 万元的备灾仓库建设资金，仓库于 2 月竣工交付使用。

泸州市红十字会

【简介】

泸州市红十字会创立于 1917 年 7 月。1997 年 10 月，泸州市红十字会部分单列。2001 年，市红十字会人、财、物全部独立设置，专职工作人员五名。市辖四县三区都建立红十字会。全市有基层红十字会组织 215 个，红十字会员 13009 名，红十字青少年会员 5505 名，红十字志愿工作者 3761 人。

2010 年，泸州市红十字会为灾区提供救助 637 万多元。在“红十字博爱进万家”活动中，发放救助物品 90 万元。为海地地震灾区、古叙旱灾区、青海玉树地震灾区等募集善款 257.10 万元。全年有 2640 名志愿者登记捐献造血干细胞，有一人实现造血干细胞捐献。开展卫生救护培训 4000 余人。

现任会领导：

市红十字会会长：朱以庄（市委书记）

专职副会长：林青松

绵阳市红十字会

【简介】

绵阳市红十字会现有基层红十字会组织 233 个，红十字会员 37662 名（其中红十字青少年会员 23940 名），红十字志愿工作者队伍 13 支，红十字志愿工作者 1596 人。

2010 年，市红十字会共接收各地捐赠救灾物品 1189.44 万元，接收捐赠资金 803.92 万元。为海地地震、青海玉树地震、甘肃舟曲特大泥石流灾区募集款物 2670.839 万元。签订灾后重建项目协议 686 个，项目资金 8.38 亿元。全年卫生救护培训 1586 人。在“红十字博爱送万家”中，向困难群众发放救助物品 73 万元。

现任会领导：

市红十字会名誉会长：吴靖平　曾万明

名誉副会长：王瑜　蔡清顺

常务副会长：林桦

副会长：杨黎明　唐中秋

达州市红十字会

【简介】

达州市红十字会成立于 1987 年 5 月 8 日，现为达州市人民政府领导直接联系的独立的正县级社会救助团体，核定事业编制三名。全市七个县（市、区）红十字会共有专（兼）职工作人员 39 名。全市有基层红十字会组织 150 个，红十字团体会员单位 193 家，红十字会员 11264 人，红十字青少年会员 7391 人，红十字志愿工作者 388 名，红十字冠名医疗机构 11 所。

2010 年，达州市红十字会共有资金项目 105 个，项目资金 5747 万元。向西南特大旱灾捐款 6745.2 元，向玉树地震灾区捐款 2092403.6 元，向“7·18”洪灾捐款物 31.59 万元，向甘肃舟曲和四川泥石流捐款 250505.3 元。在“红十字博爱送万家”活动中，向困难群众发放了救助物品 270 多万元。全年卫生救护培训 18647 人，急救员培训 548 人。

现任会领导：

市红十字会会长：杨佳鹏

专职副会长：王洪金

遂宁市红十字会

【简介】

遂宁市红十字会于 1986 年 1 月撤县建市后成立，2009 年 2 月，市红十字会由市卫生局代管改为由市政府领导联系。全市现有船山区、安居区、蓬溪县、射洪县、大英县五个县级红十字会，基层红十字会组织 109 个，红十字团体会员单位 181 家，红十字会员 22547 人（其中红十字青少年会员 8400 名），红十字志愿工作者 279 名，红十字会冠名医疗机构三家。

2010 年，市红十字会为遭受地震的 81 万元的救灾物资。为玉树地震灾区募捐 261957.40 元。成立由 100 名志愿者组成的首支志愿者应急救援大队。在“红十字博爱送万家”活动中，为困难群众放发价值约 15 万的救助物品。全市还安装红十字多媒体募捐箱 500 个。

现任会领导：

市红十字会会长：胡家正

常务副会长：邓勇

广安市红十字会

【简介】

广安地区红十字会成立于 1994 年 1 月。1998 年 12 月，广安撤地设市，广安地区红十字会更名为广安市红十字会，由广安市卫生局代管。2005 年 8 月，广安市红十字会由卫生局代管调整为市政府领导直接联系。全市现有基层红十字会组织和红十字团体会员单位259家，红十字会员29911人。

2010年，广安市红十字会共募集救灾物资价值85.84万元。为海地地震灾区和青海省玉树地震灾区募捐449.76万元。在“红十字博爱送万家”活动中，向贫困群众发放救助物资价值11.7万元。全年无偿献血15554人，献血5570630毫升。有175人登记报名志愿捐献造血干细胞，有三人登记遗体捐献。中国红十字基金会援助广安市资金500万元，用于重建三所乡镇卫生院。

现任会领导：

市红十字会名誉会长会长：王建军　侯晓春

会长：宁坚

常务副会长：杨基国

广元市红十字会

【简介】

广元市红十字会1989年12月成立，2008年10月理顺管理体制，为正县级机构，由市政府领导直接联系。会内设三个部室，有编制11人。全市七个县、区红十字会都理顺管理体制，落实人员编制29人。全市现有基层红十字会组织175个，红十字团体会员单位286家，红十字会员50790人，红十字志愿工作者1100人。

2010年，广元市红十字会在汶川特大地震发生后共接收社会各界捐赠救灾资金2.4亿多元，接收境内外救灾物资价值近三亿元，接受灾后重建援助资金达8.6亿元，施重建项目570个。支援舟曲特大泥石流灾区、玉树地震灾区和市内水灾地区提供救灾救助款物价值545.53万元。开展“红十字博爱送万家”活动，困难群众发放救助物品价值350万元。全年举办五期卫生救护培训班，培训急救员2608人。普及培训4.2万多人次。全年采集造血干细胞的血样1499人份。有20人登记眼角膜志愿捐献。

现任会领导：

市红十字会常务副会长：刘芳

秘书长：刘兴礼

凉山彝族自治州红十字会

【简介】

凉山彝族自治州红十字会建于1991年8月，2002年，经中共凉山州委机构编制委员会批准独立建制，参照公务员管理，正县级单位，核定事业编制五名，工勤人员一名，下设综合科和赈济科，经费由州级财政单列。全州17县（市）均建立红十字会组织，配备专（兼）职工作人员。2008年，凉山州机构编制委员会正式发文确定17县（市）红十字会为群团机构。

2010年，凉山彝族自治州红十字会募集到抗旱救灾资金344977元，为玉树地震灾区募捐447102.10元，为四川洪水泥石流灾区募捐115508.70元，争取到中国红十字会总会救灾物资250000元。全年共争取到救助弱势群体的物资价值1195155.10元。有六名红十字会干部参加国家彩票公益金救护师资培训班。

现任会领导：

州红十字会会长：杨朝波（副州长）

专职副会长：方虹

秘书长：李华

贵州省红十字会

【年度工作】

一、备灾救灾工作

2010年，贵州遭遇了百年不遇的特大旱灾，省红十字会积极联手省消防总队，开展了以“抗旱救灾——送水、送粮、送温暖、助春耕”为主题系列救灾活动。4月中旬，召开了全省红十字会系统抗旱救灾工作专题汇报会，对阶段性抗旱救灾工作进行了分析，并对下一步抗旱救灾工作重点进行部署。其间，共接收抗旱救灾款物6727万元，直接向52个重灾县的困难群众发放了价值2540万元的生活物资，向134个旱灾严重的村寨投入了总价值为2700余万元的小水利项目，协助政府做好“抗旱救灾保民生”工作。在“6·28”关岭特大泥石流救灾工作中，第一时间组织红十字医疗志愿者参加救灾义诊工作，并为受灾群众提供了20多万元的救灾物资。年内，完成了汶川特大地震重灾区援助资金为9000余万元的93个灾后重建项目，为青海玉树地震灾区和舟曲泥石流灾区募集善款1316.55万元。同时，修订和完善了《贵州省红十字会自然灾害等突发公共事件应急预案》，举办了一期备灾救灾业务培训班，启动了备灾救助服务中心11950平方米的备灾仓库建设项目。一年来，通过多渠道募集救灾款物达9151.44万元，为救灾工作奠定了基础。

二、救护培训工作

以“红十字应急救护知识进校园、进厂矿、进社区、进农村”为主题，以交通、公路、安监、煤监、铁路、旅游等特殊行业的从业人员为重点，广泛开展应急救护培训工作。一年来，全省有193424人通过培训取得红十字救护员资格证，普及培训180596人。7月中旬，省红十字会成功举办了“首届贵州省红十字初级应急救护技能电视大赛”，全省九支代表队参赛。受总会委托，8月底，圆满完成了“首届全国红十字应急救护大赛”和“中国红十字会应急救护工作研讨会”的承办工作。贵州省代表队在此次大赛上荣获“特别组织奖”，并在“中国红十字会应急救护工作研讨会”上进行了交流发言。目前，全省已建立了人员齐备、运行良好、设施完善的省、市（州、地）、县（区、市）三级培训网络。

三、社会救助工作

2010年，贵州省各级红十字会组织志愿服务队深入社区开展关爱空巢老人、留守儿童、贫病人群等社区服务活动1300余次，为社区1.2万余名老、弱、病、残、孤、困等人员提供了志愿服务，向五万余名困难群众提供衣被、大米及常用药品等总价值605万元的人道救助。在受“氟砷麻”（地氟病、地砷病、麻风病）影响的农村投入“红十字健康新村”项目六个，为病区贫病群众送去了价值达150余万元的药品和生活用品等。为受地氟病危害较重的毕节地区引进200万元“毕节贫困山区助医工程”项目，对该地区大方、赫章等六个县的1158名乡村医生进行了培训。“6·26”禁毒日和“12·1”世界艾滋病日期间，组织红十字志愿服务队深入看守所、戒毒所等特殊场所和42所高校、部分社区、街道，广泛开展主题为“遏制艾滋病，履行承诺”的防艾宣传活动。全年举办艾滋病“青年同伴教育”培训班55期，培训骨干1000人。3月初，省红十字会和中国建设银行贵州省分行启动了“少数民族地区大学生成才计划”，向省内500名少数民族贫困大学生提供了150万元的奖（助）学金。

四、造血干细胞捐献与无偿献工作

贵州省红十字会全年举办造血干细胞业务培训班12期，培训造血干细胞知识讲座主持人60人；采集造血干细胞志愿者血样5860人份，资料入库4030人份。造血干细胞成功捐献12例。5月初，贵州省红十字会造血干细胞志愿捐献者血样采集定点医院在省红十字会妇女儿童医院正式挂牌。5月下旬，举办了中国造血干细胞捐献者资料库贵州省分库管理中心成立五周年暨实现首例干细胞成功捐献五周年座谈会，白学友等12位造血干细胞捐献者被授予“贵州红十字博爱奖章”。一年来，建立无偿献血志愿服务队和宣传无偿献血知识志愿服务队10支，举办无偿献血知识宣传讲座23次，编印和发放各种无偿献血宣传资料15万余份。在卫生部、中国红十字会总会、总后勤部卫生部的表彰通报中，全省有七人获得“无偿捐献造血干细胞奉献奖”，八个市（州、地）获“无偿献血先进省（市）奖”、二个单位获“无偿献血促进奖”、59人获得“无偿献血奉献奖金奖”、62人获得银奖、256人获得铜奖。

五、组织建设工作

贵州省九个市（州、地）级红十字会的管理体制已全部理顺，88个县级红十字会管理体制已基本理顺。一年来，全省新建红十字会基层组织400个、发展会员13.2万人。其中新建各级各类学校红十字会160个、发展青少年会员10万人。建立各类红十字志愿服务队58支，招募志愿者一万人，其中注册志愿者5000人。

六、宣传传播工作

贵州省各级红十字会以“五八红十字博爱周”等重要纪念日和重大节日为宣传契机，围绕“携手人道力量、共建绿色家园”主题，开展多种形式的宣传活动380场次，发放各种宣传单（册）190余万份。一年来，全省各级红十字会的相关工作被省内外主流新闻媒体报道620条次，其中央视“新闻联播”报道二条。

七、绿色家园行动

为探索贵州省农村红十字救助帮扶新机制，创新人道救助新思路，省红十字会先后开展了以“灾后重建、生态文明、励业帮扶、扶弱济困”等为主要内容的“绿色家园活动”。2010年，采取项目推介等方式共募集“绿色家园活动”专项救助金470多万元，启动“绿色家园爱心互助金”项目三个，创建“红十字励业帮扶示范基地”一个，有22个“绿色家园红十字健康新村”项目完工。9月初，中国红十字会会长华建敏到贵州省长顺县考察“绿色家园活动”项目，随后，又在北京专题听取了相关情况汇报，对贵州省红十字会这一创新救助新机制给予充分肯定和高度评价。12月3日，省红十字会“绿色家园活动”试点工作现场推进会在黔南州长顺县召开。目前，贵州省红十字会“绿色家园活动”已经成为全国红十字系统农村与社区工作的新亮点。

八、“红十字博爱送万家”活动

1月23日，以“送温暖送欢乐、惠民生促和谐”为主题的省红十字会2010年迎新春“红十字博爱送万家”慰问活动启动仪式在省政府大院举行，省人民政府副省长、省红十字会会长刘晓凯出席活动启动仪式。此次活动为全省 21 个县（市、区）10 多万贫困群众和 100 名大学生送去 600 余万元的款物和 30 万元助学金。启动仪式上，省红十字会现场向 300 多名贫困群众发放了 50 万元的慰问物资，向 10 名大学生发放了三万元救助金。

九、汶川特大地震灾后重建工作

5 月 12 日至 15 日，在汶川地震两周年之际，省红十字会党组书记、常务副会长罗治雄率赈济救护部、备灾救助服务中心等部门负责人深汶川特大地震灾区，先后对德阳、广元、成都等地由贵州省红十字会援建的 10 多个灾后重建工程进行了检查。汶川地震后的两年里，贵州省红十字会募集社会爱心资金 9000 余万元，在四川、甘肃等地震重灾区援建了 93 个灾后重建项目，包括 299 户“博爱新居”、51 个医院（卫生站）、五所“博爱小学”、14 个“红十字爱心福利院”等。目前，这些援建项目已经完成。

【历史沿革】

贵州省红十字会其前身中国红十字会贵阳分会，于 1917 年 5 月在贵阳市慈善巷 38 号成立。理事共九人组成，张彭年、熊静安先后任会长，孟翼卿、乔筱衢先后任理事长；姚廷荣、孟翼卿先后任副会长。内设储计、防灾、救济、慈善及国际等股，有正式会员 36 人。新中国成立后，1956 年 10 月 9 日，贵州省人民委员会通知贵阳市人民委员会，同意建立贵阳市红十字会，编制四人，与贵阳市卫生局合署办公。1956 年 12 月 29 日，贵阳市红十字会成立，选举贺培真、张宝元、秦克夫等 37 人为常务委员，余捷为秘书长。“文化大革命”期间，红十字会停止工作。

1984 年 7 月，经贵州省编制委员会批准，贵州省红十字会建立，与贵州省卫生厅合署办公。

1986 年 6 月 11 日，贵州省红十字会第一次全省会员代表大会在贵阳召开，选举理事 16 人，常务理事七人，贵州省人民政府副省长张玉芹任会长。

1994 年 7 月 12—13 日，贵州省红十字会第二次全省会员代表大会召开，张玉芹继任会长。1996 年下半年以后，因工作变动，龚贤永、马文骏先后当选为会长。

2000 年 12 月 29 日，贵州省编制委员会下发了《关于理顺贵州省红十字会管理体制的通知》，明确贵州省红十字会由省政府领导联系，机关党的工作由省直工委领导，干部按省委组织部有关规定管理，列入参照试行国家公务员制度，经费单列。

2001 年 7 月 26 日，省委、省人民政府批准省红十字会为直属省政府领导的副厅级独立机构，事业编制 16 人，内设办公室、业务一处、业务二处。

2002 年 10 月，重组后的省红十字会顺利完成了机关机构改革。

2003 年 12 月 29 日，贵州省红十字会第三次全省会员代表大会在贵阳召开。会议聘请中共贵州省委书记钱运录、省委副书记、省长石秀诗为名誉会长，贵州省人大常委会副主任司徒桂美、省政协副主席李嘉琥为名誉副会长，贵州省人民政府副省长刘鸿庥当选为会长，罗治雄当选为常务副会长。

2004 年 5 月 28 日，贵州省第十届人民代表大会常务委员会第八次会议通过《贵州省红十字会条例》，当日，省十届人大常委会发布颁布施行第二号公告，《条例》自 2004 年 7 月 1 日起施行。

2004 年 10 月 29 日，中共贵州省委批准成立中共贵州省红十字会党组。罗治雄任党组书记。

贵州省红十字会历次代表大会

第一届

1936年6月11日召开，代表30人，理事16人，常务理事七人，名誉会长王振江、袁家玑，会长张玉芹，常务副会长赵松。

第二届

1994年7月13日召开，代表100人，理事41人，常务理事七人，名誉会长刘方仁、陈仕能、吴亦侠、钱运录，会长张玉芹、龚贤永、马文骏，常务副会长赵松。

第三届

2003年12月29日召开，代表195人，理事75人，常务理事21人，名誉会长钱运录、石秀诗，会长刘鸿庥，常务副会长罗治雄。

【组织机构】

贵州省有基层红十字会组织3141个，红十字会员47.5万人（其中红十字青少年会员18.7万人）。

贵州省红十字会内设办公室、业务一处、业务二处三个职能处室，下辖贵州省红十字会救护培训指导中心、中国造血干细胞捐献者资料库贵州省管理中心、贵州省红十字会备灾救助服务中心三个正县级直属事业单位。

根据《中华人民共和国红十字会法》和中国红十字会总会《理顺管理体制座谈会纪要》精神，2000年12月29日，贵州省编制委员会下发了《关于理顺贵州省红十字会管理体制的通知》，同意将贵州省红十字会改由省政府领导直接联系，机关党的工作由省直工委领导，干部按省委组织部有关规定管理，列入参照试行国家公务员制度，经费单列。2001年7月26日，省委、省人民政府批准省红十字会为直属省政府领导的副厅级独立机构，事业编制16人。目前全省有4个市、州、地红十字会理顺了管理体制，分别为：贵阳市红十字会、安顺市红十字会、六盘水市红十字会、黔西南州红十字会。

【大型项目】

一、1998年，“三江流域”特大洪涝灾害期间，争取到社会各界捐款捐物共计558.375万元，支援湖北、江西、安徽、黑龙江、吉林等重灾区。

二、1999年，邀请美国亚洲医疗服务中心医疗队狄波娜·罗等一行五人赴我省平塘县进行为期五天的义诊，共诊治病人120名，赠送价值六万元的药品。

三、2000年，经美国驻成都领事馆牵线搭桥，美国心心心组织资助我省毕节、遵义、黔东南、黔南的四家医院部分医疗器械、药品和医用材料，折合人民币500余万元。

四、2002年6月，台湾红十字组织李鸣皋先生到贵州省黔东南考察工作，促成台湾全球人寿公司对都匀市阳和乡光荣村小学123名学生给予每人170元/年的学费资助，并对其中45名特困生另给每人85元/月的生活补助，直至小学毕业。

五、2002年12月，省红十字会专门筹集价值十多万元的衣物、食品在贵阳市云岩区普陀办事处开展慰问活动，惠及该办事处五个社区的弱势群体619户。

六、2003年“非典”期间开展“关爱生命、让心靠拢、抗击非典”短信捐赠活动，收到社会各界9.4多万元捐款。

七、2004年，争取到香港特别行政区

红十字会支持，为贵州省黔东南和铜仁两地提供60万元开展“中国红十字总会与香港红十字会无偿献血宣传及推动项目”。

八、2004年，宣传和动员沃尔玛公司捐款20万元，在贵阳市云岩、南明两城区建立五个社区服务站。

九、2004年，与国际奥比斯组织建立项目合作关系，通过项目合作，国际奥比斯首期无偿提供238万元人民币在贵州省黔东南自治州建立防盲治盲机构。

【主要特色】

一、利用“中国红十字会重要历史活动地”的优势，宣传红十字精神

贵州省贵阳市森林公园图云关是中国红十字会百年历程中四个重要历史活动地之一，1938年10月，中国红十字会救护总队，由长沙、祁阳迁至贵阳，当时，由波兰、奥地利、美国、捷克等九个国家组成的一支国际援华医疗队为了世界和平，为了中国的解放事业，为了纪念打击日本侵略者，自愿来到了生活艰苦的贵阳市图云关红十字会救护总队，他们为我国抗战做出了巨大的贡献，有的甚至献出了宝贵的生命。1943年，日军在广西使用细菌弹，英国援华队的女医生高田宜（中国名）以自己的身体做试验注射防疫针，不幸中毒，牺牲在此，为了纪念这些国际友人的丰功伟绩及为中国革命事业而以身殉职的英国女医生高田宜，在贵阳市人民政府及广大海内外侨胞、爱国人士的大力倡导和协助下，人们用白色的大理石在绿树环抱的浮翠阁附近建造了“国际援华医疗队纪念碑”和“英国女医生高田宜之墓碑”。贵州省红十字会充分利用这一历史活动地，通过开展庆祝“中国红十字会建会100周年”大型庆典、红十字青少年夏令营、新会员集体入会宣誓仪式等丰富多彩的活动，宣传红十字会“人道、博爱、奉献”的精神，取得了较好的社会反响。

二、初级救护培训成绩突出

开展初级救护培训是红十字会法赋予各级红十字会的重要职责，2003年，贵州省红十字会联合省卫生厅、省公安厅等15家单位共同制定了《关于深入开展群众性现场救护培训工作的意见》，省政府办公厅以“黔府办发［2003］47号”文件批转全省各地。在实行“统一教学计划、统一教材、统一质量标准、统一考核发证”的基础上，省红十字会还提出统一收费标准的要求，与省物价局、省财政厅等部门协商，规范了贵州省卫生救护培训的收费标准。同年，成立了救护培训指导中心，对全省的初级救护培训工作进行统筹和安排，组建了“贵州省红十字会救护总队”。省级培训中心在九个市（州、地）均建立了救护培训站，逐步形成了省、市（州、地）、县（市、区）三级培训网络，共培训专、兼职救护培训师资538人。全省已有交通、电力、消防、教育等七个行业和系统的29万余人接受了初级救护培训，并通过考核取得了“贵州省红十字救护员”资格证书。同时，全省各级红十字会还在社区、学校、医院、部队等单位或行业举办初级救护知识讲座600多次，普及面达1070多个社区，学校、机关、企业等有5.4万多人次参加，有效提高了广大群众对自救互救、灾害预防、紧急避险、家居安全等基本常识的认知和了解。

（文可可）

贵阳市红十字会

【简介】

贵阳市红十字会成立于民国六年(1917 年)五月，新中国成立以后，贵阳市红十字会保留建制，挂靠市卫生行政部门。其间，受历史原因的影响，红十字会曾一度中断工作，1986 年 6 月恢复建制，2002 年理顺管理体制，编制八人，副县级建制。内设办公室和业务处。全市现有基层组织 654 个，团体会员单位 237 家，红十字会员 12 万人，其中红十字青少年会员六万人，红十字志愿工作者 6600 人。

2010 年，贵阳市红十字会组建了紧急救援队、心理干预队等五支志愿服务队伍，县级组建了六支紧急救援队和灾后心理干预队伍。全年共募集救灾救助款物 624.41 万余元；有 5500 人参加初级救护技能培训并取得红十字救护员资格证，2.5 万余人接受了红十字会的公益培训；全年共组织无偿献血 52385 人次。

现任会领导：

市红十字会会长：余维祥

专职副会长：房宁

秘书长：胡云志

遵义市红十字会

【简介】

遵义市红十字会成立于 1988 年，2009 年理顺管理体制，编制八人，正县级建制。内设综合科和业务科。全市现有红十字基层组织 240 个，团体会员单位 56 家，会员 174196 人，其中青少年会员 96512 人，志愿者组织 18 个，志愿者 2031 人。

2010 年，遵义市红十字会共募集救灾救助款物 667.7 万元，全年有 73496 人获得红十字救护员资格证，11020 人参加公益培训。

现任会领导：

市红十字会会长：刘兴万

常务副会长：杨蓓

秘书长：赵平

安顺市红十字会

【简介】

安顺市红十字会成立于 1988 年，2002 年理顺管理体制，编制六人，副县级建制。内设办公室和业务科。现有基层组织 156 个，团体会员单位 11 家，会员 98903 人，其中青少年会员 59091 人，志愿者 1248 人，注册志愿者 706 人。

2010 年，安顺市红十字会共计募集救灾款物 1100 万元；开展群众性初级救护培训 43 期，参加公益培训人数 17591 人；造血干细胞成功捐献四例。目前，全市建立社区红十字服务站 12 个、红十字健康新村二个、红十字卫生院（站）九个、博爱小学四所、红十字会医院二个、社区红十字服务示范县三个、红十字模范校二所。

现任会领导：

市红十字会会长：张宜微

常务副会长：李丽娜

秘书长：袁静

六盘水市红十字会

【简介】

六盘水市红十字会成立于 1988 年，2002 年 9 月理顺管理体制，编制 11 人，正县级建制。内设办公室和业务科。现有基层组织 188 个，会员 127690 人，其中青少年会员 54053 人，志愿者 6194 人，注册志愿者 300 人。

2010 年，六盘水市红十字会募集善款 275 万元，为社会弱势群体和受灾群众发放近 200 余万元救灾物资，受益二万余人；初级救护技能培训 2000 人，公益培训 1.5 万人。

现任会领导：

市红十字会会长：范三川

常务副会长：孙乾卫

秘书长：籍中丽

黔东南州红十字会

【简介】

黔东南州红十字会成立于 1989 年，2007 年理顺管理体制，编制九人，正县级建制。内设办公室和业务科。全州现有基层红十字会组织 590 个、团体会员单位 177 家，会员 135096 人，其中青少年会员 107638 人，志愿者 7620 人。

2010 年，黔东南州红十字会共募集救灾款物 654.92 万元，为全州 47614 人提供人道救助；有 72764 人参加初级救护技能培训并取得红十字救护员资格证，70625 人参加防灾避险及自救互救知识普及公益培训；投入 10 万元启动“红十字绿色家园爱心互助金”试点项目；完成一个“红十字健康新村”项目。

现任会领导：

州红十字会会长：刘晓春

常务副会长：李润英

副会长兼秘书长：晏志

黔西南州红十字会

【简介】

黔西南州红十字会成立于 1988 年，2001 年理顺管理体制，编制七人，正县级建制。内设办公室和业务科。全州现有基层组织 172 个，团体会员单位 279 家。会员 159479 人，其中青少年会员 73006 人。志愿者组织五个，志愿者 3000 人，注册志愿者 700 人。

2010 年，州红十字会募集各类款物 510.1 万元，18590 人参加初级救护技能培训并取得红十字救护员资格证，22713 人参加公益培训，采集造干细胞血样 1000 余人（份），成功配型一人。目前，全州八个县级红十字会全部理顺管理体制，以救灾、救护、救助为重点的各项工作稳步推进。

现任会领导：

州红十字会常务副会长：陆正凤

专职副会长：岑建惠

秘书长：杨正琴

黔南州红十字会

【简介】

黔南州红十字会成立于 1988 年，2009 年理顺管理体制。正县级建制，编制六人。

内设综合办公室。全州现有基层红十字会组织212个、红十字团体会员单位100家，红十字会员21420人，其中红十字青少年会员18418人，红十字志愿工作者1131人，冠名“红十字医院”四所。

2010年，黔南州红十字会共募集救灾款物总值682.77万元，有628人参加红十字救护员培训，10773人参加公益培训。

现任会领导：

州红十字会会长：吴胜华

专职副会长：解竞

毕节地区红十字会

【简介】

毕节地区红十字会成立于1989年，2008年理顺管理体制，编制六人，正县级建制。内设办公室和业务科。现有红十字会基层组织1081个，会员54700人，其中青少年会员29800人，志愿者2900人。

2010年，毕节地区红十字会共募集款物476.18万元，全年有12600人参加初级救护技能培训并取得红十字救护员资格证，公益培训10150人。

现任会领导：

地区红十字会会长：张光奇

常务副会长：王屏

秘书长：李梅

铜仁地区红十字会

【简介】

铜仁地区红十字会成立于1988年，2006年理顺管理体制，编制六人，正县级建制。内设综合办公室。现有基层红十字会组织200个，红十字会员12万人，其中红十字青少年会员104918人，红十字志愿工作者5000人。

2010年，铜仁地区红十字会共募集善款157余万元，向青海玉树地震灾区、甘肃舟曲泥石流灾区募集捐赠140万元，向本地区遭受旱灾和洪涝灾害的群众募集和发放救灾款物151.8万元。全年培训红十字救护员1.4万人，公益培训1.36万人。

现任会领导：

地区红十字会会长：雷文蓉

常务副会长：姚晓叶

云南省红十字会

【年度工作】

2010年，云南省红十字会围绕中心、服务大局，锐意进取、开拓创新，充分发挥红十字会在改善民生、促进社会和谐方面的优势，全力开展救灾、救助和救护工作，推动了全省红十字事业持续健康发展，为云南边疆稳定、民族团结、社会和谐做出了积极贡献。

一、理顺管理体制与基层组织建设工作

理顺县级红十字会管理体制工作取得新突破。制订和实施了《云南省红十字会领导挂钩督导理顺县级红十字会管理体制实施方案》，省、州（市）两级红十字会充分发挥协调、督促作用，县级红十字会积极争取党政领导支持，有力推动了理顺县级红十字会管理体制工作的开展。全省理顺管理体制的县级红十字会已由2009年的54个增加到102个，理顺率达79.1%。德宏、临沧、保山、昭通、昆明、玉溪、楚雄、普洱等8州（市）的县级红十字会已基本理顺管理体制，红河、曲靖二州（市）县级红十字会理顺率分别达到85%和89%。

加强以提高干部素质为重点的能力建设。省红十字会举办了州（市）、县级红十字会常务副会长培训班，重点开展红十字宣传、募捐筹资、“三救工作”和项目实施等方面的培训和复训。省、州（市）两级红十字会还采取集中培训和以会代训等方式，开展了人道传播、应急管理、卫生救护、艾滋病预防与关怀、财务管理等专业培训，进一步提高了红十字会干部的业务水平。全年共举办各级各类干部培训班八期，培训干部680多人次。此外，为帮助理顺管理体制的州（市）、县（市、区）红十字会改善工作条件，年内由省政府支持解决了三个州（市）、28个县（市、区）红十字会能力建设经费共计600万元，改善了部分县级红十字会的工作条件。

基层组织、会员和志愿者队伍不断发展壮大。各级红十字会高度重视在社区、乡村、街道、企事业单位、医院、学校发展基层组织、会员和志愿者，在应急救援、红十字精神传播、人道救助、捐献造血干细胞宣传、无偿献血宣传、艾滋病预防宣传、筹资劝募等领域广泛开展红十字志愿服务。截至2010年底，全省红十字会基层组织达1552个，团体会员单位2128家，会员53.2万人（成人会员18.4万人、青少年会员34.8万人）；红十字志愿工作者2.87万人。

二、应急体系建设工作

抓应急体系建设。重新修订了《云南省红十字会自然灾害和突发事件应急预案》，全省16个州（市）红十字会、50多个县级红十字会制订和完善了应急预案；省红十字会和各州（市）红十字会采取集中培训、以会代训等形式举办应急能力培训班，加强了以专职干部队伍、专业救援队伍和志愿者队伍为重点的红十字应急队伍建设，突出抓了大众卫生、供水和心理援助三支紧急救援队伍建设，使红十字会参与灾害紧急救援有了可靠的力量。

抓备灾救灾网络建设。在总会和云南省政府的大力支持下，突出抓了五个民族自治州备灾救灾中心和部分灾害多发县物资储备库建设。截至2010年底，已有二个民族自治州备灾中心和三个县的物资储备库建成投入使用，其余三个民族自治州备灾救灾中心建设正在积极推进。目前，以省红十字备灾救灾中心为基础、各州（市）和部分灾害多发县（市、区）备灾救灾中心（物资储备库）为依托的红十字会应急物资储备网络基本形成。

卫生救护培训工作取得重大突破。省红十字会与省公路运输管理局、省交警总队联合下发了《关于印发在全省初学机动车驾驶员和道路运输从业人员中开展卫生救护培训工作实施方案的通知》，并召开了救护培训工作会议，全面启动了初学机动车驾驶员和道路运输从业人员的救护培训；为支持州（市）、县级红十字会开展救护培训工作，省红十字会采购下发了价值71.82万元的教具，举办彩票公益金救护师资复训班二期，复训师资86人，全年累计培训红十字救护员60521人，向公众普及救护防病知识67万人次。曲靖、保山、宣威等地红十字会积极依托当地运管部门开展救护培训工作，取得了较好的社会效益和经济效益。

三、筹资与宣传工作

探索宣传工作新机制。充分发挥红十字会新闻宣传志愿服务队的作用，调动新闻媒体记者的力量宣传红十字事业；以“五八红十字博爱周”、“公益广告推广月”等活动为契机，结合救灾、救助、救护等工作，上下联动、内外互动，初步建立了以特色活动、媒体合作、公益广告为主要框架，以传播红十字精神为主要内容的红十字宣传格局，扩大了红十字人道救助宣传的覆盖面。红十字会的重点工作和重大活动做到电视上有报道、广播里有声音、报刊上有文章、网络上有信息、简报上有记录，提升了红十字会的影响力。全年全省各类报刊报道红十字会信息 3657 篇、电视台播报红十字会节目 1065 条。省红十字会网站、简报发挥了积极的宣传作用。在中国红十字会总会组织的纪念“五八世界红十字日”评选活动中，云南省红十字会获“优秀组织奖”。

募捐筹资工作有序开展。一是举办了全省红十字会宣传筹资财务培训班，提出了“宣传推动筹资”、“项目带动筹资”和“会费扩充筹资”等基本设想。二是调整充实了以捐资助学和扶贫助困为重点的项目库，以项目宣传引导募捐筹资。“博爱卫生院（室）”、“博爱学校”等项目得到社会广泛认同。三是积极探索新的筹资方式，对目前募捐筹资工作存在的大灾大筹、小灾小筹、无灾难筹的现状，加大非定向性资金的筹资募捐力度，建立筹资工作目标责任制，形成全员筹资的工作局面等问题进行了初步的探索，形成了基本的工作思路。启动了手机短信募捐新平台，在全省宣传推广云南省红十字会手机短信捐赠号码，开展手机短信捐款初见成效。四是成立了“爱心企业联盟”，抗旱救灾期间，爱心企业联盟成员纷纷通过红十字会救灾救助平台向灾区捐赠款物。

截至 2010 年底，云南省红十字会共接收中国红十字会总会、中国红十字基金会下拨的救灾救助款物 9518.21 万元（含价值 265.04 万元的物资），省红十字会募集社会捐赠款物 4324.59 万元（含价值 1575.91 万元的物资）。

四、救灾救助工作

全力参与全省抗旱救灾工作。自 2009 年入秋以来，云南省遭受了百年不遇的特大旱灾。面对严重的旱情，全省各级红十字会迅速采取有力措施全力参与抗旱救灾行动。一是及时上报灾情，并向省内外发出募捐呼吁，广泛开展社会募捐。二是派出工作组深入灾区考察灾情，有针对性地开展抗旱救灾工作。三是启动“2010 红十字甘露行动”，及时向重灾区送水送粮，帮助灾区群众渡过难关。四是认真抓好中国红十字基金会“春雨行动”援助计划的落实，全面实施旱灾救助项目，增强灾区抗灾自救能力。截至 2010 年底，省红十字会共争取中国红十字会总会、中国红十字基金会援助云南省抗旱救灾款物 6968.67 万元，省红十字会募集款物 2291.64 万元，对全省 16 个州（市）的 80 余个受灾较为严重的县（市、区）进行了救助，实施抗旱救灾项目 224 个，受益人口达到 90 余万人。

紧急救助云南特大洪涝和泥石流灾区。下半年，云南省相继发生曲靖马龙“6·25”、昭通巧家“7·13”、怒江贡山“8·18”、保山隆阳“9·1”特大洪涝和泥石流灾害。灾情发生后，省红十字会迅速启动应急预案，第一时间报告灾情，第一时间派出救灾组赶赴灾区考察灾情、开展救灾救助工作。省红十字会及时筹措了50顶帐篷、50套炊具、1600床棉被、400个家庭包、500床毛毯、1100件夹克衫、78吨大米救助灾民，帮助灾区群众渡过难关。

积极参与青海玉树地震和甘肃舟曲泥石流灾区救援。青海玉树地震发生后，省红十字会积极响应总会号召，迅速组织开展社会募捐，支援玉树灾区抗震救灾。先后为灾区募集社会捐赠款物价值1249.15万元（其中款919.8万元，物价值329.35万元）。另一方面，按照中国红十字会总会的要求，先后派出了由18名队员组成的大众卫生应急救援队，代表中国红十字会总会赶赴玉树灾区开展应急救援工作，为灾区群众搭建卫生厕所100个。甘肃舟曲特大泥石流灾害发生后，省红十字会积极开展专项募捐，共募集社会捐赠款42.81万元，支援舟曲抗洪救灾。

在2010年的救灾工作中，省红十字会大众卫生应急救援队被中共中央、国务院和中央军委授予青海玉树“全国抗震救灾英雄集体”荣誉称号；有二个单位、六名个人分别被中国红十字会总会评为“青海玉树抗震救灾先进集体”、“青海玉树抗震救灾先进个人”和“青海玉树抗震救灾优秀志愿者”。

认真组织实施灾后重（援）建项目。重新修订了《云南省红十字会援建项目操作指南》，加强了项目督导和管理。全省红十字会系统累计实施灾后重（援）建项目709个，项目资金总额1.8亿元。项目涵盖乡镇卫生院（室）、博爱学校、农村民房重建、农村人畜饮水工程、贫困学生助学、农村道路硬化、州（市）备灾中心建设等。

五、人道救助工作

启动“以爱育爱，幸福天使行动”捐助计划。省红十字会积极争取中国红十字基金会幸福天使基金救助款物630万元，在全省16个州（市）实施孤残贫病幼儿救助，开创了云南省贫病幼儿救助工作的新篇章。

积极开展“红十字博爱送万家”活动。中国红十字会常务副会长王伟率总会慰问组到云南省开展“红十字博爱送万家”活动。筹集了价值100万元的慰问物资，对楚雄州5000户灾民和困难群众进行了慰问。全省16个州（市）红十字会开展了红十字博爱送万家活动，全省红十字会系统共筹集了547.68万元的款物，使16.8万人受益。

造血干细胞捐献者资料库建设进展良好。发放宣传资料三万余份，宣传群众约100万人次。全年共完成总库下达的6000人份志愿者资料入库任务，全年提供检索621人次，有九名志愿者成功捐献了造血干细胞。

艾滋病预防与关怀工作有序推进。主要开展了艾滋病感染者关怀支持、艾滋病人关爱帮助、目标人群行为干预及自助互救、社区流动人口艾滋病预防同伴教育宣传等工作。举办艾滋病预防青年同伴教育培训班44期，直接受益学员886人；开展防艾健康知识系列培训16期，覆盖232人，举办艾滋病知识外展宣传19期，覆盖10858人；开展娱乐行业从业人员艾滋病干预项目，直接受益者1669人次；举办艾滋病感染者关怀护理培训四期，480人受益。

认真实施疟疾项目。在四个县开展了

第五轮全球基金疟疾项目，分发长效蚊帐77168顶，发放宣传材料11万余份，使10万多人受益。

假肢项目合作进展顺利。在红十字国际委员会按项目协议投入价值12.9万元假肢生产原材料，并给予技术支持的基础上，争取省财政投入专项资金100万元，共为449名肢残患者提供了假肢安装、维修和康复理疗服务，其中为215名患者生产、安装假肢227只，为234名穿戴假肢的患者维修假肢235只。

心理援助工作取得新进展。在中国红十字会总会和红十字会与红新月会国际联合会的支持下，启动了云南省心理援助项目。目前，项目工作按计划实施。

老年公寓运转较好。全年平均入住72人，床位利用率90%。积极开展为老年人办好事活动，举办健康知识讲座13次，开展各种娱乐活动12次。

社区红十字服务工作有新突破。年初在红河州开远市、大理州大理市和曲靖市麒麟区三个市（区）开展了红十字服务示范市（区）创建试点工作，为全面推进社区红十字服务工作积累了经验。

“博爱救心基金”运转良好。在中国银联云南分公司、昆明市延安医院等单位的支持下，省红十字会筹资36万元设立了“博爱救心基金”，已救助先天性心脏病患儿13名。此外，中国红十字基金会“小天使基金”和“天使阳光基金”加大了对省内患儿的资助力度。截至2010年底，全省共有72名白血病和先心病儿童获得“小天使基金”和“天使阳光基金”资助，金额136.9万元。

六、交流合作工作

积极开展交流。认真贯彻《中国红十字会国际和台港澳工作2010～2014年发展规划》和《中国红十字会总会关于地方红十字会与国际及台港澳地区开展交流合作的若干意见》，积极国际交流。一年来，完成外事接待任务15起35人，办理出访任务三批次八人。

广泛引进外援项目。通过组织出访交流，加强与国际、国外及港、澳地区红十字会间的交流，积极争取资金和技术支持。年内共争取外援项目13个，资金总额981.61万元，物资价值12.9万元。项目涉及假肢生产、疟疾防治、艾滋病预防、备灾救灾等，对改善民生、扩大红十字会的影响起到了积极作用。

积极开展对外援助。年初，海地发生强烈地震，云南省红十字会积极参与国际救援工作，及时开通捐赠热线电话，接收社会捐赠款22.44万元，并通过中国红十字会总会向海地灾区进行紧急援助。

【历史沿革】

据有关史料记载，云南省红十字会创建于1914年，是中国红十字会较早的几个省级分会之一。新中国成立前，云南省红十字会员工及义工在极其艰难的社会条件下和随时都有可能献出生命的危险环境中，竭力筹募资金，冒着枪林弹雨开展战地救护，奔走于城乡灾区救助灾民，穿行于市井里巷施医赈济穷苦，履行人道主义使命。1925年3月，大理地震，红十字会救护队打着旗帜前往救助，途中民众亦为义举而捐款且沿途护送。抗日战争时期，云南省红十字会募集并接受了大批国际救援款物，救济难民，支援抗战。其间，日机轰炸昆明数十次，红十字救护队均全责救护被炸伤军民。

新中国成立后，作为新改组的中国红十字会的地方组织，云南省红十字会由卫生部门直接领导和联系，以协助人民政府，面向人民大众，宣传并开展防疫、卫生、医药及救济福利事业为主要工作，曾组织“国际医防服务队”赴朝鲜开展战场救护；应老挝政府请求，连续10年组派医疗队赴老挝丰沙里省开展传染病的防治工作。1966年“文化大革命”发生后，云南省红十字会组织瘫痪，工作停顿。1978年12月，中国共产党十一届三中全会召开，标志着我国进入了改革开放的全新历史时期。各条战线拨乱反正，云南省红十字会组织也随之重建并恢复工作，走上了逐步发展壮大的希望之路。1990年3月29日至31日，云南省红十字会第一次全省会员代表大会在昆明召开，会议选出了以副省长陈立英为会长的新的领导机构，讨论了《云南省红十字会1990年工作计划》和《云南省红十字会1990—1994年工作规划提要》，通过了《云南省红十字会关于贯彻〈中国红十字会章程〉的实施细则》。这次代表大会的召开标志着云南省红十字事业的发展进入了一个新的历史阶段。1993年10月《中华人民共和国红十字会法》、1996年1月《中华人民共和国红十字标志使用办法》和1996年7月《云南省红十字会条例》的颁布实施，使红十字事业走上了法制化建设的轨道。1994年9月20日至22日，云南省红十字会第二次全省会员代表大会在昆明召开，会议聘请省长和志强为云南省红十字会名誉会长，选举产生了云南省红十字会第二届理事会及领导集体，云南省副省长陈立英再次当选云南省红十字会会长，大会审议通过了《云南省红十字会1995—1999年工作规划提要》，讨论修订了《云南红十字会关于贯彻〈中国红十字会章程〉的实施细则》。2002年7月23日至24日，云南省红十字会第三次全省会员代表大会在昆明召开，中共云南省委书记白恩培出席开幕式并发表讲话，中国红十字会常务副会长王立忠代表中国红十字会会长彭珮云及中国红十字会总会莅临指导并讲话，大会聘请中共云南省委书记白恩培为云南省红十字会名誉会长，选举产生了云南省红十字会第三届理事会和常务理事会，云南省副省长陈勋儒当选为云南省红十字会会长。大会审议并原则通过了《云南红十字会实施〈中国红十字会章程〉细则》和《云南省红十字会2002~2006年工作规划纲要》。这次大会是一次具有重要意义的大会，是一次承前启后、继往开来、解放思想、振奋精神、与时俱进的大会。

在中共云南省委、省人民政府的大力支持下，在中国红十字会总会的指导下，云南省红十字会系统专兼职工作者、广大红十字会会员和志愿工作者围绕“以项目促发展、以发展树形象”的工作思路，以中国红十字会建会百年和中国红十字会第八次会员代表大会召开为契机，坚持以邓小平理论和“三个代表”重要思想为指导，以开创有云南特点的红十字事业为目标，以发展创新为动力，以依法建会、依法治会、依法兴会为保障，开拓进取，团结奋斗，圆满完成了2004年的各项任务，有些工作取得了突破性的进展。

2004年初，云南省红十字会组织了价值550余万元的物资发送到16个州、市，开展“红十字博爱送万家”活动，受益群众达四万余人。省红十字会还筹措50万元

（当地政府配套50万元），援助陇川县光英村房屋毁于泥石流灾害的50户景颇族群众恢复重建家园。争取云南铭鼎集团捐赠300万元，为富民县赤就乡，兴建铭鼎博爱自来水厂，以解决该乡5000人口饮水难问题。争取西安天网计算机有限公司向云南省贫困地区的19家医院捐赠价值460万元的“天网医院信息管理系统”软件及部分配套硬件。云南省红十字备灾救灾中心全年向省内各灾区调运、发放了400多吨价值870万元的救灾物资。据统计，云南省红十字会2004年共接收和募集救灾扶贫款物价值人民币1946.17万元。2004年，云南省红十字会完成五个班160名省级师资的培训任务，还承办了总会西南片区六期192人的国家级师资培训班。为昆医附一院等举办救护培训共500多人。中国造血干细胞库捐献者资料库云南省分库共完成了3600多人份血样采集和分型检验入库，已为省内22名白血病患者进行了配型，其中13人初配相符，七人进入高分辨检验，三人实现了造血干细胞的捐献。2004年，开展预防艾滋病教育宣传等项目，举办培训班243期，培训8317人。开展云南/香港红十字备灾救灾培训项目，培训省、州、县三级师资共420余人。还完成了六万名中小学生的培训工作。云南省红十字会配合省政协教科文卫体委员会视察组对贯彻实施红十字会法情况进行了视察。

云南省红十字会历次代表大会

第一届

1990年3月29日召开，常务理事九人，会长陈立英，常务副会长舒自尧。

第二届

1994年9月20日召开，常务理事15人，名誉会长和志强，会长陈立英，常务副会长舒自尧。

第三届

2002年7月23日召开，代表800人，理事55人，常务理事11人，名誉会长白恩培，会长陈勋儒，常务副会长詹海峰。

【组织机构】

截至2004年底，云南省红十字会拥有基层组织2340个，会员86.45万人（其中青少年会员20万人），志愿工作者3000人。在高等院校和医疗系统分别建立了红十字工作委员会。

根据《中华人民共和国红十字会法》、中国红十字会总会《理顺管理体制座谈会纪要》精神，1998年云南省红十字会实现机构独立建制，2001年3月成立了中共云南省红十字会党组，2003年3月成立了云南省红十字会机关党委。依据云南省编委2002年10月15日印发的《云南省红十字会机关主要职责、内设机构和人员编制方案》（简称“三定”方案），云南省红十字会实施机关机构改革，内设二室、三部（办公室、机关党委办公室、赈济救护部、事业发展部、联络部），编制24名，在编25人，参照国家公务员管理；省红十字会下辖云南省红十字备灾救灾中心（编制21名）、云南红十字老年公寓（编制15名）、中国造血干细胞捐献者资料库云南省分库（编制七名）三个处级事业单位。目前，有昆明市、丽江市、德宏州、临沧市、怒江州、红河州、曲靖市等七个州市红十字会已经理顺了管理体制，其余九个州市红十字会争取在2005年底理顺体制。云南省各级红十字会现共有人员编制 164 名（其中 34 个县有编制共 49 名），到位 112 人；兼职干部 120 余人，聘用人员 70 余人（含临时工），初步形成了相对完整的云南省红十字会组织网络体系。

【大型项目】

一、1996 年 2 月 3 日，丽江地区发生 7.0 级大地震，云南省红十字会共争取国内外援助 6500 多万元（其中来自国外及香港、台湾地区的援助占 84%），完成 1700 多吨救助物资的接收和分发任务，共救助灾民 110 余万人次，并配合卫生部门组派红十字医疗队 49 支 957 人，救护伤员 28456 人。云南省红十字会在此次救灾中，开创了争取外国救援物资运输飞机首次直飞我国的先例；探索并成功实施了红十字会救灾新方法："定点救助"。

二、1998 年救助特大洪灾灾民。据统计，云南省各地红十字会共接收捐赠物款 435 多万元，250 余万元及时发送到受灾严重的湖北、湖南、江西、黑龙江等省灾区；其余用于救助省内重灾区灾民。

三、2003 年，云南省灾害十分频繁，地震灾害尤为严重，大姚县"7·16"、"10·16"地震，昭通地区"11·15"、"11·26"地震。云南省红十字会全年共募捐和筹集救灾、救济款物价值人民币 807 万元，使 12 万群众受益。

四、2004 年 7 月 4 日，云南省德宏、保山、丽江等地发生特大洪涝泥石流灾害，造成重大人员伤亡和财产损失。中共中央政治局常委、国家副主席曾庆红，中共中央政治局委员、国务院副总理回良玉在视察德宏州盈江县救灾工作时，看望了正在现场开展救助工作的中国红十字会总会及省、州红十字会工作人员，并与大家亲切交谈。曾庆红说，红十字会做了很多工作，你们救灾工作反应很快，及时把救灾物资送抵灾区人民手中，红十字会发挥了非常重要的作用。各级政府要大力支持红十字会工作。希望红十字会的同志们把工作做得更好。云南省红十字会全年共接收和募集救灾款物价值人民币 1946.17 万元，及时救助灾民。

五、2005 年初，为救援印度洋地震海啸灾区，云南省红十字会共接收社会各界捐款 1288 万元，并通过中国红十字会总会及时援助了受灾国灾民。

六、2005 年，云南省先后遭受了百年不遇的特大雪灾，25 年以来最严重的旱灾，以及会泽、文山地震灾害。灾害发生后，省、州、县红十字会于第一时间展开救助，发动社会募捐。省红十字会救灾工作小组八次深入灾害现场指导救灾。全省各级红十字会共向灾区发放价值 1000 余万元救灾款物。

七、受总会委托，成功承办了"2005 年海峡两岸红十字青少年会员夏令营"活动。

八、支援友邻省（市）红十字会救灾工作：（一）2003 年 2 月，支援新疆红十字会 42 万元，用于地震灾区购买救灾物资和恢复重建。（二）2005 年 8 月，支援四川省红十字会 10 万元，用于购买救灾物资和药品。

据不完全统计，近 10 年来，云南省各级红十字会共募集救灾资金二亿多元，救助灾民和困难人群 400 余万人次，派出医疗队 1100 多支，免费救治 42 万余人次，举办卫生救护培训 90 余万人次，向 70 多万青年人传播了预防控制艾滋病的知识和相关技能，与 60 余个国家和地区红十字会、国际组织进行了友好交往，开展了56个造福于易受损害群体的外援合作项目，新建了12个备灾救灾中心、一座老年公寓，援助建成了23个乡镇卫生院、六所博爱小学、三个灾民新村（西双版纳州景洪市巴飘村、楚雄州武定县以赤叨村、德宏州陇川县光英村共150户）和一个博爱水厂。云南省各级红十字会以实实在在的人道行动，大力弘扬了“人道、博爱、奉献”的红十字精神，促进了云南省“三个文明”建设，受到各级党委、政府和广大人民群众称赞和好评，树立了红十字会的良好形象。

【主要特色】

一、备灾救灾工作

云南是自然灾害多发省，具有种类多（地震、泥石流、山体滑坡、风雹、雪、凌冻、洪涝、干旱等）、分布广、频率高、危害重的特点，且抗灾能力较弱，每年受灾人口都在2000万人以上，成灾人口1000万人以上，直接经济损失达40亿元以上。自然灾害给人民的生命财产造成严重损失，已成为制约云南经济、社会发展的重要因素。因此，备灾救灾是云南省红十字会工作的重中之重。

（一）灾害救助。近10年来，云南省各级红十字会共接受援助和向社会募集款物价值2.6亿元人民币，救助灾民和困难人群420万人次，救治灾区伤病员年均45万余人次。每次灾害发生，红十字会的人员最早到达现场，救助物资也最早送到灾民手中。灾区党委、政府领导称赞说：“红十字会不仅及时送来了救灾物资，更重要的是稳定了人心，增强了灾区干部群众战胜灾害、重建家园的信心和勇气”。在抓好灾害紧急救助的同时，云南省红十字会还积极争取社会力量支持，参与灾区灾后恢复重建和扶贫工作。先后援助建成了23个乡镇卫生院、六所博爱小学、三个灾民新村（西双版纳州景洪市巴飘村、楚雄州武定县以赤叨村、德宏州陇川县光英村共150户）和一个博爱水厂。

（二）网络建设。云南省红十字会在长期的救灾活动中认识到灾害的突发性及危害性，也认识到提高灾害救助时效性和科学性的重要性和紧迫性。为此，云南省红十字会借助援助加强了备灾救灾的网络建设和能力建设。云南省红十字会争取到奥地利红十字会资助50万美元，云南省政府投资60万美元，于1996年建成了云南省红十字备灾救灾中心，之后又投资160万元建设了配套设施；1998年，云南省红十字会与香港特别行政区红十字会签订了州市备灾救灾网络建设项目协议书，总投资1764万元，其中香港特别行政区红十字会援助30%（529.3万元），地方政府配套投资70%。截至2004年，已建立起昆明、临沧、文山、迪庆、丽江、怒江、曲靖、昭通、思茅、保山、大理、楚雄（牟定）、红河等13个州、市备灾救灾中心，基本上形成了以云南省红十字备灾救灾中心为轴心，各地备灾救灾中心为依托的全省红十字备灾救灾网络体系。

（三）能力建设。在香港特别行政区红十字会的支持和资助下，云南省红十字会举办了多次对全省16个州市及129个县红十字会干部备灾救灾知识技能培训班、计算机知识及信息系统培训班；建成了连接全省各州、市红十字会的计算机信息网络；组织开发了红十字会灾情信息管理、救灾物资资金管理、募捐管理等相关的计算机软件和系统。为帮助基层红十字会干部做好备灾救灾工作，提高灾害多发地区群众的备灾救灾意识，云南省红十字会编印了15万字的《云南/香港红十字会备灾救灾培训教材》、《灾害自救互救培训手册》和《灾害群众自救互救培训挂图》，同时还建立了一支300余人的省、地、县三级培训师资队伍，到2004年底，已完成对灾害多发地区6万名中小学生的培训工作。

二、艾滋病预防与关怀工作

云南地处湄公河上游，邻近世界最大的毒品生产地“金三角”，深受毒品和艾滋病的危害。自1989年在中缅边境地区的吸毒人群中检测出艾滋病感染者146例以来，截至2004年底，监测累计报告艾滋病感染者28391例，病人1223例，死亡744例，分别位居全国省区同类项的第一、三、二位。全省16个州市均报告有感染者。云南省艾滋病流行的严峻势态，引起了党中央、国务院和中共云南省委、省政府的高度重视，要求全民行动，打一场禁毒和防治艾滋病的人民战争。1994年，云南省红十字会与澳大利亚红十字会合作开展了“艾滋病预防青年同伴教育项目”，建立了“艾滋病预防青年同伴教育模式”，形成了具有云南特色的“参与式”传授知识与生活技能培训并重的教育方法，建立了一支与同伴教育模式相适应的师资队伍300余名和2000人的志愿者队伍。截至2004年底，项目已覆盖九个州、市，在不同群体中举办青年同伴教育培训班1700余期，培训同伴教育宣传员3.6万多人，向70多万人传播了预防艾滋病知识和技能。青年同伴教育项目的成功，增进了云南省红十字会与澳大利亚红十字会的友谊和信任，而且吸引了包括联合国儿童基金会、艾滋病规划署、澳大利亚国际开发署、英国救助儿童会、港澳救世军等多个政府组织和非政府组织的信息、技术及相当数额的资金支持，使青年同伴教育项目不断拓展为有青年同伴教育、“爱咨家”、“阳光家园”、感染者关怀护理、感染者同伴教育、感染者生产自救互助、高危易感染人群综合干预等7个子项目组合成的“艾滋病预防与关怀项目”。2005年，云南省红十字会就争取社会力量支持，组织HIV感染者开展生产自救进行了大胆探索。此举引起中共云南省委、省政府的高度重视。中共云南省委书记白恩培在报告上做出“思路好，做法也好，我完全支持”的重要批示。《云南日报》委派资深记者对此进行了重点报道。11年来，云南省红十字会开展的艾滋病预防与关怀项目，共争取到资助（资金及实物）1500余万元。云南省红十字会的做法、效果和经验，得到了中国红十字会总会以及国际社会的认可和好评。云南省红十字会先后被评为全国、全省预防控制艾滋病先进集体。青年同伴教育项目曾被联合国艾滋病规划署评选为“最佳执行项目”，在联合国南非第十三届艾滋病大会上推荐，并受到联合国秘书长安南的肯定。2005年6月，云南省红十字会被联合国艾滋病规划署授予“联合国防治艾滋病特殊贡献奖”。

三、对外交往与合作

云南省红十字会抓住云南旅游资源丰富、建设旅游大省的机遇以及国外人士和组织造访频繁的优势，积极开展民间对外交往，努力争取援助与合作，始终坚持以友谊、诚信促合作，以规范、精品争项目，不断将云南省红十字会对外交往工作打造为“以项目促发展，以发展树形象”的一项特色工作。近10年来，云南省红十字会与60

余个国家和地区红十字会、国际组织进行了友好交往，累计共争取到56个外援合作项目，援助金额累计1.2亿元人民币，各级政府配套资金5500多万元。在项目实施过程中，云南省红十字会注重学习和引进国外先进的工作模式和管理理念，坚持规范运作，力求把每一个项目都做成精品，从而形成了取信于援助方，不断争取到新项目的良性发展态势。

假肢康复项目。20世纪70年代末的中越边境自卫反击战，由于战后地雷未排除尽，在给边民造成的伤害中，肢残问题十分突出。经云南省红十字会主动争取和中国红十字会总会的协调，2003年12月，云南省红十字会与红十字国际委员会签订了假肢合作项目协议，并成立了红十字国际委员会——云南省红十字会假肢康复中心。该项目由红十字国际委员会援助240万美元，并提供技术支持，云南省政府配套60万美元，在五年内为全省符合救助条件的肢残人员免费安装假肢。该项目实施以来，已为471名肢残人员安装假腿595条和全套康复服务，受到肢残人员及其家人的欢迎，产生了良好的社会反响。当地广大干部群众称赞说，假肢康复项目使贫困肢残人员从长年需要家人服侍的“累赘”，变成了生活能自理、下田能劳动的自食其力者，项目名副其实地成为“救助一人，造福一家，稳定一方”的民心工程。国家领导人、云南省委、省人大、省政府、省政协的领导多次莅临假肢厂视察指导工作，对该项目给予充分肯定；多个国际组织代表团前来访问参观并给予好评。2004年5月，红十字国际委员会副主席让·德古登先生一行及加拿大红十字会秘书长来里·密尔斯先生一行访问云南省红十字会，认真考察了假肢康复项目。德古登先生高度称赞假肢康复项目“是国际委员会在多个国家开展的假肢矫形项目中的一个成功典范，也是红十字国际委员会与中国合作的一个成功典范”。

（吴佳权、唐友全）

昆明市红十字会

【简介】

昆明市红十字会成立于1922年，1950年实行改组，1979年恢复工作，1987年实现“三列”，2002年，市红十字会机构独立设置，正处级，内设机构为组织宣传部、赈济救护部、办公室。2010年，全市14县（市、区）红十字会机构全部独立设置。全市现有基层红十字会组织273个，红十字会员2437人。

2010年，市红十字会共募集抗旱救灾资金1263万元，接受捐赠物资价值约100万元，受益人口达10万余人。为汶川特大地震灾区募捐6000余万元，为玉树地震灾区和舟曲泥石流灾区募捐65万元，为白血病儿童募集善款94244.4元。举办初级卫生救护培训班，全年培训三万余人。

现任会领导：

市红十字会会长：杨皕（副市长）

常务副会长：张韵

副会长：冯浩　张琳林

楚雄州红十字会

【简介】

楚雄州红十字会成立于1988年。2007

年6月，州红十字会机构独立设置，正处级，核定事业编制11名。内设机构有办公室、赈济救护科、事业发展科。全州红十字会工作人员编制48人，专职工作人员32人。全州现在基层红十字组织48个，红十字团体会员单位212家，红十字志愿工作者6039人，红十字会员13624人（其中红十字青少年会员5573人）。

2010年，楚雄州红十字会共募集各类善款1255.18万元。在“红十字博爱送万家”活动中，共发放救助款物价值125.98万元。全年采集捐献造血干细胞血样1103人份，有二名志愿者成功捐献造血干细胞。

现任会领导：

州红十字会会长：李红民（副州长）

常务副会长：代丽菊

专职副会长：杨彩珍

玉溪市红十字会

【简介】

玉溪市红十字会成立于1989年，2008年5月，市红十字机构独立设置，有编制五名，机构下设秘书科、宣传筹资财务科、赈济救护科。全市现有红十字团体会员单位七家。

2010年，市红十字会为先天性心脏病贫困患者举办“弘扬人道精神，救助贫困患者”义捐专场大型文艺晚会，共募得捐款318808.1元。全年接收救灾款资折合人民币245.8万元。两年来举办初级卫生救护培训班，共培训4304人。

现任会领导：

市红十字会会长：杨洋（副市长）

常务副会长：自成学

红河州红十字会

【简介】

红河州红十字会成立于1989年9月。2005年5月，机构独立设置，内设办公室、赈济科、事业发展科，编制人员八名。全州现有基层红十字会组织44个，团体会员单位348家，红十字会员15703人、红十字青少年会员25733人，红十字志愿工作者938人。招募捐献造血干细胞志愿者1434名。

2010年，州红十字会共接收抗旱救灾捐赠款物价值1456.86万元。为青海玉树地震灾区募集捐款60.33万元。在“红十字博爱送万家”活动中，发放物品价值50.48万元。全年共培训救护员809名。

现任会领导：

州红十字会会长：普绍忠（副州长）

专职副会长：袁红翎

副会长：孔凡学　田黎明　庄刘星　可文炳

秘书长：袁红翎

曲靖市红十字会

【简介】

1988年12月，曲靖市红十字会机构独立设置。全市现有基层红十字会组织66个，红十字会员2390人，红十字青少年会员656人，红十字团体会员单位139家，红十字志愿工作者2921人。

2010年，市红十字会共接收救灾救助善款929万元。为青海省玉树地震灾区募捐49万元。在“红十字博爱送万家”活动中，向贫困群众发放价值 13 万元的救助物品。全年培训卫生救护员 1.75 万人。

现任会领导：

市红十字会会长：王敏

专职副会长：叶留玉

文山壮族苗族自治州红十字会

【简介】

文山壮族苗族自治州红十字会成立于 1987 年，2006 年，州红十字会机构独立设置，正处级，有人员编制七名，设常务副会长一名，副会长一名。机构内设办公室、事业发展科、赈济救护科。2010 年 12 月底，全州八个县（市）红十字会中有四个理顺管理体制。全州有红十字会专职工作人员 25 人，红十字团体会员单位 35 家，基层红十字会组织 166 个，红十字会员 40323 人，红十字志愿工作者 1570 人。

2010 年，全州红十字会系统为灾区募捐 722.25 万元，为青海玉树地震、甘肃舟曲泥石流灾区募集善款 41.38 万元。在“红十字博爱送万家”活动中，为贫困群众发放救助金 30 多万元。

现任会领导：

州红十字会会长：张秀兰（副州长）

常务副会长：唐彰迎

副会长：邱继娥

怒江州红十字会

【简介】

怒江州红十字会于 2005 年 2 月 29 日机构独立设置，副处级。全州共有红十字会专职工作人员 15 名，红十字团体会员单位 20 家，红十字会员 339 人，红十字青少年会员 120 人，红十字志愿工作者 110 人。

2010 年，全州红十字会系统全年募集救灾救助款 896431.3 元。为青海玉树地震灾区募集善款 258651 元。为贡山县普拉底乡特大泥石流灾区筹集善款 38388.5 元。全年举办卫生救护培训班六期，培训 203 人次。

现任会领导：

州红十字会会长：久贵才

专职副会长：董绍珍

迪庆州红十字会

【简介】

迪庆州红十字会成立于 2006 年。2008 年 8 月，州红十字会机构独立设置。有行政编制三名，事业编制一名，工勤编制二名。全州有红十字团体会员单位四家，红十字会员 5000 人。

2010 年，州红十字会开展以博爱帮困、博爱助学、博爱助残、博爱助老为内容的系列救助活动。总投资 400 万元的红十字备灾救灾中心项目已完成前期准备工作。

现任会领导：

州红十字会会长：李学林（副州长）

专职副会长：李涛

临沧市红十字会

【简介】

临沧市红十字会成立于 1989 年 6 月。2005 年 1 月，市红十字会机构独立设置，正处级，内设一个职能科室（综合办公室），人员编制九名。全市现有红十字团体会员单位222家，红十字会员29951人，红十字志愿工作者1761人。

2010年，市红十字会募集救灾救助款物价值517.47万元。为青海玉树地震灾区募集捐款20.4万元。完成援助项目87万元。全年完成救护员培训1200人。

现任会领导：

市红十字会会长：马迎春（副市长）

常务副会长：王怀英

副会长：李本菊

丽江市红十字会

【简介】

丽江市红十字会成立于1988年，2002年，市红十字会机构独立设置。有专职干部五人，红十字团体会员单位34家，红十字会员10420人。

2010年，市红十字会筹集救灾资金556万元，为青海省玉树地震灾区募集捐款379969.3元。全年培训救护师31名，举办救护员培训班10期，培训救护员1000多名。

现任会领导：

市红十字会会长：杨浩东（副市长）

专职副会长：杨青

昭通市红十字会

【简介】

昭通红十字会成立于1916年。1990年恢复建会，2007年，市红十字会机构独立设置，为正处级。有编制12名，机构内设办公室、赈济救护部和备灾救灾中心。全市有基层红十字会组织18个，红十字会员10697人。

2010年，市红十字会共募集救灾救助资金832.9万元。为青海玉树地震灾区筹集救灾款298061.7元。在“红十字博爱送万家”活动中，向困难群众发放救助物资价值89.7万多元。年内，有1003人参加了应急救护员培训。2010年底，已完成援建项目110个，完成投资5049万元。

现任会领导：

市红十字会会长：韩梅

常务副会长：施华滟

副会长兼秘书长：王宏

西双版纳州红十字会

【简介】

西双版纳州红十字会成立于1979年，2006年6月，市红十字会机构独立设置，正处级，人员编制三名。州红十字会有团体会员单位25家，基层红十字会组织47个，红十字会员3838人，红十字志愿工作者305人。

2010年，州红十字会争取上级红十字会资金90万元，动员社会各界捐款101256.5元投入抗旱救灾。组织全州导游和机场、消防等单位1000余人进行卫生救护培训。

现任会领导：

州红十字会会长：李江虹（副州长）

常务副会长：盘有明

副会长：刀爱武　李健　曹荣清　岩康

普洱市红十字会

【简介】

普洱市红十字会成立于1986年，2006年2月15日，机构独立设置，副处级。机构内设办公室、组织宣传科、赈济救灾科。核定人员编制八人。市红十字会有基层红十字会组织10个，红十字团体会员单位320家，红十字会员9979人，红十字青少年会员28076人，红十字志愿工作者350人。

2010年，市红十字会募集、接收救灾款物价值3958648.60元。“红十字博爱送万家”活动中，为困难群众发放了价值82万余元的物品。全年初级卫生救护培训参加者1500余人。

现任会领导：

市红十字会会长：童书玮（副市长）

专职副会长：欧阳智康

大理州红十字会

【简介】

大理州红十字会成立于1987年。2007年9月，机构独立设置，正处级。现有干部职工八人，内设办公室、赈灾救护科、对外联络和事业发展科、宣传筹资财务科。全州有基层红十字组织158个，红十字团体会员单位191家，红十字会员10310人，红十字志愿工作者3994人。州红十字会理顺管理体制至今，共募集捐款2680余万元，外来救灾救助款物及援建项目资金折合人民币2130万余元。几年来，州红十字会共完成卫生救护员培训28322人。

现任会领导：

州红十字会会长：洪云龙（副州长）

常务副会长：杨泓涛

保山市红十字会

【简介】

保山红十字会成立于1943年11月18日，2008年8月，市红十字会机构独立设置。全市现有红十字会员31423人（含红十字青少年会员25646人），红十字志愿工作者1447人。

2010年，保山市红十字会募集抗旱资金4315169.60元。在送温暖活动中，为市直有关部门的挂钩扶贫村提供了价值21618.50元的慰问品。在全市16所机动车驾驶员培训学校（站）及消防队、机场等部门开展卫生救护培训，共举办培训班242期，培训学员12119人。

现任会领导：

市红十字会会长：解丽平（副市长）

常务副会长：穆快昌

副会长兼秘书长：曾国映

德宏州红十字会

【简介】

德宏州红十字会成立于1990年5月，2004年6月机构独立设置，正处级，定编制五人，下设办公室、赈济救护科。

2010年，州红十字会为“春雨行动”援助资金175万元，范围覆盖43个乡镇，受益4316户。德宏州第一个社区红十字组织，在勐焕街道丙午社区正式挂牌成立。为社区村干、小组长、青年骨干等 30 多人开展艾滋病青年同伴教育培训。全年共培训卫生救护员 1760 人。

现任会领导：

州红十字会会长：苏洪涛（副州长）

常务副会长：张蕾红

西藏自治区红十字会

【年度工作】

2010 年，西藏自治区红十字会积极做好救灾、救助、救护工作。招募造血干细胞志愿捐献者累计已达到 601 人。全年有 180 多例大骨节病人接受了治疗。有 1016 名白内障患者得到治疗，重见光明。青海玉树地震发生后，西藏连夜派出红十字阜康医院紧急救援队赶赴灾区救援，并投入 100 多万元款物救治伤病员。自治区红十字会为玉树灾区募集款物 450 多万元。还捐款五万元救助甘肃舟曲泥石流灾区群众。在“红十字博爱送万家”活动中，发放救助物资 30 多万元。建立了“西藏自治区红十字会藏泉酒业博爱基金”，用于救助贫困病患者，共投入救助款 4.2 万元。举办卫生救护、消防、疾病预防培训班六期，有 400 多人次参加了培训。“嫣然天使基金”资助唇腭裂病人实施手术 300 多例。演员范冰冰支持的项目已资助 20 名先天性心脏病患者赴北京做手术，共投入资金 150 万元。

【历史沿革】

西藏自治区红十字会于 1986 年 6 月 26 日在成立。同时，召开了第一次会员代表大会暨第一届理事会，聘请自治区副主席图道多吉为名誉会长，选举自治区副主席吉普·平措次登为会长，自治区卫生厅厅长次仁卓嘎、副厅长阿登为副会长。办事机构设在自治区卫生厅科教外事处，有二名兼职工作人员。1990 年 2 月 20 日，自治区机构编制委员会批准自治区红十字会办公室为区级建制，配备工作人员三名。1994 年 11 月 8 日，召开了第二次会员代表大会，聘请自治区主席江村罗布为名誉会长，自治区党委副书记丹增、自治区人大副主任朗杰、自治区副主席吉普·平措次登、自治区政协副主席才旦卓玛为名誉副会长，选举自治区卫生厅厅长次仁卓嘎为会长，阿登为常务副会长，土登、加措、李谦为副会长。根据会长提名决定次仁旺堆为秘书长。1996 年 8 月 7 日，自治区机构编制委员会批准自治区红十字会办公室为副处级建制，配专职工作人员八名。1998 年 9 月 25 日，召开了第三次会员代表大会，聘请自治区主席列确为名誉会长，自治区党委副书记丹增、自治区副主席拉巴平措、次仁卓嘎为名誉副会长，选举自治区副主席吉普·平措次登为会长，卫生厅厅长土登为常务副会长，阿登、德吉卓嘎、才巴、郭丹、高俊璞为副会长。根据会长提名决定次仁旺堆为秘书长。2001 年 3 月，由自治区副主席次仁卓嘎任会长。2002 年 1 月 16 日，自治区机构编制委员会批准自治区红十字会为副厅级建制，办事机构从自治区卫生厅划出，独立设置，由自治区政府领导联系。2002 年 7 月，自治区人民政府领导班子调整，由自治区副主席崔玉英担任会长。2003 年 8 月，区党委任命杨国庆为副会长。2003 年 11 月，区党委组织部任命王法顺为副会长。

西藏自治区红十字会历次代表大会

第一届

1986 年 6 月 26 日召开，理事 35 人，名誉会长图道多吉，会长吉普·平措次登。

第二届

1994 年 11 月 8 日召开，理事 68 人，名誉会长江村罗布，会长次仁卓嘎，常务副会长阿登。

第三届

1998 年 9 月 25 日召开，理事 93 人，名誉会长列确，会长崔玉英，常务副会长杨国庆。

现任会长：德吉（自治区人民政府副主席），常务副会长王法顺。

【组织机构】

西藏自治区红十字会独立设置，为副厅级建制。全区七个地市都建立了红十字会，挂靠当地卫生局。在全区 74 个县中，有 13 个县成立了红十字会，西藏大学和拉萨中学也建立了红十字会。全区有红十字会员 17600 余名，荣誉红十字会员 54 名、红十字志愿工作者 500 余名。红十字团体会员单位 61 家。

西藏自治区红十字会机关设有办公室、联络部、组织宣传赈济救护部三个处室。

根据《中华人民共和国红十字会法》、《中国红十字会章程》和《关于理顺中国红十字会总会管理体制的通知》精神，2004 年 7 月，西藏自治区红十字会向区编办提交了《西藏自治区地（市）、县红十字会理顺管理体制方案的请示》，待批。目前，各地（市）、县红十字会仍由地（市）卫生局代管（正科级）。

【大型项目】

一、1987 年 11 月，西藏日喀则地区八个县遭受严重雪灾，10 余万群众损失严重，数百名外国游客和登山队员被大雪围困。西藏自治区红十字会组织自治区第一人民医院和日喀则红十字医疗队赶赴灾区参加抢险救护，并组织捐款 10660 元、粮食 617 公斤，帮助群众抗灾。同年，大兴安岭发生火灾，区红十字会捐款 5000 元支援灾区。

二、1988 年，西藏日喀则地区仁布县发生地震，区红十字会组织捐款 10660 元、粮食 847.5 公斤、各种衣物 422 件，支援地震灾区。

三、1989 年，西藏那曲地区遭受特大雪灾，自治区红十字会向全区发出募捐通知，共募集现金 274652 元、粮食 48420.25 公斤、粮票 14565.5 公斤、茶叶 1505.5 公斤、衣物 9240 件，以及火柴、蜡烛、食盐、方便面、罐头、红糖、饼干、防雪盲镜等 22 个品种的物资，支援灾区。

四、1993 年，尼泊尔发生雪灾，区红十字会捐款五万元人民币。

五、1997 年 11 月至 1998 年 4 月，西藏那曲、阿里、日喀则等六地（市）遭受历史上罕见的特大雪灾，区红十字会及时组织医疗队 36 批 216 人次奔赴灾区，并向全国各省市红十字会发出呼吁，募集救灾物资折合人民币 7067735.18 元，其中捐款 3541935.18 元，募捐衣被价值 1425800 元，募捐药品价值 210 万元。

六、2004 年，根据中国红十字会总会关于救助 2004 年内地洪涝灾害的要求，区红十字会组织开展了“捐一元善款，为灾民解难”为主题的募捐活动，共募集 33277 元（含食物折款），援助内地洪涝灾区。

七、2005 年，为印度洋强烈地震和海啸的灾区募捐 3085032.18 元。

八、2005 年 11 月，发展了拉萨市林周

县红十字会

【主要特色】

一、努力打造“光明”品牌工程

西藏是白内障高发地区，有许多家庭特别是农牧民患白内障患，而又无力支付手术费用造成失明。区红十字会从大力弘扬人道主义、保护人的生命和健康的宗旨出发，从1995年开始，积极争取外援和自筹资金，坚持开展“光明工程”，组织医疗队奔赴农村牧区，先后为1754余名白内障患者免费实施了复明手术，使他们重见光明，深得当地政府和人民群众的欢迎和好评。

二、加强“藏医在西藏农村牧区的应用”扶贫系列活动

西藏自治区红十字会积极争取外援，与德国尼玛协会合作，自2000年开始，先后在拉萨市林周县、墨竹工卡县和那曲地区班戈县、尼玛县、双湖特区的部分贫困乡村开展“加强藏医在西藏农村牧区的应用”扶贫系列活动。活动内容包括为项目地区群众免费提供藏医医疗服务、培训基层藏医人员、采用藏医疗法防治牲畜疾病、对群众进行藏药材知识和温室技术培训、开展濒危藏药材温室内外种植试验、援建绿色蔬菜大棚、建立小型手工业生产基地并进行手工艺培训等，以提高群众的创收能力和致富水平。

（刘清国）

拉萨市红十字会

【简介】

拉萨市红十字会成立于1986年7月。市红十字会有行政编制四人。全市有红十字团体会员单位75家，红十字会员1.5多万名，其中红十字青少年团体会员单位二家，红十字青少年会员3800名。

昌都地区红十字会

【简介】

昌都地区红十字会组织健全，有专职人员五人。

陕西省红十字会

【年度工作】

一、救灾救助工作

2010年，陕西省红十字会共筹集包括救灾、救助、灾后重建等各类款物总计1.39多亿元，其中自然灾害募集款物3428.48多万元，筹集灾后重建项目资金7965.64万元，日常救助筹集款物2513.1万元，全年投入省内外救灾救助及灾后重建款物1.0499亿元。2010年，国内部分省区及陕西省自然灾害频发，救灾任务异常繁重。从西南旱灾、玉树地震到南方水灾、舟曲特大泥石流灾害，以及7月、8月间陕西省遭受的百年不遇的暴雨洪灾，针对灾情省红十字会及时启动自然灾害应急预案，发布募捐呼吁，积极开展抢险救灾工作。青海玉树地震发生后，省红十字会向灾区运送了大量紧急救援物资，在不到一个月的时间内，募集到捐款2200多万元，有力地支持了玉树抗震救灾。2010年7月中旬，陕西遭受水灾，局部受灾严重。省红十字会领导分别带队赴灾情严重的安康、汉中、商洛等市考察灾情，掌握第一手资料，并争取到中国红十字会总会、日本、美国、香港及兄弟省市红十字会的大力援助，累计向陕西水灾灾区发放救灾款物993.76万元。

积极开展日常募捐与救助工作。省红十字会在“红十字博爱送万家”活动中筹集款物总价值181.5万元，用于慰问陕西省各地急需救助的困难群众。与神舟太空药业高科技成果推广中心有限公司签署了“红十字神舟三号生命阳光工程”项目合作协议书，该项目计划用十年时间向省红十字会捐赠价值人民币1.5亿元（每年捐赠药品价值1500万元）的“神舟三号甘露聚糖肽口服溶液”，用于陕西省部分贫困肿瘤患者的医疗救助。争取到贝因美公司向省红十字会捐赠价值100.5万元的婴幼儿奶粉，用于救助贫困儿童家庭和支持儿童福利院。联合香港中美仁爱医疗救助中心、中国航空技术广州有限公司成立了“陕西省红十字会肿瘤专项救助基金”，合作方还向省红十字会捐赠了价值150万元的微波消融治疗仪和放射性粒子近距离治疗计划系统各20套。

2010年，积极开展助学、助医、助困等社会救助工作。投入资金174.9万元，资助勉县贫困中小学生642人，为宝鸡、汉中、西安等三市中小学配备13个“红十字书库”，资助了陕西省15所高校的34名贫困大学生。争取中国红十字基金会“小天使计划”援助91万元，资助了陕西省29名白血病患儿；分别给予二名特困重病患者资助1.5万元；筹措10万元资金，为10名下岗人员每人救助一万元和一台笔记本电脑，帮助他们实现再就业。

二、基层组织建设工作

2010年，着重从加强全省红十字会会员、会费收缴、志愿者管理工作入手，在全面摸底和掌握全省红十字会基层组织建设情况的基础上，提出了《陕西省红十字会组织建设工作指导意见》，起草了《陕西省红十字会会员管理办法》，修订了《陕西省红十字会会费管理办法》，编制了全省红十字志愿者编号，成立了一支省红十字会直属志愿者队伍。联合省教育厅开展了全省红十字示范校评选活动，24所学校荣获“陕西省红十字示范校”荣誉称号。

收集各设区市委、市政府和相关县委、县政府理顺红十字会管理体制文件，专题向杨凌示范区、安康、榆林市分管领导发函商榷落实理顺管理体制问题。目前，全省有10个设区市红十字会、54个县级红十字会理顺了管理体制。

三、救护培训工作

制定下发了《陕西省红十字会卫生救护培训工作组织实施办法（暂行）》，《陕西省红十字会救护器材使用及管理办法》。组织40名救护师资人员参加了中国红十字会总会救护师资培训，建立了省红十字会卫生救护师资库，组建了一支卫生救护师资队伍。为有关企事业单位培训救护员302人。确定延安、商洛市作为市级红十字会开展救护培训试点市，并为试点市下拨了价值47.5万元的培训物资和器材。试点市全年共完成救护培训1.1万人次。省红十字会培训中心及西安市红十字会完成了6000人次的群众性公益救护培训。

为纪念第11个“世界急救日”，省红十字会举了“世界急救日——救护为人人”现场模拟演练活动，对家庭事故、交通事故等突发事故进行现场救护模拟演习。

四、应急备灾工作

中国红十字会西安备灾救灾中心是中国红十字会六个全国区域性备灾救灾中心之一，承担着中国红十字会总会及陕西省红十字会救灾物资的储存、转运等工作。长期以来，该中心人员与省红十字会机关人员混编，没有独立工作。2010 年，备灾中心工作独立开展，中心配备了工作人员，并制定了中心工作职责，明确了人员岗位职责，修订了中心各项工作流程。全年中心共接收、存储各类救灾救助物资 19 批次，价值近 1000 万元，共向各地灾区运输七批次价值 270 万元的救灾物资，完成物资采购价值 340 万元。

五、造血干细胞捐献工作

全年完成 HLA 初分辨检测入库任务 6000 人份，超额 20% 完成全年任务。此外，完成 2862 例初筛、287 例再动员、112 例高分辨采集、19 例捐献前体检工作，成功实现造血干细胞移植捐献八例。目前，陕西省造血干细胞捐献者资料库 HLA 入库资料累计达 71313 人份，实现移植捐献 79 例。

六、汶川特大地震灾后恢复重建工作

2010 年，由陕西省红十字会实施的汶川地震灾后重建项目多数进入收尾阶段。重新整理了项目资料库，并就灾后重建款的接收和使用情况与财务部门进行了对账、汇总、核实。组织召开了全省红十字会汶川特大地震灾后重建工作会议，对项目资金拨付、项目资料收集存档及标识悬挂等提出统一要求。省红十字会还联合有关部门开展项目督导检查 18 次，开展重建资金使用专项检查一次，通报了项目执行过程中存在的问题，提出了整改意见，这些举措有力地保证了重建项目的顺利实施。

七、宣传工作

2010 年重点做了几方面工作。一是对省红十字会网站进行重新调整、改版。二是开展了以纪念“五八”世界红十字日为主题的“红十字博爱周”大型宣传活动。“博爱周”期间，陕西省红十字会举办了各类大型宣传活动：5 月 8 日，举办了“携手人道，参与世博”世界红十字日纪念活动，5 月 12 日联合省民政厅、省地震局、省气象局、省学生联合会等单位举了“防灾减灾日”主题宣传活动暨志愿者宣传队下基层、进社区活动启动仪式，设立了以“防灾减灾、保护生命”为主题的大型展板，详细介绍了近年来省红十字会在开展防灾减灾知识宣传教育、强化应急救护技能培训、全力做好紧急人道救助工作、持续开展“博爱送万家”活动、广泛开展志愿服务工作、努力做好灾后重建等工作中取得的成就。三是在全省范围内开展了红十字标识使用检查活动，纠正滥用红十字标志行为，对红十字标识的正确使用进行规范，更好地维护红十字会的声誉，扩大红十字会的社会影响力。

八、红十字会系统干部培训工作

一方面积极组织省、市、县红十字会干部参加总会举办的各类培训班，共计参加 20 余批次，受训干部近百人；另一方面，针对陕西省红十字会系统新干部较多的现状，举办了一次全省红十字会系统专兼职干部业务培训班和全省红十字系统传播骨干培训班，对全省新进入红十字会系统工作的 70 多名干部和 30 多名红十字运动知识传播骨干进行了系统培训，效果良好。

【历史沿革】

红十字运动在陕西开始于 1911 年辛亥革命时期，新中国成立前，西安市红十字会是陕西省唯一的红十字组织，兴办有西安市红十字会医院等。新中国成立初期，有着悠久历史的西安市红十字会发挥了重要作用，继续承办了西安市红十字会医院，1951 年又创办了西安市私立宏惠高级护士学校（现西安市卫生学校），参加了中国红十字会组织的城乡和国际医疗服务队，组派医护人员赴朝鲜参加战场卫生救护，并为根治淮河工程提供医疗服务。1952 年为西安市各区培训了急救队，并设立了红十字急救站，遣送了散居在西北五省的 500 余名日本侨民。1956 年，为全市 613 个农业社培训了保健员，配备了卫生箱，并在三桥等高级农业社设立了红十字保健站，解决了一些社、队的医疗、预防和保健问题。还投资数千元在城郊主要街道设立了红十字宣传塔、标语牌等，宣传党的方针、政策和红十字运动。这段时间，西安市红十字会的房产、人力、综合实力以及各项工作在全国都有一定影响，为陕西红十字事业的发展奠定了很好的基础。

1959 年 11 月，陕西省红十字会成立。时任省卫生厅厅长的李经伦当选陕西省红十字会第一任会长。自成立至“文革”前，陕西省各级红十字会工作重点是开展群众性卫生救护知识的培训，其大量工作实际上是各级医疗部门工作的补充。1966 年 6 月，“文化大革命”开始后，陕西省各级红十字会被迫停止工作。中共十一届三中全会以后，1980 年 7 月，经陕西省人民政府批准（陕政发〔1980〕86 号），恢复了陕西省红十字会。在复会后的第一次会员代表大会上，陕西省政协主席谭文煦被选举为省红十字会第二任会长，并在 1984 年第三次和 1988 年第四次会员代表大会上继续担任陕西省红十字会会长。1994 年 8 月，陕西省红十字会四届三次理事扩大会议后，根据《陕西省红十字会组织规章》，先后聘请了白清才、程安东省长为名誉会长，先后选举了林季周、姜信真、范肖梅、赵德全、潘连生副省长为省红十字会会长。2000 年 4 月 7 日，陕西省红十字会第五次会员代表大会召开。大会全面总结了陕西省红十字会第四届理事会的工作，制定了 2000 至 2005 年发展规划，选举产生了由 56 名理事组成的新一届理事会，聘请了中共陕西省委书记李建国、省长程安东担任名誉会长，选举潘连生副省长担任会长，刘爱梅为常务副会长，耿庆义、赵玉哲为副会长，根据会长提名，决定张文来、杜小平先后担任秘书长。

【组织机构】

陕西省现有基层红十字会组织 409 个，红十字团体会员单位 114 家，红十字会员 3.9 万人。全省 10 个设区市均成立了红十字会，107 个县（市、区）中已有 88 个成立红十字会。同时高等院校、煤矿、民航、武警、卫生等系统行业红十字会继续稳定发展。

2001 年 2 月，陕西省机构编制委员会下发了《关于理顺省红十字会管理体制的通知》（陕编发〔2001〕08 号），明确了陕西省红十字会机构实行单设，列入省委领导下的人民团体机构序列。2002 年 9 月，陕西省委办公厅下发了《陕西省红十字会机关职能配置、内设机构和人员编制的规定》（陕办字〔2002〕71 号），规定陕西省红十字会为副厅级建制，定编 13 人，机关内设办公室、事业发展部、赈济救护部三个部、室。2003 年 2 月，中共陕西省委组织部批复，同意成立陕西省红十字会党组。2003 年 6 月，中共陕西省委组织部、陕西省人事厅下发了《陕西省红十字会机关参照〈国家公务员暂行条例〉管理的实施办法》。

陕西省红十字会下辖中国红十字会西安

备灾救灾中心、中国造血干细胞捐献者资料库陕西管理中心二个直属事业单位，成立了陕西省红十字会健康检查中心。

【大型项目】

一、1998年，陕西省红十字会为“三江流域”和省内特大水灾开展募捐，共募集救灾款物价值552万元，分别送往省内的陕南和湖北省水灾灾区。

二、1999年，陕西省红十字会为省内陕南水灾灾区开展募捐，共募集救灾款物总价值391万元，分数批送往陕南灾区。

三、2000年，陕西省红十字会为省内安康特大水灾灾区开展募捐，共募集救灾款物总价值390万元，分五次送往安康灾区。

四、2002年，陕西省红十字会为省内特大水灾灾区开展募捐，共募集救灾款物总价值折合人民币1533万元，分八批及时送往灾区。在香港、深圳、北京市红十字会的支持下，投资280万元开展灾后重建工作，包括佛坪县佛坪中学，镇安县柴坪镇、月河乡，柞水县下梁乡，佛坪县岳坝乡，略阳县郭镇乡，宁陕县四亩地镇等六个乡镇卫生院，宁陕县四亩地镇50户灾民的灾后住房建设。

五、2003年抗击“非典”工作中，陕西省红十字会共募集救助款物总价值125.04万元和名人书画长卷4幅，及时转赠到有关单位和个人。

六、2003年，陕西省红十字会为省内特大水灾灾区开展募捐，共募集救灾款物总价值1540万元，分11批及时送往灾区。在香港特别行政区红十字会、北京市红十字会的支持下，投资122万元开展灾后重建工作，包括华阴市卫峪乡、华县下庙乡、镇安县红十字医院，石泉县银桥乡、洛南县巡检乡等卫生院的灾后重建。

七、陕西省红十字会支援新疆维吾尔自治区雪灾灾区二万元，支援内蒙古自治区雪灾灾区二万元，支援青海省红十字会一万元。

【主要特色】

一、引进挪威投资，开展组织发展合作项目

在中国红十字会总会的关心和支持下，经过挪威国家红十字会一系列考察和论证，2003年，陕西省红十字会专职副会长赵玉哲与挪威红十字会项目官员格登·泰斯番共同签署了2003年至2005年3年《挪威红十字会陕西项目备忘录》。根据备忘录，确定宝鸡市以及陈仓区、千阳县，渭南市以及白水县、华阴市为项目市、县。挪威红十字会出资，一是为项目市配备工作用车，为项目市、县装修办公室，配备计算机、摄像机、照相机、办公桌椅及必要的办公设备，改善办公条件；二是举办组织发展、信息传播、现场救护、志愿者招募、灾害救助、社区服务、项目财务管理等培训班，进行能力建设培养。

第一个三年合作项目期间，挪威红十字会共投资340万元人民币，极大地改善了项目市、县的办公条件，通过学习国外红十字会工作的新理念、新思维、新方法，能力建设有了很大提高，该合作项目受到了有关各方的一致好评。

二、开展“红十字博爱自驾游”活动

为纪念“五八”世界红十字日，使社会各界人士参与红十字会工作，了解红十字事业，更好地弘扬红十字精神，培养少年儿童互助友爱、热爱祖国的高尚情操，并通过企业冠名的方式，为红十字会筹集救助资金，陕西省红十字会通过自愿报名的方法，利用“五一”长假，组织30个家庭（共约120名成员），由父母带领八周岁以上的子女，自驾私家车，赴陕西省商洛市的部分区县（国家级贫困县），开展红十字扶贫帮困活动。活动主要内容是：在商洛市山区开展登山植树活动，种植“红十字博爱林”；参加活动的每个家庭通过当地红十字会联系，在商南县农村选择一个农户，向他们捐赠学习、生活用品，入住农户家中，体验农村生活，并自愿扶贫帮困“结对子”；请老红军讲革命史和革命烈士的故事；举办篝火晚会等联谊活动；游览当地风景区，并组织丹江漂流活动。

三、“红十字祛痨救助工程”

陕西省商洛市下辖的商州市属国家级贫困县，部分群众温饱问题尚未解决，更为严重的是商州市又是省内结核病高发区。全市有活动性结核病人1..2万人，其中传染源病人5300人，每年又有300例左右的新发病患者。原有的结核病人不能得到及时医治，新的传染源又不断蔓延，形成了因贫无法治病，因病无法脱贫，贫困再贫困的恶性循环，个别有结核病家族史的全家患病、甚至全家死亡。据此，陕西省红十字会和省结核病防治院联合对商州市重症肺结核病人实施扶贫帮困治疗活动。双方决定，一年内收治住院患者50例，省红十字会为每例患者提供800元资助，省结核病院减免检查、住院、治疗费用的30%。另选定20例病人实行家庭督导治疗，省红十字会为每例患者提供500元的治疗药品。该活动命名为“红十字祛痨救助工程”，取得了很好的社会效益。

四、“红十字甘露工程”

榆林市横山县堡山村属革命老区，是一个典型的国家级贫困山区。全村200多户、1000多人，祖祖辈辈无一分水田，人畜饮水要到三华里以外的深沟靠毛驴驮水。该村修建了200亩水平旱台梯田和蓄水池，但苦于资金无法落实，抽水工程无法实现。经考察，陕西省红十字会认为，建立一处抽水站，人畜饮水可彻底解决，旱台梯田的灌溉及群众温饱问题也可望解决。为此，陕西省红十字会资助人民币五万元，为堡山村修建了一处抽水站，命名为“红十字甘露工程”。同时，陕西省红十字会还出资一万元在宝鸡市麟游县修建了“红十字连心桥”，出资8000元在延安市子州县修建了“红十字爱民井”。

（王安永）

西安市红十字会

【简介】

西安市红十字会成立于1911年10月24日。1911年至1949年，市红十字会根据当时形势的需要，相继组建西安市红十字会医院、西安市卫生学校、西安市急救中心、西安市卫生宣教馆，积极参与战地救护、尸体处置及收容、赈济灾民工作。新中国成立后，西安市红十字会先后在咸阳市、延安市、汉中市、渭南市、宝鸡市成立红十字会组织，并建立急救站。主要工作拓展到赈灾救济、群众性卫生救护培训、宣传献血、国际交流、红十字青少年活动、志愿者队伍建设和社区服务等多项领域。“文化大革命”开始后，西安市红十字会停止了会务活动。1978年4月，西安市红十字会恢复工作。2005年8月10日，市编委下发《关于西安市红十字会机关管理体制的通知》市红十字会从挂靠市卫生局，调整为中共西安市委领导下的从事人道主义工作的社会救助团体，业务工作直接由市政府领导联系，级别相当于副局级；会长由主管副市长兼任，设专职副会长职数一名（副局级）、秘书长职数一名（处级）、副秘书长职数一名（副处级），市红十字会机关事业编制 13 名，经费来源为财政全额拨款。

宝鸡市红十字会

【简介】

宝鸡市红十字会 1984 年恢复工作，规格为副处级全额拨款事业单位，有编制五名，人员参照公务员管理，有独立的办公场所，工作经费列入财政预算。

渭南市红十字会

【简介】

渭南市红十字会成立于1988 年12 月29 日。2003 年 4 月，经市编委会批准市红十字会办公室由科级升格为副处级单位。市红十字会有专职干部编制共 10 名。

甘肃省红十字会

【年度工作】

一、重大灾害救灾工作

在应对重大灾害中凸显红十字人道救助作用。动员社会力量，全力组织开展玉树地震和舟曲泥石流灾害募捐和救助工作。在重大灾害面前，全省各级红十字会积极发挥政府在人道领域助手的作用。一是突出“第一时间”应对，快速反应机制有效运行。灾后立即启动应急预案，第一时间调集物资、派人赶赴灾区、上报灾情、发出募捐呼吁。二是全省联动的应急救援体系在实践中显现实效。省红十字会向舟曲灾区转运急救物资价值 3970.74 万元，紧急采购和下拨救灾款 257.47 万元。应急救援阶段，向青海玉树灾区调拨了价值 230.65 万元救灾物资、拨出救灾款 50 万元，向收治玉树伤员的省直医疗单位捐赠了价值 104.48 万元的药品。三是宣传工作为救灾募捐营造了良好氛围。在第一时间通过当地媒体发出募捐倡议，深入舟曲灾民安置点开展健康知识和紧急避险常识宣传教育。截至年底，共接收为舟曲灾区捐赠款物 24549.18 万元，其中到账资金 20434.01 万元，物资价值 4115.17 万元。与中国红十字会签署舟曲灾后重建协议资金 22510 万元，专项用于建设七个卫生项目、二个教育项目。全省为玉树灾区募集救灾款物 1596.06 万元，青海省委、省政府特发明电，对甘肃省红十字会给予青海玉树抗震救灾工作的支持表示感谢。

二、灾后重建工作

省红十字会承担汶川特大地震灾后重建项目 1.47 万余个，除部分 2010 年新签约项目外，其余已全部竣工，大部分已投入使用。一是争取项目。2010 年新增签约资金 2965.62 万元，累计争取汶川特大地震重建项目资金 87575.56 万元，共建设 13978 户民房、210 所乡镇卫生院及医院、273 个村卫生室、208 所农村学校、77 个村民活动室和五个备灾仓库。二是强化监管，着手竣工审计工作。全年督导检查重建工作 22 次，涉及全部重建项目。与省审计厅联合在庆阳召开了现场会，对项目竣工、决算、审计工作进行了安排部署。三是做好数据统计和资料整理工作。

三、“三救”工作

“救灾、救助、救护”工作投入大幅增加，灾害救助、大病救助、贫困学生救助、红十字书库建设、残疾人及特困家庭学生补助、初级卫生救护等工作面不断拓宽。一是救助了酒泉雪灾，陇南、天水、平凉、庆阳等地洪灾和海地地震、我国西南旱灾、江西水灾、海南水灾。二是社会救助水平大幅度提升。开展了红十字博爱送万家活动，慰问城乡困难群众1.99万户。实施白内障复明手术400例，新建了七所“博爱卫生室”，援建“红十字书库”94个，争取“幸福天使基金”、“小天使基金”救助贫困先天性疾病患儿、白血病患儿。中国红十字会、红十字会与红新月会国际联合会在镇原开展了健康急救项目，加拿大红十字会在两当实施了卫生及改水项目，台湾红十字组织等援助开展了助学、助困活动。三是备灾防护体系建设取得新成效。培训初级救护员3000余名。举办了全省红十字应急救护大赛。建立了七个红十字道路救护站。开展了“全省范围设置千台红十字募捐箱”公益活动。组织开展了“防灾减灾日”、“世界急救日”宣传活动。

四、“三献”工作

“无偿献血、造血干细胞捐献、遗体捐献”宣传动员效果显著，捐献成功率大幅上升。一是造血干细胞捐献取得重大进展，完成了3000人份血样采样任务，累计入库数据18737人份。六人成功捐献了造血干细胞，累计成功捐献12例。二是无偿献血宣传取得实效。三是遗体捐献取得较大突破。全省新登记报名遗体捐献121人，办理遗体捐献证书52人，实现捐献二人。

五、组织建设工作

一是甘肃省红十字会第五次会员代表大会胜利召开。省委书记、省人大常委会主任陆浩亲临大会并被推举为省红十字会名誉会长，省长刘伟平、中国红十字会常务副会长王伟出席大会并讲话，省人大常委会副主任崔玉琴、省政协副主席栗震亚当选为省红十字会名誉副会长，副省长咸辉当选为省红十字会会长。会议通过了《甘肃省红十字事业2010～2014年发展规划》。二是红十字队伍进一步壮大。共有12个市级、57个县级红十字会理顺了管理体制，建立基层红十字会组织523个，发展红十字会员11万人，其中红十字青少年会员5.1万人，吸纳志愿者3978人。三是能力建设取得新进展。争取到中国红十字会1500万元资金支持，用于建设甘肃省红十字会备灾救灾中心。开展了机关“作风建设年”、“创先争优”活动。

六、红十字文化传播工作

一是通过举办培训班、红十字文化进学校等多种形式，传播红十字运动基本知识。二是依托各类媒介开展宣传。主流媒体在显要位置报道红十字会工作达千余次，甘肃卫视播出红十字新闻专题片四部。中国红十字报、中国红十字会网站数十次大篇幅报道甘肃省红十字会工作。省红十字会网站全年发布各类信息7139条，总访问量突破一亿人次，编写工作简报18期。三是通过大型活动扩大宣传。开展了纪念世界红十字日大型宣传活动。制作了《博爱在陇原》大型画册。结合“红十字博爱周”、暑期大学生社会实践等活动，开展志愿服务活动。预防艾滋病宣传活动有声有色，甘肃省三件宣教材料获中国红十字会总会表彰并在全国红十字会系统推广。

【历史沿革】

在 1985 年甘肃省红十字会正式批准成立以前，甘肃省就开展了红十字活动。1937 年，平凉县成立了中国红十字会平凉分会，为因战争和贫困造成的伤病人员及遗弃孤儿开展了大量的人道主义救助工作。1946 年、1949 年，定西、兰州又分别成立了中国红十字会定西分会和中国红十字会兰州分会。1985 年 7 月 6 日，经甘肃省人民政府批准，甘肃省红十字会正式成立，开启了甘肃省红十字事业发展的新纪元，甘肃省红十字事业进入了一个新的发展阶段。20 年来，甘肃省红十字会在组织建设，赈灾救济、社会救助、普及卫生救护和防病知识、红十字青少年工作、推动无偿献血、传播国际人道法和红十字运动基本知识等方面取得了显著成绩。近几年来，甘肃省红十字会在拓宽人道主义服务领域方面做了大量工作。2001 年至 2004 年，甘肃省红十字会共争取到天津市红十字会和三位香港友人的援助资金 150 多万元，在定西、天水、白银、庆阳四市新建博爱小学八所，乡镇卫生院一所。

2004 年 12 月 27 日，甘肃省红十字会第四次会员代表大会召开。甘肃省委书记、省人大大常委会主任苏荣给大会发了贺信。甘肃省委副书记、省长陆浩，中国红十字会常务副会长江亦曼等出席了会议。大会全面总结了甘肃省红十字会第三届理事会的工作，制定了 2005 年至 2009 年发展规划，选举产生了由 86 名理事组成的新一届理事会。大会聘请省委副书记、省长陆浩为甘肃省红十字会名誉会长，省人大常委会副主任石作峰，省政协副主席周宜兴为甘肃省红十字名誉副会长，副省长李膺当选为会长，李玉堂当选为专职副会长，李存文、陆代森、张和平、王幸、李贵富、焦建民当选为副会长，根据会长提名决定陈瑞铭为秘书长。

甘肃省红十字会历次代表大会

第一届

1985 年 7 月 6 日召开，理事 17 人，会长李屺阳，专职副会长傅唯一。

第二届

1990 年 11 月 13 日召开，代表 92 人，理事 44 人，常务理事 10 人，名誉会长马玉海、张学忠、陈剑虹，会长李屺阳，专职副会长洪惠民、梁淑凤。

第三届

1994 年 6 月 23 日召开，代表 141 人，理事 55 人，常务理事 12 人，名誉会长李屺阳，会长陈绮玲，专职副会长刘克玲、梁世章。

第四届

2004 年 12 月 27 日召开，代表 251 人，理事 86 人，常务理事 15 人，名誉会长陆浩，会长李膺，专职副会长李玉堂。

【组织机构】

甘肃省现有基层红十字会组织 1635 个，红十字会员 30.13 万人（其中红十字青少年会员 14.23 多万人）。全省有 14 个市、州建立红十字会，86 个县（市、区）中有 76 个建立红十字组织，兰州铁路局、武警甘肃总队卫生系统也建立了行业红十字会。

根据《中华人民共和国红十字会法》和中国红十字会总会《理顺管理体制座谈会纪要》精神，2004 年 12 月，在中共甘肃省委、省政府的重视关心下，省机构编制委员会印发了理顺甘肃省红十字会管理体制的通知，将甘肃省红十字会从省卫生厅划出，由省政府领导直接联系，单独设置，人员编制增加到12名，核定副厅级专职副会长一名，处级领导职数五名，内设办公室、组织宣教处、赈济救护处，为甘肃省红十字事业的发展提供了体制上的保证。

【大型项目】

一、参与国内、国际间的救灾援助

（一）1998年，为“三江流域”水灾开展募捐，共筹集款物价值200多万元，支援了内蒙古、湖北等灾区。

（二）2004年底，印度洋地震并引发海啸的灾害发生后，甘肃省红十字会积极响应中国红十字会总会发出的紧急募捐号召，有组织，有计划，紧张、规范、有序地开展为印度洋地震海啸灾区的募捐活动。在这次社会募捐活动中，全省红十字会共计收到集体和个人捐款1575900.95元，创造了甘肃省红十字会建会以来赈灾募捐工作最高记录。

二、对省内受灾地区的救助

（一）1990年，甘肃省古浪、景泰、天祝三县交界处发生6.2级地震，直接经济损失1.5亿元，省红十字会紧急开展救助和募捐活动，共筹集现金13万元、衣服83657件（套），六万斤粮票，对灾区实施救助。

（二）1995年，甘肃省永登县发生5.2级地震，省红十字会及兰州、天水、平凉、定西、陇南、庆阳等市红十字会和兰化公司红十字会立即行动，募集衣被、帐篷、药品、食品等送往灾区，救助灾民。

（三）2000年，甘肃省宕昌县遭受百年不遇的特大洪水、泥石流灾害，景泰县发生5.9级地震，灾情发生后，省红十字会筹集了价值156万元的救灾物资运往灾区。

（四）2001年，甘肃省岷县、礼县等六县发生特大暴洪灾害，省红十字会紧急筹集了价值45万元的救灾物资对灾区实施救助。

（五）2002年，甘肃省部分市、县发生严重的冰雹、暴洪等自然灾害，省红十字会通过各种渠道积极开展了募集救灾物资工作，先后为七县（区）23个乡镇的受灾群众提供了总价值78.6万元的生活必需品和救灾物资，受益人口为15.7万人。

（六）2003年，甘肃省民乐、山丹发生6.2级的地震，省红十字会在中国红十字会总会、红十字会与红新月会国际联合会的支持下，共接受400多万元的捐款和物资，并及时发往灾区。

（七）2003年，“非典”期间，甘肃省红十字会共接受社会各界捐助款物折合人民币420.33万元，所有物资按有关规定及时下发到“防非”工作第一线。

三、合作项目

（一）1999年至2004年，甘肃省红十字会与加拿大红十字会合作，利用加拿大红十字会援助的12万加元和省内配套资金，在定西市、白银市的六个乡卫生院开展卫生项目。培训卫生院业务人员及村医96人，配备医疗设备120件（套），改建农村卫生厕所364所。

（二）2001年至2003年，甘肃省红十字会与加拿大红十字会合作，在清水县、徽县、武山县开展白内障复明项目，免费为贫困家庭的白内障患者手术复明804例。

（三）2002年至2003年，甘肃省红十字会与加拿大红十字会合作，在兰州、白银、定西、天水四市开展艾滋病预防项目，共举办艾滋病预防培训班10期（其中：师资培训班一期，青年同伴教育培训班四期，红十字会骨干培训班一期，戒毒人员培训班四期），共培训 348 人。

【主要特色】

近几年来，甘肃省红十字会拓宽人道主义服务领域，突出开展了兴教助学活动。

2001 年至 2004 年，省红十字会共争取到天津市红十字会和三位香港友人的援助资金 150 多万元，在定西、天水、白银、庆阳四市新建博爱小学八所，乡卫生院一所。

2001 年以来，省红十字会还积极为八所受援乡村中、小学校牵线搭桥，使这部分中、小学校与天津、香港特别行政区的部分学校开展了手拉手助学活动。活动中，天津、香港特别行政区的部分学校捐赠了价值 31 万元的电脑、打印机、电视机、VCD 等教学设备，使边远山区的孩子们增长了见识，培养了他们关心社会、奉献爱心的人道主义精神。

（刘雪峰）

兰州市红十字会

【简介】

1958 年，兰州市红十字会，“文革”期间停止工作，1986 年，市红十字会恢复工作，办事机构挂靠在市卫生局，科级建制。1998 年，市红十字会办公室升格为副县级建制，有事业编制三人。2005 年，市红十字会独立设置，设专职副会长和秘书长，副县级建制，有事业编制五人。2009 年，市红十字会经费由市财政单列。

2010 年，市红十字会建立社区红十字服务中心一个、红十字服务站 20 个，红十字志愿者服务队二个，发展红十字志愿工作者 200 多人，发展红十字会员 800 多人。全年举办多期卫生救护培训班，参训 5000 余人次。为玉树及舟曲受灾地区募集捐款 710623 元、物资折合人民币 556700 元。在“红十字博爱送万家”活动中，为病困群众发放救助物资 45 万余元。

现任会领导：

市红十字会会长：戈银生

专职副会长：张高奎

秘书长：姚刚

酒泉市红十字会

【简介】

酒泉市红十字会于 1998 年成立，挂靠在酒泉市卫生局。1988 年以来，全市所辖的七个县（市）在市委、市政府支持下，全部成立了红十字会。

2010 年，全市建立基层红十字会组织 52 个，发展红十字会员 1625 人。在从酒泉至柳园沿 312 国道建立了红十字救护站 18 个。

嘉峪关市红十字会

【简介】

嘉峪关市红十字会成立于 1986 年 5 月。全市有红十字会员 2419 人，红十字团体会员单位 32 家。

2010 年，市红十字会为嘉峪关市机场管理公司的工作人员进行了救护培训。

现任会领导：

市红十字会会长：梁洪涛

常务副会长：朱兴有

秘书长：赵茜

金昌市红十字会

【简介】

金昌市红十字会成立于1986年9月，与市卫生局合署办公。2002年6月，市政府下达红十字会办公室事业编制一名，科级领导职数一名。2007年7月，市机构编制委员核定市红十字会事业编制二名，其中，专职副会长职数一名（副县级）。全市现有红十字会员5856人，红十字团体会员单位30家。

2010年，市红十字会为玉树地震、舟曲泥石流灾区募捐10余万元。在“红十字博爱送万家”活动中，发放慰问物品价值30多万元。全年采集造血干细胞志愿捐献者血样147人份。实施中国红十字会/舒服佳健康长城工程项目，总投入70余万元。

现任会领导：

市红十字会名誉会长：郑玉生（市委书记） 张令平（市长）

会长：周莹

专职副会长：胡朝志

张掖市红十字会

【简介】

张掖市（原张掖地区）红十字会成立于1988年，工作由卫生局代管。2002年，张掖撤地设市后更名为张掖市红十字会。2006年，市红十字会确定人员编制，并召开了第一次会员代表大会。会长由市政府副市长担任，副会长由卫生、财政、民政、教育、公安、外事办的领导担任，配备了专职副会长（县级）。

2010年，全市有基层红十字会组织42个，红十字志愿工作者300人，红十字会员620人，红十字青少年会员510人。全年募集救助款12万元。

现任会领导：

市红十字会会长：董永芳

专职副会长：徐兴祥

秘书长：李应龙

武威市红十字会

【简介】

1989年5月30日，武威市红十字会成立，办公地点在武威地区卫生处。1989年5月至1999年，武威市四个县（区）成立红十字会。2001年10月1日，武威撤地设市。原武威地区红十字会更名为武威市红十字会。2007年9月，武威市编委批准武威市红十字会编制一名常务副会长，参照国家公务员序列管理。目前，全市拥有红十字会员4388名，其中青少年会员154名，红十字志愿工作者436名。

现任会领导：

市红十字会会长：王锡

常务副会长：于兴虎

副会长：邱云剑 方生元 蔡国永 何永基

天水市红十字会

【简介】

天水市红十字会成立于1987年6月，隶属于天水市卫生局。1993年7月，经市编委核定市红十字会编制三名事业编制人员，为科级建制（隶属市卫生局）。2005 年 2 月，市红十字会升格为县级建制社会救助团体，机构单设，从市卫生局分出，独立办公，现编制工作人员五名。市红十字会下设办公室、组宣科、赈济救护科。现有冠名医疗机构五家，基层红十字会组织 52 个，红十字团体会员单位 180 家，红十字会员 36414 人，红十字志愿工作者 290 名。

2010 年，市红十字会为玉树地震灾区募集善款 64.27 万元，为舟曲泥石流灾区募集善款 265 多万元。全年接收、发放救灾物资价值 117.27 万元。采集造血干细胞资料 305 人份。有 18 名红十字会专职干部参加业务培训。

现任会领导：

市红十字会会长：郭奇若（副市长）

专职副会长：周长生

副会长：焦三童

平凉市红十字会

【简介】

平凉市红十字会建于 1940 年。1952 年，平凉市红十字会进行改组，隶属平凉专署卫生科领导。1956 年，改平凉红十字会为中国红十字会平凉分会。1989 年 12 月 28 日，平凉地区行署批准恢复成立平凉地区红十字会，与卫生处合署办公。1993 年，平凉地区红十字会机构、经费、办公与卫生处正式分离，经费由平凉地区财政纳入预算。现有编制六人，并设立了办公室和赈济救护科。下辖七县（区）红十字会全部理顺管理体制。全市现有基层红十字会组织 157 个，红十字会员 18380 人。

在 2010 年的“红十字博爱送万家”活动中，市红十字会发放救助物资价值 91 万元，有 18200 多人受益。救助暴雨、冰雹等灾区，发放救灾物资价值 300 多万元。为玉树地震灾区捐款共计 1267656.7 元，接收救灾物资 4.8 万元的。为舟曲灾区募集捐款 60.65 万元，接收物资总价值 63.27 万元。争取到红十字书库 28 个。甘肃博雅医疗科技有限公司投资 1350 万元，兴办市红十字会妇科医院。平凉市红十字会目前共争取灾后重建项目 61 个，累计援助资金 5201 万元。

现任会领导：

市红十字会会长：曹复兴

专职副会长：仇胜　郭猛超

庆阳市红十字会

【简介】

2006 年 7 月，庆阳市红十字会机构单列，为市政府正县级事业单位。下设综合科，备灾救灾科。全市各县、区红十字会管理体制全部理顺，为科级事业单位。目前，市红十字会有工作人员八名，县、区红十字会有工作人员 29 名。全市有红十字会团体会员单位 65 家，红十字会员 3042 名，红十字志愿者 549 名，红十字会冠名医疗机构四个。

2010 年，市红十字会为舟曲特大泥石流灾区募集救助款物 258 万多元。温暖活动中共发放救助款物价值 36 万元。全年有 15563 人参加无偿献血，无偿献血占到了血液采供的 100%。争取到红十字会与红新月会国际联合会“以社区为本的健康和急救（CBHFA）”项目 70 万元。

现任会领导：

市红十字会会长：贾文杰

市红十字会副会长：王敏丽

白银市红十字会

【简介】

白银市红十字会成立于 1988 年。2007 年 3 月，市红十字会由挂靠市卫生局改为市政府直属社会团体，独立开展业务工作，机构核定为正县级单位，设专职副会长一名。内设办公室、赈灾救护科、组织宣教科。编制为六名。目前，全市三县二区的红十字会已理顺管理体制，配备专兼职工作人员。全市有红十字团体会员单位七家，理事成员单位 77 个，基层组织 85 个，会员 10028 人，其中青少年会员 5182 人。

2010 年，市红十字会发放救助款物折合人民币 178 万元。争取项目资金 1313 万元。全年采集造血干细胞血样 268 人份。

现任会领导：

市红十字会秘书长：张萍

定西市红十字会

【简介】

定西红十字会成立于 1946 年，是甘肃省内最早成立红十字会组织的地区之一。1989 年 12 月，市红十字会组织恢复工作。全市辖区六县一区红十字会，目前已全部理顺管理体制。全市现有基层红十字会组织 78 个，红十字会员 26660 人。

2010 年，定西市红十字会募集救助款 232 万余元。发放救助款物价值 124 万余元。灾后重建项目投入资金 3941 万元。采集造血干细胞血样 350 人份。

现任会领导：

市红十字会专职副会长：路新民

陇南市红十字会

【简介】

陇南市红十字会始建于 1990 年 10 月。2007 年 4 月，市编委批准《陇南市红十甘肃省字会机构设置方案》，2008 年 7 月，陇南市红十字会成立，机构独立设置，核定事业编制六人，内设办公室，赈济救护科。全市九个县（区）红十字会也已相继理顺管理体制，共配备专职干部 42 人，现在红十字会员 5663 人。

2010 年，市红十字会已落实援助陇南灾后重建资金 49805 万元。全年募集救助资金 1003.22 万元。有 12 人参加了卫生救护师资培训，共培训卫生救护员 372 人。

现任会领导：

市红十字会会长：杨秋红

专职副会长（兼秘书长）：王维春

甘南州红十字会

【简介】

甘南州藏族自治州红十字会成立于 1989 年，2008 年 6 月，州红十字会升格为县级机构，独立设置，参照公务员管理，配工作人员五名，各县（市）红十字会为科级建制，配备工作人员三名。

2010 年，自治州红十字会共接收募捐资金 269 多万元，接收救助物品价值 1371 多万元。在“红十字博爱送万家”活动和社会救助中共发放 35.65 万元价值的物品。为玛曲县 200 名贫困白内障患者实施免费复明手术。州红十字会全年按灾后重建项目进度拨付 8098 多万元援助款，派 10 名工作人员参加了救护师资培训班。

现任会领导：

州红十字会会长：杨卓玛（藏族）

专职副会长：尕旦木加（藏族）

秘书长：刘红芳

临夏州红十字会

【简介】

临夏州红十字会于 2008 年成立。2007 年，临夏州机构编制委员会下发文件，明确州红十字会为副县级级事业单位，内设办公室、赈救部，核定事业编制六名，设专职副会长一名，科级职数四名。全州现有基层红十字会组织三个。

在 2010 年的送温暖活动中，发放 20 万的救助物品，全年收到捐款 34 万多元。举办卫生救护培训班 27 期，培训人员 860 人。完成 105 人份造血干细胞采样任务。

现任会领导：

州红十字会会长：王灵英

专职副会长：毛宏旭

青海省红十字会

【年度工作】

2010 年，青海省红十字会积极支援玉树地震灾区抗震救灾及灾后重建工作，募集接收救灾款物近 28 亿元。组织由 200 多支、2000 余人组成的医疗救援队、红十字志愿者救灾物资运送队，紧急赶赴玉树地震灾区开展抗震救灾工作。第一时间争取、确定了中国红十字会系统总投资不低于 23 亿元人民币的 62 个涉及教育、卫生、防灾减灾等方面的灾后重建项目。2010 年，青海省红十字会先后被授予“全国抗震救灾模范集体”、“青海玉树抗震救灾组织奖”、“全省抗震救灾模范集体”、“玉树抗震救灾先进基层党组织”、“青海玉树抗震救灾先进集体”、“青海省第五次民族团结进步模范集体”、“省直机关民族团结进步模范集体”等荣誉称号。

【历史沿革】

1981 年 9 月 17 日，中国红十字会青海分会恢复，与中华医学会青海分会合署办公，无专职工作人员，会务由秘书长监管。1984 年 7 月 1 日，中国红十字会青海分会接中国红十字会总会通知，经青海省人民政府批准，更名为青海省红十字会。8 月 23 日，青海省编制委员会批准青海省红十字会设专职工作人员二名，挂靠青海省医药卫生学会联合办公。1998 年 3 月，省红十字会配备了专职副会长，同年 8 月，省委、省政府为加速青海红十字事业的发展，依法理顺了青海省红十字会的管理体制，批准青海省红十字会为直属省政府领导的、独立的厅级机构，机关内设办公室、救灾赈济部、宣传救护部，人员编制 17 名。同年 10 月，省编委又批复了“青海省红十字会备灾救灾培训中心”、“青海省中心血站”的机构和编制。1999 年 5 月，省红十字会召开了第三次全省会员代表大会，选举中共青海省委副书记、省纪委书记白玛为会长，尼玛为常务副会长，并产生了由 88 位理事组成的第六届理事会；在 2003 年 1 月召开的青海省红十字会六届二次理事会上，由于工作变动部分理事进行了调整，白玛不再担任会长，选举青海省副省长邓本太为会长；目前，理事会由 101 名理事组成。

2002 年，青海省红十字会根据中共青海省委、省政府关于“社团机构改革”的通知精神，结合红十字会工作逐渐向建设造血干细胞捐献者资料库、参与社区服务、推动无偿献血及推进国际交往与合作等领域拓展，并以加强机关工作职能为目标，顺利完成了青海省红十字会的机构改革工作。根据中共青海省委、省政府下发的机构改革方案，省红十字会机关内设部（室）及职能得到了进一步加强，内设部室由原来的三个增加到五个，即办公室、宣传救护部、救灾赈济部、联络部和机关党委，人员编制由原来的 17 人增加到 22 人；将下属单位“青海省红十字会备灾救灾培训中心”更名为“青海省红十字会备灾救灾中心”。

2002 年 1 月，《青海省实施〈中华人民共和国红十字会法〉办法》的颁布施行，为青海红十字事业的健康快速发展提供了强有力的法律、法规保障。“实施办法”颁布施行后，海西州及部分所辖县和海东地区的互助县按“实施办法”有关规定，分别设立了两级红十字会的日常办事机构，并配备了专职工作人员。

【组织机构】

1998 年以前，由于青海省红十字会的机构未独立（挂靠在省卫生厅），在历次大的自然灾害中，失去了许多得到国内外援助的机会。1998 年，中共青海省委、省政府依法理顺省红十字会管理体制，批准青海省红十字会为直属省政府领导的独立机构。目前，青海省县级以上按行政区域全部建立了红十字会地方组织，基层组织由 1998 年的 129 个发展到现在的 750 个，增长了 5.8 倍，会员由三万多人发展到现在的 10 万余人，增长了 3.3 倍。青海省红十字会机关内设办公室、宣传救护部、救灾赈济部、联络部和机关党委，人员编制 22 人，下设“青海省红十字会备灾救灾中心”。

2005 年 9 月 27 日，中共青海省印发了《关于成立中共青海省红十字会党组的通知》，中共青海省红十字会党组成立。

2005 年 12 月 17 日“青海省省红十字会第四次全省会员代表大会”在青海会议中心隆重举行。大会选举产生了由 97 名代表组成的青海省红十字会第七届理事会和 26 名成员组成的第七届常务理事会；七届一次理事会聘请中共青海省委书记赵乐际为省红十字会名誉会长；聘请中共青海省委副书记刘伟平、省人大副主任宋彭生、省政协副主席鲍义志为省红十字会名誉副会长；选举省人民政府副省长邓本太为省红十字会会长；选举尼玛为省红十字会常务副会长；根据会长提名决定了省红十字会的秘书长和副秘书长。此次会议规模之大、规格之高是青海红十字会事业发展史上前所未有的。截至 2005 年初，青海省红十字会共发展基层组织 750 个，会员 10 万余人，其中红十字青少年 39245 人。

【大型项目】

一、1998 年 7 月，我国“三江”流域发生了百年不遇的洪涝灾害，青海省部分地区也发生了不同程度的洪涝、干旱、冰雹等自然灾害。为支援沿江各省（区）及省内的抗灾救灾工作，省红十字会全体工作人员全力以赴投入抗灾救灾工作，共募集救灾款物折合人民币 100 余万元，创下了省红十字会有史以来的第一个百万元记录。这批救灾款物被及时发往黑龙江、湖南、湖北、内蒙古及省内部分受灾地区。

二、在中共青海省委、省政府领导和中国红十字会总会的支持下，青海省红十字会与有关国家开展了合作：2000年以来，青海省红十字会积极开展民间外交，寻求国际援助与合作，先后有加拿大、美国和日本等10余个国家红十字会的代表对青海省进行了考察、访问。省红十字会的代表和红十字青少年也先后应邀出访了欧洲九国、日本、泰国、港、澳、台等国家和地区。2000年以来，青海省红十字会先后引进意大利亚洲国际团结协会、加拿大政府、加拿大红十字会以及港、澳地区红十字会和台湾红十字组织的“雪灾紧急救助”、“卫生救护”、“白内障复明扶贫”、“艾滋病预防”、“红十字博爱小学”和加拿大政府国际发展署2005年援助的“艾滋病预防宣传”等外援项目8项（次），累计引进外援资金2000多万元。2004年5月，青海省红十字会引进澳门特别行政区红十字会援助资金15万元人民币，在省内国定贫困县循化撒拉族自治县白庄乡建设了青海省红十字会的第一所红十字博爱小学——夕昌藏族小学。该项目于7月初动工，9月1日正式投入使用。该项目的实施，改变了白庄乡夕昌小学179名学生的学习环境。青海省红十字会利用“卫生救护”项目资金，在省内国道沿线建立红十字急救站六个；利用“白内障复明扶贫”项目资金，使1000余名贫困白内障患者重见光明。

三、自1998年以来，每年的农历大年初一和“六一”国际儿童节，青海省红十字会都要前往西宁市儿童福利院慰问生活在那里的孤残儿童及节日期间仍然坚持在工作岗位上的教职员工，并给他们送去饺子、水果、玩具等礼物，使那些生活不能自理、失去父母关爱的孤残儿童能与正常儿童一样享受到了节日的快乐。

四、青海省红十字会将关注、关爱麻风病人纳入救助工作范畴。从2003年起，省红十字会每年都要前往黄南州同仁慢性病防治院，对该院的麻风病患者和长期奋战在麻风病防治一线的医务工作者进行慰问。

五、对监狱服刑人员实施人道关怀。几年来，青海省红十字会每年都要前往西宁监狱、西宁女子监狱，通过在服刑人员中传播人道主义观念、传授卫生保健知识等，为监狱服刑人员送去红十字会的人道主义关怀。此项工作对感化服刑人员，激励服刑人员振作精神，加快改造进程起到了积极的作用，得到了中共青海省委、省政府和中国红十字会总会的肯定。

六、为防止艾滋病在青海省的蔓延，自2003年以来，青海省红十字会利用加拿大红十字会援助的“艾滋病预防青年同伴教育”项目，在以上高危人群中举办了“艾滋病青年同伴教育培训班”，并取得了一定的效果，受到了社会各界的一致好评。

西宁市红十字会

【简介】

西宁市红十字会成立于1984年9月22日。业务由市卫生局医政科承担，不另设办事机构和人员编制。2010年11月26日，西宁市红十字会正式单列。有全额预算事业编制七名，公益岗位一名。内设办公室、救灾赈济和宣传救济部。全市有基层红十字会组织22个，红十字会员1412人。

2010年，在“红十字博爱送万家”活动中，全市各级红十字会发放慰问金6.4万元及大量慰问物品。为玉树地震灾区募集救助款130余万元。组织医疗机构开展助困济贫活动，全年受优惠人数20.06万人次，减免医疗费93.85万元。为720名患者实施白内障复明手术。有40人参加公益金项目救护师资培训班。

现任会领导：

市红十字会名誉会长：王建军（省委副书记、西宁市委书记）、毛小兵（市委副书记、市长）

名誉副会长：杜淑品（市委常委、宣传部部长）、高玉梅（市人大常委会副主任）、张瑛（市政协副主席）

会长：王绚（副市长）

常务副会长：马伟福

副会长：沈森

海东地区红十字会

【简介】

海东地区红十字会1986年成立。目前，地、县共有红十字会7个，专（兼）职红十字会工作人员24人。全市有基层红十字会组织339个，红十字会员23217人，

2010年，地区红十字会为玉树地震灾区筹集善款229万，筹集救助物资69万。由18人组成的海东地区卫生防疫队在高海拔、缺氧寒冷地区开展了七个月的健康教育、预防接种、消杀灭菌、传染病和水质监测报告等多项工作。获得全国和全省抗震救灾先进集体和先进模范的光荣称号。

现任会领导：

地区红十字会名誉会长：韩英

常务副会长：韩永明

海北州红十字会

【简介】

海北藏族自治州红十字会成立于1993年11月。机构挂靠在州卫生局，与州卫生局合署办公，无专职工作人员。2010年7月，海北州红十字会设立党组，为正县级社会救助团体，内设一个综合科，全额预算事业编制五名。海晏县、门源县、祁连县、刚察县均成立了红十字会组织，有红十字团体会员单位七家，红十字会员1117名。

2010年，海北藏族自治州红十字会为玉树地震等灾区捐款562.11万元。开展对口帮扶和卫生下乡活动，义诊二万余人次。全年有1860人次参加无偿献血，献血总量达56万毫升。

现任会领导：

州红十字会名誉会长：严金海（州委书记）

名誉副会长：王振昌（州委副书记）、李忠（州委常委、副州长）、李加（州大人常委会副主任）、桑周（州政协副主席）、

会长：索南东智（副州长）

常务副会长：李旭贞

副会长：朱生春（兼秘书长）

海南州红十字会

【简介】

海南州红十字会1998年成立。2010年4月29日，青海省机构编制委员会确定海南州红十字会为依法从事人道主义工作的社会救助团体，正县级规格，核定事业编制七名，核定县级领导职数二名。内设综合科、

救灾赈济部（备灾救济中心）、宣传救护部（联络部）。

现任会领导：

州红十字会名誉会长：杜捷（州委书记）张文魁（州委副书记、州长）

名誉副会长：文保（州人大常委会副主任）卡毛吉（州政协副主席）

会长：索南加（副州长）

常务副会长：朱德辉

副会长：公保才旦　张生彪　乔得林

秘书长：公保才旦（兼）

黄南州红十字会

【简介】

黄南州红十字会 1998 年成立。目前，州红十字会为州政府直属管理的正县级事业单位，核定人员编制五名。全州有基层红十字会组织五个，红十字会员 993 人。

2010 年，州红十字会共为灾区募集捐款 160015.5 元。全年救助困难群众 205 户，向同仁县年都乎乡郭麻日村受到泥石流灾害的困难家庭捐助 2000 元，向同仁县双朋西乡火灾受灾群众捐助 1000 元，向黄南州孤儿院、玉树灾区借读学生捐助大米 5000 斤。培训乡村医生 10 名。

现任会领导：

州红十字会名誉会长：李选生（州委书记）

名誉副会长：多杰才让（州长）　秦东华（州人大常委会副主任）公保（州政协副主席）

会长：陈渠元（副州长）

副会长：何晓勤

海西州红十字会

【简介】

海西州红十字会 1988 年成立，现在编制六名。全州有基层红十字会组织九个，其中，州红十字会和格尔木市红十字会理顺管理体制。有红十字团体会员单位七家，红十字会员 2000 名。

近几年，海西州红十字会募集救灾救助款 2982 万元，救助贫困家庭病患者 40 余名，资助金额近 10 万元。“红十字博爱送万家”活动中向贫困家庭发放救助物品 100 万元。举办初级医疗救护培训班 10 余期，累计培训驾驶员 6000 余人。

现任会领导：

州红十字会会长：李忠东

副会长：蒋冬梅（兼秘书长）

果洛州红十字会

【简介】

果洛州红十字会成立于 1988 年 10 月 7 日，无专职工作人员，与卫生局合署办公。全州有基层红十字会组织七个，红十字会员 326 名。

2010 年，果洛州红十字会为玉树地震灾区募捐善款 76253 元，为舟曲泥石流灾区募捐善款 95280 元。

现任会领导：

州红十字会名誉会长：林亚松（州委书记）

名誉副会长：张康措（副州长）

会长：郑焕萍

玉树藏族自治州红十字会

【简介】

玉树藏族自治州红十字会成立于 1995 年 5 月 20 日，工作由州卫生局承担，无办事机构和人员编制。2010 年 4 月 14 日发生地震后，州红十字会开始独立运行。机关内设办公室，有全额预算事业编制五名，。

2010 年 4 月 14 日，地震发生后，州红十字会第一时间启动《青海省红十字会应对自然灾害和突发事件 I 级预案》，以现有的救灾物资，救助受灾群众。并通过广播、电视、电话、移动通讯等设备向全国各地和企事业单位及社会各界发出《关于开展玉树州玉树县“4·14”抗震救灾工作的紧急呼吁》，紧急成立由红十字会团体会员单位组成的灾区救援队赶赴灾区，并做好救灾物资的接收和发放工作。二是弘扬“五个特别”精神，应急救援工作扎实有效。地震发生后，州红十字会的办公楼变成了一片废墟，红十字全体工作人员在州政府院内临时搭建应急办公地点，顶着余震、严寒露天开展抗震救灾工作。在“红十字博爱送万家”活动中，全州救助 7.25 万余户特困户。医疗救助活动中，累计诊疗病人 350 人次，实施手术 25 例，免费赠送医疗器械等物品价值 150 万元。截至 8 月 30 日，香港特别行政区红十字会向玉树地震灾区捐赠物资价值 8809053．26 元。澳门特别行政区红十字会为玉树地震灾区孤儿学校捐款 20 万元。在灾后重建中，社会捐赠的预算内资金 60 亿元人民币，都已经有具体的项目对接。

现任会领导：

州红十字会名誉会长：王玉虎（州委副书记、州长）

名誉副会长：罗松仁青（州委常委）布达哇（州人大常委会副主任）仁青才仁（州政协副主席）

会长：王秀琴（副州长）

常务副会长：格扎

格木市红十字会

【简介】

格木市十字会 1999 年成立。办公室设在市卫生局。

现任会领导：

市十字会名誉会：朱建平（市委书记）

会长：乔晓兰（副市长）

常务副会长：李宗良

副会长：王韬　王清亮　王东川　方轶

宁夏回族自治区红十字会

【年度工作】

一、对境内外援助成效显著

海地地震、青海玉树地震、甘肃舟曲泥石流、西南干旱发生后，宁夏回族自治区红十字会立即启动灾害救援应急预案，向社会发出呼吁，开展募捐救灾工作，自治区红十字会向海地地震灾区捐款 4.32 万元。向青海玉树灾区捐赠款物 1728 多万元，向甘肃舟曲灾区捐款 122 万多元，向西南干旱的贵州灾区捐款 25 万元，累计向国外红十字组织和外省区红十字会捐赠款物 1880 万元。这是继汶川特大地震后，宁夏回族自治区红十字会实施对外援助最多的一年。

二、争取援助资金，开展人道救助活动

宁夏红十字会把改善民生、构建和谐做

为中心工作来抓，多方筹集款物对本区受灾和困难群众进行救助，全年累计争取援助资金1223万元。一是争取援助项目资金640万元，援助10所村幸福天使博爱卫生站、10个幸福天使博爱书库，对2914户家庭贫困儿童进行了救助，对15名先天性重大疾病婴幼儿进行了救助，在社区开展科普健康教育、健康行为干预、健康心理关爱等活动，以提高婴幼儿的身体素质，受益者达10万人次。二是争取资金40万元，对全区三个市、11个县（区）30个行政村的200名白内障患者免费实施了复明手术。三是争取中国红十字基金会小天使基金项目资金42万元，对自治区14位白血病患儿进行了救助。四是争取援助资金20万元，在宁夏对100名乡村医生进行了系统的理论和技能培训。五是开展“2010年博爱送温暖”活动，共发放慰问物资价值274.485万元，对全区13700户遭受汶川特大地震影响的受灾群众、城镇下岗职工、城市低保户、农村贫困群众进行慰问救助，受益人数达5.5万人。六是争取援助资金36万元，在吴忠市红寺堡区开展健康长城项目，援建三所村卫生站、九所乡村学校洗手设施并进行健康教育宣传活动。七是争取援助资金42万元，在贫困学校援建了45个红十字书库。八是争取中国红十字会总会下拨价值20万元的大米，对本区同心县、盐池县、红寺堡区灾区群众进行救助。九是开通手机捐款活动，全年募集社会捐款48万元。十是发放救助物资价值52.24万元、募款5.88万元，资助94名贫困学生，发放困难群众救助款2.7万元。

三、完成灾后重建任务

自治区红十字会共筹集灾后恢复重建资金3050万元，对遭受汶川特大地震影响的固原市五个县（区）实施了灾后重建，援建民房1050户、农村学校三所、乡镇卫生院七所、村民活动室三个、村卫生室八个，以及一个市级红十字会备灾中心。目前，除新增项目二个在建外，其它援建项目都已开始验收。

四、推进人道服务工作

一是开展群众性卫生救护培训及防病宣传工作，各级红十字会分别在城市公交系统、公安消防系统、公安交警系统、旅游、建筑行业共计培训救护员1907人，完成全年总目标的106%；参加救护知识讲座者920人，救护知识普及受益人数1.58万人次。开展防病及传染性疾病知识宣传，受益人数达到21600多人次。在全区红十字会系统举办预防控制艾滋病同伴教育骨干主持人培训班六期，培训师资190人。二是向区内外社会各界呼吁，共募集善款58800元，资助困难学生94名。开展校园内红十字知识的传播和意外伤害现场救护知识普及活动，有1600多名学生通过学习成为校园内红十字救护骨干；组织12所中、小学校师生开展校园内灾害应急避险及自救互救活动28场次。三是中华骨髓库宁夏分库2010年造血干细胞志愿捐献者资料入库量达2036人份，实现捐献一人。截至2010年底，中华骨髓库宁夏分库造血干细胞志愿捐献者资料入库已达8360人份，累计实现捐献四人。

五、基层组织建设工作

2010年是中国红十字会确定的“能力建设年”，自治区红十字会按照中国红十字会会长华建敏提出的“各级红十字会要具有强烈的社会责任感、有效的执行力、不竭的创造力、较强的公信力”要求，大力推进能力建设。自治区红十字会举办了全区红十字会系统能力建设培训班，对全区五个市、22个县（区）及行业红十字会的43名专兼职工作人员进行了培训。按照中国红十字会总会要求，在理顺市级红十字会管理体制的基础上，推进理顺县级红十字会管理体制工作。

六、抓效能建设，推进各项工作的开展

自治区红十字会结合机关效能目标考核决定从七个结合入手加强机关效能目标管理，一是把效能目标管理考核与建设学习型党组织、学习型机关相结合，实现人才兴会。二是把效能目标管理考核与完善法制相结合，实现依法建会和依法兴会。三是把效能目标管理考核与赈灾救助工作相结合，确保赈灾救助能力的提高。四是把效能目标管理考核与灾后恢复重建工作相结合，圆满完成灾后重建任务。五是把效能目标管理考核与开展自救互救知识培训相结合，推动应急救护培训工作的开展。六是把效能目标管理考核与加强红十字自身能力建设相结合，提升红十字会机关人员能力和业务水平。七是把抓落实谋发展与创新机制结合起来，协助政府发展社会救助事业，保持社会稳定，促进社会和谐，实现全区红十字事业又好又快发展目标。

【历史沿革】

1984年12月15日，宁夏回族自治区人民政府正式批准成立“宁夏回族自治区红十字会筹备委员会”，自治区政府副主席马腾霭担任筹委会主任，自治区卫生厅副厅长牛琦、民政厅副厅长行程、教育厅副厅长王世福、宁夏医学会会长丁素石、副会长邹伯勋担任副主任。经过筹委会近两年的工作，1986年9月6日，宁夏回族自治区人民政府正式批准成立宁夏回族自治区红十字会，并决定召开宁夏回族自治区红十字会第一届会员代表大会。1986年9月6日，宁夏回族自治区红十字会第一届会员代表大会召开，全区有104名代表出席了会议，大会选举产生了会长马腾霭、副会长牛琦、行程、王世福，秘书长邹伯勋、副秘书长王岐山，选出理事23名。大会讨论制定了宁夏回族自治区红十字会1986—1990年工作规划。至此，宁夏红十字会正式成立。新成立的宁夏回族自治区红十字会把发展基层组织、卫生救护、灾害救助作为工作重点。经过不懈努力，各地红十字会基层组织陆续建立并开展工作。到2005年，宁夏红十字会共发展基层红会42个，会员发展14650名，卫生救护、社会救助、敬老助残等项工作开展得有声有色。

2001年2月召开的宁夏红十字会第四次会员代表大会，聘请自治区党委书记毛如柏、自治区主席马启智兼任宁夏回族自治区红十字会名誉会长，大会选举冯炯华为会长，陈守信、马玉章为副会长，根据会长提名决定刘静为秘书长。2001年3月19日，自治区机构编制委员会办公室下文理顺了宁夏回族自治区红十字会管理体制，宁夏红十字会由“自治区卫生厅代管”改由自治区政府领导联系，实行财政经费单列。宁夏红十字会逐步走上了依法建会、依法兴会、依法治会的轨道，各项工作进入快速发展阶段。2004年12月26日，经自治区党委常委会研究，由现任自治区党委书记陈建国兼任宁夏回族自治区红十字会名誉会长。

宁夏回族自治区红十字会历次代表大会

第一届

1986年9月6日召开，会长马霭，副会长牛琦、王世福、行程，秘书长邹伯薰。

第二届

1990年3月召开，会长杨惠云，副会长马成义、牛琦、王世福、行程，秘书长秦小明。

第三届

1994年3月召开，会长刘仲，副会长马成义、徐彦振、马文理、王金巅，秘书长陈学文。

第四届

2001年2月召开，名誉会长毛如柏、陈建国、马启智，会长冯炯华，副会长陈守信、马玉章，秘书长刘静。

现任会长：姚爱兴（自治区人民政府副主席），常务副会长刘静。

【组织机构】

宁夏回族自治区红十字会有红十字会基层组织211个，其中：成人会员6600人，青少年会员7650人，会员累计总数为14250人，红十字志愿工作者310人。宁夏回族自治区红十字组织网络已初步形成。同时，为了加强学校红十字会建设，宁夏回族自治区红十字会在银川二中高等院校、职业学校、中小学校、厂矿系统建立了学校红十字会。

宁夏回族自治区红十字会机关设有综合处、业务部。下辖中国造血干细胞捐献者资料库宁夏分库管理中心、备灾救灾中心二个直属事业单位。

根据《中华人民共和国红十字会法》和《宁夏回族自治区实施〈中华人民共和国红十字会法〉办法》，2005年5月，宁夏回族自治区机构编制委员会办公室下发《关于银川市等五个地级市红十字会机构编制有关问题的通知》，银川市、石嘴山市、吴忠市、中卫市、固原市的红十字会机构单独设置，为了有利于加强政府对红十字会工作的领导和协调，红十字会由市政府领导联系。核定领导职数一名为副处级，事业编制三至五名。目前，全区五个地级市红十字会理顺管理体制工作已经全面展开，机构已经组建完成，人员已经配备到位。21个县（市、区）都成立了红十字会组织。宁夏回族自治区地市级红十字会有：银川市红十字会、固原市红十字会、石嘴山市红十字会、吴忠市红十字会、中卫市红十字会。

【大型项目】

一、积极开展灾害救助工作，有力地支援了受灾地区的重建工作

1986年至1989年的4年间，宁夏红十字会共为灾区发放救灾款物总价值12万多元。

1990年，为宁南山区和部分受灾县援助救灾物资总价值10万元。组织50人参加的医疗队分赴宁南山区开展医务援助活动，时间共两个月。

1991年，发放救灾款物总价值25.6万元。

1992年，向宁南山区干旱地区发放救灾款三万多元。

1993年，向“5·5”风暴拨救灾款2.87万元。

1994年，向宁夏回族自治区盐池县、彭阳、中卫县发放救灾物资价值10万元。

1996年，宁夏回族自治区17个县

（市）100个多乡镇遭受冰雹灾害，宁夏红十字会发放救灾物资价值10万元，药品287箱（价值24万元）。

1997年为贫困户发放面粉2500公斤，为青铜峡市瞿靖镇救助药品二万元。

1998年我国“三江”地区发生洪涝灾害，宁夏红十字会全力做好赈灾募捐，共募集款物总价值104万多元支援灾区抗洪。

1999年，向盐池、隆德、泾源、中卫、灵武、吴忠市发放救灾物资6.2万元。

2000年，在中国红十字会总会的大力支持下，向宁夏回族自治区遭受旱灾、雹灾和洪水灾害袭击的灾区群众发放救灾物资价值162.8万元。

2001年，全年共向灾区群众发放救灾款物价值120万元。

2002年，宁夏红十字会加大了救灾扶贫力度，在全区开展八次救助活动，共发放救灾物资价值100多万元。

2003年，在防治“非典”斗争中，宁夏回族自治区红十字会共向一线医务工作者捐款物170多万元，有力地支援了抗“非典”斗争。

2004年11月6日，宁夏煤业集团白岌沟煤矿矿井发生意外事故，造成部分矿井停产，部分设施损坏，给白岌沟煤矿正常生产和煤矿职工的生活带来一定的影响，宁夏红十字会得知发生意外事故后，紧急调集价值15万元的救灾物资到白岌沟煤矿慰问了煤矿职工。

2005年6月，宁夏回族自治区固原市彭阳县、隆德县、泾源县遭受龙卷风、冰霜、强降雨袭击灾害给当地群众造成了巨大损失，宁夏红十字会紧急筹集救灾款购置了灾区群众急需的大米、帐篷、棉被等救灾物资对灾区群众进行救助，共发放救灾大米5400斤、帐篷40顶，棉被1300条。

二、红十字博爱送温暖活动

2000年到2004年，宁夏红十字会配合中国红十字会总会在宁夏开展了“红十字博爱送温暖”活动，共筹集150多万元，对固原、泾源、海原、盐池县、贺兰县、红寺堡光彩新村、西吉县城郊乡芦子沟村、宁夏煤业集团精煤分公司和宁夏教育系统贫困职工和困难群众进行慰问救助。

【主要特色】

为了推动宁夏回族自治区贫困地区教育事业发展，解决贫困地区学生上学困难问题，自治区红十字会从2000年开始在全区实施“助学兴教工程”，通过项目合作引进资金，在青铜峡市、同心县、中宁县、平罗县、泾原县援建了五所红十字博爱学校，解决了近1000多名贫困家庭孩子上学困难。配合“新农合”工作援建了所红十字村卫生室。自治区红十字会每年对在校的贫困学生进行帮助，使贫困学生在红十字会的帮助下能顺利完成学业。

（刘雁平）

银川市红十字会

【简介】

银川市红十字会1987年恢复建会，2005年12月，理顺机构，成为银川市人民政府直属副处级事业单位，机构单独设置，工作由市政府分管领导直接联系。市红十字会机关编制核定为三名。至2010年12月，全市下辖的六个县（区）红十字会全部理顺了管理体制。全市有红十字基层组织七个，红十字团体会员单位75家，红十字会员8414名。

2010年，市红十字为青海玉树地震灾区捐款314.25万元，并运送价值110余万元生活物资。全年举办四期卫生救护培训班，培训人员近300余人，有六人参加了总会的师资培训班。全年募集救助资金达510余万元，救助1700余人（区内）。争取中国红十字基金会小天使基金项目，对贫困家庭14岁以下白血病儿童进行救助。

石嘴山市红十字会

【简介】

石嘴山市红十字会成立于1988年，2006年机构理顺成为石嘴山市人民政府直属副处级事业单位，编制三名。至2010年12月，全市下辖的三个县（区）红十字会中有一个理顺了管理体制。全市有共有红十字会基层组织23个，红十字团体会员单位48家，红十字会员4618人，红十字青少年会员7451人，红十字志愿者619人。2010年，市红十字会在“红十字博爱送万家”活动中，向困难群众发放四万元救助物资。为青海玉树地震灾区募集救灾款92.2万元，向海地地震、西南五省旱灾和舟曲泥石流灾区捐款12.4万元。年内，共采集造血干细胞血样503人份。12月，石嘴山市红十字会被中国红十字会总会评为“青海玉树抗震救灾先进集体”。

现任会领导：

市红十字会会长：张建瑞

秘书长：丁晓琴（回族）

中卫市红十字会

【简介】

中卫市红十字会成立于2005年5月，机构独立设置，核定编制二名，有专职工作人员两名。全省有红十字团体会员单位30家，红十字会员2021人，已经召开了三届会员代表大会。2010年，市红十字会开展的“红十字博爱周”、“以爱育爱·幸福天使行动”活动，受益人数845人；在“红十字博爱送温暖”活动中，共发放救助物资和药品价值达10.67万元，收捐款14.77万元。有70人参加卫生救护知识培训。中国造血干细胞捐献者资料库宁夏分库中卫工作站目前已为1313人采集检测血样。

现任会领导：

市红十字会名誉会长：刘云（市委书记）、徐力群（市长）

会长：霍健明（副市长）

秘书长：韩长寿

固原市红十字会

【简介】

固原市红十字会成立于1992年。2005年，市红十字会机构理顺，成为固原市人民政府直属副处级事业单位，有编制三名。至2010年10月，全市下辖的五个县（区）红十字会只有一个理顺了管理体制。全市有七个红十字会基层组织，红十字团体会员单位29家，红十字会员1044名。

2010年，中国红十字基金会天使阳光基金和幸福天使基金为固原市50余名家庭贫困的先天性心脏病患儿实施了手术治疗。

中国造血干细胞捐献者资料库宁夏分库固原工作站全年征募到志愿者近100名。为玉树地震灾区捐款480088.9元。争取到汶川特大地震灾后恢复重建项目资金2450万元，重建550户民房、四个乡镇学校、六所卫生院、八个村卫生站、三个村民活动室、一个备灾库。年内，开展卫生救护员培训六次，培训初级救护员1000余人。

现任会领导：

市红十字会秘书长：马丽（回族）

吴忠市红十字会

【简介】

吴忠市红十字会成立于2002年，2004年机构理顺成为吴忠市人民政府直属副处级事业单位，编制五名。至2010年10月，全市下辖的四个县（市、区）红十字会未理顺管理体制。全市有六个红十字基层组织，红十字团体会员单位30家，红十字会员1200名。2010年，中国造血干细胞捐献者资料库宁夏分库吴忠工作站已采集500余人的造血干细胞血样。接收社会各界为玉树地震灾区捐款31.86万元，接收救灾物资价值4050余元市红十字会全年开展卫生救护员培训二次，培训救护员100余人。市红十字会还争取到中国红十字会/舒肤佳健康长城卫生健康教育项目，总投资36万元。中国红十字基金会为盐池县援建“幸福天使博爱卫生站”11所，工程于2010年10月1日开工建设，总投资150.5万元。

现任会领导：

市红十字会秘书长：杨红英

新疆维吾尔自治区红十字会

【年度工作】

一、组织建设工作

2010年，新疆维吾尔族自治区红十字会进一步加强组织建设与管理，在全区地、州、县红十字会选派干部46名，参加了中国红十字会总会及外省市红十字会举办的地（市）、县级红十字会干部培训班。自治区新增理顺管理体制的县级红十字会七个，并配备了专职领导，新增红十字会专职干部12名。全区基层红十字会组织增加至2592个，红十字会员18656人，注册志愿者2750人，志愿者队伍45支。年内对第四届会员代表大会做了筹备，完成了相关会议材料的准备。

二、募捐救灾工作

2010年，我国各地自然灾害频发，自治区红十字会在自身救助能力较弱的情况下，积极通过新闻媒体呼吁社会各界为灾区捐赠款物3942.28万元，（款3668.51万元，物资价值273.77万元）。其中为青海玉树地震灾区募集捐款2800万元，为甘肃舟曲特大泥石流灾害募集捐款20.51万元，向遭受旱灾的广西、云南、贵州三省红十字会捐款11.4万元，向遭受台风侵袭的海南省红十字会捐款二万元。全区各级红十字会累计投入救灾救助款物3153.33万元，受益人数达29.23万人次。

三、备灾工作

2010年，为了加强备灾救灾物资管理工作，应对频发自然灾害，自治区红十字会主动与新疆储备局联系，租用其一座近800平方米标准库房，有效地解决了以往救灾物资存放库房狭小、无消防设备、安全管理不规范等难题。使自治区红十字会备灾物资管理能力得到进一步加强，备灾物资应急调拨更加顺畅，接收储备分发管理制度不断完善。同时，也使平时日常募捐物资的存放、分类、清理工作更加快捷，确保了救灾物资的储备安全。2010 年，北疆伊犁、阿勒泰、塔城等地遭受特大雪灾后，自治区红十字会迅速启动应急预案，通过备灾库以最快的速度下拨灾区救助款物 250.092 万元。目前，这个备灾仓库已接收总会储备救灾物资棉被、棉衣、帐篷及自治区红十字会现有储备救灾物资总价值达 800 余万元。

四、交往与合作工作

2010 年 3 月，中央召开全国对口支援新疆工作会议。根据中国红十字会总会向全国红十字会系统发出的《关于贯彻落实中央部署开展对口支援新疆工作的通知》要求，有 19 个省市的红十字会和新疆红十字会建立了对口支援关系。自治区红十字会党组领导亲自带队，先后组织和田、喀什、克州等地州、县市两级红十字会负责人员分别赴北京、天津、上海、广东、山东等六个省、市红十字会学习、考察、座谈。各援助省、市红十字会对于援疆工作高度重视，纷纷表示将在人才、管理、资金、项目等方面给予帮助和支持，北京、天津、江苏等省、市红十字会主要领导亲自带队先后到和田、克州、伊犁等地对口县市进行实地考察调研，通过走访慰问困难群众、召开座谈会等形式，了解当地红十字事业的发展需求，共商利用红十字会这个平台，支持和帮助当地红十字会开展人道领域救助工作。目前，中国红十字基金会及北京、天津、江苏三省、市红十字会对口支援新疆的救助款物、车辆、办公、医疗设备等价值已达 291 万元。

五、宣传工作

2010 年，新疆各级红十字会通过广播、电视、报纸、网络等手段及时宣传报道红十字会工作，提高了红十字会的社会知晓率。自治区红十字会组织全区各级红十字会做好总会一报一刊订阅工作，订阅《中国红十字报》1561 份，《博爱》杂志 1467 份，较去年有所上升。自治区、乌鲁木齐市、昌吉州红十字会被总会报刊社授予“报刊宣传工作优秀奖”；乌鲁木齐市天山区、沙依巴克区、昌吉州玛纳斯县红十字会被授予“报刊宣传工作表扬奖”；自治区红十字会利用红十字博爱送万家和“五八”红十字博爱周活动，在 80 辆公交车上发布公益广告一周，5 月 8 日，在 6000 辆出租车上发布公益广告，还通过中国移动新疆分公司和中国联通新疆分公司免费向全区手机用户发送公益短信，宣传红十字事业。此举被总会评为“五八红十字博爱周活动创新奖”。

六、项目合作工作

2010 年，自治区红十字会积极争取国内外红十字会及其他组织的援助，并开展各类公益项目。加拿大红十字会援助 48 万元，用于喀什、克州两地白内障患者的复明和提高村卫生室能力建设，使 220 名生活困难白内障患者得以复明，16 个村卫生室整体医疗水平得到提高；中国红十字基金会、上海市、北京市及自治区红十字会分别援建了伊犁州、阿克苏、阿勒泰、和田、塔城地区 15 所村卫生室，援助资金 112 万元；中国红十字基金会、自治区红十字会为 30 所贫困地区学校提供了价值 60 万元的图书及书架，同时，对吐鲁番地区 100 名乡村教师进行了教师培训；中国红十字基金会“嫣然天使”项目在2010年共发放资助款合计22.9万元，48人得到手术治疗。小天使基金资助贫困家庭白血病患儿51例，每人3万元，共计153万元。加拿大基金会援助哈密地区贫困农牧民27.86万元，用于实用技术和就业技能培训项目，培训农牧民1000名。以上项目合计争取援助资金423.76万元。

七、社会救助工作

2010年，自治区红十字会积极开展“红十字博爱送温暖”活动，筹备慰问物资130万元，慰问全区贫困家庭6000户。5月，自治区红十字会为贫困学生发放5000元助学金，为贫困家庭、养老院及老年公寓困难人员发放了价值1.6万元的棉衣、棉被、大米等慰问品。7月，同娃哈哈集团公司签订了《在新疆片区每销售一瓶“蓝梅冰红茶”，给自治区红十字会捐助一分钱用于资助贫苦学生》协议书，半年时间共收到捐款8.5万元，全部用于贫困学生助学。筹集其他各类资金为119名贫困学生解决了学费问题。

八、卫生救护培训工作

2010年，自治区红十字会加强与公安、交通、民航等10多个部门的协调与合作，扩大卫生救护培训的覆盖面，并对上一年实施的彩票公益金项目进行总结。及时下拨卫生救护师资培训教具150余套。举办了“首届红十字应急救护技能大赛”，来自乌鲁木齐、昌吉、哈密等七个地、州（市）的代表队参加了比赛，乌鲁木齐市沙区代表队获得一等奖，并代表新疆维吾尔自治区参加了总会在贵阳举办的“应急救护技能大赛”。积极派员参加总会举办的卫生救护师资提高班，全区共派出30名救护师资到总会训练中心参加学习，进一步加强自治区卫生救护培训师资力量。

九、红十字青少年工作

红十字青少年会员由2009年的195380名增加到2010年的220457名，比上一年新增25077名。与自治区教育厅联合下发了《关于评选自治区红十字示范校的通知》，开展建会学校创建自治区红十字示范校评选推荐工作，并与自治区教育厅联合下发了《关于在全区各大中专院校成立学校红十字会的通知》。2010年，自治区红十字会共资助大中小学贫困学生70名。

十、志愿服务工作

为纪念“五八”世界红十字日，2010年5月7日，新疆红十字会为在汶川特大地震救援和灾后重建工作中做出突出贡献的新疆环塔红十字会联合救援队冠名“新疆红十字会志愿救援队”，并举行了授旗仪式，对救援队60余名队员进行了统一登记、注册、编号。2010年，根据总会文件要求，对全疆红十字青少年和志愿服务工作进行了调查汇总。目前，全区共有志愿者12957人，比上一年增加380人，注册志愿者2750人，志愿者队伍45支；全区共有冠名红十字医疗机构53家，博爱卫生院32所，博爱书库38个，社区公益服务站点218个，按照《红十字会志愿者管理办法》，对全区红十字志愿者实施了统一规范管理。

十一、艾滋病预防与关怀工作

2010年，自治区红十字会重点在乌鲁木齐、伊犁、喀什等六个地、州（市）开展了艾防项目工作，在2009年艾防工作的的基础上将范围和力度进一步扩大。主要是组织志愿者深入社区、学校、家庭开展艾滋病防治宣传、培训、咨询、关怀等工作。全年举办预防、关怀、反对歧视目标人群的各类培训班共 564 期，有 8758 人次接受了培训；组织社区演讲 26 场，有 2460 余人参加；举办了 17 场以反对歧视为主题的社区文艺演出，有 4400 余名社区群众和牧民参加；拨出艾滋病感染者关怀支持资金，派人探望了 316 名艾滋病病人（次）；举办了生活自救技能培训班，175 名艾滋病感染者及家属参加；25 名志愿者通过家访的形式，向 6500 名社区群众传播了艾滋病预防与关怀知识。

自治区红十字会积极做好艾滋病预防宣传工作，利用多种形式开展宣传活动。在“五八”世界红十字日、世界艾滋病日期间，组织全区各级红十字会开展社区演讲、文艺演出、慈善募捐义演、散发宣传资料等活动，广泛宣传艾滋病预防知识和信息，提高大众自我保护及关怀艾滋病病毒感染者的意识，消除对艾滋病感染者的歧视。8 月，自治区红十字会利用网络媒体，在乌鲁木齐市七所大学举办了以艾滋病预防和反歧视为主题的张贴画设计比赛。500 余名大学生参加了比赛，参赛张贴画在三所大学进行了展览，观看人数达 5000 余人，受到大学生们的广泛支持。

为提高地州红十字会对艾滋病防治项目管理和实施能力，自治区红十字会专门举办了一期 25 人的项目管理培训班，两期 37 人参加的志愿者培训班，为各项目点红十字会补充了艾滋病项目志愿者。2010 年，新疆红十字会还与英国红十字会合作，在伊宁市开展了项目基线调查培训，总会项目办和澳大利亚红十字会项目官员全程参加并督导了培训过程。通过培训，共有 10 名志愿者成为调查员，246 名感染者、吸毒者及其家属被确定为调查对象。自治区红十字会还印发了针对不同目标人群、不同项目的配套宣传材料，包括编译印刷女性保健手册二万本，设计制作项目画册 500 本、项目培训教材 500 本和反歧视文艺演出视频光碟 200 张，发放至各地州红十字会项目点。

十二、造血干细胞捐献工作

2010 年是自治区红十字造血干细胞分库建库以来，完成血样采集和资料入库人数最多的一年。累计入库资料达 10200 人份。全年完成 3000 人份血样采集和资料入库任务。由北京博奥 HLA 实验室和乌鲁木齐血液中心实验室完成数据分型检测任务，并按时完成了数据录入及传输工作，分库库容数据使用率得到大幅度提高。自 2010 年 5 月开通互联网后，采集高分辨血样 26 人，体检六人，实施捐献四人。先后完成了二例志愿者捐献后的半年体检工作。进一步加大征募少数民族志愿者入库的宣传动员工作。年初，新疆分库工作人员先后赴喀什、克州、和田及伊犁等地，对各少数民族专兼职干部和志愿者进行了相关知识的培训和宣传。同时与新疆电视台《真心话》维语栏目、乌鲁木齐市电视台《真情关注》维语栏目联合制作了捐献造血干细胞无损健康宣传节目。增加编译印制哈萨克语的宣传资料 5000 份。

十三、查人转信工作

2010 年，自治区红十字会在有关部门的配合下，办理了来自阿富汗、巴基斯坦等地区的五件查人转信工作。

【历史沿革】

1987 年 2 月 24 日，中国红十字会新疆分会成立，名称为：新疆维吾尔自治区红十字会与红新月会联合会，同时，在乌鲁木齐市召开了第一届理事会，会议产生理事48名，自治区人民政府顾问伊敏诺夫·哈米提当选为会长，热合甫·阿巴斯、张彤、沙地尔·卡地尔、樊广禄当选为副会长，樊广禄兼秘书长，新疆维吾尔自治区红十字会与红新月会联合会与自治区卫生部门合署办公，由自治区卫生厅医政处负责日常工作。

1990年7月，在新疆维吾尔自治区红十字会与红新月会联合会一届三次理事会会议上，选举中共新疆维吾尔自治区党委副书记贾那布尔、自治区政府副主席毛德华为名誉会长，热合甫·阿巴斯为会长，增补龚金牛为副会长。

1993年，《中华人民共和国红十字会法》颁布施行后，红十字会组织在全区的县（市、区）进一步发展，各级红十字会组织按照红十字会法的规定，认真履行职责，指导基层红十字会工作，并积极组织、宣传、动员开展全社会无偿献血活动，积极为各地血站建设争取国际援助项目。

1994年6月，新疆维吾尔自治区红十字会与红新月会联合会召开了第二次会员代表大会，各地参会代表98人，大会选出二届理事62名，并聘请自治区原领导铁木尔·达瓦买提、阿不来提·阿不都热西提、贾那布尔、毛德华为名誉会长，选举自治区政府副主席米吉提·纳斯尔为会长，热合甫·阿巴斯为常务副会长，亚森·吐尔逊、龚金牛、艾拜都拉、张彤、苏丹·张波拉托夫为副会长，肖耀陵为秘书长。

1995年11月，经上级有关部门批准，“新疆维吾尔自治区红十字会与红新月会联合会”正式更名为“新疆维吾尔自治区红十字会”。

1996年9月，新疆维吾尔自治区人民政府办公厅下发文件，印发自治区红十字会机构改革方案。明确自治区红十字会为正厅级，全额财政拨款，增加厅、处级领导职数。

1997年7月，新疆维吾尔自治区红十字会召开了二届三次理事会暨新疆红十字会成立10周年纪念大会。会议增补15名理事，补选王有、古丽布斯坦、吾甫尔·阿西木为副会长。

1998年5月28日，《新疆维吾尔自治区实施〈中华人民共和国红十字会法〉办法》颁布施行，“实施办法”具体地明确了自治区红十字会的宗旨、性质、地位、作用和任务，为自治区红十字事业的发展提供了法律保障。6月，新疆维吾尔自治区红十字会召开了二届四次理事会。会议通过了二届常务理事会及常务理事会下设的执行委员会；聘请了买买提明·扎克尔为名誉副会长；选举阿不都热衣木·阿不都拉、司马义·哈提甫、尼相·依不拉音、哈斯木·托乎提为副会长；钟儒兴为秘书长。9月，中共新疆维吾尔自治区党委组织部发文，批准自治区红十字会机关参照《国家公务员暂行条例管理实施办法》执行。10月，自治区人民政府办公厅发文，批准成立自治区红十字会基金。12月，新疆维吾尔自治区红十字会依法实现了机构独立设置，实现了自治区红十字会的性质由人民卫生救护团体向人道主义社会救助团体的转变及红十字会机构由挂靠政府卫生部门向机构体制单独设置的转变。

1999年7月，新疆维吾尔自治区红十字会召开了第二届五次理事会。会议通过会长米吉提·纳斯尔因工作变动不再担任会长的请求，选举自治区政府副主席买买提明·扎克尔为会长，会议上还更换和增补了部分理事。理事总人数为110人。

2000年3月，新疆维吾尔自治区人民政府下发《关于自治区红十字会管理体制有关问题的会议纪要》，自治区副主席买买提明·扎克尔主持会议。会议决定：一、各地、州、市及县（市）红十字会要尽快独立设置，按社团机制进行管理。关于自治区红十字会成立党组问题，建议自治区党委组织部研究，并请考虑增加一名党组领导职数；二、同意救灾备灾和卫生救护培训中心机构设置，列事业编制六名，受自治区红十字会领导，请自治区编委下发文件；三、同意把救灾赈济部从办公室分离出来单独设置；四、由自治区红十字会对《关于印发新疆维吾尔自治区红十字会机构改革方案的通知》中确定的职责和任务提出修改方案，报经自治区政府批准后实施。4月，自治区红十字会“艾滋病/性病预防咨询培训中心”成立。5月，自治区编委发文，批准成立“新疆维吾尔自治区红十字会救灾备灾中心”，同时挂“新疆维吾尔自治区红十字会卫生救护培训中心”牌子。该中心为自治区红十字会下属事业单位，列事业编制六名，全额预算管理。

2002年2月，自治区政府办公厅发文，印发自治区红十字会机关主要职责、内设机构和人员编制方案。

2003年9月，自治区编委发文，批准成立“中国造血干细胞捐献者资料库新疆分库”。

2004年9月，中共新疆维吾尔自治区红十字会党组成立。10月12至13日，新疆维吾尔自治区红十字会第三次会员代表大会暨三届一次理事会召开。中共中央政治局委员、新疆维吾尔自治区党委书记王乐泉等自治区领导会见了与会代表，王乐泉作了重要讲话。中国红十字会常务副会长王立忠莅临大会并在开幕式上讲话。大会选举产生了自治区红十字会第三届理事117人、常务理事18人；理事会聘请司马义·铁力瓦尔地（自治区政府主席）为名誉会长，杜秦瑞（自治区人大常委会副主任）、张贵亭（自治区政协副主席）为名誉副会长；选举库热西·买合苏提（自治区政府副主席）为会长，王建共为常务副会长，阿不都热依木·阿不都拉为副会长；钟儒兴为秘书长。

【组织机构】

新疆维吾尔自治区红十字会共有基层组织1500多个，各族红十字会员43万余人（其中青少年会员七万人），占全区常住人口的2.2%。

新疆维吾尔自治区红十字会机关设有办公室、事业发展部部、赈济救护部。下辖备灾救灾卫生救护与艾滋病/性病预防咨询培训中心、中国造血干细胞捐献者资料库新疆分库管理中心两个直属事业单位。

根据《中华人民共和国红十字会法》和中国红十字会总会《理顺管理体制座谈会纪要》精神，2000年3月，新疆维吾尔自治区人民政府下发《关于自治区红十字会管理体制有关问题的会议纪要》。目前，全区14个地、州、市中已有乌鲁木齐市、昌吉州、吐鲁番地区、哈密地区、博州、阿勒泰地区、阿克苏地区、喀什地区、和田地区、塔城地区、克拉玛依市和伊犁州12个地、州、市红十字会依法实现机构独立设置并理顺管理体制。96个县（市、区）中已有52个县级红十字会单独设置。地、州、市红十字会为处级，县（市、区）红十字会为科级，参照公务员管理。

【大型项目】

近年来，新疆维吾尔自治区红十字会积极开展红十字博爱系列社会工程活动。救援工程、生命工程和爱心工程成为和平时期体现红十字会人道主义救助工作的主要内容。

救援工程，是以积极参加国家的救灾减灾和扶贫计划为目标，扩大和加强备灾救灾基地建设，提高救灾能力和实效。新疆是自然灾害的频发地区，每年各类灾害的发生，都会给灾区各族人民的生产、生活和生命财产带来很大损失。为了防患于未然和保证灾民得到及时救助，新疆维吾尔自治区红十字会一直把备灾救灾作为全区红十字会救援工程的龙头工作来抓。目前，全区已建成红十字会备灾救灾仓库五座，并在县以上红十字会基本建立了救灾信息网络。多年来，红十字会积极加强备灾救灾工作，及时向中国红十字会总会和社会各界通报灾情，呼吁募捐。不论是1996年南疆伽师、皮山等县发生六级以上地震及沿天山一带发生的百年不遇的洪灾，还是1998年春夏之交，吐鲁番、伊犁、阿勒泰、阿克苏等地区遭受沙尘暴和特大洪水袭击，以及昭苏县发生6.1级震灾和巩留县尼勒克县水灾，自治区红十字会都积极关注灾情并参与救灾，在社会募捐活动中，还接受了大量来自国内外的救援款物支援救助了灾区灾民。在1998年“三江”流域发生特大洪灾时，新疆维吾尔自治区红十字会向全区红十字系统发出呼吁，为灾区募集了350万元的款物。2001年初春，阿勒泰、塔城、昌吉等地发生特大雪灾时，自治区红十字会接受区内外捐赠的款物近700万元支援了灾区；2003年2月24日，新疆巴楚—伽师一带发生里氏6.8级强烈地震，造成268人死亡，4000多人受伤，经济损失达13亿元。自治区红十字会得到灾情的信息后，迅速行动，在第一时间将救灾物资运往灾区救助灾民，并发动全区各级红十字会，设立了救灾募捐热线，公布了赈灾账户，共接收到捐赠款物2600余万元，全部用于灾民救助和灾后重建，使50万灾区人民受益，同时完成了对灾区一所乡卫生院、69个村卫生室、三所乡镇小学、二个备灾救灾仓库的援建任务。在自治区抗震救灾表彰大会上，自治区红十字会被自治区党委和人民政府表彰为“抗震救灾先进集体”。在抗击“非典”期间，自治区红十字会共接受并转赠防“非典”款物价值102.5万元。在备灾救灾和社会募捐中，全区各级红十字会都充分发挥了作用。红十字会向灾区人民的无私人道援助，受到全社会的广泛赞誉。

生命工程是以积极参与国家初级卫生保健和社区卫生为目标，组织社会力量开展卫生救护培训、医疗、急救、无偿献血及造血干细胞捐献等工作，保护人的生命和健康。新疆维吾尔自治区红十字会坚持在全区进行卫生救护知识宣传和救护技能培训，通过学习止血、包扎、固定、搬运、心肺复苏等技术，使更多的人成为具有救护技能的红十字会救护员，并具备在第一时间对意外事故受害者和突发病人实施院外抢救的能力。十几年来，新疆红十字会举办了10多期卫生救护师资培训班，培训师资300余人次。全区红十字会共培训救护员40余万人次，其中，培训机动车驾驶员30余万人次，其他行业人员10余万人次。还在各地设立红十字医院、救护站、药店、诊所10余所，派出红十字医疗救护队281个，救治人数7.7万人。新疆维吾尔自治区红十字会一直积极参与开展无偿献血的宣传、组织、动员工作。

1997 年，哈密、巴州、喀什等城市被评为全国无偿献血先进城市，受到表彰。昌吉州、哈密地区等地已实现临床用血百分之百来自血无偿献血。新疆艾滋病的发病率居全国前列，自治区红十字会于 2000 年 4 月成立艾滋病/性病预防咨询培训中心，积极参与全区预防艾滋病工作。为普及预防艾滋病知识和提高民众自我防护意识，大力开展“预防艾滋病青年同伴教育项目”，组织青年人参与，在青年人中开展预防艾滋病知识的宣传。项目工作已从乌鲁木齐市扩展到伊犁、哈密、昌吉等地。几年来，自治区红十字会共举办预防艾滋病各类项目培训班 500 多期，培训青年一万多人，使数百名青年成为宣传预防艾滋病知识的志愿者。

爱心工程是以积极参与国家建立城乡社会保障体系为目标，发动红十字会会员和社会群体兴办公益事业，为最易受损害群体服务。近几年来，新疆红十字会坚持开展“红十字博爱送万家”、“红十字服务进社区”等活动，共筹集 200 多万元物资，慰问孤、老、病、残、特困户和下岗职工。各地红十字会积极组织志愿者对孤寡老人、五保户进行长期“三定一包”服务。乌鲁木齐市红十字会成立了抗癌委员会，建立了“抗癌乐园”，使癌患者活有所乐，活有所学，活有所为，增强了战胜癌魔的勇气和信心。在红十字青少年中，每年坚持开展向贫困地区学校捐助“三个一”（一元钱、一件学习用品和一件生活用品）爱心活动。昌吉州已启动建立“红十字会博爱基金”。1999 年以来，自治区红十字会坚持在元旦与春节、肉孜节与古尔邦节、国庆节与中秋节，以及世界红十字日期间采取多种形式为社区和广大农牧区贫困群众送温暖献爱心，真正把红十字会的关爱送进千家万户。

（宁英锁）

乌鲁木齐市红十字会

【简介】

截至 2010 年年底，乌鲁木齐市有基层红十字会组织 778 个，红十字团体会员单位 130 家，红十字会员 113400 多人。市红十字会为玉树地震灾区募捐 724.9179 万元和价值 8.5 万元的物资。为舟曲泥石流灾区募捐 14.4801 万元。全年共接收到社会各界的日常捐款 10530 元、捐物折合人民币 107665 元。

在“红十字博爱送千家”活动中，全市各级红十字会向贫困群众放发 30 余万元的救助物品。举办急救员学习班，共培训救护员 7033 人次。乌鲁木齐市红十字会和区、县红十字会联合开展救护防病知识普及宣传，参加人数达到 35142 人次。

现任会领导：

市红十字会名誉会长：吉尔拉·依沙木丁（市委副书记、市长）。

会长：童兆玲

常务副会长：杨玲

阿克苏地区红十字会

【简介】

阿克苏地区红十字会成立于 1990 年，2003 年，地区红十字会理顺了管理体制，规格为县级建制，核定编制五名。地、县两级红十字会全部理顺管理体制，全地区红十字会系统有专职干部 31 名，有基层红十字会组织230个，红十字团体会员单位302家，红十字会员73648人，其中红十字青少年会员48609人，红十字志愿工作者1307人。

阿勒泰地区红十字会

【简介】

阿勒泰地区红十字会成立于1991年4月26日。2002年11月，地区红十字会机构独立设置，核事业编制六名，规格为正县级单位。全地区红十字会系统有专职干部28名，有基层红十字会组织和团体会员单位388个，红十字会员46228人。所属六县一市红十字会全部理顺管理体制。2007年4月，地区红十字会成立党组，进一步完善了组织机构。

巴音郭楞蒙古自治州红十字会

【简介】

巴音郭楞蒙古自治州红十字会成立于1990年12月。2002年，确定机构为正县级，列事业编制三名。2007年，州红十字会理顺了管理体制，编制增至五名。

博尔塔拉蒙古自治州红十字会

【简介】

博尔塔拉蒙古自治州红十字会成立于1991年。1999年底，自治州红十字会机构独立设置，县级建制，核定编制四人。2006年，自治州州红十字会编制增加到六名，州、县（市）红十字会在原有常务副会长基础上分别配备了副会长。

昌吉回族自治州红十字会

【简介】

昌吉回族自治州红十字会成立于1990年12月18日。1991年，全州八县（市）红十字会相继成立。目前，州、县两级红十字会全部理顺管理体制，全州拥有基层红十字会组织836个、红十字会员17.13万名。

哈密地区红十字会

【简介】

哈密地区红十字会成立于1989年。2000年7月，地区红十字会机构独立设置，内设办公室、宣教救护救灾部，有编制10名。全地区有红十字会团体会员单位64家，红十字会员11541人。

和田地区红十字会

【简介】

和田地区红十字会成立于2001年12月26日，机构为副县级，经费独立核算，全额预算管理，有事业编制五名，领导职数二名。目前，地区和七县一市红十字会均依法实现机构独立设置，共有专职工作人员25人。全地区有红十字团体会员单位545家，红十字会员7337人，还建立乡（镇）基层红十字会组织24个。

喀什地区红十字会

【简介】

喀什地区红十字会成立于 1991 年，机构挂靠地区卫生部门。2001 年，地区红十字会实理机构独立设置，规格为副县级，内设赈济救护部、组织宣传部、办公室，定编四人。

克拉玛依市红十字会

【简介】

克拉玛依市红十字会成立于 1993 年。2004 年，市红十字会理顺管理体制，有编制四名。

塔城地区红十字会

【简介】

塔城地区红十字会于 2002 年 9 月实现机构独立设置，副县级建制，核定编制四名。2006 年 10 月，地区红十字会党支部成立。目前，地区各县（市）红十字会基本理顺管理体制，全地区红十字会系统有专职干部 13 人，红十字会员七万余名。

吐鲁番地区红十字会

【简介】

吐鲁番地区红十字会 1990 年成立，内设办公室和赈济救护科。地、县两级红十字会全部理顺管理体制，并建立了市（县）、街道（乡、镇）、社区（村）委会三级红十会组织网络。

伊犁哈萨克自治州红十字会

【简介】

伊犁哈萨克自治州红十字会成立于 1988 年 6 月，由州卫生局代管。2005 年 1 月，自治州红十字会实现机构独立设置，机关内设综合部和赈济救护部，归口自治州人民政府联系。州属的 10 个县（市）均成立红十字会，其中九个县、市红十字会已实现机构单设。

生产建设兵团红十字会

新疆生产建设兵团红十字会

【年度工作】

一、组织建设工作

截至2010年，兵团14个师（市）已全部成立了红十字会并召开了会员代表大会。按照属地管理原则明确了团体会员的管理权，进一步规范了会员、志愿者注册与管理工作。为加强基层红十字会干部队伍建设，兵团组织各师（市）红十字会的17名干部参加了总会举办的红十字会干部培训班，进一步提高了基层红十字会干部的整体工作能力。

二、备灾救灾工作

2010年，兵团红十字会开展了对遭受低温冷冻和强降雪侵害的10个师、46个农牧团场的救灾救助工作；积极开展青海省玉树地震、甘肃舟曲泥石流灾害的善款募集工作；加大同中国红十字会及兄弟省、市红十字会的交流与合作，备灾救灾能力得到进一步的加强。

全年，兵团红十字会共计募集各类救灾救助款物折合人民币610.91万元，投入救灾救助款物折合人民币556万元，受益人口达12.16万人。

三、社会救助工作

元旦、春节期间，按照总会的统一部署，兵团红十字会成立了“红十字博爱送万家”活动领导小组，制定了活动计划，进行了分工，明确了职责，确定了活动方案、范围。活动中筹集慰问物资1500箱、面粉3187袋，分别在一、二、四、八师和兵团驻乌鲁木齐有关单位开展了“红十字博爱送万家”慰问活动，对受灾的职工群众、下岗职工、低保家庭、特困残疾人家庭和贫困团场的困难家庭进行了慰问，使4187户9550人得到救助。

2010年，与上海市浦东区红十字会合作，帮助71名贫困家庭先心病患者参加了免费医疗救助项目，有20名患者先后接受手术治疗并康复出院，有23名符合手术条件的患者也陆续接受了免费手术治疗；帮助12名贫困白血病儿童参加了中国红十字基金会的“小天使基金”项目，有二名患儿得到资助。救助活动的开展，进一步扩大了红十字会的社会影响力。

四、卫生救护培训工作

按照中国红十字会总会《关于举办“全国红十字应急救护技能大赛”活动的通知》要求，组队参加了在贵阳市举行全国首届红十字应急救护技能大赛，获得优秀奖。年内，组织16名学员参加了总会举办的救护师资复训和提高班，为兵团旅游局导游岗前培训班培训红十字救护员230人，在兵团党委党校主体班开展红十字运动基本知识传播和卫生救护培训，100人参加。此外，要求兵团各级红十字会在充分发挥兵团卫生救护师资作用的基础上，结合各项主题纪念活动，在本级深入开展卫生救护培训工作。全年兵团红十字会系统共普及培训救护知识48696人次。

五、宣传工作

红十字博爱周期间，兵团红十字会组织各级红十字会开展了以“携手人道、参与世博”为主题的系列纪念活动。协同有关部门在机关、企事业单位、大中专院校和中、小学校开展了卫生救护与防灾避险知识宣传和卫生救护普及培训，并开展应急救护和紧急逃生演练活动；组织机关、企事业单位、学校的红十字会会员和志愿者，结合实际大力开展志愿服务活动，为困难群众提供力所能及的帮助。

“世界急救日”当天，开展了以“急救为人人”为主题的纪念活动；“世界艾滋病日”期间，兵团红十字会、农六师红十字会、农六师卫生局、疾控中心、计生委和农六师医院联合在五家渠市开展了以“遏制爱滋，履行承诺”为主题的宣传活动；“世界志愿者日”当天，农五师红十字会、农五师团委联合了开展兵团志愿者捐献造血干细胞采样活动；“世界献血者日”期间，与兵团中心血站、兵团警官高等专科学校开展了无偿献血宣传活动。兵团各级红十字会在积极引导和鼓励广大干部、职工、群众参与各项主题活动的同时，通过张贴、发放宣传品、宣传资料，制作横幅、主题宣传展板，组织板报宣传、评比，举办培训班，义诊、咨询等多种形式，进行红十字运动基本知识与国际人道法传播、卫生救护培训、无偿献血、预防艾滋病和卫生健康知识宣传等。

一年来，兵团各级红十字会通过报刊、广播、电视、网络等媒体进行宣传，积极扩大宣传面与宣传效果。全年媒体刊播各类红十字新闻报道221篇，电视播放公益广告101次，贴发、标语、宣传手册等85141份，普及宣传九万余人，社会影响力广泛。

六、项目管理工作

2010年，争取到中国红十字会/舒肤佳健康长城项目支持，在农七师123团21连和兵团222团8连新建二所卫生站，在农七师123团和兵团222团学校新建二个学生洗手池及配套健康教育宣传栏，并在项目地成立了学校红十字会，培养健康教育骨干。在兵团红十字会的督促下，该项目从8月份启动，目前项目主体工程已基本完工。项目完全建成后，将进一步改善项目地职工群众的健康生活状况，提高居民卫生服务水平，有助于健康和防病知识的宣传，提高红十字会的社会影响力。此外，兵团红十字会积极争取中国红十字基金会“博爱助学计划”支持，在30所团场学校建立了“红十字书库”，配发了书籍与设施。该项目的实施，不但增加了在校中小学生的知识储备，在提高他们的素养的同时也引导学生进一步了解和掌握红十字运动基本知识和防灾避险知识。

七、无偿献血与造血干细胞捐献工作

2010年，兵团红十字会与兵团警官高等专科学校、石河子大学商学院、新疆科技学校、222团等单位共同开展了无偿献血宣传活动。活动中成立了无偿献血志愿工作队，并对志愿者进行了无偿献血知识培训。兵团各师（市）红十字会积极配合有关部门在当地的机关、学校、企事业单位中开展无偿献血宣传动员活动，全年共有26388人次参与无偿献血。

12月3日，兵团红十字会、农五师红

十字会、农五师团委联合开展了兵团志愿者捐献造血干细胞采样活动。经过广泛的宣传动员，活动当天，有300余名志愿者报名参加志愿捐献活动，234人采集了造血干细胞血样并入库。

八、志愿服务工作

2010年，兵团红十字会在“世界红十字日”、“世界急救日”、“世界志愿者日”、“世界艾滋病日”等纪念日中，积极组织志愿者开展以应急救援、自救互救、无偿献血、社区服务等内容的志愿服务活动，增强人们自救互救意识和应急处置能力，在社会中普及应急救护知识、志愿服务理念、弘扬人道主义精神。全年共组织1780名志愿者参加了各类志愿服务活动，活动中设立志愿服务站24个，成立志愿服务队35个。

【历史沿革】

1991年3月，兵团召开了兵团红十字会与红新月会联合会成立大会，会议产生第一届理事会，聘请兵团司令员刘双全为名誉会长，选举兵团副司令员伯塔依·库平为会长，汪艾翔为常务副会长，选举理事29人、常务理事10人。同年5月，兵团办公厅下发了《关于成立兵团红十字会与红新月会联合会的通知》，决定成立兵团红十字会与红新月会联合会（后规范为兵团红十字会），挂靠在兵团卫生局，但红十字会无编制，无专职工作人员，全部职责均由兵团卫生系统人员履行。2004年4月和11月，兵团编委和兵团编办分别下发了《关于兵团红十字会机关机构编制有关问题的通知》和《关于调整兵团红十字会机关编制的通知》，通知决定，兵团红十字会机关挂靠兵团卫生局，核定事业编制五名，工作人员参照国家公务员制度管理（后改为行政编制）。目前，兵团红十字会本级有专职副会长一名，内设办公室（挂宣传发展部）和救灾赈济部。

2005年1月26日，兵团红十字会第二次会员代表大会召开，会议产生了由66名理事组成的新一届理事会，由12名常务理事组成的常务理事会，兵团副司令员阿勒布斯拜·拉合木当选会长，王国建当选常务副会长，张国昌、赵振岗（总会挂职干部，2008年9月任职）、梅新顺、王辉雄当选副会长，根据会长提名决定张岩为秘书长，陈启洪（总会挂职干部，2005年8月任职，2007年3月离任）、戴晓明（总会挂职干部，2007年3月任职，2008年7月离任）为副秘书长。由王国建等四位专职常务理事组成执行委员会，主持日常工作。2005年12月，聘请兵团司令员华士飞担任兵团红十字会名誉会长。

2008年10月21日，在兵团红十字会第二届理事会第五次会议上选举兵团党委常委、副司令员宋建业为兵团红十字会会长。

兵团红十字会历次会员代表大会

第一届

1991年3月10日召开，代表人数100人、选举产生理事33人、常务理事13人，名誉会长刘双全，会长伯塔依·库平，常务副会长汪艾翔。

第二届

2005年1月26日召开，代表人数131人，选举产生理事66人、常务理事12人，名誉会长华士飞，会长阿勒布斯拜·拉合木，常务副会长王国建，专职副会长张国昌，秘书长张岩。

【组织机构】

兵团红十字会机关设办公室（宣传发展部）、赈济救护部，设专职副厅级领导职数一名、处级领导职数二名。兵团所辖 14 个师 186 个团红十字组织机构正在建设和逐步完善中，三师图木舒克红十字会于 2005 年 5 月 17 日召开会员代表大会，选举产生了新一届理事会。2006 年相继又有三个师成立了红十字会，值此已有五个师成立了红十字会。

（张　岩）

铁路红十字会

中国铁路红十字会

【年度工作】

2010 年，中国铁路系统红十字会认真做好卫生救护培训工作。一是安排广州、郑州铁路职业技术学院的继续教育学院作为师资和骨干红十字救护员的培训基地，组织铁路站车工作人员参加培训，经费由铁道部承担，共安排 16 期，培训 800 人。二是组织各铁路局开展站车工作人员的救护培训，共培训 5400 多人。三是组织专业人员编写《铁路红十字救护员培训教材》，印制四万册下发给各铁路局。中国红十字会总会训练中心为铁路系统无偿安排培训救护师资 100 人。积极做好红十字药箱的配备工作。按照铁道部与卫生部、中国红十字会总会联合下发的《旅客列车急救药箱管理办法》要求，已在所有跨局和绝大部分局内运行的旅客列车上完成 3960 个红十字药箱的配备工作。几年来，铁路红十字救护员在遇到重大突发事件时，以及在日常客运服务工作中，都发挥了重要作用，多次参与施救并挽救了旅客生命。

【历史沿革】

20 世纪 80 年代至 90 年代初期，济南铁路局、兰州铁路局、北京铁路局、上海铁路局、呼和浩特铁路局、乌鲁木齐铁路局、柳州铁路局共七个铁路局先后成立了铁路局红十字会组织。其中兰州、上海铁路局各分局也成立了红十字会组织，并开展了带行业特点的红十字会工作。1992 年，济南铁路局红十字会被中国红十字会评为先进集体，并在中国红十字会六届理事会上介绍了经验。此后，由兰州、济南、呼和浩特、柳州等铁路局红十字会酝酿，要求铁道部成立铁路红十字会，把七个局的红十字会工作统一起来，向当时中国红十字会领导顾英奇反映得到肯定。之后，向当时铁道部卫生保护司司长路文德提出要求。经铁道部卫生保护司请示铁道部副部长傅志寰，同意成立中国铁路红十字会，并指示根据铁路具体情况只在运输系统，即各铁路局建立和开展红十字会工作。铁路红十字会会长由卫生保护司司长路文德担任，副会长由兰州铁路局刘志忠担任，秘书长由铁路部卫生保护司原医政处副处长孙英元担任。铁路红十字会办公室设在铁道部卫生保护司医政处。1994 年，铁道部在兰州铁路局西宁分局召开大会，正式成立中国铁路红十字会。1994 年，筹建了铁路红十字会锦州宣教中心，并陆续开展了红十字宣教和培训铁路列车救护员的工作。以后，又依据铁路客运工作的需要，在铁道部第四工程局黄山疗养院、济南铁路局烟台地区招待所成立了铁路红十字会培训中心，在大连铁路疗养院成立了铁路红十字康复中心。

中国铁路红十字会历次代表会议

第一次 1994 年，在兰州铁路局西宁分局召开了中国铁路红十字会成立大会。除成立铁路红十字会的铁路局以外，其他铁路局也派代表参加了大会。大会中心议题是建立和发展组织，讨论按铁路特点在客运安全服务、灾害事故急救、宣传教育、救助弱势群体和无偿献血方面开展红十字会工作。

第二次 1998 年，在呼和浩特铁路局召开了由各铁路局和部分铁路分局红十字会负责人参加的会议。按照中国红十字会总会的精神，总结前一段的工作，部署当年的工作。

第三次 1999 年，在西安铁道部临潼疗养院召开了由各铁路局和部分分局红十字会负责人参加的会议。重点是交流经验、发展组织、推动工作。之后，除沈阳，郑州铁路局和广铁集团公司外，都相继建立了铁路红十字会组织。

第四次 2000 年，在烟台铁路红十字会培训中心召开了会议。会议内容为总结上一年度工作，并提出新一年度工作要求，同时还举办了铁路优秀红十字学员夏令营活动。

第五次 2002 年，在柳州铁路局召开了铁路红十字会工作会议，贯彻中国红十字会七届理事会精神，请柳州铁路局副局长、红十字会会长汪书庆介绍开展铁路红十字会工作的经验。广西壮族自治区红十字会秘书长到会祝贺并讲话。中国铁路红十字会提出年度工作的八项要求。

【组织机构】

中国铁路红十字会除兰州铁路局有单设的机构和人员以外，其他铁路局都挂靠在卫生主管部门（医政处，卫生处，医政科）。

中国铁路红十字会会长为路文德，副会长为兰州铁路局原副局长刘志忠（专职），南昌铁路局党委书记高维生为红十字会常务副会长，中国铁路红十字会秘书长由劳卫司医政处处长梁渤洲担任。兰州，柳州和南昌铁路局铁路红十字会组织比较健全，由局领导任红十字会会长，各有关业务处长任理事。其余的铁路局和部分分局红十字会职务由其医政科室人员分管或兼职担任。

【主要特色】

一、各铁路局红十字会在“五八世界红十字日”和“世界艾滋病日”，利用铁路站车优势，广泛宣传《中华人民共和国红十字会法》和预防滋病知识。多年来，铁路红十字会开展各种宣传活动 130 多次，在基层站段和列车上放发宣传资料 41 万多份。昆明铁路局红十字会多年来与云南省红十字会合作，在“世界艾滋病日”组织铁路各医疗和疾病控制单位在昆明站、昆明北站、开远站等采用多种宣传形式，向过往旅客和铁路职工、家属宣传艾滋病预防知识，受到云南省红十字会的好评。从 1997 年至 2002 年，该会还与云南省红十字会、澳大利亚红十字会合作，在昆明、开远、南昆线、威舍等地举办 20 多期艾滋病预防青年同伴教育培训班，约 5000 余名青年职工、学生接受了艾滋病预防的知识教育。

二、2002 年，中国铁路红十字会宣教服务中心和有关铁路局红十字会配合客运部门共举办九期旅客列车红十字救护员培训班，共培训 721 名旅客列车红十字救护员。2003 年 3 月，铁道部、卫生部、中国红十字会总会联合下发了关于印发《旅客列车急救药箱管理办法》（暂行）的通知，要求按 15 部委联合通知的要求力争逐步达到每趟旅客列车有两名经过培训的铁路红十字救护员。2004 年，中国铁路红十字会认真贯彻上述文件精神，铁道部劳卫司和运输局共同印发了《铁路自救互救基础》全路统一教材 8000 册，还与铁道部运输局共同举办了两期铁路客运部门红十字自救互救骨干培训班，有 80 余人接受了培训。各铁路局举办了多期红十字救护员培训班，培训客运乘务人员 1500 多人。2005 年，由成都铁路局客运部门牵头，两个月举办了六期红十字救护员培训班，培训旅客列车救护员 453 人，经考试合格发证上岗。中国铁路红十字会宣教服务中心协助柳州局红十字会举办了两期共 95 人的红十字救护员培训班。哈尔滨铁路局 2005 年 9 月培训了 100 名列车红十字救护员。受培训合格上岗的红十字救护员大都在救治旅客外伤、急诊，甚至接生的初级处理中发挥了良好的作用，受到旅客的赞扬。

三、各铁路局在灾害和疾病发生时，积极协助救灾物资的运输工作。如上海铁路局和地区红十字会发挥铁路特点，2002 年，在上海南站、南浦站、杨浦站、北郊站、无锡站，新龙华站用火车专列协助运输救灾物资 174 车共 10440 吨，支援了江西，云南，河北等省的救灾工作，并给予适当的优惠政策。上海市新闻媒体对此进行了报道。在募捐工作中，上海铁路分局的 24 个基层单位的 16425 人募集衣被 32008 件发往灾区。

四、配合卫生部门组织无偿献血活动。铁路系统参与无偿献血的职工人数逐年增加。据不完全统计，每年参加无偿献血的都超过一万人。上海铁路局有一个职工已累计无偿献血 8000 毫升，获得上海市红十字会颁发的无偿献血金奖。

全国各铁路局红十字会在救助弱势群体，开展社区服务和红十字青少年活动方面也做了大量工作。

（铁　红）

特别行政区红十字会

香港特别行政区红十字会

【年度工作】

一、纪念建会 60 周年

2010 年是香港特别行政区红十字会成立六十周年，香港红十字会自 1950 年成立至今，经历了战后物资匮乏的年代、越南船民潮、九七回归、“非典”疫症和金融海啸等历史阶段，也面对过华东水灾、南亚海啸、汶川地震的冲击，纵使挑战重重，却有无数志士仁人与本会同心协力，展示无尽关怀，向需要帮助和处于困境的人伸出援手。香港红十字会 60 年来努力的成绩有目共睹，并已成为深受香港市民信赖的人道服务机构。

过去一年，本会一共组织了八项环绕“感谢沿途有你”为主题的会庆活动，共有 2.2 万名义工、1100 名职员，及五万名市民参与。2010 年 6 月 8 日的六十周年庆祝酒会是全年会庆活动的焦点——450 名嘉宾云集香港会议展览中心，与主礼嘉宾特区行政长官兼本会赞助人曾荫权先生及中国红十字会常务副会长王伟先生一起分享本会 60 年来建构“人道平台”的成果。压轴活动则是 12 月 5 日——即“国际义工日”当天举行的“社区服务日”，400 多名本会董事会成员、管理委员会委员、职员及义工身体力行，在曾鲍笑薇会长的带领下，于全港各区为 5000 名有需要人士提供不同类型的服务或义卖，体现了红十字运动以行动为本、传扬关爱的精神。

二、两项重要的机构发展项目

在香港特别行政区红十字会踏入另一个 60 年之际，也启动了两个对未来机构管治和建设有重要发展意义的项目。根据去年麦肯锡公司为本会进行的策略发展计划大纲报告，由副主席罗荣生先生领导的工作小组于 2010 年 12 月向董事会提交了实施计划。在“质量管理”的核心概念下，香港特别行政区红十字会未来五年会分两阶段就优质文化、职员康健、知识管理、人才管理、服务发展和评估机制六个方面于全会上下推行一系列的能力提升活动和改进措施，目标是把香港特别行政区红十字会建设成一个更健康、更有力推动人道工作的机构。秘书处特别设立了质量管理办公室，协调各项活动及措施的推行。2011 年 5 月 6 日，香港红十字会副主席林胡秀霞女士带领 160 名职员一起以动作和声音喊出“齐心迈步、优化制度、延续人道服务”的大会口号后，香港特别行政区红十字会《2011 ~ 2016 五年策略发展计划》正式宣告启动。

已经构思近 20 年的香港特别行政区红十字会新总部大楼在 2010 年获得实质的进展。在 2010 年 5 月取得所有政府相关政策局的政策支持后，香港特别行政区红十字会正式向地政署申请拨地，把现时位于香港夏悫道的三层高总部迁往西九龙海庭道，计划重建成一幢楼高 11 层、总楼面面积 1.1 万平方米的新总部大楼。经过近一年与各政府部门磋商和争取区议会及地区团体的支持后，成功获行政会议于 2011 年 7 月通过拨地。为筹募重建经费，香港特别行政区红十字会在 2010 初成立了由曾鲍笑薇会长任顾问、胡郭秀萍总监任主席的筹款委员会。在各委员的努力下，获本会副赞助人邵逸夫爵士慷慨捐赠逾港币 1.2 亿元，及成功争取香港赛马会、奖券基金及不少热心人的支持，至今共筹得港币 3.3 亿元，距预算四亿元的建筑费尚差 7000 万元。

香港特别行政区红十字会新总部大楼重建计划是本会几代人为进一步推展人道工作的梦想，亦标志着香港红十字会未来的发展愿景。新总部大楼将成为一站式的人道服务平台，设有捐血中心、急救及健康护理训练中心、青少年制服队伍地区总部、义工发展及活动中心、人道教育中心、赈灾物资处理中心及海外紧急医疗队的培训基地。本会现时已聘用专业人士着手大楼的具体设计工作。

三、本地服务概况

2010 至 2011 年度，香港特别行政区红十字会输血服务中心共收集了 22.6 万多个血液单位和 1900 多个脐血单位，并新增了 4600 多名人士登记为骨髓志愿捐赠者。2009 年累积捐血达 25 次或以上的得奖人数创 2300 多人的新高，其中捐赠次数最多的一位累积捐血逾 475 次。但由于医院的临床用血需求不断增加，中心未来仍要努力开拓收集血液的来源及提升化验的效率与水平，确保有需要的病人继续获得充够和安全的血液供应。

特殊教育方面，香港红十字会辖下的四所特殊学校——医院学校、肯尼迪中心、玛嘉烈戴麟趾学校和雅丽珊郡主学校——于 2010 年 8 月 31 日根据教育条例成立了法团校董会，独立地处理校政。香港特别行政区红十字会作为办学团体，亦成立了由任锦光总监任主席的特殊教育及康复服务管治委员会，协调各法团校董会贯彻红十字会的人道办学理念，以及就校务管理向各校董会提供意见。

四所学校在 2010 年继续展示其全人教育和协助学生发挥潜能的办学宗旨，多位毕业生及学生 2010 年在社会上取得荣誉，当中包括“十大杰出青年”、“香港精神大使”、“十大再生勇士”及“香港学生运动员”等全港性奖项。2011 年初，四校 300 多名学生均参加了为期半年的“创意无限 13 点”联校比赛，在著名漫画家、故事编写专家和时装设计师的指导下，发挥他们无限的艺术创意。活动更获传媒广泛宣传。

“保护生命”是红十字会的核心使命。本会 2010 年共为公众人士提供了 681 次的急救服务，举办了 1071 个急救训练课程和 16 个健康护理训练课程，超过一万名学员成功考取了合格急救员、自动体外心脏去颤法操作员、保健员和医护支持人员的资格。2010 年 8 月，香港特别行政区红十字会为近 600 名取得认可健康护理资格的毕业学员举行了盛大的毕业典礼，当天成立了健康护理训练校友网，希望通过凝聚校友而推动护理行业的发展。

为推广急救作为普及生活知识，香港特别行政区红十字会组织多次大型的小区和家居教育活动，与有线电视及明报合作制作了教育专辑。自“非典”以来一直在大埔、屯门、葵青区推行的“五星健康五星家”小区健康教育计划，继续以大型嘉年华会、工作坊、定期出版《健康之友通讯》方式，向居民推广家居健康安全的知识。

“关怀伤困”是本会的另一核心使命，也是最多义务工作人员参与的红十字会服务范畴。人类猪流感的威胁于2010年中逐渐解除后，本会义工在22所医院提供的院友关怀服务已全面恢复。义工们也积极参与各区的长者小区照顾服务计划，定期探访独居长者和关注他们的卫生健康需要。此外，透过寻人大使们的努力，2009年成功为26个家庭重建联系。

除了关怀服务，香港特别行政区红十字会义工也协助紧急救援工作。2009年，他们共参与10次紧急赈灾服务，并向3200多名受火灾、水浸、寒冷天气及其他紧急事故影响的人士派发日用品和寒衣。2010年8月，香港特别行政区红十字会动员的义工及临床心理学家为受菲律宾马尼拉人质事件影响的市民设立“电话心理支持服务”，五天内共有730位情绪受困扰的市民接受了服务。

截至2011年3月份，在各服务单位登记的义工人数共有2.36万人，全年服务总时数超过58万小时，是全港十大最高服务时数的公众团体之一。红十字青少年仍然是义工队伍的主力，全年共为有需要人士提供超过2.3万次的关怀服务，并通过健康同伴教育和校园健康大使等计划，支持其他青少年抗逆、禁毒和预防艾滋病的服务。本会亦为他们举办了超过1000个训练课程，提升他们的服务技能和领导才能。

四、境外服务与国际参与

作为国际红十字运动的一份子，香港特别行政区红十字会同样关注香港以外的苦难；不少香港市民亦希望透过本会为救助内地及其他地区受天灾人祸影响的灾民贡献一分力。2009年以来，香港特别行政区红十字会参与了青海地震、内地水灾、台湾风灾、南亚水灾、日本地震及海啸、以至北非和中东武装冲突等的赈济工作，收到市民的赈灾捐款达港币2.2亿元。通过与内地红十字会的合作和国际红十字会的网络，香港特别行政区红十字会为灾民提供紧急救灾物资如帐篷、家庭包、煮食用具、医疗用品和饮用水等，在灾区开展卫生防疫教育和心理支持服务，并搭建过渡性的临时板房设施。香港特别行政区红十字会还支持民房、学校、卫生院、供水系统及其他小区设施的灾后重建工作。

2004年南亚海啸后，香港特别行政区红十字会在八个国家支持共80多个赈灾、重建和发展项目，现已全部完成，并会运用剩余的捐款资助一些延伸的灾害管理项目，以减低这些曾受海啸及其它灾害影响地区的易受损性。2008年汶川特大地震的民房、医疗设施和学校重建项目绝大部份已竣工，特区行政长官曾荫权先生亦于2010年7月参观了已服务超过1500名受益人的德阳市康复及假肢中心。参与了在内地已推行七年的“农村小区为本备灾项目”，目前，项目点主要在安徽、贵州、湖北和云南四个省份。

除资助救灾项目，香港特别行政区红十字会逐渐增加派出职员和义工到内地和海外实地参与红十字会的人道任务。2010年，共有73名专业义工亲身参与了境外的医疗及救援服务；香港特别行政区红十字会也借调职员往国际红十字会协调赈灾工作或进行灾情评估，另外又延长与中国红十字会在2007年签署的三年合作计划至2011年底，协助培训义工管理人才、急救导师和推行备灾项目。此外，香港特别行政区红十字会2009年在香港主办了“国际人道法庭比赛”、“国际人道工作参与者培训班”、“亚太区红十字与红新月会青年领袖论坛”等多个国际性的红十字业务会议和比赛，并积极参与捐血、红十字青少年、卫生救护、重建家庭联系及筹款等相关工作小组和会议。

五、其他机构事务

香港特别行政区红十字会在2010年共录得1247次的媒体报道，主要集中在赈灾、输血服务和筹款活动。公众人士对本会工作的认同，令筹款收入得以突破6000万元，定期捐款者超过1.6万人，有力地支持了香港特别行政区红十字会推展一些亟需资源的人道服务。本着一向谨慎理财的原则，行政及筹款开支仍保持在6.5%的较低水平。

服务红十字会超过20年的副秘书长黄莫辉先在休假一年后正式离职，香港特别行政区红十字会十分感谢他过去在发展赈灾服务上的贡献；其职位已由苏婉娴女士升任。为扩大高级职员对整体机构层面的政策参与，本会2010年增聘人手，分担部门主管的工作量。此外，人事委员会又通过首次举办的“香港红十字会摰诚服务大奖”，嘉许了14位有优异工作态度的员工。

六、财务情况（2010年4月1日至2011年3月31日）

全年总收入（不包括赈灾项目及各特定基金）：港币500670000元。

全年总支出（不包括赈灾项目及各特定基金）：港币463720.000元。

七、2010/11的服务数字：

（一）职员人数：（于2011年3月）

1. 特殊教育及复康服务：551名。

2. 秘书处及其他部门：245名（输血服务除外）。

（二）输血服务

1. 志愿捐血人士：158000人。

2. 收集血液单位：226718单位。

3. 制成血制品：435421单位。

（三）赈灾及备灾

1. 汶川特大地震重建及康复：港币151302641.40元。

2. 南亚水灾2010赈灾：港币2386215.19元。

3. 青海地震2010赈灾：港币8738741.93元。

4. 缅甸风灾2008重建及发展项目：港币8808936.00元。

5. 南亚海啸重建及发展项目：港币19794065.12元。

6. 海地地震2010赈灾：港币27231243.75元

7. 台湾风灾2009重建项目：港币97880760.00元

8. 其他赈灾及发展项目：港币5033968.34元。

9. 曾前赴海外参与人道工作的专业志愿人士：73名。

10. 国际福利：119宗求助个案。

11. 寻人服务：767宗个案，6300多次面谈、家访及电话查询。

12. 本地援助物资派发：共为3217人提供1377个衣物包，1021件毛衣及棉褛，以及毛巾及牙膏等日用品。

（四）急救及健康护理教育

1. 提供急救训练：26类、1071班、14733小时训练时数、20830名学员。

2. 提供健康护理训练：16班、3162小时训练时数、347名学员具考试资格。

（五）医院内的院友关怀服务：

1. 院友图书服务：服务人次（个案）141512；义工参与时数7948。

2. 院友关怀活动：服务人次（个案）14803；义工参与时数1240。

3. 院友伴送服务：服务人次（个案）113760；义工参与时数2844。

4. 辅助行动器材租借服务：服务人次（个案）7007；义工参与时数11036。

（六）特殊教育及复康服务

1. 三所特殊学校的学生人数：494人。

2. 医院学校：479人。

3. 顺利宿舍宿生人数：38名。

（七）青年及义工事务

1. 红十字青少年队伍：371队。

2. 红十字青少年会员及义务领袖人数：约16400人。

3. 红十字青少年组织的服务项目：组织了120个健康教育服务服务计划。

4. 机构提供了24000多次定期服务。

5. 红十字成人义工队伍：43队。

6. 红十字成人义工人数：超过1700人。

7. 红十字耆英团：26队。

8. 红十字耆英团团员人数：超过500人。

【历史沿革】

一、20世纪50年代

1949年，当时的香港是英国统治下的殖民地。由于中国政局出现了重大变化，大量移民涌入香港。香港人口由1946年的90万人急剧上升至1949年的200万人。英国红十字会代表与香港总督商讨在香港成立分会的可能性。当时主要考虑于紧急需要时为移民提供协助与服务，并负责“国际福利工作”。香港红十字会于1950年7月12日成立，成为英国红十字会的分会。工作重点为协助那些在第二次世界大战期间流落亚洲地区的难民返回所属国家，以及提供寻人服务，帮助因战乱与家人失散的人士寻回家属或返回家园。

1950年6月，朝鲜战争爆发，香港红十字会于1951年开始负责准备食物、医疗药品等包裹，运送到日本给战俘。1955年英国红十字会与中国红十字会达成协议，由香港红十字会负责于边境送递包裹予被扣留在中国国境的外籍人士。

香港红十字会捐血服务于1951年开始，协助政府为全港志愿捐血人士进行登记。于1952年成立捐血服务部，开展志愿捐血的新纪元。

1952年，香港红十字会于东华医院开展“调剂性治疗”，由志愿工作人员协助提供工艺制作班予病童。此发展成为今日的医院学校。

20世纪50年代香港资源贫乏，救济和赈灾工作所需的物资主要依靠外国捐助。香港红十字会于1953年开始，把外国捐助的衣物进行分类、贮藏及分派，成为政府备灾及救灾的后勤好帮手。当时更招募志愿工作人员，协助英国红十字会工作人员关怀和照顾在医院的军人及其它住院人士。此服务便发展成现今的院友关怀服务。其中一群妇女志愿工作人员为医院剪裁及制作纱布绷带和棉花球，此发展成现今有不同国籍人士及长者参与的成人义工队。

香港红十字会于1956年开设青少年部，成立第一队青少年团。

二、20世纪60年代

1962年，得到国际难民基金及英国红十字会支持，全港第一所为身体伤残，未能在一般学校就读的儿童而开办的雅丽珊郡主儿童安置所及学校得以落成，为60名儿童提供照顾。至今发展成为三所特殊教育学校及一所宿舍：雅丽珊郡主学校（1966年）、甘乃迪中心（1967年）、玛嘉烈戴麟趾学校（1973年）及顺利宿舍（1968年）。学校不单提供课堂教学，更有课外活动、各样综合和功能治疗。严重弱能者，更有个别学习程序和特殊器材协助；课程由教师、职业治疗师、社会工作员及教育心理学家共同设计。

三、20世纪70年代

由于60年代期间的社会变化及于四五十年代出生的孩子已长大，香港人在香港这片土地的过客心态渐变为有感情、带动社会团结和排外的取向。香港红十字会于70年代时便发挥着服务先导者及动员社会互助和自助的角色。

1975年，越南政权易手，香港红十字会协助把英国红十字会、国际红十字会及其他国家捐助的药物及救济物品运到越南。同时，越南政局的变化，触发大规模的难民潮。1975年5月，一艘丹麦货轮载着第一批3700多名越南难民来港。香港红十字会及时为他们提供了各类救济品及寻人服务。随着越南难民数量的增加，救济这些难民成为十分迫切的问题。1979年5月，联合国难民事务高级专员邀请香港红十字会接管当时仍属政府羁留中心的“北启德难民营”。直至1987年，当难民服务已不属于紧急救援工作时，难民收容中心的责任才转交予其它福利服务机构。

1976年，香港红十字会配合政府条例开办工业急救课程，以提升并保障工人的生命安全。

香港志愿捐血的华人由1954年的7%增至1970年的35%，显示出捐血教育及推广的成效。

四、20世纪80年代

香港红十字会进一步改善及自我提升，各项服务逐渐踏上了轨道，焦点移至被忽略及缺乏关顾的人群，同时也继续扩大志愿工作人员队伍，深化红十字青少年于人道服务的价值观念，关注儿童的精神及行动治疗，鼓励华人志愿捐血。香港红十字会坚定的人道宗旨、为关怀和扶助伤病者和弱势社群的工作方向，并未因为当时香港社会上九七回归所带来的政治考虑而有巨大变化。

五、20世纪90年代

香港红十字会开始与中国红十字会展开紧密接触。1991年的华东水灾赈灾工作更进一步让香港红十字会了解国内红十字会的体系和工作。1997年7月1日，香港红十字会顺利由英国红十字会转移归属于中国红十字会，成为高度自治的中国红十字会分会。香港红十字会的活动空间同时进一步扩大至不单是国内，而及于国际。

1997年4月，政府委托香港红十字会推出了“长者安居广东省续领综合社会保障援助计划”。

通过举办各项赈灾、输血、急救的地区及国际性活动，香港红十字会充分发挥香港及其国际城市的特点，推动及参与国际间的合作和交流，并与世界各地红十字组织紧密合作，为保护生命及减轻人类疾苦而努力。

六、21 世纪初

承接 1997 年的地位转变，香港红十字会紧密与国际红十字会联络及合作，通过参与本地、国内及国际间的项目，巩固及确定香港红十字会的服务方向。受全球性经济下滑影响，政府大幅削减对香港红十字会的资助，私人捐助下降。本会的传讯及资源发展部随之成立，正为解决财政困难、维持服务负起艰巨的任务。

作为香港一个重要的人道组织，香港红十字会逐步加强其对内对外的传播角色，包括不断探索如何把人道理念更有效贯彻于各项现有服务内，又于 2003 年开始举行“国际人道法仿真法庭比赛”，由香港的大学法律系学生扩大至 2007 年的 16 所亚太地区的大学法律系学生参与。2007 年更主办香港首个的“香港人道年奖”。

在 2003 年“非典型肺炎”爆发、2004 年底“南亚海啸”及 2008 年四川汶川大地震三项举世关注的事件中，香港红十字会所进行的工作获得市民肯定，反映出公众对香港红十字会的高度信任和所付予的期望。而借助参与红十字与红新月会国际联合会在这两方面的工作，香港红十字会也逐渐成为国际红十字运动活跃的一员。

【组织机构】

香港红十字会成立以来都邀请历届的香港总督/特区行政长官为赞助人。赞助人既是香港政府首长，也是香港红十字会的名誉领导。会长一职一般邀请香港总督/特首的夫人出任。周年大会及顾问团会议均由会长主持。赞助人和会长虽然不参与会务决策，却带动社会各阶层对香港红十字会的支持。

香港红十字会的管理制度依靠志愿人士组成不同的管理委员会，集体领导各个服务部门的工作，并向公众负责。最高委员会是董事会，由主席主持董事会会议。主席以下设有副主席、义务司库、总监均由董事会成员选举产生，任期三年。主席、副主席及义务司库为主席委员会成员，由董事会议决授予处理事项及在紧急而董事会非运作情况下，以董事会之名义及代表董事会行事。

香港红十字会的五位总监同时担任有关的服务管理委员会主席，推动辖下的五个部门的工作：输血服务、国际及赈灾服务、特殊教育及复康服务、青年及义工事务和医护服务。

董事会之下委任一名专职秘书长，负责在主席及副主席指导下担任香港红十字会的行政管理工作，并根据董事会之政策和方向，策划、联系、执行和发展会内各项服务和计划（输血服务除外）。

顾问团的成员为香港特别行政区政府主要官员和社会知名人士。他们的参与，增加了香港红十字会的公信力，从而使公众更支持红十字会的工作。

【相关法规】

香港红十字会依《香港法律条例第 1129 章》成立为法团。

中国红十字会于 1997 年 4 月 1 日至 4 日召开的第六届理事会第四次会议议决，同意接纳香港红十字会自 1997 年 7 月 1 日起成为中国红十字会的一个享有高度自治的地方分会。全称为“中国香港特别行政区红十字会”，简称“香港红十字会（中国红十字会分会）”。《中华人民共和国香港特别行政区基本法》以及《国际红十字与红新月运动章程》和《红十字会与红新月会国际联合会章程》是处理双方关系及事务的依据。

香港红十字会作为中国红十字会的一个高度自治的地方分会，它根据《中华人民共和国香港特别行政区基本法》和香港特别行政区政府的法律，自行制定或修改《香港红十字会章程》，负责处理会内一切事务。《中华人民共和国红十字会法》和《中国红十字会章程》不适用于香港红十字会。

【主要特色】

香港红十字会的理想：

我们力求世上人人都能尊重及保护人的生命和尊严，并能自愿地以一视同仁的态度施以援手，改善弱势社群的境况。

香港红十字会的使命：

作为国际红十字运动的一份子，我们积极推动社群，本着人道理念与志愿服务精神，竭力：

保护生命、关怀伤困、维护尊严。

香港红十字会的核心价值

我们坚守红十字运动的基本原则：人道、公正、中立、独立、志愿服务、统一和普遍。

我们重视每一个人，不分服务受惠者或提供者。

我们提供优质服务，并向所有相关人士负责。

【大型项目及显着业绩】

一、1949 年

香港总督委派医务卫生署长协助成立英国红十字会香港分会，提供寻人、协助难民及为军部医院提供服务。

二、1950 年

（一）7 月 12 日，英国红十字会正式批准成立香港分会。

（二）成立第一队义务妇女工作队，为政府医院提供折制纱布。

三、1951 年

教导荔枝角医院精神病人制作工艺品，是医院学校的雏形。

四、1952 年

成立捐血服务部，首年志愿捐血人数 483 人。

五、1953 年

（一）灾仓库启用。

（二）作第一套中文捐血宣传片，鼓励华人捐血。

（三）发衣物予石硖尾大火灾民。

六、1954 年

第一所医院学校在荔枝角医院儿科部开办。

七、1955 年

协助运送食物包裹至中国边境，交予中国红十字会转交予被扣留的外籍人士。

八、1956 年

嘉诺撒圣方济各书院成立第一队红十字会青少年团。

九、1959 年

成立流动眼科医院于郊区提供服务。

十、1962 年

（一）殊学校雅丽珊郡主红十字会学校及儿童安置所启用。

（二）济受台风温黛袭港影响的灾民。

（三）乱蔓延，于漆咸道隔离中心分派衣物及提供福利服务。

（四）4. 内难民大量涌港，协助赈济。

十一、1965 年

位于夏悫道的香港红十字会总部落成启用。

十二、1966 年

在慈云山开办第一所走读伤残儿童

学校。

十三、1967 年

第二所特殊学校甘乃迪中心启用。

十四、1968 年

1. 慈云山开办伤残青少年宿舍。

2. 屿山石壁度假营舍启用。

十五、1969 年

1. 为公益金会员机构。

2. 十字青少年在慈云山徙置区展开为期 9 个月的健康卫生运动。

十六、1973 年

1. 动捐血车投入服务。

2. 第三所特殊教育学校玛嘉烈戴麟趾红十字会学校启用。

十七、1975 年

1. 办成人医疗用具借用服务（辅助行动器材租借服务前身）。

2. 麦货轮“马士基”号载来 3700 多名越南难民，香港红十字会难民服务大为扩展。

十八、1976 年

1. 办工业急救训练课程。

2. 建为适合伤残人士使用的石壁度假营舍落成启用。

十九、1979 年

1. 扩展寻人服务，协助越南难民。

2. 管北启德难民营，并在营中设立越南难民医疗中心。

二十、1980 年

邵逸夫会长率领代表团首次访问中国红十字会。

二十一、1981 年

慈云山伤残青年宿舍迁往观塘顺利邨易名“顺利宿舍”。

二十二、1984 年

位于京士柏道的输血服务白普理大厦落成启用。

二十三、1985 年

“红十字精神”中学视听教材制作完成，分送全港中学。

二十四、1987 年

1. 北启德难民营移交予基督教难民服务处管理。

2. 展儿童医疗用具借用服务。

二十五、1988 年

“红十字精神”小学视听教材制作完成，分送全港小学。

二十六、1989 年

位于湾仔修顿中心的青年及福利事务部港岛总部启用，由英国红十字会青少年活动赞助人威尔斯王妃黛安娜主持开幕。

二十七、1990 年

由英国红十字会“海外分会”升格为高度自治的“分会”。

二十八、1991 年

1. 中国华东水灾大规模赈灾筹款，共筹得港币 1.44 多亿元。

2. 医院管理局签署管理合约，输血服务中心纳入医院管理局架构。

二十九、1992 年

成立第一队有长者参与的制服队伍。

三十、1994 年

工业急救训练中心易名“急救训练中心”，由政府卫生署资助经常开支。

三十一、1995 年

1. 助社会福利署举办健康护理课程，为安老院保健员提供合资格护理训练。

2. 院图书馆服务易名“关怀病人及图书服务”，由医院管理局资助。

3. 办亚太区首届急救比赛。

三十二、1996 年

位于沙田的香港红十字会白普理中心落成。

三十三、1997 年

1. 着香港回归中国，香港红十字会由英国红十字会分会转为中国红十字会内一个享有高度自治的地方分会。

2. 政府委托作为“长者定居广东省续领综援计划”中介机构。

3. 港红十字会网页启用。

三十四、1998 年

1. 导香港红十字会 30 年的会长邵逸夫先生及主席郑棣材博士荣休，分别由董赵洪娉女士及杨铁梁先生继任。

2. 香港大学医学院及红十字国际委员会在港合办“大型紧急医疗援助国际培训班”。

3. 血服务中心成立全港首间免费的脐带血库。

4. 葵涌医院（精神科医院）设立全港首间“迷你病人影院”。

三十五、1999 年

1. 血服务中心取得 ISO9002 品质管理认证。

2. 次派出一位麻醉师前往非洲肯尼亚协助红十字国际委员会的人道工作。

三十六、2000 年

贺香港红十字会成立 50 周年。举行一系列庆祝活动，包括：

举办“名人服务庆金禧”筹款活动。

为推广急救知识举办“急救动力共闯 2000”。

发行香港红十字会 50 周年纪念邮票及九广铁路纪念车票。

举行“凝聚爱心能量、共建关怀社群”服务大行动——动员全港市民参与社会服务。

出版香港红十字会 50 周年纪念书册。

举办国际大型研讨会——以输血服务、青年工作、特殊教育及推广人道精神为题。

举行“青年力量 2000”。

三十七、2001 年

1. 因应服务发展，把“青年及福利事务部”分拆为“青年及义工事务部”和“医护服务部”。

2. 立全面计算机联网系统。

3. 出一位义务顾问医生前往非洲肯尼亚进行三个月的志愿战地医疗工作。

4. 入“心理支持”服务试验计划。

5. 丽珊郡主红十字会学校学生苏桦伟代表香港参加国际伤残奥委会世界田径锦标赛，打破伤残男子 100 米的世界纪录。

6. 展“艾滋病同伴教育计划”。

三十八、2002 年

1. 中国红十字会颁发“特殊贡献奖”。

2. 血服务中心取得 ISO9001 的 2000 年版认证及“2002 年亚洲医疗机构管理奖”。

3. 政府资助开展“假日之友”残疾人士假期日间照顾服务。

4. 青山医院（精神科医院）的第二所“病人迷你影院”投入服务。

5. 与红十字会与红新月会国际联合会及菲律宾红十字会合办“第二届东南及东亚区红十字会急救比赛”。

6. 雅丽珊郡主红十字会学校学生苏桦伟获 2002 年“香港杰出运动员”奖。

三十九、2003 年

1. 香港爆发非典型肺炎，全会动员积极进行推广防炎、关怀病者及医护人员、制作“防炎消毒包”予长者及长期病患者等工作。

2. 举办“首届国际人道法模拟法庭”比赛。

3. 一位护士以香港红十字会志愿工作人员身份到非洲肯尼亚的战地医院工作。

4. 成立传讯及资源发展部，专责为红十字会服务筹募经费。

四十、2004 年

1. 为庆祝红十字运动在中国推行 100 周年，主办了“两岸红十字百周年精英荟萃”活动。

2. 为庆祝特殊教育及复康服务的 50 周年，举办了“五十周年国际研讨会”。

3. 举办“第二届国际人道法模拟法庭”比赛，除本港法律系学生外，首次有国内北京、新加坡及菲律宾的法律系学生参与。

4. 进一步推动“心理支持”服务，与机场管理局合作，派出心理支持服务队，参与各航空公司的空难演习。

5. 开展“社区健康教育—五星健康五星家”及“校园健康大使”计划。

6. 玛嘉烈戴麟趾红十字会学校迁往牛池湾新校舍。

7. 实施新人事架构及薪酬制度，并获选为“2004 年度良好人事管理奖”。

四十一、2005 年

1. 输血服务引进 ISO14001 环境保护质量管理认证。

2. 南亚海啸救灾工作获破纪录的支持，获香港市民共 6.2 亿多元的港币捐款。在受灾地区的救援及重建工作逐步扩展，于印度尼西亚及斯里兰卡设立救灾办事处。

3. 主办红十字会与红新月会国际联合会于香港召开的“全球海啸救灾工作会议”，有 40 个国家的红十字会代表及国际组织代表出席。

4. 香港特别行政区行政长官曾荫权先生及其夫人曾鲍笑薇女士分别接任本会新的赞助人及会长。

5. 自 9 月 1 日起接手管理“香港骨髓捐赠者数据库”。

6. 首次提名香港护理人员角逐“南丁格尔奖”，冯玉娟女士成为首位香港得奖者。

四十二、2006 年

1. 2006 年为红十字青少年金禧纪念，年内举办了一连串庆祝活动，包括 3 月 12 日的“红人五十显关怀”、5 月 7 日的“人道服务在香港”启动礼及 11 月 19 日的“青年力量显关怀”。

2. 在青少年会员人数急速增长的带动下，香港红十字会的会员及义工人数突破 20000 人

3. “香港骨髓捐赠者资料库”自 2005 年底成立后，于 2006 年度共招募超过 6300 名市民登记志愿捐赠骨髓，并接获 420 名本地及外国病人要求寻找骨髓捐赠者及安排 660 次进一步的血液测试。最后成功为 29 名病人找到骨髓作移植治疗。

4. 2006 年度周年捐血颁奖典礼得奖人数（捐血 25 次及其倍数）再创新高，达 1905 人。本港捐血纪录保持者亦创下捐血超过 350 次的佳绩。

5. 国际及赈灾服务部主管苏婉娴女士于 10 月 8 日获颁“2006 年十大杰出青年”奖项，以表扬其在人道救援工作的卓越表现及贡献。

（关曼怡）

澳门特别行政区红十字会

【年度工作】

一、社区服务工作

澳门特别行政区红十字会积极开展本地区的社区服务，2010年，本会义工继续本着服务社会的精神，开展了80次对长期病患者、智障人士、长者、单亲家庭的关怀活动，参与活动的义工达1568人次，为近2700人次提供服务。现有在册义工人数866人。

二、急救服务工作

在急救服务方面，本会2010年为各社团、政府机构等举办的各类型活动提供了261次驻场急救服务，出队3066人次，时数近1800小时。

三、红十字青少年工作

澳门红十字会青少年制服团队是本会青少年发展的重点项目，目前青少年团共有230名团员及30名准团员。本会为本澳青少年提供了一系列的培训，包括红十字运动基本知识、步操训练、技能训练等一系列培训，并让他们参与社区及急救义务服务，希望通过培训及服务，培养青少年的社会责任感。

四、推广急救知识

2010年，澳门红十字会学校举办了急救讲座及各类急救课程共258次，并继续与台湾红十字组织合作在暑假期间举办“水上安全救生员课程”。

五、非紧急爱心医疗护送服务

本会的非紧急爱心医疗护送服务自2003年7月正式投入服务，是为本澳行动不便的人士提供日间往返医疗机构就诊的护送服务，凡不能使用一般交通工具或使用时有困难的人士，均可申请爱心医疗护送服务。目前本会用于爱心护送及急救服务方面共有七辆救护车及七辆爱心巴士。为了更有效及安全的护送病人，本会在其中3辆爱心巴士车内增加了车床。2010年，爱心护送专车护送个案及救护车护送个案超过20992人次，出院者达3383人次

六、赈灾备灾及援建工作

2010年国内外天灾频发，有海地地震、智利地震、巴基斯坦水灾；国内的西南旱灾、青海地震、舟曲泥石流等。澳门特别行政区红十字会继续本着人道原则为受灾地区提供援助，除了将募集所得的善款送到灾区，更把将善款化作实际的行动。

汶川特大地震援建项目：澳门特别行政区红十字会贯彻人道精神，以务实的态度为灾区进行援建，并派驻专员严格监督工程的进度及质量。目前本会在川、甘、陕三省灾区共投放了澳门币8399.12万元，其中在四川地震灾区的五个地市、10个县（区）、12个乡（镇）、41个村（小区）共开展了25个大项的援建项目，援建金额达7312.45万元澳门币，甘肃610.87万元，陕西475.8万元。共建卫生站29所，卫生院10所，学校12所，民房1874户及颐康中心七所。所有项目在2010年5月前后全部完成，账目交由国际会计师审计。

灾区交流活动：为了加深本澳市民对本会灾后重建工作的了解，促进两地同胞的情谊，在2010年暑假期间，本会分别组织了两个义务教交流团前往四川地震灾区；又在特区政府的支持下举办了“川澳携手、朝阳同行”活动，邀请来自四川绵阳、自贡两市的64名师生来澳交流，与本地师生互

励互勉、彼此学习。

七、澳门红十字会之友活动

随着澳门特别行政区红十字会志愿工作者队伍的不断壮大，红十字精神日渐在澳门深入人心。2010 年 5 月，“澳门红十字会之友”成立，藉此凝聚各方爱心力量、推广红十字运动及发扬人道精神。会友除可参加本会专设的活动外，还可以于指定商户购物或消费享有优惠。澳门特别行政区红十字会每季出版简讯，介绍最新动态，并将开辟校园专栏，至今会友人数已有 1531 人。

八、交流及联络工作

2010 年，澳门特别行政区红十字会领导层参加了每四年一次于约旦安曼举行的《第八届亚太地区红十字与红新月大会》，亦参加了在广西举行的中国——东盟红十字论坛及在苏州举行的捐款国合作论坛。本会亦派专职同事参加了多项急救，备灾及志愿服务管理等培训，在高效备灾、人道、外交及志愿服务文化与更多青少年参与的主题活动上进行探讨，获益不少。

【历史沿革】

1920 年，红十字运动开始在澳门展开，当时的澳门红十字会隶属于葡萄牙红十字会。

1946 年，太平洋战争结束后，大批难民涌入澳门，澳门红十字会为难民提供医疗服务并派发衣服食物等。

1975 年，东帝汶发生独立革命，不少难民涌入澳门，澳门红十字会承担起逃避战乱难民的救援工作。

1979 年，越南发生难民潮，澳门红十字会协助移居安置行动将难民分配到不同的国家，同时加强了寻人服务，为难民寻找失散的家人，此后正式成为日内瓦中央寻人处的会员之一。

1980 年，第一支较具规模的澳门红十字会义工队正式组成，为澳门市民及越南难民提供义务服务。

1987 年，葡萄牙红十字会将在澳门运作多年的属会正式命名为“澳门红十字会——葡萄牙红十字会分会”。

1990 年，澳门红十字会总部搬到位于西湾的夕阳别墅。

1992 年，澳门红十字会急救学校正式成立，并在澳门教育暨青年局注册，成为一所获政府承认的教授急救知识的学校。义务急救队也于同年成立。

1999 年，澳门回归祖国，澳门红十字会成为中国红十字会一个享有高度自治的分会。

2000 年，澳门特别行政区行政长官何厚铧为新口岸中土大厦三楼的“亨利．杜南”中心主持揭幕礼，中心启用为澳门特别行政区红十字会秘书处办公室。办公室的扩展，令员工有了更舒适的工作环境。

2003 年，澳门特别行政区红十字会开展了非紧急医疗爱心护送服务，护送行动不便的病患者往返医疗机构与家居，将位于西湾夕阳别墅的总部改建为爱心护送服务中心。

【组织机构】

根据组织章程规定，澳门特别行政区红十字会会员大会是澳门特别行政区红十字会的最高权力机构。澳门特别行政区红十字会中央委员会在会员大会中选出，代表会员大会在两届大会之间以大会的名义工作，负责全面的工作及政策的制定。监察委员会也在会员大会中选出，负责审查澳门特别行政区红十字会的账目及行政合法性。理事会由中央委员会通过提名选举产生，是主要执行机构，负责管理日常事务。

【大型项目】

（一）捐助受灾地区开展重建工作

1. 备灾救灾是澳门特别行政区红十字会的一项重点工作，响应红十字会与红新月会国际联合会和中国红十字会因应世界各地或中国内地发生的灾害而做出的救灾募捐呼吁，收集善款和物资帮助灾民。

澳门特别行政区红十字会历年来参与的赈灾工作遍及世界各地，主要包括对1996年云南大地震、1998年国内水灾、1999年台湾大地震、2000年科索沃战乱、2002年华东水灾、2003年淮河水灾、2004年国内水灾及2004年印度洋地震海啸、2005年国内水灾等的救助工作。

2. 国内灾害的救援工作

2005年，国内灾害不断，当中尤以广西、福建、湖南、江西、四川、重庆、黑龙江、安徽及内蒙等地的水灾较为严重。另外，江西发生的5.7级地震造成了全省大面积的房屋破坏，澳门红十字会为此进行多个募捐活动，共筹得550多万元善款。

同年7月中，黑龙江省牡丹江地区突降暴雨，使沙兰中心小学遭受洪水袭击，造成严重伤亡。随后，本会派员加入中国红十字会总会组成的灾情考察组前往当地考察灾情，发放物灾及慰问受灾者，并向沙兰博爱小学捐款人民币50万元作为重建资金。而该校已于2005年12月1日正式落成使用。

3. 印度洋地震海啸赈灾工作

2004年底，印度洋地区发生地震海啸后，澳门特别行政区红十字会立即派出人员前往印度尼西亚重灾区亚齐省考察灾情，并及时发动澳门市民捐献，共筹得澳门币411740819元。

2005年1月9日，澳门特别行政区红十字会举行了“人道力量遍濠江”筹款活动，得到澳门广大市民的支持。

（二）设立国际人道法推广活动中心

2000年，由红十字国际委员会和澳门特别行政区红十字会合作设立的“国际人道法推广活动中心”由中国红十字会会长彭珮云、红十字国际委员会东亚地区代表及澳门特别行政区红十字会代表揭幕投入运作。中心的宗旨是协助红十字国际委员会发展国际人道法的传播工作，包括：在澳门及所属地区内广泛地传播红十字运动知识、国际人道法、红十字标志的使用，举办有关人道法的培训班、研讨会和讲座、设立国际人道法文献资料中心等，并以资源共享的途径发展地区性的传播信息网络。

（三）2005年交流活动

澳门特别行政区红十字会2003年成立青少年发展基金。该基金2005年获香港上海汇丰银行及澳门工商界知名人士的热心捐助，使澳门特别行政区红十字会在2005年开展了一系列的青少年发展活动，活动包括中学急救队成立培训工作、中学生暑期免费急救课程、“2005年海峡两岸红十字青少年会员夏令营”、制服团队同心同根万里行—伟大建设之旅等活动。

（四）建会85周年庆典系列活动

2005年7月，澳门特别行政区红十字会举行了“85周年会庆暨表彰大会”，向澳门87位（个）人士和机构颁授感谢状及红十字会勋章，以感谢他们长期以来对澳门红十字会各项工作的大力支持。

颁发的勋章包括“红十字会慈善勋章”、“红十字会教育勋章”、“红十字国际救援勋章”及“红十字服务勋章”等。

中国红十字会常务副会长江亦曼率领总会代表团抵澳祝贺，中国红十字会会长彭珮云也给澳门特别行政区红十字会发了贺电表示祝贺。

（五）健康检查日

澳门特别行政区红十字会与其它社会服务机构每年合办“健康检查日”，为澳门居住于护老院的长者进行健康检查。澳门特别行政区红十字会还派出义工参与政府举办的“健康城市日”活动。

（六）第四届东亚运动会

第四届东亚运动会于 2005 年 10 月至 11 月间在澳门举行，是澳门特区首次主办如此大型的运动会，实属空前盛举。为了配合是次的运动会，澳门红十字会学校为第四届东亚运动会组委会工作人员举办了六个成人急救课程，共培训了 99 名拥有该等技术的急救员，以确保东亚运活动期间，提供完善的医疗救服务。

（七）红十字会急救比赛

为提升急救队在急救方面的知识及意外现场的应变能力，保持急救服务的素质，本会在 2005 年举行首届的急救比赛。由本会急救义工自行组队参与，内容以“理论测试”及“个案演练”的两方面进行。

【主要特色】

（一）非紧急爱心医疗护送

非紧急爱心医疗护送是专门为行动不便的慢性病人而设立的，护送其往返医院和居所的服务。现已有 2 部中型爱心护送专车及 2 部救护车投入服务。

（二）澳门红十字会学校

澳门红十字会学校成立于 1992 年 9 月，在澳门教育暨青年局正式注册，是获政府承认的一所教授急救知识的学校。学校提供各种急救课程，并为单位举办急救知识讲座，向市民推广正确的急救知识和技巧，以达到救人自救的目的。

（三）急救义工队

澳门红十字会学校培训出一批拥有急救专业知识的人士大部分成为澳门特别行政区红十字会急救义工队队员，为澳门各政府部门及各界团体机构所举办的各种活动提供免费的紧急救护服务。

（四）青少年制服团队

青少年制服团是澳门特别行政区红十字会青少年发展计划重点项目之一，目的是通过一系列的学习和培训，让青少年认识及宣扬红十字理念，鼓励青少年尝试参与多元化的活动，包括急救训练、医疗保健、社会服务、环境保护、体验式学习及国际交流等活动，使他们能在锻炼中成长，日后成为社会栋梁，服务社群。

（五）传播红十字运动及人道法

澳门特别行政区红十字会自 1993 年开始国际人道法的推广工作，1998 年起参与中国红十字会的传播计划，现阶段仍继续承担传播的使命，积极在澳门拓展红十字运动知识和国际人道法的推广教育工作。澳门特别行政区红十字会每年都和红十字会与红新月会联合会或红十字国际委员会联合开办人道法及红十字基本知识的课程，对来自内地和东亚各国的参加者进行培训。

（六）援建博爱小学

2003 年起，在中国红十字会的协调下，澳门特别行政区红十字会在内地为贫困地区援建博爱小学，希望借此使贫困地区及灾区的儿童得到良好的教育环境，此计划得到了许多热心人士的支持。至 2005 年 9 月，首阶段的20所红十字博爱小学已陆续建成并投入使用，其余选址将配合大西北开发计划而进行。

（七）行动辅助器租用服务

行动辅助器租用服务是为遇上意外到急症室求诊的病患者提供行动辅助器，包括腋下拐杖、套臂拐杖及轮椅等，让其治疗后离院时即可使用，减轻伤病者及其家人的负担。

（苏祖恩）

七

资　讯　篇

公共词条与篇目

国际委员会与国际联合会

红十字国际委员会

红十字国际委员会（ICRC）成立于1863年，在世界各地努力为受冲突和武装暴力影响的人提供人道援助，并积极推广保护战争受难者的法律。它是一个中立而且独立的组织，其人道职责主要源自1949年《日内瓦公约》。该组织总部设在瑞士日内瓦，在全球80多个国家共有大约1.2万名员工；资金主要来自于各国政府以及国家红十字会和红新月会的自愿捐赠。

1859年索尔费里诺战役之后，数千名受伤的法国、奥地利和意大利士兵被留在战场上得不到适当救治。瑞士人亨利·杜南途经此处，组织了救护工作，由于他的努力，红十字国际委员会最终成立。杜南撰写的《索尔费里诺回忆录》（1862年）促成国际社会在1864年通过了首部《日内瓦公约》，该公约制定了保护伤兵和医务人员以及在各国建立救济协会的规定。

这些救济协会后来成为大家所熟知的红十字会，采用统一标志来识别和保护医疗队。（红新月标志是在19世纪80年代才开始使用的。）

红十字国际委员会自成立以来一直在世界各地发生的大多数冲突中发挥人道作用。该组织不断开展工作，劝说各国扩大对战争受难者的法律保护，尽量将伤害降到最低。

红十字国际委员会、各国红会及其国际联合会构成了国际红十字与红新月运动。在武装冲突局势中，红十字国际委员会负责协调运动各组成部分开展的应对工作。

红十字国际委员会负有开展其工作的永久国际职责。这源于1949年《日内瓦公约》（获得全球所有国家的通过）及运动章程。

然而，红十字国际委员会仍然是一个受瑞士法律规制的私人组织，但在其管理和行动决策方面保持绝对独立。委员会由25名增选委员组成，全部是瑞士人。红十字国际委员会遵守运动基本原则（特别是中立、公正和独立原则）开展其工作。

红十字国际委员会近几年的年度预算都在10亿瑞郎（美元、欧元……）左右。该组织的主要捐助方是政府、地区组织、国家红十字会和红新月会、市政当局、私营机构和普通大众。国家红会还为我们贡献了专业的工作人员。红十字国际委员会在每年的年度报告中都会对其财务状况进行说明。

目前共有1400多名专业人才和全能型人才在全球各地为红十字国际委员会执行一线任务。在日内瓦总部近800名员工的支持和协助下，他们与大约1.1万名当地雇员一起开展工作。外籍职员可能来自世界各国；红十字国际委员会为员工提供平等的发展机会。

红十字国际委员会掌管着多个为国家红会设立的专项基金和奖金，专为各国红会及红十字工作者提供支持，表彰他们的服务或在危难中为他人提供的切实援助。

（资料源自红十字国际委员会）

国际红十字会与红新月会联合会

国际红十字会与红新月会联合会（International Federation of Red Crossand Red Crescent Societies）是独立的非政府的人道主义团体。它是各国红十字会和红新月会的国际性联合组织。总部设在日内瓦。

1863 年，亨利·杜南创建了红十字组织后，世界各国特别是欧美各国相继成立了红十字会。第一次世界大战结束后，美国银行家、美国红十字会战时委员会主席亨利·戴维逊倡议建立各国红十字会的国际联合会，在国际范围内组织和协调卫生救护活动。

1919 年初，在法国戛纳召开了有美、英、法、日、意等国医学界知名人士参加的国际医学大会。会上确定：为了进一步巩固各国红十字会已取得的成就，有必要成立各国红十字会的国际联合会。同年 2 月 1 日，由美、英、法、日、意五国组成的“红十字会委员会”成立。同年 5 月 5 日，红十字会委员会改名为红十字会协会。后由于伊斯兰国家红新月会的加入和成员数目的增加，1983 年 10 月，红十字会协会在日内瓦举行第三届大会。会议决定修改章程，更名为红十字会与红新月会协会，后改为现名。

该组织的宗旨是在战争中行善和通过人道工作维护和平，主要组织机构有大会，为最高决策机构；执行理事会，是执行机构；秘书处，负责日常事务。出版物有《每周新闻》、《协会》季刊。

2003 年 12 月，第 28 届国际红十字会与红新月会国际大会在日内瓦举行。大会的主题为“维护人类尊严”，191 个日内瓦公约缔约国政府及 181 个红十字会与红新月会的约 1500 名代表出席了会议。会议最后通过的人道主义共同行动计划强调要特别关爱武装冲突的受害者，减少自然灾害与疾病对弱势人群的危害，以保护人类尊严。

2006 年 6 月，第 29 届红十字与红新月国际大会在日内瓦经过投票表决，同意接纳以色列紧急救援组织“红色大卫盾”和巴勒斯坦红新月会为成员，并正式批准将“红水晶”定为国际救援运动的第三个标志。2007 年 1 月 14 日，国际红十字与红新月运动正式启用“红水晶”标志。“红水晶”标志与该组织现有的“红十字”和“红新月”标志享有同等地位。标志采用白色背景，图案为一个角支撑一个红色方框，形成红菱框。“红水晶”标志为以色列提供了行动方便。1949 年以来，以色列紧急救援组织“红色大卫盾”一直寻求加入国际红十字和红新月运动，但因宗教原因拒绝使用“红十字”或“红新月”标志。

2009 年 5 月 4 日，在红十字会与红新月会国际联合会成立 90 周年之际，该组织在巴黎发表《巴黎宣言》，呼吁各国加强对人道主义援助的支持，并表示今后将在行动中强调“防范”的重要性。

2009 年 6 月 27 日，在意大利的索尔费里诺，来自世界各地的近万名人道主义工作者和志愿者参加火炬游行，纪念国际红十字与红新月运动发起150周年。

中国于1919年7月8日加入该组织。

国际红十字运动

日内瓦公约及附加议定书

1949年8月12日改善战地武装部队伤者病者境遇之日内瓦公约

（1949年8月12日日内瓦第一公约）

（1949年8月12日订于日内瓦）

下列签署之各国政府全权代表出席自1949年4月21日至8月12日在日内瓦举行之外交会议，为修订1929年7月27日在日内瓦订立之改善战地伤病军人境遇公约，议定如下：

第一章　总　则

第一条　各缔约国承诺在一切情况下尊重本公约并保证本公约之被尊重。

第二条　于平时应予实施之各项规定之外，本公约适用于两个或两个以上缔约国间所发生之一切经过宣战的战争或任何其他武装冲突，即使其中一国不承认有战争状态。

凡在一缔约国的领土一部或全部被占领之场合，即使此项占领未遇武装抵抗，亦适用本公约。

冲突之一方虽非缔约国，其他曾签订本公约之国家于其相互关系上，仍应受本公约之拘束。设若上述非缔约国接受并援用本公约之规定时，则缔约各国对该国之关系，亦应受本公约之拘束。

第三条　在一缔约国之领土内发生非国际性之武装冲突之场合，冲突之各方最低限度应遵守下列规定：

（一）不实际参加战事之人员，包括放下武器之武装部队人员及因病、伤、拘留、或其他原因而失去战斗力之人员在内，在一切情况下应予以人道待遇，不得基于种族、肤色、宗教或信仰、性别、出身或财力或其他类似标准而有所歧视。

因此，对于上述人员，不论何时何地，不得有下列行为：

（甲）对生命与人身施以暴力，特别如各种谋杀、残伤肢体、虐待及酷刑；

（乙）作为人质；

（丙）损害个人尊严，特别如侮辱与降低身份的待遇；

（丁）未经具有文明人类所认为必需之司法保障的正规组织之法庭之宣判，而遽行判罪及执行死刑。

（二）伤者、病者应予收集与照顾。

公正的人道团体，如红十字国际委员会，得向冲突之各方提供服务。

冲突之各方应进而努力，以特别协定之方式，使本公约之其他规定得全部或部分发生效力。

上述规定之适用不影响冲突各方之法律地位。

第四条　中立国对于在其领土内所收容或拘禁之伤者、病者、医务人员、随军牧师及所发现之死者，应准用本公约之规定。

第五条　本公约应适用于落于敌人手中之被保护人，直至彼等最后遣返为止。

第六条 于第十、十五、二十三、二十八、三十一、三十六、三十七及五十二各条明文规定之协定之外，各缔约国对其认为需另作规定之一切事项得订立特别协定。是项特别协定不得对本公约关于伤者、病者、医务人员或随军牧师所规定之境遇有不利的影响，亦不得限制本公约所赋予彼等之权利。

除在上述或后订之协定中有相反之明文规定，或冲突之一方对彼等采取更优待之措施外，伤者、病者、医务人员及随军牧师，在本公约对其适用期间，应继续享受是项协定之利益。

第七条 在任何情况下，伤者、病者、医务人员及随军牧师不得放弃本公约或上条所述之特别协定——如其订有是项协定——所赋予彼等之权利之一部或全部。

第八条 本公约之适用应与保护国合作并受其监察。保护国之责任为维护冲突各方之利益。为此目的，保护国在其外交或领事人员之外，得自其本国国民或其他中立国国民中指派代表。上述代表应经其执行任务所在国之认可。

冲突各方对于保护国之代表之工作应尽最大可能予以便利。

保护国之代表，在任何情况下，不得逾越本公约所给予之任务。彼等尤须顾及其执行任务所在国之安全上迫切的必要。仅遇有迫切的军事需要时，始能作为一种例外及暂时的措施而限制其活动。

第九条 本公约之规定并不妨碍红十字国际委员会或其他公正的人道组织，在有关冲突各方之同意之条件下，从事保护与救济伤者、病者、医务人员及随军牧师之人道活动。

第十条 各缔约国得随时同意将根据本公约应由保护国负担之任务，委托于具有公允与效能之一切保证之组织。

当伤者、病者，或医务人员及随军牧师，不拘为何原因，不能享受或已停止享受保护国或本条第一款所规定之组织的活动之利益时，则拘留国应请一中立国或此种组织担任依照本公约应由冲突各方指定之保护国所执行之任务。

若保护不能依此布置，则拘留国应在本条之规定之约束下，请求或接受一人道组织，如红十字国际委员会，提供服务，以担任依本公约由保护国执行之人道的任务。

任何中立国或任何组织经有关国家邀请或自愿提供服务而执行任务时，在行为上须对本公约所保护之人员所依附之冲突一方具有责任感，并须充分保证能适当执行其所负之任务，且能公允执行之。

各国间订立特别协定，如其中一国因军事关系，特别是因其领土之大部或全部被占领，以致该国与其他一国或其盟国谈判之自由受限制，即或是暂时的，本公约上列规定不得因该项特别协定而有所减损。

凡本公约中提及保护国，亦适用于本条所指之代替组织。

第十一条 保护国认为于被保护人之利益适宜时，尤其遇冲突各方对于本公约之适用与解释意见有分歧时，应从事斡旋以期解决分歧。

为此目的，各保护国得应一方之请求，或主动向冲突各方建议，可能在适当选择之中立领土召开代表会议，负责管理伤者、病者之当局代表和医务人员与随军牧师之代表尤须参加。冲突各方对于为此目的而提出之建议负有实行之义务。各保护国得于必要时，提请冲突各方同意，特邀一中立国人员或红十字国际委员会委派之人员参加此项会议。

第二章 伤者与病者

第十二条 受伤或患病之下条所列武装部队人员或其他人员，在一切情况下，应受尊重与保护。

冲突之一方，对于在其权力下之此等人员应予以人道之待遇与照顾，不得基于性别、种族、国籍、宗教、政治意见或其他类似标准而有所歧视。对其生命之任何危害或对其人身之暴行均应严格禁止；尤其不得加以谋杀或消灭，施以酷刑或供生物学的实验；不得故意不给予医疗救助及照顾，亦不得造成使其冒传染病危险之情况。

只有医疗上之紧急理由，可予提前诊治。

对于妇女之待遇应充分顾及其性别。

冲突之一方被迫委弃伤者、病者于敌人时，在军事的考虑许可范围内，应留下一部分医疗人员与器材，以为照顾彼等之助。

第十三条 本公约适用于下列各类之伤者、病者：

（一）冲突之一方之武装部队人员及构成此种武装部队一部之民兵与志愿部队人员；

（二）冲突之一方所属之其他民兵及其他志愿部队人员，包括有组织之抵抗运动人员之在其本国领土内外活动者，即使此项领土已被占领。但须此项民兵或志愿部队，包括有组织之抵抗运动人员，合乎下列条件：

（甲）有一为其部下负责之人统率；

（乙）备有可从远处识别之固定的特殊标志；

（丙）公开携带武器；

（丁）遵守战争法规及惯例进行战斗。

（三）自称效忠于未经拘留国承认之政府或当局之正规武装部队人员；

（四）伴随武装部队而实际并非其成员之人，如军用机上之文职工作人员、战地记者、供应商人、劳动队工人或武装部队福利工作人员，但须彼等已获得其所伴随之武装部队的准许；

（五）冲突各方之商船队之船员，包括船长，驾驶员与见习生，以及民航机上之工作人员，而依国际法之任何其他规定，不能享受更优惠之待遇者；

（六）未占领地之居民，当敌人迫近时，未及组织成为正规部队，而立即自动拿起武器抵抗来侵军队者，但须彼等公开携带武器并尊重战争法规及惯例。

第十四条 在第十二条规定之限制下，交战国的伤者、病者之落于敌人手中者，应为战俘，国际法有关战俘之规定并应适用于彼等。

第十五条 无论何时，特别在每次战斗之后，冲突各方应立即采取一切可能的措施以搜寻并收集伤者、病者，加以保护借免抢劫虐待，而予以适宜之照顾，并搜寻死者而防其被剥劫。

环境许可时，应商定停战或停火或局部办法，以便搬移、交换及运送战场上遗落之受伤者。

冲突各方之间亦得商定局部办法，以便搬移、交换被包围地区之伤者与病者；并使送往该地区之医疗与宗教人员及器材得以通过。

第十六条 冲突各方应尽速登记落于其

手中之每一敌方伤者、病者，或死者之任何可以证明其身份之事项。

可能时，此项记录应包括：

（甲）所依附之国；

（乙）军、团、个人番号；

（丙）姓；

（丁）名；

（戊）出生日期；

（己）身份证或身份牌上所表明之任何其他事项；

（庚）被俘或死亡之日期及地点；

（辛）有关伤病之情况或死亡之原因。

上述登记材料应尽速转送1949年8月12日关于战俘待遇之日内瓦公约第一百二十二条所述之情报局，该局应通过保护国及战俘中央事务所转达上述人员所依附之国。

冲突各方应制备死亡证书，并通过前项规定之情报局互送死亡证书或经证实之死亡表；亦应搜集并通过该局转送死者尸体上发现之双身份牌之一半，遗嘱或对于其最近亲属具有重要性之其他文件、金钱及一般具有实质价值或情感价值之物品。此项物品连同未能辨认其所有人之物品，应以密封包裹寄送，并附说明书载明死者身份之详情以及包裹内容之清单。

第十七条 冲突各方应保证在情况许可下将死者分别埋葬或焚化之前，详细检查尸体，如可能时，应经医生检查，以确定死亡，证明身份并便作成报告。双身份牌之一半，或整个身份牌，如其系单身份牌应留于尸体上。

除因卫生上迫切之理由，或出于死者所奉宗教之动机外，尸体不得焚化。如举行焚化，则在死亡证明书或经证实之死亡表上应详注焚化之情况及理由。

冲突各方更应保证死者得到荣誉的安葬，可能时，应按照彼等所属宗教之仪式埋葬之，其坟墓应受尊重，于可能时，按死者之国籍集中一处，妥为维护，并加以标志，俾随时可觅见。因此，冲突各方在战事开始时应即组织正式坟墓登记处，以便事后迁葬，并保证认明尸体，不论坟墓位置如何，及可能运回本国。此项规定应适用于骨灰，骨灰应由坟墓登记处保管、直至依照本国愿望处理时为止。

一俟情况允许，并至迟在战事结束之时，各坟墓登记处应通过第十六条第二项所指之情报局互相交换表册，载明坟墓之确实地点与标志以及有关该处埋葬的死者之详细情形。

第十八条 军事当局得号召居民以慈善精神，自愿在其指导下，收集与照顾伤者、病者。并对于响应此项号召之人予以必要之保护及便利。倘敌方控制或再控制该地区，则对于上述之人亦应予以同样之保护及便利。

军事当局，即令在侵入或占领地区，亦应准许居民或救济团体自动收集与照顾任何国籍之伤者、病者。一般平民应尊重此种伤者、病者；尤不得施以暴行。

任何人不得因看护伤者、病者而被侵扰或定罪。

本条规定并不免除占领国对于伤者、病者给予身体上及精神上照顾之义务。

第三章 医疗队及医疗所

第十九条 医务部门之固定医疗所，及流动医疗队，在任何情况下不得被攻击，而应随时受冲突各方之尊重及保护。倘落于敌方之手，在俘获国自身对于发现在该医疗所及医疗队之伤者、病者未能保证必需之照顾期中，其人员仍应有执行其任务之自由。

负责当局应保证上述医疗所及医疗队尽可能如此设置，以期不致因对军事目标之攻击而危及其安全。

第二十条 1949 年 8 月 12 日改善海上武装部队伤者病者及遇船难者境遇之日内瓦公约所保护之医院船，不得自陆上加以攻击。

第二十一条 医务部门之固定医疗所及流动医疗队应得之保护不得停止，除非此等组织越出其人道任务之外，用以从事有害于敌方之行为。惟如经给予相当警告，并依各个情形，指定合理之时限而警告仍被忽视时，始得停止保护。

第二十二条 下列情形不得认为剥夺第十九条所保证的对于医疗队或医疗所之保护：

（一）医疗所或医疗队之人员配有武器，且因自卫或保护伤者、病者而使用武器；

（二）医疗所或医疗队因无武装勤务员，而由警卫或哨兵或护送卫士保卫；

（三）医疗所或医疗队发现有由伤者、病者身上所解除之小型武器及弹药而尚未缴送主管机关者；

（四）在医疗所或医疗队发现有兽医人员及器材，但并不构成该所或该队不可分之一部；

（五）医疗所或医疗队或其人员扩展其人道的活动及于伤病平民之照顾。

第二十三条 平时各缔约国及战事开始后冲突各方，均得在其领土内，于必要时在占领地内，设立医院地带及处所，加以适当的组织以便保护伤者、病者，及在该地带处所负责组织与管理工作以及照顾集中于该处人们之人员，俾免受战争影响。

在战事开始时，及其进行中，有关各方得缔结协定互相承认其所设立之医院地带及处所。为此目的并得执行本公约所附协定草案之规定，连同其所认为必要之修改。

为便利此等医院地带及处所之设立与承认，保护国及红十字国际委员会当被邀从事斡旋。

第四章 人 员

第二十四条 专门从事寻觅、收集、运送、医治伤者、病者及预防疾病之医务人员，专门从事管理医疗队及医疗所之职员以及随军牧师，在一切情况下应受尊重与保护。

第二十五条 武装部队中曾受特别训练以备于需要时充当医院勤务员、护士、或辅助担架员，从事寻觅、收集、运送或诊疗伤者及病者之人员，如其执行任务时与敌人接触，或落于敌方之手，应同样受尊重与保护。

第二十六条 凡经本国政府正式认可并核准之各国红十字会及其他志愿救济团体之人员，如担任第二十四条所述人员同样之任务，则应与该条所述人员处于同样地位，但此类团体之人员应受军事法规之约束。

每一缔约国应将在其责任下准许从事协助其武装部队的正规医疗工作之各团体之名称，通知其他一方。此项通知，应于平时，或战事开始时，或战事进行中，但无论如何，在实际使用各该名称以前为之。

第二十七条 凡中立国认可之团体，必需经其本国政府之事先同意及有关冲突一方之核准，始得以其医疗人员及医疗队协助该冲突之一方。此项人员及此等医疗队应受该冲突一方之管制。

该中立国应将此项同意通知接受协助国家之敌方。接受此项协助之冲突一方在利用之前，必须通知敌方。

此种协助在任何情况下不得视为对于冲突之干预。

对于第一款所指之人员于离开其所属之中立国前，应发给第四十条所规定之身份证。

第二十八条 第二十四条及二十六各条所指人员之落于敌方手中者，仅在战俘之健康状况精神需要以及人数上均有此要求时，方得留用之。

因上述情形而留用之人员不得视为战俘。但至少应享受1949年8月12日关于战俘待遇之日内瓦公约所规定之利益。上项人员应在拘留国军事法规范围内，并在该国主管部门管辖下，本其职业之道义，继续为战俘，尤其属于其本国武装部队者，执行其医疗及精神任务。此等人员为执行上项任务，应享受下列便利：

（甲）彼等应许其定期访问战俘营外之劳动队或医院中之战俘。拘留国应供给所需之交通工具。

（乙）关于每一战俘营中留用医务人员之职务上活动，由该营最高级医官对该营军事当局负责。为此目的，在战事开始时，冲突各方应就医务人员相当等级之事取得协议，其中包括第二十六条所列团体之医务人员之等级。上述医官及随军牧师有权直接与该营之军事及医务当局接洽有关职务之一切问题，该军事及医务当局应予彼等以有关此项问题之通讯所必需之便利。

（丙）营中留用人员虽应服从内部纪律，但不得令其从事医疗或宗教任务以外之任何工作。

在战事中，冲突各方应制定关于可能时遣返留用人员之办法，并决定遣返之程序。

上述各规定并不解除拘留国对于战俘医疗及精神上之福利所应尽之义务。

第二十九条 第二十五条所指人员落于敌方手中者，应为战俘，但于需要时应令其担任医务工作。

第三十条 非系第二十八条所规定之必需留用人员，一俟归路可通及军情许可，应将其送回其所属之冲突一方。

上述人员在等候回国期间，不应视为战俘，但至少应享受1949年8月12日关于战俘待遇之日内瓦公约所规定之利益。彼等并应在敌方指挥下，继续执行其任务，尤以派其照顾其所同属冲突一方之伤者、病者为宜。

彼等出发时，应携带其所有行李、个人用品、贵重品及工具等。

第三十一条 依第三十条规定，送回人员之选择，应不拘种族、宗教或政治意见之任何考虑，但宜按照其被俘日期之次序及身体健康之状况为之。

自战事开始时起，冲突各方得以特别协定，按照战俘之人数之比例及战俘营中此等人员之分配，决定留用人员之百分比。

第三十二条 第二十七条所指之人员落于敌方之手者，不得拘留。

除另有协议外，应许其返回本国，如其

不可能，则一俟归路可通及军情许可，应准予返回其所服役之冲突一方的领土。

等候释放期间，彼等应在敌方指导下，继续其工作，尤以担任看护其所服役之冲突一方之伤者、病者为宜。

彼等出发时，应携带其行李、个人用品、贵重品、工具、武器，并于可能时，其所有之交通工具。

冲突各方对于在其权力下之此种人员，应予以与本国武装部队相等人员同样之食物、居所、津贴及薪给。在任何情形下，食物之质、量，及种类均应足以维持上述人员之正常健康状况。

第五章　建筑物及器材

第三十三条　武装部队之流动医疗队落于敌方之手者，其器材应留作照顾伤者及病者之用。

武装部队之固定医疗所的建筑物、器材及物资，应仍受战争法规之拘束，但在其为照顾伤者、病者所必需之期间，不得移作别用。惟战地司令遇紧急军事需要时得使用之，但须彼等预订关于在该所疗养之伤者、病者的福利之办法。

本条所指之器材与物资不得故意摧毁。

第三十四条　凡许予本公约的特权之各救济团体，其不动产与动产应视为私有财产。

战争法规及惯例所承认之交战国征用权，仅在紧急需要的场合，并在对伤者、病者之福利已有保证后，始得行使。

第六章　医疗运输

第三十五条　伤者及病者或医疗设备之运输队，应与流动医疗队受同样之尊重及保护。

此项运输队或车辆如落于敌方手中时，应受战争法规之拘束；但以俘获该项运输或车辆之冲突一方在一切情形下，应保证照顾其所载运之伤者、病者为条件。

文职人员及由征用所得之一切运输工具应受国际法一般规则之拘束。

第三十六条　对于医务飞机，即专用以搬移伤者、病者，及运送医务人员及设备之飞机，不得袭击，而在各有关交战国间所特别约定之高度、时间及航线飞行时，应受各交战国之尊重。

此项飞机在其上下及两侧面应显明标以第三十八条所规定之特殊标志，以及其本国国旗。并应备有战事开始时或战事进行中经各交战国间同意之任何其他标志或识别方法。

除另有协议外，在敌人领土或敌人占领地上空之飞行应予禁止。

医务飞机应服从一切降落命令。如被令降落而需要检查时，则经过检查后，该机载其乘员得继续航行。

非自愿降落于敌人领土或敌人占领地时，机内之伤者、病者及飞行人员应为战俘。医务人员应按第二十四条及以下各条待遇之。

第三十七条　冲突各方之医务飞机，在本条第二款规定之拘束下，得在中立国之领土上空飞行，必要时，得在该国领土降落，或用以为停留站。

该项飞机之飞越上述领土，应预先通知各中立国，并服从一切水陆降落之命令。仅在冲突各方与有关中立国特别约定之航线、高度及时间飞行时，始免受袭击。

但中立国对于医疗飞机之飞越其领土或在其领土降落，得规定条件或限制。此项可能的条件与限制对于冲突各方应一律适用。

除中立国与冲突各方另有协议外，凡经地方当局之同意由医务飞机运至中立国领土之伤者、病者，如国际法有此要求，应由中立国以适当方式予以拘留，俾彼等不能再行参加战斗。收容与拘禁之费用应由其所依附之国负担。

第七章　特殊标志

第三十八条　为对瑞士表示敬意，白底红十字之旗样，系将其联邦国旗翻转而形成者，留作武装部队医务部门之标志与特殊记号。

但各国如已采用白底红新月或白底红狮与日以代替红十字之标志者，此等标志亦为本公约规定所承认。

第三十九条　在军事主管当局之指导下，上项标志应标明于旗帜、臂章，及医务部门所使用之一切设备上。

第四十条　第二十四、二十六、二十七各条所指之人员，应在左臂佩带由军事机关发给并盖印而具有特殊标志之防水臂章。

此种人员除应携带第十六条所述之身份牌外，应另携带具有此项特殊标志之特种身份证。此证应有防水之效能，并具有适当的尺寸以便携带于衣袋内。其上应用本国文字，至少载明持用者之姓名、出生日期、等级、番号，并应注明其以何种身份享受本公约之保护。该证应附有本人像片，及其签字或指纹，或二者俱备。该证并应加盖军事当局之钢印。

同一武装部队所使用之身份证应式样一致，并尽可能使各缔约国之武装部队使用类似的式样。冲突各方可参照本公约所附之示范格式。在战事开始时，冲突各方应互相通知其所采用之式样。在可能范围内，身份证至少应制备两份，其中一份存于本国。

在任何情况下对上述人员不得剥夺其符号或身份证，或佩带臂章之权利。如遇遗失时得领取身份证副本或补领符号。

第四十一条　第二十五条所指之人员，仅于执行医疗任务时，应佩带白色臂章，中有小型特别符号；此项臂章由军事当局盖印发给。

此种人员所携带之军事证明文件，应注明其所受之特别训练，其所担任任务之临时性以及佩带臂章之权利。

第四十二条　本公约特殊旗帜之悬挂仅限于依本公约应受尊重之医疗队及医疗所，并须经军事当局同意。

流动医疗队与固定医疗所，均得加悬其所属冲突一方之国旗。

但落于敌方手中之医疗队，除本公约之旗帜外，不得悬挂其他任何旗帜。

冲突各方，于军情许可下，应采取必要之步骤，使标明医疗队所之特殊标志易为敌方海陆空军所辨识，以避免任何敌对行动之可能。

第四十三条　属于中立国之医疗队经获准依照第二十七条所规定之条件协助一交战国者，在该交战国欲利用第四十二条所给予之特许时，除悬挂本公约之旗帜外，应加悬该交战国之国旗。

除受负责军事当局相反的命令之拘束外，此等医疗队得于一切情况下悬挂其本国国旗，即使其落于敌方手中。

第四十四条 除本条下列各款所列情形外，白底红十字标志及“红十字”字样，或“日内瓦十字”字样，不论在平时或战时，只能用以标明或保护本公约及规定类似事项之其他公约所保护之医疗队及医疗所，以及其人员与器材。对于使用第三十八条第二款提及之标志之国家，本规定应适用于该项标志。第二十六条所指之各国红十字会及其他救济团体仅在本款所指范围内有权使用给予本公约之保护之特别标志。

此外，各国红十字会（红新月、红狮与日）在平时依照其本国法律，得使用红十字名义及标志，以从事其他符合国际红十字大会所定之原则之活动。若在战时进行此项活动，则使用该项标志之条件，应足以使该标志不致被认为赋予本公约之保护；此项标志应用比较小的尺寸，并不得置于臂章或屋顶上。

国际红十字组织及其正式委派之人员，不论何时均得使用白底红十字之标志。

作为一种例外措施，本公约之标志，得依照本国内法律并经本国红十字会（红新月、红狮与日）之一的明白许可，于平时得用以辨别用作救护车之车辆及标明专为免费治疗伤者、病者之救护站所在地。

第八章 公约之执行

第四十五条 冲突各方应通过其总司令保证以上条款之详细执行，并依照本公约之一般原则规定预料不到之事件。

第四十六条 对于本公约所保护之伤者、病者、工作人员、建筑物或设备之报复行为，均予禁止。

第四十七条 各缔约国在平时及战时应在各该国尽量广泛传播本公约之约文，尤应在其军事，并如可能时在公民教育计划中，包括本公约之学习，俾本公约之原则为全体人民，尤其武装战斗部队、医务人员及随军牧师所周知。

第四十八条 各缔约国应通过瑞士联邦委员会，在战时则通过保护国，互相通知本公约之正式译文，及其所采用以保证实施本公约之法律与规则。

第九章 滥用及违约之取缔

第四十九条 各缔约国担任制定必要之立法，俾对于本身犯有或令人犯有下条所列之严重破坏本公约之行为之人，处以有效之刑事制裁。

各缔约国有义务搜捕被控为曾犯或曾令人犯此种严重破坏本公约行为之人，并应将此种人，不分国籍，送交各该国法庭。该国亦得于自愿时，并依其立法之规定，将此种人送交另一有关之缔约国审判，但以该缔约国能指出案情显然者为限。

各缔约国应采必要之措施，以制止下条所列严重破坏本公约之行为以外之一切违反本公约之规定之行为。

在一切情况下，被告人应享有适当的审讯及辩护之保障。此种保障，不得次于1949年8月12日关于战俘待遇之日内瓦公约第一百零五条及其以下各条所规定者。

第五十条 上条所述之严重破坏公约行为，应系对于受本公约保护之人或财产所犯之任何下列行为：故意杀害，酷刑或不人道待遇，包括生物学实验，故意使身体及健康遭受重大痛苦或严重伤害，以及无军事上之必要，而以非法与暴乱之方式，对财产之大规模的破坏与征收。

第五十一条 任何缔约国不得自行推卸，或允许任何其他缔约国推卸，其本身或其他缔约国所负之关于上条所述之破坏公约行为之责任。

第五十二条 经冲突之一方之请求，应依有关各方所决定之方式，进行关于任何被控违犯本公约的行为之调查。

如关于调查程序不能获致协议，则各方应同意选定一公断人，由其决定应遵行之程序。

违约行为一经确定，冲突各方应使之终止，并应迅速加以取缔。

第五十三条 除按本公约有权使用者以外，一切个人、公私团体、商号或公司，不论其使用之目的及采用之日期为何，使用“红十字”或“日内瓦十字”之标志或名称以及其他仿冒之标志或名称，无论何时均应禁止。

因为依采用翻转的联邦国旗而对瑞士表示之敬意，及瑞士国徽与本公约之特殊标志之间可以发生之混淆，任何私人、团体、或商号，不论系作为厂标或商标，或此种厂标商标之一部分，或出于违反商业信义的目的，或在可以伤害瑞士国家情感之情况下，使用瑞士国徽，或仿冒此项国徽标志，无论何时，均应予禁止。

但未参加 1929 年 7 月 27 日日内瓦公约之各缔约国对于早已使用前款规定之各种符号标志者，得限期令其停止使用。此项期限自本公约生效之日起，不得超过三年。但此种使用，在战时，不得视为系受本公约之保护。

本条第一款所规定之禁止事项，亦适用于第三十八条第二款所指之标志及符号，但不影响其过去使用所获得之权利。

第五十四条 各缔约国，若其立法尚未完备，应采取必要之措施，以便随时防止及取缔第五十三条所规定之各种滥用行为。

最后条款

第五十五条 本公约以英文及法文订立。两种文字之约文具有同等效力。

瑞士联邦委员会应准备本公约之俄文及西班牙文之正式译文。

第五十六条 本公约以本日为订立之日期，至 1950 年 2 月 12 日为止，凡参加 1949 年 4 月 21 日日内瓦会议各国，以及未参加该次会议，但系 1964 年、1906 年或 1929 年救济战地军队伤者病者之日内瓦公约之缔约国，均可签字。

第五十七条 本公约应尽速批准，其批准书应交存于伯尔尼。

每一批准书交存时，应予登记，并由瑞士联邦委员会将该项登记之证明的抄本分送业经签字或通知加入本公约之各国。

第五十八条 本公约在至少两国批准书交存后六个月发生效力。

嗣后，本公约对于每一缔约国自其批准书交存后六个月发生效力。

第五十九条 在各缔约国间之关系上，

本公约代替1864年8月22日、1906年7月6日及1929年7月27日之各公约。

第六十条 本公约自生效之日起，任何未签字本公约之国家均得加入。

第六十一条 本公约之加入应以书面通知瑞士联邦委员会，自加入之通知收到之日起六个月后发生效力。

瑞士联邦委员会应将此项加入通知所有业经签字或加入本公约之国家。

第六十二条 第二条及第三条所载之情况应使在战事开始或占领之前或后，冲突各方所交存之批准书及加入之通知立即生效。瑞士联邦委员会应将其从冲突各方收到之任何批准书或加入之通知，以最迅速方法通告之。

第六十三条 每一缔约国得自由退出本公约。

退约须用书面通知瑞士联邦委员会，并由该委员会转告所有缔约国政府。

退约须于通知瑞士联邦委员会后一年发生效力。但如缔约国于作退约通知时已卷入冲突，则其退约须待至和议成立后，并在有关本公约所保护之人员之释放及遣返之工作完毕后，始能生效。

退约仅对该退约国有效，但并不减轻冲突各方依国际法原则仍应履行之义务，此等原则系产自文明人民间树立之惯例，人道法则与公众良心之要求。

第六十四条 瑞士联邦委员会应将本公约在联合国秘书处登记，并应将其所接获之所有关于本公约之批准、加入及退约通知联合国秘书处。

为此，下列签署人于交存全权证书后，签署本公约，以昭信守。

1949年8月12日以英文法文订于日内瓦。正本应交存于瑞士联邦委员会之档案中。瑞士联邦委员会应将证明之抄本送交每一签字及加入之国家。

附件一

关于医院地带及处所之协定草案

第一条 医院地带应严格保留，以供1949年8月12日改善战地武装部队伤者病者境遇之日内瓦公约第二十三条所指之人及在该地带及处所担任组织、管理及照顾集中于该处的人们之人员之用。

但在该地带内有永久居所之人，仍有权在该地居住。

第二条 在医院地带居住者，无论具有何种资格，不得在该地带内外从事直接与军事行动或战争物资的生产有关之工作。

第三条 设立医院地带之国家应采取一切必要之措置，对于无权居住或进入该地带者，禁止入内。

第四条 医院地带应合于下列条件：

（甲）仅占设立医院地带之国家所统治的领土之一小部分。

（乙）就容纳可能言，应属人口稀少之地区。

（丙）应远离并无军事目标或大工业及大行政机构。

（丁）不应设在可能变成军事要地之区域。

第五条 医院地带应遵守下列义务：

（甲）医院地带所有之交通线及运输工具不得供运输军事人员或物资之用，即使是过境的。

（乙）在任何情形下不得以军事方法防御之。

第六条 医院地带应在其四周及建筑物上以白底红十字（红新月、红狮与日）为标志。夜间得以适当照明方法为同样之标志。

第七条 平时或战事开始时，各国应将其统治领土内之医院地带列表通知各缔约国。在战事期间所设立之新地带，亦应通知。

一俟敌方接到上述通知，该地带即为正式成立。

但如敌方认为本协定之各条件尚未履行时，得拒绝承认该地带，而将此事立即通知负责该地带之国家，或提出第八条所规定之监督制度作为承认之条件。

第八条 凡已承认敌方设立之一个或数个医院地带的国家，有权要求一个或数个特别委员会代为监督，以确定各该地带是否履行本协定所规定之条件与义务。

为此目的，特别委员会之委员得随时自由进入各地带，并可在各该处长期居住。此项人员应给予执行视察任务之各种便利。

第九条 倘特别委员会发现有与本协定不符之事实，应立即唤起统治该地带之国家的注意，并限定五日内予以纠正。此等委员会应正式通知承认该地带之国家。

倘统治该地带之国家逾限未遵警告办理，则敌方得声明关于上述地带不再受本协定之约束。

第十条 凡设立一个或数个医院地带及处所之国家，及接获有关此项地带处所之通知之敌方，应指派或使中立国代派第八、九两条提及之特别委员会委员。

第十一条 医院地带在任何情况下，不得为攻击之目标。该地带应随时受冲突各方之保护及尊重。

第十二条 如遇领土被占领时，其中医院地带应继续予以尊重，并仍用作医院地带。

此项地带之用途，得由占领国予以变更，但以采取一切措施以保证被收容人之安全为条件。

第十三条 本协定并应适用于各国作医院地带同样用途之处所。

附件二

附属武装部队之医疗及宗教人员之身份证

（略）

注：本公约于 1952 年 7 月 13 日经中华人民共和国中央人民政府授权外交部长周恩来发表声明决定予以承认，又于 1956 年 11 月 5 日经中华人民共和国主席批准，并于 1956 年 12 月 28 日由中华人民共和国政府向瑞士联邦政府交存批准书。中华人民共和国曾对本公约作了一些保留（详见全国人民代表大会常务委员会关于批准本公约的决定）。

附录

全国人民代表大会常务委员会关于批准 1949 年 8 月 12 日改善战地武装部队伤者病者境遇之日内瓦公约的决定

1956 年 11 月 5 日全国人民代表大会常务委员会第五十次会议通过

1956 年 11 月 5 日全国人民代表大会常务委员会第五十次会议决定批准 1949 年 8 月 12 日改善战地武装部队伤者病者境遇之日内瓦公约。

全国人民代表大会常务委员会在决定批准 1949 年 8 月 12 日改善战地武装部队伤者

病者境遇之日内瓦公约的同时，决定对该公约第十条作如下保留：

拘留伤者、病者或医务人员及随军牧师的国家请求中立国或人道组织担任应由保护国执行的任务时，除非得到被保护人本国政府的同意，中华人民共和国将不承认此种请求为合法。

1949年8月12日改善海上武装部队伤者病者及遇船难者境遇之日内瓦公约

（1949年8月12日日内瓦第二公约）

下列签署之各国政府全权代表出席自1949年4月21日至8月12日在日内瓦举行之外交会议，为修订1907年10月18日推行1906年日内瓦公约之原则于海战之第十海牙公约，议定如下：

第一章 总 则

第一条 各缔约国承诺在一切情况下尊重本公约并保证本公约之被尊重。

第二条 于平时应予实施之各项规定之外，本公约适用于两个或两个以上缔约国间所发生之一切经过宣战的战争或任何其他武装冲突，即使其中一国不承认有战争状态。

凡在一缔约国的领土一部或全部被占领之场合，即使此项占领未遇武装抵抗，亦适用本公约。

冲突之一方虽非缔约国，其他曾签订本公约之国家于其相互关系上，仍应受本公约之拘束。设若上述非缔约国接受并援用本公约之规定时，则缔约各国对该国之关系，亦应受本公约之拘束。

第三条 在一缔约国之领土内发生非国际性的武装冲突之场合，冲突之各方最低限度应遵守下列规定：

（一）不实际参加战事之人员，包括放下武器之武装部队人员及因病、伤、拘留、或其他原因而失去战斗力之人员在内，在一切情况下，应予以人道待遇，不得基于种族、肤色、宗教或信仰、性别、出身或财力或其他类似标准而有所歧视。

因此，对于上述人员不论何时何地不得有下列行为：

（甲）对生命与人身施以暴力，特别如各种谋杀、残伤肢体、虐待及酷刑；

（乙）作为人质；

（丙）损害个人尊严，特别如侮辱与降低身份的待遇；

（丁）未经具有文明人类所认为必需之司法保障的正规组织之法庭之宣判，而遽行判罪及执行死刑。

（二）伤者、病者及遇船难者应予收集与照顾。

公正的人道团体，如红十字国际委员会，得向冲突之各方提供服务。

冲突之各方应进而努力以特别协定之方式，使本公约之其他规定得全部或部分发生效力。

上述规定之适用不影响冲突各方之法律地位。

第四条 遇有冲突各方之陆海军作战时，本公约之规定仅适用于在舰上之部队。

登陆之部队，应立即受1949年8月12日改善战地武装部队伤者病者境遇之日内瓦公约的规定之拘束。

第五条 中立国对于在其领土内所收容

或拘禁之伤者、病者、遇船难者、医务人员与随军牧师及所发现之死者，应准用本约之规定。

第六条 于第十、十八、三十一、三十八、三十九、四十、四十三及五十三各条明文规定之协定之外，各缔约国对其认为需另作规定之一切事项得订立特别协定。是项特别协定不得对本公约关于伤者、病者、遇船难者、医务人员或随军牧师所规定之境遇有不利的影响，亦不得限制本公约所赋予彼等之权利。

除在上述协定或后订之协定中有相反之明文规定，或冲突之一方对彼等采取更优待之措施外，伤者、病者、遇船难者、医务人员及随军牧师，在本公约对其适用期间，应继续享受是项协定之利益。

第七条 在任何情况下，伤者、病者、遇船难者、医务人员及随军牧师不得放弃本公约或上条所述特别协定——如其订有是项协定——所赋予彼等之权利之一部或全部。

第八条 本公约之适用应与保护国合作并受其监察。保护国之责任为维护冲突各方之利益。为此目的，保护国在其外交或领事人员之外，得自其本国国民或其他中立国国民中指派代表。上述代表应经其执行任务所在国之认可。

冲突各方对于保护国之代表之工作应尽最大可能予以便利。

保护国之代表在任何情况下不得逾越本约所畀予之任务。彼等尤须顾及其执行任务所在国之安全上迫切的必要。仅遇有迫切的军事要求时，始能作为一种例外及暂时的措施而限制其活动。

第九条 本公约之规定并不妨碍红十字国际委员会或其他公正的人道组织，在有关冲突各方之同意之条件下，从事保护与救济伤者、病者、遇船难者、医务人员及随军牧师之人道活动。

第十条 各缔约国得随时同意将根据本公约应由保护国负担之任务，委托于具有公允与效能的一切保证之组织。

当伤者、病者、遇船难者或医务人员及随军牧师，不拘为何原因，不能享受或已停止享受保护国或本条第一款所规定之组织的活动之利益时，则拘留国应请一中立国或此种组织担任依照本公约应由冲突各方指定之保护国所执行之任务。

若保护不能依此布置，则拘留国应在本条之规定之约束下，请求或接受一人道组织，如红十字国际委员会，提供服务，以担任依本公约由保护国执行之人道的任务。

任何中立国或任何组织经有关国家邀请或自愿提供服务而执行任务时，在行为上须对本公约所保护之人员所依附之冲突一方具有责任感，并须充分保证能执行其所负之任务，且能公允执行之。

各国间订立特别协定，如其中一国因军事关系，特别是因其领土之大部或全部被占领，以致该国与其他一国或其盟国谈判之自由受限制，即或是暂时的，本公约上列规定不得因该项特别协定而有所减损。

凡本公约中提及保护国，亦适用于本条所指之代替组织。

第十一条 保护国认为于被保护人之利益适宜时，尤其遇冲突各方对于本公约之适用与解释意见有分歧时，应从事斡旋以期解决分歧。

为此目的，各保护国得因一方之请求，或主动向冲突各方建议，可能在适当选择之中立领土召开代表会议，负责管理伤者、病者、遇船难者之当局代表和医务人员与随军牧师之代表尤须参加。冲突各方对于为此目的而提出之建议负有实行之义务。各保护国得于必要时，提请冲突各方同意，特邀一中立国人员或红十字国际委员会委派之人员参加此项会议。

第二章 伤者病者及遇船难者

第十二条 在海上受伤、患病或遇船难之下条所列武装部队人员或其他人员，在一切情况下，应受尊重与保护，而“船难”一词应了解为系指任何原因之船难，并包括飞机被迫降落海面或被迫自飞机上跳海者在内。

冲突之各方对于在其权力下之此等人员，应予以人道之待遇与照顾，不得基于性别、种族、国籍、宗教、政治意见或其他类似标准而有所歧视。对其生命之任何危害或对其人身之暴行，均应严格禁止；尤其不得加以谋杀和消灭，施以酷刑或供生物学的实验，不得故意不给予医疗救助及照顾，亦不得造成使其冒传染病危险之情况。

只有医疗上之紧急理由始可予提前诊治。

对于妇女之待遇应充分顾及其性别。

第十三条 本公约适用于下列各类之海上伤者、病者及遇船难者：

（一）冲突之一方之武装部队人员及构成此种武装部队一部之民兵与志愿部队人员；

（二）冲突之一方所属之其他民兵及其他志愿部队人员，包括有组织之抵抗运动人员之在其本国领土内外活动者，即使此项领土已被占领；但须此项民兵或志愿部队，包括有组织之抵抗运动人员，合乎下列条件：

（甲）由一为其部下负责之人统率；

（乙）备有可从远处识别之固定的特殊标志；

（丙）公开携带武器；

（丁）遵守战争法规及惯例进行战斗。

（三）自称效忠于未经拘留国承认之政府或当局之正规武装部队人员；

（四）伴随武装部队而实际并非其成员之人，如军用机上之文职工作人员、战地记者、供应商人、劳动队工人或武装部队福利工作人员，但须彼等已获得其所伴随之武装部队的准许；

（五）冲突各方之商船队之船员，包括船长、驾驶员与见习生，以及民航机上之工作人员，而依国际法之任何其他规定不能享受更优惠之待遇者；

（六）未占领地之居民，当敌人迫近时，未及组织成为正规部队，而立即自动拿起武器抵抗来侵军队者，但须彼等公开携带武器并尊重战争法规及惯例。

第十四条 交战国之一切军舰应有权要求交出军用医院船，属于救济团体或私人之医院船，以及商船、游艇或其他船只上之伤者、病者、或遇船难者，不拘国籍，但须伤者与病者处于适合移动之情状，而该军舰具有必要的医治之适当设备。

第十五条 如伤者、病者或遇船难者被收容于中立国军舰或军用飞机上，如国际法有此要求，应保证此等人员不再参加战争行动。

第十六条 在第十二条规定之限制下，交战国之伤者、病者及遇船难者之落于敌方手中者，应为战俘，并对之适用国际法有关战俘之规定。俘获者得按情况决定是否便于扣留送至俘获国之港口、中立国港口、甚或敌国领土内之港口。如属最后一情形，被送回本国之战俘，在战争期间不得服役。

第十七条 如中立国与交战国间无相反之协定，经地方当局之许可，在中立国港口登陆之伤者、病者或遇船难者，遇国际法有此要求时，应由中立国加以看守，务使彼等不能再参加战争行动。

医院收容及拘禁费用应由伤者、病者或遇船难者所依附之国负担。

第十八条 每次战斗之后，冲突各方应立即采取一切可能之措施以搜寻并收集遇船难者、伤者与病者加以保护借免抢劫及虐待，而予以适宜之照顾，并搜寻死者而防其被剥劫。

环境许可时，冲突各方应商定局部办法以便经由海路搬移被包围地区之伤者与病者，并使送往该地区之医疗与宗教人员及器材得以通过。

第十九条 冲突各方应尽速登记落于其手中之每一敌方遇船难者、伤者、病者或死者之任何可以证明其身份之事项。可能时，此项记录应包括：

（甲）所依附之国；

（乙）军、团、个人番号；

（丙）姓；

（丁）名；

（戊）出生日期；

（己）身份证或身份牌上所表明之任何其他事项；

（庚）被俘或死亡之日期及地点；

（辛）有关伤病之情况或死亡之原因。

上述登记材料应尽速转送 1949 年 8 月 12 日关于战俘待遇之日内瓦公约第一百二十二条所述之情报局，该局应通过保护国及战俘中央事务所转达上述人员所依附之国。

冲突各方应制备死亡证书，并通过前项规定之情报局互送死亡证书或经证实之死亡表；亦应搜集并通过该局转送死者尸体上所发现之双身份牌之一半，或整个身份牌如其系单身份牌，遗嘱或对于其最近亲属具有重要性之其他文件、金钱及一般具有实质价值或情感价值之物品。此项物品连同未能辨认其所有人之物品，应以密封包裹寄送，并附说明书载明死者身份之详情以及包裹内容之清单。

第二十条 冲突各方应保证在情况许可下分别海葬死者之前，详细检查尸体，如可能时，经医生检查，以确定死亡，证明身份并便作成报告。如用双身份牌者，则其一半应留在尸体上。

如死者运抵陆上时，则应适用 1949 年 8 月 12 日改善战地武装部队伤者病者境遇之日内瓦公约之规定。

第二十一条 冲突各方得呼吁中立国商船、游艇或其他中立国船只之船长以慈善精神收容与照顾伤者、病者或遇船难者于其船上，并收集死者。

响应此项呼吁之任何种类船只以及自动收集伤者、病者或遇船难者之船只，均应享受特别保护及为执行此项协助之便利。

上述船只绝不得因从事此项运输而受拿捕；但上述船只若有违反中立之行为，除非有相反之诺言，仍得予以拿捕。

第三章　医院船

第二十二条 军用医院船即各国特别并

专用以救助、医治并运送伤者、病者及遇船难者而建造或装备之船只，在任何情况下，不得加以攻击或拿捕，而应随时予以尊重与保护，但须于使用前十日，将该船之名称及其说明通知冲突各方。

通知书内必须载明之特征，应包括注册之总吨位，自船首至船尾之长度以及桅杆、烟囱之数目。

第二十三条 岸上建筑物之应受1949年8月12日改善战地武装部队伤者病者境遇之日内瓦公约之保护者，应予以保护，免受海上之炮轰或攻击。

第二十四条 各国红十字会及官方承认之救济团体或私人所使用之医院船，如经其所依附之冲突一方正式委任，并已遵照第二十二条关于通知之规定者，应享受与军用医院船同样之保护并应免予拿捕。

此等船只，必须备有负责当局发给之证明书，载明该船只于装备及出发时已在该当局之管辖下。

第二十五条 各中立国之红十字会及官方承认之救济团体或私人所使用之医院船，如受冲突一方之管辖，经其本国政府之预先同意及该冲突一方之认可，并已遵照第二十二条关于通知之规定者，应享受与军用医院船同样之保护并免予拿捕。

第二十六条 第二十二、二十四及二十五各条提及之保护，适用于任何吨位之医院船及其救生艇，不论其活动地点何在。但为保证最大限度之舒适与安全，冲突各方务须使用总吨位在2000吨以上之医院船，以运送远距离及在公海上之伤者、病者及遇船难者。

第二十七条 在第二十二及二十四各条所规定之同样条件下，国家用或官方承认之救济团体为沿海岸救生用之小型船只，在行动需要之许可范围内，亦应予以尊重及保护。

前项规定应尽可能适用于前述船只在其人道的任务上所专用之海岸固定设备。

第二十八条 若在军舰上发生战斗，则病室应予以尊重，并尽可能予以保全。病室及其设备应受战争法规之限制，在伤者与病者需要期中，不得改作其他用途。但病室落于敌方司令之权力下，而该司令在保证对疗养中之伤者与病者予以适当之照顾后，于紧急军事需要时，得将病室改作他用。

第二十九条 凡泊于陷落敌方手中之港口之任何医院船，应准其离去该港。

第三十条 第二十二、二十四、二十五及二十七各条所述之船只应不拘国籍，对于伤者、病者及遇船难者予以救济与协助。

各缔约国承诺不将此等船只作任何军事用途。

此等船只绝不得妨碍战斗员之行动。

在每次战斗中及战斗后，此等船只行动上所冒危险，自负其责。

第三十一条 冲突各方应有权管制及搜查第二十二、二十四、二十五及二十七各条提及之船只，并得拒绝其协助，命令其离去，指定其航线，控制其无线电及其他通讯工具之使用，如因情况之严重性有此必要时，并得扣留之，其期限自截留之时起，不超过七日。

冲突各方得派员暂时驻在船上，其唯一任务应为保证根据上款规定所发布之命令均予执行。

冲突各方应尽可能将发给医院船船长之命令以该船长所了解之文字，记录于该船航海日志。

冲突各方得单独或依特别协定，安置中立国视察员在其船上，该员等应检定本公约规定之严格遵行。

第三十二条 第二十二、二十四、二十五及二十七各条所述之船只，就其在中立国港口停泊而言，不列为军舰。

第三十三条 商船之改装为医院船者，在全部战事期间不能移作他用。

第三十四条 医院船及舰上病室应得之保护不得停止，除非此等船室越出其人道任务之外，用以从事有害于敌方之行为。惟如经给予相当警告，并依各个情形指定合理之时限而警告仍被忽视时，始得停止保护。

医院船尤其不得备有或使用密码，为无线电或其他通讯方法之用。

第三十五条 下列情况不得认为剥夺医院船及舰上病室应得之保护：

（一）医院船或病室之船员为维持秩序，自卫或保护伤者、病者而配有武器；

（二）船上有专为便于航行或通讯用之装备；

（三）医院船上或舰上病室内发现有由伤者、病者及遇船难者身上所解除之随身武器及弹药而尚未缴送主管部门者；

（四）医院船及舰上病室或其船员扩展其人道之活动及于伤、病或遇船难之平民之照顾；

（五）运送专为医疗任务之用的设备及人员，而超过正常之需要。

第四章 人 员

第三十六条 医院船上之宗教、医务及医院工作人员以及其船员，应受尊重及保护；不论船上有无伤者及病者，在医院船上服务期间，不得被俘。

第三十七条 凡宗教、医务及医院工作人员被派担任医务上或精神上照顾第十二及十三两条所指之人者，如落于敌方手中，应受尊重及保护；在需要照顾伤者及病者之期间，得继续执行其职务。一俟管辖此项人员之总司令认为可行时，应将其送回。彼等离船时得携带其私人财物。

但如发觉因战俘之医疗上及精神上之需要，须留用若干人员时，则应尽一切可能使其尽早登陆。

留用人员登陆后，即受 1949 年 8 月 12 日改善战地武装部队伤者病者境遇之日内瓦公约规定之拘束。

第五章 医疗运输

第三十八条 为此项目的而租用之船只，应准其运输专为医治武装部队之伤者与病者或防止疾病用之设备，但须将该船航行之事项通知敌国，并经其认可。敌国保留登船检查之权，但不得予以拿捕或截留其所载之设备。

经冲突各方之协议，中立国观察员得驻在该项船只上，以检定所载之设备。为此目的，应准其自由检视此项设备。

第三十九条 医务飞机，即专用以搬移伤者、病者及遇船难者以及运送医务人员与设备之飞机，不得为袭击之目标，而在有关冲突各方所特别约定之高度、时间及航线飞行时，应受冲突各方之尊重。

此项飞机在其上下及两侧面，应显明标以第四十一条所规定之特殊标志，以及其本国国旗，并应备有战事开始时或战事进行中经冲突各方间同意之任何其他标志或识别方法。

除另有协议外，在敌人领土或敌人占领地上空之飞行应予禁止。

医务飞机应服从一切水陆降落之命令。如被令降落而需受检查时，则经过检查后，该机载其乘员得继续飞行。

非自愿降落于敌人领土或敌人占领地之陆上或水面时，伤者、病者及遇船难者以及飞行人员应为战俘。医务人员应按第三十六条及三十七条两条待遇之。

第四十条 冲突各方之医务飞机，在本条第二款规定之拘束下，得在中立国之领土上空飞行，必要时，得在该国领土降落，或用以为停留站。该项飞机之飞越上述领土，应预先通知各中立国，并服从一切水陆降落之命令。仅在冲突各方与有关中立国特别约定之航线、高度及时间飞行时，始免受袭击。

但中立国对于医务飞机之飞越其领土或在其领土降落，得规定条件或限制。此项可能的条件与限制对于冲突各方应一律适用。

除中立国与冲突各方另有协议外，凡经地方当局之同意由医务飞机运至中立国领土之伤者、病者或遇船难者，如国际法有此要求，应由中立国以适当方式予以拘留，俾彼等不能再行参加战斗。医院收容与拘禁之费用应由其所依附之国负担。

第六章 特殊标志

第四十一条 在军事主管当局之指导下，白底红十字之标志应标明于旗帜、臂章及医务部门使用之所有设备上。

但各国如已采用白底红新月或白底红狮与日以代替红十字之标志者，此等标志亦为本公约规定所承认。

第四十二条 第三十六及三十七两条所指之人员，应在左臂佩带由军事机关发给并盖印而具有特殊标志之防水臂章。

此种人员除应携带第十九条所述之身份牌外，应另携带具有此项特殊标志之特种身份证。此证应有防水之效能，并具有适当之尺寸以便携带于衣袋内。其上应用本国文字，至少载明持用者之姓名、出生日期、等级、番号，并应注明其以何种身份享受本公约之保护。该证应附有本人像片，及其签字或指纹，或二者具备。该证并应加盖军事当局之钢印。

同一武装部队所使用之身份证应式样一致，并尽可能使各缔约国之武装部队使用类似的式样。冲突各方可参照本公约所附之示范格式。在战事开始时，冲突各方应互相通知其所采用之式样。在可能范围内，身份证至少应制备两份，其中一份存于本国。

在任何情况下对上述人员不得剥夺其符号或身份证，或佩带臂章之权利。如遇遗失时得领取身份证副本或补领符号。

第四十三条 第二十二、二十四、二十五及二十七各条所指之船只，应特别标志如下：

甲、一切外表应为白色。

乙、在船身之两侧及其平面，应涂漆而显露可能最大之深红十字一个或多个，其位置以自海上及空中最易于望见者为宜。

一切医院船应悬挂本国国旗，如属于中立国者并应悬挂其所受指挥的冲突一方之国旗，以资识别。大桅杆上应在可能高处悬挂白底红十字旗。

医院船之救生艇、海岸救生艇及医务部门所使用之一切小型船只均应漆成白色，并加画鲜明之深红十字，大体应遵照上述医院船识别之方法。

上述船艇，如欲于黑夜及可视度减少之时间保证其应得之保护，则应在其管辖之冲突一方的同意下，采取必要措施，务使其所漆颜色及特殊标志充分显明。

依第三十一条暂时为敌人扣留之医院船，必须将其所服役或其所受指挥之冲突一方的旗帜降下。

海岸救生艇，如其经占领国同意，从被占领之基地继续活动，于离开该基地时，得准其继续悬挂其本国国旗连同白底红十字旗，但须先通知有关冲突各方。

本条有关红十字之一切规定，应一律适用于第四十一条所列之其他标记。

冲突各方应随时设法达成相互的协议，俾使用其所有之最现代化方法，以便利各医院船之辨别。

第四十四条 除其他国际公约或有关冲突各方间另有协定外，第四十三条所指之特殊标志，无论平时或战时，只能用以标明或保护该条提及之船只。

第四十五条 各缔约国，若其立法尚未完备，应采取必要之措施，以便随时防止及取缔第四十三条所规定关于特殊标志之任何滥用行为。

第七章 公约之执行

第四十六条 冲突各方应通过其总司令保证以上条款之详细执行，并依照本公约之一般原则规定预料不到之事件。

第四十七条 对于本公约所保护之伤者、病者、遇船难者、工作人员、船只或设备之报复行为，均予禁止。

第四十八条 各缔约国在平时及战时应在各该国尽量广泛传播本公约之约文，尤应在其军事，并如可能时在公民教育计划中，包括本公约之学习，俾本公约之原则为全体人民，尤其武装战斗部队、医务人员及随军牧师所周知。

第四十九条 各缔约国应通过瑞士联邦委员会，在战时则通过保护国，互相通知本公约之正式译文，及其所采用以保证实施本公约之法律与规则。

第八章 滥用及违约之取缔

第五十条 各缔约国担任制定必要之立法，俾对于本身犯有或令人犯有下条所列之严重破坏本公约之行为之人，处以有效的刑事制裁。

各缔约国有义务搜捕被控为曾犯或曾令人犯此种严重破坏本公约行为之人，并应将此种人，不分国籍，送交各该国法庭。该国亦得于自愿时，并依其立法之规定，将此种人送交另一有关之缔约国审判，但以该缔约国能指出案情显然者为限。

各缔约国应采取必要之措施，以制止下条所列严重破坏本公约之行为以外之一切违反本公约之规定之行为。

在一切情况下，被告人应享有适当的审讯及辩护之保障。此种保障，不得次于1949年8月12日关于战俘待遇之日内瓦公约第一百零五条及其以下各条所规定者。

第五十一条 上条所述之严重破坏公约行为，应系对于受本公约保护之人或财产所犯之任何下列行为：故意杀害、酷刑或不人道待遇，包括生物学实验，故意使身体及健康遭受重大痛苦或严重伤害，以及无军事上之必要，而以非法与暴乱之方式，对财产之大规模的破坏与征收。

第五十二条 任何缔约国不得自行推卸，或允许任何其他缔约国推卸，其本身或其他缔约国所负之关于上条所述之破坏公约行为之责任。

第五十三条 经冲突之一方请求，应依有关各方所决定之方式，进行关于任何被控违犯本公约的行为之调查。

如关于调查程序不能获致协议，则各方应同意选定一公断人，由其决定应遵行之程序。

违约行为一经确定，冲突各方应使之终止，并应迅速加以取缔。

最后条款

第五十四条 本公约以英文及法文订立。两种文字之约文具有同等效力。

瑞士联邦委员会应准备本公约之俄文及西班牙文之正式译文。

第五十五条 本公约以本日为订立之日期，至1950年2月12日为止，凡参加1949年4月21日日内瓦会议各国，以及未参加该次会议，但系推行1906年日内瓦公约之原则于海战之1907年10月18日第十海牙公约缔约国，或1864年、1906年及1929年关于救济战地军队伤者病者之日内瓦公约之缔约国，均可签字。

第五十六条 本公约应尽速批准，其批准书应交存于伯尔尼。

每一批准书交存时，应予登记，并由瑞士联邦委员会将该项登记之证明的抄本分送业经签字或通知加入本公约之各国。

第五十七条 本公约在至少两国批准书交存后六个月发生效力。

嗣后，本公约对于每一缔约国自其批准书交存后六个月发生效力。

第五十八条 在各缔约国间关系上，本公约代替推行1906年日内瓦公约之原则于海战之1907年10月18日第十海牙公约。

第五十九条 本公约自生效之日起，任何未签字本公约之国家均得加入。

第六十条 本公约之加入应以书面通知瑞士联邦委员会，自加入之通知收到之日起六个月后发生效力。

瑞士联邦委员会应将此项加入通知所有业经签字或加入本公约之国家。

第六十一条 第二条及条三条所载之情况应使在战事开始或占领之前或后，冲突各方所交存之批准书及加入之通知立即生效。瑞士联邦委员会应将其从冲突各方收到之任何批准书或加入之通知，以最迅速方法通告之。

第六十二条 每一缔约国得自由退出本公约。

退约须用书面通知瑞士联邦委员会，并由该委员会转告所有缔约国政府。

退约须于通知瑞士联邦委员会后一年发生效力。但如缔约国于作退约通知时已卷入冲突，则其退约须待至和议成立后，并在有关本公约所保护之人员之释放及遣返之工作完毕后，始能生效。

退约仅对该退约国有效，但并不减轻冲

突各方依国际法原则仍应履行之义务，此等原则系产自文明人民间树立之惯例，人道法则与公众良心之要求。

第六十三条 瑞士联邦委员会应将本公约在联合国秘书处登记，并应将其所接获之所有关于本公约之批准、加入及退约通知联合国秘书处。

为此，下列签署人于交存全权证书后，签署本公约，以昭信守。

1949 年 8 月 12 日以英文法文订于日内瓦。正本应交存于瑞士联邦委员会之档案中。瑞士联邦委员会应将证明之抄本送交每一签字及加入之国家。

附件二

附属海上武装部队之医务及宗教人员之身份证（略）

注：本公约于 1952 年 7 月 13 日经中华人民共和国中央人民政府授权外交部长周恩来发表声明决定予以承认，又于 1956 年 11 月 5 日经中华人民共和国主席批准，并于 1956 年 12 月 28 日由中华人民共和国政府向瑞士联邦政府交存批准书。中华人民共和国曾对本公约作了一些保留（详见全国人民代表大会常务委员会关于批准本公约的决定）。

附录

全国人民代表大会常委委员会关于批准 1949 年 8 月 12 日改善海上武装部队伤者病者及遇船难者境遇之日内瓦公约的决定

1956 年 11 月 5 日全国人民代表大会常务委员会第五十次会议通过

1956 年 11 月 5 日全国人民代表大会常务委员会第五十次会议决定批准 1949 年 8 月 12 日改善海上武装部队伤者病者及遇船难者境遇之日内瓦公约。全国人民代表大会常务委员会在决定批准 1949 年 8 月 12 日改善海上武装部队伤者病者及遇船难者境遇之日内瓦公约的同时，决定对该本约第十条作如下保留：

拘留伤者、病者、遇船难者或医务人员及随军牧师的国家请求中立国或人道组织担任应由保护国执行的任务时，除非得到被保护人本国政府的同意，中华人民共和国将不承认此种请求为合法。

1949 年 8 月 12 日关于战俘待遇之日内瓦公约

（1949 年 8 月 12 日日内瓦第三公约）

（1949 年 8 月 12 日订于日内瓦）

下列签署之各国政府全权代表出席自 1949 年 4 月 21 日至 8 月 12 日在日内瓦举行之外交会议，为修订 1929 年 7 月 27 日在日内瓦订立之关于战俘待遇公约，议定如下：

第一部　总　则

第一条 各缔约国承诺在一切情况下尊重本公约并保证本公约之被尊重。

第二条 于平时应予实施之各项规定之外，本公约适用于两个或两个以上缔约国间所发生之一切经过宣战的战争或任何其他武装冲突，即使其中一国不承认有战争状态。

凡在一缔约国的领土一部或全部被占领之场合，即使此项占领未遇武装抵抗，亦适用本公约。

冲突之一方虽非缔约国，其他曾签订本公约之国家于其相互关系上，仍应受本公约之拘束。设若上述非缔约国接受并援用本公约之规定时，则缔约各国对该国之关系，亦应受本公约之拘束。

第三条 在一缔约国之领土内发生非国际性的武装冲突之场合，冲突之各方最低限度应遵守下列规定：

（一）不实际参加战事之人员，包括放下武器之武装部队人员及因病、伤、拘留、或其他原因而失去战斗力之人员在内，在一切情况下应予以人道待遇，不得基于种族、肤色、宗教或信仰、性别、出身或财力或其他类似标准而有所歧视。

因此，对于上述人员，不论何时何地，不得有下列行为：

（甲）对生命与人身施以暴力，特别如各种谋杀、残伤肢体、虐待及酷刑；

（乙）作为人质；

（丙）损害个人尊严，特别如侮辱与降低身份的待遇；

（丁）未经具有文明人类所认为必需之司法保障的正规组织之法庭之宣判，而遽行判罪及执行死刑。

（二）伤者、病者应予收集与照顾。

公正的人道团体，如红十字国际委员会，得向冲突之各方提供服务。

冲突之各方应进而努力，以特别协议之方式，使本公约之其他规定得全部或部分发生效力。

上述规定之适用不影响冲突各方之法律地位。

第四条 （子）本公约所称之战俘系指落于敌方权力之下列各类人员之一种：

（一）冲突之一方之武装部队人员及构成此种武装部队一部之民兵与志愿部队人员。

（二）冲突之一方所属之其他民兵及其他志愿部队人员，包括有组织之抵抗运动人员之在其本国领土内外活动者，即使此项领土已被占领，但须此项民兵或志愿部队，包括有组织之抵抗运动人员，合乎下列条件：

（甲）有一为其部下负责之人统率；

（乙）备有可从远处识别之固定的特殊标志；

（丙）公开携带武器；

（丁）遵守战争法规及惯例进行战斗。

（三）自称效忠于未经拘留国承认之政府或当局之正规武装部队人员。

（四）伴随武装部队而实际并非其成员之人，如军用机上之文职工作人员、战地记者、供货商人、劳动队工人或武装部队福利工作人员，但须彼等已获得其所伴随之武装部队的准许，该武装部队应为此目的发给彼等以与附件格式相似之身份证。

（五）冲突各方之商船队之船员，包括船长、驾驶员与见习生，以及民航机上之工作人员，而依国际法之任何其他规定不能享受更优惠之待遇者。

（六）未占领地之居民，当敌人迫近时，未及组织成为正规部队，而立即自动拿起武器抵抗来侵军队者，但须彼等公开携带武器并尊重战争法规及惯例。

（丑）下列人员亦应依照本公约以战俘待遇之：

（一）现属于或曾属于被占领国武装部队之人员，而占领国认为因此种隶属关系有加以拘禁之必要者，即令占领国于该占领区外进行战事时原曾将其释放，特别是曾企图再行参加其原来所属而正在作战之武装部队未获成功，或并未遵从对彼等所发出之拘禁令者。

（二）属于本条所列举各类人员之一种，为中立国或非交战国收容于其领土内，依照国际法应由该国拘禁者，惟不碍及该国之愿对彼等予以更优惠之待遇，但第八、十、十五、三十（第五款）、五十八——六十七、九十二、一百二十六各条除外，且若冲突之各方与有关中立国或非交战国有外交关系存在，则有关保护国之各条亦除外。若有此种外交关系存在时，则此项人员所依附之冲突各方可对彼等执行本公约所规定之保护国之任务，但不碍及该各方依照外交与领事惯例及条约正常执行之任务。

（寅）本条无论如何不得影响本公约第三十三条所规定之医务人员与随军牧师之地位。

第五条 本公约对于第四条所列之人员之适用，应自其落于敌方权力下之时起至最后被释放及遣返时为止。

凡曾从事交战行为而陷落于敌方者，其是否属于第四条所列举各类人员之任何一种发生疑问时，在其地位未经主管法庭决定前，应享受本公约之保护。

第六条 于第十、二十三、二十八、三十三、六十、六十五、六十六、六十七、七十二、七十三、七十五、一百零九、一百一十、一百一十八、一百一十九、一百二十二、及一百三十二各条明文规定之协议之外，各缔约国对其认为需另作规定之一切事项得订立特别协议。是项特别协议不得对本公约关于战俘所规定之境遇有不利的影响，亦不得限制本公约所赋予彼等之权利。

除在上述或后订之协议中有相反之明文规定，或冲突之一方对彼等采取更优待之措施外，战俘在本公约对其适用期间应继续享受是项协议之利益。

第七条 在任何情况下，战俘不得放弃本公约或上条所述之特别协议——如其订有是项协议——所赋予彼等权利之一部或全部。

第八条 本公约之适用应与保护国合作并受其监察。保护国之责任为维护冲突各国之利益。为此目的，保护国在其外交或领事人员之外，得自其本国国民或其他中立国国民中指派代表。上述代表应经其执行任务所在国之认可。

冲突各方对于保护国之代表之工作应尽最大可能予以便利。

保护国之代表在任何情况下不得逾越本公约所界予之任务。彼等尤须顾及其执行任务所在国之安全上迫切的必要。

第九条 本公约之规定并不妨碍红十字国际委员会或其他公正的人道组织，在有关冲突各方之同意之条件下，从事保护与救济战俘之人道活动。

第十条 各缔约国得随时同意将根据本公约应由保护国负担之任务，委托于具有公允与效能之一切保证之组织。

当战俘，不拘为何原因，不能享受或已停止享受保护国或本条第一款所规定之组织的活动之利益时，则拘留国应请一中立国或此种组织担任依照本公约应由冲突各方指定之保护国所执行之任务。

若保护不能依此布置，则拘留国应在本条之规定之约束下，请求或接受一人道组织，如红十字国际委员会，提供服务，以担任依本公约由保护国执行之人道的任务。

任何中立国或任何组织经有关国家邀请或自愿提供服务而执行任务时，在行为上须对本公约所保护之人员所依附之冲突一方具有责任感，并须充分保证能执行其所负之任务，且能公允执行之。

各国间订立特别协议，如其中一国因军事关系，特别是因其领土之大部或全部被占领，以致该国与其他一国或其盟国谈判之自由受限制，即或是暂时的，本公约上列规定不得因该项特别协议而有所减损。

凡本公约中提及保护国，亦适用于本条所指之代替组织。

第十一条 保护国认为于被保护人之利益适宜时，尤其遇冲突各方对于本公约之适用与解释意见有分歧时，应从事斡旋以期解决分歧。

为此目的，各保护国得应一方之请求，或主动向冲突各方建议，可能在适当选择之中立领土召开代表会议，负责管理战俘之当局代表尤须参加。冲突各方对于为此目的而提出之建议负有实行之义务。各保护国得于必要时，提请冲突各方同意，特邀一中立国人员或红十字国际委员会委派之人员参加此项会议。

第二部　战俘之一般保护

第十二条 战俘系在敌国国家手中，而非在俘获彼等之个人或军事单位之手中。不论个人之责任如何，拘留国对战俘所受之待遇应负责任。

拘留国仅能将战俘移送至公约之缔约国，并须于拘留国对于接受国实施本公约之意愿与能力认为满意后行之。战俘在此种情形下被移送时，其在接受国看管期间，本公约的实施之责任即由该接受国担承之。

在若该接受国在任何重要方面未能实行本公约之规定，则原移送战俘之国，一经保护国通知，即应采取有效办法以纠正此种情况，或要求将战俘送还。此项要求必须照办。

第十三条 战俘在任何时须受人道之待遇。拘留国任何不法行为或因不法行为可导致其看管中之战俘死亡或严重危害其健康者须予禁止，并当视为严重破坏本公约之行为。尤其不得对战俘加以肢体残伤，或供任何医学或科学试验而非为有关战俘之医疗、治疗或住院诊疗所应有且为其本身利益而施行者。

战俘亦应在任何时受到保护，尤其免致遭受暴行或恫吓及侮辱与公众好奇心的烦扰。

对战俘之报复措施应予禁止。

第十四条 战俘在一切情况下应享受人身及荣誉之尊重。

对于妇女之待遇应充分顾及其性别，并在一切情形下彼等应享受与男子同等之优遇。

战俘应保有被俘时所享受之全部民事能力。除因在俘关系之需要外，拘留国不得限制战俘在该国领土内外行使此种能力所赋予之权利。

第十五条 拘留战俘之国家应免费维持战俘生活及给予其健康状况所需之医药照顾。

第十六条 拘留国对于所有战俘，除因本公约关于其等级及性别之规定以及因健康状况、年龄或职业资格得予以特别待遇外，应同样待遇之，不得基于种族、国籍、宗教信仰、或政治意见、或根据类似标准之任何其他区别而有所歧视。

第三部 在 俘

第一编 在俘之开始

第十七条 每一战俘，当其受讯问时，仅须告以其姓名、等级、出生日期，及军、团、个人番号，如其不能，则提使相当之材料。

如其故意违犯此项规则，则可因此而被限制其原有等级或地位所应得之权利。

冲突之每一方对于在其管辖下有资格成为战俘之人，应为之制备身份证，记载持用者之姓名、等级、军、团、个人番号或相当之材料及出生日期。身份证上并得有持用者之签字或指纹，或二者具有，以及冲突之一方愿列入其武装部队所属人员之其他材料。该证之尺寸应尽可能为6.5×10公分，并应颁发正副两份。此证遇要求时应由战俘出示之，但绝不得自其本人取去。

对战俘不得施以肉体或精神上之酷刑或任何其他胁迫方式藉以自彼等获得任何情报。战俘之拒绝答复者不得加以威胁、侮辱，或使之受任何不快或不利之待遇。

战俘，因身体及精神状态不能言明其身份者，应送交医疗机构。此种战俘之身份应用各种可能方法证明之，但受前款规定之限制。

讯问战俘应以其所了解之语言执行之。

第十八条 凡自用物品除武器、马匹、军事装备及军事文件外，应仍归战俘保有，钢盔、防毒面具及其他为保护个人而发给之物品亦然。衣食所用之物品亦应仍归战俘保有，即使此等物品系军队规定装备之一部分。

无论何时战俘不得无身份证明文件。对于无身份证明文件之战俘，拘留国应发给此种文件。

战俘之等级与国籍之徽章、勋章，以及特别具有个人或情感价值之物品不得自其本人取去。

除依官长之命令，并经将银钱数目及所有者之详情登记在特别账册内并给予详细之收据，收据上清晰记有出具收据者之姓名、等级及单位外，战俘所带之银钱不得被取去。其银钱如系拘留国之货币，或经战俘请求换成该国货币者应按第六十四条之规定存入战俘账目。

拘留国只可由于安全的理由自战俘身上取去贵重物品；当此种物品取去时，应适用关于押收银钱之手续。

此种物品，以及拘留国货币以外之银钱未经原主要求兑换而被取去者，应由拘留国保管之，并应于其在俘终了时原样归还战俘。

第十九条 战俘应在被俘获后尽速撤退至处于远离战斗地带足使其免于危险之地区之战俘营。

惟战俘之因受伤或患病以致撤退之危险反大于停留原处者，始得暂时留于危险地带。

在等候自战斗地带撤退时，不得令战俘冒不必要之危险。

第二十条 战俘之撤退必须经常依人道方式，并于与拘留国部队换防时相类似之条件下执行之。

拘留国对撤退之战俘应供给足够之食物与饮水以及必需之衣服与医药照顾。拘留国应采取各种适当戒备以保证战俘撤退时之安全，并应尽速编造被撤退之战俘名单。

如战俘撤退时须经过转运营，其停留于转运营之时间务求其短速。

第二编　战俘之拘禁

第一章　总　则

第二十一条　拘留国得将战俘拘禁。得令战俘不得越出拘留营一定界限，若上述拘留营设有围栅，则不得越出围栅范围。除适用本公约关于刑事与纪律制裁之规定外，不得将战俘禁闭，但遇为保障其健康有必要时，且仅在必需予以禁闭之情况继续存在期中，则为例外。

在战俘所依附之国法律允许下，得将战俘部分或全部依宣誓或诺言释放。此种办法，在有助于改善战俘健康状况之场合，尤应采取。任何战俘不得强令接受宣誓或诺言释放。

战事开始时，冲突之每一方应将准许或禁止其本国国民接受宣誓及诺言释放之法律及规则通知对方。依照此项通知之法律及规则而宣誓或给予诺言之战俘，应以其个人之荣誉保证对于所依附之国及俘获国严守其所宣誓或承诺之条件。在此种情况下，其所依附之国不得要求或接受彼等从事违反其宣誓或诺言之任何服役。

第二十二条　战俘仅能拘禁于陆地上之场所而具有卫生与健康之保证者。除在战俘本身利益所许可之特殊场合外，不得将彼等拘禁于反省院中。

战俘之被拘禁于不合卫生之地区，或其气候对彼等身体有害之处所者，应从速移送至气候较适宜之地区。

拘留国应按战俘之国籍、语言、及习惯，集中于各营或营场，但除经本人同意外，此种战俘不应与同属于其被俘时所服役之武装部队之战俘分开。

第二十三条　无论何时不得将战俘送赴或拘留于战斗地带炮火所及之地，亦不得利用彼等安置于某点或某地区以使该处免受军事攻击。

战俘应备有与当地平民同等之防御空袭或其他战争危险之避难所。除从事于保护其居所免受上述危险之人外，彼等可于警报发出后尽速进入避难所。任何其他保护居民之措施亦应适用于战俘。

拘留国，应通过保护国之媒介，将有关战俘营地理位置一切有用的情报提交有关各国。

在军事考虑许可时，战俘营在白天应标明自高空清晰可见之 PW 或 PG 字母。有关各国亦得商定其他标志方法。惟战俘营始得如此标志之。

第二十四条　永久性之转运营或分发营应按本编所述之同样条件布置之，其中之战俘亦应与其他各营之战俘享受同样待遇。

第二章　战俘之住宿，饮食与衣服

第二十五条　战俘住宿之条件应也与同一区域内拘留国驻扎之部队居住之条件同样优良。上述条件应顾及战俘之习惯与风俗，并绝不得有害其健康。

上述规定尤应适用于战俘之宿舍，如关于总面积与最低限度之立方空间，及一般设备、垫褥、被毯等。

为战俘个人或集体设置之住所，应全无潮湿之患，并应有充足之温度与光线，特别是在黄昏与熄灯之时间内。对于火灾应采取一切预防措施。

任何战俘营，如同时收容男女战俘，应为其分设宿舍。

第二十六条 每日基本口粮在量，质，与种类上应足够保持战俘之健康及防止体重减轻或营养不足。战俘所习惯之饮食亦应顾及。

拘留国应为作工之战俘供给因其从事之劳动所需之额外口粮。

对战俘应供给以充足之饮水。吸烟应被准许。

战俘应尽量参与其膳食之准备，彼等得为此目的在厨房工作。此外，并应给予战俘以自行烹调其自有的额外食品之工具。

为供战俘用膳，应备适当之场所。

饮食上的集体处罚措施应予禁止。

第二十七条 服装、内衣、及鞋袜应由拘留国充分供给战俘，并应顾及拘留战俘地区之气候。拘留国缴获之敌军制服，若与气候相适，应充作战俘服装之用。

拘留国应保证上述衣物之按期更换与修补。此外，作工之战俘，凡因工作性质之需要，应给予适当之服装。

第二十八条 在各战俘营内应设贩卖部，俾战俘得购买食品、肥皂、烟草、及日常用品。其售价不得超过当地市价。

战俘营贩卖部所获得之利润应为战俘之利益而使用；为此目的应设立一项特别基金。战俘代表应有权参与贩卖部及该项基金之管理。

战俘营结束时，特别基金之结余，应交与一国际福利组织，以供与凑集基金之战俘同一国籍之战俘的利益而使用。如遇全数遣返，此项利润，除有关各国间议有相反之办法外，应由拘留国保存。

第三章 卫生与医药照顾

第二十九条 拘留国应负责采取保证战俘营清洁、卫生及防止传染病所必要之卫生措施。

战俘应有，不论昼夜，可以使用之合于卫生规则并经常保持清洁的设备。战俘营之收容女俘者，应另有设备供其使用。

战俘营除应设之浴盆及淋浴外，应供给战俘足够之用水及肥皂以备个人盥洗及洗濯衣物之用；并应为此目的给予彼等以必需之设备、便利、及时间。

第三十条 每一战俘营内应设有适当之医疗所，俾战俘可获得所需之照顾与适当之饮食。必要时对于传染病或精神病患者应另设隔离病房。

战俘之患重病或需要特别医疗，外科手术，或住院治疗者，任何军用或民用医疗机构之能作此项诊疗者均须予以收容，即使彼等将于最近被遣返。在遣返前，对于残废者，尤其对于盲者之照顾及其复元，应予以特别便利。

战俘最好由其所依附之国之医疗人员照顾，如可能时，由其同国籍者照顾。

战俘请求医疗当局检查时，不得予以阻止。拘留当局一经请求，应对已受治疗之战俘发给正式证书，说明其疾病或伤害之性质，及所受治疗之期限及类别。此项证书之副本应送交战俘中央事务所。

医疗费用，包括维持战俘健康需用之器

具，尤其假牙及其他假装置，以及眼镜等费用，应由拘留国负担。

第三十一条 战俘之健康检查至少应每月举行一次。检查应包括对每一战俘体重之衡量及记载。其目的应特别为监察战俘之一般健康状况，营养及清洁，并察觉传染病，特别是肺结核、疟疾及性病。为此目的，应采用最有效之方法，如定期集体小型照相透视，以便及早察觉肺结核。

第三十二条 战俘中之医生、外科医生、牙医、护士或医事服务员，虽非其本国武装部队之医疗工作者，拘留国得令彼等为其所依附之国之战俘的利益执行医疗任务。在此种情况下，此项人员应仍视为战俘，但应与拘留国所留用之相当之医务人员享受同样待遇。彼等应免除第四十九条中之任何工作。

第四章 被留用协助战俘之医务人员及随军牧师

第三十三条 拘留国为协助战俘而留用之医务人员及随军牧师不得视为战俘。但彼等至少应享受本公约之利益与保护，并应给予彼等以从事战俘之医疗照顾及宗教工作所必需之一切便利。

彼等应在拘留国军事法规范围内，并在该国主管部门管辖下，按照其职业上之道义，继续为战俘，尤其属于其本国武装部队者，执行其医疗及精神任务。此等人员为执行其医疗及精神任务，应享受下列便利：

（甲）彼等应准定期访问战俘营外之劳动队或医院中之战俘。为此目的，拘留国应供给以所需之交通工具。

（乙）关于各战俘营中留用医务人员之活动一切事项，由该营上级医官对该营军事当局负责。为此目的，在战事开始时，冲突各方应就医务人员相当等级之问题取得协议，其中包括1949年8月12日改善战地武装部队伤者病者境遇之日内瓦公约第二十六条所列团体之医务人员之等级。上述上级医官及随军牧师有权与战俘营之主管当局商洽与其职务有关之一切问题。该当局应予彼等以有关此项问题之通讯所必需之便利。

（丙）彼等在被留用营中虽应服从内部纪律，但不得强迫其作任何医务或宗教以外之工作。

在交战期间，冲突各方关于留用人员之可能遣放应成立协议，并决定遣放之程序。

上述各规定并不解除自医疗及精神的观点上拘留国对于战俘应尽之义务。

第五章 宗教、文化与体育活动

第三十四条 战俘应有履行其宗教义务之完全自由，包括参加其所信仰宗教之仪式，但以遵守军事当局规定之例行的纪律措施为条件。

为举行宗教仪式之用，应供给以适当之场所。

第三十五条 落于敌国手中之随军牧师，其为协助战俘而留下或被留用者，应准依其宗教道义，对战俘执行宗教任务，并在属于同一宗教之战俘中自由执行宗教任务。彼等应分派至属于同一部队，使用同一语言，或遵奉同一宗教之各战俘营或劳动队。彼等应享有访问本营以外之战俘必需之便利，包括第三十三条所提之交通工具。彼等应得与拘留国教会当局及国际宗教组织自由通讯，商讨有关宗教职务事项，但其通讯得受检查。彼等为此目的发出之信件或邮片，应在第七十一条之规定之限额以外。

第三十六条 战俘中之牧师其未经正式委派为其所属部队之随军牧师者，不论其教派为何，得自由对其本教教徒自由执行宗教任务。为此目的，彼等应享受与拘留国留用之随军牧师同样之待遇。彼等不得被强迫从事任何其他工作。

第三十七条 当战俘中并无留用之随军牧师或同一宗教之战俘牧师协助时，应依有关战俘之请求，指派一属于战俘之教派或类似教派之牧师担任此项工作。若此等牧师亦无之，则在宗教信仰观念认为可行时，应指派一合格之非宗教人员担任之。此项人员之指派，须经过拘留国核准，并须取得有关战俘团体之同意，必要时并应经当地同一信仰之宗教当局核准。此种指派之人员应遵守拘留国为维护纪律及军事安全而制定之一切规则。

第三十八条 拘留国应在尊重战俘个人兴趣之条件下，鼓励战俘之文化、教育、及娱乐、运动与游戏活动。并应采取必要措施，供给适当之场所及必需之设备，以保证其实行。

战俘应有作健身活动之机会，包括运动、游戏及户外停留。所有战俘营均应设置为此目的所必需之充足之空场。

第六章 纪 律

第三十九条 各战俘营应由属于拘留国正规部队之负责军官直接管辖之。此项军官应备有本公约一份；应保证该营职员及警卫均知悉其中条款，并应在其政府指示下，负责本公约之实施。

战俘，除军官外，对拘留国一切军官均须敬礼，并表示其本国部队适用的规则所规定之礼貌。

军官战俘仅须向拘留国军官中等级较本人为高者敬礼；但对战俘营长官，不论其等级为何，必须敬礼。

第四十条 佩带等级及国籍徽章以及勋章均应许可。

第四十一条 各战俘营应以战俘本国文字，将本公约及其附件之条文及第六条所规定之特别协议之内容张贴在人人均能阅读之处。战俘之无法前去阅读此项张贴文件者，如请求发给抄本时，应供给之。

与战俘行为有关之各种规则，命令，通告及印刷品，应以其所了解之文字发给之。此项规则，命令及印刷品应照上述方式张贴之，并应将抄本交与战俘代表。所有对战俘个别发出之命令亦须使用彼等所了解之文字。

第四十二条 对战俘，尤其对脱逃或企图脱逃之战俘，使用武器，应属最后之手段，并应每次先予以适合于当时情况之警告。

第七章 战俘之等级

第四十三条 战事开始时，冲突各方应互相通知本公约第四条所述员之军衔及等级，以保证等级相当之战俘之待遇平等。嗣后设置之名义及等级亦应同样通知之。

战俘被擢升之等级，而经其所依附之国正式通知者，拘留国应予承认。

第四十四条 军官及与其地位相等之战俘之待遇，应依其等级及年龄而定。

为保证军官营内之勤务，应从同一武装部队中派遣适当数目之其他等级人员，在可能范围内，应择其使用同一语言者，并须顾及军官及相当地位之战俘之等级，此种服务员不应令其从事其他工作。

对于军官之自行管理膳食，应予以一切便利。

第四十五条 军官及与其地位相等之战俘以外之战俘所受待遇应依其等级及年龄而定。

对于战俘之自行管理膳食，应予以一切便利。

第八章 战俘入营后之移送

第四十六条 拘留国于决定移送战俘时，应考虑战俘本身之利益，尤须避免增加其遣返之困难。

战俘之移送应始终依人道办理。其情形不得劣于拘留国部队调动之情形。战俘所习惯之气候状况必须顾及，其移送情形绝不得有害其健康。

拘留国在移送时，应供给战俘以充足之食物及饮水以维持其健康，以及必需之衣服、住宿及医药照顾。拘留国应采取适当之慎重措施，以保证彼等迁移时，尤其在海空运输时之安全，并应在其启程前，编造被移送战俘之全部名单。

第四十七条 患病或受伤之战俘，除因其安全必须移送者外，在旅行有碍其复原期间，不得迁移。

如战区逼近战俘营时，该营中之战俘不得移送，除非其移送能在适当安全情形下实行，或者其继续留在该地所冒之危险大于移送之危险。

第四十八条 在移送时，应向战俘正式通知其行期及新通信地址。此项通知应及时发出，俾彼等得以收拾行李及通知其最近亲属。

彼等应准携带个人物品及所收到之函件与包裹。在移送情形有此必要时得限制其随身携带行李之重量，以每人所能适当负荷者为度，但绝不得超过25公斤。

寄到旧战俘营之函件及包裹，应予转递，不得迟延。战俘营长官，于征得战俘代表同意后，应采取一切必要措施，保证运送战俘之公共财物以及因本条第二款之限制不能随身携带之行李。

移送之费用应由拘留国负担。

第三编 战俘之劳动

第四十九条 拘留国得斟酌战俘之年龄，性别，等级及体力，并特别以保持战俘之身心健康为目的，而利用体力合格之战俘之劳动。

战俘中之士级军官应仅令其从事监督工作，其无此项工作者得要求其他适当之工作，而应尽力为之觅得。

若军官或与其地位相等之人要求适当工作，应尽可能为之觅获。但在任何情况下不得强迫彼等工作。

第五十条 于有关战俘营之管理，设备，或保养工作外，战俘仅得强迫其从事下列各类所包括之工作：

（甲）农业；

（乙）与生产或采炼原料有关之工业及制造工业，但冶金，机械与化学工业除外；无军事性质或目的之公共工程及建筑；

（丙）非军事性质或目的之运输与物资管理；

（丁）商业，美术与工艺；

（戊）家庭役务；

（己）无军事性质或目的之公用事业。

遇有违反上列条款情事，战俘应准按第七十八条行使提出申诉之权利。

第五十一条 对战俘须给予适当之工作条件，尤其关于居住、饮食、衣着及设备；此等条件不得劣于拘留国人民从事类似工作所享有者；气候状况亦应顾及。

拘留国在利用战俘劳动时，应保证在战俘工作区域，适当遵行该国保护劳工之立法，尤其关于工人安全之规则。

对于战俘从事之工作，拘留国应与对其本国人民同样给予适合其工作之训练与保护装备。在第五十二条规定之限制下，战俘得令其冒普通工人所冒之通常危险。

劳动条件绝不得因纪律措施而使更为劳苦。

第五十二条 战俘除自愿者外，不得使其从事有害健康或危险性之劳动。

拘留国本国武装部队人员所视为屈辱之劳动，不得派战俘担任之。

扫雷或扫除类似装置，应视为危险性之劳动。

第五十三条 战俘每日劳动时间，包括往返路程之时间，不应过度，绝不得超过拘留国本国普通工人在该区从事同样工作者所许可之时间。

战俘在每日工作之中间，必须给予不少于一小时之休息。若拘留国工人之休息时间较长，则战俘之休息亦应与之相同。每周应另给予连续 24 小时之休息时间，以星期日或其本国所遵行之休息日为宜。此外工作满一年之战俘应给予连续八日之休息，在此期间工资应予照付。

如采用计件工作等类方法时，其工作时间亦不得因而致其过长。

第五十四条 战俘工资应按本公约第六十二条规定订定之。

战俘因工作遭致意外，或在工作期间染病或因工作致病，应予以其情况所需之一切照顾。拘留国对此项战俘并应发给医疗证明书，使其能向其所依附之国提出请求，并应将证明书副本送交第一百二十三条所规定之战俘中央事务所。

第五十五条 战俘是否宜于工作，应定期作健康检查，至少每月一次，以资证明。检查时应特别顾及战俘所须担任工作之性质。

任何战俘若认为其本人不能工作时，应许其往见该营之医务当局。医生或外科医生如认为该战俘不宜工作，得建议免除其工作。

第五十六条 劳动队之组织与管理应与战俘营相类似。

每一劳动队应仍受其战俘营之管辖，在行政上构成该营一部分。军事当局及该营长官，在其政府指导下，应负在劳动队中遵行本公约之责任。

战俘营长官应备有该营所属各劳动队之到新近为止之记录，并应将该记录递交前来视察战俘营之保护国，红十字国际委员会，及其他救济战俘组织之代表。

第五十七条 战俘之为私人工作者，即使该私人为负责看守及保护战俘之人，对于该战俘之待遇不得低于本公约所规定者。拘留国、军事当局及该战俘所属战俘营长官，对于此项战俘之给养、照顾、待遇、及工资之付给，应完全负责。

此项战俘应有与其所属战俘营之俘虏代表保护通讯之权利。

第四编　战俘之经济来源

第五十八条　在战事开始时并在与保护国商定前，拘留国得决定战俘可保有现金或类似款项之最大数目。其超过之数目，确属彼等所有而自彼等取去或扣留者，应连同其自行交存之银钱，悉数记入彼等之账目，未经其同意，不得兑成其他货币。

若战俘经准许在战俘营外以现款购取役务或物品，此种款项应由战俘自行付给，或由该营管理当局付给而记入该战俘之账目。拘留国关于此事得订立必要之规则。

第五十九条　战俘被俘时，依照第十八条而自彼等所取去之现款，如其为拘留国之货币，应照本编第六十四条之规定列入其各别之账目。

其于同时自战俘取去之他国货币兑成拘留国货币者，亦应按拘留国货币数目存入其各别账目。

第六十条　拘留国应对所有战俘按月垫发薪给，其数目应照以下所列折成该国货币。

第一类：中士以下之战俘：八瑞士法郎。

第二类：中士及其他士级军官或相当等级之战俘：十二瑞士法郎。

第三类：上士及少校以下之军官或相当等级之战俘：五十瑞士法郎。

第四类：少校、中校、上校或相当等级之战俘：六十瑞士法郎。

第五类：将官或相当等级之战俘：七十五瑞士法郎。

但相关之冲突各方得以特别协议更改对上列各类战俘垫发薪给之数目。

又若上列第一款所列之数目过高于拘留国武装部队之薪给，或因任何理由致使拘留国极感困难时，则在与战俘所依附之国缔结特别协议更改上列数目前，拘留国：

（甲）应按第一款所列数目继续存入战俘之账目；

（乙）得暂时将垫发薪给中可为战俘自用而支取之数目限制到一合理之数目，但对第一类而言，则此数目，绝不得低于拘留国给予本国武装部队人员之数目。

任何限制之原因当随即通知保护国。

第六十一条　战俘所依附之国寄交战俘之款项，拘留国应予接受，以之分发战俘为补助薪给，惟同一类中之战俘每人所得之数应均相同，且该类中所有该国战俘均应发给，并应依照第六十四条之规定尽早存入其各别账目。此项补助薪给并不解除拘留国在本公约下之任何义务。

第六十二条　拘留当局应直接付给战俘以公平之工资，其工资数额应由该当局规定，但对于每一人全日之工作其数额绝不得低于四分之一瑞士法郎。拘留国应将其所规定之每一人每日工资数额通知战俘，并通过保护国，通知战俘所依附之国。

战俘之被派长期担任与营内管理、设备、保养有关之职务或熟练、半熟练之工作，以及战俘之须为同伴战俘执行精神上或医疗上之任务者，应同样由拘留当局付给工资。

战俘代表及其助理人员之工资应从贩卖部利润之基金中付给，该代表如有顾问亦然。此项工资之标准应由战俘代表规定，并经战俘营长官批准。若无此项基金，则应由拘留当局对此种战俘付给公平之工资。

第六十三条 战俘应准其接受寄交彼等个人或集体之汇款。

下条规定之战俘账目中结存款项，在拘留国规定数目内，战俘得自由支配，拘留国应依其请求付给之。在拘留国认为必要之金融或货币管制之许可限度内，战俘得向国外汇款。在此种场合，战俘寄交受赡养人之汇款应有优先权。

在任何情形下，经战俘所依附之国的同意，战俘得照下列办法向其本国汇款：拘留国应通过保护国向上述国家发出通知，载明有关该战俘之各种必要的事项，汇款之受益人，以及按拘留国货币计算之汇款数额。上述通知应由战俘签署，并由战俘营长官加签。拘留国应自该战俘账目中扣除该款，并将扣除之款存入战俘所依附之国之账目。

拘留国为实施上述各项规定，宜参照本公约附件五之示范规则。

第六十四条 扣留国应为每一战俘开立账目，至少记有下列各项：

（一）应归战俘所有或其收到之垫付薪给、工资，或自其他来源所得之数目；自该战俘取去之拘留国货币数目；自该战俘取去之款项经其本人请求，而兑成拘留国货币之数目。

（二）付给战俘之现款或其他类似形式之款项；经其请求而为其付出之款项；按第六十三条第三款转账之款项。

第六十五条 登入战俘账目之每一项目应由其本人加签或简签，或由俘虏代表代签。

战俘应有随时查看其账目及领取其账目之抄本之相当的便利。保护国代表在视察战俘营时，亦得检查该项账目。

当战俘自一营移送至另一营时，其私人账目应随同移去。若自一拘留国移送至另一拘留国，其所有之钱币而非该拘留国之货币者，亦随之移去，其账上所存之其他钱币，应另发给证书。

有关冲突各方得议定于特定期间通过保护国互相通知战俘账目之数额。

第六十六条 在俘终了时，不论系因被释放或被遣返，拘留国应发给战俘一清单，该项清单经该国授权军官签署，载明该战俘当时结存之款项。拘留国并应通过保护国将各表册送交战俘所依附之政府，此项表册记载因遣返，释放，脱逃，死亡或其他原因而在俘终止之所有战俘之一切关系事项，并表明其结存款项之数目。此项表册每张均应经拘留国授权代表证明。

本条上列任何规定得经冲突之任何两方相互同意改变之。

在俘终了时，战俘所依附之国应负责与战俘结清其在拘留国所存余之款项。

第六十七条 按照第六十条之规定垫付战俘之薪给应视为系代战俘所依附之国付给者。此项垫付之薪给以及按第六十三条第三款及第六十八条由拘留国所付之款项，在战事终止时，应由有关各国协议处理之。

第六十八条 战俘因工作受伤或成为残废，而要求补偿者，应通过保护国向其所依附之国提出。拘留国当依照第五十四条，在一切情形下，给与有关战俘一说明文件，载明其受伤或残废之性质，事件发生之情形及所受之医疗或医院诊治之详情。此项说明文件应由拘留国负责军官签署，其医疗情形由医官证明之。

战俘关于其个人物品，金钱或贵重品之按第十八条由拘留国押收而在其遣返时未经发还，或关于认为因拘留国或其任何人员之过失所致之损失而提出之赔偿要求，应同样向战俘所依附之国提出。但任何此类个人物品而为战俘在俘期间需用者应由拘留国担负补还。拘留国在一切情形下，当发给战俘一说明文件，由负责军官签署，载明关于此项物品、金钱，或贵重品何以未经发还之理由之一切可提供的情报。此项说明文件之抄本应通过第一百二十三条所规定之战俘中央事务所转达战俘所依附之国。

第五编　战俘对外间之关系

第六十九条　战俘一经落入拘留国权力内，拘留国应将其实施本编各项规定之措施立即通告彼等，并通过保护国通知战俘所依附之国。此种措施嗣后如有修改，应同样通知有关各方。

第七十条　战俘一经俘获之后，或在到达战俘营后一星期内，即使其为转运营，又如患病或移送医院或其他战俘营，均应许其直接写邮片分寄其家庭及第一百二十三条规定之战俘中央事务所，将其被俘事实，通信处及健康状态通知其亲属，此项邮片于可能时当与本公约所附之式样相类似。上述邮片应尽速转递，绝不得迟延。

第七十一条　战俘应准其收寄信件及邮片。若拘留国认为必需限制每一战俘所发信件及邮片之数量，其数量应不得少于每月信件二封及邮片四张，第七十条所规定之被俘邮片在外。其格式尽可能与本公约所附式样一致。惟遇保护国确认拘留国因未能觅得足用之合格语文人才以从事必要之检查，而引起之翻译困难，为有关战俘之利益计，须限制通信时，得再加限制。若必须限制寄交战俘之信件，则仅能由战俘所依附之国下令为之，可能出于拘留国之请求。此等信件及邮片必须由拘留国以其所有最迅速方法转递之，不得以纪律理由而缓递或扣留。

战俘之久未得音信者，或不能由普通邮路获得其最近亲属之消息或向彼等寄递消息者，以及离家遥远者，应许其拍发电报，其费用自战俘在拘留国之账目中扣付，或以其所持有之货币支付。遇有紧急情况，彼等亦应同样享受此种办法之利益。

通常战俘通信，应用其本国文字。冲突各方亦得许其使用其他文字通信。

装置战俘邮件之袋，必须妥为封固，清晰标明其内容，并寄交目的地之局所。

第七十二条　战俘应准其接受由邮递或依其他方法寄来之个人包裹，或集体装运物资，尤其内装食物、衣服、医药用品，及应彼等所需之宗教、教育，或娱乐性质之物品，包括书籍、宗教用物、科学设备、试验纸、乐器、运动用品，及供战俘从事研究或文化活动之材料。

此等装运物资并不免除本公约所加诸拘留国之义务。

对于此等装运物资，只能依保护国为战俘本身利益之提议，或依红十字国际委员会或其他协助战俘之组织因运输或交通之特殊困难，专就其装运物资之提议，而加以限制。

寄递个人包裹与集体救济品之条件，必要时应由有关各国特别协议之，此等国家，应使战俘及时收到此项救济物品，绝不得延误。书籍不得装入衣服及食物之包裹内，药品通常应以集体包裹寄递。

第七十三条 有关各国对于集体救济装运物资之接受与分配之条件，如无特别协议，则应适用本公约所附关于集体装运物资之条款与规则。

上述特别协议绝不得限制战俘代表接收寄交战俘之集体救济装运物资，进行分配，或为战俘利益而处置此项物品之权利。

此项协议亦不得限制保护国，红十字国际委员会或其他协助俘虏及负责转送集体装运物资之组织之代表，监督分配此项物品于受物人之权利。

第七十四条 所有寄交战俘之救济装运物资，应豁免进口，海关及其他税捐。

由邮局直接或通过第一百二十二条所规定之情报局及一百二十三条所规定之战俘中央事务所而寄交战俘之信件，救济装运物资，及核准之汇款，或战俘寄出之汇款，在发信国、收信国及转递国应一律免收邮费。

倘寄给战俘之救济装运物资，因过重或其他原因，不能邮寄时，则拘留国应负担在其所管辖境内之运费。参加本公约之其他各国应负担各该国境内之运费。

有关各国间如无特别协议，则与此项装运物资运输有关之费用，除上述豁免之费额外，应由寄件人负担。

各缔约国应尽可能减低战俘拍发电报，或寄交彼等之电报之收费。

第七十五条 若军事行动致有关国家不能履行其义务保证第七十，七十一，七十二及七十七各条所载之装运物资之输送时，则有关之保护国，红十字国际委员会，或其他经冲突各方正式承认之组织，得采取适当方法（火车、汽车、船舶，或飞机等）以保证此等装运物资之运送。为此目的，各缔约国应设法供给此项运输工具，并准其通行，尤须发给必需之通行证。

此种运输工具亦可用以载送：

（一）第一百二十三条所载之战俘情报中央事务所与第一百二十二条所载之各国情报局间交换之信件、表册及报告；

（二）保护国，红十字国际委员会或任何其他协助战俘之组织与其所派之代表间或与冲突各方间交换之有关战俘之通讯与报告。

此项规定绝不影响任何冲突一方自愿布置其他运输工具之权利；亦不妨碍在彼此同意条件下，对该项运输工具发给通行证。

若无特别协议，使用此项运输工具之费用应由受益人所依附之冲突各方比例负担之。

第七十六条 对于战俘来往信件之检查，应尽速办理。邮件仅得由发信国及收信国检查，每一国仅能检查一次。

对于寄交战俘之装运物资之检查，不得在致使内装之物品受损坏之情形下执行，除手抄或印刷品外，检验应在收件人或其所正式委托之同伴战俘面前执行。个人或集体之装运物资，不得以检查困难为借口而延迟交付于战俘。

任何冲突一方，为军事或政治理由，对于通信之禁止应仅属暂时性，其期间务求其短。

第七十七条 拘留国对于通过保护国或第一百二十三条所规定之战俘中央事务所而送交战俘或自彼等寄发之证件、文书、尤其委托书或遗嘱之转递，应给予一切便利。

在一切情形下，拘留国对于为战俘准备

及执行此类文件，应予以便利；尤其应准许彼等咨询律师，并采取一切为证实彼等之签署所必要之措施。

第六编　战俘与当局之关系

第一章　战俘关于在俘情况之申诉

第七十八条　战俘有权向管辖之军事当局提出其关于彼等在俘情况之请求。

彼等并有无限制之权利通过其代表，或如其认为必要时，直接向保护国之代表请求注意彼等关于在俘情况有所申诉之处。

此项请求与申诉不得加以限制，或认为构成第七十一条所指之通信限额之一部分，并须立即传递。即使认为此项请求与申诉并无根据，亦不得因此加以处罚。

战俘代表得向保护国代表致送关于战俘营情况及战俘的需要之定期报告。

第二章　战俘代表

第七十九条　凡有战俘之处，除该处有军官外，每六个月，并遇缺额时，由战俘以秘密投票方式自由选举战俘代表，以便在军事当局，保护国，红十字国际委员会及其他协助彼等之组织之前代表彼等。此等战俘代表得连选连任。

在军官或与其地位相等人员之战俘营或混合战俘营内，战俘中之上级军官应认为该营之战俘代表。在军官战俘营内，该代表应由军官推举之顾问一人或多人协助。在混合战俘营内，其助理人员应自非军官之战俘中选择之，并应由战俘自行选举。

在战俘劳动营内应驻有同一国籍之军官战俘，以便执行应由战俘负责之营内管理任务。此等军官得被选举为本条第一款所规定之战俘代表。在此种场合，战俘代表之助理人员，应自非军官之战俘中推举。

各当选代表须经拘留国批准后，始有权执行任务。拘留国于拒绝批准同伴战俘所选举之战俘时，须将拒绝之理由通知保护国。

在一切场合，战俘代表必须与其所代表之战俘具有同一之国籍、语言及习惯。因此，按国籍、语言或习惯而分配于一战俘营内各别部分之战俘，每一部分应按照前数款之规定，有其自己的战俘代表。

第八十条　战俘代表应增进战俘之物质，精神，及文化福利。

于本公约其他规定赋予战俘代表之特别任务之外，若战俘决定自行组织互助制度时，此项组织尤当属于战俘代表之任务范围。

战俘代表不得因其任务关系而使之对于战俘所为之任何过犯负责任。

第八十一条　战俘代表不得令其担任其他工作，假使因此将使其任务的完成更为困难。

战俘代表得自战俘中指派其所需之助理人员。彼等应获有一切物质上之便利，尤其为完成其任务所需之某种之行动自由（视察劳动队，接受供应品等）。

战俘代表应准视察拘留战俘之场所。每一战俘均应有自由咨询其战俘代表之权利。

对于战俘代表并应予以与拘留当局、保护国、红十字国际委员会及其代表、混合医务委员会，及与协助战俘之团体等邮电通讯之一切便利。劳动队之战俘代表应享受与主要战俘营之战俘代表同样之通讯便利。此项通讯不得加以限制，并不得认为构成第七十一条所指限额之一部分。

战俘代表之被移送者，应许其有相当时间以便将进行中之事务告知其后任。

遇免职时，应将免职之理由通知保护国。

第三章　刑事及纪律制裁

一、总则

第八十二条　战俘应受拘留国武装部队现行法律、规则，及命令之拘束；拘留国对于战俘任何违犯此项法律、规则或命令之行为，得采取司法或纪律上之措施。但不许有与本章之规定相反之程序或处罚。

若拘留国任何法律、规则、或命令规定战俘所犯之行为应受处罚，而同样行为如为拘留国武装部队人员所犯则不受处罚，则该项行为应仅受纪律性的处罚。

第八十三条　拘留国在决定对于战俘被控之过犯之处理程序究应属司法性或纪律性时，应保证主管当局尽量从宽，而尽可能采取纪律性而非司法性之措施。

第八十四条　战俘应只由军事法庭审判，除非按照拘留国现行法律明文之规定，普通法庭得审讯该拘留国武装部队人员，如其犯有战俘被控之特种过犯。

战俘在任何情况下不得由不能保证一般认为必要的独立与公正之任何法庭审判，尤其法庭之诉讼程序之不能给予被告以第一百零五条所规定之辩护权利及方法者。

第八十五条　战俘之因被俘前所犯之行为而依据拘留国法律被诉追者，即令已定罪，应仍享有本公约之利益。

第八十六条　战俘不得因同一行为或同一罪名而受一次以上之处罚。

第八十七条　拘留国军事当局及法庭对于战俘判处刑罚不得超出对其本国武装部队人员犯同一行为所规定之刑罚。

判处刑罚时，拘留国法庭或当局应尽量顾及以下事实，即被告，因非拘留国人民，不受对该国效忠义务之拘束，且系因不在其本人意志支配下之环境关系落于拘留国权力下。上述法庭或当局应得自由减轻对战俘被控之罪行所定之刑罚，因此并无必须援用规定的最低刑罚之义务。

因个人行为而予集体处罚、体刑、监禁于无日光之场所，以及任何形式之酷刑或残暴，应予一律禁止。

拘留国不得剥夺战俘原有之等级，或禁止其佩带徽章。

第八十八条　军官、士级军官及兵士而为战俘者，在受纪律性或司法性处罚时，其所受之待遇不得苛于拘留国本国武装部队中相当等级之人员因同样处罚所受之待遇。

对女战俘所给予或判处之刑罚或在其受刑罚时所予之待遇不得较苛于拘留国武装部队之女性人员因类似过犯所受之刑罚或待遇。

对女战俘所给予或判处之刑罚或在其受刑罚时所予之待遇绝不得较苛于拘留国武装部队男性人员因类似过犯所受之刑罚或待遇。

凡受过纪律性或司法性处罚之战俘，其待遇不得异于其他战俘。

二、纪律制裁

第八十九条　适用于战俘之纪律性处罚

如下：

（一）罚款不得超过战俘按照第六十及六十二两条之规定所应能获得的不超过 30 日期间之垫发薪给与工资之百分之五十。

（二）停止其超过本公约规定的待遇之特权。

（三）每日不超过两小时之疲劳服役。

（四）禁闭。

第（三）项所列之处罚不得适用于军官。

纪律性处罚绝不得非人道，残暴，或危害战俘健康。

第九十条 每次处罚之时期绝不得超过 30 日。等候违反纪律行为的审讯或纪律处罚的宣判之禁闭时期，应自战俘所判处罚之日期中减去之。

即使战俘在被判处罚时，同时犯有数种行为，亦不论其所犯行为有无关联，上项规定之 30 日之最高限期不得超过。

纪律性处罚的宣判及其执行之相隔时期，不得超过一个月。

战俘再度被判纪律性处罚时，如其前后两次处罚中之一次之时期为十日或十日以上，则该两次处罚之执行，其间至少须隔三日。

第九十一条 战俘脱逃应认为完成，如：

（一）彼已参加其所依附之国或其盟国之武装部队；

（二）彼已离开拘留国或其盟国所控制之领土；

（三）彼已逃登悬有其所依附之国或其盟国的国旗之船只，而该船在拘留国领水内，但不为其所控制。

凡在本条意义下完成脱逃之战俘而又重被俘获者，不得为其前次之脱逃而受任何处罚。

第九十二条 战俘企图脱逃而未能在第九十一条之意义下完成脱逃以前而重被俘获时，对于该行为应只受纪律性处罚，纵属累犯。

凡重被俘获之战俘，应立即送交主管军事当局。

不论第八十八条第四款之规定如何，因脱逃未完成而被处罚之战俘得受特别监视。此种监视不得影响其健康，须于战俘营中行之，并须不剥夺本公约赋予彼等之任何保障。

第九十三条 战俘因在脱逃或企图脱逃中所为之过犯受司法审判时，其脱逃或企图脱逃，纵属累犯行为，不得成为加重处罚之情由。

按第八十三条所述之原则，战俘纯为便利脱逃所为之过犯而未对于生命或肢体施暴行者，如侵害公物，非为利己意图之盗窃，制作或使用伪造文件，穿著平民衣服，应仅受纪律性处罚。

凡协助或唆使脱逃或企图脱逃之战俘应仅因此受纪律性处罚。

第九十四条 脱逃之战俘，若被重俘，应按第一百二十二条所规定之方式通知其所依附之国，如其脱逃曾经通知。

第九十五条 战俘被控违犯纪律，在候审期间不得予以禁闭，除非拘留国武装部队人员犯被控有类似过犯时亦受禁闭，或为战俘营之秩序与纪律计须如此办理。

战俘因违犯纪律等候处理之禁闭期间，应尽量减短，并不得超过 14 日。

本章第九十七、九十八两条之规定应适用于违犯纪律等候处理而受禁闭之战俘。

第九十六条 构成违犯纪律之行为应立即调查之。

在不妨碍法庭及上级军事当局之权限范围内，纪律性处罚仅能由以战俘长官之地位具有纪律权之军官或代替该长官之负责军官或其所委付以纪律权之军官命令之。

此项权力绝不得委托战俘或由战俘行使之。

在纪律判决宣布前，应将关于其所被控之过犯之确切案情通知被告人，并予以解释其行为及辩护之机会。尤应许其召唤证人，并于必要时，使用合格之译员。判决应向被告战俘及战俘代表宣布之。

纪律性处罚之纪录应由战俘营长官保存之，并得由保护国代表检查。

第九十七条 战俘绝不得移送于反省机关（监所、反省院、已决犯监狱）受纪律性处罚。

执行纪律性处罚之处所应合于第二十五条所规定之卫生条件。受纪律性处罚之战俘，应使其能依照第二十九条自行保持清洁。

军官或相当地位人员不得与士级军官或士兵同住一处。

受纪律性处罚之女战俘之禁闭地方应与男战俘分开，并应由妇女直接监管。

第九十八条 作为纪律性处罚而受禁闭之战俘，应继续享受本公约规定之利益，但因其被禁闭之事实，致不能适用者除外。第七十八及一百二十六两条所规定之利益决不得剥夺之。

被判纪律性处罚之战俘不得剥夺其所属等级应有之特权。

被判纪律性处罚之战俘应许其运动及在露天地方停留，每日至少二小时。

战俘请求时，应许其参加每日之健康检查。彼等应获得其健康情况所需之照顾，并应于必要时，移送战俘营之疗养所或医院。

彼等应准阅读及书写并收发信件。寄给彼等之包裹及汇款得予扣留，直致其处罚满期为止；在此期间，此等物款应交与战俘代表保管，战俘代表当将包裹中易于腐坏之物品交与疗养所。

三、司法程序

第九十九条 战俘之行为，在其犯此行为时，非为当时有效之拘留国法律或国际法所禁止者，不得因此而受审判或处刑。

对战俘不得加以精神或身体上之胁迫，使之对其所被控之行为自认有罪。

战俘在未有提出辩护之机会及合格之辩护人或律师之协助前，不得定罪。

第一百条 按拘留国法律得处死刑之罪行应尽速通知战俘及保护国。

嗣后其他罪行非经战俘所依附之国之同意不得以死刑处罚。

对战俘不得判处死刑，除非法庭曾经依照第八十七条第二款被特别提醒注意以下事实，即被告因非拘留国人民，不受对该国效忠义务之拘束，且系因不在其本人意志支配下之环境关系落于拘留国权力下。

第一百零一条 若有战俘被宣判死刑，则应在保护国于其指定之地址接获第一零七条所规定之详细通知后至少满六个月，始得执行。

第一百零二条 对于战俘之判决只有经审判拘留国武装部队人员之同一法院，按照同样程序而宣布，并曾遵照本公约之各项规定者，始属有效。

第一百零三条 关于战俘之司法侦查，应依环境所许从速进行，以便其审判得以尽早开始。战俘在候审期间不得禁闭，除非拘留国武装部队人员犯同一罪行者亦将禁闭，或为国家安全计必须如此办理。在任何情况下此项禁闭时期不得超过三个月。

战俘因候审禁闭之期间，应自其所判处之监禁中减去之，在判处任何刑罚时，此项期间亦应顾及。

本章第九十七及九十八两条之规定适用于禁闭候审之战俘。

第一百零四条 拘留国如决定对某一战俘进行司法程序，应尽速通知保护国，并至少在开审前三周通知之。此三周期限应自该项通知到达保护国事先向拘留国指定之地址之日算起。

上述通知应包括下列情报：

（一）战俘之姓名、等级，所属军、团及个人番号，出生日期，及职业或行业，如其有之。

（二）拘禁或禁闭地点。

（三）战俘被控之某一种或某数种罪名及其适用之法律条文。

（四）承审该案之法庭及开审之日期与地点。

同样通知，应由拘留国发给战俘代表。

在开审时，若无证据提出以证明保护国，战俘及有关之战俘代表至少已在开审前三周接获上述通知，则此项审判不得举行而必须延期。

第一百零五条 战俘有权由其同伴战俘之一人协助，由其自行选定之合格辩护人或律师为之辩护，召唤证人，及在其认为必要时，使用胜任之翻译员。拘留国应于审判前适当时期将此等权利通知战俘。

若战俘并未自行选定辩护人或律师，则保护国应代为觅请，为此目的该国应至少有一周之支配时间。拘留国一经请求，应将有资格出庭辩护人之名单送交该保护国。若战俘或保护国均未选定辩护人或律师，则拘留国应指定一合格之辩护人或律师进行辩护。

为战俘辩护之辩护人或律师，在开审前应至少有两周之支配时间及一切必要之便利，以便为被告人准备辩护。尤其彼得自由往访被告人，并作秘密晤谈。彼得为从事辩护与任何证人（包括战俘在内）商谈。彼得享有上述一切便利，直致上诉或诉愿时期届满为止。

战俘被控之罪名的详情，以及依照拘留国武装部队现行法律通常致送被告人之文件，应以其所了解之文字，在开审前及时通知被告战俘。同样之通知，亦应在同样情形下，致送于为战俘辩护之辩护人或律师。

在审判时，保护国代表应有权到庭旁听，除非为国家安全的利益例外的禁止旁听。在此种场合拘留国应照此通知保护国。

第一百零六条 每一战俘应与拘留国武装部队人员同样对其所受之判决具有上诉与诉愿之权利，以期撤销或变更判决或重行审讯。此项上诉与诉愿权及其期限应全部通知战俘。

第一百零七条 对战俘所宣布之判决应立即摘要通知保护国，并说明其是否有权上诉，以期撤销此项判决或重行审判。此项通知亦应送交有关之战俘代表。若宣布判决时，被告本人不在场，则应以其所了解之文字将此项通知送交该被告战俘。战俘使用或放弃其上诉权之决定，亦应由拘留国立即通知保护国。

又若战俘最后被定罪或初审判决即判处死刑，拘留国应尽速致送一详细通知于保护国，其内容包括：

（一）事实认定及判决之正确措辞；

（二）初步侦查及审判之摘要报告，尤着重起诉及辩护之要点；

（三）如属可行时，执行判决之处所之通知。

上列各项所规定之通知应按拘留国事先获悉之地址，送达保护国。

第一百零八条 在正式定罪后，对战俘所宣判之处刑应在与拘留国武装部队人员犯者服刑之同一场所，并在同样条件下执行之；此项条件，应在一切情形下合乎健康及人道之要求。

被判处刑之女战俘应在分别处所禁闭，并由妇女监管之。

被判处刑之战俘，无论如何，应保有享受本公约第七十八及第一百二十六两条规定之利益。此外，彼等得收发函件，收取救济包裹至少每月一次，作定规的露天运动，获得其健康状况所需之医药照顾，及其所愿有之精神帮助。彼等所受之刑罚应合乎第八十七条第三款之规定。

第四部　在俘之终止

第一编　直接遣返及中立国之收容

第一百零九条 除受本条第三款之规定之限制外，冲突各方必须遵照下条第一款之规定，将经过治疗后适于旅行之重伤与重病之战俘，不论其数目或等级如何，遣返其本国。

在战事期间，冲突各方，应依有关中立国之合作，努力商定办法使下条第二款所列之患病及受伤战俘收容于中立国。此外，彼等并得缔结协议，俾将经过长期在俘之健壮战俘直接遣返，或拘禁于中立国。

根据本条第一款之规定有资格被遣返之患病或受伤之战俘，在战事期间不得违反其意志将其遣返。

第一百一十条 以下所列者，应予直接遣返：

（一）不能医治之伤者及病者而其精神与体力似已严重减损者。

（二）根据医生意见不象能在一年内复原之伤者及病者而其病况需要治疗且其精神与体力似已严重减损者。

（三）业已复原之伤者及病者，但其精神与体力似已严重的且永久的减损者。

以下所列者，得收容于中立国：

（一）伤者及病者之可希望于自其受伤之日或患病之日起，一年之内复原，如其在中立国治疗或可有更确定及迅速复原之希望者。

（二）根据医生意见，战俘之身心健康因继续在俘而受严重威胁，如其收容于中立国可免除此种威胁者。

收容于中立国之战俘，为获准遣返所必须满足之条件以及其身份，应由有关各国协议决定之。在一般上，收容于中立国之战俘而属于下列各类者，应予遣返：

（一）健康状况已衰颓至合乎直接遣返之条件者；

（二）虽经治疗而身心健康依然相当损坏者。

若冲突各方未经缔结特别协议，以决定应予直接遣返或收容于中立国之残废及疾病之问题，则此种问题应依照本公约所附之关于直接遣返及中立国收容伤病战俘之示范协议及混合医务委员会规则所定之原则决定之。

第一百一十一条 拘留国，战俘所依附之国，及该两国同意之中立国，应努力订立协议，俾战俘得拘禁于该中立国境内直至战事终了为止。

第一百一十二条 战事开始时，应指派混合医务委员会从事检查伤病战俘，并作关于彼等之适当之决定。此等委员会之指派、任务及工作，应符合本公约所附规则之规定。

但据拘留国医务当局之意见，战俘系显然受重伤或患重病者，得不经医务委员会之检查而予遣返。

第一百一十三条 除拘留国医务当局所指定者外，凡伤病战俘属于下列各类者，应有受前条所规定之混合医务委员会检查之权利：

（一）伤者病者之经在其战俘营执行任务，而属于该战俘之同一国籍，或属于与该战俘所依附之国同盟的冲突一方之国民之医生或外科医生提出者。

（二）伤者病者之由战俘代有提出者。

（三）伤者病者之由其所依附之国或经该国正式承认之协助战俘之组织提出者。

战俘之不属于上述三类之一者，亦可请求混合医务委员会检查，惟仅能在属于上述各类之人之后检查之。

混合医务委员会检查时，自请检查之战俘之同国籍之医生与外科医生，以及该战俘之代表，应许其在场。

第一百一十四条 战俘如遭遇意外，除非自伤，得享有本公约关于遣返及中立国收容之规定之利益。

第一百一十五条 凡判纪律性处罚之战俘而合于遣返或收容于中立国之条件者，不得以其尚未受处罚为借口而予以扣留。

因司法诉追或定罪而被拘留之战俘，被指定遣返或收容于中立国者，如得拘留国之同意，得于诉讼终结前或处罚执行完毕前，享有此项办法之利益。

冲突各方应互相通知其将予拘留至诉讼终了或处罚执行完毕为止之战俘之名单。

第一百一十六条 战俘遣返或送往中立国之费用，应自拘留国边境起，由该战俘等所依附之国负担。

第一百一十七条 被遣返之人员不得使其服军事现役。

第二编 战事结束后战俘之释放与遣返

第一百一十八条 实际战事停止后，战俘应即予释放并遣返，不得迟延。

冲突各方为停战而缔结之协议中，如无关于上述事项之规定，或不能成立此项协议者，各拘留国应即依照前款所定之原则，自行制定并执行遣返计划，不得迟延。

在任一情形下，其所采取之办法应使战俘知悉。

在一切情形之下遣返战俘之费用，应由拘留国与战俘所依附之国公平分摊。分摊应在下列基础上执行之：

（甲）如两国接壤，则战俘所依附之国应负担自拘留国边境起之遣返费用。

（乙）如两国不接壤，则拘留国应负担运送战俘通过其国土，直至边境或达到距战俘所依附之国最近的乘船港口之费用。其余费用应由有关各国商定公平分摊。此项协议之缔结绝不得作为迟延遣返战俘之理由。

第一百一十九条 战俘之遣返应在与本公约第四十六条至四十八条所规定之关于移送战俘相类似之条件下实行之，亦应顾及第一百一十八条及下列各款之规定。

遣返时，根据第十八条押收战俘之任何贵重品及任何未经兑换成拘留国货币之外国货币，应一律交还彼等。如在遣返时，不论因何种理由，未经交还战俘之贵重品及外国货币，则应寄交依第一百二十二条设立之情报局。

战俘应准携带其个人物品及已收到之寄给彼等的任何信件及包裹，此项行李之重量，如遣返情形有此必要时，得以每人所能适当负荷者为度，至少应各准携带25公斤。

遣返之战俘之其他个人物品，应由拘留国负责保管，一俟该国与战俘所依附之国订成关于上项物品送还之协议，规定运输条件及费用之偿付后，即行转送战俘。

战俘因刑事上之犯罪，诉追程序正在进行中者，得将其拘留至该项程序终结为止，必要时，至刑罚执行完毕为止。此项规定，对于因刑事上之犯罪业已定罪之战俘亦适用之。

冲突各方应将被扣留至刑事程序终结，或刑罚执行完毕为止之战俘之名单，相互通知。

应依冲突各方间之协议，设立委员会以寻觅散失之战俘，并保证彼等之迅速遣返。

第三编 战俘之死亡

第一百二十条 战俘之遗嘱应依照其本国法律所规定之生效条件而作成，其本国须设法将此方面之条件通知拘留国。依战俘之要求，以及在一切情形下，于其死亡后，其遗嘱应立即送达保护国；其证明之抄本并应送交战俘中央事务所。

依照本公约所附格式之战俘死亡证或由负责军官证明之一切战俘死亡名单，应尽速送交依第一百二十二条设立之战俘情报局。死亡证或证明之名单上应载明第十七条第三款所列之身份事项与死亡日期及地点，死亡原因，埋葬日期及地点，以及为辨认坟墓所必须之一切详情。

在战俘埋葬或焚化前，其身体应经医生检查，以确定其死亡而便于作报告，并于必要时，证明身份。

拘留当局应保证在俘中死亡之战俘，得到荣誉的安葬，可能时，按照彼等所属宗教之仪式埋葬之，其坟墓予以尊重而妥为维护，并加以标志，俾随时可以寻见。如其可能，应将依附同一国之死亡战俘埋葬于同一地方。

死亡之战俘，应埋葬于个别之坟墓中，除非在无法避免之情况下必须采用集体坟墓。遗体仅得因迫切的卫生理由，死者之宗教关系或其本人表明之意愿，方得予以焚化。如举行焚化，则此项事实与理由应载明于死者之死亡证。

为便于随时寻见坟墓，所有关于埋葬与坟墓之详情应在拘留国所设立之坟墓登记处登记。坟墓单及战俘埋葬于公墓及其他地点之详情应转送该战俘等所依附之国。控制此领土之国家，如系本公约之缔约国，应担负照顾此项坟墓及登记嗣后尸体移动之责任。此项规定亦应适用于骨灰，骨灰应由坟墓登记处保管，直到依照其本国之愿望适当处理为止。

第一百二十一条 战俘之死亡或重伤，系由于或疑为由于哨兵，另一战俘或其他任何人所致者，以及原因不明之死亡，应由拘留国立即从事正式调查。

该事件应立即通知保护国。应从证人，尤其从战俘中之证人取得供词，并将包括此项供词之报告，送达保护国。

如上述调查指名一人或多人犯罪，拘留国应采取一切必要之措施对负责人或人们进行诉追。

第五部 战俘情报局及救济团体

第一百二十二条 在冲突发生时，及在一切占领之场合，冲突之每一方应为在其权力下之战俘设立一正式情报局。中立国或非交战国，凡在其领土内收容属于第四条所指之各类之一种之人员者，关于此项人员应采取同样行动。有关国家应保证战俘情报局备有必要之房屋，设备及工作人员以便进行有效的工作。情报局在本公约关于战俘工作之一编规定之条件下，得自由雇用战俘。

在尽可能最短时期内，冲突之每一方应将本条第四、五、六各款所述关于落于其权力下之第四条所列各类敌人之情报通知其情报局。中立国或非交战国关于在其领土内所收容之属于此类之人员，亦应采取同样行动。

情报局应立即以最迅速之方法将此类情报通过保护国以及第一百二十三条所规定之中央事务所，转达有关国家。

此项情报应能尽速通知有关最近亲属。在第十七条之规定之限制下，此项情报应包括情报局所获得之关于每一战俘之姓名、等级、军、团、个人番号、出生日期及地点、所依附之国家、父名、及母亲本名、被通知人之姓名与地址，以及寄交该战俘信件之地址。

情报局应从各有关部门获得关于移送、释放、遣返、脱逃、送入医院、及死亡之情报，并应照上列第三款所述方式将此项情报转送之。

关于患重病或受重伤之战俘之健康状况之情报，亦应按期供给，可能时每周供给之。

情报局并须负责答复一切关于战俘之询问，包括在俘中死亡之战俘在内；如关于所询问之事项，该局未备有情报则应作一切必要之调查以获取之。

情报局之书面通知，应以签字或盖章为凭。

情报局又应负责搜集被遣返或释放、脱逃或死亡之战俘所遗留之一切个人贵重物品，包括除拘留国货币以外之款项，以及于其最近亲属有重要关系之文件，并应将此等贵重物品转送有关国家。此等物品应由情报局以密封包裹寄送，并附说明书，清晰详载关于此项物品所有人之身份事项，及包裹内容之清单。此等战俘之其他个人物品应依有关冲突各方协议之办法转送之。

第一百二十三条 在中立国境内应设立一战俘情报中央事务所。红十字国际委员会认为必要时，应向有关各国建议组织此项事务所。

该事务所之任务在搜集一切自官方或私人方面可能获得关于战俘之情报，并尽速将此项情报转送战俘的本国或其所依附之国。冲突各方应给予该事务所以转送此项情报之一切便利。

各缔约国特别是其人民享受中央事务所服务之利益之国家，对该事务所应予以所需之经济援助。

上述各规定绝不得解释为限制红十字国际委员会或第一百二十五条所规定之救济团体之人道的活动。

第一百二十四条 各国情报局及中央事务所应享受邮政免费，及第七十四条所规定之一切豁免，并应尽可能豁免电报费，或至少大减其费率。

第一百二十五条 在拘留国认为保证其安全或适应其他合理需要所必要之措施之限制下，宗教组织，救济团体，或其他任何协助战俘之组织之代表，应得为其本人及其正式委派之代理人，自拘留国获得一切必要之便利以访问战俘，分发为供宗教、教育或娱乐目的用之任何来源的救济物资，并协助战俘在营内组织其空闲时间。此等团体或组织得在拘留国境内或任何其他国家内组成，或具有国际性质。

拘留国得限制派有代表在其领土内及在其监督下从事活动之团体及组织之数目，但该项限制不得妨碍对全体战俘之适当救济之有效活动。

红十字国际委员会在该方面之特殊地位无论何时均应予以承认及尊重。

为上述目的之救济物资，一经交给战俘，或于交给后短时间内，战俘代表为每批装运物资签署之收据，应即送交运寄此项物资之救济团体或组织。同时负责看管战俘之行政当局亦应为此等装运物资出具收据。

第六部　本公约之执行

第一编　总　则

第一百二十六条 保护国之代表，应许其前往战俘所在之一切地方，尤其拘禁、监禁及劳动之地方，并可进入战俘居住之一切场所；彼等亦应准许前赴被移送战俘之出发，经过或到达之地点。彼等又应能亲自或通过译员与战俘，尤其战俘代表会晤，而不须有他人在场。

保护国之代表，应有选择其愿访问地点之充分自由。访问之时间及次数不得加以限制。除因迫切的军事需要之理由，且仅作为一种例外及暂时的措施外，不得禁止此种访问。

必要时，拘留国及该战俘所依附之国得同意允许战俘之同国人参加访问。

红十字国际委员会之代表应享受同样特权。此项代表之指派应取得拘留其所访问之战俘之国家之同意。

第一百二十七条 各缔约国在平时及战时应在各该国尽量广泛传播本公约之约文，尤应在其军事，并如可能时在公民教育计划中，包括本公约之学习，俾本公约之原则为全部武装部队及全体人民所周知。

在战时负战俘事宜任何军事或其他当局必须备有本公约之约文，并须对其各项规定受有特别之教导。

第一百二十八条 各缔约国应通过瑞士联邦委员会，在战时则通过保护国，互相通知本公约之正式译文，及其所采用以保证实施本公约之法律与规则。

第一百二十九条 各缔约国担任制定必

要之立法，俾对于本身犯有或令人犯有下条所列之严重破坏本公约之行为之人，处以有效的刑事制裁。

各缔约国有义务搜捕被控为曾犯或曾令人犯此种严重破坏本公约行为之人，并应将此种人，不分国籍，送交各该国法庭。该国亦得于自愿时，并依其立法之规定，将此种人送交另一有关之缔约国审判，但以该缔约国能指出案情显然者为限。

各缔约国应采取必要之措施，以制止下条所列严重破坏本公约之行为以外之一切违反本公约之规定之行为。

在一切情况下，被告人应享有适当的审判及辩护之保障。此种保障，不得次于本公约第一百零五条及其以下各条所规定者。

第一百三十条 上条所述之严重破坏公约行为，应系对于受本公约保护之人或财产所犯之任何下列行为：故意杀害，酷刑或不人道待遇，包括生物学实验，故意使身体及健康遭受重大痛苦或严重伤害，强迫战俘在敌国部队中服务，或故意剥夺战俘依本公约规定应享之公允及合法的审判之权利。

第一百三十一条 任何缔约国不得自行推卸，或允许任何其他缔约国推卸，其本身或其他缔约国所负之关于上条所述之破坏公约行为之责任。

第一百三十二条 经冲突之一方之请求，应依有关各方所决定之方式，进行关于任何被控违犯本公约的行为之调查。

如关于调查程序不能获致协议，则各方应同意选定一公断人，由其决定应遵行之程序。

违约行为一经确定，冲突各方应使之终止，并应迅速加以取缔。

第二编 最后条款

第一百三十三条 本公约以英文及法文订立。两种文字之约文具有同等效力。

瑞士联邦委员会应准备本公约之俄文及西班牙之正式译文。

第一百三十四条 在各缔约国间之关系上，本公约代替1929年7月27日之公约。

第一百三十五条 在受1899年7月29日或1907年10月18日海牙陆战法规与惯例公约之拘束并为本公约之缔约国之各国关系上，本公约应为上述海牙公约所附规则第二编之补充。

第一百三十六条 本公约以本日为订立之日期，至1950年2月12日为止，凡参加1949年4月21日日内瓦会议各国，以及未参加该次会议，但系1929年7月27日公约之缔约国，均可签字。

第一百三十七条 本公约应尽速批准，其批准书应交存于伯尔尼。

每一批准书交存时，应予登记，并由瑞士联邦委员会将该项登记之证明的抄本分送业经签字或通知加入本公约之各国。

第一百三十八条 本公约在至少两国批准书交存后六个月发生效力。

嗣后，本公约对于每一缔约国自其批准书交存后六个月发生效力。

第一百三十九条 本公约自生效之日起，任何未签字本公约之国家均得加入。

第一百四十条 本公约之加入应以书面通知瑞士联邦委员会，自加入之通知收到之日起六个月后发生效力。

瑞士联邦委员会应将此项加入通知所有业经签字或加入本公约之国家。

第一百四十一条 第二条及第三条所载

之情况应使在战事开始或占领之前或后，冲突各方所交存之批准书及加入之通知立即生效。瑞士联邦委员会应将其从冲突各方收到之任何批准书或加入之通知，以最迅速方法通告之。

第一百四十二条 每一缔约国得自由退出本公约。

退约须用书面通知瑞士联邦委员会，并由该委员会转告所有缔约国政府。

退约须于通知瑞士联邦委员会后一年发生效力。但如缔约国于作退约通知时已卷入冲突，则其退约须待至和议成立后，并在有关本公约所保护之人员之释放及遣返之工作完毕后，始能生效。

退约仅对该退约国有效，但并不减轻冲突各方依国际法原则仍应履行之义务，此等原则系产自文明人民间树立之惯例，人道法则与公众良心之要求。

第一百四十三条 瑞士联邦委员会应将本公约在联合国秘书处登记，并应将其所接获之所有关于本公约之批准、加入及退约通知联合国秘书处。

为此，下列签署人于交存全权证书后，签署本公约，以昭信守。

1949 年 8 月 12 日以英文法文订于日内瓦。正本应交存于瑞士联邦委员会之档案中。瑞士联邦委员会应将证明之抄本送交每一签字及加入之国家。

附件一

关于直接遣返及中立国收容伤病战俘之示范协议（见第一百一十条）

一、直接遣返及中立国收容之原则

甲、直接遣返

下列战俘应直接遣返：

（一）凡因创伤而残废之战俘：丧失肢体、瘫痪、关节的或其他残废，其残废至少丧失一手或一足，或相当于丧失一手或一足者。

在不妨碍更宽大解释下，下列病情均应视为相当于丧失一手或一足：

1. 丧失一手或全部手指，或丧失一手之姆指及食指；丧失一足，或一足之全部足趾及跖骨。

2. 关节强硬，骨组织消失，瘢痕性收缩妨碍某一大关节机能，或一手之全部指关节机能者。

3. 长骨成假关节。

4. 因骨折或其他创伤严重妨害机能或荷重能力之畸形。

（二）凡受伤之战俘，其伤势转为慢性，自受伤日起一年内虽经治疗，而似无法恢复者，例如：

1. 心脏中的外物如弹片等，虽经混合医务委员会检查，当时未能查出任何严重病情者。

2. 脑部或肺部中的金属碎片，虽经混合医务委员会检查，当时未能查出任何局部或全身反应者。

3. 骨髓炎，自受伤时起一年中未能预期其恢复，并可引起关节强硬者，或其他相当于丧失一手或一足之损害者。

4. 大关节穿通其化脓性损伤。

5. 颅骨损伤，并有骨组织的损失或错位。

6. 面部损伤或烧伤，并有组织损失及官能损害。

7. 脊髓损伤。

8. 周围神经损伤，其后患相当于丧失一手或一足，且自受伤日起需时一年以上之治疗者，例如：损伤臂丛或腰骶丛，正中神经或坐骨神经，并损伤桡神经及肘神经，或损伤腘外侧神经（腓总神经）及腘内侧神经（胫神经）等。桡神经，肘神经，腘内外侧神经等单独损伤，除因收缩或严重神经营养的妨害外，应不予以遣返。

9. 尿系统损伤，并有功能不全者。

（三）凡患病之战俘其病情转为慢性，自患病日起一年内虽经治疗而似无法恢复者，例如：

1. 任一进行性器官结核，据医生诊断，在中立国治疗不能治愈，或至少不能有大进步者。

2. 渗液性胸膜炎。

3. 认为不能医治之非结核性病原之呼吸器严重病，例如：严重性肺气肿不论有无支气管炎者；慢性气喘；慢性支气管炎在俘时持续一年以上者；支气管扩张病等。

4. 循环系统之严重慢性病，例如：心瓣膜损害及心肌炎；而其在被俘期间曾呈现循环衰竭征状，虽经混合医务委员会检查，当时并未查出任何此种征状者；心包病及血管病（闭塞性血栓性血管炎，大血管动脉瘤）等。

5. 消化器之严重慢性病，例如：胃溃疡或十二指肠溃疡；被俘期间施行胃手术之后患；曾患一年以上并严重影响身体健康之慢性胃炎，肠炎，或结肠炎；肝硬变；慢性胆囊病等。

6. 泌尿器之严重慢性病，例如：肾脏慢性病与不良之后果；肾结核而施行肾截除术者；慢性肾盂炎或慢性膀胱炎；肾盂积水或肾盂积脓；严重慢性妇科病；正常妊娠及产科病而不可能在中立国收容者等。

7. 中枢及周围神经系统之严重慢性病，例如：一切显著之精神病及精神神经病，如：曾经专家证明之严重性癔病、严重性被俘精神神经病等；曾经俘虏营医师证明之任何癫痫；大脑动脉硬化症；持续一年以上之慢性神经炎等。

8. 自主神经系统之严重慢性病，并大大削弱精神或身体健康，显有体重减轻，及体力衰弱。

9. 双目失明，或一目失明，而另一目之视力虽配用矫正眼镜仍不及一者；视力敏度衰退，如经矫正仍不能至少使一目之敏度恢复二分之一者；其他重眼病，例如：青光眼、虹膜炎；脉络膜炎；沙眼等。

10. 听觉病，如一耳全聋，而另一耳距离一米即不能辨明普通谈话者等。

11. 严重性代谢机能病，例如：糖尿病需用胰岛素治疗者等。

12. 内分泌腺之严重病，例如：甲状腺中毒症，甲状腺机能迟钝症，阿狄森氏病，垂体病性恶病质，手足搐搦等。

13. 造血器之严重慢性病。

14. 严重之慢性中毒症，例如：铅中毒，汞中毒，吗啡中毒，古碱柯中毒，醇中毒，气体或放射线中毒等。

15. 运动器慢性病显有官能失调，例如：畸形性关节炎，原发性及继发性进行的慢性多关节炎；风湿症并有严重之临床症候等。

16. 难于治疗之严重慢性皮肤病。

17. 任何恶病瘤。

18. 曾患一年之严重慢性传染性病，例如：疟疾显有器官损害；阿米巴或杆菌痢疾并有严重的病患；三期内脏梅毒难于治疗者；麻疯等。

19. 严重之维生素缺乏病或严重的营养

缺乏病。

乙、中立国收容

下列战俘得送往中立国收容：

（一）凡受伤之战俘在俘中不象能恢复，但由中立国收容则或可获痊愈或可获相当好转者。

（二）无论身患任何器官结核之战俘，其在中立国治疗或可获得恢复或至少获得相当好转者，但在被俘前曾被治愈之原发性结核病除外。

（三）凡战俘患呼吸器，循环器，消化器，神经系统，感觉器，泌尿器，皮肤，运动器等病而需要医治者，若在中立国医治较比在俘中医治显然可有更良好结果者。

（四）凡战俘在被俘期间因患非结核性肾脏病，曾经施行肾截除术者；患骨髓炎之在恢复期或潜伏期者，患糖尿病无需施行胰岛素治疗者等。

（五）凡患战争神经病或被俘神经病之战俘。

患被俘神经病之战俘，在中立国收容医治三个月未见治愈或经过那个时期未显然走上完全治愈之途上者，应予遣返。

（六）凡患慢性中毒（气体、金属、膺碱等）之战俘，而在中立国治疗特别有利者。

（七）凡妊娠之女俘，或有婴儿或小孩之女俘。

下列病例均不得送往中立国收容：

（一）一切正式证明之慢性神经病。

（二）一切认为无法医治之器官性或机能性神经病。

（三）除结核病外，一切易于传染之接触传染病。

二、守则

（一）所列之病情一般应尽可能从广义予以解释及适用。因战争或被俘而引起之神经病及精神病病情以及各期结核病，尤应享受此项从宽解释的利益。凡受伤多处之战俘，而无一处伤势足资使其遣返者，亦应本此同一精神予以检查，并适当顾及因受伤多处而引起之精神创伤。

（二）凡具有直接遣返权利之无疑问的病者，截肢，全盲或全聋，开放性肺结核，精神病，恶性瘤等应由战俘营医生或拘留国指定之军医委员会尽速予以检查遣返。

（三）凡于战前已有的而迄未转剧之损伤与疾病，以及不妨碍嗣后军役之战伤，均不得享有直接遣返之权。

（四）本附录之规定应在冲突各国内同样予以解释与适用。各有关国家与当局应予混合医务委员会以一切完成其工作必要的便利。

（五）上述（一）项内所举之实例仅代表与典型病例。凡与上述规定之病例不完全相符合者应根据本公约第一百一十条之规定及本协议所包含之原则之精神判定之。

附件二

混合医务委员会规则（见第一百一十二条）

第一条 本公约第一百一十二条所规定之混合医务委员会应由委员三人组成之，其中二人应系中立国人，第三人由拘留国指派之。中立国委员中之一人应任主席。

第二条 中立国委员二人应经拘留国请求由红十字国际委员会与保护国协议指派之。该二委员得为在其本国或在任何其他中立国，或拘留国之领土内有住所之人。

第三条 中立国委员应经有关冲突各方

之认可，冲突各方应将其认可通知红十字国际委员会及保护国。经上述通知后，中立国委员始认为有效派定。

第四条　应指派数目充足之副委员，俾于必要时代替正委员。副委员应与正委员同时指派，或至少应尽速指派。

第五条　红十字国际委员会若因任何理由未能指派中立委员，则应由保护受检查之战俘的利益之国家指派之。

第六条　应尽可能使中立国委员二人中之一人为外科医生，另一人为医生。

第七条　中立国委员对冲突各方应完全独立，冲突各方应给予彼等完成其任务之一切便利。

第八条　红十字国际委员会在指派本规则第二及第四两条规定之人员时，应与拘留国协议决定被指派之人员之服务条件。

第九条　中立国委员经认可后，混合医务委员会应尽速开始工作，无论如何须自认可之日起三个月内开始工作。

第十条　混合医务委员会应检查本公约第一百一十三条所指之一切战俘。该会应建议遣返，否决，或交以后检查，其决定应依多数为之。

第十一条　混合医务委员会对每一案件之决定，应在其视察后一月内通知拘留国，保护国，及红十字国际委员会。混合医务委员会并应将其决定通知每一受检查之战俘并将类似本公约所附示范式样之证件发给其所建议遣返之战俘。

第十二条　拘留国应在接获混合医务委员会之决定之正式通知后三个月内实施其决定。

第十三条　在需要混合医务委员会工作之国家若无中立国之医生，及因其他原因而未能指派在另一国内之中立国医生时，则拘留国应与保护国协议后设立一医务委员会担任与混合医务委员会相同之任务，但应受本规则第一、二、三、四、五及八各条之规定之限制。

第十四条　混合医务委员会应长期执行任务，并应至少每隔六个月视察各战俘营一次。

附件三

关于集体救济物品之规则（见第七十三条）

第一条　战俘代表应准将其所负责之集体救济装运物资分配与其本营所管理之各战俘，包括在医院、监狱或其他服刑处所之战俘。

第二条　集体救济装运物资之分配应按照捐赠人之指示及战俘代表所拟之计划办理。但医药材料之发给宜与上级医官商定进行，该医官遇病人之需要有此要求时，得在医院与疗养所中放弃上项指示。在以上所规定之限度内，分配应始终公平执行之。

第三条　上述战俘代表或其助理人员应准前往战俘营附近之救济物品到达之地点，以便彼等得查验所收到之物品之品质与数量，并对损赠人作详细报告。

第四条　对战俘代表应给予必需之便利以便查验战俘营之各分处及各附属处所是否已依照其指示分配集体救济物品。

第五条　战俘代表应准填写，或令劳动队中之战俘代表或疗养所及医院之上级医官填写，送交捐赠人之关于集体救济物品（分配、需要、数量等）之表格或问题。此项表格或问题填就后应即转送捐赠人，不得迟延。

第六条 为保证在战俘营内对战俘正常分发集体救济物品，及适应因新到战俘而发生之需要起见，应允许战俘代表准备并保持充分之集体救济物品存储量。为此目的，彼等应有适当之库房以供使用；每一库房均应备锁两把，战俘代表保管一锁之钥匙，另一锁之钥匙由战俘营长官保管之。

第七条 若集体装运物资中有衣服，每一战俘应至少保有衣服一整套，若一战俘持有一套以上之衣服，应允许战俘代表得自衣服最多之战俘收回其多余之衣服，或超过一件之特殊物品，如其为供给衣服较少之战俘有此必要。惟内衣、袜、鞋之第二套不得收回，除非此系为救济一无所有之战俘之唯一办法。

第八条 各缔约国，尤其拘留国，应尽可能并在管理居民供应之规则之限制下，准许在其境内采购物品作为集体救济品分配予战俘。各该国对为此项采购所需之款项转移及其他技术或行政性之金融措施应同样给予便利。

第九条 上述规定并不妨碍战俘在到达战俘营前或在移送途中受取集体救济物品之权利，亦不妨碍保护国，红十字国际委员会，或其他协助战俘并负责运送此项物资之团体之代表依其所认为有用之任何其他方法保证将上项物品分配予受物人之可能。

附件四

身份证、被俘邮片、邮片及信、死亡通知示意图

（略）

附件五

关于战俘向其本国汇款之示范规则

（略）

注：本公约于1952年7月13日经中中华人民共和国中央人民政府授权外交部长周恩来发表声明决定予以承认，又于1956年11月5日经中华人民共和国主席批准，并于1956年12月28日由中华人民共和国政府向瑞士联邦政府交存批准书。中华人民共和国曾对本公约作了一些保留（详见全国人民代表大会常务委员会关于批准本公约的决定）。

附录：

全国人民代表大会常务委员会关于批准1949年8月12日关于战俘待遇之日内瓦公约的决定

1956年11月5日全国人民代表大会常务委员会第五十次会议通过

1956年11月5日全国人民代表大会常务委员会第五十次会议决定批准1949年8月12日关于战俘待遇之日内瓦公约。

全国人民代表大会常务委员会在决定批准1949年8月12日关于战俘待遇之日内瓦公约的同时，决定对该公约作如下保留：

关于第十条：战俘拘留国请求中立国或人道组织担任应由保护国执行的任务时，除非得到战俘本国政府的同意，中华人民共和国将不承认此种请求为合法。

关于第十二条：在战俘拘留国将战俘移送至本公约的另一缔约国看管期间内，中华人民共和国认为原拘留国并不因此解除对此等战俘适用本公约的责任。

关于第八十五条：关于战俘拘留国根据本国法律，依照纽伦堡和东京国际军事法庭审理战争罪行和违反人道罪行所定的原则予以定罪的战俘的待遇，中华人民共和国不受第八十五条规定的约束。

1949年8月12日关于战时保护平民之日内瓦公约

（1949年8月12日日内瓦第四公约）

（1949年8月12日订于日内瓦）

下列签署之各国政府、全权代表出席自1949年4月21日至8月12日在日内瓦举行之外交会议，为订立关于战时保护平民公约，议定如下：

第一部　总　则

第一条　各缔约国承诺在一切情况下尊重本公约并保证本公约之被尊重。

第二条　于平时应予实施之各项规定之外，本公约适用于两个或两个以上缔约国间所产生之一切经过宣战的战争或任何其他武装冲突，即使其中一国不承认有战争状态。

凡在一缔约国的领土一部或全部被占领之场合，即使此项占领未遇武装抵抗，亦适用本公约。

冲突之一方虽非缔约国，其他曾签订本公约之国家于其相互关系上，仍应受本公约之拘束。设若上述非缔约国接受并援用本公约之规定时，则缔约各国对该国之关系，亦应受本公约之拘束。

第三条　在一缔约国之领土内发生非国际性的武装冲突之场合，冲突之各方最低限度应遵守下列规定：

（一）不实际参加战事之人员，包括放下武器之武装部队人员及因病、伤、拘留，或其他原因而失去战斗力之人员在内，在一切情况下应予以人道待遇，不得基于种族、肤色、宗教或信仰、性别、出身或财力或其他类似标准而有所歧视。

因此，对于上述人员，不论何时何地，不得有下列行为：

（甲）对生命与人身施以暴力，特别如各种谋杀、残伤肢体、虐待及酷刑；

（乙）作为人质；

（丙）损害个人尊严，特别如侮辱与降低身份的待遇；

（丁）未经具有文明人类所认为必需之司法保障的正规组织之法庭之宣判，而遽行判罪及执行死刑。

（二）伤者、病者应予收集与照顾。

公正的人道团体，如红十字国际委员会，得向冲突之各方提供服务。

冲突之各方应进而努力，以特别协定之方式，使本公约之其他规定得全部或部分发生效力。

上述规定之适用不影响冲突各方之法律地位。

第四条　在冲突或占领之场合，于一定期间内及依不论何种方式，处于非其本国之冲突之一方或占领国手中之人，即为受本公约保护之人。

不受本公约拘束之国家之人民即不受本公约之保护。凡在交战国领土内之中立国人民及共同作战国人民，在其本国尚有通常外交使节驻在控制彼等之国家时，不得认为被保护人。

惟本公约第二部之各项规定，如第十三条所划定，其适用范围较广。

凡受1949年8月12日改善战地武装部队伤者病者境遇之日内瓦公约，或1949年8月12日改善海上武装部队伤者病者及遇船难者境遇之日内瓦公约，或1949年8月12日关于战俘待遇之日内瓦公约保护之人，不得认为本公约意义内之被保护人。

第五条 凡冲突之一方深信在其领土内之个别被保护人确有危害该国安全之活动之嫌疑，或从事该项活动，而本公约之各项权利与特权若为该个人行使将有害该国安全时，该个人即不得要求此等权利与特权。

在占领地内个别被保护人如系因间谍或破坏分子，或因确有危害占领国安全之活动嫌疑而被拘留者，在绝对的军事安全有此要求之情况下，其人应即认为丧失在本公约下之通讯权。

惟在每种情形下，此等人仍应受人道待遇，且在受审判时，不应剥夺本公约规定之公平正常的审判之权利。又应斟酌个别情况尽早在合于该国或占领国之安全时给予彼等以被保护人依本公约所享有之全部权利与特权。

第六条 本公约应于第二条所述之任何冲突或占领开始时适用。

在冲突各方之领土内，本公约之适用，于军事行动全面结束时应即停止。

本公约在占领地内之适用，于军事行动全面结束后一年应即停止；惟占领国于占领期间在该国于占领地内行使政府职权之限度内，应受本公约下列各条规定之拘束：第一至十二、二十七、二十九至三十四、四十七、四十九、五十一、五十二、五十三、五十九、六十一至七十七、一百四十三条。

被保护人之释放、遣返、或安置，若在上述各期限以后实现者，则在其实现之期间，彼等仍应继续享受本公约之利益。

第七条 于第十一、十四、十五、十七、三十六、一百零八、一百零九、一百三十二、一百三十三及一百四十九各条明文规定之协定之外，各缔约国对其认为需另作规定之一切事项得订立特别协定。是项特别协定不得对于本公约关于被保护人所规定之境遇有不利的影响，亦不得限制本公约所赋予彼等之权利。

除在上述或后订之协定中有相反之明文规定，或冲突之一方对彼等采取更优待之措施外，被保护人在本公约对其适用期间应继续享受是项协定之利益。

第八条 在任何情况下，被保护人不得放弃本公约或上条所述之特别协定——如其订有是项协定——所赋予彼等权利之一部或全部。

第九条 本公约之适用应与保护国合作并受其监察。保护国之责任为维护冲突各方之利益。为此目的，保护国在其外交或领事人员之外，得自其本国国民或其他中立国国民中指派代表。上述代表应经其执行任务所在国之认可。

冲突各方对于保护国之代表之工作应尽最大可能予以便利。

保护国之代表在任何情况下不得逾越本公约所畀予之任务。彼等尤须顾及其执行任务所在国之安全上迫切的必要。

第十条 本公约之规定并不妨碍红十字国际委员会或其他公正的人道组织，在有关冲突各方之同意之条件下，从事保护与救济平民之人道活动。

第十一条 各缔约国得随时同意将根据本公约应由保护国负担之任务，委托于具有公允与效能之一切保证之组织。

当受本公约保护之人，不拘为何原因，不能享受或已停止享受保护国或本条第一款所规定之组织的活动之利益时，则拘留国应请一中立国或此种组织担任依照本公约应由冲突各方指定之保护国所执行之任务。

若保护不能依此布置，则拘留国应在本条之规定之约束下，请求或接受一人道组织，如红十字国际委员会，提供服务，以担任依本公约由保护国执行之人道的任务。

任何中立国或任何组织经有关国家邀请或自愿提供服务而执行任务时，在行为上须对本公约所保护之人员所依附之冲突一方具有责任感，并须充分保证能执行其所负之任务，且能公允执行之。

各国间订立特别协定，如其中一国因军事关系，特别是因其领土之大部或全部被占领，以致该国与其他一国或其盟国谈判之自由受限制，即或是暂时的，本公约上列规定不得因该项特别协定而有所减损。

凡本公约中提及保护国，亦适用于本条所指之代替组织。

凡中立国人民处于占领地或交战国领土内而其本国并无通常外交代表驻在该国时，本条各项规定应对彼等适用。

第十二条 保护国认为于被保护人之利益适宜时，尤其遇冲突各方对于本公约之适用与解释意见有分歧时，应从事斡旋以期解决分歧。

为此目的，各保护国得应一方之请求，或主动向冲突各方建议，可能在适当选择之中立领土召开代表会议，被保护人之负责当局代表尤须参加。冲突各方对于为此目的而提出之建议负有实行之义务。各保护国得于必要时，提请冲突各方同意，特邀一中立国人员或红十字国际委员会委派之人员参加此项会议。

第二部 居民之一般保护以防战争之若干影响

第十三条 本公约第二部之规定，涉及冲突各国之全部人民，尤不得基于种族、国籍、宗教或政治意见而有所歧视，各规定之目的在于减轻战争所致之痛苦。

第十四条 各缔约国在平时，冲突各方在战事开始后，得在其领土内，并于必要时在占领地内，设立医院及安全地带与处所，加以适当的组织，使能保护伤者、病者、老者、15 岁以下儿童、孕妇、及七岁以下儿童之母亲，俾免受战争影响。

在战事开始时及其进行中，有关各方得缔结协定互相承认所设立之地带与处所。各该国得为此目的实施本公约所附协定草案之规定，连同其所认为必要之修改。

为便于医院与安全地带及处所之设立及承认，应请保护国及红十字国际委员会从事斡旋。

第十五条 任何冲突之一方，得直接或通过一中立国或人道组织，向其敌方建议在作战区域内设立中立化地带，保护下列人等免受战争之影响，不加歧视：

（甲）伤、病战斗员或非战斗员；

（乙）不参加战事及虽居住在该地带内而不从事军事性工作之平民。

如有关各国对于拟议之中立化地带之地理位置、管理、食物供给及监督均予同意，应由冲突各方之代表签定一书面协定，该协定应规定该地带之中立化之开始及期限。

第十六条 伤者、病者、弱者以及孕妇应为特别保护与尊重之对象。

在军事的考虑许可时，冲突各方对于寻觅死者、伤者、协助遇船难者及其他冒严重危险之人，及保护彼等免遭抢劫及虐待所采取之各项步骤应予以便利。

第十七条 冲突各方应尽力缔结局部协定以便将被包围地区内之伤者、病者、弱者、老者、幼童及产妇撤出，及使送往该地区之一切宗教之牧师、医务人员、医疗设备得以通过。

第十八条 凡为照顾伤者、病者、弱者及产妇而组织之民用医院，在任何环境下，不得为攻击之目标，而应随时受冲突各方之尊重与保护。

冲突各方之国家，对所有民用医院应发给证书，证明各该医院系民用医院且其所占用之建筑物并未作依第十九条应剥夺其保护之任何用途。

各民用医院均应标以 1949 年 8 月 12 日改善战地武装部队伤者病者境遇之日内瓦公约第三十八条所规定之标志，惟须经各该国认可。

在军事的考虑许可之限度内，冲突各方应采取必要步骤，使标明民用医院之特殊标志能为敌方陆、空及海军清晰望见，以避免任何敌对行动之可能。

鉴于医院临近军事目标不免遭受危险，故建议上述医院之位置应尽量远离该项目标。

第十九条 民用医院应得之保护不得停止，除非此项医院越出其人道任务之外，用以从事有害于敌方之行为。惟如经给予相当警告，并按个别情形规定合理时限而警告仍被忽视时，始得停止保护。

如有武装部队伤病人员在前项医院疗养，或由该项战斗员卸下之小型武器及弹药尚未缴交主管机关之事实，不得视为有害敌方之行动。

第二十条 经常专门从事民用医院工作及管理之人，包括从事搜寻、移送、运输与照顾伤病平民、弱者及产妇之人员，均应受尊重与保护。

上述人员在占领地及军事行动地带内执行任务时，应有证明其地位之身份证，上贴本人像片，并轧有负责当局之钢印，并应有在左臂佩带加盖印章之防水臂章，以资识别。此项臂章应由国家颁发，并须有 1949 年 8 月 12 日改善战地武装部队伤者病者境遇之日内瓦公约第三十八条所规定之标志。

其他从事民用医院工作及管理之人员，若担任此类任务时，应受尊重与保护，并按照本条所规定之条件，佩带臂章。彼等之身份证上应注明其担任之任务。

各医院之管理当局应随时备有上述各项工作人员之最近名单，以供本国或占领国主管当局之用。

第二十一条 凡运送伤病平民、弱者、产妇之陆地运输队，陆地医院列车或海上之特备船只，均应与第十八条所规定之医院受同样之尊重与保护，此项车船，经各该国同意后，应标以改善战地武装部队伤者病者境遇之日内瓦公约第三十八条所规定之特殊标志。

第二十二条 凡专为移送伤病平民、弱者、产妇或运输医务人员、医疗设备之飞机，在有关冲突各方所特别约定之高度、时间、航线飞行时，应不受攻击而予以尊重。

此项飞机得标以 1949 年 8 月 12 日改善战地武装部队伤者病者境遇之日内瓦公约第三十八条所规定之特殊标志。

除非另有协定，飞越敌方领土或敌人占领地均所禁止。

此项飞机应服从降落命令。如被令降落，而需要检查时，则经过检查后，该机载其乘员得继续飞行。

第二十三条 各缔约国对于纯为另一缔约国平民使用之医疗与医院供应品，或宗教礼拜所需物品之一切装运物资，均应许其自由通过，即使该另一缔约国为其敌国。对于供15岁以下儿童、孕妇与产妇使用之主要食物、衣服及滋补剂之装运，亦应同样许其自由通过。

缔约国允许上款所述装运物资之自由通过之义务，以该国深信并无严重理由足以引起下列之恐惧为条件：

（甲）该项装运物资可自其目的地改运他处；

（乙）管制可能无效；

（丙）由于上述各项物资代替当由敌方供给或生产之物品，或使生产此类物品所需之材料，工作或设备得以腾出，而可能予敌方军事努力或经济以确定之利益。

凡允许本条第一款所述装运物资通过之国家，得要求在该项物资分发于受惠人时，应以由保护国就地监督为允许之条件。

上述装运物资应尽速转送，而允许此等物资自由通过之国家应有权规定准许该项通过之技术方面的办法。

第二十四条 冲突各方应采取必要措施，俾十五岁以下儿童因受战争影响成为孤儿或与家庭分离者，不致无人照管，并使彼等之抚养、宗教与教育之进行，在一切情形下均获便利。彼等之教育，应尽可能委托于具有相似的文化传统之人。

冲突各方应便利冲突期间此种儿童收容于中立国，此事应经保护国——如其有保护国——之同意，并有遵守第一款所述原则之适当保证。

冲突各方并应尽力设法使12岁以下儿童均佩带身份牌，或用其他方式，以资识别。

第二十五条 冲突各方之领土内或其占领地内所有人们，应能将纯属个人性质的消息通知其在任何地方之家人，并接获其家人之此类消息。此项通讯应迅速传递，不得有不当之迟延。

如由于环境影响，难于或不可能由普通邮政互递家庭信件时，有关冲突各方应向中立媒介接洽，如第一百四十条所规定之中央事务所，并与之商定如何在可能最好的情况下保证其义务之履行，尤应取得各国红十字（红新月、红狮与日）会之合作。

如冲突各方认为有限制家庭通讯之必要，该项限制只应限于能容任择25字之标准信纸之强制使用，及将寄发此项格式之信件每月限为一份。

第二十六条 冲突各方对于因战争致与家庭离散之人所为之调查，以期在可能时与其家庭重新联系或团聚者，应给予便利。冲突各方尤应鼓励从事此项任务之组织之工作，但须此项组织能为其所接受并遵照其安全规则。

第三部 被保护人之地位与待遇

第一编 对于冲突各方之领土及占领地之共同规定

第二十七条 被保护人之人身、荣誉、家庭权利、宗教信仰与仪式、风俗与习惯，在一切情形下均应予以尊重。无论何时，被保护人均须受人道待遇，并应受保护，特别使其免受一切暴行，或暴行的威胁及侮辱与公众好奇心的烦扰。

妇女应受特别保护以免其荣誉受辱，尤须防止强奸、强迫为娼或任何形式的非礼之侵犯。

冲突各方对在其权力之下被保护人，在不妨有关其健康状况、年龄、性别之各项规定之条件下，应同样待遇之，尤不得基于种族、宗教或政治意见而有所歧视。

但冲突各方对被保护人得采取由于战争而有必要之管制及安全之措施。

第二十八条 对于被保护人不得利用其安置于某点或某地区以使该处免受军事攻击。

第二十九条 在冲突一方对于权力下之被保护人所受该国人员之待遇，该国均应负责，不论此项人员所负之个人责任如何。

第三十条 被保护人应有向保护国、红十字国际委员会、彼等所在国之红十字（红新月、红狮与日）会，或能予以协助之任何组织提出申请之各种便利。

上述各组织应由当局在根据军事或安全的考虑所定之范围内，予以上述目的所需之各种便利。

于第一百四十三条所规定之保护国及红十字国际委员会代表之访问之外，各拘留国或占领国对于以给予被保护人精神协助或物质救济为目的之其他组织的代表之访问被保护人，应尽量予以便利。

第三十一条 对被保护人不得施以身体上或精神上之强迫，尤其不得借以从彼等或第三者取得情报。

第三十二条 各缔约国特别同意禁止各该国采取任何足以使其手中之被保护人遭受身体痛苦或消灭之措施。此项禁令不仅适用于谋杀、酷刑、体刑、残伤肢体及非为治疗被保护人所必需之医学或科学实验，并适用于文武人员施行之其他任何残酷措施。

第三十三条 被保护人无论男女不得因非本人所犯之行为而受惩罚。集体惩罚及一切恫吓恐怖手段，均所禁止。

禁止掠夺。

禁止对被保护人及其财产采取报复行为。

第三十四条 禁止作为人质。

第二编 在冲突一方领土内之外国人

第三十五条 一切被保护人，在冲突开始时，或冲突进行中，希望离境者，除非其离去有违所在国之国家利益，均应有权离境。此等人之离境申请应按照正常规定之手续予以决定，此项决定并应尽速为之。凡获准离境之人得自行准备必须之旅费并携带相当数量之个人物品。

如上述任何人之离境请求被拒绝时，彼应有权请求拘留国所指定之主管法庭或行政审议机关对此项拒绝从速重新考虑。

除非安全理由所不许或关系人反对，一经保护国代表之请求，应即告以不准离境之理由，并应尽速检送不准离境之人的全体名单。

第三十六条 依上条获准之离境，应在关于安全、卫生、保健及食物方面之妥善条件下实行之。一切有关离境之费用，自拘留国领土内之出境地点起，应由出境人目的地之国家担负；若出境人被收容于中立国，则该项费用应由受益人之本国负担。此项移动之施行细则，必要时，得由有关国家以特别协定决定之。

前项规定不得影响冲突各方间所订关于交换及遣返在敌方手中之人民之特别协定。

第三十七条 凡被保护人在候审期间，或因受有剥夺自由之判决而被禁闭者，在其禁闭期间应受人道待遇。

一经释放，彼等即得依照以上各条请求离境。

第三十八条 除本公约，尤其第二十七及四十一两条所准许之特别办法外，各被保护人之地位，在原则上应继续按照和平时期有关外国人之规章，予以规定。在任何情形下，应予以下列权利：

（一）应能领受送来之个人或集体救济物品；

（二）如其健康情形有此需要，应获得与有关国家之人民同等之医药照顾与住院待遇；

（三）应获准举行其宗教仪式，并接受其本教牧师之精神协助；

（四）如居住于特别冒战争危险之区域时，应与有关国家之人民同样获准迁出该区域；

（五）15 岁以下儿童、孕妇、及七岁以下儿童之母亲，应与有关国家之人民受同等之优惠待遇。

第三十九条 凡被保护人因战事影响而失去其收入之工作者，应予以寻觅有报酬之工作之机会。该项机会应与其所在国家之人民所享受之机会相等，但须受安全考虑及第四十条规定之限制。

冲突一方对被保护人施行管制办法因而使其不能自行维持生活，尤以该人因安全原因不能寻觅在合理条件之下有报酬之工作时，该冲突国应保证维持其本人与受其赡养人之生活。

各被保护人在任何情况下均得接受其本国、保护国，或第三十条所述之救济团体之津贴。

第四十条 被保护人仅得在与其所在之冲突国之人民同样限度内被强迫工作。

如被保护人系属敌国国籍，则只能强迫其担任通常为保证人类食、住、衣、行及健康所必需之工作而与军事行动无直接关系者。

在前两款所述之情形下，被强迫工作之被保护人应与本国工人享受同样工作条件及同样保障之利益，尤其关于工资、工作时间、衣服与设备、事先训练及工作上意外伤害与疾病之赔偿。

上述各项规定如被违反，应允许被保护人按照第三十条行使其申诉之权利。

第四十一条 如被保护人所在之国家认为本公约所述之管制措施不足时，不得采行较第四十二及第四十三两条所定之指定居所或拘禁更为严厉之管制措施。

在适用第三十九条第二款之规定，于按照安置于他处指定居所之决定而须离开其原居所之人之场合时，拘留国应尽可能密切遵循本公约第三部第四编所定之福利标准。

第四十二条 对被保护人之拘禁或安置于指定居所，仅于拘留国之安全有绝对需要时方可施行。

如有人通过保护国之代表，自动请求拘禁，而其处境使其采取此步骤为必要者，则其所在之国家应即予以拘禁。

第四十三条 任何被保护人被拘禁或被

安置于指定居所者，有权请拘留国为该项目的所指定之主管法庭或行政审议机关对于该项举措尽速重新考虑。如该项拘禁或安置于指定居所仍予维持时，该法庭或行政审议机关应定期，至少一年两次，对于案情予以审查，以期于环境许可时对于最初决定作有利之修正。

除非有关之被保护人反对，拘留国应尽速将已被拘禁或已被指定居所之被保护人，及从拘禁或指定居所中已予释放之被保护人之姓名通知保护国。本条第一款提及之法庭或行政审议机关之决定，亦应依同样条件之限制尽速通知保护国。

第四十四条 适用本公约内提及之管制措施时，拘留国不得将事实上不受任何政府保护之难民仅依其法律上之敌国国籍而以敌侨待遇之。

第四十五条 被保护人不得移送于非本公约缔约国之国家。

本规定不得构成对于被保护人在战事结束后被遣返或其回到原居住国之障碍。

拘留国只能将被保护人移送至本公约之缔约国，并须于拘留国对于接受国家实施本公约之意愿与能力认为满意后行之。如被保护人在此种情况下被移送时，其在该接受国看管期间，实施本公约之责任即由该接受国担任之。但若该国在任何重要方面未能实行本公约之规定，则原移送国一经保护国通知，即应采取有效措施以纠正此种情况或要求将被保护人送还，此项要求必须照办。

男女被保护人在任何情况下不得移送于因其政治意见或宗教信仰有恐惧迫害之理由之国家。

本条各项规定亦不构成对于根据战事开始前所订之引渡条约，将被控违犯普通刑法之被保护人予以引渡之障碍。

第四十六条 凡对被保护人实行之限制措施，其尚未撤消者，在战事结束后应尽速取消之。

影响彼等财产之限制措施，应按照拘留国之法律，于战事结束后尽速取消之。

第三编 占领地

第四十七条 本公约所赋予在占领地内之被保护人之各项利益，均不得因占领领土之结果引起该地制度或政府之变更，或因被占领地当局与占领国所订立之协定，或因占领国兼并占领地之全部或一部，而在任何情况下或依任何方式加以剥夺。

第四十八条 被保护人之非领土被占领的国家之人民者，得依第三十五条规定之限制，使用其离境权利，关于离境事项之决定，应按照占领国依该条所订之手续为之。

第四十九条 凡自占领地将被保护人个别或集体强制移送及驱逐往占领国之领土或任何其他被占领或未被占领之国家之领土，不论其动机如何，均所禁止。

但如因居民安全或迫切的军事理由，有此必要，占领国得在一定区域施行全部或部分之撤退。上述撤退不得致使被保护人在占领地境外流离失所，但因物质原因不能避免上述流离失所则为例外。依此被撤退之人，一俟该区域内战事停止，应立即移送回家。

凡实行此种移送或撤退之占领国，应尽最大可行的限度，保证供给适当设备以收容被保护人，该项移动应在卫生、保健、安全及营养之满足的条件下执行，并应保证同一家庭之人不相分离。

一经实行移送或撤退，应立即以其事实

通知保护国。

除非因居民安全或迫切的军事理由有此必要，占领国不得将被保护人拘留于特别冒战争危险之区域。

占领国不得将其本国平民之一部分驱逐或移送至其所占领之领土。

第五十条 占领国在国家与地方当局之合作下，对于一切从事照顾及教育儿童团体之正当工作予以便利。

占领国应采取一切必要步骤以便利儿童之辨认及其父母之登记。但该国绝不得改变彼等之个人地位，亦不得使其参加隶属于该国之各种组织。

如当地团体不能适应该目的时，占领国应筹定抚养教育因战争变成孤儿或与父母失散，且不能由其近亲或朋友适当照顾之儿童之办法，倘属可能，应由该项儿童同一国籍、语言及宗教之人士担任该项工作。

依第一百三十六条设立之情报局所属之一特别部门，应负责采行一切必要步骤辨认身份不明之儿童。彼等父母或其他近亲之详细情形，如能获悉时，应予记录。

在被占领前，为惠及 15 岁以下儿童、孕妇，及七岁以下儿童之母亲所采关于食物、医药照顾及保护之任何优待措施以防战争影响者，占领国不得妨碍其实施。

第五十一条 占领国不得强迫被保护人在其武装或辅助部队服务。以获得志愿应募为目的之压迫及宣传均所不许。

占领国不得强迫被保护人工作，除非彼等已满十八岁，而届此年龄，亦只能派任占领军，公用事业或被占领国居民之衣、食、住、行或保健所需要之工作。被保护人不得强迫其担任任何使彼等有参加军事行动之义务之工作。占领国不得强迫被保护人使用强力方法以保证彼等从事强迫劳动所在地之设备之安全。

上述工作之执行应仅限于被征服役人所在之占领地以内。此种人，应尽可能置于其平常工作之地方。对工人应付以公平工资，其工作应与其体力与智力相当。凡被占领国关于工作条件，尤其关于工资、工作时间、设备、事先训练及工作上意外伤害与疾病之赔偿等保障之现行立法，对于派任本条所述工作之被保护人，应予适用。

在任何情况下，征工不得变为动员工人参加军事或半军事性之组织。

第五十二条 任何契约、协定或规则均不得减损任何工人向保护国代表申请请求该国干涉之权利，不论该工人是否系属志愿，亦不论其所在地点。

在占领地内，一切以造成失业或限制工人工作机会借以引诱工人为占领国工作为目的之措施，均所禁止。

第五十三条 占领国对个别或集体属于私人，或国家，或其他公共机关，或社会或合作组织所有之动产或不动产之任何破坏均所禁止，但为军事行动所绝对必要者则为例外。

第五十四条 占领地之公务人员与法官如为良心原因拒绝执行其职务时，占领国不得改变其地位，或以任何方式施行制裁，或采用任何强迫或歧视措施。

前项禁例不妨碍第五十一条第二款之适用。亦不影响占领国撤换公务人员之权。

第五十五条 占领国在其所有方法之最大限度内，负有保证居民之食物与医疗供应品之义务；如占领地资源不足时，尤应运入必需之食物、医疗物资及其他物品。

占领国不得征用占领地所有之食物、物

品或医疗供应品，但为占领军或行政人员使用者除外，并须业已顾及平民之需要，始能征用。占领国应在其他国际公约规定之限制下，设法保证对其所征用之物品付予公平价格。

保护国得随时自由检查占领地内食物及医疗供应品之情形，但因迫切的军事需要而定之暂时限制，不在此限。

第五十六条 占领国在其所有方法之最大限度内，负有依国家与地方当局之合作，保证并维持占领地内之医疗与医院设置与服务，公共保健与卫生之义务，尤须采取并实行扑灭传染病与流行病传播所必要之预防及措施。各类医务人员应许其执行任务。

如占领地内成立新医院而被占领国之主管机关不在该地执行任务，占领国于必要时应对该项医院予以第十八条所规定之承认。在类似情况下，占领国亦应对医院人员与运输车辆予以第二十及二十一两条所规定之承认。

占领国于采用及实施保健与卫生之措施时，应注意占领地居民的道德上及伦理上之感受性。

第五十七条 占领国得征用民用医院，但只能暂时征用，并限于为照顾伤病军事人员之紧急需要场合，且须以在相当期间对病人之照顾与医疗及平民之住院需要，制定适当办法为条件。

民用医院之器材与用品在须供平民需要之期中不得征用。

第五十八条 占领国应允许牧师对其本教教徒予以精神上之协助。

占领国亦应接受宗教所需的书籍与物品之装运物资，并对该项物资在占领地内之分发予以便利。

第五十九条 如占领地全部或部分居民之给养不足时，占领国应同意救济该项居民之计划，并对该项计划使用力所能及之一切方法予以便利。

该项计划，可以由国家或公正人道组织如红十字国际委员会承担之，在该计划中尤应包括食物，医疗品及衣服的装运物资之供给。

各缔约国均应允许该项装运物资之自由通过并保证予以保护。

但缔约国之允许上项装运物资自由通过以运往冲突之敌方所占领之区域者，有权检查该项装运物资，规定其依指定时间与路线通过，并通过保护国，查明该项装运物资系为救济待救之居民之用而非为占领国之利益之用。

第六十条 救济之装运物资在任何情况下，不得解除占领国在第五十五、五十六与五十九各条下之任何责任。占领国无论如何不得将救济之装运物资移作他用，但在紧急需要情形中为占领地居民之利益并征得保护国之同意者，则为例外。

第六十一条 以上各条所述之救济装运物资的分配，应在保护国之合作与监督下进行之。该项任务亦得依占领国与保护国间之协定，委托一中立国，红十字国际委员会或任何其他公正之人道团体办理之。

上项装运物资在占领地内应豁免一切捐、税、或关税，除非此项捐、税为该地经济利益所必需。占领国应便利此等装运物资之迅速分配。

各缔约国应尽力允许此等救济装运物资免费通过以运往占领地。

第六十二条 占领地之被保护人应许其领受送与彼等之个人救济物资，但须受迫切的安全理由之限制。

第六十三条　在占领国因紧急的安全理由所采用之暂时及例外措施之限制下：

（甲）经认可之各国红十字（红新月、红狮与日）会应能按照国际红十字大会所定之红十字原则进行活动。其他救济团体亦应许其在类似条件下继续其人道活动；

（乙）占领国不得要求此等团体为任何足以妨碍上述活动之人事或组织上之变更。

已经存在或将行设立之非军事性质之特别组织，而以维持必要的公用事业，分配救济物品与组织救护借以保证居民生活状况为目的者，上述之原则亦应适用于此等组织之活动及人员。

第六十四条　占领地之刑事法规应继续有效，但遇该项法规构成对占领国安全之威胁或对本公约实行之障碍时，占领国得予以废除或停止。在后者之考虑及保证有效的司法之需要之限制下，占领地之法庭对于上述法规涉及之一切罪行，应继续执行职务。

但占领国得使占领地居民服从该国为执行其在本公约下所负之义务，维持该地有秩序之统治，与保证占领国、占领军、与行政机关之人员及财产，以及其所使用之设置与交通线之安全所必要之规定。

第六十五条　占领国所订之刑法规定，在公布及用居民本国语言使居民周知以前，不得生效。该项刑事法规不得具有追溯力。

第六十六条　遇有违犯根据第六十四条第二款公布之刑法规定之案件，占领国得将被告交付正当组织之非政治的军事法庭，但以该法庭在占领地开庭为条件。上诉法庭最好在占领地开庭。

第六十七条　前项法庭应仅适用在该罪行发生前已经实施并符合一般法律原则，尤其罚罪相当之原则之法律规定。此等法庭对于被告之非占领国人民之事实，应加以考虑。

第六十八条　被保护人犯有纯以损害占领国为目的之罪行，而此项罪行并非企图杀害占领军或行政机关之人员之生命或肢体，亦不构成严重之集体危险，复未严重损害占领军及行政机关之财产或其所使用之设备者，应处以拘禁或单纯监禁，而拘禁或监禁之期间应与所犯罪行相当。且因此等罪行而处之拘禁或监禁，应为剥夺被保护人自由之仅有措施。本公约第六十六条所规定之法庭可自行斟酌将监禁之判决改为同样期限之拘禁。

仅在被保护人犯间谍罪，或严重破坏占领国军事设备之罪行或故意犯罪致一人或多人于死亡之案件中，占领国依第六十四及六十五两条所公布之刑法规定，始得对被保护人处以死刑，但须此种罪行依占领地在占领开始前通行之法律亦受死刑之处罚。

除非法庭特别被提起注意被保护人因非拘留国之人民，不受对该国效忠义务之拘束之事实后，不得将被保护人判处死刑。

凡被保护人犯罪时年龄在 18 岁以下者，在任何情况下不得判处死刑。

第六十九条　无论任何案件中，被保护人因被控犯罪而遭逮捕，等候审判或处罚之时间，应从判处之监禁时间内，予以扣除。

第七十条　占领国不得因被保护人在占领前或占领暂时中断期间之行为或发表之意见，而将其逮捕，诉追或定罪，但破坏战争法律与惯例之行为除外。

凡占领国人民在战事开始前即逃亡于被占领国领土者，不得加以逮捕、诉追、定罪或驱逐出占领地，但其在战事开始后所犯之罪行，或其在战事开始前所犯普通法下之罪行，而依被占领国法律在和平时期应予引渡者除外。

第七十一条 占领国之主管法庭非经合法审判不得宣告判决。

占领国对于其所诉追之被告，应迅速以被告所了解之文字，书面通知其被诉罪名之详情，并应尽速交付审判。占领国应将对被保护人所进行之涉及死刑或二年或二年以上监禁等罪名之诉讼，通知保护国；保护国应能随时获悉该项诉讼之情形。又保护国应有权，于提出请求时，获得上项及占领国对被保护人所提起其他诉讼之详情。

本条第二款所规定对于保护国之通知，应立即出发，且必需在第一次审讯前三个星期到达被保护国。除非在审判开始时，提出证据，证明本条各项规定均已完全遵照，审讯不得进行。该项通知应包括下列各点：

（甲）关于被告之说明；

（乙）居所或拘留处所；

（丙）某一种罪名或某几种罪名之列举（注明控诉所根据之刑法规定）；

（丁）承审该案之法庭名称；

（戊）第一次审讯之日期及地点。

第七十二条 被告有权提出为其辩护所需之证据，尤得请求传唤证人。彼等有权由其自行选定之合格辩护人或律师协助，该辩护人或律师得自由访问被告并有权享受准备辩护词所需之便利。

被告如未自行选定，则保护国得供给辩护人或律师。当被告被控重罪而保护国未执行任务时，占领国在被告同意之条件下，应供给一辩护人或律师。

在初步侦查及审讯期间被告应获有译员之协助，除非被告自由放弃此项协助。被告有权随时反对译员并要求撤换。

第七十三条 被判罪人应有法庭适用之法律所规定之上诉权。对被判罪人应详细通知其上诉或诉愿之权利及行使该项权利之期限。

本编所规定之刑事程序应在可能使用范围以内，适用于上诉。如法庭适用之法律无上诉之规定时，被判罪人应有权向占领国主管当局对事实的认定及判决提出诉愿。

第七十四条 保护国之代表应有权到庭旁听任何被保护人之审判，除非为占领国安全的利益而必须例外的禁止旁听，在此种场合，占领国应通知保护国。审判之日期地点应通知保护国。

涉及死刑或两年或两年以上监禁之任何判决，应连同其有关之根据尽速通知保护国。该通知应引述第七十一条所规定之通知；如为监禁判决时，并应载明服刑地方之名称。上述各项判决以外之记录，应由法庭保存，且应供保护国代表之检查。凡涉及死刑或两年或两年以上监禁的判决之上诉期限，在保护国接到判决通知前，不得开始。

第七十五条 被判死刑者请求赦免或缓刑之权利，绝不得予以剥夺。

从保护国接到确定死刑最后判决的通知或接到拒绝赦免及缓刑之命令的通知之日起，至少六个月期限届满以前，不得执行死刑。

遇有个别案件，其情形严重紧急，对于占领国或其部队安全发生有组织之威胁时，本条所规定之暂停执行死刑六个月之期限得予缩短，但必须将该项缩短情形通知保护国，并须予以相当之时间及机会，以便向主管占领当局提出关于此项死刑判决之意见。

第七十六条 被保护人被控犯罪者应拘留于被占领国内，如经判罪亦应在该国内服刑。如可能，彼等应与其他被拘留者隔离，并应享有足以保持其健康之饮食与卫生条件，至少亦应与被占领国监狱内通行之条件相同。

彼等应受到其健康所需之医药照顾。

彼等亦应有权受到其所需之精神协助。

妇女应禁闭于分开之处所，并应由妇女直接监管之。

未成年人应受之特别待遇应予以适当之注意。

拘留之被保护人应有受保护国及红十字国际委员会代表依照第一百四十三条之规定访问之权。

此项人等应有权领受救济包裹，至少每月一件。

第七十七条 被保护人之在占领地被控犯罪或被法庭判罪者，应在占领终止时，连同有关记录一并移交该解放地区之当局。

第七十八条 如占领国由于迫切的安全理由认为对被保护人需采取安全措施时，至多得置之于指定居所或加以拘禁。

关于此项指定居所或拘禁之决定，应按照占领国依本公约规定所订之正常程序为之。该项程序应包括各有关当事人之上诉权。上诉应迅速判决。如仍维持原判决，应由占领国所设立之主管机关定期复核，可能时每六个月一次。

被保护人经指定住所而须离开其家庭者应享受本公约第三十九条之全部利益。

第四编 被拘禁人待遇规则

第一章 总 则

第七十九条 冲突各方，除按照第四十一、四十二、四十三、六十八与七十八各条之规定外，不得拘禁被保护人。

第八十条 被拘禁人应保有其全部民事能力，并应行使与其地位相合之附随的权利。

第八十一条 冲突各方之拘禁被保护人者应负责免费维持其生活，并应予以其健康状况所需之医药照顾。

不得扣除被拘禁人应得之津贴，薪给或债款以偿还上项费用。

如被拘禁人之依附人无适当之维持生活方法或不能谋生时，拘留国应供给其生活。

第八十二条 拘留国应尽可能依照被拘禁人之国籍、语言与习惯安置之。同一国籍之被拘禁人不得仅因其语言不同而隔离之。

在拘禁期间，同一家庭之人，尤其父母子女，应使之居于同一拘禁处所，但因工作或健康关系或因执行本编第九章之规定必须暂时分离时则不在此限。被拘禁人得要求将其未受拘禁而无父母照顾之子女与彼等一同拘禁。

可能时，同一家庭之被拘禁人应使其居于同一住所，予以与其他被拘禁人分开之设备以及适当的家庭生活所需之便利。

第二章 拘禁处

第八十三条 拘留国不得将拘禁处所设立于特别冒战争危险之区域。

拘留国应通过保护国之媒介将有关拘禁处所地理位置之一切有用的情报，提交敌国。

在军事的考虑许可时，拘禁营应用 IC 两字母标明，该二字母应标于白天可自高空清晰望见之处。但有关各国得商定其他标志方法。除拘禁营外，任何其他地方不得如此标志之。

第八十四条 被拘禁人应与战俘及因其他任何原因而被剥夺自由之人分别安置及管理。

第八十五条 拘留国应采取一切必要及可能之措施，以保证被保护人自拘禁开始时起，即被安置于合于下列条件之房屋或住所：在卫生与保健上具备一切可能保障并给予有效保护，以防严寒酷热与战争影响。在任何情况下，永久拘禁处所不得设于不卫生之区域或气候有害被拘禁人之区域。如被保护人暂时拘禁区域为不卫生区域或其气候有害其健康，应视环境所许尽速将其移往较为适当之拘禁处所。

住所应无潮湿之患，有适当温度及光线，尤其在黄昏与熄灯之间。睡眠地方应充分广敞通风，并应依气候，及被拘禁人之年龄、性别及健康状况，给予充分之垫褥与被毯。

被拘禁人应有不论日夜均可使用之合于卫生规则之设备，并经常保护清洁；应供以充分用水及肥皂以备日常盥洗及洗濯个人衣服之用；应予以为此所需之设备与便利。又应备有淋浴或盆浴。应保留洗涤及清洁所需之时间。

倘必须将非同一家人之被拘禁之妇女与男子安置一处，而为一种例外及暂时措施时，对于被拘禁之妇女必须予以分开睡眠地方及卫生设备供其使用。

第八十六条 被拘禁人不论属于任何教派，拘留国应给以适于举行宗教仪式之场所。

第八十七条 各拘禁处所均应设置贩卖部，但另有其他适当之便利者则为例外。其目的应为使被拘禁人，能以不高于当地市价之价格购买食品及日用品——包括肥皂及烟草——以资增加其个人福利及舒适。

贩卖部所获利润应划归各拘禁处所设立，并为各该处所被拘留人利益而管理之福利基金。第一百零二条规定之被拘禁人委员会有权检查贩卖部及基金之管理。

拘禁处所结束时，福利基金之结余，应转拨与拘禁同一国籍人民之另一拘禁处所之福利基金；或如无此类之拘禁处所，则应转拨与为仍在拘留国看管下之全体被拘禁人之利益而管理之中央福利基金。如有全体释放情形，此项利润，除有关国家间议有相反之协定外，应由拘留国保存。

第八十八条 在一切冒空袭及其他战争危险之拘禁处所内，应设有在数目上与构造上均足保证必要的保护之避难所。在警报时，除留守保护住处免受上述危险之人外，被拘禁人应得自由尽速进入避难所。任何为居民而采取之保护措施，亦应适用于被拘禁人。

拘禁处所应采用一切防火之适当措施。

第三章　食物与衣服

第八十九条 被拘禁人每日口粮在量、质与种类上应足以保持被拘禁人之健康及防止营养不足。被拘禁人所习惯之饮食，亦应顾及。

被拘禁人亦应予以自行烹调其自有之额外食物之工具。

对被拘禁人应供给充分之饮水。应允许吸烟。

从事工作之被拘禁人应领得比照其所任

的工作之额外口粮。

对孕妇、乳母及15岁以下儿童，应比照其生理需要给予额外食物。

第九十条 被拘禁人当被看管时，应予以自备必需衣服、鞋袜，及内衣替换，以后如需要时，并可再获得供给之一切便利。如任何被拘禁人未备有依气候所需之充分衣服且亦不能获得衣服者，应由拘留国免费供给之。

拘留国供给被拘禁人之衣服，及在其私有衣服上所加之标志，均不得有侮辱性或使其遭受嘲笑。

工作者应领得适当之工作服装，包括保护衣服，如其工作性质有此必要。

第四章 卫生及医药照顾

第九十一条 各拘禁处所应设有适当之疗养所，由合格医生主持，使被拘禁人可获得其所需之照顾与适当之饮食。对于患传染病或精神病者应另设隔离病房。

凡生产及被拘禁人之患重病者，或需特别治疗、外科手术或住院者，应送任何可予以适当医治之机构，且其所应受到之照顾不得劣于一般居民之所受到者。

被拘禁人自愿时，应得到其本国国籍之医务人员之照顾。

被拘禁人请求医务当局检查时，不得阻止。

拘留国之医务当局，一经请求，应对已受治疗之被拘禁人发给正式证书，说明其疾病或伤害之性质，及所受治疗之时期与性质。此项证书之副本应送交第一百四十条所规定之中央事务所。

各项医疗，包括为保持被拘禁人健康需用器具之供给，尤其是假牙及其他假装置与眼镜，对于被拘禁人应予免费。

第九十二条 被拘禁人之健康检查至少应每月举行一次。其目的应特别为监察被拘禁人之一般健康状况，营养及清洁，并察觉传染病，特别是肺结核、疟疾，及性病。此项检查，尤应包括被拘禁人之体重测量，及至少每年一次之透视检查。

第五章 宗教、文化与体育活动

第九十三条 被拘禁人应有履行其宗教义务之完全自由，包括参加其所信仰宗教之仪式，但以遵守拘留国当局规定之例行的纪律措施为条件。

凡被拘禁之牧师应许其向本教教徒自由执行宗教任务。为此目的，拘留国应使此类牧师公平分配于用同一语言及属于同一宗教之被拘禁人之各拘禁处所。倘此类牧师为数过少，则拘留国应供给以必要之便利，包括运输工具，以便由一地前往他地，并应允许其访问居住医院之被拘禁人。牧师得自由与拘留国教会当局关于其职务上事项自由通讯，并在可能范围内，与同一信仰之国际宗教组织通讯。该项通信不得视为构成第一百零七条所定限额之一部分，但应受第一百一十二条规定之限制。

如被拘禁人无其本教之牧师之协助，或后者为数过少，则同一信仰之当地宗教机关得与拘留国协议，指派与被拘禁人同一信仰之牧师，或在宗派观点上认为可行时，指派类似的宗教之牧师或合格之非宗教人员。后者应享有其所担任之职务工作之各种便利。此种指派之人员应遵守拘留国为维护纪律及安全而制定之一切规则。

第九十四条 拘留国应鼓励被拘禁人之文化、教育与娱乐活动、运动与游戏，参加与否任其自由。并应采取各种实际措施以保证其实行，尤应供给适当之场所。

对于被拘禁人之继续其学习或研究新科目者应予以一切可能之便利。儿童及青年之教育应予保证，应许其在拘禁处所以内或以外之学校读书。

对被拘禁人应给予体操、运动及室外游戏之机会。为此目的，在一切拘禁处所应留有空场。应为儿童及青年保留特别运动场。

第九十五条 除非被拘禁人自愿，拘留国不得雇其为工人。强迫雇用未被拘禁之被保护人即属破坏本公约第四十与第五十一两条，此项雇用及雇用从事有降低身份或侮辱性质之工作均应绝对禁止。

被拘禁人在工作六星期后得随时离工，惟须于八日前通知。

拘留国得为同被拘禁人雇用被拘禁之医师、牙医及其他医务人员从事其职业上的任务，或雇用被拘禁人担任拘禁处所之管理与保养工作，及分派该项人员担任厨房或其他内务工作，或令其担任有关被拘禁人防御空袭或其他战争危险之保护工作，此等权利，并不因上项规定而受妨碍。但不得令被拘禁人从事医官认为与其体力不适合之工作。

拘留国对于工作条件，医药照顾，工资支付，及保证受雇之被拘禁人获得工作上意外伤害或疾病之赔偿，应负完全责任。此项工作条件及赔偿之标准，应按照该国法规及现行惯例规定之；绝不得低于同一地区同一性质的工作通用之标准。工资应由被拘禁人与拘留国及拘留国以外之雇主——如有此情形——之间以特别协定公平决定之，并应对拘留国免费维持被拘禁人生活，及予以其健康状况所需之医药照顾之义务，加以适当注意。凡被拘禁人被派长期从事本条第三款所述之各类工作者，应由拘留国付以公平之工资。被派是项工作之被拘禁人之工作条件、与工作上意外伤害及疾病赔偿之标准，不得低于同一地区同一性质的工作所适用之条件及标准。

第九十六条 一切劳动队均仍为拘禁处所之一部分并附属于拘禁处所。拘留国主管当局及拘禁处所长官应负责使在劳动队中遵守本公约各项规定。该长官应备有所属劳动队之到新近为止之名单，并应送交前来视察拘禁处所之保护国，红十字国际委员会及其他人道组织之代表。

第六章 个人财产及经济来源

第九十七条 被拘禁人应许其保有个人用品。除按照规定之手续外，不得取去其所持有之钱币、支票、债券等及贵重物品。凡取去之物品应开给详细收据。

款项应登入第九十八条所规定之被拘禁人帐目之内。此种款项不得换成任何其他货币，除非所有人被拘禁地方之现行立法有此规定，或被拘禁人表示同意。

具有个人或情感价值之物品，不得取去。

被拘禁之妇女仅得由妇女搜查。

被拘禁人释放或遣返时，应给还在拘禁期间被取去之物品，钱币或其他贵重物品，其按照第九十八条所立之帐目中之结余款项，亦应以现款付给之，但拘留国按照现行立法予以扣留之物品或款项除外。被拘禁人之财物因此被扣留者，应给予其所有人以详细收据。

凡被拘禁人所有之家庭或身份证明文件，非经开给收据不得取去。无论何时不得使被拘禁人无身份证明文件。若无身份证明文件，拘留国应发给特别证件，在拘禁终止前作为其身份证明文件。

被拘禁人得随身保有一定数目之金钱、现款或购物券，以便其购买物品。

第九十八条 被拘禁人应获得经常津贴，足敷其购买物品，如烟草、盥洗用品等之需。该项津贴得采用记帐或购物券形式。

被拘禁人亦得接受其所隶属国家，保护国，可予以协助之组织，或其家庭之津贴，以及按照拘留国法律自其财产所得之收入。其所隶属国家所给予之津贴数目，对于同属一类之被拘禁人（弱者、病者、孕妇等）均须相等，而该国或拘留国均不得根据本公约第二十七条所禁止之对被拘禁人之歧视标准予以分配。

拘留国对每一被拘禁人应开立经常帐目，以便存入本条所述之各项津贴，及所得工资与所收到之汇款，连同自彼取去而依其被拘禁地之现行立法可以动用之款项。对被拘禁人应按照当地现行立法予以汇款于其家庭及其他依赖以生活之人之一切便利，被拘禁人在拘留国所定之限制内，得自其帐目内支取个人费用所需款项。应随时有查询其帐目或获得其帐目之抄本之相当的便利。如经请求，应以帐目清单送交保护国。被拘禁人被移送他处时，此项帐目清单应一同移送。

第七章 管理及纪律

第九十九条 各拘禁处所均应由一负责官员管理，该官员由拘留国正规武装部队或正规民政机关内选任之。管理拘禁处所之官员必须备有其本国正式文字，或正式文字之一之本公约抄本一份，并应负责实施本公约。管理被拘禁人之职员应教以本公约之规定及所采用以保证本公约实施之行政措施。

本公约及根据本公约所订之特别协定之条文，均应以被拘禁人所了解之文字张贴于拘禁处所内，或由被拘禁人委员会保存之。

各种规则、命令、通告或出版物均应以被拘禁人所了解之文字向其传达，并在拘禁处所内张贴之。

所有对被拘禁人个人所下之命令亦应用其所了解之文字。

第一百条 拘禁处所之纪律制度应与人道之原则相符合，绝不得包括对被拘禁人加以妨碍其健康之体力运用或致其身体上或精神上之牺牲之规则。以刺字或在身体上印成符号或标记为辨别身份之方法，均所禁止。

长时间之站立与点名、罚操、军操与军事演习或减少口粮量尤所禁止。

第一百零一条 被拘禁人有向管制当局提出有关拘禁情况之任何诉愿之权。

被拘禁人亦应有权无限制的通过被拘禁人委员会，或如其认为必要时，直接向保护国代表申述其对于拘留情况有所申诉之处。

该项诉愿与申诉应立予传递，不加更改；即使认为所提申诉并无根据，亦不得因此加以处罚。

被拘禁人委员会得向保护国代表致送关

于拘禁处所情形及被拘禁人的需要之定期报告。

第一百零二条 在各拘禁处所内，被拘禁人应每六个月以秘密投票方式自由选举委员会委员，该委员会有权向拘留国、保护国、红十字国际委员会及予以协助之任何其他组织，代表被拘禁人。该委员会委员连选得连任。

凡当选之被拘禁人在拘留当局批准其选举后，应即执行职务。任何拒绝批准或撤职之理由均应通知有关之保护国。

第一百零三条 被拘禁人委员会应促进被拘禁人之物质、精神及文化福利。

于本公约其他规定赋予被拘禁人委员会之特殊任务之外，如被拘禁人特别决定自行组织互助制度时，则此项组织亦当属于该委员会之任务范围。

第一百零四条 被拘禁人委员会委员不应令其担任其他工作，假使因此将使其任务的完成更为困难。

被拘禁人委员会委员得自被拘禁人中指派其所需之助理人员。应给予彼等一切物质上之便利，尤其为完成其任务所需之若干行动自由（如视察劳动队，接受供应品等）。

对被拘禁人委员会委员亦应予以与拘留国当局、保护国、红十字国际委员会与其代表以及其他协助被拘留人之各项组织，邮电通讯之一切便利。劳动队中之该委员会委员应享受与主要的拘禁处所之被拘禁人委员会类似之通讯便利。该项通讯应不受限制，亦不得认为构成第一百零七条所指限额之一部分。

被拘禁人委员会委员之被移送他处者，应予以相当时间，以便将进行中之事务告知其后任。

第八章　与外界之关系

第一百零五条 拘留国一经拘禁被保护人后，应将其执行本章各项规定所采之措施立即通知被拘禁人，其所隶属之国以及其保护国。此类措施嗣后如有更改，拘留国应同样通知有关各方。

第一百零六条 被拘禁人一经被拘禁时，或最迟在其到达拘禁处所后一星期内，或在染病或移送其他拘禁处所或医院之场合，均应使其能直接向其家庭，同时并向第一百四十条所载之中央事务所寄发拘禁邮片，将其被拘禁情形、地址及健康状况告知其亲属；该邮片，如属可能，当与本公约所附之式样相类似。上述邮片应尽速传递，无论如何不得迟延。

第一百零七条 被拘禁人应许其发收信件及邮片。如拘留国认为有限制每人所发信件及邮片数目之必要时，则其数目不得少于每月信二封及邮片四张；该信件与邮片之式样应尽可能依照本公约所附之格式制定。如被拘禁人收信数目必须限制时，则仅能由被拘禁人所隶属之国家予以规定，可能因拘留国请求而行之。该项信件与邮片必须以相当速度递送；不得迟延或为纪律理由而扣留。

凡被拘禁人之久未得音信者，或不能由普通邮路获得其亲属之消息，或向彼等寄递消息者，以及离家遥远者，应许其拍发电报，其费用由彼等以其所持有之货币支付。如认有紧急情况，彼等亦应同样享受此项规定之利益。

通常被拘禁人之信件，应用其本国文字书写。冲突各方亦得许用其他文字通讯。

第一百零八条 凡由邮政或其他方法送交被拘禁人之个人包裹或集体寄运物资，尤其内装食物、衣服、医疗用品、书籍，以及有关彼等所需之宗教、教育或娱乐性质之物品，均应允许彼等接受。此等装运物资并不免除拘留国按照本公约所负之各项义务。

倘因军事需要而须限制此等装运物资之数量时，应将此种情况妥为通知保护国及红十字国际委员会，或其他协助被拘禁人并负责寄运上项物资之组织。

寄运个人包裹与集体物资之条件，必要时，应由有关国家特别协定之，惟该项协定不得迟延被拘禁人之收领救济物品。衣服食品包裹中不得夹有书籍。医疗救济物资通常应以集体包裹寄送之。

第一百零九条 冲突各方对于集体救济装运物资之接受与分配之条件，如无特别协定，则应适用本公约所附之关于集体救济之规则。

上述特别协定，绝不得限制被拘禁人委员会接收寄交彼等之集体救济装运物资，进行分配，以及为受物人利益而处置该项物品之权。

上述协定亦不得限制保护国，红十字国际委员会，或其他协助被拘禁人并负责转送集体装运物资之组织之代表，监督分发该项物资于受物人之权。

第一百一十条 所有寄交被拘禁人之救济装运物资应豁免进口、海关及其他捐税。

凡自其他国家由邮政寄与被拘禁人之一切物件，包括邮寄之救济包裹及汇款，或彼等经邮局寄出之物件，无论直接寄出或经由第一百三十六条所规定之情报局及第一百四十条所规定之中央情报事务所寄递者，在寄出国、寄达国，及中途经过之国家均应豁免一切邮政费用。因此，一九四七年万国邮政公约及万国邮政联盟所订之协定为拘留于营地或普通监狱之敌国平民而规定之豁免办法，尤应推广适用于本公约所保护之其他被拘禁人。凡未签订上述各协定之国家遇有同样情形亦应豁免各项费用。

凡寄交被拘禁人之救济装运物资因重量或其他原因不能自邮局寄递者，则在拘留国控制之领土内之运费应由拘留国负担。本公约之其他缔约国应负担各该国领土内之运费。

有关运输此类物资之各种费用而为以上各款所未及规定者，应由寄物人负担。

各缔约国对于被拘禁人所收发之电报应尽量减低其报费。

第一百一十一条 如军事行动使有关国家不能履行其义务以保证第一百零六、一百零七、一百零八及一百一十三各条所规定之邮件与救济物资之运送时，则有关之保护国、红十字国际委员会或冲突各方正式承认之其他组织得采取适当方法（铁路、汽车、船舶或飞机等），以确保上项物资之运送。为此目的，各缔约国应设法供给此类运输工具，并准其通行，尤须发给必需之通行证。

此种运输工具亦可用以载送：

（甲）第一百四十条所述之中央情报事务所与第一百三十六条所述之各国情报局间之来往信件，表册及报告。

（乙）保护国，红十字国际委员会，或其他协助被拘禁人之组织与其所派之代表与冲突各方间来往有关被拘禁人之通讯与报告。

上项规定绝不影响任何冲突一方自愿布置其他运输工具之权利，亦不妨碍在彼此同意条件下，对该项运输工具发给通行证。

凡使用上述运输工具所需之费用，应比照装运物资之重要性由受益人所属之冲突各方分担之。

第一百一十二条 对于被拘禁人来往信件之检查应尽速办理。

对于寄交被拘禁人装运物资之检验，不得在致使其内装物品受损坏之情形下执行。检验应在收件人，或其所正式委托之同被拘禁人之面前执行之。凡被拘禁人之个人或集体之装运物资，不得以检查困难为借口，延迟交付。

冲突各方无论为军事或政治理由对于通讯之禁止，应仅属暂时性，其期限应尽量缩短。

第一百一十三条 拘留国对于通过保护国或第一百四十条所规定之中央事务所或其他必需方法送交被拘禁人或其寄出之遗嘱、委托书、授权书或其他文件之转递，应予以一切合理之便利。

在一切情况下，拘留国对于为被拘禁人依法定格式完成并证实上述文件应予以便利，尤应允许被拘禁人咨询律师。

第一百一十四条 拘留国应给予被拘禁人一切便利，使其能管理其财产，但须与拘禁情形及适用之法律并无不合。为此目的，遇有紧急情形及环境许可时，拘留国得允许被拘禁人离开拘禁处所。

第一百一十五条 遇有被拘禁人在任何法庭中为诉讼当事人之一切场合，拘留国一经其请求，应使法庭知其系在拘留中，并应在法律范围内保证采取一切必要步骤，务使该被拘禁人对于讼案之准备与进行，或法庭判决之执行不致因其拘禁而处于不利之地位。

第一百一十六条 被拘禁人应许其按一定时期，而且尽可能时常接见来访者，尤其近亲。

遇有紧急情形，尤其遇有亲属死亡或重病之场合，应尽可能准被拘禁人归家。

第九章　刑事及纪律制裁

第一百一十七条 在本章规定之限制下，拘留地方之现行法律对于在拘禁中犯法之被拘禁人继续适用。

如普通法律，规则或命令宣布被拘禁人所犯之行为应受处罚，而同一行为如为非被拘禁人所犯，则不受处罚，则对被拘禁人之该项行为，应仅予以纪律处罚。

被拘禁人不得因同一行为或同一罪名受一次以上之处罚。

第一百一十八条 法庭或当局作判决时，应尽量顾及被告并非拘留国人民之一事实。法庭或当局得自由酌减被拘禁人因所犯罪行应受之刑罚，因此并无必须援用规定最低刑罚之义务。

监禁于不见日光之房屋及各种虐待，无例外地，应予禁止。

凡受纪律或司法判决之被拘禁人，不得受与其他被拘禁人不同之待遇。

凡被拘禁人曾受预防性拘留者，其拘留期间，应自其可能被判之涉及禁闭之纪律或司法惩罚之日期减除之。

对于被拘留人委员会应将对其所代表之被拘禁人之司法诉讼，及其结果通知之。

第一百一十九条 适用于被拘禁人之纪律处罚应如下：

（一）罚款不得超过被拘禁人按照第九十五条规定所应能获得的不超过三十日期间

之工资之百分之五十。

（二）停止其所受超过本公约规定待遇之特权。

（三）与保养拘禁处所有关之疲劳服役，每日不超过两小时。

（四）禁闭。

纪律处罚绝不得为非人道的，残暴或危及被拘禁人健康。被拘禁人之年龄、性别及健康状况，应予顾及。

任何一次处罚之期限最多绝不得超过连续30日，即使该被拘禁人在被处分时负有数次互相关联或不关联之破坏纪律行为之责任。

第一百二十条 被拘禁人脱逃后复被拘获或企图脱逃者，对其脱逃行为仅能予以纪律处罚，即使系属累犯。

虽有第一百一十八条第三款之规定，但被拘禁人因脱逃或因企图脱逃而受处罚者，得加以特别监视，惟该项监视不得影响彼等健康，且须在拘禁处所内执行，并不得因而取消本公约所给予彼等之保障。

被拘禁人帮助，教唆脱逃或企图脱逃者，仅能因此受纪律处罚。

第一百二十一条 当被拘禁人因脱逃中所犯之罪行而受诉追时，不得因其脱逃或企图脱逃，即使系属累犯，而加重其罪情。

冲突各方应保证主管当局在决定一过犯之处罚应属纪律性或司法性时，持之以宽大，尤其与已成功或未成功的脱逃有关之行为。

第一百二十二条 构成违犯纪律之行为应立即予以调查。本规定尤应适用于脱逃或企图脱逃案件。再被拘捕之被拘禁人应尽速送交主管当局。

被拘禁人因违犯纪律等候处理之禁闭期间，应尽量减短，并不得超过十四日。该项期间应自其任何判处之禁闭中扣除之。

第一百二十四及第一百二十五两条之规定应适用于因违犯纪律等候处理而受禁闭之被拘禁人。

第一百二十三条 在不妨碍法庭及上级当局之权限范围内，纪律性处罚仅能由拘禁处所之长官，或代替该长官之负责官员，或由其委以纪律权之官员之命令行之。

在裁定纪律性处罚前，应将关于其所被控之过犯之确切案情通知被拘禁人，并予以解释其行为及辩护之机会。尤应许其召唤证人，并于必要时，使用合格之译员。判决应在被告及被拘禁人委员会一委员之前宣布之。

纪律性处罚的裁定及其执行之相隔时期，不得超过一个月。

被拘禁人再度被判纪律性处罚时，如其前后两次处罚中之一次之时期为十日或十日以上，则该两次处罚之执行，其间至少须隔三日。

纪律性处罚之纪录，应由拘禁处所之长官保存，并得由保护国代表检查。

第一百二十四条 被拘禁人绝不得移送于反省机关（监所、反省院、已决犯监狱）受纪律性处罚。

执行纪律性处罚之处所应合于卫生条件；尤须备有充分之被褥。受处罚之被拘禁人应使能保持身体清洁。

受纪律性处罚之被拘禁妇女之禁闭地方应与被拘禁男子分开，并应由妇女直接监管。

第一百二十五条 被判纪律性处罚之被拘禁人，应许其运动及在露天地方停留每日至少二小时。

被拘禁人请求时，应许其参加每日之健康检查。被拘禁人应获得其健康情形所需要之照顾，于必要时，并应将其送往拘禁处所之疗养所或医院。

彼等应准阅读及书写并收发信件。但寄给彼等之包裹及汇款得予扣留，直至其处罚期满为止；在此期间此等物品应暂交被拘禁人委员会保管，该会当将包裹中易于腐坏之物品交与疗养所。

受纪律性处罚之被拘禁人所享有本公约第一百零七及一百四十三两条各项规定之利益不得予以剥夺。

第一百二十六条 第七十一条至第七十六条之规定，应依比照，适用于在拘留国本国领土内，对被拘禁人之诉讼。

第十章 被拘禁人之移送

第一百二十七条 被拘禁人之移送，应始终以人道方法行之。原则上应由铁路或其他交通工具运送，而其运送情形最少须与拘留国军队换防情形相同。如为例外的措施，此项移动必须步行，则除非被拘禁人在适宜之健康状况下，不得执行，且绝不得使其过度疲劳。

拘留国在移送时，对被拘禁人应供给饮水与食物，其量、质与种类应足以维持其健康，并应供给必需之衣服，适当之住处，及必要之医疗照顾。拘留国应采取各种适当之预防措施以保证其在移送期间之安全，并在其启程之前编造移送之被拘禁人全体名单。

伤、病，或体弱之被拘禁人及产妇，如旅程对彼等极为有害时，不得移送，除非彼等之安全，有此迫切移送的要求。

如战区逼近拘禁处所，在该处之被拘禁人不得移送，除非其移送能在适当的安全情形下实行，或被拘禁人如仍居住原地其所冒之危险将更甚于移送。

拘留国决定移送被拘禁人时，应顾及被拘禁人之利益，尤不得从事任何行动以增加其遣返或遣送回家之困难。

第一百二十八条 在移送时，应向被拘禁人正式通知其行期及新通信地址。此项通知应及时发出，俾彼等得以收拾行李及通知其最近亲属。

彼等应准携带个人物品，及收到之函件包裹。如移送情形有此必要，得限制其携带行李之重量，但无论如何每人不得少于25公斤。

寄到彼等旧拘禁处所之函件包裹，应予转递，不得迟延。

拘禁处所长官于征得被拘禁人委员会同意后，应采取一切必要措施，保证运送被拘禁人之公共财物及其因本条第二款所加之限制而不能携带之行李。

第十一章 死 亡

第一百二十九条 被拘禁人之遗嘱应由负责当局收存保管；被拘禁人死亡时，其遗嘱应即交付其生前所指定之人，不得迟延。

被拘禁人之死亡均须由医生证明，并须作成死亡证，载明死亡之原因及其发生情形。

适当登记之正式死亡记录，应按照拘禁处所所在地之现行手续制成，该记录之正式证明抄本应迅速送交保护国及第一百四十条所述之中央事务所。

第一百三十条 拘留国应保证在拘禁期间死亡之被拘禁人，获得荣誉之安葬。可能时按照其所属宗教之仪式埋葬之，并尊重其坟墓，妥为保护，并加以常能辨认之标志。

死亡之被拘禁人应葬于个别之坟墓中；除非在无法避免之情况下必须采用集体坟墓。遗体仅得因迫切的卫生理由，死者之宗教关系或其本人表明之意愿方得予以焚化。如举行焚化，则此项事实与理由应载明于死者之死亡证。骨灰应由拘留国妥为保存，一经死者最近亲属请求，应即尽速交付。

一俟环境许可，并不迟于战争结束时，拘留国应经由第一百三十六条所规定之情报局，将死亡之被拘禁人坟墓清单送交其所属之国家。该清单应载明为辨认死亡之被拘禁人所需要之一切详情，及其坟墓之确实地点。

第一百三十一条 被拘禁人之死亡或重伤，系由于或疑为由于哨兵，其他被拘禁人，或任何其他人所致者，以及原因不明之死亡，拘留国应立即从事正式调查。

该事件应立即通知保护国。一切证人之证明应行收集，并应备有包括该项证明之报告，送交上述保护国。

如上述调查指明一人或多人犯罪，拘留国应采取一切必要之措施，对该负责人一人或多人进行诉追。

第十二章 释放、遣返及收容于中立国

第一百三十二条 一俟必须拘禁之理由不复存在时，拘留国应即将被拘禁人释放。

冲突之各方在战事进行中并应设法缔结协定，规定若干类之被拘禁人，尤其儿童、孕妇、有婴孩与幼童之母亲，伤者、病者及已经长期拘禁者之释放、遣返、送归原居住地或收容于中立国之办法。

第一百三十三条 战事结束后，拘禁应予尽速终止。

对于在冲突一方领土内之被拘禁人刑事程序正在进行中而其所犯行为并非完全限于纪律性处罚范围内者，得予扣留至该项程序结束时止，并于情况需要时，直至刑罚终了时止。对于以前被判剥夺自由的处罚之被拘禁人，本规定亦应适用之。

战事或占领结束后，得依拘留国与有关国家之协定，成立委员会，搜寻散失之被拘禁人。

第一百三十四条 战事或占领结束时，各缔约国应努力设法使被拘禁人归还最后居住地方，或便利彼等之遣返。

第一百三十五条 拘留国应负担将释放之被拘禁人送回至其被拘禁时居住之地方之费用。如被拘禁人系于过境时或在公海上始被拘管者，则该国应负担其完成旅程或返归启程地点之费用。

被拘禁人以前原在拘留国领土内有永久住所，而在释放之时该拘留国不许其继续居住于其领土者，则该国应负担该被拘禁人遣返之费用。但如被拘禁人愿自行归返其本国或因遵从其所隶属国政府命令而返国者，则拘留国不必负担该人离开该国领土出发地点后之旅费。拘留国不负担自请拘禁之被拘禁人之遣返费用。

如被拘禁人依第四十五条而被移送，移送国与接受国应商定上述各项费用之彼此分担部分。

上述规定不碍及冲突各方间所订立关于

在敌方手中的本国人民之交换与遣返之特别协定。

第五编　情报局与中央事务所

第一百三十六条　在冲突发生时及一切占领之场合，冲突之每一方应设立一正式情报局，负责接收与传递有关在该国权利下之被保护人之情报。

冲突之每一方，在尽可能最短期内，应将其关于受看管逾两星期，受指定居所限制，或被拘禁之任何被保护人所采取任何措施之情报通知其情报局。又应令该国与此类事务有关之各部门，将关于此项被保护人之各项变动情形之情报，随时迅速供给上述之情报局。例如移送、释放、遣返、脱逃、送入医院、出生、死亡。

第一百三十七条　各国情报局应立即以最迅速之方法将关于被保护人之情报，通过保护国及第一百四十条所规定之中央事务所之媒介，通知被保护人之本国或其原居住国。该局并应答复其所接获有关被保护人之一切查询。

凡有关被保护人之情报，情报局均应转递，除非其转递对本人或其亲属有妨害。纵有此种情形亦不得将该项情报隐匿而不通知中央事务所。该所于接获此项情形之通知后，当采取第一百四十条所载之各种必要之预防办法。

各情报局之一切书面通知应以签名或盖章为凭。

第一百三十八条　国家情报局所接获及传递之情报，应为具有能正确判明被保护人之身份及迅速报知其最近亲属之性质。关于各该人之情报至少应包括其姓、名、出生地点及日期、国籍、最后居所，及特征、其父之名、其母之本名、对于其人所采行动之日期、地点及性质、其收信地址，及被通知人之姓名住址。

关于重病或重伤之被拘禁人之健康情况之情报亦应按期供给，可能时每周一次。

第一百三十九条　各国情报局又应负责搜集第一百三十六条所述之被保护人，尤其已被遣返或释放者，或脱逃或死亡者，所遗留之一切个人贵重物品；各该局应直接，或于必要时经由中央事务所将上述贵重物品送交有关之人。此项物品应由情报局密封包裹寄送，并须附说明书清晰详载关于此项物品所有人之身份事项，及包裹内容之清单。所有此种物品之收到及寄送之详细记录应予保存。

第一百四十条　在中立国境内，应为被保护人，尤其被拘禁人，设立中央情报事务所。红十字国际委员会认为必要时，应向有关各国建议组织与一九四九年八月十二日关于战俘待遇之日内瓦公约第一百二十三条所规定者相同之事务所。

该事务所之任务应为搜集第一百三十六条所列举一类型的，得自官方或私人方面之一切情报，并应尽速将该项消息送达关系人之本国或居住国，惟此种转递对于该项情报涉及之人或其亲属有妨害时则为例外。冲突各方应给予该事务所以传递上项情报之一切相当便利。

各缔约国，特别是其人民享受中央事务所服务之利益之国家，对该事务所应予以所需之经济援助。

上述各规定绝不得解释为限制红十字国际委员会及第一百四十二条所述之救济团体之人道之活动。

第一百四十一条 各国情报局及中央事务所应享受邮政免费，及第一百一十条所规定之豁免，并应尽可能豁免电报费，或至少大减其费率。

第四部 本公约之执行

第一编 总 则

第一百四十二条 在拘留国认为保证其安全或适应其他合理需要所必要之措施之限制下，宗教组织、救济团体，或其他任何协助被保护人之组织之代表，应得为其本人或其正式委派之代理人，自拘留国获得一切必要之便利以访问被保护人，分发为供教育、娱乐或宗教目的用之任何来源之救济物资，或协助彼等在拘留处所内组织其空闲时间。此等团体或组织得在拘留国或任何其他国内组成，或具有国际性质。

拘留国得限制派有代表在其领土内及在其监督下从事活动之团体与组织之数目，但该项限制不得妨碍对于所有被保护人之有效及充分的救济之供应。

红十字国际委员会在该方面之特殊地位，无论何时均应予以承认及随时尊重。

第一百四十三条 保护国之代表应许其前往被保护人所在之一切地方，尤其拘禁、拘留及工作地方。

该代表等可进入被保护人居住之一切处所，并得亲自或经由译员，会见被保护人而无须他人在旁。

除因迫切的军事需要之理由且仅作为一种例外及暂时的措施外，不得禁止此项访问。访问时间之久暂与次数亦不得加以限制。

此项代表等应有选择其愿访问之地点之完全自由。拘留国或占领国、保护国及于必要时，被访问人之本国，得同意被拘禁人之本国人参加此项访问。

红十字国际委员会之代表亦应享有上述各项特权。该代表等之指派须取得管理其执行任务所在地区之国家之同意。

第一百四十四条 各缔约国在平时及战时应在各该国尽量广泛传播本公约之约文，尤应在军事，并如可能时在公民教育计划中，包括本公约之学习，俾本公约之原则为全体居民所周知。

凡在战时担任有关被保护人之责任之任何民政，军事，警察或其他当局必须备有本公约之约文，并须对其各项规定受有特别之教导。

第一百四十五条 各缔约国应通过瑞士联邦委员会，在战时则通过保护国，互相通知本公约之正式译文，及其所采用以保证实施本公约之各项法律与规则。

第一百四十六条 各缔约国担任制定必要之立法，俾对于本身犯有或令人犯有下条所列之严重破坏本公约之行为之人，予以有效的刑事制裁。

各缔约国有义务搜捕被控为曾犯或曾令人犯此种严重破坏本公约行为之人，并应将此种人，不分国籍，送交各该国法庭。该国亦得于自愿时，并依其立法之规定，将此种人送交另一有关之缔约国审判，但以该缔约国能指出案情显然者为限。

各缔约国应采取必要措施，以制止下条所列严重破坏本公约行为以外之一切违反本公约规定之行为。

在一切情况下，被告人应享有适当的审

判及辩护之保障。此种保障，不得次于1949年8月12日关于战俘待遇之日内瓦公约第一百零五条及其以下各条所规定者。

第一百四十七条 上述所述之严重破坏公约行为，应系对于受本公约保护之人或财产所犯之任何下列行为：故意杀害，酷刑及不人道待遇，包括生物学实验，故意使身体及健康遭受重大痛苦或严重伤害；将被保护人非法驱逐出境或移送，或非法禁闭，强迫被保护人在敌国军队中服务，或故意剥夺被保护人依本公约规定应享之公允及合法的审讯之权利，以人为质，以及无军事上之必要而以非法与暴乱之方式对财产之大规模的破坏与征收。

第一百四十八条 任何缔约国不得自行推卸，或允许任何其他缔约国推卸，其本身或其他缔约国所负之关于上条所述之破坏公约行为之责任。

第一百四十九条 经冲突一方之请求，应依有关各方所决定之方式，进行关于任何被控违犯本公约行为之调查。

如关于调查程序不能获致协议，则各方应同意选定一公断人，由其决定应遵行之程序。

违约行为一经确定，冲突各方应使之终止，并应迅速加以取缔。

第二编 最后条款

第一百五十条 本公约系以英文法文订立。两种文字之约文具有同等效力。

瑞士联邦委员会应准备本公约之俄文及西班牙文之正式译文。

第一百五十一条 本公约以本日为订立之日期，至1950年2月12日为止，凡参加1949年4月21日日内瓦会议各国，均可签字。

第一百五十二条 本公约应尽速批准，批准书应交存于伯尔尼。

每一批准书交存时，应予登记，并由瑞士联邦委员会将该项登记之证明的抄本分送业经签字或通知加入本公约之各国。

第一百五十三条 本公约在至少两国批准书交存后六个月发生效力。

嗣后，本公约对于每一缔约国自其批准书交存后六个月发生效力。

第一百五十四条 在受1899年7月27日或1907年10月18日海牙陆战法规与惯例公约之拘束并为本公约之缔约国之各国关系上，本公约应为上述海牙公约所附规则第二编及第三编之补充。

第一百五十五条 本公约自生效之日起，任何未签字本公约之国家均得加入。

第一百五十六条 本公约之加入应以书面通知瑞士联邦委员会，自加入之通知收到之日起六个月后发生效力。

瑞士联邦委员会应将此项加入通知所有业经签署或加入本公约之国家。

第一百五十七条 第二条及第三条所载之情况，应使在战事开始或占领之前或后，冲突各方所交存之批准书及加入通知立即生效。瑞士联邦委员会应将其从冲突各方收到之任何批准书或加入之通知，以最迅速方法通告之。

第一百五十八条 每一缔约国得自由退出本公约。

退约须用书面通知瑞士联邦委员会，并由该委员会转告所有缔约国政府。

退约须于通知瑞士联邦委员会后一年发生效力。但缔约国于作退约通知时已卷入冲突，则其退约须待至和议成立后，并在有关本公约所保护之人员之释放、遣返及安置之工作完毕后，始能生效。

退约仅对该退约国有效，但并不减轻冲突各方依国际法原则仍应履行之义务，此等原则系产自文明人民间树立之惯例，人道法则与公众良心之要求。

第一百五十九条 瑞士联邦委员会应将本公约在联合国秘书处登记，并将其所接获之所有关于本公约之批准、加入及退约通知联合国秘书处。

为此，下列签署人于交存全权证书后，签署本公约，以昭信守。

1949 年 8 月 12 日以英文法文订于日内瓦。正本应交存于瑞士联邦委员会之档案中。瑞士联邦委员会应将证明之抄本送交每一签字及加入之国家。

附件一

关于医院及安全地带与处所协定草案

第一条 医院及安全地带应严格保留为 1949 年 8 月 12 日改善战地武装部队伤者病者境遇之日内瓦公约第二十三条，及 1949 年 8 月 12 日关于战时保护平民之日内瓦公约第十四条所指之人，以及担任组织与管理该地带与处所及照顾集中该地的人们之人员之用。

但在该地带有永久居所之人仍有权在该地居住。

第二条 在医院或安全地带内居住之人，无论以任何资格，不得在该地带内外从事任何与军事行动或战争物资生产有关之工作。

第三条 设立医院及安全地带之国家应采取一切必要措施，对于无权居住或进入该医院与安全地带之人禁止入内。

第四条 医院及安全地带须具备下列条件：

（甲）仅能占设立医院地带之国家所统治的领土之一小部分。

（乙）就容纳可能言，应属人口稀少之地区。

（丙）应远离军事目标，或庞大工业或行政设置，并且本处亦无此项目标。

（丁）不应设在可能变为在作战上具有重要性之地区。

第五条 医院及安全地带应遵守下列义务：

（甲）其交通线与所有之运输工具不得用以运输军事人员及物资，即使是过境者。

（乙）绝不得以军事方法防御之。

第六条 医院及安全地带应在其建筑物上及其外围放置白底红斜带之标志，以资识别。

专为伤者病者保留之地带，得以白底画有红十字（红新月、红狮与日）之标志标明之。

在夜间得以适当照明方法同样标明之。

第七条 各国在平时或战事开始时，应将其统治之领土内之医院及安全地带列表通知各缔约国。在战事中所设立之新地带亦应通知。

一俟敌方接获上述通知，该地带即为正式成立。

但如敌方认为本协定之条件未经履行，得立即通知该项地带之负责国家拒绝承认，或以成立第八条所规定之管制办法为其承认之条件。

第八条 凡承认其敌国所设立之一个或

数个医院及安全地带之国家，应有权要求由一个或几个特别委员会管制之，俾资确定此等地带是否履行本协定所规定之条件与义务。

为此目的，特别委员会委员应随时得自由进入并长期居住于各该地带。对于彼等之视察任务应给予各种便利。

第九条 如特别委员会发现其所认为违反本协定之条款之事实，应立即促起管理该地带之国家注意该项事实，并限定于五日内予以纠正，该委员会应及时通知承认该地带之国家。

如限期已过，而管理该地带之国家并未遵照警告办理，敌方得宣布对于该地带不复受本协定之拘束。

第十条 凡设立一个或数个医院及安全地带之国家，及接获其存在之通知之敌方，应指派，或由保护国或使其他中立国代派合格人员充任第八条及第九条所述之特别委员会委员。

第十一条 医院及安全地带在任何情形下不得为攻击之目标。冲突各方应随时予以保护并尊重。

第十二条 在领土被占领之场合，当地之医院及安全地带应继续受尊重并仍作此用。

但占领国在对于该地带居住之人已采取各种措施保证其安全者，得改变其用途。

第十三条 本协定对用于医院及安全地带同样目的之处所亦适用之。

附件二

关于集体救济物品之规则草案

第一条 被拘禁人委员会应准其将所负责之集体救济物资分配与受该会所在之拘禁处所管理之各被拘禁人，包括在医院、监狱或其他反省机关中之被拘禁人。

第二条 集体救济物资之分配应照捐赠人之指示及被拘禁人委员会所拟之计划办理。但医药材料之发给宜与高级医官商定进行。该医官遇病人之需要有此要求时，得在医院与疗养所中放弃上项指示。在以上所规定之限度内分配应公平执行之。

第三条 被拘禁人委员会委员应准其前往车站，或其他在其拘禁处所附近之救济物品到达地点，俾能查核所收到物品之数量及品质，并对捐赠人作详细报告。

第四条 被拘禁人委员会应给予必需之便利，以便查核拘禁处所各分处及各附属处所是否已依照其指示分配集体救济物品。

第五条 凡送交捐赠人之有关集体救济物资（如分配、需要、数量等）之表格或问题，均应准被拘禁人委员会填写，并准该会促使其在劳动队中之委员或疗养所及医院之高级医官填写。该项表格及问题正式填写完毕后，应即送交捐赠人不得迟延。

第六条 为保证在拘禁处所内对被拘禁人正常分发集体救济物品，及适应因新到被拘禁人而发生之需要起见，应允许被拘禁人委员会准备并保持充分之集体救济物品之存储量。为此目的，该会应有适当之库房以供使用；每一库房均应有锁两把，被拘禁人委员会保管一锁之钥匙，另一锁之钥匙由拘禁处所长官保管之。

第七条 各缔约国，尤其拘留国，应尽可能并在管理居民食物供应之规则之限制下，准许在其境内采购物品，作为集体救济物品分配于被拘禁人。各该国对于为此项采购所需之款项转移，及其他技术性或行政性之金融措施，应同样给予便利。

第八条 上述规定并不妨碍被拘禁人在到达拘禁处所前，或在移送途中受取集体救济物品之权利。亦不妨碍保护国、红十字国际委员会，或其他协助被保护人并负责运送此项物品之人道组织之代表，依其所认为适当之方法以保证将上项物品分配于受物人之可能。

附件

拘禁邮片、信件、通讯邮片示意图

（略）

注：本公约于1952年7月13日经中华人民共和国中央人民政府授权外交部长周恩来发表声明决定予以承认，又于1956年11月5日经中华人民共和国主席批准，并于1956年12月28日由中华人民共和国政府向瑞士联邦政府交存批准书。中华人民共和国曾对本公约作了一些保留（详见全国人民代表大会常务委员会关于批准本公约的决定）

附录

全国人民代表大会常务委员会关于批准1949年8月12日关于战时保护平民之日内瓦公约的决定

1956年11月5日全国人民代表大会常务委员会第五十次会议通过

1956年11月5日全国人民代表大会常务委员会第五十次会议决定批准1949年8月12日关于战时保护平民之日内瓦公约。

全国人民代表大会常务委员会在决定批准1949年8月12日关于战时保护平民之日内瓦公约的同时，认为有必要声明：本公约虽不适用于敌占区以外的平民，因而不完全符合人道的要求，但是，认为该公约符合占领区内以及某些其他场合保护平民的利益，因此决定予以批准，并作如下保留：

关于第十一条：拘留被保护人的国家请求中立国或人道组织担任应由保护国执行的任务时，除非得到被保护人本国政府的同意，中华人民共和国将不承认此种请求为合法。

关于第四十五条：在拘留被保护人的国家将被保护人移送至本公约的另一缔约国看管期间内，中华人民共和国认为原拘留国并不因此解除对于此等被保护人适用本公约的责任。

1949年8月12日日内瓦四公约关于保护国际性武装冲突受难者的附加议定书

（第一议定书）

（1977年6月8日订于日内瓦）

序　文

缔约各方，宣布其愿见和平普及于各国人民之间的热望，回顾到每个国家有义务按照联合国宪章，在其国际关系上不以武力相威胁或使用武力，或以与联合国宗旨不符的任何其他方式，侵害任何国家的主权、领土完整或政治独立，然而认为有必要重申和发展关于保护武装冲突受难者的规定，并补充旨在加强适用这些规定的措施，深信本议定书或1949年8月12日日内瓦四公约的内容均不能解释为使任何侵略行为或任何与联合国宪章不符的武力使用为合法或予以认可，并重申1949年8月12日日内瓦四公约和本议定书的规定必须在一切情况下充分适用于受这些档保护的一切人，不得以武装冲突的性质或起因为依据或以冲突各方所赞助的或据称为各方所致力的目标为依据而加以不利区别，议定如下：

第一部　总　则

第一条　一般原则和适用范围

一、缔约各方承诺，在一切情况下，尊重本议定书并保证本议定书被尊重。

二、在本议定书或其他国际协议所未包括的情形下，平民和战斗员仍受来源于既定习惯、人道原则和公众良心要求的国际法原则的保护和支配。

三、本议定书补充 1949 年 8 月 12 日关于保护战争受难者的日内瓦四公约，应适用于各公约共同第二条所指的各场合。

四、上款所指的场合，包括各国人民在行使庄严加载联合国宪章和关于各国依联合国宪章建立友好关系及合作的国际法原则宣言的自决权中，对殖民统治和外国占领以及对种族主义政权作战的武装冲突。

第二条　定义

为了本议定书的目的：

一、“第一公约”、“第二公约”、“第三公约”和“第四公约”分别指 1949 年 8 月 12 日改善战地武装部队伤者病者境遇的日内瓦公约；1949 年 8 月 12 日改善海上武装部队伤者病者及遇船难者境遇的日内瓦公约；1949 年 8 月 12 日关于战俘待遇的日内瓦公约；1949 年 8 月 12 日关于战时保护平民的日内瓦公约；“各公约”是指 1949 年 8 月 12 日关于保护战争受难者的日内瓦四公约；

二、“适用于武装冲突的国际法规则”是指冲突各方作为缔约各方订立的国际协议所载的适用于武装冲突的规则和适用于武装冲突的公认国际法原则和规则；

三、“保护国”是指经冲突一方提名和敌方接受并同意行使各公约和本议定书所赋予保护国的职务的中立国家或其他非冲突一方的国家；

四、“代替组织”是指按照第五条代替保护国行事的组织。

第三条　适用的开始和终止

在不妨碍不论何时均可适用的规定的条件下：

一、各公约和本议定书应自本议定书第一条所指的任何场合发生时开始适用；

二、在冲突各方领土内，于军事行动全面结束时，各公约和本议定书应终止适用。在被占领领土内，则于占领终止时终止适用，但在上述任何一种情况下，嗣后予以最后释放，遣返或安置的人除外。这类人在最后释放、遣返或安置前，应继续享受各公约和本议定书有关规定的利益。

第四条　冲突各方的法律地位

各公约和本议定书的适用，以及这些档所规定的协议的订立，均不应影响冲突各方的法律地位。领土的占领或各公约和本议定书的适用均不应影响有关领土的法律地位。

第五条　保护国及其代替组织的指派

一、冲突各方有义务自该冲突开始发生之时起按照下列各款适用保护国制度，其中除其他事项外，包括保护国的指定和接受，以保证各公约和本议定书的监督和执行。保护国应负保障冲突各方利益的责任。

二、自第一条所指的场合发生之时起，冲突每一方应立即为了适用各公约和本议定书的目的而指定一个保护国，并立即为了同样目的而准许在敌方指定后予以接受的保护国进行活动。

三、如果自第一条所指的场合发生之时起未指定或接受保护国，红十字国际委员会在不妨害任何其他公正的人道主义组织进行同样活动的权利的条件下，应向冲突各方提供斡旋，以便立即指定冲突各方所同意的保护国。为此目的，红十字国际委员会得在其他事项外请每一方提出一项该方认为可以接受的在对敌方关系上作为其保护国行事的至少五个国家的名单，并请每个敌方提出一项该敌方可以接受为前一方的保护国的至少五个国家的名单；这些名单应在收到请求后两周内送交该委员会；该委员会应将各名单加以比较，并寻求在双方名单中均被提名的任何国家的同意。

四、如果尽管有上述规定而未指定保护国，冲突各方应立即接受红十字国际委员会或任何其他提供一切公正和效率保证的组织所提出的建议，由该组织在与各该方妥善磋商后并在考虑磋商的结果下充当代替组织。代替组织行使职责应取得冲突各方的同意。冲突各方应尽力为代替组织按照各公约和本议定书执行其任务的工作提供便利。

五、按照第四条，为了适用各公约和本议定书的目的而指定和接受保护国，不应影响冲突各方和包括被占领领土在内的任何领土的法律地位。

六、冲突各方之间外交关系的维持，或按照关于外交关系的国际法则将一方的利益及其国民的利益委托第三国保护，对于为了适用各公约和本议定书的目的而指定保护国，不构成任何障碍。

七、本议定书嗣后任何提及保护国之处，均包括代替组织在内。

第六条　合格人员

一、缔约各方在平时也应努力在各国红十字会（红新月会、红狮与太阳会）协助下训练合格人员，以便利各公约和本议定书的适用，特别是便利保护国的活动。

二、这类人员的征募和训练，属于国内管辖范围。

三、红十字国际委员会应备有缔约各方所制定并为该目的而送交该委员会的经过训练的人员名单，以供缔约各方使用。

四、关于在本国领土外使用这类人员的条件，应在每个场合下由有关各方之间的特别协议予以规定。

第七条　会议

本议定书保存者在缔约一方或几方请求下和缔约各方多数赞同时，应召开缔约各方会议，审议关于适用各公约和本议定书的一般问题。

第二部　伤者、病者和遇船难者

第一编　一般保护

第八条　术语

为了本议定书的目的：

一、“伤者”和“病者”是指由于创伤、疾病或其他肉体上或精神上失调或失去能力而需要医疗救助或照顾而且不从事任何敌对行为的军人或平民。这些术语还包括产妇、新生婴儿和其他需要立即予以医疗救助或照顾的，如弱者或孕妇，而且不从事任何敌对行为的人；

二、“遇船难者”是指由于遭受不幸或

所乘船舶或飞机遭受不幸而在海上或在其他水域内遇险而且不从事任何敌对行为的军人或平民。这类人如果继续不从事任何敌对行为，在被营救期间，直至其依据各公约或本议定书取得另外的身份时为止，应继续视为遇船难者；

三、“医务人员”是指冲突一方专门被派用于第五款所列的目的或被派用以管理医疗队或操纵或管理医务运输工具的人员。这项派用可以是经常性或临时性的。该术语包括：

（一）冲突一方的医务人员，不论是军事或平民医务人员，包括第一和第二公约所述的医务人员以及被派到民防组织的医务人员；

（二）冲突一方所正式承认和核准的各国红十字会（红新月会、红狮与太阳会）和其他国内志愿救济团体的医务人员；

（三）第九条第二款所述的医疗队或医务运输工具的医务人员。

四、“宗教人员”是指专门从事宗教工作并依附于下列各单位的军人或平民，如牧师：

（一）冲突一方的武装部队；

（二）冲突一方的医疗队和医务运输工具；

（三）第九条第二款所述的医疗队或医务运输工具；或

（四）冲突一方的民防组织。

宗教人员依附于上述单位，可以是经常性的或临时性的，而且第十一款所载的有关规定均适用于这类人员。

五、“医疗队”是指为了医务目的，即搜寻、收集、运输、诊断或治疗——包括急救治疗——伤者、病者或遇船难者，或为了防止疾病而组织的军用或平民医疗处所或其他单位。例如，该术语包括医院和其他类似单位、输血中心、预防医务中心和院所、医药库和这类单位的医药储存处。医疗队可以是固定的或流动的，常设性或临时性的；

六、“医务运输”是指对受各公约和本议定书保护的伤者、病者、遇船难者、医务人员、宗教人员、医疗设备或医疗用品的陆上、水上或空中运输；

七、“医务运输工具”是指专门被派用于医务运输，并在冲突一方主管当局控制下的任何军用或平民、常设性或临时性的运输工具；

八、“医务车辆”是指任何陆上医务运输工具；

九、“医务船艇”是指任何水上医务运输工具；

十、“医务飞机”是指任何空中医务运输工具；

十一、“常任医务人员””、“常设医疗队”和“常设医务运输工具”是指不定期的专门被派用于医务目的的人员、单位和工具。“临时医务人员”、“临时医疗队”和“临时医务运输工具”是指有期限而在整个期限内专门用于医疗目的的人员、单位和工具。除另作规定外，“医务人员”、“医疗队”和“医务运输工具”包括经常和临时两类；

十二、“特殊标志”是指用于保护医疗队和运输工具或医务或宗教人员、设备或用品时的白底红十字（红新月、红狮与太阳）的特殊标志；

十三、“特殊信号”是指本议定书附件一第三章所规定的专门用以识别医疗队或运输工具的任何信号或信息。

第九条 适用范围

一、本部分，其规定以改善伤者、病者和遇船难者境遇为目的，应适用于受第一条所指场合影响的所有伤者、病者和遇船难者，而不加任何以种族、肤色、性别、语言、宗教或信仰、政治或其他意见、民族或社会出身、财富、出生或其他身分或任何其他类似标准为依据的不利区别。

二、第一公约第二十七条和第三十二条的有关规定，应适用于下列国家、团体或组织为了人道主义目的向冲突一方提供的常设医疗队和运输工具（但医院船除外，医院船适用第二公约第二十五条的规定）及人员：

（一）中立国家或其他非该冲突一方的国家；

（二）该国承认和核准的救济团体；

（三）公正的国际人道主义组织。

第十条 保护和照顾

一、所有伤者、病者和遇船难者，不论属于何方，均应受尊重和保护。

二、在任何情况下，上述人员均应受人道待遇，并应在最大实际可能范围内并尽速得到其状况所需的医疗照顾和注意。在这类人之中，不应以医疗以外任何理由为依据而加以任何区别。

第十一条 对人身的保护

一、由于第一条所指的场合而落于敌方权力下或被拘禁、拘留或以其他方式被剥夺自由的人的身心健全，不应受任何无理行为或不作为的危害。因此，迫使本条所述的人接受非为该有关的人的健康状况所要求并与进行医疗程序一方未剥夺自由的国民在类似医疗情况下所适用的公认医疗标准不符的医疗程序，是禁止的。

二、特别禁止对这类人员实行下列各项办法，即使经本人同意，也应禁止：

（一）残伤肢体；

（二）医疗或科学实验；

（三）除依据第一款所规定的条件系属正当的行为外，为移植而取去组织或器官。

三、对第二款第三项所规定的禁例，只有献血以供输血或献皮以供移植的情形除外，但献血或献皮均应自愿，而不加任何胁迫或劝诱，而且，只限于治疗目的，并在与公认医疗标准相符的条件下和在旨在使捐献者和领受者双方共同受益的控制下，才得除外。

四、对于在所依附的一方以外冲突一方权力下的任何人，严重危害其身心健全，并违反第一款和第二款所规定的任何禁例，或不遵守第三款的要求的任何故意行为或不作为，应是严重破坏本议定书的行为。

五、第一款所述的人有权拒绝任何外科手术。遇有拒绝的情形，医务人员应设法取得病人所签字或承认的关于拒绝的书面声明。

六、冲突每一方对于在其负责下献血以供输血或献皮以供移植，均应就每次献血或献皮，保存一份医务记录。此外，冲突每一方均应设法保存一份关于对因第一条所指的场合而被拘禁、拘留或以其他方式被剥夺自由的任何人所进行的所有医疗程序的记录。这类记录应随时提供，以备保护国检查。

第十二条 对医疗队的保护

一、医疗队无论何时均应受尊重和保护，并不应成为攻击的对象。

二、第一款应适用于平民医疗队，但须具备下列条件之一：

（一）属于冲突一方；

（二）为冲突一方主管当局所承认或核准；

（三）按照本议定书第九条第二款或第一公约第二十七条被核准。

三、冲突各方应互相通知固定医疗队的位置。未通知的情况不应免除任何一方遵守第一款的规定的义务。

四、在任何情况下，均不应利用医疗队以掩护军事目标不受攻击。冲突各方应尽可能保证医疗队设在对军事目标的攻击不致危害其安全的地方。

第十三条　对平民医疗队的保护的停止

一、平民医疗队有权享受的保护，除非用于从事人道主义职务以外的害敌行为，不应停止。但保护仅在发出警告，并在任何适宜时定有合理时限，而警告仍无效果后才得停止。

二、下列各项情形不应视为害敌行为：

（一）医疗队人员为了自卫或保卫其照顾下的伤者和病者而备有个人轻武器；

（二）医疗队由警卫、哨卫或护送卫士守护；

（三）医疗队内有取自伤者和病者而尚未送交主管部门的轻兵器和弹药；

（四）武装部队人员或其他战斗员为了医疗原因而留在医疗队内。

第十四条　对征用平民医疗队的限制

一、占领国有义务保护被占领领土内平民居民的医疗需要继续得到满足。

二、因此，平民医疗队、其设备、其器材或其人员的服务，只要为向平民居民提供适当医疗服务和对已经在治疗中任何伤者和病者继续进行医疗照顾所必需，占领国即不应加以征用。

三、在继续遵守第二款所规定的一般规则的条件下，占领国依据下列特殊条件，得征用上述人员和物资：

（一）该人员和物资为占领国武装部队伤病人员或战俘的适当和实时医疗所需要；

（二）仅在这种需要存在时继续征用；

（三）立即作出安排，保证平民居民以及受征用影响的任何治疗中伤者和病者的医疗需要继续得到满足。

第十五条　对平民医务和宗教人员的保护

一、平民医务人员应受尊重和保护。

二、如果需要，在战斗活动使平民医疗服务被扰乱的地区内，对平民医务人员应提供一

切可能的援助。

三、在被占领领土内，占领国应向平民医务人员提供各种协助，使其能尽力执行其人道主义职务。除有医疗理由外，占领国不得要求这类人员在执行职务时优先治疗任何人。这类人员不应被迫执行与其人道主义使命不符的任务。

四、平民医务人员应得前往必需其服务的任何地方，但须遵守冲突有关一方认为必要的监督与安全措施。

五、平民宗教人员应受尊重和保护。各公约和本议定书关于保护和识别医务人员的规定，对这类人员应同样适用。

第十六条　对医疗职责的一般保护

一、在任何情况下，不问谁是受益者，任何人不应因进行符合医疗道德的医疗活动而受惩罚。

二、对从事医疗活动的人，不应迫使其从事或进行违反医疗道德规则、或违反其他为伤者和病者的利益而制订的医疗规则、或违反各公约或本议定书的规定的行为或工

作，也不应迫使其不从事或进行这类规则和规定所要求的行为或工作。

三、任何从事医疗活动的人，如果认为有关情报将证明为有害于有关病人或其家属，即不应迫使其向属于敌方的任何人，或除自己一方的法律所要求外，向属于自己一方的任何人，提供关于在其照顾下或曾在其照顾下的伤者和病者的情报。但关于传染病的强制通知的规章，则应受尊重。

第十七条　平民居民和救济团体的作用

一、平民居民应尊重伤者、病者和遇船难者，即使该伤者、病者和遇船难者属于敌方，并不应对其从事任何暴力行为。平民居民和救济团体，如各国红十字会（红新月会、红狮与太阳会），即使在其主动下，并即使在被入侵或被占领地区内，均应准其收集和照顾伤者、病者和遇船难者。任何人均不应因这种人道主义行为而受伤害、追诉、判罪或惩罚。

二、冲突各方得呼吁第一款所指的平民居民和救济团体收集和照顾伤者、病者和遇船难者，和搜寻死者并报告其所在地点；冲突各方应对响应其呼吁的平民居民和救济团体给以保护和必要便利。如果敌方取得或重新取得该地区的控制权，该方应在需要保护和便利的时间内给予同样的保护和便利。

第十八条　识别

一、冲突每一方均应努力保证医务和宗教人员及医疗队和运输工具能得到识别。

二、冲突每一方还应努力采取和实行使使用特殊标志和特殊信号的医疗队和运输工具有可能被认出的方法和程序。

三、在被占领领土内或在正在进行战斗或可能进行战斗的地区内，平民医务人员和平民宗教人员应使用特殊标志和证明其身份的身份证，使其可能被认出。

四、经主管当局同意，医疗队和医务运输工具应用特殊标志标明。本议定书第二十二条所指的船艇，应按照第二公约的规定予以标明。

五、除特殊标志外，冲突一方得按本议定书附件一第三章所规定，核准使用特殊信号，以识别医疗队和医务运输工具。作为例外，在该章所包括的特别情形下，医务运输工具得使用特殊信号而不展示特殊标志。

六、本条第一款到第五款的规定的适用受本议定书附件一第一章到第三章的支配。该附件第三章为专门用于医疗队和医务运输工具所指定的信号，除该章所规定外，不应用于识别该章所规定的医疗队和医务运输工具以外的任何其他目的。

七、本条并不核准超出第一公约第四十四条的规定外在平时更广泛地使用特殊标志。

八、各公约和本议定书关于监督特殊标志的使用和关于防止和取缔其任何滥用的规定，应适用于特殊信号。

第十九条　中立国家和其他非冲突各方的国家

中立国家和其他非冲突各方的国家应对在其领土内收留或拘禁的受本部规定保护的人。或对其所发现的冲突各方的任何死者，适用本议定书的有关规定。

第二十条　对报复的禁止

对本部所保护的人和物体的报复，是禁止的。

第二编　医务运输

第二十一条　医务车辆

医务车辆应受流动医疗队依据各公约和本议定书所受的同样尊重和保护。

第二十二条　医院船和沿岸救护艇

一、各公约关于：

（一）第二公约第二十二条、第二十四条、第二十五条和第二十七条所述的船舶；

（二）其救生艇和小艇；

（三）其人员和船员，和

（四）船上伤者、病者和遇船难者的规定，在这些船舶运载不属于第二公约第十三条所载任何一类的平民伤者、病者和遇船难者的情形下，也应适用。但这类平民不应将其交给非其所属的任何一方或在海上将其拿捕。这类平民如果在其所属以外的冲突一方权力下，应包括在第四公约和本议定书的规定范围内。

二、各公约对第二公约第二十五条所述船舶所提供的保护，应扩展于

（一）中立国家或其他非该冲突一方的国家，或

（二）公正的国际人道主义组织，为了人道主义目的向冲突一方提供的医院船，但在上述任何一种情形下，均须符合该条所列的要求。

三、第二公约第二十七条所述的小艇，即使未发出该条所规定的通知，也应受保护。而关于任何其他足以便利识别和认出这类小艇的有关细节，请冲突各方彼此通知。

第二十三条　其他医务船艇

一、本议定书第二十二条和第二公约第三十八条所指以外的医务船艇，不论在海上或在其他水域内，均应受流动医疗队依据各公约和本议定书所受的同样尊重和保护。由于这种保护只有在这类船艇能被识别和认出的条件下才能有效，因而这类船艇应以特殊标志标明，并尽可能遵从第二公约第四十三条第二款的规定。

二、第一款所指的船艇应仍受战争法规的拘束。任何有可能立即强制执行其命令的水面战舰，得命令这类船艇停航，或命令其驶离，或使其航驶一定航线，而这类船艇应服从每一项这类命令。这类船艇，只要为船上伤者、病者和遇船难者所需，即不得以任何其他方式改变其医务使命。

三、第一款所规定的保护，仅应在第二公约第三十四条和第三十五条所列的条件下停止。明显地拒绝服从按照第二款所发出的命令，应是第二公约第三十四条所规定的害敌行为。

四、冲突一方得尽可能在医务船艇，特别是超过二千总吨的船艇出航前，将其名称、形状、预定出航时间、航线和估计的速度通知任何敌方，并得提供任何其他便于识别和认出的情报。敌方应表明收到这项情报。

五、第二公约第三十七条的规定应适用于这类船艇上的医务和宗教人员。

六、第二公约的规定应适用于这类船艇上属于第二公约第十三条和本议定书第四十四条所指各类的伤者、病者和遇船难者。对不属于第二公约第十三条所载各类中任何一类的平民伤者、病者和遇船难者平民，如果在海上，不应将其交给非其所属的任何一方，或迫使其离开该船艇；这类平民如果在其所属一方以外的冲突一方权力下，应包括在第四公约和本议定书的规定的范围内。

第二十四条　对医务飞机的保护

在本部规定的拘束下，医务飞机应受尊重和保护。

第二十五条　敌方未控制的地区内医务飞机

在友方部队所实际控制的陆地地区内或其上空，或在敌方所未实际控制的海域内或其上空，对冲突一方医务飞机的尊重和保护，不依赖于与敌方订立的任何协定。但为更安全起见，在这些地区内操纵医务飞机的冲突一方，得按第二十九条所规定，通知敌方，特别是在该飞机飞行进入敌方地对空武器系统射程时，更须通知。

第二十六条　接触或类似地带内医务飞机

一、在友方部队所实际控制的接触地带的一些部分内和其上空，以及在实际控制权未明显确立的地区内或其上空，只有按第二十九条所规定，冲突各方主管军事当局之间事先取得协议，医务飞机才能得到充分有效的保护。在没有这种协议的情形下，医务飞机虽其操纵须自冒风险，但在其已被认出是医务飞机后，仍应受尊重。

二、"接触地带"是指敌对部队的先头部队彼此接触，特别是该部分已直接暴露于地面火力下的任何陆地地区。

第二十七条　敌方控制的地区内医务飞机

一、冲突一方的医务飞机在敌方所实际控制的陆地地区或海域上空飞行时，应继续受保护，但须事先取得该敌方的主管当局对这项飞行的同意。

二、由于航行错误或因影响飞行安全的紧急状态而在未取得第一款所规定的同意或违反该项同意的情形下飞行于敌方所实际控制的地区上空的医务飞机，应尽力使其能被识别，并应将情况通知敌方。一旦这类医务飞机为敌方所认出，该方应尽一切合理努力，立即发出第三十条第一款所指的着陆或降落水面的命令，或采取保障其本身利益的其他措施，并在上述任何一种情形下，应在对该飞机进行攻击前，允许该飞机有遵从命令的时间。

第二十八条　对医务飞机运用的限制

一、禁止冲突各方利用其医务飞机，以图从敌方取得任何军事利益。医务飞机的存在不应被利用，以图使军事目标不受攻击。

二、医务飞机不应被利用，以收集或传送情报数据，并不应携带旨在用于这项目的的任何器材。禁止医务飞机运载任何不包括在第八条第六款的定义内的任何人或货物。飞机运载机上人员的个人物品或目的仅在便利航行、通讯或识别的装备，不应视为属于禁止之列。

三、医务飞机不应携带任何武器，但取自飞机上伤者、病者和遇船难者而尚未送交主管部门的轻兵器及弹药，以及使船上医务人员能自卫和保卫在其照顾下的伤者、病者和遇船难者所需的个人轻武器除外。

四、在进行第二十六条和第二十七条所指的飞行时，医务飞机除与敌方事先达成协议外，不应用以搜寻伤者、病者和遇船难者。

第二十九条　关于医务飞机的通知和协议

一、第二十五条所规定的通知或为取得第二十六条、第二十七条、第二十八条第四款或第三十一条所规定的事先协议而提出的请求，应说明医务飞机的计划数目、其飞行计划和识别方法，并应被理解为含有每次飞行均将遵照第二十八条的规定的意思。

二、收到第二十五条所规定的通知的一方，应立即表明收到该通知。

三、收到为取得第二十六条、第二十七条、第二十八条第四款或第三十一条所规定的事先协议的请求的一方，应尽速通知请求一方：

（一）同意该请求；

（二）拒绝该请求；或

（三）提出对该请求的合理的替代建议。该方还得提议，在所涉时间内禁止或限制在该地区内的其他飞行。提出请求的一方，如果接受替代建议，应将其接受通知他方。

四、各方应采取必要措施，以保证能迅速地发出通知和取得协议。

五、各方还应采取必要措施，迅速向有关军事单位传播任何该通知和协议的内容，并将有关医务飞机所使用的识别方法指示该军事单位。

第三十条　医务飞机的降落和检查

一、对在敌方所实际控制的地区上空或在实际控制权未明显确立的地区上空飞行的医务飞机，得按适当情况命令其着陆或降落水面，以便按照下列各款进行检查。医务飞机应服从任何这类命令。

二、这类飞机，不论因被命令或基于其他原因而着陆或降落水面，仅得因确定第三款和第四款所指的事项而受检查。任何这种检查应立即开始，并应从速进行。检查一方对于伤者和病者，除为检查所需外，不应要求将其移离飞机。该方无论如何应保证伤者和病者的状况不因检查或移离而受不利的影响。

三、如果检查表明该飞机，

（一）是第八条第十款的意义内的医务飞机，

（二）不违反第二十八条所规定的条件，而且

（三）在需要事先协议的情形下，其飞行并非事先没有协议或并不破坏事先协议的规定，

该飞机和属于敌方或属于中立国家或其他非冲突一方的其他国家的机上人员，应准其立即继续飞行。

四、如果检查表明飞机，

（一）不是第八条第十款的意义内的医务飞机，或

（二）违反第二十八条所规定的条件；

（三）在需要事先协议的情形下，其飞行并无事先协议或破坏事先协议的规定；

对该飞机得予拿捕。对机上人员应按照各公约和本议定书的有关规定给予待遇。曾被派为常设医务飞机的任何飞机，被拿捕后仅得用为医务飞机。

第三十一条　中立国家或其他非冲突各方的国家

一、除有事先协议外，医务飞机不应在中立国家或其他非冲突一方的国家的领土上空飞行，或在该领土内降落。但在有事先协议的情形下，医务飞机在其全部飞行中以及在该领土内任何停留期间，则均应受尊重。然而该医务飞机仍应服从着陆或在适当情况下降落水面的任何命令。

二、如果医务飞机由于航行错误或因影响飞行安全的紧急状态而在没有协议或背离协议规定的情形下飞行于中立国家或其他非冲突一方的国家的领土上空，该飞机应尽力发出飞行的通知，并使自己能被识别。一旦这类医务飞机被认出，该国应尽一切合理努

力，立即发出第三十条第一款所指的着陆或降落水面的命令，或采取保障其本身的利益的其他措施，并在上述任何一种情形下，应在对该飞机进行攻击前，允许该飞机有遵从命令的时间。

三、如果医务飞机依据协议或在第二款所载的情况下，不论因被命令着陆或降落水面或基于其他原因，而在中立国家或其他非冲突一方的国家的领土内着陆或降落水面，该飞机应受检查，以确定其在事实上是否医务飞机。检查应立即开始，并应从速进行。对属于操纵飞机的一方的伤者和病者，除其移离飞机为检查所需外，检查一方不应要求其移离飞机。检查一方无论如何应保证伤者和病者的状况不因检查或移离而受不利的影响。如果检查表明，该飞机在事实上是医务飞机，则该飞机及其机上人员，除按照适用于武装冲突的国际法规则必须予以拘留外，应准其恢复飞行，并应给予继续飞行的合理便利。如果检查表明，飞机不是医务飞机，对该飞机应予拿捕，机上人员应按照第四款的规定享受待遇。

四、经地方当局同意，在中立国家或其他非冲突一方的国家领土内，并非临时地从医务飞机下来的伤者、病者和遇船难者，除该国和冲突各方之间另有协议外，如果适用于武装冲突的国际法规则有此要求，则应由该国予以拘留，使其不能再从事敌对行动。医院治疗和拘禁的费用应由这类人所属的国家负担。

五、中立国家或其他非冲突各方的国家，应对冲突所有各方同样适用关于医务飞机在其领土上空通过或在其领土内着陆的任何条件和限制。

第三编　失踪和死亡的人

第三十二条　一般原则

在执行本段的规定时，缔约各方、冲突各方和各公约和本议定书所载的国际人道主义组织的活动，主要应受家庭了解其亲属命运的权利的推动。

第三十三条　失踪的人

一、一旦情况许可，并至迟从实际战斗结束时开始，冲突各方应即搜寻经敌方报告为失踪的人。该敌方应发送有关这类人的一切情报，以便利搜寻。

二、为了便利按照上款的规定搜集情报，对于依据各公约和本议定书不受更优惠考虑的人，冲突每一方应：

（一）将第四公约第一百三十八条所规定的关于因敌对行动或占领而被拘留、监禁或以其他方式被囚禁超过两周、或在任何拘留期间死亡的这类人的有关情报记录下来；

（二）在最大可能范围内便利、并于需要时进行搜寻这类人的工作，以及如果这类人由于敌对行动或占领而在其他情况下死亡，将其有关情报记录下来的工作。

三、按照第一款已报告为失踪的人的有关情报以及获得这种情报的请求，应直接或通过保护国或红十字国际委员会中央查访局或各国红十字会（红新月会、红狮与太阳会）发送。在未通过红十字国际委员会及其中央查访局发送情报的情形下，冲突一方也应保证向中央查访局提供该项情报。

四、冲突各方应努力商定关于搜寻、识别和收回战地上死者的工作组的安排，并于适当时，包括关于在敌方控制地区内执行这项任务时由敌方人员伴随工作组的安排。这类工作组在专门履行这项职责时，应受尊重和保护。

第三十四条　死者尸体

一、基于与占领有关的原因死亡或因占领或敌对行动而在拘留中死亡的人的尸体，以及不是基于敌对行动的原因而死亡的所在地国家的国民的人的尸体，均应受尊重，所有这类人的墓地，如果依据各公约和本议定书不受更优惠的考虑，应按照第四公约第一百三十条的规定，受尊重、维护并予以标明。

二、一旦情况及敌对各方之间的关系许可，基于敌对行动的原因而死亡或在占领期间或在拘留中死亡的人的坟墓所在地，或按照情况其尸体的其他安置处所在地的缔约各方，应立即订立协定，以：

（一）便利死者亲属和正式坟墓登记处的代表前往墓地，并对前往墓地一事作出实际的安排；

（二）永久保护和维护该墓地；

（三）便利在本国请求下，或除该国反对外，在最近亲属请求下，送还死者的尸体和个人用品。

三、在未订立第二款第二项或第三项所规定的协议和情形下，如果死者本国不愿自己支付费用以安排这类墓地的维护，墓地所在地的缔约一方得建议将死者尸体送还其本国。如果这项建议未被接受，缔约一方得在提出建议满五年后，并在向死者本国发出适当通知后，采取其本国关于坟墓的法律所规定的安排。

四、本条所指的墓地所在地的缔约一方，仅应在下列条件下准予焚化尸体：

（一）遵照第二款第三项和第三款的规定，或

（二）如果焚化是超越一切的公共需要，包括医疗上和侦讯上的需要，而在这种情形下，缔约该方无论何时均应尊重尸体，并应将其焚化尸体的意图以及关于拟议的重新埋葬地点通知死者本国。

第三部　作战方法和手段，战斗员和战俘的地位

第一编　作战方法和手段

第三十五条　基本原则

一、在任何武装冲突中，冲突各方选择作战方法和手段的权利，不是无限制的。

二、禁止使用属于引起过分伤害和不必要痛苦的性质的武器、投射体和物质及作战方法。

三、禁止使用旨在或可能对自然环境引起广泛、长期而严重损害的作战方法或手段。

第三十六条　新武器

在研究、发展、取得或采用新的武器、作战手段或方法时，缔约一方有义务断定，在某些或所有情况下，该新的武器、作战手段或方法的使用是否为本议定书或适用于该缔约一方的任何其他国际法规则所禁止。

第三十七条　对背信弃义行为的禁止

一、禁止诉诸背信弃义行为以杀死、伤害或俘获敌人。以背弃敌人的信任为目的而诱取敌人的信任，使敌人相信其有权享受或有义务给予适用于武装冲突的国际法规则所规定的保护的行为，应构成背信弃义行为。下列行为是背信弃义行为的事例：

（一）假装有在休战旗下谈判或投降的意图；

（二）假装因伤或因病而无能力；

（三）假装具有平民、非战斗员的身份；和

（四）使用联合国或中立国家或其他非冲突各方的国家的记号、标志或制服而假装享有被保护的地位。

二、战争诈术是不禁止的。这种诈术是指旨在迷惑敌人或诱使敌人作出轻率行为，但不违犯任何适用于武装冲突的国际法规则，而且由于并不诱取敌人在该法所规定的保护方面的信任而不构成背信弃义行为的行为。下列是这种诈术的事例：使用伪装、假目标、假行动和假情报。

第三十八条　公认标志

一、不正当使用红十字、红新月或红狮与太阳的特殊标志或各公约或本议定书所规定的其他标志、记号或信号，是禁止的。在武装冲突中故意滥用国际公认的保护标志、记号或信号，包括休战旗，以及文化财产的保护标志，也是禁止的。

二、除经联合国核准外，使用联合国的特殊标志，是禁止的。

第三十九条　国籍标志

一、在武装冲突中使用中立国家或其他非冲突各方的国家的旗帜、军用标志、徽章或制服，是禁止的。

二、在从事攻击时，或为了掩护、便利、保护或阻碍军事行动，而使用敌方的旗帜或军用标志、徽章或制服，是禁止的。

三、本条或第三十七条第一款第四项的规定，不应影响适用于间谍或在进行海上武装冲突中使用旗帜的现行的公认国际法规则。

第四十条　饶赦

禁止下令杀无赦，禁止以此威胁敌人，或在此基础上进行敌对行动。

第四十一条　对失去战斗力的敌人的保障

一、被认为失去战斗力或按照情况应被承认为失去战斗力的人，不应成为攻击的对象。

二、下列的人是失去战斗力的人：

（一）在敌方权力下的人；

（二）明示投降意图的人；或

（三）因伤或病而失去知觉，或发生其他无能力的情形，因而不能自卫的人；但在上述任何情形下，均须不从事任何敌对行为，并不企图脱逃。

三、有权作为战俘享受保护的人，在不能按第三公约第三部第一编的规定撤退的非常的战斗情况下落于敌方权力下时，应予释放，并应采取一切可能的预防措施保证其安全。

第四十二条　飞机上人员

一、从遇难飞机上跳伞降落的任何人，在其降落中，均不应成为攻击的对象。

二、从遇难飞机跳伞降落的人，在落在敌方所控制的领土的地面时，除显然表现其从事敌对行为外，在成为攻击的对象前，应有投降的机会。

三、空运部队不受本条的保护。

第二编　战斗员和战俘的地位

第四十三条　武装部队

一、冲突一方的武装部队是由一个为其部下的行为向该方负责的司令部统率下的有组织的武装部队、团体和单位组成，即使该方是以敌方所未承认的政府或当局为代表。该武装部队应受内部纪律制度的约束，该制度除其他外应强制遵守适用于武装冲突的国际法规则。

二、冲突一方的武装部队人员（除第三公约第三十三条的规定所包括的医务人员和随军牧师外）是战斗员，换言之，这类人员有权直接参加敌对行动。

三、无论何时，冲突一方如果将准军事机构或武装执法机构并入其武装部队内，应通知冲突其他各方。

第四十四条　战斗员和战俘

一、第四十三条所规定的任何战斗员，如果落于敌方权力下，均应成为战俘。

二、所有战斗员必须遵守适用于武装冲突的国际法规则，但除第三款和第四款所规定外，对这些规则的违反不应剥夺战斗员作为战斗员的权利，或者，如果落于敌方权力下，成为战俘的权利。

三、为了促进对平民居民的保护不受敌对行动的影响，战斗员在从事攻击或攻击前军事准备行动时，应使自己与平民居民相区别。然而，由于认识到在武装冲突中有一些情况使武装战斗员因敌对行动的性质而不能与平民居民相区别，因而该战斗员应保留其作为战斗员的身份，但在这种情况下，该战斗员须：

（一）在每次军事上交火期间，和

（二）在从事其所参加的发动攻击前的部署时为敌人所看得见的期间；

公开携带武器。符合本款要求的行为，不应视为第三十七条第一款第三项的意义内的背信弃义行为。

四、不符合第三款第二句所列的要求而落于敌方权力下的战斗员，应失去其成为战俘的权利，但其所享受的保护应在各方面与第三公约和本议定书所给予战俘的保护相等。这项保护包括在这类人因其犯有任何罪行而受审判和惩罚的情形下第三公约所给予战俘的同等保护。

五、未从事攻击或攻击前军事准备行动而落于敌方权力下的任何战斗员，不应因其先前活动而失去其成为战斗员和成为战俘的权利。

六、本条不妨害任何人按照第三公约第四条成为战俘的权利。

七、本条无意变动各国关于被派于冲突一方正规并穿制服的武装单位的战斗员穿着制服的公认惯例。

八、除第一公约和第二公约第十三条所载各类人外，本议定书所规定的冲突一方武装部队的所有人员，如果是伤者或病者，或在第二公约的情形下，是在海上或在其他水域内遇船难者，应有权享受这些公约所规定的保护。

第四十五条　对参加敌对行动的人的保护

一、参加敌对行动而落于敌方权力下的人，如果主张战俘的身份，或表现为有权享有这种身份，或其所依附的一方通知拘留国或保护国代其主张这种身份，应推定为战俘，因而应受第三公约的保护。如果对于任何这类人是否有权享有战俘身份的问题有任何怀疑，这类人在主管法庭决定其身份以前，应继续享有这种身份，因而受第三公约的保护。

二、如果落于敌方权力下的人不被认为战俘，并由该方就敌对行动中所发生的罪行予以审判，这样的人应有权在司法法庭上提出其享有战俘身份的权利主张，并要求对该问题予以裁决。依据适用的程序，如果可能，应在审判罪行前先进行这项裁决。除在例外情形下为了国家安全利益而秘密进行诉讼程序外，保护国代表应有权出席裁决该问题的诉讼程序。在秘密进行的情形下，拘留国应告知保护国。

三、参加敌对行动而无权享有战俘身份而且不能获得按照第四公约享受更优惠待遇的利益的任何人，无论何时，均应有权受本议定书第七十五条的保护。在被占领领土内，任何这类人，除被认为间谍外，尽管有第四公约第五条的规定，也应享受该公约所规定的通讯的权利。

第四十六条　间谍

一、尽管有各公约或本议定书的任何其他规定，在从事间谍行为时落于敌方权力下的冲突一方武装部队的任何人员，不应享受战俘身份的权利，而得予以间谍的待遇。

二、在敌方控制领土内为冲突一方搜集或企图搜集情报的该方武装部队人员，如果在其行事时穿着其武装部队的制服，即不应视为从事间谍行为。

三、冲突一方武装部队的人员，如果是敌方占领领土的居民而在该领土内为其所依附的冲突一方搜集或企图搜集具有军事价值的情报，除其通过虚假行为或故意以秘密方式搜集或企图搜集情报外，即不应视为从事间谍行为。而且，这类居民除在从事间谍行为时被俘外，不应丧失其享有战俘身份的权利，并不得予以间谍的待遇。

四、冲突一方武装部队人员，如果不是敌方占领领土的居民而在该领土内从事间谍行为，除在重返其所属武装部队前被俘外，不应丧失其享有战俘身份的权利，并不得予以间谍的待遇。

第四十七条　外国雇佣兵

一、外国雇佣兵不应享有作为战斗员或成为战俘的权利。

二、外国雇佣兵是具有下列情况的任何人：

（一）在当地或外国特别征募以便在武装冲突中作战；

（二）事实上直接参加敌对行动；

（三）主要以获得私利的愿望为参加敌对行动的动机，并在事实上冲突一方允诺给予远超过对该方武装部队内具有类似等级和职责的战斗员所允诺或付给的物质报偿；

（四）既不是冲突一方的国民，又不是冲突一方所控制的领土的居民；

（五）不是冲突一方武装部队的人员；而且

（六）不是非冲突一方的国家所派遣作为其武装部队人员执行官方职务的人。

第四部　平民居民

第一编　防止敌对行动影响的一般保护

第一章　基本规则和适用范围

第四十八条　基本规则

为了保证对平民居民和民用物体的尊重和保护，冲突各方无论何时均应在平民居民和战斗员之间和在民用物体和军事目标之间加以区别，因此，冲突一方的军事行动仅应以军事目标为对象。

第四十九条　攻击的定义和适用范围

一、“攻击”是指不论在进攻或防御中对敌人的暴力行为。

二、本议定书关于攻击的规定，适用于不论在什么领土内的一切攻击，包括在属于冲突一方但在敌方控制领土内的攻击。

三、本段的规定，适用于可能影响平民居民、平民个人或民用物体的任何陆战、空战或海战。这些规定还适用于从海上或空中对陆地目标的任何攻击，但不影响适用于海上或空中武装冲突的国际法规则。

四、本段的规定是对第四公约、特别是该公约第二部以及对缔约各方有拘束力的其他国际协议关于人道主义保护的规则的补充，也是对有关保护平民和保护陆地上、海上及空中民用物体免受敌对行动影响的其他国际法规则的补充。

第二章　平民和平民居民

第五十条　平民和平民居民的定义

一、平民是指不属于第三公约第四条（子）款第一项、第二项、第三项和第六项及本议定书第四十三条所指各类人中任何一类的人。遇有对任何人是否平民的问题有怀疑时，这样的人应视为平民。

二、平民居民包括所有作为平民的人。

三、在平民居民中存在有不属于平民的定义范围内的人，并不使该平民居民失去其平民的性质。

第五十一条　对平民居民的保护

一、平民居民和平民个人应享受免受军事行动所产生的危险的一般保护。为了实现这项保护，在任何情况下均应遵守对适用的其他国际法规则所附加的下列各项规则。

二、平民居民本身以及平民个人，不应成为攻击的对象。禁止以在平民居民中散布恐怖为主要目的的暴力行为或暴力威胁。

三、平民除直接参加敌对行动并在直接参加敌对行动时外，应享受本编所给予的保护。

四、禁止不分皂白的攻击。不分皂白的攻击是：

（一）不以特定军事目标为对象的攻击；

（二）使用不能以特定军事目标为对象的作战方法或手段；或

（三）使用其效果不能按照本议定书的要求加以限制的作战方法或手段；

而因此，在上述每个情形下，都是属于无区别地打击军事目标和平民或民用物体的性质的。

五、除其他外，下列各类攻击，也应视为不分皂白的攻击：

（一）使用任何将平民或民用物体集中的城镇、乡村或其他地区内许多分散而独立的军事目标视为单一的军事目标的方法或手段进行轰击的攻击；和

（二）可能附带使平民生命受损失、平民受伤害、平民物体受损害、或三种情形均有而且与预期的具体和直接军事利益相比损害过分的攻击。

六、作为报复对平民居民的攻击，是禁止的。

七、平民居民或平民个人的存在或移动不应用于使某些地点或地区免于军事行动，特别是不应用以企图掩护军事目标不受攻击，或掩护、便利或阻碍军事行动。冲突各方不应指使平民居民或平民个人移动，以便

企图掩护军事目标不受攻击，或掩护军事行动。

八、对这些禁例的任何违犯，不应解除冲突各方关于平民居民和平民的法律义务，包括第五十七条所规定的采取预防措施的义务。

第三章　民用物体

第五十二条　对民用物体的一般保护

一、民用物体不应成为攻击或报复的对象。民用物体是指所有不是第二款所规定的军事目标的物体。

二、攻击应严格限于军事目标。就物体而言，军事目标只限于由于其性质、位置、目的或用途对军事行动有实际贡献，而且在当时情况下其全部或部分毁坏、缴获或失去效用提供明确的军事利益的物体。

三、对通常用于民用目的的物体，如礼拜场所、房屋或其他住处或学校，是否用于对军事行动作出有效贡献的问题有怀疑时，该物体应推定为未被这样利用。

第五十三条　对文物和礼拜场所的保护

在不妨害1954年5月14日关于发生武装冲突时保护文化财产的海牙公约和其他有关国际文件的规定的条件下，禁止下列行为：

一、从事以构成各国人民文化或精神遗产的历史纪念物、艺术品或礼拜场所为对象的敌对行为；

二、利用这类物体以支持军事努力；

三、使这类物体成为报复的对象。

第五十四条　对平民居民生存所不可缺少的物体的保护

一、作为作战方法使平民陷于饥饿，是禁止的。

二、不论是什么动机，也不论是为了使平民饥饿，使其迁移、还是为了任何其他动机，基于使对平民居民生存所不可缺少的物体，如粮食、生产粮食的农业区、农作物、牲畜、饮水装置和饮水供应和灌溉工程，对平民居民失去供养价值的特定目的，而进行的攻击、毁坏、移动或使其失去效用，都是禁止的。

三、第二款所规定的禁例，不应适用于该款所包括但为敌方所用于下列目的的物体：

（一）仅充其武装部队人员的供养之用；

（二）如果不作为供养之用，则用以直接支持军事行动；但无论如何不应对这些物体采取行动，以致有可能使平民居民的食物或饮水不足，造成平民居民的饥饿，或迫其迁移。

四、这类物体不应成为报复的对象。

五、由于承认冲突任何一方有保卫其国家领土免遭入侵的重大要求，如果为迫切的军事必要所要求，冲突一方得在其所控制的本国领土内，不完全实行第二款所规定的禁例。

第五十五条　对自然环境的保护

一、在作战中，应注意保护自然环境不受广泛、长期和严重的损害。这种保护包括禁止使用旨在或可能对自然环境造成这种损害从而妨害居民的健康和生存的作战方法或手段。

二、作为报复对自然环境的攻击，是禁止的。

第五十六条　对含有危险力量的工程和装置的保护

一、含有危险力量的工程或装置，如堤

坝和核发电站，即使这类物体是军事目标，也不应成为攻击的对象，如果这种攻击可能引起危险力量的释放，从而在平民居民中造成严重的损失。其他在这类工程或装置的位置上或在其附近的军事目标，也不应成为攻击的对象，如果这种攻击可能引起该工程或装置危险力量的释放，从而在平民居民中造成严重的损失。

二、在下列情形下，应停止第一款所规定的免受攻击的特别保护：

（一）对于堤坝，如果该堤坝是用于其通常作用以外的目的和用以使军事行动得到经常、重要和直接支持的，而且如果这种攻击是终止这种支持的唯一可能的方法；

（二）对于核发电站，如果该核发电站是供应电力使军事行动得到经常、重要和直接支持的，而且如果这种攻击是终止这种支持的唯一可能的方法；

（三）对于在这类工程或装置的位置上或在其附近的其他军事目标，如果该军事目标是用以使军事行动得到经常、重要和直接支持的，而且如果这种攻击是终止这种支持的唯一可能的方法。

三、在一切情形下，平民居民和平民个人应有权享受国际法所给予的全部保护，包括第五十七条所规定的预防措施的保护。如果保护停止，并对第一款所载的任何工程、装置或军事目标进行攻击，则应采取一切实际可行的预防措施，以避免危险力量的释放。

四、使第一款所载的任何工程、装置或军事目标成为报复的对象，是禁止的。

五、冲突各方应努力避免将任何军事目标设在第一款所载的工程或装置的附近。然而，为了保卫被保护工程或装置不受攻击的唯一目的而建立的装置，是允许的，而且其本身不应成为攻击的对象，但除对受保护工程或装置的被攻击作出反应所需的防御行动外，这类装置应不用于敌对行动，而且其武装应限于仅能击退对受保护工程或装置的敌对行动的武器。

六、关于含有危险力量的物体，敦促缔约各方和冲突各方彼此另订协议，另外加以保护。

七、为了便利对本条所保护的物体的识别，冲突各方得用本议定书附件一第十六条所规定的同一轴在线一组三个鲜橙色圆形所构成的特殊记号标明。没有这种标记，并不免除冲突任何一方依据本条所承担的义务。

第四章　预防措施

第五十七条　攻击时预防措施

一、在进行军事行动时，应经常注意不损害平民居民、平民和民用物体。

二、对于攻击，应采取下列预防措施：

（一）计划或决定攻击的人应：

1. 尽可能查明将予攻击的目标既非平民也非民用物体，而且不受特殊保护，而是第五十二条的意义内的军事目标，并查明对该目标的攻击不是本议定书的规定所禁止的；

2. 在选择攻击手段和方法时，采取一切可能的预防措施，以期避免，并无论如何，减少平民生命附带受损失、平民受伤害和民用物体受损害；

3. 不决定发动任何可能附带使平民生命受损失、平民受伤害、民用物体受损害、或三种情形均有而且与预期的具体和直接军事利益相比损害过分的攻击；

（二）如果发现目标不是军事目标或是受特殊保护的，或者发现攻击可能附带造成与预期的具体和直接军事利益相比为过分的平民生命受损失、平民受伤害、民用物体受损害，或三种情形均有，该攻击应予取消或停止；

（三）除为情况所不许可外，应就可能影响平民居民的攻击发出有效的事先警告。

三、为了取得同样的军事利益有可能在几个军事目标之间进行选择时，选定的目标应是预计对平民生命和民用物体造成危险最小的目标。

四、在进行海上或空中军事行动时，冲突每一方应按照其依据适用于武装冲突的国际法规则所享受和承担的权利和义务，采取一切合理的预防措施，以避免平民生命受损失和民用物体受损害。

五、本条的任何规定均不得解释为准许对平民居民、平民或民用物体进行任何攻击。

第五十八条　防止攻击影响的预防措施

冲突各方应在最大可能范围内：

一、在不妨害第四公约第四十九条的规定的条件下，努力将其控制下的平民居民、平民个人和民用物体迁离军事目标的附近地方；

二、避免将军事目标设在人口稠密区内或其附近；

三、采取其他必要的预防措施，保护在其控制下的平民居民、平民个人和民用物体不受军事行动所造成的危害。

第五章　受特殊保护的地方和地带

第五十九条　不设防地方

一、禁止冲突各方以任何手段攻击不设防地方。

二、冲突一方的适当当局得将武装部队接触的地带附近或在其内的可以被敌方自由占领的任何居民居住地方宣布为不设防地方。不设防地方应符合下列条件：

（一）所有战斗员以及机动武器和机动军事设备必须已经撤出；

（二）固定军事装置或设施应不用于敌对目的；

（三）当局或居民均不应从事任何敌对行为；而且

（四）不应从事支持军事行动的任何活动。

三、在该地方内有依据各公约和本议定书受特殊保护的人和为了维持法律和秩序的唯一目的而留下的警察部队的存在，是不违反第二款所规定的条件的。

四、依据第二款作出的宣言应送致敌方，并应尽可能明确地规定和说明不设防地方的界限。接受宣言的冲突一方应表明收到宣言，并除在事实上与第二款所规定的条件不符外，应将该地方视为不设防地方，而在不符合条件的情形下，则应立即将该情形通知作出宣言的一方。即使不符合第二款所规定的条件，该地方应继续享受本议定书的其他规定和适用于武装冲突的其他国际法规则的保护。

五、冲突各方得商定设立不设防地方，

即使该地方不符合第二款所规定的条件。协议应尽可能明确地规定和说明不设防地方的界限；于必要时，协议得规定监督的方法。

六、控制这类协议所规定的地方的一方，应尽可能用与他方商定的记号将该地方标明，该记号应展示于明显可见的地方，特别是在其四周和界限上及公路上。

七、一个地方在其不再符合第二款所规定或第五款所指的协议所规定的条件时，失去其作为不设防地方的地位。在这种情况下，该地方应继续享受本议定书的其他规定和适用于武装冲突的其他国际法规则的保护。

第六十条　非军事化地带

一、冲突各方将其军事行动扩展到其依据协议授以非军事化地带地位的地带，而且如果这种扩展是违反该协议的规定的，则这种扩展是禁止的。

二、协议应是明示协议，得用口头或书面，直接或通过保护国或任何公正的人道主义组织订立，并得由相互而一致的声明构成。协议得在平时以及在敌对行动开始后订立，并应尽可能明确地规定和说明非军事化地带的界限，并于必要时，规定监督的方法。

三、这类协议的对象，通常应是符合下列条件的任何地带：

（一）所有战斗员以及机动武器和机动军事装备必须已经撤出；

（二）固定军事装置或设施不应用于敌对目的；

（三）当局或居民均不应从事任何敌对行为；而且

（四）任何与军事努力有关的活动均应已经停止；

冲突各方应商定对第四项所规定的条件的解释，并商定除第四款所载外被准予进入非军事化地带的人。

四、在该地带内有依据各公约和本议定书受特殊保护的人和为了维持法律和秩序的唯一目的而留下的警察部队的存在，是不违反第三款所载的条件的。

五、控制该地带的一方，应尽可能用与他方商定的记号将该地带标明，该记号应展示于明显可见的地方，特别在其四周和界限上及公路上。

六、如果战斗逼近非军事地带，而且如果冲突各方已经达成协议，任何一方均不得为了有关军事行动的目的使用该地带或单方面取消该地带的地位。

七、如果冲突一方对第三款或第六款的规定作出实质的破坏，他方应解除其依据授予该地带非军事地带地位的协议所承担的义务。遇有这种情事，该地带丧失其地位，但应继续享受本议定书的其他规定和适用于武装冲突的其他国际法规则所规定的保护。

第六章　民　防

第六十一条　定义和范围

为了本议定书的目的：

一、“民防”是指旨在保护平民居民不受危害，和帮助平民居民克服敌对行动或灾害的直接影响，并提供平民居民生存所需的条件的某些或全部下列人道主义任务的执行。这些任务是：（一）发出警报；（二）疏散；（三）避难所的管理；（四）灯火管制措施的管理；（五）救助；（六）医疗服务，包括急救、和宗教援助；（七）救火；（八）危险地区的查明和标明；（九）清除污染和类似保护措施；（十）提供紧急的住宿和用品；（十一）在灾区内恢复和维持秩序的紧急支助；（十二）紧急修复不可缺少的公用事业；（十三）紧急处理死者；（十四）协助保护生存所必需的物体；（十五）为执行上述任务、包括但不限于计划和组织的补充活动；

二、“民防组织”是指冲突一方主管当局所组织或核准以执行第一款所载的任何任务并被派于和专门用于执行这类任务的机构和其他单位；

三、民防组织的“人员”是指由冲突一方所派专门执行第一款所载任务的人，包括该方主管当局所派专门管理这类组织的人；

四、民防组织的“物资”是指这类组织用以执行第一款所载的任务的设备、用品和运输工具。

第六十二条　一般保护

一、除受本议定书规定的拘束，特别是受本部规定的拘束外，平民民防组织应受尊重和保护，除迫切的军事必要的情形外，这类组织应有权执行其民防任务。

二、第一款的规定也应适用于虽非平民民防组织人员但响应主管当局的呼吁而在其控制下执行民防任务的平民。

三、用于民防目的的建筑物和物资和为平民居民提供的避难所，包括于第五十二条的规定之内。用于民防目的的物体，除其所属的一方外，不得加以毁坏或转移其正当用途。

第六十三条　被占领领土内民防工作

一、在被占领领土内，平民民防组织应从当局得到其执行任务所需的便利。在任何情形下，对这类组织的人员，不应迫使其执行对执行这些任务有干扰的活动。占领国不应以任何可能危害这类组织有效执行其使命的方式变动这些组织的结构或人员。对这些组织，不应要求其对占领国的国民或利益给予优先的地位。

二、占领国不应强迫、强制或诱使平民民防组织以任何有害平民居民的利益的方式执行其任务。

三、占领国得基于安全理由解除民防人员的武装。

四、如果移作他用或加以征用将有害于平民居民，占领国不应将属于民防组织或为民防组织所用的建筑物或物资转移其正当用途或加以征用。

五、在继续遵守第四款的一般规则的条件下，占领国得征用这些建筑物或物资或将其移作他用，但须符合下列的特别条件：

（一）该建筑物或物资为平民居民的其他需要所需；而且

（二）仅在这种需要存在时继续征用或移作他用。

六、占领国不应将供平民居民使用或平民居民所需的避难所移作他用或加以征用。

第六十四条　中立国家或非冲突各方的国家的平民民防组织和国际协调组织

一、第六十二条、第六十三条、第六十五条和第六十六条应适用于经冲突一方同意并在该方控制下在该方领土内执行第六十一条所载民防任务的中立国家或非冲突各方的国家的平民民防组织的人员和物资。这种援助应尽速通知任何有关敌方。在任何情况下，这种活动均不应视为对冲突的干涉。但进行这种活动应适当考虑有关冲突各方的安全利益。

二、接受第一款所指的援助的冲突各方和给予援助的缔约各方，于适宜时，应便利这种民防活动的国际协调工作。在这种情形下，有关国际组织是包括在本章的规定之内的。

三、在被占领领土内，占领国只有在其能依靠自身人力物力或被占领领土的人力物力保证充分执行民防任务的条件下，才得拒绝或限制中立国家或非冲突各方的国家的平民民防组织的活动。

第六十五条　保护的停止

一、平民民防组织、其人员、建筑物、避难所和物资有权享受的保护，除其从事或用以从事正当任务以外的害敌行为外，不应停止。但保护仅在发出并在适宜时定有合理时限的警告而对警告仍不置理后，才得停止。

二、下列行为不应视为害敌行为：

（一）在军事当局指导或控制下执行民防任务；

（二）平民民防人员在执行民防任务时与军事人员合作，或有一些军事人员附属于平民民防组织；

（三）民防任务的执行可能附带地有利于军人受难者，特别是失去战斗力的人。

三、平民民防人员为了维持秩序或自卫的目的而携带个人轻武器，也不应视为害敌行为。但在陆地战斗正在进行或可能进行的地区内，冲突各方应采取适当措施，将这类武器限于手持枪支，如手枪或左轮手枪，以便有助于区别民防人员和战斗员。民防人员虽在这些地区内携带其他个人轻武器，但一旦被认出为民防人员，应即受尊重和保护。

四、按照军事编制建立民防组织，和强迫在民防组织中服务，也不应剥夺这些组织依据本章所享受的保护。

第六十六条　识别

一、冲突每一方应努力保证，其民防组织、其民防组织的人员、建筑物和物资在专门用于执行民防任务时是可以识别的。向平民居民提供的避难所，也应当同样是可以识别的。

二、冲突每一方还应努力采取和实行一些方法和程序，使得有可能认出展示有民防的国际特殊记号的民用避难所以及民防人员、建筑物和物资。

三、在被占领领土内和在战斗正在进行或可能进行的地区内，平民民防人员应当是用民防的国际特殊记号和证明其身份的身份证可以认出的。

四、民防的国际特殊记号，在用以保护民防组织、其人员、建筑物和物资和用于民用避难所时，是橙色底蓝色等边三角形。

五、除特殊记号外，冲突各方得商定使用为民防识别的目的的特殊信号。

六、第一款至第四款的规定的适用，受本议定书附件一第五章的拘束。

七、在平时，第四款所述的记号，经国内主管当局同意，得用于民防识别的目的。

八、缔约各方和冲突各方应采取必要措施，监督民防的特别记号的展示，并防止和取缔该记号的任何滥用。

九、民防医务和宗教人员、医疗队和医务运输工具，也受第十八条的拘束。

第六十七条　被派到民防组织的武装部队人员和军事单位

一、被派到民防组织的武装部队人员和军事单位应受尊重和保护，但：

（一）这类人员和这类单位须永久被派于并专门用于执行第六十一条所载任务中任何任务；

（二）如果已经这样指派，该人员须在冲突期间不执行任何其他军事职责；

（三）这类人员须显著地展示适当地大些的民防的国际特殊记号，以便与武装部队其他人员有明显区别，并须持有本议定书附件一第五章所指的证明其身份的身份证；

（四）这类人员和这类单位须仅配备个人轻武器以维持秩序或自卫。第六十五条第三款的规定也应适用于这种情形；

（五）这类人员须不直接参加敌对行为，并须在其民防任务以外不从事或不被利用以从事害敌行为；

（六）这类人员和这类单位须仅在其所属一方的领土内执行其民防任务。

受上述第一项和第二项所规定的条件的拘束的任何武装部队人员不遵守上述第五项所载的条件，是禁止的。

二、在民防组织内服务的军事人员，如果落入敌方权力下，应成为战俘。在被占领领土内，这类军事人员仅得在有需要的情形下，为了该领土平民居民的利益而用以执行民防任务，但如果该项工作有危险，则以该军事人员自愿执行为限。

三、被派于民防组织的军事单位的建筑物和主要设备和运输工具，应以民防的国际特殊记号明显标明。这项特殊记号，应尽可能适当地大些。

四、永久被派于民防组织并专门担任民防任务的军事单位的物资和建筑物，如果落入敌方手中，应仍受战争法规的拘束。这些物资和建筑物，只要为执行民防任务所需，除在迫切的军事必要情形外，并除对平民居民的需要事先作出充分准备的安排外，不得移作民防任务以外的用途。

第二编　对平民居民的救济

第六十八条　适用范围

本段的规定适用于本议定书所规定的平民居民，并且是第四公约第二十三条、第五十五条、第五十九条、第六十条、第六十一条和第六十二条及其他有关规定的补充。

第六十九条　被占领领土内基本需要

一、除第四公约第五十五条所规定关于食物和医疗用品的义务外，占领国应在其所拥有的手段的最大范围内，并在不加任何不利区别的条件下，还应保证向被占领领土的平民居民，提供其生存所需的衣服、被褥、住宿所和其他用品以及宗教礼拜所必需的物体。

二、为了被占领领土平民居民的利益而进行的救济行动，受第四公约第五十九条、第六十条、第六十一条、第六十二条、第一百零八条、第一百零九条、第一百一十条和第一百一十一条和本议定书第七十一条的拘束，并应立即实行。

第七十条　救济行动

一、如果除被占领领土外为冲突一方所控制的任何领土的平民居民未充分获得第六十九条所载的用品的供应，属于人道主义和公正性质并在不加任何不利区别的条件下进行的救济行动应予进行，但须受有关各方关于这种行动的协议的拘束。这种救济的提供，不应视为对武装冲突的干涉，或视为不友好行为。在分配救济物资时，对依据第四公约或本议定书应受特权待遇或特殊保护的人，如儿童、孕妇、产妇或婴儿的母亲，应给以优先地位。

二、冲突各方和缔约每一方对按照本编提供的所有救济物资、设备和人员，应准许和便利其迅速和无阻碍地通过，即使这种救助是以敌方平民居民为物件。

三、按照第二款准许救济物资、设备和人员通过的冲突各方和缔约每一方：

（一）应有权制定准许通过的技术安排，包括搜查在内；

（二）得以在保护国的当地监督下进行这种救助的分配为准许的条件；

（三）除在紧急必要情形下为了有关平民居民的利益外，不应以任何方式将救济物资移作原来目的以外的用途，也不应延迟其发送。

四、冲突各方应保护救济物资，并便利其迅速分配。

五、冲突各方和有关的缔约每一方应鼓励和便利对第一款所指的救济行动的有效国际协调工作。

第七十一条　参加救济行动的人员

一、在必要时，救济人员得构成任何救济行动所提供的救助的一部分，特别是为了救济物资的运输和分配；这类人员的参加须经这类人员履行其职责所在地一方的同意。

二、这类人员应受尊重和保护。

三、接收救济物资的每一方，应在实际可行的最大范围内，协助第一款所指的救济人员履行其救济任务。只有在迫切的军事必要的情形下，才能限制救济人员的活动，或暂时限制救济人员的移动。

四、在任何情况下，救济人员均不得超越本议定书所规定关于其任务的条件。特别是，救济人员应考虑履行其职责所在地一方的安全要求。对不尊重这些条件的任何人员，得终止其任务。

第三编　对在冲突一方权力下的人的待遇

第一章　适用范围和对人和物体的保护

第七十二条　适用范围

本编的规定是第四公约，特别是该公约第一部和第三部关于对在冲突一方权力下的平民和民用物体的人道主义保护的规则以及适用于国际武装冲突时保护基本人权的其他国际法规则的补充。

第七十三条　难民和无国籍人

在敌对行动开始前依据有关各方所接受的有关国际文件或依据避难国或居留国国内法律视为无国籍人或难民的人，在任何情况下，均应是第四公约第一部和第三部的意义内的被保护人，而不加任何不利区别。

第七十四条　离散家庭的重聚

缔约各方和冲突各方应以一切可能方法，便利由于武装冲突而离散的家庭得以重聚，并应特别鼓励按照各公约和本议定书的规定和遵守其各自的安全规章从事这项任务的人道主义组织进行工作。

第七十五条　基本保证

一、在冲突一方权力下而不享受各公约和本议定书所规定的更优惠待遇的利益的人，在其受本议定书第一条所指的场合的影响范围内，在任何情况下，均应受人道的待遇，并至少应享受本条所规定的保护，而不得以种族、肤色、性别、语言、宗教或信仰、政治或其他意见、民族或社会出身、财富、出生或其他身份或任何其他类似标准为依据而加以不利区别。每一方均应尊重所有这类人的人身、荣誉、信念和宗教仪式。

二、下列行为，在任何时候和任何地方，也不论是平民或军人的行为，均应禁止：

（一）对人的生命、健康或身体上或精神上幸福的暴行，特别是：

1. 谋杀；

2. 各种身体上或精神的酷刑；

3. 体刑；和

4. 残伤肢体。

（二）对人身尊严的侵犯，特别是侮辱性和降低身份的待遇，强迫卖淫和任何形式的非礼侵犯；

（三）扣留人质；

（四）集体惩罚；

（五）以任何上述行为相威胁。

三、任何因有关武装冲突的行动被逮捕、拘留或拘禁的人，应立即以其所了解的语言被告知采取这些措施的理由。除因刑事罪行而被逮捕或拘留的情形外，这类人应尽速予以释放，而无论如何，一旦逮捕、拘留或拘禁所依据的情况不复存在，应即予释放。

四、对犯有与武装冲突有关的刑事罪行的人，除公正和正常组成的法院依照包括下列各项在内的公认的正常司法诉讼程序原则判定有罪外，不得判刑和处罚：

（一）诉讼程序应规定使被告立即被告知被控犯罪的细节，并应使被告在审判前和审判期间享有一切必要的辩护权利和手段；

（二）任何人除以个人刑事责任为依据外均不应对其判罪；

（三）任何人，如果其行为或不作为依据其行为或不作为时对其适用的国内法或国际法不构成刑事罪行，不应对其进行控告或判罪；也不应处以较其犯刑事罪行时可判处的刑罚为重的刑罚；如果在犯罪后，法律规定较轻的刑罚，犯罪人应享受该规定的利益；

（四）任何被控犯罪的人，在按照法律证明其有罪前，均推定为无罪；

（五）任何被控犯罪的人，均应享有受审时在场的权利；

（六）任何人均不应被迫证明自己有罪或供认犯罪；

（七）任何被控犯罪的人均应有权讯问或要求讯问原告方面的证人，并在与原告方面证人的同样条件下取得被告方面证人的出庭和被讯问；

（八）任何人均不应因先前依据同样法律和司法程序已宣告无罪或已定罪的终局判决所涉及的罪名而为同一方所追诉或惩罚；

（九）任何人因犯罪而被追诉，均应有取得公开宣判的权利；和

（十）被定罪的人应在定罪时被告知其司法和其他救济方法以及利用这些救济方法的时限。

五、基于有关武装冲突的原因而自由受限制的妇女，其住处应与男人的住处分开。这类妇女应由妇女直接监视。但在同一家庭的人被拘留或拘禁的情形下，如果可能，应按家庭单位予以安排，安置在同一地方。

六、基于有关武装冲突的原因而被逮捕、拘留或拘禁的人，在其最后释放、遣返或安置前，即使在武装冲突结束后，也应享受本条所规定的保护。

七、为了避免关于对被控犯有战争罪或违害人类罪的人的追诉和审判有任何怀疑，下列各项原则应予适用：

（一）被控犯有这类罪行的人，应按照适用的国际法规则提交追诉和审判；

（二）对不享受各公约或本议定书所规定的更优惠待遇的利益的人，应给予本条所规定的待遇，不论其被控的罪行是否构成严重破坏各公约或本议定书的行为。

八、本条的任何规定，均不得解释为限制或妨碍依据任何适用的国际法规则对第一款所规定的人给予更大保护的任何其他更优惠的规定。

第二章　有利于妇女和儿童的措施

第七十六条　对妇女的保护

一、妇女应是特别尊重的对象，并应受保护，特别是防止强奸、强迫卖淫和任何其他形式的非礼侵犯。

二、基于有关武装冲突的原因而被逮捕、拘留或拘禁的孕妇或抚育儿童的母亲的案情应得到最优先的考虑。

三、冲突各方应在最大可能范围内努力避免对孕妇或抚育儿童的母亲因有关武装冲突的罪行而宣判死刑。对这类妇女，不应执行因该罪行而宣判的死刑。

第七十七条　对儿童的保护

一、儿童应是特别尊重的对象，并应受保护，以防止任何形式的非礼侵犯。冲突各方应向儿童提供其年龄或任何其他原因所需的照顾和援助。

二、冲突各方应采取一切可能措施，使十五岁以下的儿童不直接参加敌对行动，特别是不应征募其参加武装部队。冲突各方在征募十五岁以上但不满十八岁的人时，应尽力给予年岁最高的人以优先的考虑。

三、如果在例外情形下，尽管有第二款的规定，而十五岁以下的儿童直接参加敌对行动，并落于敌方权力下，这类儿童不论是否战俘，均应继续享受本条所给予的保护的利益。

四、如果基于有关武装冲突的原因而被逮捕、拘留或拘禁，除按照第七十五条第五款的规定按家庭单位安排住处外，儿童的住处应与成人住处分开。

五、对于犯罪时不满十八岁的人，不应执行因有关武装冲突的罪行而宣判的死刑。

第七十八条　儿童的撤退

一、除基于儿童健康或医疗的急迫原因而需要临时撤退或被占领领土以外的儿童的安全需要临时撤退外，冲突任何一方不应安排将其本国国民以外的儿童撤往外国。如果能够找到父母或合法监护人，撤退须得父母或合法监护人的书面同意。如果不能找到这类人，撤退则须得到依据法律或习惯对儿童负主要照顾责任的人的同意。任何这种撤退应由保护国在与有关各方，即安排撤退的一方，接受儿童的一方及国民被撤退的各方协议下予以监督。在所有情形下，冲突所有各方应采取一切可能的预防措施，以避免撤退受危害。

二、在按照第一款发生撤退的任何时候，均应以最大可能的连续性向每个儿童提供教育，包括其父母所希望的宗教和道德教育。

三、为了便利按照本条撤退的儿童返回其家庭和国家的目的，安排撤退的一方的当局，并于适宜时，接受国的当局，应为每个儿童立一卡片，贴有照片，寄给红十字国际委员会的中央查访局。在任何可能时并在其不发生使儿童受害的风险的任何时候，每张卡片均应记载下列各项情报：

（一）儿童的姓；

（二）儿童名字；

（三）儿童性别；

（四）出生地点和日期（如日期不明，填写大约年龄）；

（五）父亲姓名；

（六）母亲姓名和婚前姓名；

（七）儿童近亲；

（八）儿童国籍；

（九）儿童本国语言以及其所讲的任何其他语言；

（十）儿童家庭地址；

（十一）儿童的任何识别号码；

（十二）儿童健康状况；

（十三）儿童血型；

（十四）任何显著特征；

（十五）找到儿童的日期和地点；

（十六）儿童离开其国家的日期和地点；

（十七）儿童宗教，如果有的话；

（十八）儿童目前在接受国的地址；

（十九）如果儿童在返回前死亡，死亡地点和情况以及埋葬地点。

第三章　新闻记者

第七十九条　对新闻记者的保护措施

一、在武装冲突地区担任危险的职业任务的新闻记者，应视为第五十条第一款的意义内的平民。

二、这类新闻记者应依此享受各公约和本议定书所规定的保护，但以其不采取任何对其作为平民的身份有不利影响的行动为限，而且不妨碍派驻武装部队的战地记者取得第三公约第四条（子）款第四项所规定的身份的权利。

三、这类新闻记者得领取与本议定书附件二的示范证件相类似的身份证。该证件应由该新闻记者作为国民所属国家或该新闻记者居留地国家或雇用该新闻记者的新闻宣传工具所在地国家的政府发给，证明其新闻记者的身份。

第五部　各公约和本议定书的执行

第一编　总　则

第八十条　执行措施

一、缔约各方和冲突各方应立即采取一切必要措施，以履行其依据各公约和本议定书的义务。

二、缔约各方和冲突各方应发出命令和指示，保证各公约和本议定书被遵守，并应监督其执行。

第八十一条　红十字会和其他人道主义组织的活动

一、冲突各方应在其权力内给予红十字国际委员会一切便利，使该委员会有可能执行各公约和本议定书所赋予的人道主义职务，以便保证对冲突受难者的保护和援助；红十字国际委员会还得进行任何有利于这类受难者的其他人道主义活动，但须得有关冲突各方的同意。

二、冲突各方应给予各自的红十字会（红新月会、红狮与太阳会），以按照各公约和本议定书的规定和国际红十字大会所制订的红十字基本原则进行其有利于武装冲突受难者的人道主义活动所需的便利。

三、缔约各方和冲突各方应以一切可能方式，便利红十字会（红新月会、红狮与太阳会）组织和红十字会协会按照各公约和本议定书的规定和国际红十字大会所制订的红十字基本原则所给予冲突受难者的援助。

四、缔约各方和冲突各方应尽一切可能，使各公约和本议定书所指的经冲突各方正式核准并按照各公约和本议定书的规定进行人道主义活动的其他人道主义组织获得第二款和第三款所规定的类似便利。

第八十二条　武装部队中法律顾问

缔约各方无论何时，以及冲突各方在武装冲突时，应保证于必要时有法律顾问，对各公约和本议定书的适用以及就此问题发给武装部队的适当指示，向相当等级的军事司令官提供意见。

第八十三条　传播

一、缔约各方承诺，在平时及在武装冲突时，尽可能广泛地在各自国家内传播各公约和本议定书，特别是将各公约和本议定书的学习包括在其军事教育计划内，并鼓励平民居民对各公约和本议定书进行学习，以便这些档为武装部队和平民居民所周知。

二、在武装冲突时负责适用各公约和本议定书的任何军事或民政当局，应充分熟悉各公约和本议定书的本文。

第八十四条　适用规则

缔约各方应通过保存者，并于适当时通过各保护国，尽速彼此通知本议定书的正式译文以及为了保证其适用而通过的法律规章。

第二编　破坏各公约和本议定书的行为的取缔

第八十五条　破坏本议定书的行为的取缔

一、各公约关于取缔破约行为和严重破约行为的规定，经本编加以补充，应适用于破坏和严重破坏本议定书的行为的取缔。

二、各公约所述的作为严重破约行为的行为，如果是对本议定书第四十四条、第四十五条和第七十三条所保护的在敌方权力下的人，或对受本议定书保护的敌方伤者、病者和遇船难者，或对在敌方控制下并受本议定书保护的医务或宗教人员、医疗队或医务运输工具作出的行为，即是严重破坏本议定书的行为。

三、除第十一条所规定的严重破约行为外，下列行为在违反本议定书有关规定而故意作出，并造成死亡或对身体健康的严重伤害时，应视为严重破坏本议定书的行为：

（一）使平民居民或平民个人成为攻击的对象；

（二）知悉攻击将造成第五十七条第二款第一项第3目所规定的过分的平民生命损失、平民伤害或民用物体损害，却发动使平民居民或民用物体受影响的不分皂白的攻击；

（三）知悉攻击将造成第五十七条第二款第一项第3目所规定的过分的平民生命损失、平民伤害或民用物体损害，却发动对含有危险力量的工程或装置的攻击；

（四）使不设防地方和非军事化地带成为攻击的对象；

（五）知悉为失去战斗力的人而使其成

为攻击的对象；

（六）违反第三十七条的规定背信弃义地使用红十字、红新月或红狮与太阳的特殊标志或各公约或本议定书所承认的其他保护记号。

四、除上述各款和各公约所规定的严重破约行为外，下列行为于故意并违反各公约和本议定书作出时，应视为严重破坏本议定书的行为：

（一）占领国违反第四公约第四十九条的规定，将其本国平民居民的一部分迁往其所占领的领土，或将被占领领土的全部或部队居民驱逐或移送到被占领领土内的地方或将其驱逐或移送到被占领领土以外；

（二）对遣返战俘或平民的无理延迟；

（三）以种族岐视为依据侵犯人身尊严的种族隔离和其他不人道和侮辱性办法；

（四）如果没有证据证明敌方违反第五十三条第二款的规定，并在历史纪念物、艺术品和礼拜场所不紧靠军事目标的情形下，使特别安排，例如在主管国际组织范围内的安排所保护的，构成各国人民文化或精神遗产的公认历史纪念物、艺术品或礼拜场所成为攻击的对象，其结果使该历史纪念物、艺术品或礼拜场所遭到广泛的毁坏；

（五）剥夺各公约所保护或本条第二款所指的人受公正和正规审判的权利。

五、在不妨碍各公约和本议定书的适用的条件下，对这些档的严重破坏行为，应视为战争罪。

第八十六条　不作为

一、缔约各方和冲突各方应取缔有作为义务而不作为所引起的严重破坏各公约或本议定书的行为，并采取必要措施制止有作为义务而不作为所引起的任何其他破坏各公约或本议定书的行为。

二、部下破坏各公约或本议定书的事实，并不使其上级免除按照情形所应负的刑事或纪律责任，如果上级知悉或有情报使其能对当时情况作出结论，其部下是正在从事或将要从事这种破约行为，而且如果上级不在其权力内采取一切可能的防止或取缔该破约行为的措施。

第八十七条　司令官的职责

一、缔约各方和冲突各方应要求军事司令官，防止在其统率下的武装部队人员和在其控制下的其他人破坏各公约和本议定书的行为，于必要时制止这种行为并向主管当局报告。

二、为了防止和制止破约行为，缔约各方和冲突各方应要求司令官，按照其负责地位，保证在其统率下的武装部队人员了解其依据各公约和本议定书所应负的义务。

三、缔约各方和冲突各方应要求任何司令官，在了解其部下或在其控制下的其他人将从事或已经从事破坏各公约或本议定书的行为时，采取防止违反各公约或本议定书的必要步骤，并于适当时对各公约或本议定书的违犯者采取纪律或刑事行动。

第八十八条　刑事事项上互助

一、缔约各方应在对严重破坏各公约或本议定书的行为提出刑事诉讼方面，彼此提供最大限度的协助。

二、除受各公约和本议定书第八十五条第一款所确定的权利和义务的拘束外，并在情况许可下，缔约各方应在引渡事项上合作。缔约各方应对被控罪行发生地国家的请求给予适当的考虑。

三、在一切场合下均应适用被请求引渡的缔约一方的法律。但上述各款规定不应影响任何其他对刑事事项上互助的全部或部分问题加以规定或将加以规定的属于双边或多边性质的条约的规定所产生的义务。

第八十九条　合作

在严重违反本公约或本议定书的情形下，缔约各方承诺在与联合国合作下按照联合国宪章采取共同或单方行动。

第九十条　国际实况调查委员会

一、（一）应设立一个国际实况调查委员会（以下简称“调委会”），由 15 名道德高尚和公认公正的委员组成；

（二）当缔约各方 20 个以上已经按照第二款同意接受调委会的职权时，保存者应于该时及其后每隔五年召开缔约各该方代表会议，以选举调委会委员。在会议上，代表应进行无记名投票，从缔约每一方提名一人的名单中选出调委会委员；

（三）调委会委员应以个人资格服务，并任职至下一次会议选出新委员为止；

（四）选举时，缔约各方应保证选入调委会的人选均具备所要求的资格，并保证整个调委会实行公平的地区代表制；

（五）遇有缺位时，应由调委会本身推选补缺，而适当考虑上述各项的规定；

（六）保存者应向调委会提供执行其职务所需的行政便利。

二、（一）缔约各方得在签字、批准或加入本议定书时声明，在对接受同样义务的任何缔约他方的关系上，当然承认调委会有本条所授权的调查他方提出的主张的职权，而无须订立特别协定；

（二）上述声明应交存保存者，由保存者将声明副本分送缔约各方；

（三）调委会应具有下列职权：

1. 对被控为从事严重破坏各公约或本议定书规定的行为或其他严重违反各公约或本议定书的行为的任何事实进行调查；

2. 通过调委会的斡旋，促使恢复对各公约和本议定书的尊重的态度；

（四）在其他场合下，调委会仅应在有关他方同意下，进行冲突一方所请求的调查；

（五）在本款上述规定的拘束下，第一公约第五十二条、第二公约第五十三条、第三公约第一百三十二条和第四公约第一百四十九条的规定，应继续适用于任何被控为违反各公约的行为，并应扩展适用于任何被控为违反本议定书的行为。

三、（一）除有关各方另有协议外，所有调查应由调查庭进行，调查庭由按下列方式指派的委员七名组成：

1. 由调委会在与冲突各方磋商后在公平地区代表制基础上指派非冲突任何一方国民的委员五名；

2. 分别由每一方指派的非冲突任何一方国民的特设委员两名；

（二）在收到调查请求时，调委会主席应规定设立调查庭的适当时限。如果在该期限内未指派特设委员，主席应立即根据需要另派委员会委员，以补足调查庭的成员。

四、（一）依据第三款设立的从事调查的调查庭，应请冲突各方协助，并提供证据，调查庭还得设法取得其认为适当的其他证据，并就地对情况进行考察；

（二）所有证据应完全向各方公开，而各方应有权向调委会提出对证据的评论；

（三）每一方均应有权对证据提出异议。

五、（一）调委会应向各方提出调查庭关于事实调查的报告及其认为适当的建议；

（二）如果调查庭不能取得充分证据，

对事实作出公正的调查结论，调委会应说明其不能作出的理由；

（三）除经冲突各方向调委会请求外，调委会不应公开提出其调查结果的报告。

六、调委会应自行制定其规则，包括关于调委会主席职位及调查庭庭长职位的规则。这项规则应保证调委会主席的职务无论何时均得行使，并在进行调查时由非冲突一方国民的委员行使。

七、调委会的行政开支由依据第二款作出声明的缔约各方的捐助和自愿的捐助支付。请求调查的冲突一方或几方应预付调查庭开支所需的款项，并应由被控一方或几方偿付调查庭百分之五十以内的费用。如果在调查庭上有反控告的情形，则每方均应预付百分之五十的必需款项。

第九十一条　责任

违反各公约或本议定书规定的冲突一方，按情况所需，应负补偿的责任。该方应对组成其武装部队的人员所从事的一切行为负责。

第六部　最后规定

第九十二条　签字

本议定书应于最后档签字后六个月开放于各公约缔约各方签字，并在 12 个月的期限内仍开放听由签字。

第九十三条　批准

本议定书应尽速批准。批准书应交存各公约保存者瑞士联邦委员会。

第九十四条　加入

本议定书应开放听由未签字于各公约的任何一方加入。加入书应交存保存者。

第九十五条　生效

一、本议定书应于两份批准书或加入书交存后六个月发生效力。

二、对于嗣后批准或加入本议定书的各公约缔约每一方，本议定书应于该方交存其批准书或加入书后六个月发生效力。

第九十六条　本议定书生效时条约关系

一、当各公约缔约各方也是本议定书缔约各方时，经本议定书补充的各公约应予适用。

二、当冲突一方不受本议定书的拘束时，本议定书缔约各方在其相互关系上应仍受本议定书的拘束。而且，如果不受本议定书拘束的缔约一方接受和适用本议定书的规定，本议定书缔约各方在其对该方的关系上均受本议定书的拘束。

三、代表对缔约一方从事第一条第四款所指类型的武装冲突的人民的当局，得通过向保存者送致单方面声明的方法，承诺对该冲突适用各公约和本议定书。在保存者收到该声明时，该声明对该冲突具有下列效果：

（一）各公约和本议定书对作为冲突一方的该当局立即发生效力；

（二）该当局承担各公约和本议定书缔约一方所承担的同样权利和义务；

（三）各公约和本议定书对冲突各方具有同等的拘束力。

第九十七条　修正

一、缔约任何一方均得对本议定书提出修正案。任何已提出的修正案的文本应送交保存者，保存者应在与缔约各方和红十字国际委员会磋商后，决定应否召开会议，以审议已提出的修正案。

二、保存者应邀请缔约各方以及各公约缔约各方，不论是否本议定书的签字国，参加这项会议。

第九十八条　附件一的修订

一、不迟于本议定书生效后四年，并在其后每次至少间隔四年，红十字国际委员会应就本议定书附件一与缔约各方进行磋商，并得在其认为必要时，建议召开审查附件一的技术专家会议，并对附件一提出其认为适宜的修正案。除在向缔约各方发出召开这项会议的建议六个月内有缔约各方三分之一表示反对外，红十字国际委员会应召开会议，并邀请适当国际组织派遣观察员参加。红十字国际委员会在缔约各方三分之一请求下也应随时召开这项会议。

二、如果在技术专家会议后红十字国际委员会或缔约各方三分之一请求召开会议，保存者应召开缔约各方和各公约缔约各方会议，以审议技术专家会议提出的修正案。

三、在该会议上，附件一的修正案得由出席并投票的缔约各方三分之二通过。

四、保存者应将已通过的任何修正案送交缔约各方和各公约缔约各方。修正案在送交后满一年时应视为已被接受，除非在该期限内缔约各方的三分之二以上发出不接受该修正案的声明。

五、按照第四款视为已被接受的修正案，应在按照该款发出不接受声明以外的缔约所有各方接受后三个月发生效力。任何发出不接受声明的一方得随时撤回该声明，修正案应在撤回后三个月对该方发生效力。

六、保存者应将任何修正案的发生效力、受该修正案拘束的各方、该修正案对每一方发生效力的日期、按照第四款发出的不接受声明和该声明的撤回，通知缔约各方和各公约缔约各方。

第九十九条　退约

一、如果缔约一方退出本议定书，退约应仅在收到退约书后一年发生效力。但如果在一年期满时，退约该方卷入第一条所指的各种场合中一种场合，退约在武装冲突或占领结束前不应发生效力，并无论如何在与受各公约保护的人最后释放、遣返或安置有关的行动终止以前不应发生效力。

二、退约应以书面通知保存者，并由保存者告知缔约各方。

三、退约仅对退约一方有效。

四、依据第一款的任何退约，不应影响退约该方由于武装冲突而对退约生效前作出的任何行为所承担的义务。

第一百条　通知

保存者应将下列各项通知缔约各方以及各公约缔约各方，不论其是否本议定书的签字国：

一、在本议定书上的签定和依据第九十三条和第九十四条的批准书和加入书的交存；

二、依据第九十五条的本议定书的生效日期；

三、依据第八十四条、第九十条和第九十七条收到的通知和声明；

四、依据第九十六条第三款收到的声明，该声明应以最迅速的方法分送；

五、依据第九十九条的退约。

第一百零一条　登记

一、本议定书在生效后，应按照联合国宪章第一百零二条，由保存者送交联合国秘书处登记公布。

二、保存者还应将其收到的关于本议定书的所有批准、加入和退约，通知联合国秘书处。

第一百零二条　作准文本

本议定书原本，其阿拉伯文、中文、英文、法文、俄文和西班牙文各本同样作准，应交存保存者，保存者应将其经认证无误的副本分送各公约缔约各方。

附件一

识别章程

第一章　身份证

第一条　常任平民医务和宗教人员的身份证

一、议定书第十八条第三款所指的常任医务和宗教人员的身份证应：

（一）具有特殊标志，其大小便于携带于口袋内；

（二）尽可能耐用：

（三）用本国或正式文字书写（或另加他种文字书写）；

（四）载明持用者姓名、出生日期（如果无出生日期，载明发证年龄），以及如果有身份识别号码，载明其身份识别号码；

（五）说明持用者享受各公约和议定书的保护的资格；

（六）贴有持用者的照片，并附有其签字；

（七）盖有主管当局听印章，并附有其签字；

（八）载明身份证颁发的日期和到期日期。

二、身份证在缔约每一方的全部领土内应格式划一，而且冲突各方应尽可能使用同一样式的身份证。冲突各方得参照图 1 所示的单一文字的示范证件。在敌对行动开始前，冲突各方如果所用的示范身份证与图 1 所示的不同，应彼此寄送该示范身份证的样本。如果可能，身份证制成两份，一份由颁发当局保存，并由该当局对其所颁发的身份证加以控制。

三、在任何情况下，均不得剥夺常任平民医务和宗教人员的身份证。这类人员如果丢失身份证，应有权补领一份复件。

第二条　临时平民医务和宗教人员的

一、临时平民医务和宗教人员的身份证，应尽可能与本章程第一条所规定的相类似。冲突各方得参照图 1（略）所示的示范证件。

二、当情况致使不能向临时平民医务和宗教人员提供与本章程第一条所规定的相类似的身份证时，得向这类人员提供主管当局签字的证件，证明领有证件的人被派担任临时人员的职责，并于可能时，说明派任的期限和这类人员佩带特殊标志的权利。该证件应载明持用者的姓名和出生日期（如果出生日期不详，应载明颁发证件时年龄）、职务，以及如果有身份识别号码，载明其身份识别号码。该证件应附有持用者的签名或指纹，或两者俱备。

第二章　特殊标志

第三条　形状和性质

一、特殊标志（白底红色）应按照情况适当地大些。关于十字、新月与狮与太阳的形状，缔约各方得以图 2（略）所示范标志为准。

二、在夜间或在能见度减弱时，记号得

加照明或使其发光，记号还得用技术的探测方法能使其被识别的材料制成。

第四条　使用

一、特殊标志应尽可能展示于平面上或在从尽可能多的方向和尽可能远的距离都能见及的旗帜上。

二、除受主管当局指示的拘束外，在战区执行任务的医务和宗教人员，应尽可能穿戴具有特殊标志的帽盔和衣服。

第三章　特殊标志

第五条　形状和性质

一、除受本章程第六条的规定的拘束外，本章所规定和专供医疗队和医务运输工具使用的信号，不应用于任何其他目的。本章所指的所有信号可任意选用。

二、由于没有时间或因其具有的特征而不能用特殊标志标明的临时医务飞机，得使用本章所核准的特殊信号。但，使用目视信号，不论是特殊标志或是第六条所规定的光信号，或两者俱用，并补充以本章程第七条和第八条所指的其他信号，是使医务飞机得到有效的识别和认识的最好方法。

第六条　光信号

一、蓝色闪光的光信号是供医务飞机使用以表明其为医务飞机的信号。任何其他飞机均不得使用这种信号。所建议的蓝色是用下列三边作为三色坐标而得出的：

绿色 $Y = 0.065 + 0.805$

白边 $Y = 0.400 - X$

紫边 $X = 0.133 - 0.600Y$

所建议的蓝色闪光率是每分钟闪光60下到100下。

二、医务飞机应具备有使光信号从尽可能多的方向都能见及所需的光。

三、在冲突各方没有订立特别协定将蓝色闪光保留用于识别医务车辆和船艇的情形下，不禁止其他车辆或船舶使用这种信号。

第七条　无线电信号

一、无线电信号应是国际电信联盟的世界无线电行政会议所指定和核准的特殊优先信号开始的无线电话或无线电报信息。这种信息应在有关医务运输工具的呼号发出前播送三次。这种信息应于适当的间隔时间内用第三款所规定的频率以英语播送。优先信号应专门限于医疗队和医务运输工具使用。

二、第一款所载的以特殊优先信号开始的无线电信息应传送下列数据：

（一）医务运输工具的呼号；

（二）医务运输工具的位置；

（三）医务运输工具的数量和类型；

（四）拟定的路线；

（五）于适宜时，估计的在途中的时间以及出发和到达的时间；

（六）任何其他情况，如飞行高度、受保护的无线电频率、语言和二级监视雷达波模和电码。

三、为了便利第一款和第二款所指的通讯以及议定书第二十二条、第二十三条、第二十五条、第二十六条、第二十七条、第二十八条、第二十九条、第三十条和第三十一条所指的通讯，缔约各方、冲突各方或冲突一方得按照国际电信公约所附的无线电章程内的频率分配表，共同或单独指定和公布其所选定供这类通讯使用的本国频率。这些频率应按照世界无线电行政会议核准的程序通知国际电信联盟。

第八条　无线电信号

一、经随时修正的1944年12月7日芝加哥国际民用航空公约附件十二所规定的二级监视雷达系统，得用于识别和跟踪医务飞机的航向。保留专用于医务飞机的二级监视雷达的波模和电码，应由缔约各方、冲突各方或冲突一方按照国际民用航空组织所建议的程序共同或单独确定。

二、冲突各方得订立特别协定，为识别医务车辆和医务舰船艇而确定类似的电子系统，以供使用。

第四章　通　讯

第九条　无线电讯

在应用依据议定书第二十二条、第二十三条、第二十五条、第二十六条、第二十七条、第二十八条、第二十九条、第三十条和第三十一条所进行的程序时，本章程第七条所规定的优先信号得在医疗队和医务运输工具发出适当的无线电讯之前发出。

第十条　国际电码的使用

医疗队医务运输工具还得使用国际电信联盟、国际民用航空组织和政府间海事协商组织所定的电码和信号。这类电码和信号应按照上述各组织所确定的标准、做法和程序使用。

第十一条　其他通讯方法

在不可能有双向无线电讯时，得使用政府间海事协商组织所通过的信号谱或经随时修正的1944年12月7日芝加哥国际民用航空公约的适当附件所规定的信号。

第十二条　飞行计划

本议定书第二十九条所规定的善于飞行计划的协议和通知，应尽可能按照国际民用航空组织的程序制订。

第十三条　对医务飞机进行拦截的信号和程序

如果使用进行拦截的飞机，以查明飞行中的医务飞机是否医务飞机，或按照本议定书第三十条和第三十一条要求其降落，拦截飞机和医务飞机均应遵从经随时修正的1944年12月7日芝加哥国际民用航空公约附件二所规定的标准的目视的和无线电的拦截程序。

第五章　民　防

第十四条　身份证

一、本议定书第六十六条第三款所规定的民防人员的身份证，受本章程第一条有关规定的支配。

二、民防人员的身份证得仿照图3（略）所示范证件。

三、如果准许民防人员携带个人轻武器，上述身份证上应予载明。

第十五条　国际特殊记号

一、本议定书第六十六条第四款所规定的民防人员的国际特殊记号是橙色底蓝色等边三角形。示范记号见图4（略）。

二、兹建议：

（一）如果蓝色三角形镐镶在旗帜或臂章或外衣上，三角形底用橙色旗帜或臂章或外衣；

（二）三角形的一个垂直向上；

（三）三角形的任何一角都不触及橙色底的边沿。

三、国际特殊记号应按照情况适当地大

些。特殊记号应尽图 4（略）橙色底蓝色三角形可能展示在平面上或在从尽可能多的方向和尽可能远的距离都能见及的旗帜上。除受主管当局批示的拘束外，民防人员应尽可能戴穿具有国际特殊记号的帽盔和衣服。在夜间或在能见度减弱时，记号得加照明或使其发光；记号还得用技术的探测方法所使其被认出的材料制成。

第六章　含有危险力量的工程和装置

第十六条　国际特别记号

一、含有危险力量的工程和装置的国际特别记号，按议定书第五十六条第七款所规定的应是按照下列图 5（略）所示的在同一轴在线一组三个同样大小的鲜橙色圆形，每个圆形之间的距离为一个半径。

二、记号应按照情况适当地大些。如果展示在宽广表面上，记号得按照情况适当地多几个。记号应尽可能展示在平面上或在旗帜上，以便从尽可能多的方向和尽可能远的距离都能见及。

三、在旗帜上，记号的外限和旗帜的附近各边的距离应为一个圆形的半径。该旗帜应是白底长方形。

四、在夜间或在能见度减弱时，记号得加照明或使其发光。记号还得用技术的探测方法能使其被认出的材料制成。

附件

担任危险的职业任务的新闻记者使用的身份证

（略）

1949 年 8 月 12 日日内瓦四公约关于保护非国际性武装冲突受难者的附加议定书

（第二议定书）

（1977 年 6 月 8 日订于日内瓦）

序　文

缔约各方，回顾到庄严载入 1949 年 8 月 12 日日内瓦四公约共同第三条的人道主义原则，构成在非国际性武装冲突的情形下对人的尊重的基础，还回顾到关于人权的国际档提供对人的基本保护，强调有必要保证这类武装冲突的受难者得到更好的保护，回顾到在现行法律所未包括的情形下，人仍受人道原则和公众良心要求的保护，议定如下：

第一部　本议定书的范围

第一条　对事物的适用范围

一、本议定书发展和补充 1949 年 8 月 12 日日内瓦四公约共同第三条而不改变其现有的适用条件，应适用于为 1949 年 8 月 12 日日内瓦四公约关于保护国际性武装冲突受难者的附加议定书（第一议定书）所未包括、而在缔约一方领土内发生的该方武装部队和在负责统率下对该方一部分领土行使控制权，从而使其能进行持久而协调的军事行动并执行本议定书的持不同政见的武装部队或其他有组织的武装集团之间的一切武装冲突。

二、本议定书不应适用于非武装冲突的内部动乱和紧张局势，如暴动、孤立而不时发生的暴力行为和其他类似性质的行为。

第二条　对人的适用范围

一、本议定书应适用于受第一条所规定的武装冲突影响的一切人，而不应以种族、肤色、性别、语文、宗教或信仰、政治或其他意见、民族或社会出身、财富、出生或其他身份或任何其他类似标准为依据加以任何不利区别（以下简称“不利区别”）。

二、在武装冲突结束时，基于有关该冲突的原因而自由被剥夺或自由受限制的一切人，以及在该冲突后基于同样原因而自由被剥夺或自由受限制的一切人，均应享受第五条和第六条的保护，直至自由的剥夺或限制终止之时为止。

第三条　不干涉

一、本议定书的任何规定均不应援引以损害国家的主权，或损害政府用一切合法手段维持或恢复国内法律和秩序或保卫国家统一和领土完整的责任。

二、本议定书的任何规定均不应援引作为无论基于任何理由而直接或间接干涉武装冲突或冲突发生地的缔约一方的内部或外部事务的根据。

第二部　人道待遇

第四条　基本保证

一、一切未直接参加或已停止参加敌对行动的人，不论其自由是否受限制，均有权享受对其人身、荣誉以及信念和宗教仪式的尊重。这类人应在任何情况下受人道待遇，而不加任何不利区别。下令杀无赦，是禁止的。

二、在不妨害上述规定的普遍性的条件下，对第一款所指的人的下列行为是禁止的，并在任何时候和在任何地方均应禁止：

（一）对人的生命、健康和身体上或精神上幸福的暴行，特别是谋杀以及虐待，如酷刑、残伤肢体或任何形式的体罚；

（二）集体惩罚；

（三）扣留人质；

（四）恐怖主义行为；

（五）对人身尊严的侵犯，特别是侮辱性和降低身份的待遇、强奸、强迫卖淫和任何形式的非礼侵犯；

（六）各种形式的奴隶制度和奴隶贩卖；

（七）抢劫；

（八）以从事任何上述行为相威胁。

三、对儿童，应给予其所需的照顾和援助，特别是：

（一）儿童应按照其父母的愿望，或父母不在时，按照负责照顾的人的愿望得到教育，包括宗教和道德教育；

（二）应采取一切适当步骤，以便利暂时离散的家庭重聚；

（三）对未满 15 岁的儿童不应征募其参加武装部队或集团，也不应准许其参加敌对行动；

（四）如果尽管有第三项的规定，而未满 15 岁的儿童直接参加敌对行动，并被俘获，这类儿童仍应适用本条所规定的特别保护；

（五）如果有必要，并在可能时，在儿童的父母或依据法律或习惯主要负责照顾的人的同意下，应采取措施，将儿童从进行敌对行动的地区暂时移往国内较安全的地区，并保证由负责其安全和幸福的人伴同。

第五条　自由受限制的人

一、除第四条的规定外，对于基于有关武装冲突的原因而自由被剥夺的人，不论是被拘禁或被拘留，至少应尊重下列的规定：

（一）对伤者和病者，应按照第七条给予待遇；

（二）对本款所指的人，应按照当地平民居民的同样标准供给食物和饮水，并提供健康卫生方面的保障和免受严寒酷热和武装冲突的危害的保护；

（三）对这类人，应准许其接受个人或集体救济；

（四）对这类人，应准许其奉行其宗教，而且，如经请求，并于适宜时，应准许其接受执行宗教职务的人，如牧师，所给予的精神上帮助；

（五）如果使这类人做工，这类人应享有类似当地平民居民所享受的工作条件和保障的利益。

二、负责拘禁或拘留第一款所指的人的当局也应在其力所能及范围内尊重有关这类人的下列规定：

（一）除一家男女的住处安排在一起外，妇女的住处应与男子的住处分开，并应由妇女直接监视；

（二）对这类人，应准许其收发信件和邮片，主管当局如果认为必要，得限制其数目；

（三）拘禁和拘留的地方不应接近战斗地带。第一款所指的人，在其拘禁或拘留的地方特别容易遭受武装冲突所造成的危险时，如果撤退能在充分安全的条件下进行，应予撤退；

（四）这类人应享有身体检查的利益；

（五）这类人的身心健全不应受任何无理行为或不作为的危害。因此，迫使本条所述的人接受非为其健康状况所要求而且与自由的人在类似医疗状况中所适用的公认医疗标准不符的医疗程序，是禁止的。

三、对第一款所不包括但基于有关武装冲突的原因而自由以任何方式受限制的人，应按照第四条和本条第一款第一项、第三项和第四项以及第二款第二项给予人道的待遇。

四、如果决定释放自由被剥夺的人，作出决定的人应采取措施，以保证被释放的人的安全。

第六条　刑事追诉

一、本条适用于对有关武装冲突的刑事罪行的追诉和惩罚。

二、对犯有罪行的人，除遵照具备独立和公正的主要保证的法院定罪宣告外，不应判刑和处罚。特别是：

（一）程序应规定使被告立即被告知其被控犯罪的细节，并应使被告在审判前和审判期间享有一切必要的辩护权利和手段；

（二）对任何人，除以个人刑事责任为依据外，均不应对其判罪；

（三）对任何人，均不应因其在从事行为或不作为时依据法律不构成犯罪的任何行为或不作为而判决有罪；也不应处以重于其犯罪时可适用的刑罚；如果在犯罪后法律规定较轻的刑罚，犯罪人应享受该规定的利益；

（四）任何被控犯罪的人，在按照法律证明其有罪前，均推定为无罪；

（五）任何被控犯罪的人均应享有在受审时在场的权利；

（六）对任何人，均不应迫其提供对自己不利的证据或自认犯罪。

三、对被判罪的人，应在判罪时告知其司法或其他救济方法以及使用这些救济方法的时限。

四、对犯罪时不满 18 岁的人，不应宣判死刑，并对孕妇和幼童的母亲，不应执行死刑。

五、在敌对行动结束时，当权当局对参加武装冲突的人或基于有关武装冲突的原因而自由被剥夺的人，不论被拘禁或被拘留，应给以尽可能最广泛的赦免。

第三部 伤者、病者和遇船难者

第七条 保护和照顾

一、所有伤者、病者和遇船难者，不论曾否参加武装冲突，均应受尊重和保护。

二、在任何情况下，伤者、病者和遇船难者均应受人道待遇，并应在最大实际可能范围内和尽速得到其状况所需的医疗照顾和注意。在这类人之中，不应以医疗以外的任何理由为依据加以任何区别。

第八条 搜寻

在情况许可的任何时候，特别是在战斗后，应立即采取一切可能措施，搜寻和收集伤者、病者和遇船难者，保护其不受抢劫和虐待，保证其有充分的照顾，而且搜寻死者，防止其被剥夺衣物并予以适宜的处理。

第九条 对医务和宗教人员的保护

一、医务和宗教人员应受尊重和保护，并在其履行职责中应得到一切可能帮助。对这类人，不应迫其执行与其人道主义使命不符的任务。

二、除有医疗理由外，不应要求医务人员在履行其职责中给予任何人以优先地位。

第十条 对医疗职责的一般保护

一、在任何情况下，不问谁是受益者，任何人均不应因进行符合医疗职责的医疗活动而受惩罚。

二、对从事医疗活动的人，不应迫其从事或进行违反医疗道德规则、或其他为伤者和病者的利益而制订的规则、或本议定书的行为或工作，也不应迫其不从事这类规则或本议定书所要求的行为。

三、从事医疗活动的人关于其可能取得的有关在其照顾下伤者和病者的情报的职业上义务，除受国内法的限制外，应受尊重。

四、除受国内法的限制外，任何从事医疗活动的人均不得因拒绝提供或未提供关于在其照顾下或曾在其照顾下的伤者和病者的情报而受任何形式的处罚。

第十一条 对医疗队和医务运输工具的保护

一、医疗队和医务运输工具无论何时均应受尊重和保护，并不应成为攻击的对象。

二、医疗队和医务运输工具，除其用于从事人道主义职能以外的敌对行为外，其有权享受的保护不应停止。但仅在发出警告，并在任何适宜时定有合理时限，而警告仍无效果后，保护才得停止。

第十二条 特殊标志

在有关主管当局指导下，医务和宗教人员以及医疗队和医务运输工具应展示白底红十字、红新月或红狮与太阳的特殊标志。在任何情形下，该特殊标志均应受尊重。该特殊标志不应用于不正当的用途。

第四部 平民居民

第十三条 对平民居民的保护

一、平民居民和平民个人应享受免于军事行动所产生的危险的一般保护。为了实现这种保护，在任何情况下均应遵守下列各项规则。

二、平民居民本身以及平民个人，不应成为攻击的对象。禁止以在平民居民中散布恐怖为主要目的的暴力行为或暴力威胁。

三、平民个人除直接参加敌对行为并在参加期间外，应享受本部所给予的保护。

第十四条 对平民居民生存所不可缺少的物体的保护

作为作战方法使平民居民陷于饥饿，是禁止的。因此，为了该目的，对平民居民所不可缺少的物体，如粮食、生产粮食的农业区、农作物、牲畜、饮水装置和供应及灌溉工程，进行攻击、破坏、移动或使其失去效用，都是禁止的。

第十五条 对含有危险力量的工程和装置的保护

含有危险力量的工程或装置，如堤坝和核发电站，如果对之进行攻击可能引起危险力量的释放，从而在平民居民中造成严重的损失，即使这类物体是军事目标，也不应成为攻击的对象。

第十六条 对文物和礼拜场所的保护

在不妨碍1954年5月14日关于发生武装冲突时保护文化财产的海牙公约的规定的条件下，对构成各国人民文化或精神遗产的历史纪念物、艺术品或礼拜场所从事任何敌对行为，以及利用这些物体以支持军事努力，都是禁止的。

第十七条 对强迫平民迁移的禁止

一、除为有关平民的安全或迫切的军事理由所要求外，不应基于有关冲突的理由下令平民居民迁移。如果必须进行迁移，则应采取一切可能的措施，使平民居民能在满意的住宿、卫生、健康、安全和营养的条件下被收留。

二、对平民，不应基于有关冲突的理由而迫其离开其本国领土。

第十八条 救济团体和救济行动

一、在缔约一方领土内的救济团体，如红十字会（红新月会、红狮与太阳会）组织，得提供服务，对武装冲突受难者执行其传统的职务。平民居民即使在其自己主动下，也得提供收集和照顾伤者、病者和遇船难者的服务。

二、如果平民居民由于缺少生存必需品，如粮食和医疗用品，而遭受非常的困难，对该平民居民，应在有关缔约一方同意下，进行专门属于人道主义和公正性质而不加任何不利区别的救济行动。

第五部 最后规定

第十九条 传播

本议定书应尽可能广泛地予以传播。

第二十条 签字

本议定书应于最后档签字后六个月开放听由各公约缔约各方签字，并在12个月期间内继续开放听由签字。

第二十一条 批准

本议定书应尽速批准。批准书应交存各公约保存者瑞士联邦委员会。

第二十二条 加入

本议定书应开放听由未签字于本议定书的各公约任何一方加入。加入书应交存保存者。

第二十三条 生效

一、本议定书应于两份批准书或加入书交存后六个月发生效力。

二、对于嗣后批准或加入本议定书的各公约缔约每一方，本议定书应于该方交存其批准书或加入书后六个月发生效力。

第二十四条 修正

一、缔约任何一方均得对本议定书提出修正案。任何已提出的修正案的文本应送交保存者，保存者应在与缔约各方和红十字国际委员会磋商后，决定应否召开会议，以审议已提出的修正案。

二、保存者应邀请缔约各方以及各公约缔约各方，不论是否本议定书的签字国，参加该会议。

第二十五条 退约

一、如果缔约一方退出本议定书，退约应仅在退约书收到后六个月发生效力。但如果在六个月期满时，退约该方卷入第一条所指的场合，退约在武装冲突结束前不应发生效力。然而，基于有关冲突的原因而自由被剥夺或自由受限制的人，在其最后释放前，应继续享受本议定书的规定的利益。

二、退约应以书面通知保存者，保存者应即告知缔约各方。

第二十六条 通知

保存者应将下列各项通知缔约各方以及各公约缔约各方，不论是否本议定书的签字国：

一、在本议定书上的签字和依据第二十一条和第二十二条的批准书和加入书的交存；

二、依据第二十三条的本议定书的生效日期；

三、依据第二十四条收到的通知和声明。

第二十七条 登记

一、本议定书在生效后，应按照联合国宪章第一百零二条由保存者送交联合国秘书处登记公布。

二、保存者还应将其收到的关于本议定书的所有批准、加入和退约，通知联合国秘书处。

第二十八条 作准文本

本议定书原本，其阿拉伯文、中文、英文、法文、俄文、西班牙文各文本同样作准，应交存保存者，保存者应将其经认证无误的副本分送各公约缔约各方。

（资料源于红十字国际委员会）

国际红十字与红新月运动章程及七项基本原则

1986 年 10 月第二十五届红十字国际大会修改并通过

目 录

序　言

红十字与红新月国际大会声明：各国红十字会和红新月会、红十字国际委员会和红十字会与红新月会国际联合会合在一起构成了一个世界性的人道主义运动，其任务是防止并减轻无论发生在何处的人类疾苦；保护人的生命和健康；保障人类尊严，尤其是在发生武装冲突和其他紧急情况的时候；为预防疾病、增进健康和社会福利而工作；鼓励志愿服务，鼓励本运动的成员随时做好准备提供帮助，鼓励对那些需要本运动保护和帮助的人持有普遍的同情感。

红十字与红新月国际大会重申，在履行其职责时，本运动恪守其基本原则：

人道：

国际红十字与红新月运动的本意是要不加歧视地救护战地伤员。在国际和国内两方面，努力防止并减轻人们的疾苦，不论这种痛苦发生在什么地方。本运动的宗旨是保护人的生命和健康；保障人类尊严；促进人与人之间的相互了解、友谊和合作，促进持久和平。

公正：

本运动不因国籍、种族、宗教信仰、阶级和政治见解而有所歧视，仅根据需要，努力减轻人们的疾苦，优先救济困难最紧迫的人。

中立：

为了继续得到所有人的信任，本运动在冲突双方之间不采取立场，任何时候也不参与带有政治、种族、宗教或意识形态的争论。

独立：

本运动是独立的。虽然各国红十字会或红新月会是本国政府的人道工作助手并受本国法律的制约，但必须经常保持独立，以便任何时候都能按本运动的原则行事。

志愿服务：

本运动是个志愿救济运动，绝不期望以任何方式得到利益。

统一：

任何一个国家只能有一个红十字会或红新月会。它必须向所有的人开放，必须在全国范围内开展人道主义工作。

普遍：

国际红十字和红新月运动是世界性的。在运动中，所有红会享有同等地位，负有同样责任和义务，相互支援。

国际红十字与红新月运动再次提出：本运动所信奉的箴言“战时行善”和“通过人道获得和平”，共同表达了运动的理想。

国际红十字与红新月运动宣告：通过它的人道主义工作和理想的传播，本运动正在促进持久和平。和平不仅仅是没有战争，而且还是各国和人民之间积极合作。合作应以尊重、自由、独立、国家主权、平等、人权为基础，以公平合理地分配资源，满足人民需求为基础。

第一章　总　则

第一条　定义

1. 国际红十字与红新月运动（简称“运动”）包括按本章程第四条规定所承认的各国红十字会和红新月会（简称“各国红会”）、红十字国际委员会（简称“国际委员会”）和红十字会与红新月会国际联合会（简称“联合会”）。

2. 本运动的成员除在本章程范围内保持其独立外，任何时候都应依照基本原则行事，为完成共同任务而开展各自的工作，并互相合作。

3. 本运动的成员同1929年7月27日或1949年8月12日签定的日内瓦公约缔约国一道参加红十字与红新月国际大会（简称“国际大会”）。

第二条　日内瓦公约缔约国

1. 日内瓦公约缔约国遵照公约、本章程以及国际大会决议，同本运动的成员合作。

2. 每一缔约国均应敦促在其领土上建立国家红会，并鼓励其发展。

3. 所有国家，特别是已承认了在本国建立的国家红会的国家，应尽可能支持本运动成员工作；本运动的成员也将根据各自的章程，尽可能地支持各国的人道主义活动。

4. 任何时候各国都应尊重本运动的成员信守其基本原则。

5. 本运动的成员对本章程之贯彻应不影响各国之主权，还须对国际人道主义法的各项条款给予应有的尊重。

第二章　本运动的成员

第三条　各国红十字会和红新月会

1. 各国红会系本运动的基本成员和重要力量。它们依据自身的章程和本国立法从事符合本运动的任务和基本原则的人道主义活动。各国红会支持政府当局为满足各自国家人民的需要而开展的人道主义工作。

2. 在国内，各国红会是独立自主的全国性团体，为其志愿工作者和专职人员的活动提供了一个必不可少的组织机构。通过开展有益于社会的教育、卫生和社会福利等方面的活动，各国红会与政府当局在预防疾病、增进健康、减轻人类疾苦等方面合作。

同政府当局一道，各国红会组织紧急救济活动和其他活动，救助日内瓦公约规定的武装冲突受难者、自然灾害的灾民，以及遭受其他灾害需要救助的灾民。

它们传播并帮助政府传播国际人道主义法。在这方面各国红会应积极主动。它们宣传本运动的原则和理想，并协助也在宣传这些原则和理想的政府。它们还与政府合作，确保国际人道主义法得到尊重，保护红十字与红新月标志。

3. 在国际上，各国红会在资源允许的范围内，救助日内瓦公约规定的武装冲突受难者和自然灾害以及其他灾害的灾民。这类救济可以是服务和人员的方式，也可以是物质、经费和道义的方式，并应通过有关国家红会、国际委员会或联合会提供。

只要办得到，各国红会应为需要援助的红会的发展工作做出贡献，以便加强整个运动的力量。

本运动成员间的国际援助，将依照章程第五条和第六条进行协调。接受这种援助的一国红会，需在本国国内进行协调，并应视情况征得国际委员会和联合会的同意。

4. 为了完成这些任务，各国红会招聘、培训和派遣执行任务所需的人员。各国红会应鼓励每个人，特别是青年人参与该会的工作。

5. 根据联合会章程，各国红会有义务支援联合会的工作，如有可能，它们应志愿支援国际委员会的人道主义活动。

第四条　承认各国红会的条件

一个国家的红会如欲得到第五条第2节(2)款的承认，须具备下列条件：

1. 它应建立在一个独立的国家领土上，而且改善战地武装部队伤者病者境遇之日内瓦公约已在该国生效。

2. 是该国唯一的全国性的红十字会或红新月会，并由一个中央机构领导；在与本运动的其他成员交往时，中央机构是唯一有资格代表该会的。

3. 本国合法政府已依照日内瓦公约和国家立法正式承认它为志愿救护团体，担任政府当局的人道主义工作助手。

4. 具有独立的地位，从而得以按照本运动的基本原则进行活动。

5. 采用日内瓦公约规定的红十字或红新月为其名称和标志。

6. 组织机构应能便于履行该会章程所确定的任务，并在平时就做好准备，一旦发生武装冲突，应能履行公约所规定的法定任务。

7. 该会活动须遍及本国领土。

8. 在吸收志愿工作者和专职工作人员时，不得考虑种族、性别、阶级、宗教和政治见解。

9. 严守本章程，爱护团结本运动各成员的友谊，并与本运动各成员合作。

10. 尊重本运动的基本原则，以国际人道主义法指导其活动。

第五条　红十字国际委员会

1. 国际委员会1863年成立于日内瓦。它得到日内瓦公约和历届红十字国际大会的正式承认，是一个独立的人道主义团体，具有合法地位。委员从瑞士公民中互选产生。

2. 根据该委员会的章程，国际委员会的职责主要是：

(1) 维护并宣传本运动的基本原则，即人道、公正、中立、独立、志愿、统一和普遍；

(2) 承认会约第四条所规定的承认条件的任何新成立或改组的国家红会，并通告其他国家红会；

(3) 承担日内瓦公约所赋予的任务，为忠实执行适用于武装冲突的国际人道主义法而努力，并受理有关违反该法的诉讼；

(4) 作为特别在国际和其他武装冲突以及内乱时进行人道主义工作的中立团体，应始终致力于保护和救助受此类冲突与其直接结果影响的军人和平民中的受难人员；

(5) 确保日内瓦公约规定的中央查人局工作运转正常；

(6) 考虑到战争不可避免，应与各国红会、军民医疗单位以及其他有关当局合作，致力于训练医务人员和准备医疗器械；

(7) 为了解和传播适用于武装冲突的国际人道主义法知识而努力工作，并为发展该法做好准备；

(8) 执行国际大会委托的工作。

3. 国际委员会可以其特殊中立和独立团体以及中间人的身份，对属于其职责范围内的各项人道主义性质的工作采取主动行动，并考虑需要此类团体研究的一切问题。

4. (1) 国际委员会应与各国红会保持密切联系。经取得同意，国际委员会将与各国红会就共同关心的问题进行合作，例如，武装冲突时的准备工作，尊重、发展、批准日内瓦公约，宣传基本原则和国际人道主义法。

(2) 如发生本条第2节(4)款提及的

并需要协调来自其他国家红会的援助的情况，国际委员会应和该国红会或有关国家合作，根据与联合会缔结的协议协调此类援助。

5. 在本章程范围内，并根据第三、第六和第七条的规定，国际委员会和联合会将就共同关心的问题保持密切联系。

6. 国际委员会亦应同各国政府当局及其认为对其工作有助的任何国家的或国际的机构保持联系。

第六条　红十字会与红新月会国际联合会

1. 红十字会与红新月会国际联合会由各国红十字会与红新月会组成。遵照自己的章程进行活动。享有法人团体应有的一切权利和义务。

2. 联合会是一个独立的人道主义组织，其性质是非政府、非政治、非种族、非教扼的。

3. 联合会的宗旨是经常激励、鼓舞、便利和促进各国红会所从事的各种各样的人道主义活动，目的在于防止并减轻人类疾苦，从而为维护和促进世界和平作出贡献。

4. 为了实现第 3 节所定的宗旨并以本运动的基本原则和国际大会决议为依据，参照本章程第三、第五和第七各条的规定，联合会在本章程范围内并以其自身章程为依据，特别有以下职责；

(1) 作为各国红会之间联络、协调和学习的常设机构，根据各国红会的要求向它们提供帮助；

(2) 鼓励和促进在所有国家建立和发展独立并获承认的国家红会；

(3) 采用一切可能的方法向所有灾民提供救济；

(4) 在灾害救济准备、救济活动的组织及其实施等方面向国家红会提供援助；

(5) 根据国际大会通过的《红十字与红新月灾害救济原则与条例》组织、协调和指导国际救济活动；

(6) 鼓励和协调各国红会与本国政府机构合作参与旨在保障公共健康和增加社会福利的活动；

(7) 鼓励和协调各国红会交流关于对儿童和青年进行人道主义国际理想教育以及发展各国青少年之间的友好关系；

(8) 协助国家红会从全体国民中招募会员，并对他们进行运动的基本原则和理想的教育；

(9) 根据与国际委员会签定的协议，向武装冲突的受害者提供帮助；

(10) 帮助国际委员会促进和发展国际人道主义法，并与其合作，在各国红会中宣传国际人道主义法和基本原则；

(11) 在国际上，尤其是处理涉及联合会大会通过的决定和建议等方面的事宜，担任其成员红会的正式代表，并担任成员红会独立完整的监护人和其利益的保护人；

(12) 执行国际大会委办的任务；

5. 在每个国家，联合会应通过该国红会或经其同意进行活动，并须遵守该国的法律。

第七条　协作

1. 本运动的各成员应根据各自的章程和本章程第一、第三、第五、第六各条的规定，相互合作。

2. 国际委员会和联合会应在各级保持经常的相互联系，以便根据需要保护和帮助人们的最高利益，协调两机构的工作。

3. 在本章程和各自章程的范围内，国

际委员会和联合会应就协调两机构的工作相互达成协议。如由于某种原因而不存在上述协议，第五条第 4 节（2）款和第六条第 4 节（9）款应不再适用；国际委员会和联合会应参照本章程其他规定解决有关两机构各自活动范围的问题。

4. 本运动各成员在各自有关章程范围内，依据共同使命和基本原则的精神，开展地区性的合作。

5. 本运动各成员在保护自身独立和特性的同时，应尽量同活跃在人道主义领域内的其他团体合作，只要这类团体寻求与本运动类似的目的，并准备尊重本运动各成员信守的基本原则。

第三章 法定机构红十字与红新月国际大会

第八条 定义

国际大会是本运动的最高审议机构。本运动各成员的代表与日内瓦公约缔约国代表一道参加大会会议。缔约国履行公约规定的职责，并根据本章程第二条全面支持本运动的工作。代表们一道审查并决定共同感兴趣的人道主义事务和其他有关事务。

第九条 成员

1. 国际大会的成员有各国红会、国际委员会。联合会和日内瓦公约缔约国的代表团。

2. 每个代表将拥有平等的权利，即一票表决权。

3. 一个代表只能属于一个代表团。

4. 一个代表团不得由另一个代表团或另一个代表团的成员代替。

第十条 职能

1. 国际大会完全遵循基本原则，致力于本运动的统一和任务的完成。

2. 国际大会努力尊重和发展国际人道主义法以及其他特别与本运动有关的国际公约。

3. 唯国际大会有权：

（1）修改本章程和《国际红十字与红新月运动议事规则》（简称“议事规则”）；

（2）在其成员要求下，就章程和规则的解释及实施所出现的分歧做出最后决定；

（3）对常设委员会、国际委员会和联合会根据第十八条第 2 节（2）款向大会提出的问题做出决定。

4. 国际大会按个人身份选举本章程第十六条第 1 节（1）款规定的常设委员会委员时，应考虑委员的个人资历和平均地域分配的原则。

5. 在本章程以及议事规则的范围内，国际大会恪以决议的形式通过所做出的决定、建议和宣言。

6. 国际大会可根据国际委员会和联合会的章程以及本章程，向两组织指派工作。

7. 国际大会认为需要，经出席大会而又参加表决的三分之二的多数成员同意，制定有关诸如议责和颁发奖章的规定。

8. 根据议事规则，国际大会可在会议期间设立附属机构。

第十一条 程序

1. 除非另作决定，国际大会每四年召开一次。大会应由一个国家红会中央机构或国际委员会或联合会依照上届国际大会或第十八条第 1 节（1）款规定的常设委员会的委托而召集。对国家红会、国际委员会或联合会在大会期间提出主办下届会议的建议，应予以优先的考虑。

2. 如遇特殊情况，常设委员会可改变国际大会的地点和时间；常设委员会可主动地或根据国际委员会、联合会或至少三分之一的国家红会的建议，采取行动。

3. 国际大会选举大会主席、副主席、秘书长、副秘书长和其他会议官员。

4. 国际大会的所有与会者应遵循基本原则，提交的所有文件须符合这些原则。为了使国际大会的讨论赢得大家的信任，主席和所有当选负责主持会议的官员应确保任何发言人不管在任何时候都不得涉及政治、种族、宗教和意识形态性质的争端。国际大会主席团按议事规则规定，在批准散发文件前也应采用同样标准。

5. 除有权参加国际大会的成员外，第十八条第1节（4）款提到的观察员可参加大会的各种会议，大会另定除外。

6. 国际大会不得修改国际委员会或联合会章程，也不得做出与本章程或国际大会决议相抵触的决议。

7. 国际大会应努力按议事规则规定的全体一致的原则通过决议；如达不到全体一致，将按规则进行投票表决。

8. 除受本章程规定的限制外，国际大会也受其议事规则的约束。国际红十字与红新月运动代表会议。

第十二条　定义

国际红十字与红新月运动代表会议（简称“代表会议”），系本运动各成员的代表集会及讨论有关本运动集体事宜的机构。

第十三条　成员

1. 代表会议成员包括各国红会、国际委员会和联合会的代表团。

2. 每个代表团均有平等的权利，即一票表决权。

第十四条　职能

1. 代表会议在本章程的范围内，应对国际大会、常设委员会、各国红会、国际委员会或联合会可能提出的有关本运动的所有问题发表意见，或在必要时做出决议。

2. 如在国际大会开幕前举行会议，代表会议应：

（1）向国际大会提出担任第十一条第3节所提的职务的人选；

（2）通过国际大会的暂定议程。

3. 在本章程范围内，代表会议以决议形式通过决定、建议或宣言。

4. 尽管有第十条第7节的一般规定，代表会议可由出席会议而又参加表决的代表的三分之二多数修改亨利·杜南奖章规则。

5. 代表会议可向国际大会提出任何问题。

6. 代表会议可向本运动任何成员提出问题，要求考虑。

7. 必要时，代表会议可由出席会议而又参加表决的代表三分之二多数通过设立附属机构，指明任务、任期和成员。

8. 对于按本章程专属国际大会权极限以内的任何问题，代表会议不得作最后决定，也不得作出同国际大会决议相抵触的决定，或国际大会已经决定可保留列入下届会议议程的问题的决定。

第十五条　程序

1. 在每届国际大会前，召开代表会议；任何时候如有三分之一的国家红会或国际委员会、联合会或常设委员会要求，代表会议也可召开。原则上，代表会议与每届联合会大会同期召开；代表会议也可主动召开会议。

2. 代表会议选举其主席和副主席。代表会议、联合会大会以及同时召开的国际大会，应由不同的人主持。

3. 代表会议的所有参加者应尊重基本原则，提交代表会议的所有文件亦应遵循这些原则。为了使会议的讨论赢得大家的信任，主席和所有当选负责主持会议的官员应确保任何发言人不管在何时都不得涉及政治、种族、宗教和意识形态性质的争端。

4. 除有资格参加代表会议的成员外，如代表会议没有另作决定，第十八条第4节（3）款提到的那些来自即将被承认的国家红会（即在可预见的将来有可能得到承认的国家红会）的观察员，可参加代表会议。

5. 代表会议应努力按议事规则规定的全体一致的原则通过决议，如达不到全体一致，将根据议事规则进行表决。

6. 代表会议应遵循议事规则。在必要时，代表会议可以出席会议而参加表决的成员的三分之二多数对议事规则加以补充，除非国际大会另有决定。

红十字与红新月常设委员会

第十六条　定义

红十字与红新月常设委员会（本章程称“常设委员会”）系两届国际大会期间的大会代表机构，执行第十八条规定的职能。

第十七条　成员

1. 常设委员会由九名委员组成，即：

（1）五名来自不同国家红会的成员，每名成员均由国际大会按第十条第四节以个人身份选举产生，任职至下届国际大会闭幕或至下届常设委员会正式成立时为止。

（2）二名系国际委员会代表，其中一名应为国际委员会主席。

（3）二名联合会代表，其中一名应为联合会主席。

2. 如第一节（2）款或（3）款提到的成员不能参加常设委员会某次会议，他可指定一名代理人参加该会议，只要该代理人不是常设委员会的成员。如第一节（1）款提及的成员出缺，常设委员会本身可任命上次选举得票最多而未中选的候选人担任成员。只要该候选人不是现任成员的同一国家红会成员，如果表决票数相等，平均地域分配原则将是决定性因素。

3. 常设委员会至少应在下届国际大会开会前一年邀请该届国际大会东道组织的一位代表以咨询人身份参加其会议。

第十八条　职能

1. 常设委员会应为下届国际大会做出以下安排：

（1）选定国际大会地址并确定日期，如果前届大会未就此做出决定或者根据第十一条第二节规定由于特殊情况需要；

（2）制定大会日程；

（3）准备大会暂定议程，以便提交代表会议；

（4）全体一致确定第十一条第五节提及的观察员名单；

（5）召集大会，争取多数人参加。

2. 在国际大会休会期间，在最后由大会裁定的条件下，常设委员会应解决：

（1）有关本章程和议事规则的解释与实施所引起的意见分歧；

（2）国际委员会或联合会可能向该委员会提出的有关两机构间分歧的问题。

3. 常设委员会应：

（1）促进本运动工作的和谐，并就此

在各成员间进行协调；

（2）鼓励并敦促贯彻国际大会的决议；

（3）根据上述目的，审查涉及本运动整体的所有问题。

4. 常设委员会应为下次代表会议做出安排：

（1）选定代表会议的会址和会期；

（2）准备代表会议的暂定议程；

（3）全体一致地确定第十五条第4节提到的观察员名单。

5. 常设委员会颁发亨利·杜南奖章。

6. 常设委员会可向代表会议提出任何有关本运动的问题。

7. 常设委员会可一致同意设立必要的专门机构并指定这类机构的成员。

8. 在行使职能时并在国际大会最后裁定条件下，常设委员会应视情况需要采取任何措施，但本章程规定的本运动各个成员的独立性与主动性，应经常得到严格的保证。

第十九条　程序

1. 常设委员会至少每年应召开两次会议。主席可主动地或应委员会3名成员的要求，召开非常会议。

2. 常设委员会总部设在日内瓦。由主席选定并经多数成员同意，常设委员会可异地举行会议。

3. 常设委员会应与国际大会同时同地召开。

4. 所有决议均须由出席成员的多数表决通过，除非本章程或议事规则另有规定。

5. 常设委员会应从成员中选举一名主席和一名副主席。

6. 在本章程和议事规则的范围内，常设委员会应制定自己的议事规则。

第四章　最后条款

第二十条　修改

修改本章程和议事规则的任何提案均须列入国际大会的议程，并且至少提前6个月将提案文本交大会所有成员。在听取了国际委员会和联合会的意见后，任何修改均须经出席国际大会而又参加表决的代表的三分之二多数通过。

第二十一条　生效

1. 本章程将取代1952年第十八届国际大会通过的章程。凡与本章程抵触的早期规定应即废止。

2. 本章程将从1986年11月8日生效。

与奥林匹克运动

红十字会与红新月会国际联合会、国际奥林匹克委员会备忘录

国际奥林匹克委员会和红十字会与红新月会国际联合会共同认为，在普遍的基本道德准则的基础上，所有人类均享有在肉体和精神上憧憬和谐发展，享受和平并具有尊严的生活的权力。

国际奥委会和奥林匹克运动的整体目标是通过组织不含有任何歧视的体育活动和宣扬奥林匹克精神教育青年人从而为建设一个和平和更加美好的世界做出贡献。奥林匹克精神包括友谊、团结和公平竞赛的原则。为达到这一整体目标，国际奥委会需要与其他

组织合作，并在其能力之内，参与提供救助、促进和平的活动。

国际联合会依照红十字与红新月运动的基本原则鼓舞、协助和促进作为其成员的各国红十字会和红新月会开展旨在改善最易受损人群境遇的人道主义活动。国际联合会促进各国红会之间的合作，以便加强他们能够更有效地开展灾害管理、卫生和社会服务等工作的能力。

国际奥委会和国际联合会决定依据各自的宗旨和原则开展合作以促进国际团结并为可持续的人类发展做出特别贡献。国际奥委会和国际联合会将鼓励国家奥委会和国家红会为达到上述目的而开展的各种活动，特别是在为弱势易损人群提供帮助和志愿服务方面。为此，双方同意建立联合工作组以便开展和维护在国家范围内的合作伙伴关系。联合工作组每年至少举行一次会议。

除非协议一方以书面形式通知另一方要求中断协议，本协议将长期有效。

本协议以英文和法文两种语言为原本，2003 年 5 月 16 日签署于西班牙马德里市。

红十字会与红新月会国际联合会主席

胡安·马努埃尔·苏亚雷斯·托罗

国际奥林匹克委员会主席

雅克·罗格

红十字通志编纂流程

红十字通志的资料收集与编纂流程

2014 年是中国红十字会成立 110 周年。100 余年来，中国红十字会既经历了硝烟弥漫的战争洗礼，也经历了和平年代的创业发展，如今中国红十字会已从当初的战场救护组织逐步发展为在国内外有影响力的人道救助组织。编辑出版《中国红十字会通志》，对于记录中国红十字会百余年来的历史和一代又一代红十字人前仆后继为人道事业所做贡献，进一步丰富具有中国特色红十字文化体系具有重要意义。中国红十字会成立至今 108 年以来，除 2004 年创办《中国红十字年鉴》时简要回顾过 100 年大事记以外，至今还没有编纂出版过志书；而多年以来尤其“文革”期间，红十字会史料散失较多，有些资料大多作为词条散见于地方志（如省志）或行业志（如卫生志）中，根本无法完整记录中国红十字会系统 100 余年来的真实情况。作为一个拥有 100 余年悠久历史的组织——中国红十字会应该有一本全面反映自己创建历史和发展现状的志书。这既是增加红十字软实力的需要，也是红十字文化建设的需要。借此通过对中国红十字会历史的系统梳理，可以丰富具有中国特色的红十字文化体系，使志书成为宣传红十字会的载体，成为社会各界认识和了解红十字会的重要渠道。

一、广泛收集资料是编好通志的基础

资料是客观事物各种现象的记录，是为某种需要而收集或编写的材料，是客观情况的具体体现。通常指公开或内部出版的书报、期刊、小册子、简讯、汇编、图表、图纸等。志书资料是指为反映志书记述对象而收集的材料。志书的价值就在于资料，其生命力也在资料，资料是修志工作的基础，贯穿于志书编纂的始终。志书编修工作的开展，资料收集至关重要，需要广泛、大量收集有关红十字会发展的轨迹与脉络、历史与

现状、成就与经验、对策与措施等诸多方面的翔实资料。因此，资料收集的完整与否，是思想性、科学性和资料性相统一的志书的根本，是如实记载红十字史学的重要依据，是编好志书的基础，是关系整个红十字会通志能否全面、客观、系统地反映出中国红十字会100多年历史发展情况的关键，对后人客观评价这一历史时期中国红十字事业发展的成果和经验，起着重要的借鉴作用。前车之鉴、后事之师，资料的收集工作，是编好精品志书的根本和灵魂，没有完整、翔实的历史资料，就不可能编出全面、高质量、体现行业特征的志书。

（一）入志资料的基本要求：

全面：包括纵向和横向两个方面。纵，就是入选资料要“纵不断线”，从红十字事业的发端即“源头”开始记述，直至志书记述的下限。对于记述时限内发生的重要活动、重大事件，出现的重要机构、重要人物等都应如实记述，无重大遗漏。横，就是入选资料要“横不缺要项”。

系统：首先，入志资料要排列有序，统属得当。并以篇、章、节、目等结构形式表现出来。其次，入志资料要完整，入志资料在记述时要做到要素齐全，如时间、地点、人物、原由、事项、结果等，反映事物发生、发展过程的资料要连贯、系统。

准确：红十字通志是传世之作，入志资料准确是基本要求。如人名、地名、机构名、起止时间、事件由来、结果，以及数据、图表等都要认真核实、考证，准确无误，凡出处不明、史实不足的资料不宜入志，有歧义但不可或缺的资料，多说并存。

典型：入志资料要选取具有代表性、典型性和有影响性的，能反映客观规律和事物本质，要注重使用原始资料。

以上各条要求从本质上说就是志书资料的特征，即志书资料具有真实性、准确性、全面性、系统性、代表性和权威性。

（二）入志资料按来源分为以下四种形式：

文字类资料：志书资料主要来源文字资料，而文字资料又主要来源于档案资料、报刊资料和图书资料。文字资料以其数量大、内容丰富而成为编纂志书的重要资料。主要包括档案、报刊、图书、文件、法规、会议记录、章程、总结、文献、论文、报告、简报等文字记录的东西。

音像网络资料：音像网络资料内容生动丰富广泛，具有较强的感观效果，可与其他资料互证，包括照片、地图、光盘、录音带、录像带、网络资料等。随着计算机网络的日益普及和政府信息公开化、透明化程度的不断提高，通过计算机网络获取资料具有快捷、方便、信息量大、资料表现形式多样化等特点。

实物类资料：实物资料是指那些具有历史价值的实物，包括重要遗址、遗迹、遗物、纪念设施、基础设施、文物、地图、照片、光盘、书信、日记、奖状、证章、票据等。

口碑类资料：口碑资料又称“活”资料，是指存在于人们脑海中，流行于人们口头上的资料，能够为一些湮灭的史实提供重要线索，包括回忆录、历史见闻、民歌、民谣、谚语、方言、曲艺、民间故事、遗闻轶事、口传文学、艺术等，通过座谈、采访等形式，从当事人口中得到的亲见、亲闻、亲历的各种资料。这是编纂志书工作不可或缺的重要资料。

二、红十字通志的编纂体裁

志书在我国已有两千多年的历史，隋唐时期为发展时期，宋元时期为定型时期，明清时期为鼎盛时期。新中国方志事业方兴未艾，首次大规模新方志编修是从上世纪 80 年代开始的，中华民族有着编修方志的优良传统。通志的志，是记录、记述、记载的意思，志书最基本的内容由资料构成，同时，它又不同于档案资料，也不同于一般的资料汇编，而是经过对原始资料的综合分析、归纳提炼并按照独特体例编纂后而成的著述。中国红十字会通志就是全面系统地记述本行业系统历史与现状的资料性文献。志与年鉴的不同在于，二者都是记述某地或行业发展的资料性书籍，年鉴一般只记述当年之事，以反映现状为主；而志可以记述上下五千年或断限（上限和下限）时间内历史发展的进程，一般 20 年编修一次。在记述方式上，年鉴的主体是条目，以条目记述事实，一事一条，各条目之间没有统属关系；而志入选资料的记述遵循“事以类从”的原则，篇、章、节、目的分类讲求科学合理，统属得当。年鉴最大的特点是一个“新”字，突出记述上一年度的新情况、新进展、新信息等；而入“志”的资料要求全面、系统，古今兼备，纵不断主线，横不缺要项。

红十字会通志作为记述红十字事业发展变化的载体，其体裁应该是多种并用的，其体裁主要包括述、记、志、传、图、表、录等七种形式，应坚持“以志为主，诸体并用”的原则。

（一）述：述体包括概述、总述、综述，是一个独立的部类，与其他部类是平行并列的关系，不列入章节序列，冠于全书之首。

（二）记：主要是大事记，是专门记述本地或行业大事、要事、新事的门类，不列入章节序列。大事记以重大、特色事件立条，大事得当，要事不漏，记述简明，时间、地点、人物（单位）、结果等要素齐备。行业志大事记放在“志”后，“附录”之前。行业志基本采用“以编年体为主，辅以纪事本末体”。编年体，即按照事件发生的年、月、日顺序逐条记述；纪事本末体，即是完整记述事件的始终。大事记要一事一条，不能数事混杂，要简明扼要，择其精要，以单句表述为宜，主要内容放入志体中详记。大事记的主线要与全志的内容主线相吻合。

（三）志：是志书的主体，占全书 80% 以上的篇幅，志为记述体，分门别类记载某一事物或事业、行业发展和变化的本末详情。志的编纂原则是：

1. 横分门类、纵述原委、纵述史实是志体的基本表现方法。横分门类：就是把行业内方方面面的工作分类列篇、章、节、目。横分要做到门类合理，归属得当，层次分明，排列有序；纵述原委，纵述史实，就是要依时为序，准确地记述本行业在一定历史时空范围内各个方面的基本情况。只能采用“顺叙”，不能“倒叙”、“插叙”、“追叙”、“补叙”。志书通常以“目”为单元进行纵写，从事物的发生、发展、转折、变化，一直写到现状（下限为止）。记述每件史事时，一定要有具体时间。

2. 直书其事，是志体最基本的章法。直书其事，又决定了志体所采用的文体只能是记述体，不能用阐明道理的论说体，讲解知识的说明体，以及总结报告体、文学作品体写法，更不能用议论、评价和虚构等成分。

3. 志书是客观的记述体，“秉笔直书，述而不论，寓褒贬于事实的记述之中”，是编纂志体的重要原则之一。志书忌用第一人称，只能寓意于述，靠史料说话。

4. 行文要简练严谨，不写套话、空话、大话，不滥用形容词、副词等。

5. 应坚持“详近略远，详今略古，详独略同”的原则。

（四）传：主要指人物传，记述人物从生到死整个人生事迹的一种体裁，与人物相关的体裁还有人物传略、人物简介、人物表、人物录等，人物传须坚持生不立传的原则。其内容包括传主的姓名、生卒年月、籍贯、民族、求学情况等生平始末和主要事迹。采用纪实性记述体，不评不论。在世人物的突出事迹，以事系人方式入志。人物也不列入章节序列，是一个独立的部类；

（五）图：即图片，包括照片、图画、地图和结构示意图、统计图等。应注重典型性、资料性，从不同角度反映事物的变化情况。

（六）表：包括各类统计表、人物表、沿革表、事物表、情况表等。表格应包括表序、表题、表体和必要的表注等。表题的时间、范围、主体内容和表格性质等要素齐全。

（七）录：即附录，是收录不宜入志的，而又有必要保留的有参考价值的有关文献资料，包括重要文献辑存，重大事件纪实，优秀诗文选辑，引证史料，重要的经济和科学资料等。涉及章、节内容的附录，放在相关章节后，涉及全局内容的附录，置于全书后。

三、红十字通志的编纂步骤

（一）收集资料阶段。全面系统地征（收、搜）集资料，将各级红十字会（尤其成立时间超过百年的红十字会）从成立至今的各类资料搜集齐全。资料来源包括报纸、期刊、档案、文件、工作总结、技术资料、会议纪要、图书、图片集、文物、口碑、音像、调查报告、实地调查等。

（二）编写长编阶段。（志书的资料长编是指按志书篇目的要求，把征集、搜集上来的原始资料经过归类、筛选、考证鉴别后，以时间顺序进行编排的一种资料形式。它是全面的、系统的、原始的、准确的资料）按照志书编纂要求，在编纂初稿之前，须编辑资料长编。资料长编一事一条，主要包括时间、地点、人物、过程、原因五要素。同时还要按照篇目归类，形成电子版和纸质版两种版本，以便入志出书。

（三）横分竖写阶段。横分以体例划分为：总述与文献、大事记、总会与分会、附录等；竖写以时间划分为，清末、民初，新中国成立、改革开放新时期等四个历史时期。以此横分竖写细化篇章节目，形成本志独有的基本框架内容。

1. 横分以体例划分为：①总述与文献。重点概述一百多年来中国红十字会从无到有、从弱到强，既经历了战争的洗礼，也经历了各种自然灾害考验的艰难历程与光辉业绩。同时集纳新中国成立后历次会员代表大会文献。②大事记。以年月日为计，荟萃集纳全国红十字会系统历史与现状的文图信息，是中国红十字会成立 110 周年的编年史，时间上限为 1904 年 3 月，下限为 2014 年 6 月。③总会与分会。中国红十字会（包括众多成立时间超过百年的省市、县级红十字会）自清末民初从无到有，新中国成立后顺利完成改组，最早参加国际人道主义事务，特别是改革开放新时期的全面发展，其历史沿革、组织机构、工作特色等。④附录。收入所有史上重要的法律法规、人物传记、人员名单、数据图表等。

2. 竖写以时间划分为：①清末。如，1904 年，中国红十字会诞生；1910 年，清政府下谕首任会长，参与战地救护等。②民初。如，1919 年，中国红十字会成为国际红十字运动正式成员；1931 年后，抗日战争期间中国红十字会参与战地救护和难民救治等。③新中国成立。如，1950 年，新中国红十字会第一次全国会员代表大会召开；1952 年，中国红十字会恢复在国际红十字组织的合法席位（这是新中国成立后，中国在国际组织中恢复的第一个合法席位）；参加朝鲜战争战地救护；国际救援；自然灾害救助等。④改革开放新时期。如，1985 年，中国红十字会当选红十字会与红新月会国际联合会执行理事会成员；1993 年，《中华人民共和国红十字会法》颁布施行；1994 年起，国家主席受聘为中国红十字会名誉会长；参与印度洋海啸、海底地震、日本地震等国际救援以及 1998 年洪水、汶川大地震、玉树地震等自然灾害救助及灾后重建等。

（四）送审出版阶段。将成书大样送交编委会审定；同时，提请全国志办的方志专家给予鉴定。将审定的稿件交付出版社，并完成对书稿的校对、清样、印制、出版工作。

（冯志国）

中国红十字会总会及省、自治区、直辖市、铁路、生产建设兵团、特别行政区分会联络方式

●中国红十字会总会

地址：北京市东城区北新桥三条8号

邮编：100007

电话：010—84025890

电子信箱：redcross@chineseredcross.org.cn

中国红十字会网址：http://www.chineseredcross.org.cn

●中国红十字会总会机关服务中心

【联络方式】

地址：北京市东城区北新桥三条8号

邮政编码：100007

电话/传真：010—64023704

电子信箱：redcross@chineseredcross.org.cn

●中国红十字会总会报刊社

【联络方式】

地址：北京市东城区干面胡同43号

邮政编码：100010

《中国红十字报》编辑部电话/传真：010—65254766

《中国红十字报》编辑部电子信箱：editor@cnrcpress.com

《博爱》期刊编辑部电话：010—65254012

《博爱》期刊编辑部电子信箱：editor@cnrcpress.com

中国红十字年鉴编辑部电话/传真：010—65249584

中国红十字年鉴编辑部电子信箱：zhnj2004@yahoo.com.cn

●中国红十字基金会

【联络方式】

地址：北京市东城区干面胡同53号

邮政编码：100010

电话/传真：010—65124154

电子信箱：crcf@crcf.org.cn

网址：http://www.crcf.org.cn

●中国造血干细胞捐献者资料库管理中心

【联络方式】

地址：北京市东城区干面胡同53号

邮政编码：100010

电话：010—65126600

传真：010—65594434

电子信箱：bmb@redcross.org.cn

网址：http://www.cmdp.com.cn/

http://www.bmb.redcross.org.cn/

●中国红十字会总会训练中心

【联络方式】

地址：北京市东城区干面胡同53号

邮政编码：100010

电话：010—65124447（中继线）

电子信箱：dongxiaona2003@ 163. com

●中国红十字会援外物资供应站

【联络方式】

地址：上海市徐汇区桂林路 35 号

邮政编码：200235

电话：021—64750400

●北京市红十字会

地址：北京市宣武区太平街 19 号（陶然亭公园内）

邮编：100050

电话：6355876663556189（传真）

电子信箱：beijing@ redcross. org. cn

网址：www. bjredcross. org. cn

捐赠电话：83558512/83539946/83536017（传真）

接受捐赠户名：北京市红十字会基金管理办公室

开户行：北京商业银行德外支行

账号：7001201050515—81

●北京市东城区红十字会

地址：北京市东城区美术馆后街 12 号楼

联系人：范有余

邮政编码：100010

救助热线：010—64033179/64070652

●北京市宣武区红十字会

地址：宣武区广外鸭子桥路 29 号

联系人：王秀丽

邮政编码：100055

救助热线：010—83975516

●北京市朝阳区红十字会

地址：北京市朝阳区日坛北街 33 号

联系人：周秀玲

邮政编码：100020

救助热线：010—65094673

传真：010—65094674

●北京市通州区红十字会

地址：北京市通州区北大街 124 号（农干培训中心 C 楼 5 层）

联系人：董淑玲

邮政编码：101101

救助热线：010—60514834

●北京市西城区红十字会

通讯地址：北京市西城区白云观北里 6 号楼

联系人：王丽青

邮政编码：100045

救助热线：010—63408072/63493205

●天津市红十字会

地址：天津市和平区陕西路 16 号

邮编：300020

电话：022—27300121

传真：022—27312349

电子信箱：tjredcross@ tjredcross. com

网址：http://www. tjredcross. com/

捐赠电话：022—27300620/27302132（传真）

接受捐赠户名：天津市红十字募捐站

开户行：工行和平路分理处

账号：0302010209034957907

●河北省红十字会

地址：石家庄市合作路 42 号

邮编：050051

电话：0311—85989814

传真：0311—87046792

网址：http://www. hebredcross. org

捐赠电话：0311—85989814/85989812/87046792（传真）

接受捐赠户名：河北省红十字会

开户行：中国银行石家庄泰华支行

账号：00330208091001

●**河北省邯郸市红十字会**

地址：邯郸市陵园路77号邯郸市卫生局转市红十字会

联系人：曹雪梅

邮政编码：056001

救助热线：0310—3013162

传真：0310—3013162

电子信箱：qinging001@163.com

●**河北省西柏坡救援中心（平山县红十字医院）**

地址：河北省平山县建设北大街

联系人：李贵芳

邮政编码：050400

救助热线：0311—82901660

传真：0311—82901660

●**山西省红十字会**

地址：太原市东华门23号

邮政编码：030013

电话：0351—3580815

传真：0351—3580815

电子信箱：zuotong66@163.com

捐赠电话：0351—3580561

接受捐赠户名：山西省红十字会

开户行：中国银行太原市北城支行

账号：40975698092001

●**山西省大同市天镇县红十字会**

地址：山西省大同市天镇县红十字会

联系人：张如升

邮政编码：038200

救助热线：13935263269

●**内蒙古自治区红十字会**

地址：内蒙古呼和浩特市赛汗区昭乌达路352号石油化工研究院六楼

邮编：010010

电话：0471—4961188、4967101

传真：0471—4908610

电子信箱：nmgredcross@nmgredcross.org.cn

网址：http://www.nmgredcross.org.cn

捐赠电话：0471—4932905/4967401/4957549/3336455

接受捐赠户名：内蒙古自治区红十字会

开户行：中国农业银行呼和浩特市鼓楼支行

账号：5—510101040004334

●**内蒙古自治区呼和浩特市红十字会**

地址：内蒙古自治区呼和浩特市新华东街1号市党政机关办公大楼940，941室

联系人：鲁剑钧

邮政编码：010010

救助热线：0471—4606129

传真：0471—4606129

●**内蒙古自治区包头市红十字会**

地址：内蒙古自治区包头市稀土高新区民族东路20号

联系人：丁鹏程

邮政编码：010010

救助热线：0472—5175536

传真：0472—5100229

电子信箱：red@btredcross.org

●**内蒙古自治区包头市昆都仑区红十字会**

地址：内蒙古自治区包头市昆都仑区党政大楼212房

联系人：王东

邮政编码：014010

救助热线：0472—5305336

传真：0472—5310126

●**内蒙古自治区兴安盟红十字会**

地址：内蒙古自治区乌兰浩特市新桥西

街文化楼

联系人：孙海

邮政编码：137400

救助热线：0482—8319090

传真：0482—8319188

电子信箱：xinganmenghonghui@163.com

●内蒙古自治区宁城县红十字会

地址：内蒙古自治区宁城县物资局四楼

联系人：高玉祥

邮政编码：024200

救助热线：0476—4233748

●内蒙古自治区赤峰市红山区红十字会

地址：内蒙古自治区赤峰市红山区昭乌达路南段路东红山区政府院内

联系人：季占东

邮政编码：024000

救助热线：0476—8351117

传真：0476—8351117

●内蒙古自治区克什克腾旗红十字会

地址：内蒙古自治区赤峰市克什克腾旗经棚镇应昌路公路管理1区原办公楼201

联系人：林少岭

邮政编码：025350

救助热线：0476—5230995

传真：0476—5230995

●内蒙古自治区敖汉旗红十字会

地址：内蒙古自治区赤峰市敖汉旗红十字会

联系人：宋成贺

邮政编码：024300

救助热线：0476—4339516

●内蒙古自治区赤峰市红十字会

地址：内蒙古自治区赤峰市红山区鑫刚大厦四楼西侧

联系人：卞涌馨

邮政编码：024000

救助热线：0476—8337590

传真：0476—8337590，8354964

●内蒙古自治区阿鲁科尔沁旗红十字会

地址：内蒙古自治区赤峰市阿鲁科尔沁旗红十字会

联系人：毛景文

邮政编码：025550

救助热线：0476—7232953

传真：0476—7232953

电子信箱：bx000301@yahu.com.cn

●内蒙古自治区赤峰市巴林右旗红十字会

地址：内蒙古自治区赤峰市巴林右旗红十字会

联系人：陈拉坦敖其尔

邮政编码：025150

救助热线：0476—6216698

传真：0476—6216698

●内蒙古自治区林西县红十字会

地址：内蒙古自治区林西县红十字会

联系人：赵凤海

邮政编码：025250

救助热线：0476—5322234

传真：0476—5322234

电子信箱：lxcybsj066@163.com

●内蒙古自治区赤峰市松山区红十字会

地址：内蒙古自治区赤峰松山大街松山区红十字会

联系人：李雪岩

邮政编码：024005

救助热线：0476—8468244

传真：0476—8466252

●辽宁省红十字会

地址：辽宁省沈阳市和平区太原北街2号

邮编：110001

电话：024—23448158

电子信箱：yhy851101@sina.com

捐赠电话：024—23448155/23448158（传真）

接受捐赠户名：辽宁省红十字救助基金

开户行：农行和平广场支行营业厅

账号：182—185001040000460

●辽宁省沈阳市红十字会

地址：辽宁省沈阳市和平区中山路70号新华大厦19层

●辽宁省抚顺市红十字会

地址：辽宁省抚顺市新抚区十二道街5号市政府综合办公楼

邮政编码：113008

电话：0413—2369118

传真：0413—2369116

电子信箱：fsshszh@163.com

网址：www.fshsz.com

●辽宁省大连市红十字会

地址：辽宁省大连市西岗区西安街3号

联系人：乔善春

邮政编码：116011

电话：0411—83693266

传真：0411—83700919

救助热线：0411—83708282

电子信箱：dlredcross@163.com

●辽宁省大连市普兰店市红十字会

地址：辽宁省大连市普兰店市孛兰路北段

联系人：刘作广

邮政编码：116200

救助热线：0411—83125237

传真：0411—83112176

●辽宁省大连市旅顺口区红十字会

地址：大连市旅顺口区黄河路82号

联系人：李学力

邮政编码：116041

救助热线：0411—86395333

传真：0411—86395231

●辽宁省大连市庄河市红十字会

地址：辽宁省大连市庄河市昌盛街

联系人：郭连君

邮政编码：116400

救助热线：0411—89706217

传真：0411—89706196

●辽宁省大连市瓦房店市红十字会

地址：辽宁省大连市瓦房店市西长春路西段

联系人：桑喜超

邮政编码：116300

救助热线：0411—85726843

传真：0411—85687213

●辽宁省大连市金州区红十字会

地址：辽宁省大连市金州区香水路149号

联系人：赵丹

邮政编码：116100

救助热线：0411—87693208

传真：0411—87695407

●辽宁省鞍山市红十字会

地址：辽宁省鞍山市铁东区前进路6号

邮政编码：114002

电话：0412—2516188/2220266

传真：0412—2516177

电子信箱：ashsz—5@163. com

●辽宁省本溪市红十字会

地址：辽宁省本溪市明山区胜利路31号

邮政编码：117000

电话/传真：0414—3890348

电子信箱：bxhonghui@163.com

●辽宁省丹东市红十字会

地址：丹东市滨江中路 66 号佳地广场 A 座 805 室

邮政编码：118000

电话/传真：0415—2131582

电子信箱：dh2131582@163. com

●辽宁省锦州市红十字会

地址：辽宁省锦州市市府路 68 号

邮政编码：121000

电话/传真：0416—3862277

电子信箱：jz. redcross@163. com

●辽宁省营口市红十字会

地址：辽宁省营口市辽河广场 5 号

邮政编码：115000

联系电话：0417—2609924

电子信箱：ykhszh@yahoo. com. cn

●辽宁省阜新市红十字会

地址：辽宁省阜新市海州区矿工大街 25 号

邮政编码：123000

电话：0418—2264233

传真：0418—2260449

电子信箱：fxhszh10@126. com

●辽宁省辽阳市红十字会

地址：辽宁省辽阳市民主路 38 号市人民政府院内

联系人：吴素贤

邮政编码：111000

邮政编码：111000

电话/传真：0419—2122495

电子邮箱：lyhszh@126. com

●辽宁省铁岭市红十字会

地址：辽宁省铁岭市凡河新区金沙江路 38 号

邮政编码：112000

电话：0410—2682099/2682098

电子信箱：tlshszh@163. com

●辽宁省朝阳市红十字会

电话/传真：0421—2630163

电子邮箱：Bai3518@163. com

●辽宁省葫芦岛市红十字会

地址：辽宁省葫芦岛市龙湾大街 15 号

邮政编码：125000

电话/传真：0429—3113334

电子信箱：hszh58@163. com

●辽宁省盘锦市红十字会

地址：辽宁省盘锦市兴隆台区鹤翔路 26 号（市政府第一招待所）101 室

邮政编码：124000

电话：0427—2829866

传真：0427—2829922

电子信箱：pjhszh@sina. com

●吉林省红十字会

地址：吉林省长春市人民大街 1486 号

邮编：130051

电话：0431—8919277

传真：0431—8919277

电子信箱：jlredcross2000@yahoo. com. cn

网址：www. jlredcross. org. cn

捐赠电话（传真）：0431—8906590

接受捐赠户名：吉林省红十字会

开户行：交行营业部

账号：221000601012015147297

●吉林省长春市红十字会

地址：吉林省长春市南关区近埠街 4—2 号

邮政编码：130041

电话：0431—88913749

传真：0431—88913749

电子信箱：cchh8913749@163. com

●吉林省通化市红十字会

地址：吉林省通化市秀泉路702号
邮政编码：134001
电话：0435—3213901
传真：0435—3213901
电子信箱：532501532@qq.com

●吉林省白城市红十字会

地址：吉林省白城市文化东路1号
邮政编码：137000
电话：13943603426
传真：0436—3222035
电子信箱：bcredcross2009@yahoo.com.cn

●黑龙江省红十字会

地址：黑龙江省哈尔滨市南岗区十字街33号
邮编：150008
电话：0451—82729867
传真：0451—82713508
电子信箱：zxp_1958@yahoo.com.cn
捐赠电话：0451—82712120
接受捐赠户名：黑龙江省红十字会
开户银行：交通银行哈尔滨分行革新支行
账号：000662010149750020

●上海市红十字会

地址：上海市延安东路34号甲四楼
邮编：200002
电话：021—63237254
传真：021—63237248
捐赠热线：021—63217999
接受捐赠户名：上海市红十字人道救助基金
开户行：上海交通银行静安支行
账号：066687—00149005337

●上海市黄浦区红十字会

地址：上海市黄浦区延安东路300号一号楼西三楼
邮政编码：200001
电话：021—63365880
传真：021—63280410
电子信箱：huanghongshizi@126.com

●上海市卢湾区红十字会

地址：上海市卢湾区马当路365号二楼
邮政编码：200025
电话/传真：021—53060138

●上海市静安区红十字会

地址：上海市愚园路300号2303、2305室
邮政编码：200040
电话：021—62521077
传真：021—62401617
电子邮箱：jingan_red@163.com

●上海市徐汇区红十字会

地址：上海市徐汇区漕溪北路336号综合办公楼108室
邮政编码：200030
电话/传真：021—64647403
电子邮箱：honghui@xh.sh.cn

●上海市长宁区红十字会

地址：上海市长宁区云雾山路39号902室
邮政编码：200051
电话：021—52064615
传真：021—52064612
网址：www.cn—redcross.com

●上海市浦东新区红十字会

地址：浦东新区德平路289号邮政大厦16楼
邮政编码：200136
电话：021—50342784
传真：021—58467172
电子邮箱：rill18@hotmail.com

网址：www.cnredcross.org

●**上海市普陀区红十字会**

地址：大渡河路 1168 号 2 号楼 527 室

邮政编码：200333

电话：021—52564588 转 7550

传真：021—52835077

电子邮箱：ptqhh@126.com

网址：www.ptrcsh.org.cn

●**上海市杨浦区红十字会**

地址：上海市杨浦区榆林路 707 号

邮政编码：200082

电话/传真：021—25033612

电子邮箱：yphonghui@126.com

●**上海市闸北区红十字会**

地址：上海市闸北区办公地点洛川东路 151 号四楼

邮政编码：200072

电话：021—56338686

传真：021—56338686

电子邮箱：zbredcross@sina.com

●**上海市虹口区红十字会**

地址：上海市虹口区唐山路 902 号一号楼 215 室

邮政编码：200082

电话：021—65418397

传真：021—65418395

电子信箱：hkhh888@163.com

●**上海市闵行区红十字会**

地址：上海市莘东路 521 号北二楼 217—219 室

联系人：康蓓蕾

邮政编码：200240

救助热线：021—64926562

●**上海市宝山区红十字会**

地址：上海市樟岭路 2 号北五楼 508 室

联系人：冯海林

邮政编码：201900

救助热线：021—66785796

●**上海市嘉定区红十字会**

地址：上海市南大街 272 号

联系人：宋培令

邮政编码：201800

救助热线：021—59530302

●**上海市金山区红十字会**

地址：上海市石化卫二路 429 号 2 号楼 201—204

联系人：薛美华

邮政编码：201500

救助热线：021—57932132

●**上海市青浦区红十字会**

地址：上海市青浦区青舟路 200 号民防综合大楼五楼（区教育局东南侧）501—507 室

联系人：张国成

邮政编码：201700

救助热线：021—69735509

●**上海市松江区红十字会**

地址：上海市中山中路 38 号

联系人：潘益时

邮政编码：201600

救助热线：021—57718101

●**上海市南汇区红十字会**

地址：上海市惠南镇卫星东路 145 号（金汇广场内）

联系人：宋辰

邮政编码：201300

救助热线：021—68006816

●**上海市奉贤区红十字会**

地址：上海市南桥镇大寺路 15 号

联系人：陆艳

邮政编码：201300

救助热线：021—67116623

●上海市崇明县红十字会

地址：上海市城城桥镇一江山路616号

联系人：黄萍

邮政编码：202150

救助热线：021—69693647

●江苏省红十字会

地址：江苏省南京市中山北路49号机械大厦12B楼

邮编：210008

电话：025—57713291

传真：025—57713271

电子信箱：njhn2000@yahoo.com.cn

网址：www.jsredcross.org.cn

捐赠电话：025—57717090/57714527/57713898

传真：025—57717090/57713271。

接受捐赠户名：江苏省红十字会

开户行：中国光大银行南京分行中山北路支行

账号：077340100304014063

●江苏省南京市红十字会

地址：江苏省南京市北京东路43号—1

联系人：周毅

邮政编码：210008

救助热线：025—83612986

传真：025—83612907

电子信箱：njredcross@163.com

●江苏省苏州市红十字会

地址：江苏省苏州市竹辉路510号

邮政编码：215007

电话：0512—65234329

电子信箱：wy_sz@163.com

●江苏省无锡市红十字会

地址：江苏省无锡市新金匮路1号市民中心7号楼一层

邮政编码：214131

电话/传真：0510—81827323

电子信箱：hszhgyq@163.com

●江苏省常州市红十字会

地址：江苏省常州市健身路27号

邮政编码：213003

电话：0519—88155025

电子信箱：zxtshj@163.com

●江苏省镇江市红十字会

地址：江苏省镇江市运河路81号

邮政编码：212003

电话/传真：0511—85019820

电子信箱：jjfjjf2008@yeah.net

●江苏省扬州市红十字会

地址：江苏省扬州市文昌中路460号

邮政编码：225001

电话：0514—87363301

电子信箱：yz_hszh@126.com

●江苏省泰州市红十字会

地址：江苏省泰州市永泰路318号

邮政编码：225300

电话：0523—86393229

电子信箱：chqi6393202@yahoo.com

●江苏省南通市红十字会

地址：江苏省南通市青年中路109号

邮政编码：226006

电话：0513—85053656

电子邮信箱：ntshszh@163.com

●江苏省徐州市红十字会

地址：江苏省徐州市泰山路东坡花园8号楼

邮政编码：221009

电话：0516—83861577
电子信箱：83861577@163. com

●江苏省淮安市红十字会

地址：江苏省淮安市西安路 168 号
邮政编码：223001
电话：0517—83656180/83656190
电子邮箱：sjh619@163. com

●江苏省盐城市红十字会

地址：江苏省盐城市开放大道 79 号
邮政编码：224002
电话：0515—88335631、88246518
电子信箱：ychszh@yeah. net

●江苏省连云港市红十字会

地址：江苏省连云港市新浦区苍梧路 41 号
邮政编码：222006
电话：0518—85625152
电子信箱：lygredcross@126. com

●江苏省宿迁市红十字会

地址：江苏省宿迁市千岛湖路 3 号
邮政编码：223800
电话：0527—84366803
电子信箱：sqhszh@126. com

●江苏省溧阳市红十字会

地址：江苏省溧阳市南环路 18 号
联系人：王东育
邮政编码：213300
救助热线：0519—7269371
传真：0519—7269371

●江苏省常熟市红十字会

地址：江苏省常熟市环城东路 64 号
联系人：张伟怡
邮政编码：215500
救助热线：0512—52713169

●江苏省张家港市红十字会

地址：江苏省张家港市东环路 3 号
联系人：顾一文
邮政编码：215600
救助热线：0512—58987103
传真：0512—58987107

●江苏省太仓市红十字会

地址：江苏省太仓市县府街 10 号
联系人：黄淑娟
邮政编码：215400
救助热线：0512—53523246
传真：0512—53523246

●江苏省吴江市红十字会

地址：江苏省吴江市笠泽路 138 号
联系人：吴恒菁
邮政编码：215200
救助热线：0512—63488362
传真：0512—63482313

●江苏省昆山市红十字会

地址：江苏省昆山市同丰西路 458 号
联系人：刘超英
邮政编码：215300
救助热线：0512—57366380
传真：0512—57366380

●江苏省平江区红十字会

地址：江苏省苏州市皮市街 228 号—230 号
联系人：任芳
邮政编码：215005
救助热线：0512—67273047
传真：0512—67296318

●江苏省苏州市沧浪区红十字会

地址：江苏省苏州市十梓街 389 号
联系人：宁咏梅
邮政编码：215006
救助热线：0512—65245974

●江苏省苏州市金阊区红十字会

地址：江苏省苏州市广济南路268号

联系人：钟梅

邮政编码：215008

救助热线：0512—65337046

传真：0512—65336728

●江苏省苏州市虎丘区红十字会

地址：江苏省苏州市运河路8号

联系人：徐娟梅

邮政编码：215011

救助热线：0512—68093978

传真：0512—68254358

●江苏省苏州市相城区红十字会

地址：江苏省苏州市相城区行政中心10号楼

联系人：孙秀珍

邮政编码：215131

救助热线：0512—85182662

传真：0512—85182662

●江苏省苏州市吴中区红十字会

地址：江苏省苏州市吴中东路101号

联系人：仰惠娟

邮政编码：215128

救助热线：0512—65271619

传真：0512—65271619

●江苏省丹阳市红十字会

地址：江苏省丹阳市云阳镇健康路丹阳市卫生局内

联系人：徐子洋

邮政编码：212300

救助热线：0511—6521120

传真：0511—6522253

●江苏省通州市红十字会

地址：江苏省通州市金沙镇建设路93号

联系人：邹宪章

邮政编码：226300

救助热线：0513—6514487/6116355

传真：0513—6514487

●浙江省红十字会

地址：浙江省杭州市秋涛北路324号

邮政编码：310020

电话/传真：0571—86466691

邮箱：zjhhzxc@163.com

网址：http://www.zjredcross.org.cn/

电子信箱：zfc@zjredcross.org.cn

fhp@zjredcross.org.cn

开户行：中国工商银行杭州市武林支行

银行账号：1202024309014402947

开户名：浙江省红十字会

●浙江省杭州市红十字会

地址：浙江省杭州市孝女路2号

邮政编码：310006

电话/传真：0571—87070879

邮箱：hzhsz188@163.com

网址：http://www.hangzhouredcross.org/

●浙江省杭州市上城区红十字会

地址：浙江省杭州市上城区华藏寺巷21幢6楼

联系人：方关行

邮政编码：310009

救助热线：0571—87010063

传真：0571—87010063

●浙江省杭州市下城区红十字会

地址：浙江省杭州市下城区竹竿巷8号5楼

联系人：王其伟

邮政编码：310006

救助热线：0571—87067026

传真：0571—87067026

●浙江省杭州市西湖区红十字会

地址：浙江省杭州市西湖区外东山弄32号3楼

联系人：齐红

邮政编码：310013

救助热线：0571—87993799

传真：0571—87993799

●浙江省杭州市拱墅区红十字会

地址：浙江省杭州市拱墅区拱宸桥台州路1号1210室

联系人：李健

邮政编码：310015

救助热线：0571—88259738

传真：0571—88259738

●浙江省杭州市江干区红十字会

地址：浙江省杭州市江干区庆春东路1号北6楼

联系人：张静

邮政编码：310016

救助热线：0571—86974929

传真：0571—86974929

●浙江省杭州市滨江区红十字会

地址：浙江省杭州市滨江区行政中心社发局内

联系人：陈冠英

邮政编码：310051

救助热线：0571—87702089

传真：0571—87702091

●浙江省杭州市萧山区红十字会

地址：浙江省杭州市萧山城厢街道崇化63幢2号

联系人：孙先传

邮政编码：311200

救助热线：0571—82680241

传真：0571—82678800

●浙江省杭州市余杭区红十字会

地址：浙江省杭州市余杭区临平将军殿弄

联系人：朱坤地

邮政编码：311100

救助热线：0571—86238954

传真：0571—86238954

●浙江省杭州市临安市红十字会

地址：浙江省杭州市临安市政府内

联系人：谢壮红

邮政编码：311300

救助热线：0571—63746266

传真：0571—63734290

●浙江省杭州市富阳市红十字会

地址：浙江省杭州市富阳镇桂花路17—4

联系人：吴炽华

邮政编码：311400

救助热线：0571—63317264

传真：0571—63317264

●浙江省杭州市桐庐县红十字会

地址：浙江省杭州市桐庐县桐庐镇劳动路

联系人：黄秀雄

邮政编码：311500

救助热线：0571—64627087

传真：0571—64627087

●浙江省杭州市建德市红十字会

地址：浙江省杭州市建德市新安江镇江滨路1号

联系人：陈伯乐

邮政编码：311600

救助热线：0571—64720075

传真：0571—64720075

●浙江省杭州市淳安县红十字会

地址：浙江省杭州市淳安县千岛湖镇行岗路1号

联系人：余衍贵

邮政编码：311700

救助热线：0571—64825991

传真：0571—64812246

●浙江省宁波市红十字会

地址：浙江省宁波市永丰路237号

邮政编码：315010

电话/传真：0574—87254349

电子信箱：nbhh090101@126. com

网址：http://www. nbredcross. org. cn/

●浙江省温州市红十字会

地址：浙江省温州市车站大道625号二楼

邮政编码：325000

电话：0577—88159605

传真：0577—88159607

网址：http://www. wzredcross. org/

●浙江省瑞安市红十字会

地址：浙江省瑞安市安阳新区市政府大院综合楼314—318室

联系人：周锦文

邮政编码：325200

救助热线：0577—65812900

传真：0577—65828179

电子信箱：rahszh@163. com

●浙江省湖州市红十字会

地址：浙江省湖州市青太路915号

邮政编码：313000

电话：0572—2760067

传真：0572—2760063

邮箱：hzredcross@126. com

网址：http://www. hzredcross. org. cn/

●浙江省嘉兴市红十字会

地址：浙江省嘉兴市文桥路486号

邮政编码：314050

电话：0573—83938803

传真：0573—83938811

邮箱：jxhszh@sina. com

网址：http://www. jxhsz. org. cn/

●浙江省绍兴市红十字会

地址：浙江省绍兴市区新建北路16号

邮政编码：312000

电话：0575—85080564

传真：0575—85080565

网址：http://www. shaoxingredcross. org. cn/

●浙江省金华市红十字会

地址：浙江省金华市永康街369号

邮政编码：321017

电话/传真：0579—82118892

网址：http://www. redcrossjh. org. cn/

●浙江省衢州市红十字会

地址：浙江省衢州市荷二路109号

邮政编码：324002

电话/传真：0570—3081875

电子信箱：sxp1130@163. com

网址：http://www. qzredcross. org. cn/

●浙江省舟山市红十字会

地址：浙江省舟山市定海区新桥路355号

邮政编码：316000

电话/传真：0580—2612297

电子信箱：zshhgwxx@163. com

网址：http://www. zhoushanredcross. org. cn/

●浙江省台州市红十字会

地址：浙江省台州市东海大道608号

邮政编码：318000

电话：0576—88536386

传真：0576—88536399

●**浙江省丽水市红十字会**

地址：浙江省丽水市花园路1号

邮政编码：323000

电话：0578—2091956

传真：0578—2091956

电子信箱：hszh@lishui.gov.cn

网址：http://hszh.lishui.gov.cn/

●**安徽省红十字会**

地址：合肥市长江中路221号

邮编：230001

电话：0551—2601935

传真：0551—2601935

网址：http://www.96399.org

电子信箱：anhuirc@sohu.com

救灾救助热线：0551—96399

造血干细胞捐赠热线：0551—96399

开户行：中国工商银行合肥市四牌楼支行

银行账号：1302010109008828152

开户名：安徽省红十字会

●**安徽省宿州市红十字会**

地址：安徽省宿州市淮海路77号

联系人：徐淑敏

邮政编码：234000

救助热线：0557—3022805

传真：0557—3022805

电子信箱：szredcross@163.com

●**安徽省马鞍山市红十字会**

地址：安徽省马鞍山市佳山路梨苑1号卫生大厦8层

联系人：何少锋

邮政编码：243000

救助热线：0555—2366511

传真：0555—2366518

电子信箱：wsjhhb@hotmail.com

●**安徽省当涂县红十字会**

地址：安徽省当涂县姑孰镇提署东路177号

联系人：姚卫东

邮政编码：243100

救助热线：0555—6720601

传真：0555—6711256

●**安徽省六安市叶集改革发展试验区红十字会**

地址：安徽省六安市叶集改革发展试验区卫生局

联系人：台德学

邮政编码：237431

救助热线：0564—6497210

传真：0564—6497210

电子信箱：yshyujn@mail.la.ah163.net

●**安徽省六安市红十字会**

地址：安徽省六安市卫生局内

联系人：沈永平

邮政编码：237001

救助热线：0564—3379206

传真：0564—3379206

电子信箱：luho_2005@yahoo.com.cn

●**安徽省黄山市红十字会**

通讯地址：安徽省黄山市屯溪区北海路174号

联系人：张松

邮政编码：245000

救助热线：0559—2353644

传真：0559—2353644

电子信箱：zhso721@yahoo.com

●**安徽省黄山市黟县红十字会**

地址：安徽省黄山市黟县广安路1号

联系人：张华旗
邮政编码：245500
救助热线：0559—5522044
传真：0559—5522187
电子信箱：wsj2004@ yahoo. com. cn

●安徽省黄山市徽州区红十字会

地址：安徽省黄山市徽州区黄山路233号
联系人：王海波
邮政编码：245061
救助热线：0559—3511900
传真：0559—3582093
电子信箱：huizhouhonghui@ 126. com

●安徽省黄山市黄山区红十字会

地址：安徽省黄山市黄山区红十字会办公室
联系人：胡菊萍
邮政编码：245700
救助热线：0559—8530368
传真：0559—8532412

●安徽省芜湖市红十字会

地址：安徽省芜湖市渡春路2号
联系人：曹林
邮政编码：241000
救助热线：0553—3837406
传真：0553—3837406
电子信箱：caolin68@ 163. com

●安徽省芜湖县红十字会

地址：安徽省芜湖县湾址镇芜湖南路延伸段8号
联系人：施斌生
邮政编码：241100
救助热线：0553—8810942
传真：0553—8810947

●安徽省繁昌县红十字会

地址：安徽省繁昌县繁阳镇中心花园6号
联系人：王赋斌
邮政编码：241200
救助热线：0553—7872350
传真：0553—7872350
电子信箱：fcxwsjbgs@ yahoo. com. cn

●安徽省芜湖市镜湖区红十字会

地址：安徽省芜湖市北京东路97号镜湖区政府大楼二楼
联系人：章建中
邮政编码：241000
救助热线：0553—3122059
传真：0553—3122012

●安徽省芜湖市新芜区红十字会

地址：安徽省芜湖市长江路35号新芜区政府卫生区内
联系人：王秀芝
邮政编码：241000
救助热线：0553—3878584
传真：0553—3878584
电子信箱：whksy@ kwq. gov. cn

●安徽省芜湖市马塘区红十字会

地址：安徽省芜湖市利民路418号（马塘区政府内）
联系人：孙建新
邮政编码：241000
救助热线：0553—4835375
传真：0553—4835375

●安徽省全椒县红十字会

地址：安徽省全椒县外环路卫生局大楼
联系人：张文金
邮政编码：239500
救助热线：0550—5197001
电子信箱：qjredcross@ 163. com

●安徽省明光市红十字会

地址：安徽省明光市红十字会

联系人：张献奎

邮政编码：239400

救助热线：0550—8021454

传真：0550—8021454

●安徽省定远县红十字会

地址：安徽省定远县定城镇曲阳大街北段

联系人：张洪

邮政编码：233200

救助热线：0550—4021317

传真：0550—4021317

●安徽省来安县红十字医院

通讯地址：安徽省来安县第二人民医院

联系人：温月发

邮政编码：239236

救助热线：0550—5960627

传真：0550—5960499

●安徽省凤阳县红十字会

地址：安徽省凤阳县红十字会（府城镇洪武路26号）

联系人：顾守斌

邮政编码：233100

救助热线：0550—6711955

传真：0550—6721706

●安徽省天长市红十字会

地址：安徽省天长市卫生局办公楼内

联系人：朱玉刚

邮政编码：239300

救助热线：0550—7042635

传真：0550—7042639

●安徽省滁州市红十字会

地址：安徽省滁州市委大院048信箱

联系人：史庆荣

邮政编码：239000

救助热线：0550—3034831

传真：0550—3034831

●安徽省滁州市琅琊区红十字会

地址：安徽省滁州市琅琊路102号

联系人：刘文章

邮政编码：239000

救助热线：0550—3012051

传真：0550—3012051

●福建省红十字会

地址：福建省福州市湖前路58号

邮政编码：350001

电话：0591－8784185087841854

传真：0591—87835854

电子信箱：fujian@redcross.org.cn

网址：www.fjredcross.org.cn

捐赠电话：0591－87841804

接受捐赠户名：福建省红十字会博爱工程基金

开户行：中国银行福州鼓屏支行

账号：811100486508094001

●福建省福州市红十字会

地址：福州市鼓楼区鼓屏路27号承恩楼8层

邮政编码：350001

电话/传真：0591—87610320

电子信箱：hongshizi2006@sina.com

●福建省厦门市红十字会

地址：厦门市湖滨四里64号之一湖光大厦2—3楼

邮政编码：361004

电话/传真：0592—2102282

电子信箱：xmhsz@sohu.com

●福建省漳州市红十字会

地址：芗城区胜利西路118号市政府大

院22号楼1楼

邮政编码：363000

电话/传真：0596—2022018

电子信箱：zzhszh@126.com

●福建省泉州市红十字会

地址：泉州市政府机关大院4号楼417

邮政编码：362000

电话：0595—22382589

电子信箱：qzredcross@126.com

●福建省三明市红十字会

地址：三明市梅列区红岩新村23幢3楼

邮政编码：365000

电话/传真：0598—8261243

电子信箱：smhszh@sina.com

●福建省莆田市红十字会

地址：莆田市市政府3号楼1层123室

邮政编码：351100

电话/传真：0594—2231519

电子信箱：ptshh@126.com

●福建省南平市红十字会

地址：福建省南平市八一路421号

邮政编码：353000

电话/传真：0599—8837920

电子信箱：nphszh@126.com

●福建省龙岩市红十字会

会址：龙岩市新罗区和平路18号

邮政编码：364000

电话/传真：0597—2311913

电子信箱：lyshszh@sina.com

●福建省宁德市红十字会

地址：宁德市蕉城区署前路7号

邮政编码：352100

电话/传真：0593—2823594

电子信箱：ndshszh@163.com

●江西省红十字会

地址：江西省政府大院内西二路10号2楼

邮政编码：330046

电话：0791—6250075

传真：0791—6252815

网址：www.jxredcross.org.cn

电子信箱：jx_hsz@sina.com

救助热线：0791—6210586

接受捐赠户名：江西省红十字会

开户行：中国工商银行南昌市省政府大院分理处

帐号：1502206509024926606

●江西省上饶市红十字会

地址：江西省上饶市滨江东路7号（赣印3楼）

联系人：刘春英

邮政编码：334000

救助热线：0793—8239193

传真：0793—8239193

●江西省上饶县红十字会

地址：江西省上饶县红十字会

联系人：林建华

邮政编码：334100

救助热线：0793—8441490

●江西省广丰县红十字会

地址：江西省广丰县红十字会

联系人：蒋丽涛

邮政编码：334600

救助热线：0793—2632566

●江西省玉山县红十字会

地址：江西省玉山县红十字会

联系人：吴柏巨

邮政编码：334700

救助热线：0793—2557314

●江西省横峰县红十字会
地址：江西省横峰县红十字会
联系人：唐智明
邮政编码：334300
救助热线：0793—5785702

●江西省铅山县红十字会
地址：江西省铅山县红十字会
联系人：卢松瑞
邮政编码：334500
救助热线：0793—5329910

●江西省弋阳县红十字会
地址：江西省弋阳县红十字会
联系人：方文生
邮政编码：334400
救助热线：0793—5883150

●江西省德兴市红十字会
地址：江西省德兴市红十字会
联系人：詹赤钢
邮政编码：334200
救助热线：0793—7511802

●江西省鄱阳县红十字会
地址：江西省鄱阳县红十字会
联系人：黄松泉
邮政编码：333100
救助热线：0793—6270325

●江西省余干县红十字会
地址：江西省余干县红十字会
联系人：王旺水
邮政编码：335100
救助热线：0793—3203040

●江西省万年县红十字会
地址：江西省万年县红十字会
联系人：张万春
邮政编码：335500
救助热线：0793—3832619

●江西省婺源县红十字会
地址：江西省婺源县红十字会
联系人：程红亮
邮政编码：333200
救助热线：0793—7351890

●江西省南昌市西湖区红十字会
地址：江西省南昌市西湖区万福寺 18 号（西湖区政府内）
联系人：王敏
邮政编码：330025
救助热线：0791—6597497
传真：0791—6597497
电子信箱：xhqwsj@163. com

●江西省赣州市章贡区红十字会
地址：江西省赣州市阳明路 26 号
联系人：廖琦
邮政编码：341000
救助热线：0797—8296337
传真：0797—8298254

●江西省宜春市红十字会
地址：江西省宜春市红十字会（市政府办公楼 6 楼）
联系人：吴海瑢
邮政编码：336000
救助热线：0795—3286985
传真：0795—3286985
电子信箱：whr0602@yahoo. com. cn

●江西省新余市红十字会
地址：江西省新余市堎上路 218 号
联系人：柳莲英
邮政编码：338000
救助热线：0790—6457001
传真：0790—6423322
电子信箱：hxm5766@sina. com

●江西省南昌市红十字会

地址：江西省南昌市民德路411号院内9号楼一楼

联系人：李安海

邮政编码：330008

救助热线：0791—6776042

传真：0791—6787359

●江西省萍乡市红十字会

地址：江西省萍乡市芙蓉宾馆907室

联系人：杨爱民

邮政编码：337000

救助热线：0799—6879182

传真：0799—6879182

●江西省崇义县红十字会

地址：江西省崇义县城章源大道1511号

联系人：郭运君

邮政编码：341300

救助热线：0797—3812459

传真：0797—3820101

电子信箱：cxcycws@126.com

●江西省景德镇市红十字会

地址：江西省景德镇市珠山路原市政府大院内

联系人：陈琦

邮政编码：333000

救助热线：0798—8223040

传真：0798—8223040

●江西省乐平市红十字会

地址：江西省乐平市卫生局

联系人：吴晓琴

邮政编码：333300

救助热线：0798—6214292

传真：0798—6214287

●江西省南昌市进贤县红十字会

地址：江西省进贤凤凰街108号

联系人：胡荣华

邮政编码：331700

救助热线：0791—5665211/2802361

传真：0791—7077055

●江西省赣州市红十字会

地址：江西省赣州市新赣南路5号

联系人：张燕萍

邮政编码：341000

救助热线：0797—8239114

传真：0797—8239114

●江西省九江市红十字会

地址：江西省九江市滨湖路7号

联系人：金衍荣

邮政编码：332000

救助热线：0792—8227693

传真：0792—8227693

电子信箱：honghui@jiujiang.gov.cn

●江西省浔阳区红十字会

地址：江西省浔阳区政府院内

联系人：高云霞

邮政编码：332000

救助热线：0792—8115421

●江西省庐山区红十字会

地址：江西省九江市十里大道1480号

联系人：钱振华

邮政编码：332000

救助热线：0792—8251369

●江西省九江县红十字会

地址：江西省九江县二中路

联系人：韦红兵

邮政编码：332100

救助热线：0792—6819622

传真：0792—6819622

●江西省庐山红十字会

地址：江西省庐山管理局院内

联系人：张婷
邮政编码：332900
救助热线：0792—8288379

●江西省瑞昌市红十字会

地址：江西省瑞昌市赤乌路 111 号
联系人：刘瑞萍
邮政编码：332200
救助热线：13317921383

●江西省武宁县红十字会

地址：江西省武宁县交通路 175 号
联系人：刘合雄
邮政编码：332300
救助热线：0792—2772801
传真：0792—2772801

●江西省修水县红十字会

地址：江西省修水县凤凰路 29 号
联系人：彭建宁
邮政编码：332400
救助热线：0792—7226479

●江西省永修县红十字会

地址：江西省永修县西二路
联系人：陈龙
邮政编码：330300
救助热线：0792—3223619

●江西省德安县红十字会

地址：江西省德安县东风路 60 号
联系人：熊礼宾
邮政编码：330400
救助热线：0792—4360712

●江西省星子县红十字会

地址：江西省星子县匡庐路 282 号
联系人：熊元星
邮政编码：332800
救助热线：0792—2670836

●江西省都昌县红十字会

地址：江西省都昌县东风大道 130 号
联系人：曹仁元
邮政编码：332600
救助热线：0792—5232766

●江西省彭泽县红十字会

地址：江西省彭泽县龙城大道 830 号
联系人：查义秀
邮政编码：332700
救助热线：0792—5663852

●江西省湖口县红十字会

地址：江西省湖口县三星大道
联系人：沈国华
邮政编码：332500
救助热线：0792—6326710

●江西省共青经济开发区红十字会

地址：江西省共青社会发展局内
联系人：王晓光
邮政编码：332020
救助热线：0792—4357661

●江西省庐山区红十字医院

地址：江西省九江市三里街 114 号
联系人：梅翠霞
邮政编码：332000
救助热线：0792—8580792
传真：0792—8580792
电子信箱：haolonghsjhr@126. com

●江西省武宁县红十字会急救中心

地址：江西省武宁县建设路 5 号
联系人：罗会晏
邮政编码：332300
救助热线：0792—999
传真：0792—2767586

●山东省红十字会

地址：山东省济南市青年东路 1 号
邮编：250011
电话：0531—86908197
传真：0531—86917935

电子信箱：shandong@ sdredcross. org
网址：www. sdredcross. org. cn
捐赠电话：0531—86917935
开户行：济南市工商银行历下区分行支行
账号：1602003009008827157

●山东省青岛市红十字会

地址：山东省青岛市隆德路9号
联系人：岳立成
邮政编码：266071
救助热线：0532—85976999

●山东省威海市红十字会

地址：山东省威海市青岛北路28号
联系人：张萍
邮政编码：264200
救助热线：0631—5300001

●山东省济南市红十字会

地址：山东省济南市经二纬六路10号
联系人：刘成海
邮政编码：250021
救助热线：0531—87081598

●山东省济宁市红十字会

地址：山东省济宁市吴泰闸105号
联系人：谢龙利
邮政编码：272000
救助热线：0537—3151999

●山东省即墨市红十字会

地址：山东省即墨市振华街144号
联系人：杨洪信
邮政编码：266200
救助热线：0532—88519999
传真：0532—88519999
电子信箱：jmredcross@ 163. com

●青岛经济技术开发区（黄岛区）红十字会

地址：青岛经济技术开发区长江中路369号509室
联系人：宋森
邮政编码：266555
救助热线：0532—86988663
传真：0532—86988666

●山东省青岛市崂山区红十字会

地址：山东省青岛市苗岭路15号
联系人：赵增顺
邮政编码：266061
救助热线：0532—88962951
传真：0532—88962950

●山东省胶南市红十字会

地址：山东省胶南市珠海路51号
联系人：王磊
邮政编码：266400
救助热线：0532—86169110
传真：0532—86175390
电子信箱：jnnsnzn@ 126. com

●山东省莱西市红十字会

地址：山东省莱西市威海东路19号
联系人：孙秀凤
邮政编码：266600
救助热线：0532—81879762
传真：0532—88468700

●河南省红十字会

地址：郑州市政七街32号
邮编：450003
电话：0371—65955321
传真：0371—65961296
电子信箱：hnredcross200586@ sina. com
网址：www. henanredcross. org
捐赠电话：0371—65944750/65944729/65961296（传真）
接受捐赠户名：河南省红十字会
开户行：浦东发展银行郑州分行健康路

支行

账号：65376040154900000061

●河南省郑州市红十字会

地址：河南省郑州市嵩山南路南段1号

邮政编码：450007

电话/传真：0371—67170800

电子信箱：haifang22@126.com

●河南省开封红十字会

地址：河南省开封金明大道南段卫生局院内409室

邮政编码：475004

电话/传真：0378—3861011

电子信箱：kfrcbgs@163.com

●河南省洛阳市红十字会

地址：河南省洛阳市中州西路30号

邮政编码：471003

电话/传真：0379—63930639

电子信箱：zrs222@126.com

●河南省平顶山市红十字会

邮政编码：467000

电话/传真：0375—4976031

电子信箱：hszh18886@126.com

●河南省安阳市红十字会

地址：河南省安阳市东风路25号

邮政编码：455000

电话：0372—5918897

传真：0372—5963333

电子信箱：ayshszh@126.com

●河南省鹤壁市红十字会

地址：河南省鹤壁市淇滨区九州路中段市卫生局红十字会

邮政编码：458000

电话/传真：0392—3321061

电子信箱：hbsyxhhmd@163.com

●河南省新乡市红十字会

地址：河南省新乡市卫滨区一横街63号人民医院临街楼3楼

邮政编码：453000

电话/传真：0373—2616999

电子信箱：xxshszh@163.com

●河南省焦作市红十字会

地址：河南省焦作市人民路阳光大厦

邮政编码：454000

电话：0391—3933224

传真：0391—3933224

电子信箱：jzshszh123@126.com

●河南省濮阳市红十字会

地址：河南省濮阳市开州路8号

邮政编码：457000

电话/传真：0393—4411354

电子信箱：py4411354@126.com

●河南省许昌市红十字会

地址：河南省许昌市前进路39号市卫生局三楼

邮政编码：461000

电话：0374—2335435

传真：0374—2335435

电子信箱：xcshszh@126.com

网站：www.xchsz.com

●河南省漯河市红十字会

地址：河南省漯河市天山路疾病预防控制中心一楼

邮政编码：462000

电话：0395—3196686/3196689

传真：0395—3196689

电子信箱：luoherc@163.com

●河南省三门峡市红十字会

地址：河南省三门峡市崤山路中段35号

邮政编码：472000
传真：0398—2846900
电子信箱：smxshszh@163. com

●河南省南阳市红十字会

电话/传真：0377—63892786
电子信箱：mqh1225@126. com

●河南省商丘市红十字会

地址：河南省商丘市凯东四街271号
邮政编码：476000
传真：0370—2315019
电子信箱：sqshszh@126. com

●河南省信阳市红十字会

地址：河南省信阳市羊山新区市行政中心3号楼3421房间
邮政编码：464000
电话：0376—6365216
传真：0376—6560127
电子信箱：xyshszhbgs@126. com
网址：http://www. xinyangredcross. org

●河南省周口市红十字会

地址：河南省周口市七一路人民政府
邮政编码：46600
电话：0394—8205286
传真：0394—8285299/8205115

●河南省驻马店市红十字会

地址：河南省驻马店市解放路283号
电话：0396—3666366/3666362
电子信箱：zlkk006@163. com/zmdshszh@163. com

●河南省济源市红十字会

地址：河南省济源市综合行政区3号楼2楼
邮政编码：459000
电话：0391—6633447
传真：0391—6633411
电子信箱：hnjyhsz@126. com

●湖北省红十字会

地址：武汉市武昌区水果湖洪山则路63号茶港小区写字楼9层
邮编：430071
电话：027—87325005
传真：027—87325268
电子信箱：hbredcroess@yahoo. com. cn
接受捐赠户名：湖北省红十字会
开户行：中国银行刘家湾支行
账号：13044108094001

●湖北省武汉市红十字会

地址：湖北省武汉市江岸区胜利街155号
联系人：刘彤
邮政编码：430014
救助热线：027—82835768

●湖北省黄石市红十字会

地址：湖北省黄石市武汉路203号
联系人：程燕莉
邮政编码：435000
救助热线：0714—6221833
传真：0714—6259440
电子信箱：chyl1963@sina. com

●湖北省石首市红十字会

通讯地址：湖北省石首市文峰路
联系人：赖光平
邮政编码：434400
救助热线：0716—7273437
传真：0716—7277268

●湖北省大冶市红十字会

通讯地址：湖北省大冶市保康巷26号卫生局
联系人：王如意
邮政编码：435100
救助热线：0714—8719105

传真：0714—8730385

电子信箱：wry5819@tom.com

●**湖南省红十字会**

地址：湖南省长沙市五一大道492号粮油贸易大厦11楼

邮编：410011

电话：0731—2584999

传真：0731—2584928

网址：www.hnredcross.gov.cn

接受捐赠电话：0731—2584968

接受捐赠户名：湖南省红十字会

开户行：长沙市商业银行浏阳河支行

银行账号：9402013160001398

●**广东省红十字会**

地址：广州市先烈南路17号大院

邮编：510060

电话：020—83825686

传真：020—83825686

电子信箱：gdredcross@gdredcross.org.cn

捐赠专用账号：3602010709000314124

户名：广东省红十字会

开户行：中国工商银行广州市东风东路支行

●**广东省广州市红十字会**

地址：广东省广州市麓景路狮带岗1号

联系人：刘进兴

邮政编码：510091

救助热线：020—83598400

●**广东省深圳市红十字会**

地址：深圳市田贝一路21号卫生局内

联系人：陈壮

邮政编码：518020

救助热线：0755—25601682

●**广东省深圳市盐田区红十字会**

地址：广东省深圳市盐田区行政文化中心515室

联系人：曾晓莲

邮政编码：518081

救助热线：0755—25228515

传真：0755—25228100

电子信箱：ytqwsj0217@21cn.com

●**广西壮族自治区红十字会**

地址：广西壮族自治区南宁市新竹路20号（广西科学活动中心6楼）

邮编：530022

电话：0771—5860326（传真）、5870362

电子信箱：gxhh888@126.com

网址：www.gxhh.org

接受捐赠户名：广西区红十字会

开户行：南宁市工行桃源支行

账号：2102108009249007743

●**广西壮族治区南宁市红十字会**

地址：广西壮族治区南宁市民族大道4号邕江宾馆商厦四楼

邮政编码：530012

电话：0771—2826863

传真：0771—2823933

电子信箱：nnhh2823933@163.com

●**广西壮族自治区柳州市红十字会**

地址：广西壮族自治区柳州市高新一路科技大厦七楼

邮政编码：545006

电话：0772—2630233

传真：0772—2612833

电子信箱：lzhh0772@163.com

●**广西壮族自治区梧州市红十字会**

地址：广西壮族自治区梧州市西环路中段116号二楼

邮政编码：543002

电话：0774—3880619/3888078/3888758

传真：0774—3888712

电子信箱：Wzshszh@163. com

网址：www. wzhh. org

●广西壮族自治区北海市红十字会

地址：广西壮族自治区北海市北部湾西路10号（市卫生局大院）

邮政编码：536000

电话：0779—3061216/3031332

电子信箱：ldx2803520@163. com/bhxhb66@yahoo. com. cn

●广西壮族自治区钦州市红十字会

地址：广西壮族自治区钦州市钦南区

邮政编码：0777—535000

电话：2877663/2877662

电子信箱：qzhh_2841181@163. com

●广西壮族自治区百色市红十字会

地址：广西壮族自治区百色市右江区火车站进站大道17号

邮政编码：533000

电话：0776—2825391

传真：0776—2989930

电子信箱：bsredcross58@163. com

●广西壮族自治区贺州市红十字会

地址：广西壮族自治区贺州市平安西路灵峰社区祥云街70号

邮政编码：542800

电话：0774—5123121

传真：0774—5279593

电子信箱：hzshszh1688@tom. com

●广西壮族自治区河池市红十字会

地址：广西壮族自治区河池市南新东路229号

邮政编码：547000

电话：0778—2250475

传真：0778—2307821

电子信箱：hchh116@163. com

●广西壮族自治区来宾市红十字会

地址：广西壮族自治区来宾市行政中心西面后五楼511室

邮政编码：546100

电话：0772—4278626

电子信箱：lh4278682@163. com

●广西壮族自治区崇左市红十字会

地址：广西壮族自治区崇左市友谊大道东源名称A区8栋3单元

电话/传真：0771—7836630

电子信箱：czhh1992@163. com

●广西壮族自治区玉林市红十字会

地址：广西壮族自治区玉林市玉州区为民路1号城东办公大楼3D23室

邮政编码：537000

电话/传真：0775—2829970

电子邮箱：ylhszh@126. com

●广西壮族自治区昭平县红十字会

地址：广西昭平县昭平镇北秀街1号

联系人：潘亮臣

邮政编码：546800

救助热线：0774—6682154

传真：0774—6682154

●广西壮族自治区柳州铁路局红十字会

地址：广西壮族自治区柳州市鹅山路三区一号柳州铁路局红十字会办公室

联系人：朱立健

邮政编码：545007

救助热线：0772—3922521

传真：0772—3920651

●广西壮族自治区岑溪市红十字会

地址：广西壮族自治区梧州岑溪市工农路156号

联系人：唐钊安
邮政编码：543200
救助热线：0774—8232171
传真：0774—8222549

●广西壮族自治区平果县红十字会

地址：广西壮族自治区平果县马头镇东街 65 号
联系人：蓝湖
邮政编码：531400
救助热线：0776—5825931
电子信箱：pghw931@163.com

●广西壮族自治区灵山县中医院

地址：广西壮族自治区钦州市灵山县灵城镇燕山路
联系人：黄荣海
邮政编码：535400
救助热线：0777—6527777
传真：0777—6522689
电子信箱：gxlszyy@163.com

●广西壮族自治区容县红十字会

地址：广西壮族自治区容县容州镇西上街 277 号
联系人：何烈琪
邮政编码：537500
救助热线：0775—5320557
传真：0775—5322096

●广西壮族自治区南丹县红十字会

地址：广西壮族自治区南丹县民生街县卫生局内
联系人：杨新科
邮政编码：547200
救助热线：0778—7215594
传真：0778—7212800
电子信箱：ndhh594@3126.com

●广西壮族自治区全州县红十字会

地址：广西壮族自治区全州县桂黄中路 114 号
联系人：唐忠胤
邮政编码：541500
救助热线：13768030966
传真：0773—4815333

●广西壮族自治区田东县红十字会

地址：广西壮族自治区田东县平马镇朝阳路 2 号
联系人：冯雪梅
邮政编码：531500
救助热线：0776—5222345
传真：0776—5231816
电子信箱：tdrcs@163.com

●广西壮族自治区柳江县红十字会

地址：广西壮族自治区柳江县柳南路县卫生局内
联系人：刘苏克
邮政编码：545100
救助热线：0772—7212279
传真：0772—7217466

●广西壮族自治区桂平市红十字会

地址：广西壮族自治区桂平市桂南中路市卫生局内
联系人：卢旭航
邮政编码：537200
救助热线：0775—3382092
传真：0775—3385223

●海南省红十字会

地址：海口市流芳路 8 号
邮编：571100
电话：0898—65331824
传真：0898—65304627
网址：hainanredcross.org

捐赠电话：0898—65331824/65331817/65366647

接受捐赠户名：海南省红十字会

开户行：市工行国兴大道分理处

账号：2201028629024900508

●海南省海口市红十字会

地址：海南省海口市白龙南路61号8楼

邮政编码：570203

电话：0898—65376576

电话/传真：0898—65360190

手机：13807652933

电子信箱：haikouhongshizihui@163.com

●重庆市红十字会

地址：重庆市渝中区学田湾正街69号

邮编：400015

电话：023—6385990563621893

传真：023—63859905

电子信箱：bgs@cqrc.org

网址：www.cqrc.org（中文实名：重庆市红十字会）

●四川省红十字会

地址：四川省成都市文庙西街80号

邮政编码：610041

电话：028—86138841

传真：028—86138841

电子信箱：sichuanredcross@yahoo.com.cn

网址：http://www.sichuanredcross.org.cn

捐赠电话（传真）：028—86153300

银行户名：四川省红十字会

开户行：工商银行滨江支行

账号：4402204009024905774

●四川省巴中市红十字会

地址：四川省巴中市江北新区滨河北路118号

邮政编码：636000

电话：0827—5281553/5281559

传真：0827—5286135

●四川省资阳市红十字会

地址：四川省资阳市政府机关办公区2号楼1309室

邮政编码：641300

电话：028—26111498

传真：028—26111367

●四川省泸州市红十字会

地址：四川省泸州市江阳区大慈路27号

邮政编码：646000

电话：0830—2393395

传真：0830—2290436

电子信箱：992912069@qq.com

●四川省达州市红十字会

地址：四川省达州市西外市政中心综合楼8楼12号

邮政编码：635002

电话/传真：0818—2106032

电子信箱：1115385596@qq.com

●四川省遂宁市红十字会

地址：四川省遂宁市遂州中路979号

邮政编码：629000

电话/传真：0825—5807880/13882533681

●四川省广安市红十字会

地址：四川省广安市城南万盛东路32号

邮政编码：638600

电话：0826—2338313/2341006

传真：0826—2332788

电子信箱：gahsz@163.com

●四川省广元市红十字会

地址：四川省广元市电子路109号

邮政编码：628017

电话：0839—3260270
传真：0839—3269392
电子信箱：gyrcbgs@163. com
网站：http://www. scgyrc. org/

●四川省凉山州红十字会

地址：四川省西昌市三岔口西路162号（原南桥政务中心一楼）
邮政编码：615000
电话：0834—3865878
传真：0834—2162897/2191763
电子信箱：lh3690799@163. com/sunyunhua1@163. com

●贵州省红十字会

地址：贵州省贵阳市中华北路242号省政府大院5号楼3楼
邮编：550004
电话：0851—6857817
传真：0851—6824372
电子信箱：guizhouhsz@tom. com
网址：www. gzredcross. org
捐赠电话：0851—6831361（传真）
接受捐赠户名：贵州省红十字会
开户行：中国银行贵阳市云岩支行
账号：00742808092

●贵州省贵阳市红十字会

地址：贵州省贵阳市金阳行政中心Ⅱ期B区
邮政编码：550081
电话/传真：0851—7988241
电子信箱：gyshszh@sina. com

●贵州省遵义市红十字会

地址：贵州省遵义市红花岗区子尹路168号
邮政编码：563000
电话/传真：0852—8232631
电子信箱：gzzyshszh@126. com

●贵州省安顺市红十字会

地址：贵州省安顺市委大院内
邮政编码：561000
电话/传真：0853—3237306
电子信箱：451947119@qq. com

●贵州省六盘水市红十字会

地址：贵州省六盘水市钟山区人民西路150号市政府金钟综合楼一楼
邮政编码：553001
电话/传真：0858—8331956
电子信箱：lpshsz@126. com

●贵州省黔东南州红十字会

地址：贵州省凯里市韶山南路29号
邮政编码：556000
电话/传真：0855—8218727
电子信箱：qdnzhszh@126. com

●贵州省黔西南州红十字会

地址：贵州省黔西南州兴义市北京路2号
邮政编码：562400
电话/传真：0859—3112771
电子邮箱：lvznfon@163. com

●贵州省黔南州红十字会

地址：贵州省都匀市斗蓬山路90号黔南州体育场9号门
邮政编码：558000
电话/传真：0854—8313026
电子邮箱：411758025@qq. com

●贵州省毕节地区红十字会

通信地址：贵州省毕节市南部新区行署办公中心5楼西0515
邮政编码：551700
电话/传真：0857—8228664
电子邮箱：lhl3058@126. com

●**贵州省铜仁地区红十字会**

地址：贵州省铜仁市东太大道 3 号（红色二八机电市场内）

邮政编码：554300

电话/传真：0856—5281357/2561208

电子信箱：1127219450@qq.com

●**云南省红十字会**

地址：云南省昆明市关上中路 85 号（政通大厦 7 楼）

邮编：650200

电话：0871—7195099/7196666

传真：0871—7195088

电子信箱：wjq129@vip.sina.com

网址：http://www.ynredcross.com

捐赠电话：0871—7192222、7193333

接受捐赠户名：云南省红十字会

开户行：中国银行云南省分行营业部

账号：01726008092001

●**云南省昆明市红十字会**

地址：云南省昆明市市级行政中心八号楼

邮政编码：650500

电话：0871—3125199/3196619

传真：0871—3120300

●**云南省楚雄州红十字会**

地址：云南省楚雄州红十字会楚雄市威楚大道 41 号

邮政编码：675000

电话：0878—3128556/3128338

●**云南省玉溪市红十字会**

地址：云南省玉溪市红塔区汇溪路上段

邮政编码：653100

电话：0877—2025698

传真：0877—2014379

电子信箱：yxshszhbgs@126.com

●**云南省红河州红十字会**

地址：云南省蒙自市红河州级行政中心州政府大楼 A 区 7 楼

邮政编码：661100

电话/传真：0873—3799495/3743171/3733139

电子信箱：hhzhszh@126.com

●**云南省曲靖市红十字会**

地址：云南省曲靖市园林路 3 号

邮政编码：655000

电话：0874—3331266

传真：0874—3337042

电子信箱：qjshszh. hi@163.com

●**云南省文山壮族苗族自治州红十字会**

地址：云南省文山市环城北路 6 号

邮政编码：663000

电话：0876—2197906

传真：0876—2197905

电子信箱：wenshanzhouhh@126.com

●**云南省怒江州红十字会**

地址：云南省怒江州泸水县六库镇向阳南路 62 号

邮政编码：673100

电话：0886—3632382

传真：0886—3632556

●**云南省迪庆州红十字会**

地址：云南省迪庆州香格里拉县建塘池慈卡街安康路

邮政编码：674400

电话/传真：0887—8225318

●**云南省临沧市红十字会**

地址：云南省临沧市临翔区南屏南路 141 号

邮政编码：677000

电话：0883—2126098

传真：0883—2126098

电子邮箱：lchsz2006@ 126. com

●**云南省丽江市红十字会**

地址：云南省丽江市古城区玉福路 16 号

邮政编码：674100

电话：0888—5101098/5117544

传真：0888—5101098

电子信箱：hszh@ lijiang. cn

●**云南省昭通市红十字会**

地址：云南省昭通市昭阳区环城北路 117 号

邮政编码：657000

电话：0870—2120628/2122806

●**云南省西双版纳州红十字会**

地址：云南省景洪市宣慰大道 69 号

邮政编码：666100

电话：0691—2121890

●**云南省普洱市红十字会**

地址：云南省普洱市思茅区月光路 1 号

邮政编码：665000

电话：0879—2142476

传真：0879—2126653

电子信箱：peshh@ 163. com

●**云南省大理州红十字会**

地址：云南省大理市下关兴盛路 29 号

邮政编码：671000

电话：13908729901

传真：0872—2176696

电子信箱：dlwsyht@ tom. com

●**云南省保山市红十字会**

地址：云南省保山市隆阳区隆阳路中段

邮政编码：678000

电话：0875—2148509/2221128/2221214

电子信箱：bsjm444@ 163. com

1969858537@ qq. com

1192029749@ qq. com

●**云南省德宏州红十字会**

地址：云南省芒市白象街 97 号

邮政编码：678400

电话/传真：0692—2134994/2118199

网址：http://www. dhredcross. cn

电子信箱：yndhhszh@ 163. com

●**西藏自治区红十字会**

地址：西藏自治区拉萨市鲁定南路 25 号

邮编：850001

电话：0891—6860067

传真：0891—6861825

电子信箱：trc@ publac. ls. xz. cn

捐赠电话：0891—6862530

接受捐赠户名：西藏自治区红十字会

开户行：中国银行西藏自治区分行

账号：00164008092001

●**陕西省红十字会**

地址：陕西省西安市未央路 123 号

邮编：710016

电话：029—86512638

传真：029—86512638

电子信箱：shszhway@ shaanxi. gov. cn

网址：http://www. snredcross. org. cn/

捐赠电话：029—86530614/86515482（传真）

接受捐赠户名：陕西省红十字会

开户行：中行经济技术开发区支行

账号：0104211149026980930001

●**陕西省西安市红十字会**

地址：陕西省西安市凤城八路 109 号西安市政府 6 号楼

邮政编码：710007

电话：029—86787729（综合部）

029—86787762/86787763（赈济救护部）
029—86787756（事业发展部）
029—86787738（项目与宣传办公室）

●**甘肃省红十字会**

地址：甘肃省兰州市畅家巷 57 号
邮编：730030
电话：0931—8813473
传真：0931—8813472
电子信箱：gsshszh2005@126. com
捐赠电话：0931—88134710931—8735130
接受捐赠户名：甘肃省红十字会
开户行：工商银行兰州金城支行
账号：2703000609024940126

●**甘肃省兰州市红十字会**

地址：甘肃省兰州市王马巷 12 号
邮政编码：730030
电话/传真：0931—8432482
电子信箱：921477581@qq. com

●**甘肃省酒泉市红十字会**

地址：甘肃省酒泉市卫生局内
邮政编码：735000
电话：0397—2655972

●**甘肃省嘉峪关市红十字会**

地址：甘肃省嘉峪关市建设西路 5 号
邮政编码：735100
电话：0937—6220106
传真：0937—6262176
电子信箱：gsjyghszh@163. com

●**甘肃省金昌市红十字会**

地址：甘肃省金昌市新华西路 18 号（市卫生局二楼）
邮政编码：737100
电话/传真：0935—8212023
电子信箱：jcshszh123@163. com

●**甘肃省张掖市红十字会**

地址：甘肃省张掖市甘州区南环路 656 号
邮政编码：734000
电话：0936—8294989
传真：0936—8298208

●**甘肃省武威市红十字会**

地址：甘肃省武威市东大街 118 号
邮政编码：733000
电话：0935—2212821
电子邮箱：wwswsjzyk@126. com

●**甘肃省天水市红十字会**

地址：甘肃省天水市秦州区藉河北路
邮政编码：741000
电话：0938—8214883
传真：0938—8211416
电子信箱：tsshszh2006@126. com

●**甘肃省平凉市红十字会**

地址：甘肃省平凉市崆峒区双拥路 40 号
邮政编码：744000
电话/传真：0933—8692986
电子信箱：plhh1937@126. com
网址：www. plredcross. com

●**甘肃省庆阳市红十字会**

地址：甘肃省庆阳市西峰区长庆北路 186 号
邮政编码：745000
电话：0934—8221023
传真：0934—8220509
电子信箱：qyshszh@126. com

●**甘肃省白银市红十字会**

地址：甘肃省白银市人民路 100 号
邮政编码：730900
电话/传真：0940—8222080（办公室）
0943—8250813/8250812（组宣科）
电子信箱：byshszh@126. com

●甘肃省定西市红十字会

地址：甘肃省定西市安定区民主路中段

邮政编码：743000

电话/传真：0932—8214295

电子信箱：dxhhycx@126.com

●甘肃省陇南市红十字会

地址：甘肃省陇南市红十字会（陇南市卫生监督所3楼）

邮政编码：746000

电话/传真：0939—8261709

电子信箱：gs.ln.rc@163.com

●甘肃省甘南州藏族自治州红十字会

地址：甘肃省合作市人民东街51号

邮政编码：747000

电话：0941—8219061

传真：0941—8213591

电子信箱：gnzhu2008@126.com

●甘肃省临夏州红十字会

地址：甘肃省临夏自治州卫生局内

邮政编码：731100

电话：0930—6214013

●青海省红十字会

地址：青海省西宁市西大街12号

邮编：810000

电话：0971—8252284

传真：0971—8252292

接受捐赠户名：青海省红十字会

开户行：工商银行西大街支行

账号：0609026445729

●青海省西宁市红十字会

地址：青海省西宁市长江路75号华德大厦17层

邮政编码：810000

电话：0971—8266232

传真：0971—8266265

电子信箱：xnhszh@126.com

●青海省海东地区红十字会

电话：0972—8615661

电子信箱：wsys3918@126.com

●青海省海北藏族自治州红十字会

地址：青海省海北州红十字会

电话/传真：0970—8645071

电子信箱：hbhszh@126.com

●青海省海南州红十字会

地址：青海省海南州共和县恰卜恰镇

邮政编码：813100

电话：0974—8511169/8511126/8511125

传真：0974—8511125

电子信箱：429659063@qq.com

●青海省黄南州红十字会

地址：青海省黄南州人民政府一号办公楼

邮政编码：811300

电话/传真：0973—8797990

电子信箱：huangnanzhouhszh@yahoo.cn

●青海省海西州红十字会

地址：青海省海西州红十字会

邮政编码：817000

电话：18909779099/18935566517

电子信箱：hxzhszh@163.com

●青海省果洛州红十字会

地址：青海省果洛州卫生局

邮政编码：814000

电话：0975—8382475

传真：0975—8382004

电子信箱：qhglwsjlj@163.com

●青海省玉树藏族自治州红十字会

地址：青海省西宁市长江路75号（华德大厦17层）

邮政编码：810000

电话：0971—8266232

传真：0971—8266265

电子信箱：xnhszh@ 126. com

●青海省格木市十字会

电话：0979—8467061

●宁夏回族自治区红十字会

地址：宁夏回族自治区银川市解放西街101号

邮编：750001

电话：0951—5055705

传真：0951—5055972

电子信箱：lyp006@ 163. com

网址：www. nxredcross. org. cn

捐赠电话：0951—5046999/5055705/5055972（传真）

接受捐赠户名：宁夏回族自治区红十字会

开户行：银川市商业银行营业部

账号：100010189800000408

●宁夏回族自治区银川市红十字会

地址：宁夏回族自治区银川市行政中心一号楼705室

邮政编码：750011

电话/传真：0951 -6888297

电子信箱：yczfbtm@ 163. com

●宁夏回族自治区石嘴山市红十字会

地址：宁夏回族自治区石嘴山市新区行政中心B3区—310

邮政编码：753000

电话/传真：0952—2218999

电子信箱：szsshszh8699@ 163. com

●宁夏回族自治区中卫市红十字会

地址：宁夏回族自治区中卫市沙坡头区怀远南路府前东路交汇处中心血站二楼

邮政编码：755000

电话/传真：0955—7014999

电子信箱：1767327083@ qq. com

●宁夏回族自治区固原市红十字会

地址：宁夏回族自治区固原市行政中心322室

邮政编码：756000

电话/传真：0954—2088508

电子信箱：hszhyzj@ 163. com

●宁夏回族自治区吴忠市红十字会

地址：宁夏回族自治区吴忠市食品药品监督局四楼红十会办公室

邮政编码：751100

电话/传真：0953—2255999

电子信箱：wzshszh@ 126. com

●新疆维吾尔自治区红十字会

地址：乌鲁木齐市延安路边123号

邮编：830001

电话：010—25778792567191

传真：0991—25707052556420

电子信箱：xjrc123@ 126. com

捐赠电话：0991—2570705/2577879/2565243（传真）

接受捐赠户名：新疆维吾尔自治区红十字会

开户行：中国银行乌鲁木齐市解放南路支行

账号：366000085008091001

●新疆维吾尔自治区乌鲁木齐市红十字会

地址：新疆维吾尔自治区乌鲁木齐市新兴街5号7号楼6楼

邮政编码：830092

电话/传真：0991—4668677

电子信箱：bgs@ wlredcross. org. cn

网址：http://www. wlredcross. org. cn/

●新疆生产建设兵团红十字会

地址：新疆乌鲁木齐市光明路 15 号

邮政编码：830002

电话：0991—2890820

传真：0991—2890820

电子信箱：lly2368526@126.com

捐赠电话：0991—2890820

接受捐赠户名：兵团财务局（兵团红十字会）

开户行：农行兵团分行乌鲁木齐市建设路支行

账号：703101040000073

●中国铁路红十字会

地址：北京市复兴路 10 号铁道部劳卫司医政处

邮编：100844

电话：51844987

传真：51841957

电子信箱：liangbochou1945@hotmail.com

●香港特别行政区红十字会

地址：香港夏悫道 33 号香港红十字会总部

电话：（852）28020021

传真：（852）28027359

电子信箱：info@redcross.org.hk

网址：http://www.redcross.org.hk

●澳门特别行政区红十字会

办事处：澳门新口岸宋玉生广场 235 至 287 号中土大厦三楼“亨利·杜南”中心

电话：853—313003

传真：853—313024

电子信箱：secretariat@redcross.org.mo

网址：www.redcross.org.mo

捐款电话：（853）313003/（853）313024（传真）

捐款户名：澳门红十字会

银行：中国银行（澳门支行）

账号：01—01—20787663（澳门币）、01—112—384823（港币）

图书在版编目（CIP）数据

中国红十字年鉴. 2010～2011 /《中国红十字年鉴》编辑部主编. —北京：中华工商联合出版社，2014. 5
ISBN 978-7-80249-994-2

Ⅰ. ①中… Ⅱ. ①中… Ⅲ. ①红十字会-中国-2010～2011-年鉴 Ⅳ. ①D632. 1-54

中国版本图书馆 CIP 数据核字（2014）第 007681 号

中国红十字年鉴·2010/2011

作　　者：中国红十字年鉴编辑部
责任编辑：吕　莺　徐　芳
特邀编辑：李兰颂　傅　虹　冯志国
责任印制：迈致红
出版发行：中华工商联合出版社有限责任公司
印　　刷：北京宝昌彩色印刷有限公司
版　　次：2014 年 5 月第 1 版
印　　次：2014 年 5 月第 1 次印刷
开　　本：787mm×1092mm　1/16
字　　数：955 千字
印　　张：63
书　　号：ISBN 978-7-80249-994-2
定　　价：330. 00 元

服务热线：010-58301130
销售热线：010-58302813
地址邮编：北京市西城区西环广场 A 座 19-20 层，100044
http：//www. chgslcbs. cn
E-mail：cicap1202@ sina. com（营销中心）
E-mail：gslzbs@ sina. com（总编室）

工商联版图书
版权所有　侵权必究

凡本社图书出现印装质量问题，请与印务部联系。
联系电话：010-58302915

2010 年 2 月 26 日，华建敏、王伟、郭长江等出席中国红十字世博爱基金启动仪式。

2010 年 1 月 19 日，郭长江出席上海世博会国际红十字与红新月馆装修布展开工仪式。

2010 年 10 月 9 日，华建敏、彭珮云、王伟、江亦曼等与国际友人参观中国红十字会总会救灾备灾中心自动化立体仓库。

2010 年 8 月 30 日，中国国际人道法国家委员会第三次全体会议在北京召开。

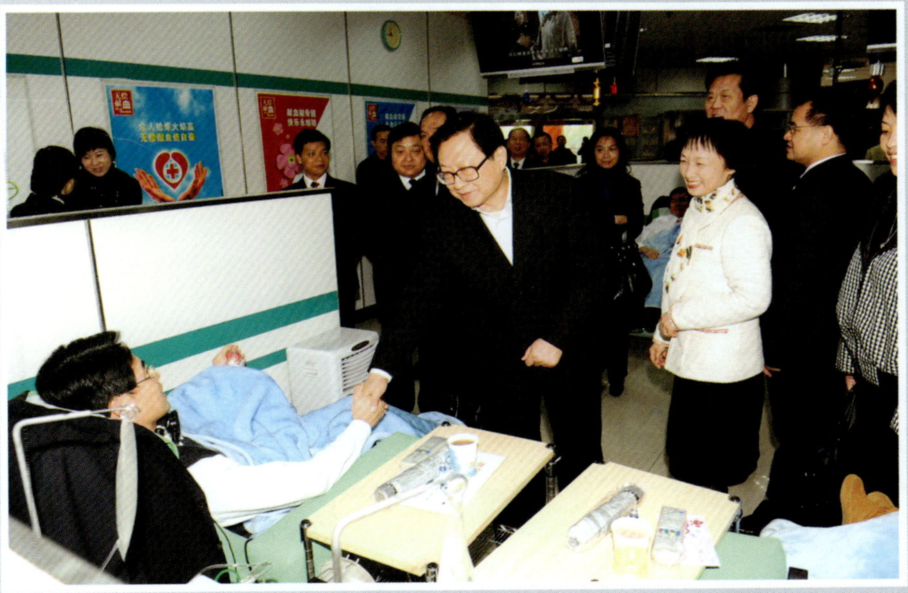

2010 年 1 月 13 日，华建敏在深圳市红十字会进行工作调研。

2010 年 6 月 9 日，华建敏视察北京市红十字会青少年工作时，与青少年会员齐唱《红十字之歌》。

2010年3月24日，华建敏在上海市视察学校红十字青少年工作。

2010年7月17日，华建敏、王伟出席中国遗体捐献日活动。

2010年11月11日，华建敏为中国扶贫救心介入诊疗基地揭牌。

2010 年 8 月 11 日，王伟代表中国红十字会向舟曲灾区捐赠 2 000 万元款物。

2010 年 8 月 16 日，曲艺界为甘肃舟曲灾区举行赈灾义演。

2010 年 10 月 10 日，王伟、郭长江出席“用梦想筑成我们新的长城”活动。

2010 年 12 月 1 日，举重冠军救助艾滋孤儿捐赠活动在北京举行。

2010 年 10 月 13 日，王伟、郝林娜会见到访总会的国外红十字会代表团成员。

2010年10月5日，“汶川站起来——全国各省市及港澳台援建成果大型图片纪实巡展”开幕。

2010年11月6日，王海京出席北京交通大学校园大型无偿献血暨首都高校大学生发起无偿献血倡议活动。

2010年7月21日，王汝鹏考察湖北遭受水灾地区救灾工作。

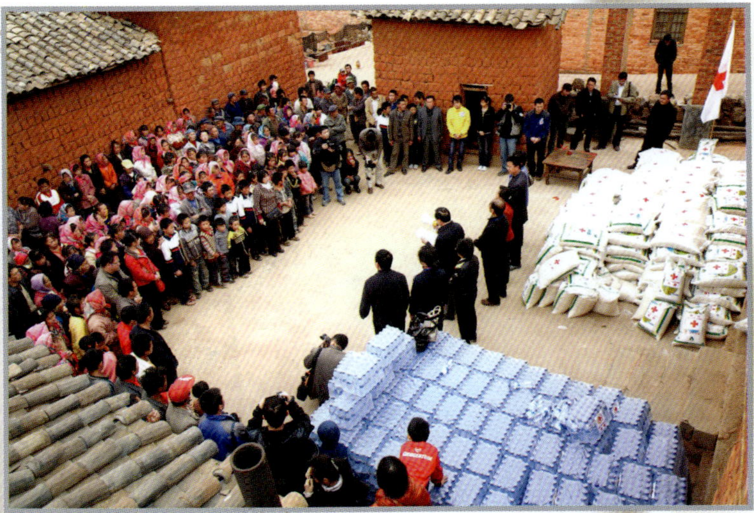

2010年3月27日，中国红十字会总会在云南省陆良县发放抗旱救灾物资。

2010 年 3 月 10 日，贵州省盘县板桥镇遭受严重旱灾的村民喝到红十字会援助的清洁饮用水。

2010 年 3 月 31 日， 中国国家画院举办抗旱救灾慈善捐赠会。